आर. गुप्ता® कृत

पॉपुलर मास्टर गाइड

मध्य प्रदेश

माध्यमिक शिक्षक पात्रता परीक्षा

(Middle School Teacher Eligibilty Test)

हिन्दी भाषा शिक्षक

पद हेतु

● **भाग-अ:** सामान्य हिन्दी; सामान्य अंग्रेजी; सामान्य ज्ञान व समसामयिक घटनाक्रम, तार्किक एवं आंकिक योग्यता; शिक्षाशास्त्र (Pedagogy) ● **भाग-ब:** हिन्दी भाषा

मध्य प्रदेश कर्मचारी चयन मण्डल, भोपाल

द्वारा आयोजित

RPH संपादक मंडल

द्वारा संपादित

रमेश पब्लिशिंग हाउस, नई दिल्ली

प्रकाशक

ओ॰पी॰ गुप्ता, **रमेश पब्लिशिंग हाउस**

प्रशासनिक कार्यालय

12-H, न्यू दरियागंज रोड, ऑफिसर्स मेस के सामने,
नई दिल्ली-110002 ✆ 23275224, 23245124

E-mail: info@rameshpublishinghouse.com
For Online Shopping: www.rameshpublishinghouse.com

विक्रय केन्द्र

- बालाजी मार्किट, नई सड़क, दिल्ली-110006 ✆ 23282525 📱 9354373464
- 4457, नई सड़क, दिल्ली-110006

Book Code: R-1998

ISBN: 978-93-87918-81-8

मूल्य: ₹ 410

मुद्रक: दीपक ऑफसैट, दिल्ली

अनुक्रमणिका

* भाग-अ के लिए

** भाग-ब के लिए

परीक्षा की योजना

1. सभी प्रश्न अनिवार्य होंगे।

2. पात्रता परीक्षा हेतु 150 अंकों का एक प्रश्न-पत्र होगा। परीक्षा की अवधि 2.30 घंटे होगी।

3. पात्रता परीक्षा के सभी प्रश्न बहुविकल्पीय (MCQ—Multiple Choice Questions) प्रकार के होंगे, जिनके चार विकल्प होंगे और एक विकल्प सही होगा।

4. प्रत्येक प्रश्न 1 अंक का होगा। ऋणात्मक मूल्यांकन होगा। प्रति 4 प्रश्नों के गलत उत्तर पर 1 अंक काटा जाएगा।

5. प्रश्न-पत्र के दो भाग होंगे। भाग-अ एवं भाग-ब। भाग-अ, सभी के लिए अनिवार्य होगा। भाग-ब के अंतर्गत शामिल विषयों में से किसी एक विषय का चयन करना होगा।

6. **भाग-अ** के 4 खंड होंगे जिनमें अंकों का अधिभार निम्नानुसार होगाः

भाग	विषयवस्तु	प्रश्नों की संख्या	कुल अंक
1.	सामान्य हिन्दी	08	08
2.	सामान्य अंग्रेजी	05	05
3.	सामान्य ज्ञान व समसामयिक घटनाक्रम, तार्किक एवं आंकिक योग्यता	07	07
4.	शिक्षाशास्त्र (Pedagogy)	10	10
	कुल	**30**	**30**

7. **भाग-ब** 120 अंक का होगा एवं इस प्रश्न-पत्र में 120 बहुविकल्पीय प्रश्न पूछे जायेंगे।

विषयवस्तु	प्रश्नों की संख्या	कुल अंक
हिन्दी भाषा	120	120

8. विषयवस्तु का स्तर

- प्रश्न-पत्र के भाग-अ में सामान्य ज्ञान व समसामयिक घटनाक्रम, तार्किक एवं आंकिक योग्यता, शिक्षाशास्त्र (Pedagogy) की विषयवस्तु का स्तर हायर सेकेण्डरी स्कूल स्तर के छात्र के मानसिक स्तर के समकक्ष होगा। हिन्दी व अंग्रेजी की विषयवस्तु का स्तर हायर सेकेण्डरी स्कूल परीक्षा के समकक्ष होगा।
- प्रश्न-पत्र के भाग-ब की विषयवस्तु का स्तर स्नातक स्तर के समकक्ष होगा। इस प्रश्न-पत्र में प्रश्न म.प्र. राज्य के कक्षा 9 एवं 10 के प्रचलित पाठ्यक्रम की विषयवस्तु पर आधारित होंगे लेकिन इनका कठिनाई स्तर एवं संबद्धता (लिंकेज) स्नातक स्तर का होगा। प्रश्न-पत्र की अवधारणा, समस्या समाधान और शिक्षाशास्त्र (Pedagogy) की समझ पर आधारित होंगे।

पिछले प्रश्न-पत्र (हल सहित)

मध्य प्रदेश–माध्यमिक स्कूल (Middle School) शिक्षक पात्रता परीक्षा, 2019*

(हिन्दी भाषा शिक्षक पद हेतु)

बाल विकास व शिक्षाशास्त्र (Child Development & Pedagogy)

1. समरूप जुड़वां (आइडेंटिकल ट्वीन्स) ______
A. दो अंडों से विकसित होते हैं।
B. कोई भी समरूप आनुवंशिकता नहीं होती है।
C. में समान आनुवंशिकता होती है।
D. आमतौर पर एक-दूसरे से कोई समानता नहीं है।

2. पुरुषत्व और स्त्रीत्व आमतौर पर ______ से जुड़े होते हैं।
A. लिंगभेद B. लिंग (सेक्स)
C. लिंग (जेंडर) D. पितृतन्त्र

3. यह वैज्ञानिक पद्धति का एक हिस्सा है जो प्रयोग के परिणामों की व्याख्या करने में मदद करने हेतु सूचना का उपयोग करता है। इसे कहते हैं:
A. निष्कर्ष B. प्रयोजन
C. प्रकल्पना D. अवलोकन

4. निर्णय एक व्यवस्थित विश्लेषण और मूल्यांकन के माध्यम से होना चाहिए। इसे ______ रूप में जाना जाता है।
A. गहन चिंतन B. अंतर्दृष्टिपूर्ण चिंतन
C. भावनात्मक चिंतन D. अपसारी चिंतन

5. एक हाई स्कूल के छात्र की औसत ध्यान अवधि कितनी होती है?
A. 32–40 मिनट B. 25–30 मिनट
C. 10–12 मिनट D. 15–20 मिनट

6. व्यवहार को पुनर्बलित करने का सबसे अच्छा समय कब है?
A. व्यवहार होने से बहुत समय पहले
B. व्यवहार होने के लंबे समय बाद
C. व्यवहार होने से कुछ समय बाद
D. व्यवहार होने से कुछ समय पहले

7. जब एक व्यवहार की घटनाओं को बढ़ाने के लिए एक सुखद उद्दीपक को जोड़ा जाता है, तो इसे ______ रूप में जाना जाता है।
A. सकारात्मक दण्ड B. सकारात्मक पुनर्बलन
C. नकारात्मक दण्ड D. नकारात्मक पुनर्बलन

8. जब तक टाइपिस्ट, टाइपिंग अधिगम के लिए खुद को शुरू करने के लिए तैयार नहीं करता है, तब तक वह एक सुस्त और अनपेक्षित तरीके से बहुत प्रगति नहीं करेगा। इस अधिगम सिद्धांत का प्रतिपादन किसने किया जो 'तत्परता के नियम' में विश्वास करता है?
A. जीन पियाजे B. एडवर्ड थार्नडाइक
C. वोल्फगैंग कोहलर D. इवान पावलोव

9. कक्षा में सभी छात्रों को शामिल करने का एक तरीका निम्न है, ताकि कोई भी ऐसा महसूस न करे कि उसे छोड़ दिया गया है:
A. गैर-प्रदर्शन करने वाले छात्रों को दंड देना
B. बैठने की व्यवस्था को बदलना
C. बिना शामिल होने वाले छात्रों की उपेक्षा करना
D. बिना शामिल होने वाले छात्रों को कक्षा से बाहर भेज देना

10. एक मार्गदर्शन सेवा के दौरान, वह मदद जो एक ग्राहक को इसके लिए मिलती है:
A. समाधान करने
B. ग्राहक की ओर से निर्णय लेने
C. राय थोपने
D. लक्ष्य निर्धारण और समस्या समाधान पर ध्यान देने

11. विकास के दौरान, अधिगम के लिए एक प्रमुख शर्त है:
A. परिपक्वता B. प्रोत्साहन
C. निर्देशन D. वित्तीय सहायता

12. माता-पिता की अत्यधिक सुरक्षात्मकता बच्चे को ______ की ओर ले जाती है।
A. आत्मविश्वास
B. निर्भरता
C. अहंकार शक्ति
D. आकांक्षा के स्तर

* Exam held on 07/03/2019.

13. निम्नलिखित में से कौन-सी एक प्रोजेक्ट विधि की विशेषता है?
A. एक स्वैच्छिक व्यवसाय है।
B. अपनी प्राकृतिक सेटिंग में की जाती है।
C. समस्यात्मक कार्य
D. छात्र के व्यक्तित्व के सर्वांगीण विकास के लिए उपयोग की जाती है।

14. निम्नलिखित में से क्या परामर्श का एक सिद्धांत है?
A. बाहरी दिखावे का निदान।
B. व्यक्तियों की स्वीकृति और समझ।
C. सामुदायिक आवश्यकताओं के अनुसार कार्यक्रम का लचीलापन।
D. सभी व्यक्तियों को सहायता प्रदान करना।

15. एरिक एरिक्सन के अनुसार, मनोसामाजिक विकास का दूसरा चरण कौन-सा है?
A. पहल बनाम अपराध
B. स्वतंत्रता बनाम शर्म और संदेह
C. परिश्रम बनाम हीनता
D. उदारता बनाम ठहराव

16. वह आधार जो किसी व्यक्ति के व्यवहार और प्रभाव को बड़े पैमाने पर उसके नजरिए और दुनिया की समझ के बारे में मान्यताओं द्वारा निर्धारित किया जाता है:
A. संज्ञानात्मक-व्यवहार थेरेपी
B. मनोविश्लेषणात्मक मनोचिकित्सा
C. मिलाउ थेरेपी
D. मॉडलिंग

17. विकास के किस चरण में बच्चा विभिन्न इनडोर और आउटडोर गेम खेलने के लिए आवश्यक मोटर और शारीरिक कौशल सीखता है?
A. पश्च बाल्यावस्था (6 से 12 वर्ष)
B. शैशवावस्था (2 वर्ष तक)
C. किशोरावस्था (12 से 18 वर्ष तक)
D. प्रारंभिक बाल्यावस्था (3 से 5 वर्ष)

18. एरिक्सन के अनुसार, मनोवैज्ञानिक विकास के दूसरे चरण में क्या प्रोत्साहित किया जाना चाहिए?
A. संबंध B. सहयोग
C. निकटवर्ती विकास D. अन्वेषण

19. पिछले कुछ दशकों में, बुद्धिमत्ता (आईक्यू) में दीर्घकालिक वृद्धि को निरूपित करने के लिए किस शब्द का उपयोग किया जाता है?
A. फ्लिन प्रभाव B. पीढ़ी अंतराल
C. आईक्यू प्रभाव D. वेचस्लेर प्रभाव

20. भाषा अधिग्रहण में स्फूर्त अनुकूलन की भूमिका पर कौन-सा सिद्धांत केंद्रित है?
A. नैटिविस्ट सिद्धांत B. प्रकृति सिद्धांत
C. संज्ञानात्मक सिद्धांत D. व्यवहारवादी सिद्धांत

21. उच्च स्थानिक बुद्धि वाले बच्चे के लिए कौन-सा व्यवसाय आदर्श होगा?
A. वास्तुकला B. संगीत रचना
C. राजनीति D. लिखना

22. रुचि के साथ-साथ ______, एक कार्य में वांछित सफलता प्राप्त करने के लिए आवश्यक है।
A. अभिवृत्ति B. कठोर परिश्रम
C. योग्यता D. बुद्धि

23. मनोविश्लेषण के जनक कौन हैं?
A. कार्ल युंग B. एरिक एरिक्सन
C. जाक लाकाँ D. सिग्मंड फ्रायड

24. द्विकारक सिद्धांत इनके द्वारा प्रतिपादित किया गया:
A. लेव वाइगोत्सकी
B. अब्राहम मास्लो
C. जीन विलियम फ्रिट्ज पियाजे
D. फ्रेडरिक हर्जबर्ग

25. द्विकारक सिद्धांत में जिन दो कारकों की पहचान की गई थी, वे हैं:
A. रासायनिक और सामाजिक
B. अभिप्रेरणा (मोटिवेशन) और स्वच्छता (हाइजीन)
C. भौतिक और अर्थशास्त्रीय
D. जैविक और पर्यावरणीय

26. निम्नलिखित में से किस क्षमता पर लुइस एल. थर्स्टोन ने ध्यान केंद्रित नहीं किया?
A. सहचारी स्मृति B. मौखिक अवधारणा
C. मनोप्रेरणा योग्यता D. संख्यात्मक क्षमता

27. निम्न से प्रभावित एक बच्चे द्वारा वर्तनी और पढ़ने में समस्या का सामना करना पड़ता है:
A. डिसग्राफिया B. वाचाघात
C. डिस्लेक्सिया D. डिस्प्रेक्सिया

28. शिक्षाशास्त्र का अर्थ ______ होता है।
A. बच्चे को शिक्षित करना B. बच्चे का नेतृत्व करना
C. बच्चे को गाइड करना D. बच्चे को समझाना

29. वह विधि जो किसी छात्र को किसी समस्या को हल करने, किसी कार्य को अंजाम देने या बाहरी सहायता के क्रमिक मदद के माध्यम से एक लक्ष्य प्राप्त करने में सक्षम बनाती है, उसे कहा जाता है:
A. पाइ (स्कैफोल्डिंग) B. सक्रिय अधिगम
C. मूल संस्मरण D. ड्रिलिंग

30. ______ की आयु से बच्चे दिन और रात में अंतर करना सीखते हैं।
A. छह महीने B. तीन महीने
C. एक वर्ष D. नौ महीने

भाषा-I सामान्य हिन्दी (General Hindi)

निर्देश (प्र.सं. 31 से 45): *गद्यांश को पढ़कर निम्नलिखित प्रश्नों में* ***सबसे उचित*** *विकल्प चुनिए।*

गद्यांश

महाकवि विद्यापति की रचनाएं संस्कृत, अवहट्ठ और मैथिली – तीनों ही भाषाओं में उपलब्ध हैं। वे कर्मकाण्ड, धर्मशास्त्र, दर्शन, न्यास, सौन्दर्य-शास्त्र आदि के प्रकाण्ड पण्डित थे। उनकी रचनाओं के विपुल भण्डार से उनके ज्ञानफलक का अनन्त विस्तार स्पष्ट होता है। भक्ति रचना, शृंगारिक रचनाओं में मिलन-विरह के सूक्ष्म मनोभाव, रति-अभिसार के विशद चित्रण, कृतित्व वर्णन से राजपुरुषों का उत्साहवर्द्धन और नीति-शास्त्रों द्वारा उन्हें कर्तव्यबोध देना, सामान्य जन-जीवन के आहार-व्यवहार की पद्धतियाँ बताना तथा हर क्षेत्र की समीचीन जानकारियाँ उनकी कालजयी रचनाओं में दर्ज हैं। शास्त्र और लोक के संपूर्ण संसार पर उनका असाधारण अधिकार था। ओइनवारवंशीय अनेक राजाओं के शासनकाल में रचित उनकी समस्त कृतियाँ उनके अथाह ज्ञान और दूरदर्शिता का प्रमाण है। सहवर्ती राजाओं की शासन-पद्धति में वे सतत अपना मार्गदर्शन देते रहे। दरबार-सम्पोषित होने के बावजूद उनका एक भी रचनात्मक उद्यम कहीं चारण-धर्म में लिप्त नहीं हुआ। अपनी हर रचना से उन्होंने समकालीन चिन्तक, सामाजिक अभिकर्ता और राजकीय सलाहकार की प्रखर नैतिकता का निर्वहन किया।

31. मैथिली भाषा भारत के किस क्षेत्र में बोली जाती है?
A. मिथिला B. ब्रज
C. भोजपुर D. अवध

32. नीतिशास्त्र के माध्यम से महाकवि विद्यापति ने किसे कर्तव्यबोध कराया?
A. महाकवियों
B. समकालीन चिन्तकों
C. सैनिकों
D. राजपुरुषों

33. महाकवि विद्यापति की रचनाएँ किन राजाओं के शासनकाल में रचित हैं?
A. पाल वंशीय B. गुप्त वंशीय
C. ओइनवारवंशीय D. मौर्य वंशीय

34. किस प्रकार के वर्णन द्वारा महाकवि विद्यापति ने राजपुरुषों का उत्साहवर्द्धन किया?
A. कृतित्व वर्णन B. सूक्ष्म मनोभावों
C. नीति शास्त्रों D. शासन पद्धति

35. 'मिलन-विरह' पदबंध में किस प्रकार का संबंध है?
A. समानार्थी B. उपसर्ग-धातु
C. विलोमार्थी D. विशेषण-विशेष्य

36. 'दूरदर्शिता' का अर्थ क्या होता है?
A. दूरदर्शन देखने वाला
B. दूर तक जाने वाला
C. दूर तक न देखने वाला
D. भविष्य देखने वाला

37. 'समीचीन' का पर्यायवाची क्या है?
A. उपर्युक्त B. चीन युक्त
C. चीनी का बना D. उपयुक्त

38. महाकवि विद्यापति की राजकीय सलाहकार के रूप में कौन-सी विशेषता थी?
A. प्रखर कलावादी B. प्रखर युद्धवादी
C. प्रखर शासकीय D. प्रखर नैतिक

39. महाकवि विद्यापति की रचनाएँ राजपुरुषों को सामान्य जन-जीवन संबंधी कौन-सी जानकारी देती थी?
A. आहार-व्यवहार की पद्धति बताना
B. खेती की पद्धतियाँ बताना
C. कर्ज व ब्याज संबंधी जानकारी देना
D. शासन पद्धति में सहायता करना

40. महाकवि विद्यापति के तत्कालीन राजदरबार से किस प्रकार के संबंध थे?
A. वे दरबार सम्पोषित थे।
B. वे दरबार से अनासक्त थे।
C. वे चारण कवि थे
D. वे भाट कवि थे।

41. महाकवि विद्यापति निम्न में से किस विषय के प्रकाण्ड पंडित नहीं थे?
A. धर्मशास्त्र B. दर्शन
C. कर्मकाण्ड D. क्रमकाण्ड

42. किन विषयों के संपूर्ण संसार पर महाकवि विद्यापति का असाधारण अधिकार था?
A. राज लोक एवं भौतिक लोक
B. स्वर्ग लोक और पाताल लोक
C. शास्त्र और लोक
D. पुस्तकालय और विद्यापीठ

43. महाकवि विद्यापति ने राजदरबार में किस भूमिका का निर्वहन किया?
A. कवि B. सामाजिक अभिकर्ता
C. राजपुरुष D. सलाहकार

44. महाकवि विद्यापति के ज्ञानफलक का अनन्त विस्तार किससे स्पष्ट होता है?
A. उनकी रचनाओं के विपुल भण्डार से
B. उनकी रचनाओं में चारण-धर्म न होने से
C. उनकी रचनाएँ तीन भाषाओं में होने से
D. उनके ओनलवार वंशीय राजाओं के समकालीन होने से

45. निम्न में से किस क्षेत्र की जानकारियाँ महाकवि विद्यापति की रचनाओं में दर्ज नहीं हैं?
A. धर्मशास्त्र B. दर्शन
C. नीतिशास्त्र D. सौन्दर्यशास्त्र

निर्देश (प्र.सं. 46 से 60): *गद्यांश को पढ़कर निम्नलिखित प्रश्नों में सबसे सही विकल्प चुनिए।*

गद्यांश

मैं तो बिगडया विस्वथें बिछुडया, बाबा मेरे ढिग आओ मत कोई।
बेर-बेर बरजत हों रे बाबा, ना तो हम ज्यों बिगडेगा सोई।।

मैं कँ दुनियाँ भई बावरी, ओ कहे बावरा मोही।
अब एक मेरें कहे कौन पतीजे, ए बोहोत झूठे क्यों होई।।

सब मनमें ना कछु मन में, खाली मन-मन ही में ब्रह्म।
'महामत' मनको सोई देखे, जिन दृष्टें खुद खसम।।

चितमें चेतन अंतरगत आपे, सकल में रस्या समाई।
अलख को घर याको कोई न लखे, जो ए बोहोत करें चतुराई।।

सतगुरु संगे मैं ए घर पाया, दिया पारब्रह्म देखाई।
'महामत' कहें मैं या विध बिगडया, तुम जिन बिगडो भाई।।

46. जब दुनिया कवि को बावरा कह रही है, तो वह दुनिया को क्या कह रहा है?
A. गर्विली B. अहंकारी
C. बावरी D. खुद्दार

47. कवि के अनुसार मन को कौन देख सकता है?
A. जो देखना चाहता हो
B. जिसका ऑपरेशन हुआ है
C. जिसकी दृष्टि में स्वयं खसम हो
D. जिसकी आँखें हों

48. कवि के अनुसार ब्रह्म कहाँ निवास करते हैं?
A. मन में B. मंदिर में
C. चराचर में D. ब्रह्माण्ड में

49. कवि के अनुसार उसका घर कोई भी क्यों नहीं देख सकता?
A. क्योंकि उस घर का पता किसी को नहीं पता है।
B. क्योंकि उस घर का मार्ग कठिन है।
C. क्योंकि वह अलख का घर है।
D. क्योंकि वह घर बहुत दूर है।

50. कवि क्यों अपने पास न आने के लिए कह रहा है?
A. क्योंकि वह झूठा है।
B. क्योंकि उसने सदगुरु को अपना लिया है।
C. क्योंकि वह परब्रह्म से मिल गया है।
D. क्योंकि वह संसार से बिछड़ गया है।

51. कवि किसके जैसा बिगड़ने के लिए कह रहा है?
A. राजाओं के
B. स्वयं कवि के
C. आवारा लोगों के
D. गुण्डों के

52. कवि ने किसके संग रहकर यह घर पाया?
A. माया के B. सदगुरु के
C. अहंकार के D. परब्रह्म के

53. "अब एक मेरे कहे कौन पतीजे" पंक्ति में आए 'पतीजे' पद का क्या अर्थ होता है?
A. जिम्मेदार B. भतीजा
C. विश्वास D. पसीना

54. प्रस्तुत कविता के लिए निम्न में से कौन-सा शीर्षक उपयुक्त है?
A. कोई नहीं आस-पास
B. सदगुरु दिया मिलाय
C. सत्य की राह
D. डार से बिछड़ा

55. पद्यांश में आए शब्द 'कछु' का अर्थ होता है:
A. कछुआ B. कुछ
C. छूना D. सर्वस्व

56. पद्यांश में आए 'खसम' शब्द का क्या अर्थ होता है?
A. पति B. शपथ
C. संबंधी D. इशारा

57. कवि विश्व से क्यों बिछड़ गया?
A. बिगड़ने के कारण
B. अज्ञान के कारण
C. अहंकार के कारण
D. दूर जाने के कारण

58. कौन अलख का घर नहीं पहचान पाता है?
A. चतुर B. बावरा
C. संसारी D. ज्ञानी

59. सतगुरु संगत् ने कवि को क्या दिखाया है?
A. गुरु वाणी B. सच्चा ज्ञान
C. परब्रह्म D. कविता का ज्ञान

60. दुनिया कवि को क्या कहती है?
A. ढोंगी B. बावरा
C. कवि D. साधु

LANGUAGE-II: General English

Directions (Qs. 61 to 64): *Read the following lines of a poem and answer the question given below it.*

A Bird, came down the Walk –
He did not know I saw
He bit an Angle Worm in halves
And ate the fellow, raw,

And then, he drank a Dew
From a convenient Grass –
And then hopped sidewise to the Wall
To let a Beetle pass –

He glanced with rapid eyes,
That hurried all abroad –
They looked like frightened Beads, I thought,
He stirred his Velvet Head –

Like one in danger, Cautious,
I offered him a Crumb,
And he unrolled his feathers,
And rowed him softer Home –

61. The poem is about:
A. A bird eating a beetle
B. A bird learning to swim
C. A bird and a human
D. A bird leaving a worm

62. The bird glanced with rapid eyes because:
A. It wanted to drink dew
B. It was looking for other birds
C. It was looking for the poet
D. It was scared

63. Which of the following did the bird do?
A. Eat a worm only
B. Fly away only
C. All of the above
D. Let a beetle pass only

64. The antonym of the word "cautious" is:
A. Frightened B. Courageous
C. Careless D. Convenient

Directions (Qs. 65 to 68): *Read the carefully and answer the questions below it:*

We all know – and those of us who prize honesty condemn – the type of trader who gives short weight or offers his wares under false descriptions. Do we recognise as equally dishonest the journalist who betrays his trust? This cheat will suppress news of events and opinions that he finds inconvenient, or trim them to a form that he thinks acceptable to his public. He will even write reports that he knows to be, in part or entirely, false.

65. Which two kinds of people does the author compare in this passage?
A. A dishonest trader and a dishonest journalist
B. A dishonest trader and an honest journalist
C. An honest trader and an honest journalist
D. A honest trader and a dishonest journalist

66. According to the author what kind of trader do honest people like?
A. Those who don't lie
B. Those who cheat
C. Those who are unfaithful
D. Those who are dishonest

67. The word "trim" in the passage means the same as:
A. Cut to size B. Make easily
C. Tame nicely D. Bake freely

68. What sort of news does the journalist mentioned in the passage suppress?
A. News that is unbearable
B. News that pleases him
C. News that pleases the public
D. News that does not suit his purpose

69. Fill in the blank with the correct option in the given sentence:

A sensit-- tooth can be very painful.
A. --ize B. --ive
C. --ively D. --ivity

70. Read the sentence carefully and choose the option that has an error in it:

Today, more childrens' books are being published than ever before.
A. than ever before.
B. Today,
C. are being published
D. more childrens' books

71. Choose the option that best transforms the given sentence without changing its meaning:

My father is speaking to the man. His shop was burgled.
A. Speaking to the man is my father whose shop was burgled.
B. My father is speaking that man who had his shop burgled.
C. My father is speaking to the man whose shop was burgled.
D. My father is speaking to the man and his shop was burgled.

72. Read the sentence carefully and choose the option that has an error in it:

It is not longer a necessary for all employees to wear an identification badge in order to work in the vault.

A. No error
B. to wear an idenfication badge
C. in order to work in the vault.
D. It is not longer a necessary for all employees

73. Fill in the blank with the correct option in the given sentence:

The student who was expelled from school wanted to have an ______ for his expulsion.

A. explaining B. explanatory
C. explanation D. explained

74. Choose the right tag:

He loves literature, ______?

A. isn't he B. does he
C. doesn't he D. don't he

75. Choose the most appropriate determiner in the given sentence.

The child had ______ marbles.

A. lot B. much
C. some D. little

76. Fill in the blank with the most appropriate preposition in the given sentence.

Can you help me ______ this heavy box?

A. of B. with
C. by D. for

77. Fill in the blank with the correct option in the given sentence:

Smoking will never be given up, ______ the tobacco industry thrives.

A. as long as B. though
C. so that D. as if

78. Fill in the blanks with the correct option in the given sentence:

Aunt Martha was unhappy with ______ job so ______ decided to quit ______.

A. their, we, them B. her, we, it
C. her, she, it D. our, we, it

79. Fill in the blank with the correct opon in the given sentence:

When we look down on a person we are said to --pise him.

A. be-- B. di--
C. sur-- D. des--

80. Choose the appropriate antonym for the highlighted word in the given sentence.

Don't inhale the fumes from the exhaust pipe.

A. sniff B. expire
C. extinguish D. exhale

81. Choose the appropriate prepositions for the given sentence:

I told mom that we'd be home ______ an hour or so, but we got late ______ another hour.

A. under, with B. in, by
C. until, with D. at, for

82. Choose the appropriate synonym for the highlighted word in the given sentence.

Her teacher told her not to be complacent about the achievements since there was still a lot to be done.

A. satisfied B. happy
C. arrogant D. proud

83. Choose the appropriate option that rewrites the given sentence in its active voice.

Delicious food is prepared by my mother everyday at home.

A. My mother prepares delicious food.
B. Delicious food has been prepared at home.
C. Delicious food was prepared by mother everyday at home.
D. My mother prepares delicious food at home everyday.

84. Choose the appropriate tenses to fill in the blanks in the given sentence:

Why ______ Seema come to office today? ______ unwell?

A. aren't, Is she being
B. has, Will she be
C. hasn't, Is she
D. is, Was she

85. Choose appropriate articles for the given sentence:

To be healthy remove junk food in ______ house and concentrate on healthy meals for ______ entire family.

A. a, no article required
B. the, an
C. the, the
D. no article required, the

86. Choose an appropriate modal for the given sentence:

Bhawana has arrived late to the class, the teacher told her that thereafter she ______ be on time.

A. can B. could
C. shall D. must

87. Choose the option that substitutes the given phrase appropriately.

Attentive and quick to think and act

A. Attentive
B. Inactive
C. Active
D. Alert

88. Choose the option that best transforms the sentence into its Indirect form:

'Start at twelve,' he said to her, 'come back at five'.

A. Starting at twelve and coming back at five was told by him to her.
B. He has been telling her to start at twelve and come back at five.
C. He told her to start at twelve and to come back at five.
D. He said her to start at twelve and you come back at five.

89. Choose the option that best explains the highlighted expression:

This television program is for the birds.

A. people who are dim witted
B. worthless
C. bird watchers
D. bird lovers

90. Change the given statement to indirect speech.

"I must go," she said to herself.

A. She told herself that she should go.
B. She said I must go.
C. She said herself she must go.
D. She thought she must go.

मुख्य भाषा : हिन्दी

91. इनमें से कौन-सी अच्छे निबंध की विशेषता नहीं है?

A. कसावट
B. विषयानुकूलता
C. प्रभावशाली भाषा
D. रुकावट

92. शिक्षण को प्रभावशाली कैसे बनाया जा सकता है?

A. शिक्षण सूत्रों के आधार पर
B. शिक्षण को व्यवसाय से जोड़कर
C. शिक्षण को अत्यधिक सरकारी अनुदान देकर
D. इनमें से कोई नहीं

93. शिक्षण सहायक सामग्री का गुण है:

A. उपरोक्त सभी
B. केवल परिशुद्धता
C. केवल रोचकता
D. केवल प्रासंगिकता

94. किस प्रकार के पत्र में शब्दों का बंधन होता है?

A. तार
B. फैक्स
C. पोस्ट कार्ड
D. अन्तर्देशीय पत्र

95. रूप रेखा अनुकरण विधि है:

A. लेखन कौशल
B. श्रवण कौशल
C. वाचन कौशल
D. पढ़ने का कौशल

96. श्याम और राधा एक-दूसरे से बातचीत कर रहे हैं, यह रूप है:

A. उपरोक्त सभी
B. केवल सांकेतिक अभिव्यक्ति का
C. केवल मौखिक अभिव्यक्ति का
D. केवल लिखित अभिव्यक्ति का

97. श्यामपट्ट को साफ करने की सही प्रक्रिया है:

A. ऊपर से नीचे की ओर
B. नीचे से ऊपर की ओर
C. बाएं से दाएं की ओर
D. दाएं से बाएं की ओर

98. इनमें से कौन-से निबंधकार भारतेंदु युगीन निबंधकार नहीं हैं?

A. गुलाबराय
B. प्रतापनारायण मिश्र
C. राधाचरण गोस्वामी
D. बालकृष्ण भट्ट

99. इनमें से किस रचनाकार की कहानियाँ देश विभाजन से संबंधित हैं?

A. सूर्यकांत त्रिपाठी निराला
B. अनामिका
C. भीष्म साहनी
D. जयशंकर प्रसाद

100. डिस्लेक्सिया का लक्षण है:

A. उपरोक्त सभी
B. केवल वर्णमाला अधिगम में कठिनाई
C. केवल वर्तनी दोष से पीड़ित होना
D. केवल एकाग्रता में कठिनाई

101. सूर्यकांत त्रिपाठी 'निराला' कृत 'सरोज स्मृति' के संदर्भ में कौन-सा कथन सही नहीं है?

A. इसमें कवि ने अपने-अपने जीवन-संघर्षों का चित्रण किया है।
B. इसमें निराला की विद्रोही भावना भी व्यक्त हुई है।
C. यह एक शोकगीत है।
D. यह निराला की प्रयोगवादी रचना है।

102. 'आपका आशीर्वाद मेरा एकमात्र सम्बल है' इस वाक्य की परिसमाप्ति वाला पत्र किसके द्वारा किसे लिखा जा रहा होगा?
A. समकक्ष अधिकारी द्वारा दूसरे अधिकारी को
B. किसी बालक द्वारा वृद्धजन को
C. किसी वृद्धजन द्वारा बालक को
D. मित्र द्वारा मित्र को

103. 'तार सप्तक' के संपादक कौन थे?
A. गजानन माधव मुक्तिबोध
B. सच्चिदानंद हीरानंद वात्सायन 'अज्ञेय'
C. रामधारी सिंह 'दिनकर'
D. त्रिलोचन शास्त्री

104. 'मजदूरी और प्रेम' शीर्षक प्रसिद्ध निबंध किसके द्वारा लिखित है?
A. जिद्दू कृष्णमूर्ति
B. आचार्य महावीर प्रसाद द्विवेदी
C. आचार्य हजारी प्रसाद द्विवेदी
D. सरदार पूर्ण सिंह

105. 'मित्रता' नामक निबंध के निबंधकार कौन हैं?
A. आचार्य महावीर प्रसाद द्विवेदी
B. आचार्य हजारी प्रसाद द्विवेदी
C. राजेंद्र प्रसाद द्विवेदी
D. आचार्य रामचंद्र शुक्ल

106. 'स्कूल बंद हो गया और लड़के घर जाने लगे' का सरल वाक्य में रूपांतरण कौन-सा है?
A. स्कूल बंद होते ही लड़के घर जाने लगे।
B. स्कूल बंद हुआ कि लड़के घर जाने लगे।
C. स्कूल बंद होने पर लड़के घर जाने लगे।
D. ज्यों ही स्कूल बंद हुआ त्यों ही लड़के घर जाने लगे।

107. 'कौमुदी महोत्सव' किसके द्वारा रचित नाटक है?
A. उपेन्द्र नाथ अश्क
B. राजकुमार वर्मा
C. भीष्म साहनी
D. राहुल सांकृत्यायन

108. 'काव्य में रहस्यवाद' किसकी पुस्तक है?
A. नंद दुलारे वाजपेयी
B. आचार्य रामचन्द्र शुक्ल
C. डॉ. नगेन्द्र
D. महादेवी वर्मा

109. 'ग्राम' कहानी किसके द्वारा लिखित है?
A. सूर्यकांत त्रिपाठी निराला
B. भीष्म साहनी
C. प्रेमचंद
D. जयशंकर प्रसाद

110. 'बधाई पत्र' किस प्रकार का पत्र है?
A. कार्यालयीन पत्र
B. सामाजिक पत्र
C. औपचारिक पत्र
D. सरकारी पत्र

111. 'किस वर्ग के निबंध में किसी यात्रा अथवा साहसपूर्ण कृत्य का विवरण प्रस्तुत किया जाता है और इसमें मनोरंजन की उपस्थिति अनिवार्य है'-
A. विवरणात्मक निबंध
B. वैज्ञानिक निबंध
C. विचारात्मक निबंध
D. निगमात्मक निबंध

112. 'टोकरा भर मिट्टी' किसके द्वारा लिखित कहानी है?
A. गजानन माधव मुक्तिबोध
B. माधवराव सप्रे
C. मिश्र बंधु
D. जगन्नाथ प्रसाद खत्री

113. किस छायावादी रचनाकार की रचनाओं में भावनात्मक रहस्यवाद के दर्शन होते हैं?
A. सूर्यकांत त्रिपाठी 'निराला'
B. सुमित्रानंदन पंत
C. जयशंकर प्रसाद
D. महादेवी वर्मा

114. श्रवण के आधार पर भाषा का कौन-सा भेद है?
A. कृत्रिम भाषा, सहज भाषा
B. अयोगात्मक और संयोगात्मक भाषा
C. क्लिष्ट और सरल भाषा
D. मधुर भाषा, कर्कश भाषा

115. लिखने के नियमों का ज्ञान होता है:
A. व्याकरण के द्वारा
B. बोलने के द्वारा
C. हाथ द्वारा
D. भावनाओं के द्वारा

116. सीखने के लिए बातचीत करना किन आयुवर्गों के लिए आवश्यक होता है?
A. किशोरावस्था के लिए
B. सभी आयु वर्गों के लिए
C. बाल्यावस्था के लिए
D. शैशवावस्था के लिए

117. भारत में हिंदी को किस भाषा का दर्जा प्राप्त है?
A. राष्ट्र भाषा
B. विभाषा
C. मातृ भाषा
D. राजभाषा

118. पति-पत्नी बात कर रहे हैं, मैं वहाँ जाकर ______। वाक्य में कौन-सा मुहावरा उपयुक्त है?
A. कमर नहीं कसूंगा
B. कफन सर पर नहीं बाँधूगा
C. कबाब में हड्डी नहीं बनूँगा
D. कब्र में पाँव नहीं लटकाऊंगा

119. पुत्र द्वारा पिता को लिखा गया पत्र किस प्रकार का पत्र माना जाएगा?
A. व्यावसायिक पत्र
B. कार्यालयीन पत्र
C. व्यक्तिगत पत्र
D. सांस्कृतिक पत्र

120. वाचन कौशल का उद्देश्य है:
A. उपरोक्त सभी
B. केवल सही व्याकरण वाली भाषा का प्रयोग
C. केवल बालकों का उच्चारण शुद्ध करना
D. केवल बोलने में विराम चिन्हों का प्रयोग करना

121. भाषा वह साधन है जिसके द्वारा हम व्यक्त करते हैं:
A. इनमें से कोई नहीं
B. आस्था को
C. कर्तव्यों को
D. विचारों को

122. भाषा ग्रहण करने की प्रक्रिया एक ऐसी प्रक्रिया है जो:
A. अस्थिर है
B. निरंतर चलती है
C. निश्चित अवधि तक चलती है
D. स्थिर है

123. कक्षा में राष्ट्रीय चिन्ह के बारे में बताने से पहले यदि शिक्षक मोर, चीता, कमल आदि के बारे में बताता है तो वह शिक्षण की कौन-सी विधि अपनाता है?
A. ज्ञात से अज्ञात की ओर
B. स्थूल से सूक्ष्म की ओर
C. सरल से जटिल की ओर
D. विशिष्ट से सामान्य की ओर

124. निम्न में से कौन-सी अनिवार्यता औपचारिक पत्रों के संबंध में लागू नहीं होती है?
A. पत्र संख्या अनिवार्य होना
B. पत्र के अंगों का निश्चित क्रम
C. निश्चित संबोधन का निश्चित स्थान पर होना
D. हस्ताक्षर एवं सील का न होना

125. निम्न में से कौन-सी सामान्य प्रवृत्ति के रूप में छायावादी कविता में नहीं पायी जाती है?
A. व्यक्तिगत वेदनाओं की अभिव्यक्ति
B. बाह्य श्रृंगार का मांसल चित्रण
C. काव्य-शिल्प एवं सामाजिक रूढ़ियों के प्रति विद्रोह की भावना
D. प्रकृति का मानवीकरण

126. निम्न में से किस प्रकार के पत्र में 'भवदीय' का प्रयोग किया जाता है?
A. औपचारिक पत्र
B. अनौपचारिक पत्र
C. समाचार पत्र
D. प्रश्न पत्र

127. निम्न में से कौन-सी विशेषता प्रेमचंद की कहानियों में नहीं पायी जाती है?
A. जीवन की सच्चाई को चित्रित करती हैं।
B. भारतीय गाँवों का चित्रण आता है।
C. सर्वसामान्य की भाषा में लिखित हैं।
D. रोमेंटिक दृष्टिकोण से समृद्ध हैं।

128. निम्न में से कौन-सी विशेषता जयशंकर प्रसाद के नाटकों की नहीं है?
A. इनकी कथा इतिहास पर आधारित होती है।
B. इनकी कथा पुराणों पर आधारित होती है।
C. अपनी संरचना में यह यथार्थवादी नाटक हैं।
D. उनके पात्रों की स्वतंत्र व्यक्तित्व होता है।

129. निम्नलिखित पंक्तियाँ किस छंद की उदाहरण हैं?

दूलह श्री रघुनाथ बने, दुलहीं सिया सुन्दर मंदिर मांहीं।
गावति गीत सबै मिलि सुन्दरि, विप्र जुवा जुरि वेद पढ़ाहीं।
राम को रूप निहारति जानकी, कंकन के नग की परछाहीं।
याते सबै सुधि भूलि गई, कर टेकि रही पल टारत नाहीं।।

A. सुमुखी सवैया छंद B. मत्तगयन्द छंद
C. किरीट सवैया छंद D. दुर्मिल सवैया छंद

130. निम्नलिखित पंक्तियों में कौन-सा छंद है?

नैनों में अंगार भरो, कर में कटार धरों,
बढ़ चलो बेटों तुम, बैरियों को मारने।
धरती भी कहती है, गगन भी कहता है,
अब तो हवा भी जैसे, लगी है पुकारने।।

A. छप्पय छंद
B. रूप धनाक्षरी छंद
C. सवैया छंद
D. घनाक्षरी छंद

131. निम्नलिखित पंक्तियों में कौन-सा छंद है?

हम कौन थे, क्या हो गये हैं और क्या होंगे अभी।
आओ विचारें आज मिलकर, यह समस्याएं सभी।।

A. त्रिभंगी छंद
B. सरसी छंद
C. रोला छंद
D. हरिगीतिका छंद

132. निम्नलिखित पंक्तियों में कौन-सा अलंकार है?

कपि करि हृदय विचारि दीन्हि मुद्रिका डारि तब।
जानि अशोक अंगार, सीय हरषि उठि कर गहेउ।।

A. भ्रांतिमान अलंकार
B. वीप्सा अलंकार
C. संदेह अलंकार
D. उदाहरण अलंकार

133. समाचार-पत्र में भ्रामक विज्ञापन के संदर्भ में आप किसे शिकायती पत्र लिखेंगे?

A. राष्ट्रपति
B. पत्र के संपादक
C. माता-पिता
D. अपने शिक्षक

134. किसी सरकारी कार्यालय से सूचना माँगने संबंधी पत्र में किसे संबोधित किया जाता है?

A. कार्यालय सभापति
B. कार्यालय सचीव
C. कार्यालय अध्यक्ष
D. सूचना अधिकारी

135. मुख्यार्थ पर बाधा होने पर रूढ़ी या प्रयोजन के कारण जिस शब्द शक्ति से मुख्यार्थ से सम्बंधित जो अन्य अर्थ लक्षित होता है, उसे कौन-से शब्द शक्ति कहते हैं?

A. विरोधा शब्द शक्ति
B. लक्षणा शब्द शक्ति
C. व्यंजना शब्द शक्ति
D. अभिधा शब्द शक्ति

136. 'उसी का जूता उसी का सर', लोकोक्ति का अर्थ है:

A. जूता मारना।
B. कई वार करना।
C. किसी को उसी की युक्ति से मात देना।
D. पूरी ताकत से बदला चुकाना।

137. 'सुनना' भाषा विकास का निम्न चरण है:

A. द्वितीय
B. प्रथम
C. तृतीय
D. चतुर्थ

138. प्रोजेक्टर द्वारा आकृति को:

A. सूक्ष्म रूप में दिखाया जाता है।
B. छोटा करके दिखाया जाता है।
C. पर्दे पर दिखाया जाता है।
D. धुंधला करके दिखाया जाता है।

139. यह पंक्तियाँ किस कवि की हैं?

''मुझे तोड़ लेना वनमाली।
उस पथ पर तुम दो फेक
मातृभूमि पर शीश चढ़ाने
जिस पथ जावे वीर अनेक।''

A. माखनलाल चतुर्वेदी
B. जयशंकर प्रसाद
C. रामधारी सिंह 'दिनकर'
D. सुभद्राकुमारी चौहान

140. ''यदि गद्य कवियों की कसौटी है तो निबंध गद्य की कसौटी है।'' किसने कहा है?

A. हजारी प्रसाद द्विवेदी
B. आचार्य प्रसाद द्विवेदी
C. भारतेंदु द्विवेदी
D. महावीर प्रसाद द्विवेदी

141. गणितीय कौशल संबंधी विकार होता है:

A. पूर्ण अक्षर लिखना
B. समय-सारिणी बनाने में कठिनाई
C. अपठनीय हस्तलेखन
D. कागज को बहुत पास से पकड़ना

142. हिंदी साहित्य में 'हालावाद' का प्रवर्तक किसे माना जाता है?

A. सुमित्रानंदन पंत
B. हरिवंशराय बच्चन
C. रामधारी सिंह 'दिनकर'
D. जानकी वल्लभ शास्त्री

143. सही विकल्प बताएं:

छंद हीन रचना _______ कहलाती है।

A. प्रबंध
B. पद्य
C. गद्य
D. गद्य गीत

144. सही विकल्प बताएं:

इसके अंतर्गत विभिन्न सर्गों और स्कंधों में सृष्टि के प्रारम्भ और विकास की युग-युगांतरव्यापी कथा कही जाते हैं।

A. चरित काव्य
B. महाकाव्य
C. पुराण
D. आख्यान

145. सही विकल्प बताएं-

हरशिंकर परसाई ऐसे हिंदी के निबंधकार है, जिन्होंने _______ में उच्चकोटि के निबंधों की रचना की।

A. व्यंग्यात्मक शैली
B. विरोधाभास शैली
C. द्वंद्वात्मक शैली
D. अंतर्द्वंद्वात्मक शैली

निर्देश (प्र.सं. 146 से 150): *गद्यांश को पढ़कर निम्नलिखित प्रश्नों में* **सबसे उचित** *विकल्प चुनिए।*

स्वतंत्रता अपने आप में निरपेक्ष नहीं है। एक सीमा पार कर जाने के बाद स्वतंत्रता स्वेच्छाचारिता और उच्छृंखलता में बदल जाती है। एक

व्यक्ति को धन कमाने की स्वतत्रंता है, पर काले बाजार की अथवा लूटने की स्वतंत्रता नहीं है। हम एक पागल को मोटर चलाने की स्वतंत्रता नहीं दे सकते, जबकि एक सामान्य नागरिक को, जो मोटर चलाना जानता है मोटर चलाने का आज्ञापत्र प्राप्त करने में कोई कठिनाई नहीं होती। हमको लाउडस्पीकर पर गाने की स्वतंत्रता है, किंतु हमारे गाने से हमारे पड़ोसी के सोने की स्वतंत्रता नष्ट नहीं होनी चाहिए। जो स्वतंत्रता हमें प्राप्त है, वह दूसरे व्यक्ति की स्वतंत्रता में बाधक नहीं होनी चाहिए। हमें स्मरण रखना चाहिए कि हर स्वतंत्रता साथ एक दायित्व का प्रश्न जुड़ा होता है।

146. 'हम एक पागल को मोटर चलाने की स्वतंत्रता नहीं दे सकते'- इस कथन का आशय क्या है?

A. उसको वह स्वतंत्रता प्राप्त नहीं होती
B. वह निरपेक्ष नहीं होता
C. उसमें दायित्व बोध नहीं होता
D. स्वतंत्रता का अधिकारी नहीं है

147. प्रस्तुत गद्यांश का उचित शीर्षक क्या हो सकता है?

A. अधिकार और कर्तव्य
B. गाने की स्वतंत्रता
C. स्वतंत्रता का स्मरण
D. स्वतंत्रता का अधिकार

148. किन स्थितियों में हमें लाउडस्पीकर पर गाने की स्वतंत्रता है?

A. जब गीत हिंदी में हो
B. जब हमारी आवाज सुरीली हो
C. जब हमारे गाने से किसी को तकलीफ न हो
D. जब मोटर चलने का आज्ञापत्र हो

149. किन स्थितियों में स्वतंत्रता स्वेच्छाचारी और उच्छृंखलता में बदल जाती है?

A. एक सीमा पार करने के बाद
B. आज्ञापत्र प्राप्त करने के बाद
C. निरपेक्ष भाव के कारण
D. बाधाओं के कारण

150. स्वतंत्रता के साथ कौन-सा प्रश्न जुड़ा होता है?

A. अधिकार
B. दायित्व
C. उच्छृंखलता
D. निरपेक्षता

उत्तरमाला

1	2	3	4	5	6	7	8	9	10
C	C	A	A	C	C	B	B	B	D
11	**12**	**13**	**14**	**15**	**16**	**17**	**18**	**19**	**20**
A	B	D	B	B	A	A	D	A	D
21	**22**	**23**	**24**	**25**	**26**	**27**	**28**	**29**	**30**
A	C	D	D	B	C	C	D	A	B
31	**32**	**33**	**34**	**35**	**36**	**37**	**38**	**39**	**40**
A	D	C	A	C	D	D	D	A	A
41	**42**	**43**	**44**	**45**	**46**	**47**	**48**	**49**	**50**
D	C	D	A	C	C	C	A	C	D
51	**52**	**53**	**54**	**55**	**56**	**57**	**58**	**59**	**60**
B	B	C	B	B	A	A	A	C	B
61	**62**	**63**	**64**	**65**	**66**	**67**	**68**	**69**	**70**
C	D	C	C	A	A	A	D	B	D
71	**72**	**73**	**74**	**75**	**76**	**77**	**78**	**79**	**80**
C	D	C	C	C	B	A	C	D	D
81	**82**	**83**	**84**	**85**	**86**	**87**	**88**	**89**	**90**
B	A	D	C	C	D	D	C	B	A
91	**92**	**93**	**94**	**95**	**96**	**97**	**98**	**99**	**100**
D	A	A	A	A	C	C	A	C	A
101	**102**	**103**	**104**	**105**	**106**	**107**	**108**	**109**	**110**
D	B	B	D	D	C	B	B	D	B

111	112	113	114	115	116	117	118	119	120
A	B	D	D	A	B	D	C	C	A
121	**122**	**123**	**124**	**125**	**126**	**127**	**128**	**129**	**130**
D	B	A	D	B	A	D	C	B	D
131	**132**	**133**	**134**	**135**	**136**	**137**	**138**	**139**	**140**
D	A	B	D	B	C	B	D	A	B
141	**142**	**143**	**144**	**145**	**146**	**147**	**148**	**149**	**150**
B	B	C	C	A	C	A	C	A	B

बाल विकास एवं शिक्षा शास्त्र

CHILD DEVELOPMENT AND PEDAGOGY

1. विकास एवं अधिगम में अंतः संबद्धता (Child Development and Its Relation with Learning)

विकास एक निरंतर चलायमान प्रक्रिया है। इसकी प्रकृति नदी जल के अविरल प्रवाह के समान है। इसमें बालक के व्यक्तित्व का विकास–शारीरिक, क्रियात्मक, संज्ञानात्मक, भाषायी, संवेगात्मक एवं सामाजिक आदि जैसे विभिन्न कारकों के सहयोग से सम्पन्न होता है। विकास की इस प्रक्रिया में रुचि, आदत, दृष्टिकोण, जीवन-मूल्य, स्वभाव, व्यक्तित्व, व्यवहार आदि सकारात्मक प्रभाव डालते हैं।

बाल विकास के अवधारणात्मक मुद्दे (Concept of Child Development)

(*i*) बालक के गर्भ में आने के बाद निरंतर प्रगति होती रहती है। इस प्रगति का विभिन्न आयु एवं अवस्था के दौरान स्वरूप रूपांतरित होता रहता है।

(*ii*) ऐसा देखा गया है कि बालकों में पाई जानेवाली व्यक्तिगत विभिन्नताएं उसके आनुवंशिक एवं परिवेशजन्य परिस्थिति से प्रेरित होती है।

(*iii*) बालक के जीवन-मूल्य, स्वभाव, आदत, रुचि, दृष्टिकोण एवं व्यवहार आदि में जन्म के समय से ही सदैव परिवर्तन आते रहते हैं। इनका विभिन्न आयु वर्ग एवं अवस्था में स्वरूप भिन्न-भिन्न होता है। साथ ही परिवर्तन की प्रक्रिया की प्रकृति में भी भिन्नता होती है।

(*iv*) जन्म से पूर्व एवं जन्म के बाद से परिपक्व होने तक बालक में होने वाले परिवर्तन की प्रकृति में भिन्नता होती है।

(*v*) बालक में होने वाले परिवर्तन उसकी आयु के साथ घनिष्ठ रूप से जुड़े होते हैं।

(*vi*) यह बात भी बिल्कुल सत्य है कि समय-समय पर बालक में होने वाले परिवर्तन उसके व्यक्तित्व एवं व्यवहार को प्रभावित करते हैं।

(*vii*) पूर्व में घटित परिवर्तनों के आधार पर बालक के भविष्य में होने वाले परिमाणात्मक एवं गुणात्मक परिवर्तनों की भी भविष्यवाणी की जा सकती है।

(*viii*) सभी बालकों में वृद्धि एवं विकास संबंधी परिवर्तनों में एकरूपता नहीं होती बल्कि उसमें अन्तर होता है।

(*ix*) बालकों में समयानुसार एवं आयु व अवस्था अनुसार होने वाले परिवर्तनों के लिए कुछ कारक जिम्मेदार होते हैं। इन कारकों में मुख्यतः लैंगिक, परिवेशजन्य एवं अवस्था से संबद्ध होते हैं।

बाल विकास के सिद्धांत (Principles of Child Development)

बालको में होने वाले शारीरिक एवं मानसिक विकास कुछ विशेष प्रकार के सिद्धांतों पर आधारित होते हैं। ये सिद्धांत ही बाल विकास के सिद्धांत कहलाते हैं। बाल विकास से संबद्ध कुछ महत्त्वपूर्ण सिद्धांत निम्न हैं:

(*i*) **निरंतरता का सिद्धांत (Principle of Continuity):** इस सिद्धांत के अनुसार विकास एक न रुकने वाली प्रक्रिया है। यह प्रक्रिया माँ के गर्भ से शुरू होकर मृत्युपर्यंत चलती रहती है। मनुष्य का जीवन नगण्य आकार से प्रारंभ होकर व्यक्तित्व के सभी पक्षों–शारीरिक, सामाजिक एवं मानसिक आदि का संपूर्ण विकास इसी निरंतरता के गुण के कारण भली-भांति प्राप्त करता है।

(*ii*) **विकास का सामान्य से विशेष की ओर का सिद्धांत (Development Proceeds from General to Specific Responses):** विकास की प्रक्रिया में सबसे पहले सामान्य क्रियाओं के दर्शन होते हैं उसके बाद विशिष्ट क्रियाओं का स्थान आता है। उदाहरणार्थ–बालक अपने हाथों से कुछ चीज पकड़ने से पहले इधर-उधर यूं ही हाथ मारने या फैलाने की चेष्टा करता है। इसी प्रकार शुरू में एक नवजात शिशु के रोने और चिल्लाने में उसके सभी अंग-प्रत्यंग भाग लेते हैं। परंतु बाद में वृद्धि और विकास की प्रक्रिया के परिणामस्वरूप ये क्रियाएं उसकी आँखों और वाकूतंत्र तक सीमित हो जाती हैं। भाषा विकास के क्रम में बालक सबसे सामान्य शब्द ही सीखता है। पहले-पहल वह सभी व्यक्तियों को 'पापा' कहकर संबोधित करता है, इसके पश्चात ही वह अपने पिता को 'पापा' कहकर संबोधित करना सीखता है।

(*iii*) **विकास की दिशा का सिद्धांत (Principle of Developments Directions):** इस सिद्धांत के अनुसार विकास की प्रक्रिया पूर्व निश्चित दिशा में आगे बढ़ती है। विकास की प्रक्रिया की यह दिशा व्यक्ति के वंशानुगत एवं वातावरण-जन्य कारकों से प्रभावित होती है। इसके अनुसार बालक सबसे पहले अपने सिर और भुजाओं की गति पर नियंत्रण करना सीखता है और उसके बाद फिर टांगों को। इसके बाद ही वह अच्छी तरह बिना सहारे के खड़ा होना और चलना सीखता है।

(*iv*) **वैयक्तिक भिन्नता का सिद्धांत (Principle of Individual Difference):** इस सिद्धांत के अनुसार बालकों का विकास और वृद्धि उनकी अपनी वैयक्तिकता के अनुरूप होती है। वे अपनी स्वाभाविक गति से ही वृद्धि और विकास के विभिन्न क्षेत्रों में आगे बढ़ते हैं और इसी कारण उनमें पर्याप्त विभिन्नताएं देखने को मिलती हैं। कोई भी एक बालक वृद्धि एवं विकास की दृष्टि से किसी अन्य बालक के समरूप नहीं होता। विकास के इस सिद्धांत के कारण ही कोई बालक अत्यंत मेधावी, कोई बालक सामान्य तथा कोई बालक पिछड़ा या मंद होता है।

(*v*) **विकास के क्रम की समरूपता (Uniformity of Pattern):** यह सिद्धांत इस बात की ओर संकेत करता है कि विकास की गति में एक समानता न होने तथा पर्याप्त वैयक्तिक अंतर पाए जाने के बाद भी विकास के क्रम में कुछ समरूपता के दर्शन होते हैं। इस क्रम में एक ही जाति विशेष सदस्यों में कुछ एक जैसी समानताएं देखने को मिलती हैं।

(*vi*) **एकीकरण का सिद्धांत (Principle of Integration):** विकास की प्रक्रिया एकीकरण के सिद्धांत का पालन करती है। इस सिद्धांत के अनुसार बालक पहले संपूर्ण अंग को फिर अंग के भागों को चलाना सीखता है। इसके बाद वह उन भागों को एकीकृत करना सीखता है। सामान्य से विशेष की ओर बढ़ते हुए विशेष प्रतिक्रियाओं तथा चेष्टाओं को इकट्ठे रूप में प्रयोग में लाना सीखता है। उदाहरणार्थ–एक बालक पहले पूरे हाथ को, फिर अंगुलियों को एक साथ चलाना सीखता है।

(*vii*) **वृद्धि एवं विकास का सिद्धांत (Principle of Growth and Development):** इस सिद्धांत के अनुसार वृद्धि और विकास की क्रिया वंशानुक्रम और वातावरण का संयुक्त परिणाम है। अन्य शब्दों में वृद्धि और विकास की प्रक्रिया में वंशानुक्रम जहाँ आधार का कार्य करता है वहाँ वातावरण इस आधार पर बनाए जाने वाले व्यक्तित्व संबंधी भवन के लिए आवश्यक सामग्री एवं अनुकूलता जुटाने में सहयोग देता है। अतः वृद्धि और विकास की प्रक्रियाओं में इन दोनों को समान महत्व दिया जाना आवश्यक हो जाता है।

(*vii*) **वृद्धि एवं विकास की गति की दर में असमरूपता का सिद्धांत (Rate of Growth and Development is not Uniform):** विकास की प्रक्रिया जीवनपर्यंत चलती रहती है, किन्तु इस प्रक्रिया में विकास की गति सदैव एक समान नहीं होती। शैशवावस्था के शुरू के वर्षों में यह गति कुछ तीव्र होती है, परन्तु बाद के वर्षों में यह मंद पड़ जाती है। पुनः किशोरावस्था के प्रारंभ में इस गति में तेजी से वृद्धि होती है परन्तु यह अधिक समय तक नहीं बनी रहती। इस प्रकार स्पष्ट है कि वृद्धि और विकास की गति में उतार-चढ़ाव आते ही रहते हैं। किसी भी अवस्था में यह एक जैसी नहीं रह पाती।

विकास एवं वृद्धि में अंतर (Difference between Growth and Development)

विकास	वृद्धि
1. विकास का प्रयोग परिमाणात्मक एवं व्यावहारिक परिवर्तनों के लिए होता है।	1. वृद्धि का प्रयोग केवल परिमाणात्मक परिवर्तनों के लिए होता है।
2. विकास एक निरंतर चलने वाली प्रक्रिया है तथा यह बालक के परिपक्व होने के बाद भी चलती रहती है।	2. वृद्धि की प्रक्रिया आजीवन नहीं चलती और बालक के परिपक्व होने के साथ रूक जाती है।
3. विकास का व्यापक संदर्भ में प्रयोग किया जाता है तथा वृद्धि इसी का एक अंग है।	3. वृद्धि विकास की प्रक्रिया का एक चरण है तथा इसका क्षेत्र सीमित होता है।
4. बालक में विकास के लिए वृद्धि आवश्यक नहीं है।	4. बालक की शारीरिक वृद्धि हो रही है तो यह आवश्यक नहीं है कि उसका विकास भी हो रहा है।

विकास की अवस्था का वर्गीकरण (Different Stages of Human Development)

मानव जीवन विभिन्न अवस्थाओं (Stages) से होते हुए आगे बढ़ता है। यह बात बिल्कुल सत्य है कि विकास की एक अवस्था से दूसरी अवस्था के मध्य विकास के समय तथा दर के सापेक्ष व्यक्ति निश्चित रूप से भिन्न होते हैं। यह देखा जा सकता है कि कुछ व्यवहार प्रारूप तथा कुछ कौशल एक विशिष्ट अवस्था में अधिक आसानी से एवं सफलतापूर्वक सीखे जाते हैं। व्यक्ति की ये उपलब्धियां विकास की उस अवस्था के लिए एक सामाजिक अपेक्षा बन जाती है। इन्हें विकासात्मक कार्य (Development Tasks) कहते हैं।

विद्वानों ने मानव विकास की विभिन्न अवस्थाओं का वर्गीकरण प्राचीन एवं आधुनिक विचारधारा के आधार पर किया है–

प्राचीन विचारधारा

इस विचारधारा के अनुसार भारतीय मनीषियों ने मानव विकास की अवस्था को सात कालों में बांटा है–

	अवस्था		काल
1.	गर्भावस्था	–	गर्भ धारण करने से जन्म तक।
2.	शैशवावस्था	–	जन्म से 5 वर्ष तक।
3.	बाल्यावस्था	–	5 से 12 वर्ष तक।
4.	किशोरावस्था	–	12 से 18 वर्ष तक।
5.	युवावस्था	–	18 से 25 वर्ष तक।
6.	प्रौढ़ावस्था	–	25 से 55 वर्ष तक।
7.	वृद्धावस्था	–	55 वर्ष से मृत्युपर्यंत।

आधुनिक विचारधारा

इस विचारधारा के अनुसार अधिकतर विद्वानों ने मानव विकास की अवस्था को चार कालों में बांटा है–

	अवस्था		काल
1.	शैशवावस्था	–	जन्म से 6 वर्ष तक।
2.	बाल्यावस्था	–	6 से 12 वर्ष तक।
3.	किशोरावस्था	–	12 से 18 वर्ष तक।
4.	वयस्कावस्था	–	18 वर्ष से मृत्युपर्यंत।

आधुनिक विचारधारा के तहत शिक्षा की दृष्टि से प्रथम तीन अवस्थाएं ही महत्वपूर्ण हैं। इसलिए शिक्षा मनोविज्ञान में इन्हीं तीन अवस्थाओं में होने वाले मानव विकास का अध्ययन किया जाता है।

शैशवावस्था (Infancy)

(*i*) जन्म से छः वर्ष तक की अवस्था को शैशवावस्था कहा जाता है। इसमें जन्म से तीन वर्ष तक बच्चों का शारीरिक व मानसिक विकास तेजी से होता है।

(*ii*) इस काल में जिज्ञासा की एवं दोहराने की तीव्र प्रवृत्ति बच्चों में पाई जाती है।

(*iii*) यह काल भाषा सीखने की सर्वोत्तम अवस्था है।

(*iv*) इस काल में बच्चों का समाजीकरण भी प्रारम्भ हो जाता है अथवा शिक्षा की दृष्टि से भी यह काल सर्वाधिक महत्वपूर्ण माना जाता है।

शैशवावस्था के विकास के विभिन्न आयाम एवं अधिगम से उनका संबंध (Various Stages of Infancy and Its Relationship with Learning)

पेशीय विकासः नवजात शिशुओं की पेशीय (शारीरिक) क्रियाएं प्रतिवर्त (reflexes) से संचालित होती है। ये आनुवंशिक रूप से प्राप्त अतिजीविता तंत्र हैं तथा बाद के पेशीय विकास के लिए ये आधारभूत इकाइयां हैं। नवजात शिशुओं को सीखने के अवसर मिलने के पहले प्रतिवर्त अनुकूल तंत्र के रूप में कार्य करते हैं। नवजात शिशुओं में पाए जाने वाले कुछ प्रतिवर्त जैसे–खांसना, पलक झपकाना तथा जम्हाई लेना, जीवनपर्यंत बने रहते हैं। कुछ दूसरे प्रतिवर्त मस्तिष्क की कार्यप्रणाली के परिपक्व होने तथा व्यवहार पर ऐच्छिक नियंत्रण के विकसित हो जाने पर विलुप्त हो जाते हैं।

संवेदी योग्यताएंः नवजात शिशु जन्म के मात्र कुछ घंटे के बाद ही अपनी मां की आवाज को पहचान सकते हैं एवं उनमें अन्य संवेदी क्षमताएं भी होती हैं। वे (नवजात शिशु) कुछ उद्दीपकों, जैसे–चेहरों को अन्य उद्दीपकों की तुलना में देखना पसंद करते हैं, यद्यपि यह पसंद जीवन के प्रथम कुछ महीनों में परिवर्तित होती है। प्रौढ़ों की तुलना में नवजात शिशुओं की दृष्टि कम आंकी गई है। छठे महीने तक इसमें सुधार होता है और लगभग एक वर्ष की उम्र तक दृष्टि लगभग प्रौढ़ों के समान हो जाती है। नवजात शिशु सामान्यतया रंग विभेदन में अपूर्ण होते हैं एवं पूर्ण रंग विभेदन दृष्टि 3 माह की आयु तक विकसित होती है।

नवजात शिशु जैसे-जैसे विकसित होते हैं उनकी ध्वनि की दिशा निर्धारण दक्षता में सुधार होता है। नवजात शिशु स्पर्श के प्रति अनुक्रिया करते हैं एवं वे पीड़ा की अनुभूति भी कर सकते हैं। घ्राण एवं स्वाद की दोनों क्षमताएं भी नवजात शिशुओं में होती हैं।

संज्ञानात्मक विकास : शैशवावस्था में संज्ञानात्मक विकास के विषय में जीन पियाजे (Jean Piaget) ने इस बात पर बल दिया है कि बच्चे संसार के बारे में अपनी समझ की रचना सक्रिय रूप से करते हैं। परिवेश से सूचनाएं उनके मन में मात्र प्रवेश ही नहीं करती हैं बल्कि जैसे-जैसे बच्चे बड़े होते हैं अतिरिक्त सूचनाएं अर्जित की जाती हैं और नए विचारों को अंतर्निहित करने के लिए वे अपने चिंतन का अनुकूलन करते हैं, क्योंकि इससे संसार के बारे में उनकी समझ में सुधार होता है। पियाजे का मानना था कि शैशवावस्था से लेकर किशोरावस्था तक बच्चों का मन विचारों की अवस्थाओं की एक श्रृंखला से गुजरता है।

शिशुओं में वाचिक संप्रेषण का आधार उपस्थित रहता है। शिशुओं में 3 से 6 माह की आयु के बीच बबलाने से स्वरीकरण का प्रारंभ होता है।

सामाजिक-संवेगात्मक विकास : शिशु जन्म से ही सामाजिक प्राणी होता है। एक शिशु परिचित चेहरों को वरीयता देना प्रारम्भ कर देता है और कूकने एवं किलकारी भरने के द्वारा माता-पिता की उपस्थिति के प्रति अनुक्रिया करता है। छः से आठ माह की आयु तक वे अधिक गतिशील हो जाते हैं एवं अपनी माता के साथ रहना पसंद करने लगते हैं, जब वे नए चेहरे को देखकर डर जाते हैं या पीड़ा की अभिव्यक्ति करते हैं। माता-पिता या देख-रेख करने वाले से पुनः मिलने पर वे मुस्कराहट या आलिंगन से अपने भाव का प्रदर्शन करते हैं। शिशु एवं उनके माता-पिता (पालनकर्ता) के बीच स्नेह का जो सांवेगिक बंधन विकसित होता है उसे आसक्ति (attachment) कहते हैं।

बाल्यावस्था (Childhood)

(*i*) छः से बारह वर्ष तक की अवस्था को बाल्यावस्था कहा जाता है।

(*ii*) इस काल में बच्चा शारीरिक रूप से विकसित होता है।

(*iii*) शैशवावस्था की तुलना में बाल्यावस्था में बच्चों में सीखने की गति मन्द हो जाती है, किन्तु उनके सीखने का क्षेत्र विस्तृत हो जाता है।

(*iv*) इस काल के बाद बच्चे पढ़ाई में रूचि लेने लगते हैं तथा उनमें चिन्तन एवं तर्क शक्तियों का विकास भी होता है।

(*v*) इस अवस्था में बच्चों की शिक्षा के लिए विभिन्न विधियों का प्रयोग करना चाहिए।

बाल्यावस्था के विकास के विभिन्न आयाम एवं अधिगम से उनका संबंध (Various Stages of Childhood and Its Relationship with Learning)

पेशीय विकासः बाल्यावस्था के प्रारम्भ के वर्षों में स्थूल पेशीय कौशलों के अंतर्गत् भुजाओं एवं पैरों का उपयोग करना तथा अधिक विश्वास तथा उद्देश्यपूर्ण ढंग से परिवेश में घूमना-फिरना सम्मिलित है। सूक्ष्म पेशीय कौशलों–उंगली निपुणता तथा नेत्र-हस्त समन्वय में पूर्व-बाल्यावस्था में अत्यधिक सुधार होता है। इस अवधि में बच्चे के बाएं अथवा दाएं हाथ के लिए वरीयता का भी विकास होता है।

संज्ञानात्मक विकास : बच्चे में वस्तु स्थायित्व के संप्रत्यय (Concept) को सीखने की योग्यता उसे वस्तुओं को निरूपित करने के लिए मानसिक प्रतीकों का उपयोग करने में सक्षम बनाती है। परन्तु इस अवस्था में बच्चों में उस योग्यता का अभाव होता है जो उन्हें शारीरिक रूप से किए गए कार्यों को मानसिक रूप से करने की सुविधा प्रदान करती है। पूर्व-बाल्यावस्था में संज्ञानात्मक विकास पियाजे के पूर्व-संक्रियात्मक विचार की अवस्था पर ध्यान केंद्रित करता है। जो वस्तु भौतिक रूप से उपस्थित नहीं है उसे मानसिक रूप से निरूपित करने की योग्यता बच्चा प्राप्त करता है।

सामाजिक-संवेगात्मक विकास : स्व, लिंग तथा नैतिक विकास बच्चों के सामाजिक-सांवेगिक विकास के महत्वपूर्ण आयाम हैं। बाल्यावस्था के प्रारम्भिक वर्षों में 'स्व' में कुछ महत्वपूर्ण विकास होते हैं। समाजीकरण के कारण बच्चा यह बोध विकसित कर लेता है कि वह कौन है और वह अपनी पहचान किसकी तरह बनाना चाहता है। विकसित हो रहे स्वतंत्रता के बोध के कारण बच्चे कार्यों को अपने तरीके से करते हैं। इसके विपरीत, यदि उन्हें यह अनुभव कराया जाता है कि उनके प्रश्न अनुपयोगी हैं तथा उनके द्वारा खेले गए खेल मूर्खतापूर्ण हैं तो सम्भव है कि बच्चों में स्वयं के द्वारा प्रारम्भ की गई क्रियाओं के प्रति दोष-भावना विकसित होगी, जो बच्चों के बाद के जीवन में भी बनी रह सकती है। पूर्व-बाल्यावस्था में आत्मबोध स्वयं की शारीरिक विशेषताओं के आधार पर परिभाषित करने तक सीमित रहता है। मध्य एवं विलंबित बाल्यावस्था में बच्चे में सम्भवतः स्वयं को अपनी आंतरिक विशेषताओं के आधार पर परिभाषित करने की सम्भावना बढ़ जाती है। स्वयं को मानसिक विशेषताओं के आधार पर परिभाषित करने के अतिरिक्त बच्चों के आत्म-विवरण के अन्तर्गत् स्व का सामाजिक पक्ष भी आता है। बच्चे सम्भवतः इसके बारे में भी सोच सकते हैं कि वे दूसरों की तुलना में क्या कर सकते हैं अथवा क्या नहीं कर सकते हैं। यह विकासात्मक परिवर्तन एक व्यक्ति के रूप में दूसरों से स्वयं की भिन्नता स्थापित करने में सहायक होता है।

नैतिक विकास : बच्चे के विकास का दूसरा महत्वपूर्ण पक्ष है मानवीय क्रियाओं के सही या गलत होने के मध्य अन्तर करना, अपराध बोध की अनुभूति करना, स्वयं को दूसरे व्यक्ति के स्थान पर रखकर देखना तथा जब दूसरे लोग कठिनाई में होते हैं तो उनकी मदद करना सीखते हैं, ये सभी नैतिक विकास के घटक हैं। बच्चे जिस प्रकार संज्ञानात्मक विकास की विभिन्न अवस्थाओं से गुजरते हैं, लॉरेंस कोहल्बर्ग (Lawrence Kohlberg) के अनुसार, वैसे ही वे नैतिक विकास की विभिन्न अवस्थाओं से गुजरते हैं। ये अवस्थाएं आयु से संबद्ध होती हैं। कोहल्बर्ग के अनुसार अलग-अलग उम्र में बच्चे सही एवं गलत के बारे में भिन्न-भिन्न प्रकार से विचार करते हैं। छोटा बच्चा अर्थात् नौ वर्ष की आयु के पहले, बाह्य एवं प्रभावी व्यक्तियों के संदर्भ में चिंतन करता है। उसके (बच्चे) अनुसार कोई कार्य गलत है क्योंकि उसके लिए वह दंडित किया जाता है। जब बच्चा बड़ा (पूर्व-किशोरावस्था) होता है, वह दूसरों द्वारा स्थापित नियमों जैसे–माता-पिता अथवा समाज के नियमों के द्वारा नैतिक तर्कशक्ति विकसित करता है। बच्चे इन नियमों को स्वयं के नियमों के रूप में स्वीकृत करते हैं। प्रवीण बनने तथा दूसरों की स्वीकृति प्राप्त करने के लिए इनको आत्मसात कर लिया जाता है। बच्चे इन नियमों को ऐसे सुनिश्चित दिशा-निर्देश के रूप में देखते हैं जिनका अनुसरण किया जाना चाहिए। इस अवस्था में नैतिक चिंतन अपेक्षाकृत अटल होते हैं। जब वे बड़े होते हैं तो वे धीरे-धीरे व्यक्तिगत नैतिक संहिता या नियमावली विकसित कर लेते हैं।

किशोरावस्था (Adolescence)

(*i*) बारह से अठारह वर्ष तक की अवस्था को किशोरावस्था कहा जाता है।

(*ii*) इस अवस्था में किशोर-किशोरियों की बुद्धि का पूर्ण विकास हो जाता है, उनकी स्मरण शक्ति बढ़ जाती है एवं उनके ध्यान केन्द्रित करने की क्षमता भी बढ़ जाती है।

(*iii*) इस अवस्था में नशा या अपराध की ओर उन्मुख होने की संभावना रहती है।

(*iv*) इस अवस्था में किशोरों की लम्बाई एवं भार दोनों में वृद्धि होती है।

(*v*) इस अवस्था में मित्र बनाने की प्रवृत्ति तीव्र होती है एवं मित्रता में प्रगाढ़ता भी इस दौरान सामान्य सी बात है।

(*vi*) यौन समस्या इस अवस्था में सबसे बड़ी समस्या होती है।

किशोरावस्था के विकास के विभिन्न आयाम एवं अधिगम से उनका संबंध (Various Stages of Adolescence and its Relationship with Learning)

शारीरिक विकास : यौवनारंभ या लैंगिक परिपक्वता बाल्यावस्था के अंत को तथा किशोरावस्था के प्रारंभ को इंगित करती है जो संवृद्धि दर एवं लैंगिक विशेषताओं दोनों में ही आकस्मिक परिवर्तनों के द्वारा परिभाषित होती है, परन्तु यौवनारंभ अचानक उत्पन्न होने वाली घटना नहीं है बल्कि यह एक क्रमिक प्रक्रिया का अंग है। यौवनारंभ की अवस्था में स्रावित होने वाले हार्मोन के कारण मूल एवं गौण लैंगिक लक्षण विकसित होते हैं। मूल लैंगिक लक्षणों के अंतर्गत् वे लक्षण आते हैं जो प्रजनन से प्रत्यक्ष रूप से जुड़े हैं तथा गौण लैंगिक लक्षणों के अंतर्गत लैंगिक परिपक्वता को प्राप्त कर लेने के लक्ष्य या संकेत आते हैं। त्वरित संवृद्धि, चेहरों पर बालों का उगना तथा स्वर में परिवर्तन आदि से लड़कों में यौवनारंभ से संबंधित परिवर्तन प्रदर्शित होता है। लड़कियों की ऊंचाई में तीव्र संवृद्धि प्रायः मासिक धर्म प्रारंभ होने के लगभग दो वर्ष पहले शुरू होती है। लड़कों में 12 या 13 वर्ष की उम्र में तथा लड़कियों में 10 या 11 वर्ष की उम्र में शारीरिक विकास में तीव्र संवृद्धि प्रारम्भ होती है। यौवनारंभ अनुक्रम में परिवर्तन का पाया जाना एक सामान्य प्रक्रिया है। इसमें आनुवंशिकता एवं परिवेश दोनों की ही महत्वपूर्ण भूमिका हो सकती है।

किशोरावस्था में होने वाले शारीरिक विकास के साथ अनेक मानसिक परिवर्तन भी होते हैं। यौवनारंभ के आस-पास किशोर विपरीत लिंगी सदस्यों एवं यौन संबंधी मामलों में अधिक रुचि का प्रदर्शन करते हैं एवं यौन-अनुभूतियों के प्रति उनमें एक नई जागरुकता विकसित होती है। कामुकता या यौन संबंधी विषयों पर अधिक ध्यान देना अनेक कारकों के कारण होता है; जैसे–जैविक परिवर्तनों के प्रति सजगता तथा समकक्षियों, माता-पिता एवं समाज द्वारा कामुकता पर अधिक बल देना। इसके बावजूद अनेक किशोरों में काम-व्यवहार के प्रति उपयुक्त ज्ञान का अभाव होता है अथवा उनमें इसके प्रति अनेक भ्रांतियां होती हैं। यौन एक ऐसा विषय है जिस पर माता-पिता बच्चों से परिचर्या करने में कठिनाई का अनुभव करते हैं, इसलिए किशोर यौन संबंधी मामलों में गोपनीयता बरतने लगते हैं जो सूचनाओं के आदान-प्रदान तथा संप्रेषणीयता को कठिन बना देता है। एड्स एवं यौन-संक्रमित अन्य रोगों के खतरे के कारण वर्तमान समय में किशोरों में कामुकता के प्रति अधिक ध्यान दिया जा रहा है।

यौन पहचान का विकास यौन-उन्मुखता को परिभाषित करता है एवं काम-व्यवहार को निर्देशित करता है। इस रूप में यह किशोरों के लिए महत्वपूर्ण विकासात्मक कार्य बन जाता है। अपने शारीरिक परिपक्वता को स्वीकार करना किशोरावस्था में एक दूसरा महत्वपूर्ण विकासात्मक कार्य है। यह बात ध्यान रखने योग्य है कि यौवनारंभ की अवस्था में शारीरिक परिवर्तनों के साथ-साथ संज्ञानात्मक एवं सामाजिक परिवर्तन भी होते हैं।

संज्ञानात्मक विकासात्मक परिवर्तन : किशोर के विचार अधिक अमूर्त, तर्कपूर्ण एवं आदर्शवादी होते हैं। अपने तथा दूसरों के विचारों का एवं दूसरे उनके बारे में क्या सोचते हैं इसका मूल्यांकन करने में वे अधिक सक्षम हो जाते हैं। किशोरों में तर्कशक्ति की विकसित हो रही योग्यता उन्हें संज्ञानात्मक एवं सामाजिक सजगता का एक नया स्तर प्रदान करती है। किशोरावस्था के दौरान किशोर का चिंतन वास्तविक मूर्त अनुभवों के बारे में अधिक अमूर्त रूप से चिंतन एवं तर्क प्रारंभ कर देते हैं। अमूर्त होने के अतिरिक्त किशोरों के विचार आदर्शवादी भी होते हैं। किशोर स्वयं तथा दूसरों की आदर्श विशेषताओं के बारे में सोचना प्रारम्भ कर देते हैं तथा स्वयं की दूसरों से तुलना इन आदर्श मानकों के आधार पर करते हैं। विकास की प्रारंभिक अवस्था से गुजर रहे बच्चों द्वारा प्रयुक्त प्रयत्न त्रुटि उपागम के विपरीत समस्या समाधान करने में किशोरों का चिंतन अधिक व्यवस्थित होता है। वे कार्य करने के संभावित तरीकों 'कुछ चीजें वैसे ही क्यों हो रही हैं' के बारे में सोचते हैं एवं क्रमबद्ध तरीके से समाधान ढूंढ़ते हैं। पियाजे (Piaget) ने इस प्रकार के तर्कपूर्ण चिंतन को परिकल्पनात्मक निगमनात्मक तर्कशक्ति (hypothetical deductive reasoning) कहा है।

तर्कपूर्ण विचार नैतिक तर्कशक्ति के विकास को भी प्रभावित करते हैं। सामाजिक नियमों को निरपेक्ष मानक नहीं माना जाता है एवं नैतिक चिंतन कुछ लचीलापन प्रदर्शित करता है। किशोर वैकल्पिक नैतिक संहिता को जानते हैं, विकल्पों की खोज करते हैं, और उसके बाद एक व्यक्तिगत नैतिक संहिता का निश्चय करते हैं।

एक पहचान का निर्माण करना : आप कौन हैं और आपके मूल्य, प्रतिबद्धता एवं विश्वास क्या हैं यही पहचान है। अपने माता-पिता से अलग अपनी एक पहचान स्थापित करना किशोरों का एक प्रमुख कार्य है। किशोरावस्था में विलग्नता या अनासक्ति की एक प्रक्रिया व्यक्ति को वैयक्तिक विश्वासों का एक ऐसा पुंज विकसित करने में सक्षम बनाती है जो अद्वितीय रूप से उनका अपना होता है। एक पहचान प्राप्त करने की प्रक्रिया में किशोर अपने माता-पिता के साथ तथा स्वयं अपने अंदर द्वंद्व का अनुभव कर सकते हैं। वे किशोर जो परस्पर-विरोधी पहचानों की समस्या को सुलझा सकते हैं वे एक नए आत्मबोध को विकसित कर लेते हैं। वे किशोर जो इस पहचान के संकट से उबर पाने में सक्षम नहीं होते हैं वे भ्रमित हो जाते हैं।

किशोरावस्था में पहचान का निर्माण अनेक कारकों से प्रभावित होता है। सांस्कृतिक पृष्ठभूमि, पारिवारिक तथा सामाजिक मूल्य, सजातीय पृष्ठभूमि तथा सामाजिक-आर्थिक स्तर ये सभी समाज में एक स्थान प्राप्त करने के लिए किशोरों द्वारा किए गए प्रयास पर प्रभावी रहते हैं। जब किशोर घर से बाहर अधिक समय व्यतीत करने लगते हैं तो पारिवारिक सम्बन्ध कम महत्वपूर्ण हो जाते हैं और वे समकक्षियों के सहयोग एवं स्वीकृति की प्रबल आवश्यकता विकसित कर लेते हैं। समकक्षियों के साथ अधिक अंतः क्रिया उन्हें अपने सामाजिक कौशलों को

सुधारने तथा भिन्न-भिन्न प्रकार के सामाजिक व्यवहारों को परखने का अवसर प्रदान करती है। समकक्षी तथा माता-पिता ये दो शक्तियां हैं जिनका किशोरों पर विशेष प्रभाव पड़ता है। समय-समय पर माता-पिता के साथ संघर्षपूर्ण परिस्थितियां समकक्षियों के साथ तादात्म्य स्थापित करने की प्रवृत्ति को बढ़ाती है। परन्तु सामान्यतया समकक्षी एवं माता-पिता अनुपूरक का कार्य करते हैं और किशोरों की भिन्न आवश्यकताओं की पूर्ति करते हैं। व्यावसायिक प्रतिबद्धता किशोरों की पहचान निर्माण को प्रभावित करने वाला एक दूसरा कारक है।

बाल मनोविज्ञान (Child Psychology)

बाल मनोविज्ञान "मनोविज्ञान की एक शाखा है, जिसके अन्तर्गत बालकों के व्यवहार, स्थितियों, समस्याओं तथा उन सभी कारणों का अध्ययन किया जाता है, जिनका प्रभाव बालक के व्यवहार एवं विकास पर पड़ता है।"

बाल मनोविज्ञान की परिभाषा (Definitions of Child Psychology)

क्रो एवं क्रोः "बाल मनोविज्ञान एवं वैज्ञानिक अध्ययन है, जिसमें बालक के जन्म के पूर्व काल से लेकर उसकी किशोरावस्था तक का अध्ययन किया जाता है।"

बाल मनोविज्ञान की अध्ययन विधियाँ (Approaches or Methods of Understanding Child Psychology)

(*i*) **निरीक्षण विधि (Observation Method):** निरीक्षण का अर्थ होता है अवलोकन करना। इस विधि से हम बच्चों के व्यवहार पर निगरानी रख सकते हैं एवं उनकी गतिविधियों की भी कई प्रकार से जानकारी मिल जाती है। उदाहरण–अगर कोई बालक अपनी आँखें लाल करे, मुठिठ्याँ भींचे या दाँत किटकिटाये तो इसका अर्थ यह है कि वह क्रोधित अवस्था में है। निरीक्षण विधि हमें बालकों के व्यवहार और व्यक्तित्व के बारे में उचित निष्कर्ष निकालने में काफी मदद कर सकती है।

(*ii*) **प्रयोगात्मक विधि (Experimental Method):** प्रयोगात्मक विधि में परीक्षण और प्रयोगों के आधार पर व्यवहार एवं क्रियाओं आदि का अध्ययन किया जाता है। इस विधि में प्रयुक्त मनोवैज्ञानिक प्रयोगों के लिए कम से कम दो व्यक्तियों–प्रयोगकर्त्ता (Experimentor) तथा प्रयोज्य (Subject) की आवश्यकता पड़ती है। इस विधि में बालकों का एक वर्ग नियंत्रित रहता है एवं एक प्रयोगात्मक, दोनों वर्गों से प्राप्त परिणामों की तुलना कर निष्कर्ष निकाला जाता है।

(*iii*) **समाजमिति विधि (Sociometric Method):** इस विधि में किसी समाजमितीय परीक्षण का उपयोग किया जाता है। कौन बालक कितना अधिक सामाजिक है, समूह विशेष में उसका क्या स्थान है, समूह के सदस्यों से वह कितना अधिक या कम मेलजोल बढ़ाता है, उनके साथ काम करना, पढ़ना, खेलना-कूदना आदि पसंद करता है–इन बातों का पता लगाने के लिए मनोविज्ञान में जिस विधि का प्रयोग किया जाता है, उसे समाजमिति विधि का नाम दिया जाता है।

(*iv*) **प्रश्नावली विधि (Questionnaire Method):** इस विधि में बालकों के व्यवहार का अध्ययन करने के लिए, उनके व्यवहार सम्बन्धी कुछ प्रश्न तैयार किए जाते हैं। इन प्रश्नों के उत्तर बालक उसके माता-पिता, अभिभावक एवं शिक्षक से प्राप्त कर इसके आधार पर निष्कर्ष निकाला जाता है। इस विधि के साथ एक समस्या यह है कि बच्चे कई प्रश्नों का उत्तर ठीक से नहीं दे पाते।

(*v*) **उपचारात्मक विधि (Clinical Method):** इस विधि का प्रयोग समस्यात्मक बालकों के व्यवहार सम्बन्धी मूल कारणों का पता लगाकर उसका उचित उपचार करने के लिए किया जाता है। उपचार के लिए पहले बालक के व्यवहार का अध्ययन किया जाता है, उसके बाद इस अध्ययन के आधार पर समस्याओं को वर्गीकृत किया जाता है।

अभ्यास प्रश्न

1. सीखने की प्रक्रिया के अन्तर्गत शिक्षा मनोविज्ञान अध्ययन करता है :
A. प्रेरणा व पुनर्बलन के प्रभाव का अध्ययन
B. वंशानुक्रम व वातावरण का अध्ययन
C. ध्यान व रुचि का अध्ययन
D. वैयक्तिक भेदों का अध्ययन

2. शिक्षा मनोविज्ञान एक विज्ञान है :
A. मानव व्यवहार का
B. मानव सिद्धान्तों का
C. शैक्षिक सिद्धान्तों का
D. मानव की व्यक्तिगत विभिन्नताओं का

3. एक समूह की बनावट का अध्ययन करने में प्रयुक्त होती है :
A. प्रश्नावली विधि B. साक्षात्कार विधि
C. व्यक्ति इतिहास विधि D. समाजमिति विधि

4. शैशवावस्था में बालक में पाया जाता है :
A. अनुकरण करना B. सहयोग लेना
C. आश्रितता D. इनमें से सभी

5. बाल्यावस्था में मस्तिष्क का विकास हो जाता है?
A. 60% B. 80%
C. 90% D. 50%

6. संवेगात्मक विकास में किस अवस्था में तीव्र परिवर्तन होता है?

A. शिशु अवस्था B. युवावस्था
C. बाल्यावस्था D. किशोरावस्था

7. वृद्धि और विकास है :

A. एक-दूसरे के विरोधी
B. एक-दूसरे से समान
C. एक-दूसरे के पूरक
D. इनमें से कोई नहीं

8. शिशु का विकास प्रारम्भ होता है :

A. जन्म के पश्चात् B. किशोरावस्था में
C. बाल्यकाल में D. गर्भकाल में

9. शिक्षक का सर्वोच्च कर्त्तव्य है, वह–

A. अपने समुदाय की सेवा करे
B. प्रधानाचार्य के आदेशों का अनुसरण करें
C. छात्रों का कल्याण करें
D. शिक्षकों की मंडली में रहें

10. बालक के विकास की कौन-सी अवस्था में उचित यौन शिक्षा की आवश्यकता होती है?

A. शिशु अवस्था B. बाल्यावस्था
C. किशोरावस्था D. प्रौढ़ावस्था

11. वह कौन-सा कथन है जहाँ बच्चे के 'संज्ञानात्मक' विकास को सबसे बेहतर तरीके से परिभाषित किया जा सकता है?

A. विद्यालय एवं कक्षा पर्यावरण
B. सभागार
C. घर
D. खेल का मैदान

12. "विकास कभी न समाप्त होने वाली प्रक्रिया है।" यह विचार किससे सम्बन्धित है?

A. निरंतरता का सिद्धांत
B. एकीकरण का सिद्धांत
C. अंतःक्रिया का सिद्धांत
D. अंतःसम्बन्ध का सिद्धांत

13. बच्चों की शिक्षा प्रारम्भ होती है:

A. प्राथमिक विद्यालय से B. बालवाड़ी से
C. घर से D. समाज से

14. विकास की प्रक्रिया में .... जीवनमूल्यों, व्यक्तित्व, व्यवहार इत्यादि का विकास भी शामिल है।

(*i*) दृष्टिकोणों (*ii*) स्वभाव
(*iii*) रूचियों (*iv*) आदतों

A. (*i*) एवं (*ii*)
B. (*i*), (*ii*) एवं (*iii*)
C. (*ii*), (*iii*) एवं (*iv*)
D. ये सभी

15. प्राथमिक स्तर पर एक अच्छे शिक्षक में सबसे महत्वपूर्ण विशेषता है :

A. पढ़ाने की उत्सुकता
B. धैर्य और दृढ़ता
C. विषयों के ज्ञान में दक्षता
D. शिक्षण-पद्धतियों के ज्ञान की दक्षता

16. सभी बच्चों का स्वस्थ शारीरिक विकास सभी प्रकार के विकास की पहली शर्त है। इसके लिए किन मूल आवश्यकताओं पर ध्यान देना आवश्यक है?

(*i*) पौष्टिक आहार
(*ii*) शारीरिक व्यायाम
(*iii*) मनोवैज्ञानिक-सामाजिक जरूरतों

A. केवल (*i*) B. (*i*) एवं (*ii*)
C. (*i*) एवं (*iii*) D. ये सभी

17. मानव विकास की किस अवस्था में बच्चों के सीखने की गति सर्वाधिक होती है?

A. बाल्यावस्था B. शैशवावस्था
C. प्रौढ़ावस्था D. किशोरावास्था

18. जब किशोर में किसी वस्तु, समस्या या परिस्थिति के लिए निजी स्तर पर निर्णय लेने की क्षमता का विकास परिपक्व होने लगता है, तो इस विकास को कहते हैं?

A. भाषायी विकास
B. संज्ञानात्मक विकास
C. सामाजिक विकास
D. मनोगत्यात्मक विकास

19. मानव विकास कुछ विशेष सिद्धान्तों पर आधारित है। निम्नलिखित कौन-सा मानव विकास का सिद्धान्त नहीं है?

A. आनुक्रमिकता B. सामान्य से विशिष्ट
C. प्रतिवर्ती D. निरन्तरता

20. निचली कक्षाओं में शिक्षण की खेल-पद्धति मूलरूप से आधारित है:

A. शारीरिक शिक्षा कार्यक्रमों के सिद्धांत पर
B. शिक्षण-पद्धतियों के सिद्धांतों पर
C. विकास एवं वृद्धि के मनोवैज्ञानिक सिद्धांतों पर
D. शिक्षण के समाजशास्त्रीय सिद्धांतों पर

21. निम्नलिखित में से किसका विकास अधिक होगा?

A. शारीरिक रूप से विकलांग बालक
B. सामाजिक-आर्थिक रूप से सम्पन्न बालक
C. आर्थिक रूप से सम्पन्न बालक
D. उपरोक्त में से कोई नहीं

22. बालक के व्यक्तित्व के सर्वांगीण विकास के लिए यह आवश्यक है कि उसके .... की जानकारी शिक्षक को हो।

A. मित्रों B. व्यवहार
C. ज्ञान D. कक्षा के साथियों

23. ''विकास प्राणी में प्रगतिशील परिवर्तन है, जो निश्चित लक्ष्यों की ओर निरन्तर होता रहता है।'' यह कथन किसका है?

A. हरलॉक B. जीन पियाजे
C. ड्रेवर D. फ्रायड

24. मानव बुद्धि एवं विकास की समझ शिक्षक को .... योग्य बनाती है।

A. निष्पक्ष रूप से अपने शिक्षण-अभ्यास
B. शिक्षण के समय शिक्षार्थियों के संवेगों पर नियंत्रण बनाए रखने
C. विविध शिक्षार्थियों के शिक्षण के बारे में स्पष्टता
D. शिक्षार्थियों को यह बताने कि वे अपने जीवन को कैसे सुधार सकते हैं?

25. बालक के व्यवहार में परिवर्तन के लिए व्यवहार अध्ययन की किस विधि का सहारा लिया जाता है?

A. साक्षात्कार विधि B. प्रश्नावली विधि
C. उपचारात्मक विधि D. प्रयोगात्मक विधि

26. व्यक्ति में कोई आकस्मिक परिवर्तन नहीं होता है, यह किस सिद्धान्त द्वारा किया जाता है?

A. विकास क्रम का सिद्धान्त
B. विकास दिशा का सिद्धान्त
C. निरन्तर विकास का सिद्धान्त
D. परस्पर सम्बन्ध का सिद्धान्त

27. निम्नलिखित में से कौन-सा बाल-अपराध का कारण हो सकता है?

A. पारिवारिक B. सामाजिक
C. शारीरिक D. ये सभी

28. विकास के सम्बन्ध में निम्नलिखित में से कौन-सा कथन सत्य नहीं है?

A. विकास की प्रक्रिया एक निश्चित दिशा में होती है
B. वृद्धि और विकास की क्रिया वंशानुक्रम और वातावरण का संयुक्त परिणाम है
C. किसी बच्चे में वृद्धि और विकास की गति को ध्यान में रखकर उसके आगे बढ़ने की दिशा और स्वरूप के बारे में भविष्यवाणी नहीं की जा सकती है।
D. विकास हमेशा सामान्य से विशेष की ओर चलता है।

29. चरित्र का विकास होता है:

A. इच्छाशक्ति द्वारा B. बर्ताव एवं व्यवहार द्वारा
C. नैतिकता द्वारा D. इनमें से सभी

30. प्राथमिक शिक्षक के लिए बाल मनोविज्ञान का ज्ञान आवश्यक है, क्योंकि

A. यह बच्चों को अनुशासित बनाने में सहायता करता है
B. परीक्षा के परिणाम में उन्नति होती है
C. यह बच्चों को अभिप्रेरित करने के लिए सुविधाजनक तरीका बन जाता है
D. यह बच्चों के व्यवहार को समझने में शिक्षक की सहायता करता है

31. आपके विचार में शिक्षा का उद्देश्य होना चाहिए:

A. बालकों का सर्वांगीण विकास
B. शिक्षा ग्रहण करने के बाद नौकरी
C. छात्रों को साक्षर बनाना
D. छात्रों की मानसिक योग्यता का विकास

32. सार्थक अधिगम की प्रक्रिया विकास की किस अवस्था से आरम्भ होती है?

A. किशोरावस्था से B. वयस्कावस्था से
C. शैशवावस्था से D. बाल्यावस्था से

33. आपकी कक्षा का एक छात्र, नैतिक शारीरिक विकास की दृष्टि से काफी पिछड़ा हुआ है। आपको विकास के निम्नलिखित में से किस आयाम में नैतिकता के पिछड़ने की चिन्ता हो सकती है?

(*i*) संवेगात्मक विकास (*ii*) बौद्धिक विकास
(*iii*) सामाजिक विकास

A. केवल (*i*) B. केवल (*ii*)
C. (*i*) एवं (*iii*) D. ये सभी

उत्तरमाला

1	2	3	4	5	6	7	8	9	10
A	A	D	D	C	D	C	D	C	C
11	**12**	**13**	**14**	**15**	**16**	**17**	**18**	**19**	**20**
A	A	C	D	B	D	B	B	C	C
21	**22**	**23**	**24**	**25**	**26**	**27**	**28**	**29**	**30**
B	B	C	C	C	C	D	C	D	D
31	**32**	**33**							
A	C	D							

2. वंशानुक्रम एवं वातावरण का प्रभाव (Influence of Heredity and Environment)

बालक के विकास की प्रक्रिया में विभिन्न बाह्य और आंतरिक कारकों का महत्त्वपूर्ण योगदान होता है। बालक के विकास को प्रभावित करने वाले प्रमुख बाह्य कारक हैं– सामाजिक-आर्थिक स्थिति विशेषक एवं वातावरण-जन्य विशेषक आदि। जबकि बालक के विकास को प्रभावित करने वाले प्रमुख आंतरिक कारक हैं–शारीरिक विशेषक, बौद्धिक विशेषक, संवेगात्मक विशेषक, सामाजिक विशेषक, वंशानुगत विशेषक आदि।

वंशानुक्रम की परिभाषाएँ (Definitions of Heredity)

(*i*) **एच ए पेटरसन एवं वुडवर्थः** "व्यक्ति अपने माता-पिता के माध्यम से पूर्वजों की जो विशेषताएं प्राप्त करता है, उसे वंशानुक्रम कहते हैं।"

(*ii*) **बी एन झाः** "वंशानुक्रम व्यक्ति की जन्मजात विशेषताओं का पूर्ण योग है।"

(*iii*) **जेम्स ड्रेवरः** "शारीरिक तथा मानसिक विशेषताओं का माता-पिता से सन्तानों में हस्तान्तरण होना वंशानुक्रम है।"

वंशानुक्रम का प्रभाव (Effect of Heredity)

वंशानुक्रम माता-पिता से संतान को प्राप्त होने वाले गुणों का नाम है। एक व्यक्ति के वंशानुक्रम में वे सब शारीरिक बनावटें, शारीरिक विशेषताएं, क्रियाएं या क्षमताएं सम्मिलित रहती हैं जिन्हें वह माता-पिता तथा अपने पूर्वजों या प्रजाति से प्राप्त करता है। वंशानुक्रम का बालक पर प्रभाव निम्न रूप से पड़ता है–

1. **शारीरिक विशेषक :** इसके अंतर्गत् मनुष्य का शरीर, उसके अंगों का आनुपातिक गठन, स्वास्थ्य, रूप-रंग, ज्ञानेन्द्रियों का दिखाई देने वाला रूप तथा कर्मेंद्रियों का गठन आदि सब आ जाते हैं। इनमें से अलग-अलग व्यक्ति अलग-अलग बातों को देखकर प्रभावित होते हैं। बालक के रंग-रूप, आकार, शारीरिक गठन, ऊँचाई इत्यादि के निर्धारण में उसके आनुवंशिक गुणों का महत्त्वपूर्ण हाथ होता है। बालक के आनुवंशिक गुण उसकी वृद्धि एवं विकास को भी प्रभावित करते हैं। यदि बालक के माता-पिता गोरे हैं तो उनका बच्चा गोरा ही होगा, किंतु यदि माता-पिता काले हैं तो उनके बच्चे काले ही होंगे। इसी तरह से माता-पिता के अन्य गुण भी बच्चे में आनुवंशिक रूप से पाए जाते हैं। इसके कारण कोई बच्चा अति प्रतिभाशाली एवं सुंदर हो सकता है एवं कोई अन्य बच्चा शारीरिक एवं मानसिक रूप से कमजोर।

   ऐसा भी प्रायः देखा जाता है कि जो बालक जन्म से ही दुबले-पतले, कमजोर, बीमार तथा किसी शारीरिक बाधा से पीड़ित रहते हैं, उनकी तुलना में सामान्य एवं स्वस्थ बच्चे का विकास अधिक होता है। शारीरिक कमियों का स्वास्थ्य ही नहीं वृद्धि एवं विकास पर भी प्रतिकूल प्रभाव पड़ता है। असंतुलित शरीर, मोटापा, कम ऊंचाई, शारीरिक कुरूपता इत्यादि बालक के असामान्य व्यवहार के कारण होते हैं। कई बार किसी दुर्घटना के कारण भी शरीर को क्षति पहुंचती है। इस क्षति का बालक के विकास पर प्रतिकूल प्रभाव पड़ता है।

2. **बौद्धिक विशेषक :** इसके अंतर्गत बालक की योग्यता, कल्पनाशक्ति, विचारशक्ति एवं तर्कशक्ति, किसी समस्या के समाधान हेतु निर्णयात्मक बुद्धि, बदलती हुई परिस्थितियों में समायोजनात्मक निर्णय, आदि सभी कुछ आ जाते हैं।

   बौद्धिक विशेषक को अधिगम अर्थात् सीखने की योग्यता, समायोजन योग्यता, निर्णय लेने की क्षमता आदि के रूप में परिभाषित किया जाता है। जिस बालक के सीखने की गति अधिक होती है, उसका मानसिक विकास भी तीव्र गति से होगा। बालक अपने परिवार, समाज एवं विद्यालय में अपने आपको किस तरह समायोजित करता है यह उसकी बुद्धि पर निर्भर करता है।

   गोडार्ड जैसे विचारकों का मत है कि मंद-बुद्धि माता-पिता की संतान मंद-बुद्धि और तीव्र-बुद्धि माता-पिता की संतान तीव्र-बुद्धि वाली होती है। मानसिक क्षमता के अनुकूल ही बालक में संवेगात्मक क्षमता का विकास होता है। बालक में जिस प्रकार के संवेगों का जिस रूप में विकास होगा वह उसके सामाजिक, मानसिक, नैतिक, शारीरिक तथा भाषा संबंधी विकास को पूरी तरह प्रभावित करने की क्षमता रखता है। यदि बालक अत्यधिक क्रोधित या भयभीत रहता है अथवा यदि उसमें ईर्ष्या एवं वैमनस्य की भावना अधिक होती है तो उसके विकास की प्रक्रिया पर इन सबका प्रतिकूल प्रभाव पड़ना स्वाभाविक ही है। संवेगात्मक रूप से असंतुलित बालक पढ़ाई में या किसी अन्य गंभीर कार्यों

में ध्यान नहीं दे पाते, फलस्वरूप उनका मानसिक विकास भी प्रभावित होता है। बुद्धि की श्रेष्ठता प्रजाति के कारण भी होती है।

नैतिक/चारित्रिक विशेषक

नैतिकता के अंतर्गत् वे सभी गुण आ जाते हैं, जो स्वार्थ को छोड़कर दूसरों की भलाई का भी ध्यान रखते हैं। इनमें सच बोलना, हिंसा न करना, भ्रष्टाचार से दूर रहना, व्यभिचार को बुरा समझना, दूसरों पर दया करना आदि सभी गुण आ जाते हैं। यदि गहराई से विचार किया जाए तो मनुष्य के बाह्य रूप का दूसरों पर इतना प्रभाव नहीं पड़ता है, जितना कि उसके आंतरिक गुणों का और विशेषकर उसकी नैतिक विचारधारा का।

डगडेल नामक एक मनोवैज्ञानिक ने अपने प्रयोगों के आधार पर यह बताया है कि माता-पिता के चरित्र का प्रभाव भी उसके बच्चे पर पड़ता है। व्यक्ति के चरित्र में उसके वंशानुगत कारकों का प्रभाव स्पष्ट तौर पर देखा जाता है। इसलिए बच्चे पर वंशानुगत कारकों का प्रभाव स्वाभाविक ही है।

वातावरण (Environment)

वातावरण में शामिल प्रत्येक घटक व्यक्ति के जीवन को आरंभ से ही प्रभावित करते हैं। गर्भावस्था से लेकर जीवनपर्यंत अनेक प्रकार की घटनाएं व्यक्ति के व्यक्तित्त्व एवं उसके विकास को प्रभावित करती हैं। गर्भावस्था के दौरान एक स्त्री को मानसिक एवं शारीरिक स्वास्थ्य बनाए रखने के लिए इसलिए सलाह दी जाती है कि उससे न केवल गर्भ के अंदर बालक के विकास पर असर पड़ता है बल्कि आगे के विकास की बुनियाद भी मजबूत होती है। यदि माता का स्वास्थ्य अच्छा न हो तो उसके बच्चे के अच्छे स्वास्थ्य की आशा कैसे की जा सकती है? यदि बच्चे का स्वास्थ्य अच्छा न होगा तो उसके विकास पर प्रतिकूल असर पड़ना स्वाभाविक है।

जीवन में घटने वाली प्रत्येक घटनाएं किसी न किसी रूप में बालक के जीवन को प्रभावित करती हैं। यदि बालक के साथ सहज और ठीक व्यवहार हुआ है तो उसके विकास की गति सही होती है अन्यथा उसके विकास पर प्रतिकूल प्रभाव पड़ता है। प्रायः ऐसा देखा जाता है कि जो मां अपने बच्चे को बचपन में छोड़ देती है वह बच्चा मां के प्यार के लिए तड़पता है। ऐसी स्थिति में बच्चे का सर्वांगीण विकास नहीं हो पाता है। जीवन में घटने वाली कुछ घटनाओं का भी बालक के विकास पर प्रतिकूल प्रभाव पड़ता है। बालक का जन्म किस परिवेश में हुआ, वह किस परिवेश में तथा कैसे लोगों के साथ रह रहा है, इन सब का प्रभाव बालक के विकास पर पड़ता है। परिवेश, प्रदूषण, भौतिक सुविधाओं की उपलब्धता आदि से संबद्ध बातें भी बालक के विकास को प्रभावित करती हैं।

बालक के विकास पर उसके सामाजिक एवं आर्थिक कारकों का भी प्रभाव पड़ता है। गरीब परिवार के बच्चों को विकास के लिए सीमित अवसर ही उपलब्ध हो पाते हैं। उनकी आर्थिक दुर्बलता उन्हें अच्छी शिक्षा और अच्छे परिवेश से वंचित करती हैं। ऐसे में उनका संतुलित विकास नहीं हो पाता है। दूसरी ओर सामाजिक एवं आर्थिक संसाधनों की प्रचुरता के कारण शहरी बच्चों का सर्वांगीण विकास संतुलित रूप से होता है।

वातावरण की परिभाषाएँ (Definitions of Environment)

(*i*) **वुडवर्थः** ''वातावरण में वे समस्त बाह्य तत्व आ जाते हैं जिन्होंने जीवन प्रारम्भ करने के समय से व्यक्ति को प्रभावित किया है।''

(*ii*) **जिसबर्टः** ''जो किसी एक वस्तु को चारों ओर से घेरे हुए है तथा उस पर प्रत्यक्ष प्रभाव डालता है वह वातावरण होता है।''

(*iii*) **सी सी पार्कः** ''मनुष्य एक विशेष स्थान पर विशेष समय पर जिन सम्पूर्ण परिस्थितियों से घिरा हुआ है, उसे वातावरण कहा जाता है।''

वातावरण का प्रभाव (Effect of Environment)

व्यक्ति के व्यक्तित्व के विभिन्न क्षेत्रों पर वातावरण के पड़ने वाले कुछ महत्त्वपूर्ण प्रभावों को निम्न रूप से देखा जा सकता है–

1. **शारीरिक संरचना :** व्यक्ति की शारीरिक संरचना पर वंशानुक्रम का तो प्रभाव पड़ता ही है किंतु इस पर वातावरण के प्रभाव को भी स्पष्ट रूप से देखा जा सकता है। पहाड़ी क्षेत्र के लोगों का कद प्रायः छोटा होता है जबकि मैदानी क्षेत्रों में रहने वाले लोगों का शरीर लंबा एवं गठीला होता है। इतना ही नहीं पीढ़ी दर पीढ़ी से निवास स्थलों में परिवर्तन करने वाले पहाड़ी एवं मैदानी क्षेत्र के लोगों के कद एवं रंग में अंतर भी देखने को मिलता है। यह अंतर वातावरण के प्रभाव के कारण होता है।
2. **प्रजातीय श्रेष्ठता :** कभी-कभी ऐसा देखा जाता है कि कुछ प्रजातियों में बौद्धिक श्रेष्ठता वंशानुगत न होकर वातावरण से प्रभावित होता है। ऐसा इसलिए होता है कि उनके पास श्रेष्ठ सामाजिक, शैक्षिक एवं सांस्कृतिक वातावरण उपलब्ध है। यदि किसी विद्वान एवं महान व्यक्ति के बच्चे को ऐसी जगह छोड़ दिया जाए जहां का शैक्षिक, सांस्कृतिक एवं सामाजिक वातावरण उचित न हो तो उसका अपने पिता की तरह महान बनना बहुत ही कठिन हो सकता है।
3. **व्यक्तित्त्व विकास :** किसी भी व्यक्ति के व्यक्तित्त्व निर्माण में वंशानुक्रम की अपेक्षा वातावरण का अधिक प्रभाव पड़ता है। कोई भी व्यक्ति उपयुक्त वातावरण में रहकर अपने व्यक्तित्त्व का निर्माण करके आगे बढ़ सकता है और महान बन सकता है। ऐसे अनेक उदाहरण ऐतिहासिक एवं वर्तमान जीवन में देखने को मिलते हैं जिसमें निर्धन परिवार में जन्म लिए और पले-बढ़े व्यक्तियों ने अपने परिश्रम एवं लगन से श्रेष्ठ सफलताएं प्राप्त की है।

4. बालक का सर्वांगीण विकास : बालक के सर्वांगीण विकास में वातावरण का बहुत योगदान होता है। बालक के शारीरिक, मानसिक, सामाजिक एवं संवेगात्मक विकास आदि पर वातावरण का सकारात्मक प्रभाव देखने को मिलता है। इस बात की पुष्टि 'एवेरॉन के जंगली बालक' के उदाहरण से होती है। इस बालक को जन्म के बाद एक भेड़िया उठा ले गया था और उसका पालन-पोषण जंगली पशुओं के बीच में हुआ था। कुछ शिकारियों ने उसे सन् 1799 ई. में पकड़ लिया। उस समय उसकी आयु ग्यारह अथवा बारह वर्ष की थी। उसकी आकृति पशुओं-सी हो गई थी। वह उनके समान ही हाथ-पैर से चलता था। वह कच्चा मांस खाता था एवं उसमें मनुष्य के समान बोलने एवं विचारने की शक्ति नहीं थी। उसको मनुष्य के समान सभ्य और शिक्षित बनाने के सभी प्रयास विफल हुए।

5. मानसिक विकास : गोर्डन नामक मनोवैज्ञानिक का मत है कि उचित सामाजिक और सांस्कृतिक वातावरण न मिलने पर मानसिक विकास की गति धीमी हो जाती हैं। उसने यह बात नदियों के किनारे रहने वाले बच्चों का अध्ययन करके सिद्ध की। इन बच्चों का वातावरण गंदा और समाज के अच्छे प्रभावों से दूर था। अध्ययन में यह बात सामने आई कि गंदे एवं समाज के अच्छे प्रभावों से दूर रहने के कारण बच्चों के मानसिक विकास पर प्रतिकूल असर पड़ा था।

वंशानुक्रम एवं वातावरण के उपर्युक्त वर्णन से स्पष्ट है कि ये एक-दूसरे के पूरक एवं सहायक हैं। जिस प्रकार स्कूटर के लिए इंजन एवं पेट्रोल का समान महत्त्व है उसी प्रकार किसी बालक के उचित विकास के लिए वंशानुक्रम एवं वातावरण का समान रूप से महत्त्व है। इस तरह दोनों एक दूसरे के सहायक एवं सहयोगी हैं। वस्तुतः बालक के संपूर्ण व्यवहार की सृष्टि, वंशानुक्रम और वातावरण की अंतःक्रिया द्वारा होती है। उपर्युक्त बातों से स्पष्ट है कि शिक्षा की किसी भी योजना में वंशानुक्रम और वातावरण को एक-दूसरे से पृथक नहीं किया जा सकता। जिस तरह आत्मा और शरीर का संबंध है, उसी तरह वंशानुक्रम और वातावरण का भी संबंध है। इस प्रकार स्पष्ट है कि बालक के सम्यक् एवं संतुलित विकास के लिए वंशानुक्रम एवं वातावरण दोनों का संयोग अनिवार्य है।

अभ्यास प्रश्न

1. वातावरण के अन्तर्गत आते हैं :
A. हवा B. प्रकाश
C. जल D. इनमें से सभी

2. सामाजिक स्थिति वंशानुक्रमणीय :
A. होती है B. नहीं होती
C. कुछ होती है D. बिल्कुल नहीं होती

3. वंश का बुद्धि पर प्रभाव देखने के लिए सैनिकों के वंशज का अध्ययन किया :
A. स्पियरमैन ने B. गोडार्ड ने
C. न्यूमैन ने D. शेल्डन ने

4. प्रतिभाशाली बालक जो होते हैं :
A. जन्मजात B. बाद में
C. आनुवंशिक D. इनमें से कोई नहीं

5. आनुवंशिकता को .... सामाजिक संरचना माना जाता है।
A. गत्यात्मक B. स्थिर
C. प्राथमिक D. गौण

6. गणवेश (यूनीफार्म) का विद्यालयों में प्रचलन इसलिए होता है ताकिः
A. बालक सुन्दर दिखते हैं
B. विद्यालय को आर्थिक लाभ होता है
C. छात्रों के गुम होने की सम्भावना नहीं होती है
D. छात्रों में एकात्मकता झलकती है

7. छात्रों को उनकी प्रगति के विषय में जानकारी देने से, छात्रः
A. प्रसन्न हो जाते हैं B. अच्छा कार्य करते हैं
C. हतोत्साहित हो जाते हैं D. नियमित हो जाते हैं

8. छात्रों के शिक्षण में नैतिक शिक्षा का क्या महत्त्व है?
A. नैतिक शिक्षा वर्तमान-परिवेश में आवश्यक है
B. नैतिक शिक्षा छात्रों में उत्सुकता पैदा करती है
C. नैतिक शिक्षा चरित्र विकास के लिए आवश्यक है
D. नैतिक शिक्षा से मनुष्य महापुरुष बनता है

9. छात्रों में नैतिकता का विकास करने हेतु आप क्या आवश्यक समझते हैं?
A. धार्मिक प्रवचन
B. परिवार का वातावरण
C. पूजा-पाठ करना
D. प्रत्येक अवसर पर उन्हें अच्छे-बुरे का अंतर बताना

10. पर्यावरण-शिक्षा को शालाओं में पाठ्यक्रम का अंग बनाना उपयुक्त है, क्योंकि–
A. पर्यावरण से बचना मुश्किल है
B. पर्यावरण जीवन का महत्वपूर्ण अंग है
C. इससे पर्यावरण प्रदूषण पर प्रभाव पड़ेगा
D. इससे शिक्षकों को रोजगार मिलेगा

11. वंशानुक्रम तथा वातावरण परस्पर है–
(*i*) निर्भर (*ii*) पूरक
(*iii*) सहयोगी

A. केवल (*i*) B. केवल (*iii*)
C. केवल (*ii*) D. ये सभी

12. माता-पिता से सन्तानों को प्राप्त होने वाले गुणों को कहते हैं–
A. वंश B. वातावरण
C. वंशानुक्रम D. ये सभी

13. किसी बालक का शारीरिक लक्षण प्रभावित होता है–
A. केवल माता के डीएनए से
B. केवल पिता के डीएनए से
C. माता एवं पिता दोनों के डीएनए से
D. इनमें से कोई नहीं

14. निम्नलिखित में से कौन मानव विकास को सर्वाधिक प्रभावित करते हैं–
A. वृद्धि B. कौशल
C. रोग D. वंशानुक्रम एवं वातावरण

15. व्यक्तित्व एवं बुद्धि में वंशानुक्रम की–
A. नाममात्र की भूमिका है
B. महत्वपूर्ण भूमिका है
C. अपूर्वानुमेय भूमिका है
D. आकर्षक भूमिका है

16. आपकी कक्षा की एक छात्रा बुद्धि से श्रेष्ठ है किन्तु शरीर से कमजोर है। आप उसकी माता से मिलते हैं तथा देखते हैं कि उसकी माता भी बुद्धि से तो श्रेष्ठ है लेकिन शरीर से कमजोर है। आपके अनुसार इसका कारण हो सकता है–
A. पिछले कई वर्षों की बीमारी
B. वंशानुक्रम का प्रभाव
C. पौष्टिक भोजन का अभाव
D. उपरोक्त में से कोई नहीं

17. विद्यालय में 'पर्यावरण शिक्षा' से आपका अभिप्राय है–
A. छात्रों में पर्यावरण का ज्ञान हो जाए
B. छात्रों का मनोरंजन हो
C. छात्रों पर अतिरिक्त बोझ डालना
D. पर्यावरण को दूषित होने से बचाया जा सके

18. किस मनोवैज्ञानिक के अनुसार माता-पिता के चरित्र का प्रभाव उसके बच्चे पर पड़ता है।
A. ड्रेवर B. डगडेल
C. वुडवर्थ D. जिसबर्ट

19. 'प्रत्येक छात्र स्वयं से भिन्न है'। इस तथ्य का मुख्य कारण क्या है?
(*i*) भौतिक वातावरण
(*ii*) वंशानुक्रम
(*iii*) सामाजिक वातावरण
A. केवल (*ii*) B. (*ii*) केवल (*iii*)
C. (*i*) केवल (*iii*) D. ये सभी

20. आनुवंशिकता (वंशानुक्रम) को .... सामाजिक संरचना माना जाता है।
A. गत्यात्मक B. स्थिर
C. प्राथमिक D. गौण

उत्तरमाला

1	2	3	4	5	6	7	8	9	10
B	A	B	A	B	D	B	C	D	B
11	**12**	**13**	**14**	**15**	**16**	**17**	**18**	**19**	**20**
D	C	C	D	A	B	D	B	D	B

3. समाजीकरण की प्रक्रिया एवं पियाजे, कोहलबर्ग एवं वाइगोत्सकी के सिद्धांत (Socialization Process and Principles of Piaget, Kohlberg and Vygotsky)

समाजीकरण का अर्थ (Meaning of Socialization)

समाजीकरण एक प्रक्रिया है जिसके द्वारा व्यक्ति सामाजिक प्राणी बनता है। अन्य शब्दों में, समाजीकरण एक ऐसी प्रक्रिया है जिसके द्वारा व्यक्ति को समाज अपनी परम्पराओं, मान्यताओं तथा आदर्शों के अनुसार बनाता है तथा स्वीकृति प्रदान करता है। इस प्रकार समाजीकरण का अर्थ उस प्रक्रिया से है जिसके द्वारा व्यक्ति अन्य व्यक्तियों से अन्तः प्रक्रिया करता हुआ सामाजिक आदतों, विश्वासों, रीति-रिवाजों तथा परम्पराओं एवं अभिवृत्तियों (Attitudes) को सीखता है। इस प्रक्रिया के द्वारा व्यक्ति जन-कल्याण की भावना से प्रेरित होते हुए अपने आपको अपने परिवार, पड़ोस तथा अन्य सामाजिक वर्गों के अनुकूल बनाने का प्रयास करता है जिससे वह समाज का एक श्रेष्ठ, उपयोगी तथा उत्तरदायी सदस्य बन जाये तथा उक्त सभी सामाजिक संस्थाएं तथा वर्ग उसकी प्रशंसा करते रहें।

समाजीकरण की परिभाषा (Definitions of Socialization)

विभिन्न विद्वानों द्वारा दी गयी समाजीकरण की परिभाषाएं इस प्रकार हैं–

- **वाटसन (Watson):** "समाजीकरण एक सामाजिक तथा मनोवैज्ञानिक प्रक्रिया है।"
- **सोरेकिन (Sorokin):** "समाजीकरण सांस्कृतिक तथा वैचारिक कारकों के अन्तरीकरण की प्रक्रिया है।"
- **ड्रेवर (Drever):** "समाजीकरण वह प्रक्रिया है जिसके द्वारा व्यक्ति अपने सामाजिक वातावरण से समायोजन करता है और सामाजिक मान्यता प्राप्त करके वह समाज का मान्य, सहयोगी तथा कुशल सदस्य बनता है।"
- **रॉस (Ross):** "समाजीकरण सहयोग करने वाले व्यक्तियों में सामूहिक भावना का विकास करता है और उनमें एक साथ कार्य करने की इच्छा तथा क्षमता में वृद्धि करता है।"

बालक का समाजीकरण करने वाले तत्त्व (Factors of Socialization in Children)

बालक जन्म के समय कोरा पशु होता है। जैसे-जैसे वह समाज के अन्य व्यक्तियों तथा सामाजिक संस्थाओं के सम्पर्क में आकर विभिन्न प्रकार की सामाजिक क्रियाओं में भाग लेता रहता है वैसे-वैसे वह अपनी पाश्विक प्रवृत्तियों पर नियंत्रण करते हुए सामाजिक आदर्शों तथा मूल्यों को सीखता रहता है। बालक के समाजीकरण की प्रक्रिया निरन्तर चलती ही रहती है। बालक में सामाजिकता का विकास करने या उसके समाजीकरण में उसका परिवार, पड़ोस, स्कूल, समाज, धर्म, उसके साथी बहुत महत्त्वपूर्ण भूमिका निभाते हैं

(*i*) **परिवार (Family):** बालक के समाजीकरण की प्रक्रिया का प्रारंभ परिवार में होता है। जैसे-जैसे बालक बड़ा होता है वैसे-वैसे वह अपने माता-पिता तथा अन्य सदस्यों के सम्पर्क में आते हुए प्रेम, सहानुभूति तथा सहयोग जैसे कई सामाजिक गुणों को सीखता है। साथ ही साथ, वह अपने परिवार के आदर्शों, परम्पराओं तथा मान्यताओं को भी धीरे-धीरे सीख लेता है।

(*ii*) **स्कूल (School):** परिवार के बाद स्कूल एक ऐसा स्थान है जहाँ बालक का समाजीकरण होता है। स्कूल में रहते हुए जहाँ बालक को एक ओर कई विषयों की शिक्षा द्वारा सामाजिक नियमों का ज्ञान होता है वहीं दूसरी ओर उसमें स्कूल की विभिन्न योजनाओं में भाग लेते हुए विभिन्न सामाजिक गुणों का भी विकास होता है।

(*iii*) **पड़ोस (Neighbourhood):** जिस प्रकार बालक परिवार में रहकर अपने सामाजिक गुणों का ज्ञान प्राप्त करता है, उसी प्रकार वह पड़ोस में रहने विभिन्न सदस्यों के संपर्क में रहते हुए कई सामाजिक गुणों को प्राप्त करता है। यदि पड़ोस अच्छा होगा तो बालक का सामाजिक विकास भी अच्छा होगा और यदि पड़ोस खराब होगा, तो बालक का विकास भी निश्चित तौर पर अच्छा नहीं होगा। यही कारण है कि अच्छे परिवार के लोग अच्छे पड़ोस में रहना पसन्द करते हैं।

(*iv*) **समाज (Community):** बालक के समाजीकरण में, समाज भी एक अहम् भूमिका निभाता है। प्रत्येक समाज विभिन्न साधनों के द्वारा बालक का समाजीकरण करता है, इन साधनों के अन्तर्गत राष्ट्रीय एवं जातीय परम्पराएँ, संस्कृति, कला, इतिहास इत्यादि आते हैं।

(*v*) **बालक के साथी (Colleague):** बालक के समाजीकरण में उसके साथी भी एक महत्वपूर्ण भूमिका निभाते हैं। प्रत्येक बालक अपने साथियों के साथ खेलता है, पढ़ता है। वह

खेलते या पढ़ते समय हर तरह के भेद-भाव से ऊपर उठकर दूसरे बालकों के साथ आनन्द प्राप्त करता है।

(*vi*) **धर्म (Religion):** प्रत्येक धर्म के कुछ संस्कार, परंपराएँ तथा मूल्य होते हैं। जैसे-जैसे बालक अपने धर्म तथा अन्य धर्मो के संपर्क में आता है, वैसे-वैसे वह सभी बातों को स्वाभाविक रूप से सीखता है।

समाजीकरण में परिवार एवं माता-पिता की भूमिका (Role of Family and Parents in Socialization of Children)

(*i*) बच्चा सबसे पहले परिवार में जन्म लेकर परिवार का सदस्य बनता है। उसका सबसे अधिक सम्बन्ध उसकी माँ से होता है। माँ उसकी तरह-तरह से रक्षा करती है, इससे बच्चे के मन में सुरक्षा की भावना उत्पन्न होती है, जो आगे चलकर उसके विकास में सहायता देती है।

(*ii*) परिवार में बच्चे को यह ज्ञान प्राप्त होता है कि उसे कौन-कौन से कार्य करने चाहिए और कौन से नहीं। इससे बच्चा यह सीखता है कि समाज में क्या अच्छा है, क्या बुरा।

(*iii*) परिवार में एक से अधिक सदस्य रहते हैं। प्रत्येक सदस्य के अलग व्यवहार, रूचि, भावनाएँ आदि होती हैं तथा हर एक सदस्य के साथ बच्चे को घनिष्ठ सम्बन्ध स्थापित करना होता है। इस अनुकूलन के दौरान उसमें सहनशीलता का गुण भी आ जाता है।

(*iv*) यदि परिवार में सहयोग की भावना हो, तो बालक में भी सहयोग की भावना का विकास होता है। बच्चे की यही भावना उसके बाह्य समाज से व्यवहार में भी झलकती है।

(*v*) अच्छे परिवारों के बच्चे भी सामान्यतः अच्छे ही होते हैं जबकि विभिन्न समस्याओं से ग्रसित परिवारों के बच्चे झंगडालू अथवा अपने परिवार के सदस्यों की प्रकृति के अनुरूप होते हैं।

बालक के समाजीकरण में बाधक तत्त्व (Factors Effecting Socialization in Children)

मैस्लो और मिटिलमैन (Maslow and Mittleman) के अनुसार, बालक के समाजीकरण में बाधा पहुँचाने वाले तत्त्व इस प्रकार हैं–

1. **बाल्यकालीन परिस्थितियाँ–** जैसे–माता-पिता का प्यार न मिलना, माता-पिता में सदैव कलह, विधवा माँ, पक्षपात, एकाकीपन तथा अनुचित दण्ड आदि।
2. **सांस्कृतिक परिस्थितियाँ**–जैसे–जाति, वर्ग, धर्म आदि से सम्बंध रखने वाली पूर्वधारणायें आदि।
3. **तात्कालिक परिस्थितियाँ**–जैसे–निराशा, अपमान, अभ्यास, अनियमितता, कठोरता, परिहास और भाई-बहन, मित्र, पड़ोसी आदि की ईर्ष्या।
4. **अन्य परिस्थितियाँ**–जैसे–शारीरिक हीनता, निर्धनता, असफलता, शिक्षा की कमी, आत्मविश्वास का अभाव तथा आत्म-निर्भरता की कमी आदि।

समाजीकरण की प्रक्रिया में शिक्षक की भूमिका (Role of Teacher in Socialization of Children)

बालक के समाजीकरण की प्रक्रिया में परिवार के बाद स्कूल और स्कूल में विशेष रूप से शिक्षक आता है। प्रत्येक समाज के कुछ विश्वास, दृष्टिकोण, मान्यताएं, कुशलताएं और परम्पराएं होती हैं, जिनको 'संस्कृति' के नाम से पुकारा जाता है। यह संस्कृति एक पीढ़ी से दूसरी पीढ़ी को हस्तान्तरित की जाती है और समाज के लोगों के आचरण को प्रभावित करती है। शिक्षक का सर्वश्रेष्ठ कार्य है–इस संस्कृति को बालक को प्रदान करना। यदि वह यह कार्य नहीं करता है तो बालक का समाजीकरण नहीं कर सकता है। शिक्षक, माता-पिता के साथ बालक के चरित्र और व्यक्तित्त्व का विकास करने में अति महत्त्वपूर्ण कार्य करता है। फिर भी, शिक्षक और माता-पिता एक-दूसरे से दूर रहते हैं और सम्पर्क में नहीं आते। परिणाम यह होता है कि शिक्षक, बालक की रुचियों, मनोवृत्तियों आदि को नहीं समझ पाता है। इसलिए वह बालक का समाजीकरण उचित दिशा में करने में असफल होता है। इसलिए यह अति आवश्यक है कि शिक्षक और माता-पिता एक-दूसरे के घनिष्ठ सम्पर्क में रहें और एक ही प्रकार के विश्वासों और दृष्टिकोणों को अपनाकर बालक का उचित दिशा में समाजीकरण करें।

कक्षा और खेल के मैदान में, साहित्यिक और सांस्कृतिक क्रियाओं में शिक्षक सामाजिक व्यवहार के आदर्श प्रस्तुत करता है। बालक अपनी अनुकरण की मूल प्रवृत्ति के कारण शिक्षक के ढंगों, कार्यों, आदतों और रीतियों का अनुकरण करता है। अतः शिक्षक को सदैव सतर्क रहना चाहिए, उसे कोई ऐसा अनुचित कार्य या व्यवहार नहीं करना चाहिए, जिसका बालक के ऊपर गलत प्रभाव पड़े। अतः बालक के समाजीकरण की प्रक्रिया को तीव्र गति प्रदान करने के लिए शिक्षक को निम्नलिखित बातों को ध्यान में रखना चाहिए–

1. **अभिभावक-शिक्षक सहयोग–** समाजीकरण की प्रक्रिया को तीव्र गति प्रदान करने के लिए शिक्षक का सर्वप्रथम कार्य यह है कि वह बालक के माता-पिता से सम्पर्क स्थापित करके उसकी रुचियों तथा मनोवृत्तियों के विषय में ज्ञान प्राप्त करे एवं उन्हीं के अनुसार उसे विकसित होने के अवसर प्रदान करे।
2. **संस्कृति का हस्तान्तरण–** कुछ परम्परायें, रीति-रिवाज, मान्यतायें, विश्वास तथा दृष्टिकोण होते हैं जिन्हें संस्कृति की संज्ञा दी जाती है। शिक्षक का कर्त्तव्य है कि बालक को भारतीय संस्कृति का ज्ञान दे जिससे उसका उचित समाजीकरण हो जाये।
3. **सामाजिक आदर्श–** शिक्षक को चाहिये कि वह कक्षा तथा खेल के मैदानों एवं सांस्कृतिक और साहित्यिक क्रियाओं

में बालक के सामने सामाजिक आदर्शों को प्रस्तुत करे। इन आदर्शों का अनुकरण करके बालक का समाजीकरण धीरे-धीरे हो जायेगा।

4. **स्कूल की परम्परायें–** स्कूल की परम्पराओं का बालक के समाजीकरण पर गहरा प्रभाव पड़ता है। अतः शिक्षक को चाहिये कि वह बालक का स्कूल की परम्पराओं में विश्वास उत्पन्न करे तथा उसे उन्हीं के अनुसार कार्य करने के लिए प्रोत्साहित करे।
5. **सामूहिक कार्य को प्रोत्साहन–** शिक्षक को चाहिये कि वह स्कूल में विभिन्न सामाजिक योजनाओं के द्वारा बालकों को सामूहिक क्रियाओं में सक्रिय रूप से भाग लेने के अवसर प्रदान करे। इन क्रियाओं में भाग लेने से उसका समाजीकरण स्वतः ही हो जायेगा।
6. **अन्तर-सांस्कृतिक भावना का विकास–** स्कूल में विभिन्न परिवारों के बालक शिक्षा प्राप्त करने आते हैं। इन विभिन्न परिवारों से आये हुए बालकों की संस्कृतियाँ भी अलग-अलग होती हैं। शिक्षक को चाहिए कि वह बालक में अन्तर-सांस्कृतिक भावना का विकास करे जिससे वह केवल अपनी संस्कृति को ही अच्छा न समझे वरन् विभिन्न संस्कृतियों का आदर करना भी सीख जाये।
7. **स्वस्थ प्रतियोगिता की भावना–** बालक के समाजीकरण में प्रतियोगिता का महत्त्वपूर्ण स्थान होता है। पर ध्यान देने की बात है कि बालक के समाजीकरण के लिए स्वस्थ प्रतियोगिता का होना ही अच्छा है। अतः शिक्षक को बालक में स्वस्थ प्रतियोगिता की भावना विकसित करनी चाहिये।

इस प्रकार हम कह सकते हैं कि शिक्षक बालक के समाजीकरण को प्रभावित करता है। शिक्षक के स्नेह, पक्षपात, बुरे व्यवहार, दण्ड आदि का बालकों पर कुछ न कुछ प्रभाव पड़ता है और उसका सामाजिक विकास उत्तम या विकृत हो जाता है। यदि शिक्षक, मित्रता और सहयोग में विश्वास करता है तो बच्चों में भी इन गुणों का विकास होता है। यदि शिक्षक छोटी-छोटी बातों पर बच्चों को दण्ड देता है, तो उनके समाजीकरण में संकीर्णता आ जाती है। यदि शिक्षक अपने छात्रों के प्रति सहानुभूति रखता है, तो छात्रों का समाजीकरण सामान्य रूप से होता है।

प्याजे, कोहलबर्ग एवं व्यगोट्स्की (Piaget, Kohlberg and Vygotsky)

बाल विकास के वृद्धि एवं विकास का अध्ययन एवं समझ बाल शिक्षा के शिक्षण का महत्त्वपूर्ण अंग है। दो बालक एक समान नहीं होते। बाल विकास के विभिन्न प्रतिरूपों, यथा–शारीरिक, संज्ञात्मक, सामाजिक एवं संवेदनात्मक रूप से एक-दूसरे से अलग-अलग होते हैं।

विकास की विभिन्न अवस्था में बालकों में विशेष प्रकार के गुण एवं विशेषताएं देखने को मिलती है। इस संदर्भ में विभिन्न मनोवैज्ञानिकों ने विकास की विभिन्न अवस्थाओं के संबंध में अलग-अलग प्रकार के सिद्धांतों का प्रतिपादन किया है। विकास की विभिन्न अवस्थाओं से संबद्ध सिद्धांतों में जीन प्याजे (Jean Piaget), लॉरेंस कोह्लबर्ग (Lawrence Kohlberg) एवं लेव व्यगोट्स्की (Lev Vygotsky) द्वारा प्रतिपादित सिद्धांत विशेष रूप से उल्लेखनीय हैं।

जीन प्याजे का विकास अवस्था से संबद्ध सिद्धांत (Principle of Jean Piaget's Stages of Development)

स्विट्जरलैंड निवासी जीन प्याजे ने अपने सिद्धांत के तहत मुख्यतः बालक के मानसिक विकास पर ध्यान केंद्रित किया है। उसका यह मानना है कि ज्ञानात्मक विकास की अवस्थाओं में एक क्रम होता है। हम बाद की अवस्थाओं की योग्यता समय से पूर्व प्राप्त नहीं कर सकते। उदाहरणार्थ– जैसे 5 वर्ष के बालक को M.Sc. स्तर की भौतिकी नहीं पढ़ाई जा सकती।

विकास के विभिन्न चरण/अवस्था (Different Stages of Development)

जीन प्याजे ने विकास की पांच अवस्थाओं का उल्लेख किया है, जो निम्नवत् हैं–

(*i*) **इन्द्रिय गामक आग्रहण की अवस्था (0-2 वर्ष):** यह अवस्था शिशु की उल्टी-सीधी हरकतों से आरंभ होती है और फिर बच्चा अभ्यास एवं संयोजन (इंद्रियजनित गामक अंगों– Sensori motor organ) द्वारा इस अवस्था तक आता है। दो वर्ष की समाप्ति पर जब बच्चा विभिन्न वस्तुओं के बीच में संयोजन करना सीख लेता है तो आरंभिक प्रत्यय का विकास होता है।

(*ii*) **सांकेतिक एवं पूर्व प्रत्ययी विचारों की अवस्था (2-4 वर्ष):** इस अवस्था में बच्चे के मस्तिष्क में विचार आने लगते हैं और चौथे वर्ष के अंत तक वह संकेतों का प्रयोग करने लगता है।

(*iii*) **स्वजनित विचारों की अवस्था (4-8 वर्ष):** इस अवधि में बालक विभिन्न प्रत्ययों को विभिन्न परिस्थितियों में प्रयोग कर सकता है अर्थात् उसके अंदर सामान्यीकरण की क्षमता आ जाती है।

(*iv*) **मूर्त क्रिया की अवस्था (8-12 वर्ष):** इस अवधि में बालक अपना ध्यान रूकी हुई अवस्था से हटा सकता है अर्थात् वह अपने वर्तमान अनुभवों के आधार पर अपने भविष्य को पहचान सकता है।

(*v*) **औपचारिक (अमूर्त) क्रिया की अवस्था (12-18 वर्ष):** इस अवस्था में बालक की चिंतन प्रक्रिया संश्लेषणात्मक तथा एकीकृत हो जाती है। बालक की चिंतन प्रक्रिया का मार्गदर्शन यथार्थ द्वारा किया जाता है। यह अवधि परिकल्पना के परीक्षण द्वारा अपने शीर्ष पर पहुंचती है।

लॉरेंस कोह्लबर्ग का नैतिक विकास अवस्था से संबद्ध सिद्धांत (Lawrence Kohlberg's Theory of Moral Development)

बालक में चरित्र निर्माण या नैतिक विकास के संदर्भ में लॉरेंस कोह्लबर्ग ने अपने खोज एवं अनुसंधान के आधार पर यह निष्कर्ष निकाला है कि बालकों में नैतिकता के विकास की कुछ निश्चित एवं सार्वभौमिक अवस्थाएं पाई जाती हैं। ये अवस्थाएं हैं–

1. पूर्व-नैतिक अवस्था (Pre-moral stage)— 4 से 10 वर्ष तक।
2. परंपरागत नैतिक अवस्था (Conventional morality stage)— 10 से 13 वर्ष तक।
3. आत्म अंगीकृत नैतिक मूल्य अवस्था (Self accepted moral principles stage)—13 वर्ष से प्रौढ़ावस्था तक।

कोह्लबर्ग द्वारा प्रतिपादित उपर्युक्त वर्गीकरण को विस्तृत रूप से पांच वर्गों में रखा जा सकता है–

(*i*) **पूर्व नैतिक अवस्था (Amoral Stage) :** यह अवस्था जन्म से लेकर दो वर्ष की आयु तक विद्यमान रहती है। इस अवस्था में बालक से नैतिकता एवं चारित्रिक मूल्यों आदि से संबद्ध बातों के विषय में किसी तरह की आशा करना बेमानी है, क्योंकि इस अवस्था में यह बातें उसकी समझ से बाहर होती है। इस अवस्था में उसे अपनी इच्छाओं, भावनाओं एवं संवेगों पर नियंत्रण करना नहीं आता और परिणामस्वरूप वह अपनी मर्जी के अनुसार इच्छित व्यवहार करता है।

(*ii*) **स्वकेंद्रित अवस्था (Self-Centred Stage) :** यह अवस्था 3 से 6 वर्ष तक होती है। इस अवस्था में बालक की सभी व्यावहारिक क्रियाएं अपनी वैयक्तिक आवश्यकताओं और इच्छाओं की पूर्ति के चारों ओर केंद्रित रहती हैं। उसके लिए वही नैतिक होता है जो उसके अपने कल्याण से जुड़ा होता है।

(*iii*) **परंपराओं को धारण करने की अवस्था (Conforming Conventional Stage) :** यह अवस्था सात वर्ष से किशोरावस्था के प्रारंभिक काल तक होती है। इस अवस्था का बालक सामाजिकता के गुणों को धारण करता है। ऐसे में उसमें समाज निर्मित नियमों एवं परंपराओं के धारण करने संबंधी नैतिकता का विकास होता है। इस अवस्था में उसे अच्छाई-बुराई का ज्ञान हो जाता है तथा वह यह समझने लगता है कि किस तरह के व्यवहार से दूसरे को हानि तथा ठेस पहुंच सकती है।

(*iv*) **आधारहीन आत्म चेतनावस्था (Irrational Conscientious Stage) :** यह अवस्था किशोरावस्था से जुड़ी हुई है। इस अवस्था में बालकों का सामाजिक, शारीरिक तथा मानसिक विकास अपनी चरम पर होता है तथा उसमें आत्म-चिन्तन का प्रादुर्भाव होता है। इस अवस्था में उसमें 'मैं' भावना अर्थात् मैं ऐसा व्यवहार करता हूँ, यह मेरा आचरण है आदि की उसे अनुभूति होने लगती है। साथ ही उसमें अपने आचरण, व्यवहार एवं व्यक्तिगत गुणों-अवगुणों के प्रति आलोचनात्मक प्रवृत्ति का भी विकास होता है। पूर्णता की चाह उसमें स्वयं से असंतुष्ट रहने का मार्ग प्रशस्त करती है। यह असंतुष्टि ही उसे समाज में होने वाली गलत कार्यों के प्रति विद्रोही रूख अपनाने के लिए प्रेरित करती है।

(*v*) **आधारयुक्त आत्मचेतना अवस्था (Rational Conscientious stage) :** यह नैतिक विकास की चरम अवस्था है। इसका विकास बालक के भली-भांति परिपक्वता ग्रहण करने के बाद होता है। इस अवस्था में जिस प्रकार के नैतिक आचरण और चारित्रिक मूल्यों की बात व्यक्ति विशेष से की जाती है उसके पीछे केवल उसकी भावनाओं का प्रवाह मात्र ही नहीं होता बल्कि वह अपनी मानसिक शक्तियों का उचित प्रयोग करते हुए अच्छी तरह सोच-समझकर किसी व्यवहार या आचरण विशेष को अपने व्यक्तिगत गुणों में शामिल करता है।

लेव व्यगोट्स्की का सामाजिक विकास से संबद्ध सिद्धांत (Social Development Theory of Lev Vygotsky)

सोवियत रूस निवासी लेव व्यगोस्ट्स्की द्वारा प्रतिपादित इस सिद्धांत में यह बताया गया है कि बालक के सभी प्रकार के विकास में उसके सामाजिक परिवेश का विशेष योगदान होता है। व्यगोट्स्की ने बताया कि समाज से अंतः क्रिया के परिणामस्वरूप ही बालक में विभिन्न प्रकार का विकास होता है। समाज में उसे जिस तरह की सुविधाएं उपलब्ध होंगी उसका विकास भी उसी प्रकार का होगा। सभी प्रकार की सुविधाओं की अनुपलब्धंता की स्थिति में उसके विकास पर प्रतिकूल असर पड़ेगा।

जन्म के समय शिशु का व्यवहार सामाजिकता से काफी दूर होता है। वह अत्यधिक स्वार्थी होता है। उसे केवल अपनी शारीरिक आवश्यकताओं की पूर्ति करने की चाहत होती है। वह दूसरों की आवश्यकताओं और हित चिंतन के विषय में एकदम नहीं सोचता है। उस आयु में वह निर्जीव पदार्थों, यथा– गुड्डे-गुड़ियों, खिलौनों, मूर्तियों तथा सजीव पदार्थों, यथा– पशु-पक्षी व मनुष्य आदि में अंतर नहीं समझ पाता। शिशुओं के सामाजिक संपर्क का दायरा बहुत ही सीमित होता है। अतः सामाजिक विकास के दृष्टिकोण से उनसे बहुत आशा नहीं की जा सकती। बाल्यावस्था में प्रवेश करने के साथ ही अधिकांश बालक विद्यालय जाना प्रारंभ कर देते हैं और अब उनका सामाजिक दायरा बहुत विस्तृत होता चला जाता है।

जब बालक बाल्यावस्था से किशोरावस्था में प्रवेश करता है तो उसमें लिंग संबंधी चेतना तीव्र हो जाती है। इस आयु

में अधिकतर किशोर-किशोरियां अपने वय-समूह के सक्रिय सदस्य होते हैं। किशोरों में समूह के प्रति यह भावना अब केवल टोली या गिरोह विशेष तक ही सीमित नहीं रहती बल्कि यह विद्यालय, समुदाय, प्रांत और राष्ट्र तक व्यापक बन जाती है। इस अवस्था में सहानुभूति, सहयोग, सद्भावना; परोपकार और त्याग में अच्छा सामंजस्य देखने को मिलता है। किशोरावस्था को संवेगों की अभिव्यक्ति की अवस्था कहा जाता है। इस अवस्था में विशिष्ट रुचियों और सामाजिक संपर्कों का क्षेत्र भी अत्यधिक विस्तृत होता है। वैयक्तिक विशेषताओं के अतिरिक्त संस्कृति, परिवार की सामाजिक और आर्थिक स्थिति, यौन संबंधी स्वतंत्रता और जानकारी आदि सामाजिक रुचियों और सामाजिक संबंधों को प्रभावित करती है।

अभ्यास प्रश्न

1. "बालक में सामाजिक भावना का विकास जन्मजात होता है।" क्या आप इस कथन से–

A. पूर्णतः सहमत हैं
B. सम्भवतः सहमत हैं
C. असहमत हैं
D. कुछ सीमा तक सहमत हैं

2. सामाजिक परिवर्तन का कारक (Factor) है–

A. धर्म B. शिक्षा
C. विकास D. समाज

3. विद्यालय समाजीकरण के क्षेत्र में न केवल इसका अभिकरण है (Agency) अपितु वह समाज की सांस्कृतिक प्रगति का है–

A. संरक्षक B. संशोधक
C. आलोचक D. समर्थक

4. बच्चे का समाजीकरण तब होता है जब वह समाज के व्यवहार-प्रतिमानों (Behavioural Pattern) को–

A. स्वीकार करें
B. उनसे समायोजन कर लें
C. उपरोक्त A और B
D. उपरोक्त में से कोई नहीं

5. बालक के समाजीकरण (Socialization) हेतु शिक्षा का यह कार्य है–

A. शिक्षक अभिभावक सहयोग विकसिंत करना
B. संस्कृति का हस्तान्तरण (Transmission of Culture) का प्रयास करना
C. वैज्ञानिक व तकनीकी प्रगति से अवगत कराना
D. उपरोक्त A और B

6. बालकों में समाजीकरण की प्रक्रिया तीव्र करने हेतु निम्नांकित उपाय प्रभावी होते हैं–

A. अनुशासनहीन बालकों को दण्ड देना
B. अनुशासनहीन बालकों का सामाजिक बहिष्कार करना
C. शिक्षक अभिभावक सहयोग
D. उपरोक्त सभी

7. "शिक्षा युवक पीढ़ी का विधिवत् समाजीकरण है।" यह परिभाषा किसने दी है?

A. बोगार्डस (Bogardus)
B. बैण्डिस (Bandis)
C. स्मिथ (Smith)
D. दुर्खीम (Durkheim)

8. वे विद्यालय बालकों के समाजीकरण में असफल रहते हैं जो–

A. धर्म विशेष के आधार पर संचालित हैं
B. जाति विशेष के आधार पर संचालित हैं
C. भाषा विशेष के शिक्षण पर जोर देते हैं
D. उपरोक्त सभी

9. बालक के समाजीकरण के विद्यालय का यह पक्ष विशेष प्रभावी होता है–

A. खेल-कूद की सुविधा
B. अनुकूल पर्यावरण (Environment)
C. शाला-भवन
D. शाला-उपकरण

10. निम्नलिखित में से कौन-सी सामाजिक संस्था बालक को मातृभाषा सिखाती है?

A. परिवार B. पड़ोस
C. विद्यालय D. सामाजिक वर्ग

11. वेश-भूषा, रहन-सहन, आहार, धर्म, भाषा, तथा रीति-रिवाज इत्यादि व्यक्तित्व के कैसे निर्धारक हैं?

A. जैविक B. सांस्कृतिक
C. सामाजिक D. मनोवैज्ञानिक

12. निम्न में से कौन-सा बच्चे की सामाजिक-मनोवैज्ञानिक आवश्यकताओं के साथ संबद्ध ***नहीं*** है?

A. संवेगात्मक सुरक्षा की आवश्यकता
B. शरीर से अपशिष्ट पदार्थों का नियमित रूप से बाहर निकलना
C. सान्निध्य (संगति) की आवश्यकता
D. सामाजिक अनुमोदन अथवा सराहना की आवश्यकता

13. सबसे अधिक गहन और जटिल समाजीकरण होता है

A. पूर्व बाल्यावस्था के दौरान
B. प्रौढ़ावस्था के दौरान
C. व्यक्ति के पूरे जीवन में
D. किशोरावस्था के दौरान

14. पियाजे के अनुसार, निम्नलिखित में से कौन-सी अवस्था में बच्चा अमूर्त संकल्पनाओं के विषय में तार्किक चिंतन करना आरंभ करता है?

A. औपचारिक-संक्रियात्मक अवस्था (11 वर्ष एवं ऊपर)
B. संवेदी-प्रेरक अवस्था (जन्म-02 वर्ष)
C. पूर्व-संक्रियात्मक अवस्था (02-07 वर्ष)
D. मूर्त-संक्रियात्मक अवस्था (07-11 वर्ष)

15. पियाजे के अनुसार बौद्धिक विकास में आत्मसात्करण (Assimilation) एवं कौन-सी अन्य प्रक्रिया महत्वपूर्ण हैं?
A. आत्म-संज्ञान (Self-cognition)
B. समंजन (Accommodation)
C. कल्पना (Imagination)
D. प्रत्यक्षीकरण (Perception)

16. छात्रों में नैतिकता का विकास करने हेतु आप क्या आवश्यक समझते हैं?
A. धार्मिक प्रवचन
B. परिवार का वातावरण
C. पूजा-पाठ करना
D. प्रत्येक अवसर पर उन्हें अच्छे-बुरे का अंतर बताना

17. पियाजे के अनुसार विकास की पहली अवस्था (जन्म से लगभग 2 वर्ष आयु) के दौरान बच्चा .... सबसे बेहतर सीखता है।
A. अमूर्त तरीके से चिंतन द्वारा
B. भाषा के नए अर्जित ज्ञान के अनुप्रयोग द्वारा
C. इंद्रियों के प्रयोग द्वारा
D. निष्क्रिय (neutral) शब्दों को समझने के द्वारा

18. समाज तभी उन्नति कर सकता है जब बालिका-शिक्षा को बालक-शिक्षा से–
A. कम महत्व दिया जाए
B. समान महत्व दिया जाए
C. अधिक महत्व दिया जाए
D. इनमें कोई सम्बन्ध नहीं है

19. शिक्षक ही समाज को उन्नति के मार्ग पर ले जा सकता है, क्योंकि वह–
A. अपनी बात कम और समाज की बात अधिक सोचता है
B. भावी नागरिकों को सही मार्ग दिखा सकता है
C. समाज के प्रति समर्पित होता है
D. भी एक सामाजिक प्राणी है

20. नैतिक मूल्य नियमावली का अर्थ है–
A. कुछ निश्चित मापदण्ड जिनका पालन व्यवस्था विशेष में कार्यरत सभी व्यक्ति करते हैं
B. आदर्शों एवं सिद्धांतों का सूची-पत्र जिसे किसी व्यवसाय के प्रत्येक सदस्य पर लागू किया जाता है
C. ऐसे निश्चित मापदण्ड जिनका अनुमोदन उच्च अधिकारी करते हैं किन्तु पालन निम्न स्तर के कर्मचारी करते हैं
D. किसी व्यावसायिक जगत की एक आवश्यक बुराई है

21. वाइगोत्सकी के सिद्धान्त का निहितार्थ है–
A. प्रारम्भिक व्याख्या के बाद कठिन सवालों को हल करने में बच्चे की सहायता न करना
B. सहयोगात्मक समस्या-समाधान
C. प्रत्येक विद्यार्थी को व्यक्तिगत रूप से दत्त कार्य देना
D. बच्चे उन बच्चों की संगति में श्रेष्ठतम रूप से सीख सकते हैं जिनका बुद्धि-लब्धांक उनके बुद्धि-लब्धांक से कम होता है।

22. वाइगोत्सकी बच्चों के सीखने में निम्नलिखित में से किस कारक की महत्वपूर्ण भूमिका पर बल देते हैं?
A. सामाजिक B. नैतिक
C. शारीरिक D. आनुवंशिक

23. "बच्चे दुनिया के बारे में अपनी समझ का सृजन करते हैं।" इस सिद्धांत का श्रेय .... को जाता है।
A. पियाजे B. स्किनर
C. पावलॉव D. कोहलबर्ग

24. पियाजे के अनुसार, निम्नलिखित में से कौन-सी अवस्था में बच्चा अमूर्त संकल्पनाओं के विषय में तार्किक चिन्तन करना आरंभ करता है?
A. मूर्त-संक्रियात्मक अवस्था (07-11 वर्ष)
B. संवेदी-प्रेरक अवस्था (जन्म-02 वर्ष)
C. औपचारिक-संक्रियात्मक अवस्था (11 वर्ष से ऊपर)
D. पूर्व-संक्रियात्मक अवस्था (02-07 वर्ष)

25. मानसिक विकास की औपचारिक संक्रियात्मक अवस्था की मुख्य विशेषता है–
A. मूर्त चिन्तन B. अमूर्त चिन्तन
C. सामाजिक चिन्तन D. अहम्-केन्द्रित चिन्तन

26. विचार न केवल भाषा को निर्धारित करते हैं बल्कि उसे आगे भी बढ़ाते हैं। यह विचार किसके द्वारा रखा गया।
A. जीन पियाजे B. कोहलबर्ग
C. वाइगोत्सकी D. पावलॉव

27. बालक के समाजीकरण की प्रक्रिया कब प्रारंभ होती है?
A. जन्म से B. जन्म के 3 वर्ष के बाद
C. किशोरावस्था में D. वयस्क होने के बाद

28. सीबीएसई द्वारा प्रस्तावित समूह-परियोजना गतिविधि .... का एक सशक्त साधन है।
A. सामाजिक भागीदारिता को सुगम बनाने
B. शिक्षकों के भार को हल्का करने
C. रोजमर्रा के शिक्षण से होने वाले तनाव को दूर करने
D. अनेकता में एकता की संकल्पना का प्रचार-प्रसार करने

29. समाजीकरण है–
A. सामाजिक मानदण्डों में परिवर्तन
B. शिक्षक एवं पढ़ाए गए के बीच सम्बन्ध
C. समाज के आधुनिकीकरण की प्रक्रिया
D. समाज के मानदण्डों के साथ अनुकूलन

30. सबसे अधिक गहन और जटिल समाजीकरण होता है–
A. किशोरावस्था के दौरान
B. पूर्व बाल्यावस्था के दौरान
C. प्रौढ़ावस्था के दौरान
D. व्यक्ति के पूरे जीवन में

31. बच्चों के समाजीकरण में शिक्षक की भूमिका होती है–
A. उनका बौद्धिक विकास करना
B. उन्हें गृह-कार्य देना
C. उनके आर्थिक प्रयोग में सहयोग करना
D. उन्हें साम्प्रदायिक शिक्षा प्रदान करना

32. पियाजे के अनुसार, संज्ञानात्मक विकास के किस चरण पर बच्चा 'वस्तु स्थायित्व' को प्रदर्शित करता है?
A. मूर्त संक्रियात्मक चरण
B. औपचारिक संक्रियात्मक चरण
C. संवेदी-प्रेरक चरण
D. पूर्व संक्रियात्मक चरण

33. कोहलबर्ग के अनुसार, सही और गलत के प्रश्न के बारे में निर्णय लेने में शामिल चिन्तन-प्रक्रिया को कहा जाता है–
A. सहयोग की नैतिकता B. नैतिक तर्कणा
C. नैतिक यथार्थवाद D. अनैतिक यथार्थवाद

34. वह स्तर जिसमें बच्चा किसी वस्तु एवं घटना के बारे में तार्किक रूप से सोचना शुरू करता है, कहा जाता है
A. औपचारिक अवस्था B. पूर्व क्रियात्मक अवस्था
C. संवेदन प्रणोद अवस्था D. मूर्त क्रियात्मक अवस्था

35. छोटे शिक्षार्थियों को कक्षा-कक्ष में समवयस्कों के साथ अन्तः क्रिया करने के लिए प्रोत्साहित करना चाहिए, जिससे
A. वे एक-दूसरे से प्रश्नों के उत्तर सीख सके
B. वे पढ़ने के दौरान सामाजिक कौशल सीख सके
C. पाठ्यक्रम को बहुत जल्दी पूरा किया जा सके
D. शिक्षक कक्षा-कक्ष को बेहतर तरीके से नियन्त्रित कर सकें

36. समाजीकरण की प्रक्रिया में उन .... को प्राप्त किया जाता है, जिन्हें समाज में महत्व दिया जाता है।
A. मानकों B. मूल्यों
C. विश्वासों D. ये सभी

37. किसी बालक के समाजीकरण में धर्म का महत्व है–
(*i*) आदर्शों में (*ii*) अनुकरण में
(*iii*) संस्कार में
A. केवल (*i*) B. केवल (*ii*)
C. केवल (*iii*) D. ये सभी

38. शिक्षकों को यह सलाह दी जाती है कि वे अपने शिक्षार्थियों को सामूहिक गतिविधियों में शामिल करें क्योंकि सीखने को सुगम बनाने के अतिरिक्त, ये .... में सहायता करती है।
A. दुश्चिंता B. समाजीकरण
C. मूल्य द्वन्द्व D. आक्रामकता

39. किसी बच्चे में समाजीकरण का प्रथम तत्व निम्नलिखित में से कौन-सा है?
A. परिवार B. अस्पताल
C. विद्यालय D. खेल का मैदान

40. पियाजे के अनुसार, ... वर्ष से कम आयु के बालकों में संज्ञानात्मक परिपक्वता का अभाव पाया जाता है?
A. 6 B. 9
C. 10 D. 12

41. वाइगोत्सकी के अनुसार, किसी बालक के विकास में सबसे महत्वपूर्ण योगदान निम्न में से किसका होता है?
A. परिवार का B. विद्यालय का
C. धर्म का D. समाज का

42. निम्नलिखित में कौन-सी संज्ञानात्मक क्रिया की दी गई सूचना के विश्लेषण के लिए प्रयोग में लाई जाती है?
A. वर्णन करना B. पहचान करना
C. अन्तर करना D. वर्गीकृत करना

43. कृतिका अक्सर घर में ज्यादा बात नहीं करती, लेकिन विद्यालय में वह काफी बात करती है। यह दर्शाता है कि–
A. विद्यालय हर समय बच्चों को खूब बात करने का अवसर देता है
B. शिक्षकों की यह माँग होती है कि बच्चे विद्यालय में खूब बात करे
C. कृतिका को अपना घर बिल्कुल पसन्द नहीं
D. उसके विचारों को विद्यालय में मान्यता मिलती है

44. कोहलबर्ग के अनुसार सही और गलत के बारे में बच्चे .... चिन्तन नहीं करते हैं।
A. अलग आयु में अलग तरीके से
B. अलग चरणों में समान तरीके से
C. सन्दर्भ के अनुसार
D. अभिभावकों द्वारा प्रदत्त निर्देशों के अनुसार

उत्तरमाला

1	2	3	4	5	6	7	8	9	10
C	B	A	C	D	C	D	D	B	A
11	12	13	14	15	16	17	18	19	20
B	B	D	D	B	D	C	B	B	C
21	22	23	24	25	26	27	28	29	30
B	A	A	A	B	C	A	A	D	A
31	32	33	34	35	36	37	38	39	40
A	D	B	B	B	D	D	B	A	A
41	42	43	44						
D	C	D	A						

4. बालकेंद्रित एवं प्रगतिशील शिक्षा की अवधारणा (Concept of Child-centered and Progressive Education)

बालकेंद्रित शिक्षा (Child-centred Education)

बालकेंद्रित शिक्षा, शिक्षा की वह विधा है जिसमें बालक की आयु और समझ को देखते हुए बालक की शिक्षा के लिए व्यवस्था की जाती है। दूसरे शब्दों में, बालक के मनोविज्ञान को समझते हुए शिक्षा की व्यवस्था करना एवं उसकी कठिनाइयों को दूर करना ही बालकेंद्रित शिक्षा है। विभिन्न कालों में शिक्षा का स्वरूप भिन्न-भिन्न रहा है। प्राचीन काल में जहां शिक्षा का उद्देश्य बालकों के मस्तिष्क में मात्र कुछ जानकारी भरना समझा जाता था वहीं आधुनिक काल में बालक का सर्वांगीण विकास शिक्षक का परम उद्देश्य बताया गया है। इस कार्य के लिए शिक्षक को बाल मनोविज्ञान की जानकारी जरूर होनी चाहिए। शिक्षक के लिए बाल मनोविज्ञान की उपयोगिता इसलिए भी जरूरी है ताकि वह इसका प्रयोग शिक्षा संबंधी विभिन्न क्षेत्रों यथा– अनुशासन, व्यवहार, जागरूकता आदि के क्षेत्र में कर सके। इससे यह स्पष्ट होता है कि एक शिक्षक को शिक्षा तथा छात्रों के प्रति क्या अभिवृति (Attitude) होनी चाहिए।

बाल-केंद्रित शिक्षा की मुख्य विशेषताएं (Characteristics of Child-centered Education)

बाल-केंद्रित शिक्षा की प्रकृति के कुछ भिन्न होने के कारण इसकी कुछ अलग प्रकार की विशेषताएं हैं। बाल-केंद्रित शिक्षा की मुख्य विशेषताएं निम्नवत् हैं–

1. **बालकों को ठीक से समझना (Perceive to Children):** जब से मनोविज्ञान ने शिक्षा के क्षेत्र में प्रवेश किया है, शिक्षा का स्वरूप बाल-केंद्रित हो गया है। अब प्रत्येक बालक की ओर व्यक्तिगत रूप से अध्ययन-अध्यापन प्रक्रिया में ध्यान दिया जाता है। आज शिक्षा का उद्देश्य बालक के ऊपर ज्ञान थोपना नहीं वरन् उसका एकमात्र उद्देश्य बालक में निहित शक्तियों का विकास करना है। इस तरह बालक के व्यक्तित्व का सर्वांगीण विकास करना ही आज की शिक्षा का अंतिम उद्देश्य है।

   ऐसे में इस बात की आवश्यकता है कि शिक्षक को बालकों के मनोविज्ञान की जानकारी हो, अन्यथा वह उन्हें क्या सिखाएगा कहना बहुत मुश्किल है। अतः शिक्षक को बालक के व्यवहार के मूलाधारों, आवश्यकताओं, मानसिक स्तर, रुचियों, योग्यताओं, व्यक्तित्त्व आदि का विस्तृत ज्ञान होना चाहिए। व्यवहार के मूलाधारों का ज्ञान तो सबसे अधिक आवश्यक है, क्योंकि शिक्षा का उद्देश्य ही बालक के व्यवहार को परिमार्जित करना है। अतः शिक्षा बालक की प्रेरणाओं, संवेगों एवं मूल प्रवृत्तियों पर आधारित होनी चाहिए। व्यवहार के इन मूलाधारों को नई दिशा में मोड़ा जा सकता है, इनका शोधन किया जा सकता है, इनको बालक में से निकाला जा सकता है। इसलिए सफल शिक्षक उसे ही माना जाता है जो इसका शोधीकरण का प्रयास करता है। बालक जो कुछ सीखता है, उससे उसकी आवश्यकताओं का बड़ा निकट संबंध है। प्रायः ऐसा पाया गया है कि स्कूल में पिछड़े हुए समस्याग्रस्त बालकों में से अधिकतर ऐसे होते हैं, जिनकी आवश्यकताएं स्कूल में पूरी नहीं होती। इसलिए वे सड़कों पर लगे बिजली के बल्बों को फोड़ते हैं, स्कूल से भाग जाते हैं। आस-पड़ोस के लोगों को तंग करते हैं; आवारागर्दी करते हैं और मोहल्ले के बच्चों को पीटते हैं। मनोविज्ञान के ज्ञान के अभाव में शिक्षक मारपीट द्वारा बच्चों के उन दोषों को दूर करने का प्रयत्न करता है, परंतु बालकों को समझने वाला शिक्षक यह जानता है कि इन दोषों का मूल उनकी शारीरिक, सामाजिक अथवा मनोवैज्ञानिक आवश्यकताओं में ही कहीं न कहीं है।

2. **शिक्षण पद्धति (Teaching Method):** शिक्षा शास्त्र शिक्षक को यह बताता है कि बालकों को क्या पढ़ाया जाए, परंतु असली समस्या यह है कि किस प्रकार पढ़ाया जाए। इस समस्या के समाधान में बाल मनोविज्ञान ही वह माध्यम है जो शिक्षक को सहायता करता है। बाल मनोविज्ञान सीखने की प्रक्रिया, विधियों, महत्त्वपूर्ण कारकों, लाभदायक और हानिकारक दशाओं, रुकावटों सीखने का वक्र तथा प्रशिक्षण संक्रमण आदि विभिन्न तत्त्वों से परिचित कराता है। इनसे प्राप्त ज्ञान से शिक्षक बालकों को सीखने में सहायता कर सकता है। शिक्षा मनोविज्ञान शिक्षण की विधियों का भी मनोवैज्ञानिक विश्लेषण करता है और उनमें सुधार के उपाय बतलाता है। बाल-केंद्रित शिक्षा में शिक्षण विधि को प्रयोग में लाते समय बाल-मनोविज्ञान को ही आधार बनाया जाता है।

3. **मूल्यांकन एवं परीक्षण विधि (Evaluation and Test):** शिक्षण से ही शिक्षक की समस्या हल नहीं हो जाती।

उसे बालकों के ज्ञान और विकास का मूल्यांकन और परीक्षण करना होता है। मूल्यांकन से परीक्षार्थी की उन्नति का पता चलता है। शिक्षा की प्रक्रिया में शिक्षक और शिक्षार्थी बराबर यह जानना चाहते हैं कि वे कहां प्रगति कर रहे हैं और यदि उनको सफलता अथवा असफलता मिली है तो क्यों और उसमें क्या परिवर्तन किए जा सकते हैं। इस तरह के सभी प्रकार के प्रश्नों के समाधान में मूल्यांकन के साथ-साथ विभिन्न प्रकार के परीक्षणों और मापों की भी आवश्यकता पड़ती है। इस तरह स्पष्ट है कि बाल-केंद्रित शिक्षा में बालक का मूल्यांकन बाल-मनोविज्ञान के माध्यम से किया जाता है।

4. **पाठ्यक्रम की प्रकृति (Syllabus) :** समाज और व्यक्ति की आवश्यकताओं की पूर्ति को ध्यान में रखते हुए स्कूल के पाठ्यक्रम की प्रकृति व्यक्तिगत विभिन्नताओं, प्रेरणाओं, मूल्यों और सीखने के सिद्धांतों के मनोवैज्ञानिक ज्ञान पर आधारित होनी चाहिए। बालकेंद्रित शिक्षा में इस बात का विशेष ध्यान रखा जाता है कि पाठ्यक्रम की प्रकृति का विकास बालक की आवश्यकताओं उसकी आयु एवं विशेष अवस्थाओं आदि जैसे उसके विशेष गुण के अनुरूप ही हो।
5. **व्यवस्थापन एवं अनुशासन का प्रयोग (Management and Discipline) :** बालकेंद्रित शिक्षा में कक्षा एवं विद्यालय में अनुशासन एवं व्यवस्था बनाए रखने के लिए भी बाल मनोविज्ञान सहायक के रूप में कार्य करता है।
6. **प्रयोग एवं अनुसंधान (Practical and Research) :** बाल-केन्द्रित शिक्षा में बालकों को प्रयोग एवं अनुसंधान की ओर ले जाने के लिए बाल मनोविज्ञान का सहारा लिया जाता है। नई समस्याओं को सुलझाने के लिए शिक्षक को स्वयं प्रयोग करते रहना चाहिए और उससे निकले निष्कर्षों का उपयोग करना चाहिए।

प्रगतिशील शिक्षा (Progressive Education)

प्रगतिशील शिक्षा पारंपरिक शिक्षा की प्रतिक्रिया का परिणाम है। अमेरिकी मनोवैज्ञानिक **जॉन डीवी** (John Dewey) का प्रगतिशील शिक्षा के विकास में विशेष योगदान रहा है। प्रगतिशील शिक्षा का तात्पर्य शिक्षा का एकमात्र उद्देश्य बालक की शक्तियों का विकास है। वैयक्तिक विभिन्नता के अनुरूप शिक्षण प्रक्रिया में भी अंतर रखकर इस उद्देश्य को पूरा किया जा सकता है।

बालक में विभिन्न शक्तियों का विकास किस प्रकार से होगा, इसके लिए कोई सामान्य सिद्धांत निश्चित नहीं किया जा सकता, क्योंकि भिन्न-भिन्न रुचियों और योग्यताओं के बालकों में विकास भिन्न-भिन्न प्रकार से होता है। अध्यापक को बालक की योग्यताओं पर दृष्टि रखते हुए उसे निर्देश देना चाहिए। प्रगतिशील शिक्षा इस बात का बोध कराता है कि शिक्षा बालक के लिए है न कि बालक शिक्षा के लिए। अतः शिक्षा का उद्देश्य ऐसा वातावरण तैयार करना होना चाहिए ताकि प्रत्येक बालक को सामाजिक विकास का पर्याप्त अवसर मिले। प्रगतिशील शिक्षा का मुख्य उद्देश्य लोकतंत्रीय मूल्यों की स्थापना करना है ताकि बालकों में लोकतंत्रीय मूल्यों का विकास हो सके। शिक्षा के द्वारा हम ऐसे समाज का निर्माण करना चाहते हैं जिसमें व्यक्ति-व्यक्ति में कोई भेद न हो, सभी पूर्ण स्वतंत्रता और सहयोग से काम कर सकें। प्रत्येक व्यक्ति को अपनी स्वाभाविक प्रवृत्तियों, इच्छाओं और आकांक्षाओं के अनुसार विकसित होने का अवसर मिले तथा सभी को समान अधिकार दिए जाएं। ऐसे समाज का निर्माण तभी हो सकता है जबकि व्यक्ति और समाज के हित में कोई मौलिक अंतर न माना जाए। शिक्षा के द्वारा मनुष्य में परस्पर सहयोग और सामंजस्य की स्थापना होनी चाहिए। इस तरह प्रगतिशील शिक्षा का मुख्य उद्देश्य बालक के व्यक्तित्व का विकास करना और शिक्षा के माध्यम से लोकतंत्र की स्थापना करना है।

प्रगतिशील शिक्षा में मुख्य जोर शिक्षण विधि की व्यावहारिकता पर दिया जाता है। इस शिक्षण विधि में बालक के स्वयं करके सीखने की प्रक्रिया पर जोर दिया जाता है। इस शिक्षण विधा में बालक के जीवन, क्रियाओं और विषयों में एकता स्थापित की जाती है। यह बालक के जीवन की क्रियाओं को समग्र रूप से विकसित करने पर जोर देता है।

इस शिक्षा पद्धति में बालक की रुचि को महत्त्व दिया जाता है। जॉन डीवी ने प्रगतिशील शिक्षा के तहत शिक्षा में दो तत्त्वों को विशेष रूप से महत्त्वपूर्ण माना है– **प्रथम** रुचि एवं **द्वितीय** प्रयास। शिक्षक को बालक की स्वाभाविक रुचियों को समझकर उसके लिए उपयोगी कार्यों की व्यवस्था करनी चाहिए। बालक को स्वयं कार्यक्रम बनाने का अवसर दिया जाना चाहिए ताकि वे अपनी रुचियों के अनुसार कार्यक्रम बना सकें। ऐसा करने से उनमें किसी तरह का भय या दबाव नहीं रहेगा और वे कार्यक्रम को रुचि के अनुसार बना सकेंगे। फलतः स्कूल क्रिया आत्म-क्रिया बन सकेगी। जॉन डीवी के शिक्षा संबंधी इन विचारों के आधार पर ही आगे चलकर प्रोजेक्ट-प्रणाली का जन्म हुआ। प्रोजेक्ट-प्रणाली में यह उल्लेख किया गया कि बालक को ऐसे काम दिए जाने चाहिए कि उनमें स्फूर्ति, आत्म-विश्वास, आत्म-निर्भरता और मौलिकता का विकास हो सके।

प्रगतिशील शिक्षा में शिक्षक को सम्मानजनक और महत्त्वपूर्ण स्थान दिया गया है तथा इस बात का उल्लेख किया गया है कि शिक्षक समाज का सेवक है। इस शिक्षा पद्धति में शिक्षक से यह आशा की गई है कि वह विद्यालय में ऐसे वातावरण का निर्माण करे कि उसमें पल-बढ़कर बालक का सामाजिक व्यक्तित्त्व विकसित हो सके और वह लोकतंत्र का एक सफल एवं योग्य नागरिक बन सके। जॉन डीवी ने शिक्षक की महत्ता को और ऊँचाई देते हुए उसे ईश्वर का प्रतिनिधि तक कह दिया है। विद्यालय में स्वतंत्रता और समानता के मूल्य को बनाए रखने के लिए शिक्षक को स्वयं को बालक से बड़ा नहीं समझना चाहिए। शिक्षक को कभी भी अपनी आज्ञाओं एवं उपदेशों के माध्यम से अपने विचारों और प्रवृत्तियों को बालकों पर थोपने का प्रयास नहीं करना चाहिए। उसे बालकों का भली-भांति

परीक्षण करके उनकी रुचियों, योग्यताओं एवं गतिविधियों के अनुरूप कार्यों में लगाना चाहिए। इस प्रकार विद्यालय में शिक्षा बालकों की व्यक्तिगत विभिन्नताओं को ध्यान में रखकर दी जानी चाहिए। इस विधि से अध्यापन करने से विद्यालय के संचालन में कठिनाई बहुत कम होती है।

प्रगतिशील शिक्षा में अनुशासन का भी महत्त्वपूर्ण स्थान है लेकिन अनुशासन के नाम पर बालक की स्वाभाविक प्रवृत्तियों को कुंठित करने के प्रयास को अनुचित माना गया है। सही मायने में देखा जाए तो अनुशासन केवल बालक के निजी व्यक्तित्व से संबंधित न होकर उसकी सामाजिक परिस्थितियों से भी घनिष्ठ रूप से जुड़ा हुआ है। सच्चा अनुशासन एक प्रकार से सामाजिक अनुशासन है और यह बालक के विद्यालय के सामूहिक कार्यों में भाग लेने से उत्पन्न होता है। विद्यालय में ऐसे वातावरण का निर्माण किया जाना चाहिए ताकि बालक परस्पर सहयोग से रहने का अभ्यास कर सकें। विद्यालय में एक से उद्देश्य लेकर शारीरिक, सामाजिक, बौद्धिक एवं नैतिक कार्यों में एक साथ भाग लेने से बालकों में अनुशासन का भाव उत्पन्न होता है और उनमें नियमित रूप से कार्य करने की आदत विकसित होती है। विद्यालयों में होने वाले कार्यक्रमों का बालक के चरित्र-निर्माण में महत्त्वपूर्ण योगदान है। बालक को प्रत्यक्ष रूप से उपदेश न देकर उसे सामाजिक परिवेश उपलब्ध कराया जाना चाहिए और उसके सामने ऐसे उदाहरण प्रस्तुत किए जाने चाहिए ताकि उसमें आत्मानुशासन उत्पन्न हो और वह सही अर्थों में सामाजिक प्राणी बन सके। यह बात बिल्कुल ठीक है कि विद्यालय में शांतिपूर्ण वातावरण होने से काम अधिक अच्छा होता है किंतु शांति एकमात्र साधन है, साध्य नहीं। शिक्षक को अपनी ओर से बालकों को उनकी प्रवृत्तियों के अनुसार विविध प्रकार के कार्यों में लगाए रखना चाहिए और यदि इस प्रक्रिया से कभी-कभी कुछ अशांति भी उत्पन्न हो तो उसे दूर करने के लिए बालक की क्रियाओं पर रोक-टोक करना अनुचित है। आत्मानुशासन उत्पन्न करने में उत्तरदायित्व की भावना का विशेष महत्त्व है। उत्तरदायित्व का भाव उत्पन्न करने के लिए विद्यालय का अधिकतर कार्य स्वयं विद्यार्थियों को सौंप दिया जाना चाहिए। इनमें भाग लेने से उनमें अनुशासन की भावना उत्पन्न होती है।

वर्तमान में शिक्षा को अनिवार्य और सार्वभौमिक बनाने पर जो जोर दिया जा रहा है वह मुख्यतः प्रगतिशील शिक्षा के सिद्धांतों के ही समान है। शिक्षा का लक्ष्य व्यक्तित्व का विकास है और प्रत्येक व्यक्ति को उसके व्यक्तित्व का विकास करने के लिए शिक्षा प्राप्त करने का अवसर दिया जाना चाहिए। आधुनिक शिक्षा में वैज्ञानिक और सामाजिक प्रवृत्ति के जो तत्त्व विद्यमान हैं उनमें प्रगतिशील शिक्षा का योगदान है। इसके अनुसार शिक्षा एक सामाजिक आवश्यकता है। इसका लक्ष्य व्यक्ति और समाज दोनों का विकास है। इससे व्यक्ति का बौद्धिक, नैतिक, सामाजिक और शारीरिक विकास होता है।

सर्वशिक्षा अभियान (SSA)

सर्वशिक्षा अभियान भारत सरकार द्वारा 2000-01 में प्रारंभ किया गया था। इस अभियान के अन्तर्गत 'सब पढ़ें सब बढ़ें' का नारा दिया गया है। सर्वशिक्षा अभियान के अन्तर्गत निम्नलिखित लक्ष्य निर्धारित किए गए थे–

1. वर्ष 2003 तक सभी बच्चों को विद्यालय में लाना।
2. वर्ष 2007 तक 5 वर्ष की आयु वाले सभी बच्चों की प्राथमिक शिक्षा पूरी करवाना।
3. वर्ष 2010 तक 8 वर्ष की आयु वाले सभी बच्चों की प्रारम्भिक शिक्षा पूरी करवाना।

सर्वशिक्षा अभियान की उपलब्धियाँ इस प्रकार रही–

1. स्कूल दाखिला अनुपात जो 1950-51 में 31.1 प्रतिशत था 2003-04 में बढ़कर 85 प्रतिशत हो गया।
2. प्रथम कक्षा से 8वीं कक्षा तक पढ़ने वाली सभी लड़कियाँ एवं अनुसूचित जाति के लगभग 6 करोड़ बच्चों को निःशुल्क पाठ्य-पुस्तकें वितरित की गई।
3. 2001 के बाद लगभग 2 लाख नए स्कूल खोले गए। लगभग 5 लाख नए शिक्षकों की नियुक्ति की गई।
4. यद्यपि सर्वशिक्षा अभियान के फलस्वरूप विद्यालय छोड़ने वाले बच्चों की संख्या में भारी कमी लाने में सफलता प्राप्त हुई है, किन्तु वर्ष 2010 तक यह सफलता लक्षित अनुपात तक प्राप्त नहीं हुई है।

मध्याह्न भोजन योजना (Mid Day Meal Scheme)

1. 15 अगस्त, 1995 को पोषाहार समर्थन के राष्ट्रीय कार्यक्रम मध्याह्न भोजन योजना की शुरूआत की गई।
2. इस योजना के अन्तर्गत पहली से पाँचवीं कक्षा तक के बच्चों को 80 प्रतिशत उपस्थिति पर प्रतिमाह 3 किग्रा गेहूँ अथवा चावल दिए जाने की व्यवस्था की गई थी। किन्तु इस योजना का पूर्ण लाभ छात्र को न प्राप्त होकर उसके परिवार को मिल जाता था, इसलिए 1 सितम्बर 2004 से पके-पकाए भोजन उपलब्ध कराने की योजना आरंभ कर दी गई।
3. इस योजना के अन्तर्गत विद्यालयों में मध्यावकाश में छात्र-छात्राओं को सप्ताह में 4 दिन चावल से बने भोज्य पदार्थ तथा 2 दिन गेहूँ से बने भोज्य पदार्थ दिए जाने की व्यवस्था की गई है।

अभ्यास प्रश्न

1. किसी बालक की शैक्षिक प्रगति दिन-प्रतिदिन गिरावट की ओर जा रही है। इसका निम्न में से प्रमुख कारण होगाः

A. वह धन कमाने लगा है

B. वह गलत संगत में पड़ गया है

C. अध्यापक ठीक से नहीं पढ़ाते हैं

D. बालक की पढ़ने में रुचि नहीं है

2. वर्तमान में नारी-शिक्षा के सन्दर्भ में आपका मानना है कि–
A. यह पर्याप्त तथा उपयोगी है
B. यह अपर्याप्त एवं असम्बन्धित है
C. यह अभी और थोड़ा विकास चाहती है
D. इस पर व्यय नहीं करना चाहिए

3. साक्षरता अभियान में आप किस प्रकार अपना योगदान दे सकते हैं?
A. नौकरी करके
B. स्वयं को साक्षर करके
C. साक्षरता का महत्व बताकर
D. दो निरक्षर व्यक्तियों को साक्षर करके

4. एक अच्छा अध्यापक बनने के लिए आवश्यक है :
A. समृद्ध परिवेश और ऊँची पहुँच
B. व्यक्तिगत प्रयास और उपयुक्त प्रशिक्षण
C. स्वस्थ शरीर और खानदानी संपन्नता
D. उपयुक्त शिक्षा और आर्थिक संपन्नता

5. आपकी कक्षा का एक विद्यार्थी प्रायः विद्यालय में विलम्ब से आता है ऐसी दशा में आप :
A. उसे दण्ड देकर सुधारने का प्रयास करेंगे/करेंगी
B. उसके अभिभावकों को इसकी जानकारी देंगे/देंगी
C. विलम्ब से आने का कारण जानकर उसके निराकरण का प्रयास करेंगे/करेंगी
D. प्रधानाचार्य से उसकी शिकायत करेंगे/करेंगी

6. आपके विचार से शिक्षा के स्तरोन्नयन के लिए सर्वाधिक आवश्यक है–
A. विद्यालय को पूरी सुविधा प्रदान करना
B. अध्यापक को उच्च वेतनमान देना
C. छात्र-अभिभावक-अध्यापक संबंध सुदृढ़ करना
D. शिक्षण अधिगम प्रक्रिया को प्रभावी बनाना

7. नवोदय विद्यालय प्रारम्भ किए गए हैं–
A. ग्रामीण बच्चों के लिए
B. गरीब बच्चों के लिए
C. मन्द बुद्धि बच्चों के लिए
D. प्रतिभाशाली ग्रामीण बच्चों के लिए

8. नवोदय विद्यालयों में बालकों को प्रवेश दिया जाता है–
A. कक्षा तृतीय से　　B. कक्षा पंचम् से
C. कक्षा षष्ठम् से　　D. कक्षा नवम् से

9. राष्ट्रीय शैक्षिक अनुसंधान व प्रशिक्षण परिषद् (NCERT) का मुख्यालय है–
A. इलाहाबाद　　B. नई दिल्ली
C. चेन्नई　　D. मुम्बई

10. पाठ्यक्रम निर्माण में किस बात को मुख्य रूप से ध्यान में रखा जाता है?
A. छात्रों को　　B. शिक्षा के उद्देश्यों को
C. पाठ्य पुस्तकों को　　D. शिक्षण विधियों को

11. मूल्यांकन का क्षेत्र है :
A. सीमित　　B. असीमित
C. संकुचित　　D. व्यापक

12. वस्तुनिष्ठ परीक्षण के निर्माण में समय लगता है :
A. अधिक　　B. कम
C. कठिन　　D. सरल

13. राष्ट्रीय शिक्षा नीति (1986) में ग्रामीण क्षेत्रों को अच्छी शिक्षा उपलब्ध कराने हेतु निम्नांकित विद्यालयों का प्रावधान है–
A. सैनिक विद्यालय　　B. नवोदय विद्यालय
C. केन्द्रीय विद्यालय　　D. बुनियादी शिक्षा विद्यालय

14. "ऑपरेशन ब्लैक बोर्ड" (Operation Black Board) कार्यक्रम का उद्देश्य प्राथमिक शिक्षा का निम्नांकित पक्ष सबल करना है–
A. गुणवत्ता (Quality)
B. परिमाण (Quantity)
C. शिक्षण सामग्री (Teaching Aids)
D. उपरोक्त सभी

15. "सर्वशिक्षा अभियान" का यह उद्देश्य है–
A. सार्वभौमिक शाला में नामांकन
B. नगरीय क्षेत्र में सार्वभौमिक प्राथमिक शिक्षा
C. सार्वभौमिक प्राथमिक शिक्षा
D. उपरोक्त सभी

16. प्रतिभाशाली बालकों को निम्नांकित सहायता भी दी जा सकती है–
A. विशिष्ट कक्षा या विद्यालय में शिक्षा
B. प्रभावी निर्देशन (Guidance)
C. वैयक्तिक (Individualize) शिक्षण
D. उपरोक्त सभी

17. विशेष रूप से प्राथमिक स्तर पर विद्यार्थियों की सीखने सम्बन्धी समस्याओं को संबोधित करने का सबसे बेहतर तरीका है–
A. महँगी और चमकदार सहायक सामग्री का प्रयोग करना
B. सरल और रोचक पाठ्य-पुस्तकों का प्रयोग करना
C. कहानी-कथन पद्धति का प्रयोग करना
D. अक्षमता के अनुरूप विभिन्न शिक्षण-पद्धतियों का प्रयोग करना

18. आकलन को 'उपयोगी और रोचक' प्रक्रिया बनाने के लिए .... के प्रति सचेत होना चाहिए।
A. विद्यार्थियों को बुद्धिमान या औसत शिक्षार्थी की उपाधि देना
B. शैक्षिक और सह-शैक्षिक क्षेत्रों में विद्यार्थी के सीखने के बारे में जानकारी प्राप्त करने के लिए विविध तरीकों का प्रयोग करना

C. प्रतिपुष्टि (फीडबैक) देने के लिए तकनीकी भाषा का प्रयोग करना
D. अलग-अलग विद्यार्थियों में तुलना करना

19. मूल्यांकन (assessment) का मुख्य उद्देश्य होना चाहिए
A. यह निर्णय लेना कि क्या विद्यार्थी को अगली कक्षा में प्रोन्नत किया जाना चाहिए
B. सीखने में होने वाली कमियों का निदान और उपचार करना
C. शिक्षार्थियों की त्रुटियाँ निकालना
D. शिक्षार्थियों की उपलब्धि को मापना

20. मैं चाहता हूँ प्राथमिक कक्षा में सभी विद्यार्थीः
A. अध्यापक की तरफ ध्यान दें
B. पठन अथवा लेखन करें
C. अध्यापक से अन्तर्क्रिया करें
D. शान्तिपूर्वक अपना कार्य करें

21. भारत में माध्यमिक शिक्षा का सबसे दुर्बल पक्ष है–
A. अनुपयुक्त परीक्षा प्रणाली
B. अयोग्य शिक्षकों का होना
C. राजनीतिक हस्तक्षेप
D. शिक्षा का व्यवसायोन्मुखी न होना

22. शिक्षण-प्रशिक्षण के सन्दर्भ में पी.टी.टी. (P.T.T.) का अर्थ है–
A. प्री टेस्टिंग फॉर टीचर्स ट्रेनिंग
B. प्री सर्विस टीचर्स ट्रेनिंग
C. फिजिकल ट्रेनिंग फॉर टीचर्स
D. A तथा C दोनों ही

23. नवोदय विद्यालयों के शिक्षकों का व्यय वहन किया जाता है–
A. राज्य सरकार द्वारा
B. केन्द्र सरकार द्वारा
C. A तथा B दोनों ही
D. उपर्युक्त में से किसी के भी द्वारा नहीं

24. अनौपचारिक शिक्षा की व्यवस्था की गई है–
A. 6 से 11 वर्ष के बालकों के लिए
B. 9 से 14 वर्ष के बालकों के लिए
C. 15 से 35 आयु वर्ग के लिए
D. उपरोक्त में से किसी के लिए भी नहीं

25. कक्षा 6-10 तक की शिक्षा कहलाती है–
A. उच्चतर माध्यमिक शिक्षा
B. माध्यमिक शिक्षा
C. उच्च प्राथमिक शिक्षा
D. उपरोक्त में से कोई नहीं

26. भारतीय संविधान में कितने वर्ष के बच्चों के लिए अनिवार्य और निःशुल्क शिक्षा प्रदान करने का प्रावधान है?
A. 5 से 10 वर्ष तक के
B. 6 से 12 वर्ष तक के
C. 6 से 14 वर्ष तक के
D. 8 से 14 वर्ष तक के

27. राष्ट्रीय शिक्षा नीति के अन्तर्गत अनौपचारिक शिक्षा कार्यक्रम चलाया जा रहा है–
A. उन बच्चों के लिए जिन्होंने विद्यालय जाना छोड़ दिया है
B. विद्यालय विहीन टोले के बच्चों के लिए
C. काम-काजी बच्चों के लिए
D. उपर्युक्त सभी के लिए

28. 'बाल केन्द्रित शिक्षा' के लिए निम्नलिखित में से कौन-सा कारक आधार है?
A. वैयक्तिक अन्तर
B. बाल अधिकार
C. सभी बच्चे सभी सन्दर्भों में समान होते हैं
D. बच्चों की निःशुल्क और अनिवार्य शिक्षा का अधिकार अधिनियम, 2009

29. प्राथमिक स्तर पर एक शिक्षक में निम्न में से किसे सबसे महत्वपूर्ण विशेषता मानना चाहिए?
A. पढ़ाने की उत्सुकता
B. धैर्य और दृढ़ता
C. शिक्षण-पद्धतियों और विषयों के ज्ञान में दक्षता
D. अति मानक भाषा में पढ़ाने में दक्षता

30. शिक्षण के अधिगम पर बल देने वाला परिवर्तन हो सकता है–
A. परीक्षा परिणामों पर केन्द्रित होकर
B. बाल-केन्द्रित शिक्षा-पद्धति अपनाकर
C. रटने को प्रोत्साहित करके
D. अग्र शिक्षण की तकनीक अपनाकर

31. निम्नलिखित में से कौन-सी प्रगतिशील शिक्षा की विशेषता है?
A. समय-सारणी और बैठने की व्यवस्था में लचीलापन
B. केवल प्रस्तावित पाठ्य-पुस्तकों पर आधारित अनुदेश
C. परीक्षाओं में अच्छे अंक प्राप्त करने पर बल
D. बार-बार ली जाने वाली परीक्षाएँ

32. जब बच्चा 'फेल' होता है, तो इसका तात्पर्य है कि
A. बच्चा पढ़ाई के योग्य नहीं है
B. बच्चे ने उत्तरों को सही तरीके से याद नहीं किया है
C. बच्चे को प्राइवेट ट्यूशन लेनी चाहिए थी
D. व्यवस्था फेल हुई है

33. प्रोजेक्ट प्रणाली का प्रयोग निम्नलिखित में से किस शिक्षा-पद्धति के अन्तर्गत किया जाता है?
A. पारम्परिक शिक्षा B. प्रगतिशील शिक्षा
C. वैदिक शिक्षा D. इनमें से कोई नहीं

34. बाल-केन्द्रित शिक्षा का समर्थन निम्नलिखित में से किस विचारक द्वारा किया गया?
A. बी एफ स्किनर B. जॉन डीवी
C. एरिक इरिकसन D. चार्ल्स डार्विन

35. किस शिक्षा के अन्तर्गत पिछड़े हुए और मन्दबुद्धि तथा प्रतिभाशाली बालकों के लिए शिक्षा का विशेष पाठ्यक्रम देने का प्रयास किया जाता है?
A. प्रगतिशील शिक्षा B. नवीन शिक्षा
C. बाल-केन्द्रित शिक्षा D. सर्वशिक्षा

36. जॉन डीवी द्वारा समर्थित "लैब विद्यालय" के उदाहरण हैं–
A. फैक्ट्री विद्यालय
B. प्रगतिशील विद्यालय
C. पब्लिक विद्यालय
D. सामान्य विद्यालय

उत्तरमाला

1	2	3	4	5	6	7	8	9	10
B	B	D	B	C	C	D	C	B	B
11	**12**	**13**	**14**	**15**	**16**	**17**	**18**	**19**	**20**
A	A	D	A	C	D	D	B	D	C
21	**22**	**23**	**24**	**25**	**26**	**27**	**28**	**29**	**30**
D	D	C	B	B	C	D	D	B	B
31	**32**	**33**	**34**	**35**	**36**				
A	D	B	B	C	B				

5. बुद्धि निर्माण एवं उसके सिद्धांत (Construct of Intelligence and Its Principles)

आमतौर पर बुद्धि का प्रयोग प्रज्ञा, प्रतिभा, ज्ञान एवं समझ इत्यादि जैसे अनेक अर्थों में किया जाता है। यह वह शक्ति है, जो हमें समस्याओं का समाधान करने एवं उद्देश्यों को प्राप्त करने में सक्षम बनाती है।

बुद्धि की परिभाषा को उसके लक्षणों के आधार पर मुख्यतः पांच वर्गों में बांटा गया है–

1. सीखने की योग्यता।
2. समन्वित परिभाषा।
3. समस्या समाधान की योग्यता।
4. अमूर्त चिंतन की योग्यता।
5. समायोजन की योग्यता।

1. सीखने की योग्यता

सीखने की योग्यता के आधार पर निम्न विद्वानों ने बुद्धि की परिभाषा इस प्रकार दी है–

(*i*) **बकिंघम** के अनुसार, "सीखने की योग्यता बुद्धि है।"

(*ii*) **मैक्डूगल** के अनुसार, "बुद्धि जन्मजात प्रवृति को अतीत के अनुभव के प्रकाश में सुधारने की योग्यता है।"

(*iii*) **डियर बोर्न** के अनुसार, "बुद्धि सीखने या अनुभव का लाभ उठाने की योग्यता है।"

2. समन्वित परिभाषा

समन्वित परिभाषा के आधार पर निम्न विद्वानों ने बुद्धि की परिभाषा इस प्रकार दी है–

(*i*) **रेक्सनाइट** के अनुसार, "बुद्धि वह मानसिक योग्यता है जिसके द्वारा हम किसी उद्देश्य की पूर्ति या किसी समस्या का समाधान करने के लिए संबंधित वस्तुओं एवं विचारों को सोचते हैं।"

(*ii*) **वेक्सलर** के अनुसार, "बुद्धि व्यक्ति की संपूर्ण शक्तियों का भोग या सार्वभौमिक योग्यता है जिसके द्वारा वह उद्देश्यपूर्ण कार्य करता है, तर्कपूर्ण ढंग से सोचता है तथा प्रभावपूर्ण ढंग से वातावरण के साथ संपर्क स्थापित करता है।"

3. समस्या समाधान की योग्यता

समस्या समाधान की योग्यता के आधार पर निम्न विद्वानों ने बुद्धि की परिभाषा इस प्रकार दी है–

(*i*) **रेक्सनाइट** के अनुसार, "बुद्धि वह योग्यता है जो लक्ष्य की पूर्ति तथा समस्या समाधान के निमित्त हमारे मन में विचारों को जाग्रत करती है।"

(*ii*) **बर्ट** के अनुसार, "बुद्धि में अच्छी तरह निर्णय करने, समझने तथा तर्क करने की योग्यता है।"

4. अमूर्त चिंतन की योग्यता

अमूर्त चिंतन की योग्यता के आधार पर निम्न विद्वानों ने बुद्धि की परिभाषा इस प्रकार दी है–

(*i*) **स्पीयरमैन** के अनुसार, "बुद्धि सामवर्धिक चिंतन है।"

(*ii*) **विने** के अनुसार, "किसी समस्या को समझना, उसके विषय में तर्क करना तथा किसी निश्चित निर्णय पर पहुंचना बुद्धि की आवश्यक क्रियाएं हैं।"

(*iii*) **टरमन** के अनुसार, "एक व्यक्ति उसी अनुपात में बुद्धिमान है जिसमें वह अमूर्त चिंतन करने की योग्यता रखता है।"

5. समायोजन की योग्यता

समायोजन की योग्यता के आधार पर निम्न विद्वानों ने बुद्धि की परिभाषा इस प्रकार दी है–

(*i*) **कालविन** के अनुसार, "एक व्यक्ति उसी अनुपात में बुद्धि प्रकट करता है जिस अनुपात में वह अपने नए वातावरण में समायोजित होने की क्रिया सीख चुका है या सीख सकता है।"

(*ii*) **स्टर्न** के अनुसार, "नवीन परिस्थितियों में अपने विचारों को समायोजित करने की क्षमता बुद्धि है।"

(*iii*) **क्रूज** के अनुसार, "बुद्धि नवीन एवं विभिन्न परिस्थितियों में अच्छी तरह से समायोजन करने की योग्यता है।"

(*iv*) **बर्ट** के अनुसार, "सापेक्षतया नवीन परिस्थितियों में समायोजन करने की योग्यता को बुद्धि कहते हैं।"

विद्यालय में बुद्धि परीक्षणों के लाभ (Benefits of Intelligence in School)

1. **चुनाव हेतु :** विभिन्न विषयों, कारणों, छात्रवृत्तियों या सहगामी क्रियाओं में चयन के लिए बुद्धि-लब्धि (IQ) के आधार पर बुद्धि-परीक्षणों का चयन किया जाता है।

2. **मार्गदर्शन हेतु :** बालकों को शैक्षणिक और व्यावसायिक निर्देशन के लिए मार्गदर्शन हेतु बुद्धि परीक्षण की आवश्यकता होती है।

3. **बालकों का वर्गीकरण :** विद्यालयों में बालकों के वर्गीकरण के लिए इन परीक्षणों की उपयोगिता रहती है।

बुद्धि के सिद्धांत (Theories of Intelligence)

बुद्धि से संबद्ध विभिन्न पक्षों, यथा–बुद्धि क्या है और इसका निर्माण कैसे हुआ है? आदि प्रश्नों का उत्तर मनोवैज्ञानिक खोजने के लिए सदैव तत्पर रहे हैं। फलतः बुद्धि के उन्होंने अनेक सिद्धांत प्रतिपादित किए जो बुद्धि के स्वरूप का पर्याप्त विवरण देते हैं। इनमें से कुछ प्रमुख सिद्धांत निम्न प्रकार से हैं–

1. एक खंड का सिद्धांत।
2. दो खंड का सिद्धांत।
3. तीन खंड का सिद्धांत।
4. बहुखंड का सिद्धांत।
5. मात्रा सिद्धांत।

1. एक खंड का सिद्धांत (Uni-Factor Theory) : इस सिद्धांत के प्रतिपादक टर्मन और स्टर्न हैं। इनके अनुसार बुद्धि अखंड और अविभाज्य है। इस प्रकार इन्होंने बुद्धि को एक अखंड और अविभाज्य इकाई माना है।

2. दो खंड का सिद्धांत (Two-Factor Theory) : इस सिद्धांत के प्रतिपादक स्पीयरमैन हैं। उनके अनुसार, प्रत्येक व्यक्ति में दो तरह की बुद्धि होती है–सामान्य और विशिष्ट अर्थात् बुद्धि के दो तत्व होते हैं:

(*i*) सामान्य योग्यता।

(*ii*) विशिष्ट योग्यता।

(*i*) **सामान्य योग्यता :** स्पीयरमैन के अनुसार, ''सामान्य योग्यता सब व्यक्तियों में कम या अधिक मात्रा में मिलती है।'' इसकी मुख्य विशेषताएं हैं–

- यह प्रत्येक व्यक्ति में भिन्न होती है।
- यह उसके सभी मानसिक कार्यों में प्रयोग की जाती है।
- यह भाषा, विज्ञान, दर्शन आदि में सामान्य सफलता प्रदान करती है।
- यह योग्यता व्यक्ति में जन्मजात होती है।
- यह उसमें सदैव एक-सी रहती है।
- यह जिस व्यक्ति में जितनी अधिक होती है उतना ही वह अधिक सफल होता है।

(*ii*) **विशिष्ट योग्यताएं :** इन योग्यताओं का संबंध व्यक्ति के विशिष्ट कार्यों से होता है। इनकी मुख्य विशेषताएं हैं:

- ये योग्यताएं विभिन्न व्यक्तियों में विभिन्न और अलग-अलग मात्रा में होती है।
- जिस व्यक्ति में जो योग्यता अधिक होती है उसी से संबंधित कुशलता में वह विशेष अर्जित करता है।
- योग्यताएं अनेक और एक-दूसरे से स्वतंत्र होती हैं।
- ये योग्यताएं भाषा, विज्ञान, दर्शन आदि में विशेष सफलता प्रदान करती है।
- विभिन्न योग्यताओं का संबंध विभिन्न कुशल कार्यों में होता है।
- ये योग्यताएं अर्जित की जा सकती हैं।

3. तीन खंड का सिद्धांत (Tri-Factor Theory) : दो खंड का सिद्धांत प्रतिपादित करने के बाद स्पीयरमैन ने बुद्धि का एक खंड और बताया। उसने इसका नाम सामूहिक खंड या तत्त्व रखा। उसने इस खंड में ऐसी योग्यताओं को स्थान दिया जो सामान्य योग्यता से श्रेष्ठ और विशिष्ट योग्यताओं से निम्न होने के कारण उनके मध्य का स्थान ग्रहण करती हैं।

4. बहुखंड (Multi Factor) : स्पीयरमैन के बुद्धि के सिद्धांत पर आगे कार्य करके मनोवैज्ञानिकों ने 'बहुखंड का सिद्धांत' प्रतिपादित किया।

कैली ने अपनी पुस्तक में बुद्धि को निम्नलिखित खण्डों या योग्यताओं का समूह बताया है:

- शारीरिक योग्यता
- सामाजिक योग्यता
- शाब्दिक योग्यता
- संगीतात्मक योग्यता
- यांत्रिक योग्यता
- सांख्यिकीय योग्यता
- गामक योग्यता
- स्थान संबंधी विचार योग्यता
- रुचि

थर्स्टन ने अपनी पुस्तक में बुद्धि के 13 खंड या तत्त्व बताएं हैं। अन्य शब्दों में उसने बुद्धि को 13 मानसिक योग्यताओं का समूह बताया है।

5. मात्रा सिद्धांत (Theory of Quantity) : इस सिद्धांत के प्रतिपादक **थॉर्नडाइक** हैं। वह सामान्य मानसिक योग्यता के समान किसी तत्त्व को स्वीकार नहीं करते। उनके अनुसार मस्तिष्क का गुण स्नायु तंतुओं की मात्रा पर निर्भर करता है। इसका अभिप्राय है कि बुद्धि उतनी ही अच्छी होती है जितने अधिक मस्तिष्क और स्नायुमंडल के संबंध होते हैं।

आधुनिक विचारधारा को व्यक्त करने हेतु **हिवटमर** ने कहा है कि ''यह कहने के बजाय कि व्यक्ति में बुद्धि है यह कहना अधिक उपयुक्त है कि वह अधिक बुद्धिमत्तापूर्ण व्यवहार करता है।''

बुद्धि के प्रकार (Types of Intelligence)

कुछ विद्वानों ने (विशेषतः थॉर्नडाइक एवं गैरिट) बुद्धि का वर्गीकरण निम्न प्रकार से किया है–

थॉर्नडाइक के अनुसार बुद्धि का वर्गीकरण

(*i*) **अमूर्त बुद्धि :** अमूर्त बुद्धि ज्ञानोपार्जन के लिए प्रयोग की जाती है। शब्दों, प्रतीकों, समस्या-समाधान आदि के रूप में अमूर्त रूप में अमूर्त बुद्धि का प्रयोग किया जाता है।

(*ii*) **सामाजिक बुद्धि :** इस बुद्धि के द्वारा व्यक्ति समाज में समायोजन करता है। विभिन्न व्यवसायों में सफलता प्राप्त करता है।

(*iii*) **मूर्त/यांत्रिक बुद्धि :** इस बुद्धि की सहायता से व्यक्ति यंत्रों तथा भौतिक वस्तुओं का परिचालन करता है। ऐसे व्यक्ति इंजीनियर, मैकेनिक, तकनीशियन आदि होते हैं।

गैरिट के अनुसार बुद्धि का वर्गीकरण

(*i*) **मूर्त/यांत्रिक बुद्धि :** इस बुद्धि का संबंध यंत्रों और मशीनों से होता है। जिस व्यक्ति में यह बुद्धि होती है वह यंत्रों और मशीनों के कार्य में विशेष रुचि लेता है। अतः इस बुद्धि के व्यक्ति अच्छे कारीगर मैकेनिक, इंजीनियर, औद्योगिक कार्यकर्त्ता आदि होते हैं।

(*ii*) **अमूर्त बुद्धि :** इस बुद्धि का संबंध पुस्तकीय ज्ञान से होता है। जिस व्यक्ति में यह बुद्धि होती है, वह ज्ञान का अर्जन करने में विशेष रुचि लेता है। अतः इस बुद्धि के व्यक्ति अच्छे वकील, डॉक्टर, दार्शनिक, चित्रकार, साहित्यकार आदि होते हैं।

(*iii*) **सामाजिक बुद्धि :** इस बुद्धि का संबंध व्यक्तिगत और सामाजिक कार्यों से होता है। जिस व्यक्ति में यह बुद्धि होती है, वह मिलनसार, सामाजिक क्रार्यों में रुचि लेने वाला और मानव-संबंध के ज्ञान से परिपूर्ण होता है। अतः इस बुद्धि के व्यक्ति अच्छे मंत्री, व्यवसायी, कूटनीतिज्ञ और सामाजिक कार्यकर्त्ता होते हैं।

बुद्धि की विशेषताएँ (Characteristics of Intelligence)

(*i*) बुद्धि एक जन्मजात शक्ति है।

(*ii*) बुद्धि विभिन्न योग्यताओं का समूह है।

(*iii*) बुद्धि में आत्म निरीक्षण की शक्ति होती है।

(*iv*) लिंग की भिन्नता के कारण, बुद्धि में कोई भिन्नता नहीं आती।

(*v*) किशोरावस्था के समाप्त हो जाने तक बुद्धि का विकास रूक जाता है।

(*vi*) वंश का बुद्धि पर प्रभाव पड़ता है।

बुद्धि-लब्धि (Intelligence Quotient)

बुद्धि-लब्धि से बालक या व्यक्ति की सामान्य योग्यता के विकास की गति मालूम पड़ती है।

कोल एवं **ब्रूस** के अनुसार, ''बुद्धि-लब्धि से यह ज्ञात होता है कि बालक या व्यक्ति की सामान्य योग्यता के विकास की गति कैसी है।''

कोल एवं **ब्रूस** के अनुसार, ''बुद्धि-लब्धि से यह ज्ञात होता है कि बालक की मानसिक योग्यता में किस गति से विकास हो रहा है।

मानसिक आयु ज्ञात करने का विचार प्रारंभ करने का श्रेय **बिने** को है। **टर्मन** ने बिने के विचार को स्वीकार कर परीक्षण किया और इस निष्कर्ष पर पहुंचा कि मानसिक आयु बालक के मानसिक विकास की बुद्धि के बारे में नहीं बता सकती। इस गति को मालूम करने के लिए टर्मन ने बुद्धि-लब्धि निकालने का सूत्र दिया :

$$\text{बुद्धि-लब्धि} = \frac{\text{मानसिक आयु}}{\text{वास्तविक आयु}} \times 100$$

उदाहरण– यदि बालक की मानसिक आयु 20 वर्ष तथा वास्तविक आयु 16 वर्ष है तो उसकी बुद्धि-लब्धि 125 होगी, जैसे–

$$\text{बुद्धि-लब्धि} = \frac{20}{16} \times 100 = 125$$

टर्मन ने बुद्धि-लब्धि का वर्गीकरण निम्नलिखित प्रकार से किया है :

बुद्धि-लब्धि	बुद्धि का प्रकार
140 से अधिक	प्रतिभाशाली
120 से 140	अति श्रेष्ठ बुद्धि
110-120	श्रेष्ठ बुद्धि
90-110	सामान्य बुद्धि
80-90	मंद बुद्धि
70-80	क्षीण-बुद्धि
70 से कम	निश्चित क्षीण बुद्धि
50-70	अल्प बुद्धि
20 या 25 से 50	मूर्ख बुद्धि
20 या 25 से कम	महामूर्ख

बुद्धि और ज्ञान में अंतर (Difference between Intelligence and Knowledge)

बुद्धि	ज्ञान
(*i*) बातों का जानकर उनका उपयोग करना, बुद्धि है।	बातों का जानना, ज्ञान है।
(*ii*) यह जन्मजात शक्ति है।	यह अर्जित शक्ति है।
(*iii*) बुद्धि से ज्ञान का विकास होता है।	अधिक ज्ञान से बुद्धि का विकास नहीं होता है।

मानसिक आयु (Mental Age)

मानसिक आयु व्यक्ति की मानसिक परिपक्वता की ओर संकेत करती है। एक व्यक्ति की मानसिक आयु जितनी अधिक होती है तो यह माना जाता है कि उसकी विभिन्न मानसिक योग्यताओं का विकास उतना ही अधिक हुआ है अथवा परिपक्व है।

उदाहरणार्थ– यदि 7 वर्ष का बच्चा 12 वर्ष के बच्चे के लिए निर्मित बुद्धि परीक्षण उतनी ही कुशलता से करता है जितना 12 वर्ष का बच्चा करता है तो 7 वर्ष के बच्चे की मानसिक आयु 12 वर्ष होगी और यदि 12 वर्ष का बच्चा 7 वर्ष के बच्चे के लिए निर्धारित परीक्षण को कर पाता है परंतु 12 वर्ष के बच्चों के लिए निर्धारित परीक्षण को नहीं कर पाता तो उसकी मानसिक आयु 7 वर्ष होगी। इस प्रकार मानसिक आयु व्यक्ति के द्वारा प्राप्त विकास की सीमा की वह अभिव्यक्ति है जो एक आयु-विशेष में प्रत्याशित उसके कार्य-निष्पादन के रूप में किया जाता है।

बुद्धि परीक्षाओं का वर्गीकरण (Classification of Intelligence Test)

बुद्धि परीक्षाओं को सामान्य रूप से दो वर्गों में विभाजित किया जाता है :

1. **वैयक्तिक बुद्धि परीक्षा :** यह परीक्षा एक समय में एक व्यक्ति की ली जाती है।
2. **सामूहिक बुद्धि परीक्षा :** यह परीक्षा एक समय में अनेक व्यक्तियों की ली जाती है।

बुद्धि परीक्षा के रूप

1. **भाषात्मक परीक्षा :** यह परीक्षा यह ज्ञात कराती है कि व्यक्ति को लिखने-पढ़ने का कितना ज्ञान है।
2. **क्रियात्मक परीक्षा :** इस परीक्षा विधि में वास्तविक वस्तुओं का प्रयोग किया जाता है तथा परीक्षार्थियों से कुछ समस्यापूर्ण कार्य करने के लिए कहा जाता है।

बुद्धि परीक्षा की उपयोगिता

1. **बालकों की क्षमता के अनुसार कार्य :** बुद्धि परीक्षाओं द्वारा बालकों की सामान्य योग्यता और मानसिक आयु को ज्ञात करके यह अनुमान लगाया जाता है कि उनमें कार्य करने की कितनी क्षमता है।
2. **बालकों की व्यावसायिक योग्यता का ज्ञान :** बुद्धि परीक्षाओं के द्वारा बालकों की व्यावसायिक योग्यताओं का अनुमान लगाया जाता है ताकि उनकी योग्यता के अनुसार व्यवसाओं का चयन करने हेतु परामर्श दिया जा सके।
3. **बालकों की विशिष्ट योग्यताओं का ज्ञान :** बालकों की विशिष्ट योग्यताओं को प्राप्त करके, उनको उचित शैक्षिक निर्देशन दिया जा सकता है।
4. **बालकों का वर्गीकरण :** बुद्धि परीक्षाओं के आधार पर कक्षा के बालकों को तेज बुद्धि, मन्द बुद्धि और साधारण बुद्धि वाले बालकों में विभाजित करके, उनको अलग-अलग शिक्षा दी जा सकती है।

बहुआयामी बुद्धि (Multi-Dimensional Intelligence)

केली एवं थर्सटन नामक मनोवैज्ञानिकों ने बताया कि बुद्धि का निर्माण प्राथमिक, मानसिक योग्यताओं के द्वारा होता है। केली के अनुसार, बुद्धि का निर्माण इन योग्यताओं से होता है–वाचिक योग्यता, गामक योग्यता, सांख्यिकी योग्यता, यांत्रिक योग्यता, सामाजिक योग्यता, संगीतात्मक योग्यता, स्थानिक संबंधों के साथ उचित ढंग से व्यवहार करने की योग्यता, रुचि और शारीरिक योग्यता। थर्सटन का मत है कि बुद्धि इन प्राथमिक मानसिक योग्यताओं का समूह होता है–प्रत्यक्षीकरण संबंधी योग्यता, तार्किक व वाचिक योग्यता, सांख्यिकी योग्यता, स्थानिक या दृश्य योग्यता, समस्या समाधान की योग्यता, स्मृति संबंधी योग्यता, आगमनात्मक योग्यता और निगमनात्मक योग्यता। वैसे तो अधिकतर मनोवैज्ञानिकों ने केली एवं थर्सटन के बुद्धि के सिद्धांतों की आलोचना की, किंतु अधिकतर मनोवैज्ञानिकों ने यह भी माना कि बुद्धि का बहुआयामी होना निश्चित तौर पर संभव है। बहुआयामी बुद्धि होने के कारण ही कुछ लोग कई प्रकार के कौशलों में निपुण होते हैं।

अभ्यास प्रश्न

1. बच्चों की वृद्धि के अनुरूप, उनकी रुचियाँ–
   A. बहुमुखी हो जाती हैं
   B. सुदृढ़ व सीमित हो जाती हैं
   C. अपेक्षाकृत अनियमित दिशा में अग्रसर होती है
   D. प्रकृति व संख्या में पहले के समान रहती है
2. क्षीण बुद्धि बच्चों की बुद्धिलब्धि (IQ) होती है–
   A. 70-80 के मध्य　B. 70 से कम
   C. 50 से कम　D. 80-90 के मध्य
3. एक बालक की बुद्धि-लब्धि 150 है तो वह बालक कहलायेगा :
   A. मन्दबुद्धि　B. पिछड़ा
   C. प्रतिभाशाली　D. असंतुलित
4. बुद्धि-लब्धि (IQ) का संबंध है :
   A. ज्ञान से　B. विवेक से
   C. तर्क से　D. बुद्धि से
5. बुद्धि-लब्धि (IQ) को ज्ञात करने का सूत्र किस मनोवैज्ञानिक ने दिया है?
   A. थर्स्टन　B. स्टर्न
   C. स्पीयरमैन　D. बिने
6. बुद्धि-लब्धि (IQ) निकालने का सही फार्मूला है :
   A. $\frac{\text{वास्तविक आयु}}{\text{मानसिक आयु}} \times 100$
   B. $\frac{\text{मानसिक आयु}}{\text{वास्तविक आयु}} \times 100$

C. $\frac{\text{मानसिक आयु}}{100} \times$ वास्तविक आयु

D. $\frac{\text{वास्तविक आयु}}{\text{मानसिक आयु}}$

7. मन्द-बुद्धि बालकों के तादात्मीकरण या निदान की (Diagnosis) विधियाँ हैं–

A. उपलब्धि-परीक्षण (Achievement Tests)

B. मानकीकृत नैदानिक परीक्षण (Standardized)

C. उपरोक्त A. और B.

D. उपरोक्त में से कोई नहीं

8. सामूहिक बुद्धि-परीक्षणों का विकास 1917 में किस नाम से हुआ?

A. आर्मी बीटा (Army Bita)

B. आर्मी गामा (Army Gama)

C. आर्मी अल्फा (Army Alfa)

D. आर्मी ओमेगा (Army Omega)

9. "द्वि-तत्व सिद्धान्त" (Two Factor Theory) किससे सम्बन्धित सिद्धान्त है?

A. व्यक्तित्व B. अभिवृत्ति

C. बुद्धि D. अभिरुचि

10. ज्ञान प्राप्त करने की जो विधियाँ मानी जाती हैं, उसमें से निम्न में जो विधि नहीं है, वह है–

A. सत्ता B. व्यक्तिगत अनुभव

C. निगमन विधि D. ज्ञान

11. निम्न में से कौन-सा बुद्धिमान बच्चे का लक्षण ***नहीं*** है?

A. वह जो प्रवाहपूर्ण एवं उचित तरीके से संप्रेषण करने की क्षमता रखता है–

B. वह जो अमूर्त रूप से सोचता रहता है

C. वह जो नए परिवेश में स्वयं को समायोजित कर सकता है

D. वह जो लंबे निबंधों को बहुत जल्दी रटने की क्षमता रखता है

12. एक शिक्षक को अपने विद्यार्थियों की क्षमताओं को समझने का प्रयास करना चाहिए। निम्नलिखित में से कौन-सा क्षेत्र इस उद्देश्य के साथ संबद्ध है?

A. सामाजिक दर्शन B. मीडिया-मनोविज्ञान

C. शिक्षा-मनोविज्ञान D. शिक्षा-समाजशास्त्र

13. बच्चों के बौद्धिक विकास की चार विशिष्ट अवस्थाओं की पहचान की गई

A. एरिकसन द्वारा B. स्किनर द्वारा

C. पियाजे द्वारा D. कोह्लबर्ग द्वारा

14. किसके अनुसार "बुद्धि, ज्ञान अर्जन करने की क्षमता है"?

A. वुडवर्थ B. टर्मन

C. वुडरो विल्सन D. रॉस

15. मानसिक आयु का प्रत्यय किसने दिया था?

A. बिने साइमन B. स्टर्न

C. टर्मन D. सिरिल बर्ट

16. बुद्धि का एक शक्ति सिद्धान्त किसने दिया है?

A. हैजालिट B. थार्नडाइक

C. स्पीयरमैन D. टर्मन

17. निम्नलिखित में से किन परिवारों के अध्ययन से बुद्धि आनुवांशिक मानी गई?

A. कालीकारक वंश B. फ्यूक्स परिवार

C. एडवर्ड्स वंश D. ये सभी

18. द्वि शक्ति (Two Factor) सिद्धांत के प्रतिपादक कौन थे?

A. स्पीयरमैन B. बिने

C. थार्नडाइक D. केटल

19. परिवार के वातावरण में निम्नलिखित में से किसका बौद्धिक विकास पर सबसे अधिक प्रभाव पड़ता है?

A. माता-पिता का चरित्र

B. माता-पिता और बालकों का सम्बन्ध

C. माता-पिता के परस्पर सम्बन्ध

D. परिवार का आर्थिक स्तर

20. गिलफोर्ड ने कारक विश्लेषण के आधार पर कितने कारकों का अस्तित्व प्राप्त कर लिया है?

A. 10 B. 25

C. 80 D. 50

21. मूर्त बुद्धि का अच्छा उदाहरण कौन-सा नहीं है?

A. इंजीनियर B. मैकेनिक

C. कारीगर D. दार्शनिक

22. टर्मन ने बुद्धि को क्या माना है?

A. समायोजन की योग्यता

B. अमूर्त चिन्तन की योग्यता

C. बहु-आयाम सिद्धांत

D. पदानुक्रमिक सिद्धांत

23. बुद्धि के सामूहिक परीक्षण किस प्रकार के होते हैं?

A. पेपर पेंसिल B. मौखिक

C. प्रयोगात्मक D. उपर्युक्त सभी

24. व्यक्तित्व अध्ययन की विषयगत विधि कौन-सी है?

A. हस्तरेखा अध्ययन B. समाजमिति

C. रोर्शा परीक्षण D. निर्धारणमान

25. बुद्धि लब्धि का क्या अर्थ है?

A. बुद्धि लब्धि आयु के साथ बढ़ती है।

B. बुद्धि लब्धि आयु के साथ घटती है।

C. बुद्धि लब्धि में परिवर्तन आता रहता है।

D. बुद्धि लब्धि घटती या बढ़ती नहीं है।

26. प्रतिभाशाली बालकों की बुद्धि-लब्धि प्रसार क्या है?

A. 90-100 B. 110-120

C. 80-90 D. 140 एवं ऊपर

27. बालक की मूल शक्तियों का प्रधान कारक क्या है?

A. वातावरण B. वंशानुक्रम

C. आर्थिक स्थिति D. सामाजिक स्थिति

28. निम्न में से कौन बुद्धि का प्रकार नहीं है?
A. मानसिक बुद्धि B. मूर्त बुद्धि
C. अमूर्त बुद्धि D. सामाजिक बुद्धि

29. टर्मन के अनुसार, सामान्य बुद्धि-लब्धि कितनी है?
A. 80-90 B. 90-110
C. 110-120 D. 120-140

30. बुद्धि का द्वि-तत्व सिद्धांत किसने दिया?
A. गिलफोर्ड B. स्टर्न
C. स्पीयरमैन D. बिने

31. सामूहिक बुद्धि परीक्षण का विकास 1972 में किस नाम से हुआ?
A. आर्मी बीटा B. आर्मी गामा
C. आर्मी एल्फा D. आर्मी ओमेगा

32. बुद्धि मॉडल की संरचना किसके द्वारा प्रस्तुत की गयी है?
A. स्पीयरमैन B. पियाजे
C. गिलफोर्ड D. थार्नडाइक

33. एक शिक्षक के लिए छात्र की बुद्धि-लब्धि की उपयोगिता निम्न में से किसमें है?
A. छात्र की उन्नति करने में
B. छात्र से शैक्षिक प्रत्याशा का मूल्यांकन करने में
C. छात्रों की ग्रेड प्रतिस्थापन करने में
D. पाठ्यक्रम के प्रकरणों को सुनिश्चित करने में

34. मानसिक आयु किसकी माप होती है?
A. मानसिक परिपक्वता
B. मानसिक वृद्धि दर
C. जन्मजात मानसिक शक्ति
D. उसकी आयु वर्ग के समकक्ष अन्य बालकों के बौद्धिक स्तर के समान

35. निम्नलिखित में से कौन-सा सिद्धान्त बुद्धि में अनेक कारक मानता है?
A. एक शक्ति सिद्धांत B. विशिष्ट शक्ति सिद्धांत
C. बहु-शक्ति सिद्धांत D. द्वि-शक्ति सिद्धांत

36. बुद्धि के एक शक्ति सिद्धांत के अनुसार बुद्धि की योग्यता निम्नलिखित में से कैसी है?
A. अकेली B. अनेक
C. कई D. दो

37. यदि एक 12 वर्ष के बालक की मानसिक आयु केवल 10 है, तो शिक्षक को क्या करना चाहिए?
A. छात्र को निम्न कक्षा में स्थानांतरित कर दे ताकि उसको पढ़ाई करने में कठिनाई न हो
B. छात्र में मंद गति से पढ़ने वाले बालकों के समूह में स्थानांतरित कर दें
C. जब तक कि उसका ठीक से परीक्षण न कर लें कोई भी अन्तिम निर्णय न लें।
D. प्रधानाचार्य को संस्तुति करें कि उसके लिए विशेष कक्षा का प्रबन्ध करें।

38. 16 वर्षीय बच्चा बुद्धि-लब्धि परीक्षण में 75 अंक प्राप्त करता है, उसकी मानसिक आयु .... वर्ष होगी।
A. 15 B. 12
C. 08 D. 14

39. निम्नलिखित में से कौन-सी बुद्धि की परिभाषा नहीं है?
A. बुद्धि, कार्य करने की एक विधि है
B. बुद्धि, ज्ञान अर्जन करने की क्षमता है
C. जीवन की अपेक्षाकृत नवीन परिस्थितियों से अपना सामंजस्य करने की व्यक्ति की योग्यता ही बुद्धि है
D. राजनीतिक, आर्थिक एवं सामाजिक शक्ति प्राप्त करने के लिए प्रयुक्त उक्ति बुद्धि है

40. यदि किसी बालक की मानसिक आयु 12 वर्ष एवं वास्तविक आयु 10 वर्ष हो, तो उसका बुद्धि-लब्धांक कितना होगा?
A. 120 B. 100
C. 124 D. 130

41. मनोवैज्ञानिक बिने किस देश के थे?
A. जर्मनी B. फ्रांस
C. अमेरिका D. रूस

42. अशाब्दिक बुद्धि परीक्षणों में शब्दों के स्थान पर किसका प्रयोग होता है?
A. रूप रेखाओं B. चित्रों
C. ज्यामितीय आकृतियों D. ये सभी

43. निम्नांकित में से कौन-सा सिद्धान्त गिलफोर्ड का बुद्धि सम्बन्धी है?
A. द्वि-आयाम सिद्धान्त B. त्रि-आयाम सिद्धान्त
C. बहु-आयाम सिद्धान्त D. पदानुक्रमिक सिद्धान्त

उत्तरमाला

1	2	3	4	5	6	7	8	9	10
A	C	C	D	B	B	C	C	C	D
11	12	13	14	15	16	17	18	19	20
D	C	C	C	D	A	D	A	B	C
21	22	23	24	25	26	27	28	29	30
D	B	A	A	D	D	B	A	B	C
31	32	33	34	35	36	37	38	39	40
C	C	A	A	B	A	C	B	D	A
41	42	43							
B	D	B							

6. भाषा और विचार (Language and Thought)

भाषा (Language)

भाषा व्यक्ति के भावों को अभिव्यक्त करने का माध्यम है। मनुष्य पशु से श्रेष्ठ इसलिए है, क्योंकि उसके पास एक भाषा है जिसे लोग समझ सकते हैं। पशु-पक्षियों की भी भाषा होती है किंतु उसे कोई समझ नहीं पाता। गूंगे-बहरे लोग भी अपने भावों को समझाने के लिए शरीर के अंगों का सहारा लेते हैं जिसे उसकी शरीर की भाषा कहा जाता है। भाषा एक ऐसा माध्यम है जिससे मनुष्य समाज में अपना एक पृथक स्थान बनाता है जो उसके व्यक्तित्त्व के निर्माण में महत्त्वपूर्ण भूमिका निभाती है। इस तरह स्पष्ट है कि भाषा जन्म के साथ उत्पन्न होती है। बच्चा जन्म के बाद रोता है जो उसकी प्रथम भाषा है। सही अर्थों में भाषा भावों के संप्रेषण का एक माध्यम है। भाषा बौद्धिक क्षमता को भी अभिव्यक्त करती हैं।

प्रायः हम लोग वाणी एवं भाषा दोनों को एक-दूसरे का पर्यायवाची समझते हैं और उसका प्रयोग करते हैं किंतु दोनों में बहुत अंतर होता है। भाषा एवं वाणी को हरलॉक ने निम्न रूप में स्पष्ट किया है–

''भाषा में संप्रेषण के वे सभी साधन आते हैं जिसमें विचारों और भावों को प्रतीकात्मक बना दिया जाता है जिससे कि अपने विचारों और भावों को एक-दूसरे से अर्थपूर्ण ढंग से कहा जा सके।''

''वाणी भाषा का एक स्वरूप है जिसमें अर्थ को दूसरों को व्यक्त करने के लिए कुछ ध्वनियों या शब्द उच्चारित किए जाते हैं।''

इस तरह कहा जा सकता है कि वाणी भाषा का एक विशिष्ट ढंग है। यह मनोक्रियात्मक कौशल है। वाणी केवल मांसपेशियों तथा वाचिक तंत्र में सहायक ही नहीं है अपितु इसका मानसिक पात है–जिसमें कुछ अर्थ जुड़ा रहता है। सभी बच्चों की आवाज वाणी नहीं है, वाणी वह होती है जिसमें पर्याप्त नियंत्रण होता है। बिना नियंत्रण और अर्थ के बोली गई वाणी को 'तोता वाणी' कह सकते हैं। वाणी अर्थयुक्त होती है तथा जिस समाज में बोली जाए उसे सभी लोग समझ सकें। इन दोनों कसौटियों का वाणी में होना आवश्यक है। भाषा व्यापक संकल्पना है। वाणी, भाषा का माध्यम है, भाषा कोई भी हो सकती है, यथा–फ्रेंच, अरबी, अंग्रेजी एवं फारसी इत्यादि। भाषा अर्थहीन भी हो सकती है जिसमें संकेत, हाव-भाव एवं अन्य बहुत-सी चीजें आती हैं। पक्षी और पशु की भी एक भाषा है, कहा जाता है कि पशु-पक्षियों के पास वाणी नहीं होती है। इन बातों का निष्कर्ष यह है कि वाणी वह मनोक्रियात्मक माध्यम है जिससे उसके समुदाय के लोग समझते हैं और प्रभावित होते हैं। **उदाहरणार्थ–**

ऐसी वाणी बोलिए मन का आपा खोय।
औरन को शीतल करे आपहु शीतल होय।।

अर्थात् वाणी में विचार, भाव, मानसिक संचेतना आदि गुण निहित होते हैं जो किसी व्यक्ति और समाज को प्रभावित कर सकते हैं। भाषा में ही वाणी सन्निहित होती है। आदिम मानव भी अपने विचारों का आदान-प्रदान करता था उसमें शरीर का संकेत, गले की आवाज, चिल्लाना अथवा विभिन्न प्रकार की आवाजें (अलग-अलग कार्यों के लिए) करना भी एक भाषा थी लेकिन धीरे-धीरे भाषा विज्ञान का विकास हुआ इसे व्यवस्थित नियम युक्त एवं संगठित किया गया।

भाषा का महत्त्व (Importance of Language)

भाषा किसी व्यक्ति के व्यक्तित्व के आईने के समान है। व्यक्ति का जैसा व्यक्तित्व होगा उसी प्रकार की उसकी भाषा होगी। भाषा से ही व्यक्ति को समाज में सम्मान और अपमान मिलता है। इस तरह भाषा में आकर्षण एवं विकर्षण दोनों गुण होते हैं। भाषा के महत्त्व को निम्न प्रकार से स्पष्ट किया जा सकता है :

1. **शैक्षिक उपलब्धि के महत्त्व :** कक्षा में जिन बालकों की भाषा एवं उच्चारण जितना अच्छा होता है उनकी शैक्षिक उपलब्धि भी उतनी ही अच्छी होती है। भाषा के माध्यम से ही एक छात्र अपनी कक्षा से संबद्ध समस्याओं को छात्रों एवं अध्यापकों के सामने स्पष्टता से रखकर उसे समझ सकता है लेकिन जिसकी भाषा कम प्रभावशाली है उस पर कोई ध्यान नहीं देता है। प्रायः देखा जाता है कि जिसकी भाषा और लिखावट कमजोर है वे कक्षा में अन्य छात्रों से कम अंक प्राप्त करते हैं। यद्यपि उनकी बौद्धिक क्षमता में उनमें कोई कमी नहीं होती है।
2. **सामाजिक मूल्यांकन में सहजता :** बालक समाज में क्या बोलता है? कैसे बोलता है? इसका मूल्यांकन समाज के लोग सामाजिक पृष्ठभूमि में करते हैं। उसकी भाषा ही उसकी योग्यता स्तर तथा यौन उपयुक्तता की मानदण्ड होती है। इससे बालक के भावों एवं विचारों का मूल्यांकन होता है।

3. **इच्छाओं और आवश्यकताओं की पूर्ति में सहायक :** भाषा व्यक्ति को अपनी आवश्यकता, इच्छा, पीड़ा अथवा मनोभाव दूसरे के समक्ष व्यक्त करने की क्षमता प्रदान करती है जिससे दूसरा व्यक्ति सरलता से उसकी आवश्यकता को समझ कर तत्संबंधी समाधान प्रदान करता है। उदाहरणार्थ–एक बालक यदि केवल रोता है अपने मनोभावों तथा आवश्यकताओं (भूख) को दूसरे के सामने व्यक्त नहीं कर पाता है तो माता-पिता को उसे समझने में कठिनाई होती है। लेकिन वही जब अपनी जुबान से बोल कर दूध या भोजन की मांग करता है तो तुरन्त इसकी पूर्ति हो जाती है और उसे संतुष्टि मिलती है।
4. **दूसरे के विचारों को प्रभावित करने में सहायक :** जिन बच्चों की भाषा प्रिय, मधुर एवं ओजस्वी होती है वे अपने समूह, परिवार अथवा समाज के व्यक्तियों को प्रभावित करते हैं। लोग उन्हीं को अधिक महत्त्व देते हैं जिनका व्यवहार प्रभावपूर्ण होता है।
5. **ध्यान आकर्षित करने में उपयोगी :** सभी बालक चाहते हैं कि लोग उनकी ओर ध्यान दें इसलिए वे अभिभावकों से प्रश्न पूछकर, कोई समस्या प्रस्तुत करके तथा विभिन्न तरीकों का प्रयोग कर उनका ध्यान अपनी ओर खींचते हैं। जो बच्चे चुपचाप रहते हैं या बोलते नहीं उनकी कभी-कभी उपेक्षा हो जाती है।
6. **आत्म-मूल्यांकन में महत्त्व :** बालक जब समाज में बोलता है तो उसके सुनने वालों की उसके प्रति क्या प्रतिक्रिया होती है, दूसरे लोग उसके विषय में क्या समझते हैं उनकी भाषा को सुनकर बालक स्वयं का मूल्यांकन करता है कि लोग उससे प्रभावित हैं या नहीं। समाज का दृष्टिकोण उसके प्रति किस प्रकार का है।
7. **सामाजिक संबंध के लिए महत्त्व :** वाणी से अपने भावों को बालक समाज में अभिव्यक्त करता है जिससे विचारों, भावों को लोग समझते हैं। इससे समाज के बीच आपसी ताल-मेल विकसित होता है जो बच्चे खुलकर अपने विचारों एवं भावों को दूसरों के सामने रखते हैं। उन्हें समाज में सबसे अधिक स्वीकृति मिलती है। दूसरे बालक उसी बालक के साथ उठना-बैठना, खेलना तथा मित्रता करना पसंद करते हैं जिनकी अभिव्यक्ति होती है। और जो अंतर्मुखी होते हैं उनके मित्र भी नहीं होते हैं। बालक अपनी भाषा के द्वारा ही समाज में अच्छा संबंध बनाता है। इसी के द्वारा वैयक्तित्त्व एवं सामाजिक समायोजन होता है।

भाषा के विकास के मुख्य सिद्धांत (Theory of Language Development)

मनुष्य की भाषा किस प्रकार विकसित होती है? उसकी प्रक्रिया क्या है? शब्दों का अर्थों में किस प्रकार समावेश होता है इसको जानने के लिए भाषा विकास के सिद्धांतों को समझना आवश्यक है। मनुष्य बोलने की योग्यता किस प्रकार अर्जित करता है। इस विषय पर विद्वानों ने अपने अध्ययन के आधार पर निम्न सिद्धांतों का प्रतिपादन किया है–

1. **अनुबंधन का सिद्धांत (Theory of Conditional) :** भाषा विकास में अनुबंधन या साहचर्य का बहुत योगदान है। शैशवावस्था में जब बच्चे शब्द सीखते हैं तो सीखना अमूर्त नहीं होता है। वरन किसी मूर्त वस्तु से जोड़कर उन्हें शब्दों की जानकारी दी जाती है। उदाहरण पेंसिल कहने के साथ उन्हें पेंसिल दिखाया जाता है, पानी या दूध कहने पर उन्हें पानी या दूध दिखाया जाता है, चाचा या ताऊ के संकेत के सहारे प्रत्यक्ष रूप से बताया जाता है। इससे बच्चे उस विशिष्ट वस्तु या व्यक्ति से साहचर्य स्थापित कर लेते हैं और अभ्यास हो जाने पर संबंधित वस्तु या व्यक्ति की उपस्थिति पर संबंधित शब्द से संबोधित करते हैं। उद्दीपक और प्रतिक्रिया के बीच संबंध स्थापित होने को ही अनुबंधन कहा जाता है। इसलिए छोटी कक्षाओं में लिखवाने के लिए शिक्षा उपकरणों का प्रयोग किया जाता है। स्किनर का कहना है कि अनुबंधन द्वारा भाषा विकास की प्रक्रिया को सरल बनाया जा सकता है।
2. **चोमस्की का भाषा अर्जित करने का सिद्धांत (Chomsky Theory for Language Acquire) :** चोमस्की का कहना है कि बच्चे शब्दों की निश्चित संख्या से कुछ निश्चित नियमों का अनुकरण करते हुए वाक्यों का निर्माण करना सीख जाते हैं। इन शब्दों से नए-नए वाक्यों एवं शब्दों का निर्माण होता है। इन वाक्यों का निर्माण बच्चे जिन नियमों के अंतर्गत करते हैं, उन्हें चोमस्की ने जेनेरेटिव की संज्ञा प्रदान की है।
3. **परिपक्वता का सिद्धांत (Theory of Maturity) :** परिपक्वता से तात्पर्य है भाषा अवयवों एवं स्वरों पर नियंत्रण होना। बोलने में जिह्वा, गला, तालू, होठ, दांत तथा स्वर यंत्र आदि जिम्मेदार होते हैं। इनमें किसी भी प्रकार की कमजोरी या कमी वाणी को प्रभावित करतो है। इन सभी अंगों में जब परिपक्वता होती है तो भाषा पर नियंत्रण होता है और अभिव्यक्ति अच्छी होती है। विद्वानों के मतानुसार भाषा का विकास स्वरयंत्र की परिपक्वता पर निर्भर करती है, जिनकी स्वरयंत्र में परिपक्वता नहीं होती है, वे शब्दों का उच्चारण नहीं कर पाते हैं। गूंगे व्यक्तियों में स्वर यंत्रों का विकास नहीं होता इसलिए उनमें बोलने की क्षमता नहीं होती है।
4. **अनुकरण का सिद्धांत (Theory of Imitation) :** शर्ली, कर्टी, चैपिनीज तथा वैलेन्टाइन आदि मनोवैज्ञानिकों ने अनुकरण के द्वारा भाषा सीखने का अध्ययन किया है। इनका विचार है कि बालक अपने परिवारजनों तथा साथियों की भाषा का अनुकरण करके सीखता है जैसी

भाषा जिस समाज या परिवार या समूह में बोली जाती है बच्चे उसी भाषा को सीखते हैं। यदि भाषा में किसी प्रकार का दोष है तो अनुकरण से बच्चे वह भी सीख लेते हैं। अतः इस बात का ध्यान रखना चाहिए कि बच्चे दोषपूर्ण भाषा न सीखने पाएं। बच्चे शिष्टाचार के साथ अश्लील एवं अशिष्ट शब्दों का भी अनुकरण कर लेते हैं। इसे सामाजिक अधिगम भी कहा जाता है। बालक समाज से ही विशाल शब्दों का भंडार सीखता है। साथ ही बोलने के तौर-तरीके भी वह समाज से ही सीखता है।

उपरोक्त बातों से स्पष्ट है कि बालक समाज, परिवार तथा विद्यालय से शब्दों एवं वाक्यों का संग्रह करते हैं। इन शब्दों को वे गठित एवं व्यवस्थित करते हैं। इनकी समझ पैदा करते हैं और अंत में इन्हीं शब्दों के आधार पर नवीन वाक्यों की रचना करते हैं।

भाषा के विकास की मुख्य अवस्थाएं (Important Stages of Language Development)

भाषा के विकास की अवस्थाओं को मुख्यतः दो वर्गों में बांटा गया है–

(*i*) भाषा का प्रारंभिक रूप–रोना, बलबलाना, हाव-भाव या संकेत आदि।

(*ii*) वास्तविक भाषा की अभिव्यक्ति–आकलन या बोध शक्ति, शब्द भंडार, वाक्य निर्माण, शुद्ध उच्चारण आदि।

भाषा के विकास को प्रभावित करने वाले मुख्य कारक (Effecting Factors of Language Development)

सभी बालकों में भाषायी विकास एक समान नहीं होता है। किसी में भाषायी विकास तीव्रता से तो किसी में मंदता से होता है। भाषायी विकास पर कुछ तत्त्वों का प्रभाव पड़ता है, इनमें प्रमुख तत्त्व निम्नलिखित हैं–

(*i*) **व्यक्तित्त्व :** कुछ अध्ययनों में यह पाया गया है कि जो बच्चे उत्साही होते हैं उनमें भाषायी विकास शांत स्वभाव के बच्चों से अधिक होता है। फुर्तीले, चुस्त एवं बहिर्मुखी स्वभाव वाले बच्चों का भाषा विकास तीव्र होता है।

(*ii*) **परिपक्वता :** आवश्यक परिपक्वता के अभाव में भी भाषा का विकास प्रभावित होता है। हरलॉक का कहना है कि भाषा का प्रशिक्षण देते समय इस बात का ध्यान रखना चाहिए कि बच्चों में आवश्यक परिपक्वता आ चुकी है या नहीं। भाषा विकास में फेफड़े, स्वरयंत्रों, जीभ, दांत, तालू, होठ तथा वाणी केंद्र (मस्तिष्क में स्थित होता है) का परिपक्व होना आवश्यक है। ये अंग जितने अधिक परिपक्व होते हैं भाषा विकास उतना ही अधिक होता है।

(*iii*) **सामाजिक-आर्थिक स्तर :** प्रायः ऐसा देखा जाता है कि जिन बालकों का सामाजिक-आर्थिक स्तर निम्न होता है वे देर से बोलना सीखते हैं। जरसील्ड एवं गैसिल आदि जैसे मनोवैज्ञानिकों के अध्ययन से इस बात की पुष्टि हुई कि उच्च वर्ग के शिशु जल्दी बोलना सीखते हैं, अधिक बोलते हैं तथा उनका उच्चारण भी शुद्ध होता है। डेविस, आल्सटाईन, स्कील्स आदि जैसे मनोवैज्ञानिकों ने अनाथ बच्चों के अध्ययन से पाया कि इन बच्चों में भाषायी विकास कम होता है। इनका शब्द भंडार भी कम होता है। प्रायः यह भी देखा जाता है कि ग्रामीण क्षेत्र में पढ़ने वाले बच्चों की शाब्दिक क्षमता शहरो या अन्य पब्लिक स्कूल में पढ़ने वाले बच्चों से कम होती है।

(*iv*) **स्वास्थ्य :** जिन बच्चों का स्वास्थ्य जितना अच्छा होता है उनमें भाषा विकास की गति उतनी तीव्र होती है क्योंकि सामाजिक समूहों से उन्हें अच्छी प्रेरणा मिलती है, वे बच्चे अपने समूह के साथ खेलते हैं, अंतःक्रिया करते हैं, लेकिन बीमार बच्चे समूह में खेल नहीं पाते। शारीरिक अवयवों का भी विकास बाधित होता है। स्मिथ ने बच्चों की भाषा पर बीमारी के प्रभावों का अध्ययन करके निष्कर्ष निकाला कि बीमार बच्चों में भाषायी विकास की गति धीमी होती है। इसी प्रकार का अध्ययन लॉवेल और मारकेल ने भी किया और पाया कि जो बच्चे लंबी अवधि तक बीमार रहते हैं उनमें भाषायी विकास कमजोर होता है।

(*v*) **प्रशिक्षण की विधियाँ :** अधिनायकवादी प्रशिक्षण जिसमें बच्चों की भावनाओं का ख्याल नहीं रखा जाता है एवं किसी चीज को डांट कर सिखाया जाता है तो ऐसे प्रशिक्षण में भाषा का विकास नहीं होता। जिस परिवार या विद्यालय में लोकतांत्रिक विधियों का प्रयोग होता है, बालक को स्वतंत्रता होती है, उसमें भाषा का विकास तीव्रता से होता है। भाषा सिखाने के लिए मूर्त से अमूर्त, सरल से कठिन, ज्ञात से अज्ञात की ओर चलने के सिद्धांतों का पालन करना चाहिए। उदाहरणार्थ–मातृभाषा से अंग्रेजी सिखाई जाए तो आसान होता है। एक साथ एक भाषा का प्रशिक्षण हो लेकिन यह देखा जा रहा है कि भारतवर्ष के आधुनिक पब्लिक स्कूलों में शिशुओं को एक साथ दो से अधिक भाषाएं सिखाई जाती हैं जो उचित नहीं हैं। मातृभाषा का पूर्ण ज्ञान हो जाए तो उस भाषा की सहायता से दूसरी भाषा सिखाना उचित होता है।

(*vi*) **द्वि-भाषावाद :** यदि कोई द्विभाषा-भाषी परिवार है, उदाहरणार्थ–पिता हिन्दी बोलने वाला और माता शुद्ध बांग्ला बोलने वाली हो तो ऐसे में बच्चों का भाषा विकास प्रभावित होता है क्योंकि बच्चे भ्रमित हो जाते हैं कि वे कौन-सी भाषा सीखें। वर्तमान समय में यह देखा जा रहा है कि बच्चों की भाषा क्षमता क्षीण होती

जा रही है तथा उसका बड़ा ही स्पष्ट कारण है कि हिन्दी भाषा-भाषी परिवार में उत्पन्न हुए बच्चों का 3 वर्ष की आयु में अंग्रेजी स्कूलों में प्रवेश करा दिया जाता है। इन स्कूलों में अंग्रेजी के अतिरिक्त दूसरी भाषा बोली ही नहीं जाती है और जैसे ही बालक स्कूल से घर में कदम रखता है वहां हिन्दी और भोजपुरी के अतिरिक्त अंग्रेजी की पृष्ठभूमि ही नहीं है। ऐसी स्थिति में बालक कौन-सी भाषा सीखे यह उसके सामने दुविधा होती है। अंग्रेजी भाषा का विकास हिन्दी पृष्ठभूमि में नहीं हो सकता। अतः भाषा विकास अवरुद्ध हो जाता है या इसमें अपेक्षित सफलता नहीं मिलती।

(vii) **बहुजन्मता :** किए गए एक अध्ययन में यह पाया गया है कि यदि एक साथ अधिक संतानें उत्पन्न होती हैं तो उनमें भाषायी विकास विलंब से होता है। इसका कारण है कि बच्चे एक-दूसरे का अनुकरण करते हैं और दोनों ही अपरिपक्व होते हैं। उनमें उपयुक्त प्रतिमान नहीं मिल पाता। उदाहरणार्थ–यदि एक बच्चा गलत उच्चारण करता है तो उसकी नकल करके दूसरा भी वैसा ही उच्चारण करेगा।

(viii) **लिंगीय भिन्नता :** वाणी विकास में लिंग का प्रभाव भी स्पष्ट दृष्टिगोचर होता है। इरविन और चेन ने लिंगीय भेद का अध्ययन करके निष्कर्ष निकाला कि प्रथम वर्ष में बालक एवं बालिकाओं की भाषा में अंतर नहीं होता लेकिन दूसरे वर्ष से बालिकाओं की क्षमता बालकों से अधिक हो गई। बालिकाओं का भाषा प्रवाह बालकों से अच्छा रहा। बालिकाएं जल्दी बोलना भी सीखती हैं, जहां बालक छोटे-छोटे वाक्य बोलते हैं वहीं लड़कियां बड़े वाक्यों को बोलने में सक्षम हो जाती हैं। बालिकाएं बालकों की अपेक्षा शुद्ध उच्चारण करती हैं।

(ix) **बुद्धि :** हरलॉक के अनुसार, जिन बच्चों की बुद्धि-लब्धि (I.Q.) उच्च होती है उनमें भाषा विकास अपेक्षाकृत कम बुद्धि वालों से अच्छा होता है। इरविन और स्पाईकर के मतानुसार बुद्धि-लब्धि और भाषा संबंधी योग्यता में घनिष्ठ संबंध है। टरमैन, फिशर और यम्बा का मानना है कि तीव्र बुद्धि बालकों का उच्चारण और शब्द भंडार अधिक होता है। प्रायः देखा जाता है कि प्रतिभाशाली बालक अपनी अवस्था के बालकों से पहले बोलना सीख लेते हैं, उनके शब्द भंडार की क्षमता भी सामान्य बालकों से अधिक होती है तथा वे बहुत स्पष्ट और शुद्ध उच्चारण भी करते हैं।

(x) **परिवार का आकार :** अकेला बालक या छोटे परिवार में बालक की भाषा शक्ति का विकास बड़े आकार के परिवार से अच्छा होता है क्योंकि छोटे परिवार में माता-पिता बच्चे के प्रशिक्षण उनसे वार्तालाप पर अधिक ध्यान दे पाते हैं जबकि बड़े परिवार में समय कम मिलता है।

(xi) **संवेगात्मक तनाव :** जिन बच्चों के संवेगों का कठोरता से दमन कर दिया जाता है ऐसे बच्चों में भाषा विकास देर से होता है। उदाहरणार्थ–यदि एक वर्ष के शिशु को सौतेली मां कटु या कठोर स्वभाव की मिल जाए और बात-बात पर उसे झिड़कती, डांटती, पीटती तथा उपेक्षित करती रहे तो बालक का विकास प्रभावित हो जाता है तथा वह देर में एवं अस्पष्ट बोलता है।

भाषा दोष एवं उसके प्रकार (Language Error and Its Types)

यदि बालक अपने स्वर यंत्रों पर नियंत्रण नहीं कर पाता है तो उसमें भाषा दोष उत्पन्न हो जाता है। ऐसे बालक समाज से कतराने लगते हैं। इनमें हीनता की भावना विकसित हो जाती है, ये अकेले में रहते हैं तथा किसी के सामने बोलने में झिझकते हैं। भाषा दोष का प्रभाव बालक के जीवन के अन्य क्षेत्रों पर भी पड़ता है। उनकी शैक्षिक उपलब्धि भी प्रभावित होती है। इन बालकों को पिछड़ा बालक कहा जाता है। भाषा दोष के मुख्य प्रकार निम्नवत् हैं–

1. अस्पष्ट उच्चारण,
2. ध्वनि परिवर्तन,
3. तीव्र अस्पष्ट,
4. हकलाना, और
5. तुतलाना।

चिंतन/विचार (Thought)

चिंतन विचार करने की वह मानसिक प्रक्रिया है, जो किसी समस्या के कारण आरंभ होती है और उसके अंत तक चलती रहती है। विभिन्न विद्वानों ने चिंतन की परिभाषा भिन्न-भिन्न प्रकार से दी है। कुछ विद्वानों द्वारा चिंतन की परिभाषा निम्न प्रकार से दी गई है–

रॉस के अनुसार, "चिंतन, मानसिक क्रिया का ज्ञानात्मक पहलू है या मन की बातों से संबंधित मानसिक क्रिया है।"

रायबर्न के अनुसार, "चिंतन, इच्छा-संबंधी प्रक्रिया है, जो किसी असंतोष के कारण आरंभ होती है और प्रयास एवं त्रुटि के आधार पर चलती हुई उस अंतिम स्थिति पर पहुंच जाती है, जो इच्छा को संतुष्ट करती है।"

वेलेण्टाइन के अनुसार, "चिंतन शब्द का प्रयोग उस क्रिया के लिए किया जाता है, जिसमें शृंखलाबद्ध विचार किसी लक्ष्य या उद्देश्य की ओर अविराम गति से प्रवाहित होते हैं।"

उपर्युक्त दी गई परिभाषाओं से स्पष्ट है कि चिंतन मानसिक क्रिया का ज्ञानात्मक पथ है। चिंतन की प्रक्रिया किसी विशेष उद्देश्य की ओर परिलक्षित होती है। इसमें इच्छा तथा असंतोष अत्यंत महत्त्वपूर्ण हैं क्योंकि इच्छा तथा असंतोष मनुष्य को चिंतन के लिए बाध्य करते हैं।

चिंतन के प्रकार (Types of Thought)

चिंतन के मुख्यतः चार प्रकार हैं–

1. **कल्पनात्मक चिंतन :** इस चिंतन का संबंध पूर्व-अनुभवों पर आधारित भविष्य से होता है। जब माता-पिता बाजार जाते हैं तब बालक कल्पना करता है कि वे वहां से लौटने पर उसके लिए टॉफी लाएंगें। इस चिंतन में भाषा और नाम का प्रयोग नहीं किया जाता है।
2. **तार्किक चिंतन :** अमेरिकी मनोवैज्ञानिक जॉन डीवी ने तार्किक चिंतन को विचारात्मक चिंतन की संज्ञा दी है। यह सबसे उच्च प्रकार का चिंतन है। इसका संबंध किसी समस्या के समाधान से होता है।
3. **प्रत्ययात्मक चिंतन :** इस चिंतन का संबंध पूर्व-निर्मित प्रत्ययों से होता है, जिनकी सहायता से भविष्य के किसी निश्चय पर पहुंचा जाता है। कुत्ते को देखकर बालक अपने मन में प्रत्यय का निर्माण कर लेता है। अतः जब वह भविष्य में कुत्ते को फिर देखता है तब वह उसकी ओर संकेत करते हुए कहता है–'कुत्ता'। इस चिंतन में भाषा और नाम का प्रयोग किया जाता है।
4. **प्रत्यक्षात्मक चिंतन :** यह निम्न स्तरीय चिंतन है। अतः यह विशेष रूप से पशुओं और बालकों में पाया जाता है। इस चिंतन का संबंध पूर्व अनुभवों पर आधारित वर्तमान की वस्तुओं से होता है। माता-पिता के बाजार से लौटने पर यदि बालक को उनसे काफी दिनों तक टॉफी मिलती रहती है तो जब भी वे बाजार से लौटते हैं, तभी टॉफी का विचार उसके मस्तिष्क में आ जाता है और वह दौड़ता हुआ उनके पास जाता है।

चिंतन तथा भाषा (Thought and Language)

चिंतन प्रक्रिया प्रतीक और चिन्हों के आधार पर चलती है। प्रतीक और चिन्हों का आधार भाषा होती है। चिंतन के समय बालक के अंदर आंतरिक भाषण होता है। कई बार चिंतन करते समय बालक बोलने लगता है। कुछ अध्ययनों में यह देखा गया है कि जिस बालक में भाषा की योग्यता जितनी अधिक होती है उसमें चिंतन की योग्यता भी उसी रूप में उतनी अधिक होती है क्योंकि भाषा-वृद्धि के साथ-साथ बालकों में ज्ञान-वृद्धि होती है और ज्ञान-वृद्धि से चिंतन शक्ति का भी विकास होता है। भाषा के द्वारा बालक चिंतन को व्यक्त भी कर सकता है। बालक भाषा के द्वारा अपने अथवा दूसरों के चिंतन को रेकार्ड कर सकता है। इस प्रकार वह अपने चिंतन का दूसरों को लाभ दे सकता है तथा दूसरों के चिंतन का स्वयं लाभ उठा सकता है। अतः कहा जा सकता है कि चिंतन के लिए भाषा आवश्यक ही नहीं अपितु उसे व्यक्त करने का साधन भी है। भाषा के अभाव में चिंतन को व्यक्त करना कठिन है। जहां भाषा से चिंतन का विकास होता है वहां चिंतन भाषा को भी विकसित करता है। अतः कहा जा सकता है कि चिंतन और भाषा दोनों में घनिष्ठ संबंध है।

पहले ऐसा माना जाता था कि विचार प्रतिमा रहित या सहित होते हैं। परंतु आज यह माना जाता है कि विचार दोनों प्रकार के होते हैं–प्रतिमा रहित भी और प्रतिमा सहित भी। चिंतन के लिए यद्यपि भाषा बहुत आवश्यक है परंतु भाषा के बिना भी चिंतन संभव है क्योंकि व्यक्ति उन वस्तुओं के संबंध में भी चिंतन करते देखा गया है, जिनका कि वह नाम तक नहीं जानता है। कभी-कभी चिंतन को स्पष्ट करने के लिए भाषा पर्याप्त नहीं होती है, इस अवस्था में चिंतन को चित्रों और मॉडल के द्वारा व्यक्त किया जाता है।

चिंतन तथा कल्पना में अन्तर (Difference between Thought and Imagination)

चिंतन	कल्पना
1. इसकी सहायता से बालक समस्या के विभिन्न पहलुओं को समझने की कोशिश करता है, क्योंकि इन पहलुओं को समझे बिना समस्या का समाधान संभव नहीं हो सकता।	1. इसमें समस्या के समाधान की परिस्थिति को नए-नए रूपों में देखा जाता है।
2. इसमें तर्क की प्रधानता होती है। समस्या समाधान में तर्क की सहायता से सूक्ष्म पहलुओं को जाना जाता है।	2. इसमें तर्क का अभाव होता है।
3. बालक में चिंतन बहुधा समस्या की उपस्थिति पर आरंभ होता है। अर्थात् जब बालक के सामने कोई समस्या आती है तभी उसमें चिंतन की प्रक्रिया होती है, व्यर्थ में बालक चिंता नहीं करता है।	3. कल्पना के लिए परिस्थिति या समस्या की विशेष आवश्यकता नहीं होती है।
4. चिंतन में समस्या समाधान में प्रयत्न और भूल की क्रिया रहती है।	4. कल्पना में प्रयत्न और भूल का अभाव होता है।
5. यह वास्तविकता से संबंधित होता है।	5. कल्पना का संबंध वास्तविकता से भी हो सकता है और नहीं भी।

चिंतन का विकास (Development of Thought)

चिंतन का विकास भाषा के विकास के कुछ समय बाद प्रारंभ हो जाता है। लगभग एक-दो वर्ष की अवस्था में बालक में चिंतन का विकास प्रारंभ हो जाता है। बालक में सर्वप्रथम प्रत्यक्षात्मक चिंतन का विकास प्रारंभ होता है। बालक के चारो ओर जो मूर्त वस्तुएं और उत्तेजनाएं होती है, सर्वप्रथम वह उनके संबंध में चिंतन प्रारंभ करता है। उदाहरणार्थ–मेज, कुर्सी, खिलौने तथा परिवार के सदस्यों आदि के संबंध में वह सर्वप्रथम चिंतन प्रारंभ करता है। पियाजे का विचार है कि

लगभग सात वर्ष की अवस्था तक बालक की प्रवृत्ति आत्मकेंद्रित प्रकार की होती है। अतः बालक अपने स्वयं के संबंध में ही चिंतन अधिक करता है। उसमें इस अवस्था के चिंतन में तार्किकता का अभाव होता है। लगभग पांच-छः वर्ष की अवस्था से बालक में कल्पनात्मक तथा प्रत्ययात्मक चिंतन प्रारंभ हो जाती है। वुडवर्थ ने इन दोनों प्रकार के चिंतनों को विचारात्मक चिंतन कहा है। बालक में इस अवस्था में प्रतीकों के माध्यम से भी चिंतन का अभाव होता है। लगभग सात वर्ष की अवस्था से लगभग पंद्रह वर्ष की अवस्था तक चिंतन का तीव्र गति से विकास होता है। आयु बढ़ने के साथ-साथ चिंतन में तर्क की प्रधानता भी बढ़ती जाती है।

3 से 7 वर्ष की अवस्था के बालकों के चिंतन में पियाजे ने निम्नलिखित विशेषताएं बताई हैं–

(*i*) इस समय उनके चिंतन का स्तर निम्न होता है। वे अधिकतर जीवन से संबंधित बातों पर चिंतन करते हैं।

(*ii*) उनके चिंतन में तार्किक संगति का अभाव पाया जाता है। इस आयु के बालकों में कार्य-कारण संबंध नहीं दिखाई देता है।

(*iii*) एक ही घटना के आधार पर सामान्यीकरण करना। अन्य शब्दों में, इस आयु के बालक एक घटना के आधार पर ही निष्कर्ष निकालते हैं। वह पूर्ण घटनाओं-अनुभवों का लाभ नहीं उठा पाते हैं।

(*iv*) इस आयु वर्ग के बालकों के चिंतन की प्रवृत्ति आत्म-केंद्रित प्रकार की होती है। अन्य शब्दों में, उनके चिंतन का विषय स्वयं के संबंध में होता है।

(*v*) इस आयु वर्ग का बालक अपने वातावरण के चारों ओर स्थित वस्तुओं को चाहे वह सजीव हो या निर्जीव सभी को चेतनामय या सजीव समझता है। अन्य शब्दों में, उसके चिंतन में जीववाद पाया जाता है।

क्रो और **क्रो** के अनुसार, चिंतन की योग्यता सफल जीवन के लिए आवश्यक है। अतः संरक्षकों और शिक्षकों को चाहिए कि बालकों में इस योग्यता के विकास पर ध्यान दें। चिंतन की योग्यता के विकास में निम्नलिखित उपाय सहायक हैं–

(*i*) बालकों को चिंतन के लिए प्रोत्साहित और प्रेरित करना चाहिए। बालकों के भाषा ज्ञान को उच्च करने के उपाय करने चाहिए जिससे वह समय-समय पर अपने विचारों की अभिव्यक्ति कर सके।

(*ii*) बालकों की रुचियों के विकास पर ध्यान देना चाहिए। रुचियों के अभाव में चिंतन योग्यता कठिनाई से विकसित हो पाती है।

(*iii*) शिक्षक और माता-पिता को बालकों को नवीन बातों की समय-समय पर अर्थात् उनकी आयु के अनुसार जानकारी देनी चाहिए जिससे उनमें चिंतन का विकास सुचारु रूप से चल सके।

(*iv*) बालकों को उनकी आयु के अनुसार समस्या का समाधान करना भी माता-पिता और शिक्षकों को सिखलाना चाहिए क्योंकि समस्या समाधान से भी चिंतन विकसित होता है।

(*v*) तर्क एवं वाद-विवाद की भी चिंतन योग्यता के विकास में महत्त्वपूर्ण भूमिका है, इनको भी सिखाने के अवसर देने चाहिए।

(*vi*) बालकों को ऐसा प्रेरक वातावरण समय-समय पर उपलब्ध कराना चाहिए जिससे वे चिंतन के महत्त्व को समझें और योग्यता को बढ़ाने के लिए प्रदत्त वातावरण का लाभ उठा सकें।

(*vii*) बालकों को उनकी आयु के अनुसार समय-समय पर ऐसे कार्य सौंपे जाने चाहिए जिससे उनमें उत्तरदायित्व की भावना का विकास हो सके और उत्तरदायित्व के निर्वाहन हेतु चिंतन के लिए प्रेरित हो सकें।

अभ्यास प्रश्न

1. वह खेल जिसमें बालक स्वयं कुछ बनाता है :

A. रचनात्मक B. काल्पनिक
C. स्वतन्त्र D. इनमें से कोई नहीं

2. भाषा विकास के क्रम में अंतिम क्रम (सोपान) है :

A. ध्वनि पहचानना
B. ध्वनि उच्चारण
C. शब्दोच्चारण
D. भाषा विकास की पूर्णावस्था

3. सृजनात्मक चिन्तन होता है–

A. उच्च अपसारी चिन्तन
B. अभिसारी चिन्तन
C. भाषा विकास
D. मूल्यांकन

4. किसी बच्चे के चिन्तन में आयु के बढ़ने के साथ-साथ किसकी प्रधानता बढ़ती है?

A. तर्क की B. सामान्यीकरण
C. आत्मकेन्द्रीकरण D. जीववाद की

5. कई पदों के योग से बने कौन-से पदबन्ध कहलाते हैं?

A. वाक्य B. शब्द
C. मुहावरे D. वाक्यांश

6. किसी बच्चे में चिन्तन का प्रमुख कारण क्या है?

(*i*) समस्या समाधान करना
(*ii*) निर्णय लेने की भावना
(*iii*) वातावरण के प्रति चैतन्य समायोजन करने हेतु

A. केवल (*i*) B. केवल (*iii*)
C. (*i*) एवं (*ii*) D. ये सभी

7. सार्थक शब्दों का व्यवस्थित समूह जिससे अपेक्षित अर्थ प्रकट हो .... कहलाता है।

A. रूपिम B. पदबन्ध
C. स्वनिम D. वाक्य

8. चिन्तन अनिवार्य रूप से है एक

A. संज्ञानात्मक गतिविधि B. मनोगतिक प्रक्रिया
C. मनोवैज्ञानिक परिघटना D. भावात्मक व्यवहार

9. सृजनात्मकता मुख्य रूप से .... से सम्बन्धित है।

A. मॉडलिंग B. अनुकरण
C. अभिसारी D. अपसारी चिन्तन

10. एक विद्यार्थी कहता है, ''उसका दादा आया है।'' एक शिक्षक होने के नाते आपकी प्रतिक्रिया होनी चाहिए।

A. अच्छा, उसके दादाजी आए हैं
B. बच्चे, आप सही वाक्य नहीं बोल रहे
C. ''दादा आया है'' की जगह पर ''दादाजी आए हैं'' कहना चाहिए
D. आप अपनी भाषा पर ध्यान दीजिए

11. थ, फ, च ध्वनियाँ है

A. स्वनिम B. रूपिम
C. लेखीम D. शब्दिम

12. भाषा में अर्थ की सबसे छोटी इकाई .... है।

A. संकेत प्रयोग विज्ञान (प्रैगमैटिक्स)
B. रूपिम
C. स्वनिम
D. वाक्य

13. निम्नलिखित में से कौन-सी समस्या-समाधान की वैज्ञानिक पद्धति का पहला चरण है?

A. प्राक्कल्पना का निर्माण करना
B. प्राक्कल्पना का परीक्षण करना
C. समस्या के प्रति जागरूकता
D. प्रासंगिक जानकारी को एकत्र करना

14. चिन्तन में .... शामिल हैं।

A. प्रतिमा, कल्पना, संकल्पना, प्रतिज्ञप्ति
B. कल्पना, भाषा, संकल्पना, प्रतिज्ञप्ति
C. प्रतिमा, भाषा, संकल्पना, प्रतिज्ञप्ति
D. प्रतिमा, संकल्पना, कल्पना, प्रतिज्ञप्ति

15. चिन्तन के सूचना प्रक्रमण सिद्धान्त में निम्नलिखित चरण आते हैं–

(*i*) प्रतिक्रिया क्रियान्वयन (*ii*) प्रतिक्रिया चयन
(*iii*) पूर्व-प्रक्रमण (*iv*) श्रेणीकरण

A. (*ii*), (*iv*), (*iii*), (*i*) B. (*iii*), (*i*), (*iv*), (*ii*)
C. (*iv*), (*iii*), (*ii*), (*i*) D. (*iii*), (*iv*), (*ii*), (*i*)

16. भाषा विकास में सहयोग करने का कौन-सा तरीका गलत है?

A. बच्चे को बिना टोके प्रकरण पर बात करना
B. उसकी अपनी भाषा के प्रयोग को अमान्य करना
C. उसके प्रयोगों का समर्थन करना
D. भाषा के प्रयोग के अवसर उपलब्ध कराना

17. ''मैडम चाय खाती है'' वाक्य

A. वाक्य-विन्यास की दृष्टि से सही है लेकिन अर्थ-विज्ञान की दृष्टि से गलत है
B. अर्थ-विज्ञान की दृष्टि से सही है लेकिन वाक्य-विन्यास की दृष्टि से गलत है
C. अर्थ-विज्ञान एवं वाक्य-विन्यास दोनों की दृष्टि से गलत है
D. अर्थ-विज्ञान एवं वाक्य-विन्यास दोनों की दृष्टि से सही है

18. निम्नलिखित में से कौन-सी विशेषता समस्या-समाधान का विशेष चिन्ह है?

A. समस्या मौलिक होती है
B. समस्या कथन में संकेत अन्तर्निहित रूप से दिया जाता है
C. समस्या केवल एक सिद्धान्त पर आधारित होती है
D. सही उत्तर प्राप्त करने का सामान्यतः एक उपागम होता है

19. बच्चे द्वारा 'संकल्पना-निर्माण' के सम्बन्ध में निम्नलिखित में से कौन-सा कथन सही है?

A. संकल्पनाएँ संवेगात्मक रूप से सुव्यवस्थित होती हैं
B. संकल्पनाएँ विकास की एक निश्चित संरचनात्मक व्यवस्था होती है
C. संकल्पनाओं की प्रकृति पदानुक्रमिक नहीं होती
D. संकल्पनाएँ वैयक्तिक नहीं होती

20. शिक्षक .... के अलावा निम्नलिखित सभी को करते हुए समस्या समाधान को विद्यार्थियों के लिए मजेदार बना सकता है।

A. मुक्त अन्त वाली सामग्री उपलब्ध कराने
B. मुक्त खेल के लिए समय देने
C. सृजनात्मक चिन्तन के लिए असीमित अवसर उपलब्ध कराने
D. जब विद्यार्थी से कोई कार्य कराने की कोशिश कर रहे हों, तो उनसे परिपूर्णता की अपेक्षा करने

उत्तरमाला

1	2	3	4	5	6	7	8	9	10
A	D	A	A	A	D	D	A	D	A
11	**12**	**13**	**14**	**15**	**16**	**17**	**18**	**19**	**20**
A	C	C	C	D	B	A	B	B	D

7. समाज निर्माण में लिंग की भूमिका (Role of Gender in Social Construct)

व्यक्ति एवं व्यक्ति, समुदाय एवं समुदाय, जाति एवं जाति के बीच पाई जाने वाली भिन्नता एक वैश्विक घटना है। ऐसे में एक प्रश्न उठता है कि आखिर ये भेद क्यों है एवं इसके लक्षण क्या हैं? इस प्रकार के भेदों का मापन शारीरिक तथा मनोवैज्ञानिक आधार पर किस प्रकार किया जाए?

लिंग और उसकी भूमिका (Role of Gender)

जब वर्ग भेद की चर्चा की जाती है जो उसके गुण-दोष एवं लक्षण आदि की भी चर्चा जरूरी है। इस वर्ग का कुछ आधार भी हो सकता है। यथा–व्यक्तित्त्व, सामाजिक-आर्थिक स्तर, जाति, लिंग अवस्था आदि। यदि हम इन समूहों के मध्य व्याप्त वर्गीकरण अथवा भेदों को जानने की रुचि रखते हैं तो हमें दैनिक जीवन की समस्याओं को सुलझाने में सहायता मिलती है।

वर्तमान परिदृश्य में समानता की मांग सामयिक मुद्दा है। इस समानता का तात्पर्य नकारात्मक न होकर सकारात्मक है। यहां समानता का तात्पर्य समान शैक्षिक योग्यता, समान क्षमता, समान अधिकार, समान कुशलता तथा पढ़ाई एवं कार्य के समान अवसर से है। अन्य शब्दों में कहा जा सकता है कि हम स्त्री-पुरुष में वर्ग के आधार पर लिंग भेद को मान्यता नहीं देते हैं। लिंग भेद का सिद्धांत मूलतः भेद पर ही आधारित है, अर्थात् स्त्री तथा पुरुष में कुछ भेद पाए जाते हैं भले ही हम कहें कि इनके बीच सामाजिक तथा शैक्षिक आधार पर कोई भेद नहीं है। इस भेद से एक महत्त्वपूर्ण प्रश्न उत्पन्न होता है कि क्या महिलाएं शारीरिक लक्षण, कौशल, जीवन मूल्य, दक्षता के आधार पर पुरुषों से कुछ भिन्न हैं अथवा नहीं? यदि इस आधार पर इनमें कोई भिन्नता नहीं पाई जाती है तो इस बात की जांच-पड़ताल आवश्यक है कि क्यों इनके साथ कुछ क्षेत्रों में भेद-भाव किया जाता है?

लैंगिक भेद-भाव (Gender Differentiation)

मनोविज्ञान के अध्ययन के क्षेत्र में लिंग भेद पर आधारित विषय अन्य विषयों की तुलना में काफी रुचिकर विषय हैं। शिक्षा, वैवाहिक संबंधों की सफलता, रहन-सहन तथा कार्यक्षेत्र संबंधी अनेक सामाजिक समस्याओं का संबंध इनकी सफलता से संबद्ध है। अनेक शिक्षाविदों तथा शिक्षा मनोवैज्ञानिकों ने महिला तथा पुरुषों की उपलब्धि की तुलना को अपने अनुसंधान का विषय-वस्तु बनाया है। इन्होंने अपने नमूनों (samples) को दो भागों–महिला और पुरुष में बांटा है। इन शोधों से प्राप्त तथ्यों के अनुसार सामाजिक तथा शारीरिक आधार पर महिला और पुरुष में भिन्नता है। इस अनुसंधान का मुख्य लक्ष्य था महिला और पुरुष के भेद को लिंग व्यवहार के आधार पर समुचित रूप से समझना। इस अनुसंधान का आधार सामान्यतः मनोवैज्ञानिक ही था। ये तथ्य इस अवधारणा की पुष्टि करते हैं कि शारीरिक बनावट के अनुसार स्त्री-पुरुष के संवेगों में भी अंतर होता है। हालांकि इस भेद का आधार सामाजिक न होकर लक्षण विशेष पर आधारित अनुसंधान है जिसमें बाह्य कारकों तथा अन्य लक्षणों के अंतःसंबंधों के परस्पर संबंधों को भी जानने एवं समझने का प्रयत्न किया गया है।

इन वर्ग भेदों में कौन-से मुख्य हैं और कौन-से गौण यह कहना बहुत मुश्किल है। जहां तक सामान्य बुद्धि की बात है वहां महिला और पुरुष वर्गों में समानता देखने को मिलती है। इनमें भेद कुछ विशेष योग्यताओं या लक्षणों को लेकर है। सामान्यतः पुरुषों में महिलाओं की तुलना में तर्क करने, वस्तुओं में समानता संबंधी खोज करने तथा सामान्य ज्ञान के क्षेत्र में कुछ श्रेष्ठता के संकेत पाए जाते हैं। पुरुष जहां स्थानिक संबंध की दृष्टि से भेद की सूक्ष्मता को पहचानने में अधिक सक्षम है वहां शाब्दिक अभिक्षमता तथा स्मरण शक्ति के क्षेत्र में महिलाएं अधिक सक्षम हैं। अनुसंधानों से यह बात भी सामने आयी है कि छात्राओं का भाषायी विकास छात्रों की तुलना में अल्पायु से ही अधिक होता है। अनुसंधानों से इस बात की भी पुष्टि हुई है कि विद्यालयपूर्व आयु वर्ग की बालिकाओं की शब्दावली इस आयुवर्ग के बालकों की तुलना में अधिक सक्षम होती है। इतना ही नहीं छात्राओं की पठन गति भी छात्रों से अधिक होती है। सामान्यतः दोनों वर्गों की बुद्धि अथवा शैक्षिक क्षमता में इतना भेद नहीं होता है कि वे किसी प्रदत्त कार्य को न्यूनाधिक क्षमता से सम्पन्न न करें। इन तथ्यों के आधार पर यही निष्कर्ष निकलता है कि शैक्षिक कार्यक्रम तथा पाठ्यक्रम के समायोजन के समय छात्र-छात्राओं में कोई भेदभाव नहीं बरतना चाहिए। छात्र-छात्राओं की पाठ्यचर्या में अंतर जन्मजात बौद्धिक स्तर के कारण नहीं होता है। उनमें अंतर का मुख्य कारण भावी जीवन की आवश्यकताओं के अनुसार निर्धारित होता है।

शैक्षिक अभ्यास (Educational Practice)

वर्तमान सामाजिक ढांचे में भी लड़की एवं लड़के में भिन्नता देखने को मिलती है। समाज लड़की को लड़के से कमतर आंकता है तथा उसे निश्चित रूढ़िगत कामों में लगा देता है। शिक्षण के दौरान शिक्षक भी लड़कियों पर अवांछित टिप्पणी

करते हैं जो शिक्षण की नीति के प्रतिकूल है। ऐसे शिक्षकों में प्रायः यह धारणा होती है कि लड़कियों के लिए ऐसी शिक्षा व्यवस्था होनी चाहिए जो उन्हें सद्गृहिणी तथा आदर्श माता बनने के लिए प्रेरक का कार्य करे। इस प्रकार का विचार न केवल व्यक्तित्त्व की भिन्नता संबंधी गुणों की अवहेलना करता है अपितु इस तथ्य की भी उपेक्षा करता है कि बालक-बालिकाओं को कुछ समान कौशल सिखाने की भी आवश्यकता है। जैसा कि पहले भी बताया जा चुका है कि बालक तथा बालिकाएं कुछ क्षेत्रों या योग्यताओं में अवश्य भिन्न हैं और इन क्षेत्रों में ये एक-दूसरे से आगे भी निकल जाते हैं। इसी आधार पर जन्मजात योग्यताओं के अधिकतम विकास के लिए विशेष शिक्षण रीति-नीति अपनाने की आवश्यकता है तथा अभाव के क्षेत्र को भी प्रबल करने के लिए विशेष पद्धतियों का आश्रय लेने की आवश्यकता है। एक अध्यापक को अध्यापक के नाते लिंग भेद आधारित भावना के विरुद्ध साहसिक कदम उठाना चाहिए। इसके साथ-साथ लड़के-लड़कियों के बीच पाए जाने वाले वास्तविक भेदों को भी पहचानना तथा उन्हें स्वीकार करना चाहिए। साथ ही साथ अध्ययन के समय उसी प्रकार की रीति-नीति का उपयोग करना चाहिए।

आज भी लड़कियों के प्रति सामाजिक दृष्टिकोण परंपरागत ही है। इसका महत्त्वपूर्ण प्रमाण उनके प्रति अपनाए जाने वाले व्यवहार और उनकी शिक्षा-दीक्षा के संबंध में देखने को मिलता है। यद्यपि ये बातें सभी जगह लागू नहीं होती किंतु यह प्रायः देखा जाता है। इस संबंध में भी वर्ग भेद पर्याप्त रूप से देखने को मिलता है। समाज के उच्च वर्ग की अपेक्षा निम्न वर्ग से आने वाली लड़कियों के संदर्भ में इस स्तर पर और भी भेद पाया जाता है। अनुसूचित जातियों, अनुसूचित जनजातियों तथा अन्य अभावग्रस्त व सुविधाविहीन सामाजिक स्तर से आने वाली लड़कियों को कुछ अन्य टिप्पणियों से भी दो-चार होना पड़ता है, जैसे- यह कि ये अभावग्रस्त परिवारों से हैं तथा यह कि ये आर्थिक दृष्टि से पिछड़े तथा दलित हैं। ऐसे में ये बातें उन्हें शैक्षिक तथा सामाजिक दृष्टिकोण से विकसित बनने में बाधा उत्पन्न करता है। इतना ही नहीं इस समुदाय के लोग यह भी सोचते हैं कि लड़कियों की पढ़ाई पर किए जाने वाले खर्च को यदि उनके विवाह पर खर्च किया जाए तो वह अधिक लाभप्रद और उपयोगी होगा। हालांकि वर्तमान में कई राज्य सरकारों ने लड़कियों की शिक्षा के लिए अनेक कल्याणकारी योजनाओं का शुभारंभ किया है फिर भी लड़कियों की एक बड़ी आबादी अभी भी विद्यालय तक नहीं पहुंच पाई है। ऐसे में लड़कियों की शिक्षा से संबंधित विभिन्न पहलुओं, यथा—सामाजिक, शैक्षिक एवं आर्थिक पर चिंतन करना शिक्षक का महत्त्वपूर्ण दायित्व बन जाता है।

अभ्यास प्रश्न

1. वैदिक काल में स्त्री-शिक्षा के प्रमाण स्वरूप निम्नांकित विदुषी महिला के नाम उल्लेखनीय है–

A. अपाला B. गार्गी

C. घोषा D. उपरोक्त सभी

2. अभिरुचि, अभिवृत्ति, उपलब्धि तथा लैंगिक कौन-सी विभिन्नताओं के क्षेत्र हैं?

A. व्यक्ति की आंतरिक विभिन्नताएँ

B. सामाजिक विभिन्नताएँ

C. वैयक्तिक विभिन्नताएँ

D. चारित्रिक विभिन्नताएँ

3. 'पुरुष स्त्रियों की अपेक्षा ज्यादा बुद्धिमान् होते हैं।' यह कथन

A. लैंगिक पूर्वाग्रह को प्रदर्शित करता है

B. बुद्धि के भिन्न पक्षों के लिए सही है

C. सही है

D. सही हो सकता है

4. लड़कियों को घर के काम-काज में अधिक ध्यान देने के लिए कहना किस को दर्शाता है?

A. रूढ़िबद्धता B. प्रगतिशील चिन्तन

C. मनोवैज्ञानिक चिन्तन D. मनोवैज्ञानिक प्रकृति

5. छात्र एवं छात्राओं के बीच लैंगिक प्रभावों को कम करने के लिए उपयुक्त उपाय है

(*i*) छात्राओं को छात्रों के समान अधिकार देना।

(*ii*) छात्राओं को छात्रों के समान कार्य के समान अवसर उपलब्ध कराना।

(*iii*) छात्राओं को छात्रों के समान शैक्षिक योग्यता की समानता उपलब्ध करना

A. केवल (*i*) B. केवल (*iii*)

C. केवल (*ii*) D. ये सभी

6. "भारत की 2011 की जनगणना (बाल्य आयु वर्ग) में लिंग अनुपात 2001 की जनगणना के अनुसार 927 से घटकर 914 ही रह गया है।" इसका सर्वाधिक प्रमुख कारण निम्नलिखित में से क्या हो सकता है?

A. लैंगिक भेदभाव

B. स्त्री शिक्षा को बढ़ावा देना

C. स्त्री-शिक्षा में कमी

D. स्त्रियों का खराब स्वास्थ्य

7. एक अच्छी पाठ्य-पुस्तक .... से बचाती है।

A. लैंगिक पूर्वाग्रह B. लैंगिक संवेदनशीलता

C. लैंगिक समानता D. सामाजिक उत्तरदायित्व

8. कक्षा-कक्ष में शिक्षक और विद्यार्थी किस प्रकार जेण्डर को .... करते हैं? यह सीखने के वातावरण ....।

A. परिभाषित; को कम प्रभावी बनाता है

B. व्याख्यायित; पर कोई प्रभाव नहीं डालता

C. निर्मित; पर प्रभाव नहीं डालता

D. रूपान्तरित; को क्षुब्ध करता है

9. सामाजिक भूमिकाओं के कारण न कि जीव वैज्ञानिक सम्पत्ति के कारण सौंपी गई विशिष्टताएँ .... कहलाती है।

A. जेंडर भूमिका रूढ़िबद्धता

B. जेंडर भूमिका दबाव

C. जेंडर भूमिका अभिवृत्ति

D. जेंडर भूमिका नेदानिकी

10. समाजीकरण में सम्मिलित हैं–सांस्कृतिक संचरण और ....।

A. संवेगात्मक समर्थन उपलब्ध कराना

B. बच्चों को लेबलों में समायोजित करना

C. वैयक्तिक व्यक्तित्व विकास

D. विद्रोहियों को निरूत्साहित करना

11. विद्यालय में लिंग भेदभाव से बचने का सर्वोत्तम तरीका हो सकता है

A. विद्यालय में लिंग भेदभाव को दूर करने के लिए नियम बनाना और कड़ाई से उसका पालन करवाना

B. संगीत प्रतियोगिता के लिए लड़कियों की अपेक्षा लड़कों का चयन करना

C. शिक्षकों द्वारा उनके लिंग-पक्षपातपूर्ण व्यवहारों का अधिसंज्ञान

D. पुरूष एवं महिला शिक्षकों को समान संख्या में भर्ती करना

12. छात्राओं के निजी संसार पर किसका प्रभाव पड़ता है?

(*i*) सामाजिक मान्यताओं का

(*ii*) लैंगिक भेद-भाव का

(*iii*) परिवार में उनके स्थान का

A. केवल (*iii*) B. केवल (*i*)

C. (*ii*) एवं (*i*) D. ये सभी

13. विज्ञान के प्रयोगों में, सामान्यतः लड़के उपकरणों का नियंत्रण अपने हाथों में लेते हैं और लड़कियों से आँकड़ों को रिकॉर्ड करने अथवा बर्तनों को धोने के लिए कहते हैं। यह प्रकृति यह दर्शाती है कि–

A. लड़कियाँ बेहतरीन अवलोकनकर्ता होती हैं और बिना किसी गलती के आँकड़ों का रिकॉर्ड रखती हैं

B. पुरूष और स्त्री की रूढ़िबद्ध भूमिकाएँ विद्यालय में भी होती है

C. लड़के उपकरणों को ज्यादा कुशलता से सम्भाल सकते हैं क्योंकि वे इस प्रकार के कार्यों को करने में प्राकृतिक रूप से सक्षम होते हैं

D. लड़कियाँ नाजुक होने के कारण ऐसे काम करना पसन्द करती हैं, जिनमें ऊर्जा की खपत कम होती है

14. मोनिका, जो गणित की शिक्षिका है, पूजा से एक प्रश्न पूछती है। पूजा से कोई उत्तर न मिलने पर वह तुरन्त करन से दूसरा प्रश्न पूछती है। जब उसे महसूस होता है कि करन उत्तर बनाने में संघर्ष कर रहा है, तो वह अपने प्रश्न के शब्दों को बदलती है। मोनिका की यह प्रवृत्ति यह प्रदर्शित करती है कि वह

A. इस तथ्य से पूर्णतः परिचित है कि पूजा सवालों के जवाब देने के योग्य नहीं है

B. अपने सवाल के प्रति थोड़ा घबरा गई है

C. पूजा को किसी उलझनपूर्ण स्थिति में नहीं डालना चाह रही है

D. करन का पक्ष लेकर लिंग भूमिकाओं में रूढ़िबद्धता को बढ़ावा दे रही है

15. कक्षा में जेंडर रूढ़िबद्धता से बचने के लिए एक शिक्षक को

A. लड़के-लड़कियों को एकसाथ अपारम्परिक भूमिकाओं में रखना चाहिए

B. लड़कों को जोखिम उठाने और निर्भीक बनने के लिए प्रोत्साहित करना

C. कुश्ती में भाग लेने के लिए लड़कियों को निरूत्साहित करना

D. 'अच्छी लड़की', 'अच्छा लड़का' कहकर शिक्षार्थियों के अच्छे कार्य की सराहना करनी चाहिए

16. राज्य स्तर की एक एकल-गायन प्रतियोगिता के लिए विद्यार्थियों को तैयार करते समय, एक विद्यालय लड़कियों को वरीयता देता है। यह दर्शाता है–

A. प्रगतिशील चिन्तन B. लैंगिक पूर्वाग्रह

C. वैश्विक प्रवृत्तियाँ D. प्रयोजनात्मक उपागम

17. पूर्व माध्यमिक कक्षाओं में छात्राएँ, छात्रों की अपेक्षा अधिक कुशल होती हैं–

A. पठन गति में B. बुद्धि में

C. शैक्षिक अभिक्षमता में D. ये सभी

18. एक अध्यापक को अपनी शैक्षिक क्रियाओं के अभियोजन के समय जातीय भेदभाव के सन्दर्भ में अपनी शिक्षण प्रक्रिया में क्या अपनाना चाहिए?

A. कठोरता व लचीलापन दोनों

B. न कठोरता न ही लचीलापन

C. लचीलापन

D. कठोरता

19. लैंगिक भेदभाव को दूर करने के लिए शिक्षा व्यवस्था में आवश्यक उपाय है

A. छात्र-छात्राओं के लिए विशिष्ट प्रावधान

B. छात्र-छात्राओं के लिए समान प्रावधान

C. छात्र-छात्राओं के लिए असमान प्रावधान

D. उपरोक्त में से कोई नहीं

20. आदिवासी जाति की छात्राओं के शिक्षण में आने वाली प्रमुख समस्या है

A. उनका उच्च सामाजिक स्तर

B. उनका मजबूत आर्थिक स्तर
C. सुविधाओं की अपर्याप्तता
D. उपरोक्त में से कोई नहीं

21. एक अध्यापक को अपनी कक्षा में निम्न में से किस तथ्य को नकारना चाहिए?
A. छात्र-छात्राओं के व्यवहार सम्बन्धी विकारों को
B. छात्र-छात्राओं के झगड़ों से सम्बन्धित मुद्दों को
C. छात्र-छात्राओं के पठन सम्बन्धी विकारों को
D. छात्र-छात्राओं के मध्य लैंगिक भेदभाव को

22. किसी व्यक्ति की व्यक्तिगत विभिन्नता के क्षेत्र हैं
A. शारीरिक संरचना
B. मानसिक योग्यताएँ
C. लिंग भेद
D. उपरोक्त सभी

उत्तरमाला

1	2	3	4	5	6	7	8	9	10
D	C	A	A	D	A	A	C	A	C
11	**12**	**13**	**14**	**15**	**16**	**17**	**18**	**19**	**20**
C	D	B	D	A	B	A	C	B	C
21	**22**								
D	D								

8. अधिगम का मूल्यांकन (Evaluation of Learning)

चूंकि शिक्षा का संबंध बच्चे के सर्वांगीण विकास (शारीरिक, सामाजिक, बौद्धिक एवं भावनात्मक आदि) से है। इसलिए बच्चे के विकास के सभी पहलुओं को आंके जाने की आवश्यकता है। वर्तमान समय में हम बच्चे को पूरे रूप में नहीं आंकते, बल्कि विशिष्ट क्षेत्रों में केवल उसकी शैक्षिक उपलब्धियों का मूल्यांकन करते हैं। हम शिक्षार्थी का मूल्यांकन बुनियादी रूप से उसके परीक्षा परिणामों के आधार पर करते हैं। हम सीखने के लिए किए गए प्रयास, कार्य निष्पादन, अभिवृत्तियों का और जो कुछ सीखा गया है, उसका उपयोग विभिन्न स्थितियों में करने की योग्यता का मूल्यांकन नहीं करते और न ही हम उनका मूल्यांकन इस आधार पर करते हैं कि वे तकनीकें कितनी प्रभावकारी रूप से कार्य करती हैं अथवा विभिन्न सिद्धांतों का मूल्यांकन कितने विवेचनात्मक ढंग से करते हैं।

इस प्रक्रिया के स्वरूप को अधिक व्यापक बनाने के लिए महत्त्वपूर्ण है कि बच्चे की शिक्षा-प्राप्ति का निर्धारण कक्षा के अंदर और बाहर हर प्रकार की स्थितियों और वातावरण में किया जाए। यह जरूरी है कि मूल्यांकन की प्रक्रिया सूचना प्रदान करने के तरीके और उस प्रत्युत्तर (Feedback) का भाग हो कि स्कूल और अध्यापक शिक्षा के प्रत्याशित परिणाम प्राप्त करने में किस हद तक सफल हुए हैं।

विद्यालय आधारित मूल्यांकन (School Based Evaluation)

विद्यालय आधारित मूल्यांकन विद्यालय शिक्षा बोर्डों द्वारा ली जाने वाली परीक्षाओं के विपरीत, स्कूल स्तर पर किया जाता है। यह मूल्यांकन विद्यालय द्वारा विकसित अनुसूची और बोर्ड द्वारा जारी किए गए मार्ग-निर्देशों के अनुसार अध्यापकों द्वारा किया जाता है। यद्यपि यह मूल्यांकन हमेशा विद्यालय के स्तर पर किया जाता रहा है, किंतु इस प्रणाली में कुछ त्रुटियां उत्पन्न हो गई हैं। इन त्रुटियों के मुख्य कारण निम्न हो सकते हैं :

(*i*) मूल्यांकन के स्थान एवं शिक्षा की प्रक्रिया में इसके महत्त्व के बारे में अध्यापकों की गलत धारणा।

(*ii*) बाह्य परीक्षा की प्रथा का अनुकरण जो सामान्य रूप से सत्र के अंत में ली जाती है।

वर्तमान दौर में मूल्यांकन की विद्यालय-आधारित प्रणाली में, मूल्यांकन के प्रयोजन का केंद्र-बिंदु बदल गया है। अब इसमें तत्परता परीक्षण, विकास की जांच परख, संज्ञानात्मक, भावात्मक और मनो-प्रेरक क्षेत्रों में कार्य निष्पादन का बार-बार सुनियोजित और प्रभावकारी तरीके से मूल्यांकन किया जाना शामिल है।

अन्य शब्दों में, विद्यालय-आधारित मूल्यांकन बाल-केंद्रित, विद्यालय-केंद्रित और बहुआयामी मूल्यांकन होता है। यह सही मायने में शिक्षार्थी के सर्वतोमुखी विकास का सूत्रपात करता है। यह विद्यालय के अंदर और विद्यालय के बाहर दोनों जगहों पर जीवन में सभी प्रकार की शिक्षा प्राप्ति को प्रोत्साहित करता है। यह बाल-केंद्रित होता है, क्योंकि यह विकास के वैयक्तिक स्वरूप की दृष्टि से विद्यार्थी को एक अद्वितीय अस्तित्व मानता है। यह अपनी शिक्षा के पहले से निर्धारित लक्ष्यों और उद्देश्यों को प्राप्त करने के लिए शिक्षार्थी का एक अलग व्यक्तित्व के रूप में, अन्य शिक्षार्थियों की तुलना में केवल उसकी स्थिति के रूप में नहीं बल्कि प्रत्येक बच्चे की अपनी वैयक्तिक योग्यताओं, प्रगति और विकास के आधार पर निर्माण करता है।

विद्यालय आधारित मूल्यांकन की विशेषताएं (Characteristics of School Based Evaluation)

I. विद्यार्थी से संबद्ध विशेषताएं

(*i*) यह पारंपरिक प्रणाली से अधिक विस्तृत, अधिक व्यापक और सतत होता है।

(*ii*) इसका मुख्य लक्ष्य शिक्षार्थी को सुनियोजित अधिगम और विकास की ओर उन्मुख करने में सहायता देना होता है।

(*iii*) यह भविष्य के जिम्मेदार नागरिक के रूप में शिक्षार्थी की आवश्यकताओं का ध्यान रखता है।

(*iv*) यह अधिक पारदर्शी, भविष्यात्मक और शिक्षार्थियों, अध्यापकों और माता-पिता के बीच सहयोजन की अधिक गुंजाइश मुहैया कराने वाला होता है।

(*v*) यह शिक्षार्थी को अपनी क्षमता का बेहतर तरीके से उपयोग करने में सहायता देता है।

II. अध्यापक से संबद्ध विशेषताएं

विद्यालय आधारित प्रणाली में अध्यापकों को अपने विद्यार्थियों के बारे में निम्नलिखित बातें जानने का अवसर मिलता है–

(*i*) वे क्या सीखते हैं?

(*ii*) वे कैसे सीखते हैं?

(*iii*) इकट्ठा सीखने में उन्हें किस प्रकार की कठिनाइयों अथवा सीमाओं का सामना करना पड़ता है?

(*iv*) बच्चे क्या सोचते हैं?

(*v*) बच्चे क्या महसूस करते हैं?

(*vi*) उनकी रुचियां और प्रवृत्तियां क्या हैं?

(*vii*) यह अध्यापकों को ऐसे तरीकों को ढूंढने के लिए पैनी दृष्टि प्रदान करता है, जो अलग-अलग शिक्षार्थियों के लिए अपनी समस्याओं और कठिनाइयों का समाधान करने में सहायक सिद्ध हो सकते हैं।

सतत् और व्यापक मूल्यांकन (CCE)

सतत् और व्यापक मूल्यांकन का तात्पर्य विद्यार्थियों के विद्यालय आधारित मूल्यांकन की उस प्रणाली के बारे में है, जिसमें विद्यार्थियों के विकास के सभी पहलुओं की ओर ध्यान दिया जाता है।

'सतत्' शब्द का उद्देश्य इस बात पर बल देना है कि बच्चों की 'संवृद्धि और विकास' के अभिज्ञात पहलुओं का मूल्यांकन एक घटना होने के बजाए एक सतत् प्रक्रिया है, जो अध्यापन-शिक्षा-प्राप्ति की संपूर्ण प्रक्रिया के अंदर निर्मित है और शैक्षिक सत्र की समूची अवधि में फैली होती है। इसका अर्थ है निर्धारण की नियमितता, यूनिट परीक्षण की आवृत्ति, शिक्षा-प्राप्ति की कमियों का निदान, सुधारात्मक उपायों का उपयोग, पुनः परीक्षण और अध्यापकों और छात्रों के स्व-मूल्यांकन के लिए उन्हें घटनाओं के प्रमाण का फीडबैक।

'व्यापक' का अर्थ है कि यह योजना विद्यार्थियों की संवृद्धि और विकास के शैक्षिक और सह-शैक्षिक दोनों क्षेत्रों को समाहित करने का प्रयास करती है। चूंकि योग्यताएं, अभिवृत्तियां और अभिरुचियां अपने आपको लिखित शब्दों से भिन्न अन्य रूपों में प्रकट करती हैं, इसलिए इस शब्द में विभिन्न प्रकार के साधनों और तकनीकों (परीक्षण और गैर-परीक्षण) के उपयोग और शिक्षा-प्राप्ति के क्षेत्रों में शिक्षार्थियों के विकास को आंकने के लक्ष्यों का उल्लेख किया गया है, यथा–

(*i*) ज्ञान,
(*ii*) समझना/बोध,
(*iii*) अनुप्रयोग,
(*iv*) विश्लेषण,
(*v*) मूल्यांकन और
(*vi*) सृजन।

इस प्रकार स्पष्ट है कि सतत एवं व्यापक मूल्यांकन एक पाठ्यचर्या संबंधी पहल है, जिसमें परीक्षण के स्थान पर संपूर्णवादी शिक्षा प्राप्ति पर जोर दिए जाने का प्रयास किया जाता है। इसका लक्ष्य अच्छे स्वास्थ्य, उपयुक्त कौशलों और वांछनीय गुणवत्ता वाले और इसके अलावा शैक्षिक उत्कृष्टता वाले अच्छे नागरिकों का निर्माण करना है।

सतत एवं व्यापक मूल्यांकन का उद्देश्य (Objective of Continuous and Comprehensive Evaluation (CCE))

(*i*) संज्ञानात्मक, मनोप्रेरक (साइकोमोटर) और प्रभावकारी कौशलों का विकास करने में सहायता देना।

(*ii*) चिंतन की प्रक्रिया पर जोर देना और कंठस्थ करने पर बल न देना।

(*iii*) मूल्यांकन को अध्यापन-शिक्षा-प्राप्ति की प्रक्रिया का अभिन्न अंग बनाना।

(*iv*) मूल्यांकन का उपयोग नियमित निदान और उसके बाद उपचारात्मक अनुदेश के आधार पर विद्यार्थियों की उपलब्धियों और अध्यापन-शिक्षा-प्राप्ति की कार्यनीतियों में सुधार करने के लिए करना।

(*v*) कार्य-निष्पादन का वांछित स्तर बनाए रखने के लिए मूल्यांकन का उपयोग एक गुणवत्ता नियंत्रण साधन के रूप में करना।

(*vi*) किसी कार्यक्रम की सामाजिक उपयोगिता, वांछनीयता अथवा प्रभावकारिता निर्धारित करना और शिक्षार्थी, शिक्षा-प्राप्ति की प्रक्रिया और शिक्षा-प्राप्ति के वातावरण के बारे में उपर्युक्त निर्णय लेना।

(*vii*) अध्यापन और शिक्षा-प्राप्ति की प्रक्रिया को शिक्षार्थी-केंद्रित क्रियाकलाप बनाना।

अधिगम का मूल्यांकन (Learning Evaluation)

अधिगम के मूल्यांकन में उपलब्ध प्रमाणों के साथ कार्य करना शामिल है, जो स्टाफ और व्यापक मूल्यांकन समुदाय को विद्यार्थियों की प्रगति की जांच करने और इस सूचना का अनेक तरीकों से इस्तेमाल करने में समर्थ बनाता है। मूल्यांकन के दो स्तर हैं– (*i*) रचनात्मक मूल्यांकन (Formative Assessment) एवं (*ii*) सारांशात्मक मूल्यांकन (Summative Assessment)।

(*i*) रचनात्मक मूल्यांकन (Formative Assessment) : इस मूल्यांकन को सीखने/अधिगम का मूल्यांकन भी कहा जाता है। इसका उपयोग अध्यापक द्वारा विद्यार्थी की प्रगति को एक ऐसे वातावरण में मॉनीटर करने के लिए किया जाता है, जो घबड़ाहट पैदा करने वाला न हो और प्रोत्साहन देने वाला हो। इसमें विद्यार्थी को नियमित प्रत्युत्तर मुहैया कराना और उसे अपने कार्य-निष्पादन पर विचार करने, सलाह प्राप्त करने और उसमें सुधार करने का अवसर प्रदान करना शामिल है। इसमें विद्यार्थियों को स्व-मूल्यांकन करने अथवा अपने समकक्षों का मूल्यांकन करने की कसौटियां तय करने के एक आवश्यक भाग के रूप में शामिल किया जाता है। यदि इसे प्रभावकारी रूप से उपयोग में लाया जाए तो यह बच्चे के आत्म-सम्मान को बढ़ाते हुए और अध्यापक के कार्य भार को घटाकर, विद्यार्थी के कार्य निष्पादन में जबरदस्त सुधार कर सकता है। इस प्रकार, रचनात्मक मूल्यांकन कार्य-संपादन अथवा शिक्षा प्रदान करने की प्रक्रियाओं और शिक्षा-प्राप्ति के क्रियाकलापों में उपयुक्त संशोधन करने के बारे में निर्णय लेने के लिए अध्यापकों और विद्यार्थियों दोनों को निरंतर प्रत्युत्तर (Feedback) मुहैया कराने के लिए शिक्षा की अवधि के दौरान किया जाता है।

रचनात्मक मूल्यांकन की विशेषताएं :

(*a*) यह नैदानिक एवं उपचारात्मक है।

(*b*) यह प्रभावकारी प्रत्युत्तर की व्यवस्था करता है।

(*c*) यह विद्यार्थियों को स्वयं अपनी शिक्षा प्राप्ति में सक्रिय रूप से शामिल होने के लिए मंच उपलब्ध कराता है।

(*d*) यह अध्यापकों को मूल्यांकन के परिणाम को ध्यान में रखते हुए उन्हें अध्यापन को समायोजित करने में समर्थ बनाता है।

(*ii*) **सारांशात्मक मूल्यांकन (Summative Assessment) :** यह मूल्यांकन शिक्षा पाठ्यक्रम के समाप्त होने पर किया जाता है। सारांशात्मक मूल्यांकन यह मापता अथवा जोड़ता है कि विद्यार्थी ने पाठ्यक्रम से क्या सीखा है। यह मुख्य रूप से एक श्रेणीकृत (Graded) परीक्षण होता है, अर्थात् इसमें एक पैमाने के अनुसार अथवा ग्रेडों के एक सेट के अनुसार अंक दिए जाते हैं।

वह मूल्यांकन, जो मुख्यतः सारांशात्मक प्रकृति का होगा, अपने आप में बच्चे की संवृद्धि और उसके विकास का कोई संगत एवं युक्तिसंगत पैमाना नहीं होगा। अधिक-से-अधिक यह एक समय-विशेष पर उपलब्धि के स्तर को प्रमाणित करता है। कागज-पेंसिल परीक्षण बुनियादी रूप से निर्धारण अथवा मूल्यांकन का एक-एक बार अपनाया जाने वाला तरीका है और किसी बच्चे के विकास के बारे में केवल इसका सहारा लेना न केवल अनुचित है, बल्कि अवैज्ञानिक भी है। केवल शैक्षिक पहलुओं पर ध्यान देते हुए परीक्षा में प्राप्त अंक पर बहुत जोर देने से, बच्चे यह मान लेते हैं कि मूल्यांकन (निर्धारण) शिक्षा प्राप्ति से भिन्न है, जिसका परिणाम 'सीखो और भूल जाओ' लक्षण होता है। सारांशात्मक मूल्यांकन प्रणाली पर आवश्यकता से अधिक जोर देने से अस्वास्थ्यकर प्रतियोगिता को प्रोत्साहन मिलने के अलावा शिक्षार्थियों पर बहुत अधिक दबाव पड़ता है और उनमें चिंता उत्पन्न होती है। इसी कारण से सतत् और व्यापक विद्यालय आधारित मूल्यांकन संकल्पना का प्रादुर्भाव हुआ है।

सारांशात्मक मूल्यांकन की विशेषताएं :

(*a*) शिक्षा-प्राप्ति का निर्धारण।

(*b*) सामान्य रूप से विद्यार्थियों द्वारा किसी यूनिट अथवा सेमेस्टर के समाप्त होने पर उसका सारांश प्रदर्शित करने के लिए किया जाता है, जो उन्होंने सीखा हो अथवा न सीखा हो।

(*c*) इस मूल्यांकन के तरीके अधिकतर विद्यार्थियों के कार्य का मूल्यांकन करने के पारंपरिक तरीके होते हैं।

अधिगम के मूल्यांकन की विशेषताएं (Characteristics of Learning Evaluation)

(*i*) यह मूल्यांकन शिक्षा-प्राप्ति के बाद किया जाता है।

(*ii*) सूचना अध्यापक द्वारा एकत्र की जाती है।

(*iii*) सूचना को सामान्य रूप से अंकों अथवा ग्रेडों में रूपांतरित किया जाता है।

(*iv*) अन्य विद्यार्थियों के कार्य-निष्पादन के साथ तुलना की जाती है।

(*v*) इसके पहले प्राप्त की गई शिक्षा पर नजर डालता है।

अधिगम के अच्छे मूल्यांकन के मानदंड (Norms of Good Learning Evaluation)

(*i*) वे युक्तिसंगत होते हैं (ठोस मानदंडों पर आधारित)।

(*ii*) वे विश्वसनीय होते हैं (मूल्यांकन और पद्धति का सही होना)।

(*iii*) वे तुलनीय होते हैं (जब उनकी तुलना अन्य विभागों अथवा विद्यालयों में की गई जांच-परख से की जाती है, तो वे ठीक पाए जाते हैं)।

अधिगम के मूल्यांकन के प्रयोजन/उद्देश्य (Objective of Learning Evaluation)

अधिगम के मूल्यांकन का सार यह है कि सारांशात्मक मूल्यांकन को किसी विशेष समय पर विषय-वस्तु के मानदंडों की तुलना में विद्यार्थी की शिक्षा को मापने का एक साधन समझा जाए।

सतत् और व्यापक मूल्यांकन की विशेषताएं (Characteristics of CCE)

(*i*) सतत् और व्यापक मूल्यांकन में 'सतत्' पहलू के तहत मूल्यांकन के 'सतत्' और 'आवधिक' पहलू का ध्यान रखा जाता है।

(*ii*) निरंतरता का अर्थ है शिक्षा के प्रारंभ में विद्यार्थियों का निर्धारण या स्थापन मूल्यांकन और शिक्षण प्रक्रिया के दौरान रचनात्मक मूल्यांकन, जो मूल्यांकन की बहुविध तकनीकों का उपयोग करके अनौपचारिक रूप से किया जाता है।

(*iii*) नियतकालिकता का अर्थ है कार्य-निष्पादन का मूल्यांकन जो यूनिट/अवधि के समाप्त होने पर बार-बार किया जाता है (सारांशात्मक)।

(*iv*) सतत् और व्यापक मूल्यांकन का 'व्यापक' संघटक बच्चे के व्यक्तित्व के सर्वतोमुखी विकास के निर्धारण का ध्यान रखता है। इसमें विद्यार्थियों के विकास के शैक्षिक और इसके अलावा सह-शैक्षिक पहलुओं का निर्धारण शामिल है।

(*v*) शैक्षिक पहलुओं में पाठ्यक्रम के क्षेत्र अथवा विषय-सापेक्ष क्षेत्र शामिल होते हैं, जबकि सह-शैक्षिक पहलुओं में जीवन-कौशल, सह-पाठ्यचर्या अभिवृत्तियां और मूल्य शामिल होते हैं।

(*vi*) शैक्षिक क्षेत्रों में निर्धारण, निरंतर और नियतकालिक रूप में मूल्यांकन की बहुविध तकनीकों का इस्तेमाल करके

अनौपचारिक और औपचारिक रूप से किया जाता है। नैदानिक मूल्यांकन यूनिट/परीक्षा के समाप्त होने पर किया जाता है। कुछ यूनिटों में घटिया कार्य निष्पादन के कारणों का पता नैदानिक परीक्षणों का उपयोग करते हुए लगाया जाता है। इसके बाद उपयुक्त रूप से हस्तक्षेप किया जाता है और कार्रवाई की जाती है और तत्पश्चात् पुनः परीक्षण किए जाते हैं।

(*vii*) सह-शैक्षिक क्षेत्रों में निर्धारण निर्धारित मानदंडों के आधार पर बहुविध तकनीकों का इस्तेमाल करते हुए किया जाता है, जब जीवन-कौशलों का मूल्यांकन, मूल्यांकन के सूचकों और जांच सूचियों के आधार पर किया जाता है।

सतत् और व्यापक मूल्यांकन : विचार एवं व्यवहार (CCE : Thought and Behaviour)

अध्यापन-शिक्षा-प्राप्ति प्रक्रिया में, मूल्यांकन से शैक्षिक और सह-शैक्षिक पहलुओं का ध्यान रखने की अपेक्षा की जाती है। यदि कोई किसी क्षेत्र में कमजोर है तो नैदानिक मूल्यांकन किया जाना चाहिए और उपचारी उपाय अपनाए जाने चाहिए। सतत् मूल्यांकन समय-समय पर बच्चे, अध्यापकों और माता-पिता को उपलब्धि के बारे में जागरूक बनाने में सहायता देता है। यदि उपलब्धि में कोई कमी हुई हो तो वे उसके संभावित कारणों की जांच कर सकते हैं और शिक्षा के उस क्षेत्र में जिसमें अधिक जोर देने की आवश्यकता हो उपचारी उपाय कर सकते हैं।

बहुत बार ऐसा होता है कि कुछ वैयक्तिक कारणों, पारिवारिक समस्याओं अथवा समायोजन की समस्याओं के कारण बच्चे अपने अध्ययन की उपेक्षा करना शुरू कर देते हैं जिसके परिणामस्वरूप उनकी उपलब्धि में अचानक गिरावट आ जाती है। यदि अध्यापक, बच्चे और माता-पिता को उपलब्धि में अचानक आई गिरावट का पता न चले तो बच्चे द्वारा अपने अध्ययन की उपेक्षा लंबे समय तक की जाती रहती है और इसके परिणामस्वरूप उपलब्धि घटिया हो जाती है और बच्चे की शिक्षा-प्राप्ति में स्थायी रूप से त्रुटि रह जाती है।

सतत् और व्यापक मूल्यांकन का मुख्य जोर विद्यार्थियों की निरंतर संवृद्धि पर और उनका बौद्धिक, भावनात्मक, शारीरिक, सांस्कृतिक और सामाजिक विकास सुनिश्चित करने पर होता है और इसलिए यह विद्यार्थी की केवल शैक्षिक उपलब्धियों को आंकने तक सीमित नहीं होगा। इस मूल्यांकन का उपयोग शिक्षार्थियों को अन्य कार्यक्रमों के लिए अभिप्रेरित करने, सूचना प्रदान करने, प्रत्युत्तर (Feedback) की व्यवस्था करने और शिक्षा-प्राप्ति में सुधार करने के लिए अनुवर्ती कार्रवाई करने और शिक्षार्थी के विवरणों की एक व्यापक तस्वीर प्रस्तुत करने के एक साधन के रूप में करता है।

सतत् और व्यापक मूल्यांकन के महत्त्वपूर्ण कार्य (Important Functions of CCE)

(*i*) यह अध्यापक को प्रभावकारी कार्यनीतियां आयोजित करने में सहायता देता है।

(*ii*) सतत् और व्यापक मूल्यांकन शिक्षार्थी की प्रगति की सीमा और मात्रा को नियमित रूप से आंकने में सहायता देता है (विशिष्ट शैक्षिक और सह-शैक्षिक क्षेत्रों के संदर्भ में योग्यता और उपलब्धि)।

(*iii*) सतत् और व्यापक मूल्यांकन कमजोरियों का निदान करने का कार्य करता है और अध्यापक को अलग-अलग शिक्षार्थियों की शक्तियों और कमजोरियों और उसकी आवश्यकताओं का पता लगाने में सहायता देता है। यह अध्यापक को तत्काल प्रत्युत्तर (Feedback) मुहैया कराता है, जो यह फैसला कर सकता है कि कोई विशेष यूनिट अथवा संकल्पना समूची कक्षा को फिर से पढ़ाए जाने की आवश्यकता है अथवा केवल कुछ शिक्षार्थियों को उपचारी शिक्षा की आवश्यकता है।

(*iv*) सतत् और व्यापक मूल्यांकन के द्वारा, बच्चे अपनी शक्तियों और कमजोरियों को जान सकते हैं। यह बच्चों को अध्ययन की अच्छी आदतें विकसित करने, गलतियों को सुधारने और क्रियाकलापों को वांछित लक्ष्य प्राप्त करने की दिशा में मोड़ने के लिए अभिप्रेरित कर सकता है। इससे शिक्षार्थी को शिक्षा के उन क्षेत्रों को निर्धारित करने में सहायता मिलती है, जिनमें अधिक जोर दिए जाने की आवश्यकता हो।

(*v*) सतत् और व्यापक मूल्यांकन अभिरुचियों और प्रवृत्ति वाले क्षेत्र अभिज्ञात करता है। यह अभिवृत्तियों और मूल्य प्रणालियों में होने वाले परिवर्तनों का पता लगाने में सहायता देता है।

(*vi*) यह विषयों, पाठ्यक्रमों और जीवनवृतियों (Carrier) के चुनाव के बारे में, भविष्य के लिए फैसला करने में सहायता देता है।

(*vii*) यह शैक्षिक और सह-शैक्षिक क्षेत्रों में विद्यार्थियों की प्रगति के बारे में सूचना/रिपोर्ट देता है और इस प्रकार शिक्षार्थी की भावी सफलताओं के बारे में पूर्वानुमान लगाने में सहायता देता है।

शिक्षार्थी के पढ़ाई स्तर के मूल्यांकन के लिए उचित प्रश्न-पत्र की आवश्यकता (Need of Right Question-paper for Evaluating the Student)

किसी भी शिक्षार्थी के पढ़ाई के स्तर की जांच में एक अच्छे प्रश्न-पत्र की महत्त्वपूर्ण भूमिका होती है। इस प्रश्न-पत्र के माध्यम से ही शिक्षक शिक्षार्थियों के विकास का मूल्यांकन करता है। एक प्रश्न-पत्र के निम्न कार्य होते हैं–

(*i*) यह उच्च उपलब्धि प्राप्त छात्रों एवं निम्न उपलब्धि प्राप्त छात्रों के बीच अंतर स्पष्ट करता है।

(*ii*) यह प्राप्तांकों के आधार पर शिक्षार्थी के वर्गीकरण में सहायक होता है।

(*iii*) यह शिक्षार्थी के शैक्षिक-प्रारूप का संपूर्णता में मूल्यांकन करने का महत्त्वपूर्ण माध्यम है।

उपर्युक्त बातों से स्पष्ट है कि प्रश्न-पत्र एक शिक्षार्थी के मूल्यांकन प्रक्रिया का महत्त्वपूर्ण अंग है। प्रश्न-पत्र निर्माण में कुछ खास बातों का ध्यान आवश्यक है, यथा– प्रश्न-पत्र अपने पूर्व निर्धारित प्रकार्यों पर खरा उतरे, प्रश्न-पत्र एक सृजनात्मक कार्य है। अतः एक निर्धारित योजना के अनुसार प्रश्नों का संकलन करना चाहिए।

परंपरागत प्रश्न-पत्र के दोष (Errors in Traditional Question Paper)

एक अच्छे प्रश्न-पत्र का निर्माण काफी श्रम-साध्य, समयबद्ध एवं सुनियोजित प्रक्रिया है। वर्तमान में अध्यापक जो प्रश्न-पत्र तैयार करते हैं वह प्रायः पारंपरिक प्रश्नों का ही अनुसरण करते हैं। इन पारंपरिक प्रश्नों में कमियां पाई जाती है। पारंपरिक प्रश्नों में निम्न प्रकार की कमियां पाई जाती हैं–

(*i*) पारंपरिक प्रश्न-पत्रों में घिसे-पिटे प्रश्नों की अधिकता रहती है। ये प्रश्न प्रायः निबंधात्मक एवं पाठ्य-पुस्तकोन्मुखी होते हैं। इस प्रकार के प्रश्न छात्रों की समस्याओं व उनकी वास्तविक क्षमताओं का मूल्यांकन करने में सक्षम साबित नहीं होते।

(*ii*) पारंपरिक प्रश्नों का प्रकार निबंधात्मक होने से प्रश्नों की संख्या कम होती है जिससे वे पाठ्यक्रम का अधिकांश भाग पूरा नहीं कर पाते।

(*iii*) कुछ प्रश्न ऐसे होते हैं जिनसे विद्यार्थियों में जानकारियों का स्मरण तथा कंठस्थ करने की प्रवृत्ति को बढ़ावा मिलता है। ऐसे प्रश्नों में पाठ्यक्रम समग्र रूप से समाहित नहीं होते। साथ ही ऐसे प्रश्न छात्रों की समझ और कौशल की जांच करने में समर्थ नहीं होते।

(*iv*) 'व्याख्या करें', 'स्पष्ट करें', 'आप क्या जानते हैं', 'संक्षिप्त टिप्पणी लिखिए', 'संक्षिप्त विवरण दें', विवेचना करें' आदि जैसे निर्देशक शब्द किसी भी प्रश्न-पत्र को अस्पष्ट बना देते हैं। ऐसे प्रश्नों में छात्र प्रायः यह निश्चित नहीं कर पाते कि क्या उत्तर देना है। परीक्षक स्वयं छात्रों से पूछे गए प्रश्नों के स्वरूप के बारे में असमंजस में रहते हैं। समान प्रकृति के प्रश्नों के लिए विभिन्न परीक्षकों द्वारा छात्रों को दिए गए अंकों में बहुत भिन्नता होती है। ऐसे में परीक्षा में छात्र का मूल्यांकन दोषपूर्ण हो जाता है।

(*v*) पारंपरिक प्रश्नों में प्रतीकों और आकृतियों के परिकलन (Calculation) और भौतिक कौशल पर अत्यधिक बल रहता है जबकि गणितीय ज्ञान और उनके अनुप्रयोग आदि से संबद्ध प्रश्नों पर एकदम ध्यान नहीं दिया जाता है।

(*vi*) पारंपरिक प्रश्नों में बहुधा विकल्प भी दिए जाते हैं और कहा जाता है कि सभी प्रश्नों के अंक समान तथा छात्र 10 या 12 प्रश्नों में से कोई 5 या 6 प्रश्न कर सकते हैं। इससे छात्रों में केवल चुने गए महत्त्वपूर्ण विषयों की तैयारी करने की प्रवृत्ति विकसित होती है तथा शेष को बिना किसी खतरे के छोड़ देने की स्वतंत्रता मिलती है।

प्रश्न-पत्रों के दोषों को दूर करने के उपाय (Solution for Removing Errors in Question Papers)

(*i*) निर्देशात्मक प्रकृति के प्रश्नों में अस्पष्टता नहीं होनी चाहिए।

(*ii*) अंक देने की प्रक्रिया वस्तुनिष्ठ होनी चाहिए। इसके लिए परीक्षकों को कुंजी (Key) तथा अंक देने की योजना भी उपलब्ध कराई जानी चाहिए।

(*iii*) प्रश्न-पत्र को इस तरह से तैयार किया जाना चाहिए कि छात्रों का विभिन्न कोणों से मूल्यांकन किया जा सके।

(*iv*) प्रश्नों को तैयार करने में उसकी भाषा की सरलता तथा स्पष्टता का विशेष ध्यान रखा जाना चाहिए ताकि विद्यार्थी को यह पता चले कि प्रश्न के उत्तर में क्या लिखना है।

(*v*) प्रश्न लघु-उत्तरीय प्रकार (Short Answer Type) और अति लघु-उत्तरीय प्रकार (Very Short Answer Type) का होना चाहिए। इससे पूरे पाठ्यक्रम से प्रश्न पूछने में सहूलियत होती है और छात्रों में समग्र अध्ययन की प्रवृत्ति का विकास होता है। कुछ निबंधात्मक प्रकार (Essay Type) के प्रश्न भी पूछे जा सकते हैं।

(*vi*) निम्नलिखित में से किन्हीं 5 या 6 प्रश्न का उत्तर दीजिए जैसे प्रकार के प्रश्न पूछने से बचना चाहिए। यदि जरूरी है तो प्रश्न के भीतर ही विकल्प देना चाहिए। ऐसा करने से छात्रों में चयनात्मक अध्ययन की प्रवृत्ति का ह्रास होता है और वे समग्र अध्ययन की ओर प्रवृत्त होते हैं।

एक अच्छे प्रश्न-पत्र की विशेषताएं/गुण (Characteristics of Good Question Paper)

(*i*) विश्वसनीयता।

(*ii*) वैधता।

(*iii*) प्रयोज्यता।

(*iv*) परिणामों की व्याख्या।

(*v*) प्रारूप।

अभ्यास प्रश्न

1. करके सीखना अधिक उपयोगी है क्योंकि–
A. यह अधिक रुचिकर है
B. कक्षा का अनुशासन बनता है
C. इससे बच्चे व्यस्त रहते हैं
D. बच्चे क्रियाशील पसन्द करते हैं

2. सीखने के मुख्य नियमों के अतिरिक्त गौण नियम भी हैं जो मुख्य नियमों को विस्तार देते हैं। गौण नियम हैं :
A. प्रयत्न व भूल का नियम
B. बहुप्रतिक्रिया नियम
C. अभ्यास का नियम
D. प्रभाव का नियम

3. निम्न में से जो अधिगम के स्थानान्तरण का सिद्धान्त नहीं है, वह है :
A. समान अंशों का सिद्धान्त
B. असमान अंशों का सिद्धान्त
C. सामान्यीकरण का सिद्धान्त
D. द्विपक्षीय सिद्धान्त

4. सीखना प्रभावित होता है :
A. मन से B. आत्मा से
C. वृद्धि से D. प्रेरणा से

5. अधिगम हेतु अभिप्रेरित करने में शिक्षार्थी की निन्दा की अपेक्षा प्रंशसा करना अधिक प्रभावी होता है क्योंकि निंदा उसे
A. भयभीत कर देती है
B. हतोत्साहित कर देती है
C. अपमानित कर देती है
D. उपरोक्त सभी

6. सीखना समृद्ध हो सकता है यदि–
A. कक्षा में अधिक-से-अधिक शिक्षण-सामग्री का प्रयोग किया जाए
B. शिक्षक विभिन्न प्रकार के व्याख्यान और स्पष्टीकरण का प्रयोग करें
C. कक्षा में आवधिक परीक्षाओं पर अपेक्षित ध्यान दिया जाए
D. वास्तविक दुनिया से उदाहरणों को कक्षा में लाया जाए जिसमें विद्यार्थी एक-दूसरे से अंतःक्रिया करें और शिक्षक उस प्रक्रिया को सुगम बनाए

7. सीखने का वह सिद्धांत जो पूर्ण रूप से और केवल *'अवलोकनीय व्यवहार'* पर आधारित है, सीखने के .... सिद्धांत से सम्बद्ध है।
A. व्यवहारवादी B. रचनावादी
C. संज्ञानवादी D. विकासवादी

8. निम्नलिखित में से किस कथन को 'सीखने' के लक्षण के रूप में ***नहीं*** माना जा सकता?
A. व्यवहार का अध्ययन सीखना है
B. अन-अधिगम (unlearning) भी सीखने का एक हिस्सा है
C. सीखना एक प्रक्रिया है जो व्यवहार में मध्यस्थता करती है
D. सीखना ऐसी चीज है जो कुछ अनुभवों के परिणामस्वरूप घटित होती है

9. निम्नलिखित में से कौन-सा कथन 'सीखने' के बारे में सही है?
A. सीखने के किसी भी चरण पर सीखना संवेगात्मक कारकों से प्रभावित नहीं होता।
B. सीखना मूल रूप से मानसिक क्रिया है।
C. बच्चों द्वारा की गई त्रुटियाँ यह संकेत करती है कि किसी तरह का सीखना नहीं हुआ।
D. सीखना उस वातावरण में प्रभावी होता है जो संवेगात्मक रूप से सकारात्मक हो और शिक्षार्थियों को संतुष्ट करने वाला हो।

10. निम्नलिखित में से कौन-सा रचनात्मक आकलन (Formative Assessment) के लिए उचित उपकरण ***नहीं*** है?
A. सत्र परीक्षा B. प्रश्नोत्तरी और खेल
C. दत्त कार्य D. मौखिक प्रश्न

11. विद्यार्थी के अधिगम का मूल्यांकन प्रमुख रूप से होना चाहिए:
A. सतत एवं व्यापक प्रक्रिया से
B. प्रत्येक सत्र के अन्त में
C. प्रत्येक पाठ के अन्त में
D. वार्षिक प्रक्रिया से

12. निबन्धात्मक प्रश्नों के स्थान पर वस्तुनिष्ठ प्रश्न विद्यालयों में क्यों पूछे जाते हैं?
A. छात्रों को समय का महत्त्व दर्शाने के लिए
B. कम समय में ज्यादा काम करने के लिए
C. ज्यादा प्रश्नों का उत्तर जानने के लिए
D. उत्तर-पुस्तिका हल करने में आसानी होती है

13. कक्षा में छात्र अगर आपके प्रश्न का उत्तर न दे सके तो–
A. शिक्षक को स्वयं उस उत्तर को बताना चाहिए
B. उसी प्रश्न को फिर अलग ढंग से पूछना चाहिए
C. उसी प्रश्न को कक्षा में बार-बार पूछना चाहिए
D. स्वयं उत्तर देकर छात्र से याद करवाना चाहिए

14. प्रयोगात्मक परीक्षाएं आयोजित करने का मुख्य उद्देश्य है–
A. विषय ज्ञान का आकलन करना
B. अवलोकन और यथार्थता की कार्यकुशलता की जाँच करना

C. तथ्यों को दोहराने की क्षमता की जाँच करना
D. फार्मूला और स्लाइड में पहचान करने की योग्यता की जाँच करना

15. सतत् और व्यापक मूल्यांकन के लिए तार्किक आधार है
A. शिक्षकों पर बोझ बढ़ाना
B. मानव व्यक्तित्व की समग्र प्रकृति
C. आकलन के अवसरों की अधिकता
D. सीखने के एक से अधिक पक्षों का आकलन

16. क्रिस्टिना अपनी कक्षा को क्षेत्र-भ्रमण पर ले जाती है और वापस आने पर अपने विद्यार्थियों के साथ भ्रमण पर चर्चा करती है। यह .... की ओर संकेत करता है।
A. आकलन का सीखना
B. सीखने के लिए आकलन
C. सीखने का आकलन
D. आकलन के लिए सीखना

17. सतत् और व्यापक मूल्यांकन की योजना में व्यापक शब्द .... के अलावा निम्नलिखित के द्वारा समर्थित किया जाता है।
A. बहुबुद्धि सिद्धान्त
B. एल एल थर्स्टन का प्राथमिक मानसिक योग्यताओं का सिद्धांत
C. सूचना प्रक्रमण सिद्धान्त
D. जेपी गिलफोर्ड का बुद्धि-संरचना का सिद्धांत

18. जब एक बावर्ची खाना पकाते समय खाने को चखता है, तो वह .... के समान है।
A. सीखने के लिए आकलन
B. सीखने का आकलन
C. आकलन और सीखना
D. सीखने के रूप में आकलन

19. सतत् और व्यापक मूल्यांकन .... पर बल देता है।
A. सीखने को किस प्रकार अवलोकित, रिकॉर्ड और सुधारा जाए इस प्रक्रिया
B. शिक्षण के साथ परीक्षाओं का सामंजस्य
C. सीखने को सुनिश्चित करने के लिए व्यापक स्केल पर निरन्तर परीक्षण
D. बोर्ड परीक्षाओं की अनावश्यकता

20. विद्यार्थियों के पोर्टफोलियो के लिए सामग्री का चयन करते समय .... का .... जरूर होना चाहिए।
A. विद्यार्थियों, बहिष्करण
B. अन्य शिक्षकों, समावेशन
C. विद्यार्थियों, समावेशन
D. अभिभावकों, समावेशन

21. सतत् और व्यापक मूल्यांकन .... होता है।
A. परीक्षा-आधारित B. निष्पादन-आधारित
C. विद्यार्थी-केन्द्रित D. अंक-आधारित

22. सीखने के लिए आकलन निम्नलिखित का ध्यान है सिवाय
A. विद्यार्थियों की त्रुटियाँ
B. विद्यार्थियों की आवश्यकताएँ
C. विद्यार्थियों की क्षमताएँ
D. विद्यार्थियों की अधिगम-शैलियाँ

23. एक शिक्षक प्रश्न-पत्र बनाने के बाद यह जाँच करता है कि क्या प्रश्न परीक्षण के विशिष्ट उद्देश्यों की परीक्षा ले रहे हैं। वह मुख्य रूप से प्रश्न-पत्र की/के .... बारे में चिन्तित है।
A. सम्पूर्ण विषय-वस्तु को शामिल करने
B. वैधता
C. विश्वसनीयता
D. प्रकार

24. सृजनात्मक उत्तरों के लिए आवश्यक है
A. प्रत्यक्ष शिक्षण एवं प्रत्यक्ष प्रश्न
B. विषय-वस्तु पर आधारित प्रश्न
C. एक अत्यन्त अनुशासित कक्षा
D. मुक्त-उत्तर वाले प्रश्न

25. मूल्यांकन का मुख्य उद्देश्य होना चाहिए
A. यह निर्णय लेना कि क्या विद्यार्थी को अगली कक्षा में प्रोन्नत किया जाना चाहिए
B. शिक्षार्थियों की त्रुटियाँ निकालना
C. शिक्षार्थियों की उपलब्धि को मापना
D. सीखने में होने वाली कमियों का निदान और उपचार करना

26. जब बच्चा फेल होता है, तो इसका तात्पर्य है कि
A. व्यवस्था फेल हुई है
B. बच्चे को प्राइवेट ट्यूशन लेनी चाहिए थी
C. बच्चे ने उत्तरों को सही तरीके से याद नहीं किया है
D. बच्चा पढ़ाई के लिए योग्य नहीं है

27. बच्चे के मूल्यांकन के लिए प्रश्न एक अच्छा तरीका है, किन्तु प्रश्न पूछते समय इस बात का ध्यान रखा जाना आवश्यक है कि इसमें एक अच्छे प्रश्न की अधिक विशेषताएँ अवश्य हों। एक अच्छे प्रश्न की विशेषता है–
A. प्रश्न में उत्तर की सीमा और क्षेत्र का उल्लेख किया जाना चाहिए
B. यह उद्देश्य पर आधारित होना चाहिए
C. प्रश्न परीक्षण किए जाने वाले विषय क्षेत्र से सम्बन्धित होना चाहिए
D. ये सभी

28. निम्नलिखित में से कौन-सा रचनात्मक आकलन के लिए उचित उपकरण नहीं है?
A. प्रश्नोत्तरी और खेल B. दत्त कार्य
C. मौखिक प्रश्न D. सत्र परीक्षा

29. शिक्षार्थियों को .... के लिए प्रोत्साहित नहीं करना चाहिए

A. कक्षा के अन्दर और बाहर अधिक-से-अधिक प्रश्न पूछने

B. शिक्षक जो पूछ सकते हैं उन सभी प्रश्नों के उत्तर याद करने

C. अधिक-से-अधिक पाठ्य-सहगामी क्रियाओं में हिस्सा लेने

D. समूह कार्य में दूसरे शिक्षार्थियों के साथ सक्रिय रूप से अन्तःक्रिया करने

30. विद्यार्थियों का सही मूल्यांकन करने वाले अच्छे प्रश्न-पत्र में निम्नलिखित में से कौन-सी विशेषता होनी चाहिए?

(*i*) वस्तुनिष्ठता (*ii*) व्यापकता

(*iii*) वैधता (*iv*) विश्वसनीयता

A. (*i*) एवं (*iii*) B. (*ii*) एवं (*iv*)

C. (*i*) एवं (*iv*) D. ये सभी

31. .... के अतिरिक्त निम्नलिखित सभी सीखने के रूप में आकलन को बढ़ावा देते हैं।

A. अवसर लेने हेतु शिक्षार्थियों के लिए सुरक्षित वातावरण का निर्माण करना

B. जितनी सम्भावना हो शिक्षार्थियों का लगातार परीक्षण लेना

C. शिक्षार्थियों को आन्तरिक पृष्ठपोषण लेने के लिए कहना

D. पढ़ाए गए विषय पर मनन करने के लिए शिक्षार्थियों को कहना

32. .... के अलावा निम्नलिखित घटना रिकॉर्ड की विशेषताएँ हैं।

A. यह बच्चे के व्यक्तिगत विकास अथवा सामाजिक अन्तःक्रियाओं को वर्णित करता है

B. यह घटनाओं का सही वर्णन है

C. यह व्यवहार का व्यक्तिनिष्ठ साक्ष्य है और इसलिए वह शैक्षणिक क्षेत्र के लिए प्रतिपुष्टि उपलब्ध नहीं कराता

D. यह पर्याप्त विस्तार से पूर्ण तथ्यात्मक प्रतिवेदन है

33. विद्यालय-आधारित आकलन मुख्य रूप से किस सिद्धांत पर आधारित होता है?

A. विद्यालय, बाह्य परीक्षा निकायों की अपेक्षा ज्यादा सक्षम है

B. किसी भी कीमत पर विद्यार्थियों को अच्छे ग्रेड मिलने चाहिए

C. बाह्य परीक्षकों की अपेक्षा शिक्षक अपने विद्यार्थियों की क्षमताओं को बेहतर जानते हैं

D. आकलन बहुत किफायती होना चाहिए

34. सीखने .... आकलन, आकलन और अनुदेश के बीच .... के दृढ़ीकरण द्वारा सीखने को प्रभावित करता है।

A. का, अन्तर B. का, भिन्नता

C. के लिए, सम्बन्धों D. के लिए, अन्तर

35. निम्नलिखित में कौन-सा वस्तुनिष्ठ प्रश्न है?

A. सत्य या असत्य B. निबन्धात्मक

C. अति लघु उत्तरीय D. लघु उत्तरीय

उत्तरमाला

1	2	3	4	5	6	7	8	9	10
D	B	B	D	D	D	A	A	D	A
11	**12**	**13**	**14**	**15**	**16**	**17**	**18**	**19**	**20**
D	C	D	B	D	B	D	A	A	C
21	**22**	**23**	**24**	**25**	**26**	**27**	**28**	**29**	**30**
C	B	A	D	C	A	D	D	B	D
31	**32**	**33**	**34**	**35**					
B	C	C	C	A					

9. समावेशी शिक्षा और विशेष समझ वाले बच्चों की आवश्यकताओं की अवधारणा (Concept of Inclusive Education and Understanding Children with Special Need)

समावेशी शिक्षा का अर्थ (Meaning of Inclusive Education)

असमर्थ बालकों को सामान्य बालकों के साथ-साथ विशेष सेवाएँ प्रदान करना समावेशी शिक्षा कहलाती है। समावेशी शिक्षा उस विद्यालयी शिक्षा व्यवस्था की ओर संकेत करती है, जो उनकी शारीरिक, बौद्धिक, सामाजिक या अन्य विभिन्न योग्यता स्थितियों को ध्यान में रखे बगैर सभी बच्चों को शामिल करती है। इस शिक्षा के अन्तर्गत सभी विशेष शैक्षिक आवश्यकता वाले विद्यार्थियों को विद्यालय में प्रवेश को रोकने की कोई प्रक्रिया नहीं होनी चाहिए। समावेशन की नीति को हर स्कूल और सारी शिक्षा व्यवस्था में व्यापक रूप से लागू किए जाने की आवश्यकता है। निर्धन, वंचित, अनुसूचित जाति एवं जनजाति तथा असंगठित घर से आने वाला बच्चा स्वतन्त्र अध्ययन में सबसे अधिक कठिनाई का अनुभव करता है। इसलिए इनके सफल समावेशन के लिए इस प्रकार के विशेष रूप से जरूरतमंद बच्चों की शिक्षा का प्रबन्ध दूसरे सामान्य बच्चों के साथ होना चाहिए।

अनुसूचित जाति वर्ग से संबद्ध छात्र (SC Classes Students)

भारत की सामाजिक संरचना में अनुसूचित जातियां समाज के सबसे निचले पायदान पर हैं। इन्हें परंपरागत रूप से निम्न कोटि का समझा जाता है। यह वर्ग सामाजिक एवं शैक्षिक रूप से बेहद पिछड़ा हुआ है। भारतीय संविधान में इस वर्ग के जातियों के विकास के उद्देश्य से "राज्य स्तरीय नीतियों में दिशा-निर्देशन के सिद्धांत" द्वारा सकारात्मक कार्यक्रमों के योजना तत्त्वों को प्रस्तुत किया गया है। अनुसूचित जाति, उन जातियों को कहा जाता है जिन्हें परम्परागत रूप से भारत में अछूत समझा जाता है। इस जाति के लोग निम्नस्तरीय समझे जाने वाले कार्यों, यथा– सफाई करना, झाड़ू लगाना, मृत पशुओं को उठाना, मैला साफ करना, जूता बनाने आदि का कार्य करते हैं। ये जातियां गांवों के एक किनारे निवास करती हैं। भारतीय धार्मिक ग्रंथों में इन्हें अंत्यज़, पेरियार अछूत कहा गया है।

इस जाति के लोग ऐसे पेशे से संबद्ध हैं जिन्हें ऊपर की जाति के लोग घृणित समझते हैं। इन्हें कुछ दशक पहले तक सार्वजनिक जन-सुविधाओं, यथा- तालाब, कुंआ तथा मंदिर तक जाने की अनुमति नहीं थी। यद्यपि इस स्थिति में अब काफी परिवर्तन आ चुका है। फिर भी इनकी शैक्षिक स्थिति में बहुत अधिक सुधार नहीं आ पाया है। ये आज भी सामाजिक गतिशीलता से वंचित हैं। आज भी अनुसूचित जाति के लोग परंपरागत कार्यों को छोड़कर अन्य कुशल कार्य शुरू करने अथवा अपनाने में समर्थ नहीं हो पाए हैं। फलतः यह समुदाय आज भी जीवन के लगभग प्रत्येक क्षेत्र में पिछड़ा हुआ है।

भारत में 'शिक्षा' राज्य के अनेक दायित्वों में से एक है। अनुसूचित जाति के लोगों को सामाजिक गतिशीलता प्रदान करने के लिए, राज्य स्तर पर अनेक कल्याणकारी और विकासशील योजनाओं का निर्माण किया गया है। कुछ प्रमुख योजनाएं इस प्रकार हैं–

1. **विद्यार्थियों के लिए मैट्रिक के बाद छात्रवृत्ति :** इस योजना का उद्देश्य अनुसूचित जाति वर्ग के उन विद्यार्थियों को आर्थिक सहायता प्रदान करना है जो मैट्रिक के बाद या सेकेंडरी के बाद की शिक्षा के लिए अध्ययनरत हैं ताकि वह अपनी शिक्षा पूरी कर सकें। इस वित्तीय सहायता के अंतर्गत् विभिन्न श्रेणियों के पाठ्यक्रमों के लिए रखरखाव भत्ता, संस्थानों द्वारा वसूल की गई अनिवार्य अप्रति देय शुल्क का भुगतान, किताब बैंक और अन्य भत्ते शामिल हैं। यह छात्रवृत्ति केवल भारत में अध्ययन के लिए ही उपलब्ध है तथा यह आवेदकों से संबद्ध राज्यों एवं केंद्रशासित प्रदेशों के सरकारों की ओर से दी जाती है।
2. **विद्यार्थियों की योग्यता बढ़ाना :** इस कार्यक्रम का उद्देश्य आवासीय विद्यालयों में शिक्षा के माध्यम से चहुंमुखी विकास के लिए सुविधाएं उपलब्ध कराकर अनुसूचित जातियों के विद्यार्थियों की योग्यता बढ़ाना है। इसके तहत 9वीं से 12वीं कक्षाओं तक पढ़ रहे अनुसूचित जाति के विद्यार्थियों की योग्यता बढ़ाना है। इसके लिए निम्नलिखित उपायों को अमल में लाना प्रस्तावित है– (*i*) उनकी शैक्षणिक कमियों को दूर करना, (*ii*) उनकी योग्यता बढ़ाकर व्यावसायिक कोर्सों में प्रवेश करने हेतु प्रोत्साहन, (*iii*) उनमें आत्मबल एवं आत्म-निर्भरता का निर्माण करना।
3. **लक्षित समूह :** इस समूह के अंतर्गत् 9वीं कक्षा से 12वीं कक्षा में अध्ययन करने वाले अनुसूचित जातियों के विद्यार्थी आते हैं। 15,000 रुपए की आर्थिक सहायता प्रतिवर्ष प्रति विद्यार्थी को उपलब्ध करवाने के मद्देनजर राज्यों और केंद्रशासित प्रदेशों से शत-प्रतिशत

सहायता पैकेज के तौर पर मुहैया करवाई जाती है। अनुसूचित जाति के विकलांग विद्यार्थियों को कई विशेष भत्ते दिए जाते हैं, जैसे पाठक भत्ता, परिवहन भत्ता, मार्गरक्षण भत्ता इत्यादि।

4. **निःशुल्क कोचिंग व्यवस्था :** इस योजना का उद्देश्य विभिन्न प्रतियोगी परीक्षाओं में बैठने के इच्छुक अनुसूचित जाति वर्ग के छात्रों को परीक्षाओं के लिए तैयार करना है। इस निःशुल्क कोचिंग में संघ लोक सेवा आयोग की ग्रुप ए और ग्रुप बी की परीक्षाएं, कर्मचारी चयन आयोग, रेलवे भर्ती बोर्डों, राज्य लोक सेवा आयोग, बैंकों की अफसर ग्रेड परीक्षाओं, बीमा कंपनियां, पीएसयू (PSU) और निजी क्षेत्र में रोजगार हेतु नौकरी केंद्रित कोर्सों के लिए प्रशिक्षण दिए जाते हैं ताकि विद्यार्थी इन परीक्षाओं में सफलता के लिए दक्षता प्राप्त कर सकें।

   यह कार्यक्रम राज्य सरकारों/केंद्रशासित प्रदेशों के प्रशासकों द्वारा संचालित प्रसिद्ध कोचिंग संस्थानों और निजी क्षेत्र की संस्थानों द्वारा चलाया जाता है।

5. **बाबू जगजीवन राम छात्रावास योजना :** इस योजना का उद्देश्य अनुसूचित जाति के बालक और बालिकाओं को छात्रावास की सुविधा मुहैया कराना है जो माध्यमिक, उच्चतर माध्यमिक स्कूलों, कॉलेजों और विश्वविद्यालयों में पढ़ रहे हैं। इस योजना के तहत नए छात्रावासों के निर्माण तथा वर्तमान छात्रावासों के विस्तार के लिए राज्य विश्वविद्यालयों/संस्थानों को पात्रता के आधार पर केंद्रीय सहायता दी जाती है जबकि गैर-सरकारी संगठन (NGO) और निजी क्षेत्र के डीम्ड विश्वविद्यालयों की केवल मौजूदा छात्रावास सुविधाओं के विस्तार के लिए सहायता मिल सकती है।

अनुसूचित जनजाति वर्ग से संबद्ध छात्र (ST Classes Students)

भारत में अनुसूचित जनजाति उन लोगों को कहा जाता है, जो प्रायः छोटे और बिखरे हुए गांवों, ठाणियों एवं जंगलों में निवास करते हैं। इस वर्ग के लोग प्रायः सामान्य पहुँच से दूर रहते हैं जिससे इन्हें प्रतिदिन की सुविधाएं, यथा– भोजन, वस्त्र, आश्रय एवं शिक्षा आदि मुहैया होने में कठिनाई होती है।

इस वर्ग के छात्रों को पढ़ाते समय शिक्षक को कुछ विभिन्न तथ्यों यथा– उनकी भाषा और समझ एवं मानसिक स्तर का विशेष ध्यान रखना चाहिए। इस वर्ग के छात्रों के शिक्षा के खराब स्तर का कारण सामाजिक एवं आर्थिक हैं। ये कारण निम्न प्रकार से हैं–

(*i*) विद्यालय में इस वर्ग के छात्रों की कम संख्या होना।

(*ii*) इस वर्ग की शिक्षा का प्रचार-प्रसार न होना।

(*iii*) इनके शिक्षण के प्रति शिक्षकों का उदासीन रवैया।

(*iv*) इस वर्ग में व्याप्त घोर गरीबी।

(*v*) पाठ्यपुस्तकों में इस वर्ग की स्थानीय बातों एवं उदाहरणों का समावेश का न होना।

(*v*) इस वर्ग का बौद्धिक रूप से पिछड़ा होना।

इस वर्ग के शैक्षिक उत्थान के लिए सरकार द्वारा निम्न कार्यक्रम चलाए जा रहे हैं :

1. **बालक-बालिकाओं के लिए छात्रावासों की योजना :** इस योजना के तहत केंद्र सरकार इस वर्ग के लिए नए छात्रावासों के निर्माण और वर्तमान छात्रावासों के विस्तार हेतु सहायता देती है। इस योजना के तहत बालकों के छात्रावास निर्माण खर्च का वहन केंद्र एवं राज्य सरकारें 50 : 50 के अनुपात में करती हैं। जबकि बालिकाओं के छात्रावास निर्माण के लिए राज्य/केंद्रशासित प्रदेशों में संपूर्ण लागत केंद्र सरकार द्वारा वहन किया जाता है। केंद्रशासित प्रदेश एवं नक्सल प्रभावित क्षेत्रों में छात्रावास निर्माण का पूरा खर्च केंद्र सरकार बहन करती है। छात्रावास के निर्माण का उत्तरदायित्व संबद्ध राज्य/केंद्रशासित प्रदेश की है। इस प्रकार के छात्रावासों में सीटों की संख्या 100 होती हैं।

2. **आश्रम विद्यालयों की स्थापना :** इस प्रकार के विद्यालयों की स्थापना जनजातीय उपयोजना (TSP) वाले क्षेत्रों में की गई है। आश्रम विद्यालय योजना का उद्देश्य अनुसूचित जनजाति के विद्यार्थियों के लिए उनके परिचित वातावरण में आवासीय विद्यालयों की स्थापना करना है ताकि जनजातीय विद्यार्थियों में साक्षरता दर बढ़ाई जा सके और उनकी साक्षरता दर देश के अन्य लोगों की साक्षरता दर के बराबर लाई जा सके। इस योजना के तहत खर्च होने वाली धनराशि में राज्य एवं केंद्र दोनों की आधी-आधी (50 : 50) भागीदारी होती है जबकि केंद्रशासित प्रदेश में पूरा खर्च केंद्र वहन करता है।

3. **विद्यार्थियों की मेरिट का उन्नयन :** इस योजना का उद्देश्य 10वीं कक्षा और 12वीं कक्षा के अनुसूचित जनजाति के विद्यार्थियों को विशेष कोचिंग उपलब्ध कराना है जिससे वे इंजीनियरिंग और मेडिकल जैसे व्यावसायिक पाठ्यक्रमों में प्रवेश के लिए तैयारी कर सकें। राज्य/केंद्रशासित प्रदेशों में यह योजना शत-प्रतिशत केंद्रीय सहायता से मुहैया कराई जा रही है।

4. **विद्यार्थियों के लिए मैट्रिक पश्चात छात्रवृत्ति :** इस योजना का उद्देश्य अनुसूचित जनजाति के छात्रों को पंजीकृत पाठ्यक्रमों में मैट्रिक के बाद अध्ययन के लिए प्रोत्साहन देना है। इस योजना में पेशेवर, तकनीकी, गैर-पेशेवर तथा गैर-तकनीकी सभी स्तर के पाठ्यक्रमों को सम्मिलित किया गया है। इसमें दूरस्थ शिक्षा के लिए पत्राचार पाठ्यक्रम को भी सम्मिलित किया गया है। केंद्र की शत-प्रतिशत सहायता से इसका संचालन राज्यों/केंद्रशासित प्रदेशों द्वारा किया जाता है।

5. **व्यावसायिक प्रशिक्षण** : इस योजना का उद्देश्य जनजातीय युवाओं में रोजगार/स्वरोजगार के अवसर प्राप्त करने के लिए कौशल विकसित करना है। इस योजना को राज्य सरकारों, केंद्रशासित प्रदेशों के प्रशासन, संस्थाओं या संगठनों के जरिए सरकार द्वारा स्थापित स्वायत्तशासी निकाय, शैक्षिक और अन्य संस्थान जैसे स्थानीय निकाय, सहकारी समितियों और गैर-सरकारी संगठनों (NGO) द्वारा लागू किया जाता है। प्रत्येक व्यावसायिक प्रशिक्षण केंद्र की क्षमता 100 है जिसमें 50 लोगों के लिए छात्रावास की सुविधा भी शामिल है। क्षेत्र में उपलब्ध रोजगार केंद्र पांच व्यावसायिक प्रशिक्षण पाठ्यक्रम चलाता है। प्रत्येक जनजातीय बालक/बालिका को उनकी रुचि के दो कार्यों का प्रशिक्षण दिया जाता है। प्रत्येक पाठ्यक्रम की अवधि तीन महीने है। प्रशिक्षु को छह माह बाद उपनगरीय क्षेत्र के एक प्रशिक्षक शिल्पी से छह माह के लिए संबद्ध कर दिया जाता है ताकि वह प्राप्त प्रशिक्षण का व्यावहारिक प्रयोग कर सके। प्रत्येक पाठ्यक्रम के लिए यह अवधि तीन महीने की है। इसमें प्रशिक्षु को मासिक स्टाइपेंड और प्रशिक्षण सामग्री उपलब्ध कराई जाती है।

विशेष आवश्यकताओं वाले छात्र (Children with Special Need)

विशेष या असाधारण छात्रों से संबंधित शिक्षा को विशिष्ट शिक्षा भी कहा जाता है। शिक्षा के क्षेत्र में हम अनेक छात्रों अथवा बालकों को सामान्य बालकों से उच्च तथा अनेक को निम्न स्तर का पाते हैं। ऐसे दोनों प्रकार के बालक असाधारण या विशेष बालक कहे जाते हैं। शैक्षिक दृष्टि से बालक जिनके लिए सामान्य विद्यालयों की सुविधाएं पर्याप्त हो, सामान्य बालक समझे जाते हैं। बालकों अथवा छात्रों में वैयक्तिक भिन्नताएं होती हैं। जब ये वैयक्तिक भिन्नताएं इतनी गंभीर हो जाती हैं कि वे विद्यालय के सामान्य कक्षागत शिक्षण से लाभान्वित नहीं हो पाते और उनके लिए किसी विशिष्ट शिक्षा की आवश्यकता प्रतीत हो तो ऐसे छात्र या विद्यार्थी विशेष आवश्यकताओं वाले छात्र कहलाते हैं। ऐसे छात्रों को एक सामूहिक संज्ञा, शब्दों अथवा उप-वाक्य द्वारा संबोधित किया जा सकता है; जैसे–प्रतिभाशाली, विकलांग, मंदगति से सीखने वाला, बुद्धिमान आदि।

समायोजन (Adjustment)

मनुष्य जिस परिवेश में रह रहा है उसको उस परिवेश के अनुसार खुद को ढालना या अनुकूलित करना होता है। अतः किसी प्रतिकूल मनोभौतिक परिस्थितियों में स्वयं को अनुकूलित करना ही समायोजन (Adjustment) कहलाता है। यह समायोजन घर में माता-पिता तथा परिवार के अन्य सदस्यों के साथ समाज में मित्रों, सगे-संबंधियों आदि के साथ जरूरी है तो पाठशाला में शिक्षकों के साथ।

उपर्युक्त वर्णन के अनुसार समायोजन को इस तरह परिभाषित किया जा सकता है– "समायोजन एक अनवरत प्रक्रिया है जिसके द्वारा व्यक्ति स्वयं तथा अपने वातावरण के बीच अधिकाधिक सामंजस्य स्थापित करने की दृष्टि से अपने व्यवहार को परिवर्तित करता है।

समायोजन के विभिन्न रूप (Various Forms of Adjustment)

समायोजन के मुख्यतः तीन रूप होते हैं–

1. शिक्षक एवं शिक्षार्थियों के बीच।
2. शिक्षार्थियों एवं शिक्षार्थियों के बीच।
3. शिक्षार्थियों एवं शिक्षकों का वातावरण के साथ।

प्रतिभावान बालक अथवा छात्र (Talented Child Or Student)

प्रतिभावान/प्रतिभाशाली बालकों को विभिन्न मनोवैज्ञानिकों ने भिन्न-भिन्न दृष्टिकोण (Approach) से परिभाषित किया है। विभिन्न उपागमों/दृष्टिकोणों पर आधारित कुछ परिभाषाएं निम्नवत् हैं–

(*i*) **बुद्धि-लब्धि (I.Q.) उपागम**– इस उपागम के तहत प्रतिभाशाली बालक को बुद्धि-लब्धि की एक निश्चित क्षमता के अंतर्गत् माना जाता है। टरमैन ने प्रतिभाशाली बालकों के अध्ययन द्वारा निष्कर्ष निकाला कि ऐसे बालकों की बुद्धि-लब्धि 140 या इससे ऊपर होती है। अन्य मनोवैज्ञानिक 120 से 140 व उच्च बुद्धि-लब्धि वालों को ऐसा बालक होना मानते हैं।

(*ii*) **सामाजिक संभाव्यता उपागम**– इस उपागम के तहत प्रतिभावान शब्द उस बालक के लिए प्रयुक्त होता है जो अपनी आयु वर्ग में किसी एक योग्यता में श्रेष्ठ हो, जिससे वह हमारे समाज में जीवन के कल्याण व गुणवत्ता में उत्कृष्ठ योगदान करने वाला बन सके।

(*iii*) **सांख्यिकीय उपागम**– इस उपागम के अनुसार किसी बुद्धि परीक्षण में प्राप्त अंकों के आधार पर उच्चतम (Top most) 2 से 3 प्रतिशत बालकों को प्रतिभाशाली माना जाता है।

विशेषताएं (Characteristics)

डॉ. एस. एस. चौहान ने टरमैन (Terman) द्वारा किए गए अनुसंधान के आधार पर प्रतिभाशाली बालकों की विशेषताएं बताई है जो निम्नवत् हैं–

(*i*) **शारीरिक**– ऐसे बालक अपने वर्ग या समूह में औसत बुद्धि-लब्धि (I.Q.) वाले बालकों की अपेक्षा अच्छी शारीरिक विशेषता रखते हैं व उनका स्वास्थ्य अच्छा होता है।

(*ii*) **मानसिक**– प्रतिभाशाली बालक पठन, भाषा, गणितीय तर्क, विज्ञान, साहित्य व कला में उत्कृष्टता प्रदर्शित करते हैं। उनमें तर्क सामान्यीकरण व बोध की क्षमता अधिक होती है।

(*iii*) **अभिरुचियां**– ऐसे बालकों की विविध अभिरुचियां होती है। वे अच्छी पुस्तकों का अधिक मात्रा में सरलता से अध्ययन करना सीख लेते हैं तथा अमूर्त विषयों में रुचि लेते हैं।

(*iv*) **सामाजिक**– ऐसे बालकों में अहंकार की भावना कम होती है। साथ ही वे विश्वसनीय व कर्त्तव्यनिष्ठ अधिक होते हैं। उनमें सामाजिक अभिवृत्तियां व चारित्रिक गुण व्यापक होता है। वे संवेगात्मक परीक्षणों में अधिक अंक प्राप्त करते हैं।

(*v*) **अन्य विशेषताएं**– प्रतिभावान बालक सामान्य बालकों की तुलना में अच्छा प्रदर्शन करते हैं। शोध अध्ययनों से इस बात की पुष्टि निम्न रूप में हुई है–

(*a*) उच्च श्रेणी प्राप्त करना।
(*b*) अधिक सकारात्मक अभिवृत्तियां रखना।
(*c*) अधिकाधिक पाठ्यक्रम एवं सहभागी क्रियाकलापों में भाग लेना।
(*d*) अमूर्त विचारों में अधिक रुचि लेना।
(*e*) खेल-कूदों में उत्कृष्टता दिखाना।
(*f*) सुसमायोजित होना।
(*g*) अपने साथी मित्रों से अच्छे संबंध होना।
(*h*) अधिक आत्मविश्वासी होना।
(*i*) अधिक अंहशक्ति (Ego-Strength)।
(*j*) अधिक पठन योग्यता।
(*k*) अधिक वैयक्तिक स्वतंत्रता की भावना।
(*l*) बाह्य पर्यावरण के प्रति परिपक्व अनुक्रिया करना

किसी विशेष शैक्षिक क्षेत्र में उच्च स्तरीय योग्यता वाले बालक (Skilled Student in Special Field of Education)

कुछ बालक जो बौद्धिक व शैक्षिक रूप से तो सामान्य बालकों के समान होते हैं किंतु वे अन्य किसी विशिष्ट क्षेत्र में, यथा–कला, संगीत, यांत्रिकी आदि में विशिष्ट योग्यता रखते हैं। ऐसे प्रतिभासंपन्न बालकों की पहचान अभिभावक, शिक्षक, खेल-अनुदेशक, निर्देशन विशेषज्ञ आदि निम्न विधियों से कर सकते हैं–

(*i*) विद्यालय प्रगति अभिलेख
(*ii*) शिक्षकों के अभिमत
(*iii*) कक्षागत व्यवहार का अवलोकन
(*iv*) शिक्षकों द्वारा मूल्यांकन
(*v*) बुद्धि परीक्षण
(*vi*) पुस्तकालयाध्यक्ष का अभिमत
(*vii*) साक्षात्कार
(*viii*) अभिरुचि/अभिक्षमता परीक्षण

शैक्षिक कार्यक्रम (Educational Programme)

प्रतिभावान बालकों के लिए निम्न शैक्षिक कार्यक्रम अपनाया जाना चाहिए–

(*i*) **गतिवर्द्धन**– गतिवर्द्धन का अर्थ शैक्षिक कार्यक्रमों के द्वारा बालकों को दी जाने वाली ऐसी प्रगति से है जो उसे औसत से कम आयु में प्राप्त होती है। समान आयु के बालकों के साथ कक्षा में बैठाए जाने पर यह प्रतिभाशाली बालक शिक्षक द्वारा दिए गए कार्य को आसानी व शीघ्रता से पूरा कर लेते हैं। अतः इनके स्तर का कार्य देने के लिए आवश्यक हो जाता है कि उन्हें उस कक्षा में रखा जाए जिसका कार्य वह औसत प्रतिभा वाले बालकों के समान ही पूरा कर सकें। गतिवर्द्धन का औचित्य इस बात से भी प्रकट होता है कि प्रतिभाशाली बालकों को उनकी योग्यता को अधिकतम विकास तथा चुनौतीपूर्ण कार्य करने का अवसर मिलता है। साथ ही अभिभावकों के समय, शक्ति व धन की बचत होती है। इस तरह गतिवर्द्धन द्वारा विद्यार्थियों को निम्न क्षेत्र में लाभ पहुंचाया जा सकता है–

(*a*) निर्धारित आयु से पूर्व विद्यालय में प्रवेश।
(*b*) उसकी बौद्धिक व शैक्षिक योग्यताओं के आधार पर एक ही वर्ष में दो या दो से अधिक कक्षाओं के पाठ्यक्रम का अध्ययन।
(*c*) सामान्य से कम समय एवं आयु में किसी पाठ्यक्रम को उत्तीर्ण कर सकने की अनुमति।

(*ii*) **संवर्धित पाठ्यक्रम**–कोलेनिक्स के शब्दों में–"संवर्धन का तात्पर्य बालक को अधिक उच्च स्तर के अत्यंत विविधतापूर्ण अनुभव तथा कार्यों को करने का अवसर दिया जाए।" प्रतिभाशाली बालकों को पाठ्यक्रम में आवश्यक परिवर्तन कर उच्च कठिनाई के कार्य नियोजित किए जाएं। संवर्धन दो प्रकार से किया जा सकता है–(*a*) व्यक्तिगत तथा (*b*) समूहोन्मुख।

(*iii*) **विशेष कक्षाएं तथा विद्यालय**– प्रतिभाशाली बालकों को शिक्षण से लाभान्वित करने के लिए उन्हें विशेष कक्षाओं तथा विद्यालयों में पृथक से शिक्षा देना वांछनीय है। इसके लिए विस्तृत पाठ्यक्रम, अतिरिक्त क्रियाकलाप, प्रायोगिक कार्य आदि की व्यवस्था की जाती है।

(*iv*) **अन्य कार्यक्रम**– उपरोक्त सहायता के अतिरिक्त भारतीय परिस्थितियों के अनुकूल प्रतिभाशाली बालकों को निम्न प्रकार की सहायता भी दी जा सकती है–

(*a*) प्रभावी निर्देशन कार्यक्रम।
(*b*) विद्यालय कार्यक्रमों को वैयक्तिक व नमनीय बनाना।
(*c*) योग्यता के आधार पर वर्गीकरण।
(*d*) अतिरिक्त पाठ्यक्रम को बनाकर।
(*e*) विशिष्ट विषयों के विशेष पाठ्यक्रम बनाकर।
(*f*) प्रतिभाशाली बालकों हेतु ग्रीष्मावकाश काल में विद्यालय चलाकर।
(*g*) वैकल्पिक विषयों में नमनीयता लाकर।
(*h*) ऐसे छात्रों हेतु विशिष्ट अतिरिक्त कक्षाएं आयोजित कर।

सृजनात्मक बालक अथवा छात्र (Creative Child or Student)

सृजनात्मकता की संकल्पना एवं अर्थ को विभिन्न विद्वानों ने भिन्न-भिन्न प्रकार से परिभाषित किया है। कुछ प्रमुख विद्वानों की परिभाषाएं निम्नवत् हैं–

स्टेन (Sten)– जब किसी कार्य का परिणाम उत्तम हो जो किसी निश्चित समय पर उचित या उपयोगी या संतोषप्रद स्वीकार किया जाए, वह सृजनात्मक कार्य कहलाता है।

बैरन (Baron)– पूर्व में विद्यमान पदार्थों या तत्त्वों को मिलाकर नया योग बनाने की क्षमता ही सृजनशीलता है।

जेम्स ड्रेवर (James Drever)– सृजनशीलता मूलतः नई वस्तु की रचना की योग्यता है, कल्पना के प्रयोग की योग्यता है जबकि विचारों व बिम्बो के नूतन मिश्रण से कोई रचना आत्मप्रेरित करनी हो तथा विचार संश्लेषण की योग्यता भी है जबकि मानसिक कार्य केवल विचारों का योगमात्र न हो।

गिलफोर्ड (J.P Guilford)– सृजनात्मकता, कभी सृजन की योग्यता की, कभी सृजनात्मक उत्पादन की और कभी सृजनात्मक उत्पादनशीलता का द्योतक है।

विशेषताएं (Characteristics)

विभिन्न विद्वानों ने सृजनात्मक बालकों की अलग-अलग विशेषताएं बताई हैं। इनमें से कुछ चुने हुए विद्वानों द्वारा दी गई विशेषताएं निम्नवत् हैं–

बैरन (Baron) के अनुसार ये विशेषताएं निम्न हैं–

(*i*) सृजनात्मक बालक किसी समस्या का निर्णय स्वयं एवं स्वतंत्र रूप से करता है।
(*ii*) एक ही समय अनेक विचारों पर केंद्रित रखने की योग्यता
(*iii*) जटिल घटनाओं को प्राथमिकता।
(*iv*) ऐसे बालक स्वयं की बात पर आग्रह अधिक करते हैं
(*v*) विभिन्न तत्त्वों के एकीकरण की योग्यता द्वारा उसमें समायोजन करने की क्षमता होती है।
(*vi*) ऐसे बालकों में उच्च मानसिक शक्ति स्तर पाया जाता है।
(*vii*) ये अवरोधों का अभाव तथा कल्पना की स्वतंत्रता प्रदर्शित करते हैं।

टोरेंस (Torrance) ने बैरन के (*ii*) एवं (*iv*) के अतिरिक्त अन्य विशेषताएं बताई हैं–

(*i*) मौलिकता
(*ii*) विनोद प्रियता
(*iii*) जिज्ञासा
(*iv*) संवेदनशीलता

गिलफोर्ड (Guilford) ने निम्न विशेषताएं बताई हैं–

(*i*) दूरदर्शिता
(*ii*) समस्या से संबद्ध तथ्यों को पुनः परिभाषित करने की योग्यता
(*iii*) दूसरों को प्रभावित करने की योग्यता
(*iv*) समन्वय करने की क्षमता

डॉ. एस. एस. चौहान ने निम्न विशेषताएं बताई हैं–

(*i*) दृढ़ विश्वास का साहस
(*ii*) अंतर्दृष्टिवान
(*iii*) काल्पनिक
(*iv*) खतरा उठाने को उत्सुक
(*v*) कार्य में निष्ठा

शैक्षिक कार्यक्रम (Educational Programme)

सृजनात्मक बालकों के लिए निम्न शैक्षिक कार्यक्रम अपनाया जाना चाहिए–

(*i*) **कक्षा-कक्ष प्रक्रिया**– बालकों में सृजनात्मक चिंतन का विकास करने हेतु और सृजनात्मक बालकों के शिक्षण हेतु कक्षा-कक्ष प्रक्रिया की ओर विशेष ध्यान देना चाहिए। शिक्षक विश्वकोश (Educator's Encyclopaedia) में स्मिथ ने निम्न कक्षा-कक्ष क्रियाओं पर जोर दिया है–

(*a*) अध्यापक का कम प्रभाव,
(*b*) व्यक्ति भिन्नता को पहचानना,
(*c*) बालकों को अपनी सीमाओं के अंतर्गत् अपनी गति के अनुसार विकास करने देना,
(*d*) विद्यार्थियों की सहभागिता को प्रोत्साहन देना,
(*e*) असफलता के लिए दण्ड का भय दूर करना।

(*ii*) **पाठ्यक्रम**– बालकों में सृजनात्मकता को प्रोत्साहित करने हेतु पाठ्यक्रम को विशिष्ट बनाना जरूरी है। आजकल प्रचलित पाठ्यक्रम सामान्य बालकों को ध्यान में रखकर बनाया जाता है। सृजनात्मकता को ध्यान में रखकर उक्त पाठ्यक्रम में परिवर्तन करना चाहिए। पाठ्यक्रम ऐसा होना चाहिए जिससे मौलिक विचारों, धारा प्रवाहिता, लोच और अत्यधिक स्पष्टीकरण को बढ़ावा मिले। अधिक-से-अधिक सूचनाओं को पाठ्यक्रम के माध्यम से देना चाहिए, क्योंकि सूचनाओं के आधार पर ही विचार जन्म लेते हैं।

(*iii*) **अवरोधक तत्त्वों को दूर करना**– सृजनात्मक बालकों के शिक्षण और सृजनात्मकता के विकास के लिए अवरोधक तत्त्वों को दूर करना और शिक्षण की यथोचित विधियों और तकनीकों का प्रयोग करना उचित होगा। इन अवरोधक तत्त्वों में प्रमुख हैं–

(*a*) सामाजिक-आर्थिक
(*b*) मनोवैज्ञानिक
(*c*) चारित्रिक।

(*iv*) **सहायक तत्त्वों को बढ़ावा**– आलमशाह ने सृजनात्मकता को बढ़ावा देने अथवा सहायक के रूप में कार्य करने वाले निम्न चार प्रमुख तत्त्व बताएं हैं– (*a*) प्रेरणा (*b*) ग्रहणशीलता (*c*) योग्यता, (*d*) चयनात्मकता।

(*v*) **शैक्षिक साधन और सामग्री**– बालकों में सृजनात्मकता का विकास करने के लिए कुछ विशेष शैक्षिक साधन और सामग्री होनी चाहिए। इन शैक्षिक साधन और सामग्री में

कार्य पुस्तकें, निर्देशन पुस्तकें तथा विचार पुस्तकें उल्लेखनीय हैं। इसके अतिरिक्त दृश्य-श्रव्य सामग्री भी इसके लिए विकसित की जा सकती है।

विशेष रूप से अक्षम छात्र
(Special Cases of Incapable Student)

ऐसे छात्रों को निम्न श्रेणियों में बांटा जा सकता है :

1. मानसिक रूप से विकलांग छात्र
2. दृष्टि बाधित छात्र
3. दृष्टिहीन छात्र
4. बधिर छात्र
5. शारीरिक रूप से विकलांग छात्र

1. मानसिक रूप से विकलांग छात्र
(Mentally Disabled Children/Student)

सामान्यतः मानसिक विकलांगता वो विकलांगता है जो औसत से निम्न मानसिक कार्यक्षमता का उल्लेख करती है। इसका आरंभ बालक के विकास की अवधि में होता है और यह निम्न में से एक या अधिक से अनुकूल व्यवहार की कमी द्वारा संबंधित रहती है–

(*i*) परिपक्वता, (*ii*) अधिगम, (*iii*) सामाजिक समायोजन।

स्किनर ने मानसिक रूप से विकलांगों को अनेक नाम दिए हैं, यथा–अल्पबुद्धि (Mentally Deficient), विकल बुद्धि (Mentally Handicapped), धीमी गति से सीखने वाले (Slow Learners), पिछड़े हुए (Backward) और मूढ़ (Dull)।

क्रो और क्रो के अनुसार : "जिन बालकों की बुद्धि-लब्धि (I.Q) 70 से कम होती है, उन्हें मंदबुद्धि कहते हैं।"

स्किनर के अनुसार : "प्रत्येक कक्षा के छात्रों को एक वर्ष में शिक्षा का एक निश्चित कार्यक्रम पूरा करना पड़ता है। जो छात्र उसे पूरा कर लेते हैं उनको 'सामान्य छात्र' कहा जाता है। जो छात्र उसे पूरा नहीं कर पाते उनको 'मंदबुद्धि छात्र' की संज्ञा दी जाती है। विद्यालयों में यह धारणा बहुत लंबे समय से चली आ रही है और अब भी है।"

पोलक व पोलक के अनुसार : "मंदबुद्धि बालक को अब क्षीण बुद्धि बालकों के समूह में नहीं रखा जाता है, जिनके लिए कुछ भी नहीं किया जा सकता। अब हम यह स्वीकार करते हैं कि उनके व्यक्तित्व के उतने ही विभिन्न पहलू होते हैं, जितने सामान्य बालकों के व्यक्तित्त्व के होते हैं।"

मानसिक रूप से पिछड़े बालकों की पहचान
(Identifying the Mental Backwardness of Children)

मानसिक रूप से पिछड़े बालकों की पहचान के निम्न लक्षण हैं–

(*i*) वे प्रायः शारीरिक रूप से अयोग्य होते हैं।
(*ii*) वे संवेगात्मक रूप से अस्थिर होते हैं।
(*iii*) इनकी शैक्षिक निष्पत्ति निम्न होती है।
(*iv*) इनकी पहचान व्यक्तित्व अध्ययन से भी हो जाती है।
(*v*) इनकी पहचान निम्न बुद्धि-लब्धि (Below I.Q) द्वारा की जा सकती है।
(*vi*) निम्न शैक्षिक तथा शारीरिक आलेख भी इनकी पहचान में सहायक होते हैं।

मानसिक पिछड़ेपन के आधार
(Basis of Mental Backwardness)

मानसिक पिछड़ेपन के मुख्यतः तीन आधार हैं–शैक्षिक, सामाजिक और व्यावहारिक।

शैक्षिक

(*i*) ऐसे बालक सूक्ष्म चिंतन के योग्य नहीं होते हैं।
(*ii*) शैक्षिक क्षमता में वह अपने आयु समूह से बहुत नीचे होते हैं।

सामाजिक

(*i*) सामाजिक व्यवहार में कुशल नहीं होते हैं।
(*ii*) व्यक्तिगत व सामाजिक उत्तरदायित्वों को वहन नहीं कर पाते हैं।

व्यावहारिक

(*i*) अधिगम की क्षमता कम होती है।
(*ii*) संवेदनात्मक दोष होते हैं।

विशेषताएं (Characteristics)

विभिन्न विद्वानों ने मंदबुद्धि बालकों की भिन्न-भिन्न विशेषताओं का उल्लेख किया है–

(1) **क्रो एवं क्रो** के अनुसारः
   (*i*) संवेगात्मक और सामाजिक असमायोजन।
   (*ii*) विद्यालय में असफलताओं के कारण निराशा।
   (*iii*) दूसरों को मित्र बनाने की अधिक इच्छा।
   (*iv*) दूसरों के द्वारा मित्र बनाए जाने की कम इच्छा।

(2) **फ्रैड्रसन** के अनुसारः
   (*i*) आत्मविश्वास का अभाव
   (*ii*) 50 से 70 या 75 तक बुद्धि-लब्धि (I.Q.)।
   (*iii*) बहुधा भावावेशपूर्ण व्यवहार।
   (*iv*) विभिन्न अवसरों, यथा–प्रेम, भय, मौन, चिंता, विरोध, पृथकता या आक्रमण पर विभिन्न प्रकार का व्यवहार।

(3) **स्किनर** के अनुसार :
   (*i*) सीखी हुई बात को नई परिस्थितियों में प्रयोग करने में कठिनाई।
   (*ii*) व्यक्ति और घटनाओं के प्रति ठोस और विशिष्ट प्रतिक्रियाएं।
   (*iii*) मान्यताओं के संबंध में अटल विश्वास।
   (*iv*) दूसरों की चिंता न करके केवल अपनी चिंता।

(*v*) किसी बात का निर्णय करने में परिस्थितियों की अवहेलना।

(*vi*) कार्य और कारण के संबंध में असंगत धारणाएं।

शिक्षण की पद्धतियां (Methods of Teaching)

मंदबुद्धि बालक की शिक्षा का वही स्वरूप होना चाहिए, जो पिछड़े बालक की शिक्षा का है। इनकी शिक्षा के लिए निम्न व्यवस्था होनी चाहिए–

(*i*) छोटे समूहों में शिक्षा

(*ii*) अध्ययन के विषय

(*iii*) हस्तशिल्पों की शिक्षा

(*iv*) अच्छे शिक्षकों की नियुक्ति

(*v*) सांस्कृतिक विषयों की शिक्षा

(*vi*) विशिष्ट विद्यालयों की स्थापना

(*vii*) विशिष्ट कक्षाओं की स्थापना

(*viii*) विशिष्ट विद्यालयों का संगठन

(*ix*) विशेष शिक्षण विधियों का प्रयोग

(*x*) विशेष पाठ्यक्रम का निर्माण

इनके माध्यम से मंदबुद्धि बालकों की शिक्षा को व्यावहारिक रूप प्रदान कर सकते हैं जो उनको किसी कार्य में दक्ष करके जीवनयापन करने के योग्य बनाती है।

संवर्द्धन कार्यक्रम (Development Programme)

जब बालक सामान्य स्कूल पाठ्यक्रम से किसी भी प्रकार से लाभान्वित नहीं होता तो उसे आवासीय स्कूल में भेजा जाता है जहाँ एक भली प्रकार बनाई गई निर्देशन योजना उनके सामाजिक सामंजस्य को प्रभावित करती है। इस प्रकार के बालकों के लिए शैक्षिक पाठ्यक्रम उतने ही सतर्क रूप से तैयार करना चाहिए जितना कि उन बालकों के लिए जो विशेष कक्षाओं में रखे जाते हैं।

मानसिक रूप से पिछड़े बालकों के लिए शैक्षिक व्यवस्था स्पष्ट, प्रबंधित तथा भली प्रकार निर्देशित होनी चाहिए। वहां पढ़ाई का हर सामान उपस्थित होना चाहिए तथा साथ ही कक्षाओं का प्रबंध होना चाहिए।

उपचारी कार्यक्रम (Remedial Programme)

मानसिक रूप से पिछड़े बालकों की आवश्यकताएं अधिकतर कानून द्वारा ऐसे अध्यापकों, मनोवैज्ञानिकों, मनोचिकित्सकों तथा व्यावसायिक सेवाओं द्वारा पूरी की जा रही है जो इस क्षेत्र में शिक्षित हैं। प्रायः सभी राज्यों ने ऐसे कानून बनाए हैं जो कि मानसिक अक्षम बालक के सुधार, उपचार तथा शिक्षा में सहायक हैं।

पिछले लगभग 50 वर्षों में मानसिक रूप से पिछड़े बालकों की उन्नति के लिए कानून, मेडिकल अनुसंधान, मनोविज्ञान तथा शैक्षिक क्षेत्र में बहुत उन्नति हुई है। इस क्षेत्र में किए गए कार्यों का वर्णन निम्नवत् है–

(*i*) **मनोविज्ञान**– मानसिक पिछड़ेपन पर महत्वपूर्ण मनोवैज्ञानिक अनुसंधान हुए हैं। कुछ अनुसंधान बालकों की प्रमुख तथा गौण विशेषताओं से संबंधित हैं। बालकों की मानसिक उन्नति पर वातावरण के प्रभाव का भी अध्ययन हो रहा है। इनमें से कुछ अध्ययन फ्रीमैन, सीलस तथा शैमिट द्वारा हुए हैं।

(*ii*) **कानून**– कानून द्वारा संस्थाओं को आर्थिक सहायता दी जाती है। कानूनों द्वारा विशेष स्कूलों की व्यवस्था, उनमें भर्ती, अध्यापकों का प्रशिक्षण आदि की सुविधा रहती है।

(*iii*) **मेडिकल अनुसंधान**–इस क्षेत्र में हो रहे अनुसंधान मानसिक स्तर की उन्नति की ओर संकेत करते हैं। इस प्रकार के अध्ययन दो बातों से संबंधित हैं–(*a*) मनोवेगात्मक पिछड़ेपन पर बेनजीड्राइन उपचार (*b*) मानसिक पिछड़ेपन पर गुलूटामी एसिड का प्रभाव। मेडिकल क्षेत्र के ये दोनों अनुसंधान शैक्षिक तथा मनोवैज्ञानिक दृष्टि से बहुत महत्त्वपूर्ण हैं।

(*iv*) **शैक्षिक समस्याएं**– न्यूयॉर्क का विशेष शिक्षा विभाग 1940 से पाठ्यक्रम तथा विधियों पर अनुसंधान कर रहा है। इन अनुसंधानों के परिणामों को मानसिक रूप से पिछड़े बालकों के शैक्षिक कार्यक्रम में सुझाव के रूप में लेना चाहिए।

2. दृष्टि बाधित छात्र (Visually Impaired Students)

दृष्टि बाधित बालक सामान्य से कम, निम्न या शून्य दृष्टि वाले होते हैं। इन बालकों की समस्या यह होती है कि वे कक्षा में श्याम-पट्ट (Black Board) पर अंकित लेख या दृश्य सहायक सामग्री को तथा अपनी पुस्तक पठन में कठिनाई का अनुभव करते हैं। ऐसे बालकों के लिए निम्न सावधानियां रखनी चाहिए–

(*i*) उन्हें कंजरवेशन (Conservation) कक्षाओं में पढ़ाना चाहिए जहां बड़े छापे की पुस्तकें व बड़े आकार की दृश्य सामग्री का प्रयोग किया जाता है।

(*ii*) ऐसे छात्रों को कक्षा में श्याम-पट्ट (Black Board) के निकट बैठना चाहिए।

(*iii*) उनकी दृष्टि की जांच कर उन्हें चश्मा लगाने की सलाह देनी चाहिए।

(*iv*) चिकित्सक से उनका उपचार कराना चाहिए।

(*v*) उनमें उचित रूप से पढ़ने-लिखने की विधि विकसित करनी चाहिए।

विशेषताएं (Characteristics)

(*i*) ऐसे बालक जो औसत दृष्टि वाले बालकों से भिन्न हैं, परन्तु जिनका मेडिकल रूप से इलाज हो सकता है, सामान्य बालकों के साथ पढ़ सकते हैं।

(*ii*) ऐसे बालक जिनमें कि अत्यंत गंभीर दृष्टि दोष है इनका उपचार मेडिकल सहायता तथा चश्मे से करने पर भी वे सामान्य बालकों के साथ पढ़कर यथोचित लाभ नहीं उठा सकते। फिर भी उनके पास इतनी दृष्टि है कि वे उन साधनों से उचित लाभ उठा सकते हैं जो कि अन्धे बालकों को दिए जाते हैं।

(*iii*) ऐसे बालक, जो कि मेडिकल इलाज तथा चश्में की सहायता मिलने पर भी शैक्षिक तथा व्यावसायिक रूप से दृष्टिहीन हैं।

बाधित की मात्रा

दृष्टि बाधा की मात्रा के लिहाज से बहुत कम देखने वाले बालकों को चार वर्गों में बांटा गया है–

(*i*) ऐसे बालक, जिनकी दृष्टि एक्यूटी (Visual Acuity) 20/70 तथा 20/200 के बीच है।

(*ii*) ऐसे बालक जो गंभीर तथा बढ़ने वाली दृष्टि संबंधी कठिनाइयों से पीड़ित हैं।

(*iii*) ऐसे बालक जो नेत्र संबंधी रोगों से पीड़ित हैं या ऐसे रोगों से जो दृष्टि को प्रभावित करते हैं।

(*iv*) ऐसे बालक, जो कि उपरोक्त बालकों में सम्मिलित नहीं हैं और जिनके पास औसत मस्तिष्क है तथा जो डॉक्टरों तथा शिक्षाशास्त्रियों के अनुसार कम देखने वाले बालकों को दिए गए साधनों तथा सामान द्वारा अधिक लाभान्वित हो सकते हैं।

शैक्षिक कार्यक्रम (Educational Programme)

(*i*) **विशेष कक्षाओं का आयोजन–** कम देखने वाले बालकों (दृष्टि बाधित) को शिक्षा देने का सबसे अच्छा तरीका विशेष कक्षाओं का आयोजन है। एक विद्यालय में ऐसे बालकों की संख्या 1 से 500 तक होती है। अध्यापक इस बात का निर्णय करे कि क्या उनके लिए विशेष कक्षा का आयोजन किया जाए तथा कौन-कौन सी सुविधाएं प्रदान की जाए। इस कक्षा में विभिन्न श्रेणियों के बालक हो सकते हैं। गांवों में भी आंशिक रूप से देखने वाले बालकों के लिए विशेष कक्षा का प्रबंध होना चाहिए।

(*ii*) **सहकारिता योजना–** पृथकीकरण अब आधुनिक शैक्षिक सिद्धांतों के अनुरूप नहीं है। अतः एक सहकारिता योजना का विकास किया गया है जिसके द्वारा कम देखने वाले बालक अपने कार्य एक विशेष सामान से युक्त एक योग्य शिक्षक के अंतर्गत करते हैं। अन्य कार्यक्रमों के लिए वे अन्य औसत बालकों के साथ मिल जाते हैं।

(*iii*) **पाठ्यक्रम–** कम देखने वाले और औसत बालकों का पाठ्यक्रम एक-सा होता है। अध्यापकों को इस ओर ध्यान देना चाहिए कि ऐसा कोई भी कार्य अधिक न करवाया जाए जिससे आंखों पर अधिक जोर पड़े।

(*iv*) **शैक्षिक माध्यम–** एक औसत बालक के लिए किताब 10 या 12 पॉइण्ट (Point) टाइप में होती है, पर आंशिक देखने वाले बालकों के लिए किताब 18 या 24 पॉइण्ट (Point) टाइप में होती है। प्रिंट साफ तथा विस्तृत होना चाहिए। दो शब्दों के बीच जगह होनी चाहिए। सफेद कागज पर काली स्याही से लिखा होना चाहिए। हाशिया तथा चित्र एवं मानचित्र पर काली स्याही से लिखा होना चाहिए। आर्ट तथा क्राफ्ट के लिए ऐसा सामान प्रयुक्त होना चाहिए कि आंखों पर अधिक ज़ोर न पड़े। मशीनी तरीके, जैसे–टाइपराइटर, रेडियो आदि का प्रयोग होना चाहिए। साथ ही ऐसे बालकों को टाइपराइटर के छूने की विधि बतानी चाहिए।

(*v*) **रोशनी–** प्राकृतिक तथा बनावटी दोनों प्रकार की रोशनी सभी बालकों के लिए महत्व रखती है। कम देखने वाले बालकों के लिए यह और भी अधिक महत्व रखती है। ऐसे बालकों का कमरा हर स्थान से पूर्णरूप से रोशनीयुक्त होना चाहिए तथा उनमें चमक नहीं होनी चाहिए। भूरे तथा हरे बोर्ड में प्रत्यावर्तन अधिक होता है। अतः उनका प्रयोग करना चाहिए।

(*vi*) **फर्नीचर :** एक स्थान से दूसरे स्थान तक ले जा सकने वाले फर्नीचर से बालक उसे किसी भी स्थान पर ले जाकर पढ़ सकते हैं। फर्नीचर का रंग हल्का होना चाहिए।

3. दृष्टिहीन छात्र (Blind Students)

वे बालक जिनकी दृष्टि एक्यूटी 20/200 होती है तो उन्हें शैक्षिक कार्य के लिए नेत्रहीन समझा जाता है। इससे कम होने पर अथवा इसी प्रकार की कोई अन्य अक्षमता होने पर बालक दृष्टिहीन समझे जाते हैं। दृष्टिहीन बालक को अपनी अन्य इन्द्रियों पर निर्भर रहना पड़ता है। जिन बालकों में बहुत कम दृष्टि होती है वे रंगों का भेद कर सकते हैं। एक बालक को तभी दृष्टिहीन मानना चाहिए जबकि डॉक्टर ने उसकी ऐसी स्थिति बतायी हो। डाक्टर द्वारा बताए गए चश्में को पहनने से इनकी दृष्टि में सुधार हो सकता है समय-समय पर आंखों की परीक्षा लेना भी जरूरी है। अध्यापक को देखना चाहिए कि बालक ने चश्मा पहना है अथवा नहीं, चश्मा ठीक दशा में है अथवा नहीं। चूंकि दृष्टिहीन बालक हमेशा अपनी अन्य इंद्रियों पर निर्भर रहता है, उसकी अन्य इंद्रियों के स्वास्थ्य की परवाह करनी चाहिए।

दृष्टिहीन बालकों की समस्या अधिक विकट होती है। वे सामान्य विद्यालय व सामान्य कक्षाओं में शिक्षित होने में अधिक असुविधा का सामना करते हैं। उन्हें विद्यालय में आने-जाने, लिखने-पढ़ने जैसी क्रियाओं में दूसरों की सहायता लेनी पड़ती है। वे दूसरे व्यक्तियों के उपहास के पात्र बनते हैं जिससे उनमें हीन भावना का उदय होता है। ऐसे बालकों की शिक्षा में निम्न बिंदु उल्लेखनीय है–

(*i*) ऐसे बालकों के लिए पृथक एवं विशिष्ट विद्यालय होने चाहिए।

(ii) इन्हें ब्रेल (Braille) पद्धति से शिक्षित करना चाहिए, जिनमें एक मोटे कागज पर कुछ बिन्दु उभार कर उनके स्पर्श द्वारा दृष्टिहीन बालकों को अक्षर व लिपि का ज्ञान कराया जाता है।

(iii) उन्हें संगीत या हस्तकला में प्रशिक्षण दिया जाना चाहिए।

(iv) उन्हें टंकण (Typing) का प्रशिक्षण भी दिया जा सकता है।

(v) उन्हें समुचित सहानुभूति की अपेक्षा होती है।

दृष्टिहीन छात्रों के लिए शैक्षिक सुविधाएं (Educational Facilities for Blind Students)

(i) **सामान्य विद्यालय–** एक सामान्य दृष्टिहीन बालक सामान्य स्कूल में प्रवेश कर सकता है। इस अवस्था में उसे इस योग्य होना चाहिए कि वह कपड़े आदि स्वयं पहन सके। उसे नहाना और अपनी शारीरिक आवश्यकताओं की पूर्ति करना आना चाहिए। उसे जाने पहचाने वातावरण में चलने की आदत होनी चाहिए। उसे अपने आयु-वर्ग के बालकों से बोलना और उन्हें दोस्त बनाने आना चाहिए। इस संबंध में बालकों को किण्डरगार्टन में भेजने से अच्छे परिणाम निकलने चाहिए।

(ii) **ब्रेल कक्षाएं–** दृष्टिहीन बालकों के लिए स्कूल जाने से तात्पर्य अंधों के स्कूल जाने से है। वहाँ ऐसे बालकों को विशेष कक्षाओं में पढ़ाया जाता है। इन्हें ब्रेल कक्षा (Braille Class) कहते हैं। ब्रेल कक्षाओं तथा दृष्टिहीन बालकों के लिए स्कूल की व्यवस्था इसलिए की जाती है ताकि वे सामाजिक वातावरण से समायोजन कर सकें। आवासीय स्कूल भी बालकों की कक्षा से दूसरी कक्षा के लिए शिक्षा देता है। ब्रेल कक्षाएं ऐसी सहायता देती हैं जिनसे सामान्य कक्षा की पढ़ाई को समझ सकें। ये दोनों ही प्रकार की पढ़ाई अपनी उद्देश्य पूर्ति में सफल हो सकती हैं। ब्रेल कक्षाओं में एक कुशल अध्यापक 10 या 12 विद्यार्थियों को वह विषय पढ़ाता है जो वे अन्य बालकों के साथ नहीं पढ़ सकते। अन्य कार्यों के लिए वे सामान्य बालकों के साथ मिल जाते हैं। उन्हें हाथ में कार्य, शारीरिक शिक्षा तथा संगीत की शिक्षा भी दी जाती है। ब्रेल कक्षाओं के लिए ब्रेल पुस्तकों की आवश्यकता होती है। अमेरिका में ये ब्रेल कक्षाएं American Printing House for the Blind से पुस्तकें प्राप्त करती हैं।

(iii) **विशेष विधियां–** दृष्टिहीन बालक की शिक्षा के समय यह ध्यान में रखना चाहिए कि वह एक सामान्य बालक है। अधिकतर मामलों में उसका बढ़ता हुआ ज्ञान, वृद्धि, संवेग तथा इच्छाएं अन्य बालकों की तरह है। दृष्टि दोष प्रत्येक बालक में भिन्न होता है। यदि बालक में थोड़ी दृष्टि है और अध्यापक उसे दृष्टिहीन समझता है तो इसका बालक पर प्रतिकूल प्रभाव पड़ेगा। दृष्टि एक्यूटी (Visual Acuity) सदा दृष्टि क्षमता को नहीं बताती। अक्सर कम दृष्टि वाले बालक अपनी दृष्टि का अच्छा उपयोग करते हैं। घर के वातावरण, सीखने की तत्परता एवं सीखने की क्षमता का इस पर प्रभाव पड़ता है। एक अंधे बालक की शिक्षा के लिए दो चीजों–(i) विशेष सामान तथा माध्यम और (ii) पढ़ाने के विशेष सिद्धांतों का प्रयोग आवश्यक है।

4. बधिर-छात्र (Deaf Students)

कानों के द्वारा सुनने में बाधा से उत्पन्न अयोग्यता व्यक्ति विशेष को श्रवण विकलांग बनाती है। यह विकलांगता ऐसे बालकों की श्रवण शक्ति दोषयुक्त होने से उन्हें शाब्दिक या बोलकर अभिव्यक्त करने में असमर्थ बनाती है। यही कारण है कि बहरे लोग गूंगे (Dumb) भी होते हैं। अतः सामान्य स्कूलों में शैक्षिक शिक्षण की अपेक्षा श्रवण विकलांगों की शिक्षा हेतु पृथक गूंगे-बहरों के विशिष्ट विद्यालयों की व्यवस्था की जाती है। जहां प्रशिक्षित अध्यापक विशिष्ट उपकरणों की सहायता से उनका विशिष्ट शिक्षण करते हैं।

प्रकार– बहरेपन अथवा श्रवण बाधिता को प्रायः दो प्रकारों में बांटा जाता है–

(i) बधिर या बहरे (Deaf), (ii) ऊंचा सुनने वाले (Hard of Hearing)। इन दोनों प्रकारों में भाषा को सीखने की योग्यता भिन्न-भिन्न होती है। ऊंचा सुनने वालों को श्रवण सहायक यंत्रों (Hearing Aids) की सहायता से शिक्षित किया जा सकता है किन्तु बधिरों की जिन्होंने कभी वाणी या भाषा सुनी ही नहीं, शिक्षा व्यवस्था विशिष्ट प्रकार की होती है।

विशेषताएं (Characteristics)

(i) बधिर या कम सुनने वाले श्रवण क्षतियुक्त बालक वे हैं जिन्होंने बोलने से पहले ही श्रवण शक्ति खो दी है। इस प्रकार के छात्रों के लिए विशेष प्रकार के शिक्षण की आवश्यकता होती है।

(ii) विद्यालय में कुछ बालक ऐसे होते हैं जिन्हें किसी न किसी प्रकार का और किसी न किसी स्तर का श्रवण दोष होता है।

(iii) श्रवण शक्ति बालक को अध्यापक द्वारा कही गई बातें सुनाई देती है। श्रवण शक्ति मौखिक संदेशवहन, अधिगम, मानसिक विकास और भाषा विकास का सबसे सशक्त साधन है। श्रवण बाधित बालक इन साधनों से लाभ नहीं उठा पाता।

(iv) कक्षा में बैठे श्रवण क्षतियुक्त बालकों को प्रभावशाली ढंग से उन विधियों से शिक्षा दी जा सकती है जिनसे सामान्य श्रवण योग्यता वाले बालक को देते हैं।

(v) बधिर बालकों की पहचान उनसे बोलने पर हो सकती है। परन्तु उनकी पहचान श्रवण यंत्रों के द्वारा करना उचित होगा।

(vi) श्रवण क्षतियुक्त बालकों की पहचान श्रवण यंत्रों, यथा श्रवणमापक तथा अन्य तकनीकों से की जाती है।

(*vii*) विद्यालय में श्रवण क्षतियुक्त बालक कई दिनों तक अध्यापक की दृष्टि में नहीं आता। अध्यापक को उसका पता तभी होगा जब वह बालक से अधिकतम अंतःक्रिया (Interaction) करेगा। जबकि अधिक संख्या वाली कक्षा में ऐसा होना संभव नहीं है। अतः बालकों के प्रवेश के समय ही उनका परीक्षण करवा लेना उचित है।

(*viii*) माता-पिता को बालक के जन्म के तीन महीने पश्चात् चिकित्सक द्वारा अपने बालक की श्रवण शक्ति की जांच अवश्य करा लेनी चाहिए। विद्यालय में प्रवेश दिलाते समय उन्हें अध्यापक को बालक की श्रवण स्थिति से अवगत करा देना चाहिए।

शैक्षिक कार्यक्रम (Educational Programme)

श्रवण बाधितों के शैक्षिक कार्यक्रमों को चार वर्गों– (1) संप्रेषण तकनीकें, (2) शिक्षण तकनीकें, (3) शैक्षिक सुविधाएं तथा (4) औपचारिक सुविधाएं में बांटा गया है।

(1) **संप्रेषण तकनीकें–** श्रवण क्षतियुक्त बालक के संबंध में सबसे बड़ी कठिनाई संप्रेषण के संबंध में है। अतः उसे भली प्रकार शिक्षित करने के लिए निम्न विशेष संप्रेषण तकनीकें अपनाई जानी चाहिए–

(*i*) **चिन्ह भाषा–** बधिर और अत्यधिक ऊंचा सुनने वाले बालकों के लिए चिन्ह भाषाओं का प्रचलन है, यथा–A. चिहित अंग्रेजी, (*b*) अमेरिकन चिह्न भाषा, (*c*) अंगुली वर्णमाला। ये चिन्ह भाषाएं एक-दूसरे से भिन्न होती हैं।

(*ii*) **ओष्ठ पठन–** ओष्ठ पठन में बालकों को ओठों के हिलाने और गति के आधार पर वर्णों और शब्दों को पढ़ने की शिक्षा दी जाती है।

(*iii*) **संकेत भाषा–** संकेत भाषा में ओठों को पढ़ने के साथ हाथ से मुंह के पास ही संकेत दिए जाते हैं। संकेत उसी भाषा के होते हैं जिसमें कि बोला जाता है। संकेत भाषा के लाभ निम्नवत् हैं–

(*a*) इसमें उसी व्याकरण का प्रयोग होता है जो बोली जाती है।

(*b*) इससे बालक सुनने वाले लोगों के साथ आसानी से संप्रेषण कर सकता है।

(*iv*) **स्पर्श विधि–** इसमें स्पर्श द्वारा कही गई बात को समझने का प्रावधान होता है।

(*v*) **गतिविधि–** इसमें शरीर से विभिन्न गतियां करवाकर बधिर बालकों के संप्रेषण में सहायता दी जाती है।

(*vi*) **प्रवर्धक प्रयोग–** ध्वनि प्रवर्धक यंत्रों का प्रयोग उन बालकों के लिए उपयोगी हो सकता है जो सामान्य से थोड़ा ऊंचा सुनते हैं।

(2) **शिक्षण तकनीकें–** श्रवण क्षतियुक्त बालकों के लिए निम्न शिक्षण तकनीकें अपनाई जानी चाहिए–

(*i*) शिक्षण विषय-वस्तु को सहायक सामग्री की सहायता से पढ़ाया जाना चाहिए। आकृतियां, चित्र, संकेत, शब्द, इशारे इत्यादि सहायक सामग्री प्रयोग की जा सकती है।

(*ii*) शिक्षक को बीच-बीच में प्रश्न पूछना अनिवार्य है। इससे यह पता लग सकता है कि बालक पढ़ाई गई बात को कितना समझ रहा है।

(*iii*) विलसन के अनुसार श्रवण क्षतियुक्त बालक को एक नोट लेने वाला व्यक्ति (Note-taker) प्रदान किया जाना चाहिए।

(*iv*) श्रवण क्षतियुक्त बालकों के लिए एक विशेष अध्यापक नियुक्त किया जाना चाहिए जो प्रशिक्षण प्राप्त हो।

(*v*) श्रवण क्षतियुक्त बालकों की अधिगम कमियों की ओर विशेष ध्यान दिया जाना चाहिए ताकि यह पता चले कि वे शब्दों को ठीक लिखते और बोलते हैं अथवा नहीं।

(*vi*) श्रवण क्षतियुक्त बालकों के लिए तकनीकी कार्यक्रम बनाने चाहिए। रोचेस्टर तकनीक विज्ञान संस्थान में इस तरह के प्रोग्राम उपलब्ध हैं।

(3) **श्रवण क्षतियुक्त बालकों की शैक्षिक सुविधाएं–** श्रवण क्षतियुक्त बालकों को दिन-प्रतिदिन के क्रियाकलाप में भली प्रकार से सहायता देने के लिए निम्न सुविधाएं दी जानी चाहिए–

(*i*) दृश्य-श्रव्य (Audio-Visual) संकेत सामग्री श्रवण क्षतियुक्त बालक के लिए अत्यंत लाभदायक सिद्ध हो सकती है। टेलीफोन में ध्वनि प्रवर्धक (Sound Amplifier) लगाने से बालक टेलीफोन पर बातचीत कर सकते हैं। आजकल बालकों के लिए टेलीफोन, टाइपराइटर और कंप्यूटर यंत्र बनाया गया है। इसमें टेलीफोन पर वार्ता टाइप होकर स्क्रीन में दिख जाती है। इससे बधिर बालक टेलीफोन पर वार्ता कर सकते हैं। यदि इसी प्रकार के अन्य यंत्र भी विद्यालयों में उपलब्ध कराएं जा सकें तो वे श्रवण क्षतियुक्त बालकों के लिए लाभप्रद होंगे।

(*ii*) वीडियो टेप्स का प्रयोग लाभकारी सिद्ध होता है।

(*iii*) फिल्म का प्रयोग किया जाना चाहिए।

(*iv*) उन सभी बालकों को कक्षा-कक्ष (Class-room) में समूह श्रवण सहायक (Group Hearing Aids) प्रदान किए जाने चाहिए जो किसी भी प्रकार की श्रवण क्षतियुक्तता से पीड़ित हैं।

(*v*) अध्यापक द्वारा ओवरहेड प्रोजेक्टर का प्रयोग अत्यंत अच्छा है।

(*vi*) श्रवण क्षतियुक्त बालकों को अजायबघर, ऐतिहासिक इमारतों, प्रसिद्ध स्थानों आदि जैसे सूचनाप्रद स्थलों पर भ्रमण के लिए ले जाना चाहिए।

5. शारीरिक रूप से विकलांग छात्र (Physically Disabled Students)

जब तक शरीर स्वस्थ नहीं होगा तब तक मनुष्य सामान्य रूप से कार्य नहीं कर सकता। शारीरिक स्वास्थ्य उसके कार्य व विकास को प्रभावित करता है। शारीरिक अक्षम अथवा अपंग बालक शारीरिक रूप से विकलांग कहलाते हैं। अपंग बालक चिरकालिक बीमार बालकों से संख्या में कहीं अधिक होते हैं। ऐसे बालक निरंतर असफल होते हैं और अंत में विद्यालय आना छोड़ देते हैं। अपंग और बीमार दोनों ही प्रकार के बालक विशिष्ट बालकों की श्रेणी में आते हैं। अतः वे विशेष शिक्षा के अधिकारी हैं।

विकलांगता का अर्थ व परिभाषा (Meaning or Definition of Disabled)

महेश भार्गव एवं भावना लवनिया के शब्दों में – "शैक्षिक दृष्टि से विकलांगता किसी भी प्रकार की निर्योग्यता हो सकती है जो बालक विशेष को औसत बालकों की भांति शिक्षा ग्रहण करने में असमर्थ बनाती है। ऐसे बालक सामान्य शिक्षा पद्धति से लाभान्वित नहीं हो पाते। उनके लिए अतिरिक्त सहायता विशिष्ट शिक्षण की आवश्यकता होती है।"

बाल गोविंद तिवारी के शब्दों में – "विकलांगता एक ऐसी स्थिति है जो किसी भी व्यक्ति को किसी भी अवस्था में उसके सामान्य व्यवहार, कार्य शक्ति, विचार एवं नियमित कृत्य को न्यूनाधिक प्रभावित कर आंगिक, मानसिक, सामाजिक व भावात्मक असंतुलन उत्पन्न कर देती है।"

विकलांगता के प्रकार (Types of Disabled)

(*i*) मेरुदण्ड का वक्र,

(*ii*) मेरुदण्डीय द्विशाखी,

(*iii*) मांसपेशीय डायसट्रॉफी,

(*iv*) लूले-लंगड़े, हथकटे,

(*v*) एक या इससे अधिक अंगों का लकवा,

(*vi*) पांवफिरा,

(*vii*) प्रमस्तिष्कीय पक्षाघात,

(*viii*) विकृत नितंब।

विशेषता (Characteristics)

एक बीमार बालक वह है जो काफी लंबे समय से बीमार है कुछ बालक काफी लंबे समय तक बीमार से ग्रस्त रहते हैं। इन बीमारियों में कुछ प्रमुख हैं–(*i*) दमा, (*ii*) मिर्गी, (*iii*) हृदय रोग, (*iv*) सूखा रोग, (*v*) तपेदिक, (*vi*) रक्त-अल्पता, (*vii*) श्वेत रक्तता (*viii*) धवल रोग, (*ix*) कैंसर, (*x*) मधुमेह, (*xi*) आमवातिक ज्वर, (*xii*) कृमिकोषीय तंतुशोच, (*xiii*) हंसिया-कोशिका खून की कमी।

कुछ बीमारियों के सामान्य लक्षण (Symptoms of Some Disease)

बालकों में विभिन्न प्रकार की बीमारियों के लक्षण भिन्न-भिन्न होते हैं। इनमें से कुछ सामान्य लक्षण निम्नवत् हैं–

(*i*) शरीर का पीला पड़ जाना।

(*ii*) थका-थका सा रहना।

(*iii*) अधिकतर समय थकान का अनुभव होना।

(*iv*) सांस लेने में कठिनाई का अनुभव होना।

(*v*) शैक्षिक उपलब्धि का निम्न होना।

(*vi*) स्वभाव में चिड़चिड़ापन होना।

शैक्षिक कार्यक्रम (Educational Programme)

शारीरिक विकलांग बालक, सामान्य बालक से अधिगम की सामर्थ्य की दृष्टि से कम होता है। अतः ऐसे बालकों की शिक्षा व्यवस्था भी विशिष्ट प्रकार की होनी चाहिए। इनमें से कुछ बालक तो सामान्य विद्यालयों की सामान्य कक्षाओं में शिक्षा प्राप्त करने में कठिनाई का अनुभव नहीं करते जबकि गंभीर रूप से शारीरिक विकलांग बालकों के लिए पृथक विशिष्ट कक्षाओं तथा विशिष्ट आवासीय विद्यालयों (Residential Schools) की व्यवस्था किया जाना आवश्यक होता है। शारीरिक विकलांग बालकों की शिक्षा हेतु निम्न उपाए अपनाए जाने चाहिए–

(*i*) **उपचार सुविधा–** अपंग तथा बीमार बालकों के उपचार के लिए समुचित व्यवस्था की जानी चाहिए। समय-समय पर उन्हें योग्य व कुशल चिकित्सक को दिखाना चाहिए। ऐसे बालकों के उपचार के लिए यदि अलग से कोष (Fund) की व्यवस्था की जाए तो और भी अच्छा होगा क्योंकि ऐसे बालकों को समय-समय पर चिकित्सालय में भर्ती करने की भी आवश्यकता पड़ सकती है। ऐसी स्थिति में उन्हें विद्यालय से समय-समय पर अनुपस्थित होना पड़ सकता है। अतः उपस्थिति संबंधी छूट दी जानी चाहिए। इस अनुपस्थिति का नकारात्मक प्रभाव उनके शैक्षिक ज्ञान और उपलब्धि पर पड़ सकता है। अतः ऐसे बालकों के लिए सफलता के मापदंड सामान्य बालक के समान नहीं बनाने चाहिए। ऐसे में इन बालकों के समुचित सामाजिक और संवेगात्मक विकास की ओर ध्यान देना शिक्षक का कर्त्तव्य है।

(*ii*) **विशिष्ट भ्रमणशील अध्यापक–** भ्रमणशील अध्यापकों (Visiting Teachers) में मनोविज्ञानशास्त्री, उच्चारण सुधारक, समाजसेवी, चिकित्सक आदि की सेवाएं शारीरिक विकलांगों को विद्यालयों में परामर्श व निर्देशन देने हेतु ली जानी चाहिए जो समय-समय पर इन विद्यालयों में भ्रमण कर सके।

(*iii*) **विशिष्ट कक्षाएं–** सामान्य विद्यालयों में कम विकलांग बालक/बालिकाओं हेतु पृथक कक्षा में विशिष्ट शिक्षण (Social Teaching) की व्यवस्था होनी चाहिए जिससे उनका उपचारात्मक शिक्षण (Remedial Teaching) हो सके। उन्हें विशिष्ट सहायक यंत्रों के उपयोग व प्रयोग का प्रशिक्षण भी दिया जाना चाहिए।

(*iv*) **विकलांग विद्यालय–** गंभीर रूप से विकलांग बालक-बालिकाओं हेतु पृथक विद्यालयों की व्यवस्था वांछनीय व अपरिहार्य है। ऐसे विद्यालयों में वैज्ञानिक विधि से शिक्षण, प्रशिक्षित अध्यापक, आवासीय व्यवस्था, खेल व मनोरंजन व्यवस्था, आजीविकोपयोगी उद्योगों का प्रशिक्षण, पुनर्वास, रुचिकार्य आदि का प्रावधान किया जाना चाहिए।

(*v*) **विशिष्ट पाठ्यक्रम–** विकलांग बालक/बालिकाओं की विकलांगता, सामर्थ्य, अभिरुचि व स्तर के अनुकूल विशिष्ट पाठ्यक्रम निर्मित कर उसे प्रभावी किया जाना चाहिए।

(*vi*) **अतिरिक्त कक्षा–** अतिरिक्त कक्षा उन अपंग तथा रोगी बालकों के लिए आयोजित की जा सकती है जो नियमित कक्षाओं से पूर्णतया लाभान्वित नहीं हो पाते। अतः विकलांग बालकों तथा रोगी बालकों के लिए स्कूल के उपरांत अथवा छुट्टियों के दिन भी थोड़े समय के लिए कक्षाओं का आयोजन करना चाहिए। इस प्रकार अध्यापक बालकों की व्यक्तिगत, सामाजिक तथा संवेगात्मक समस्याओं को समझा कर उन्हें हल कर सकेगा।

(*vii*) **जनमानस में अभिवृत्ति परिवर्तन–** प्रायः विकलांग बालकों को लोग हेयदृष्टि से देखते हैं। उन्हें दया योग्य, दान योग्य, भार तथा मजाक का पात्र समझा जाता है। यह भी समझा जाता है कि वे हर प्रकार के तिरस्कार को सह लेंगे। इस प्रकार की भावना विकलांग तथा रोगी बालकों में हीन भावना व निराशा भर देती है। अतः यह आवश्यक है कि जनमानस में व्याप्त इस अभिवृत्ति में परिवर्तन लाया जाए।

(*viii*) **समाजीकरण–** विकलांग और रोगी बालकों के समाजीकरण के लिए उन्हें ऐसे अवसर प्रदान किए जाने चाहिए जिससे वे अपने हम उम्र तथा अन्य लोगों से हिल-मिल सकें। यह कार्य पाठ्येत्तर क्रियाओं द्वारा संभव हो सकता है। उनसे विभिन्न प्रकार की मनोरंजक क्रियाएं करवायी जानी चाहिए। विकलांग व रोगी बालकों के मनोरंजन के लिए कुछ विशेष कार्यक्रम, यथा–सम्मेलन, गोष्ठी, सांस्कृतिक गायन आदि आयोजित किए जा सकते हैं। इस क्षेत्र में गैर-सरकारी संगठनों (NGOs) को भी प्रयास करना चाहिए। इसके लिए शिक्षक को इन संगठनों को प्रोत्साहित करना चाहिए।

अभ्यास प्रश्न

1. बालक के व्यक्तिगत अध्ययन की मनोवैज्ञानिक विधि है :
A. रेटिंग स्केल B. प्रश्नावली विधि
C. केस स्टेडी D. प्रायोगिक विधि

2. सृजनशील बालकों का लक्षण है :
A. समस्याओं के प्रति सजगता का अभाव
B. गतिशील चिन्तन का अभाव
C. अनमनीयता
D. जिज्ञासा

3. दृष्टिहीन बालकों को शिक्षण दिया जाता है :
A. दृश्य-श्रव्य सामग्री द्वारा B. टंकण द्वारा
C. ब्रेल पद्धति द्वारा D. गाने-बजाने द्वारा

4. वंचित वर्ग के बालकों के अन्तर्गत आते हैं :
A. दृष्टिहीन व अपंग बालक
B. मन्दबुद्धि व हकलाने वाले बालक
C. पूर्ण बधिर या आंशिक बधिर बालक
D. उपर्युक्त सभी

5. विकलांग बालकों के अन्तर्गत आते हैं :
A. नेत्रहीन बालक
B. शारीरिक विकलांग बालक
C. गूंगे तथा बहरे बालक
D. इनमें से सभी

6. प्रतिभाशाली बालक जो होते हैं :
A. जन्मजात B. बाद में
C. आनुवंशिक D. इनमें से कोई नहीं

7. मानसिक रूप से पिछड़े बालकों की विशेषता होती है :
A. संवेगात्मक रूप से अस्थिर
B. सीमित रुचि वाले
C. निरन्तर अव्यवस्था का होना
D. उपर्युक्त सभी

8. अच्छी शिक्षा-प्रणाली में निम्नांकित अनुशासन श्रेष्ठ होता है–
A. कठोर अनुशासन
B. आत्मानुशासन
C. स्वतंत्र अनुशासन
D. उपरोक्त में से कोई नहीं

9. विकलांगों (Handicapped) को शिक्षा के समान अवसर देने हेतु निम्नांकित उपयोगी है–
A. सामान्य शिक्षा प्रणाली में विशेष प्रयास किया जाये
B. विशिष्ट विद्यालयों में उन्हें पृथक शिक्षा दी जाये
C. उपरोक्त A और B
D. उपरोक्त में से कोई नहीं

10. समुदाय शिक्षा का इस प्रकार का अभिकरण होता है–
A. अनौपचारिक B. औपचारिक
C. निरोपचारिक D. इनमें से कोई नहीं

11. शिक्षा के वैयक्तिक एवं सामाजिक उद्देश्यों में यह होना वांछनीय है–
A. प्रतिद्वंद्विता B. प्रतियोगिता
C. समन्वय D. उपरोक्त सभी

12. समायोजन द्वारा निम्नांकित से उत्पन्न (Tension) तनाव कम होता है–

A. कुंठा B. द्वन्द्व
C. विरोध D. उपरोक्त सभी

13. निम्न में से कौन-सा शिक्षार्थियों में सृजनात्मकता का पोषण करता है?

A. प्रत्येक शिक्षार्थी की अंतर्जात प्रतिभाओं का पोषण करने एवं प्रश्न करने के अवसर उपलब्ध कराना
B. विद्यालयी जीवन के प्रारंभ से उपलब्धि के लक्ष्यों पर बल देना
C. परीक्षा में अच्छे अंकों के लिए विद्यार्थियों की कोचिंग करना
D. अच्छी शिक्षा के व्यावहारिक मूल्यों के लिए विद्यार्थियों का शिक्षण

14. पाँचवीं कक्षा के 'दृष्टिबाधित' विद्यार्थी–

A. के माता-पिता और मित्रों द्वारा उसे दैनिक कार्यों को करने में सहायता की जानी चाहिए
B. के साथ कक्षा में सामान्य रूप से व्यवहार किया जाना चाहिए और श्रव्य सी.डी. के माध्यम से सहायता उपलब्ध कराई जानी चाहिए
C. के साथ कक्षा में विशेष व्यवहार किया जाना चाहिए
D. को निचले स्तर के कार्य करने की छूट मिलनी चाहिए

15. विशेष आवश्यकता वाले बच्चों को शिक्षा उपलब्ध कराई जानी चाहिए

A. विशेष विद्यालयों में विशेष बच्चों के लिए विकसित पद्धतियों द्वारा
B. विशेष विद्यालयों में
C. विशेष विद्यालयों में विशेष शिक्षकों द्वारा
D. अन्य सामान्य बच्चों के साथ

16. 'डिस्लेक्सिया' किससे सम्बन्धित है?

A. गणितीय विकार B. पठन विकार
C. व्यवहार-सम्बन्धी विकार D. मानसिक विकार

17. सृजनात्मक शिक्षार्थी वह है जो

A. परीक्षा में हर बार अच्छे अंक प्राप्त करने के योग्य है
B. पार्श्व (लेट्रल) चिंतन और समस्या-समाधान में अच्छा है
C. ड्राइंग और पेंटिंग में बहुत विलक्षण है
D. बहुत बुद्धिमान् है

18. निःशक्त बच्चों के लिए समेकित शिक्षा की केंद्रीय प्रायोजित योजना का उद्देश्य है .... में निःशक्त बच्चों को शैक्षिक अवसर उपलब्ध कराना।

A. मुक्त विद्यालयों
B. 'ब्लाइंड रिलीफ एसोसिएशन' के विद्यालयों
C. नियमित विद्यालयों
D. विशेष विद्यालयों

19. सृजनात्मक उत्तरों के लिए आवश्यक है

A. मुक्त-उत्तर वाले प्रश्न
B. एक अत्यंत अनुशासित कक्षा
C. प्रत्यक्ष शिक्षण एवं प्रत्यक्ष प्रश्न
D. विषय-वस्तु आधारित प्रश्न

20. विद्यालय में छात्रों के लिए शैक्षिक भ्रमण क्यों आवश्यक है?

A. छात्रों का घूमने में मन लगता है
B. छात्रों पर पढ़ाई का बोझ न पड़े
C. छात्रों को प्रत्यक्ष संपर्क से स्थाई ज्ञान होता है
D. छात्र का मनोरंजन होता है

21. अनुसूचित जाति के बालकों की प्रमुख समस्या है–

A. जन सुविधाओं का उपयोग करने का पूर्ण अधिकार
B. समाज में इनका उच्च स्थान
C. ऊँची जाति के लोगों का इनसे घृणा करना
D. ये सभी

22. अनुसूचित जनजाति के बालकों की प्रमुख समस्या है–

A. अधिकतर परिवारों का गरीब होना
B. उनकी जाति में शिक्षा का प्रचार-प्रसार कम होना
C. विद्यालय में उनकी जाति के छात्रों की संख्या का कम होना
D. उपरोक्त सभी

23. एक अध्यापक को महत्त्व देना चाहिए

A. सभी को समान रूप से
B. अनुसूचित जनजाति के छात्रों को
C. अनुसूचित जाति के छात्रों को
D. पिछड़ी पृष्ठभूमि के छात्रों को

24. दृष्टि दोष वाले छात्रों में निम्न में से कौन-सा विकार नहीं पाया जाता है?

A. आँखों को बार-बार मलना
B. सिरदर्द की शिकायत रहना
C. आँखों के बहुत निकट लाकर पुस्तक को पढ़ना
D. शरीर के अंगों में अवांछित हलचल रहना

25. एक शारीरिक विकलांग बालक के लिए विद्यालय में निम्नलिखित में से क्या आवश्यक रूप से होना चाहिए?

A. बालक के लिए आवास का प्रबन्ध
B. बालक के लिए निःशुल्क शिक्षा का प्रबन्ध
C. बालक के लिए भोजन का प्रबन्ध
D. बालक के लिए कक्षा-कक्ष में प्रवेश की उचित सुविधा का प्रबन्ध

26. आपकी कक्षा की एक छात्रा मोनिका, जो मानसिक तौर पर एक पिछड़ी हुई बालिका है। आप उसको निम्न में से किस प्रकृति में रखेंगे?

A. निष्ठावान B. संवेदनशील
C. शक्तिशाली D. अनुशासनहीन

27. निम्न में से क्या प्रतिभाशाली बालक का संकेत है?
A. अभिव्यक्ति में नवीनता
B. जिज्ञासा
C. सृजनात्मक विचार
D. ये सभी

28. एक शिक्षक होने के नाते पिछड़े बालकों के प्रति आपका दृष्टिकोण होना चाहिए–
A. सहानुभूतिपूर्ण B. उपेक्षापूर्ण
C. कठोर D. इनमें से कोई नहीं

29. प्रतिभाशाली बालक की इन्द्रियाँ होती हैं
A. तीव्र B. उदात्त
C. सामान्य D. इनमें से कोई नहीं

30. वे बालक जो सामाजिक, भावात्मक, शैक्षिक आदि पक्षों में सामान्य बालकों से भिन्न होते हैं। उन्हें कहा जा सकता है–
A. क्रोधी बालक B. विशिष्ट बालक
C. अपराधी बालक D. विकलांग बालक

31. किसी समस्यात्मक बालक की विशेषता नहीं है–
A. चोरी करना B. झूठ बोलना
C. क्रोध करना D. आज्ञा का पालन करना

32. समायोजन का लक्षण निम्न में से कौन-सा नहीं है?
A. सामाजिकता B. अनुकूल वातावरण
C. असन्तुलन D. सन्तुष्टि

33. वंचित वर्ग के बालकों के अन्तर्गत कैसे बालक आते हैं?
A. मन्द-बुद्धि व हकलाने वाले बालक
B. पूर्ण बधिर या आंशिक बधिर
C. अन्ध व अपंग बालक
D. ये सभी

34. बहरे बच्चे को पढ़ाने की विधि कौन-सी है?
A. अंगुलिवाचन B. मौनवाचन
C. आत्मीकरण D. ये सभी

35. मन्द बुद्धि बालकों की विशेषता निम्न में कौन-सी नहीं हैं?
A. शारीरिक दोष
B. मौलिकता
C. सीखने की मन्द गति
D. अमूर्त चिन्तन का अभाव

36. व्यक्ति की पहचान करने में निम्न में से क्या सहायक हैं?
A. बाह्य विभिन्नताएँ
B. व्यक्ति की शिक्षा
C. व्यक्ति का मानसिक स्वास्थ्य
D. ये सभी

37. निम्न में से क्या बोलने के दोष से संबंधित नहीं है–
A. अशुद्ध उच्चारण
B. आवाज की समस्या
C. तेज बोलने वाले
D. हकलाना व तुतलाना

38. ब्रेल लिपि का प्रयोग किसके लिए किया जाता है?
A. श्रवण दोष युक्त बालकों के लिए
B. अन्धे बालकों के लिए
C. विकलांग बालकों के लिए
D. इनमें से कोई नहीं

39. श्रवण क्षतियुक्त बालकों की शिक्षा निम्न में से किसके द्वारा नहीं दी जा सकती?
A. ओष्ठ पाठन B. संकेत भाषा
C. चिन्ह भाषा D. संगीत भाषा

40. बालकों के समस्यात्मक व्यवहार के उपच्रार हेतु कौन-कौन सी विधियों का प्रयोग किया जा सकता है?
A. परिवार उपचार विधि
B. विद्यालय उपचार विधि
C. सरकार उपचार विधि
D. ये सभी

उत्तरमाला

1	2	3	4	5	6	7	8	9	10
C	D	C	D	A	D	D	B	C	A
11	**12**	**13**	**14**	**15**	**16**	**17**	**18**	**19**	**20**
C	D	A	B	D	B	B	C	A	C
21	**22**	**23**	**24**	**25**	**26**	**27**	**28**	**29**	**30**
C	D	A	D	D	B	D	D	A	B
31	**32**	**33**	**34**	**35**	**36**	**37**	**38**	**39**	**40**
D	C	D	C	B	A	C	B	D	B

10. अधिगम और शिक्षाशास्त्र (Learning and Pedagogy)

बच्चों का स्कूल में प्रदर्शन (Performance of Children in School)

ऐसा अक्सर सुनने, पढ़ने एवं देखने में आता है कि विद्यालय में बहुत से बच्चे पढ़ने के लिए प्रवेश तो ले लेते हैं परन्तु उनमें से कुछ बच्चों के लिए शिक्षण प्रक्रिया की मांग को पूरा कर पाना बहुत कठिन होता है। परिणामतः इनका स्कूलों में प्रदर्शन अच्छा नहीं हो पाता और ये बीच में ही पढ़ाई छोड़ देते हैं। बच्चों के अपने स्कूलों में अच्छा प्रदर्शन न कर पाने के लिए अनेक कारक जिम्मेवार हो सकते हैं; जैसे परिवार की गरीबी, सांस्कृतिक विश्वास और मानक, पर्यावरणीय प्रभाव एवं स्वास्थ्य आदि। उपर्युक्त कारकों में से कुछ बालक के स्वयं के व्यक्तित्व से जुड़े होते हैं तो कुछ का संबंध सामाजिक और शैक्षिक परिवेश से होता है। उन कारकों में से कुछ प्रमुख निम्नवत हैं–

(i) **तत्परता की कमी :** कोई भी कार्य बिना इच्छा के संभव नहीं है। ठीक यही स्थिति अधिगम के साथ है। इस तरह स्पष्ट है कि सीखने की चाह ही वास्तव में तत्परता है। स्कूली स्तर पर छात्रों में तत्परता की कमी पाई जाती है। यही कारण है कि बच्चे स्कूल में अच्छा प्रदर्शन नहीं कर पाते।

(ii) **अभ्यास की कमी :** एक बात सर्वदा सत्य है कि अभ्यास व्यक्ति को निपुण एवं कुशल बनाता है। यह बात एक लोक प्रचलित दोहे से स्पष्ट है– **"करत-करत अभ्यास के जड़मति होत सुजान। रसरी आवत-जात ते शिल पर परत निशान।"** अर्थात् निरंतर अभ्यास करने से जड़ अर्थात् मूर्ख आदमी भी सुजान (ज्ञानी) हो जाता है ठीक उसी तरह जिस तरह कि शिल (पत्थर) पर रस्सी के निरंतर आने-जाने से उस पर निशान बन जाता है।

उपर्युक्त दोहा इस बात की ओर संकेत करता है कि यदि सीखी गई चीजों का बार-बार अभ्यास किया जाए तो सीखने वालों की स्मृति उस चीज के विषय में स्थाई हो जाती है। स्कूल में बच्चे दिए गए कार्यों का बार-बार दुहराव या पुनरावृत्ति या पुनरावलोकन नहीं करते। परिणामतः वे कुछ समय के बाद उसे भूल जाते हैं जिसके कारण स्कूल में उनका प्रदर्शन गिर जाता है।

(iii) **शारीरिक तथा मानसिक स्वास्थ्य :** स्कूल में अच्छे प्रदर्शन के लिए छात्रों का शारीरिक तथा मानसिक रूप से स्वस्थ होना अत्यंत आवश्यक होता है। यदि कोई छात्र शारीरिक या मानसिक रूप से पूर्ण स्वस्थ नहीं है, तो उसके स्कूली-प्रदर्शन में गिरावट आ जाती है।

(iv) **परिवेश की उपयुक्तता :** स्कूल में बच्चों के मानसिक व शारीरिक विकास के लिए अनुकूल परिवेश एक आवश्यक एवं अत्यंत महत्त्वपूर्ण कारक है। छात्रों से अच्छा प्रदर्शन तभी लिया जा सकता है जब उन्हें स्कूल में एक अच्छा परिवेश दिया जाए। यदि स्कूल में अच्छा तथा छात्रों के अनुकूल परिवेश नहीं होगा, तो उनके प्रदर्शन में गिरावट आ जाएगी।

(v) **शिक्षण की विधि :** अध्यापक की शिक्षण विधि का भी छात्रों पर सीधा एवं सकारात्मक प्रभाव पड़ता है। स्कूल स्तर पर शिक्षक को छात्रों को सिखाने में सरल तथा प्रयोग सिद्ध विधियों का प्रयोग करने के साथ प्रदर्शन विधि को अपनाना चाहिए जिससे कि छात्रों की स्मृति में उसका प्रभाव लंबे समय तक रह सके। यदि अध्यापक शिक्षण विधि को छात्र नहीं समझ पाते, तो वह स्कूली स्तर पर असफल हो जाते हैं तथा उनका प्रदर्शन गिर जाता है।

शिक्षण एवं अधिगम की आधारभूत प्रक्रियाएं (Teaching and Learning Process)

शिक्षण की प्रक्रिया (Teaching Process)

शिक्षण एक उद्देश्यपूर्ण प्रक्रिया है। उसका सीखने से घनिष्ठ संबंध है। यही कारण है कि आधुनिक युग में शिक्षण व सीखना (Teaching and Learning) को एक ही संकल्पना माना जाता है। किसी भी पाठ्यवस्तु को शिक्षक विचारहीन (Thoughtless) स्थिति से लेकर विचारपूर्ण (Thoughtful) स्थिति तक तीन स्तरों पर प्रस्तुत करता है–

1. स्मृति स्तर (Memory Level)
2. बोध स्तर (Understanding Level)
3. चिंतन स्तर (Reflective Level)

1. स्मृति स्तर (Memory Level)

स्मृति एक विचारहीन स्थिति है। यह शिक्षण की प्रारंभिक अवस्था है। स्मृति एक मानसिक प्रक्रिया है जो प्रत्येक प्राणी में किसी न किसी मात्रा में पाई जाती है। जब व्यक्ति किसी

वस्तु, पदार्थ अथवा स्थान को देखता है तो उसे वस्तु, पदार्थ अथवा स्थान की प्रतिमा अथवा चित्र उसके दिमाग में बन जाते हैं। इन संचित चिन्हों अथवा पूर्व समय में सीखी हुई बातों को याद करना ही स्मृति कहलाती है।

स्मृति के विभिन्न सोपान (Various Steps of Memory)

(*i*) **अधिगम :** स्मृति अधिगम अथवा अनुभवों के अंकित होने पर आधारित होती है। अतः स्मृति की पहली अवस्था किसी वस्तु अथवा तथ्य के सीखने की है। सीखने का कार्य चेतन मन करता है। इसी अवस्था में जीवन के अनुभव मानसिक संस्कारों के रूप में मस्तिष्क में अंकित हो जाते हैं और आवश्यकता पड़ने पर पुनः वर्तमान चेतना में आ जाते हैं।

(*ii*) **पुनः स्मरण :** सीखे हुए अनुभवों को चेतना में लाना पुनःस्मरण कहलाता है। व्यक्ति की स्मृति का अच्छा अथवा बुरा होना उसके भूतकालीन अनुभवों को पुनःस्मरण करने पर ही निर्भर करता है कि उसने कितनी ही अच्छी तरह क्यों न सीखा हो यदि आवश्यकता पड़ने पर उसे कुछ याद नहीं आता तो वह व्यर्थ है। सीखी हुई बातों को चेतना में लाने के लिए मनोवैज्ञानिकों ने कुछ नियमों के पालन को आवश्यक बताया है, ये नियम हैं–

(*a*) समानता का नियम।
(*b*) सहचारिता का नियम।
(*c*) विरोध का नियम।
(*d*) लगातार रुचि का नियम।
(*e*) प्राथमिकता का नियम।
(*f*) नवीनता का नियम।
(*g*) प्रबलता का नियम।
(*h*) पुनरावृति का नियम।

(*iii*) **पहचान :** किसी वस्तु अथवा व्यक्ति को देखकर यह बता देना कि हमने उसे पहले भी कभी देखा है पहचान कहलाती है। पहचान एक मानसिक प्रक्रिया है जिसके द्वारा हम किसी वस्तु अथवा व्यक्ति के संपर्क में आकर यह बता देते हैं कि क्या वस्तु है अथवा कौन व्यक्ति है तथा उससे हमारा परिचय कब हुआ। पहचान और पुनःस्मरण का बही संबंध है जो मस्तिष्क का शरीर से है।

(*iv*) **धारण :** सीखे हुए पाठ्यक्रम अथवा संस्कारों को मस्तिष्क में स्थाई रूप से बनाए रखना धारण कहलाता है। धारण करने की शक्ति प्रत्येक व्यक्ति में अलग-अलग मात्रा में पाई जाती है। जो व्यक्ति किसी बात को जितने अधिक समय तक अपने मस्तिष्क में धारण करता है उसकी स्मृति उतनी ही अच्छी कहलाती है। प्रौढ़ व्यक्तियों की अपेक्षा किशोरों तथा किशोरियों की धारण शक्ति अधिक होती है। धारण शक्ति चार बातों पर निर्भर करती है–

(*a*) स्वास्थ्य, (*b*) मस्तिष्क,
(*c*) रुचि तथा (*d*) चिंतन।

अच्छी स्मृति की विशेषताएं
(Characteristics of Good Memory)

(*i*) **शीघ्र अधिगम**–एक अच्छी स्मृति की विशेषता यह है कि कोई भी तथ्य सरलतापूर्वक तथा शीघ्रता से याद हो जाए। अतः केवल उन विद्यार्थियों की स्मृति को अच्छा कहा जाता है जो किसी तथ्य को शीघ्रता से सीख लेते हैं।

(*ii*) **पुनःस्मरण में शीघ्रता**–जो विद्यार्थी किसी बात को याद करके उसे पुनःस्मरण करते समय अपनी चेतना में उसे आसानी से और शीघ्रता से ज्यों का त्यों ले आते हों, जैसा कि उन्होंने सीखा था, वे अच्छी स्मृति वाले विद्यार्थी माने जाते हैं।

(*iii*) **धारण का स्थायित्व**–जिन विद्यार्थियों को सीखी हुई बातें अधिक देर तक याद रहती हैं। उनकी स्मृति अच्छी कही जाती है। इसके विपरीत ऐसे विद्यार्थियों की स्मृति को अच्छा नहीं कहा जा सकता जो किसी बात को याद तो जल्दी कर लेते हों परंतु उसे मस्तिष्क में अधिक देर तक धारण करने में असमर्थ हों।

(*iv*) **उपयोगिता**–कुछ विद्यार्थी ऐसे होते हैं जिन्हें बहुत कुछ याद होता है परंतु अवसर पड़ने पर उन्हें अप्रासंगिक सामग्री याद आती रहती है। केवल उन विद्यार्थियों की स्मृति अच्छी मानी जाती है जिन्हें अवसर के अनुसार उचित सामग्री याद आ जाती है अथवा जो आवश्यकतानुसार अनुभवों तथा प्रतिभाओं को तुरंत पहचान लेते हैं।

(*v*) **व्यर्थ की बातों को भूलना**–अच्छी स्मृति होने के लिए व्यर्थ की बातों को भूलना परम आवश्यक है। परीक्षा के समय व्यर्थ की बातों के याद आने से विद्यार्थियों को लाभ नहीं होता।

2. बोध स्तर (Understanding Level)

बोध स्तर एक विचारपूर्ण स्थिति है। यह स्मृति स्तर के शिक्षण से आगे की अवस्था है। बोध स्तर के शिक्षष के लिए यह आवश्यक है कि शिक्षण पहले स्मृति स्तर पर हो चुका हो। बोध स्तर के शिक्षण में शिक्षक यह प्रयास करता है कि विद्यार्थियों के बौद्धिक व्यवहारों को विकसित करने के लिए अधिक-से-अधिक अवसर प्रदान किए जाएं। इससे उनमें सामान्यीकरण, सूझ-बूझ तथा समस्याओं को सुलझाने के लिए आवश्यक क्षमताएं विकसित हो जाती हैं। बोध स्तर का शिक्षण करते समय शिक्षक तथा विद्यार्थी दोनों ही पाठ के विकास में सक्रिय रूप से भाग लेते हैं।

बोध स्तर के शिक्षण का सोपान
(Educational Steps of Understanding Level)

बोध स्तर के शिक्षण सोपान का प्रतिपादन मौरीसन (Morrison) ने किया। अतः इसे मौरीसन के शिक्षण प्रतिमान की संज्ञा दी जाती है। मौरीसन ने इस सोपान के प्रारूप का वर्णन निम्न चार पक्षों में किया है–

(*i*) उद्देश्य (*ii*) संरचना
(*iii*) सामाजिक प्रणाली (*iv*) मूल्यांकन प्रणाली।

(*i*) **उद्देश्य**–मौरीसन के अनुसार बोध स्तर के शिक्षण का उद्देश्य यह है कि विद्यार्थी प्रत्यय (Concept) का स्वामित्व प्राप्त कर ले। बोध स्तर के शिक्षण में शिक्षक पाठ्यवस्तु के स्वामित्व पर बल देता है जिससे विद्यार्थियों के व्यक्तित्व में वांछित परिवर्तन हो जाए।

(*ii*) **संरचना**–मौरीसन ने बोध स्तर के शिक्षण की व्यवस्था को पांच सोपानों में विभाजित किया जिनका अनुसरण करते हुए शिक्षक बोध स्तर के लिए शिक्षण तथा अधिगम की परिस्थितियां उत्पन्न कर सकता है। इस प्रतिमान के पांच सोपानों का क्रम है–

(*a*) अन्वेषण। (*b*) प्रस्तुतीकरण। (*c*) परिपाक।
(*d*) व्यवस्था। (*e*) वर्णन।

(*iii*) **सामाजिक प्रणाली**–बोध स्तर के शिक्षण में सामाजिक प्रणाली विभिन्न सोपानों में बदलती रहती है। प्रस्तुतीकरण सोपान में शिक्षक अधिक क्रियाशील रहते हुए विद्यार्थियों के व्यवहार को स्मृति स्तर की भांति नियंत्रित करता है तथा आवश्यक प्रेरणा भी देता है। परिपाक कालांश में शिक्षक और विद्यार्थी दोनों क्रियाशील रहते हैं। शिक्षक विद्यार्थियों को आवश्यक निर्देश देता है तथा विद्यार्थी स्वतः प्रेरित होते हुए तन्मयता के साथ कार्य करते हैं। इस प्रकार बोध स्तर के शिक्षण में बाह्य तथा आंतरिक दोनों प्रकार की प्रेरणा का प्रयोग किया जाता है।

(*iv*) **मूल्यांकन प्रणाली**–बोध स्तर के शिक्षण में सामाजिक प्रणाली बदलती रहती है। अभ्यास में प्रयोग करने के लिए विद्यार्थियों को प्रस्तुतीकरण की परीक्षा पास करनी पड़ती है। व्यवस्था तथा वर्णन में प्रवेश करने के लिए उन्हें अभ्यास परीक्षा पास करनी होती है। इस प्रकार बोध स्तर के शिक्षण के विभिन्न सोपानों में मौखिक तथा लिखित दोनों प्रकार की परीक्षाएं होती हैं।

बोध स्तर के शिक्षण की सीमाएं (Limitations of Understanding Level in Education)

(*i*) इसमें पाठ्यवस्तु के स्वामित्व पर बल दिया जाता है, मानवीय व्यवहार को ध्यान में नहीं रखा जाता है।

(*ii*) पाठ्यवस्तु के स्वामित्व से विद्यार्थियों के भावात्मक तथा क्रियात्मक पक्षों का विकास न होकर ज्ञानात्मक पक्ष का ही विकास हो सकता है।

(*iii*) शिक्षण के इस प्रतिमान द्वारा विद्यार्थियों को पाठ्यवस्तु का गहनता के साथ बोध कराया जा सकता है। अतः इस प्रतिमान द्वारा शुद्ध अधिगम प्राप्त होता है।

(*iv*) मौरीसन द्वारा दिया हुआ शिक्षण का यह प्रतिमान मनोवैज्ञानिक तथा व्यावहारिक दृष्टि से प्रभावात्मक प्रतिमान माना जाता है।

बोध स्तर के शिक्षण को प्रभावशाली बनाने के लिए सुझाव

(*i*) बोध स्तर के प्रत्येक सोपान का अनुसरण क्रमबद्ध रूप में समुचित ढंग से किया जाना चाहिए।

(*ii*) बोध स्तर के शिक्षण की समस्याओं पर विचार करते हुए शिक्षक को उनके समाधान हेतु उचित प्रयास करना चाहिए।

(*iii*) पाठ्य-वस्तु में तल्लीन होते हुए शिक्षक को समय-समय पर मनोवैज्ञानिक प्रेरणा भी देनी चाहिए।

(*iv*) बोध स्तर के शिक्षण में विद्यार्थियों को उस समय प्रवेश दिया जाए जब वे पहले स्मृति स्तर के शिक्षण की परीक्षा पास कर लें।

3. चिंतन स्तर (Reflective Level)

शिक्षण का अंतिम स्तर चिंतन स्तर है। इसमें स्मृति तथा बोध दोनों सम्मिलित हैं। चिंतन स्तर के शिक्षण के लिए यह आवश्यक है कि व्यवस्था स्मृति तथा बोध दोनों स्तर पर हो चुकी हो। चिंतन स्तर के शिक्षण का तात्पर्य 'समस्या केन्द्रित' शिक्षण से है। इसमें कक्षा का वातावरण खुला हुआ होता है। शिक्षक विद्यार्थियों के सामने ऐसी समस्या उत्पन्न करता है कि विद्यार्थियों में काफी मानसिक तनाव पैदा हो जाता है जिससे वे स्वयं प्रेरित होते हुए सक्रिय होकर समस्या को सुलझाने के लिए अपनी संकल्पनाएं बनाकर इसका परीक्षण करना प्रारंभ कर देते हैं। अंत में एक समय ऐसा आता है कि समस्या सुलझ जाती है। संक्षेप में चिंतन स्तर का शिक्षण विद्यार्थियों के बौद्धिक व्यवहार को विकसित करने के अवसर प्रदान करते हुए उनमें सृजनात्मक क्षमताएं विकसित करने में सहयोग प्रदान करता है।

चिंतन स्तर के शिक्षण को स्पष्ट करते हुए बिग्गी महोदय ने ठीक ही लिखा है– "चिंतन स्तर पर कक्षा में अधिक सजीव, प्रेरणादायी, सक्रिय, आत्मलोचनात्मक तथा संवेदनशील वातावरण उत्पन्न किया जाता है। यह वातावरण नवीन तथा मौलिक चिंतन को खुला अवसर प्रदान करता है। इस प्रकार का शिक्षण बोध स्तर के शिक्षण की अपेक्षा अधिक उत्पादक होता है।"

चिंतन स्तर के शिक्षण का सोपान (Educational Steps of Reflective Level)

चिंतन स्तर के शिक्षण सोपान को प्रतिपादित करने का श्रेय हण्ट (Hunt) को है। इसलिए इस शिक्षण सोपान को 'हण्ट का शिक्षण सोपान' (Hunt's Model of Teaching) की संज्ञा दी जाती है। हण्ट के चिंतन स्तर के प्रतिमान के प्रारूप का वर्णन निम्न सोपान के तहत किया जा सकता है–

(*i*) उद्देश्य
(*ii*) संरचना
(*iii*) सामाजिक प्रणाली
(*iv*) मूल्यांकन प्रणाली।

(*i*) **उद्देश्य**– चिंतन स्तर के शिक्षण के निम्न तीन उद्देश्य हैं–

(*a*) विद्यार्थियों की स्वतंत्र तथा मौलिक चिंतन शक्ति को विकसित करना।

(*b*) विद्यार्थियों में समस्या समाधान की क्षमता विकसित करना।

(*c*) विद्यार्थियों में आलोचनात्मक तथा सृजनात्मक चिंतन विकसित करना।

(*ii*) **संरचना–** चिंतन स्तर के शिक्षण की संरचना का प्रारूप का वर्गीकरण व्यक्तिगत तथा सामाजिक दोनों प्रकार की प्रकृति को ध्यान में रखते हुए निम्नवत चार सोपानों में की जाती है–

(*a*) पहले में शिक्षक विद्यार्थियों के सामने समस्यात्मक परिस्थिति उत्पन्न करता है।

(*b*) दूसरे में विद्यार्थी समाधान हेतु उपकल्पना बनाते हैं। स्मरण रहे कि एक समस्या के समाधान हेतु एक से अधिक उपकल्पनाएं भी बनाई जा सकती है।

(*c*) तीसरे में विद्यार्थी उपकल्पनाओं की पुष्टि के लिए आवश्यक प्रदत्तों का संकलन करते हैं। इन प्रदत्तों के आधार पर यह निर्णय किया जाता है कि बनाई हुई उपकल्पना समस्या के समाधान में सहायता कर सकती है अथवा नहीं।

(*d*) चौथे में उपकल्पना का परीक्षण किया जाता है। इस परीक्षा के आधार पर निर्णय निकाले जाते हैं, जो विद्यार्थियों के मौलिक विचार होते हैं।

(*iii*) **सामाजिक प्रणाली–** चिंतन स्तर के शिक्षण में कक्षा का वातावरण पूर्ण रूप में स्वतंत्र और खुला हुआ होता है। ऐसे वातावरण में शिक्षक का स्थान गौण होता है तथा विद्यार्थी का मुख्य। इस स्तर पर शिक्षक के तीन प्रमुख कार्य होते हैं–

(*a*) विद्यार्थियों के सामने समस्या उत्पन्न करना।

(*b*) शिक्षण के समय वाद-विवाद तथा सेमीनार आदि का प्रयोग करना, तथा

(*c*) विद्यार्थियों के आकांक्षा स्तर को ऊंचा उठाना।

(*iv*) **मूल्यांकन प्रणाली :** चिंतन स्तर के शिक्षण की निष्पत्तियों के लिए वस्तुनिष्ठ परीक्षा उपयोगी नहीं होती। विद्यार्थियों की क्षमताओं का उचित मूल्यांकन केवल निबंधात्मक परीक्षाओं के द्वारा ठीक प्रकार से किया जा सकता है। चिंतन स्तर की परीक्षा लेते समय मुख्यतः निम्न बातों का ध्यान रखा जाना चाहिए–

(*a*) विद्यार्थियों की अभिवृत्तियों तथा विश्वासों का मूल्यांकन करना चाहिए।

(*b*) उनकी अधिगम की क्रियाओं में तल्लीनता की जांच करनी चाहिए।

(*c*) इस बात का भी मूल्यांकन करना चाहिए कि विद्यार्थियों की आलोचनात्मक तथा सृजनात्मक क्षमताओं का विकास कितना हुआ है।

हण्ट के चिंतन स्तर के शिक्षण सोपान की सीमाएं (Hunt's Limitation of Reflective Level in Education)

(*i*) इस स्तर पर शिक्षण समस्या केन्द्रित होता है।

(*ii*) इस स्तर के शिक्षण में केवल सामूहिक वाद-विवाद को ही प्रभावशाली युक्ति समझा जाता है।

(*iii*) इस स्तर का शिक्षण केवल पाठ्यक्रम, पाठ्यवस्तु तथा पाठ्य पुस्तक तक ही सीमित नहीं किया जा सकता।

(*iv*) इस स्तर के शिक्षण में विद्यार्थी अपने शिक्षक की खुलकर आलोचना कर सकते हैं।

(*v*) स्मृति तथा बोध स्तरों की भांति चिंतन स्तर में किसी निश्चित कार्यक्रम का अनुसरण नहीं किया जा सकता।

(*vi*) इस स्तर के शिक्षण की व्यवस्था केवल उच्च कक्षा के विद्यार्थियों के लिए ही की जा सकती है क्योंकि चिंतन स्तर के शिक्षण में आयु तथा परिपक्वता का विशेष महत्त्व होता है।

चिंतन स्तर के शिक्षण को प्रभावशाली बनाने हेतु हण्ट के सुझाव

(*i*) शिक्षक को विद्यार्थियों के सामने ऐसी समस्यात्मक परिस्थितियां उत्पन्न करनी चाहिए कि सभी विद्यार्थियों में मौलिक तथा सृजनात्मक चिंतन विकसित हो जाए।

(*ii*) शिक्षण के समय विद्यार्थियों के सामने ऐसा स्वतंत्र तथा खुला हुआ वातावरण होना चाहिए कि वे वाद-विवाद में सक्रिय रूप से भाग लेकर समस्या को सुलझा सकें।

(*iii*) शिक्षक को विद्यार्थियों के सामने समस्या को इस प्रकार से उत्पन्न करना चाहिए कि वे इसकी अनुभूति करके आवश्यक उपकल्पनाएं बना सकें।

(*iv*) शिक्षक को चाहिए कि वह विद्यार्थियों का आकांक्षा स्तर (Level of Aspiration) को ऊंचा उठाए।

(*v*) शिक्षक को चाहिए कि वह विद्यार्थियों को चिंतन के शिक्षण स्तर में प्रवेश उसी समय दें जब वे स्मृति तथा बोध स्तर की परीक्षाओं में सफल हो चुके हों।

(*vi*) शिक्षक को इस स्तर के चारों सोपानों का अनुसरण सतर्कता के साथ करना चाहिए।

अधिगम की प्रक्रिया (Learning Process)

क्रिया-प्रतिक्रिया निर्देशित सभी व्यवहार प्राणी में परिवर्तन तथा संशोधन लाते रहते हैं। इस तरह का व्यवहार परिवर्तन, अधिगम कहलाता है।

अधिगम में दो पूरक प्रक्रियाएं—विभेदीकरण व विशिष्टीकरण सम्मिलित होती हैं। विभेदीकरण पूर्ण को इसके खंडों या घटकों में बांटने की प्रक्रिया है तथा विशिष्टीकरण जो घटकों को संयुक्त कर समष्टि अथवा अखंड बनाने की प्रक्रिया है। उदाहरणार्थ– यदि एक सीखने वाले बालक को खिलौना दिया जाता है तो वह खिलौना के पुर्जे को खोलकर विखंडित कर देता है। इस कार्य से बच्चा खिलौना के अलग-अलग टुकड़े करके ढांचे अथवा उसकी कार्यविधियों को समझने का प्रयत्न करता है। इसके बाद बच्चा सभी टुकड़े को पुनः वापस में जोड़कर खिलौना बनाने का प्रयत्न कर सकता है।

अधिगम की मुख्य विशेषताएं (Characteristics of Learning)

(*i*) **अधिगम की प्रकृति का व्यक्तिगत होना :** प्राय ऐसा देखा जाता है कि कुछ बच्चे बहुत शीघ्रता से सीख जाते हैं तथा कुछ धीरे-धीरे सीखते हैं। वास्तव में, सीखने की गति प्रत्येक व्यक्ति में भिन्न-भिन्न होती है।

एक कक्षा में प्रत्येक छात्र स्वयं में अद्वितीय होते हैं तथा प्रत्येक छात्र की अपनी-अपनी समस्याएं, आवश्यकताएं, लक्ष्य, आकांक्षाएं, रुचियां, पसंद-नापसंद होती हैं। व्यक्तित्व के गुणों में इन अंतरों के कारण विद्यार्थियों की सीखने की गति व मात्रा में भिन्नता होती है। अधिगम व्यक्ति की उसकी संपूर्ण परिस्थिति के साथ परस्पर संक्रिया का फल है। कोई छात्र किसी एकाकी उद्दीपन के संदर्भ की अपेक्षा संपूर्ण अधिगम परिस्थिति के प्रति अनुक्रिया द्वारा सीखता है। इसके अतिरिक्त अधिगम अवस्था में अधिगमकर्ता के व्यक्तित्व के सभी तीनों पक्षों– शारीरिक पक्ष, मानसिक पक्ष व संवेगात्मक पक्ष प्रभावित होते हैं। अतः एक अधिगम परिस्थिति का सावधानी से निर्माण करते समय एक अच्छा प्राध्यापक जहां एक ओर पर्यावरण का ध्यान रखता है वहीं दूसरी ओर उन सभी अभिप्रेरणात्मक कारकों का ध्यान रखता है जो अधिगमकर्त्ता को प्रभावित कर सकते हैं।

(*ii*) **अधिगम एक निरंतर एवं सक्रिय प्रक्रिया के रूप में :** मान लिया जाए कि एक अध्यापक अपनी कक्षा के बालकों से यह अपेक्षा करता है कि वे गणित की दो से गुणा करने की प्रक्रिया सीखने के लिए दस तक का पहाड़ा (Table) याद करें। जहां तक इस अवस्था के अधिगम के उद्देश्य का प्रश्न है हम इसे सही एवं स्पष्ट रूप से समझते हैं। ऐसी अवस्था में उद्देश्य की प्राप्ति विचारणीय मुद्दा है। संभवतः अध्यापक को एक-एक करके क्रमशः सभी पहाड़ों को बोलना चाहिए और विद्यार्थियों को उन्हें दोहराने के लिए कहना चाहिए। इस प्रक्रिया को निरंतर दुहराने से कुछ समय बाद बच्चे इन 'पहाड़ों' को कण्ठस्थ कर लेंगे। बच्चे इस प्रक्रिया में जितना अधिक प्रयत्न करेंगे उतनी ही अच्छी प्रकार से उन्हें पहाड़े याद होंगे। अर्थात् पहाड़े याद करना बच्चे के प्रयत्न पर निर्भर करता है। इस प्रकार हम पाते हैं कि अधिगम एक सक्रिय तथा निरंतर चलने वाली प्रक्रिया है।

(*iii*) **अधिगम का लक्ष्य एवं प्रयोजन केंद्रित होना :** प्रत्येक व्यक्ति अपने जीवन में किसी न किसी लक्ष्य की प्राप्ति का इच्छुक होता है। ये लक्ष्य ऐसे भी हो सकते हैं कि जो तुरंत प्राप्य हों अथवा ऐसे जो कुछ समय पश्चात् प्राप्त हो सकें। इनको हम क्रमशः अल्पावधिक लक्ष्य तथा दीर्घकालीन लक्ष्य कहते हैं। यदि इन लक्ष्यों का स्पष्ट और निश्चित रूप में कथन कर दिया जाए तो अधिगमकर्ता के लिए अधिगम अर्थपूर्ण तथा सप्रयोजन होगा।

(*iv*) **अधिगम का स्वरूप समीक्षात्मक अथवा सृजनात्मक होना :** अधिगम पूर्व प्राप्त अनुभवों का योगमात्र नहीं है अपितु यह अधिगमकर्त्ता को ज्ञान व अनुभवों का एक सृजनात्मक संश्लेषण है। इस अर्थ में अधिगम कार्य करने की एक नई विधि है और इसका उद्देश्य है उच्च स्तर का चिंतन करना जिसे सृजनात्मक अथवा समीक्षात्मक चिंतन कह सकते हैं। यहां सृजनात्मक चिंतन का प्रयोग पूर्ण तकनीकी रूप में न होकर मानसिक प्रक्रिया से संबद्ध है।

अधिगम के संबंध में **क्रो** एवं **क्रो** (Crow and Crow) ने भी मानसिक प्रक्रियाओं की ओर संकेत दिया है। उनके अनुसार समीक्षात्मक चिंतन में निम्नलिखित प्रक्रियाएं शामिल हैं–

(*i*) **दिशा :** इस प्रक्रिया में अधिगमार्थी की रुचि व उसका ध्यान एक लक्ष्य की ओर होता है।

(*ii*) **चयन :** यह वह प्रक्रिया है जिसमें अधिगमार्थी उन पूर्व अनुभूतियों का अनुस्मरण तथा चयन करता है जो उसके लिए नई अधिगम परिस्थिति को समझने में सार्थक होती है।

(*iii*) **व्याख्या :** इस प्रक्रिया के अन्तर्गत् अधिगमार्थी विभिन्न प्रकार की उपलब्ध सूचनाओं के मध्य संबंध देखने का प्रयत्न करता है।

(*iv*) **अंतर्दृष्टि :** इस प्रक्रिया के दौरान सीखने वाला अपनी नई अनुभूतियों के मध्य संबंधों की पहचान करता है।

(*v*) **समालोचना :** यह वह प्रक्रिया है जिसके अंतर्गत् नए मानसिक प्रारूपों का निर्माण या समीक्षा कर ढूंढे गए समाधान का मूल्यांकन किया जाता है।

(*vi*) **सृजन :** इसके अंतर्गत् नई मानसिक संरचनाओं का निर्माण होता है।

अधिगम को प्रभावित करने वाले बालकों से संबद्ध कारक (Factors Affecting Learning Related to Children)

अधिगम एक व्यापक प्रक्रिया है। बालक जब प्रथम बार विद्यालय में प्रवेश करता है तो उस पर घर का वातावरण छाया रहता है। विद्यालय प्रांगण में आने पर उसके मन में अनेक जिज्ञासाएं उठती हैं जिनको वह शांत करना चाहता है। उसे नवीन वातावरण में समायोजन करना होता है। ऐसी स्थिति में अधिगम क्रिया अनेक कारकों से प्रभावित होती है जो निम्नवत् हैं–

(*i*) **बालक :** किसी भी क्रिया को सीखने का एक केंद्र बिंदु होता है। शिक्षा का उद्देश्य बालक का सर्वांगीण विकास करना है। इस दृष्टि से बालकों की रुचि, योग्यता, क्षमता, व्यक्तिगत भेद, बुद्धि आदि के आधार पर संपन्न की गई क्रिया प्रभावशाली सिद्ध हो सकती है। बालक शिक्षण-प्रक्रिया का आधार है इसलिए उसके अभाव में अधिगम की कल्पना भी नहीं की जा सकती।

(*ii*) **शैक्षिक पृष्ठभूमि :** अधिगम पर इस बात का बहुत प्रभाव पड़ता है कि सीखने वाले की शैक्षिक योग्यता क्या है? यदि छात्र किसी विषय में पिछड़ा है तो उस विषय से संबंधित नवीन ज्ञान सीखने में उसे कठिनाई

का सामना करना पड़ेगा। यदि किसी छात्र की एक विषय में शैक्षिक योग्यता सामान्य से अधिक है तो छात्र उस विषय में नया ज्ञान सुगमता से सीख लेता है।

(*iii*) **सीखने की इच्छा :** बालकों को नया ज्ञान देने से पूर्व यह नितांत आवश्यक है कि उनमें सीखने के प्रति जिज्ञासा उत्पन्न की जाए क्योंकि ऐसा होने पर विद्यार्थी प्रतिकूल परिस्थितियों में भी किसी बात को सीखने में सफल हो जाता है। सीखने की इच्छा के अतिरिक्त छात्रों का आकांक्षा स्तर भी उच्च कोटि का होना चाहिए जिससे बालक कठिन तथ्यों को भी आसानी से समझ सके।

(*iv*) **अधिगम प्रक्रिया :** किसी क्रिया को किस प्रकार से संपादित किया जाता है, इससे भी अधिगम प्रभावित होता है। यद्यपि मनोवैज्ञानिक अधिगम की प्रक्रिया के संपादन पर एक मत नहीं हैं, फिर भी यह बात अपनी जगह सत्य है कि बालक किसी भी क्रिया को अपने ही ढंग से ग्रहण करता है, चाहे अधिगम की प्रक्रिया किसी भी ढंग से क्यों न संपादित की जाए।

(*v*) **परिपक्वता :** अधिगम की प्रक्रिया को बालक की शारीरिक एवं मानसिक परिपक्वता अधिक प्रभावी बनाती है। छोटी कक्षाओं में बालक की मांसपेशियों को मजबूत बनाने की ओर ध्यान दिया जाता है ताकि वे पेन, किताब आदि को पकड़ना सीख जाए। उन्हें व्याकरण एवं पहाड़े आदि का ज्ञान भी इसी दृष्टि से बाद में कराया जाता है। बहुत-सी चीजें बालक तभी सीख पाता है जब उसमें परिपक्वता आ जाती है चाहे हम उसे कितना भी प्रशिक्षण क्यों न दें।

(*vi*) **बुद्धि :** तीव्र बुद्धि वाला छात्र किसी भी ज्ञान को शीघ्रता एवं सरलता से सीख लेता है तथा मंदबुद्धि वाले छात्र को सामान्य बुद्धि वाले छात्र के साथ भी सीखने में बाधा रहती है। बुद्धि-लब्धि (I.Q.) शैक्षिक लब्धि में उच्च सकारात्मक सह-संबंध होता है। अधिगम प्रक्रिया का बुद्धि सबसे महत्त्वपूर्ण घटक है।

(*vii*) **सीखने वाले की मनोवृत्ति :** यदि किसी विषय के प्रति छात्र की नकारात्मक मनोवृत्ति है तो शिक्षक चाहे जितना परिश्रम करे छात्र के अधिगम में उन्नति होने की संभावना नहीं होती है। इसके विपरीत यदि सीखने वाले की किसी विषय के प्रति सकारात्मक मनोवृत्ति है तो वह सरलता से उस विषय को सीख जाता है। किसी विषय के प्रति सीखने वाले का रुझान बहुत महत्त्वपूर्ण होता है।

(*viii*) **सीखने का समय तथा अवधि :** यदि छात्र अधिक देर तक किसी क्रिया को करता रहता है तो वह थकान का अनुभव करने लगता है और थकान अनुभव होने से उसके अधिगम की प्रक्रिया में शिथिलता उत्पन्न हो जाती है। विद्यालयों में समय-सारणी (Time Table) बनाते समय इस बात का ध्यान रखा जाता है कि पहले कठिन विषय तथा बाद में सरल विषय पढ़ाया जाए। मध्यावकाश की व्यवस्था इसी उद्देश्य से की जाती है

(*ix*) **अभिप्रेरणा :** सीखने की प्रक्रिया में अभिप्रेरणा (Motivation) का महत्त्वपूर्ण योगदान है। यदि बालक को किसी नवीनतम ज्ञान अथवा कार्य सीखने के लिए प्रेरित नहीं किया जाता है तो वह उस प्रक्रिया में रुचि नहीं लेगा। अभिप्रेरणा से सीखने की इच्छा प्रबल हो जाती है। अभिप्रेरणा उत्पन्न करने के लिए यह आवश्यक है कि बालक को उसका लक्ष्य स्पष्ट कर दिया जाए।

(*x*) **शारीरिक व मानसिक स्वास्थ्य :** सीखने से पहले बालक का शारीरिक एवं मानसिक रूप से स्वस्थ रहना भी नितांत आवश्यक है, क्योंकि बालक के ध्यान, रुचि व एकाग्रता पर उसका प्रभाव पड़ता है। किसी भी प्रकार की मानसिक विकृति, शारीरिक रुग्णता तथा मानसिक तनाव का प्रत्यक्ष प्रभाव बालकों के अधिगम पर प्रतिकूल रूप से पड़ता है। शारीरिक एवं मानसिक रूप से अस्वस्थ बालक शीघ्र ही थक जाते हैं।

अधिगम को प्रभावित करने वाले शिक्षकों से संबद्ध कारक (Factors Affecting Learning Related to Teachers)

अधिगम को प्रभावित करने वाले विभिन्न प्रकार के कारकों में से शिक्षकों से संबद्ध कारक भी महत्वपूर्ण हैं, ये कारक निम्नवत् हैं–

(*i*) **विषय की जानकारी :** अध्यापक का किसी विषय से संबंधित ज्ञान अनुभव एवं योग्यता आदि छात्रों के अधिगम को प्रत्यक्ष रूप से प्रभावित करते हैं। यदि अध्यापक को अपने विषय की जानकारी नहीं है तो वह छात्रों को बहुत कुछ जानकारी नहीं दे सकता। इसके विपरीत, यदि अध्यापक को अपने विषय का सटीक ज्ञान है तो वह आत्मविश्वास के साथ छात्रों को नवीन ज्ञान देने में सक्षम होगा तथा उसका शिक्षण प्रभावी होगा।

(*ii*) **शिक्षण विधि :** शिक्षण विधि का सीधा संबंध अधिगम प्रक्रिया से होता है। साथ ही प्रत्येक शिक्षक का पढ़ाने का तरीका भी भिन्न होता है तथा सभी छात्र एक ही विधि से नहीं सीख पाते। शिक्षण की विधि जितनी अधिक वैज्ञानिक एवं प्रभावशाली होगी उतनी ही सीखने की प्रक्रिया सरल एवं लाभप्रद होगी। बच्चों के संदर्भ में खेल विधि द्वारा सिखाना, करके सिखाना, निरीक्षण द्वारा सिखाना, योजना विधि द्वारा सिखाना, खोज विधि द्वारा सिखाना आदि का अपना अलग-अलग महत्व है।

(*iii*) **शिक्षक का व्यवहार :** शिक्षक का व्यवहार छात्रों के सीखने को प्रत्यक्ष रूप से प्रभावित करता है। शिक्षक में एक आदर्श शिक्षक के सभी गुण होने चाहिए। उसके व्यवहार में सहानुभूति, सहयोग, समानता, शिक्षण कला

में निपुणता, मृदुभाषी, संयत आदि गुण निहित हैं तो छात्र कक्षा वातावरण में सहज रूप से सब कुछ सीख सकेंगे। लेकिन यदि शिक्षक का व्यवहार अत्यंत कठोर है तो छात्र उसके कक्षा से अनुपस्थित रहते हैं। साथ ही अध्यापक को सभी छात्रों से एक जैसा ही व्यवहार करना चाहिए ताकि छात्रों के मन में उसके प्रति दुर्भावना पैदा न हो।

(*iv*) **व्यक्तित्व :** शिक्षक का व्यक्तित्व सफल शिक्षण का आधार होता है। इस दृष्टि से शिक्षक का व्यक्तित्व आकर्षक एवं अत्यंत प्रभावशाली होना चाहिए। उसे अपने कार्यों एवं व्यवहार में संतुलन बनाए रखते हुए छात्रों पर एक अनूठी छाप छोड़नी चाहिए। छात्र जाने-अनजाने शिक्षक के व्यवहार से बहुत-सी बातें स्वयं ही सीख लेते हैं। कहा भी गया है कि शिक्षक छात्रों के लिए श्रेष्ठ प्रेरणा का काम करता है। इस दृष्टि से एक अध्यापक को आत्मविश्वासी दृढ़ इच्छाशक्ति वाला, कर्त्तव्यनिष्ठ, निरोगी, श्रेष्ठ रुचियों एवं अभिरुचियों वाला होना चाहिए।

(*v*) **व्यक्तिगत भेदों की जानकारी :** प्रत्येक छात्र की बुद्धि, रुचि, योग्यता, क्षमता, अभिवृत्ति आदि अलग-अलग होती है। इन्हीं विशेषताओं के कारण कुछ छात्र अध्यापक द्वारा प्रदत्त ज्ञान को आसानी से आत्मसात कर लेते हैं और कुछ देर से करते हैं या बिल्कुल ही नहीं कर पाते। सामान्यतः एक कक्षा में अध्यापक को तीन प्रकार के छात्रों का सामना करना होता है–मेधावी, सामान्य तथा पिछड़े हुए बालक और इन्हीं के अनुरूप उसे अपने शिक्षण की व्यवस्था करनी होती है। व्यक्तिगत भेद अध्यापक को छात्र के समझने में पूरा-पूरा सहयोग देते हैं।

(*vi*) **मनोविज्ञान की जानकारी :** ऐसा कहा जाता है कि एक अध्यापक को मनोविज्ञान का ज्ञान अनिवार्य है। इस संदर्भ में यह बात बिल्कुल स्पष्ट हो जाती है कि जब तक एक अध्यापक को मनोविज्ञान के सिद्धांतों का ज्ञान नहीं होता तब तक वह इन सिद्धांतों का शिक्षा में प्रयोग कर उसे प्रभावी नहीं बना सकता। उसे बाल विकास प्रक्रिया, वंशानुक्रम, व्यक्तिगत विभेद, प्रेरणा, सीखने के सिद्धांत आदि का ज्ञान होना चाहिए। निःसंदेह आधुनिक शिक्षा के मनोविज्ञान ने एक नई दिशा प्रदान की है।

(*vii*) **अनुशासन :** शिक्षा मनोविज्ञान के सिद्धांतों के प्रचलन के कारण आज यह धारणा गलत साबित हो गई है कि 'डण्डा हाथ से छूटा और बालक बिगड़ा'। अब यह अनुभव किया जाने लगा है कि डण्डे, मारपीट, भय एवं आतंक के बल पर कक्षा में स्थायी अनुशासन की स्थापना नहीं की जा सकती। यह हो सकता है कि छात्र तुरंत कुछ समय के लिए अनुशासित हो जाएं लेकिन कुछ समय बाद वह अपनी पुरानी प्रवृत्तियों पर पुनः लौट जाएंगे। मनोवैज्ञानिक परीक्षणों ने यह सिद्ध कर दिया है कि छात्र अपराध करने पर दण्ड से डरते नहीं। लेकिन इसका अर्थ यह नहीं कि छात्र को मनमानी करने दी जाए। उसे उसके अपराध के अनुकूल दण्ड अवश्य दिया जाना चाहिए।

(*viii*) **पाठ्य-सहगामी क्रियाएं :** शिक्षा के क्षेत्र में मनोविज्ञान के योगदान के रूप में आज पाठ्यक्रम में अनेक महत्त्वपूर्ण सहगामी क्रियाओं को यथोचित स्थान दिया जाता है। पहले यह समझा जाता था कि पढ़ाई के अतिरिक्त क्रियाओं का आयोजन करने से छात्र अपना बहुमूल्य समय नष्ट करते हैं। लेकिन, अब यह विचार बदल गया है। परिणामतः वाद-विवाद प्रतियोगिता, निबंध-लेखन, कहानी, कविता, अन्त्याक्षरी प्रतियोगिता, बालचर शिक्षा, भ्रमण, छात्र-संघ, खेल-कूद, अभिनय तथा नाटक, संगीत आदि इसी प्रकार की अन्य क्रियाओं को पाठ्यक्रम में स्थान देने के कारण बालकों के सर्वांगीण विकास में बहुत सहयोग मिलता है।

(*ix*) **बालक केंद्रित शिक्षा :** बाल मनोविज्ञान ने आज शिक्षा की धारा एवं संकल्पना को पूरी तरह से बदल दिया है। प्राचीन काल में शिक्षा का केंद्र बालक न होकर अध्यापक था। बालक की आवश्यकताओं, रुचियों, अभिरुचियों एवं दृष्टिकोणों की परवाह किए बिना ही शिक्षण का केंद्र बिंदु बालक हो गया। अतः शिक्षक के लिए यह आवश्यक है कि वह जो भी ज्ञान छात्रों को प्रदान करे वह उनकी रुचियों, क्षमताओं एवं स्तर के अनुकूल होना चाहिए।

(*x*) **समय-सारणी :** शिक्षा मनोविज्ञान के कारण ही विद्यालयों में समय-सारणी बनाते समय ध्यान रखा जाता है कि कौन-सा विषय पहले लिया जाए और कौन-सा बाद में। पहले बालकों की थकान, विश्राम एवं अवधान पर कोई ध्यान नहीं रखा जाता था लेकिन अब इन सभी पहलुओं पर विशेष ध्यान दिया गया है। खेल के समय तथा दूसरी विविध क्रियाओं के आयोजन की भी व्यवस्था समय-चक्र में सूक्ष्म रूप से कर ली जाती है। साथ ही समय-सारणी बनाते समय मौसम, बालकों की योग्यता, रुचि एवं व्यक्तिगत विभेदों आदि पर भी ध्यान दिया जाना चाहिए।

उपरोक्त बातों से स्पष्ट है कि जब तक शिक्षक यह नहीं जानेंगे कि पढ़ाना क्या है तथा छात्र यह नहीं जानेगा कि सीखना क्या है तब तक अधिगम प्रक्रिया को चलाना असंभव है। इन दो प्रश्नों के उत्तर में विषय-वस्तु या पाठ्यक्रम का उल्लेख अपेक्षित है। क्रिया-कलाप, उद्देश्य तथा पाठ्यक्रम का व्यवस्थापन अथवा संगठन अधिगम-प्रक्रिया की प्रकृति के निर्धारक हैं। यद्यपि कक्षा में अधिगम परिस्थितियों को व्यवस्थित करने संबंधी निर्देश शिक्षक को पाठ्यक्रम द्वारा उपलब्ध करा दिए जाते हैं, परंतु यह तो शिक्षक के चातुर्य

अथवा उपाय कौशल पर निर्भर करता है कि शिक्षक उसका कितनी बुद्धिमत्ता से उपयोग करते हैं। इस तरह शिक्षक की उपाय कुशलता एक और महत्त्वपूर्ण घटक है जो शिक्षक के विद्यार्थियों के अधिगम को प्रभावित करती है।

अधिगम/सीखने के प्रमुख तरीके (Important Ways of Learning)

सीखना मानव के व्यवहार में परिवर्तन है और यह परिवर्तन विभिन्न नियमों के माध्यम से संभव हो पाता है। सीखने की प्रक्रिया में सामाजिक वातावरण एवं वंशानुक्रमण अपनी महत्त्वपूर्ण भूमिका निभाते हैं। सीखने के प्रमुख तरीके निम्नवत् हैं–

(i) **अनुकरण के माध्यम से सीखना :** प्रायः सभी बालकों में अनुकरण की प्रवृत्ति पाई जाती है और यह अनुकरण की प्रवृत्ति उसे सीखने की ओर प्रेरित करती है। विद्वानों का मानना है कि अनुकरण द्वारा सीखना भूल एवं प्रयास द्वारा सीखने की तुलना में उच्च कोटि का सीखना है। इस नियम द्वारा सीखने में वह दूसरों के अनुभवों का लाभ उठाता है। इस नियम द्वारा सीखने के लिए बुद्धि की आवश्यकता अधिक होती है।

हेगाटी ने अनुकरण द्वारा सीखने के विषय में एक प्रयोग किया। उसने लोहे की एक खोखली नली में केला डाल दिया और भूखे बंदर को कमरे में बंद करके उसे उस केले वाली खोखली को कमरे में डाल दिया। बंदर उस नली को बार-बार जमीन पर पटक कर उस केले को निकालने का प्रयास करने लगा किंतु उसे कामयाबी नहीं मिली। तभी बंदर ने देखा कि उसके पास एक छोटा-सा डंडा पड़ा हुआ है। उसने उस डंडे को उठाया और नली के अंदर डाल कर केला बाहर निकाल लिया और उसे खा गया। पहले बंदर द्वारा किए जा रहे प्रयास को एक दूसरे बंदर को भी दूर से दिखाया जा रहा था। थोड़ी देर बाद इसी प्रकार की नली में केला डालकर दूसरे बंदर के सामने डाला गया। दूसरे बंदर ने तुरंत ही डंडे की मदद से उस केले को बाहर निकाल कर खा लिया। इस परीक्षण से स्पष्ट हो जाता है कि पहले बंदर ने भूल एवं प्रयास के माध्यम से लक्ष्य तक पहुंचने में सफलता पाई जबकि दूसरे बंदर ने पहले बंदर का अनुकरण कर तुरंत लक्ष्य तक पहुंचने में सफलता पा ली। इस प्रकार **हेगाटी** ने स्पष्ट किया कि अनुकरण द्वारा सीखना, सीखने की एक महत्त्वपूर्ण विधि है।

(ii) **भूल एवं प्रयास के माध्यम से सीखना :** भूल एवं प्रयास के नियम का प्रतिपादक **थॉर्नडाइक** को माना जाता है। उन्होंने चूहों और बिल्लियों पर अनेक परीक्षण करने के पश्चात् यह पाया कि मानव और पशु दोनों ही भूल एवं प्रयास के तरीके से सीखते हैं। किसी कार्य को करने के लिए पहले प्रयास किया जाता है और यह आवश्यक नहीं है कि प्रथम प्रयास में ही वह कार्य पूरा हो जाए। क्योंकि उसमें कोई न कोई भूल हो जाने की संभावना रहती है और कार्य में सफलता नहीं मिलती। अब इसे दोहराया जाता है और दोबारा करते समय पहली भूल को ध्यान में रखते हुए प्रयास किया जाता है। जैसे-जैसे प्रयास किया जाता है पुरानी भूलों में कमी आती जाती है और कार्य संपन्न हो जाता है। इस प्रकार बार-बार प्रयास करने पर सीखने की प्रक्रिया पूर्ण हो जाती है और यह कार्य ठीक प्रकार से होने लगता है। प्रयास एवं भूल में मानव प्रेरणायुक्त होता है और अपने निश्चित लक्ष्य तक पहुंचने की ओर अग्रसर होता है। यद्यपि प्राणी का लक्ष्य अस्पष्ट होता वह अपने इस अस्पष्ट लक्ष्य को प्राप्त करने के लिए बार-बार प्रयास करता है। असफलता मिलने पर पुनः प्रयास करता है और अंत में अपने लक्ष्य तक पहुंच जाता है। सही लक्ष्य तक पहुंच जाना ही सीखने की प्रक्रिया को पूर्ण करता है। उदाहरणार्थ–मनुष्य का टाइप सीखना, गणित के सवाल निकालना, साइकिल चलाना सीखना आदि भूल एवं प्रयास द्वारा सीखने के कुछ ऐसे ही उदाहरण हैं।

(iii) **सूझ-बूझ के माध्यम से सीखना :** सूझ-बूझ के माध्यम से सीखने के सिद्धांत का प्रतिपादक **कोहलर** था। इस सिद्धांत के अनुसार मानव पहले परिस्थितियों का पूर्ण अवलोकन करता है। उसके बारे में सोचता है और फिर क्रियाओं के माध्यम से उसे सीखने का प्रयास करता है। कोई भी प्राणी जब किसी नवीन वातावरण में आता है तो उसका संबंध विभिन्न तत्वों के साथ स्थापित होता है। वह वातावरण को भलीभांति समझता है और फिर उसी के अनुरूप प्रतिक्रिया करता है। वातावरण को जानना एवं समझना उसकी सूझ-बूझ पर पर निर्भर करता है। सूझ-बूझ का यह सिद्धांत पशुओं की तुलना में मानवों पर अधिक लागू होता है। इस सिद्धांत को सिद्ध करने के लिए **कोहलर** ने चिम्पैंजियों पर परीक्षण किया। उसने एक चिम्पैंजी को पिंजड़े में बंद कर दिया और कुछ दूरी पर पिंजड़े से बाहर केले टांग दिए। पिंजड़े में दो बांस भी डाल दिए। केले पिंजड़े से इतनी दूरी पर थे कि चिम्पैंजी के हाथ वहां तक नहीं पहुंच पा रहे थे। चिम्पैंजी ने जब देखा कि उसके हाथ केले तक नहीं पहुंच पा रहे हैं तो उसने एक डंडे के सहारे केलों तक पहुंचने का प्रयास किया। लेकिन चिम्पैंजी को जब उसमें भी सफलता नहीं मिली तो वह कुछ सोचता रहा और कुछ देर के बाद उसने दोनों डंडों को आपस में जोड़ा और उनकी सहायता से उसने केलों को पिंजड़े में खींच कर खा लिया। इस तरह स्पष्ट है कि सूझ-बूझ के सिद्धांत में बुद्धि का होना आवश्यक है। यह परीक्षण चिम्पैंजी पर इसलिए

किया गया क्योंकि चिम्पैंजी में थोड़ी-बहुत बुद्धि होती है। उसने अपनी सूझ-बूझ का इस्तेमाल कर केलों को खाने में सफलता प्राप्त की।

(*iv*) **आंशिक एवं पूर्ण तरीकों द्वारा सीखना :** इस विधि से छात्रों को समस्या का पूर्ण ज्ञान कराया जाता है, जिससे प्रथम बार में छात्रों को उस समस्या के बारे में कुछ न कुछ ज्ञान हो जाता है।

(*v*) **सामूहिक तरीके के माध्यम से सीखना :** मानव एक सामाजिक प्राणी है। समाज से बाहर उसका कोई अस्तित्व नहीं है। अतः वह समाज में रहते हुए समूह में बहुत कुछ सीखता है। समूहों में रहते हुए उसका ज्ञान प्राप्त करना ही सामूहिक सीखना कहलाता है। प्रोजेक्ट डाल्टन तथा बेसिक विधि, वर्कशॉप विधि, वाद-विवाद, सेमीनार विधि आदि सीखने की सामूहिक विधियों के अच्छे उदाहरण हैं।

अभ्यास प्रश्न

1. अधिगम में शिक्षार्थी को उसके परिणामों से अवगत कराने से उसे इसके द्वारा अभिप्रेरण (Motivation) मिलता है–

A. असफलता की सूचना

B. सफलता की सूचना

C. प्रतिपुष्टि (Feedback) द्वारा पुनर्बलन (Reinforcement)

D. निंदा व प्रशंसा

2. अधिगम के सिद्धान्तों (Theory of Learning) में निम्नांकित प्रमुख है–

A. साहचर्यवाद (Association)

B. शास्त्रीय अनुबन्ध (Classical Conditioning)

C. क्रियाप्रसूत अनुबन्ध (Operant Conditioning)

D. उपरोक्त सभी

3. व्यक्तित्व के निर्माण का फ्रायड (Freud) के अनुसार कौन सा सिद्धान्त है–

A. मनोविश्लेषण सिद्धान्त (Psychoanalytic Theory)

B. प्रारूप सिद्धान्त (Type Theory)

C. विशेषक सिद्धान्त (Trait Theory)

D. उपरोक्त सभी

4. "व्यक्तित्व, व्यक्ति के व्यवहार का समग्र गुण है।" व्यक्तित्व (Personality) की यह परिभाषा निम्नांकित ने दी है–

A. वुडवर्थ (Woodworth)

B. वैलेन्टिन (Valentine)

C. बोरिंग (Boring)

D. वारेन (Warran)

5. निम्न में से कौन-से कथन को सीखने की प्रक्रिया की विशेषता ***नहीं*** मानना चाहिए?

A. सीखना एक व्यापक प्रक्रिया है

B. सीखना लक्ष्योन्मुखी होता है

C. अन-अधिगम भी सीखने की प्रक्रिया है

D. शैक्षिक संस्थान ही एकमात्र स्थान है जहाँ अधिगम प्राप्त होता है

6. व्यक्तिगत शिक्षार्थी एक-दूसरे से ...... में भिन्न होते हैं

A. विकास-क्रम

B. विकास की सामान्य क्षमता

C. वृद्धि एवं विकास के सिद्धांतों

D. विकास की दर

7. विद्यार्थियों के सीखने में जो रिक्तियाँ रह जाती हैं उनके निदान के बाद .... होना चाहिए।

A. सभी पाठों को व्यवस्थित रूप से दोहराना

B. शिक्षार्थियों और अभिभावकों को उपलब्धि के बारे में बताना

C. समुचित उपचारात्मक कार्य

D. सघन अभ्यास कार्य

8. एक छात्र की शिक्षण-अधिगम में सक्रिय भागीदारी होती है यदि वहः

A. सम्बन्धित प्रश्न पूछता है

B. शिक्षक के प्रश्नों के उत्तर देता है

C. दूसरों के विचारों पर प्रतिक्रिया व्यक्त करता है

D. उपर्युक्त सभी करता है

9. उत्तम अधिगम के लिए आवश्यक है–

A. शिक्षक व्याख्यानों तथा अधिगम परीक्षणों की

B. छात्रों द्वारा अप्रत्यक्ष रूप से अधिगमित सांस्कृतिक प्रतिमानों की

C. छात्रों द्वारा शैक्षिक सांस्कृतिक पक्षों के व्यवहारिक प्रशिक्षण की

D. छात्रों को अपनी पाठ्य-पुस्तकों की सामग्री को दैनिक रूप से रटने की

10. स्मृति की सर्वश्रेष्ठ प्रणाली कौन-सी है?

A. पहचानना B. पुनर्स्मरण करवाना

C. पुनर्संरचना D. पुनः याद करना

11. स्मृति मापने हेतु सरलतम प्रणाली प्रयुक्त की गई।

A. आकृति B. पुनः याद करना

C. अभ्यास D. पहचान

12. स्मृति का हस्तक्षेप सिद्धांत प्रतिपादित किया था–

A. मिलर ने B. बैटलटालट ने

C. एबिनगास ने D. मेकगोक ने

13. "सीखने के पश्चात् उस बात को याद रखना या उसे पुनः प्रस्तुत करना स्मृति कहलाता है"–यह कथन किसका है?
A. फ्रायड B. मिलर
C. स्टाऊट D. वुडवर्थ

14. स्मृति का पहला अंग कौन-सा है?
A. पुनः स्मरण B. सीखना
C. पहचान D. धारणा

15. सामाजिक अधिगम का सिद्धांत इनमें से किसने दिया–
A. बंडूरा B. थार्नडाइक
C. पॉवलाव D. स्कीनर

16. लिखना उदाहरण है–
A. मौखिक अधिगम
B. प्रेरक एवं संवेदी अधिगम
C. प्रेरक अधिगम
D. संवेदी अधिगम

17. शिक्षण-अधिगम की प्रक्रिया में बच्चों के ज्ञानार्जन का मुख्य तरीका है–
A. अनुकरण द्वारा अधिगम
B. करके सीखना
C. अनुभव द्वारा अधिगम
D. उपरोक्त सभी

18. एक शिक्षक को बच्चों को सिखाते समय ध्यान देना चाहिए–
A. शिक्षण पद्धति एवं निर्देशन पर
B. बालकों के वर्गीकरण पर
C. कक्षा के आकार पर
D. उपरोक्त सभी

19. 'अनुकरण द्वारा अधिगम' का नियम किसके द्वारा प्रतिपादित किया गया?
A. स्कीनर B. थॉर्नडाइक
C. हेंगाटी D. कोहलर

20. किसी कक्षा कक्ष में सीखने को प्रभावित करने वाला महत्वपूर्ण घटक है–
A. कक्षा-कक्ष का प्रशासनिक वातावरण
B. कक्षा-कक्ष का आर्थिक वातावरण
C. कक्षा-कक्ष का सामाजिक वातावरण
D. कक्षा-कक्ष का मनोवैज्ञानिक वातावरण

21. शिक्षण अधिगम के अन्तर्गत शिक्षक का प्रमुख कार्य है–
A. बालक को पढ़ाना
B. बालक का ज्ञानवर्धन करना
C. बालक को सीखने के लिए अभिप्रेरित करना
D. बालक को अच्छे संस्कारों में डालना

22. निम्नलिखित में से सीखना किस प्रकार की गतिविधि है?
A. सामाजिक B. व्यक्तिगत
C. व्यवहारिक D. उपरोक्त सभी

23. आपकी कक्षा में बच्चों का प्रदर्शन निरन्तर गिरता जा रहा है, इसका प्रमुख कारण हो सकता है
A. अभ्यास की कमी B. तत्परता
C. अनुकूल वातावरण D. इनमें से कोई नहीं

24. बच्चों में सीखने के लिए आवश्यक नियम है–
A. रटने का नियम
B. तत्परता का नियम
C. व्यवस्थित अधिगम प्रक्रिया नियम
D. बहुप्रतिक्रिया नियम

उत्तरमाला

1	2	3	4	5	6	7	8	9	10
C	D	A	A	D	D	C	D	C	A
11	12	13	14	15	16	17	18	19	20
B	D	D	B	A	B	D	D	C	D
21	22	23	24						
C	A	A	B						

11. बच्चा एक समस्या समाधानकर्त्ता तथा वैज्ञानिक अन्वेषक के रूप में (Child as a Problem-solver and a Scientific Investigator)

समस्या समाधान का अर्थ (Meaning of Problem Solving)

समस्या समाधान का अर्थ है कठिनाइयों पर विजय प्राप्त करके लक्ष्य को प्राप्त करना। यदि हम किसी निश्चित लक्ष्य पर पहुँचना चाहते हैं, पर किसी कारणवश नहीं पहुँच पाते, तब हमारे सामने एक समस्या खड़ी हो जाती है। यदि हम इस कठिनाई पर विजय प्राप्त करके अपने लक्ष्य पर पहुँच जाते हैं, तो हम अपनी समस्या का समाधान कर लेते हैं। कुछ समस्याओं का हल करने में कम समय लगता है और कुछ में अधिक। किसी समस्या का समाधान करने के लिए यदि समुचित साधन उपलब्ध नहीं होते तो समाधान का विकल्प देखना पड़ता है।

बच्चा एक समस्या समाधानकर्त्ता के रूप में (Child as a Problem Solver)

विद्यालय शिक्षा के दौरान एक बच्चे के समक्ष अनेक समस्याएं आती हैं तथा उसका समाधान भी उसे ही ढूँढना होता। ऐसे में बच्चों को इस स्तर के योग्य बनाने के लिए आवश्यक है कि उनके व्यक्तित्व का विकास इस प्रकार से किया जाए कि वह सभी प्रकार की परिस्थितियों का सही ढंग से सामना कर सकें। व्यक्तित्व का विकास निम्नलिखित तरीकों के माध्यम से किया जा सकता है–

(i) **आत्म पहचान का गुण विकसित करके :** इस तरीके के तहत बच्चों को ऐसे काम दिए जाने चाहिए जिनमें सफलता निश्चित हो। इन कामों को करने से बच्चे में आत्म-विश्वास बढ़ता है जो जिन्दगी में प्रसन्नता व सहयोग की भावना को बढ़ाता है। बच्चे का जन्मदिन मनाना चाहिए। इससे बच्चे की आत्म-अनुमोदन तथा सामाजिक अनुमोदन की भावना को संतुष्टि मिलती है समय-समय पर बच्चे के काम की प्रशंसा करनी चाहिए तथा छोटी-छोटी बातों पर भी उन्हें पुरस्कृत करना चाहिए जिससे कि वह भविष्य में अपनी समस्याओं का समाधान स्वयं कर सकें।

(ii) **स्वयं की कमियों को स्वीकार करना और सिखाकर दूर करना :** बच्चों में यह भावना पैदा करनी चाहिए कि कोई भी व्यक्ति संपूर्ण नहीं है। इसीलिए अपनी कमियों को मुस्कुराते हुए स्वीकार करना चाहिए तथा उन्हें दूर करने का प्रयत्न करना चाहिए। इसके लिए बच्चे को इससे संबंधित कहानियां सुनानी चाहिए। इसके अतिरिक्त कुछ रचनात्मक कार्यक्रम का भी आयोजन किया जाना चाहिए। उदाहरणार्थ–नाटक दिखाना एवं कठपुतली नृत्य आदि। बच्चे के गुणों की खुलकर प्रशंसा करनी चाहिए ताकि बच्चा अपनी कमियों को भूलकर अपनी प्रतिभा को निखार सके।

(iii) **स्वावलंबी बनने के लिए प्रेरित करके :** बच्चे को आत्मनिर्भर बनाने के लिए हमेशा प्रेरित करते रहना चाहिए। इसके लिए बच्चे को कहानियां सुनानी चाहिए, नाटक दिखाने चाहिए, लड़कियों को गुड़िया को कपड़े पहनाने, सफाई करने, कंघी करने जैसे काम करने देने चाहिए इससे बच्चों में आत्मनिर्भरता बढ़ती है। बच्चों कों चुनौतीपूर्ण व उत्तरदायित्व वाले काम सौंपने चाहिए जिससे कि वह समस्याओं के समाधानों का हल सही दिशा में निकालने के लिए सक्षम हो सकें।

बच्चा एक वैज्ञानिक अन्वेषक के रूप में (Child as a Scientific Investigator)

किसी भी छात्र की समझ की सही जांच तब होती है जब वह समाज में रहकर सीखता है तथा अपने स्वयं के ज्ञान को एक अन्वेषक के रूप में प्रयोग करता है। एक बच्चे को वैज्ञानिक अन्वेषक के रूप में निम्नलिखित प्रकार से विकसित किया जा सकता है–

(i) किसी बच्चे को दैनिक जीवन में आने वाले व्यक्तियों के व्यवसाय के बारे में समझाने का प्रयास करना चाहिए। यथा–डॉक्टर, डाकिया, वकील, बढ़ई व सुनार आदि।

(ii) बच्चों को अलग-अलग जगहों पर भ्रमण के लिए ले जाना चाहिए ताकि वे भ्रमण के माध्यम से कुछ नए प्रकार के चीजों के संबंध में सोच सकें।

(iii) बच्चों को दुकान-दुकान आदि का खेल खेलना चाहिए ताकि वे खेल-खेल में दुकानदारी आदि के व्यवसाय आदि के बारे में जान सकें।

(iv) ऐसा उपाय करना चाहिए ताकि बच्चे वैज्ञानिक यंत्रों, धातुओं, वायु संचार आदि के बारे में स्वयं जानकारी प्राप्त कर सकें। ऐसा करने से उनमें (बच्चों में) एक वैज्ञानिक सोच के साथ-साथ अलग-अलग विषयों का अन्वेषण करने का गुण भी उत्पन्न होने लगता है।

अभ्यास प्रश्न

1. .... के अतिरिक्त निम्नलिखित समस्या समाधान की प्रक्रिया के चरण हैं–
A. सम्भावित युक्तियों को खोजना
B. समस्या को छोटे हिस्सों में बाँटना
C. समस्या की पहचान
D. परिणामों की आशा करना

2. बच्चों की सीखने की प्रक्रिया में माता-पिता को ...... भूमिका निभानी चाहिए।
A. अग्रोन्मुखी B. नकारात्मक
C. तटस्थ D. सहानुभूतिपूर्ण

3. चिन्तन तथा तर्क का उद्देश्य है–
A. संवेग को समाप्त करना
B. समस्या को जटिल बनाना
C. संज्ञान का अन्त करना
D. समस्या का समाधान करना

4. अधिगमकर्ता का स्व-नियमन का क्या अर्थ है?
A. विद्यार्थियों के व्यवहार के लिए विनियमों का निर्माण करना
B. विद्यार्थी निकाय द्वारा बनाए गए नियम एवं विनियम
C. अपने सीखने का स्वयं अनुवीक्षण करने की योग्यता
D. स्व-अनुशासन और नियन्त्रण

5. शिक्षार्थियों का 'आत्म नियमन' .... की ओर संकेत करता है।
A. स्व-अनुशासन और नियंत्रण
B. विद्यार्थियों के व्यवहार के लिए विनियम बनाना
C. अपने सीखने का स्वयं पर्यवेक्षण करने की उनकी योग्यता
D. विद्यार्थी-निकाय द्वारा बनाए गए नियम-विनियम

6. विद्यार्थियों के सीखने में जो रिक्तियाँ रह जाती हैं उनके निदान के बाद .... होना चाहिए।
A. समुचित उपचारात्मक कार्य
B. शिक्षार्थियों और अभिभावकों को उपलब्धि के बारे में बताना
C. सभी पाठों को व्यवस्थित रूप में दोहराना
D. सघन अभ्यास कार्य

7. सीमा ने हाथ से दाल और चावल खाना सीख लिया है। जब उसे दाल और चावल दिए जाते हैं तो वह दाल-चावल मिलाकर खाने लगती है। उसने चीजों को करने के लिए अपने स्कीम में दाल और चावल खाने को .... कर लिया है।
A. समुचितता B. अनुकूलित
C. समायोजित D. अंगीकार

8. शिक्षकों को अपने विद्यार्थियों की त्रुटियों का अध्ययन करना चाहिए क्योंकि वे प्रायः .... की ओर संकेत करते हैं।
A. भिन्न प्रकार की पाठ्यचर्या की आवश्यकता
B. योग्यताओं के अनुसार समूह बनाने हेतु दिशा-निर्देश
C. आवश्यक उपचारात्मक युक्तियों
D. उनके ज्ञान की सीमा

9. ''समस्या-समाधान किसी लक्ष्य की प्राप्ति में बाधा डालती प्रतीत होती कठिनाइयों पर विजय पाने की प्रक्रिया है।'' निम्न में से यह कथन किसका है?
A. स्टेनले B. स्किनर
C. पियाजे D. पावलॉव

10. बच्चों द्वारा की जाने वाली त्रुटियों के सम्बन्ध में निम्नलिखित में से कौन-सा कथन सत्य है?
A. यदि एक शिक्षक कक्षा-कक्ष में सभी बच्चों की त्रुटियों को सुधारने योग्य नहीं है तो यह संकेत करता है कि शिक्षक-शिक्षा की व्यवस्था असफल है।
B. स्वयं बच्चों द्वारा त्रुटियों को सुधारा जा सकता है इसलिए शिक्षक को उन्हें तुरन्त ही नहीं सुधारना चाहिए।
C. प्रत्येक त्रुटि को सुधारने में बहुत अधिक समय लगेगा तथा एक शिक्षक के लिए थकान वाला होगा
D. एक शिक्षक को प्रत्येक त्रुटि पर ध्यान नहीं देना चाहिए अन्यथा पाठ्यक्रम पूरा नहीं होगा।

11. एक शिक्षिका अपने शिक्षार्थियों को सदैव इस रूप में सहायता करती है कि वे एक विषय-क्षेत्र से प्राप्त ज्ञान को दूसरे विषय-क्षेत्रों के ज्ञान के साथ जोड़ सकें। इससे .... को बढ़ावा मिलता है।
A. वैयक्तिक भिन्नताओं
B. शिक्षार्थी-स्वायत्तता
C. ज्ञान के सह-सम्बन्ध एवं अन्तरण
D. पुनर्बलन

12. इरफान खिलौनों को तोड़ता है और उसके पुर्जों को देखने के लिए उन्हें अलग-अलग कर देता है। आप क्या करेंगे?
A. उसके जिज्ञासु स्वभाव को प्रोत्साहित करेंगे और उसकी ऊर्जा को सही दिशा में संचारित करेंगे
B. उसे समझाएँगे कि खिलौनों को तोड़ना नहीं चाहिए
C. इरफान को खिलौनों से कभी भी नहीं खेलने देंगे
D. उस पर हमेशा नजर रखेंगे

उत्तरमाला

1	2	3	4	5	6	7	8	9	10
B	A	D	C	C	A	B	C	B	A
11	**12**								
C	A								

12. संवेग और अभिप्रेरण (Emotion and Motivation)

संवेग (Emotion)

जब हम किसी विषय के बारे में बार-बार सोचते हैं तो हमारी राग-द्वेषात्मक मनोवृत्ति और प्रबल हो उठती है। बार-बार सोचे गए विषय को या तो हम प्रेम की दृष्टि से अथवा घृणा की दृष्टि से देखने लगते हैं। हमारी यह राग-द्वेषात्मक मनोवृत्ति और प्रबल हो उठती है। बार-बार सोचे गए विषय को या तो प्रेम की दृष्टि से अथवा घृणा की दृष्टि से देखने लगते हैं। हमारी यह राग-द्वेषात्मक मनोवृत्ति संवेग (Emotion) के कारण बनती है। संवेग भावों से उत्पन्न होता है। जब तक किसी विषय के संबंध में हमारे भाव सामान्य रहते हैं, संवेगों की उत्पत्ति नहीं होती है। जब उस विषय के भाव प्रबल हो जाते हैं, तब संवेग की उत्पत्ति होती है। भाव हमारे मन पर धीरे-धीरे प्रभाव डालता है। परंतु किसी प्रकार के संवेग के उत्पन्न होने पर हमारे मन में भारी उथल-पुथल हो जाती है।

संवेग की कुछ परिभाषाएं (Definitions of Emotion)

जरशील्ड के अनुसार, ''संवेग शब्द किसी भी प्रकार के आवेश में आने से भड़क उठने अथवा उत्तेजित होने की दशा को सूचित करता है।''

मैक्डूगल के अनुसार, ''संवेग एक प्रकार का अनुभव है जो किसी न किसी मूल प्रवृत्तीय क्रिया से संबद्ध होता है।''

क्रो एवं क्रो के अनुसार, ''संवेग, व्यक्ति के आंतरिक समायोजन, मानसिक एवं शारीरिक-भौतिक अवस्थाओं से प्रभावित होकर उसके बाह्य व्यवहार में दिखाई देने वाला प्रभावशाली अनुभव है।''

वुडवर्थ के अनुसार, ''संवेग जीव की उत्तेजनायुक्त अवस्था है।

निष्कर्ष (Result)

(*i*) प्रत्येक संवेग किसी न किसी मूल प्रवृत्ति या भावना से अवश्य ही संबद्ध होता है।
(*ii*) संवेग मानव की परिवर्तित आंतरिक भावना का बाह्य रूप होता है।
(*iii*) प्रत्येक संवेग किसी न किसी क्रिया से किसी रूप में अवश्य ही संबद्ध होता है।

उपर्युक्त निष्कर्ष के आधार पर हम कह सकते हैं कि ''किसी ज्ञात (प्रमुखतः) या अज्ञात (कभी-कभी) कारण से हमारी मनोदशा को प्रभावित करने वाले अस्थायी भाव, संवेग कहलाते हैं।''

संवेग की विशेषताएं/लक्षण (Characteristics of Emotion)

(*i*) प्रत्येक संवेग का संबंध किसी न किसी मूल प्रवृत्ति से होता है।
(*ii*) संवेगों का उभार सकारण होता है।
(*iii*) संवेग क्षणिक एवं अस्थायी होते हैं।
(*iv*) संवेग परिवर्तनशील होते हैं।
(*v*) संवेग सार्वभौमिक होते हैं।
(*vi*) संवेगों की तीव्रता वैयक्तिक अधिक होती है।
(*vii*) संवेगों की उत्पत्ति का कारण बाह्य जगत् से संबद्ध होता है।
(*viii*) संवेग मानव के व्यवहार को प्रभावित करते हैं।

संवेगों को प्रभावित करने वाले कारक (Factors Affecting Emotion)

निम्न कारक किसी न किसी रूप में संवेगों को प्रभावित करते हैं–

(*i*) वातावरण, (*ii*) मानसिक सक्रियता, (*iii*) शारीरिक स्वास्थ्य, (*iv*) वैयक्तिक रुचियां, (*v*) अभिवृत्तियां एवं मूल्य।

संवेगों से प्रभावित होने वाले कारक (Factors Affected by Emotion)

जिस प्रकार कुछ कारक संवेगों को प्रभावित करते हैं ठीक उसी प्रकार संवेग भी कुछ कारकों से प्रभावित होते हैं। ये कारक हैं–(*i*) शारीरिक स्वास्थ्य, (*ii*) मानसिक स्वास्थ्य, (*iii*) वाणी, (*iv*) सामाजिकता एवं अधिगम।

संवेग के विभिन्न प्रकार (Types of Emotion)

संवेगों का संबंध मूल प्रवृत्तियों से होता है। चौदह मूल-प्रवृत्तियों के चौदह संवेग हैं, जो इस प्रकार हैं–

1. भय, 2. घृणा, 3. करुणा एवं दुःख, 4. आश्चर्य, 5. आत्माभिमान, 6. भूख, 7. कृतिभाव, 8. क्रोध, 9. वात्सल्य, 10. कामुकता, 11. आत्महीनता, 12. एकाकीपन, 13. अधिकार भावना, 14. आमोद।

संवेग एवं शिक्षा में इसका महत्व (Importance of Emotion in Education)

शिक्षक, बालकों के संवेगों के प्रति ध्यान देकर उनका किस प्रकार हित कर सकते हैं, यह निम्नलिखित बातों से स्पष्ट हो जाता है–

(*i*) शिक्षक, बालकों की मानसिक शक्तियों के मार्ग को प्रशस्त करके, उन्हें अपने अध्ययन में अधिक क्रियाशील बनाने की प्रेरणा प्रदान कर सकता है।

(*ii*) शिक्षक, बालकों के संवेगों को परिष्कृत करके उनको समाज के अनुकूल व्यवहार करने की क्षमता प्रदान कर सकता है।

(*iii*) शिक्षक, बालकों के संवेगों का विकास करके, उनमें उत्तम विचारों, आदर्शों, गुणों और रुचियों का निर्माण कर सकता है।

(*iv*) शिक्षक, बालकों को अपने संवेगों पर नियंत्रण करने की विधियां बताकर उनको शिष्ट और सभ्य बना सकता है।

(*v*) शिक्षक, बालकों के संवेगों को जाग्रत करके, पाठ में उनकी रुचि उत्पन्न कर सकता है।

(*vi*) शिक्षक, बालकों के संवेगों का ज्ञान प्राप्त करके, उपयुक्त पाठ्यक्रम का निर्माण करने में सफलता प्राप्त कर सकता है।

(*vii*) शिक्षक, बालकों में उपयुक्त संवेगों को जाग्रत करके, उनको महान कार्यों को करने की प्रेरणा दे सकता है।

अभिप्रेरण (Motivation)

अभिप्रेरण में वे सब आंतरिक अवस्थाएं आ जाती है जो किसी क्रिया को छोड़ती हैं या उसको बनाए रखती है। प्रेरक (Motive) उद्दीपन (Stimulus) से भिन्न होता है, क्योंकि वह उत्तेजना के प्रकट होने के पहले से ही उपस्थित होता है। यदि आंतरिक अभिप्रेरणा न हो तो बाह्य उद्दीपन कितना भी तीव्र होने पर अनुक्रिया उत्पन्न नहीं कर सकता है।

अभिप्रेरणा एक प्रकार की शक्ति है जो छात्रों को अध्ययन तथा अन्य कार्यों को करने का जोश तथा रुचि उत्पन्न करती है। व्यक्ति जो भी कार्य करता है उसमें किसी न किसी प्रकार की अभिप्रेरणा की भूमिका आवश्यक होती है। अध्यापक के समक्ष यह बहुत बड़ी समस्या होती है कि छात्रों को किस प्रकार अधिक-से-अधिक अभिप्रेरित किया जाए। अध्यापक इसके लिए अनेक उपाय करता है। अभिप्रेरणा अधिगम के लिए कोई आवश्यक शर्त नहीं है परंतु फिर भी यह अधिगम प्रक्रिया को गतिशीलता प्रदान करती है। इसे ''सीखने का हृदय'' (Heart of Learning), ''सीखने का स्वर्ण पथ'' (Golden Road of Learning), तथा ''सीखने का मुख्य कारक'' (Important Factor of Learning) कहा गया है।

अभिप्रेरणा की कुछ परिभाषाएं (Definitions of Motivation)

स्किनर के अनुसार, ''अभिप्रेरणा, अधिगम का सर्वोच्च राजमार्ग है।''

बर्नार्ड के अनुसार, ''उत्प्रेरणा, शिक्षा में मनोविज्ञान की मूलभूत समस्या है।''

कैले के अनुसार, ''अधिगम की कुशल कला में उत्प्रेरणा केंद्रीय कारक है।''

निष्कर्ष (Result)

(*i*) उत्प्रेरणा और अधिगम का सीधा संबंध है।

(*ii*) उत्प्रेरणा किसी आंतरिक शक्ति का उभार है।

(*iii*) प्राणी या मनुष्य के अंदर निहित वे सभी तत्व जो उसके बाह्य व्यवहार को प्रभावित करते हैं, आंतरिक तत्व या आंतरिक शक्तियां कहलाती हैं। इनमें मूल प्रवृत्तियां, मन, बुद्धि, चित्त एवं अहंकार सभी आंतरिक शक्तियां हैं।

प्रेरणा के भेद (Types of Motivation)

प्रेरणा के दो भेद हैं–

(*i*) **सकारात्मक प्रेरणा (Positive Motivation):** इस प्रेरणा में बालक किसी कार्य को अपनी स्वयं की इच्छा से करता है। इस कार्य को करने से उसे सुख और संतोष प्राप्त होता है। इस प्रेरणा को आंतरिक प्रेरणा भी कहते हैं।

(*ii*) **नकारात्मक प्रेरणा (Negative Motivation):** इस प्रेरणा में बालक किसी कार्य को अपनी स्वयं की इच्छा से न करके, किसी दूसरे की इच्छा या बाह्य प्रभाव के कारण करता है। इस कार्य को करने से उसे किसी वांछनीय या निश्चित लक्ष्य की प्राप्ति होती है। इस प्रेरणा को बाह्य प्रेरणा भी कहते हैं।

प्रेरणा की प्रमुख विधियां (Main Process of Motivation)

मरसेल ने लिखा है कि प्रेरणा यह निश्चित करती है कि लोग कितनी अच्छी तरह से सीख सकते हैं और कितनी देर तक सीख सकते हैं। अतः उनको प्रेरणा प्रदान की जानी आवश्यक है। ऐसा निम्नांकित विधियों का प्रयोग करके किया जा सकता है–

(*i*) **रुचि (Interest):** प्रेरणा प्रदान करने की पहली विधि है बालकों की पाठ में रुचि उत्पन्न करना। अतः अध्यापक को पढ़ाए जाने वाले पाठ को बालक की रुचियों से संबंधित करना चाहिए। इस संबंध में प्रेसी, रॉबिन्स व हॉरक्स का कहना है कि ''रुचि, छात्रों का ध्यान आकर्षित करने का प्रथम उपाय है।''

(*ii*) **सफलता (Success):** सफलता के संबंध में फ्रेंडसन का विचार है कि सीखने के सफल अनुभव अधिक सीखने की प्रेरणा देते हैं।

(*iii*) **सामूहिक कार्य (Collective Work):** प्रेरणा प्रदान करने की इस विधि में बालकों को सामूहिक कार्यों में भाग लेने के लिए प्रोत्साहित किया जाता है।

(*iv*) **आवश्यकता का ज्ञान (Required Knowledge):** इस विधि के अंतर्गत् यह माना जाता है कि बालकों की मुख्य आवश्यकताएं उसके सीखने में उद्दीपन का कार्य करती हैं।

(*v*) **प्रशंसा (Admiration):** उचित समय और स्थान पर प्रयोग किए जाने पर प्रशंसा, प्रेरणा का एक महत्त्वपूर्ण कारक है।

(*vi*) **कक्षा का वातावरण (Environment of Class):** अच्छा शिक्षक प्रभावशाली प्रेरणा के लिए शिक्षण-सामग्री से संपन्न अर्थपूर्ण और निरंतर परिवर्तनशील कक्षा-कक्ष के वातावरण पर निर्भर रहता है।

(*vii*) **सामाजिक वर्गों में भाग (Participate in Social Group):** यह बालकों और युवकों को प्रेरणा देने की साधारणतया सबसे प्रभावशाली विधि है। यह बालकों को उन अर्थपूर्ण सामाजिक कार्यक्रमों में रचनात्मक कार्य करने का अवसर देता है जिनको व्यक्ति और समाज दोनों महत्त्वपूर्ण समझते हैं।

(*viii*) **प्रतिद्वन्द्विता (Competitor):** इसके अनुसार शिक्षाशास्त्र के संपूर्ण इतिहास में प्रतिद्वन्द्विता को प्रेरणा प्रदान करने के लिए प्रयोग किया गया है।

(*ix*) **खेल-विधि का प्रयोग (Use of Playing Method):** इस विधि के अनुसार बालकों को शिक्षा देने के लिए खेल-विधि का प्रयोग किया जाता है। अतः शिक्षक को खेल-विधि का प्रयोग करके बालकों को शिक्षा देनी चाहिए।

(*x*) **परिणाम का ज्ञान (Knowledge of Result):** इस विधि के अनुसार यह माना जाता है कि प्रेरणा, परिणामों के तात्कालिक ज्ञान से प्राप्त होती है।

प्रेरणा में योगदान देने वाले मुख्य कारक (Factors Contributing to Motivation)

(*i*) **प्रोत्साहन (Encouragement):** प्रोत्साहन लक्ष्य तक पहुंचने के साधन होते हैं। इनका स्वरूप पुरस्कार के रूप में भी हो सकता है और संकेत के रूप में भी। जब ये किसी ऐसे उद्दीपक से जुड़ जाते हैं, जो इनकी उपस्थिति बताता है तो ये प्राणी को उत्तेजित कर देतें हैं अर्थात् व्यक्ति के व्यवहार को उभारते हैं और उसे गति प्रदान करते हैं। हल एवं स्पेन्स मानते हैं कि यूँ तो प्राणी का व्यवहार मूलतः चालक द्वारा संचालित होता है लेकिन वे ये भी मानते हैं कि कभी-कभी आत्म-प्रोत्साहन प्रेरणा का कार्य करता है। स्कीनर कहते हैं कि पुनर्बलन ही प्रोत्साहन है, अर्थात् धनात्मक तथा ऋणात्मक पुनर्बलन ही प्रोत्साहन का काम करते हैं। धनात्मक पुनर्बलन धनात्मक पुरस्कार होता है तथा ऋणात्मक पुनर्बलन ऋणात्मक पुरस्कार होता है।

(*ii*) **दण्ड (Punishment):** दण्ड एक उद्दीपन के समान है, जिससे व्यक्ति बचने का प्रयास करता है अथवा उससे दूर भागना चाहता है। दण्ड के संबंध में विचार व्यक्त करते हुए बोम्पस स्मिथ कहते हैं कि "विद्यालयी दण्ड प्रतिशोध नहीं होता है। इसका उद्देश्य प्रशिक्षण है। सर्वप्रथम अपराधी का प्रशिक्षण। दूसरे, उसके अवलोकन से अन्य बालकों का प्रशिक्षण। साथ ही उसे तथा दूसरों को पुनः अपराध करने से बचाना है।"

(*iii*) **उत्तेजना (Excitement):** यह किसी प्राणी की उत्तेजित होने की सामान्य अवस्था है। इस संबंध में डोनाल्ड हैब ने विचार व्यक्त करते हुए कहा है कि "उत्तेजना अथवा जागरूकता शक्ति प्रदान करती है लेकिन दिशा-निर्देश प्रदान नहीं करती। यह इंजन के समान है लेकिन उसका मार्ग परिवर्तित करने वाला साधन नहीं।"

उत्तेजना व्यक्ति की सक्रियता का आवश्यक कारक माना गया है। इसके तीन स्तर हैं–उच्च, मध्य एवं निम्न। व्यक्ति को यह उत्तेजना दो स्रोतों (बाह्य एवं आंतरिक) से मिलती है।

(*iv*) **आकांक्षा (Ambition):** आकांक्षा का उत्तेजना स्तर से सीधा संबंध है। हम उस स्थिति में उत्तेजित हो उठते हैं जब हम देखते कुछ और हैं और देखना कुछ चाहते हैं। जो हम देख रहे होते हैं वह Perception है और जो हम देखना चाहते हैं वह Expectancy है। जब इन दोनों के मध्य अंतर (Discrepancy) हो जाता है तो हम उत्तेजित हो उठते हैं।

मैक्लेलैंड ने अपना विचार प्रकट करते हुए कहा है कि P तथा E में अंतर अधिक होने पर हमें दुःख होता है एवं अंतर कम होने पर सुख प्राप्त होता है। इसलिए अंतर (Discrepancy) का एक निश्चित स्तर घटना तथा आशाओं के बीच रखना चाहिए। पूर्व अनुमानित संतोष को हम Valance कहते हैं तथा वास्तविक संतोष को Valuel। इस प्रकार कोई व्यक्ति जिस बल से कार्य करता है वह Expectancy और Valance का गुणनफल होता है।

अर्थात् $F = E \times V$.

अभ्यास प्रश्न

1. मोटीवेशन शब्द की उत्पत्ति हुई है, लैटिन भाषा के :
   A. मी धातु से B. मोट धातु से
   C. मोटम धातु से D. मोम धातु से
2. अभिप्रेरणा को प्रभावित करने वाले कारक हैं :
   A. आवश्यकताएं B. आकांक्षा स्तर एवं रुचि
   C. संवेगात्मक स्थिति D. इनमें से सभी
3. अभिप्रेरणा (Motivation) का स्रोत निम्नांकित होता है–
   A. पर्यावरणीय (Environmental)
   B. आंतरिक (Intrinsic)
   C. बाह्य (Extrinsic)
   D. उपरोक्त B और C
4. निम्नलिखित में से किस मनोवैज्ञानिक ने प्रेरणा का मनोविश्लेषण सिद्धान्त प्रस्तुत किया?
   A. एल्फ्रेड एडलर B. सिगमंड फ्रायड
   C. सी. जी. युंग D. विलियम मैक्डुगल
5. ....को एक अभिप्रेरित शिक्षण का संकेतक माना जाता है।
   A. शिक्षक द्वारा दिया गया उपचारात्मक कार्य–
   B. विद्यार्थियों द्वारा प्रश्न पूछना
   C. कक्षा में एकदम खामोशी
   D. कक्षा में अधिकतम उपस्थिति
6. सीखने की प्रक्रिया में, अभिप्रेरणा–
   A. पिछले सीखे हुए को नए अधिगम से अलग करती है
   B. शिक्षार्थियों को एक दिशा में सोचने के योग्य बनाती है
   C. शिक्षार्थियों में सीखने के प्रति रुचि का विकास करती है
   D. शिक्षार्थियों की स्मरण-शक्ति को पैना बनाती है
7. 'संवेगात्मक विरेचन' का अर्थ है–
   A. संवेगात्मक दमन को सहन करने की योग्यता को बढ़ाना
   B. संवेगात्मक दमन से बाहर निकालना
   C. बहुत अधिक अवसादग्रस्त महसूस करना
   D. संवेगों को दबाना
8. निम्न में से कौन-सा बच्चे की सामाजिक-मनोवैज्ञानिक आवश्यकताओं के साथ सम्बद्ध नहीं है?
   A. सान्निध्य (संगीत) की आवश्यकता
   B. शरीर से अपशिष्ट पदार्थों का नियमित रूप से बाहर निकलना
   C. संवेगात्मक सुरक्षा की आवश्यकता
   D. सामाजिक अनुमोदन अथवा सराहना की आवश्यकता
9. व्यवहार का 'करना' पक्ष .... में आता है।
   A. सीखने के भावात्मक क्षेत्र
   B. सीखने के संज्ञानात्मक क्षेत्र
   C. सीखने के मनोवैज्ञानिक क्षेत्र
   D. सीखने के गतिक (कोनेटिव) क्षेत्र
10. निम्नलिखित में से कौन-सी विशेषता आन्तरिक रूप से अभिप्रेरित बच्चों के लिए सही नहीं है?
    A. वे कार्य करते समय उच्च स्तर की ऊर्जा प्रदर्शित करते हैं
    B. उन्हें कार्य करने में आनन्द आता है
    C. ये हमेशा सफल होते हैं
    D. वे चुनौती भरे कार्यों को पसन्द करते हैं
11. एक विद्यार्थी मेडिकल कॉलेज में दाखिला लेने के लिए कठिन परिश्रम करता है ताकि वह प्रवेश परीक्षा में उत्तीर्ण हो सके। यह विद्यार्थी .... रूप में अभिप्रेरित है।
    A. बाह्य B. आन्तरिक
    C. आनुभविक D. वैयक्तिक
12. आन्तरिक रूप से अभिप्रेरित विद्यार्थी–
    A. के लिए औपचारिक शिक्षा की आवश्यकता नहीं है
    B. का बाह्य रूप से अभिप्रेरित विद्यार्थी की तुलना में अभिप्रेरणा स्तर कम होता है
    C. के लिए बाह्य पुरस्कार उसकी अभिप्रेरणा को बनाए रखने के लिए पर्याप्त नहीं है
    D. के लिए पुरस्कार की बिल्कुल भी आवश्यकता नहीं है
13. ब्लूम की टेक्सोनॉमी .... की पदानुक्रमिक व्यवस्था है।
    A. संज्ञानात्मक उद्देश्यों
    B. पठन कौशल
    C. पाठ्यचर्या सम्बन्धी घोषणाओं
    D. उपलब्धि लक्ष्यों
14. किशोरों के सन्दर्भ में निम्नलिखित में से कौन-सा कथन सर्वाधिक उचित है?
    A. चिन्तन का मूर्त क्रियाओं में प्रदर्शित होना
    B. बुद्धि लब्धांक में अकस्मात् वृद्धि
    C. संवेगात्मक प्रोत्थान की घटना बढ़ जाती है
    D. पढ़ाई के प्रति लापरवाह रवैया
15. "संवेग जीव की उत्तेजनायुक्त अवस्था है।" यह कथन किसका है।
    A. पियाजे B. वुडवर्थ
    C. ड्रेवर D. स्किनर
16. अभिप्रेरणा के सिद्धान्तों के अनुसार, एक शिक्षक .... के द्वारा सीखने को संवर्द्धित कर सकता है।
    A. विद्यार्थियों से बहुत उच्च अपेक्षाएँ रखने
    B. विद्यार्थियों से किसी प्रकार की अपेक्षाएँ न रखने
    C. अपेक्षाओं का एक रूप स्तर रखने
    D. विद्यार्थियों से वास्तविक अपेक्षाएँ रखने

17. निम्नलिखित में से कौन-सा सीखने के लिए अधिकतम रूप से अभिप्रेरित करता है?
A. असफलता से बचने के लिए अभिप्रेरण
B. बाह्य कारक
C. लक्ष्यों को प्राप्त करने में व्यक्तिगत सन्तुष्टि
D. बहुत सरल या कठिन लक्ष्यों का चयन करने की प्रवृत्ति

18. निम्नलिखित में से कौन-सा अधिगम को अधिकतम करने के लिए सर्वाधिक उचित है?
A. समान सांस्कृतिक पृष्ठभूमि वाले शिक्षार्थियों को एक कक्षा में रखना चाहिए ताकि मत वैभिन्न से बचा जा सके
B. शिक्षार्थियों में वैयक्तिक भिन्नता को सहज बनाने के लिए समान शिक्षार्थियों के जोड़ बनाए जा सकते हैं
C. शिक्षिका को अपनी संज्ञानात्मक शैली के साथ-साथ अपने शिक्षार्थियों की संज्ञानात्मक शैली की पहचान करनी चाहिए
D. अधिकतम परिणाम लाने के लिए शिक्षक केवल एक अधिगम शैली पर ध्यान केन्द्रित करता है

19. .... के अतिरिक्त निम्नलिखित सभी तथ्य संकेत करते हैं कि बच्चा कक्षा में संवेगात्मक और सामाजिक रूप से समायोजित है।
A. हम उम्र साथियों के साथ प्रतियोगिता पर दृढ़तापूर्वक ध्यान केन्द्रित करना
B. क्रोध तथा हर्ष दोनों को प्रभावी रूप से प्रबन्धित करना
C. चुनौतीपूर्ण कार्यों पर ध्यान केन्द्रित करना और उन्हें दृढ़तापूर्वक करते रहना
D. हमउम्र साथियों के साथ मधुर सम्बन्धों का विकास

20. गौरव को बच्चों को पढ़ाना अच्छा लगता है इसलिए वह बी.एड. की प्रवेश परीक्षा के लिए खूब मेहनत करता है। वह .... अभिप्रेरित है।
A. सक्रिय रूप से B. बौद्धिक रूप से
C. बाह्य रूप से D. आन्तरिक रूप से

21. उपलब्धि अभिप्रेरणा है–
A. असफलता से बचने की प्रवृत्ति
B. बिना विचारे, जल्दबाजी में कार्य करने की प्रवृत्ति
C. सफलता व असफलता को समान रूप से स्वीकार करने की तत्परता
D. चुनौतीपूर्ण कार्य करने में डटे रहने की प्रवृत्ति

22. जब बच्चे की दादी उसे उसकी माँ की गोद से लेती है, तो बच्चा रोने लगता है। बच्चा .... के कारण रोता है।
A. अजनबी दुश्चिंता B. संवेगात्मक दुश्चिंता
C. सामाजिक दुश्चिंता D. वियोग दुश्चिंता

23. निम्नलिखित में से कौन-सा कथन 'सीखने' के बारे में सही है?
A. सीखने के किसी भी चरण पर सीखना संवेगात्मक कारकों से प्रभावित नहीं होता
B. बच्चों द्वारा की गई त्रुटियाँ यह संकेत करती है कि किसी तरह का सीखना नहीं हुआ
C. सीखना उस वातावरण में प्रभावी होता है जो संवेगात्मक रूप से सकारात्मक हो और शिक्षार्थियों को सन्तुष्ट करने वाला हो
D. सीखना मूल रूप से मानसिक क्रिया है

24. अधिगम के प्रक्रम में अभिप्रेरण
A. नए सीखने वालों में अधिगम के लिए
B. एकदिशीय रूप से सोचने में सीखने वालों को प्रस्तुत करता है
C. पुराने अधिगम से नए अधिगम को विभेदित करता है
D. सीखने वालों की स्मृति को तेज बनाता है

25. "उत्प्रेरणा, शिक्षा में मनोविज्ञान की मूलभूत समस्या है।" यह कथन किसका है–
A. स्किनर B. कैले
C. बर्नार्ड D. क्रो एवं क्रो

26. विद्यालय में विद्यार्थियों को कैसे अभिप्रेरित करना उचित है?
A. चुने हुए अध्ययन द्वारा
B. प्रासंगिक अध्ययन द्वारा
C. गहन अध्ययन द्वारा
D. सस्वर अधिगम द्वारा

27. प्रेरणा का मुख्य कारक नहीं है–
A. प्रोत्साहन B. आकांक्षा
C. आत्माभिमान D. उत्तेजना

28. मानव की ऐसी अवस्था को क्या कहेंगे जो व्यवहार को लक्ष्य की ओर निर्देशित करती है?
A. संवेग B. अभिप्रेरणा
C. स्मृति D. इनमें से कोई नहीं

उत्तरमाला

1	2	3	4	5	6	7	8	9	10
C	D	D	C	B	C	A	B	B	C
11	**12**	**13**	**14**	**15**	**16**	**17**	**18**	**19**	**20**
B	C	A	C	B	A	C	C	A	D
21	**22**	**23**	**24**	**25**	**26**	**27**	**28**		
D	B	C	A	C	C	C	B		

13. अधिगम में योगदान करने वाले कारक (Factors Contributing to Learning)

अधिगम में योगदान करने वाले कारकों को मुख्यतः दो वर्गों में रखा गया है–I. व्यक्तिगत कारक एवं II. वातावरणीय कारक।

I. व्यक्तिगत कारक (Individual Factors)

(i) **व्यक्तिगत रुचियां (Individual Interest):** व्यक्तिगत रुचियां भी अधिगम प्रक्रिया में योगदान करने वाला एक महत्त्वपूर्ण कारक है। यदि किसी क्रियाकलाप में छात्र की रुचि उत्पन्न हो जाए तो शिक्षक उस दिशा में अधिक प्रयास कर सकते हैं। प्रयास किए बिना सीखना संभव नहीं है। यदि विद्यार्थी शिक्षक के शिक्षण एवं कक्षा के क्रियाकलापों में रुचि लेते हैं तो वे कभी भी अवरोध, थकान तथा ऊब महसूस नहीं करते। प्रायः ऐसा देखा गया है कि वास्तव में थकान अधिगम क्रियाओं में रुचि की कमी से पैदा होती है। अधिक मात्रा में तथा अच्छी गुणवत्ता से अधिगम की प्राप्ति हेतु विद्यालयों में रुचि का सहारा लेना आवश्यक है।

(ii) **शारीरिक क्रियाशील (Physical Work):** थकान मानसिक या शारीरिक होती है और थकान का अभ्यास करने वाला छात्र अधिगम की प्रक्रिया को कम कर देता है दूसरी शारीरिक क्रियाशीलता अधिगम प्रक्रिया में सहायक होती है तथा इसकी गति को तीव्र कर देती है।

(iii) **व्यक्तिगत अभिप्रेरणा (Individual Motivation):** अभिप्रेरणा अधिगम प्रक्रिया का मुख्य केंद्र है तथा अधिगम प्रक्रिया का एक महत्त्वपूर्ण कारक है। यह किसी व्यक्ति में किसी कार्य को करने की इच्छा जाग्रत करती है। पर्याप्त व्यक्तिगत अभिप्रेरणा विद्यार्थी को केवल किसी ऐसी क्रिया में व्यस्त ही नहीं रखती, जिसकी परिणति अधिगम में हो, बल्कि अधिगम को स्थायी बनाने तथा उसकी दिशा निर्दिष्ट करने का कार्य भी करती है। प्रायः दो प्रकार की व्यक्तिगत अभिप्रेरणाएं होती हैं–आंतरिक और बाह्य अभिप्रेरणाएं।

(iv) **संवेदीकरण तथा प्रत्यक्षीकरण (Sensible and Perceptuality):** विद्यार्थी के सामान्य स्वास्थ्य के अतिरिक्त संवेदना तथा प्रत्यक्षीकरण ऐसे मनोवैज्ञानिक कारक हैं जो अधिगम में सहायता करते हैं। संवेदना प्रत्यक्षीकरण के केंद्र में होती है। प्राणी में पांच संवेदी अंग होते हैं, यथा–त्वचा, कान, जिह्वा, आंखें तथा नाक। ये संवेदी अंग (ज्ञानेन्द्रियां) ज्ञान के द्वार होते हैं और वातावरण में स्थित विभिन्न उद्दीपनों के प्रत्यक्षीकरण में सहायक होते हैं। इनमें से किसी भी संवेदी अंग में किसी भी प्रकार का दोष हो जाने पर अधिगम का प्रभाव पड़ता है और अंततोगत्वा उससे ज्ञानार्जन भी प्रभावित होता है। उदाहरणार्थ–दृष्टि में दोष; जैसे मायोपिया (दूरदृष्टि दोष), हाइपरमैट्रोपिया (निकट दृष्टि दोष), स्टीकमेटिज्म (भेंगापन) इत्यादि के कारण सिर दर्द, चक्कर आना तथा अध्ययन में सामान्य रूप से अरुचि होना आदि।

(v) **अभिवृत्ति (Attitude):** अधिगम की प्रक्रिया विद्यार्थी की अभिवृत्ति से ही प्रभावित होती है। यदि वह पढ़ाई जाने वाली वस्तु के प्रति सजग हो तथा उसके प्रति रुचि रखता हो तो वह निश्चित रूप से इसके प्रति उचित अभिवृत्ति (Attitude) रखेगा। ऐसी अभिवृत्ति उसे अधिगम परिस्थितियों को जल्दी प्रसन्नतापूर्वक कम समय में तथा प्रभावी ढंग से सीखने में सहायता करता है। इसके विपरीत यदि वह पढ़ाई जाने वाली वस्तु में ध्यान नहीं देता या रुचि नहीं लेता तो इसकी अभिवृत्ति नकारात्मक हो जाती है। यह सामान्य अधिगम की प्रक्रिया में अवांछनीय दबाव तथा तनाव उत्पन्न करके सहज अधिगम में बाधा डालता है।

(vi) **आवश्यकताएं (Necessity):** विद्यार्थियों की जब तक शारीरिक आवश्यकताएं संतुष्ट न हो जाएं तब तक विद्यालयों में उनसे किसी भी प्रकार के बौद्धिक चिंतन की अपेक्षा नहीं की जा सकती है। एक गरीब विद्यार्थी जो कक्षा में भूखा है उसका ध्यान अध्ययन की अपेक्षा खाने की ओर अधिक केंद्रित होगा। इसी प्रकार कक्षा में बहुत ठंडा या गर्मी या कुर्सियों पर बैठने वाले विद्यार्थियों की संख्या अधिक होने पर अच्छे अधिगम की आशा नहीं की जा सकती है। इसी तरह से सुरक्षा और सम्मान की आवश्यकताएं अधिगम परिस्थितियों में शक्तिशाली प्रेरक के रूप में कार्य करती है। यदि एक विद्यार्थी अपने शिक्षक से डरता है या विद्यालयों में अधिक पिटाई किए जाने के कारण असुरक्षित महसूस

करता है या किसी अन्य प्रकार के दण्ड से भयभीत है तो वह सीख नहीं पाता। इसी तरह यदि उसे उत्साही संवर्धन तथा स्नेह की आवश्यकता बहुत उत्तेजक होती है तो बच्चे का अधिगम प्रभावी होता है।

(*vii*) **आयु तथा परिपक्वता (Age and Maturity):** अधिगम प्रत्यक्ष रूप से आयु तथा परिपक्वता पर निर्भर करता है। जब तक व्यक्ति सीखने के प्रति पर्याप्त रूप से परिपक्व नहीं होता तब तक अधिगम निष्पन्न नहीं होता। कुछ विद्यार्थी छोटी उम्र में ही अधिक सीख लेते हैं जबकि कुछ विद्यार्थी उसी पाठ्य-वस्तु को सीखने में अधिक देर लगाते हैं।

वास्तविक आयु के साथ-साथ मानसिक आयु भी बढ़ती जाती है और लगभग 16 वर्ष की आयु में यह वृद्धि रुक जाती है। आयु में वृद्धि का अभिप्राय बौद्धिक परिपक्वता से होता है। जिसके द्वारा कठिन समस्याओं का समाधान करने में सहायता मिलती है। परिपक्वन का नियम हमें इस बात की चेतावनी देता है कि विद्यार्थियों को जबरदस्ती तब तक अधिगम नहीं करवाना चाहिए जब तक कि वह विशिष्ट कौशलों के सीखने लायक परिपक्व न हो जाए। अध्यापकों को यह सिद्धांत उन अभिभावकों को भी समझाना चाहिए जो अपने बच्चों को बहुत ही जल्दी विद्यालय भेजने में अत्यधिक महत्वाकांक्षी तथा अत्यधिक उत्साही होते हैं।

(*viii*) **बुद्धि (Intelligence):** अधिगम प्रक्रिया में बुद्धि एक महत्वपूर्ण कारक है। बुद्धि जो बुद्धि-परीक्षा के आधार पर I.Q. के रूप में निदर्शित की गई है, सीखने से संबंधित होती है। प्रायः वे विद्यार्थी जिनका I.Q. अधिक होता है वे जल्दी सीखते हैं लेकिन विद्यार्थी का उच्च I.Q. होने मात्र से यह गारंटी नहीं होती कि उसका सीखना भी तेजी से होगा, बल्कि विद्यार्थी की आवश्यकताएं, रुचियां, अभिप्रेरणाएं तथा सिखाई जाने वाली विधियां भी महत्त्वपूर्ण होती हैं।

II. वातावरणीय कारक (Environmental Factors)

वातावरण के लिए 'पर्यावरण' शब्द का भी प्रयोग किया जाता है। पर्यावरण दो शब्दों से मिलकर बना है–'परि' + 'आवरण'। 'परि' का अर्थ है चारों ओर एवं 'आवरण' का अर्थ है 'ढकने वाला'। इस प्रकार पर्यावरण या वातावरण का अर्थ चारों ओर से ढके या घेरे हुए है। अतः हम कह सकते हैं कि व्यक्ति के चारों ओर जो कुछ है, वह उसका वातावरण है। इसमें वे सब तत्व सम्मिलित किए जा सकते हैं जो व्यक्ति के जीवन और व्यवहार को प्रभावित करते हैं।

वातावरण की कुछ परिभाषाएं (Definitions of Environment)

बोरिंग, लैंगफील्ड व वेल्ड के अनुसार, "जीन्स के अलावा व्यक्ति को प्रभावित करने वाली वस्तु वातावरण है।"

वुडवर्थ के अनुसार, "वातावरण में वे सब बाह्य तत्व आ जाते हैं जिन्होंने व्यक्ति को जीवन आरंभ करने के समय से प्रभावित किया है।"

डगलस व हॉलैंड के अनुसार, "वातावरण शब्द का प्रयोग उन सब बाह्य शक्तियों, प्रभावों और दशाओं का सामूहिक रूप से वर्णन करने के लिए किया जाता है, जो जीवित प्राणियों के जीवन स्वभाव, व्यवहार, बुद्धि विकास एवं परिपक्वता पर प्रभाव डालते हैं।"

रॉस के अनुसार, "वातावरण वह बाहरी शक्ति है जो हमें प्रभावित करती है।"

जिस्बर्ट के अनुसार, "वातावरण वह हर वस्तु है जो किसी अन्य वस्तु को घेरे हुए है और उस पर सीधे अपना प्रभाव डालती है।"

निष्कर्ष (Result)

(*i*) वातावरण किसी एक तत्व का नहीं अपितु एक समूह तत्व का नाम है।

(*ii*) यह वह हर वस्तु है जो व्यक्ति को प्रभावित करती है।

(*iii*) इसमें बाह्य तत्व आते हैं।

(*iv*) वातावरण व्यक्ति को प्रभावित करने वाला तत्व है।

उपरोक्त बातों से स्पष्ट है कि अधिगम की प्रक्रिया में विभिन्न प्रकार के वातावरण संबंधी कारकों का योगदान होता है। गर्भकाल के समय से ही बच्चे पर वातावरण का प्रभाव पड़ता है। मां की शारीरिक, मानसिक, संवेगात्मक दशाएं मां के गर्भ में पल रहे भ्रूण के विकास को प्रभावित करती हैं। बच्चे के जन्म के बाद से बाह्य वातावरण प्रारंभ होता है। बाह्य वातावरण घर, विद्यालय तथा पास-पड़ोस के चारों ओर के वातावरण से संबंधित होता है। इन स्थानों में बच्चा परिवार के सदस्यों, अध्यापकों, साथियों सहपाठियों, पड़ोसियों के साथ अंतःक्रिया करता है तथा उनके साथ संबंध स्थापित करता है। समाज के सदस्य तथा अपने चारों ओर के सदस्यों के साथ के संबंधों का बच्चे के विकास तथा सीखने के ढंग पर प्रभाव पड़ता है। अधिगम की प्रक्रिया में वातावरण में योगदान करने वाले महत्त्वपूर्ण कारक निम्नवत् हैं–

(*i*) **नजदीकी वातावरण (Close Environment):** अधिगम की प्रक्रिया में आस-पास का वातावरण बहुत महत्त्वपूर्ण योगदान देता है। वातावरण को मुख्यतः तीन रूपों प्राकृतिक, सामाजिक एवं सांस्कृतिक में बांटा गया है–

(*a*) **प्राकृतिक वातावरण (Natural Environment):** इसके अंतर्गत जलवायु तथा वायुमंडलीय दशाएं आती हैं। ये दशाएं अधिगम को प्रत्यक्ष रूप से प्रभावित करती हैं। यह पाया गया है कि अधिक ताप तथा आर्द्रता मानसिक क्षमता को कम करते हैं जिससे अधिगम प्रक्रिया रुक जाती है। दूसरी ओर गर्म स्थानों में रहने वाले व्यक्तियों की

बौद्धिक निष्पत्ति तथा सृजनात्मकता बहुत कम होती है इस तरह सुबह का समय हमेशा ही जटिल कार्यों को करने के लिए उचित माना जाता है। आर्द्रता तथा तापमान के बढ़ने के कारण मानसिक क्षमता कम हो जाती है। अतः हम कह सकते हैं कि अधिगम प्रक्रिया में प्राकृतिक वातावरण एक महत्त्वपूर्ण कारक है।

(*b*) **सामाजिक वातावरण (Social Environment):** घर, विद्यालय तथा बच्चे के आवासीय वातावरण से संबंधित होता है। घर की भौतिक दशाएं, यथा–बड़ा परिवार, छोटा परिवार, अपर्याप्त रोशनदान, अनुपयुक्त प्रकाश, अधिक या कम तापमान, रेडियो तथा टेलीविजन के प्रयोग के कारण शोरगुल वाला घर, शोरगुल वाला पड़ोस लगातार संबंधियों तथा मित्रों का आगमन विद्यार्थी के बौद्धिक अधिगम को प्रभावित करता है।

(*c*) **सांस्कृतिक वातावरण (Cultural Environment):** संस्कृति का प्रभाव सामाजिक तथा शैक्षिक संस्थाओं में सहज रूप से प्रतिबिंबित होता है। इसलिए बच्चे का सीखना संस्कृति की मांग तथा अपेक्षाओं के ऊपर बहुत कुछ निर्भर करता है। उदाहरणार्थ–एक कृषि आधारित समुदाय की शैक्षिक प्रक्रियाएं उन कौशलों के विकास पर केंद्रित होती हैं जो कृषि समुदाय के लिए आवश्यक होती है।

(*ii*) **अध्यापक के साथ संबंध (Relation with Teacher):** अधिगम प्रक्रिया में शिक्षक एक महत्त्वपूर्ण घटक है। वह विद्यार्थी के व्यवहार निर्माण में महत्त्वपूर्ण भूमिका अदा करता है। वह जिस तरह पढ़ाता है तथा कक्षा में विद्यार्थियों की व्यवस्था जिस प्रकार करता है उसका उनके अधिगम पर प्रभाव पड़ता है। अतः यदि एक विद्यार्थी के संबंध शिक्षक से अच्छे होंगे तो इस प्रकार का वातावरण अधिगम में सहायक होगा।

(*iii*) **संचार माध्यम (Communication Medium):** सूचनाओं के आदान-प्रदान के एक घटक के रूप में संचार माध्यम का महत्वपूर्ण स्थान है। ये अधिगम प्रक्रिया के तहत अच्छे वातावरण को तैयार करने में अपना विशेष योगदान दे सकते हैं। संचार माध्यमों से अधिगम को सुगम बनाया जा सकता है। संचार माध्यम मुख्यतः दो प्रकार के होते हैं–मुद्रित संचार माध्यम तथा अमुद्रित संचार माध्यम। मुद्रित संचार माध्यम कम खर्चीले होते हैं तथा एक अच्छे शैक्षिक वातावरण को तैयार करने में इनका योगदान प्रारंभ से लिया जा रहा है। दूसरी ओर अमुद्रित संचार माध्यम महंगे होते हैं। लेकिन अधिगम प्रक्रिया को सहज बनाने में इन्होंने काफी योगदान दिया है। उदाहरण के लिए फिल्म तथा उद्दीपनों का प्रयोग प्रायः विद्यार्थियों को वास्तविक जीवन या प्रयोगशाला जैसी अधिगम परिस्थितियां प्रस्तुत करने के लिए किया जाता है।

(*iv*) **अभिभावकों के साथ संबंध (Relation with Guardian):** विद्यार्थी की अधिगम प्रक्रियाओं में माता-पिता के साथ सम्बन्ध भी महत्वपूर्ण भूमिका अदा करता है। यदि बच्चे तथा माता-पिता के संबंध आपसी सम्मान और विश्वास पर आधारित होते हैं तो वह बच्चों को अच्छा स्वस्थ वातावरण प्रदान करते हैं, जिसके फलस्वरूप बच्चा अधिक सीखता है। दूसरी ओर विघटित तथा अस्वस्थ वातावरण विद्यार्थी के अधिगम में विपरीत प्रभाव डालता है। विद्यार्थी के सीखने में ऊर्ध्वगामी गतिशीलता सीखने में प्रतिरोध उत्पन्न करती है। ऐसे परिवारों में बच्चे अपने आपको असमायोजित महसूस करते हैं। अतः अभिभावकों के साथ अच्छा संबंध एक ऐसा वातावरण तैयार करता है जो अधिगम प्रक्रिया में सहायक होता है।

(*v*) **साथियों के साथ संबंध (Relation with Friends):** मित्रों के साथ स्वस्थ संबंध भी अधिगम में एक अच्छे वातावरण के निर्माण हेतु महत्वपूर्ण भूमिका अदा करते हैं। कक्षा, विद्यालय तथा समाज में विद्यार्थी-विद्यार्थी के बीच संबंध एक विशेष प्रकार के संवेगात्मक वातावरण का निर्माण करते हैं। यह वातावरण उनके आपसी संबंधों पर निर्भर करता है। अच्छे सौहार्दपूर्ण आपसी संबंध कक्षा में अधिक सीखने तथा अधिक प्रतिस्पर्धा करने में तनावमुक्त वातावरण का निर्माण करते हैं।

वातावरण का महत्व (Importance of Environment)

(*i*) बालक अपने परिवार, पड़ोस, मुहल्ले और खेल के मैदान में अपना पर्याप्त समय व्यतीत करता है और इससे प्रभावित होता है। शिक्षक इन स्थानों के वातावरण को ध्यान में रखकर ही बालक का उचित पथ-प्रदर्शन करता है।

(*ii*) अनुकूल वातावरण में जीवन का विकास होता है और व्यक्ति उत्कर्ष की ओर बढ़ता है। इस बात को समझने वाला शिक्षक अपने छात्रों की रुचियों, प्रवृत्तियों और क्षमताओं के अनुकूल वातावरण प्रदान करके उनको उत्कर्ष की ओर बढ़ने में सहायता दे सकता है।

(*iii*) वातावरण बालक के विकास की दशा निश्चित करता है। वातावरण ही निश्चित करता है कि बालक बड़ा होकर अच्छा या बुरा, चरित्रवान, संयमी या व्यभिचारी, व्यापारी या साहित्यकार, देशप्रेमी या देशद्रोही बनेगा। इस तथ्य पर मनन करने वाला शिक्षक अपने छात्रों के लिए ऐसे वातावरण का सृजन कर सकता है जिससे उनका विकास उचित दिशा में हो सके।

(*iv*) वातावरण के महत्व को समझने वाला शिक्षक, विद्यालय में बालकों के लिए ऐसा वातावरण उपस्थित कर सकता है, जिससे उनमें विचारों की उचित अभिव्यक्ति, शिष्ट

सामाजिक व्यवहार, कर्त्तव्यों और अधिकारों का ज्ञान, स्वाभाविक प्रवृत्तियों पर नियंत्रण आदि गुणों का अधिकतम विकास हो।

(*v*) **रुथ बेंडिक्ट के अनुसार,** व्यक्ति जन्म से ही एक निश्चित सांस्कृतिक वातावरण में रहता है और उसके आदर्शों के अनुरूप ही आचरण करता है। इस तथ्य को जानने वाला शिक्षक बालक को अपना सांस्कृतिक विकास करने में योगदान दे सकता है।

(*vi*) **सोरेन्सन के अनुसार,** शिक्षक का उत्तम वातावरण बालकों की बुद्धि और ज्ञान की वृद्धि में प्रशंसनीय योग देता है। इस बात की जानकारी रखने वाला शिक्षक अपने छात्रों के लिए उत्तम शैक्षिक वातावरण प्रदान करने की चेष्टा कर सकता है।

(*vii*) प्रत्येक समाज का एक विशिष्ट वातावरण होता है। बालक को इसी समाज के वातावरण से अपना अनुकूलन करना पड़ता है। इस बात से भलीभांति परिचित होने वाला शिक्षक, विद्यालय को लघु समाज का रूप प्रदान करके बालकों को अपने वृहत् समाज के वातावरण से अनुकूलन करने की शिक्षा दे सकता है।

(*viii*) यूनेस्को (UNESCO) के कुछ विशेषज्ञों का कथन है कि वातावरण का बालकों की भावनाओं पर व्यापक प्रभाव पड़ता है और इससे उनके चरित्र का निर्माण भी होता है। इस कथन में विश्वास करके शिक्षक बालकों के लिए ऐसे वातावरण का निर्माण कर सकता है, जिससे न केवल उनकी भावनाओं का संतुलित विकास हो, बल्कि उनके चरित्र का भी निर्माण हो।

अभ्यास प्रश्न

1. व्यक्तिगत शिक्षण (Individual Teaching) क्यों आवश्यक होता है?

A. व्यक्तिगत भेदों के कारण
B. वंशानुक्रम के कारण
C. पर्यावरण के कारण
D. उपरोक्त सभी

2. एक शिक्षक अपने लोकतांत्रिक स्वभाव के कारण विद्यार्थियों को पूरी कक्षा में कहीं भी बैठने की अनुमति देता है। कुछ शिक्षार्थी एक-साथ बैठते हैं और चर्चा करते हैं या सामूहिक पठन करते हैं। कुछ चुपचाप बैठकर अपने-आप पढ़ते हैं। एक अभिभावक को यह पसंद नहीं आता। इस स्थिति से निबटने का निम्न में से कौन-सा तरीका सबसे बेहतर हो सकता है?

A. अभिभावकों को प्रधानाचार्य से अनुरोध करना चाहिए कि वे उनके बच्चे का अनुभाग बदल दें
B. अभिभावकों को शिक्षक पर विश्वास व्यक्त करना चाहिए और शिक्षक के साथ समस्या पर चर्चा करनी चाहिए
C. अभिभावकों को उस विद्यालय से अपने बच्चे को निकाल लेना चाहिए
D. अभिभावकों को प्रधानाचार्य से शिक्षक की शिकायत करनी चाहिए

3. भारतीय समाज की बहुभाषिक विशेषता को .... देखा जाना चाहिए।

A. विद्यार्थियों को सीखने के लिए अभिप्रेरित करने हेतु शिक्षक-योग्यता की चुनौती के रूप में
B. शिक्षार्थियों के लिए विद्यालयी जीवन को एक जटिल अनुभव के रूप में बनाने के एक कारक के रूप में
C. शिक्षण-अधिगम प्रक्रिया में बाधा के रूप में
D. विद्यालयी जीवन को समृद्ध बनाने के संसाधन के रूप में

4. पर्यावरण-शिक्षा को शालाओं में पाठ्यक्रम का अंग बनाना उपयुक्त है, क्योंकि–

A. पर्यावरण से बचना मुश्किल है
B. पर्यावरण जीवन का महत्वपूर्ण अंग है
C. इससे पर्यावरण प्रदूषण पर प्रभाव पड़ेगा
D. इससे शिक्षकों को रोजगार मिलेगा

5. ''वातावरण वह बाहरी शक्ति है जो हमें प्रभावित करती है।'' यह कथन किसका है

A. जिस्बर्ट B. वुडवर्थ
C. स्किनर D. रॉस

6. शिक्षार्थी जो पहले सीख चुके हैं उसकी पुनरावृत्ति और प्रत्यास्मरण में शिक्षार्थियों की मदद करना महत्वपूर्ण है क्योंकि

A. पूर्व पाठों को दोहराने का यह एक प्रभावी तरीका है
B. यह शिक्षार्थियों की स्मृति को बढ़ाता है जिससे सीखना सुदृढ़ होता है
C. यह किसी भी कक्षा-अनुदेशन के लिए सुविधाजनक शुरुआत है
D. नई जानकारी को पूर्व जानकारी से जोड़ना सीखने को समृद्ध बनाता है

7. एक शिक्षिका अपनी कक्षा को शैक्षिक भ्रमण पर ले जाती है–

A. छात्रों को मनोरंजन कराने के लिए
B. छात्रों के माता-पिता को संतुष्ट करने के लिए
C. प्रत्यक्ष अवलोकन हेतु बच्चों को अवसर उपलब्ध कराने के लिए

D. विद्यालय में रोजाना शिक्षण से अवकाश उपलब्ध कराने के लिए

8. बालकों में अधिगम की प्रक्रिया में योगदान करने वाला महत्वपूर्ण कारक है–

A. अभिप्रेरणा
B. बालक की आयु
C. वातावरण
D. उपर्युक्त सभी

9. कौन-सा कारक बच्चों में अधिकतम अधिगम प्रचार हेतु आवश्यक है?

A. कक्षा-कक्ष में अधिकाधिक कार्य
B. लेखन-कार्य की अधिकता
C. गृह-कार्य की अधिकता
D. अध्ययन के प्रति उनकी वैयक्तिक रुचि

10. वह कौन-सा स्थान है जहाँ बच्चे के संज्ञानात्मक विकास को सबसे बेहतर तरीके से परिभाषित किया जा सकता है?

A. घर
B. खेल का मैदान
C. विद्यालय एवं कक्षा पर्यावरण
D. सभागार

11. कौन-सा मिलान उचित है?

A. संवेगात्मक विकास – परिपक्वता
B. सामाजिक विकास – वातावरण
C. शारीरिक विकास – वातावरण
D. संज्ञानात्मक विकास – परिपक्वता

12. आपकी कक्षा का एक छात्र गुटका खाकर आता है। आप किसे उसकी इस हरकत का जिम्मेदार मानेंगे?

A. कक्षा में स्वयं को सबसे अलग दिखाने का उसका तरीका
B. उसकी अन्तः इच्छा
C. उसका सामाजिक वातावरण
D. उसका आपके प्रति द्वेष

13. बच्चों में अधिगम की प्रक्रिया में योगदान देने वाला कारक है–

A. बालक की आयु B. वातावरण
C. अभिप्रेरणा D. उपर्युक्त सभी

14. अच्छा अध्यापक वह है जो–

A. सादा जीवन व्यतीत करता हो
B. अपने विद्यार्थियों से सच्ची लगन रखता हो
C. अपने विषय में प्रवीण हो
D. मेधावी व परिश्रमी हो

15. छोटी उम्र के बच्चों को अधिक योग्य बनाने के लिए आपको किस तरह का व्यवहार करना चाहिए?

A. उन्हें अच्छे वातावरण में रखना चाहिए
B. उन्हें दूसरों की नकल करने से बचाना चाहिए
C. उन्हें अधिक प्यार करना चाहिए
D. उन्हें कड़ी मेहनत के लिए कहना चाहिए

16. कक्षा में शांत वातावरण तभी रह सकता है, जब–

A. मनोरंजक कहानियाँ सुनाई जाए
B. केवल छात्रों का सहयोग हो
C. अध्यापक और छात्रों में परस्पर सहयोग हो
D. कठोर अनुशासन हो

उत्तरमाला

1	2	3	4	5	6	7	8	9	10
A	B	D	B	D	D	C	D	A	C
11	**12**	**13**	**14**	**15**	**16**				
B	C	D	B	A	C				

मुख्य भाषा : हिन्दी

SECTION a भाषायी समझ एवं अवबोध

1. वाक्य बोध/भाषा बोध

विराम चिह्न एवं उनका अनुप्रयोग

शब्दों, वाक्यों, उपवाक्यों, वाक्य-खण्डों आदि के बीच में कुछ देर के लिए ठहराव की जरूरत होती है। इस ठहरने या रुकने का नाम विराम है। इस हेतु लेखक जिन चिह्नों को प्रयुक्त करता है उन्हें ही विराम चिह्न कहते हैं। विराम चिह्न का महत्त्व भाषा में बहुत अधिक है। इसके अभाव में सही अर्थ स्पष्ट नहीं होता है। हिन्दी में साधारणतः निम्नलिखित विराम चिह्नों का प्रयोग किया जाता है–

1. पूर्ण विराम	(।)
2. अल्प विराम	(,)
3. अर्द्ध विराम	(;)
4. प्रश्न सूचक चिह्न	(?)
5. विस्मयादि बोधक	(!)
6. उद्धरण चिह्न	(" ")
7. कोष्ठक	( ), { }, [ ]
8. संक्षेप में	(॰)
9. योजक चिह्न	(-)
10. रेखिका	(—)
11. निर्देशक	(–)
12. अपूर्णता सूचक	(xxxx)
13. त्रुटि बोधक	(^)
14. समाप्ति सूचक	( )

पूर्ण विराम

पूर्ण विराम का प्रयोग साधारणतः वहाँ होता है जहाँ वाक्य अन्तिम रूप लेकर समाप्त हो जाता है।

जैसे–राजेश पढ़ने में तेज है। शीला खेलती है।

किसी व्यक्ति या वस्तु का जब सजीव वर्णन प्रस्तुत किया जाता है तो प्रत्येक वाक्यांश के अन्त में पूर्ण विराम आता है।

जैसे–गोरा रंग। गालों पर तिल। पतले होठ। सिर के बाल न अधिक बड़े न अधिक छोटे।

अल्प विराम

अल्प विराम का प्रयोग वहाँ होता है, जहाँ थोड़ी देर के लिए ठहरा जाता है। हिन्दी में अन्य विराम चिह्नों की अपेक्षा इसका अधिक प्रयोग होता है। इसका प्रयोग अग्रलिखित अवस्थाओं में होता है–

1. जब एक ही कोटि के दो या दो से अधिक शब्द, शब्दांश या वाक्यों का प्रयोग हो तो प्रत्येक के बीच अल्प विराम आता है।
   जैसे–शील प्रकाश, आनन्द प्रकाश और ज्ञान प्रकाश खेलने जा रहे हैं।
2. जब शब्दों का प्रयोग जोड़े के साथ होता है तो प्रत्येक जोड़े के बाद अल्प विराम चिह्न आता है।
   जैसे–हानि-लाभ, जीवन-मरण, यश-अपयश विधि हाथ।
3. सम्बोधन कारक के बाद भी अल्प विराम आता है।
   जैसे–रामू, दो प्याला चाय बना लाओ।
4. यह, वह, तब, तो, वा, अब आदि के लुप्त होने पर अल्प विराम का प्रयोग होता है।
   जैसे–जो मैं कहता हूँ, सुनो (यहाँ 'वह' लुप्त है।)
5. किन्तु, परन्तु, इसी से, इसलिए, जिसके, तथापि, अतः, क्योंकि आदि के पहले भी अल्प विराम आता है।
   जैसे–वह परीक्षा में उत्तीर्ण हो गया, क्योंकि परिश्रम करता था।

6. भावातिरेक में किसी शब्द पर विशेष बल प्रदान करने के लिए–
   जैसे–वह मेहनत से, थोड़ी मेहनत से जी चुराता है।
7. उद्धरण के पूर्व अल्प विराम होता है।
   जैसे–राम ने कहा, 'मैं कोलकाता जाऊँगा'।
8. तारीख को सन् से अलग करने के लिए अल्प विराम आता है। जैसे– 13 जून, 1969 ई॰
9. छन्दों में यति सूचित करने के लिए भी अल्प विराम आता है।
   जैसे–साँच बराबर तप नहीं, झूठ बराबर पाप।
10. वस्तुतः, अच्छा, हाँ, बस, अतः, सचमुच, नहीं आदि शब्दों से जब किसी वाक्य को प्रारम्भ किया जाता है तो अल्प विराम चिह्न का प्रयोग होता है।
   जैसे–नहीं, मैं यह नहीं कर सकता।
11. जब कोई वाक्य लम्बा हो तो वाक्य में आगत उन शब्दों या पदबन्धों को अलग करने के लिए जिनका वाक्य की रचना में अप्रत्यक्ष सम्बन्ध है, अल्प विराम चिह्न आता है।
   जैसे–वह तो, अच्छी तरह समझने पर भी, नहीं मानता।
12. जब प्रधान वाक्य के बीच में मिश्र और संयुक्त वाक्यों में आश्रित वाक्य आता है तब भी अल्प विराम आता है।
   जैसे–यह लड़का, आपने भी देखा होगा, समझदार नहीं है।

अर्द्ध विराम

अर्द्ध विराम, अल्प विराम की तुलना में अधिक रुकने का भाव व्यक्त करता है। अर्द्ध विराम का प्रयोग साधारणतः निम्नलिखित अवस्थाओं में होता है–

1. वाक्य में जहाँ अल्प विराम की अपेक्षा कुछ अधिक देर रुकना पड़ता है, वहाँ अर्द्ध विराम चिह्न का प्रयोग किया जाता है
   जैसे–महापुरुष मरते नहीं; वे तो अमर हो जाते हैं।
2. वाक्य में जहाँ मिश्र वाक्यों के बीच अल्प विराम से भ्रमित होने की संभावना हो वहाँ भी अर्द्ध विराम का प्रयोग होता है।
   जैसे–जब राकेश परीक्षा में उत्तीर्ण हुआ, तो बड़ी खुशियाँ मनाई गईं; मिठाई बाँटी गईं और लोगों ने उसे बधाई दी।

प्रश्न सूचक चिह्न

प्रश्न सूचक चिह्न का प्रयोग सीधे प्रश्न के अंदर किया जाता है। जैसे–तुम्हारे विद्यालय का नाम क्या है?

प्रश्न वाचक वाक्य यदि किसी क्रिया का कर्म हो तो प्रश्न सूचक चिह्न नहीं प्रयोग में लाया जाता है। दूसरे शब्दों में यदि प्रश्न के उत्तर की अपेक्षा न रखी जाए तो प्रश्न चिह्न नहीं लगाया जाता है।

जैसे–मैं अच्छी तरह समझता हूँ, तुम कहाँ जा रहे हो।

विस्मयादि बोधक

हर्ष, शोक, विस्मय, भय, करुणा, घृणा आदि भावों को अभिव्यक्त करने वाले पदों के साथ विस्मयादि बोधक चिह्न का प्रयोग किया जाता है।

जैसे– अहा! कितना रमणीय उपवन है।

उद्धरण चिह्न

इस चिह्न का प्रयोग निम्नलिखित दशाओं में होता है।

1. जब किसी के कथित शब्दों को उसी रूप में प्रस्तुत किया जाता है।
   जैसे– गुरुजी ने आज बताया। "पृथ्वी गोल है"।
2. पुस्तकों, पदवियों उपमानों आदि के साथ साधारणतः इकहरे उद्धरण चिह्न का प्रयोग होता है।
   जैसे– 'राम चरित मानस,' 'हरिऔध' आदि।
3. वाक्य में किसी शब्द की विशिष्टता को सूचित करने के लिए भी इकहरे उद्धरण चिह्न का प्रयोग किया जाता है।
   जैसे– 'सदन' का शाब्दिक अर्थ है 'घर'।
4. कहावतों और वचनों को उद्धृत करने के लिए इस चिह्न का प्रयोग होता है।
   जैसे– "क्षुद्रनदी भरि चली उतराई।
   जिमि थोड़े धन खल बौराई।।"

'कोष्ठक' का प्रयोग

1. जब वाक्य में कोई ऐसा शब्द आए जिसका मूल वाक्य से सम्बन्ध नहीं हो।
   जैसे–उन दिनों श्री (अब डॉक्टर) कैलाशनाथ कॉलेज के प्राध्यापक थे।
2. नाटक में अभिनेता को निर्देश देने के लिए।
   जैसे–नौकर (हाथ जोड़कर)-मालिक क्षमा कीजिए।
3. विषय विभाग क्रमांकों एवं अक्षरों के साथ।
   जैसे–(1), (क) आदि।

संक्षेप

इस चिह्न का प्रयोग किसी शब्द के संक्षिप्त रूप के साथ होता है।

जैसे– प्रो॰ (प्रोफेसर के लिए)।
डॉ॰ ('डॉक्टर' के लिए)।

योजक चिह्न

योजक का प्रयोग निम्नलिखित दशाओं में होता है–

समस्त पदों के बीच योजक चिह्न खींचा जाता है–
जैसे– सन्धि-कोश, पाप-पुण्य।

रेखिका–

1. रेखिका का प्रयोग विवरण देते समय होता है।
   जैसे-'जैसे–' या 'उदाहरण–' के बाद इसका प्रयोग सर्वत्र देखा जाता है।
2. जब किसी कथन को उद्धृत करना हो तो पहले इसका प्रयोग किया जाता है।
   जैसे–उसने कहा–'राम पढ़ने में तेज है'।

3. वाक्य में यदि विचार भंग हो जाता है और तदन्तर उसका सूत्र फिर से जोड़ दिया जाता है, तो रेखिका का प्रयोग किया जाता है।

जैसे–अन्ततोगत्वा–इस कथन को संक्षेप में कहा जाए–इसने आमरण व्रत करने का संकल्प किया।

निर्देशक–इसका प्रयोग निम्नलिखित अवस्थाओं में होता है–

1. अगर वाक्य में भावगत अचानक परिवर्तन हुआ हो–अपने स्वास्थ्य पर ध्यान देना, अध्ययन सुचारु रूप से चले और-और क्या?
2. कविता या लेख आदि के नीचे लेखक या पुस्तक का नाम लिखने से पूर्व प्रयोग होता है।

जैसे– साँच बराबर तप नहीं झूठ बराबर पाप।
जाके हृदय साँच है ताके हृदय आप।।
–कबीर

3. वाक्य में आगत ऐसे शब्द या उपवाक्य के पहले जिन पर बल देना हो–

जैसे–"हम देख रहे थे–क्रीड़ास्थल कुरूक्षेत्र का लघु संस्करण बन चुका था। नेता का नाम था–चन्द्रशेखर।

अपूर्णता सूचक

जब उद्धरण प्रस्तुत किया जाता है और उसका कुछ अनावश्यक अंग छोड़ दिया जाता है।

जैसे– × × ×
"मुख-चन्द्र चाँदनी जल से
मैं उड़ता था मुँह धोके।।"

त्रुटिबोधक

इसे हंसपद भी कहते हैं। किसी शब्द या वाक्यांश या वाक्य के छूट जाने पर लिखते समय उसे जोड़ दिया जा सकता है।

जैसे–वह ^ घर जा रहा था।

यहाँ पर छुटे हुए वाक्यांश (^) हैं– "अपने पिता को बुलाने के लिए"

वाक्य रचना

वाक्य सार्थक शब्दों का वह समूह है जिससे बोलने अथवा लिखने वाले का तात्पर्य पूरी तरह स्पष्ट हो जाता है।

जैसे–वह निर्धन लेकिन परिश्रमी बालक है।
रीता गीत गाती है।

उपवाक्य

जब किसी एक भाव को स्पष्ट करने के लिए किसी एक वाक्य के अंश-रूप में दो या दो से अधिक वाक्यों का उपयोग किया जाता है, तब उन अंश या खण्ड वाक्यों में प्रत्येक को उपवाक्य कहा जाता है।

जैसे– 'मैं जानता हूँ कि वे मेरे मित्र हैं।'

इस वाक्य में 'मैं जानता हूँ' तथा 'वे मेरे मित्र हैं' दोनों ही उपवाक्य या खण्डवाक्य कहलाएँगे।

उपवाक्य के भेद–उपवाक्य के दो भेद हैं:

1. प्रधान उपवाक्य
2. आश्रित उपवाक्य

प्रधान उपवाक्य–जो उपवाक्य पूरे वाक्य से पृथक होकर भी अपना स्वतन्त्र एवं पूर्ण अर्थ रखता है उसे प्रधान उपवाक्य कहते हैं। जैसे–'मैं जानता हूँ कि वे मेरे मित्र हैं।' इस वाक्य में 'मैं जानता हूँ'–प्रधान उपवाक्य है।

आश्रित उपवाक्य–जो उपवाक्य प्रधान उपवाक्य के बिना अपना अर्थ स्पष्ट नहीं कर सकता वह 'आश्रित उपवाक्य' कहलाता है। आश्रित उपवाक्य अर्थ के लिए वस्तुतः प्रधान उपवाक्य पर आश्रित रहता है।

जैसे–'मैं जानता हूँ कि वे मेरे मित्र हैं'–में 'वे मेरे मित्र हैं' –आश्रित उपवाक्य है।

आश्रित उपावाक्य के भेद

1. संज्ञा उपवाक्य
2. विशेषण उपवाक्य
3. क्रिया उपवाक्य

संज्ञा उपवाक्य–जो आश्रित उपवाक्य संज्ञा का दायित्व निर्वाह करता है उसे 'संज्ञा उपवाक्य' कहते हैं।

जैसे–'मैं नहीं जानता कि वे कब लौटेंगे।'–इस वाक्य का उपवाक्य 'वे कब लौटेंगे' 'जानता' क्रिया के कर्म के रूप में कार्य कर रहा है इसलिए संज्ञा उपवाक्य है।

विशेषण उपवाक्य–जो आश्रित उपवाक्य विशेषण का कार्य करता है, उसे विशेषण उपवाक्य कहते हैं।

जैसे–वह लड़का **जो कल यहाँ आया था** बीमार है।

वह अपने नौकर को **जिसने चोरी की है** पीट रहा है।

वह अपने नौकर को उस छड़ी से पीट रहा है **जिसे उसने कल ही खरीदी है**। इनमें प्रत्येक रेखांकित उपवाक्य विशेषण का कार्य कर रहा है।

विशेषण उपवाक्य मुख्यतः जो, जिसको, जिससे, जिसके लिए, जिसका, जिसमें आदि से प्रारम्भ होता है।

क्रिया उपवाक्य–जो उपवाक्य क्रिया विशेषण का कार्य करे उसे क्रिया विशेषण उपवाक्य कहते हैं।

जैसे–**जब पानी बरसता है** तब मेढक बोलता है।

जहाँ वह मन्दिर बना हुआ है वहाँ एकदिन यज्ञ हुआ था।

इन वाक्यों में प्रत्येक रेखांकित उपवाक्य क्रिया विशेषण उपवाक्य हैं। क्यों ये उपवाक्य क्रिया विशेषण का कार्य करते हैं। क्रिया विशेषण उपवाक्य का आरम्भ विशेषतः निम्नलिखित शब्दों से होता है– जब, ज्योंही, जब-जब, जहाँ-कहाँ, जिधर, जैसे, मानो, ज्यों-ज्यों, जैसे-जैसे, जहाँ तक, चूँकि, ताकि, शायद, तथापि आदि।

वाक्य के भेद

वाक्यों के भेद सामान्यतः दो आधारों पर किए जाते हैं–
(क) रचना के आधार पर
(ख) अर्थ के आधार पर

रचना के आधार पर

रचना के आधार पर वाक्य के तीन भेद होते हैं–(1) सरल वाक्य (II) मिश्र वाक्य (III) संयुक्त वाक्य

सरल वाक्य–जिस वाक्य में एक ही उपवाक्य होता है, उसे सरल वाक्य कहते हैं। इसमें केवल एक कर्त्ता और एक क्रिया होती है।

जैसे– राम ने रावण का वध किया।
बच्चे खेल रहे हैं।
वह मेरा मित्र है।

मिश्र वाक्य–जिस वाक्य में एक प्रधान उपवाक्य तथा एक या अधिक आश्रित उपवाक्य हो उसे मिश्र वाक्य कहते हैं।

जैसे–तुम वहाँ आ सकते हो जहाँ मैं रहता हूँ। मैं उस व्यक्ति को जानता हूँ जो तुम्हारा मित्र है। हमसे वह पुस्तक खो गई है जो तुमने हमें दी थी।

संयुक्त वाक्य–जिस वाक्य में दो या दो से अधिक प्रधान उपवाक्य हों और वे परस्पर किसी अव्यय द्वारा जुड़े हों तो वह संयुक्त वाक्य कहलाता है।

जैसे– मैं आया और वह चल दिया।
उसने परिश्रम किया किन्तु असफल रहा।

संयुक्त वाक्य में सरल तथा मिश्र दोनों प्रकार के वाक्य प्रविष्ट हो सकते हैं। प्रधान उपवाक्यों को जोड़ने वाले शब्द प्रायः निम्नलिखित होते हैं।

यथा–और, तथा, एवं, व, वा, या, अथवा, परन्तु, पर, किन्तु, बल्कि, इसलिए, सो, अतः आदि।

अर्थ के आधार पर

अर्थ के आधार पर वाक्य के मुख्यतः आठ भेद होते हैं:–

1. **विधि वाचक वाक्य**–जिस वाक्य से किसी बात के होने का बोध हो उसे विधि वाचक वाक्य कहते हैं।
   जैसे–अच्छे लोग सदा मधुर भाषण करते हैं।
2. **निषेध वाचक वाक्य**–जिस वाक्य से आज्ञा, अनुरोध, आदेश आदि का भाव प्रकट हो, उसे आज्ञा वाचक वाक्य कहते हैं। जैसे–परिश्रम कभी व्यर्थ नहीं जाता।
3. **आज्ञा वाचक वाक्य**–जिस वाक्य से आज्ञा, अनुरोध, आदेश आदि का भाव प्रकट हो, उसे आज्ञा वाचक वाक्य कहते हैं।
   जैसे– कभी चोरी न करो।
   यहाँ आइये।
4. **प्रश्न वाचक वाक्य**–जिस वाक्य से किसी प्रकार के प्रश्न का बोध हो उसे प्रश्न वाचक वाक्य कहते हैं।
   जैसे– तुम क्या चाहते हो?
5. **विस्मयादि बोधक वाक्य**–जिस वाक्य से हर्ष, शोक, विस्मय आदि का बोध हो उसे विस्मयादि बोधक वाक्य कहते हैं।
   जैसे– अहा! कितना सुन्दर फल है।
6. **इच्छा वाचक वाक्य**–जिस वाक्य से इच्छा या आशंका का बोध हो उसे इच्छा वाचक वाक्य कहते हैं।
   जैसे– भगवान, आपको दीर्घायु करें।
7. **संदेह वाचक वाक्य**–जिस वाक्य से किसी प्रकार के संदेह का बोध हो उसे संदेह वाचक वाक्य कहते हैं। जैसे–वे लोग आ रहे होंगे। वह शायद बीमार है।
8. **संकेत वाचक वाक्य**–जिस वाक्य से किसी शर्त या संकेत का बोध हो उसे संकेत वाचक वाक्य कहते हैं।
   जैसे–यदि वह पढ़ता तो निश्चय ही उत्तीर्ण होता।

वाक्य-विस्तार

किसी भी वाक्य के मुख्य रूप से दो अंग होते हैं– (1) उद्देश्य (2) विधेय।

उद्देश्य

वाक्य में जिस वस्तु या व्यक्ति के बारे में कुछ कहा जाता है उसे उद्देश्य कहते हैं। वाक्य की समाविका क्रिया का कर्त्ता ही उद्देश्य होता है।

जैसे– सीता पुस्तक पढ़ती है।
मेरी माताजी इन दिनों बीमार हैं।
मैं उन्हें जानता हूँ।

इन वाक्यों में सीता, माताजी, मैं–उद्देश्य अथवा कर्त्ता शब्द हैं। उद्देश्य का अपना विस्तार भी होता है। संज्ञा, सर्वनाम, विशेषण, क्रिया विशेषण, क्रियार्थक संज्ञा, वाक्यांश आदि सभी उद्देश्य का रूप ले सकते हैं।

जैसे–

1. संज्ञा–गाय रँभाती है।
2. सर्वनाम–वे घर जाते हैं।
3. विशेषण–मेहनती छात्र सफलता पाते हैं।
4. क्रिया–धीरे-धीरे चलो।
5. क्रियार्थक संज्ञा–टहलना स्वास्थ्यप्रद होता है।
6. वाक्यांश–दूसरे की निन्दा अच्छी नहीं होती।

उद्देश्य का विस्तार–उद्देश्य की विशेषता वाले शब्दों को उद्देश्य का विस्तार कहते हैं।

जैसे–दुष्ट जनों की संगति अच्छी नहीं होती है। विस्तार शब्दों के भिन्न-भिन्न रूप होते हैं।

जैसे–

1. विशेषण–दुष्टजन त्याज्य हैं।
2. सम्बन्ध कारक–मेरी पुस्तक खो गई है।
3. क्रिया द्योतक–सोता हुआ व्यक्ति जाग उठा।
4. प्रश्न बोधक–क्या चाहते हो?
5. वाक्यांश–निरन्तर परिश्रम करने वाला छात्र सुखी होता है।
6. संबोधनात्मक–हे भाई! तुम कौन हो?

विधेय

उद्देश्य के सम्बन्ध में जो कुछ कहा जाता है उसे विधेय कहते हैं। जैसे–राम-श्याम खेल रहे हैं। विधेय 'साधारण और जटिल' दो प्रकार के होते हैं। विधेय के साथ यदि पूरक शब्द आता

है तब विधेय 'जटिल' कहलाता है। संज्ञा, विशेषण, सम्बन्ध वाचक तथा क्रिया विशेषण प्रायः पूरक शब्दों के रूप में आते हैं।

1. संज्ञा–मेरे मित्र अध्यापक हैं।
2. विशेषण–वह छात्र मेधावी है।
3. सम्बन्ध वाचक–यह पुस्तक तो आपकी है।
4. क्रिया विशेषण–तुम कहाँ खो गए थे।

विधेय का विस्तार–विधेय के सम्बन्ध में जो कुछ कहा या लिखा जाए उसे विधेय का विस्तार कहते हैं। जैसे–घोड़ा धीरे-धीरे दौड़ रहा है। वह घर लौटते ही गिर पड़ा।

विधेय का विस्तार निम्नलिखित रूपों में होता है–

कर्म	–	बच्चा सेब खाता है।
विशेषण	–	आभा विदुषी है।
क्रिया विशेषण	–	घोड़ा धीरे-धीरे दौड़ रहा है।
सम्बन्ध सूचक	–	पुत्र के साथ माँ चली गई।
क्रिया द्योतक	–	मोटर पों-पों करती चली गई।
पूर्वकालिक क्रिया	–	वह उठकर दौड़ पड़ा।
पद वाक्यांश	–	बाजार से लौटने के बाद वह सो गया।
करण कारक	–	उसने मुझे बेंत से मारा।
सम्प्रदान कारक	–	गरीबों के लिए उसने दान दिया।
अपादान कारक	–	वृक्ष से पत्ते गिरते हैं।
अधिकरण कारक	–	वह पिता पर आश्रित है।

वाक्य-विश्लेषण

किसी भी वाक्य के विभिन्न अंशों को अलग-अलग करके वाक्य में उनका स्थान निश्चित करना तथा उनके पारस्परिक सम्बन्धों पर प्रकाश डालना 'वाक्य-विश्लेषण' कहलाता है।

सरल वाक्य की विश्लेषण पद्धति

सरल वाक्य के विश्लेषण में निम्न बातों पर ध्यान दिया जाना चाहिए–

I. समस्त वाक्य को उद्देश्य तथा विधेय के प्रधान खण्डों में विभाजित करें।
II. उद्देश्य खण्ड को उपखण्डों में विभाजित करें। (क) मुख्य उद्देश्य तथा (ख) उद्देश्य के विस्तार को अलग-अलग करें।
III. विधेय खण्ड को भी उपखण्डों में विभाजित कर (क) मुख्य विधेय अर्थात् क्रिया (ख) कर्म अथवा पूरक (ग) कर्म अथवा पूरक का विस्तार (घ) विधेय का विस्तार को अलग-अलग करें।

उदाहरण–

1. अयोध्या के राजा राम बड़े प्रतापी थे।
2. वह मुझे अपने विद्यालय का छात्र समझता था।
3. वह व्यक्ति उत्तम कार्य करता है।
4. एक दिन आचार्य ने अपने सभी छात्रों को विद्यालय के प्रांगण में बुलाया।
5. मोहन का भाई मेरी पुस्तक धीरे-धीरे पढ़ता है।

1. अयोध्या के राजा राम बड़े प्रतापी थे।
   मुख्य उद्देश्य–राम
   उद्देश्य का विस्तार–अयोध्या के राजा
   क्रिया–थे
   कर्म–×
   कर्म का विस्तार–×
   पूरक–प्रतापी
   पूरक का विस्तार–बड़े
   विधेय का विस्तार–×
2. वह मुझे अपने विद्यालय का छात्र समझता था।
   मुख्य उद्देश्य–वह
   उद्देश्य का विस्तार–×
   क्रिया–समझता था
   कर्म–मुझे
   कर्म का विस्तार–×
   पूरक–छात्र
   पूरक का विस्तार–अपने विद्यालय का
   विधेय का विस्तार–×

मिश्र वाक्य की विश्लेषण पद्धति

मिश्र वाक्य के विश्लेषण में निम्नलिखित बातों पर ध्यान दिया जाना चाहिए–

1. समस्त वाक्य को प्रधान उपवाक्य तथा आश्रित उपवाक्य खण्डों में विभाजित करें।
2. उपवाक्यों के संयोजक शब्दों को अलग कर दें।
3. आश्रित उपवाक्य का भेद बताएँ।
4. प्रत्येक उपवाक्य का सरल वाक्य की भाँति विश्लेषण करें।

उदाहरण–

1. मोहन ने कहा कि मैं अपनी पुस्तक दूँगा।
2. ज्योंही वह घर पहुँचा उसकी माँ ने उसे बुलाया।

1. वाक्य–	(क)	मोहन ने कहा
	(ख)	मैं अपनी पुस्तक दूँगा
वाक्य भेद–	(क)	प्रधान
	(ख)	आश्रित संज्ञा उपवाक्य
संयोजक–	(क)	×
	(ख)	कि
मुख्य उद्देश्य	(क)	मोहन ने
	(ख)	मैं
उद्देश्य का विस्तार	(क)	×
	(ख)	×
क्रिया	(क)	कहा
	(ख)	दूँगा
कर्म	(क)	
	(ख)	पुस्तक
कर्म का विस्तार	(क)	×
	(ख)	अपनी
पूरक	(क)	×
	(ख)	×
विधेय का विस्तार	(क)	×
	(ख)	×

संयुक्त वाक्य की विश्लेषण पद्धति

संयुक्त वाक्य का विश्लेषण निम्नलिखित तरह से किया जाता है–

I. प्रत्येक प्रधान उपवाक्य को अलग-अलग छाँट दें।
II. आश्रित उपवाक्य को अलग-अलग छाँट दें।
III. संयोजक शब्द छाँट दें।
IV प्रत्येक उपवाक्य का सरल वाक्य की भाँति विश्लेषण करें।

उदाहरण–

उसने मुझे देखा और मैंने उसे।

वाक्य–	(क) उसने मुझे देखा
	(ख) मैंने उसे देखा
वाक्य भेद–	(क) प्रधान उपवाक्य
	(ख) समानाधिकरण उपवाक्य
संयोजक–	(क) ×
	(ख) और
उद्देश्य–	(क) उसने
	(ख) मैंने
उद्देश्य का विस्तार–	(क) ×
	(ख) ×
क्रिया–	(क) देखा
	(ख) देखा
कर्म–	(क) मुझे
	(ख) उसे
कर्म का विस्तार–	(क) ×
	(ख) ×
पूरक–	(क) ×
	(ख) ×
विधेय का विस्तार–	(क) ×
	(ख) ×

पदबन्ध

पदबन्ध का शाब्दिक अर्थ है अनेक पदों का बँधा समूह या बँध। 'पदबन्ध' की परिभाषा इस प्रकार दी जा सकती है–"वाक्य के उस भाग को जिसमें एक से अधिक पद परस्पर सम्बद्ध होकर अर्थ तो दें देते हैं लेकिन पूरा अर्थ नहीं देते–पदबन्ध या वाक्यांश कहलाते हैं।"

इस प्रकार दो या दो से अधिक पदों के समूह को पदबन्ध कहते हैं जो व्याकरणिक रूप से आपस में सम्बद्ध हों और वाक्य या अन्य किसी पदबन्ध में सम्मिलित रूप से एक ही व्याकरणिक कार्य को सम्पादित करता हो।

उदाहरण– (क) रश्मि बोल रही है।

(ख) इस विद्यालय की सर्वाधिक नटखट लड़की रश्मि बोल रही है।

पहले वाक्य में कर्त्ता 'रश्मि' एक पद है लेकिन दूसरे वाक्य में अनेक पद सम्मिलित रूप से कर्त्ता का कार्य सम्पन्न कर रहे हैं। दूसरे शब्दों में कह सकते हैं कि दूसरे उदाहरण में कर्त्ता का व्याकरणिक कार्य 'इस विद्यालय की सर्वाधिक नटखट लड़की रश्मि' के द्वारा सम्पन्न हो रहा है। 'रश्मि' एक पद है जबकि 'इस विद्यालय की सर्वाधिक नटखट लड़की' अनेक पदों का बँधा समूह है या बन्ध है अर्थात् पदबन्ध है।

पदबन्ध के प्रकार

पदबन्ध के मुख्य रूप से पाँच भेद माने गए हैं–

(1) संज्ञा पदबन्ध (2) सर्वनाम पदबन्ध (3) विशेषण पदबन्ध (4) क्रिया पदबन्ध (5) अव्यय पदबन्ध

संज्ञा पदबन्ध–वाक्य में जो पद-समूह संज्ञा का कार्य सम्पन्न करता है, उसे संज्ञा पदबन्ध कहा जाता है। संज्ञा की भाँति संज्ञा पदबन्ध भी वाक्य में विभिन्न कारक रूपों में प्रयुक्त होता है–

जैसे– 'रात में पहरा देने वाला आदमी' मुठभेड़ में घायल हो गया।

'महात्मा गाँधी की मृत्यु के समाचार' से देश शोक में डूब गया।

मैंने 'जरूरतमन्द विद्यार्थी को' पुस्तक दी।

निरंजन वहाँ ससुराल से मिली हुई मोटर साइकिल से' गया है।

सदैव 'जल से भरी रहने वाली नदी से' नहर निकालो।

उपर्युक्त वाक्यों में इकहरे अवतरण चिह्न के अन्दर के उदाहरण, संज्ञा पदबन्ध कारकों के उदाहरण हैं।

सर्वनाम पदबन्ध–वाक्य में सर्वनाम का कार्य सम्पादन करने वाले पद-समूह सर्वनाम पदबन्ध कहलाते हैं।

उदाहरण– 'भाग्य का मारा वह' समय पर नहीं पहुँचा।

'बड़ी-बड़ी मूँछों वाले तुम' भाग क्यों रहे हो।

'वर्तमान भारत के कर्णधार वे' जा रहे हैं।

ऊपर के वाक्यों में इकहरे अवतरण चिह्न के अन्दर के उदाहरण सर्वनाम पदबन्ध हैं।

विशेषण पदबन्ध–वाक्य में विशेषण का कार्य करने वाले पद समूह को विशेषण पदबन्ध कहते हैं।

जैसे–'सिंह के समान बलवान' आप चूहों से भयभीत हैं।

'चाँद सा सुन्दर' मुखड़ा सभी को आकृष्ट करता है।

'गंगा-गोदावरी वाला' भारत देश यही है।

क्रिया पदबन्ध–जो पद-समूह क्रिया रूप का कार्य करता है, उसे क्रिया पदबन्ध कहते हैं।

जैसे– छोटे बच्चे कहानी 'सुनते सुनते सो जाते हैं'।

वह नित्य मन्दिर 'जाता रहता था'।

वह 'हँसकर कहने लगा'।

यह 'कहा जा सकता है'।

अव्यय पदबन्ध–जो पदबन्ध वाक्य में अव्यय का कार्य करते हैं, उन्हें अव्यय पदबन्ध कहा जाता है।

जैसे– (क) 'दक्षिण से उत्तर तक' भारत एक है।

(ख) विद्यालय 'मन्दिर की तरफ' है।

(ग) 'गाँव से बाहर' चिकित्सालय है।

(घ) 'बहुत अफसोस' वह नहीं रहा।

इकहरे अवतरण बोधक चिह्न के अन्तर्गत आगत पद-समूह अव्यय पदबन्ध हैं।

वाक्य सम्बन्धी अशुद्धियाँ

अशुद्ध वाक्य		शुद्ध वाक्य
1. कई रेलवे कर्मचारियों की गिरफ्तारी हुई।	–	रेलवे के कई कर्मचारियों की गिरफ्तारी हुई।
2. वह दण्ड देने योग्य है।	–	वह दण्डित होने योग्य है/वह दण्ड पाने योग्य है।
3. सौ रुपए सधन्यवाद प्राप्त हुए।	–	सौ रुपए प्राप्त हुए। धन्यवाद!
4. महाविद्यालय की ओर से प्रधानमंत्री को अभिनन्दन पत्र प्रदान किया गया।	–	महाविद्यालय की ओर से प्रधानमंत्री को अभिनन्दन पत्र अर्पित किया गया।
5. कुत्ता दरवान की तरह दुम हिलाता हुआ दरवाजे पर खड़ा रहता था।	–	कुत्ता दुम हिलाता हुआ दरबान की तरह दरवाजे पर खड़ा रहता था।
6. इन बातों के बावजूद भी वह नहीं समझ सका।	–	इन बातों के बावजूद वह नहीं समझ सका।
7. ये बातें केवल दिखावा भर थीं।	–	ये बातें केवल दिखावा थीं/ये बातें दिखावा भर थीं।
8. दक्षिण का अधिकांश भाग पठार है।	–	दक्षिण का अधिक भाग पठार है।
9. मेरी निगाह मेरे मित्र की ओर थी।	–	मेरी निगाह मित्र की ओर थी।
10. प्रधानाध्यापक लड़के चुनेंगे।	–	प्रधानाध्यापक लड़कों को चुनेंगे।
11. मैंने लिख चुका था।	–	मैं लिख चुका था।
12. मैंने इस गाड़ी से जाना है।	–	मुझे इस गाड़ी से जाना है।
13. कर्ण बहुत बड़े दायक थे।	–	कर्ण बहुत बड़ा दाता थे।
14. इसका कोई अर्थ नहीं होता।	–	इसका कुछ अर्थ नहीं होता।
15. आओ, तुम भी कोई काम कर लो।	–	आओ, तुम भी कुछ काम कर लो।
16. श्री कृष्ण के अनेकों नाम हैं।	–	श्री कृष्ण के अनेक नाम हैं।
17. उसकी गर्दन शर्म से नीचे थी।	–	उसकी गर्दन शर्म से नीची थी।
18. मैं आपकी श्रद्धा करता हूँ।	–	मैं आप पर श्रद्धा रखता हूँ।
19. सरकार शान्ति-व्यवस्था के लिए पुलिस पर निर्भर करती है।	–	सरकार शान्ति-व्यवस्था के लिए पुलिस पर निर्भर रहती है।
20. मैं अपने गुरु के ऊपर बहुत श्रद्धा रखता हूँ।	–	मैं अपने गुरु पर बहुत श्रद्धा रखता हूँ।
21. कृष्ण और सुभद्रा भाई-बहन थीं।	–	कृष्ण और सुभद्रा भाई-बहन थे।
22. राम और श्याम विद्यालय जा रहा है।	–	राम और श्याम विद्यालय जा रहे हैं।
23. राम और सीता वन को जा रही थीं।	–	राम और सीता वन को जा रहे थे।
24. शायद वे जरूर जाएंगे।	–	शायद वे जाएँगे/वे जरूर जाएँगे।
25. मेरी स्त्री बीमार है।	–	मेरी पत्नी बीमार है।
26. शरीफ, पुरुष किसी को तंग नहीं करते।	–	शरीफ लोग किसी को तंग नहीं करते/सज्जन पुरुष किसी को तंग नहीं करते।
27. इस समस्या का कोई उपाय नहीं है।	–	इस समस्या का कोई समाधान नहीं है।
28. हो सकता है वह अवश्य पास हो जाए।	–	हो सकता है वह पास हो जाए।
29. किसी और दूसरे आदमी को भेज दीजिए।	–	किसी और को भेज दीजिए/किसी दूसरे को भेज दीजिए।
30. यह दवा बहुत तत्काल असर दिखाती है।	–	यह दवा तत्काल असर दिखाती है।
31. यहाँ तरुण नवयुवकों की शिक्षा का प्रबन्ध है।	–	यहाँ नवयुवकों की शिक्षा का प्रबन्ध है।
32. प्रत्येक दिन स्नान करना चाहिए।	–	प्रतिदिन स्नान करना चाहिए।
33. सैनिकों ने खूँखार अस्त्र-शस्त्रों से हमला किया।	–	सैनिकों ने विनाशकारी अस्त्र-शस्त्रों से हमला किया।
34. हैजे आदि से हजारों लोग मर गए।	–	हैजा आदि से हजारों लोग मर गए।
35. पूज्यनीय पिताजी को प्रणाम।	–	पूज्य पिताजी/पूजनीय पिताजी को प्रणाम।

अशुद्ध वाक्य		शुद्ध वाक्य
36. उसकी सौन्दर्यता पर सब मुग्ध थे।	–	उसके सौन्दर्य पर सब मुग्ध थे। या, उसकी सुन्दरता पर सब मुग्ध थे।
37. अत्याधिक कार्य स्वास्थ को बिगाड़ देता है।	–	अत्यधिक कार्य स्वास्थ्य को बिगाड़ देता है।
38. भिखारी ने राजा को आशीर्वाद प्रदान किया।	–	भिखारी ने राजा को आशीर्वाद दिया।
39. प्राणीमात्र पर दया करो।	–	प्राणिमात्र पर दया करो।
40. झगड़े का श्री गणेश तब हुआ जब जुलूस पर किसी ने पत्थर फेंक दिया।	–	झगड़े का आरम्भ तब हुआ जब जुलूस पर किसी ने पत्थर फेंक दिया।
41. मेरा पतलून मैला है।	–	मेरी पतलून मैली है।
42. उसकी दादी अभी जिन्दी है।	–	उसकी दादी अभी जिन्दा है।
43. राम ने बाजार जाना है।	–	राम को बाजार जाना है।
44. आज की ताजी खबर पढ़िए।	–	आज की ताजा खबर पढ़िए।
45. हमने उनकी योजनाओं को दुम दबाकर स्वीकार कर लिया।	–	हमने उनकी योजनाओं को विवश होकर स्वीकार कर लिया।
46. वह विद्वान महिला थीं।	–	वह विदुषी थीं।
47. इसका उत्तरदाइत्व आपके ऊपर है।	–	इसका उत्तरदायित्व आप पर है।
48. उनकी मृत्यु से नगर की अपूर्व क्षति हुई।	–	उनकी मृत्यु से अपूरणीय क्षति हुई।
49. साहित्य और जीवन का घोर सम्बन्ध है।	–	साहित्य और जीवन का घनिष्ठ सम्बन्ध है।
50. ईश्वर उसकी मृत आत्मा को शान्ति दें।	–	ईश्वर उसकी आत्मा को शान्ति दें।
51. आप खाना खाने आ जाओ।	–	आप खाना खाने आ जाएँ।
52. आप कहोगे।	–	आप कहेंगे।
53. अगर मैं गलती करूँ तो आप मुझे दुरुस्त कर दें।	–	अगर मैं गलती करूँ तो आप मुझे सुधार दें।
54. काँग्रेस ने भारत की अच्छाई के अनेक कार्य किए।	–	काँग्रेस ने भारत की भलाई के लिए अनेक कार्य किए।
55. उसका पैर गरम आग पर पड़ गया।	–	उसका पैर आग पर पड़ गया।
56. शब्द केवल संकेत मात्र होते हैं।	–	शब्द केवल संकेत होते हैं। या, शब्द संकेत मात्र होते हैं।
57. उसकी दृष्टि चित्र में गड़ी थी।	–	उसकी दृष्टि चित्र पर गड़ी थी।
58. वे लगन के साथ देश की सेवा कर रहे हैं।	–	वे लगनपूर्वक देश की सेवा कर रहे हैं।
59. फिर, कुछ देर से उसने कहा।	–	फिर, कुछ देर बाद उसने कहा।
60. केवल कहने मात्र से कुछ नहीं होता।	–	केवल कहने से कुछ नहीं होता।
61. चाहे जैसे भी हो, तुम वहाँ जाओ।	–	चाहे जैसे हो, तुम वहाँ जाओ।
62. सभी प्रकार की चीज मौजूद थी।	–	सभी प्रकार की चीजें मौजूद थीं।
63. आपके एक-एक शब्द तुले हुए होते हैं।	–	आपके एक-एक शब्द नपे-तुले होते हैं।
64. आपकी राय से यह काम जरूरी है।	–	आपकी राय में यह काम जरूरी है।
65. आपकी पुस्तक धन्यवाद सहित लौटाता हूँ।	–	आपकी पुस्तक धन्यवादपूर्वक लौटाता हूँ।
66. हमारे बाप-दादाओं ने कभी ऐसा नहीं किया।	–	हमारे बाप-दादा ने कभी ऐसा नहीं किया।
67. सबों ने यही राय दी।	–	सबने यही राय दी।
68. संज्ञा की प्रशंसा करने वाले शब्द विशेषण होते हैं।	–	संज्ञा की विशेषता बताने वाले शब्द विशेषण होते हैं।
69. मुझे प्रायः समस्त काम अपने हाथों करना पड़ता है।	–	मुझे प्रायः सम्पूर्ण काम अपने हाथों करना पड़ता है।
70. सूरदास के ऊपर डॉ॰ हजारी प्रसाद द्विवेदी ने एक उत्तम ग्रंथ लिखा है।	–	सूरदास के सम्बन्ध में डॉ॰ हजारी प्रसाद द्विवेदी ने एक उत्तम ग्रंथ लिखा है।
71. अधिकांश धन व्यर्थ गया।	–	धन का अधिकांश व्यर्थ गया।
72. राम का भविष्य शंकर के ऊपर निर्भर है।	–	राम का भविष्य शंकर पर निर्भर है।

अशुद्ध वाक्य		शुद्ध वाक्य
73. इन दोनों में केवल यही अन्तर है।	–	इन दोनों में यही अन्तर है।
74. उसे एक चिट्ठी लिखना होगा।	–	उसे एक चिट्ठी लिखनी होगी।
75. यह बात हृदय से सम्भव है वे न मानें।	–	सम्भव है यह बात वे हृदय से नहीं मानें।
76. आज उपशिक्षा मंत्री जी नगर में पधार रहे हैं।	–	आज शिक्षा उपमंत्री जी नगर में पधार रहे हैं।
77. अधिकांश उर्दू के कवि शृंगारी कविता लिखते हैं।	–	उर्दू के अधिकतर कवि शृंगारी कविता लिखते हैं।
78. उसकी आवाज कान में सुनाई पड़ी।	–	उसकी आवाज सुनाई पड़ी/उसकी आवाज कान में पड़ी।
79. वह कहते हैं।	–	वे कहते हैं।
80. थोड़ी देर बाद वे वापस लौट आए।	–	थोड़ी देर बाद वे लौट आये। या, थोड़ी देर बाद वे वापस आए।
81. उन्हें मृत्युदण्ड की सजा मिली।	–	उन्हें मृत्युदण्ड मिला।
82. उसी आदमी को, जो आपके पास जायेगा, यह पुस्तक दे दिजिए।	–	उसी आदमी को, जो आपके पास जाएगा, यह पुस्तक दे दीजिए।
83. मेरा विश्वास मेरी आँखों पर भी नहीं है।	–	मेरा विश्वास अपनी आँखों पर भी नहीं है।
84. वह अनेक प्रकार के बहाने बनाने लगा।	–	वह अनेक बहाने बनाने लगा।
85. आप अपनी ताकत के बल पर यह काम करना चाहते हैं।	–	आप अपने बल पर यह काम करना चाहते हैं। या, आप अपनी ताकत पर यह काम करना चाहते हैं।
86. मैं आज प्रातःकाल के समय वहाँ गया था।	–	मैं आज प्रातःकाल वहाँ गया था।
87. कृपया यह बताने का अनुग्रह करें।	–	कृपया यह बतलावें। या, यह बतलाने की कृपा करें। या, यह बतलाने का अनुग्रह करें।
88. सारे देश भर में यह बात फैल गई।	–	सारे देश में यह बात फैल गई/या, देश भर में यह बात फैल गई।
89. वह इस बात की व्यवस्था का कोई प्रबन्ध नहीं कर सकता।	–	वह इस बात की व्यवस्था नहीं कर सकता/या, वह इस बात का प्रबन्ध नहीं कर सकता।
90. देश की रक्षा का भार तुम्हारे ऊपर है।	–	देश की रक्षा का भार तुम पर है।
91. दंगे में दस मनुष्य मरे और पन्द्रह आदमी घायल हुए।	–	दंगे में दस आदमी मरे और पन्द्रह घायल हुए।
92. कुछ पशु खेती के काम में आने के सिवा वे धर्म की दृष्टि से भी पूज्य हैं।	–	कुछ पशु खेती के काम में आने के अतिरिक्त धर्म की दृष्टि से भी पूज्य हैं।
93. वह खाने-पीने के व्यंजन बना रही थी।	–	वह व्यंजन बना रही थी।
94. प्रायः ऐसे अवसर आते हैं जिसमें लोगों को कभी-कभी अपना मत बदलना पड़ता है।	–	प्रायः ऐसे अवसर आते हैं जिनमें लोगों को अपना मत बदलना पड़ता है।
95. आगरा के निकट दो रेलगाड़ियाँ लड़ गईं।	–	आगरा के निकट दो रेलगाड़ियों की टक्कर हो गई।
96. वृक्ष में फल लगे हैं।	–	वृक्ष पर फल लगे हैं।
97. उसने उधर देखा और बोला।	–	उसने उधर देखा और कहा।
98. वहाँ पूड़ियाँ और झरने का पानी पीकर हमलोग आगे बढ़े।	–	वहाँ पूड़ियाँ खाकर और झरने का पानी पीकर हमलोग आगे बढ़े।
99. मैं यह काम किया चाहता हूँ।	–	मैं यह काम करना चाहता हूँ।
100. मेरे को ऐसा मत कहो।	–	मुझको ऐसा मत कहो।
101. वे कोई स्कूल नहीं खोले थे।	–	उन्होंने कोई स्कूल नहीं खोला था।
102. पंजाब के मुसलमान वहाँ प्रवेश किए थे।	–	पंजाब के मुसलमानों ने वहाँ प्रवेश किया था।
103. लड़ाई के द्वारा लोगों ने खूब धन कमाया।	–	लड़ाई के समय लोगों ने खूब धन कमाया।
104. यह बीमारी देश में लड़ाई के द्वारा फैली थी।	–	देशों में यह बीमारी लड़ाई के कारण फैली थी।
105. उन्होंने सरलता के साथ उत्तर दिया।	–	उन्होंने सरलतापूर्वक उत्तर दिया।
106. उनके विरुद्ध मुकदमा चलाया गया।	–	उन पर मुकदमा चलाया गया।
107. पूर्व इसके कि कोई हँसे, हम हँस पड़े।	–	किसी के हँसने के पहले हम स्वंय हँस पड़े।
108. परीक्षा की प्रणाली बदलना चाहिए।	–	परीक्षा की प्रणाली बदलनी चाहिए।

	अशुद्ध वाक्य		शुद्ध वाक्य
109.	मैं तुम्हारे साथ नहाकर चलूँगा।	–	मैं नहाकर तुम्हारे साथ चलूँगा।
110.	शुद्ध गाय का दूध सेवन करो।	–	गाय का शुद्ध दूध सेवन करो।
111.	इतने वेतन से केवल दाल-रोटी हो जाती है।	–	इतने वेतन से केवल दाल-रोटी ही मिल पाती है।
112.	प्रेमचन्द जी ने पर्याप्त मात्रा में कहानी और उपन्यास लिखे।	–	प्रेमचन्द जी ने पर्याप्त संख्या में कहानी और उपन्यास लिखे।
113.	अनेकों बार समझाने पर भी वह नहीं समझा।	–	अनेक बार समझाने पर भी वह नहीं समझा।
114.	वह आगामी वर्ष हरिद्वार गया था।	–	वह गत् वर्ष हरिद्वार गया था।
115.	वह धर्मशालें में गया है।	–	वह धर्मशाला में गया है।
116.	मित्रों! उसकी भाग्य फूट गई।	–	मित्रों! उसका भाग्य फूट गया।
117.	हमें अपने माता-पिता का आदर करना चाहिए।	–	हमें माता-पिता का आदर करना चाहिए।
118.	उन्हें व्यर्थ रुपए देने से कोई लाभ नहीं है।	–	उन्हें रुपए देने से कोई लाभ नहीं/ अथवा, उन्हें रुपए देना व्यर्थ है।
119.	शास्त्रीजी की मृत्यु से हमें बड़ा खेद हुआ।	–	शास्त्री जी के निधन से हमें बहुत दुःख हुआ।
120.	शोक है कि आपने मेरे पत्रों का उत्तर नहीं दिया।	–	दुःख है कि आपने मेरे पत्रों के उत्तर नहीं दिए।
121.	एक-एक करके सभी चले गए।	–	एक-एक कर सभी चले गए।
122.	यह ग्रंथ दोहा और चौपाइयों में लिखा गया है।	–	यह ग्रंथ दोहे और चौपाइयों में लिखा गया है।
123.	मैं माता का दर्शन करने गया था।	–	मैं माता के दर्शन करने गया था।
124.	यही वे कारण हैं जिनके कारण देश में अशान्ति बढ़ रही है।	–	यही वे कारण हैं जिनसे देश में अशान्ति बढ़ रही है।
125.	ऐसी एकाध बातें और देखने में आती हैं।	–	ऐसी एकाध बात और देखने में आती है।
126.	प्रत्येक छोटी-मोटी विशेषताओं को देखना चाहिए।	–	प्रत्येक छोटी-मोटी विशेषता को देखनी चाहिए।
127.	उन्होंने हाथ जोड़ा।	–	उन्होंने हाथ जोड़े।
128.	हम तो शादी में अवश्य ही जाएँगे।	–	हम शादी में अवश्य जाएँगे।
129.	तुम्हारा सब काम गलत होता है।	–	तुम्हारे सब काम गलत होते हैं।
130.	वह तो केवल आप ही पर निर्भर है।	–	वह तो केवल आप पर निर्भर है।
131.	उनकी आँखों की दृष्टि शून्य आकाश की ओर थी।	–	उनकी दृष्टि शून्य आकाश की ओर थी। या, उनकी आँखें शून्य आकाश की ओर थीं।
132.	वे सब काल-चक्र के पहिए के नीचे दब गए।	–	वे सब काल-चक्र में डूब गए।
133.	लड़का मिठाई लेकर भागता घर आया।	–	लड़का मिठाई लेकर दौड़ता हुआ घर आया।
134.	उसके अंग-अंग में सौन्दर्यता भरी थी।	–	उसके अंग-अंग में सौन्दर्य था।
135.	दो दिन की बदली के पीछे आज सूर्य निकला है।	–	दो दिन की बदली के बाद आज सूर्य निकला है।
135.	कोयला जलकर राख हो गई।	–	कोयला जलकर राख हो गया।
136.	सारा राज्य उसके लिए एक थाती थी।	–	सारा राज्य उसके लिए एक थाती था।
137.	मैं अपनी बात का स्पष्टीकरण करने के लिए तैयार हूँ।	–	मैं अपनी बात के स्पष्टीकरण के लिए तैयार हूँ।
138.	यह चित्र, गाँधी जी जब यहाँ पधारे थे। उस समय लिया गया था।	–	यह चित्र उस समय लिया गया था, जब गाँधी जी यहाँ पधारे थे।
139.	शत्रु उस पर टूट गए।	–	शत्रु उस पर टूट पड़े।
140.	लोग रविवार के दिन छुट्टी मनाते हैं।	–	लोग रविवार को छुट्टी मनाते हैं।
141.	उनकी एक आँख कानी थी।	–	वे काने थे।
142.	भीष्म पितामह आजन्म ब्रह्मचारी रहे।	–	भीष्म पितामह आजीवन ब्रह्मचारी रहे।
143.	वह अपनी विद्या समाप्त करके ही कुछ काम करेगा।	–	वह अपनी शिक्षा समाप्त करके ही कुछ काम करेगा।

अशुद्ध वाक्य		शुद्ध वाक्य
144. चावल का चिन्तनीय अभाव है।	–	चावल का अभाव चिंतनीय है।
145. वह व्यक्ति ही क्या, जो कभी दुःख नहीं उठाया।	–	वह व्यक्ति ही क्या, जिसने कभी दुःख नहीं उठाया।
146. यहाँ सर्वोत्कृष्ट ज्वर की चिकित्सा होती है।	–	यहाँ ज्वर की सर्वोत्कृष्ट चिकित्सा होती है।
147. घड़ा और लोटा में पानी है।	–	घड़े और लोटे में पानी है।
148. नौकर से कहो कि मेरा सामान तैयार रखो।	–	नौकर से कहो कि मेरा सामान तैयार रखे।
149. गाँधी का देश सदैव आभारी रहेगा।	–	देश गाँधी का सदैव आभारी रहेगा।
150. मैंने यह बात उनके द्वारा सुनी थी।	–	मैंने यह बात उनसे सुनी थी।

मुहावरे एवं लोकोक्तियाँ

मुहावरे

मुहावरा का शाब्दिक अर्थ है 'अभ्यास'। किन्तु उस वाक्यांश अथवा शब्द समूह को मुहावरा कहते हैं जो अपने साधारण अर्थ को त्याग कर एक विशेष अर्थ प्रकट करने लगता है। मुहावरों के प्रयोग से भाषा का सौन्दर्य एवं उसकी शीलता बढ़ जाती है।

'राम लड़ने के लिए तैयार बैठा है' के स्थान पर 'राम ने लड़ने के लिए कमर कस ली है।' कहने पर बात अधिक भावपूर्ण हो जाती है। अतः मुहावरों का प्रयोग अवश्य किया जाना चाहिए। मुहावरा अरबी भाषा का शब्द है। इसी नाम को हिन्दी ने भी अपना लिया है। मुहावरा वाक्य का वह अंश होता है, जिसका व्यवहार स्वतंत्र रूप से नहीं किया जा सकता।

1. अंक लगाना (गले लगाना)–विदा होते समय उसने मुझे अंक से लगा लिया।
2. अंक भरना (स्नेह से लिपट लेना)–माँ ने पुत्र को देखते ही अंक में भर लिया।
3. अंकुश मानना (दबाव मानना)–छात्रों को गुरु का अंकुश मानना चाहिए।
4. अंग-अंग ढीला होना (थक जाना)–कठिन परिश्रम के कारण आज मेरे अंग-अंग ढीले हो रहे हैं।
5. अंग करना (स्वीकार करना)–जाको मनमोहन अंग करे (सूर)।
6. अँगूठा चूमना (चापलूसी करना)–भूखों मरना मंजूर है, पर तुम्हारी तरह अफसरों का अँगूठा नहीं चूमूँगा।
7. अचरा पसारना (याचना करना)–हे माँ अम्बा! मेरे बच्चे को ठीक कर दे, मैं तुम्हारे सामने अचरा पसार रही हूँ।
8. अन्त पाना (रहस्य जान लेना)–पाकिस्तान सरकार कहती कुछ है, करती कुछ और है। उसकी कूटनीति का अन्त पाना बहुत कठिन है।
9. अंतड़ियाँ जलना (भूख लगना)–चार बजे विद्यालय से लौटते समय मेरी अंतड़ियाँ जलने लगती हैं।
10. अपने पैरों पर खड़ा होना (स्वावलम्बी होना)–अब तुम्हें अपने पैरों पर खड़ा होना चाहिए।
11. अपने मुँह मिया मिट्ठू बनना (अपनी प्रसंसा आप करना)–क्यों अपने मुँह मिया मिट्ठू बन रहे हो, मैं जानता हूँ तुम्हारी वीरता को।
12. अलख जगाना (जागरण लाना)–पराधीन भारत में अलख जगाने वालों में महात्मा गाँधी अग्रणी हैं।
13. आँख लगना (नींद आना, प्रेम होना)–बहुत देर के बाद बच्चों की आँख लगी है या युवा दिलों में प्रथम मिलन में ही आँख लग जाती है।
14. आँख चुराना (सामने न होना)–पता नहीं आजकल तुम दोस्तों से क्यों आँखें चुराते हो।
15. आँख में धूल झोंकना (देखते-देखते धोखा देना)–तुम बड़े चालक हो, बड़ों-बड़ों की आँख में धूल झोंकते हो।
16. आँख चढ़ाना (क्रोध करना)–आँख क्यों चढ़ाते हो? हम तुमसे डरने वाले नहीं है।
17. आँखों में रात काटना (रात भर जागते रहना)–बेटे की राह देखते-देखते उसने आँखों में रात काट दी।
18. आँख बिछाना (प्रेम से स्वागत करना)–वह स्टेशन पर अपने भाई के लिए घण्टों से आँखें बिछाए खड़ा है।
19. आँच न आने देना (जरा भी कष्ट न आने देना)–चिन्ता की कोई बात नहीं, तुम पर आँच न आने दूँगी।
20. आकाश से बातें करना (बहुत ऊँचा होना)–हिमालय पर्वत आकाश से बातें करता है।
21. आटे-दाल का भाव-मालूम होना (जीवन के कठिन यथार्थ का पता लगना)–अभी मौज लो, मेरे मरने के बाद आटे-दाल का भाव मालूम हो जाएगा।
22. आड़े हाथों लेना (व्यंगोक्ति से लज्जित करना, खरी-खोटी सुनाना)–मौका देखते ही राम ने श्याम को आड़े हाथों लिया।
23. आसमान पर थूकना (किसी बड़े आदमी पर लांछन लगाने पर स्वयं निन्दित होना)–पण्डित नेहरू के विषय में ऐसी बेसिर पैर की बातें करना आसमान पर थूकना है।
24. अन्धे को चिराग दिखाना (मूर्ख को उपदेश देना)–पाकिस्तान को शान्ति का उपदेश देना अन्धे को चिराग दिखाना है।
25. अच्छे घर बैना देना (अधिक बलवान को छेड़ना)–रूस शासित मंगोलिया में छेड़-छाड़ प्रारम्भ कर चीन ने अच्छे घर पर बैना दिया है।

26. अक्ल के घोड़े दौड़ाना (अनेक प्रकार की कल्पना करना)–केवल अक्ल के घोड़े दौड़ाने से काम नहीं होता, परिश्रम भी करना चाहिए।
27. अक्ल के पीछे लट्टू लेकर फिरना (मूर्खतापूर्ण कार्य करना)–कुछ सोच समझकर कार्य करो, क्यों अक्ल के पीछे लट्टू लिए फिरते हो।
28. आँखों का पानी गिर जाना (निर्लज्ज हो जाना)–जिसकी आँखों का पानी गिर जाता है, वह बड़ों का आदर नहीं करता।
29. आँखों पर बैठाना (आदर करना)–अच्छा कार्य करोगे तो दुनिया आँखों पर बैठाएगी।
30. आँसू पीकर रह जाना (धैर्य पूर्वक दुःख सहन करना)–भारत के किसान प्रतिरोध करना नहीं जानते, आँसू पीकर रह जाना तो उसका स्वभाव बन गया है।
31. आसमान टूट पड़ना (अत्यधिक संकट पड़ना)–अत्यधिक बाढ़ और वर्षा से ग्रामीणों पर आसमान टूट पड़ता है।
32. आस्तीन का साँप (कपटी मित्र, घर में रहकर वैर करने वाला)–जिसे मित्र समझा वही आस्तीन का साँप निकला।
33. इज्जत गवाँना (मर्यादा नष्ट करना)–अपने स्वार्थ के लिए तुमने इज्जत गवाँ दिया।
34. ईंट से ईंट बजाना (विनष्ट कर देना)–बंगला देश की लड़ाई में भारत ने पाकिस्तान की ईंट से ईंट बजा दिया।
35. ईंट का जवाब पत्थर से देना (दुष्टता का करारा प्रत्युत्तर देना)–दुश्मन को हमेशा ईंट का जवाब पत्थर से देना चाहिए।
36. उल्टी गंगा बहाना (विपरीत कार्य करना)–राजा जी ने सारा जीवन काँग्रेस की सेवा में लगाया, लेकिन आज उसी की आलोचना करके उल्टी गंगा बहा रहे हैं।
37. एक आँख से देखना (बराबर मानना)–भगवान सबको एक आँख से देखते हैं।
38. एक लाठी से हाँकना (उचित अनुचित का विचार किए बिना व्यवहार करना)–समानता का अर्थ सबको एक लाठी से हाँकना नहीं है।
39. काठ का उल्लू (निरा मूर्ख)–सोहन यह काम नहीं कर सकेगा वह तो काठ का उल्लू है।
40. कफन सिर पर बाँधना (मरने को तैयार होना)–कफन सिर पर बाँध कर राजपूत हल्दी घाटी की लड़ाई में आ डटे।
41. कलम तोड़ना (खूब सुन्दर लिखना, अनूठा लिखना)–वाह! खूब लिखा, बिल्कुल कलम तोड़ ही डाला।
42. करवटें बदलना (बेचैन होना)–वह रात-दिन कष्ट से करवटें बदलता रहा।
43. कान काटना (मात कर देना)–इसे छोटा मत समझो, यह तो, बड़े-बड़े का कान काटता है।
44. कान पकड़ना (भूल स्वीकार कर कभी न करने का निश्चय करना)–उसने कान पकड़ा कि कभी झूठ नहीं बोलेगा।
45. कान पर जू न रेंगना (कुछ परवाह न करना)–मैंने अपने मित्र को बहुत कुछ कहा, पर उसके कान पर जूँ न रेंगी।
46. किनारा कसना (साथ छोड़ना)–दुःख में सभी किनारा कस लेते हैं।
47. कोल्हू का बैल (सदैव काम करने वाला)–इस काम में फुरसत नहीं, कोल्हू का बैल बना रहना पड़ता है।
48. कोसों दूर रहना (बहुत दूर रहना)–अच्छे लड़के दुर्गुणों से कोसों दूर रहते हैं।
49. कोदो देकर पढ़ना (बेढंगी शिक्षा पाना)–यही सवाल नहीं आता, कोदो देकर पढ़े हो क्या?
50. किस खेत की मूली है (तुच्छ है)–मैं बड़ों-बड़ों की परवाह नहीं करता, तुम किस खेत की मूली हो।
51. कौड़ी-कौड़ी को मुहताज होना (दरिद्र होना)–कल वह करोड़पति था, आज कौड़ी-कौड़ी का मुहताज हो रहा है।
52. कतरनी चलाना (मन में द्वेष होना)–बाहर से मीठा बोलते हो, किन्तु भीतर ही भीतर कतरनी चलाते हो।
53. कान खोलना (सावधान रहना)–कान खोलकर सुन लो, कल यह काम हो जाना चाहिए।
54. कान खड़े होना (सजग होना)–आहट सुनकर सन्तरी के कान खड़े हो गए।
55. कान लगाना (ध्यान देना)–उनकी बातें सुनने के लिए मैंने द्वार से कान लगा दिए।
56. कुँआ खोदना (दूसरे को हानि पहुँचाने का यत्न करना)–सैनिकों ने नायक से कहा 'दुश्मन हमारे लिए रोज कुएं खोद रहे हैं और हम लोग हाथ पर हाथ धरे बैठें हैं'।
57. किताब का कीड़ा होना (बराबर पढ़ते रहना)–परीक्षा के दिनों में वह किताब का कीड़ा हो जाता है।
58. किस्सा खत्म होना (झगड़ा मिटना)–चलो अच्छा हुआ किस्सा खत्म हो गया।
59. किरकिरा होना (हर्ष में विघ्न पड़ना)–वर्षा से खेल का मजा किरकिरा हो गया।
60. किला फतह करना (बड़ी विजय पाना)–मालूम होता है, जैसे कोई किला फतह कर लिया है।
61. काँटा निकालना (बाधा दूर करना)–राम की सहायता से सोहन का काँटा निकल गया।
62. कुएँ में गिरना (मुसीबत में फँसना)–बुरे काम करने वाले ही कुएँ में गिरते हैं।
63. कुर्सी देना (सम्मान करना)–समाज उसे ही कुर्सी देता है, जो उसके योग्य होता है।
64. कौड़ी को न पूछना (निकम्मा समझना)–तुम्हें तो कोई कौड़ी को भी नहीं पूछेगा।
65. कान पकना (ऊब जाना)–एक ही बात सुनते-सुनते मेरे कान पक गए।
66. कान खाना (तंग करना)–चुप रहो, क्यों कान खा रहे हो?
67. कान में पड़ना (सुनने में आना)–उड़ते-उड़ते यह खबर मेरे कान में पड़ी थी।
68. कान देना (ध्यान देना)–पढ़ते समय कान दिया करो, नहीं तो पास नहीं होगे।
69. कमर खोलना (लड़ाई का काम बन्द कर देना)–सैनिक शत्रु को पराजित किए बिना कमर नहीं खोलता।

70. खाल मोटी होना (बेपरवाह होना)–जिसकी खाल मोटी होती है, उसे मान अपमान का कोई ध्यान नहीं होता।
71. खाल उधेड़ना (खूब पिटाई करना)–फिर ऐसा किया तो खाल उधेड़ लूँगा।
72. खाक में मिलना (नष्ट-भ्रष्ट होना)–इस अग्निकांड में मेरी सारी सम्पत्ति खाक में मिल गई।
73. खरी-खोटी सुनाना (कटु वचन कहना)–आज मैंने उसे खरी-खोटी सुनाई है।
74. गला छूटना (मुक्त होना)–फिजूल खर्ची से आप का गला नहीं छूट सकता।
75. गड़ जाना (शरमाना)–अपनी गलती महसूस कर वह जमीन में गड़ गया।
76. गज भर छाती होना (उत्साहित होना)–टोकियो में, भारत की हॉकी प्रतियोगिता में जीत होने से सबकी छाती गज भर की हो गई।
77. खटाई में पड़ना (झमेले में पड़ना)–रुपया खटाई में पड़ा है, देखें कब तक मिलता है।
78. खेत रहना (लड़ाई में मरना)–नेफा में बहुत से भारतीय योद्धा खेत रहे।
79. खेल खेलना (चाल चलना)–शकुनी जो खेल खेल रहा था, उसे भली-भाँति जानता था।
80. खिचड़ी पकाना (गुप्त रूप में सलाह करना)–आजकल लोग छोटी-छोटी बातों पर खिचड़ी पकाना शुरू कर देते हैं।
81. खून-पसीना एक करना (अत्यधिक श्रम करना)–उसने परीक्षा में पास होने के लिए खून-पसीना एक कर दिया।
82. ख्याली पुलाव पकाना (व्यर्थ ही कल्पना करना)–आज-कल केवल खाली पुलाव पकाने से काम नहीं चलता, कुछ ठोस काम करो।
83. खोलकर रख देना (स्पष्ट कर देना)–मैंने सारी बातें खोलकर रख दी हैं।
84. गड़े मुर्दे उखाड़ना (पुरानी बात उभारना)–यदि सुलह करनी है तो गड़े मुर्दे नहीं उखाड़ो।
85. गले पड़ना (अनिच्छा से प्राप्त होना)–मैंने कभी इच्छा नहीं व्यक्त की लेकिन मेरे गले पड़ ही गई।
86. गले मढ़ना (इच्छा के विरुद्ध थोपना)– पाकिस्तान अपनी गलती को भारत के गले मढ़ना चाहता है।
87. गला काटना (हानि पहुँचाना)–उसके एक वाक्य बोल देने से मेरे पड़ोसी का गला कट गया।
88. गर्दन पर सवार होना (पीछे पड़ना)–कोई काम सहूलियत से किया जाता है, गर्दन पर सवार होने से काम और बिगड़ने का डर रहता है।
89. गर्दन पर छुरी फेरना (अन्याय करना)–मिलावट कर व्यापारी उपभोक्ता की गर्दन पर छुरी फेरता है।
90. गर्दन उठाना (प्रतिवाद करना)–अत्याचार और अन्याय के विरोध में हम सभी को गर्दन उठानी चाहिए।
91. गाल बजाना (डींग हाँकना)–तुम्हारे गाल बजाने से मैं प्रभावित नहीं हो सकता।
92. गाल फुलाना (रूठ जाना)–जरा-जरा सी बात पर गाल फुलाना अच्छी बात नहीं है।
93. गला छुड़ाना (पीछा छुड़ाना)–भला चाहते हो तो उस पापी से गला छुड़ा लो।
94. गाँठ का पूरा (धनी)–वह गाँठ का पूरा है इसलिए कुछ भी कर ले सकता है, सबसे थोड़े ही सम्भव है।
95. गुल खिलाना (अनोखी बात होना)–तुम क्या-क्या गुल खिलाओगे ईश्वर ही जाने।
96. गिरगिट की तरह रंग बदलना (सिद्धान्तविहीन होना)–उस पर निर्भर करना मूर्खता है, इसलिए कि वह गिरगिट की तरह रंग बदलता है।
97. गोबर गणेश (मूर्ख)–उससे क्या पूछें वह तो गोबर गणेश है।
98. गिन-गिन कर पैर रखना (फूँक-फूँक कर पैर रखना/सावधानी से चलना)–जीवन के हर क्षेत्र में गिन-गिन कर पैर रखने की कोशिश करो।
99. गठरी मारना (अन्यायपूर्वक दूसरे का धन लेना)–जीवन भर गठरी मारकर भी वह आज सुखी नहीं है, क्योंकि उसकी सारी कमाई अन्याय से की गयी थी।
100. गुदड़ी का लाल (गरीब के घर गुणवान् पैदा होना)–शास्त्री जी गुदड़ी के लाल थे।
101. गर्दन काटना (हानि पहुँचाना)–ऐसा मत करो, गरीब की गर्दन कट जाएगी।
102. घर फूँककर तमाशा देखना (अपनी बर्बादी की भी परवाह न होना)–असंयमी लोग घर फूँक कर तमाशा देखते हैं।
103. घड़ों पानी पड़ना (अत्यन्त लज्जित होना)–चोरी का भेद खुलते ही उसके ऊपर घड़ों पानी पड़ गया।
104. घर बसाना (विवाह करना)–बिना घर बसाए जीवन रूपी गाड़ी नहीं चल सकती।
105. घात लगाना (मौका देखना)–बिल्ली चूहे पर घात लगाए बैठी रही।
106. घास खोदना (व्यर्थ काम करना)–जीवन की घटनाओं से मैंने बहुत कुछ सीखा, घास नहीं खोदी है।
107. घाव पर नमक छिड़कना (दुःखी को और दुःख पहुँचाना)–उस भूल पर वह स्वयं दुःखी है। अब उसकी चर्चा करना घाव पर नमक छिड़कना है।
108. घाट-घाट का पानी पीना (काफी अनुभव होना)–मैंने घाट-घाट का पानी पिया है इसलिए मुझे मत समझाओ।
109. घात में रहना (हानि पहुँचाने का मौका देखना)–हमेशा घात में लगे रहते हो, तो जान लो, मैं भी हमेशा तुम्हारे लिए सावधान रहता हूँ।

110. घोड़ा बेचकर सोना (निश्चिंत सोना)–शादी सम्पन्न करने के बाद वह घोड़ा बेचकर सोने लगा है।
111. चादर से बाहर पैर पसारना (आमदनी से अधिक खर्च करना)–चादर से बाहर पैर पसारने से आगे कष्ट होना तय है।
112. चाँद पर थूकना (सज्जन की निन्दा करना)–अरे तुम जो कह लो लेकिन व्यर्थ ही चाँद पर थूकते हो।
113. चूँ न करना (जबाव न देना)–लड़का बहुत शिष्ट और शालीन है, चूँ नहीं करता है।
114. चण्डूखाने की गप्प (सारहीन बातें)–उस दरवाजे पर हमेशा चण्डूखाने की गप्प होती रहती है।
115. चाँदी का जूता (घूस)–चाँदी का जूता मारकर बहुत लोग अपना काम निकालते हैं।
116. चाँदी काटना (आनन्द मनाना)–इन दिनों तो आपकी चाँदी कटती है।
117. चिकनी चुपड़ी बातें करना (खुशामदी बातें करना)–मेरी आदत चिकनी-चुपड़ी बातें करने की नहीं है।
118. चिकना घड़ा होना (निर्लज्ज होना)–आपसे कुछ भी कहना व्यर्थ है। आप तो चिकने घड़े हैं।
119. चिराग तले अँधेरा (अपने में ही दोष होना)–उसके पिता और चाचा दोनों शिक्षक हैं फिर भी वह पढ़ने में कमजोर है। बस, चिराग तले अँधेरा वाली बात है।
120. चिराग गुल होना (वंश-नाश होना)–उसके मरते ही परिवार का चिराग गुल हो गया।
121. चींटी के पर लगना (जान बूझकर मौत बुलाना)–तुम्हारा दोष नहीं है, बस यही समझो कि चींटी के पर लग गए हैं।
122. चेहरे का रंग उड़ना (घबराना)–कमरे में प्रवेश करते ही मुखियाजी को बैठे देखा और उसके चेहरे का रंग उड़ गया।
123. चुल्लू भर पानी में डूब मरना (अत्यन्त लज्जित होना)–क्या कहें, कल गजब हुआ, रत्नेश को तो चुल्लू भर पानी में डूब मरना चाहिए।
124. चुटकी लेना (चुभने वाली बातें करना)–उसने मुझसे चुटकी ली, इसका कारण तुम थे। वरना उसकी हिम्मत न होती।
125. चेहरे पर हवाइयाँ उड़ना (डर जाना)– साँप को देखते ही उसके चेहरे पर हवाइयाँ उड़ने लगी।
126. चेहरा उतरना (उदास होना)–किस कारण से आज तुम्हारा चेहरा उतरा हुआ है?
127. चोली-दामन का सम्बन्ध (घनिष्ठ सम्बन्ध)–आजकल उन दोनों में चोली दामन का सम्बन्ध है।
128. चैन की वंशी बजाना (मौज करना)–रोम जल रहा था और नीरो चैन की वंशी बजा रहा था।
129. चौपट करना (नष्ट करना)–गत वर्ष गेहूँ की फसल चौपट हो गई थी।
130. चूड़ियाँ पहनना (पुरुषत्व की रक्षा नहीं कर पाना)–अगर काफी सोच विचार करना पड़ रहा है तो चूड़ियाँ पहन लीजिए।
131. छाती पर पत्थर रखना (हृदय कठोर करना/धैर्य धारण करना)–अब तो उस नवयुवक को छाती पर पत्थर रखना ही पड़ेगा।
132. छाती पर मूँग दलना (कष्ट पहुँचाना)–मुझसे दुश्मनी करोगे तो मैं छाती पर मूँग दलूँगा।
133. छाती पर साँप लोटना (किसी की उन्नति देखकर जलना)–मेरा घर बनना शुरू हुआ और उसकी छाती पर साँप लोटने लगा।
134. छीछालेदर करना (दुर्गति करना)–उसने भरी सभा में नेताजी का छीछालेदर कर दिया।
135. जमीन पर पैर न रखना (घमण्ड करना)–इतनी सी दौलत में ही जमीन पर पैर नहीं रख रहे हो।
136. आग में घी डालना (झगड़ा बढ़ाना)–झगड़ा शांत करने की कोशिश करनी चाहिए। भला आदमी कभी आग में घी नहीं डालता।
137. जल भुन कर खाक होना (ईर्ष्या से जल उठना)–मेरी तरक्की देखकर वह जलभुनकर खाक हो रहा है।
138. खून का घूँट पीकर रह जाना (क्रोध पर जबरन नियंत्रण रखना)–कभी-कभी खून का घूँट पीकर भी रह जाना पड़ता है।
139. जान पर खेलना (जोखिम भरा काम करना)–उसने जान पर खेलकर बच्चे को बचा लिया।
140. जान में जान आना (उलझन से पिण्ड छूटना)–जब बड़े बाबू आ गए तो हम लोगों की जान में जान आई।

लोकोक्तियाँ

लोकोक्तियाँ किसी घटना विशेष का निष्कर्ष होती है। यह एक ओर वास्तविकता का संकेत कर देती है तो दूसरी ओर तीखी आलोचना या व्यंग्य प्रस्तुत करती है। कथन को प्रभावशाली बनाने में लोकोक्ति बहुत महत्त्व रखती है। कुछ लोकोक्तियाँ जीवन के लिए आदर्श सूक्तियाँ बन गई हैं। नीचे वाक्य प्रयोग सहित उदाहरण दिए जाते हैं–

आग लगने पर कुआँ खोदना–(संकट आने पर शीघ्र बचने का प्रयत्न करना)–रमेश ने पढ़ाई पर ध्यान नहीं दिया। वर्ष भर वह इधर-उधर के कार्य करता रहा। अब कल से परीक्षा है तो आज माथापच्ची कर रहा है। आग लगने पर कुआँ खोदना इसे ही कहते हैं।

अन्धा क्या चाहे दो आँखें–(मनचाही वस्तु की प्राप्ति चाहना)–अरे भाई! उसे तो नौकरी की तलाश है, यदि हो तो दे दो। अन्धा क्या चाहे? दो आँखें।

कुछ महत्त्वपूर्ण लोकोक्तियाँ और अर्थ

लोकोक्तियाँ		अर्थ
1. अन्धे के हाथ बटेर लगना	–	अयोग्य व्यक्ति को अच्छी वस्तु प्राप्त हो जाना।
2. अन्धों में काना राजा	–	मूर्खों के बीच साधारण जानकार ही विद्वान कहलाता है।
3. अधजल गगरी छलकत जाय	–	अधूरे को पूर्णता का घमण्ड होना।
4. अब पछताए होत क्या जब चिड़िया चुग गई खेत	–	काम बिगड़ने पर पछताने से क्या लाभ।
5. अशर्फी की लूट कोयले पर पहरा	–	बहुमूल्य वस्तु की चिंता नहीं, साधारण को बचाने का प्रयत्न।
6. आम के आम गुठलियों के दाम	–	दोहरा लाभ।
7. आए थे हरिभजन को ओटन लगे कपास	–	किसी महत्त्वपूर्ण काम को छोड़कर साधारण काम में सहसा लग जाना।
8. उल्टा चोर कोतवाल को डाँटे	–	अपराधी ही बढ़ चढ़कर बोले।
9. ऊँट के मुँह में जीरा	–	आवश्यकता से बहुत कम।
10. ऊँची दुकान फीका पकवान	–	वास्तविकता से अधिक प्रदर्शन।
11. ऊँट किस करवट बैठता है	–	किसकी विजय होती है।
12. न ऊधो का लेना न माधो का देना	–	किसी के झमेले में न पड़ना।
13. एक अनार सौ बीमार	–	एक ही वस्तु के कई चाहने वाले।
14. एक करेला तीता दूजे नीम चढ़ा	–	बुरे में और अधिक बुराई पैदा हो जाना।
15. एक म्यान में दो तलवार नहीं रहती	–	एक साथ दो समान व्यक्तियों को एक जैसा महत्त्व नहीं मिलता।
16. ओछे की प्रीति बालू की भीत	–	नीच से मित्रता निष्फल होती है।
17. काला अक्षर भैंस बराबर	–	घोर अशिक्षित।
18. कहीं की ईंट कहीं का रोड़ा, भानुमती ने कुनबा जोड़ा	–	बेमेल वस्तुएँ इकट्ठा कर तालमेल बैठाने की कोशिश करना।
19. खाने के दाँत और दिखाने के और	–	कथनी और करनी में अन्तर।
20. कोयले की दलाली में हाथ काला	–	बुरे के साथ बुरा फल मिलता है।
21. खिसियानी बिल्ली खम्भा नोचे	–	लज्जित होकर शीघ्र ही क्रोधित होना।
22. खोदा पहाड़ निकली चुहिया	–	कठोर परिश्रम का बहुत साधारण फल।
23. गए थे रोजा छुड़ाने नमाज गले पड़ी	–	साधारण संकट से बचने की कोशिश में बड़ा संकट आ जाना।
24. गोद में लड़का नगर में ढिढोरा	–	चीज निकट में रखी रही तलाश दूर-दूर में की जाए।
25. घर का भेदी लंका ढाहे	–	आपस की फूट नाश की जड़ होती है।
26. चार दिन की चाँदनी फिर अँधेरी रात	–	सुख के दिन थोड़े ही होते हैं।
27. चोर की दाढ़ी में तिनका	–	दोषी सदा भयभीत रहता है।
28. चौबे गए छब्बे बनने दूबे बनकर आए	–	अधिक लाभ के लालच में हानि उठाना।
29. छोटा मुँह बड़ी बात	–	जानकारी से अधिक की बातें करना।
30. जल में रहकर मगर से बैर	–	जिसके अधीन रहे उसी को शत्रु बनाया।
31. तेते पाँव पसारिए जेते लम्बी सौर	–	आमदनी के अनुसार ही खर्चा करना चाहिए।
32. जिस थाली में खाना उसी में छेद करना	–	जिसका सहारा लिया उसी की निन्दा किया।
33. गरजे सो बरसे नहीं	–	काम करने वाला डींग नहीं हाँकता है।
34. जिसकी लाठी उसकी भैंस	–	जिसमें शक्ति है उसी का प्रभाव है।
35. झूठ के पाँव नहीं होते	–	अफवाह जल्द फैलती है।
36. टेढ़ी उँगली से घी निकलता है	–	बुरे के साथ बुरा व्यवहार करना पड़ता है।
37. तेली का तेल जले मशालची का सिर दुखे	–	नुकसान किसी का हो और कष्ट किसी और को हो।
38. दोनों हाथ लड्डू	–	हर ओर से लाभ।
39. नक्कारखाने में तूती की आवाज	–	कमजोर की बात कोई नहीं सुनता।
40. धोबी का कुत्ता न घर का न घाट का	–	दोनों के बीच बने रहने की कोशिश में किसी का भी विश्वासपात्र न बन पाना।
41. नाच न जाने आँगन टेढ़ा	–	अपना दोष दूसरों पर मढ़ने की कोशिश करना।
42. न नौ मन तेल होगा न राधा नाचेगी	–	असम्भव शर्त।

लोकोक्तियाँ		अर्थ
43. नीम हकीम खतरे जान	–	अल्पज्ञानी खतरनाक होता है।
44. बकरे की माँ कब तक खैर मनाएगी	–	सुनिश्चित को रोकने की व्यर्थ चिन्ता।
45. मन चंगा तो कठौती में गंगा	–	जिसका मन पवित्र है ईश्वर उसके पास ही है।
46. मियाँ की जूती मियाँ का सिर	–	अपनी ही वस्तु से नुकसान भुगतना।
47. रस्सी जल गई ऐंठन न गई	–	नष्ट होने पर भी घमण्ड नहीं टूटना।
48. साँप मरे और लाठी न टूटे	–	काम भी हो जाए और नुकसान भी न हो पाए।
49. होनहार बिरवान के होत चीकने पात	–	होनहार बालक बचपन में ही अपनी पहचान दे देता है।
50. दाता से सूम भला जो खरे दिए जबाव	–	टालमटोल करने वाले दानी से कंजूस ही भला।
51. अंधी पीसे कुत्ता खाय	–	हराम का खाना/लाचारी का लाभ उठाना।
52. जाके पैर न फटी बिवाई सो क्या जाने पीर पराई	–	जिस पर कभी विपत्ति नहीं आई वह दूसरों की विपत्ति का अनुमान नहीं कर सकता।
53. जिसके पास लोई उसका सब कोई	–	धनी व्यक्ति का सभी साथ देते हैं।
54. अंधे के आगे रोना अपना दीद्रा खोना	–	अयोग्य व्यक्ति के सामने अपनी बात रखना व्यर्थ है।
55. गुरु की जै जान पानी पीजै छान	–	अच्छी तरह जाँच-पड़ताल कर कोई काम करना चाहिए।
56. जस दूल्हा तस सजे बराती	–	नेता के अनुसार ही अनुयायी होते हैं।
57. बिन माँगे मोती मिले माँगे मिले न भीख	–	प्रतिष्ठा गँवाने से अधिक नहीं मिलता है।
58. अपनी करनी पार उतरनी	–	अपनी करनी से ही भला हो सकता है।
59. दूर के ढोल सुहावन	–	दूर की सभी चीजें अच्छी लगती हैं।
60. मुँह में राम बगल में छुरी	–	ऊपर से सच्चा दिखे और अन्दर कपट भरा हो।
61. आप भला तो जग भला	–	भले आदमी के लिए सभी भले हैं।
62. घर का जोगी जोगरा आन गाँव का सिद्ध	–	घर के बुद्धिमान व्यक्ति का सम्मान न करके दूसरों को सम्मान देना।
63. घर की मुर्गी दाल बराबर	–	घर की चीजों को महत्त्व नहीं दिया जाता है।
64. जल में रहकर मगर से बैर	–	जिसके अधीन रहे, उससे बैर रखना ठीक नहीं।
65. बद अच्छा बदनाम बुरा	–	झूठे कलंक से आदमी उतना बुरा हो जाता है जितना बुरा कर्म करने से नहीं होता है।
66. एक तवे की रोटी, क्या मोटी क्या छोटी	–	सब एक समान।
67. कर्महीन खेती करे, बैल मरे या सूखा पड़े	–	अभागा आदमी कुछ भी करता है भाग्य साथ नहीं देता है।
68. काठ की हाँड़ी बार-बार नहीं चढ़ती है	–	धोखा देकर एक ही बार काम लिया जा सकता है।
69. का वर्षा जब कृषि सुखाने	–	समय बीत जाने पर कोई काम व्यर्थ है।
70. खरबूजे को देखकर खरबूजा रंग बदलता है	–	बहुत सारा काम दूसरे को देखकर किया जाता है।
71. खिसयानी बिल्ली खम्भा नोचे	–	शर्मिन्दा होने के बाद कुछ लोग गुस्सा झाड़ते हैं।
72. खुदा गंजे को नाखून नहीं देता	–	दुर्बल की रक्षा का ईश्वर कोई-न-कोई उपाय कर देते हैं।
73. जंगल में मोर नाचा किसने देखा	–	निर्जन में गुण की पहचान कौन करेगा।
74. अब पछताए होत क्या जब चिड़िया चुग गई खेत	–	अवसर निकल जाने के बाद पछताने से कोई लाभ नहीं होता।
75. आगे नाथ न पाछे पगहा	–	कोई देखने वाला नहीं।
76. कहाँ राजा भोज कहाँ गंगू तेली	–	दो असमान व्यक्ति जिसकी कोई तुलना न हो सके।
77. चोर-चोर मौसेरे भाई	–	एक जैसी मनोवृत्ति वाले लोग।
78. कभी नाव पर गाड़ी कभी गाड़ी पर नाव	–	सबको एक दूसरे से काम पड़ता है।
79. थोथा चना बाजे घना	–	कम ज्ञान वाला व्यक्ति अधिक ज्ञानी होने का स्वांग रचता है।
80. बिल्ली के भाग्य से छींका टूटता है	–	अकस्मात किसी वस्तु का प्राप्त हो जाना।
81. मियाँ की दौड़ मस्जिद तक	–	सीमित क्षेत्र में रहना।
82. लड़े सिपाही नाम हवलदार का	–	वास्तविक कार्यकर्त्ता को श्रेय नहीं मिलना।
83. सदा दिवाली संत की बारह बार वसंत	–	सदा प्रसन्नता का अनुभव करना।
84. सावन के अन्धे को हरा ही हरा सूझता है	–	सम्पन्न व्यक्ति को कोई दुःखी नहीं दिखाई देता।
85. भैंस के आगे बीन बजाई भैंस रही पगुराई	–	अयोग्य व्यक्ति को उपदेश देना व्यर्थ है।

लोकोक्तियाँ		अर्थ
86. दमड़ी की हाँडी गई कुत्ते की जात पहचानी गई	–	कम से कम नुकसान में यदि बड़ी सबक मिल जाय तो अच्छा ही है।
87. हाथ सुमरनी बगल कतरनी	–	कपटपूर्ण व्यवहार
88. नौ नगद न तेरह उधार	–	नकद थोड़ा ही अच्छा है, उधार अधिक बिल्कुल अच्छा नहीं है।
89. न सावन सूखा न भादों हरा	–	सदैव एक-सा रहना।
90. भागते भूत की लंगोटी भली	–	कुछ न मिलने की आशा हो और कुछ मिल जाय तो अच्छा ही है।
91. नेकी और पूछ-पूछ	–	अच्छाई का काम बिना पूछे कर डालना चाहिए।
92. नाम बड़े और दर्शन छोटे	–	झूठा यश
93. दूध का जला हुआ छाँछ फूक-फूक कर पीता है	–	एक बार धोखा खाने पर आदमी सचेत होकर काम करता है।
94. नौ दिन चले अढ़ाई कोस	–	बहुत धीमी गति से कोई काम करना
95. राम नाम जपना पराया माल अपना	–	बाहर से सज्जनता अन्दर से कपटपूर्ण आचरण
96. मान न मान मैं तेरा मेहमान	–	जबर्दस्ती रिश्ता जोड़ना।
97. प्यादा से फरजी भयो टेढ़े टेढ़ो जाय	–	बड़ा पद पाकर लोग इतराने लगते हैं।
98. दुविधा में दोनों गए माया मिली न राम	–	अनिश्चितपन वाला आदमी असफल होता है।
99. हाथ कंगन को आरसी क्या	–	प्रत्यक्ष के लिए प्रमाण की कोई आवश्यकता नहीं है।
100. जाको राखे साइयाँ मार सके न कोय	–	ईश्वर जिसका रक्षक है, उसका कोई कुछ नहीं बिगाड़ सकता।
101. स्वारथ लागि करहिं सब प्रीति	–	अधिकतर प्रीति स्वार्थ पर ही आधारित होती है।

बोली, विभाषा, मातृभाषा, राजभाषा, राष्ट्रभाषा

बोली

भाषा का वह रूप बोली कहलाता है जिसका प्रयोग साधारणजन अपने भावों की अभिव्यक्ति के लिए अपने घरों या समूहों में करते हैं। बोली का प्रयोग एक सीमित दायरे में होता है। भोजपुरी, अवधी, ब्रज, वैशवाड़ी, कन्नौजी, मगही, बुन्देलखण्डी आदि बोलियाँ ही हैं। भारत में लगभग 600 से अधिक बोलियाँ हैं।

बोली भाषा की एक इकाई है। बोली का क्षेत्र बहुत सीमित होता है जबकि भाषा का क्षेत्र बहुत बड़ा होता है। बोल-चाल की सहज और अनगढ़ भाषा को बोली कहा जाता है। दूसरे शब्दों में एक भाषा के क्षेत्र में अनेक बोलियाँ हो सकती हैं लेकिन किसी एक बोली के भीतर अनेक भाषाएँ नहीं हो सकतीं। बोली, उपभाषा या विभाषा में लगभग अंतर नहीं होता है। किसी उप प्रान्त या एक सीमित क्षेत्र के अन्तर्गत रहने वाले निवासियों के बीच जो भाषा विचार-विमर्श या सम्पर्क का कार्य करती है तथा जिसमें सामान्य साहित्य, लोकगीतों का सृजन होता है, उसे विभाषा, बोली या उपभाषा कहते हैं।

भाषा

भाषा भाव या विचार की अभिव्यक्ति का अमूर्त माध्यम है। भाषा का शाब्दिक अर्थ है– कहना या व्यक्त करना। मनुष्य अपनी बातों को किसी से कहने के लिए या समझाने के लिए भाषा का प्रयोग करता है। मन के अन्दर जो विचार छिपे हुए हैं, आख़िरकार वे भाषा से ही प्रकट हो सकते हैं। मनुष्य क्या जीव-जन्तु , पशु-पक्षियों की भी अपनी भाषा होती है। भले ही उनकी भाषा हम नहीं समझ पाते हैं और मानवेतर प्राणी मनुष्य की भाँति अपने विचारों को लिखकर व्यक्त नहीं कर पाते हैं।

मनुष्य या अन्य प्राणी भी कुछ कहने या बोलने के समय अपने मुँह से कुछ ध्वनियाँ निकालते हैं। व्याकरण की भाषा में ध्वनि निकालने को ही उच्चारण करना कहा जाता है। मनुष्य एक बुद्धिमान प्राणी है इसलिए वह अपने मुँह से निकली हुई ध्वनियों का विशेष रूप से अर्थ निर्धारित कर लेता है। इस प्रकार, मनुष्य के मुँह से निकली हुई प्रत्येक ध्वनि के परस्पर योग से एक अर्थ व्यक्त होने लगता है, इसलिए मनुष्य अपने मन के विचारों या भावों को कहकर दूसरों को समझाता है या सुनकर स्वयं समझता है।

'भाषा' शब्द की उत्पत्ति के मूल में जाने पर यह पता चलता है कि इसकी उत्पत्ति संस्कृत के भास्' धातु से हुई है जिसका आशय है– वाणी को व्यक्त करना। भाषा क्या है? इस विषय पर ठोस बातें कहने के उद्देश्य से इसे परिभाषित किया गया है। यद्यपि भाषा की कोई एक परिभाषा पर्याप्त नहीं है तथापि कई परिभाषाओं में तत्त्वतः बातें एक जैसी होती हैं। यहाँ भाषा को समझने के लिए कुछ आधुनिक भाषा विज्ञानियों की परिभाषाएँ द्रष्टव्य हैं:

"मनुष्य और मनुष्य के बीच वस्तुओं के विषय में अपनी इच्छा और मति का आदान-प्रदान करने के लिए व्यक्त ध्वनि-संकेतों का जो व्यवहार होता है, उसे भाषा कहते हैं।"

डॉ॰ श्यामसुन्दर दास

"जिन ध्वनि-चिह्नों द्वारा मनुष्य परस्पर विचार-विनिमय करता है, उसको समष्टि रूप से भाषा कहते हैं।"

डॉ० बाबू राम सक्सेना

"उच्चरित ध्वनि-संकेतों की सहायता से भाव या विचार की पूर्ण अथवा जिसकी सहायता से मनुष्य परस्पर विचार-विनिमय कर सहयोग करते हैं, उस यादृच्छिक, रूढ़, ध्वनि-संकेत की प्रणाली को भाषा कहते हैं।"

आचार्य देवेन्द्र नाथ शर्मा

इन परिभाषाओं से भाषा की मुख्यतः तीन विशेषताएँ स्पष्ट होती हैं:

(क) भाषा ध्वनि-संकेत है।

(ख) भाषा यादृच्छिक है।

(ग) भाषा रूढ़ है।

संक्षेप में इतना ही कहना पर्याप्त होगा कि भाषा भावाभिव्यक्ति का साधन है, जिसका प्रयोग मानव-मात्र परस्पर विचार-विनिमय के लिए करता है तथा जिसका निर्माण यादृच्छिक ध्वनि-समूहों से होता है। भाषा का महत्त्व मानव समाज के लिए अत्यधिक है। इसके द्वारा ही हम अपने विचार दूसरों तक पहुँचाते हैं तथा दूसरों के भावों से अवगत होते हैं। यदि भाषा का प्रयोग न किया जाए, तो हमारे कार्य ठप हो जायेंगे और प्रगति अवरुद्ध हो जाएगी।

भाषा के भेद

भाषा के मुख्यतः तीन भेद होते हैं– (क) कथित भाषा (ख) लिखित भाषा (ग) सांकेतिक भाषा

(क) कथित भाषा : कथित भाषा उसे कहते हैं, जो मुँह से बोली जाए और कान द्वारा सुनी जाए। जैसे- बातचीत, भाषण।

(ख) लिखित भाषा : लिखित भाषा, भाषा का वह स्वरूप है जो हाथों से या अन्य माध्यमों से लिखी जाए, आँखों से देखी जाए और मुँह से पढ़ी जाए। जैसे– निबन्ध, उपन्यास, कविता आदि की भाषा।

(ग) सांकेतिक भाषा : सांकेतिक भाषा का प्रयोग संकेत के रूप में होता है। सेना, बालचर संस्थाओं, एन. सी. सी. आदि में सांकेतिक भाषा को व्यवहार में लाया जाता है। चोर, डाकुओं, व्यापारियों की भी अपनी सांकेतिक भाषा होती है। आजकल पुलिस महकमें में जो आशुलिपि (Short hand) व्यवहार में लायी जाती है, वह भी सांकेतिक भाषा का ही एक उदाहरण है।

भाषा के उपर्युक्त भेद उसके विस्तृत अर्थ के अनुसार हैं। व्याकरण के अन्तर्गत सांकेतिक भाषा का कोई स्थान नहीं है और न व्याकरण उस पर विचार ही करता है।

राष्ट्रभाषा

जब कोई भाषा (मानक भाषा या परिनिष्ठित भाषा) व्यापक शक्ति-सम्पन्न हो जाती है तो राजनीतिक, सामाजिक शक्ति के आधार पर राजभाषा या राष्ट्रभाषा के स्थान को सुशोभित करती है। दूसरे शब्दों में जब कोई भाषा क्षेत्रीयता के बन्धन से मुक्त होकर देश के अन्यान्य भाषा-क्षेत्रों एवं भाषा-परिवारों में प्रविष्ट हो जाती है और अपने व्यापक रूप में समस्त राष्ट्र के सार्वजनिक कार्यों के लिए विचार-विनिमय का प्रमुख माध्यम बन जाती है, तब वह राष्ट्रभाषा का महत्त्वपूर्ण पद प्राप्त करती है।

राष्ट्रभाषा का सीधा अर्थ है– 'राष्ट्र की भाषा'। वह भाषा जिसके द्वारा सम्पूर्ण राष्ट्र में क्षेत्रीय भौगोलिक सीमाओं से परे विचार-विमर्श किया जा सके।

राजभाषा

वह भाषा जिसमें प्रशासन (सरकार) का कामकाज चलाया जाए राजभाषा कहलाती है। यह पदवी संविधान द्वारा दी जाती है। सभी सरकारी कर्मचारी, चाहे उनकी मातृभाषा कोई भी हो, अपना काम राजभाषा में करने को बाध्य होते हैं। सिद्धान्त रूप में सरकार किसी भी एक भाषा को राजभाषा घोषित कर सकती है।

2. काव्य बोध

काव्य, काव्य भेद एवं काव्यगुण

साहित्य और काव्य समानार्थी शब्द हैं। अतः साहित्य के लिए विद्वान आचार्यों द्वारा दी गई परिभाषा काव्य पर भी घटित होती है और इसी प्रकार काव्य के लिए दी गई परिभाषा साहित्य के लिए भी मान्य होती है। साहित्य के अंतर्गत कविता, कहानी, नाटक, उपन्यास, जीवनी, निबंध, रेखाचित्र, आत्मकथा, यात्रा-वृत्तांत, समालोचना आदि को सम्मिलित किया जाता है। आचार्य महावीर प्रसाद द्विवेदी के कथनानुसार 'ज्ञानराशि के संचित कोष का नाम साहित्य है।' इससे स्पष्ट है कि साहित्य का अर्थ व्यापक रूप से ज्ञान का साहित्य है। इसी का संस्कृत पर्याय हैः 'वाङमय' जिसके अनुसार वाक् अर्थात् वाणी या भाषा के द्वारा जो कुछ भी कहा जाता है, उसे वाङमय कहते हैं। इसके अंतर्गत काव्य के साथ धर्म, दर्शन, इतिहास, भूगोल, राजनीति, समाजशास्त्र, अर्थशास्त्र आदि की गिनती की जाती है। अंग्रेजी में इसके लिए 'लिट्रेचर' शब्द का प्रयोग किया जाता है। इस प्रकार अपने व्यापक अर्थ में साहित्य को ज्ञान से संबंध रखने वाला साहित्य मानना उचित होगा। साहित्य का सीमित अर्थ केवल रस का साहित्य होता है।

प्राचीन संस्कृत साहित्य में साहित्य की अपेक्षा काव्य शब्द को अधिक महत्व दिया गया। किंतु इसके विपरीत आधुनिक काल में साहित्य शब्द का प्रयोग अधिक हुआ है और काव्य को उसकी एक विधा के रूप में माना जाता है। प्राचीन साहित्य में काव्य के अंतर्गत नाटक, कथा, गद्य को भी माना जाता था परंतु अब काव्य से कविता को ही ग्रहण किया जाता है।

संस्कृत के आचार्यों के द्वारा काव्य की भिन्न-भिन्न परिभाषाएँ दी गईं। कुछ परिभाषाएँ निम्न प्रकार हैं:–

''वाक्यं रसात्मकं काव्यं'' अर्थात् रसयुक्त वाक्य ही काव्य है।

पंडितराज जगन्नाथ के मत के अनुसारः

''रमणीयार्थः प्रतिपादकः शब्दः काव्यम् अर्थात् रमणीय अथवा मनोहर अर्थ का प्रतिपादन करने वाला शब्द काव्य है।

आचार्य मम्मट के अनुसार कविता की परिभाषा इस प्रकार दी गई हैः

तददौषै शब्दार्थौ सगुणौ अनलंकृती पुनः क्वापि–जो दोष-रहित और गुण युक्त हो तथा जिसमें कहीं-कहीं अलंकार न भी हों। भरतमुनि ने रस को काव्य की आत्मा माना है। दण्डी, भामह और केशवदास अलंकार को काव्य की आत्मा मानते हैं जबकि वामन ने रीति को काव्य की आत्मा माना है।

अनेक पाश्चात्य विद्वानों ने भी साहित्य की विभिन्न परिभाषाएँ दी हैं:

मैथ्यू आर्नल्ड साहित्य को जीवन की आलोचना मानते हैं। 'Literature is a criticism of Life' हडसन का मत है कि 'काव्य में भाषा के माध्यम से जीवन की अभिव्यक्ति की जाती है।' हिन्दी आचार्यों ने भी साहित्य को अपने-अपने ढंग से परिभाषित किया है। आचार्य महावीर प्रसाद द्विवेदी साहित्य को ज्ञान राशि का संचित कोष मानते हैं। प्रेमचंद ने साहित्य के विषय में इस प्रकार अपना मत प्रकट किया हैः ''साहित्य हमारे जीवन को स्वाभाविक तथा सुंदर बनाता है। दूसरे शब्दों में, उसकी बदौलत मन का संस्कार होता है। यही उसका मुख्य उद्देश्य है।'' डॉ. श्याम सुन्दर दास ने काव्य को मानव जाति के अनुभूत कार्यों अथवा उसकी अंतःवृत्तियों की समष्टि कहा है। वास्तव में काव्य जाति-विशेष का मस्तिष्क है जो उसके पूर्व अनुभव, भावना, विचार, कल्पना और ज्ञान को रक्षित रखता है। उसकी सहायता से उसकी वर्तमान स्थिति का अनुभव किया जा सकता है। साहित्य के अभाव में मनुष्य-जीवन पशु के समान होता है क्योंकि वह पूर्व संचित ज्ञान विहीन रह जाता है। शब्द में निहित अर्थ के आधार पर ही काव्यकार अपने अनुभूत सत्य को सहृदय के हृदय तक पहुँचाता है। इस प्रकार साहित्य का विशेष महत्व है क्योंकि वह मनुष्य की भावनाओं को परिमार्जित करता है और उसमें कर्तव्य-भावना का संचार करता है। वह समाज को नई दिशा देता है। किसी देश की सभ्यता और संस्कृति का विकास उसके साहित्य से प्रकट होता है।

आज के भौतिकवादी युग में विज्ञान के प्रभाव से मनुष्य में बुद्धिपक्ष तो प्रबल हो गया किंतु उसका हृदय पक्ष शिथिल होता जा रहा है। इसका परिणाम यह हुआ कि मनुष्य की संवेदनशीलता धीरे-धीरे लुप्त होती जा रही है। ऐसी स्थिति में साहित्य का अध्ययन अत्यंत आवश्यक है। इससे मानव-मन में स्नेह वृत्ति की अभिवृद्धि होगी।

साहित्य में तीन गुण–सत्यम, शिवम् तथा सुंदरम् का समावेश होना चाहिए। साहित्य में सत्य के समावेश से वह देश और काल से परे हो जाता है तथा सबके लिए कल्याणकारी हो जाता है। सत्य यदि शिव से रहित हो तो वह ग्राह्य नहीं होता।

इसके अतिरिक्त साहित्य में सौंदर्य तत्व भी होता है। इस कारण साहित्य हमें सौंदर्य चेतना प्रदान करता है। अतः साहित्य का अध्ययन हमारे लिए उपयोगी होता है। इससे मनुष्य के उत्तम संस्कार उजागर होते हैं। वह पशुता को त्यागकर मानवता की ओर प्रेरित करता है।

साहित्य का उद्देश्य

आचार्य मम्मट ने काव्य-प्रकाश में काव्य का प्रयोजन अथवा उद्देश्य निम्न प्रकार बताया हैः

काव्यं यशसेऽर्थकृते व्यवहारविदे शिवेतरक्षतये।
सद्यः परनिवृतये कान्ता सम्मित तयोपदेशयुजे।।

अर्थात् काव्य यश प्रदान करता है, धनार्जन का साधन बनता है, व्यवहार का ज्ञान प्रदान करता है, अमंगल का विनाश करता है, ब्रह्मानंद की अनुभूति कराता है तथा कांता के समान मधुर वाणी में उपदेशामृत प्रदान करता है।

मम्मट के मत से काव्य का प्रयोजन व्यक्तिवादी दृष्टिकोण की पूर्ति करता है। दूसरी ओर राजशेखर ने इसे व्यक्तिवादी भावना से परे पाठक अथवा श्रोता को आनंदित करने वाला कहा हैः ''कवि की दृष्टि से साहित्य का प्रयोजन है अक्षय कीर्ति तथा सहृदय की दृष्टि से है–आनंद की उपलब्धि।'' इस प्रकार राजशेखर सामाजिकता को अधिक महत्व देता है। वास्तव में दोनों ही सत्य के पक्षधर हैं और सच ही काव्य का प्रयोजन व्यक्ति तथा समाज दोनों में आनंद का संचार करना है।

महाकवि तुलसीदास 'स्वांत सुखाय' रघुनाथ गाथा का सृजन करते हैं अर्थात् उनके अंतःकरण के लिए जो सुखकर है वास्तव में वह लोकहिताय अर्थात् सबके लिए सुखकर है। यह स्थिति ऐसी होती है कि वह अपने और पराए की संकुचित सीमा से उठ जाता है, उस समय वह मानवता के धरातल पर स्थित होता है। शायद यही स्थिति है जिसे लोकोत्तर या अलौकिक कहा गया है। इसी को शुक्ल जी की भाषा में हृदय की मुक्तावस्था कह सकते हैं।

काव्य के भेद

काव्य के दो भेद माने जाते हैं:

1. दृश्य काव्य और 2. श्रव्य काव्य

दृश्य काव्य के अंतर्गत नाटक या उसके भेद आते हैं जिन्हें देखकर काव्य का आनंद प्राप्त किया जा सकता है। श्रव्य काव्य के अंतर्गत नाटक के अलावा अन्य सब विधाएँ मानी जाती हैं, जिन्हें सुनकर काव्यानंद प्राप्त होता है। कविता, कहानी, उपन्यास, निबंध आदि विधाएँ श्रव्य काव्य के अंतर्गत गिनी जाती हैं।

इस प्रकार काव्य का आनंद प्राप्त करने के दो माध्यम हैंः कान और आँख। किंतु यह भी ध्यान में रखना चाहिए कि दृश्य काव्य का आनंद सुनकर व पढ़कर भी लिया जा सकता है। किंतु उसका वास्तविक प्रभाव रंगमंच पर देखकर ही अनुभव किया जा सकता है। अभिनय में रूप की प्रधानता होती है, इसी कारण उसे रूपक भी कहा जाता है। अब श्रव्य काव्य (कविता, कहानी आदि) को भी मंचित किया जा सकता है। परंतु कविता को सुनाए जाने और नाटक को देखने से निश्चय ही उसके प्रभाव में वृद्धि हो जाती है।

श्रव्य काव्य को दो वर्गों में विभक्त किया जाता है, गद्य और पद्य। पद्य या काव्य की रचना छंदों के आधार पर होती है जिसमें स्वर, लय आदि का पालन किया जाता है। इसमें गेयता होती है। छंदोबद्धता इसकी विशेषता है। छंदशास्त्र में छंदों का विस्तारपूर्वक वर्णन होता है। छंदों की मात्रा, वर्णों की संख्या, गति व यति का ध्यान रखा जाता है। परन्तु आधुनिक काल में इस नियम को अनिवार्य नहीं माना जाता। आजकल की कविता में गेयता को मुख्य स्थान दिया जाता है। मात्रा और वर्ण की संख्या तथा क्रम को महत्वहीन समझा जाता है। गद्य में छंदोबद्धता का नियम नहीं होता। श्रव्य काव्य का गद्य और पद्य में विभाजन इन रचनाओं के स्थूल रूप पर आधारित हैं। कहीं-कहीं ऐसे पद्य भी देखने में आते हैं जिनमें भावहीनता रहती है, वे नीरस तथा प्रभावहीन होते हैं यद्यपि छंद के नियमों से पूर्ण रूप से युक्त होते हैं। इसी प्रकार ऐसी गद्य रचनाएँ भी उपलब्ध होती हैं, जिनमें न होते हुए भी प्रवाह और गति का ऐसा योग होता है कि काव्य जैसा आनंद प्राप्त होता है। उदाहरण के रूप में महादेवी वर्मा के गद्य को प्रस्तुत किया जा सकता है जिसे पढ़ने में पद्य जैसा आनंद मिलता है। अतः कहा जा सकता है कि छंदोबद्ध होते हुए भी पद्य गद्यात्मक हो सकता है और गद्य छंदहीन होते भी पद्य-सी गति और प्रवाह से युक्त हो सकता है। हाँ, उसमें लय का होना आवश्यक है क्योंकि लय कविता की ऐसी विशेषता है जिससे उसकी पहचान होती है।

पद्यात्मक काव्य के भेदः इसके मुख्यतः तीन भेद हैं।

1. महाकाव्य, 2. खण्डकाव्य, 3. मुक्तक।

महाकाव्य और खण्डकाव्य की गणना 'प्रबंधकाव्य' के अंतर्गत की जाती है क्योंकि इनकी रचना किसी कथा को आधार बनाकर की जाती है। प्रबंध काव्य के दोनों रूपों–महाकाव्य और खण्डकाव्य में कथा (घटना) तथा पात्र (चरित्र) का संयोजन आवश्यक है। महाकाव्य में मुख्य पात्र के जीवन को समग्रता से चित्रित किया जाता है। इसलिए उसमें विविधता और विस्तार पाया जाता है। खंडकाव्य में प्रमुख पात्र के किसी विशेष चारित्रिक गुण को उजागर किया जाता है। अतः, उसमें अधिक विस्तार और विविधता की गुंजाइश नहीं होती। पृथ्वीराज रासो, पद्मावत, रामचरित मानस, साकेत, प्रियप्रवास, कामायनी, उर्वशी आदि हिन्दी के कुछ महाकाव्य हैं। पंचवटी, जयद्रथवध, अभिमन्युवध आदि खंडकाव्य के उदाहरण हैं। मुक्तक काव्य में कथा-सूत्र की अनिवार्यता नहीं होती। मुक्तक किसी भाव-विशेष को आधार बनाकर की गई स्वतंत्र रचना होती है। इसमें भाव की गहनता होती है। इसके पद्य या गीत स्वतंत्र होते हैं जिसमें आपस में पूर्वापर संबंध आवश्यक नहीं होता। मुक्तक काव्य के उदाहरण– कबीर के बीजक, सूरदास का सूरसागर, तुलसीदास की विनयपत्रिका, मीरा के पद, बिहारी सतसई, गिरधर की कुंडलियाँ, झरना, पल्लव, गीतिका, नीरजा आदि। आज के कवियों में मुक्तक काव्य को भी 'पाठ्य मुक्तक' और 'गेय मुक्तक' (गेय काव्य) नामक उपभेदों में विभक्त किया जाता है। गेय मुक्तक के अंतर्गत लय प्रधान गेय पद ग्रहण किए जाते हैं।

काव्य-गुण

गुण व्यक्तित्व को उत्कर्ष प्रदान करते हैं। व्यक्तित्व को निखारने में गुण का विशेष योगदान होता है। इसी प्रकार काव्य की उत्कर्षता के लिए काव्य-गुणों का महत्वपूर्ण योग होता है। इसीलिए आचार्य मम्मट ने काव्य में शब्द और अर्थ को 'सगुणौ' कहकर गुणों की आवश्यकता पर बल दिया था।

भारतीय विद्वानों के अनुसार गुण को आत्मा का धर्म माना गया। इसी प्रकार काव्य की भी आत्मा होती है जिसे रस कहा गया। गुण रस में विद्यमान रहते हैं और उसके आंतरिक अंग होते हैं। ये रस के निष्पादन में सहायक होते हैं। काव्याचार्यों ने तीन प्रकार के गुण माने हैंः माधुर्य, ओज, और प्रसाद।

माधुर्य गुण

जहाँ काव्य को सुनकर या पढ़कर सहृदय का हृदय द्रवित हो उठे, वहाँ माधुर्य गुण की स्थिति मानी जाती है। माधुर्य गुण प्रायः श्रृंगार, करुण और शांत रस में विद्यमान रहता है। कोमल कांत पदावली से माधुर्य गुण का संचार होता है। कठोर वर्णों (प, ट वर्ग ण) के प्रयोग को माधुर्य गुण के लिए वर्ज्य माना गया है। माधुर्य गुण युक्त रचना का उदाहरणः

निरख सखी ये खंजन आए।
फेरे उन मेरे रंजन ने इधर नयन मन भाए।।

प्रस्तुत पंक्तियों में विरह-दशा में उर्मिला अपनी सखी से कहती है–हे सखी! देखो, ये खंजन पक्षी यहाँ आ गए हैं, ऐसा प्रतीत होता है कि मेरे प्रियतम ने अपने नेत्रों को इस ओर फिरा दिया है। यहाँ उर्मिला के कथन में अनुभूति की उष्णता और गहनता प्रकट हुई है जो सहृदय के अंतःकरण को द्रवित कर देती है। यहाँ उर्मिला की वियोगावस्था को चित्रित किया गया है। अतः विप्रलम्भ या वियोग श्रृंगार की स्थिति दर्शायी गई है। पद में कोमल वर्णों का प्रयोग हुआ है तथा कठोर वर्णों को वर्जित किया गया है। अतः यहाँ माधुर्य गुण है।

ओज गुण

जहाँ काव्य को पढ़कर या सुनकर सहृदय के हृदय में तेज और स्फूर्ति का संचार हो वहाँ ओज गुण की विद्यमानता होती है। काव्य शास्त्री वीर, रौद्र और वीभत्स रसों में ओज गुण की स्थिति मानते हैं। ओज गुण में कठोर-वर्णों का प्रयोग होता है

और सामासिक पद रचना की प्रधानता होती है। इसके द्वारा उत्साह भाव की सृष्टि होती है। ओजगुण के लिए वीर रस के प्रख्यात कवि भूषण का एक कवित्त प्रस्तुत है:

साजि चतुरंग वीर रंग में उमंग भरि,
सरजा सिवाजी जंग जीवन चलत है,
भूषण भनत नाद बिहद-नगारन के,
नदी-नट मद गैबरन के रलत है।
ऐल-फैल खैल भैल खलक में गैल-गैल,
गजन की टैल-पैल सैल उसलत है,
तारा सो तरनि धूरि-धारा में लगत जिमि,
थारा पर पापरा पारावार यों हलत है।।

प्रसाद गुण

जहाँ काव्य को सुनते ही उसका अर्थ तथा भाव समझ में आ जाए एवं सहृदय के हृदय में समा जाए वहाँ प्रसाद गुण होता है। प्रसाद गुणयुक्त रचना में सरल शब्दों का प्रयोग किया जांता है, इस कारण इसमें अर्थ की स्पष्टता रहती है। भावों के अनुसार इसमें कोमल और कठोर-सभी प्रकार के वर्णों का प्रयोग होता है। प्रसाद गुण समान रूप से सभी रसों के उत्कर्ष में सहायक माना जाता है। उदाहरणः

सोती पी सुहाग भरी स्नेह स्वप्न मग्न,
अमल कोमल तनु तरणी जुही की कली,
दृग बंद किए शिथिल पत्रांक में।।

शब्द शक्ति

भाषा विचारों की अभिव्यक्ति का अनोखा साधन है। साहित्य की भाषा परिमार्जित तथा प्रभावशाली होनी चाहिए। भाषा में सौष्ठव होना चाहिए। विद्वानों के मतानुसार भाषा में प्रौढ़ता लाने के लिए निम्नलिखित विशेषताएँ होनी चाहिए:

(1) शब्द शक्तियों का यथोचित प्रयोग–संस्कृत काव्य शास्त्र में काव्य-सौंदर्य की वृद्धि के लिए तीन शब्द-शक्तियों के प्रयोग पर जोर दिया गया है। ये तीन शक्तियाँ हैं: 1. अभिधा, 2. लक्षणा और 3. व्यंजना।

अभिधा

जिस शक्ति से शब्द का वाच्यार्थ (सीधा-सादा अर्थ) ग्रहण किया जाता है, उसे अभिधा शक्ति कहा जाता है। अभिधा-शक्ति से युक्त रचना में सरल शब्दों का प्रयोग होता है। अतः उससे केवल सामान्य अर्थ का बोध होता है। शब्द शक्ति काव्य की स्पष्ट व्याख्या में सहायक होती है। जिस शब्द का अभिधा शक्ति से सीधा अर्थ ग्रहण किया जाता है, उसे वाचक कहते हैं। वाचक शब्द तीन प्रकार के होते हैं।

रूढ़, यौगिक, योग रूढ़।

लक्षणा

जिस शक्ति से शब्द का लक्ष्यार्थ ग्रहण किया जाता है उसे लक्षणा कहते हैं। इसके द्वारा शब्द अपने पूर्व-निर्धारित अर्थ को व्यक्त न करके उससे संबंधित अन्य अर्थ व्यक्त करता है। 'रमन तो पूरा **बछिया का ताऊ** ही है।' वाक्य में प्रयुक्त शब्द-समूह 'बछिया का ताऊ' का वाच्यार्थ एक पशु अर्थात् 'बैल' है। किंतु इसका लक्ष्यार्थ 'मूर्ख' या 'बेवकूफ' है। यहाँ 'बछिया का ताऊ' लक्षक शब्द है। लक्षणा शक्ति के आधार पर इसका अर्थ 'मूर्ख' होता है। लक्षणा शक्ति के द्वारा जो तथ्य प्रकट किया जाता है, उसे लक्ष्यार्थ कहा जाता है।

व्यंजना शक्ति

जिस शक्ति से शब्द का न तो वाच्यार्थ (साधारण अर्थ) ग्रहण किया जाता है और न लक्ष्यार्थ अपितु इससे भिन्न कोई अन्य अर्थ ग्रहण किया जाता है, उसे व्यंजना शक्ति कहा जाता है। उदाहरण : 'सूर्य अस्त हो रहा है।' इस वाक्य के साधारण अर्थ (अभिधार्थ) से शाम होने पर सूर्य के डूबने की सूचना मिल रही है किंतु व्यंजना से भिन्न-भिन्न प्रसंगों के अनुसार भिन्न-भिन्न अर्थ व्यंजित हो रहे हैं। इसके द्वारा दिनभर कार्य करने वाले श्रमिक अपना दैनिक कार्य-व्यापार समाप्त करने की सूचना ग्रहण करते हैं, खिलाड़ी अपना खेल बंद कर देते हैं और गृहिणियाँ घर में दीया-बत्ती तथा रात्रि-भोजन की तैयारी शुरू करती हैं। यद्यपि 'सूर्यास्त' शब्द के द्वारा इनकी ओर कोई संकेत नहीं किया गया किंतु व्यंजना शक्ति द्वारा व्यंग्यार्थ से यह प्रकट हो रहा है। व्यंजना शक्ति काव्य में अर्थ की गहराई, सघनता तथा व्यापकता को व्यक्त करती है। विद्वानों द्वारा व्यंजना को सर्वश्रेष्ठ माना गया है।

लक्षणा और व्यंजना का भेद

लक्षणा में वाच्यार्थ की असंगति दिखाई जाती है। यह असंगति आवश्यक होती है, व्यंजना में यह आवश्यक नहीं। उदाहरण :

कौशल्या के वचन सुनि भरत सहित रनिवास।
व्याकुल विलपत राजगृह मानहु शोक निवास।।

कौशल्या के वचन सुनकर सारा राजभवन व्याकुल होकर विलाप कर रहा है। राजगृह रो नहीं सकता, अतः यहाँ राजगृह का अर्थ उसमें रहने वाले मनुष्यों से है। सारे राजगृह के रोने से कवि ने दुःख की व्यापकता को प्रकट किया है। काव्य में लक्षणा के प्रयोग से जीवन के अनुभव को व्यक्त किया जाता है। यहाँ वाच्यार्थ–'राजगृह का व्याकुल होकर विलाप करना' असंगत लगता है। दूसरा, जो अर्थ प्रकट हो रहा है उसका वाच्यार्थ के साथ संबंध बना है। यह ध्यान देने योग्य है कि लक्षणा में एक शब्द या शब्द-समूह से एक ही अर्थ ग्रहण किया जाता है। व्यंजना में ऐसा नहीं होता। व्यंजना में भिन्न-भिन्न श्रोता अपने भिन्न-भिन्न दृष्टिकोण के अनुसार अर्थ ग्रहण करते हैं। इस प्रकार श्रोता-भेद से शब्द अनेक अर्थों को अभिव्यक्त करता है। जैसा कि ऊपर दिए गए व्यंजना के उदाहरण से सिद्ध होता है।

लक्षणा के भेद

मुख्य रूप से लक्षणा दो प्रकार की होती है:

1. रूढ़ा, और 2. प्रयोजनवती

1. रूढ़ा लक्षणा–जहाँ शब्द के लक्ष्यार्थ होने के कारण रूढ़ि हो अर्थात् वह लोक में प्रचलित हो जाए। उदाहरण : विनोद 'चौकन्ना' है। यहाँ 'चौकन्ना' शब्द का वाच्यार्थ 'चार कानों वाला' विनोद के साथ मेल नहीं खाता। क्योंकि किसी मनुष्य के चार कान नहीं होते। किंतु 'चौकन्ना' शब्द रूढ़ि (परंपरा) से 'सावधान' अर्थ में प्रचलित है। अतः यहाँ रूढ़ा व्यंजना हैं

2. प्रयोजनवती लक्षणा–जहाँ शब्द का प्रयोग किसी विशेष प्रयोजन से लक्ष्यार्थ के लिए किया जाए। उदाहरण : 'गंगा पर आश्रम है।' यहाँ 'गंगा' से शीतलता शान्ति और पवित्रता की अधिकता का बोध कराना प्रयोजन है। अतः 'गंगा' शब्द से 'गंगा का किनारा' अर्थ प्रकट हो रहा है। अतः यह प्रयोजनवती लक्षणा है।

व्यंजना के भेद

1. शाब्दी व्यंजना और 2. आर्थी व्यंजना

1. शाब्दी व्यंजना–जहाँ किसी विशेष शब्द पर ही व्यंग्य आश्रित हो। उस शब्द के प्रयोग करने पर व्यंग्यार्थ प्रकट हो तथा उस शब्द को हटाकर उसका पर्याय रखने पर व्यंग्य प्रकट न हो सके, उसे शाब्दी व्यंजना कहते हैं। उदाहरण :

चिरंजीवों जोरी जुरै क्यों न सनेह गंभीर।
को घटि ये वृषभानुजा, वे हलधर के वीर।।

प्रस्तुत दोहे में राधा-कृष्ण में प्रेम का वर्णन है। दूसरे अर्थ से मधु परिहास किया गया है। यहाँ 'वृषभानुजा' तथा 'हलधर के वीर' शब्दों का प्रयोग चमत्कार उत्पन्न करता है। वृषभानुजा शब्द के अर्थ इस प्रकार हैं:

1. वृषभानु + जा = राजा वृषभानु की पुत्री, राधा
2. वृषभ + अनुजा = बैल की बहन

इसी प्रकार 'हलधर के वीर' में हलधर के दो अर्थ हैं। हलधर बलराम (श्रीकृष्ण के बड़े भाई) का वाची भी है और हलधारण करने वाले बैल का भी। पहला अर्थ–बलराम के भाई अभिधा से प्रकट हो रहा है। इससे परिहास की ओर संकेत नहीं हो रहा है। वाच्यार्थ में किसी प्रकार की बाधा नहीं। अतः यहाँ लक्षणा शब्द शक्ति का प्रयोग नहीं माना जा सकता। इसका सीधा-सादा संकेतित अर्थ इस प्रकार है : एक सखी दूसरी सखी से कहती है कि राधा और कृष्ण की जोड़ी चिर काल तक जिए। उसमें परस्पर गहरा प्रेम भाव क्यों न जुड़े। दोनों में कौन कम है? अर्थात् कोई नहीं। ये राधा वृषभानु की पुत्री हैं और वे श्रीकृष्ण बलराम जी के भाई हैं। प्रसंग से इसी अर्थ की ओर संकेत हो रहा है। परंतु सुनने वाले या पढ़ने वाले को व्यंजना के सहारे एक अन्य परिहासयुक्त अर्थ भी प्रकट होता है जो दोहे की दूसरी पंक्ति में इस प्रकार है : राधा वृषभ (बैल) की बहन (गाय) है और वे श्रीकृष्ण हलधर (बैल) के भाई (बैल) हैं। यहाँ 'वृषभानुजा' के स्थान पर यदि 'वृषभानु-पुत्री' और 'हलधर के वीर' के स्थान पर 'बलराम के भाई' शब्द रख दिए जाएँ तो परिहास की अभिव्यक्ति नहीं हो सकती। इस प्रकार प्रस्तुत दोहे में शाब्दी व्यंजना (शब्द पर आधारित व्यंजना) प्रयुक्त हुई है। इसे अभिधामूला व्यंजना भी कहा जा सकता है।

आर्थी व्यंजना–जहाँ व्यंग्यार्थ शब्द पर आश्रित न होकर अर्थ पर आश्रित हो और उसके स्थान पर उसका समानार्थी शब्द प्रयुक्त किए जाने पर भी व्यंग्यार्थ बना रहे, उसे आर्थी व्यंजना माना जाता है। उसे लक्षणामूला व्यंजना भी कहा जाता है। उदाहरण :

सीता-हरन तात! जनि कहेउ पितासन जाइ।
जो मैं 'राम' तो कुल-सहित कहहि दशानन आइ।।

सीता को हरण करके उन्हें लंका ले जाते हुए रावण के साथ युद्ध में घायल हो जाने पर जटायु मरणासन्न हैं। सीता की खोज करते हुए राम और लक्ष्मण उसके पास पहुँचते हैं। प्रस्तुत पद में श्रीराम जटायु से कहते हैं–"हे तात! आप स्वर्ग पहुँचकर पिता को सीता-हरण का समाचार मत देना। यदि मैं राम हूँ तो रावण स्वयं कुल अर्थात् परिवार जन के साथ वहाँ पहुँचकर उन्हें (दशरथ को) यह घटना कहेगा।" यहाँ व्यंग्यार्थ से जो अर्थ प्रकट हो रहा है वह इस प्रकार है, "मैं राम हूँ जिसने खर-दूषण आदि का वध कर अपनी शक्ति का परिचय दे दिया है। अतः शीघ्र ही रण में रावण का भी परिवार सहित अंत कर दूँगा।" इस अर्थ का बोध अभिधा से नहीं होता और न लक्षणा से। क्योंकि पद का वाच्यार्थ यह प्रकट नहीं करता और न ही यहाँ वाच्यार्थ की असंगति है। वाच्यार्थ को स्वीकार करते हुए व्यंग्यार्थ ग्रहण किया गया है जिसका बोध व्यंजना शक्ति से होता है। यहाँ दोहे में समानार्थी शब्द रखने पर भी संकेतिक व्यंग्यार्थ की अभिव्यक्ति होगी। इसलिए यहाँ आर्थी व्यंजना है।

उपर्युक्त विवेचना से स्पष्ट हो जाता है कि काव्य में शब्द शक्ति का महत्वपूर्ण स्थान होता है।

छंद

पिंगल या छन्द शब्द नियम विशेष के आधार पर गति-लय-युक्त रचना होती है। इसमें वर्ण तथा मात्राओं का विशेष प्रतिबन्ध रहता है।

इस प्रकार 'पद्य' या 'छन्द' ऐसी शब्द-योजना है, जिसमें मात्राओं तथा वर्णों का नियमित क्रम होता है और उसमें विराम, गति या प्रवाह आदि की व्यवस्था होती है।

छन्द रचना

छन्द रचना के शब्दों की मात्राएँ तथा उनके वर्ण होते हैं। मात्रा के आधार पर रचित छन्द या पद्य 'मात्रिक' या 'जाति' और वर्ण के आधार पर निर्मित पद्य 'वृत' या 'वर्णिक' कहे जाते हैं। अक्षर या वर्ण दो प्रकार के होते हैं– ह्स्व या लघु तथा दीर्घ या गुरु। लघु का चिह्न एक खड़ी पाई (।) और गुरु

का चिह्न टेढ़ी रेखा (ऽ) है। लघु-गुरु का संक्षिप्त रूप ल और गु भी है।

मात्रा विचार

मात्रिक छन्दों में मात्राओं की गणना होती है। 'लघु' में 'एक' तथा 'गुरु' में 'दो' मात्राएँ मानी जाती हैं। यथा–राज शब्द में रा 'दो' मात्रा वाला तथा ज 'एक' मात्रा वाला है। इस प्रकार 'राज' में कुल तीन मात्राएँ हुई।

लघु मात्राएँ

1. जिन वर्णों के उच्चारण में कम समय लगे अर्थात् अ, इ, उ, ऋ तथा उनसे युक्त वर्ण।
2. जिन वर्णों के ऊपर चन्द्रबिन्दु लगा हो किन्तु वर्ण ह्रस्व हो जैसे हँसना का 'हँ'।
3. पद का अन्तिम वर्ण गति एवं लय के आधार पर दीर्घ होते हुए भी ह्रस्व मान लिया जाता है।
4. कभी-कभी संयुक्ताक्षर के पूर्व का अक्षर लघु मान लिया जाता है जैसे तुम्हारा, कुम्हड़ा।

गुरु मात्राएँ

1. जिन वर्णों के उच्चारण में अधिक समय एवं बल लगे अर्थात् आ, ई, ऊ, ए, ऐ, ओ, औ और उनसे युक्त वर्ण।
2. जिन वर्णों में अनुस्वार अथवा विसर्ग के चिह्न लगे हों जैसे मंजन का 'मं', या दुःख का 'दुः'।
3. पद का अन्तिम वर्ण गति एवं लय के आधार पर लघु होते हुए भी दीर्घ हो सकता है।
4. संयुक्ताक्षर के पूर्व का अक्षर ह्रस्व होते हुए भी दीर्घ माना जाता है यथा–धर्म का 'ध'।

गण-विचार

वर्णिक छन्दों में वर्णों अथवा गणों का ध्यान रखना होता है। गण तीन वर्णों में होता है। गणों की संख्या आठ है। नीचे के सूत्र से गणों का बोध सरल है–

।ऽऽऽ।ऽ।।।ऽ

यमाताराज भानसलगा

इस सूत्र का प्रत्येक अक्षर गण का सूचक है। तीन-तीन अक्षरों का समूह बनाकर पहले अक्षर से उनका नाम और उन अक्षरों के लघु-गुरु से उनके स्वरूपों का बोध करना चाहिए। जैसे-यमाता (।ऽऽ) यगण, मातारा (ऽऽऽ) मगण, ताराज (ऽऽ।) तगण, राजभा) (ऽ।ऽ) रगण, जभान (।ऽ।) जगण, भानस, (ऽ।।) भगण, नसल (।।।) नगण, सलगा (।।ऽ) सगण, ल (।) लघु और गा (ऽ) गुरु।

गणों की पहचान के लिए निम्न बातों पर ध्यान देना चाहिए।

गण	वर्ण क्रम	चिहन मात्राएँ	उदाहरण
यगण	लघु गुरु गुरु	।ऽऽ	कहानी, अनूठी
मगण	गुरु गुरु गुरु	ऽऽऽ	आजादी, यूनानी
तगण	गुरु गुरु लघु	ऽऽ।	मारीचि, आमोद
रगण	गुरु लघु गुरु	ऽ।ऽ	सभ्यता, वीरता
जगण	लघु गुरु लघु	।ऽ।	विज्ञान, समाज
भगण	गुरु लघु लघु	ऽ।।	धार्मिक, लोहित
नगण	लघु लघु लघु	।।।	कमल, दिवस
सगण	लघु लघु गुरु	।।ऽ	कमला, जिसकी

प्रत्येक छन्द के चार चरण होते हैं जो 'पद' या 'पाद' भी कहलाते हैं। बहुत से छन्दों के चारों चरण दो ही पंक्तियों में लिखे जाते हैं। जैसे–दोहा, सोरठा, बरवै आदि ऐसे छन्दों की प्रत्येक पंक्ति 'दल' नाम से प्रसिद्ध है। वर्णिक तथा मात्रिक छन्दों की मुख्य पहचान यह है कि वर्णिक छन्दों में वर्ण लघु-गुरु-क्रम से समान संख्या में होते हैं। इसी कारण इनकी मात्राएँ भी समान होती हैं। इनमें वर्णों की संख्या, समानता को प्रमुखता दी जाती है।

मात्रिक छन्दों में वर्णों की संख्या तथा लघु-गुरु के क्रम का नियम नहीं होता। उनमें मात्राओं में समानता होती है। जैसे–

ऽऽ। ऽ।। ऽ। ।।ऽ ।। ।ऽ ऽऽऽ।ऽ = 28 मात्रा।
निश्चेष्ट होकर बैठे रहना यह महा दुष्कर्म है। = 20 अक्षर।
ऽऽ। ।।ऽ ऽ। ऽऽ ऽ। ऽऽ ऽ।ऽ = 28 मात्रा।
न्यायार्थ अपने बन्धु को भी दण्ड देना धर्म है। = 17 अक्षर।

स्पष्ट है कि दोनों चरणों में मात्राएँ 28-28 हैं किन्तु अक्षर 20,17 हैं। लघु-गुरु का कोई भी क्रम नहीं है। अतः यह मात्रिक छन्द हुआ।

नीचे के चरणों को देखिए–

।।। ऽ।। ऽ। ।ऽ। ऽ = 4 गण।
दिवस का अवसान समीप था। = 12 वर्ण।
।।। ऽ।। ऽ। ।ऽ। = 4 गण।
गगन था कुछ लोहित हो चला।

ऊपर के चरणों में वर्णों का लघु गुरु क्रम भी समान है। अतः यह वर्णिक वृत हुआ।

झिल्ली झनकारे पिक, चातक पुकारे वन। = 8, 8 वर्ण।
इसमें केवल वर्णों की संख्या समान है।

प्रमुख मात्रिक छन्द

चौपाई–यह मात्रिक सम छन्द है। इसके प्रत्येक चरण में 16 मात्राएँ होती हैं; चरण के अन्त में जगण (।ऽ।) या तगण (ऽऽ।) नहीं होते हैं। प्रथम और द्वितीय चरणों में तुक समान होते हैं।

16 मात्रा।

बरनि न जाई मनोहर जोरी। = 16 मात्रा।
शोभा बहुत मोरी मति थोरी।। = 16 मात्रा।
राम लखन सिय सुन्दरताई। = 16 मात्रा।
सब चितवहिं चित मन मति लाई।।

रोला– यह मात्रिक सम छन्द है। इसके प्रत्येक चरण में 11, 13 मात्राओं के विराम से कुल 24 मात्राएँ होती हैं। अन्त में दो लघु या गुरु आना उत्तम है। जैसे–

= 11+13 = 24 मात्रा।

पर सहमा यह, रूप देख होता है विस्मय।

= 11+13 = 24 मात्रा।

आर्य लोग क्या एक समय थे ऐसे निर्भय।।

= 11+13 = 24 मात्रा।

क्या हम सब ज़ो आज, बने हैं निर्बल कामी।

= 11+13 = 24 मात्रा।

रहते थे स्वाधीन समर में होकर नामी।।

हरिगीतिका–यह मात्रिक सम छन्द है। इसके प्रत्येक चरण में 16 और 12 विराम से कुल 28 मात्राएँ होती हैं। अन्त में रगण (ऽ। ऽ) होने से सुनने में मधुर होता है। इसमें 5वीं, 12वीं, 18वीं मात्राएँ लघु होनी चाहिए। जैसे–

= 28 मात्रा।

अधिकार खोकर बैठ रहना यह महा दुष्कर्म है।

= 28 मात्रा।

न्यायार्थ अपने बन्धु को भी दण्ड देना धर्म है।।

= 28 मात्रा।

इस ध्येय पर ही कौरवों और पाण्डवों का रण हुआ।

= 28 मात्रा।

जो भव्य भारतवर्ष के कल्पांत का कारण हुआ।।

दोहा–यह मात्रिक अर्द्धसम छन्द है। इसके पहले और तीसरे चरण में 13, 13 और दूसरे तथा चौथे चरण में 11, 11 मात्राएँ होती हैं। दूसरे-चरण के अन्त में गुरु, लघु होते हैं। जैसे–

222 11 212 1112 11 21

= 13+11 = 24 मात्रा।

थोरेई गुन रीझते बिसराई वह बानि।

= 13+11 = 24 मात्रा।

तुमहू कान्ह मनौ भये, आजु-काल्हि के दानि।।

सोरठा–यह दोहे के ठीक विपरीत होता है , अर्थात् इसके पहले और तीसरे चरण में 11,11 और दूसरे तथा चौथे चरण में 13, 13 मात्राएँ होती हैं। जैसे–

= 11+13 = 24 मात्रा।

रहिमन मोहिं न सुहाय, अमिय पियावत मान बिनु।

= 11+13 = 24 मात्रा।

जो विष देय बुलाय, मान सहित मरिबो भलो।।

छप्पय–यह मात्रिक विषय तथा संयुक्त छन्द होता है। इसमें छः चरण होते हैं। इसके प्रथम चार चरणों में चौबीस-चौबीस मात्राएँ तथा अन्त के दोनों चरणों में अट्ठाइस-अट्ठाइस मात्राएँ होती हैं। प्रथम चार चरणों तक 12-13 पर यति होती है तथा पाँचवें और छठे चरणों में 15-13 पर यति होती है। छः पद होने के कारण इसे षट्पदी भी कहते हैं।

उदाहरण– निर्मल तेरा नीर, अमृत के सम उत्तम है,
शीतल मन्द-सुगन्ध, पवन हर लेता श्रम है।
षड्ऋतुओं का विविध, दृश्ययुक्त अद्भुत क्रम है,
हरियाली का फर्श, नहीं मखमल से कम है,
शुचि सुधा सींचता रात में, तुझ पर इन्द्र प्रकाश है।
हे मातृभूमि! दिन में तरणि, करता तम का नाश है।

बरवै–यह मात्रिक अर्द्धसम छन्द है जिसके प्रथम और तृतीय चरणों में 12 तथा द्वितीय और चतुर्थ चरणों में 7 मात्राएँ होती हैं। सम अर्थात् द्वितीय और चतुर्थ चरणों में जगण या तगण के प्रयोग से कविता में सरसता पैदा होती है। यथा–

=12+7 = 19 मात्रा।

संकट सोच विमोचन, मंगल-गेहु

=12+7 = 19 मात्रा।

तुलसी राम नाम पर, करिय सनेहु

कुण्डलियां–यह मात्रिक विषय छन्द है जो दोहा और रोला छन्दों के मेल से बनता है। इसमें 6 चरण होते हैं। आरम्भ में दोहा तथा तत्पश्चात् दो छन्द रोला के होते हैं। इस तरह प्रत्येक चरण में 24 मात्राएँ होती हैं। दोहे के अन्त के शब्द रोला के आरम्भ में आते हैं। यथा–

जुगनू बोले सूर्य सों, हम बिन जग अँधियाला।
दिन के ठाकुर तुम भये, रात के हम कोतवाला।।
रात के हम कोतवाल, जुगनू अस नाम हमारो।
तुम आकाश में रहौ, हमरो पृथ्वी हारौ।।
कह गिरधर कविराय, सुनों हो मन के मगन्।
ऐंडि ऐंडि बतराय, सूर्य के सम्मुख जुगनू।।

प्रमुख वर्णिक शब्द

द्रुतविलम्बित–यह वर्णिक समवृत छन्द है। इसके प्रत्येक चरण में अक्षरों की संख्या 12 होती है, तथा गणों की दृष्टि से क्रमशः नगण (।।।) भगण (ऽ।।) भगण (ऽ।।) और रगण (ऽ। ऽ) होता है। जैसे–

।।। ऽ। ।ऽ। ।ऽ। ऽ।ऽ
दिवस का अवसान समीप था।
।।। ऽ।। ऽ।। ऽ।ऽ
गगन था कुछ लोहित हो चला।
।। ।ऽ।।ऽ ।। ऽ।ऽ
तरु शिखा पर थी अब राजती।
।।। ऽ ।।ऽ।। ऽ।ऽ
कमलिनी-कुल-बल्लभ की प्रभा।।

मनहरण–यह वर्णिक समृत छन्द है। इसके प्रत्येक चरण में 16, 15 अक्षरों के विराम से कुल 31 अक्षर होते हैं। अन्त में एक 'गुरु' वर्ण होता है। चारों चरणों में तुक होता है। यथा–

साजि चतुरंग सैन अंग मैं उमंग धारि = 16 अक्षर।
सरजा शिवाजी जंग जीतन चलत हैं। = 15 अक्षर।
'भूषन' भनत नाद बिहद नगारन के, = 16 अक्षर।
नदी-नद मद गैबरन के रलत हैं। = 15 अक्षर।
ऐल-फैल खैल भैल खलफ में गैस-गैल = 16 अक्षर।

गजन की ठैल-पैल सैल उसलत है। = 15 अक्षर।
तारा सो तरनि धूरि धारा मैं लगत जिनि = 16 अक्षर।
थारा पर पारा पारावार यों हलत हैं। = 15 अक्षर।

शिखरिणी–इस छन्द में चार चरण होते हैं। प्रत्येक चरण में यगण (। ऽ ऽ), मगण (ऽ ऽ ऽ) नगण (।।।), सगण (।। ऽ) भगण (ऽ।।) तथा अन्त में लघु-गुरु होता है और प्रत्येक चरण में 17 वर्ण होते हैं। 6 और 11 वर्णों या अक्षरों पर यति होती है।

।ऽऽ ऽऽ ।।। ।।ऽ ।।ऽ

उदाहरण– अनूठी आभा से सरस सुषमा से सुरस से।
बना जो देती थी, वह गुणमयी भू विपिन को।
निराले फूलों की, विविध दलवाली अनुपमा।
जड़ी-बूटी हो, हो, बहु फलवती थी विलसती।

मालिनी–यह समवृत वर्णिक छन्द है। इसके चार चरणों में प्रत्येक चरण 15 वर्ण या अक्षर का होता है तथा गणों की दृष्टि से हर चरण में एक नगण (।।।) एक मगण (ऽ ऽ ऽ) और अन्त में दो यगण (। ऽ ऽ) होते हैं। क्रमशः सात और आठ वर्णों या अक्षरों पर यति होती है।

।। ।। ।। ऽऽऽ ।ऽऽ ।ऽऽ

उदाहरण– प्रियपति! वह मेरा प्राण-प्यारा कहाँ है?
दुःख-जलनिधि डूबी का सहारा कहाँ है?
मुख लख जिसका मैं आज लौं जी सकी हूँ–
वह हृदय हमारा नयन-तारा कहाँ है?

वंशस्थ–यह समवृत वर्णिक छन्द है। इसके चार चरणों में से प्रत्येक चरण में 12 वर्ण होते हैं, पहला, दूसरा, छठा, सातवाँ, नवाँ तथा ग्यारहवाँ वर्ण या अक्षर लघु तथा शेष अक्षर गुरु होते हैं। इस प्रकार प्रत्येक चरण में क्रमशः जगण (। ऽ।), तगण (ऽ ऽ।), जगण (। ऽ।) तथा रगण (ऽ। ऽ) होते हैं।

।ऽ। ऽऽ ।।ऽ ।ऽ।ऽ

उदाहरण– दिनांत था थे दिननाथ डूबते।
सधेनु आते गृह ग्वाल बाल थे।
दिगंत में गो राज थी समुत्थिता।
विषाण नाना बजते सवेणु थे।।

सवैया–22 से लेकर 26 वर्णों के वृत्त सवैया कहलाते हैं।

रूप घनाक्षरी–घनाक्षरी में सोलहवें वर्ण पर यति देकर प्रति चरण 32 वर्ण होते हैं। अन्त में गुरु-लघु (ऽ।) आते हैं।

घनाक्षरी के तीन रूप होते हैं–(1) रूप घनाक्षरी, (2) कृपान घनाक्षरी और (3) देव घनाक्षरी। इनमें रूप घनाक्षरी ही सर्वाधिक लोकप्रिय है।

मन्दाक्रान्ता–म भ न त ग ग अर्थात् मगण, भगण, नगण, तगण और दो गुरु वर्ण–इस तरह प्रत्येक चरण में 17 वर्णों का मन्दाक्रान्ता होता है। इसमें 4, 6, और 7 पर यति होती है।

अलंकार

काव्य की शोभा बढ़ाने वाले शब्दों को अलंकार कहते हैं। जिस प्रकार नारी के सौन्दर्यवर्द्धन के लिए अनेक आभूषण होते हैं, उसी प्रकार भाषा के सौन्दर्य के उपकरणों को अलंकार कहते हैं।

शब्द और अर्थ के विशेष प्रयोग के कारण काव्य की भाषा में जो लालित्य या सौन्दर्य आ जाता है, उसे अलंकार कहते हैं।

अलंकार के तीन भेद होते हैं।

1. शब्दालंकार, 2. अर्थालंकार, 3. उभयालंकार

शब्दालंकार

जहाँ वर्णों की पुनरावृत्ति अथवा समान शब्दों के एक से अधिक बार प्रयोग से भाषा में लालित्य उत्पन्न हो , वहाँ शब्दालंकार होता है।

शब्दालंकार के भेद–

शब्दालंकार के तीन भेद होते हैं– 1. अनुप्रास 2. यमक 3. श्लेष

1. अनुप्रास अलंकार : अनुप्रास शब्द अनु (बार-बार) और प्रास (चमत्कारिक ढंग से रचना) दो शब्दों के मेल से बना है, अर्थात् जहाँ समान वर्णों की चमत्कारिक ढंग से पुनरावृत्ति एक या अनेक बार हो भले ही स्वरों में वैषम्य हो, वहाँ अनुप्रास अलंकार होता है।

उदाहरण–'सम ससुर गुरु सुजन सुहाई। सुठि सुन्दर सुशील सुखदाई।।

अनुप्रास अलंकार के भेद–

अनुप्रास अलंकार के तीन भेद होते हैं–

(अ) छेकानुप्रास
(ब) वृत्यानुप्रास
(स) लाटानुप्रास

(अ) छेकानुप्रास–जहाँ एक या अनेक वर्णों की आवृत्ति केवल दो बार होती है उसे छेकानुप्रास कहते हैं, जैसे–

''राधा के घर बैन सुनि, चीनी चकित सुभाय।
दास दुखी मिशरी मुरी, सुधा रही सकुचाय।''

इसमें च, द, म और स की आवृत्ति भाव दो बार हुई है। अतः यहाँ छेकानुप्रास है।

(ब) वृत्यानुप्रास–जहाँ एक या अनेक वर्णों की आवृत्ति बार-बार हो वहाँ वृत्यानुप्रास होता है, जैसे–

''तरनि-तनूजा तट तमाल तरुवर बहु छाये।''

यहाँ 'त' शब्द की आवृत्ति बार-बार होने से वृत्यानुप्रास हुआ।

(स) लाटानुप्रास–जहाँ शब्दों या वर्णों की आवृत्ति बार-बार हो तथा प्रत्येक स्थान पर अर्थ भी वही रहे पर अन्वय करने पर भिन्नता आ जाय वहाँ लाटानुप्रास होता है, जैसे–

"लाली मेरे लाल की जित देखो तित लाल''।
''लाली देखन मैं चली मैं भी हो गयी लाल''।

यहाँ पर दोनों स्थानों में 'लाल' और 'लाली' शब्द देखने से एक ही प्रतीत होते हैं पर दोनों में अन्वय करने पर भिन्नता आ जाती है।

2. यमक अलंकार : जहाँ एक ही शब्द अधिक बार प्रयुक्त हो लेकिन अर्थ हर बार भिन्न हों, वहाँ यमक अलंकार होता है।

उदाहरण– कनक-कनक ते सौगुनी, मादकता अधिकाय।
वा खाये बौराय नर , वा पाये बौराय।।

यहाँ कनक शब्द की दो बार आवृत्ति हुई है जिसमें एक कनक का अर्थ धतूरा, और दूसरे का स्वर्ण है।

3. श्लेष : जहाँ पर एक शब्द के दो अर्थ होते हैं, श्लेष अलंकार होता है।

उदाहरण– चिर जीवो जोरी जुरै, क्यों न सनेह गम्भीर।
को घटि ये वृषभानुजा, 'वे हलधर के वीर।।

यहाँ 'वृषभानुजा' और हलधर के दो-दो अर्थ हैं 'वृषभानुजा' शब्द का एक अर्थ है–वृषभानु की पुत्री राधिका और दूसरा अर्थ है–वृषभ की अनुजा अर्थात् बैल की बहन (गाय)। इसी प्रकार 'हलधर' के दो अर्थ हैं–एक हलधर अर्थात् श्री कृष्ण के भाई बलराम और दूसरा हलधर–हल को धारण करने वाला अर्थात् बैल। इन दोनों शब्दों के अर्थों से दोहे के अलग-अलग दो अर्थ निकलते हैं। अतः यह श्लेष अलंकार है।

अर्थालंकार

जहाँ शब्द के आन्तरिक अर्थ से भाषा या वाणी का सौन्दर्य बढ़े, वहाँ अर्थालंकार होता है।

अर्थालंकार के भेद–अर्थालंकार के 9 भेद होते हैं।

1. उपमालंकारः जहाँ दो वस्तुओं में अन्तर रहते हुए भी आकृति एवं गुण की समता दिखाई जाय वहाँ उपमालंकार होता है।

उपमालंकार के अंग–

उपमा के चार अंग हैं– (*i*) उपमेय, (*ii*) उपमान, (*iii*) साधारण धर्म, और (*iv*) वाचक।

(*i*) **उपमेय**–जिस वस्तु का वर्णन किया जाता है, उसे उपमेय कहते हैं।

(*ii*) **उपमान**–जिस वस्तु से समता की जाती है, उसे उपमान कहते हैं।

(*iii*) **साधारण धर्म**–जिस विशेषता के कारण उपमेय और उपमान की समानता दिखाई जाती है, उसे साधारण धर्म कहते हैं।

(*iv*) **वाचक**–जिस शब्द से उपमेय और उपमान की समता सूचित की जाती है, उसे वाचक कहते हैं।

वाचक शब्द ये हैं–

सो, से, सी, इव, तूल, लौ, सम, सदृश, समान।
ज्यों, जैसे, इयि, सरिस, जिमि, उपमा वाचक जान।।

उपमा का उदाहरण– "दादुर धुनि चहुँदिशा सुहाई।
वेद पढ़त जनु वटु समुदाई"।।

इसमें 'दादुर' उपमेय, 'बटु' उपमान, 'धुनि' साधारण धर्म और 'जनु' वाचक है।

उपमालंकार के भेद–उपमा के दो भेद होते हैं– (*i*) पूर्णोपमा और (*ii*) लुप्तोपमा।

(*i*) **पूर्णोपमा**–इसमें उपमा के सभी अंग जैसे– उपमेय, उपमान, साधारण धर्म एवं वाचक उपस्थित होते हैं, अतः यह पूर्णोपमा कहलाती है, यथा–

"सागर-सा गम्भीर हृदय हो,
गिरि-सा ऊँचा हो जिसका मन"।

इसमें सागर तथा गिरि उपमान, मन और हृदय उपमेय, सा वाचक, गम्भीर एवं ऊँचा साधारण धर्म हैं।

(*ii*) **लुप्तोपमा**–जहाँ उपमा के चारों अंगों में से किसी एक, दो या तीनों का लोप हो वहाँ लुप्तोपमा होती है।

"कल्पना-सी अतिशय कोमल।"

इसमें उपमेय लुप्त है। इसमें कल्पना-सी उपमान है, 'अतिशय कोमल' साधारण धर्म।

2. रूपक अलंकार–जहाँ उपमेय पर उपमान का आरोप किया जाय वहाँ रूपक अलंकार होता है अर्थात् उपमेय और उपमान में कोई अन्तर न दिखाई पड़े।

उदाहरण– उदित उदय गिरि मंच पर रघुबर बाल पतंग।
बिकसे सन्त सरोज सब हरषे लोचन भृंग।।

यहाँ 'मंच' में उदय गिरि पर्वत का, 'रघुबर' में मोर के शिशु-सूर्य का, 'सन्त' में सरोज का तथा 'लोचन' में भृंग का अर्थात् भ्रमर का आरोप किया गया है।

रूपक अलंकार के भेद

रूपक अलंकार के तीन भेद होते हैं–

(*i*) सम (*ii*) अधिक (*iii*) न्यून

(अ) सांग (ब) निरंग (ख) परंपरित

(*i*) सम रूपक– इसमें उपमेय एवं उपमान में समानता दिखाई जाती है। कोई भी एक-दूसरे की अपेक्षा कम या अधिक नहीं होता है– तब सम, अभेद या तद्रूप रूपक होता है। जैसे–मुख चंद्र है।

(अ) सांग रूपक–इसमें रूपक के सभी अंग उपस्थित रहकर उपमान का उपमेय पर आरोप प्रकट करते हैं।

(ब) निरंग रूपक–इसमें उपमेय पर उपमान के प्रधान गुण का आरोप होता है।

(स) परंपरित रूपक–इसमें दो रूपक होते हैं अर्थात् रूपक अपने स्पष्टीकरण के लिए अप्रधान रूपक पर आश्रित होता है।

उदाहरण–

"टूक-टूक हवै है मन मुकुट हमारे, हाथ।
चूकिहू कठोर बैन-पाहन चलाओ ना।
एक मनमोहन तो हिय बसि के उजारयौं हमें
हिय में अनेक मनमोहन बसाओ ना।।"

इनमें मन पर मुकुट का एवं बैन पर पाहन का आरोप किया गया है।

(*ii*) अधिक रूपक–जहाँ उपमेय में उपमान की तुलना में कुछ अधिकता दिखाई जाती है, तब वहाँ अधिक रूपक होता है। जैसे–मुख निष्कलंक चंद्रमा है।

(*iii*) न्यून रूपक–जब उपमान की तुलना में उपमेय को न्यून दिखाया जाता है, तब उसे न्यून रूपक कहते हैं। जैसे–मुख घर को प्रकाशित करने वाला चंद्रमा है।

3. उत्प्रेक्षा अलंकार : जब उपमेय में उपमान से भिन्नता जानते हुए भी उसमें उपमान की संभावना की जाती है, तब उत्प्रेक्षा अलंकार होता है। इस अलंकार के वाचक शब्द मनु, मानो, इव, जनु, जानो, आदि होते हैं।

उदाहरण–

"लता-भवन ते प्रगट में तेहि अवसर दोऊ भाई।
निकसे जनु जुग विमल विधु जलद पटल बिलगाई।।"

इसमें लता भवन से निकलते हुए दोनों भाई अर्थात् राम एवं लक्ष्मण को बादलों से निकलते हुए दो चन्द्रमा बताया गया है। यहाँ भिन्नता से अभिन्नता दिखाई गई है, अतः उत्प्रेक्षा है।

उत्प्रेक्षा अलंकार के भेद :

उत्प्रेक्षा अलंकार के तीन भेद होते हैं–

(अ) वस्तुत्प्रेक्षा (ब) हेतुत्प्रेक्षा (स) फलोत्प्रेक्षा

(अ) वस्तुत्प्रेक्षा–जहाँ प्रस्तुत में अप्रस्तुत की सम्भावना प्रकट की जाय, उसे वस्तुत्प्रेक्षा कहते हैं।

उदाहरण–

"सखि सोहत गोपाल के, उर गुज्जन की माल।
बाहर लसत मनो पिये, दावानल की ज्वाल।।"

(ब) हेतुत्प्रेक्षा–जहाँ अहेतु में हेतु की सम्भावना की जाती है। अर्थात् जहाँ वास्तविक कारण को छोड़कर अन्य हेतु को मान लिया जाता है।

(स) फलोत्प्रेक्षा–इनमें वास्तविक फल के न होने पर भी उसी को फल मान लिया जाता है।

उदाहरण–

"खंजरी नहिं लखि परत कुछ रिन साँची बात।
बाल दृगन सम हीन को करन मनो तप जात।।"

4. अपहनुति अलंकारः अपहनुति का अर्थ होता है 'छिपना'। अतः इस अलंकार में उपमेय को छिपाकर उपमान को स्थापित किया जाता है। अर्थात् इसमें सत्य को छिपाकर असत्य को सत्य बना दिया जाता है।

उदाहरण– "उड़न पराग न चित्त उड़ावत।
भ्रमर भ्रमत नहीं जीव भ्रमावत।।"

अपहनुति अलंकार के भेद–इस अलंकार के छः भेद होते हैं:

अपहनुति अलंकार

शुद्ध | हेतु | पर्यस्त | भ्रान्त | धेय | केतव

5. सन्देह अलंकार : जहाँ दो वस्तुओं में समता होने के कारण दोनों के एक ही होने का सन्देह हो जाता है, पर निश्चय नहीं हो पाता, सन्देह अलंकार कहते हैं, अर्थात् उपमेय का उपमान के रूप में वर्णन किया जाता है।

उदाहरण–

"सारी बीच नारी है कि नारी बीच सारी है,
कि सारी ही की नारी है कि नारी ही कि सारी है।"

इसमें चीर हरण के समय बढ़ती हुई द्रोपदी की साड़ी को देखकर नारी में सारी एवं सारी में नारी का सन्देह होता है। सन्देह और भ्रान्तिमान, अलंकार में यही अन्तर होता है कि सन्देह अलंकार में निश्चय नहीं होता, मात्र संशय ही रहता है परन्तु भ्रान्तिमान अलंकार में निश्चय रहता है।

6. भ्रान्तिमान अलंकार : जहाँ उपमान एवं उपमेय दोनों को एक साथ देखने पर उपमान का निश्चयात्मक भ्रम हो जाए अर्थात् जहाँ एक वस्तु को देखने पर दूसरी वस्तु का भ्रम हो जाए, वहाँ भ्रान्तिमान अलंकार होता है।

उदाहरण–

"पाँव महावर दैन को नाइनि बैठी आय।
फिरि-फिरि जानि महावरी एँड़ी मोड़ती जाय।

इसमें नायिका की लाल एँड़ियों को देखकर नाइन महावर समझ कर रगड़ती जाती है।

एक अन्य उदाहरण–

"नाक का मोती अधर की कांति से
बीज दाड़िम का समझ कर भ्रान्ति से।
देखकर सहसा हुआ शुक मौन है
सोचता है, अन्य शुक यह कौन है?

इसमें नायिका की नुकीली नाक को देखकर तोता नाक में पहने मोती को अनार का दाना समझता है।

7. दृष्टांत अलंकार : जहाँ दो वाक्यों में बिम्ब-प्रतिबिम्ब का भाव हो अर्थात् जहाँ दो वाक्यों के गुण तो अलग-अलग हों परन्तु प्रथम वाक्य को स्पष्ट करने के लिए दूसरे वाक्य का प्रयोग होता है। उसे दृष्टांत अलंकार कहते हैं।

उदाहरण–

"बड़े न छूजै गुननु, विरद बड़ाई पाइ।
कहत धतूरे सौ कनक, गहनों गढ़यो न जाई"

यहाँ पर गुणों से बना होना एक बात और 'गहने गढ़ना' दूसरी बात है। फिर भी 'बिना गुणों के बड़ा होना' तथा धतूरे से गहना गढ़ना दोनों धर्म समान ज्ञात होते हैं और पुनः प्रथम कथन का स्पष्टीकरण द्वितीय से किया गया है। अतः यहाँ दृष्टांत अलंकार है।

8. व्याजस्तुति अलंकार : इसमें किसी की व्यंग्य रूप में स्तुति की जाती है, अर्थात् जो इस स्तुति के योग्य नहीं है उसकी भी स्तुति की जाती है मात्र दिखाने के लिए पर वास्तव में यह स्तुति नहीं होती– यह एक प्रकार का व्यंग्य होता है।

उदाहरण–

"ऊधौ भलो कियो तुम आयो,
पर निर्गुण भक्ति की यह गठरी क्यों लायो!"

इसमें ब्रज-गोपियाँ ऊधो को आया देखकर चिढ़ जाती हैं कि ये क्यों चले आये और श्याम को क्यों नहीं लाये। घर पर आये मेहमान का स्पष्ट शब्दों में अनादर नहीं करके व्याज स्तुति द्वारा प्रशंसा करती हैं (वे कहती हैं कि ऊधो अच्छा हुआ कि तुम आ गये लेकिन निर्गुण भक्ति की गठरी क्यों उपहार स्वरूप हमारे लिए लाये हो? हमें यह गठरी नहीं चाहिए।

9. अर्थान्तरन्यास अलंकार : जहाँ सामान्य कथन का किसी भी विशेष कथन द्वारा समर्थन किया जाता है, वहाँ अर्थान्तरन्यास अलंकार होता है।

उदाहरण–

लोकन के अपवाद को डर करिए दिन-रैन।
रघुपति सीता परिहरी सुनत रजक कर बैन।।

इस उदाहरण में सामान्य कथन तो यह है कि लोक अपवाद से डरना चाहिए और विशेष कथन द्वारा समर्थन किया है कि राम ने भी धोबी की निंदा सुनकर सीता का परित्याग कर दिया था।

उभयालंकार

जहाँ शब्द में भी अलंकार हो और अर्थ में भी वहाँ उभयालंकार की स्थिति होती है। उभयालंकार कोई अलंकार नहीं है। यह एक स्थिति है जिसमें शब्द और अर्थ दोनों में चमत्कार दिखते हैं। उभयालंकार का मतलब ही है– दोनों अलंकार यानि शब्द में भी अलंकार (शब्दालंकार) और अर्थ में भी अलंकार (अर्थालंकार)। वस्तुतः विद्यार्थी शब्दालंकार और अर्थालंकार ही पढ़ते हैं। काव्य शास्त्रवेत्ताओं ने उभयालंकार को अलंकार के भेदों में जोड़ कर तीन भेद कर डाले हैं। वस्तुतः अलंकार के दो ही भेद हैं– शब्दालंकार और अर्थालंकार। श्रेष्ठ कवियों की रचनाओं में उभयालंकार प्राप्त होते हैं।

रस

आचार्य विश्वनाथ ने रस को काव्य की आत्मा के रूप में प्रतिपादित किया। काव्य के प्रसंग में रस काव्य के अध्ययन से प्राप्त होने वाला अलौकिक आनंद भाव है। रस का विवेचन सर्वप्रथम भरतमुनि ने अपने नाट्यशास्त्र में किया। नाट्यशास्त्र का रचना-काल ईसा की प्रथम शताब्दी माना जाता है। नाट्यशास्त्र के छठे अध्याय में भरतमुनि ने रस की निष्पत्ति के विषय में यह सूत्र प्रस्तुत किया : "संयोगाद्रस निष्पत्तिः" अर्थात् विभाव, अनुभाव और व्यभिचारी भाव के संयोग से रस की निष्पत्ति होती है। भरत के अनुसार स्थायी भाव ही रसत्व को प्राप्त होता है।

इस प्रकार रस के चार अवयव माने जाते हैं : स्थायीभाव, विभाव, अनुभाव और व्यभिचारी भाव।

स्थायी भाव

जो भाव सहृदय से हृदय में सदा विद्यमान रहते हैं और अनुकूल अवसर पाकर अभिव्यक्त होते तथा रस रूप में परिणत हो जाते हैं, उन्हें स्थायी भाव कहते हैं। आचार्यों का मत है कि हमारा मन नौ प्रकार से प्रभावित होता है। नौ ऐसे स्थायी भाव हैं जो जागृत होकर हमारे एकाग्र मन को आनंद-मग्न कर देते हैं। स्थायी भाव काव्य, नाटक आदि में आदि से अंत तक विद्यमान रहता है। यह अन्य भावों की अपेक्षा अधिक प्रभावशाली होता है। आचार्य रामचंद्र शुक्ल ने स्थायीभाव की परिभाषा इस प्रकार प्रस्तुत की हैः

"प्रधान (प्रचलित प्रयोग के अनुसार स्थायी) भाव वही कहा जा सकता है जो रस की अवस्था तक पहुँचे।"

स्पष्ट है कि अनुभाव, व्यभिचारी भाव आदि रसदशा तक नहीं पहुँचते। वे किसी भाव को पुष्ट करते हैं और वही भावपूर्ण रसदशा को प्राप्त करता है। प्रत्येक स्थायी भाव के आधार पर एक-एक रस की कल्पना की गई है। इन स्थायी भावों और उनके आधार पर कल्पित रसों के नाम इस प्रकार हैंः

स्थायी भाव	रस
1. रति	श्रृंगार
2. हास	हास्य
3. उत्साह	वीर
4. अमर्ष (क्रोध)	रौद्र
5. विस्मय	अद्भुत
6. भय	भयानक
7. शोक	करुण
8. जुगुप्सा (घृणा)	वीभत्स
9. निर्वेद (वैराग्य)	शांत

कुछ विद्वानों ने वात्सल्य नामक दसवें रस की कल्पना की है, किन्तु वात्सल्य के मूल में संतान के प्रति स्नेह-भाव होता है जो श्रृंगार के अंतर्गत माना जाता है। इसी प्रकार भक्ति रस में भी पूज्य बुद्धि युक्त रति भाव की विद्यमानता होती है।

रति–नायक-नायिका के पारस्परिक प्रेम को 'रति' कहा जाता है। रति 'श्रृंगार' रस का स्थायी भाव है।

हास–अंग-विकार, वेशभूषा एवं वाक्-वैचित्र्य से उत्पन्न होने वाली प्रसन्नता 'हास' कहलाता है।

उत्साह–पराक्रम, दानशीलता एवं धर्म व कर्तव्य के प्रति निष्ठा से जो मानसिक उमंग का भाव उत्पन्न होता है, उसे उत्साह कहते हैं।

अमर्ष (क्रोध)–अपने अथवा अपने इष्टजन के प्रति हुए अपमान या अपराध से जो रोष का भाव उत्पन्न होता है, उसे 'अमर्ष' या 'क्रोध' कहते हैं। यह रौद्र रस का स्थायी भाव है।

भय–भयंकर वस्तु या घटना को देखकर जो भाव हृदय में पैदा होता है, वह 'भय' स्थायी भाव कहलाता है।

विस्मय या आश्चर्य–विचित्र वस्तु या अद्भुत दृश्य व व्यक्ति को देखकर हृदय में जागृत होने वाला भाव 'विस्मय' स्थायी भाव होता है।

शोक–इष्ट के विनाश तथा अनिष्ट-प्राप्ति से उत्पन्न होने वाला 'दुःख' करुण रस का स्थायी भाव माना जाता है।

जुगुप्सा (घृणा)–किसी गंदी वस्तु ('खून, मवाद, कीचड़, राल, हड्डी) को देखकर उत्पन्न होने वाली ग्लानि को जुगुप्सा कहते हैं। यह वीभत्स रस का स्थायी भाव है।

निर्वेद (वैराग्य)–साधुजन की संगति तथा शास्त्रादि के अध्ययन से उत्पन्न होने वाले ज्ञान से हृदय में विरक्ति (वैराग्य) की भावना उत्पन्न होती है, जिसे निर्वेद कहते हैं।

विभाव

इसका अभिप्राय उन वस्तुओं अथवा विषयों से है जिनके प्रति किसी प्रकार का भाव या संवेदना होती है। बाह्य इंद्रियों द्वारा जिन मूर्त पदार्थों का उपभोग किया जाता है, वे स्थायी भाव को जगाने का काम करते हैं। इन्हें 'विभाव' कहा जाता है।

विभाव के दो भेद होते हैंः आलंबन और उद्दीपन।

(1) **आलंबन विभाव**–जिसका आलंबन अथवा सहारा पाकर स्थायी भाव इत्यादि मनोविकार उत्पन्न होते हैं, आलंबन विभाव कहलाते हैं। शकुंतला नाटक में, राजा दुष्यंत (नायक) के हृदय में 'रति' नामक स्थायी भाव को जागृत करने का कारण नाटक की नायिका शकुंतला है। उसका आलंबन (सहारा) पाकर दुष्यंत के मन में 'रति' नामक स्थायी भाव जागृत होता है। इसलिए शकुंतला 'आलंबन विभाव' है।

(2) **उद्दीपन विभाव**–विषय की बाह्य चेष्टाएँ तथा बाहरी वातावरण जो आश्रय के मन में 'आलंबन द्वारा जागृत किए स्थायी भाव को उद्दीप्त या तीव्र करने वाले विभाव (साधन) उद्दीपन विभाव कहलाते हैं। राजा दुष्यंत आखेट करने के हेतु ऋषि कण्व के आश्रम के निकट जा पहुँचते हैं। वहाँ शकुंतला को देखकर राजा के मन में 'रति' स्थायी भाव उत्पन्न होता है। वन प्रदेश का एकांत सुंदर वातावरण तथा शकुंतला की शारीरिक चेष्टाएँ दुष्यंत के मन में 'रति' भाव को और अधिक तीव्र कर देते हैं। इस प्रकार उद्दीपन विषय की शारीरिक चेष्टा एवं सुंदर सुरभित प्राकृतिक वातावरण उद्दीपन विभाव के अंतर्गत माने जाते हैं।

अनुभाव

भाव का बोध कराने वाले अवयव अनुभाव हैं। आलंबन विभाव से जागृत एवं उद्दीपन विभाव से शक्तिसंपन्न स्थायी भाव की बाह्य अर्थात् शारीरिक प्रतिक्रिया अनुभाव कहलाती है। भावों के उद्बुद्ध होने के बाद ये प्रकट होते हैं इसलिए इन्हें अनुभाव (पीछे होने वाले भाव) कहा जाता है। ये भावों के कार्यरूप होते हैं। वास्तव में अनुभाव आश्रय की चेष्टाएँ होती हैं, जिन्हें देखकर उसके (आश्रय के) मनोविकारों का स्वरूप ज्ञात होता है। संस्कृत में कहा गया हैः 'अनुभावो भावबोधकः' अर्थात् आश्रय के शरीर में व्यक्त होने वाली चेष्टाएँ ही अनुभाव कहलाती हैं। स्तंभ, स्वेद, रोमांच, कंप, अश्रु आदि अनुभाव हैं।

व्यभिचारी भाव

अभिलाषा, चिंता आदि चित्त की वृत्तियों को व्यभिचारी भाव कहा जाता है। इन्हें संचारी भाव भी कहा जाता है। एक ही संचारी भाव भिन्न-भिन्न रसों के साथ संचरण करता है। ये अवस्था विशेष में उत्पन्न होते हैं और प्रयोजन पूरा हो जाने पर स्थायी भाव की उचित सहायता करके लुप्त हो जाते हैं। वह पानी के बुलबुले की भाँति उठता है और अविलम्ब शांत हो जाता है। उदाहरणः शकुंतला के प्रति रति भाव के कारण शकुंतला को देखकर दुष्यंत के मन में मोह, हर्ष, आदि अनेक भाव उत्पन्न होते हैं, इन्हीं को संचारी भाव कहते हैं। संचारी भावों की संख्या तैंतीस मानी जाती है।

रस के भेद

स्मरणीय है कि स्थायी भाव हृदय में होते हैं जिनका परिपाक होने पर रस का उद्‌भव होता है। रस के निम्न भेद हैं :

1. शृंगार रस–शृंगार रस का आधार नायक-नायिका (स्त्री-पुरुष) का आकर्षण है जिसे रति स्थायी भाव कहा जाता है। विभाव, अनुभाव और संचारी भाव के योग से स्थायी भाव अर्थात् रति शृंगार में परिणत हो जाते हैं। शृंगार रस में रति-स्थायी भाव होता है।

नायक-नायिका–आलंबन-विभाव। वस्त्राभूषण, वसंत ऋतु, मंद, सुगंधित एवं शीतल वायु, चंद्रमा, एकांत-उद्दीपन विभाव। स्वेद, रोमांच, कंपन आदि अनुभाव। उत्सुकता, क्रीड़ा (लज्जा), चपलता आदि संचारी भाव हैं।

शृंगार रस दो प्रकार के होते हैंः

(*i*) संयोग शृंगार–जहाँ नायक-नायिका की संयोग अवस्था का वर्णन किया जाए। उदाहरण :

एक पल मेरे प्रिया के दृग पलक।
थे उठे ऊपर, सहज नीचे गिरे।
चपलता ने इस विकंपित पुलक से,
दृढ़ किया मानो प्रणय संबंध था ?

यहाँ नायक-नायिका की पलकें एक-दूसरे की ओर एक साथ ही उठती हैं और एक साथ ही सहज भाव से नीचे गिरती हैं। वे दोनों पुलकित हो उठते हैं। इस प्रकार उनका प्रणय संबंध दृढ़ होता है। यहाँ नायक-नायिका आलंबन विभाव है, उनका सौंदर्य-उद्दीपन है। पलकों का उठना-गिरना अनुभाव और लज्जा-संचारी भाव है। इन सबके संयोग से रति भाव शृंगार रस के रूप में परिणत हो जाता है।

चितवत् चकित चहूँ दिसि सीता।
कहँ गए नृप-किसोर मन चीता।।
लता-ओट तब सखिन दिखाए।
स्यामल गौर किसोर सुहाए।।

(*ii*) विप्रलम्भ या वियोग शृंगार–जहाँ नायक-नायिका की वियोग अवस्था का वर्णन किया जाए। उदाहरण :

मैं निज अलिंद पर खड़ी थी सखी एक रात
रिमझिम बूँदें पड़ती थीं घटा छाई थी।
गमक रही थी केतकी की गंध चारों ओर
झिल्ली झनकार यही मेरे मन भाई थी।
करने लगी मैं अनुकरण स्वनूपुरों से
चंचला थी चमकी घनाली घहराई थी।
चौंक देखा मैंने चुप कोने में खड़े थे प्रिय,
माई मुखलज्जा उसी छाती में छिपाई थी।।

यहाँ उर्मिला आलंबन है। बूँदें, घटा, फूल की गंध, झिल्लियों की झनकार उद्दीपन है। छाती में मुँह छिपाना अनुभाव

है। लज्जा, स्मृति, हर्ष संचारी भाव हैं इनसे पुष्ट होकर रति भाव शृंगार रस में परिणत होकर व्यक्त होता है।

2. हास्य रस–हास्य रस का स्थायी भाव हास या हँसी है। विदूषक या मसखरा आलंबन विभाव है। उसकी विचित्र वेशभूषा, विचित्र चेष्टाएँ उद्दीपन विभाव हैं। हँसना, ठहाका लगाना, आँखें बंद करना व हँसी के कारण आँखों में पानी आ जाना अनुभाव है। हर्ष, चपलता, आलस्य आदि संचारी भाव हैं। उदाहरणः

एकमित्र मिले बोले लाला तुम किस चक्की का खाते हो?
इस छह छटाँक के राशन में भी तोंद बढ़ाए जाते हो।।

हास्य के भेद–स्मित (मुस्कान), हसित, विहसित, अवहसित, अपहसित।

3. वीर रस–समाज में वीरों एवं वीरता के कार्यों को प्रतिष्ठा दी जाती है। काव्य में वीर रस का विशेष महत्व है।

उत्साह स्थायी भाव विभावों, अनुभावों और संचारी भावों में पुष्ट होकर वीर रस में परिणत होता है।

वीर चार प्रकार के होते हैः युद्धवीर, दानवीर, दयावीर, और धर्मवीर। इसमें युद्धवीर को विशेष स्थान दिया जाता है। वीर रस में उत्साह स्थायी भाव है। शत्रु या अत्याचारी आलंबन विभाव है। उसका आक्रमण, अनाचार, या ललकार उद्दीपन विभाब है। वीर पुरुष का अंग फड़कना, अस्त्र-शस्त्र ग्रहण करना अनुभाव। अभिमान पूर्ण वचन, मूँछों पर ताव देना, अमर्ष आदि संचारी भाव हैं। उदाहरण :

मैं सत्य कहता हूँ सखे! सुकुमार मत जानो मुझे,
यमराज से भी युद्ध को प्रस्तुत सदा मानो मुझे।

यहाँ द्रोणाचार्य द्वारा रचित चक्रव्यूह का भेदन करने के लिए अभिमन्यु की उत्सुकता दिखाई गई है। द्रोण तथा कौरव सेना आलंबन, अभिमन्यु आश्रय। अभिमन्यु के वीरतापूर्ण वचन अनुभाव उसकी उग्रता संचारी भाव है।

4. भयानक रस–भय भयानक रस का स्थायी भाव है। सिंह, चीता आदि हिंसक वन्य पशु, अजगर, सशक्त शत्रु, भयंकर दृश्य एवं स्थान आलंबन विभाव हैं। सिंह आदि की गर्जना, सर्प की फुंकार, निर्जनता उद्दीपन विभाव हैं। कंप, स्वेद, रोमांच, रुदन, चीख आदि अनुभाव हैं। व्यग्रंता, चिंता, मूर्च्छा, त्रास, दीनता, घिघियाना आदि संचारी भाव होते हैं। उदाहरणः

एक ओर अजगरहिं लखि एक ओर मृगराय।
विकल बटोही बीच ही, पर्‌यो मूरछा खाय।।

एक ओर अजगर और दूसरी ओर सिंह को देखकर व्याकुल यात्री बीच में मूर्च्छित होकर गिर पड़ा। यहाँ यात्री आश्रय है। अजगर और सिंह आलंबन है। अजगर की फुफकार और सिंह की गर्जना और उनकी भयंकर चेष्टाएँ उद्‌दीपन हैं। यात्री का काँपना व मूर्छा अनुभाव हैं, व्याकुलता चिंता, डर आदि संचारी भाव हैं, इन सबसे पुष्ट होकर भय स्थायी भाव भयानक रस में परिणत हुआ।

5. रौद्र रस–रौद्र रस का स्थायी भाव क्रोध है। शत्रु या विरोधी पक्ष द्वारा अपनी अनुचित चेष्टाओं या अनिष्ट कार्य से देश, जाति, समाज अथवा धर्म का अपकार करने से उसके प्रतिशोध में जो क्रोध का भाव पैदा होता है, उसके कारण पुष्ट होने वाला भाव रौद्र रस के रूप में अभिव्यक्त होता है। उदाहरणः

श्रीकृष्ण के सुन वचन अर्जुन क्रोध से जलने लगे।
सब शील अपना भूलकर करतल युगल मलने लगे।।

इस पद में अभिमन्यु के पश्चात् अर्जुन के क्रोध को व्यक्त किया गया है। यहाँ कौरवों की प्रसन्नता अर्जुन के क्रोध का आलंबन है। कृष्ण के वचन, अर्जुन के क्रोध भाव के उद्दीपन आश्रय, अर्जुन की घोषणा, हथेली मलना, मुँह लाल होना अनुभाव हैं तथा आवेग, उग्रता, गर्व, अमर्ष आदि संचारी भाव हैं।

6. वीभत्स–इसका स्थायी भाव जुगुप्सा या घृणा है। श्मशान, चर्बी, खून, हड्डियाँ, सड़े-गले पदार्थ, लाश, दुर्गंध आदि इसके आलंबन विभाव होते हैं। कीड़ों का बिलबिलाना, मक्खियों का भिनभिनाना, गिद्ध-कौओं द्वारा माँस को नोचा जाना उद्दीपन विभाव हैं। नाक सिकोड़ना, मुँह पर कपड़ा रखना बार-बार थूकना, घृणा से मुँह फेर लेना आदि अनुभाव हैं। जी मितनाना, ग्लानि, जड़ता, वैवर्ण्य, आदि संचारी भाव हैं। उदाहरणः

सिर पर बैठ्यो, काग, आँख दोउ खात निकारत।
खींचत जीभहिं स्यार, अतिहि आनंद उर धारत।।

7. करुण रस–इसका स्थायी भाव शोक है। इष्ट वस्तु की हानि, प्रिय व्यक्ति की मृत्यु या चिर वियोग, अनिष्ट की प्राप्ति, अर्थहानि से जहाँ शोक भाव की पुष्टि होती है, वहाँ करुण रस होता है।

प्रिय व्यक्ति की मृत्यु या चिर वियोग करुण रस का आलंबन विभाव है, श्मशान, दाहकर्म, प्रिय-गुण-स्मरण, चित्र-दर्शन आदि उद्दीपन विभाव हैं। रोना, सिसकना, हा-हा करना, आँसू बहाना अनुभाव हैं तथा विषाद, रुदन, ग्लानि, बेहोशी, आदि संचारी भाव हैं। उदाहरणः

यही-यहीं पर बिखर गई वह भग्न विजय-माल सी।
उसके फूल यहाँ संचित हैं, है वह स्मृतिशाला-सी।

8. अद्‌भुत रस–अद्‌भुत रस का स्थायी भाव विस्मय है। किसी असाधारण अलौकिक वस्तु, घटना अथवा व्यक्ति को देखकर हृदय में स्थित आश्चर्य (विस्मय) स्थायी भाव जागृत होता है।

आश्चर्य जनक वस्तु, अलौकिक घटना, असामान्य दृश्य आलंबन विभाव हैं। विचित्रता, असाधारण वस्तु या व्यक्ति की महिमा का वर्णन, उद्दीपन विभाव हैं। मुँह बनाना, दाँतों तले अँगुली दबाना, रोमांच, स्वेद, स्वर भंग आदि अनुभाव हैं। जड़ता, आवेग, चिंता, शंका, वितर्क आदि संचारी भाव हैं। उदाहरण :

अखिल भुवन चर-अचर सब, हरि मुख में लखि मातु।
चकित भई गद्‌गद्‌ वचन, विकसित दृग पुलकातु।।

यशोदा श्रीकृष्ण के मुख में चर-अचर समस्त भुवन को देखकर विस्मित हो जाती हैं। उनके मुख से वचन नहीं निकल पाते, कंठ रूँध जाता है और हृदय गद्‌गद्‌ हो जाता है तथा नेत्र विस्फारित हो जाते हैं।

यहाँ श्रीकृष्ण का मुख आलंबन है, यशोदा आश्रय है, मुख के भीतर चर-अचर प्राणी तथा अन्य दृश्य उद्दीपन, नेत्र विस्फारित होना, गद्‌गद्‌ वचन होना अनुभाव एवं भय, दैन्य आदि संचारी भाव हैं। इससे पुष्ट होकर विस्मय का भाव अद्‌भुत रस में परिणत होता है।

9. शांत रस–शम अथवा निर्वेद नामक स्थायी भाव का उत्कर्ष होने पर शांत रस का परिपाक होता है। निर्वेद (शम) (सांसारिक वस्तुओं के प्रति वैराग्य) स्थायी भाव जब तत्वज्ञान, गुरुपदेश या लोकहित आत्मचिंतन से प्रेरित होता है तो मनुष्य की भावनाओं में अलौकिक शांति का संचार होता है।

शांत रस का स्थायी भाव निर्वेद (विरक्ति) है। लौकिक या सांसारिक व्यक्तियों अथवा वस्तुओं के प्रति उदासीनता, विरक्ति, परमार्थ-चिंतन इसके आलंबन विभाव हैं। साधु-संतों का उपदेश, महात्माओं का दर्शन, देवालय व तीर्थस्थलों की यात्रा, शास्त्रों का श्रवण-मनन, माया के बंधन के प्रति अरुचि उद्दीपन विभाव हैं। आँसू बहाना, रोमांच, गृहत्याग कर वन-गमन आदि अनुभाव हैं। मति, स्मरण, उद्वेग, धृति, हर्ष आदि संचारी भाव हैं। उदाहरण :

सुत वनितादि जानि स्वारथ रत न करु नेह सबही ते।
अंतहिं तोहि तजेंगे पामर! तू न तजे अबही ते।
अब नाथहिं अनुराग जागु जड़, त्यागु दुरासा जीते।
बुझे न काम, अगिनि 'तुलसी' कहुँ विषय भोग बहुधी ते।।

10. वात्सल्य रस–शिशुओं, नन्हें-मुन्नों का मुस्कराना, किलकारना, तुतलाना, घुटनों के बल चलना, जिद करना, रूठना आदि चेष्टाएँ स्वभावतः ही मनुष्य को अपनी ओर आकर्षित करती हैं। इनसे मनुष्य के हृदय में स्नेह नामक स्थायीभाव जागृत होता है। इससे वात्सल्य रस की निष्पत्ति होती है। प्राचीन आचार्यों ने वात्सल्य रस की पृथक सत्ता को स्वीकार नहीं किया। उनके अनुसार स्नेह, भक्ति तथा वात्सल्य रति के विशेष रूप हैं। अतः शृंगार में ही इनका अंतर्भाव किया गया। किंतु बालक के प्रति माता-पिता का स्नेह और पति-पत्नी का प्रेम एक-दूसरे से भिन्न हैं, इन्हें एक मानना युक्ति-संगत नहीं। सूरदास ने वात्सल्य का अनूठा वर्णन करके उसका महत्व प्रतिपादित किया है। उदाहरण :

सोभित कर नवनीत लिए।
घुटुरुनि चलत रेनुतन मंडित, मुख दधि-लेप किए।

यहाँ स्नेह स्थायी भाव है। नन्हें श्याम आलंबन विभाव हैं। हाथ में मक्खन लिए हुए कृष्ण का मनोहारी रूप उद्दीपन विभाव है। घुटनों के बल चलना, कृष्ण का धूल-धूसरित शरीर अनुभाव है। हर्ष का आवेग संचारी भाव है।

3. अपठित बोध

गद्य आधारित व्याख्या

1. *'तू जो बात नहीं समझती, उसमें टाँग क्यों अड़ाती है। भाई! मेरी लाठी दे दे और अपना काम देख। यह इसी मिलते-जुलते रहने का परसाद है कि अब तक जान बची हुई है, नहीं कहीं पता न लगता कि किधर गए। गाँव में इतने आदमी तो हैं किस पर बेदखली नहीं आयी, किस पर कुड़की नहीं आयी। जब दूसरे के पाँवों तले अपनी गर्दन दबी हुई है तो उन पाँवों को सहलाने में ही कुशल है।'*

व्याख्याः- यह गद्यांश प्रेमचन्द के सुप्रसिद्ध उपन्यास 'गोदान' से उद्धृत है। यह अंश गोदान के शुरू से लिया गया है। होरी अपने क्षेत्र के ज मींदार रायसाहब के यहां जा रहा है। होरी की पत्नी धनिया होरी से कहती है कि जाने से पहले कुछ जलपान करते जाओ। वैसे भी तुम परसों तो वहां गए ही थे। धनिया की इस बात का जबाब देते हुए होरी कहता है कि जिस बात को तुम समझ नहीं सकती, उसमें क्यों अपनी टांग अड़ाती हो। तुम मेरी लाठी लाओ और जाकर अपना काम करो। मुझे रायसाहब के यहां जाना चाहिए, या नहीं जाना चाहिए, इस बात पर तुम मुझे सलाह मत दो। मैं उनसे बार-बार जाकर मिलता रहता हूँ, इसलिए हम सब ठीक हैं, वरना पता नहीं आज कहां होते। गांव के जो लोग उनको सलामी करने नहीं जाते उनमें से कितने लोग बर्बाद होने से बचे हुए हैं? लगभग सभी बर्बाद हुए हैं। देख धनिया जिस व्यक्ति के पांव के नीचे अपनी गर्दन दबी हो, उस व्यक्ति के पांव को सहलाने में ही भलाई है अर्थात जो शक्तिशाली हो और आपका कुछ अहित कर सकता हो उससे अच्छे संबंध बनाए रखना ज रूरी है।

2. *'उसका विचार था कि हमने ज मींदार के खेत जोते हैं, तो वह अपना लगान ही तो लेगा। उसकी खुशामद क्यों करें, उसके तलवे क्यों सहलाएँ। यद्यपि अपने विवाहित जीवन के इन बीस बरसों में उसे अच्छी तरह अनुभव हो गया था कि चाहे कितनी ही कतर-ब्योंत करो, कितना ही पेट-तन काटो, चाहे एक-एक कौड़ी को दाँत से पकड़ो; मगर लगान बेबाक होना मुश्किल है। फिर भी वह हार न मानती थी, और इस विषय पर स्त्री-पुरुष में आये दिन संग्राम छिड़ा रहता था।'*

व्याख्याः- यह गद्यांश उपन्यास सम्राट प्रेमचंद के 'गोदान' उपन्यास से लिया गया है। होरी रायसाहब के यहां जाना चाहता है तो धनिया उसे टोकते हुए कहती है कि तुम बार-बार क्यों वहां पर जी-हजूरी करने के लिए जाते हो। लेकिन होरी धनिया को शक्तिशाली से समझौता करने की नसीहत देकर चुप करा देता है। परन्तु धनिया इन सब बातों को नहीं समझती। उसे लगता था कि जब हम ज मींदार के खेत जोतते हैं तो उसको लगान भी देते हैं फिर उसकी खुशामद क्यों करें। क्यों उसके तलवे चाटें, क्यों उसकी जी-हजूरी करें। धनिया ने अपनी शादी के बाद बिताए बीस वर्षों में यह अच्छी तरह जान लिया था कि चाहे कितनी भी बचत करो, चाहे जितना भी कम खर्च करो, कम खाओ, मगर लगान और कर्ज से छुटकारा पाना बड़ा मुश्किल है। लेकिन यह उसका जीवट ही था कि वह हार नहीं मानती थी और जीने के लिए लगातार संघर्ष करती रहती थी। साथ ही होरी से प्रत्येक दिन इस विषय पर बहस करती रहती थी।

3. 'उसके इन निराशा-भरे शब्दों ने धनिया के चोट खाए हुए हृदय में आतंकमय कम्पन-सा डाल दिया था। वह जैसे अपने नारीत्व के सम्पूर्ण तप और व्रत से अपने पति को अभय-दान दे रही थी। उसके अंतःकरण से जैसे आशीर्वादों के ब्यूह-से निकलकर होरी को अपने अन्दर छिपाए लेता था। विपन्नता के इस अथाह सागर में सोहाग ही वह तृण था, जिसे पकड़े हुए वह सागर को पार कर रही थी। इन असंगत शब्दों ने यथार्थ के निकट होने पर भी, मानो झटका देकर उसके हाथ से वह तिनके का सहारा छीन लेना चाहा, बल्कि यथार्थ के निकट होने के कारण ही उनमें इतनी वेदना शक्ति आ गई थी।'

व्याख्याः- यह गद्यांश प्रेमचन्द के 'गोदान' उपन्यास से लिया गया है। होरी रायसाहब के यहां जाने के लिए तैयार होता है तो उसकी पत्नी धनिया और उसके बीच बहस हो जाती है। लेकिन थोड़ी ही देर बाद वह होरी को सजा-धजाकर घर से विदा करती है। लेकिन जाते-जाते होरी उससे कह देता है कि अब तो उम्र हो गई है, न जाने कब उपर से बुलावा आ जाए, अब सजकर क्या करेंगे। धनिया होरी को ऐसी अशुभ बात मुँह से न निकालने को कहते हुए सोच में पड़ जाती है। वह होरी को घर से बाहर दूर तक जाते हुए देखती है। उसे जैसे ही होरी के शब्द याद आते हैं वैसे ही वह भयभीत हो जाती है। लेकिन अगले ही पल वह सोचती है कि अगर होरी की बात सच होने की नौबत भी आई तो वह उसकी जगह अपने को प्रस्तुत कर देगी। उसका अंतर्मन होरी को लम्बी उम्र और सुखी जीवन के लिए आशीर्वाद देता है। घोर दरिद्रता के इस जीवन में धनिया के लिए उसका सुहाग ही ऐसा बिन्दु था जिसके सहारे वह इस जीवनरूपी समुद्र को पार कर रही थी। होरी के इन शब्दों में धनिया को सच्चाई लगती थी लेकिन फिर भी वह अपने पति के लिए एक बार मृत्यु से भी लड़ने को तैयार थी। उसके अन्दर की वेदना ने ही उसे अथाह शक्ति प्रदान की थी।

4. 'इसमें क्या सन्देह है भाई! मालिक क्या खा के लेंगे? नज़ राने में मिल जाय, तो भले ले लें। यह तुम्हीं लोगों का गुर्दा है कि अँजुली-भर रुपए तकदीर के भरोसे गिन देते हो। यही जी चाहता है कि इसके दर्शन करता रहूँ। धन्य है तुम्हारा जीवन कि गऊओं की इतनी सेवा करते हो! हमें तो गाय का गोबर भी मयस्सर नहीं। गिरस्त के घर में एक गाय भी न हो तो कितनी लज्जा की बात है। साल-के-साल बीत जाते हैं, गोरस के दरसन नहीं होते। घरवाली बार-बार कहती है, भोला भैया से क्यों नहीं कहते? मैं कह देता हूँ, कभी मिलेंगे तो कहूँगा। तुम्हारे सुभाव से बड़ी परसन रहती है। कहती है, ऐसा मर्द ही नहीं देखा कि जब बातें करेंगे, नीची आँखें करके, कभी सिर नहीं उठाते।'

व्याख्याः- यह अंश गोदान उपन्यास से लिया गया है। होरी रायसाहब के यहां जा रहा होता है। तभी उसे रास्ते में भोला मिल जाता है जिसके पास कई गायें थीं। होरी जैसे ही उसकी गायों को देखता है उसके मन में भी एक गाय रखने की अभिलाषा ज़ाग उठती है। वह भोला से यहां-वहां की बड़ी-बड़ी बातें बनाता और उसकी तारीफ करता है। एक गाय के विषय में भोला कहता है कि इसके रायसाहब सौ रुपए दे रहे थे लेकिन मैंने नहीं दिए। तभी होरी कहता है कि इसमें तनिक भी सन्देह नहीं है भोला। मालिक लोग तो मुफ्त में उपहार स्वरूप वस्तु प्राप्त करना चाहते हैं। लेकिन यह तुम्हारा ही कलेजा है कि तुम फटाफट रुपए गिन देते हो और अच्छी चीज खरीद कर लाते हो। इस गाय को देखकर ऐसा लगता है कि मैं इसके दर्शन करता ही रहूं। तुम्हारा जीवन तो धन्य है कि तुम आए दिन इन गायों की सेवा में लगे रहते हो। हमें तो कभी गाय का गोबर भी नसीब नहीं होता। गृहस्थ के घर में गाय न होने से उसे बड़ा शर्मिन्दा होना पड़ता है। लगातार कई वर्ष बीत जाते हैं लेकिन गाय के दूध के भी दर्शन नहीं होते। कई बार मेरी पत्नी कहती है कि मैं तुमसे गाय लेने की बात करूं लेकिन मैं भी 'कभी मिलेंगे तो कहूँगा' कहकर बात को टाल जाता हूँ। वह तुम्हारे स्वभाव से बहुत प्रसन्न रहती है। तुम्हारी इज्जत करते हुए कहती है कि मैंने आज तक उन जैसा शालीन मर्द नहीं देखा। वे जब भी बातें करते हैं हमेशा नजरें नीची रखते हैं, कभी भी सिर उठाकर बात नहीं करते।

5. 'लेकिन होरी को इसकी ज्यादा शर्म न थी। इस व्यवहार का वह आदी था। कृषक के जीवन का तो यह प्रसाद है। भोला के साथ वह छल कर रहा था और वह व्यापार उसकी मर्यादा के अनुकूल था। अब भी लेन-देन में उसके लिए लिखा-पढ़ी होने और न होने में कोई अन्तर न था। सूखे-बूड़े की विपदाएँ उसके मन को भीरु बनाए रहती थीं। ईश्वर का रौद्र रूप सदैव उसके सामने रहता था। पर यह छल उसकी नीति में छल न था। यह केवल स्वार्थ-सिद्धि थी और यह कोई बुरी बात न थी। इस तरह का छल तो वह दिन-रात करता रहता था। घर में दो-चार रुपये पड़े रहने पर भी महाजन के सामने कसमें खा जाता था कि एक पाई भी नहीं है। सन को कुछ गीला कर देना और रुई में कुछ बिनौले भर देना उसकी नीति में जायज था।'

व्याख्याः- यह गद्यांश प्रेमचन्द के 'गोदान' उपन्यास से लिया गया है। होरी भोला से मीठी-मीठी बातें करके और उसकी शादी कराने का वादा करके अस्सी रुपये उधार में गाय ले लेता है। वह सोचता है कि अगर मैं भोला की सगाई न भी करवा पाया तो भोला मेरा क्या बिगाड़ लेगा। ज्यादा-से-ज्यादा यही होगा कि मुझे गालियां देगा, कोसेगा। लेकिन होरी को इन छोटी-छोटी बातों की ज्यादा चिंता नहीं थी। ऐसे व्यवहार का तो वह आदी था। किसान के जीवन में ऐसी गालियां, घुड़कियां तो उसके लिए प्रसाद स्वरूप होती हैं। उसे पता है कि वह भोला को सगाई का झांसा देकर गाय ले रहा है। वह उसके साथ छल कर रहा है। लेकिन होरी के लिए यह काम उसकी मर्यादा के विपरीत था। वह लेन-देन में लिखा-पढ़ी की भी आवश्यकता नहीं समझता था। भोला का दुःख उसे कायर बना रहा था और ऐसा करते हुए होरी ईश्वर से डर भी रहा है लेकिन होरी के लिए यह छल नहीं था, बल्कि उसके स्वार्थों की पूर्ति थी। घर में पैसे रहने पर भी वह महाजन के सामने ढेरों झूठी कसमें

जाता था कि उसके पास पैसा नहीं है। सन को पानी में गीला करके और रुई में बिनौले की मिलावट करके बेच देना होरी की नीति में जायज था।

6. 'किसान पक्का स्वार्थी होता है, इसमें सन्देह नहीं। उसकी गाँठ से रिश्वत के पैसे बड़ी मुश्किल से निकलते हैं, भाव-ताव में भी वह चौकस होता है, ब्याज की एक-एक पाई छुड़ाने के लिए वह महाजन की घण्टों चिरौरी करता है, जब तक पक्का विश्वास न हो जाय, वह किसी के फुसलाने में नहीं आता, लेकिन उसका सम्पूर्ण जीवन प्रकृति से स्थायी सहयोग है। वृक्षों में फल लगते हैं, उन्हें जनता खाती है; खेती में अनाज होता है, वह संसार के काम आता है; गाय के थन में दूध होता है वह खुद पीने नहीं जाती, दूसरे ही पीते हैं; मेघों से वर्षा होती है, उससे पृथ्वी तृप्त होती है। ऐसी संगति में कुत्सित स्वार्थ के लिए कहाँ स्थान?'

व्याख्याः- प्रस्तुत गद्यांश प्रेमचन्द रचित 'गोदान' उपन्यास का अंश है। होरी भोला से गाय लेकर जैसे ही चलने लगता है तो भोला भूसे का अभाव बताता है और होरी से कहता है कि अगर उसके पास दस-बीस रुपये हो तो वह उसे दे दे ताकि वह भूसा खरीद सके। यहां प्रेमचन्द किसान की प्रवृत्ति के विषय में कहते हैं कि किसान पक्का स्वार्थी होता है और उसकी जेब से रिश्वत के पैसे भी बड़ी मुश्किल से निकलते हैं। वह मोल-भाव में भी ऐहतियात बरतता है और ब्याज का एक-एक पैसा माफ करवाने के लिए महाजन के सामने कई-कई घण्टे अपनी असमर्थता और अभाव का रोना रोता है। वह सहज ढंग से किसी पर विश्वास भी नहीं करता है और किसी के बहकावे में भी नहीं आता है। लेकिन उसका जीवन कृत्रिम नहीं होता। वह प्रकृति के सहयोग से निर्मित होता है जिसमें छल कपट की संभावना नहीं होती। जैसे वृक्षों के फलों को कोई और खाता है किसान की खेती से पैदा अनाज को संसार भर के लोग खाते हैं, गाय का दूध दूसरे ही पीते हैं, बादलों की वर्षा से पृथ्वी ही तृप्त होती है, इसी तरह का परोपकारी स्वभाव और जीवन भी दूसरों के लिए ही होता है। ऐसी स्थिति में कुत्सित स्वार्थ के लिए जगह ही नहीं बचती।

7. 'नहीं सह सकता उनकी हँसी, जो अपने बराबर के हैं, क्योंकि उनकी हँसी में ईर्ष्या, व्यंग्य और जलन है। और वे क्यों न हँसेंगे? मैं भी तो उनकी दुर्दशा और विपत्ति और पतन पर हँसता हूँ, दिल खोलकर, तालियाँ बजाकर। सम्पति और सहृदयता में बैर है। हम भी दान देते हैं, धर्म करते हैं। लेकिन जानते हो, क्यों? केवल अपने बराबर वालों को नीचा दिखाने के लिए। हमारा दान और धर्म कोरा अहंकार है, विशुद्ध अहंकार'।

व्याख्याः- यह अंश गोदान उपन्यास का है। होरी रायसाहब की कोठी पर पहुँचता है तो रायसाहब होरी को बैठाकर अपने मन की बात होरी से करते हुए कहते हैं कि मैं छोटे लोगों की और अपनों की उस हँसी को समझ सकता हूँ और बर्दाश्त कर सकता हूँ जो मुझ पर व्यंग्यात्मक लहजे में हँसी गई है। लेकिन मैं अपने बराबर के लोगों की हँसी को सहन नहीं कर पाता हूँ क्योंकि उनकी हँसी में अपनापन, अल्हड़ता नहीं बल्कि द्वेष, ईर्ष्या, व्यंग्य और जलन है। ऐसे जो भी लोग मुझपर हँसते हैं वे शायद इसीलिए हँसते हैं क्योंकि मैं भी उनकी विपत्ति और पतन पर दिल खोलकर हँसता हूँ। धन और सहदयता में हमेशा से ही वैर रहा है। जो सम्पतिशाली होगा वह सहृदय नहीं हो सकता क्योंकि सम्पति तभी आती है जब व्यक्ति क्रूर हो जाए। हम जो दान और धर्म करते हैं, वह भी दिखावे के लिए करते हैं क्योंकि हम अपने बराबर वालों को नीचा दिखाना चाहते हैं। हम जैसे धनी लोगों का दान और धर्म भी अहंकार से अछूता नहीं है।

8. 'तुम हमें बड़ा आदमी समझते हो? हमारे नाम बड़े हैं, पर दर्शन थोड़े। गरीबों में अगर ईर्ष्या या वैर है, तो स्वार्थ के लिए या पेट के लिए। ऐसी ईर्ष्या और वैर को मैं क्षम्य समझता हूँ। हमारे मुँह की रोटी कोई छीन ले, तो उसके गले में उँगली डालकर निकालना हमारा धर्म हो जाता है। अगर हम छोड़ दें, तो देवता हैं। बड़े आदमियों की ईर्ष्या और वैर केवल आनन्द के लिए है। हम इतने बड़े आदमी हो गए हैं कि हमें नीचता और कुटिलता में ही निःस्वार्थ और परम आनन्द मिलता है।'

व्याख्याः- प्रस्तुत गद्यांश प्रेमचन्द के उपन्यास गोदान से लिया गया है। रायसाहब होरी को अमीर और ज मींदार लोगों की नकली, अहंकार भरी और षडयंत्रों से पटी हुई जीवन शैली के विषय में समझाते हुए कहते हैं कि तुमको लगता है कि हम बड़े आदमी हैं और बड़े सुखी हैं। लेकिन हमारा सिर्फ नाम ही बड़ा है। हम सभी अन्दर से खोखले और दुखी हैं। गरीब अगर एक-दूसरे से वैर या ईर्ष्या रखते हैं तो अपनी भूख मिटाने के लिए ऐसे वैर और ईर्ष्या को मैं क्षमा के योग्य मानता हूँ। जब कोई हमारे मुहँ की रोटी, हमारी सुख-सुविधा छीनना चाहता है तो उससे लड़ाई करना हमारा धर्म हो जाता है लेकिन अगर हम छीनने वालों को बिना संघर्ष किए सहर्ष छोड़ देते हैं तो यह हमारा बड़प्पन हो जाता है। लोग ऐसे व्यक्तियों को देवता कहते हैं, लेकिन बड़े व्यक्तियों की ईर्ष्या और वैर केवल आनन्द के लिए ही होता है। आज हम इतने बड़े बन गए हैं कि हमें नीचता और कुटिलता में ही आनंद आने लगा है।

9. 'जिसकी आत्मा में बल नहीं, अभिमान नहीं, वह और चाहे, कुछ हो आदमी नहीं है। जिसे दुश्मन के भय के मारे रात को नींद न आती हो, जिसके दुःख पर सब हँसें और रोने वाला कोई न हो, जिसकी चोटी दूसरों के पैरों के नीचे दबी हो, जो भोग-विलास के नशे में अपने को बिलकुल भूल गया हो, जो हुक्काम के तलवे चाटता हो और अपने अधीनों का खून चूसता हो, उसे मैं सुखी नहीं कहता।'

व्याख्याः- यह गद्यांश प्रेमचन्द रचित उपन्यास 'गोदान' से उद्धृत है। रायसाहब होरी से अमीरों की नीचता, कुटिलता और गरीबों की निस्वार्थता पर बातचीत कर रहे हैं। अमीरों की नकली जिंदगी पर रायसाहब कहते हैं कि जिस व्यक्ति की आत्मा में शक्ति नहीं है, जिसमें अभिमान नहीं है, वह व्यक्ति नहीं हो सकता, चाहे वह जो भी हो, क्योंकि शक्ति और

अभिमान ही व्यक्ति का, व्यक्तित्व का महत्वपूर्ण अंग है। जो व्यक्ति अपने दुश्मनों के भय से रात को सो नहीं पाता हो और जिसके दुख पर रोने वाला कोई नहीं और हंसने वाले बहुत सारे हों, जो दूसरों के कहे अनुसार चलता हो, दिन-रात भोग-विलास में लिप्त रहता हो और अपने आप को भूल गया हो, जो अपने उपर वालों के तलवे चाटता हो, उनकी जी हजूरी करता हो और अपने से नीचे के लोगों का खून चूसता हो, वह व्यक्ति सुखी नहीं है बल्कि वह इस संसार का सबसे दुखी और अभागा प्राणी है।

10. *'मुफ्तखोरी ने हमें अपंग बना दिया है, हमें अपने पुरुषार्थ पर लेशमात्र भी विश्वास नहीं, केवल अफसरों के सामने दुम हिला-हिलाकर किसी तरह उनके कृपापात्र बने रहना और उनकी सहायता से अपनी प्रजा पर आतंक जमाना ही हमारा उद्यम है। पिछलगुओं की खुशामद ने हमें इतना अभिमानी और तुनकमिजाज बना दिया है कि हममें शील, विनय और सेवा का लोप हो गया है। मैं तो कभी-कभी सोचता हूँ कि अगर सरकार हमारे इलाके छीनकर हमें अपनी रोज़ी के लिए मेहनत करना सिखा दे, तो हमारे साथ महान उपकार करे, और यह तो निश्चय है कि अब सरकार भी हमारी रक्षा न करेगी। हमसे अब उसका कोई स्वार्थ नहीं निकलता। लक्षण कह रहे है कि बहुत जल्द हमारे वर्ग की हस्ती मिट जाने वाली है। मैं उस दिन का स्वागत करने को तैयार बैठा हूँ। ईश्वर वह दिन जल्द लाए। वह हमारे उद्धार का दिन होगा।'*

व्याख्याः- यह गद्यांश प्रेमचन्द के उपन्यास गोदान से लिया गया है। रायसाहब होरी को अपने जैसे अमीरों और ज मींदारों की नारकीय जिंदगी के विषय में बता रहे हैं। रायसाहब कहते हैं कि मुफ्तखोरी ने हम अमीरों को अपंग बना दिया और हमें अपने पुरुषार्थ पर बिल्कुल भी विश्वास नहीं है। लगता ही नहीं कि हमारा कोई व्यक्तित्व, कोई रुतबा है। बड़े अधिकारियों की चिरौरी करना, उनका कृपा पात्र बने रहना, उनकी सहायता से अपने ही लोगों पर अत्याचार करना ही हमारा पेशा बन गया है। हमारे चाटुकारों और पिछलग्गुओं ने हमें इतना अंहकारी और तुनकमिजाज बना दिया है कि हमारे अन्दर शील, विनम्रता और सेवाभाव का ही लोप हो गया है। मैं कभी-कभी सोचता हूँ कि सरकार हमसे हमारी पदवी, धन-दौलत, ज मीन जायदाद छीनकर अगर हमें अपनी रोजी-रोटी कमाना सिखा दे तो उनका हम पर बड़ा एहसान होगा। आगे जल्द ही ऐसा समय आने वाला है जब सरकार भी हमारी सहायता नहीं कर पाएगी क्योंकि अब हम उनके स्वार्थों की पूर्ति में असफल हो रहे हैं। मुझे ऐसे आसार नजर आ रहे हैं जिससे हमारे वर्ग की हस्ती बहुत ही जल्द मिटने वाली है। मैं उस दिन का स्वागत करने के लिए तैयार बैठा हूँ। ईश्वर करें वह दिन बहुत जल्दी आए। वह दिन हमारे उद्धार का दिन होगा।

11. *'जेजात किसी से छोड़ी जाती है कि वही छोड़ देंगे? हमीं को खेती से क्या मिलता है। एक आने नफरी की मजूरी भी तो नहीं पड़ती। जो दस रुपए महीने का भी नौकर है, वह भी हमसे अच्छा खाता-पहनता है; लेकिन खेतों को छोड़ा तो नहीं जाता। खेती छोड़ दें, तो और क्या करें? नौकरी कहीं मिलती है? फिर मरजाद भी तो पालना ही पड़ता है। खेती में जो मरजाद है, वह नौकरी में तो नहीं है। इसी तरह ज मींदारों का हाल भी समझ लो।'*

व्याख्याः- यह गद्यांश प्रेमचन्द के उपन्यास 'गोदान' से उद्धृत है। होरी गोबर को समझाने की कोशिश करता है कि रायसाहब जैसे लोग इतनी धन सम्पदा पाकर भी दुखी हैं। इस पर गोबर कहता है कि वे अगर दुखी हैं तो हमारी जायदाद से बदला क्यों नहीं कर लेते। गोबर की बात का जवाब देते हुए होरी कहता है-अपनी जायदाद भला किसी से छोड़ी जाती है, जो रायसाहब छोड़ देंगे। अब तुम हमें ही ले लो। हमें इस खेती से क्या मिलता है? एक आना रोज की मजदूरी भी नहीं मिलती। हमसे अच्छा जीवन वो मजदूर बिताते हैं जो दस रुपये महीने की नौकरी करते हैं। हम उनसे बुरा जीवन व्यतीत कर रहे हैं, फिर भी अपने खेतों को नहीं छोड़ रहे हैं। अपना खेत भला कौन छोड़ सकता है। खेती छोड़ देंगे तो क्या करेंगे? नौकरी का कोई पक्का थोड़े ही है। फिर ज मीन को बचाकर हमें अपनी मर्यादा की रक्षा भी तो करनी है। खेती करने में जो मर्यादा है, वह नौकरी में नहीं है। इसी तरह ज मींदारों की भी हमारी जैसी दशा है। वे अपनी सम्पति छोड़ नहीं सकते, नौकरी कर नहीं सकते क्योंकि उन्हें भी तो अपनी मर्यादा की रक्षा करनी है।

12. *'जिसे संसार दुःख कहता है, वही कवि के लिए सुख है। धन और ऐश्वर्य, रूप और बल, विद्या और बुद्धि, ये विभूतियाँ संसार को चाहे कितना ही मोहित कर लें, कवि के लिए यहाँ ज़रा भी आर्कषण नहीं है, उसके मोद और आकर्षण की वस्तु तो बुझी हुई आशाएँ और मिटी हुई स्मृतियाँ और टूटे हुए हृदय के आँसू हैं। जिस दिन इन विभूतियों में उसका प्रेम न रहेगा, उस दिन वह कवि न रहेगा। दर्शन जीवन के इन रहस्यों से केवल विनोद करता है, कवि उनमें लय हो जाता है। मैंने आपकी दो-चार कविताएँ पढ़ी हैं और उनमें जितनी पुलक, जितना कम्पन, जितनी मधुर व्यथा, जितना रुलाने वाले उन्माद पाया है, वह मैं ही जानता हूँ। प्रकृति ने हमारे साथ कितना बड़ा अन्याय किया है कि आप-जैसी कोई दूसरी देवी नहीं बनायी।'*

व्याख्याः- प्रस्तुत गद्यांश मुंशी प्रेमचन्द के उपन्यास 'गोदान' से लिया गया है। इस अंश में मेहता गोविन्दी के कथन, 'कवि को संसार में कभी सुख नहीं मिलता' पर टिप्पणी करते हुए कहते हैं कि समस्त विश्व जिसे दुःख मानता है वास्तव में कवि के लिए वही सुख है। धन और ऐश्वर्य, रूप और बल, विद्या और बुद्धि आदि विभूतियाँ विश्व को चाहे कितना भी आकर्षित कर लें लेकिन ये कवि को कभी भी आकर्षित नहीं कर पायेंगी। कवि के विनोद और आकर्षण की वस्तु तो बुझी हुई आशाएं, मिटी हुई स्मृतियाँ और टूटे हुए हृदय के आँसू होते हैं। जिस दिन वह इन विभूतियों से दूर हो जाएगा, उसके हृदय में इनके प्रति प्रेम नहीं रहेगा। उस दिन यह संभव है कि वह व्यक्ति काव्यत्व से भी दूर हो जाएगा अर्थात् वह कवि ही नहीं रहेगा। दार्शनिक जीवन के इन सभी रहस्यों से केवल विनोद करता है। लेकिन कवि उनमें लयमान हो जाता है। मेहता गोविन्दी

से कहता है कि मैंने आपकी कुछ कविताएँ पढ़ी हैं और उन कविताओं में जितनी पुलक, जितना कम्पन, जितनी मधुर व्यथा, जितना रूलानेवाला उन्माद पाया है उससे मैं भली-भाँति परिचित हूँ। प्रकृति ने हमारे साथ बड़ा अन्याय किया है कि इस सृष्टि में आप जैसी कोई दूसरी देवी नहीं बनायी।

13. 'एक ही क्षण में उसके जीवन का मृदु स्वप्न जैसे टूट गया। अब तक वह मन में प्रसन्न थी कि अब उसका दुःख-दरिद्र सब दूर होगा। जब से गोबर घर आया, उसके मुख पर हास की एक छटा खिली रहती थी। उसकी वाणी में मृदुता और व्यवहारों में उदारता आ गई। भगवान् ने उस पर दया की है, तो उसे सिर झुकाकर चलना चाहिए। भीतर की शान्ति बाहर सौजन्य बन गई थी। ये शब्द तपते हुए बालू की तरह हृदय पर पड़े और चने की भाँति सारे अरमान झुलस गए। उसका सारा घमण्ड चूर-चूर हो गया। इतना सुन लेने के बाद अब जीवन में क्या रस रह गया? जिस नौका पर बैठकर इस जीवन-सागर को पार करना चाहती थी, वह टूट गई, तो किस सुख के लिए जिए!'

व्याख्याः- प्रस्तुत गद्यांश मुंशी प्रेमचन्द के उपन्यास 'गोदान' से लिया गया है। इस अंश में गोबर अपने माँ-बाप का कर्ज चुकाने से मना कर देता है। और कहता है कि तुम भी चाहती हो, और दादा भी चाहते हैं कि मैं सारा करजा चुकाऊँ, लगान दूँ, लड़कियों का ब्याह करूँ। जैसे मेरी जिन्दगी तुम्हारा देना भरने ही के लिए है। मेरे भी तो बाल-बच्चे हैं। गोबर की यह बात सुनकर धनिया का तो जैसे एक ही क्षण में जीवन का मृदु स्वप्न टूट गया। वह अब तक बहुत प्रसन्न थी क्योंकि उसका पुत्र गोबर शहर में कमाने लगा था इसलिए धनिया को लगता था जैसे अब उनकी सारी गरीबी दूर हो जाएगी। वह माँ-बाप का सारा कर्जा चुका देगा। धनिया के मुँह पर खुशी खिली रहती थी। उसकी वाणी में मधुरता और व्यवहार में उदारता आ गई थी। भगवान् ने उस पर दया की जो उसका पुत्र घर वापस कमाकर लौटा है। इसलिए उसे अब सिर झुकाकर चलना चाहिए। भीतर की शान्ति बाहर सौजन्य बन गई थी। गोबर के ये शब्द बालू के गर्म रेत की तरह धनिया के हृदय पर पड़े और बालू की गर्म रेत में चनों की भाँति उसके सारे अरमान झुलस गए। धनिया का अपने पुत्र पर घमन्ड चूर-चूर हो गया। अपने ही पुत्र से ऐसी खरी-खोटी सुनने के बाद अब धनिया के जीवन में कोई रस, कोई उमंग बाकी नहीं रही। वह अपनी जिस पुत्र रूपी नौका पर बैठकर इस जीवन-सागर को पार कर लेना चाहती थी। वह आज चूर-चूर हो गई। अब धनिया किस सुख की प्राप्ति के लिए जिए?

14. 'आत्मवाद तथा अनात्मवाद की खूब छान-बीन कर लेने पर हम इसी तत्व पर पहुँच जाते थे कि प्रवृति और निवृति दोनों के बीच में जो सेवा-मार्ग है, चाहे उसे कर्मयोग ही कहो, वही जीवन को सार्थक कर सकता है, वही जीवन को ऊँचा और पवित्र बना सकता है। किसी सर्वज्ञ ईश्वर में उनका विश्वास न था। यद्यपि वह अपनी नास्तिकता को प्रकट न करते थे, इसलिए कि इस विषय में निश्चित रूप से कोई मत स्थिर करना वह अपने लिए असंभव समझते थे; पर यह धारणा उनके मन में दृढ़ हो गई थी कि प्राणियों के जन्म-मरण, सुख-दुःख, पाप-पुण्य में कोई ईश्वरीय विधान नहीं है। उनका ख्याल था कि मनुष्य ने अपने अंहकार में अपने को इतना महान् बना लिया है कि उसके हर एक काम की प्रेरणा ईश्वर की ओर से होती है। इसी तरह टिड्डियाँ भी ईश्वर को उत्तरदायी ठहराती होंगी, जो अपने मार्ग में समुद्र आ जाने पर अरबों की संख्या में नष्ट हो जाती हैं । मगर ईश्वर के ये विधान इतने अज्ञेय हैं कि मनुष्य की समझ में नहीं आते, तो उन्हें मानने से ही मनुष्य को क्या संतोष मिल सकता है। ईश्वर की कल्पना का एक ही उद्देश्य उनकी समझ में आता था और वह था मानव-जाति की एकता। एकात्मवाद या सर्वात्मवाद या अहिंसा-तत्व को वह आध्यात्मिक दृष्टि से नहीं, भौतिक दृष्टि से ही देखते थे; यद्यपि इन तत्वों का इतिहास के किसी काल में भी आधिपत्य नहीं रहा, फिर भी मनुष्य जाति के सांस्कृतिक विकास में उनका स्थान बड़े महत्व का है।'

व्याख्याः- प्रस्तुत गद्यांश मुंशी प्रेमचन्द के उपन्यास 'गोदान' से लिया गया है। इस अंश में प्रो॰ मेहता आत्मवाद तथा अनात्मवाद को खूब अच्छी तरह से जानने के पश्चात् इस तत्व पर पहुँच जाते हैं कि प्रवृति और निवृति के मध्य में जो सेवाव्रत का रास्ता है, वही जीवन को सार्थकता प्रदान कर सकता है। वही जीवन को श्रेष्ठता एवं पवित्रता प्रदान कर सकता है। मेहता का किसी सर्वज्ञ ईश्वर में विश्वास कदापि नहीं था। लेकिन वे अपनी नास्तिकता को कदापि प्रकट नहीं करते थे। तथा ईश्वर के विषय में कोई भी मत व्यक्त करना असंभव समझते थे। परन्तु उनके मन में धारणा दृढ़ हो गई थी कि प्राणियों के जन्म-मरण, सुख-दुःख, पाप-पुण्य में कोई ईश्वरीय विधान नहीं है। उनका यह मानना था कि मनुष्य ने अपने अहं के द्वारा स्वयं को इतना श्रेष्ठ बना लिया है कि उसके हर एक काम की प्रेरणा ईश्वर की ओर से होती है। मनुष्यों के साथ-साथ टिड्डियाँ भी जब अपने मार्ग में आने वाले सागर में अरबों की संख्या में नष्ट हो जाती हैं तब वे इसका उत्तरदायी ईश्वर को मानती हैं। परन्तु ईश्वर के ये विधान इतने अज्ञात हैं कि मनुष्य की समझ में भी नहीं आते तो उन्हें मानने से ही मनुष्यों को क्या संतोष मिल सकता है। उनकी समझ में तो ईश्वर की कल्पना का एक ही उद्देश्य आता था और वह था मनुष्य जाति में संगठन। मेहता एकात्मवाद, सर्वात्मवाद, या अहिंसा तत्व को आध्यात्मिक दृष्टि से नहीं बल्कि भौतिक दृष्टि से देखते थे, वास्तव में तो इन तत्वों का किसी भी काल में आधिपत्य नहीं रहा, फिर भी मनुष्य जाति के सांस्कृतिक विकास में उनका महत्वपूर्ण स्थान है।

15. 'फाँसी, क्यों? अपराधी को दण्ड देने के लिए। पर इससे क्या वह सुधर जायेगा? इससे क्या उसके अपराधों का मार्जन हो जाएगा? जो अमिट रेखा उसके हाथों खिंची है वह क्या उसके साथ मिट जायगी? फाँसी, दूसरों को शिक्षा देने के लिए। पर यह कैसी शिक्षा है कि जीवन के प्रति आदर-भाव सिखाने के लिए उसी की घोर हृदयहीन उपेक्षा का प्रदर्शन किया जाय! और, इससे भी कभी कोई सीखा है। मुझे तो फाँसी

की कल्पना सदा मुग्ध ही करती रही है–उसमें साँप की आँखों-सा एक अत्यन्त तुषारमय, किन्तु अमोघ सम्मोहन होता है। एक सम्मोहन, एक निमन्त्रण, जो कि प्रतिहिंसा के इस यन्त्र को भी कवितामय बना देता है, जो कि उस पर बलिदान होते हुए अभागे–या अतिशय भाग्यशाली!–को जीवन की एक सिद्धि दे देता है, और उसके असमय अवसान को भी सम्पूर्ण कर देता है ...'

व्याख्याः- अज्ञेय द्वारा रचित 'शेखरः एक जीवनी' के प्रवेश खंड के प्रांरभ में ही नायक शेखर कारागृह में बैठा फाँसी के बारे में विचार कर रहा है। शेखर को फाँसी की सजा सुना दी गयी थी। शेखर मन ही मन विचार कर रहा है कि फाँसी का क्या औचित्य है? जहाँ फाँसी की कल्पना से ही मनुष्य मात्र के रोगंटे खड़े हो जाते हैं वहीं शेखर को तो फाँसी की कल्पना मुग्ध करती है।

शेखर फाँसी की सजा सुनने के बाद रात्रि के समय कारागृह में फाँसी के औचित्य-अनौचित्य तथा फाँसी क्यों, किसलिए आदि प्रश्नों पर चिंतन-मनन करना आंरभ कर देता है? वह विचार करता है कि फाँसी क्यों दी जाती है? क्या अपराधी को मात्र दण्ड देने के लिए फाँसी दी जाती है? क्या इससे अपराधी सुधर जाएगा? क्या इससे उसके अपराधों का मार्जन हो जाएगा? क्या अपराध उसके साथ ही समाप्त हो जाएंगे? नहीं, क्योंकि फाँसी से अपराधी तो मिट जाएगा, परंतु अपराध समाप्त नहीं होगा। फाँसी का मूल उद्देश्य तो शिक्षा होनी चाहिए परन्तु यह कैसी शिक्षा है? जीने तथा जीवन के प्रति आदर का भाव सिखाने के लिए फाँसी दिया जाना है, जीवन को समाप्त करके और उसकी ही अपेक्षा करना, न्यायसंगत नहीं है।

शेखर चिंतन-मनन की प्रक्रिया के दौरान जीवन की शिक्षा 'जीवन मिटाकर देना कैसे हो सकती है' पर विचार करता है। क्या फाँसी देने से भी कभी कोई सीख पाया है? परन्तु फाँसी ने अर्थात् फाँसी की कल्पना ने उसे सदा मुग्ध किया है क्योंकि उसमें साँप की आँखों-सा एक अत्यंत तुषारमय, किंतु अमोघ सम्मोहन होता है। एक सम्मोहन, एक नियंत्रण जो कि इस प्रतिहिंसा के यंत्र को भी कवितामय अर्थात् आनंदमय बना देता है। जो उस पर बलिदान होते हैं वे या तो अतिशय भाग्यशाली हैं या अभागे हैं क्योंकि वे जीवन को एक सिद्धि दे देते हैं। अज्ञेय ने शेखर के माध्यम से फाँसी के औचित्य-अनौचित्य के महत्वपूर्ण प्रश्न पर चिंतन-मनन किया है। लेखक ने प्रश्नों के सीधे उत्तर न देकर प्रश्नों द्वारा ही उत्तर खोजने (अप्रत्यक्ष रूप से) का प्रयास किया है। इसके साथ-साथ लेखक ने मृत्यु-बोध को कवितामय या आनंदमय बना दिया यही कवितामयी आनंद हमें शमशेर की मृत्यु-बोध की कविताओं में मिलता है। मृत्यु दोनों के यहां भय नहीं पैदा करती बल्कि मुग्ध करती है।

इसलिए नहीं कि तुम जीवन में सबसे पहले आयी या कि तुम सबसे ताजी स्मृति हो। इसलिए कि मेरा होना अनिवार्य रूप से तुम्हारे होने को लेकर है–ठीक वैसे ही जैसे तलवार में धार का होना सान की पूर्वकल्पना करता है। तुम वह सान रही हो, जिस पर मेरा जीवन बराबर चढ़ाया जाकर तेज होता रहा है–जिस पर मँज-मँज कर मैं कुछ बना हूँ, जो संसार के आगे खड़ा होने में लज्जित नहीं है–लज्जित होने का कोई कारण नहीं जानता।

16. 'मुझे विश्वास है कि विद्रोही बनते नहीं, उत्पन्न होते हैं। विद्रोहबुद्धि परिस्थितियों से संघर्ष की सामर्थ्य, जीवन की क्रियाओं से, परिस्थितियों के घात-प्रतिघात से नहीं निर्मित होती। वह आत्मा का कृत्रिम परिवेष्टन नहीं है, उसका अभिन्नतम अंग है। मैं नहीं मानता कि दैव कुछ है, क्योंकि हममें कोई विवशता, कोई बाध्यता है तो वह बाहरी नहीं, भीतरी है। यदि बाहरी होती, परकीय होती, तो हम उसे दैव कह सकते, पर वह तो भीतरी है, हमारी अपनी है, उसके पक्के होने के लिए भले ही बाहरी निमित्त हो उसे हम व्यक्तिगत नियति–'Personal destiny' –कह सकते हैं...'

व्याख्याः- अज्ञेय 'शेखरः एक जीवनी' में एक व्यक्तित्व के बनने की अनिवार्य प्रक्रिया पहली बार उद्घाटित करते हैं। ठेठ आधुनिक साहित्य में भी ज्वाइस के 'पोर्टेट ऑफ ए यंग आर्टिस्ट' अथवा मार्सेलप्रुस्त के 'रिमेम्ब्रेंस ऑफ थिंग्ज पास्ट' अथवा लारेंस के 'सन्स एण्ड लवर्स' सरीखी कलाकार-व्याक्तित्व के निर्माण की प्रक्रिया को बारीकियों में उद्घाटित करने वाली कृतियों का जबरदस्त प्रभाव पड़ा है। हमारी परंपरा में व्यक्ति अपने आपमें उस तरह साहित्यिक जिज्ञासा के केंद्र में कभी रहा नहीं। इसलिए भी 'शेखरः एक जीवनी' हिन्दी कथा-साहित्य में एक अभूतपूर्व-सी घटना थी। शेखर को विश्वास है कि विद्रोही परिस्थितियों की उपज न होकर पैदा होते हैं। विद्रोही बुद्धि अपने समय के संघर्ष, परिस्थितियों अथवा किसी घटना विशेष से प्रेरित होकर नहीं बनते, ना ही वे जीवन के सामर्थ्य से निर्मित होते हैं। विद्रोही आत्मा पर कृत्रिम आवरण ओढ़कर नहीं बनते बल्कि वह (विद्रोह) तो उनके जीवन का या आत्मा का अभिन्नतम अंग है। शेखर नहीं मानता कि इसे दैवीय शक्ति कहा जाए जैसा कि शास्त्रों में कहा जाता है कि प्रतिभा तो दैवीय शक्ति होती है क्योंकि हममें कोई बाध्यता या विवशता है तो वह बाह्य या ओढ़ा हुआ न होकर आंतरिक है। जो कि हमारी अपनी है। हाँ, यह हो सकता है कि उसे मजबूती प्रदान करने के लिए बाहरी तत्व निमित्त की भूमिका अवश्य निभा सकते हैं उसे हम व्यक्तिगत नियति कह सकते हैं। उपन्यास की भूमिका में लेखक ने संकेत भी दिया है कि 'क्रांतिकारी अन्ततोगत्वा नियतिवादी होते हैं। लेकिन यह नियतिवाद उन्हें अक्षम और निकम्मा बनाने वाला कोरा भाग्यवाद नहीं होता, वह उन्हें अधिक निर्भय होकर कार्य करने की प्रेरणा देता है, वह गीता के कर्मयोग से एक सीढ़ी आगे होता है-यदि यों कहा जाए कि क्रांतिकारी का नियतिवाद अटल नियति की स्वीकृति न होकर, जीवन के विज्ञान संगत कार्य-कारण परंपरा पर गहरा (यद्यपि अस्पष्ट) विश्वास होता है तो शायद सच्चाई के निकट होगा।

17. 'मेरा यह अभिप्राय नहीं है कि कार्ल मार्क्स ही उत्पन्न हुआ था या कि शेली ने संसार से कुछ नहीं सीखा, या कि लास्की अपने संसार द्वारा उतना ही निर्मित नहीं हुआ जितना कि उसने संसार को बनाया। विद्रोही हृदय की एक विशेषता

है कि वह अपने विकास से फैलते हुए विचारों को अपनाकर भी विद्रोही ही रह जाता है, क्योंकि वह अपने काल के अग्रणी लोगों से भी आगे ही रहता है। इसीलिए तो प्रतिक्रियावादी जर्मनी में उत्पन्न होकर और पलकर भी आइनस्टाइन विद्रोही हैं, और संसार की सबसे विराट् सबसे अधिक आग्नेय घोरतम युग-प्रवर्त्तक रूसी क्रान्ति की गोद में पलकर भी स्टालिन विद्रोही नहीं हो पाया। जूठन बीननेवाला ही रह गया है...'

व्याख्याः- 'शेखरः एक जीवनी' के साथ अज्ञेय ने तब हिन्दी उपन्यास के क्षेत्र में पर्दापण किया जब कथा-चेतना में एक ऐसी लहर आ चुकी थी जिसके कारण संबंधों के सामाजिक विस्तार में जाने की अपेक्षा उनकी मनोवैज्ञानिक गहराई में जाना ज्यादा जरूरी माना जाने लगा था। यह लहर उपन्यास की केन्द्रीय वस्तु को समाज-चिंता से व्यक्ति-चिंता की ओर ठेलने का काम कर रही थी। अज्ञेय ने शेखर के माध्यम से 'आधुनिक मन' की आत्मकथा लिखी। इसी अर्थ में 'शेखरः एक जीवनी' मूलतः एक आत्म कथात्मक कृति है। कार्लमार्क्स शेली, लास्की आदि की चर्चा करते हुए शेखर कहता है कि वह इनके अवदान को या इनके व्यक्तित्व के स्थान को नकारने का प्रयास नहीं कर रहा है। विद्रोही, विद्रोही होता है। जो विद्रोही होता है वह अपने युग के लोगों से भी तीव्रगामी व उच्चाशयी होता है, जो उस युग के प्रणेता होते हैं। अज्ञेय यहाँ पर विद्रोही के व्यक्तित्व की विशिष्टता पर ध्यान केन्द्रित करना चाहते हैं। अज्ञेय का मानना है कि परिस्थितियों, जीवन की क्रियाओं, परिस्थितियों के घात-प्रतिघात से विद्रोही निर्मित नहीं होते।

वरना युग-प्रवर्तक रूसी क्रांति की गोद में पलकर भी स्टालिन विद्रोही नहीं हो पाया। जूठन बीननेवाला ही रह गया। अज्ञेय ने मनुष्य के भीतर की शक्ति को व्यक्तिगत नियति बनाकर दैव की अवधारणा को नकार दिया तथा विद्रोही के भीतर का जगत बाह्य-जगत पर हावी रहता है। अज्ञेय विद्रोही को उसकी आत्मा का अभिन्नतम अंग मानते हैं।

18. *'हम सभी कुछ बदलना चाहते हैं; हमारी विद्रोही-प्रेरणा धर्म के, समाज के, राजसत्ता के, अर्थसत्ता के, और अन्त में अपने व्यक्तित्व के प्रति विद्रोही है।*

मूर्ति का निर्माण हो सकता है, मृत्तिका का नहीं। उसी मिट्टी से अच्छी प्रतिमा भी स्थापित की जा सकती है, बुरी भी, पर जहाँ मिट्टी ही न हो, वहाँ कितने ही प्रचार से, कितनी भी शिक्षा से, कितने भी जाज्वल्यमान बलिदान से मूर्ति नहीं बन सकती।'

व्याख्याः- अज्ञेय कृत 'शेखरः एक जीवनी' दो भागों में प्रकाशित एक व्यक्तित्व के विकास का, विकास में अंतर्निहित जीवन सूत्रों के अन्वेषण का, व्यक्ति के समाज और युग से संबंध की स्पष्ट पहचान का प्रयास है। 'शेखर एक जीवनी' के प्रवेश खण्ड में अज्ञेय विद्रोही बनने या पैदा होने पर विचार करते हुए सोचते हैं कि विद्रोही परिस्थितियों की उपज न होकर उत्पन्न होते हैं। हम सभी कुछ बदलना चाहते हैं, हमारी विद्रोही प्रेरणा धर्म के, समाज के, राजसत्ता के, अर्थसत्ता के अंत में अपने व्यक्तित्व के प्रति विद्रोही है। अज्ञेय का मानना है कि मूर्ति का तो निर्माण किया जा सकता है, मृत्तिका का नहीं। और तो और उसी मिट्टी से अच्छी प्रतिमा भी स्थापित की जा सकती है, बुरी भी अर्थात् एक ही परिस्थिति में दो व्यक्तियों पर अलग-अलग प्रभाव पड़ सकता है। परन्तु जहाँ मिट्टी ही न हो, वहाँ कितने ही प्रचार से, कितनी भी शिक्षा से, कितने भी बलिदान से मूर्ति नहीं बन सकती। जिस मनुष्य में विद्रोह के बीज ही नहीं होंगे उसे आप चाहे कैसी भी शिक्षा दें, किन्हीं परिस्थितियों से निकालें वो विद्रोही नहीं हो सकता। विद्रोही बनते नहीं, उत्पन्न होते हैं। विद्रोही जन्मजात प्रवृत्ति तो है परन्तु उसके निर्वाह के लिए विलक्षण कर्मठता की आवश्यकता है। विद्रोही जन्म से पैदा होते अवश्य हैं परंतु अपने सतत व्यक्तित्वांतरण के लिए घोर परिश्रम भी चाहिए।

19. *'क्रान्तिकारी को बनावट में एक विराट्, व्यापक प्रेम की सामर्थ्य तो आवश्यक है, साथ ही उसमें एक और वस्तु नितान्त आवश्यक, अनिवार्य है–घृणा की क्षमता; एक कभी न मरनेवाली, जला डालनेवाली, घोर मारक, किन्तु इतना सब होते हुए भी एक तटस्थ सात्त्विक घृणा की क्षमता; यानी ऐसी घृणा जिसका अनुभव हम अपने सचेतन मस्तिष्क से करते हैं, ऐसी नहीं जो कि हमें भस्म कर डालती है और पागल करके अपना दास बना लेती है।'*

व्याख्याः- 'शेखरः एक जीवनी' अज्ञेय का चर्चित एवं विवादास्पद उपन्यास रहा है। इसमें अज्ञेय ने शेखर के माध्यम से एक व्यक्तित्व के विकास का, विकास में अंतर्निहित जीवन-सूत्रों के अन्वेषण का, व्यक्ति के समाज और युग से संबंध की स्पष्ट पहचान का प्रयास किया है। अज्ञेय का मानना है कि क्रांतिकारिता के प्रति आदर भाव, विद्रोह भावना के प्रति पूजाभाव, तटस्थ विवेचना की क्षमता, अपने को पहचान कर संसार में आत्मबलिदान करने की तैयारी ये क्रांतिकारी के वैशिष्ट्य हैं। इसी के साथ एक ओर सात्विक घृणा की क्षमता और विराट व्यापक प्रेम की सामर्थ्य भी आवश्यक है। इसी प्रेम के सकारात्मक पहलू के कारण अज्ञेय का विद्रोही निहिलिस्ट नहीं होता। विद्रोही को यातना अनिवार्य रूप से भोगनी पड़ती है। परंतु वह उसके व्यक्तित्व को माँजने वाला एक उच्च कोटि का पवित्र अस्त्र भी है। विद्रोही व्यक्तित्व की इस व्यापक पहचान की इसलिए आवश्यकता है क्योंकि इसी के परिप्रेक्ष्य में शेखर की उत्कट संवेदनशीलता का पता चलता है और माँ के प्रति उसकी घृणा, प्रेम में उसकी विलक्षण आस्था, प्रेम के लिए आत्म बलिदान की उसी तैयारी का सही बोध हो सकता है।

अज्ञेय भाष्य करते हैं, तार्किक विश्लेषण करते हैं परंतु फिर भी ऐसा नहीं लगता कि यह शास्त्रीय विवेचन है, क्योंकि शब्द शब्द-संवेदना की कसक से कसमसाता-सा निकलता है। अज्ञेय ने क्रांतिकारी की बनावट के विविध पहलुओं का गंभीर विवेचन किया है तथा उसमें विरोधी नज र आने वाली बातों में सामंजस्य नज र आता है अर्थात् विरोधी बातों का योग। आचार्य शुक्ल के शब्दों में कहें तो 'विरूद्धों का सामंजस्य'।

20. *'राजकुमार, ब्राह्मण न किसी के राज्य में रहता है और न किसी के अन्न से पलता है, स्वराज्य में विचरता है और*

अमृत होकर जीता है। यह तुम्हारा मिथ्या गर्व है। ब्राह्मण सब कुछ सामर्थ्य रखने पर भी, स्वेच्छा से इन माया-स्तूपों को ठुकरा देता है, प्रकृति के कल्याण के लिए अपने ज्ञान का दान देता है।'

व्याख्याः- प्रस्तुत नाट्यांश जयशंकर प्रसाद के प्रमुख ऐतिहासिक नाटक 'चन्द्रगुप्त' से लिया गया है। प्रसाद ने इस ऐतिहासिक नाटक में भारतीय इतिहास के स्वर्णिम काल 'गुप्तकाल' को चित्रित किया है। इस नाटक की संवेदना भारतीय संस्कृति की गुण-गरिमा, राष्ट्रीय एकता तथा राष्ट्र प्रेम के मनोभावों के साथ अपने समय संदर्भो से सम्पृक्त है क्योंकि सांस्कृतिक उत्थान प्रसादकालीन राष्ट्रीयता की महत्वपूर्ण शर्त थी। इस शर्त को प्रसाद ने अपने इस नाटक के माध्यम से पूरा किया है। इन पंक्तियों में जब राजकुमार आंभीक क्रोधित होकर चाणक्य का अपमान करते हुए कहता है कि तुम मेरे राज्य में रहकर, मेरे अन्न से पलकर मेरे विरुद्ध ही षड्यन्त्र कर रहे हो तब चाणक्य उस अपमान का विरोध करते हुए कहता है कि राजकुमार आंभीक तुम कहते हो मैं तुम्हारे राज्य में रहकर तुम्हारे अन्न पर पलता हूँ। यह तुम्हारा भ्रम है क्योंकि वास्तविकता तो यह है कि ब्राह्मण न तो किसी के राज्य में रहता है और न किसी के अन्न से पलता है। वह तो अपने ही राज्य में विचरण करता है और जीवन-मरण के भय से परे अमर जीवन जीता है। यह तुम्हारा झूठा गर्व है कि तुम एक ब्राह्मण का भरण-पोषण करते हो। सत्य तो यह है कि ब्राह्मण सभी वर्णों के लोगों से श्रेष्ठ होता है और उसमें हर कार्य करने का सामर्थ्य होता है। वह अपनी इच्छा से ही इन माया रूपी महलों का त्याग करता है और विश्व कल्याण के लिए अपना सब कुछ न्यौछावर कर देता है।

21. *'गुरुकुल में केवल आचार्य की आज्ञा शिरोधार्य होती हैं, अन्य आज्ञाएं अवज्ञा के कान से सुनी जाती हैं राजकुमार!'*

व्याख्याः- प्रस्तुत नाट्यांश जयशंकर प्रसाद के प्रमुख ऐतिहासिक नाटक 'चन्द्रगुप्त' से लिया गया है। प्रसाद ने भारतीय इतिहास के स्वर्ण काल 'गुप्तकाल' को चित्रित किया है। इस नाटक की संवेदना भारतीय संस्कृति की गुण-गरिमा, राष्ट्रीय एकता के साथ अपने समय संदर्भों से सम्पृक्त है क्योंकि सांस्कृतिक उत्थान प्रसादकालीन राष्ट्रीयता की अनिवार्य शर्त थी। प्रसाद ने अपने इस नाटक के माध्यम से इस महत्वपूर्ण शर्त को पूरा किया है। इन पंक्तियों में जब आंभीक चाणक्य और उनके विद्यार्थियों पर कुचक्री होने का आरोप लगाता है तब सिंहरण कहता है कि यह अंसभव है कि कोई विद्यार्थी कुचक्री हो सकता है, कुचक्री तो वह होता है जिसके हाथ में सभी प्रकार के अधिकार होते हैं। सिंहरण की बात सुनकर आंभीक उसे आज्ञा देता है कि मुझे बताओ की तुम्हारा अभिप्राय क्या है। इस पर सिंहरण उसकी आज्ञा की अवहेलना करते हुए कहता है कि गुरुकुल में केवल गुरु की आज्ञा ही माननी होती है। गुरु के अलावा किसी की भी आज्ञा अवज्ञा के कानों से सुनी जाती है।

22. *'हां-हां, रहस्य है! यवन आक्रमणकारियों के पुष्कलस्वर्ण से पुलकित होकर, आर्यावर्त्त की सुख-रजनी की शांति-निद्रा में उत्तरापथ की अर्गला–धीरे से खोल देने का रहस्य है! क्यों राजकुमार–संभवतः तक्षशिलाधीश वाह्लीक तक इसी रहस्य का उद्घाटन करने गये थे?'*

व्याख्याः- प्रस्तुत नाट्यांश जयशंकर प्रसाद के नाटक 'चन्द्रगुप्त' से लिया गया है। प्रसाद ने भारतीय इतिहास के स्वर्ण काल, गुप्त काल को इस नाटक में चित्रित किया है। इस नाटक की संवेदना भारतीय संस्कृति की गुण-गरिमा, राष्ट्रीय एकता तथा राष्ट्र प्रेम के मनोभावों के साथ अपने समय संदर्भों से सम्पृक्त है क्योंकि सांस्कृतिक उत्थान प्रसादकालीन राष्ट्रीयता की अनिवार्य शर्त थी। प्रसाद ने अपने इस नाटक के माध्यम से इस महत्वपूर्ण शर्त को पूरा किया है। इन पंक्तियों में जब सिंहरण और चाणक्य की यवन आक्रमणकारियों से छुटकारा पाने की योजना बना रहे थे तभी वहाँ आंभीक आ जाता है और उन्हें कुचक्री और कपटी बताता है और चाणक्य तथा सिंहरण की बातों को रहस्यात्मक बताता है। आंभीक की बातें सुनकर सिंहरण कहता है कि हाँ! राजकुमार हमारी बातों में रहस्य है, और वह रहस्य यह है कि तक्षशिला नरेश ने सिकन्दर से बहुत सी स्वर्ण मुद्रायें लेकर भारत के उत्तरापथ के द्वार खोल दिए हैं। विदेशी आक्रमण के डर से मुक्त अब जब उत्तरापथ सुख से निद्रा का आनन्द ले रहा है तब तुम जैसे देशद्रोही उसकी शांति को भंग करने का प्रयास कर रहे हैं। अर्थात् विदेशी शत्रु को घर में घुसाने के लिए ही शायद तक्षशिलाधीश वाह्लीक तक गये थे। देश को लूटने वाले सम्राट का यह रहस्य हमें ज्ञात है।

23. *'क्या यही मेरी शिक्षा है? बालकों की-सी चपलता दिखलाने का यह स्थल नहीं। तुम लोगों को समय पर शस्त्र का प्रयोग करना पड़ेगा। परंतु अकारण रक्तपात नीति-विरुद्ध है।'*

व्याख्याः- प्रस्तुत नाट्यांश जयशंकर प्रसाद के नाटक 'चन्द्रगुप्त' से लिया गया है। प्रसाद ने इस नाटक में भारतीय इतिहास के स्वर्णकाल, 'गुप्तकाल' को चित्रित किया है। इस नाटक की संवेदना मुख्यतः भारतीय संस्कृति की गुण-गरिमा, राष्ट्रीय एकता तथा राष्ट्र प्रेम के मनोभावों के साथ अपने समय संदर्भों से सम्पृक्त है क्योंकि सांस्कृतिक उत्थान प्रसादकालीन राष्ट्रीयता की अनिवार्य और महत्वपूर्ण शर्त थी और प्रसाद ने अपने इस नाटक के माध्यम से इस शर्त को पूरी तन्मयता के साथ पूरा किया है। इन पंक्तियों में आंभीक जब चाणक्य और चन्द्रगुप्त को षड्यन्त्रकारी और कुचक्री बताता है, तब चंद्रगुप्त तलवार निकाल लेता है। लेकिन चाणक्य इस द्वंद्व युद्ध को समाप्त कराते हुए चन्द्रगुप्त और सिंहरण को तक्षशिला का परित्याग करने को कहता है, इस पर चन्द्रगुप्त कहता है कि हम मागध हैं और यह अच्छा होता कि गुरुकुल में हम लोग शास्त्र की परीक्षा भी दे देते। चन्द्रगुप्त की इस बात को सुनकर चाणक्य कहता है कि मैंने क्या तुम्हें यही शिक्षा दी थी कि तुम बच्चों की चपलता दिखाओ यह स्थान तुम्हारी चपलता दिखाने का नहीं है। तुम लोगों को देशहित के लिए शस्त्रों को प्रयोग करना पड़ेगा। निजी स्वार्थ और खेल करने हेतु शस्त्रों का प्रयोग और बिना वजह रक्तपात करना नीति विरुद्ध कार्य है।

24. 'आर्य! संसार भर की नीति और शिक्षा का अर्थ मैंने यही समझा है कि आत्म-सम्मान के लिए मर मिटना ही दिव्य जीवन है। सिंहरण मेरा आत्मीय है; मित्र है, उसका मान मेरा ही मान है।'

व्याख्याः- प्रस्तुत नाट्यांश जयशंकर प्रसाद के नाटक चन्द्रगुप्त से लिया गया है। प्रसाद ने भारतीय इतिहास की स्वर्णकाल, 'गुप्तकाल' को चित्रित किया है। इस नाटक की संवेदना मुख्यतः भारतीय संस्कृति की गुण-गरिमा, राष्ट्रीय एकता तथा राष्ट्र प्रेम के मनोभावों के साथ अपने समय संदर्भों से सम्पृक्त है क्योंकि सांस्कृतिक उत्थान प्रसादकालीन राष्ट्रीयता की अनिवार्य और महत्वपूर्ण शर्त थी। प्रसाद ने अपने इस नाटक के माध्यम से इस शर्त को पूरा किया। इन पंक्तियों में जब तक्षशिला के गुरुकुल में चाणक्य और सिंहरण यवन आक्रमणकारियों के खिलाफ युद्ध नीति तैयार कर रहे थे तभी वहां आंभीक आ जाता है और उन दोनों को कुचक्री और षड्यन्त्रकारी कहते हुए वार करने के लिए तलवार निंकाल लेता है। लेकिन चन्द्रगुप्त उसके वार को काटकर उसे निहत्था कर देता है। चाणक्य चन्द्रगुप्त को ऐसा करने से मना करते हैं तब चन्द्रगुप्त कहता है कि आर्य! समस्त संसार की नीति और शिक्षा का उसने जो अर्थ समझा है वह यही है कि व्यक्ति को अपने आत्मसम्मान की रक्षा के लिए मर मिटना चाहिए। अपमान सहने के बजाए आत्मसम्मान के लिए प्राण न्यौछावर कर देना ही दिव्य जीवन है। चन्द्रगुप्त चाणक्य से फिर कहता है कि आंभीक ने सिंहरण पर तलवार तान ली, सिंहरण मेरा प्रिय मित्र है, इस कारण उसका मान मेरा मान है, मैं उसका अपमान कैसे सहन कर सकता हूँ।

25. '—एक अग्निमय गंधक का स्रोत्र आर्यावर्त्त के लौह-अस्त्रागार में घुसकर विस्फोट करेगा। चंचला रणलक्ष्मी इंद्रधनुष-सी विजय-माल हाथ में लिये उस सुंदर नील-लोहित प्रलय-जलद में विचरण करेगी और वीर हृदय मयूर से—नाचेंगे।'

व्याख्याः- प्रस्तुत नाट्यांश जयशंकर प्रसाद के नाटक 'चन्द्रगुप्त' से लिया गया है। इस नाटक में प्रसाद ने भारतीय इतिहास के स्वर्णकाल 'गुप्तकाल' को चित्रित किया है। इस नाटक की संवदेना भारतीय संस्कृति की गुण-गरिमा, राष्ट्रीय एकता तथा राष्ट्र प्रेम के मनोभावों के साथ अपने समय संदर्भों से सम्पृक्त है क्योंकि सांस्कृतिक उत्थान प्रसादकालीन राष्ट्रीयता की अनिवार्य और महत्वपूर्ण शर्त थी। प्रसाद ने अपने इस ऐतिहासिक नाटक के माध्यम से इस शर्त को पूरी तन्मयता के साथ पूरा किया है। इन पंक्तियों में सिंहरण आर्यावर्त्त पर होने वाले भंयकर आक्रमण के विषय में सोचकर परेशान होते है और स्वगत कथन करता हुआ कहता है कि सिकन्दर का अग्निमय स्रोत्र आर्यावर्त्त में घुसकर विस्फोट करेगा अर्थात् भारत पर आक्रमण करेगा। उस समय युद्ध की देवी उन प्रलय रूपी बादलों में यत्र-तत्र चमकती बिजली के समान विचरण करेंगी। वह वीरों का वरण करने के लिए विजय माला हाथ में लिए होंगी जो बिल्कुल उसी प्रकार प्रकट होंगी जैसे प्रलयकालीन बादलों में इन्द्रधनुष प्रकट होता है। युद्ध की ऐसी भंयकरता से वीरों के हृदय उसी प्रकार नाचेंगे जैसे बादलों को देखकर मोर नाच उठते हैं।

26. 'मानव कब दानव से भी दुर्दांत, पशु से भी बर्बर और पत्थर से भी कठोर—करूणा के लिए निरवकाश हृदय वाला हो जाएगा, नहीं जाना जा सकता। अतीत के सुखों के लिए सोच क्यों, अनागत भविष्य के लिए भय क्यों और वर्त्तमान को तो अपने अनुकुल बना ही लूंगा, फिर चिंता किसकी!'

व्याख्याः- प्रस्तुत नाट्यांश जयशंकर प्रसाद के नाटक 'चन्द्रगुप्त' से लिया गया है। इस नाटक में प्रसाद ने भारतीय इतिहास के स्वर्णकाल, 'गुप्तकाल' को चित्रित किया है। इस नाटक की संवेदना मुख्यतः भारतीय संस्कृति की गुण-गरिमा, राष्ट्रीय एकता तथा राष्ट्रप्रेम के मनोभावों के साथ अपने समय संदर्भों से सम्पृक्त है क्योंकि सांस्कृतिक उत्थान प्रसादकालीन राष्ट्रीयता की अनिवार्य और महत्वपूर्ण शर्त थी। जिसे प्रसाद ने पूरी तन्मयता के साथ पूरा किया है। इन पंक्तियों में अलका जब सिंहरण के प्रति चिंता व्यक्त करते हुए सिंहरण को अपने सुख-दुःख का ध्यान रखते हुए तक्षशिला छोड़ने के लिए कहती है। इस पर सिंहरण कहता है कि मनुष्य कब राक्षस से भी ज्यादा दुष्ट, पशु से भी ज्यादा बर्बर और चट्टान से भी ज्यादा कठोर तथा करूणा से रहित हो जाए, यह कहा नहीं जा सकता है। जो लोग अतीत के सुखों की चिन्ता से ग्रस्त, आने वाले भविष्य के प्रति भयग्रस्त तथा वर्तमान को पूरी तरह नकार देते हैं, वे कभी भी सुखी नहीं रह सकते। अर्थात् मैं अतीत के सुख के लिए नहीं सोचता भविष्य के लिए भय मेरे भीतर नहीं है और वर्तमान को मैं अपने अनुकुल बनाकर चलता हूँ। इसलिए मुझे किसी प्रकार की चिंता नहीं।

27. 'जिस देश में ऐसे वीर युवक हों, उसका पतन असंभव है। मालव वीर, तुम्हारे मनोबल में स्वतंत्रता है और तुम्हारी दृढ़ भुजाओं में आर्यावर्त्त के रक्षण की शक्ति है, तुम्हें सुरक्षित रहना चाहिए। मैं भी आर्यावर्त्त की बालिका हूँ तुमसे अनुरोध करती हूँ कि तुम शीध्र गांधार छोड़ दो। मैं आंभीक को शक्ति भर पतन से रोकूंगी, परंतु उसके न मानने पर तुम्हारी आवश्यकता होगी—जाओ वीर!'

व्याख्याः- प्रस्तुत नाट्यांश जयशंकर प्रसाद के नाटक 'चन्द्रगुप्त' से लिया गया है। इस नाटक में प्रसाद ने भारतीय इतिहास के स्वर्णकाल, 'गुप्तकाल' को चित्रित किया है। इस नाटक की संवेदना मुख्यतः भारतीय संस्कृति की गुण-गरिमा, राष्ट्रीय एकता तथा राष्ट्रप्रेम के मनोभावों के साथ अपने समय संदर्भों से सम्पृक्त है क्योंकि सांस्कृतिक उत्थान प्रसादकालीन राष्ट्रीयता की अनिवार्य और महत्वपूर्ण शर्त थी जिसे प्रसाद ने इस नाटक के माध्यम से पूरी तन्मयता के साथ पूरा किया है। इन पंक्तियों में सिंहरण जब गांधार को आर्यावर्त्त का ही भाग मानते हुए, उसके पतन को भी अपना अपमान समझता तब अलका उसके शौर्य से प्रसन्नचित्त होकर सिंहरण से कहती है कि जिस देश में तुम जैसे शूरवीर युवक हों, उसका नाश किसी भी तरह से संभव नहीं। हे मालव वीर! तुम्हारे मनोबल में स्वाधीनता है और तुम्हारी दृढ़ भुजाओं में समस्त भारत की रक्षा की शाक्ति है। इस भारत भूमि की रक्षा के लिए तुम्हें

भी शत्रुओं से सुरक्षित रहना चाहिए। मैं इस भारतवर्ष की एक बालिका होने के कारण तुमसे विनती करती हूँ कि तुम शीघ्र ही गांधार छोड़कर चले जाओ। मैं आंभीक को पूरी शक्ति के साथ देश का पतन करने से रोकूँगी, लेकिन मेरे परास्त होने पर मुझे तुम्हारे शौर्य और बल की आवश्यकता पड़ेगी। इसलिए तुम यहाँ से चले जाओ।

गद्य आधारित प्रश्न

अभ्यास 1

प्रेममार्गी शाखा के प्रमुख कवि मलिक मोहम्मद जायसी संसार से इतने विरक्त नहीं थे। वे लोक तथा परलोक दोनों की साधना चाहते थे। उन्होंने अपने 'पद्मावत' में मसनवी परम्परा के अनुकूल शेरशाह की वंदना की है। उन्होंने लौकिक प्रेमगाथाओं के रूपक द्वारा परमार्थिक प्रेम की साधना की है। पद्मावती की प्रेम-कथा जो पृथ्वीराज रासो में वीर रस के आश्रित गौण थी, वह जायसी की 'पद्मावत' में मुख्यता प्राप्त कर लेती है। पद्मावत में कथा भी है और रूपक के द्वारा अलौकिक तत्त्वों की व्यंजना भी है। यद्यपि जायसी मुसलमान थे तथापि वे भारतीय संस्कृति से पूर्णतया परिचित थे। थोड़े बहुत हेर-फेर के साथ उनके काव्य में भारतीय अन्तर-कथाओं और धार्मिक परम्पराओं का उल्लेख हुआ है। उसमें रासो की अपेक्षा अन्विति अधिक है और आरंभ से लेकर अन्त तक शैली और भाषा की एकरसता है। पद्मावत प्रबंधकाव्य का एक अच्छा उदाहरण कहा जा सकता है।

—काव्य के रूप—डॉ. गुलाब राय

1. मलिक मोहम्मद जायसी थे :
- A. अवधी भाषा के प्रथम कवि
- B. सूफी सन्त कवि
- C. शेरशाह सूरी के सभासद्
- D. जायस के नागरिक

2. जायसी के सर्वोत्कृष्ट ग्रंथ का नाम है :
- A. आखिरी कलाम B. अखरा वट
- C. पद्मावत D. मधुमालती

3. उक्त गद्य खण्ड का उपयुक्त शीर्षक हो सकता है :
- A. पद्मावत का कथानक
- B. पद्मावत परिचय
- C. जायसी और उनका पद्मावत
- D. कविवर जायसी

4. पद्मावत महाकाव्य की भाषा है :
- A. ब्रजभाषा B. भोजपुरी
- C. खड़ी बोली D. अवधी

5. अवधी भाषा के सर्वाधिक लोकप्रिय महाकाव्य का नाम है:
- A. रामचरितमानस B. पद्मावत
- C. मधुमालती D. मृगावती

अभ्यास 2

सामान्य दुष्टों की वन्दना में या तो भय रहता है, या व्यंग्य। परन्तु जहाँ हम हानि होने के पहले ही हानि के कारण की वन्दना करने लगते हैं वहाँ हमारी वन्दना के मूल में भय नहीं बल्कि उसकी स्थायी दशा की आशंका है। इस वंदना में दुष्टों को थपकी देकर सुलाने की चाल है जिसमें विघ्न-बाधाओं से जान बच सके। आशंका से उत्पन्न यह नम्रता गोस्वामी जी को आश्रय से आलंबन बना देती है। जब स्फुट अंशों के संचारी भावों तथा अनुभावों को छोड़कर वंदना के पीछे निहित भावना की दृष्टि से देखते हैं तो यह आश्रय से संक्रमित आलंबन का उदाहरण बन जाता है। सन्तों, देवताओं तथा राम की वन्दना पर्याप्त नहीं इसलिए दुष्टों की भी वन्दना की जाती है। इससे दुष्टों के महत्त्व की मायिक सृष्टि होती है और वह उन्हें और भी उपहास्य बना देती है।

—हास्य के सिद्धान्त तथा मानस में हास्य,
प्रो. जगदीश पाण्डेय

1. दुष्ट वन्दना के पीछे कवि का उद्देश्य है :
- A. दुष्टों को लज्जित करना
- B. दुष्टों को थपकी देकर सुलाना
- C. दुष्टों से अपना बचाव करना
- D. दुष्टों का सहयोग प्राप्त करना

2. रामचरितमानस एक भक्ति काव्य है। इसमें दुष्ट वंदना का रहस्य है :
- A. तुलसी की व्यापक दृष्टि
- B. तुलसी का सभी को राममय देखना
- C. तुलसी की उदारता
- D. तुलसी का शील-सौजन्य

3. उपरोक्त अवतरण का उपयुक्त शीर्षक हो सकता है :
- A. तुलसी की दुष्ट वंदना
- B. तुलसी की उदारता
- C. तुलसी का मानवीय दृष्टिकोण
- D. उपर्युक्त तीनों

4. देवताओं, महापुरुषों, सज्जनों के साथ दुष्टों की वंदना इसलिए सार्थक कही जाएगी कि महाकवि तुलसी :
- A. संत कवि थे
- B. उदार चेता थे
- C. हित-अनहित और अपने पराये की भावना से ऊपर उठ चुके थे
- D. निर्वैरता चाहते थे

5. जीवन में हास्य का महत्त्व इसलिए है कि वह जीवन को:
- A. प्रेरणा देता है B. आनन्दित करता है
- C. आगे बढ़ाता है D. सरस बनाता है

अभ्यास 3

महाकवि सूरदास का 'सूर-सागर' भागवत के आधार पर लिखा हुआ ग्रंथ है। इसीलिए महाकवि 'सूर' ने भी ब्रह्म का यही स्वरूप

ग्रहण किया और भगवान श्रीकृष्ण को अपनी उपासना का केन्द्र मानकर वैष्णव सम्प्रदाय के सिद्धान्तों का ही प्रतिपादन किया है। वास्तव में वैदिक ऋचाओं में वर्णित सिद्धान्त ही वैदिक धर्म के प्रकाण्ड आचार्यों द्वारा प्रचारित हुए हैं। काल और स्थिति के अनुसार धार्मिक सिद्धान्तों में भी परिवर्तन होना आवश्यक है। सर्वप्रथम दृष्टि से भगवान कृष्ण ने इन वैदिक सिद्धान्तों में कुछ परिवर्तन कर सूरकालीन वैष्णव धर्म का शिलान्यास किया। अतः भगवान कृष्ण को ही वैष्णव धर्म का प्रथम आचार्य कहना अनुचित न होगा। धार्मिक और ऐतिहासिक अनुसंधानों के अनुसार वेदों और संहिताओं की रचना भिन्न-भिन्न काल में हुई है। उदाहरणार्थ—यजुर्वेद संहिता में केशी नामक राक्षस का कृष्ण द्वारा वध किए जाने का उल्लेख है। इससे प्रमाणित होता है कि यह संहिता कृष्ण जन्म के बाद लिखी गई है।

—सूर दर्शन, डॉ. कृष्ण लाल 'हंस'

1. उक्त गद्यांश का सारांश एक पंक्ति में इस प्रकार हो सकता है:

A. श्रीमद्भागवत ग्रंथ सूर-सागर की रचना का आधार है

B. श्रीमद्भागवत नहीं अपितु ब्रह्म वैवर्त्त पुराण सूर-सागर का आधार है

C. महाभारत ग्रंथ सूर-सागर का आधार है

D. वैदिक ऋचाएँ सूर-सागर का आधार हैं

2. हिन्दी साहित्य में भक्ति तथा रीति काल को सम्मिलित करके तीन उत्तम कवि माने गए हैं, जिनमें प्रथम स्थान :

A. सूरदास का है B. तुलसीदास का है

C. केशवदास का है D. देव का है

3. महाकवि सूरदास भक्तिकाल में सगुण भक्ति की :

A. कृष्ण भक्ति शाखा के कवि थे

B. राम कृष्ण दोनों की भक्ति शाखा के कवि थे

C. स्मार्त्त कवि थे

D. उपर्युक्त किसी शाखा के कवि नहीं थे

4. इस गद्यांश का उपयुक्त शीर्षक हो सकता है :

A. सूर-सागर का प्रणयन

B. वैष्णव धर्म के प्रथम आचार्य श्रीकृष्ण

C. परब्रह्म श्रीकृष्ण

D. वैष्णव धर्म का शिलान्यास

5. सूर-सागर की कथा श्रीमद्भागवत के :

A. दशम स्कंध से ली गई है

B. एकादश स्कंध से ली गई है

C. नवम स्कंध से ली गई है

D. उपर्युक्त किसी स्कंध से नहीं ली गई है।

अभ्यास 4

आचार्य शुक्ल जी के गंभीर निबंध 'चिंतामणि' में संग्रहीत हैं। उनमें दो प्रकार के निबंध हैं, एक तो भावों के विश्लेषण से सम्बन्ध रखने वाले निबंध जो भाव-विषयक होते हुए भी आवश्यक नहीं हैं वरन् उच्चकोटि के विचारात्मक हैं, दूसरे साहित्यिक जिनमें कुछ सैद्धांतिक आलोचना से संबंध रखते हैं, जैसे—'साधारणीकरण और व्यक्ति वैचित्र्यवाद' और कुछ व्यावहारिक आलोचनाओं के हैं, जैसे 'भारतेन्दु हरिश्चन्द्र'। आचार्य शुक्ल जी के मनोवैज्ञानिक निबंधों की भी अन्विति उनकी आलोचनाओं से की जा सकती है, वे भारतीय रस सिद्धान्त पर अवलम्बित हैं और उनका सम्बन्ध जीवन सागर के निजी अवगाहन से है। इन निबंधों के भावों का विश्लेषण पर्याप्त मात्रा में हुआ है किन्तु जीवन से चुने हुए उपयुक्त उदाहरणों के कारण यह विश्लेषण दुरूह नहीं होने पाया है। 'लज्जा और ग्लानि' का आधार भारत की आत्मग्लानि है, 'लोभ और प्रीति' का अन्तर समझ लेने पर जायसी के 'रत्नसेन' के प्रेम की आलोचना भली प्रकार समझी जा सकती है।

—काव्य के रूप, डॉ. गुलाब राय

1. उक्त गद्यांश का सम्यक् अनुशीलन करने से पता चलता है कि लेखक ने :

A. शुक्ल जी को समझने का काफी प्रयास किया था

B. शुक्ल जी के साहित्य का सम्यक् अध्ययन किया था

C. शुक्ल जी से दिशाबोध ग्रहण किया था

D. शुक्ल जी को समीप से देखा था

2. डॉ. गुलाब राय की शैली थी :

A. कथा शैली B. भावना प्रवण शैली

C. विवेचना प्रधान शैली D. विश्लेषणात्मक शैली

3. डॉ. गुलाब राय ने आचार्य शुक्ल की शैलियों का जो वर्गीकरण किया है वह :

A. अत्यन्त वैज्ञानिक है B. शोधपूर्ण है

C. सर्वांगीण है D. यथातथ्य है

4. उक्त गद्यांश के लिए उचित शीर्षक होगा :

A. आचार्य शुक्ल की निबंध-शैली

B. शुक्ल जी की निबंध-कला

C. निबंध कला और शुक्ल जी

D. हिन्दी के श्रेष्ठ निबंधकार शुक्ल जी

5. अन्विति का अर्थ है :

A. अनुरक्ति B. तालमेल

C. आलोचना D. अर्चना

अभ्यास 5

चीन में न तो वर्ण व्यवस्था थी न जाति-पाँति का भेदभाव। परम्परा के अनुसार सम्मान के मुख्य पात्र क्रमशः विद्वान्, राज्य पदाधिकारी, योद्धा और अध्यापक थे। साधारण लोगों में नौ श्रेणियाँ थीं। अन्न उत्पन्न करने वाले, माली, लकड़हारे, पशु-पक्षी पालने वाले, बुनकर, नौकर-चाकर, कारीगर, व्यापारी और फुटकर काम करने वाले। कुलीनों तथा साधारण लोगों में अथवा श्रेणियों और व्यवसायों में ऊँच-नीच का भेद कायम था। पर यह विभेद नगण्य-सा था। अपनी योग्यता के अनुसार मनुष्य का स्थान घटता-बढ़ता था। लोग आपस में विवाह आदि बिना किसी बाधा के करते थे। चीनियों में विद्वान् और सेनापति विशेष आदर के पात्र समझे जाते थे। हिजड़े, भाँड, गुलाम, हरकारे, वेश्याएँ नीचे के स्तर के लोग थे। चीन में गुलामों की दशा उतनी खराब नहीं थी जितनी रोम तथा यूरोप के देशों के मध्य युग में थी। गुलामों से घरेलू काम

कराये जाते थे। उनकी विशेष जाति नहीं थी। उन्हें यद्यपि खरीदा-बेचा जा सकता था तथापि उनसे न तो नीच काम कराए जाते थे और न उन्हें सताया जाता था।

—विश्व इतिहास, डॉ. रामप्रसाद त्रिपाठी

1. उक्त उद्धरण के अध्ययन से पता चलता है कि मध्यकालीन चीन में :

A. जाति प्रथा प्रचलित थी

B. सामाजिक जीवन काफी समुन्नत था

C. सामाजिक जीवन वैभवपूर्ण था

D. वर्ण-व्यवस्था से रहित था

2. उक्त उद्धरण का उपयुक्त शीर्षक हो सकता है :

A. मध्यकालीन चीन का सामाजिक जीवन

B. मध्यकालीन चीन में सामाजिक व्यवस्था

C. चीनी समाज में विविधता

D. चीनी समाज में गिरावट

3. उक्त गद्य खण्ड का सारांश एक पंक्ति में इस प्रकार व्यक्त किया जा सकता है :

A. अन्य तत्कालीन समाजों की तुलना में मध्यकाल में चीन का सामाजिक जीवन समुन्नत था

B. चीन का मध्यकालीन समाज विकास के शिखर पर था

C. चीन मध्यकालीन राज्यों में अग्रणी था

D. मध्यकालीन चीन का सामाजिक जीवन विकासोन्मुख था

4. चीन के सामाजिक इतिहास का अनुशीलन करने से पता चलता है कि चीन में :

A. सामाजिक भेदभाव अवश्य था भले ही वहाँ वर्ण-व्यवस्था नहीं थी

B. समाज के सभी सदस्य एक-सा जीवन नहीं जीते थे

C. चीनी समाज गुलामों को उत्पीड़ित करता था

D. मध्यकालीन चीन में नागरिक सुविधाओं का अभाव था

5. चीन में विशेष आदर के पात्र समझे जाते थे :

A. हिजड़े और भाँड B. विद्वान् और वेश्याएँ

C. विद्वान् और सेनापति D. कारीगर और व्यापारी

अभ्यास 6

''मनुष्य जब नई-नई सच्चाइयों को देखता है तब वह अपना नैतिक कर्त्तव्य समझता है कि उनके अनुसार व्यवहार करे परन्तु ऐसे मौकों पर धर्म उसके रास्ते में रुकावट बनकर खड़ा होता रहा है। जब गैलीलियो ने इस बात का पता लगाया कि सूर्य पृथ्वी के इर्द-गिर्द नहीं घूमता, पृथ्वी सूर्य के गिर्द घूमती है, तो उसने अपना नैतिक कर्त्तव्य समझा कि सच्चाई को जाहिर करे। उसने जब इस सत्य को प्रकट किया तो धर्म के ठेकेदारों ने उसे जेल में डाल दिया, और उसे तब छोड़ा जब उसने कह दिया कि उसका विचार गलत था। संसार का इतिहास इस बात का साक्षी है कि धर्म सत्य को दबाता रहा है। रूढ़िवाद ने बुद्धिवाद का विरोध किया। इस दृष्टि से धर्म और विज्ञान की लड़ाई एक तरह से धर्म और नीति की लड़ाई है।''

—समाजशास्त्र के मूल तत्त्व, सत्यव्रत सिद्धान्तालंकार

1. ''धर्म और विज्ञान की लड़ाई, धर्म और नीति की लड़ाई है।'' इस कथन का आशय है :

A. धर्म ने सत्य को स्वीकार नहीं किया

B. धर्म और नीति ने मिलकर सत्य को दबाया

C. धर्म और नीति ने सत्य को स्वीकार नहीं किया

D. रूढ़िवाद ने बुद्धिवाद को नकारा

2. उक्त गद्यांश का आशय है :

A. धर्म और सत्य का सनातन संघर्ष

B. ज्ञान के रास्ते में धर्म बाधक

C. धर्म और नीति द्वारा विज्ञान की अवहेलना

D. विज्ञान द्वारा धर्म और नैतिकता का पर्दाफाश

3. इस गद्यांश का उपयुक्त शीर्षक हो सकता है :

A. धर्म और विज्ञान

B. धर्म और नैतिकता पर विज्ञान का प्रभाव

C. विज्ञान की लड़ाई

D. नैतिकता

4. समाजशास्त्र का अध्ययन आवश्यक है :

A. जीवन की सफलता के लिए

B. सामाजिक पुनर्निर्माण के लिए

C. सामाजिक सुव्यवस्था के लिए

D. उपर्युक्त किसी के लिए नहीं

5. 'जाहिर' से अभिप्राय है :

A. प्रकाशित B. धूमिल

C. स्थापित D. उजागर/प्रकट

अभ्यास 7

बहुत-से लोग कहेंगे कि उर्दू की उत्पत्ति हिन्दी से हुई है तो तब यदि हिन्दी उसी ढंग से लिखी गई तो इसमें दोष ही क्या? यह ठीक है, परन्तु व्यक्ति का यही कर्त्तव्य है कि वह निज जन्मदाता के गुण ग्रहण करे, विशेषत: जबकि जन्मदाता सर्वगुण सम्पन्न हो। हिन्दी सर्वगुण सम्पन्न संस्कृत से जन्मी है। संस्कृत का अनुकरण करने में ही इसकी शोभा तथा गौरव है। हिन्दुस्तानी या उर्दू का भी इसी में नाम है कि निज पोषक से सम्बन्ध बढ़ावे क्योंकि जैसे कोई निज पोषक बिना निरवलम्ब हो जाता है वैसे ही उर्दू भी हिन्दी की सहायता बिना अवयवविहीन होकर किसी काम की नहीं रहेगी। भाषा की रचना में क्रिया ही प्रधान है। क्रियाविहीन कोई वाक्य हो ही नहीं सकता। उर्दू में यावत क्रिया है उन सबकी सहायक व पोषक हिन्दी भाषा है। इस पर भी यदि वह निज पोषक और जन्मदाता का अनुकरण न करे तो वह अवश्य की निन्दास्पद है।

—हरिश्चन्द्र, बाबू शिवनन्दन सहाय

1. उर्दू के ऊपर हिन्दी का अधिक प्रभाव होना चाहिए था, लेखक का यह कथन :

A. बिल्कुल सही है

B. किसी सीमा तक सही है

C. तार्किक दृष्टि से ठीक है

D. कुछेक अपवादों को छोड़कर काफी सही है

2. उर्दू को हिन्दी की एक शैली मानना काफी हद तक ठीक है किन्तु इसको एक संकुचित दायरे में बाँध कर लोगों ने इसका प्रचलन घटाने में काफी मदद की है। इसलिए इसे हम :
   A. अब हिन्दी की शैली नहीं कह सकते
   B. एक प्रकार से हिन्दी की शैली मान सकते हैं
   C. यदि देवनागरी लिपि में लिखना शुरू कर दें तो यह हिन्दी की ही एक शैली बन जाएगी
   D. एक वर्ग की भाषा समझ बैठे हैं जिसके कारण ये हिन्दी की शैली नहीं रही
3. उक्त गद्यांश का सारांश एक पंक्ति में यह हो सकता है :
   A. उर्दू में क्रिया व्यापार हिन्दी का-सा है इसलिए इसे हिन्दी की प्रकृति अपना लेनी चाहिए
   B. उर्दू में अनावश्यक रूप से फारसी प्रयोग में लाई जाती है जबकि इसे हिन्दी के शब्द लेकर अपना भण्डार बढ़ाना चाहिए
   C. उर्दू को क्षति इसलिए उठानी पड़ रही है कि उसने अपनी जननी से ही घृणा करनी शुरू कर दी
   D. उर्दू-हिन्दी विवाद लिप्यन्तरण द्वारा दूर किया जा सकता है
4. इस गद्यांश के लिए उपयुक्त शीर्षक हो सकता है :
   A. हिन्दी-उर्दू विवाद
   B. उर्दू पर बाहरी प्रभाव
   C. उर्दू भाषा हिन्दी की पुत्री है
   D. उर्दू गलत दिशा की ओर
5. 'निन्दास्पद' से अभिप्राय है :
   A. दूसरों की निन्दा करने वाला
   B. निन्दा की चिन्ता न करने वाला
   C. अपकीर्ति का पात्र
   D. आलोचना के योग्य

अभ्यास 8

आज से सप्तदशक पूर्व सम्पादकाचार्य पराड़करजी ने कहा था—हम सब सम्पादक पत्रों की उन्नति चाहते हैं। पर हमें स्मरण रखना चाहिए कि इस उन्नति के साथ-साथ हमारी स्वातंत्र्य-हानि अवश्यम्भावी है। उन्नति व्यापारी ढंग से ही हो सकती है; इसके लिए पूँजीपति और संचालक व्यवसाय की आवश्यकता है। इनके कथनानुसार और भी पत्र का सम्पादन करना असम्भव हो जाता है। इंग्लैण्ड और अमेरिका के पत्रों में स्पष्ट देखा जाता है कि इनके समाचार स्तम्भ, मनोरंजन स्तम्भ जितने ही अच्छे हो रहे हैं, उनके सम्पादकीय स्तम्भ उतने ही निकम्मे बनते जा रहे हैं। लन्दन के 'टाइम्स' जैसे दो-तीन पत्र इसके अपवाद हैं। पर साधारण नियम वही है जो बताया जा चुका है। एडिटर की अपेक्षा मैनेजिंग एडिटर का प्रभाव और गौरव अधिक बढ़ गया है। भावी हिन्दी समाचार-पत्रों में ऐसा ही होगा। पत्र निकालकर सफलतापूर्वक चलाना बड़े-बड़े धनियों अथवा सुसंघटित कम्पनियों के लिए संभव होगा। पत्र सर्वांगसुन्दर होंगे। आकार बड़े होंगे, छपाई अच्छी होगी, मनोहर, मनोरंजक और ज्ञानवर्द्धक चित्रों से सुसज्जित होंगे, लेखों में विविधता होगी, कल्पकता होगी, गम्भीर गवेषणा की झलक होगी और मनोहारिणी शक्ति भी होगी, ग्राहकों की संख्या लाखों में गिनी जाएगी। यह सब कुछ होगा पर पत्र प्राणहीन होंगे। पत्रों की नीति देशभक्त, धर्मभक्त अथवा मानवता के उपासक महाप्राण सम्पादकों की नीति न होगी—इन गुणों से सम्पन्न लेखक विकृत मस्तिष्क समझे जाएँगे, सम्पादक की कुर्सी तक उनकी पहुँच भी न होगी। वेतनभोगी सम्पादक मालिक का काम करेंगे और बड़ी खूबी के साथ करेंगे। वे हम लोगों से अच्छे होंगे। पर आज भी हमें जो स्वतन्त्रता प्राप्त है वह उन्हें न होगी। वस्तुतः पत्रों के जीवन में यही समय बहुमूल्य है। इंग्लैण्ड और अमेरिका के पत्रों ने उन्हीं दिनों सच्चा काम किया था जब उनके आकार छोटे थे, समाचार कम होते थे, ग्राहक थोड़े होते थे पर सम्पादक की लेखनी में ओज था और प्राण था। उन देशों की इस उन्नति के बहुत कुछ कारण वे ही सम्पादक थे जिनसे धनी घृणा करते थे, शासक क्रुद्ध रहा करते थे और जो हमारे ही जैसे, एक पैर जेल में रखकर धर्मबुद्धि से पत्र सम्पादन किया करते थे। उनके परिश्रम से और कष्ट से पत्रों की उन्नति हुई पर उनके वंश का लोप हो गया। अब संचालक और व्यवस्थापक सर्वेसर्वा हैं, सम्पादक कुछ नहीं है।

–(ध्रुवतारा, अप्रैल-जून, 1996 के सौजन्य से)

1. नीचे लिखे विकल्पों में से कौन-सा उपर्युक्त गद्यांश की विषयवस्तु का सही प्रतिपादन करता है?
   A. समाचार-पत्र B. समाचार-पत्र के स्वामी
   C. सम्पादक का महत्त्व D. लेखक
2. समाचार-पत्रों की उन्नति कैसे हो सकती है?
   A. अच्छी मशीन लगाने से B. व्यापारी ढंग से
   C. सम्पादक के कारण D. पूँजी लगाने से
3. इंग्लैण्ड और अमेरिका के समाचार-पत्रों की क्या विशेषता है?
   A. मनोरंजन स्तम्भ अच्छे हैं
   B. सम्पादक स्तम्भ अच्छे हैं
   C. रंग-बिरंगे हैं
   D. सस्ते हैं
4. लन्दन के 'टाइम्स' आदि पत्र कैसे हैं?
   A. उनमें व्यापारिक स्तम्भ हैं
   B. वे महँगे हैं
   C. उनकी खबरें झूठी होती हैं
   D. उनके सम्पादकीय स्तम्भ महत्त्वपूर्ण हैं
5. स्वातन्त्र्य-हानि का क्या अर्थ है?
   A. स्वतन्त्रता का नाश B. पराधीनता
   C. मनमानी करने पर रोक D. कृपा

अभ्यास 9

हम विज्ञान युग में जी रहे हैं। हमसे ये आशा नहीं की जाती कि हम अविश्वसनीय मतों अथवा एकांतिक दैवी-संदेशों को सोचे-समझे बगैर आसानी से स्वीकार कर लेंगे। आज के युग में विज्ञान

और प्रौद्योगिकी के नित-नूतन आविष्कार हो रहे हैं। प्रकृति के रहस्यों पर से आवरण क्रमशः हटता जा रहा है। यह युग मानववाद का भी है, जिसमें वे धर्म जो मानवीय बुराइयों तथा सामाजिक अपराधों के प्रति संवेदनशील नहीं हैं, आधुनिक व्यक्ति के गले नहीं उतरते। वे धर्म जो विभेद, वैमनस्य और अनैतिकता को बढ़ावा देते हैं तथा एकता, सद्भावना और सामंजस्य को प्रोत्साहित नहीं करते, वे मनुष्य को मनुष्य से लड़ाकर धर्मद्रोहियों के हाथ के अस्त्र बन जाते हैं। विज्ञान की प्रकृति कभी धर्म-विरोधी नहीं रही है। धार्मिक मतों के पक्ष में मुख्य तर्क प्रायः ब्रह्मांड संबंधी वस्तुपरक विचारों पर आधारित होते हैं। प्राकृतिक धर्म कभी भी किन्हीं आप्त स्रोतों, इल्हामों या परंपराओं पर निर्भर नहीं करता, वह तो अनुभूत अनुभव सिद्ध प्रत्यक्ष तथ्यों के अध्ययन और व्यावहारिकता पर अवलंबित होता है। वैज्ञानिक विधि का अनुसरण करते हुए, प्राकृतिक तथ्यों का सर्वेक्षण करके, युक्तियुक्त तर्क देकर परमसत्ता-विषयक सिद्धान्त का प्रतिपादन किया जाता है। वैज्ञानिक धर्म में ब्रह्मांड को समझने की जिज्ञासा पर बल दिया जाता है। प्राकृतिक ऊर्जा व पदार्थों के जन्म तथा विनाश को समझ सकने की इच्छा होती है। विकास का क्रम ऊर्ध्वमुखी रहा है : यह अप्राण से सप्राण तक; सप्राण से संवेदनशील तक; संवेदनशील से सज्ञान जीवन तक विकसित होता है। सज्ञान प्राणी को आध्यात्मिक प्राणी के रूप में आत्मविकास करना पड़ता है। आध्यात्मिक प्राणी–विशुद्ध ज्ञानी या विचारवान् प्राणी से उतना ऊँचा होता है जितना ज्ञानवान प्राणी संवेदनशील प्राणी से उन्नत होता है। विज्ञान की चेतना में कहीं यह संकेत नहीं मिलता कि पदार्थ से ही सृष्टि का आरंभ हुआ था। परमाणु को विखंडित करने वाले मनुष्य का मन निश्चय ही परमाणु से कहीं अधिक श्रेष्ठ है। प्रकृति की व्यवस्था और प्रगति के अवलोकन से स्पष्ट हो जाता है कि अगणित क्रमबद्ध प्रणालियों का संचालन, किसी सर्वद्रष्टा परम-आत्मा द्वारा किया जा रहा है।

—(ध्रुवतारा—जनवरी, मार्च, 1996 के सौजन्य से)

1. नीचे दिए गए विकल्पों में से कौन-सा उपर्युक्त गद्यांश की विषय-वस्तु का सही प्रतिपादन करता है?
A. वैज्ञानिक गुण B. धर्म के गुण दोष
C. मानव-विकास D. वैज्ञानिक मानव धर्म

2. वर्तमान युग का मनुष्य कैसे धर्म को सही समझ सकता है?
A. जो भय पैदा करे
B. वैज्ञानिक व सद्भावना पैदा करने वाला हो
C. जो वैमनस्य और अनैतिकता को बढ़ावा दे
D. जो परंपरा पर आधारित हो

3. प्रकृति के रहस्यों पर से आवरण हटाने में कौन-सा कारक प्रमुख है?
A. विज्ञान B. धर्म
C. मानववाद D. दैवी-संदेश

4. 'सामंजस्य' शब्द का सही अर्थ चयन करें :
A. सामना करना
B. आलस्य दूर करना
C. भेद-भाव हटाकर एक करना
D. अपना पक्ष प्रबल करना

5. 'विखंडित' का अर्थ स्पष्ट करें।
A. बहुमंजिला B. विभाजित
C. पराजित D. विकसित

उत्तरमाला

अभ्यास 1

1	2	3	4	5
B	C	C	D	A

अभ्यास 2

1	2	3	4	5
B	B	A	B	D

अभ्यास 3

1	2	3	4	5
A	B	A	B	A

अभ्यास 4

1	2	3	4	5
B	C	D	A	B

अभ्यास 5

1	2	3	4	5
D	B	A	A	C

अभ्यास 6

1	2	3	4	5
D	B	A	B	D

अभ्यास 7

1	2	3	4	5
D	C	A	A	C

अभ्यास 8

1	2	3	4	5
C	B	A	D	A

अभ्यास 9

1	2	3	4	5
D	B	A	C	B

पद्य आधारित व्याख्या

1. *पूजा-सेवा-नेम-व्रत, गुड़ियन का साखेल।*
जब लग पिउ परसै नहीं, तब लग संसय मेल।।

प्रसंगः प्रस्तुत पंक्तियां निर्गुण भक्ति शाखा के प्रतिनिधि कवि कबीर द्वारा रचित है। इन पंक्तियों के माध्यम से संत कवि कबीर ईश्वर को प्राप्त करने या प्रसन्न करने के लिए पूजा आदि बाह्याचरण को बचपना साबित करते हैं।

व्याख्याः कबीरदास कहते हैं कि ईश्वर को प्रसन्न करने के लिए पूजा, सेवा, नियम, व्रत आदि सारी चीज़ें गुड़ियों के

खेल के समान है। इनसे ईश्वर की प्राप्ति सम्भव नहीं। ईश्वर प्राप्ति के लिए स्वयं प्रियतम रूपी ईश्वर का जीव रूपी प्रियतमा पर कृपालु होना अपरिहार्य है। जब उसकी कृपा होगी तभी मिलन सम्भव हो सकेगा।

विशेषः

(*i*) बाह्याडम्बरों के बजाय सहज भाव से ईश्वर की भक्ति ही ईश्वर से मिलन का साधन है।

(*ii*) ईश्वर से दाम्पत्य भाव की भक्ति की चेतना इन पंक्तियों में लक्षित है।

2. ***जाति न पूछो साधु की, पूछ ली जिये ज्ञान।***
मोल करो तलवार का, पड़ा रहन दो म्यान।।
हस्ती चढ़िए ज्ञान की, सहज दुलीचा डारि।।
स्वान रूप संसार है, भूकन दे झक मारि।।

प्रसंगः प्रस्तुत पंक्तियां निर्गुण भक्ति की ज्ञानाश्रयी शाखा के प्रतिनिधि कवि कबीर द्वारा रचित है। इन पंक्तियों में कबीर ने जाति-पाति रूपी बाह्य पहचान से अलग हटकर आन्तरिक गुण एवं ज्ञान को महत्व दिया है।

व्याख्याः कबीरदास जी कहते हैं कि साधु की जाति पूछने की आवश्यकता नहीं है। साधु के बारे में जानने योग्य तथ्य उसका ज्ञान है जाति तो बाह्य आवरण मात्र है ठीक उसी प्रकार जिस प्रकार तलवार की कीमत आंकनी चाहिए न कि म्यान की क्योंकि मूल काम तो तलवार ही करती है। म्यान तो एक खोल मात्र है। कबीरदास जी कहते हैं कि ज्ञान रूपी हाथी पर सहज साधना का दुलीचा डालकर उस हाथी की सवारी पर निकल पड़ना चाहिए। इस स्वान (कुत्ते) रूपी संसार के भौंकने की कोई परवाह नहीं करनी चाहिए। अर्थात् ज्ञान और भक्ति के पथ पर चलते हुए दुनिया की किसी आलोचना निन्दा या नुक्ताचीनी के प्रति बेफिक्री का भाव रखना चाहिए।

विशेषः

(*i*) इन पंक्तियों में पहला प्रहार जाति व्यवस्था पर है। जाति-व्यवस्था की तुच्छता प्रभावित हो जाती है।

(*ii*) लोक में प्रचलित मुहावरा 'हाथी चलता रहता है; कुत्ते भौंकते रहते हैं' का साधन के मार्ग के सन्दर्भ अत्यंत कलात्मक प्रयोग हुआ है।

3. ***मेरा-तेरा मनुआं कैसे इक होइ रे।***
मैं कहता हौं आखिन देखी, तू कहता कागद की लेखी।
मैं कहता सुरझावनहारी, तू राख्यौ उरझाई रे।
मैं कहता जागत रहियो, तू रहता है सोई रे।
मैं कहता निर्मोही रहियो, तू जाता है मोही रे।
जुगन जुगन समुझावतहारा, कही न मानत कोई रे।
तू तो रंडी फिरै बिहंडी, सब धन डारे खोई रे।
सत गुरू धारा निर्बल बाहैं, वामै कापा धोई रे।
कहत कबीर सुनो भाई साधो, तब ही वैसा होई रे।

प्रसंगः प्रस्तुत पंक्तियां निर्गुण भक्तिधारा के प्रतिनिधि कवि कबीर द्वारा रचित हैं। जो आचार्य हजारी प्रसाद द्विवेदी द्वारा सम्पादित कबीर से ली गई है। इन पंक्तियों में कबीर शास्त्र सम्मत सत्य (कागद की लेखी) और अनुभव सम्मत सत्य (आंखन की देखी) को समानान्तर रखकर देखते हैं और अपना तालमेल इसी अनुभव सांचा से बैठाते हैं।

व्याख्याः कबीरदास संसार को सम्बोधित करते हुए कहते हैं कि मेरा और तुम्हारा (शास्त्रज्ञ, बाह्याडम्बरों में लीन लोगों का) मन एक कैसे हो सकता है। अर्थात् दोनों के सोचने और सत्य को समझने एवं समझाने का तरीका अलग ही अलग दिशाओं में जाता है। कबीरदास जी कहते हैं कि मैं तो आंखों से देखे हुए अर्थात् अनुभव किए हुए सत्य की बात करता हूं जबकि तुम कागद की लेखी पुस्तकीय ज्ञान को ज्ञान मान कर चल रहे हो। इस अनुभव सांचा के आधार पर मैं सत्य की गुत्थी को सुलझाने वाली बातें अर्थात् वास्तविक ज्ञान से अवगत करा रहा हूं जबकि तुम इन पोथियों के माध्यम से उसे उलझाने में लगे हो। मैं कहता हूं कि जागते रहो अर्थात् ज्ञान के प्रकाश से युक्त रहो जबकि तुम हमेशा माया मोह के बंधन में पड़े-पड़े सोते रहते हो। मैं ईश्वर की प्राप्ति के लिए निर्मोही बनने की बात कहता हूं जबकि तुम निरन्तर उसमें आसक्त बने रहते हो। इसका परिणाम यह है तुम इधर-उधर भटकते हुए अपना सर्वस्व नष्ट कर डालते हो। कबीरदास जी कहते हैं कि सतगुरु के ज्ञान की निर्मल धारा में काया धो डालो अर्थात् सतगुरु की कृपा से ही वास्तविक ज्ञान का प्रकाश मिल सकता है।

विशेषः

(*i*) इन पंक्तियों में सतगुरु की कृपा एवं अनुभव जन्य ज्ञान की प्रतिष्ठा की गई है।

(*ii*) "तू तो रंडी फिरै बिहंडी" के माध्यम से यह दृष्टिगत होता है कि उत्कृष्ट कलात्मक-कौशल से युक्त हाथों में पड़कर गालियां गहन सर्जनात्मक अभिव्यक्ति, से मुक्त हो जाता है।

4. ***दुलहिन अंगिया काहे न धोवाई।***
बालपने की मैली अंगिया विषय दाग परि जाई।
बिन धोये पिय रीझत नाहीं, सेज से देत गिराई।
सुमिरन ध्यान कै साबुन करि ले सतनाम दरियाई।
दुविधा के भेद खोल बहुरिया मनकै मैल धोबाई।
चेत करो तीनो पन बीते, अब तो गवन नगिचाई।
पालनहार द्वार है ठाढ़ै अब काहे पछिताई।
कहत कबीर सुनोरी बहुरिया चित अंजन दे आई।

प्रसंग–प्रस्तुत पंक्तियाँ निर्गुण भक्तिशाखा के प्रतिनिधि कवि द्वारा रचित, आचार्य हजारी प्रसाद द्विवेदी द्वारा सम्पादित 'कबीर' से ली गयी हैं। इसमें जीवात्मा रूपी दुल्हन का परमात्मा रूपी प्रियतम को प्रसन्न करने के साधनों पर बल दिया गया है।

व्याख्या–कबीर जीवात्मा रूपी दुलहन को सम्बोधित करते हुए कहते हैं कि वह अपनी अंगिया अर्थात् शरीर की सफाई क्यों नहीं करती। यह अंगिया बचपन से ही मैली पड़ी है तथा इसमें विषय-वासना रूपी दाग लग जाती है। जब तक यह दाग साफ नहीं हो जाता अर्थात् हृदय निर्मल नहीं होता तब तक परमात्मारूपी प्रियतम प्रसन्न नहीं होता। यदि यह निर्मल नहीं होगा तो शैय्या से गिरा देता है। इस मन के मैल को धोने के लिए ध्यान और नाम स्मरण रूपी साबुन का प्रयोग करते

हुए समस्त शंकाओं का त्याग आवश्यक है। कबीरदास जीवात्मा को चेताते हुए कहते है कि अब तो तुम संभल जाओ; अब गवना अर्थात् अपने प्रियतम के साथ विदा होने का समय और गया है। वो कहते हैं कि अब तो पालन-पोषण करने वाले दरवाजे पर खड़े हैं। इसलिए अब किस बात का पश्चाताप और किस बात की चिन्ता। कहने का तात्पर्य यह है। हृदय निर्मलता एवं चित्त के भीतर उसका वास उसी में रमें रहने पर उस ईश्वर रूपी प्रियतम के साथ असीम आनन्द की प्राप्ति सम्भव है।

विशेषः–

(*i*) दाम्पत्य भाव से भक्ति

(*ii*) ईश्वर रूपी प्रियतम की प्राप्ति के लिए चित्त का निर्मल होना अपरिहार्य है।

5. ***मोरी चुनरी में परि गयो दाग पिया।***
पाँच तत्त की बनी चुनरिया, सारे हसै वद लागे जिया।
यह चुनरी मोरे मैके तें आई, ससुरे में मनवा खोय दिया।
मलि मलि धोई दाग न छूटे, ज्ञान को साबुन साय पिया।
कहै कबीर दाग कब छुटि है, जब साहब अपनाय लिया।

प्रसंग–प्रस्तुत पंक्तियां संत कवि कबीर द्वारा रचित आचार्य हजारी प्रसाद द्विवेदी द्वारा सम्पादित 'कबीर' से ली गयी है। इन पंक्तियों में कबीर जीवात्मा और परमात्मा के सम्बंधों को ध्यान में रखते हुए, प्रियतम या पति रूपी परमात्मा को सम्बोधित करते हैं।

व्याख्या–कबीरदास प्रियतम परमात्मा से कहते हैं कि मेरे सौभाग्यवती होने की प्रतीक इस चुनरी में दाग पड़ गयी है। पाँच तत्वों से बनी हुई इस चुनरी को मैं (जीवात्मा) अपने मैके (माँ के घर) से लायी थी। परन्तु ससुराल में आकर मन को खो दिया। कहने का तात्पर्य यह है कि जिस चित्त को परमात्मा रूपी प्रियतम में ही रमे रहना चाहिए था, वह भटक गया और इस चुनरी में दाग पड़ने का वह एक बड़ा कारण है। कबीरदास जी कहते हैं कि ज्ञान के साबुन से इसे काफी मेहनतपूर्वक धोया; परन्तु यह दाग छूटता नहीं है। कबीरदास कहते हैं कि यह दाग तभी छूटेगा जब साहब अर्थात् परमात्मा रूपी प्रियतम अपना लेगा।

विशेषः–

(*i*) ज्ञानाश्रयी शाखा के कवि कबीर कोरे ज्ञान के (साबुन) द्वारा ईश्वर की प्राप्ति और मन के मैल को धोना सम्भव नहीं मानते। इसके लिए ईश्वर की कृपा भी अपरिहार्य है।

(*ii*) 'पाँच तत्त', अर्थात् पाँच तत्वों से मिलकर इस शरीर रूपी चुनरी का निर्माण होता है। गोस्वामी तुलसीदास भी लिखते हैं कि "क्षिति, जल पावक गगन समीरा। पंच रचित यह अधम शरीरा।"

6. ***तेरा जन एक आध है कोई।***
काम-क्रोध अरु लोभ विसर्जित, ये सब तेरी माया।।
राजस-तामस-सातिग तीन्यू, ये सब तेरी माया।
चौथे पद कौं जे जन चीन्हैं, तिनहिं परम पद पाया।।
असतुति-निंदा-आसा छाड़ै, तजै मान अभिमाना।
लोहा-कंचन समिकरि च्यंतामणि हरिपद रमै उदासा।
त्रिसना अरु-अभिमान रहित है कहै कबीर सो दासा।।

प्रसंग–प्रस्तुत पंक्तियाँ निर्गुण भक्ति धारा की ज्ञानाश्रयी शाखा के प्रतिनिधि कवि कबीरदास द्वारा रचित, आचार्य हजारी प्रसाद द्विवेदी द्वारा सम्पादित 'कबीर' से ली गयी हैं। इन पंक्तियों में भक्त होने के लक्षणों का विवेचन है।

व्याख्या–कबीरदास जी ईश्वर को सम्बोधित करते हुए कहते हैं कि तुम्हारा भक्त तो कोई-कोई विरला है। उस भक्त में इस दुनिया के लोगों से अलग गुण होते हैं। वह जन (भक्त) काम, क्रोध और लोभ का विसर्जन कर ईश्वर के चरणों को सहज भाव से पहचानता है। दुनियाँ में सात्विक, राजसी और तामसिक तीन गुण बताये गये हैं। कबीरदास का मानना है कि ये तीनों गुण भी उसी ईश्वर की माया है। जो जन इन तीनों की चिन्ता और चेतना से ऊपर उठकर चौथे पद पर पहुँच जाता है वही भक्त परमपद का अधिकारी होता है और उसे प्राप्त करता है। ऐसा भक्त स्तुति, निन्दा, आशा, सम्मान, अभिमान सब चीजों को त्यागकर लोहे और सोने को एक समान देखता है। हर चीज में ईश्वर की मूर्ति अर्थात् ईश्वर का ही साक्षात्कार करता है। जब भी वह चिंतन करता है तो ईश्वर के चरण रूपी चिंतामणि का ही चिंतन करता है और दुनियाँ के समस्त चीजों के प्रति उदासीन भाव रखते हुए ईश्वर के चरणों में ही रमण करता रहता है। कबीरदास जी कहते है कि ईश्वर का सच्चा दास या भक्त वही है जो किसी भी प्रकार की तृष्णा और अभिमान से रहित है। जाहिर है ऐसे जन विरले ही हैं।

विशेषः–

(*i*) भक्त के गुणों की विवेचना की गई है।

(*ii*) सतोगुण, रजोगुण और तमोगुण से ऊपर भी एक पद की कल्पना की गई है।

7. ***अबुझा लोग कहाँ लौ बूझै बूझनहार बिचारो।।***
केते रामचन्द्र तपसी से जिन जग यह मरमाया।
केते कान्ह भये मुरलीधर तिन भी अंत न पाया।
केते बौध भये निकल की तिन भी अन्त न पाया।।
केतिक सिध-साधक-सन्यासी जिन बन बास बसाया।
केते मुनिजन गोरख कहिये तिन भी अंत न पाया।
जाकी गति ब्रहमैं नहीं पाये सिवन्सन कादिक हारे।
ताके गुन नर कैसे पै हो खड़ा कबीर पुकारे।।

प्रसंग–प्रस्तुत पंक्तियाँ निर्गुण भक्ति धारा के प्रतिनिधि कवि कबीर द्वारा रचित हैं। इसमें कवि ने ब्रह्म (ईश्वर) को समझने के सन्दर्भ में अब तक के समस्त दावों पर अपनी विशिष्ट शैली में विचार किया है।

व्याख्या–कबीरदास जी ईश्वर को समझने वालों से कहते हैं कि जरा इस बात पर भी तो विचार करो कि अब तक तो, जो लोग स्वयं अबूझ है वे कहाँ तक समझ पाये। कहने का तात्पर्य यह है कि जिन लोगों के आधार पर तुम उस ईश्वर को समझने का प्रयास कर रहे हो, क्या उनके आधार पर उसे समझा जा सकता है। कबीरदास स्वयं सवाल खड़ा करते हुए कहते हैं कि क्या उस तपस्वी रामचन्द्र के आधार पर समझा

जा सकता है। जिनके कारण यह संसार अब भी भ्रम में है या उस मुरलीधर कृष्ण के द्वारा जिन्होंने खुद उसका अंत नहीं पाया। या मच्छ, कच्छ, बराह एवं वामना रूपी विविध नामधारी अवतारों से भी भला उसे कैसे समझा जा सकता है। जंगल में वास करने वाले उन विविध नामधारी अवतारों से भी भला कैसे समझा जा सकता है। जंगल में वास करने वाले उन विविध साधक सन्यासियों से भी भला कैसे समझा जा सकता है। गोरखनाथ आदि विविध मुनिजन को भी देखें, तो क्या लोगों ने उसका अंत प्राप्त कर लिया है। कबीरदास जी कहते हैं कि जिसकी गति स्वयं ब्रह्मा भी नहीं जान पाये, शिव, सनकादि सब हार मान बैठे, उसका गुण भला मनुष्य कैसे जान सकता है।

8. ***साधो, देखो जग बौराना।***
साँची कहौ तौ मारन धावै झूँठे जग पतियाना।
हिन्दू कहत है राम हमारा मुसलमान रहमाना।
आपस में दोऊ लड़े भरतु हैं मरम कोई नहिं जाना।
बहुत मिले मोहि नेगी धर्मी प्रात करै असनाना।
आतम-छोड़ि पाषानै पूजै तिनका थोथा ज्ञाना।
आसन मारि दिंभ धरि बैठे मन में बहुत गुमाना।
पीपर-पाथर पूजन लागे तीरथ-बर्त भुलाना।
माला पहिरे टोपी पहिरे छाप-तिलक अनुमाना।
साखी सब्दै गावत भूले आतम खबर न जाना।
घर घर मंत्र जो देन फिरत है माया के अभिमाना।
गुरुवा सहित सिय सब बूड़े अंत काल पछिताना।
बहुतक देखे पीर-औलिया पढ़ै किताब कुराना।
करै मुरीद कबर बतलावै उनहूँ खुदा न जाना।
हिंदू की दया मेहर तुरकन की दोनो घर से भागी।
वह करै जिबह वा इटका मारे आग दोऊ घर लागी।
या बिधि हँसत चलत है हमको आप कहावैं स्याना।
कहै कबीर सुने भाई साधो, इनमें कौ न दिवाना।

प्रसंग–प्रस्तुत पंक्तियाँ निर्गुण भक्ति शाखा के प्रतिनिधि कवि कबीर द्वारा रचित हैं। जो आचार्य हजारी प्रसाद द्विवेदी द्वारा सम्पादित कबीर से ली गई है। इसमें कवि ने हिन्दू और मुसलमान दोनों के पाखण्डों पर गहरी चोट की है और साथ ही इस विडम्बना पर भी ऊँगली रखते हैं कि यह इन्हीं पाखण्डों को मान्यता दिलाने वालों को सत्य का दर्जा देता है।

व्याख्या–कबीरदास जी संत जनों को सम्बोधित करते हुए कहते हैं कि देखों यह सारा संसार किस प्रकार पागलपन का शिकार है। यदि इसे सच्ची बात कहो तो मारने के लिए दौड़ता है और झूठी बातों पर विश्वास कर लेता है। यह हिन्दू और मुसलमान दो खाँचों में बँटा हुआ है और इसका यही पागलपन है कि दोनों पाखण्डों को ही सच मानकर चलता है। हिन्दू और मुसलमान, दोनों को क्रमशः राम और रहीम प्यारे हैं। ये दोनों ही इस राम और रहीम के चक्कर में आपस में लड़-मर रहे हैं। परन्तु इनमें से किसी को भी ईश्वर के वास्तविक मर्म का ज्ञान नहीं है। कबीरदास जी कहते हैं कि मुझे बहुत सारे नियम-धर्म का पालन करने वाले, प्रातः काल स्नान करने वाले थोथे ज्ञानी मिले। जो आत्म-ज्ञान को छोड़कर पत्थर पूजते फिरते हैं। ये मन में अहंकार लिये दम्भ के साथ आसन मारकर बैठते हैं। अपने आपको पीपल-पत्थर की पूजा तथा तीर्थ-व्रत में ही भुलाये बैठे हैं। ये माला, तिलक, टोपी, साखी, शब्द में ही खोये हुए हैं। इन्हें अपनी आत्मा तक की खबर नहीं हैं। इनमें ऐसे गुरु भी हैं। जो घर-घर घूमकर अभिमान के साथ मंत्र देते फिरते हैं। ये स्वयं माया के वशीभूत है। इसका परिणाम यह होता है कि ये गुरु और शिष्य दोनों डूबते हैं तथा अन्त में इन्हें पश्चाताप के सिवाय कुछ नहीं मिलता। इधर मुसलमानों के भी पीर और औलिया कुरान आदि पढ़-पढ़कर अनेक बातें किया करते हैं परन्तु उन्होंने भी खुदा को नहीं जाना। हिन्दू और मुसलमान दोनों ही दया और करुणा की बात करते हैं, लेकिन दया नाम की चीज दोनों के ही घर से पलायन कर गयी है। एक यदि झटके के माध्यम् से जीव हत्या करता है तो दूसरा जिबह (हलाल) के द्वारा। आग तो दोनों के घरों में लगी हुई हैं। मजे की बात तो यह है कि यह सब करते हुए; ये अपने को समझदार समझते हुए; हमारे ऊपर हँसते है। कबीर साधु जन को सम्बोधित करते हुए कहते हैं कि भला तुम्हीं बताओं इनमें पागलपन का शिकार कौन है।

विशेषः–

(*i*) धर्मों में व्याप्त अंधविश्वासों एवं आडंबरों पर करारा प्रहार किया गया है।
(*ii*) मूर्ति-पूजा, हिंसा आदि की निन्दा की गई है।

9. ***पिया मेरा जागे में कैसे सोई री.....बिना सतगुरु पिया मिले न गिलानी री।***

व्याख्या–प्रस्तुत पंक्तियों में कबीर जी कहते हैं कि मेरे पिया जाग रहे हैं तो मैं कैसे सो सकती हूँ। पाँच तत्व मेरे साथी है, लेकिन अभी प्रभु रंग में रंग नहीं पाये हैं। सास, ससुर, ननद, देवरानी सब लोग उनसे डरते है अर्थात् प्रभु की भक्ति से दूर भागते हैं। ऊपर पिया की सेज बिछी हुई है, लेकिन लाज-संकोच के मारे मैं चढ़ नहीं पा रही हूँ। मेरे पिया मुझे रात-दिन पुकारते रहते हैं, लेकिन अभी तक मुझे उनकी आवाज नहीं सुनाई दी। कबीर कहते हैं कि बिना सतगुरु के प्रभु (पिया) से मिलन नहीं हो पाता है। सतगुरु ही हमें पिया मिलन का रास्ता दिखाते है।

विशेषः–

(*i*) सतगुरु की महिमा का वर्णन है।
(*i*) पदों में गेयता है।

10. ***बहुत दिनन की जोहती बाट तुम्हारी राम कबीर बिछुड़या राम सो, ना सुख धूप नहाँ ही।***

व्याख्या–प्रस्तुत पक्तियों में कबीर जी कह रहे हैं कि हे राम! मैं तुम्हारी बहुत दिन से प्रतीक्षा कर रही हूँ। मेरे प्राण तुम्हारे दर्शन को तरस रहे हैं। जिसके कारण मेरे मन को कहीं भी आराम नहीं है और कोई विरहिणी अगर उठने का प्रयास करती भी है तो उसे राम के दर्शनों की उत्कण्ठा ही रहती है। मरने के बाद अगर आपने मुझे दर्शन दिया तो क्या फायदा। यह तो इसी प्रकार है जिस प्रकार कोई पारस से लोहे में पत्थर ढूँढें। कबीर जी कहते हैं कि राम से बिछुड़कर आदमी को न सुख मिलता है न धूप न छाँह।

11. *परबति परबति में फिर्या नैन गँवाए रोई......दुखिया दास कबीर है, जागे अरु रोवे।*

व्याख्या–कबीर जी कहते हैं कि राम को खोजते-खोजते मैंने पर्वत-पर्वत छान मारा, रो-रो कर आँखें गँवा दी, लेकिन अब तक उस बूटी को प्राप्त नहीं कर पाया हूँ, जिससे जीवन सफल हो सके। अर्थात् प्रभु को ढूंढते-ढूढते नैन प्रति क्षण जल रहे हैं। जब तक वे नहीं मिलेगें तब तक मुझे खुशी, शांति नहीं मिल सकती।

कबीर जी कहते है सारा संसार भोग-विलास में मतवाला हो, स्वयं को सुखी समझ रहा है तथा सारा समय खाने और सोने में व्यतीत करता है। दुःखी तो केवल मैं (कबीर) हूँ, जो ज्ञान प्राप्ति के लिए चिन्तन करता हूँ और प्रभु से मिलने को बेचैन रहता हूँ।

विशेषः

(*i*) ईश्वर के अमूर्त रूप का चिंतन किया गया है

(*ii*) पदों में गेयता है।

(*iii*) करुण रस का प्रयोग।

12. *आई न सकौं तुज्झपै सकूँ न तुज्झ बुलाई। आठ पहर का दाक्षणाँ, मौचे सहा न जाइ।।*

प्रसंग–प्रस्तुत पद्य में कवि आत्मा के संदर्भ में बातें कर रहे हैं।

व्याख्या–कबीर वियोगिनी आत्मा के संदर्भ में कहते हैं कि मैं तेरे पास न तो आ सकती हूँ न ही तुझे अपने पास बुला सकती हूँ माया में लिप्त हूँ। हे परमात्मा! तुम हमारे हृदय को विरह में तपा-तपा कर जला डालोगे, हमें मार ड़ालोगे। मैं इस तन को जलाकर राख कर देना चाहती हूँ ताकि मेरे शरीर रूपी ईंधन का धुआँ आकाश में फैले, तो यह संभव है कि वे अर्थात् राम मेरे प्रति संवेदशील होकर मेरी आत्मा की आग को शांत करे। मैं अपने शरीर को जला देना चाहती हूँ और अपनी हड्डियों की कलम से राम का नाम लिखकर राम को पढ़ने हेतु भेजना चाहती हूँ। मैं उस दीपक को अपने रक्त-से सींचना और अपने प्राणों की वर्तिका डालकर दीपक को जलाना चाहती हूँ। मैं इस निज शरीर के द्वारा सृजित दीपक को जलाकर राम का इंतजार कर रही हूँ कि राम मुझसे कब आकर मिले। या तो मुझ विरहिणी को मार दे या फिर आकर मुझसे मिले ! मुझ से यह आठों पहर का विरह सहा नहीं जाता है।

विशेषः–

(*i*) आत्मा, परमात्मा राम से मिलने हेतु बेचैन है।

(*ii*) करुण दशा एवं वियोग शृंगार का वर्णन।

(*iii*) योगपरक शब्दावली का वर्णन।

(*iv*) रूपक, उपमा, अनुप्रास, श्लेष अलंकार।

(*v*) भाषा अवहट्ठ।

13. *कबिरा प्याला प्रेम का, अंतर दिया लगाय। मतवाला दीदार का, मांगे मुक्ति बलाय।*

प्रसंग–उपर्युक्त पद में कबीर प्रेम के संदर्भ में अनुभूति का वर्णन कर रहे हैं।

व्याख्या–कबीरदास कहते हैं कि राम के प्रेमरूपी प्याला मैंने अपने अंतस्थल में लगा लिया है। यह राम-स्नेह मेरे रोम-रोम में व्याप्त है और मै क्या चाहता हूँ। मैंने रात को माता अर्थात् आत्मा के नाम का प्रेम का प्याला पी कर अघाया था। मैं तो इस प्रेम के प्याले को पी रहा हूँ किन्तु मैं तो राम के दीदार का इच्छुक हूँ। मुझे राम के दर्शन होंगे तभी मुक्ति मिलेगी।

विशेषः–

(*i*) प्रेम का वर्णन।

(*ii*) मुक्ति की कामना, ईश्वर मिलन की उत्कंठा।

(*iii*) भाषा सरल, संवेदनीय, प्रवाहमय, गेयता।

(*iv*) रूपकात्मकता।

14. *काल खड़ा सिर ऊपरे, जागु बिराने मीत। जाका घर है गैल में, सो कस सोए निचीत।*

प्रसंग–कबीर उपर्युक्त पद में संसार में काल की स्थिति का वर्णन कर रहा है।

व्याख्या–कबीरदास कहते हैं कि काल हमारे सिर पर खड़ा है, हे प्रिय! मित्र तुम जग जाओ। जिसका घर ओझल में है वह कैसे निश्िंचत होकर सो सकता है अर्थात् जो ईश्वर के नजरों से ओझल होगा, उसे काल का ग्रास बनना पड़ेगा। अर्थात् काल से बचने के लिए आत्मा को परमात्मा में विलीन करने हेतु मोक्ष के साधनों की प्राप्ति का प्रयत्न कर।

विशेषः–

(*i*) विचारधारात्मकता।

(*ii*) काल रूपी यम का वर्णन किया।

(*iii*) उद्बोधनात्मकता।

15. *छाकि पर्यो आतम मतवारा। पीवत राम रस लगी खुमारी।*

प्रसंग–आत्मचिंतन में आत्म-ज्ञान की बातें।

व्याख्या–कबीरदास जी कहते हैं कि आत्म-चिंतन में ही मस्त व्यक्ति एवं आत्म-ज्ञानी भक्ति-रस का पान करता है। बहुत मूल्य चुकाकर वह महंगा गुड़ खरीदता है। लेकिन राम को वह कसाय रस प्राप्त कर रहा है। संसार में रस पीने वाला व्यक्ति मांग-मांग कर रस पी रहा है। कबीरदास कहते हैं कि भक्ति की मस्ती अच्छी लगी है और मुझे राम रस पीने को खुमारी चढ़ रही है।

विशेषः–

(*i*) रामरस में मस्त व्यक्ति का वर्णन।

(*ii*) भाषा सरल, स्पष्ट, अवहट्ठ प्रभाव।

(*iii*) गेयता।

16. *सब दूनी सयानी मैं बोरा। दास कबीर राम गुन गावै।।*

प्रसंग–उपर्युक्त पद में कबीरदास भक्ति अवस्था में बौरा जाने की बात करते हैं।

व्याख्या–कबीरदास कहते हैं कि सारी दुनिया सयानी है और मैं भक्ति रस में पागल हो रहा हूँ। इस भक्ति एवं वैराग्य में हम बिगड़ गये हैं। मैं स्वयं पागल नहीं हुआ बल्कि राम

भक्ति ने मुझे पागल कर दिया है। मेरे सभी भ्रम मेरे सतगुरु ने समाप्त कर दिये। मैं किसी तरह की विद्या नहीं पढ़ता हूँ और नहीं किसी प्रकार के वाद या सिद्धांत को जानता हूँ। मैं हरि-गुण कहने एवं सुनने से पागल हो रहा हूँ। मेरे तन में काम और क्रोध दो विकार भरे हुए हैं। यह संसार इन विकारों से अपने-आप जल रहा है। मीठा बोलने से अगर किसी को प्रिय लगता है तो दास कबीर उस राम के मधुर गीत गावे।

विशेषः–

(*i*) राम प्रेम में पागल होने की बात।
(*ii*) सतगुरु की महत्ता।
(*iii*) शरीर में काम एवं क्रोध दो विकार बताये।
(*iv*) किसी वाद को कवि नहीं मानता है।
(*v*) भाषा सरल, संवेदनीय।
(*vi*) अलंकारिकता : रुपक एवं अनुप्रास अलंकार।

17. ***नैहर मैं दाग लगाय आय चुनरी।***
बिना सतगुरु कबहूँ नहिं सुधरी।

व्याख्या–कबीरदास जी कहते हैं कि आत्मा रूपी चुनरी में दाग लगा कर ही वह अपने मायके में आई है। जिस रंगरेज ने इस आत्मा रूपी चुनरी को रंगा है उसके हृदय के मर्म को हम नहीं जानते। इस आत्मा रूपी चुनरी के दाग को साफ करने के लिए कोई धोबी नहीं मिल रहा। जो इसे अब उजली कर सके। अपने शरीर रूपी दरवाजे को कुण्ड़ी लगाकर ज्ञान के रेह-जल में धोना भी संभव नहीं है क्योंकि इस नगरी में साबुन भी महंगा बेचा जा रहा है। जब आत्मा रूपी दुल्हिन अपनी दागिल चुनरी अपने परमात्मा के घर अर्थात् ससुराल चलने लगी तो गाँव के लोगों ने कहा कि यह तो बहुत फूहड़ है। कबीरदास कहते हैं कि बिना सतगुरु रूपी धोबी के यह चुनरी कभी साफ नहीं होगी।

विशेषः–

(*i*) आत्मा के मैलेपन को बताना।
(*ii*) सद्‌गुरु की महत्ता को बताना।
(*iii*) कबीर की भाषा में भक्ति एवं व्यंग्यात्मकता।
(*iv*) अलंकारिकता।

18. ***पिउ बियोग अस बाउर जीऊ।***
पपिहा निति बोले पिउ पीऊ।।
अधिक काम दाधै सो रामा।
हरि लेइ सुवा गएउ पिउ नामा।।
बिरह वान तस लाग न डोली।
रक्त पसीजे, भीजि, गइ चोली।।
सूखा हिया, हार भा भारी।
हरे हरे प्रान तजहिं सव-नारी।।
खन एक आव पेट महँ साँसा।
खनहि जाइ जिउ, होइ निरासा।।
पवन डोला वहिं सीं चहिं चोला।
पहर एक समुझहिं मुख बोला।।
प्रान पपान होत को राखा?
पाँख जरा, गा भागि।।

प्रसंग–प्रस्तुत पद्यावतरण में नागमती अपने पति के वियोग में तड़पती हुई प्राण त्याग देने की आतुरता व्यक्त करती है–

व्याख्या–नागमती अपने पति के वियोग में पागल हो गई है और वह रात-दिन 'पिया-पिया' की पुकार (रट) लगाये रहती है। नागमती को काम ने अधिक ग्रसित किया है। हीरामन उसके प्राणाधार को लेकर चला गया है। उसको ऐसा विरह-बाण लगा है जिसके फलस्वरूप वह हिल-डुल भी नहीं सकती। लगता है कि आंसुओं की जगह रक्त बहने लगे हैं। जिसके कारण चोली भींग कर रक्तमयी हो गई हैं। प्राणाधार के विरह में काम अधिक सताने लगता है और उसका रससिक्त हृदय सूख जाता है, नागमती बेहोश हो जाती है। इस दृश्य को देखकर नागमती की सखियाँ व्याकुल हो उठती है और प्राण त्यागने की स्थिति को लेकर चिंतित हो जाती है। नागमती को एक क्षण के लिए श्वांस आता किन्तु कुछ समय बाद उदर में होकर वह श्वांस वापस चली जाती तो सखियों को निराशा हाथ लगती है। सखियाँ पंखों से उसको हवा करती है एवं उसकी चोली को जल से भिगोने लगती है। तब कहीं एक समयावधि के बाद नागमती को होश आता है। परेशान सखियों के मध्य उसके हृदय से एक शब्द नहीं निकलते। वह कहने लगी कि प्रियतम के विरह में किसने और क्यों मेरे प्राणों को उड़ने से रोका है। अब मुझ जैसी चातकी की आत्मा प्रिय रूपी मेघ से कौन मिलन करवाएगा। विरहिणी नागमती ने जब आह भरी तो आह के साथ आग भी निकलने लगी। जिससे नागमती का हंस अर्थात् हृदय जलने लगा।

विशेषः–

(*i*) नागमती की विरह व्याकुलता का वर्णन।
(*ii*) उत्प्रेक्षा, उपमा, रूपक, अतिश्योक्ति अलंकार।

19. ***पाट महादेइ ! हिये न हारू।***
समुझि जीउ, चित चेतु सें भारू।।
भौंर कँवल सँग होइ मेरावा।
सँवरि नेह मालति पहँ आवा।।
पपिहैं स्वाती सौं जस प्रीती।
टेकु पियास, बांधु मन मितै।।
धरतिहि जैस गगन सौं नेहा।
पलटि आव वरषा ऋतु मेहा।।
पुनि बसंत ऋतु आव नवेली।
सो रस, सो मधुकर, सो बेली।।
जिनि अस जीव करसि तू बारी।
यह तखिर पुनि उठिहि सँवारी।।
दिन दस बिनु जल सूखिबिधंसा।
पुनि सोइ सखर सोई हंसा।।
निहिं जो बिछुरे साजन, अंकम भेंटि अहंत।
तपनि मृग सिरा जे सहैं, ते अद्रा पलुहंत।।

प्रसंग–प्रस्तुत पद्यांश में नागमती की सखियाँ नागमती को सात्वना दे रही है। वे आश्वासन देती हैं कि प्रियतम से मिलन शीघ्र होगा।

व्याख्या–नागमती की देखरेख करते हुये नागमती की सखियाँ कहती हैं कि– हे महारानी! आप धैर्य रखिए! आप अपने हृदय

को समझाकर अपने चित्त को स्थिर कीजिए। अपनी चेतना की रक्षा कीजिए। हे रानी! आप विश्वास रखिए कि जिस प्रकार भौंरा कमल के पास जाकर भी, मालती का ध्यान आने पर वापस लौट आता है उसी प्रकार राजा भी पद्मावती रूपी कमल के पास पहुंचने के बाद वापस आ जायेंगे। आपका अपने प्राणेश्वर रूपी स्वाती नक्षत्र के लिए जो अनन्य प्रेम भाव है उसको ध्यान रखते हुए, धैर्य धारण कीजिए। जिस प्रकार धरा गगन के प्रेम-भाव में मग्न रहती है तो वर्षा ऋतु का आगमन होता है। उसी प्रकार आप पुनः सुख सागर में सुख प्राप्त करेंगीं और आपका पति रूपी भ्रमर पुनः मकरंद का पान करेगा। आप यह सोच कर धैर्य धारण करें कि ग्रीष्म के दग्ध वृक्षों को वसंत ऋतु आकर संभाल लेती है फिर उसमें नई कोंपलें निकलने लगती हैं। इस दस दिन में अगर जल सूख भी जाये तो क्या? अर्थात् राजा आपसे नहीं भी मिले तो क्या? बाद में वही सरोवर होगा और वही हंस। वे कहती हैं कि रानी आप इस तथ्य को विस्मृत मत कीजिए कि वियोग के बाद मिलने की आशा बढ़ जाती है और वियोगी पति-अति उल्लास, आह्लाद से आलिंगन बद्ध होते हैं वे भी आर्द्रा नक्षत्र की घनघोर वर्षा में पुष्पित हुआ करते हैं।

विशेषः–

(*i*) वियोग के समय पर उपदेश शीतलता प्रदान करता है।
(*ii*) रूपक, अर्थान्तरन्यास, उपमा अलंकार।

20. ***चढ़ा असाढ़, गगन घन गाजा।***
साजा बिरह दुंद दल बाजा।।
धूम, साम, धौरे धन खाए।
सेत धजा बग पांति देखाए।।
खडग बीजु चमकै चहुं ओरा।
बुंद बान बरसहिं घन घोरा।।
ओवई घटा आइ चहुँ फेरी।
कंत ! उबारू मदन हौं घेरी।।
दादुर मोर कोकिला, पीऊ।
गिरै बीजु, घट रहै न जीऊ।।
पुष्य नखत सिर ऊपर आवा।
हौं बिनु नाह मंदिर की छावा?
अद्रा लाग लागि भुइँ लेई।
मोहिं बिनु पिउ को आदर देई?
जिन्ह धर कंता ते सुखी, तिन्ह गारौ और गर्व।
कंत पिपारा बाहिरै, हम सुख भूला सर्ब।।

प्रसंग–कवि ने उक्त काव्यांश में बारहमासा के महीनों में विरहिणी नागमति की दशा का अंकन किया है।

व्याख्या–आषाढ़ का माह आने के उपरांत नागमती का विरह और बढ़ जाता है। आषाढ़ में बादलों की गर्जना नागमती को इस प्रकार की प्रतीत होती है कि जैसे विरह ने युद्ध की तैयारी कर ली है और विरह सेना के लिए कूच का नगाड़ा बजाया गया है। धूमिल, धवल, काले बादल आकाश में मँडराने लगे और बगुला पंक्ति उनकी ध्वजा-सी लगने लगी। आकाश में बिजलियाँ तलवार की भांति चमकने लगी। वर्षा ऋतु की बूंदे बाण की तरह चारों तरफ घनघोर (सघन) रूप से बरसने लगी। आर्द्रा नक्षत्र से कहने लगी कि ऐसे वातावरण में मुझे प्रियतम से कौन मिलाएगा? क्योंकि मदन (कामदेव) ने मुझे आकर घेर लिया है। मेंढ़क, मोर, कोयल, पपीहा आदि की वाणी 'पिया' की रट मेरे ह्दय को तीर की भांति बेध रही है। मेरे प्राण विरहाग्नि में व्याकुल हो रहे हैं। पुष्य नक्षत्र सिर पर है जो इस बात का प्रमाण या द्योतक है कि अधिक वर्षा कहाँ होगी। मेरे पति परदेश गये हैं अतः मेरे भवन की छत कौन बनवाएगा। प्रिय की स्मृति में निमग्न होते हुए नागमती रोने लगी कि हे प्राणाधार! जिन नरियों के पति घर में है वे सब गर्व व गौरव से अभिभूत है जबकि आपके यहाँ नहीं होने के कारण, मेरा पति प्रेम संबंधित गर्व चूर-चूर हो गया है और सभी सुखों को विस्मृत कर बैठी हूँ।

विशेषः–

(*i*) नारी की विरह-दशा का वर्णन।
(*ii*) बारह मास में आषाढ़ माह का सजीव वर्णन।
(*iii*) साँग रूपक अलंकार।
(*iv*) अवधी भाषा का आधान।
(*v*) दोहा-चौपाई शैली।

21. ***सावन बरस मेह अति पानी।***
भरनि परी, हौं बिरह झुरानी।।
लाग पुनर बसु पीड़ न देखा।
भइ बाउरि, कहँ कत सरेखा।।
रकत कै आँसु परहिं भुँड टूटी।
रेंगि चलीं जस बीरबहूटी।।
सखिन्ह रचा पिउ संग हिंडोला।
हरिपरि भूमि, कुसुंभि चोला।।
हिय हिंडोल अस डोलै मोरा।
बिरह झुलाइ देइ झकझोरा।।
बाट असूझ अथाह गँभीरी।
जिउ बाउर, आ, फिरै भंभीरी।।
जग जल बूड़ जहाँ लगि ताकी।
मोरि नाव खेवक बिनु थाकी।।
परबत समुद्ध अगम बिच, बीहड वन बन ढाँख।
किमि कै भेटौं कंत तुम्ह ना मोहि पाँव न पाँखा।।

प्रसंग–सावन माह में नागमती के विरह का वर्णन किया गया है।

व्याख्या–सावन के महीने में नागमती की विरहावस्था का वर्णन करते हुए कवि जायसी कहते हैं कि सावन के महीने में भयंकर बरसात होने लग गई है पानी गिरने लगा है। एक ओर तो मूसलाधार बारिश (बरसात) हो रही है वहीं दूसरी ओर बावरी नागमती का ह्दय विरहाग्नि में जला जा रहा है। नागमती कहती है कि पुनरबसु (पुनर्वसु) नामक नक्षत्र लग गया है किन्तु मैं अब तक अपने पति के दर्शन नहीं कर सकी, यह सोच-सोच कर मेरा मस्तिष्क पागल हो रहा है। न जाने मेरे प्रिय चतुर प्रियतम कहाँ वास कर रहे हैं। मेरे नेत्रों से आँसू निकलकर उसी प्रकार गालों पर रेंग रहे हैं जिस प्रकार पृथ्वी पर वीर

बहुटियाँ रेंग रही हो। मेरी सखियों ने अपने-अपने प्रेमियों, त्रियतमों के साथ हिंड़ोला निर्माण किया है। वसुंधरा पर चारों ओर हरियाली ही हरियाली है जबकि नारियाँ कुसुंगी रंग के चोले पहने हुए हैं। अन्य नारियों को हिंडोले का सुख देखने के पश्चात् मेरा मन भी हिंडोले पर झूलने हेतु तत्पर हो रहा है और मैं अपने विरह के साथ झूल रही हूँ। विरह मुझे झकझोर-झकझोर कर झुला रहा है। प्रिय से दूर रहने के कारण मेरा हृदय बावला होकर भंभीरी-सा घूम रहा है। जहाँ तक भी धरती दिखाई देती है वह जलमग्ना है। ऐसी घनघोर वर्षा के क्षणों में चारों ओर पानी ही पानी है लेकिन मेरी जीवन नौका बिना मल्लाह अर्थात् पति के बगैर अधूरी है। प्रियतम को संबोधित करती हुई नागमती कहती है कि हे प्रिय! तुम्हारे व मेरे बीच अनेक अगम्य पर्वत, समुद्र, बीहड़ वन एवं ढाक के सघन वन हैं। मैं आपसे किस प्रकार मिलूं। क्योंकि न तो मेरे पैर हैं न पंख जिसकी सहायता से मैं आपसे मिल सकूं।

विशेषः–

(*i*) सावन महीने का वर्णन

(*ii*) विरह का वर्णन।

(*iii*) उत्प्रेक्षा, रूपक, उपमा अलंकार।

22. ***भा भादो दूभर अति भारी।***
कैसे भरौं रैनि अँधियारी।।
मँदिर सून पिउ अनतै बसा।
सेज नागिनी फिरि-फिरि डसा।।
रहौं अकेलि गहे एक पारी।
नैन पसारि मरौं हिय फारी।।
चमक बीजु, घन गरजि तरासा।
बिरह काल होइ जीउ गरासा।।
बरसै मघा झकोरी झकोरी।
मोर दुइ नैन चुवै जस ओरी।।
धनि सखें भरे भादौं माहाँ।
अबहुँ न आएन्हि सी चेन्हि नाहाँ।।
पुरबा लाग भूमि जल पूरी।
आक जवास भई तस झूरी।।
थल जल भरे अपूर सब, धरती गगन मिलि एक।
जनि जोबन अवगाह महँ, दे बूड़त पिउ टेक।।

प्रसंग–काव्यांश में कवि ने वर्षाकालीन ऋतु के भादों महीने में नागमती के विरह का वर्णन किया है।

व्याख्या–नागमती के लिए भादो का महीना कष्टकारी सिद्ध हो रहा है। क्योंकि भादो के महीने में लगातार वर्षा विरहाग्नि को बढ़ा रही है। इस तरह यह महीना बहुत कष्टप्रद बना हुआ है। अंधियारी रातों को किस तरह बिताया जाय नागमती को इसकी चिंता है। नागमती के घर को छोड़कर नागमती के पति कहीं अन्यत्र बस गये हैं। पति वियोग के कारण उनकी सेज उन्हे नागिन की तरह डसती रहती है। वह प्रियतम की अनुपस्थिति में सेज की एक पट्टी (पाटी) पकड़कर अकेली पड़ी रहती है। नेत्र फैलाए हुए उसका हृदय फटा जा रहा है। बिजली के चमकने और बादलों के गरजने से उसका हृदय डरने लगता है। विरह काल रूप धरकर उसका प्राण लेने को आतुर है। नागमती कहती है कि मघा नक्षत्र में गहन बरसात हो रही है। मेरे दोनों नेत्रों से भी अश्रु बूंदों की झड़ी लगी रहती है अर्थात् जिस प्रकार वर्षा ऋतु में छान का छप्पर टपकता है उसी प्रकार मेरे नैनों से सतत अश्रुजल की बरसात हो रही है। मघा नक्षत्र के बाद पूर्वा फाल्गुनी लग गया है और धरती जल से भर गई है। मेरा शरीर उसी प्रकार सूख गया है जैसे वर्षा ऋतु में आक और जवास के पौधे बिना पत्तों के होकर सूख जाते हैं। इस भरे भादो में मैं सूख रही हूँ : लेकिन अभी तक मुझे सींचने वाले मेरे स्वामी नहीं आये हैं।

ऊँचे स्थल भी जल से परिपूर्ण हैं। धरती और आकाश मानो एक हो गए हैं। नागमती कहती है कि हे प्रियतम! यौवन रूपी अगाध जल में मैं डूबी जा रही हूँ। मुझे सहारा दो।

विशेषः–

(*i*) भाद्रपद के महीने में विरहाग्नि से पीड़ित नागमती के हार्दिक अवस्था का वर्णन।

(*ii*) प्रेम की विरहाकुलता।

(*iii*) अलंकारः-पुनरूक्ति, विरोधाभास, रूपक, उत्प्रेक्षा।

(*iv*) दोहा-चौपाई की कड़वकबद्ध शैली।

23. ***लाग कुवार, नीर श्रग घटा।***
अबहूँ आउ कंत तन लटा।।
तोहि देखे पिउ! पलुहै कया।
उतरा चीतु बहुरि करू मया।।
चित्रा मित्र मीन कर आवा।
पपिहा पीउ पुकारत पावा।।
उआ अगस्त, हस्ति घन गाजा।
तुरय पलानि चढ़े रन राजा।।
स्वाति बूंद चातक मुख परे।
समुद्र सीप मोती सब भरे।।
सरवर सँवरि हंस चलि आए।
सारस कुरलहिं, खंजन देखाए।।
भा परगास, काँस बन फूले।
कंत न फिरे बिदेसहि भूलू।।
बिरह हस्ति तन सालै, धाय करै चित चूर।
बेगि आइ, पिउ! बाजहु! गाजहु होइ सदूर।।

प्रसंग–वर्षा ऋतु की समाप्ति के अवसर पर करूण, दीन भाव से नागमती की याचना–

व्याख्या–नागमती याचना भरे स्वर में कहती है कि हे स्वामी! अब कुवार लग गया है, पानी की मात्रा सर्वत्र कम हो गई है। आपके आगमन की प्रतीक्षा में विरहिणी नागमती बार-बार याचना कर रही है। वह कहती है कि तुम्हें देखकर मेरा सूखा हुआ कृशकाय शरीर पुनः हरा हो जायेगा। हे प्रिय! मेरी तरफ अपनी चेतनावृत्ति को करके यहाँ वापस लौट आओ। अगस्त्य नक्षत्र के उदय होते ही हस्ता नक्षत्र का मेघ गरजने लगा है। राजाओं ने घोड़ों पर पलान रख कर युद्ध भूमि में जाने की तैयारी कर ली है। चित्रा का मित्र चंद्रमा मीन राशि में आ गया है। कोयल ने 'पिकडिक' पुकारते हुए मानों अपने

पति को पा लिया है। वह कहती है कि हे मेरे चित्ताधार, तुम भी घर आओ। स्वाती नक्षत्र की बूंदों से चातक को शांति मिल गई है। वहीं समुद्र में सीप मोतियों से भर गई है। सरोवर की याद आते ही हंस वापिस आ गए हैं; सारस फिर से कुटलने (क्रीड़ा) लगे हैं। पृथ्वी के चारों तरफ कास के बन फूल गए हैं। पर हे प्रिय! तुम विदेश में ऐसे रम गये हो कि मुझे भूल गए हो।

विरह रूपी हाथी शरीर को कष्ट दे रहा है। वह खाकर इसे नष्ट कर देगा। हे प्रिय, जल्दी मेरी सुधि लो और समीप आ जाओ और विरह-रूपी हाथी के समक्ष आकर शेर की भांति गर्जना करो।

विशेषः–

(*i*) विरह को समाप्त करने की बात।
(*ii*) नक्षत्रों का ज्ञान।
(*iii*) विरह को हाथी के समान बताया।
(*iv*) अलंकार-साँगरूपक, उपमा, उत्प्रेक्षा आदि।
(*v*) भाषा अवधी का ठेठ रूप, साथ ही राजस्थानी भाषा का पुट।
(*vi*) दोहा-चौपाई शैली की कविता।

24. ***जीवन मुंहचाही को नीको।***
दरस परस दिन रात करति हैं कान्ह पिचारे पी को।।
नयनन मूँदि-मूँदि किन देखौं बंधो ज्ञान पोथी को।
आछे सुन्दर स्याम मनोहर और जगत सब फीको।।
सुनौ जोग को का लै कीजे जहाँ ज्यान है जीको।
खाटी मही नहीं रूचि मानै सूर सबैया घी को।।

संदर्भ–व्याख्येय काव्य पंक्तियाँ मध्यकालीन कृष्ण भक्ति साधना के अनन्य साधक महात्मा सूरदास रचित 'सूरदास' के गोपी-उद्धव संवाद के नाम से अभिहित पदों में से है। आ॰ शुक्ल ने इस संवाद को 'भ्रमरगीत सार' संज्ञा से संपादित किया है।

प्रसंग–गोपियाँ उद्धव के ब्रह्म ज्ञान को नकार कर उद्धव को जली-कटी सुनाने लगती हैं। गोपियाँ अपनी प्रेम-विह्वलता के कारण, अपने प्रेम तर्कों से उद्धव के निर्गुण निराकार ब्रह्म की उपासना को हास्यास्पद बताती है। साथ ही उद्धव को ताने देने लगती हैं। गोपियाँ उद्धव को ही खरी-खोटी नहीं सुनाती बल्कि मधुवन की कृष्ण की चहेती कुब्जा पर भी व्यंग्य बाणों का प्रहार करती हैं।

व्याख्या–गोपियाँ उद्धव से कहती है कि हे उद्धव! उस कुब्जा का जीवन ही अच्छा है जो प्रियतम कृष्ण के दर्शन और आलिंगन रात और दिन करती रहती है। वे कहती हैं कि ऊधो चाहे जितना भी आप आंखों को बंद कर-कर के देखो लेकिन इस पोथी के बंधे ज्ञान को नहीं पा सकते और ना ही ब्रह्म् प्रेम का सुख मिलेगा। उद्धव, हमारे लिये तो श्याम सुन्दर कृष्ण ही सुन्दर एवं मनोहर है। बाकी समस्त जगत रसहीन मृदुलता विहीन है। हे उद्धव! हम ऐसे जोग (योग) का लेकर क्या करें जिसमें कि अपने प्राणों की हानि का भी भय है। अर्थात् योग में श्वांस खींच-खींच कर साधना की जाती है जिससे मृत्यु भय बना रहता है।

सूरदास कहते हैं कि गोपियाँ आगे कहती हैं कि हे उद्धव! जो शुद्ध घी खाने वाले होंगे उसे खट्टा मट्ठा पसंद नहीं आ सकता। अर्थात् कृष्णप्रेम के समक्ष तुम्हारा यह निर्गुण ज्ञान खट्टे मट्ठे के सदृश है।

विशेषः–

(*i*) 'असूया' भाव की व्यंजना।
(*ii*) श्रद्धाहीन ज्ञानियों के लिए व्यंग्य।
(*iii*) लोकोक्ति, अनुप्रास, उदाहरण, छेकानुप्रास, वृत्यानुप्रास अलंकार।
(*iv*) भाषा सरल, आलंकारिक, ब्रज।
(*v*) गेयता, मुक्तता, गीत के सभी लक्षण
(*vi*) राग धनाश्री।

25. ***आयो घोष बड़ो व्योपारी।***
लादि खेप गुन ज्ञान-जोग की ब्रज में आन उतारी।।
फाटक दे कर हाटक माँगत भैरि निपट सुधारी।।
धुर ही तें खोटो खायो है लये फिरत सिर भारी।।
इनके कहे कौन डहकावै ऐसी कौन अजानी?
अपनो दूध छाँड़ि को पीवै खार कूप को पानी।।
ऊधौ जाहु सबार यहाँ तें बेगि गहरू जनि लावौ।
मुँहमाँज्यो पै हो सूरज प्रभु साहुहि आनि दिखावौ।।

प्रसंग–गोपियाँ उद्धव के ज्ञान-योग के उपदेश को सारहीन बताती हुई उद्धव पर व्यंग्य कर रही हैं।

व्याख्या–गोपियाँ उद्धव पर व्यंग्य करती हुई आपस में वार्तालाप करती हैं कि हमारी इस अहीर बस्ती में यह कौन बड़ा व्यापारी आया है। इसने हमारे ब्रजांचल में ज्ञान एवं योग गुण की खेप लाकर उतारी है। यह व्यापारी हमको अपना फटा-पुराना, तुच्छ सामान देकर, हमें मूर्ख समझकर, हमसे सोना (स्वर्ण) मांग रहा है। गोपियाँ वार्तालाप को विस्तार देते हुए कहती हैं कि इसका माल तो अपने उद्गम स्थल से ही खराब है, बेकार है। तब ही तो इसको अभी तक कोई ग्राहक नहीं मिला है। न ही इसका माल बिका है। इसीलिए यह अपने ज्ञान गुण, योग के माल के भारी बोझ को सिर पर लाद कर घूम रहा है। इसके बहकावे में यहाँ पर कोई नहीं आने वाली है। ना ही हम अज्ञानी हैं? हे सखियों; ये बताओ अपने घर के मृदु दूध को छोड़कर कौन खारे कुएँ का पानी पियेगा। गोपियाँ ऊधो से कहती हैं कि तुम यहाँ से प्रातः जल्दी चले जाना, देर मत करना। सूरदास गोपियों से कहलवाते हैं कि तुम अपने महाजन अर्थात् परम ब्रह्म ईश्वर को हमारे समक्ष साकार करो तो हम तुम्हें जानेंगे।

विशेषः–

(*i*) निर्गुण ब्रह्म को निस्सार, अनुपयोगी, उपेक्षणीय बताया है।
(*ii*) निर्गुण संप्रदायवादियों पर तीव्र प्रहार।
(*iii*) 'खार कूप को पानी' दृष्टांत अलंकार।
(*iv*) प्रेम में विह्वलता।
(*v*) सूरदास की जगह 'सूरज' शब्द का वर्णन।
(*vi*) गेयता, आत्माभिव्यंजना।
(*vii*) भाषा सरल, ब्रज की कोमल पदावली से युक्त।

26. ***जोग ठगौरी ब्रज न बिकैहे।***
यह ब्योपार तिहारो ऊधो! ऐसोई फिरि जैहै।।
जापै लै आए हौ मधुकर ताके उर न समैहे।
दाख छाँड़ि कै कटुक निंबौरी को अपने मुख खैहै?
मूरी के पातन के केना को मुक्ताहल दैहै।
सूरदास प्रभु गुनहि छांड़ि कै को निर्गुन निरबैहै?

प्रसंग–उद्धव के ज्ञान-योग पर व्यंग्य करती हुई गोपियाँ कहती है।

व्याख्या–गोपियाँ उद्धव को संबोधित करके कहती हैं कि हे उद्धव ! तुम्हारा यह ठगने वाला जोग (योग) ब्रज में बिकने वाला नहीं है। तुम्हारा यह ज्ञान रूपी निर्गुण माल यहाँ से वापस चला जाएगा। हे उद्धव! तुम जिस किसी के लिए भी यह निर्गुण ज्ञान का बोझ लेकर आये हो, उसके हृदय में यह ज्ञान योग नहीं समाएगा। अच्छा उद्धव, एक बात बताओं की अंगूरों को छोड़कर कड़वी निबौलियाँ कौन खायेगा। कौन अपना मुँह कड़वा करेगा। ऐसा कौन इस प्रदेश में मूर्ख है। उद्धव तुम हमको यह बताओ की मूली के पत्तों के बदले में कोई तुमको मोती देगा क्या? सूरदास गोपियों से कहलवाना चाहते हैं कि ऐसा कौन हृदय है जो गुणवान को छोड़कर, निर्गुण को अपनाएगा।

विशेषः–
(*i*) 'उर न समैहे, मुहावरा है।
(*ii*) रूपक, अन्योक्ति, तुल्योपार्गता, श्लेष, परिकर अलंकार।

27. ***आए जोग सिखावन पाँड़े।***
परमारथी पुराननि लादे ज्यों बनजारे टाँडे।।
हमरी गति पति कमलनयन की जोग सिखैं ते राँड़े।
कहौ मधुप, केसे समायँगे एक म्यान दो खाँड़े।।
कहु षदपद, कैसे खैयतु है हाथिन के संग गाँड़े।
काकी भूख गई बयारि भखि बिना दूध घृत माँडे।।
काहे जो झाला लै मिलवत, कौन चोर तुम डांडे।
सूरदास तीनों नहीं उपजत धनिया धान कुम्हांड़े।।

प्रसंग–गोपियाँ ज्ञान-योग और उसके समर्थक ऊधो पर प्रहार करती हुई कहती है कि–

व्याख्या–हे सखी ! ये पाँडे जी हमको योग सिखाने के लिए आए है। ये परमार्थ की शिक्षा देने वाले शास्त्रों, पुराणों, वेदों के बोझ को उसी प्रकार सिर लादे घूम रहे हैं। जिस प्रकार बनजारे लोग वजन उठाये फिरते रहते हैं। जिनका कहीं कोई स्थान, रैन-बसेरा नहीं होता। हम तो केवल श्री कृष्ण की शरण में ही है। जो कि कमल जैसे नेत्रों वाले हैं। योग-ज्ञान तो वही सीखेगी जो विधवा है। हमारे श्री कृष्ण पति अभी मौजूद हैं। हम तो सुहागिनें हैं।

गोपियाँ उद्धव को संबोधित करती हुई कहती हैं कि हे मधुप! तुम्ही बताओ, एक म्यान में दो तलवारें किस प्रकार समायेंगे? अर्थात् एक दिल में दो के प्रति निष्ठा भावना कैसे हो सकती है? भाव यह है कि हमारे हृदय में कृष्ण के प्रति प्रेम है अन्य किसी के लिए नहीं। निर्गुण निराकार, योग की साधना के लिए तो बिल्कुल नहीं। हे छः पैरों वाले भँवरे! हाथियों के साथ गन्ने किस प्रकार खा सकते हो? जिस प्रकार हाथी के साथ गन्ने खाने में व्यक्ति असमर्थ होता है उसी प्रकार कोमल, अबला नारियाँ भी निर्गुण ब्रह्म की साधना करने में असमर्थ है। हे मधुप बताओ कि सिर्फ वायु भक्षण से भूख दूर हो सकती है? क्या दूध, घी, अन्न की जरूरत नहीं होगी? या फिर तुम ऐसे कहाँ के साहुकार हो जो हमको चोर की तरह देखकर हांकने की कोशिश कर रहे हो?

सूरदास गोपियों के द्वारा कहलवाते हैं कि हे ऊधो! तुम बताओ की क्या धनिया, धान और कुम्हड़ा एक साथ अपना निर्वाह करते हैं? हम गोपी स्त्रियों के मन में योग उत्पन्न करने का प्रयत्न उसी प्रकार है जिस प्रकार धान, धनिया और कुम्हाड़े की खेती एक साथ करना।

विशेषः–
(*i*) प्रथम उक्ति में 'जोग सिखावन पांड़े' में विपरीत लक्षण का चमत्कार है।
(*ii*) प्राणायाम करने को हवा खाकर जीवित रहने का प्रयत्न बताना सूरदास के वाग्वैदग्ध्य का सुन्दर निदर्शन है।
(*iii*) लोकोक्तियों एवं मुहावरों का प्रयोग।
(*iv*) सगुण और निर्गुण की उपासना एक साथ असंभव है यह बताने का भरपूर प्रयास किया गया है।
(*v*) उपमा, लोकोक्ति अलंकार।

28. ***ऐ अलि ! कहा जोग में नीको?***
तजि रसरीति नंद नंदन की सिखवत निर्गुण पीको।।
देखत सुनत नाहि कछु सवननि, ज्योति ज्योति करि ध्यावत।
सुन्दर स्याम दयालु कृपा निधि कैसे हौ बिसरावत?
सुनि रसाल मुरली-सुर की धुनि सोई कौतुक रस भूलैं।।
अपनी भुजा ग्रीव पर मैलें गोपिन के सुख फूलैं।।
लोककानि कुल को भ्रम प्रभु मिलि-मिलि कै घर बन खेली।
अब तुम सूर खवावन आए जोग जहर की बोली।।

प्रसंग–उक्त सूर कृत मुक्तक में गोपियाँ उद्धव से कहती हैं कि 'ऊधो तुम्हारे निर्गुण ब्रह्म में क्या रखा है? वह तो फीका है। हमारे कृष्ण तो रसीले हैं। हम ऐसे रसीले कृष्ण को कैसे भूल जाएं–

व्याख्या–गोपियाँ उद्धव से कहती हैं कि 'हे भंवरे ! तुम्हारे जोग में अच्छा क्या है? हम रस के सागर श्रीकृष्ण को छोड़कर निर्गुण ब्रह्म की आराधना क्यों सीखे जो कि निर्गुण है। बिना गुण के है। तुम हमसे प्रेम मूर्ति कृष्ण को भूलने को कहते हो। जिस ब्रह्म को हम न सुन पायेंगे' न देख पायेंगे और न ही किसी तरह का श्रुत व्यवहार करेंगे! केवल ज्योति-ज्योति की आराधना की जाती है। हम इस ज्योति-ज्योति की आराधना के द्वारा सगुण सुन्दर, रसयुक्त मूर्त रूप श्री कृष्ण, दया सागर को कैसे भुला पायेंगे? हम इस मुरली की स्वर-ध्वनि सुनकर हर तरह के रस को भूल जाते हैं। हम मुरली से तादात्म्य कर लेते हैं। हम कृष्ण के द्वारा गले में हाथ डालकर सुख प्राप्त करते हैं। बताओ तुम्हारे निर्गुण ब्रह्म में इस तरह का सुख मिल पायेगा? हमने लोक की मर्यादा और कुल की महत्ता के भ्रम को तोड़ दिया है और स्वामी कृष्ण के साथ मिल-मिल कर घर और वन में साथ-साथ खेला है। सूरदास गोपियों से

कहलवाते हैं कि हे उद्धव! अब तुम हमें योग रूपी जहर की बेल खिलाने आये हो। अर्थात् तुम्हारा योग-ब्रह्म का उपदेश हमारे लिए विष के समान है।

विशेषः–

(*i*) इस पद में भी निर्गुण को अग्रहणीय एवं तुच्छ व जहरीला बतलाकर तथा कृष्ण प्रेम को रसमय बताकर उसकी श्रेष्ठता सिद्ध की गई है।

(*ii*) जोग-जहर की बेली में, रूपक अलंकार है।

29. ***हमरे कौन जोग व्रत साधै?***
मृगत्वच, भस्म अधारि, जटा इतनौ को अवराधै?
जाकी कहूँ थान नहिं पैए अगम, अपार, अगाधै।
गिरिधर लाल छबीले मुख पर इते बाँध को बाँधै?
आसन पवन विभूति मृगछाला ध्याननि की अवराधै?
सूरदास मानिक परिहरि कै राख गाँठि को बाँधै?

प्रसंग–इस पद में गोपियाँ निर्गुण ज्ञान मार्ग की साधना की जमकर आलोचना करती है।

व्याख्या–गोपियाँ उद्धव से कहती हैं कि हमारे यहाँ लोगों में कौन योग-व्रत की साधना करेगा? कौन है जो मृगछाला पर बैठकर राख मले, जटा बढ़ाये और निर्गुण ब्रह्म की आराधना करे, साधना करे। जिस ब्रह्म की कोई सीमा या जानकारी ही नहीं है ऐसे अगम्य, अगोचर, सर्वव्यापी ब्रह्म की आराधना कौन करेगा? हम श्री कृष्ण के मुख को जो कि छवियुक्त है, आकर्षक है, उसको छोड़कर हम अपने ऊपर बंदिशे लगा लें? हम कृष्ण मुख को भूल जायें? क्या हम कृष्ण मुख की सुन्दर छवि को भूलकर आसन, पवन, भस्म, मृगछाला, ज्योति की साधना कर पायेंगे? सूरदास जी कहते हैं कि कौन ऐसा (मूर्ख) है जो माणिक्य को छोड़कर अपनी गाँठ में राख बाँधेगा? अर्थात् क्या हम ऐसी मूर्ख हैं कि सुन्दर छवि वाले कृष्ण को विस्मृत कर निर्गुण ब्रह्म को अपनायेंगे?

विशेषः–

(*i*) इस पद में योग-साधना के साधनों को आडम्बर या झंझट बताकर योग-साधना पथ को ही झंझट बता दिया गया है। योग साधना में इसकी भी तो प्रामाणिकता नहीं कि साधना सफल ही हो जाये और ब्रह्म मिल ही जाय। जबकि सगुण रूप तो प्रत्यक्ष मिला हुआ है। इसके लिए साधन एकत्र करने की भी आवश्यकता नहीं। निश्चय ही योग साधना क्लिष्ट साधना है।

(*ii*) इसमें अष्टांग योग के आसन, प्राणयाम और ध्यान का उल्लेख हुआ है।

(*iii*) निदर्शना अलंकार और बाँध बाँधना मुहावरा है।

30. ***"कौन हो तुम बसंत के दूत, विरस पतझड़ में अति सुकुमार;***
घन तिमिर में चपला की रेख, तपन में शीतल मंद बयार।
नखत की आशा किरण समान, हृदय की कोमल कवि की कांत;
कल्पना की लघु लहरी दिव्य कर रही मानस हल चल शांत।"
लगा कहने आगंतुक व्यक्ति मिटाता उत्कंठा सविशेष;
दे रहा हो कोकिल सानन्द सुमन को ज्यों मधुमय संदेशः–

प्रसंग–प्रस्तुत काव्य अवतरण में कवि प्रसाद ने मनु और श्रद्धा के परिचय काल में मनु श्रद्धा का परिचय जानने हेतु व्यग्र है। वह श्रद्धा से परिचय देने को कहता है।

व्याख्या–अपना परिचय बताने के पश्चात् मनु श्रद्धा से परिचय जानने की आतुरता दिखलाता और कहता है कि "हे वसंत के दूत तुम कौन हो? तुम इस पतझड़ के नीरस वातावरण में भी अति सुकुमार हो। घने काले बादलों में विद्युत की एक रेखा सी, तपते मौसम में शीतल मंद पवन तुम कौन हो? अर्थात् तुम पतझड़ रूपी इस मेरे जीवन में बसंत को आविर्भूत" करने वाली कौन हो? तुम एक नक्षत्र के समान हो और तुम उस कवि हृदय की लघु कोमल कल्पना के समान हो जो मनस्थल में हलचल उत्पन्न कर देती है। कवि कहता है कि इस प्रकार वह व्यक्ति (मनु) कहने लगा और अपनी शेष जिज्ञासाओं को शांत करने हेतु इस तरह अपनी प्रश्नाकुलता व्यक्त करने लगा। जैसे कोई कोकिल आनंद युक्त पुष्प को मधुरता युक्त संदेश दे रहा हो।

विशेषः–

(*i*) मनु की श्रद्धा के प्रति जिज्ञासावृत्ति।

(*ii*) एकाकी जीवन में नीरसता को दूर करने आये आंगतुक को वसंत बताया।

(*iii*) रूपक, श्लेष, उपमा, विरोधाभास, अनुप्रास, रूपकातिश्योक्ति, उत्प्रेक्षा उदाहरण अलंकार।

(*iv*) भाषा में छायावादीपन।

(*v*) कल्पना के द्वारा भावों को शिल्प प्रदान किया।

31. ***दुःख की पिछली रजनी बीच विकसता सुख का नवल प्रभात;***
एक परदा यह झीना नील छिपाये है जिसमें सुख गात !
जिसे तुम समझे हो अभिशाप, जगत की ज्वालाओं का मूल;
ईश का वह रहस्य वरदान कभी मत इसको जाओ भूल !
विषमता की पीड़ा से व्यस्त हो रहा स्पंदित विश्व महान;
यही दुख सुख विकास का सत्य यही भूपा का मधुमय दान।
नित्य समरसता का अधिकार, उमड़ता कारण जलधि समान;
व्यथा से नीली लहरों बीच बिखरते सुख मणि गण द्युतिमान।

प्रसंग–प्रस्तुत पद्यांश में कवि दुःख एवं सुख की समरसता से ही जीवन की गतिशीलता के सिद्धांत को व्याख्यायित करता है।

व्याख्या–कवि उक्त पंक्तियों में वर्णित करता है कि दुःख भरी रात्रि के बाद ही सुख रूपी नवल प्रभात का आविर्भाव होता है अर्थात् दुःख के बाद ही सुख के अस्तित्व का भान होता है। रात के इस झीने नील परदे के अंदर ही सुख छिपा रहता है। हे तपस्वी ! तुम जिसे समस्त जगत की ज्वालाओं अर्थात् समस्याओं का मूल मानकर अभिशाप समझ बैठे हो, वही ईश्वर की रहस्यमय लीला है ! रहस्यमय वरदान है। इसको तुम मत भूलो। यह संपूर्ण विश्व जगत विषमता की पीड़ा के कारण ही गतिशील हो रहा है। यही सब सुख-दुःख के विकास का मूल है और यही उस परम नियामक शक्ति का हमको दान है। अर्थात् मनुष्य सुख-दुःख के द्वंदों से ही अपना, अपने समाज का सतत् विकास करता है।

श्रद्धा तपस्वी से कहती है कि नित्य समरसता का अधिकार मानवों के मध्य होता है। परन्तु इसी समरसता के मोह में ही व्याप्त है विषमता का द्वंद। जिस प्रकार समुद्र उद्वेलन की व्यथा से नीली लहरों द्वारा द्युतिमान माणिकों को किनारे पर की कठोर भूमि पर छोड़ जाता है अर्थात् मनुष्य के मन में, हृदय में दुःख के आविर्भाव होने के पश्चात, सुख का आगार बिखरने लगता है अर्थात् दुखातिरेक से मनुष्य सुख से वंचित हो जाता है।

विशेषः–

(*i*) सुख एवं दुःख के द्वंद को व्यक्त किया है।
(*ii*) मनुष्य की मानसिकता का विश्लेषण।
(*iii*) नियति नटी के कार्यकलापों का वर्णन।
(*iv*) रूपक, अनुप्रास अलंकार।
(*v*) प्रसाद की छायाद्वादी यवनिका की शब्दावली।

32. ***लगे कहने मनु सहित विषादः–"मधुर मारुत से ये उच्छ्वास;***
अधिक उत्साह तरंग अबाध उठाते मानस में सविलास।
किंतु जीवन कितना निरूपाय! लिया है देख नहीं संदेह;
निराशा है जिसका परिणाम, सफलता का वह कल्पित गेह।"

प्रसंग–श्रद्धा के द्वारा जीवन के प्रति सकारात्मक दृष्टिकोण का उद्‌बोधन सुनकर मनु के मन में एक बार अवश्य जीवन के प्रति उत्साह भाव आता है। किन्तु, मनु को क्षणभर बाद प्रलयास्मृति हो जाती है जिसके फलस्वरूप, मनु निराश भाव से ग्रसित हो जाते हैं।

व्याख्या–मनु विषाद युक्त वाणी में कहने लगे, "मेरे लिए तुम्हारे ये मधुर पवन के समान विचार आनंददायी है। ये विचार मेरे शरीर में उत्साह की तरंगों का संचार करते हैं। मेरा मानस उत्साह से अबाध रूप से पुलकित होता है।

मनु पुनः कहता है कि, "जीवन कितना निस्सहाय है मैंने इसे अच्छी भली प्रकार से जाँच-परख लिया है। इसमें मुझे संदेह नहीं है। इस जीवन का परिणाम निराशा है और सफलता तो केवल कल्पना मात्र एक घर के समान है। अर्थात् जीवन निराशाओं का ही कोश है।

विशेषः–

(*i*) जीवन में निराशा भाव की व्यंजना।
(*ii*) रूपक, श्लेष अलंकार।

33. ***है अमा-निशा; उगलता गगन घन अंधकार;***
खो रहा दिशा का ज्ञान; स्तब्ध है पवन-चार;
अप्रहित गरज रहा पीछे अम्बुधि विशाल;
भूधर ज्यों ध्यान-मग्न; केवल जलती मशाल।
स्थिर राघवेन्द्र को हिला रहा फिर-फिर संशय,
रह-रह उठता जग जीवन में रावण-जय-भय;
जो नहीं हुआ आज तक हृदय रिपु - दम्य - श्रांत,
एक भी, अयुत - लक्ष में रहा जो दुराक्रांत,
कल लड़ने को हो रहा विकल वह बार-बार,
असमर्थ मानता मन उद्यत हो हार-हार।

प्रसंग–राम की मनःस्थिति का कवि उस समय के प्राकृतिक वातावरण में से सजीव चित्रित करता है।

व्याख्या–कवि ने वर्णित किया है कि यह अमावस्या की काली रात्रि है। आकाश रूपी राक्षस मानों निरंतर अंधकार का वमन कर रहा है जिससे अंधकार और अधिक गहरा होता जा रहा है। जिसके कारण पवन का संचरण अवरूद्ध हो गया है और दिशाओं का ज्ञान नहीं हो रहा है। पर्वत के पीछे विशाल सागर की लहरें सतत् भयानक गर्जना कर रही। इसके ठीक विपरीत भाव से भूधर अर्थात् पर्वत ध्यान मग्न साधु की तरह अचल है और मशाल के प्रकाश से आलोकित हो रहा था। इसी वातावरण में कवि राम के मनोभावों का आंकलन करता है और कहता है कि राघवेन्द्र अर्थात् राम को संशय हो रहा है जो राम के हृदय में समुद्र की लहरों की भांति हिल रहा है। राम के अंतःस्थल में रावण की जय का भय रह-रह कर उठ रहा है। राम का वही हृदय जो आज तक कभी भी शत्रु से दमित एवं श्रांत नहीं हुआ था, जो हजारों लाखों के समूह में अकेला रहकर भी अविजित ही रहा; वह स्वभाव से योद्धा होने के कारण परवर्ती दिवस के युद्ध के लिए आकुल हो रहा है, किन्तु तत्पर होकर भी किसी असमर्थता के बोध से हार-कर ध्यान उसी ओर जाता है।

विशेषः–

(*i*) प्रकृति का चित्रण मनोविज्ञान एवं शैली विज्ञान दोनों ही दृष्टियों से मार्मिक है।
(*ii*) राम के आंतरिक भावों को प्रकृति के माध्यम से परोक्ष रूप में वर्णित।
(*iii*) राम को मानव सदृश माना है। तब ही तो राम का मन संशय सागर में उद्वेलित होता है।
(*iv*) बिम्बात्मकता, शब्दावली चयन, महाप्राण एवं सघोष वर्णो का प्रयोग।
(*v*) मनोवैज्ञानिक चित्रण।
(*vi*) समासयुक्त शब्दावली।
(*vii*) अलंकार-मानवीकरण, परिकरांकुर, उपमा, विरोधाभास पुनरूक्ति अलंकार।

34. ***ऐसे क्षण अंधकार घन में जैसे विद्युत,***
जागी पृथ्वी - तनया - कुमारिका - छवि, अच्युत।
देखते हुए बिष्पलक, याद आया उपवन
विदेह का, – प्रथम स्नेह का लतान्तरात मिलन
नयनों का - नयनों से गोपन - प्रिय सम्भाषण,
पलकों का नव पलको पर प्रथमोत्थान - पतन,
काँपते हुए किसलय, – झरते पराग - समुदय,
गाते खग नव - जीवन - परिचय,– तरु मलय-वलय,
ज्योतिः प्रपात स्वर्गीय, – ज्ञात छवि प्रथम स्वीप,
जानकी - नयन - कमनीय प्रथम कम्पन तुरीप।

प्रसंग–प्रस्तुत काव्य उक्तियों में कवि ने राम की निराश एवं हताश मनःस्थिति में से निकालकर, राम के हृदय में अचानक प्रिया जानकी की स्मृति एवं प्रथम मिलन के प्रथमोदय को अंकित करता है।

व्याख्या–राम को निराशा रूपी अंधकार के मध्य में सीता की स्मृति इस प्रकार आती है मानों सघन मेघ वाले बादलों

के मध्य विद्युत आई हो। राम पृथ्वी पुत्री सीता की कौमार्यावस्था की छवि को अपलक नेत्रों में बसाने लगे। राम को वह प्रथम मिलन याद आया जिसमें लताओं की ओट से सीता और राम ने एक दूसरे के प्रथम दर्शन किये थे। आंखों ही आंखों में राम और सीता ने गुप्त प्रेम का संभाषण किया। दोनों नेत्र पलकों को झुका झुकाकर अपने प्रणय संदेश का आदान-प्रदान कर रहे थे।

इस प्रेमी युगल की प्रणय भावनाओं से मानों उपवन भी मनोरमता से युक्त हो गया था। इस मधुर अनुभूति से युक्त प्रेम निवेदन को देखकर नव पल्लव कंपित हो रहे थे। पुष्पों से हर्षातिरेक के कारण पराग झर रहा था। बगीचे के पक्षी जीवन के इस अभिनव परिचय पर मुग्ध होकर मधुर गीत गा रहे थे तथा चंदन के वृक्ष समूहबद्ध होकर संगीतमय सुगंध बिखरा रहे थे आकाश मानों दिव्य प्रकाश का निर्भर निःसृत कर रहा है। सीता के सरल स्निग्ध नयनों में अपने प्रति एकाकी अगाध स्नेह को लक्ष्य कर राम को प्रथम बार अपने पुरूषत्व की अनुभूति हुई, मानों राम की एकांत ध्यानमग्न अवस्था में पहली बार कंपन हुआ है।

विशेषः–

(*i*) फ्लैश बैक प्रविधि का उपयोग।
(*ii*) कवि ने प्रतीकात्मक रूप से राम की मनोदशा का वर्णन।
(*iii*) भाषा की शैली कोमल, माधुर्यगुण से सम्पन्न है।
(*iv*) सीता को मुग्धा नायिका बताया गया है।
(*v*) लतान्तराल मिलन के संदर्भ में रामचरित मानस की पंक्ति, "लता ओर ओट तब सखिन लखाये" दृष्टव्य है।
(*vi*) स्मृति संचारी भाव।
(*vii*) अलंकार-उपमा, श्लेष, परिकरांकुर, विशेषण-विपर्यय, मानवीकरण, अनुप्रास, रूपक।
(*viii*) समासयुक्त, लाक्षणिक भाषा।

35. ***सिहरा तन, क्षण भर भूला मन, लहरा समस्त,***
हर धनुर्भंग की पुनर्वार ज्यों उठा हस्त,
फूटी स्मिति सीता - ध्यान - लीन राम के अधर,
फिर विश्व - विजय - भावना हृदय में आयी भर,
वे आये याद दिव्य शर अगणित मन्त्रपूत,–
फड़का पर नभ को उड़े सकल ज्यों देवदूत,
देखते राम, जल रहे शलभ ज्यों रजनीचर,
ताड़का, सुबाहु, विराध, शिरस्त्रय, दूषण, खर;
फिर देखी भीमा - मूर्ति, आज रण देखी जो
आच्छादित किये हुये सम्मुख समग्र नभ को,
ज्योतिर्मय अस्त्र सकल बुझ - बुझकर हुए क्षीण,
पा महानिलय उस तन में क्षण में हुए लीन;
लख शंकाकुल हो गये अतुल - बल शेष - शयन,
खिंच गये दृगों में सीता के राममय नयन;
फिर सुना - हँस रहा अट्टहास रावण खल-खल,
भावित नयनों से सजल गिरे दो मुक्ता - दल।

प्रसंग–कवि, राम के अंतर्मन में सीता की स्मृति लाकर, राम में पुनः शक्ति एवं पराक्रम का भाव आविर्भूत करता है। राम अतीत की वीरता की बातों को अपनी स्मृति में दोहराते चलते हैं।

व्याख्या–राम का हृदय वर्तमान काल की द्वंद्व से ग्रस्त निराशा के क्षणों को भेदकर नवोदित प्रणय भाव की स्मृति से सिहर उठता है। राम-रावण से युद्ध की पराजय को भूल मिथिला की स्मृतियों को जीवित करते हैं तथा राम का हाथ मानों एक बार फिर से शिव धनुष पर उठ गया है। सीता के ध्यान में मग्न राम के होठों पर स्मिति उभर आयी तथा सीता के स्मरण में राम का अवचेतन पौरुष चेतन हो उठा और एक बार फिर विश्व-विजय की भावना अंतःस्थल में जागृत हो उठी। राम को सहसा अपने मंत्रों से पवित्र किये गये बाणों की याद आई और राम मानों उस स्मृति से पंख लगाकर देवदूत की भांति आकाश में उड़ने लगे। स्मृतिमय राम अपनी कल्पना में अतीत के विजय दृश्यों को देखकर प्राणवान हो उठे। राम इस दृश्य को कल्पना में लेकर इस तरह बिम्ब बनाने लगे जैसे राक्षसगण पतंगों की भांति जल रहे हो। इन राक्षसों में ताड़का, सुबाहु, विराध, त्रिशिरा एवं खरदूषण आदि पराक्रमी भी थे। फिर तत्क्षण राम को वही विशालकाय भीमाकार रावण की छवि दिखाई दी जो राम ने आज के युद्ध में देखी थी। राम के ज्योतिमयी सभी अस्त्र अग्निबाण आदि सभी रावण के तन में जाकर विलय हो गये। यह दृश्य देखकर अतुलनीय बल के स्वामी शेषषायी विष्णु के अवतार रामचंद्र संशय से भर उठे तथा राम की आँखों के समक्ष रावण के पास बंदिनी ध्यान मग्न सीता के सजल नेत्र उभर आये जिनमें राम छवि दिखाई पड़ रही थी। तदोपरांत राम को रावण का विजय-गर्व से युक्त अट्टहास सुनाई पड़ा। राम अपनी पराजय को सोचकर भाव विह्वल हो गये और नेत्रों से दो बूंद आंसू निकल आये।

विशेषः–

(*i*) निराला ने मनोविज्ञान का सहारा लिया।
(*ii*) राम के आवेश को व्यक्त करने के लिए कारकों के विपर्यय से चमत्कार सृष्टि की गई है।
(*iii*) निराला के विचारों में नारी-नर की प्राप्ति होती है।
(*iv*) विशेषण-वक्रता।
(*v*) भाव-सबलता।
(*vi*) राम को विष्णु अवतार बताया गया है।
(*vii*) भाववाचक शब्दों का वर्णन।
(*viii*) भावात्मक बिम्ब।
(*ix*) उत्प्रेक्षा, उपमा, विरोधाभास, वीप्सा, बिंब-प्रतिबिम्ब, रूपक, परिकरांकुर अलंकार है।
(*x*) भाषा समासगुण युक्त, माधुर्य एवं लाक्षणिक है।

36. ***बैठे मारुति देखते राम – चरणारविन्द –***
युग 'आस्ति - नास्ति' के एक - रूप गुण - गण - अनिन्ध
साधना - मध्य भी साम्य - वाम - कर दक्षिण - पद,
दक्षिण - कर, तल पर वाम चरण, कपिवर गद्गद
पा सत्य, सच्चिदानंद रूप, विश्राम - धाम,
जपते सभक्ति अजया विभक्त हो राम - नाम।
युग चरणों पर आ पड़े अस्तु वे अश्रु - युगल,

देखा कपि ने, चमके नभ में ज्यों तारा - दल;–
ये नहीं चरण राम के, बने श्यामा के शुभ,–
सोहते मध्य में हीरक युग या दो कौस्तुभ
टूटा वह तार ध्यान का, स्थिर मन हुआ विकल
सन्दिग्ध भाव की उठी दृष्टि, देखा अविकल
बैठे वे वही कमल - लोचन, पर सजल नयन,
व्याकुल - व्याकुल कुछ चिर - प्रफुल्ल मुख निश्चेतन।

प्रसंग–कवि ने राम के निराशमय भाव में बैठे देखकर, हनुमान जो कि राम के चरणबिन्दु की तरफ बैठे हैं के मनोभावों का अंकन उपर्युक्त पंक्तियों में किया है।

व्याख्या–राम के चरणों की ओर बैठे हनुमान राम के चरण-कमलों की भक्ति भाव से वंदना कर रहे हैं। हनुमान इस भाव में निमग्न है कि राम निन्दा से रहित गुणों के समूहों से मंडित, इनके युगल चरण मानों ब्रह्म के होने न होने की धारणाओं के साक्षात् रूप है। राम का बांया हाथ दाहिने चरण पर तथा दाहिनी हथेली बायें पैर पर रखी थी आदि के रूप में राम की मुद्रा देखकर हनुमान गद्गद हो गये। परम सत्य, शांति एवं पूर्ण आनंद के मूल तथा मोक्ष के आगार श्री राम के स्वरूप सत्-चित-आनंद मूर्ति को देख हनुमान अजपा जाप करने लगे। उसी समय राम के दोनों चरणों पर, दो अश्रु बिन्दु आ गिरे। ध्यानमग्न हनुमान को ये अश्रु बिन्दु आकाश में द्युतिमान दो तारे से प्रतीत हुए। पुनः हनुमान को यह आभास होता है कि ये चरण राम के नहीं, बल्कि, कालरूपिणी महाशक्ति के चरण हैं तथा इन चरणों के मध्य दो हीरे और दी कौस्तुभ मणियां चमक रही हों। तब ही अचानक हनुमान की भक्ति-एकाग्रता भंग हो गई तथा हनुमान का स्थिर मन अस्थिर होने लगा। यथार्थ स्थिति का भान होते ही ज्योंहि आंख उठाकर उन्होंने संदेह-दृष्टि से राम की ओर देखा। उस स्थान पर कमलरूपी नयनों वाले रामचंद्र ही विद्यमान थे किन्तु उनके नेत्र अश्रुओं से आर्द्र थे। वह प्रसन्न मुख जो हमेशा प्रफुल्ल रहता था, बिल्कुल व्याकुल एवं उदास था तथा वे संज्ञा हीन - से हो रहे थे।

विशेषः–

(*i*) कवि अप्रत्यक्ष रूप से स्वयं भक्ति-विह्वलता में है।
(*ii*) हनुमान के चिंतन में छायावादकालीन रहस्यवादी जिज्ञासा वृति जागृत है।
(*iii*) कवि की दार्शनिक चिन्ताधारा ने काव्य में स्थान पाया है।
(*iv*) 'चमके नभ में ज्यों तारादल' - ऐसी उत्प्रेक्षा युक्त तुलसी की पंक्ति- "श्रम सीकर सांवरी देह लसैं जिमि राति महातम तारक में।"
(*v*) अलंकार - रूपक, संदेह, विरोधाभास, व्याकुल, अपह्नुति, पदमैत्री परिकरांकुर।

पद्य आधारित प्रश्न

काव्यांश 1

अति खल की संगति करने से,
जग में मान नहीं रहता है।
लोहे के संग में पड़ने से,
घन की मार अनल सहता है।।
सबसे नीतिशास्त्र कहता है,
दुष्ट-संग दुख का दाता है।
जिस पय में पानी रहता है,
वही खूब औंटा जाता है।।

दिए गए काव्यांश के आधार पर निम्नलिखित प्रश्नों के उत्तर दें।

1. 'पय' शब्द का अर्थ है–
A. पानी B. बर्तन
C. दूध D. इनमें से कोई नहीं

2. खल की संगति करने से–
A. मार सहना पड़ता है।
B. सम्मान नहीं मिलता।
C. प्रताड़ित किया जाता है।
D. खूब लाभ मिलता है।

3. उपरोक्त काव्यांश का केन्द्रीय भाव है–
A. अच्छी संगति के परिणाम
B. बुरी संगति के परिणाम
C. बुरी संगति से लाभ
D. इनमें से कोई नहीं

4. 'अनल' शब्द के पर्यायवाची हैं–
(*i*) पावक (*ii*) पय
(*iii*) अग्नि (*iv*) हुताशन
A. (*i*), (*ii*) एवं (*iii*) B. (*ii*), (*iii*) एवं (*iv*)
C. (*i*), (*iii*) एवं (*iv*) D. (*i*), (*ii*) एवं (*iv*)

5. किस दूध को खूब खौलाया जाता है?
A. जिसे पहले नहीं खौलाया गया हो
B. जिस दूध के फटने की आशंका हो
C. जिस दूध से दही बनाना हो
D. जिसमें पानी मिला हो

काव्यांश 2

भड़क भुला दो भूतकाल की,
सजिये वर्तमान के साज।
फैसन फेर इंडिया भर के,
गोरे गॉड बनो ब्रजराज।।
गौर वर्ण वृषभानुसुता का,
काले-काले तन पर तोप।
नाथ उतारो मोर मुकुट को,
सिर पै सजो साहिबी टोप।।
पौडर चंदन पोंछ लपेटो,

आनन की श्री ज्योति जगाय।
अंजन अंखियों में मत आंजो,
आला ऐनक लेहु लगाय।।
रवधर कानों में लटका लो,
कुंडल काढ़ मेकराफून।
तज पीताम्बर कम्बल काला,
डालो कोट और पतलून।।

दिए गए काव्यांश के आधार पर निम्नलिखित प्रश्नों के उत्तर दें।

1. दिया गया पद्यांश है–
   A. रीति-कालीन काव्यांश B. छायावाद युगीन काव्यांश
   C. हास्य-व्यंग्य रचना D. इनमें से कोई नहीं
2. पद्यांश में ब्रजराज को क्या बनने की सलाह दी गई है?
   A. अभिनेता B. गोरा गॉड
   C. अंग्रेजी वक्ता D. इनमें से कोई नहीं
3. कविता द्वारा मजाक उड़ाया गया है–
   A. विदेशी संस्कृति का
   B. अपनी संस्कृति
   C. पुराने विचारों का
   D. विदेशियों की नकल करने वालों का
4. 'वृषभानुसुता' में समास है–
   A. कर्मधारय B. द्विगु
   C. बहुब्रीहि D. अव्ययीभाव
5. 'पीताम्बर' का संधि-विच्छेद है।
   A. पीत + अम्बर B. पीता + म्बर
   C. पीला + अम्बर D. पी + ताम्बर

काव्यांश 3

सच्चा प्रेम वही है जिसकी,
तृप्ति आत्म-बलि पर हो निर्भर।
त्याग बिना निष्प्राण प्रेम है,
करो प्रेम पर प्राण निछावर।।
देश प्रेम वह पुण्य-क्षेत्र है,
अमल असीम त्याग से विलसित।
आत्मा के विकास से जिसमें,
मनुष्यता होती है विकसित।।

दिए गए काव्यांश के आधार पर निम्नलिखित प्रश्नों के उत्तर दें।

1. पद्यांश के अनुसार सच्चा प्रेम निर्भर है–
   A. आत्मोत्सर्ग पर B. सच्चे प्रेमी-प्रेमिका पर
   C. अच्छे पड़ोसियों पर D. विकसित समाज पर
2. त्याग के बिना प्रेम–
   A. बेकार है B. प्राण-रहित है
   C. मजाक है D. इनमें से कोई नहीं
3. मनुष्यता का विकास होता है–
   A. प्रेम से B. शिक्षा से
   C. आत्मा के विकास से D. शौर्य से
4. पद्यांश के अनुसार प्रेम का मूल तत्व है–
   A. सच्चाई B. उपहार
   C. आत्मा D. त्याग
5. 'निष्प्राण' में संधि भेद होगा–
   A. व्यंजन संधि
   B. स्वर संधि
   C. स्वर एवं व्यंजन संधि दोनों
   D. विसर्ग संधि

काव्यांश 4

क्या? देख न सकती जंजीरों का गहना?
हथकड़ियां क्यों? यह ब्रिटिश राज्य का गहना,
कोल्हू का चर्रक चूं? जीवन की तान,
गिट्टी पर लिक्खे अंगुलियों ने गान?
हूं मोट खींचता लगा पेट पर जूआ,
खाली करता हूं ब्रिटिश अकड़ का कूआं।

दिए गए काव्यांश के आधार पर निम्नलिखित प्रश्नों के उत्तर दें।

1. दिए गए काव्यांश में ब्रिटिश राज्य का गहना कहा गया है–
   A. कोल्हू को B. मोट को
   C. हथकड़ियों को D. इनमें से कोई नहीं
2. कोल्हू की आवाज को कहा गया है–
   A. जीवन का सत्य B. जीवन की तान
   C. चर्रक चूं D. इनमें से कोई नहीं
3. उपरोक्त काव्यांश को पढ़ने पर मानस पटल पर किसका चित्र उभरता है?
   A. भिखारी का B. कैदी का
   C. अंग्रजों का D. हथकड़ियों का
4. 'गहना' का पर्यायवाची शब्द है–
   A. आभूषण B. ग्रहण
   C. सघन D. चमकना
5. 'अकड़' शब्द का अर्थ होगा–
   A. अहंकार B. अत्याचार
   C. अंधविश्वास D. हठ

काव्यांश 5

एक बार बस और नाच तू श्यामा!
सामान सभी तैयार,
कितने ही असुर, चाहिए कितने तुझको हार?
कर मेखला मुंड-मालाओं से बन-बन अभिरामा–
एक बार बस और नाच तू श्यामा!
भैरवी मेरी तेरी झंझा
तभी बजेगी मृत्यु लड़ाएगी जब तुझसे पंजा;
लेगी खड्ग और तू खप्पर,
उसमें रुधिर भरूंगा माँ
मैं अपनी अंजलि भर-भर...

दिए गए काव्यांश के आधार पर निम्नलिखित प्रश्नों के उत्तर दें।

1. 'श्यामा' शब्द का अर्थ होगा–
   A. मेघ B. काली
   C. धरती D. इनमें से कोई नहीं
2. 'रुधिर' के पर्यायवाची शब्द हैं–
   (*i*) दूध (*ii*) शोणित
   (*iii*) रक्त (*iv*) अम्बुधि
   A. (*ii*) एवं (*iii*) B. (*ii*) एवं (*iv*)
   C. (*iii*) एवं (*iv*) D. (*i*) एवं (*iv*)
3. काव्यांश के आधार पर 'हार' शब्द का अर्थ होगा–
   A. पराजय B. भय
   C. माला D. इनमें से कोई नहीं
4. कवि ने किससे नाचने का आह्वान किया है?
   A. नर्तकी से B. असुरों से
   C. काली से D. मृत्यु से
5. कवि ने श्यामा को कैसे सुन्दर बनने को कहा है?
   A. आभूषणों से B. अस्त्र-शस्त्रों से
   C. पुष्पमाला से D. मुंडमाला से

काव्यांश 6

घुन खाये शहतीरों पर की बारहखड़ी विधाता बांचे,
फटी भीत है, छत चूती है, आले पर बिस्तुइया नाचे,
बरसा कर बेबस बच्चों पर मिनट-मिनट में पाँच तमाचे,
इसी तरह से दुखरन मास्टर गढ़ता है आदम के साँचे।

दिए गए काव्यांश के आधार पर निम्नलिखित प्रश्नों के उत्तर दें।

1. काव्यांश द्वारा किस व्यवस्था पर व्यंग्य किया गया है?
   A. शिक्षा व्यवस्था पर B. शासन व्यवस्था पर
   C. अर्थव्यवस्था पर D. इनमें से कोई नहीं
2. काव्यांश के अनुसार आदम को किस प्रकार ढाला जा रहा है?
   A. अच्छी शिक्षा देकर B. दोषपूर्ण शिक्षा पद्धति द्वारा
   C. उपदेश देकर D. इनमें से कोई नहीं
3. काव्यांश द्वारा विद्यालय की किस कमी को दिखाया गया है?
   A. संसाधनों की कमी B. दोषपूर्ण पद्धति
   C. अयोग्य शिक्षक D. उपरोक्त सभी
4. 'शहतीर' का अर्थ होता है?
   A. लकड़ी का लम्बा लट्ठा जो नदी के किनारे पड़ा हो।
   B. लकड़ी का लम्बा लट्ठा जो नदी में किनारे-किनारे बह रहा हो।
   C. लकड़ी का लम्बा लट्ठा जिसका उपयोग गृह-निर्माण में किया जाता है।
   D. इनमें से कोई नहीं
5. 'बिस्तुइया' का अर्थ होता है–
   A. साँप B. छिपकली
   C. मकड़ी D. चींटी

काव्यांश 7

''अन्दर बाहर धींगामुश्ती। परमारथ में भारी सुस्ती।
स्वारथ में तो बेहद चुस्ती।
एक-दूसरे की जड़ काटों तकरीरों से अग-जग पाटें। अँग्रेजी की धकापेल है।
हिन्दी-उर्दू खतम खेल है। नौजवान के लिए जेल है।
सेठों से ही दिली मेल है...''

दिए गए काव्यांश के आधार पर निम्नलिखित प्रश्नों के उत्तर दें।

1. प्रस्तुत काव्यांश एक–
   A. व्यंग्य रचना है B. यथार्थ रचना है
   C. शोक गीत है D. इनमें से कोई नहीं
2. काव्यांश के अनुसार हिन्दी-उर्दू की क्या दशा है?
   A. विकासशील B. पतनोन्मुख
   C. स्थिर D. उन्नत
3. दी गई पंक्तियाँ आज के किस चीज का सटीक उल्लेख करती हैं?
   A. राजनीति B. शिक्षा
   C. धर्म D. समाज
4. 'तकरीर' शब्द का अर्थ है–
   A. भाषण B. विवाद
   C. लड़ाई D. इनमें से कोई नहीं
5. 'एक-दूसरे की जड़ काटना' मुहावरे का अर्थ है :
   A. परस्पर निन्दा करना B. परस्पर नुकसान करना
   C. परस्पर विचार करना D. इनमें से कोई नहीं

काव्यांश 8

''मुझे कल्पवृक्ष नहीं चाहिए
नहीं चाहिए कामधेनु
इस पृथ्वी पर जिन्दा रहने के लिए
मुझे इतना ही अन्न चाहिए
जितना चींटी अपनी चोंच में ले कर चलती है
उतनी ही जमीन चाहिए कि पसर सके लौकी की लतर
और उतनी की कपास कि ढक जाये लाज।''

दिए गए काव्यांश के आधार पर निम्नलिखित प्रश्नों के उत्तर दें।

1. काव्यांश के अनुसार कवि को क्या नहीं चाहिए?
   A. कल्पवृक्ष B. अन्न
   C. कपास D. जमीन
2. कवि को क्या-क्या चाहिए?
   (*i*) कल्पवृक्ष (*ii*) जमीन
   (*iii*) अन्न (*iv*) कपास
   (*v*) कामधेनु

A. (*i*), (*ii*) एवं (*iii*) B. (*i*), (*ii*) एवं (*v*)
C. (*ii*), (*iii*) एवं (*iv*) D. (*iii*), (*iv*) एवं (*v*)

3. कवि को कपास की जरूरत है–
A. कपड़ा मिल के लिए B. लाज ढकने के लिए
C. चरखा चलाने के लिए D. इनमें से कोई नहीं

4. 'चीटीं' का पर्यायवाची शब्द है–
A. तंतुवाय B. बिस्तुइया
C. पिपीलिका D. इनमें से कोई नहीं

5. दिए गए काव्यांश का सबसे उपयुक्त शीर्षक हो सकता है–
A. अभिलाषा B. जरूरत
C. कटौती D. जीने का सामान

काव्यांश 9

ओ भिखमंगे, अरे पराजित, ओ मजलूम, अरे चिरदोहित,
तू अखंड भंडार शक्ति का, जाग अरे निद्रा-सम्मोहित!
प्राणों को तड़पाने वाली हुंकारों से जल-थल भर दे,
अंगारों के अंबारों में अपना ज्वलित पलीता धर दे।

दिए गए काव्यांश के आधार पर निम्नलिखित प्रश्नों के उत्तर दें।

1. दिए काव्यांश में किसको जगाने का प्रयास किया गया है?
A. भिखमंगों को B. मज़लूमों को
C. आम जनता को D. इनमें से कोई नहीं

2. अखंड शक्ति का भंडार किसके पास है?
A. नेताओं के B. अधिकारियों के
C. भिखमंगों के D. आम जनता के

3. कवि ने आम लोगों के लिए किन-किन शब्दों का प्रयोग किया है?
(*i*) पराजित (*ii*) अपमानित
(*iii*) मर्यादित (*iv*) भिखमंगे
(*v*) निद्रा-सम्मोहित
A. (*i*), (*iv*), (*v*) B. (*ii*), (*iii*), (*v*)
C. (*iii*), (*iv*) एवं (*v*) D. उपरोक्त सभी

4. 'मज़लूम' शब्द है–
A. तत्सम B. फारसी
C. अरबी D. तद्भव

5. 'जल' शब्द का पर्यायवाची है–
(*i*) नीड़ (*ii*) अम्बु
(*iii*) वारि (*iv*) सलिल
A. (*i*), (*ii*) एवं (*iii*) B. (*ii*), (*iii*) एवं (*iv*)
C. (*i*), (*iii*) एवं (*iv*) D. उपरोक्त सभी

काव्यांश 10

"मन करता है
मैं उस अगस्त्य सा पी डालू सारे समुद्र को अंजलि से
उस अतल वितल में तब मुझको
मुर्दा भगवान दिखाई दे
उस महामृतक को ले आऊँ फिर इस तट पर
अन्त्येष्टि करूँ, लकड़ी तो बेहद मंहगी है
इस बालू में दफना दूँ
नंगा करके"

दिए गए काव्यांश के आधार पर निम्नलिखित प्रश्नों के उत्तर दें।

1. पद्यांश के अनुसार कवि की इच्छा है कि–
A. वह समुद्र की पी जाय
B. भगवान का दर्शन करे
C. संसार में उथल-पुथल मचा दे
D. इनमें से कोई नहीं

2. कवि महामृतक को बालू में क्यों दफनाना चाहता है?
A. क्योंकि कवि मृतक से नाराज है
B. क्योंकि लकड़ी समुद्र के किनारे उपलब्ध नहीं है
C. क्योंकि लकड़ी महंगी है
D. इनमें से कोई नहीं

3. पद्यांश का मूलभाव किस पीड़ा की ओर इंगित करता है?
A. परतंत्रता B. सामाजिक विषमता
C. अभाव D. इनमें से कोई नहीं

4. इनमें से 'बालू' का पर्यायवाची शब्द है–
A. वीचि B. सिकता
C. कण D. इनमें से कोई नहीं

5. 'अन्त्येष्टि' का अर्थ है–
A. अंत्य परीक्षण B. अंतिम इच्छा
C. अंतिम संस्कार D. इनमें से कोई नहीं

उत्तरमाला

काव्यांश 1

1	2	3	4	5
C	B	B	C	D

काव्यांश 2

1	2	3	4	5
C	B	D	C	A

काव्यांश 3

1	2	3	4	5
A	B	C	D	D

काव्यांश 4

1	2	3	4	5
C	B	B	A	D

काव्यांश 5

1	2	3	4	5
B	A	C	C	D

काव्यांश 6

1	2	3	4	5
A	B	D	C	B

काव्यांश 7

1	2	3	4	5
A	B	A	A	B

काव्यांश 8

1	2	3	4	5
A	C	B	C	C

काव्यांश 9

1	2	3	4	5
C	D	A	C	B

काव्यांश 10

1	2	3	4	5
A	C	B	B	C

4. निबंध लेखन

हिन्दी साहित्य में निबंध

नाटकों की भाँति निबंध लेखन कला का आरंभ भी भारतेन्दु युग में हुआ था। हिन्दी में निबंधों का प्रचार समाचार-पत्रों के माध्यम से किया गया। भारतेन्दु काल के प्रमुख समाचार-पत्र थे–हरिश्चन्द्र चन्द्रिका, मैगजीन, ब्राह्मण, सार सुधानिधि आदि। निबंध साहित्य के इतिहास को देखने से पता चलता है कि सर्वप्रथम पत्रकारों के द्वारा ही निबंध कला का विकास हुआ। पं. बालकृष्ण भट्ट (सम्पादकः हिन्दी प्रदीप), पं. बदरी नारायण चौधरी 'प्रेमधन' (सम्पादकः कवि वचन सुधा और आनन्द कादम्बिनी), पं. प्रताप नारायण मिश्र (सम्पादकः ब्राह्मण), पं. माधव प्रसाद मिश्र (सम्पादकः सुदर्शन), आचार्य पं. महावीर प्रसाद द्विवेदी (सम्पादकः सरस्वती) आदि सभी महानुभावों ने हिन्दी पत्रकारिता के माध्यम से हिन्दी निबंध साहित्य को समृद्ध बनाने में अपना योगदान दिया।

निबंध की विशेषताएँ

यूरोपीय तथा भारतीय (हिन्दी) निबंध साहित्य इतनी तेजी से आगे बढ़ा है कि उसे सीमित घेरे में बांध कर उसका मूल्यांकन करना कठिन कार्य है। आमतौर से सभी प्रकार के निबंधों में निम्नलिखित विशेषताएं पाई जाती हैं–

1. निबंध का आकार सामान्यतया छोटा और गद्य में होता हैः निबंधों के लिए यह तो नितांत आवश्यक नहीं है कि वे गद्य में ही लिखे जाएंः फिर, भी आमतौर से यह गद्य में ही लिखे जाते हैं। अपवादस्वरूप कुछ थोड़े से निबंध ही पद्य में लिखे गए हैं। जिनमें से पं. महावीर प्रसाद द्विवेदी विचरित 'हे कविते' शीर्षक पद्य में लिखा गया निबंध बहुचर्चित है।

2. निबंध में लेखक के व्यक्तित्व की छाप होती हैः कहानी, उपन्यास, नाटक आदि में लेखक का व्यक्तित्व ओझल हो सकता है, किन्तु निबंध लेखन ऐसी विधा है जिससे लेखक का अपना व्यक्तित्व प्रकाश में आ जाता है। हिन्दी के पाठक आमतौर से आचार्य पं. महावीर प्रसाद द्विवेदी, आचार्य पं. रामचंद्र शुक्ल, आचार्य पं. हजारी प्रसाद द्विवेदी, आचार्य पं. विनय मोहन शर्मा के निबंध पढ़कर बिना नाम देखे शैली से अनुमान लगा लेते हैं कि पठित निबंध इनमें से किस लेखक का लिखा हुआ है।

3. निबंध स्वतः पूर्ण होता हैः कुछ विद्वान निबंध को गद्य का मुक्तक काव्य कहते हैं। उसमें प्रगीत काव्य का सा अपनापन होता है। कहानी के विषय में कहा जाता है कि वह जीवन के एक पहलू की झांकी है। किन्तु निबंध वास्तव में जीवन के प्रति एक दृष्टिकोण है। निबंध के अन्तर्गत लेखक पाठकों को कुछ ऐसा देने के लिए लालायित होता है जो पाठकों के लिए रोचक, नवीन तथा चित्ताकर्षक हो। यही कारण है कि आज के संदर्भ में भी निबंधों को पढ़ने के प्रति लोगों के मन में काफी चाव है।

4. निबंध साधारण गद्य से कहीं अधिक रोचक और जीवंत होता हैः निबंध किसी विषय का कोरा विवेचन नहीं होता। उसमें लेखक की प्रतिभा के दर्शन होते हैं। शैली के उत्कर्ष के लिए उसमें यथावसर हास्य, व्यंग्य, अलंकारों और लाक्षणिक प्रयोगों का व्यवहार किया जाता है। निबंधकार अपनी प्रतिभा द्वारा तिल को ताड़ बनाने में कसर नहीं छोड़ता। राई को पर्वत और पर्वत को राई बनाना उसके बाएँ हाथ का खेल होता है। पं. बालकृष्ण भट्ट का 'चन्द्रोदय', आचार्य महावीर प्रसाद द्विवेदी का 'प्रभात' एवं आचार्य हजारी प्रसाद द्विवेदी का 'आम फिर बौरा गए' शीर्षक निबंध इसी कोटि में आते हैं।

निबंध का विषय विस्तार

निबंध के न तो आकार की सीमा है और न ही प्रकार की। विषय की गरिमा के अनुकूल यह एक पृष्ठ से लेकर 10 पृष्ठ से भी अधिक आकार का हो सकता है। इसके विषय की परिधि भी काफी विस्तीर्ण होती है। हिन्दी में पं. प्रताप नारायण मिश्र ने जहाँ सामान्य विषयों–आँख, कान, नाक, दाँत आदि पर निबन्ध लिखे हैं वहाँ आचार्य पं. रामचन्द्र शुक्ल के निबन्ध बहुत गंभीर, शोधपूर्ण और समीक्षात्मक हैं। इधर हिन्दी में कई श्रेष्ठ निबंधकार सामने आए हैं जिनमें डॉ. नगेन्द्र, आचार्य विनय मोहन शर्मा, डॉ. विद्या निवास मिश्र, डॉ. कुबेरनाथ राय के नाम उल्लेखनीय हैं। स्व पं. हजारी प्रसाद द्विवेदी का नाम उनके ललित और गवेषणापूर्ण निबन्धों के कारण हिन्दी जगत में विख्यात है।

निबंधों के प्रकार

विषय विवेचन की दृष्टि से निबन्धों को चार भागों में बाँटा जा सकता है–

1. वर्णनात्मक निबंध (Descriptive Essay)
2. विवरणात्मक निबंध (Narrative Essay)
3. विचारात्मक निबंध (Reflective Essay)
4. भावात्मक निबंध (Emotional Essay)

इन चारों के अतिरिक्त निबंधों के और भी कई भेद किए जा सकते हैं। वर्णनात्मक निबन्धों का सम्बन्ध अधिकतर देश से होता है। इनका लेखक वस्तु को स्थिर रूप में देखकर उनका वर्णन करता है। जैसे पं. सद्गुरु शरण अवस्थी का निबन्ध- 'इक्का', पं. बालकृष्ण भट्ट का निबन्ध– 'चन्द्रोदय' आदि। विवरणात्मक निबन्ध का सम्बन्ध काल से होता है। इसमें लेखक वस्तु अथवा विषय का गतिशील विवेचन करता है। विचारात्मक निबन्ध गम्भीर तर्क प्रधान होते हैं। उनमें मस्तिष्क को अधिक सक्रिय रखना पड़ता है। इस प्रकार के निबन्ध गम्भीर चिन्तन के परिणाम होते हैं। आचार्य शुक्ल के निबन्धों को हम इसी कोटि में रख सकते हैं। भावात्मक निबंधों का संबंध मस्तिष्क से अधिक न होकर हृदय से होता है। वियोगी हरि, रायकृष्ण दास के निबन्ध विशेष रूप से भाव प्रधान निबन्धों की कोटि में आते हैं। वैसे तो सभी प्रकार के निबन्धों के लिए कल्पना, राग, बुद्धि एवं शैली तत्व की अपेक्षा होती है, किन्तु वर्णनात्मक और विवरणात्मक निबंधों में कल्पना की प्रधानता रहती है। विचारात्मक निबंधों में बुद्धि तत्त्व की एवं भावात्मक निबंधों में रागात्मक तत्व की अधिकता पाई जाती है। शैली तत्व सभी प्रकार के निबंधों में अनिवार्य रूप से विद्यमान रहता है जिससे लेखक के व्यक्तित्व का ज्ञान होता है। शैली की दृष्टि से भी निबन्धों का वर्गीकरण किया जाता है, किन्तु विस्तार भय से यहाँ उसका उल्लेख करना समीचीन नहीं प्रतीत होता। साधारणतया विचारात्मक निबंधों में समास शैली (आचार्य शुक्ल) और व्यास शैली (डॉ. श्याम सुन्दर दास) दोनों ही पाई जाती हैं। विचारात्मक निबन्धों के आदर्श के बारे में अपना मन्तव्य व्यक्त करते हुए आचार्य शुक्ल ने लिखा है–

"शुद्ध विचारात्मक निबन्धों का चरम उत्कर्ष वहीं कहा जा सकता है जहाँ एक-एक पैराग्राफ में विचार दबा-दबा कर कसे हुए हों और एक-एक वाक्य किसी सम्बद्ध विचार-खण्ड के लिए हों।"

ई गवर्नेंस : विकास का मार्ग

विशाल देश की असंख्य समस्याओं से जूझता हमारा भारत निराकरण के विकल्पों को तलाशता हुआ सूचना एवं प्रौद्योगिकी का दामन थामकर आगे बढ़ने के लिए प्रयासरत है। इसी प्रयास को गति प्रदान करने के लिए ई-गवर्नेंस के अन्तर्गत अनेक महत्वपूर्ण योजनाएं कार्यान्वित हैं। मकसद आम आदमी एवं सरकारी तंत्र के बीच की दूरियां कम करना है और गांवों तथा शहरों के विकास को दिशा प्रदान करना है। इस मकसद में आशातीत सफलता भी प्राप्त हो रही है।

इन योजनाओं के तहत गांवों में आज ई-चौपाल केन्द्रों की स्थापना सरकार द्वारा, निजी कम्पनियों द्वारा, औद्योगिक प्रतिष्ठानों द्वारा एवं स्वयंसेवी संस्थाओं द्वारा की जा रही है। ई-चौपाल, केन्द्रों, निजी कम्पनियों, विकास संस्थाओं एवं राज्य सरकारों का ऐसा नेटवर्क है, जो इंटरनेट के माध्यम से गाँवों में ही किसानों को कृषि की जानकारी, बाजार की माँग, विपणन एवं कृषि सम्बन्धी नई जानकारी उपलब्ध कराता है।

भू-सम्बन्धी कार्यक्रमों के उचित क्रियान्वयन के लिए आवश्यक है भू-सम्बन्धी आँकड़ों का संकलन। भूमि रिकॉर्डो को अद्यतन बनाने के लिए 'भूमि' नामक एक सॉफ्टवेयर का प्रयोग किया गया है। इसका निर्माण नेशनल इंफॉर्मेटिक्स सेन्टर (एनआईसी) द्वारा किया गया है। इसके प्रयोग से भूमि सम्बन्धी मामलों में होने वाली देरी में काफी कमी आई है।

मीडिया लैब एशिया राष्ट्रीय और विदेशी लोगों, परियोजना एवं प्रयोगशालाओं का एक प्रस्तावित नेटवर्क है, जो अत्याधुनिक सूचना प्रौद्योगिकी के लाभों को जरूरतमंद लोगों तक पहुँचाने के उद्देश्य से बनाया गया है। इसके अन्तर्गत अनुसंधान प्रयोगशालाएं, दिल्ली, मुम्बई, कानपुर, खड़गपुर तथा चेन्नई की आई आई टी में शोध कार्यों के उपयोग व विकास के लिए खोली गई हैं। इन केन्द्रों में प्रारम्भ में अनेक परियोजनाओं की शुरुआत की गई है जिनमें जीआईएस मैपिंग, हायर बैडविथ प्राप्त करने एवं वीओओईपी के सहयोग के लिए मेश नेटवर्क, जल में लवणता, पोटैशियम, क्लोरीन आदि अशुद्धताओं के विश्लेषण के लिए कम खर्चीले परीक्षण उपकरणों का निर्माण, चिकन इंब्रायडरी, विषय-वस्तु को समझाने एवं ट्रांसकोडिंग के लिए आर्टीफिशियल इंटेलीजेंस एजेंडा आदि प्रमुख हैं।

फ्रेन्डस् (एफआरआईईएनडीएस) केरल राज्य की एक महत्वपूर्ण परियोजना है। फ्रेन्ड्स जनसेवा केन्द्रम एक नागरिक सुविधा सेवा है। इस केन्द्र की स्थापना सूचना प्रौद्योगिकी विभाग द्वारा तिरुवनन्तपुरम कॉर्पोरेशन के सहयोग से स्थापित की गई है। फ्रेन्डस् का तात्पर्य है फास्ट, रिलाइबल, इंस्टैंट, इफीसिएंट नेटवर्क फॉर डिस्बर्समैंट ऑफ सर्विसेज। यह एक एकीकृत सेवा है। इनके द्वारा निम्नलिखित से सम्बन्धित सेवाएं प्रदान की जाती हैं–के. एस. ई. बी. बिल भुगतान, सम्पत्ति कर, व्यावसायिक कर, व्यापारी लाइसेंस शुल्क, बिल्डिंग टैक्स, बेसिक टैक्स, राजस्व प्राप्ति, गाड़ियों से सम्बन्धी टैक्स इत्यादि।

बंगलौर-वन नागरिक सेवा को 2 अप्रैल, 2005 से आरम्भ किया गया था। इसके 14 हाई टेक नागरिक सेवा केन्द्र हैं, जिनमें एक छत के नीचे बीसीसी, बीईएस-कॉम, बीएसएनएल, बीडब्ल्यूए-एसबी, बंगलौर पुलिस, आरटीओ, पासपोर्ट कार्यालय एवं स्टाम्पस पंजीकरण कार्यालय की सेवाएं उपलब्ध हैं। जी2सी (गवर्नमेन्ट टू सिटिजन) एवं जी2बी (गवर्नमेन्ट टू बिजिनेस) सेवाएं कर्नाटक सरकार द्वारा हैदराबाद स्थित नेशनल इंस्टीट्यूट ऑफ स्मार्ट गवर्नमेन्ट के सहयोग से क्रियान्वित की जा रही हैं।

स्टार (पंजीकरण का सरलीकृत एवं पारदर्शी प्रशासन) तमिलनाडु सरकार द्वारा संचालित भूमि रिकॉर्ड कार्य सम्पादन की वृहद्स्तरीय कम्प्यूटरीकृत सेवा है। इसके माध्यम से सम्पत्ति

अधिकार प्रमाण-पत्र जारी करना, प्रतियाँ प्रमाणित करना, कम्प्यूटरीकृत पंजीकरण प्रक्रिया, सम्पत्ति मूल्यांकन, विवाह, धर्म एवं शिशुओं का पंजीकरण आदि कार्य किए जाते हैं। इस पर रिकॉर्ड की स्कैनिंग, संग्रहण एवं पुनः प्राप्ति हेतु अभिलेख सुविधा उपलब्ध है।

ज्ञानदूत एक इंटरनेट सेवा है, जो समुदाय आधारित काफी सस्ती तथा वित्तीय रूप से आत्मनिर्भर उपागम है। इसके द्वारा अनुसूचित जनजाति वाले गाँवों में घर-घर तक सूचना प्रौद्योगिकी के लाभ को पहुंचाया जाएगा। मध्य प्रदेश के धार जिले में ज्ञानदूत कार्यक्रम ने आसानी से इन बाधाओं को पार कर लिया है। इस कार्यक्रम में सफलतापूर्वक 21 ग्रामीण साइबर कैफे स्थापित करने का कार्यक्रम शुरू किया गया है। इनको सूचनालय (कियोस्क) का नाम दिया गया है। प्रत्येक सूचनालय द्वारा 10 से 15 ग्राम पंचायत, 20 से 30 गाँवों, 20,000 से 30,000 की जनसंख्या तक सेवा उपलब्ध कराई जाती है।

लगभग 350 करोड़ रुपए की लागत वाली एमसीए-21 परियोजना सम्भवतः ई-गवर्नेंस पहल में सबसे बड़ी परियोजना है। इसे 18 मार्च, 2006 को नई दिल्ली से प्रारम्भ किया गया। इसमें कोयम्बटूर, पुदुचेरी, अर्नाकुलम एवं नई दिल्ली के कम्पनी रजिस्ट्रार कार्यालयों को भी लाया गया है। एमसीए-21 का मुख्य उद्देश्य कम्पनी अधिनियम 1956 से सम्बद्ध प्रपत्रों की इलेक्ट्रॉनिक फाइलिंग सुविधा उपलब्ध कराना है।

एकीकृत नागरिक सरलीकरण केन्द्र (सेतु) महाराष्ट्र सरकार की योजना है। इसका उद्देश्य सरकारी प्रक्रियाओं को अधिक पारदर्शी, सुगम एवं कुशल बनाना है।

पंचमहल योजना गुजरात राज्य में कुशलतापूर्वक कार्य कर रही है। इस योजना में ग्रामीणों को अपने राशन कार्ड प्राप्त करने एवं वृद्धावस्था पेंशन के अनुमोदन के लिए अब मात्र अपने निकटवर्ती एसटीडी/आईएसडी बूथ तक जाना होता है।

वराना एक सहयोग परियोजना है। इसमें कोल्हापुर में चीनी, दूध कुक्कटपालन एवं गृह-निर्माण में संलग्न 25 कोऑपरेटिव सोसाइटीज शामिल हैं।

इस प्रकार देश के विभिन्न राज्यों में भिन्न-भिन्न नामों से चलाई जा रही ई-गवर्नेंस की योजनाएं देश की समस्याओं के समाधान का सकारात्मक प्रयास साबित हो रही हैं।

भारत में दूसरी हरित क्रांति की जरूरत

कृषि उत्पादों के खुदरा बाजार में कॉरपोरेट घरानों का आना हर लिहाज से बेहतर ही है। स्वाधीन होने के समय हम आयातित अनाज पर पूरी तरह निर्भर थे, सत्तर के दशक में हुई हरित क्रांति स्वतंत्र भारत की सफलता की कहानी में अग्रिम स्थान रखती है। ग्रामीण अर्थव्यवस्था को प्रभावित करने वाली अगली बड़ी क्रांति का नाम श्वेत क्रांति था। दूध की यह क्रांति, जो अमूल की स्थापना से शुरू हुई, आखिरकार ऑपरेशन फ्लड में बदल गई और भारत दुनिया में दूध का सबसे बड़ा उत्पादक देश बन गया।

भारत में खेती हमारी जनसंख्या के बड़े हिस्से को रोजगार देने के नजरिए से भी काफी अहम है। महाराष्ट्र और आंध्र प्रदेश जैसे राज्यों से किसानों की आत्महत्या की लगातार आती खबरें गंभीर चिंतन का विषय है। इससे यह साबित होता है कि खेती अब आर्थिक तौर पर मुनाफे का सौदा नहीं रह गई है, अगर ऐसा है तो निश्चित तौर पर ऐसा रास्ता तलाशा जाना चाहिए कि खेती उन लोगों को मुनाफा देने के साथ ही रोजगार के नए मौके भी मुहैया कराए, जो पूरी तरह से इसी पर निर्भर हैं।

हाल ही में एक मजेदार किंतु विवादित वाकया बड़े कॉरपोरेट घरानों—रिलायंस और भारती एयरटेल के साथ ही कई दूसरे-कृषि उत्पादों संगठित खुदरा बिक्री में प्रवेश का रहा, जैसे, रिलायंस फ्रेश को मुश्किलों का सामना करना पड़ा, उत्तर-प्रदेश में उनकी दुकानों को जबरन बंद करा दिया गया। तो सवाल उठता है कि क्या खेती में संगठित खुदरा बिक्री अनुचित है?

कृषि उत्पादों में संगठित बिक्री के इस मामले के समर्थक भी हैं। उत्तर-प्रदेश का मामला तो केवल एक उदाहरण भर है, जो छोटे विक्रेता कृषि उत्पादों को बाजार में पहुँचाने का काम करते हैं उनके अलावा भी कॉरपोरेट घरानों का इनके बाजार में प्रवेश का विरोध कई तर्कों पर आधारित है जिस पर गंभीरता से विचार करने की जरूरत है। भारतीय खेती की समस्या का हल तो इसके बाजार में कॉरपोरेट घरानों के प्रवेश से ही होगा। यह आर्थिक रूप से मुनाफे का सौदा बनने के साथ ही हमारी जनसंख्या के महत्त्वपूर्ण हिस्से को वैकल्पिक रोजगार भी मुहैया कराएगा। साथ ही हमें कृषि व्यापार को भी कॉरपोरेट स्तर पर बढ़ावा देना चाहिए, जैसा कि पश्चिम के विकसित देशों में होता है।

इस कदम के खिलाफ जो आपत्ति उठाई जाती है उसमें पहले तो दार्शनिक अंदाज में कहा जाता है कि खेती और उद्योग दोनों अलग चीजें हैं, इसी वजह से दोनों के मूल्य अलग होने चाहिए। यह तर्क बहुत दमदार इसलिए नहीं है क्योंकि श्वेत क्रांति दुग्ध उत्पादों में औद्योगिक मूल्यों के प्रवेश से ही संभव हो सकी, तकनीकी ने इस आम धारणा को बदल दिया कि दूध एक ऐसा तरल पदार्थ है जो मौसम के हिसाब से अपनी मात्रा बदलता रहता है। मजेदार बात तो यह है कि इसके बाद डेरियों की पूरी श्रृंखला ही स्थापित की गई, यह हालांकि दुखद है कि फल और सब्जियों का सबसे बड़ा उत्पादक होने के बाद भी भारत में उत्पादन का 20 से 40 फीसदी नष्ट हो जाता है। इसकी वजह है—देश में सही मात्रा में शीतगृहों का न होना, ताकि इनको सुरक्षित रखा जा सके।

संगठित खुदरा बिक्री के खिलाफ जो दूसरा तर्क दिया जाता है वह यह है कि उत्पादन के मोर्चे पर तो फतह पाई जा सकती है पर जैव-विविधता को नुकसान पहुंचेगा, जैव-विविधता का मतलब यह है कि अभी केला, सेब या संतरे जैसे फलों की जितनी किस्में उपलब्ध हैं वह कम हो जाएँगी। अगर यह विविधता कम हुई, तो उन पर खतरा बढ़ जाएगा। यही मसला फिलहाल अमेरिका और यूरोपीय संघ के देशों के बीच जीन-संश्लेषित अनाजों की वजह से विवाद की वजह बना हुआ

है, हालांकि यह मामला पूरी तरह से राजनीतिक है। आखिर हमारी हरित क्रांति भी तो संकर बीजों की वजह से ही संभव हुई थी, अगर संकर बीज जीन-संश्लेषण के प्रतिनिधि नहीं, तो फिर आखिर क्या है?

जैविक विविधता के अलावा इस मसले का एक और पहलू है। यह तर्क है स्वाद और ताजगी के विरोधी यह दलील देते हैं, कि मॉल में कृषि उत्पादों के खुदरा बाजार में कॉरपोरेट घरानों का प्रवेश व्यापक स्तर पर उत्पादन को बढ़ावा देगा। इसी वक्त पर्यावरण-प्रदूषण के मसले और जैविक विविधता में कमी को भी हरित तकनीक और शानदार बाजार के निर्माण से हल किया जा सकता है।

दूसरा संवेदनशील मसला खेती को दिए जाने वाले सरकारी अनुदान से जुड़ा है, जहाँ विकसित देश विकासशील देश ों को सलाह देते हैं कि कृषि-उत्पादों पर वह अनुदान कम करें, वहीं वे खुद ही कृषि-उत्पादों पर भारी सहायता देते हैं। दोहा शिखर वार्ता में यही विवाद का कारण था। भारत जैसे विकासशील देश ा अपनी खेती के औद्योगीकरण या कॉरपोरेट-प्रवेश के बाद विकसित देशों की रणनीति अपना सकते हैं, कृषि को भारी सरकारी अनुदान देकर इस क्षेत्र की मदद की जा सकती है।

मूल्य वृद्धि (महँगाई)

कौन खाई है
जिसको पाटती हैं कीमतें
उम्र को तेजाब बनकर
चाटती हैं कीमतें
आदमी को
पेट का चूहा बनाकर दिन-रात
नोचती हैं कोंचती हैं
काटती हैं कीमतें

इस सारगर्भित काव्यांश की रचना, परिस्थिति का आकलन और कीमतों के प्रभाव का प्रलयंकारी दृश्य हिन्दी साहित्य के विभूति जगदीश गुप्त ने की थी। **तब, आज और अब** के प्रसंग में कितना सटीक बैठता है, इसका अनुमान सहज ही लगाया जा सकता है। मूल्य वृद्धि और महँगाई एक ही सिक्के के दो पहलू हैं। इनका संबंध चोली-दामन का संबंध है। जब कभी मूल्य में वृद्धि होती है, महँगाई अपने आप बढ़ जाती है। अर्थशास्त्र की भाषा में मांग और पूर्ति के नियम में प्रतिकूलता आने से दूसरे शब्दों में मांग और पूर्ति के बीच असंतुलन की स्थिति पैदा होने से महँगाई अथवा मूल्य वृद्धि होती है।

मूल्य वृद्धि कोई नई समस्या नहीं है। यह तो सदियों से चली आ रही समस्या है। बाजार के उतार-चढ़ाव इसके परिणाम हैं। इस भीषण समस्या ने तो बड़ों-बड़ों के पसीने बहा दिए हैं, फिर आम आदमी की क्या बिसात है? यहां तक कि बजट भी अस्त-व्यस्त हो जाता है। कटौती का रास्ता अपनाते हुए आम आदमी दूध की जगह बच्चों को चाय देना शुरू कर देता है। दो वक्त की रोटी तो दूर, एक वक्त की रोटी भी नसीब होने के लाले पड़ जाते हैं। कई परिवारों में तो आत्महत्या जैसी घटनाएं तक घटित हो जाती हैं। आखिर ऐसी स्थिति क्यों आती है? महँगाई क्यों होती है? वस्तुओं की कीमतें क्यों बढ़ती हैं? कई ऐसे सवाल हैं जो ज़ेहन में उभर कर दिमाग में खलबली मचा देते हैं। जितने सवाल, उतने कारण हैं। आवश्यकता है तो बस मंथन की।

बाजार सिद्धांत के अनुसार जब मांग करने वाले अधिक और उत्पादन कम हो तो वस्तु की मांग मूल्य वृद्धि को जन्म देती है। इसी प्रकार जनसंख्या वृद्धि भी महँगाई को आमंत्रण दे रही है। एक परिवार में जब दो से तीन फिर चार... व्यक्ति हो जाते हैं तो उनकी आवश्यकताएं भी बढ़ जाती हैं। जगह छोटी पड़ जाती है, आमदनी सीमित होती है। ऐसे में व्यक्ति विशेष की आवश्यकता बढ़ जाती है और आय तटस्थ रहती है। उत्पादन से ज्यादा उत्पादित वस्तुओं को भोगने वाले होते हैं। फलस्वरूप बढ़ती हुई महंगाई वस्तुओं की कीमतें बढ़ा देती है।

महँगाई अथवा मूल्य वृद्धि का एक कारण प्रकृति का प्रकोप भी है। कभी अतिवृष्टि से बाढ़ आ जाती है, फसलें नष्ट हो जाती हैं और परिणामस्वरूप अनाज की कमी महँगाई को जन्म देती है। तरह-तरह की बीमारियां व्यक्ति की आर्थिक स्थिति को खोखला कर देती हैं और तब उसे उदर-पोषण भी महँगा पड़ता है। दूसरी ओर अनावृष्टि से फसलें सूख जाती हैं। उत्पादन न के बराबर होता है। चारों ओर अकाल की स्थिति उत्पन्न हो जाती है। ऐसी स्थिति में फसल उत्पादन में कमी पूरे आर्थिक तंत्र पर प्रभाव डालती है। विदेशों से मंगाये गए अनाज स्वाभाविक रूप से महँगे होते हैं।

मुद्रास्फीति, रिश्वतखोरी, मुनाफाखोरी, कालाबाजारी और घोटाले सोची-समझी रणनीति के तहत् महँगाई को जन्म देती हैं। व्यापारियों द्वारा गोदाम में संचित किए गए सामान मांगों में तीव्रता उत्पन्न करते हैं। फलस्वरूप अधिक मूल्य देकर भी लोग अपनी आवश्यकताओं की पूर्ति करते हैं। जिसके कारण खरीदने वालों में रुपए की होड़ लग जाती है और मूल्य-नियंत्रण समाप्त हो जाता है। अधिक मुनाफे की चाहत में व्यापारी अधिक कीमतों पर अपने सामान बेचना शुरू कर देते हैं जिससे आम आदमी को ज्यादा मूल्य देकर सामान खरीदने पड़ते हैं। इस प्रकार महँगाई का जन्म होता है।

भ्रष्टाचार को भी मूल्य वृद्धि का एक महत्वपूर्ण कारण माना जा सकता है। भ्रष्ट अधिकारी, भ्रष्ट प्रशासन, रिश्वतखोर नेतागण देश की पूरी आर्थिक व्यवस्था को खोखला कर देते हैं। परिणाम महंगाई के रूप में जन-मानस को भुगतना पड़ता है। कर-व्यवस्था भी बहुत हद तक महँगाई को आमंत्रित करती है। अनावश्यक और अत्यधिक कर वस्तुओं की कीमतें बढ़ाती हैं और महँगाई बढ़ती है। यही नहीं, कभी-कभी सरकार की गलत नीतियां भी मूल्य वृद्धि के लिए पर्याप्त कारण बनती हैं। ऐसी स्थिति में वर्णित तथ्यों के आधार पर मूल्य वृद्धि का कोई एक कारण तय करना गलत होगा। कभी तत्कालीन परिस्थिति मूल्य वृद्धि के लिए जिम्मेवार होती है तो कभी शासन व्यवस्था इसका कारण बनती है। प्रकृति भी मूल्य वृद्धि के लिए

दोषारोपित होती है। इतना ही नहीं अपितु आपातकालीन स्थिति जैसे–युद्ध की स्थिति में भी मूल्य नियंत्रण समाप्त हो जाता है और महँगाई लोगों की दयनीय अवस्था का उपहास उड़ाने लगती है। भले ही महँगाई के कारण अनेक हों लेकिन परिणाम सिर्फ एक है, वह है व्यक्ति के जीवन स्तर को नीचे गिराना और गरीबी का आधिपत्य स्वीकार करना।

एक प्रगतिशील समाज के लिए महँगाई एक अभिशाप है। राष्ट्रीय परिप्रेक्ष्य में महँगाई अथवा मूल्य वृद्धि का कारण सिर्फ वस्तुओं की कमी अथवा उत्पादकता में ह्रास नहीं है बल्कि कभी-कभी तो वितरण-प्रणाली का दोष भी मूल्य वृद्धि का कारण बनता है। पर्याप्त मात्रा में सामान, अनाज व दवाएं रहने पर भी देश के सभी भागों में शीघ्रता से न भेजे जाने के कारण स्थानीय स्तर पर उन वांछित वस्तुओं की कीमतें बढ़ जाती हैं। कभी-कभी माल-भाड़ा में हुई बढ़ोतरी से भी कीमतें प्रभावित होती हैं। हमारा देश प्रतिवर्ष पेट्रोल और पेट्रोलियम पदार्थ खाड़ी व अन्य देशों से मंगवाता है। इसके लिए एक बहुत बड़ी रकम का भुगतान करना पड़ता है। इसलिए यह तय किया जाना चाहिए कि लोग सिर्फ वाजिब कामों के लिए ही इनका उपयोग करें। अधिकांश लोग जो अपनी विलासिता को प्रदर्शित करने के लिए सड़कों पर अपनी गाड़ियां दौड़ाते हैं, उन्हें हतोत्साहित करने की आवश्यकता है। प्रकृति का मूल्यवान यह तोहफा भी सीमित ही है। इसका अनावश्यक प्रयोग एक दिन हमें संकट में डाल सकता है।

कर्मचारियों की अचानक वेतन वृद्धि भी मूल्य वृद्धि को बढ़ावा देता है। जिससे सामान्य नागरिक जो किसी संस्थान में नौकरी नहीं करते बल्कि अपना स्वरोजगार करते हैं, की दशा चिंतनीय हो जाती है। सरकार द्वारा लागू वैट प्रणाली भी कई देशों में महँगाई बढ़ा चुका है और अब भारत भी इस दिशा की ओर अग्रसर है।

महँगाई पर नियंत्रण तभी संभव है जब सरकार के साथ-साथ भारत का हर नागरिक अति व्यय से बाज आए। आवश्यकता के अनुरूप वस्तुओं का उपयोग करना, कम खर्च में अधिक लाभ लेने की प्रवृत्ति को जन्म देना, दिखावे की प्रवृत्ति को त्यागना तथा विलासिता के प्रति कम उन्मुख होना जैसे मुद्दों पर चिंतन कर उन्हें अमल में लाए।

वर्तमान परिस्थिति में यह आसानी से परिलक्षित होता है कि आज लोग विवाह, जन्म-दिन जैसे अवसरों पर मोटी रकम खर्च करते हैं। यहां तक कि ग्रामीण परिवेश के लोग भी शादी के अवसर पर ऋण लेकर भी अपनी शान-शौकत का प्रदर्शन करते हैं। भारतीयों में 'सोना' के प्रति विशेष आकर्षण है। वे अपनी हर आवश्यक-अनावश्यक आवश्यकताओं को दरकिनार कर सोना संचय में सुकून महसूस करते हैं। अनावश्यक खरीदारी में अपनी शान समझते हैं। विदेशी सामानों व वस्त्रों को खरीदने की ललक रखते हैं। इस तरह की प्रवृत्तियां भी मूल्य वृद्धि को बढ़ावा देती हैं। अतः इन पर यथोचित नियंत्रण आवश्यक है। तभी महँगाई जैसी विकराल समस्या से निपटा जा सकता है। अतः इस जाल से मुक्ति पाने के लिए सबसे पहले राष्ट्रीय स्तर पर दृढ़ संकल्प एवं इच्छा शक्ति की आवश्यकता है। फिर विभिन्न क्षेत्रों में फैले भ्रष्टाचार एवं भाई-भतीजावाद के विरोध में संघर्ष करने की आवश्यकता है।

देश में खुली अर्थव्यवस्था के नाम पर सूटकेस संस्कृति को बढ़ावा मिला है। विदेशी पूंजी को निरंतर बढ़ावा दिया जा रहा है। आज महँगाई का मुद्दा गौण हो चुका है, बातें विकास की हो रही हैं। क्या विदेशी कम्पनियों को अपने देश में आमंत्रित कर मुट्ठी भर लोगों को हज़ारों-लाखों का वेतन दिलवा कर पूरा भारत विकसित हो गया है? आज जो भी विदेशी कम्पनियां भारत में आई हैं, क्या उनके उत्पादन को खरीद कर हम अपने ही देशवासियों को स्वरोजगार से वंचित नहीं कर रहे हैं? पश्चिमी देशों की तरफ रूझान और बेकारी की समस्या क्या महँगाई को रोकने की दिशा में रोड़े नहीं अटका रहा है?

इतिहास से हमें सबक लेना चाहिए। लेकिन हम अपने इतिहास को ही भूल बैठे हैं। ईस्ट इंडिया कंपनी भारत में व्यापार ही तो करने आई थी। फिर धीरे-धीरे अपने पांव पसारते हुए हमें गुलाम बना बैठी। वर्षों के संघर्ष और सैंकड़ों के बलिदान ने 'सोने की चिड़िया' कहे जाने वाले भारत को आजादी दिलाई थी। आज हम उसी इतिहास को दोहराने के लिए कितने व्याकुल दिख रहे हैं! घूम-घूम कर विश्व भ्रमण कर विदेशियों को अपने घर निमंत्रण दे रहे हैं कि आओ हमारे देश में कारखाने खोलो और हमें बेरोजगारी से मुक्ति दिलाओ। विश्व की सबसे बड़ी आबादी वाला देश चीन है, भारत का स्थान दूसरे नम्बर पर है। आज चीन विश्व की एक शक्ति बन चुका है और हमारा भारत बैसाखियां ढूंढ़ रहा है। चीन का अन्तर्राष्ट्रीय बाजार पर काफी प्रभाव जम चुका है। हम अपने ही बाजार को अपने ही देश में स्थान देने में असमर्थ हैं। मुनाफा कमाने के लिए और देशों को अपने यहाँ लाने के लिए प्रयत्नशील हैं। देश की आबादी अगर बेकारी से ही त्रस्त होगी तो फिर महँगाई का बढ़ना अवश्यंसभावी ही होगा। ऐसी स्थिति में महँगाई को समूल नष्ट करना तो दूर, कम करना भी कठिन होगा। यह बात हम और हमारी सरकार अच्छी तरह जानते हैं। इसलिए तो अपने-आप को कल्पना के मायालोक में डाल कर महँगाई नहीं, विकास की बात करते हैं।

विकास आवश्यक है, इसमें कोई मतांतर नहीं है लेकिन महँगाई जैसे महत्वपूर्ण मुद्दे की अनदेखी नहीं की जानी चाहिए और इस पर सच्चाई के साथ चिंतन कर इसके निराकरण के उपाय ढूंढने चाहिए।

वास्तव में किसी भी सरकार की कुशलता उसकी आर्थिक नीति के क्रियान्वयन पर बहुत हद तक निर्भर करता है। जन-मानस की आवश्यकताओं को ध्यान में रखते हुए तैयार की गई आर्थिक नीतियां बढ़ती हुई महँगाई पर लगाम कस सकती हैं। हमें यह मालूम करना होगा कि वह कौन-सी जहरीली हवा है जिसके प्रभाव से अर्थशास्त्र के सारे नियम विफल हो गए हैं? वे कौन-सी विचित्र परिस्थितियां हैं जिसने समूचे अर्थतंत्र को न सिर्फ प्रभावित किया है बल्कि उसमें गतिरोध भी उत्पन्न कर रही है? एक ओर जहां वस्तुओं के उत्पादन में कमी आती जा रही है वहीं दूसरी ओर उपभोक्ताओं की संख्याएं बढ़ती जा रही हैं। अतः उपभोक्ताओं और उत्पादित वस्तुओं के बीच

सामंजस्य स्थापित करने के लिए सरकार और प्रशासन को एक नया मार्ग अपनाने की आवश्यकता है। परिस्थिति की गंभीरता को समझते हुए देश में महँगाई पर एक विशेष सम्मेलन बुलाने की आवश्यकता आन पड़ी है। इस विशेष सम्मेलन में देश के विभिन्न भागों के आर्थिक मामलों के विशेषज्ञों को आमंत्रित किया जाना चाहिए ताकि वे अपने-अपने क्षेत्रों की आर्थिक समस्याओं को एक मंच पर रखें और उन समस्याओं पर व्यापक रूप से चर्चा हो सके ताकि हमारी सरकार किसी निश्चित परिणाम पर पहुँच सके।

उपभोक्ता-संरक्षण

अर्थशास्त्र में उपभोक्ता के नियमानुसार किसी वस्तु को प्राप्त करने के लिए कोई व्यक्ति जो आर्थिक त्याग करता है वह उस उपयोगिता के बराबर अवश्य होता है जो उस वस्तु विशेष को प्राप्त करने के लिए किया जाता है। यदि किए गए त्याग के बराबर भी उपयोगिता प्राप्त नहीं होती तो व्यक्ति विशेष को मानसिक क्लेश होता है। वह भविष्य के लिए सावधान रहता है ताकि फिर कभी उसे घाटे का सौदा न करना पड़े। समाज में ऐसे लोगों की कमी नहीं है जो अधिक-से-अधिक लाभार्जन करके ग्राहकों को चूना लगाते हैं तथा स्वयं अवांछित लाभ कमा कर समाज में मुनाफाखोरी को बढ़ावा देते हैं।

कल्याणकारी राज्य का यह दायित्व है कि वह मुनाफाखोरी रोके तथा उत्पादकों और उपभोक्ताओं के बीच इस प्रकार का सन्तुलन बनाए रखे कि किसी व्यक्ति के द्वारा किए गए आर्थिक त्याग के बदले उसे अपनी अपेक्षा से कम उपयोगिता न मिले। कभी-कभी ऐसी परिस्थितियां भी उत्पन्न हो जाती हैं जब उपयोगिता कम किन्तु लाभ की सीमा बढ़ जाया करती है। ऐसा कम होने दिया जाता है किन्तु किसी वस्तु के उत्पादन में एकाधिकार होने पर स्थिति अनियंत्रित हो जाती है और उद्योगी या उत्पादक, उपभोक्ताओं से मनमानी धनराशि वसूल करके अपेक्षित वस्तु या सामग्री का मौद्रिक विनिमय करते हैं। सरकार को जब स्थिति का पता चलता है तो वह एकाधिकार निवारक नियमों के अनुसार लाभ की सीमा तय करके वस्तुओं अथवा उत्पादों का भाव निर्धारित कर देती है।

असंख्य उत्पादक तथा असंख्य उपभोक्ता होने की स्थिति में बड़े देशों में उपभोक्ता और उत्पादकों तथा विक्रेताओं के मध्य सन्तुलन बिगड़ जाते हैं। भ्रष्टाचारी उत्पादक और विक्रेता मिलकर बेचारे ग्राहकों को घटिया माल तो बेचते ही हैं, साथ में उसके साथ बदसलूकी भी करते हैं।

सरकार ने इन सब बातों का ध्यान रखकर उपभोक्ता संरक्षण कानून और नियम बनाए हैं ताकि उपभोक्ता अपने अधिकारों के प्रति सजग होकर अपने किए गए त्याग के बदले समुचित उपयोगिता अवश्य प्राप्त कर सकें। सरकारी मीडिया तंत्र, अखबारों तथा इश्तहारों के द्वारा आम जनता को सचेत किया जाता है कि वे किसी वस्तु को खरीदने से पहले उसकी अच्छी तरह जांच-परख अवश्य कर लें। यदि उन्हें कहीं कोई शक होता है तो वे उसकी रिपोर्ट पुलिस अथवा उपभोक्ता संरक्षण संगठनों को अवश्य करें ताकि विक्रेता या आपूर्तिकर्त्ता के खिलाफ उचित तथा समय पर कार्रवाई अवश्य की जा सके।

उपभोक्ताओं को कोई वस्तु खरीदने से पहले निम्नलिखित बातों को अवश्य ध्यान में रखना चाहिए:

1. वस्तु कब की बनी है तथा उसके खराब होने की अवधि क्या है।
2. वस्तु के निर्माता का पता और कम्पनी का नाम साफ-साफ लिखा है या नहीं।
3. वस्तु का वजन, कीमत एवं बनाने की तारीख आदि लिखी है अथवा नहीं।
4. क्या वस्तु पर ISI लिखा गया है, और उसके नम्बर स्पष्ट पढ़ने लायक हैं।
5. वस्तु की पैकिंग आदि सही तथा सील ठीक है।
6. विक्रेता उसे खरीदने पर रसीद देने को तैयार है अथवा नहीं। ध्यान रहे कि चुकाई गई कीमत की रसीद लेना उपभोक्ता/ग्राहक का अधिकार है।

यदि उपभोक्ता उक्त बातों को ध्यान में रखकर कोई वस्तु खरीदता है तो उसे आमतौर से परेशान नहीं होना पड़ता। लेकिन कभी-कभी ऐसा भी होता है जब ग्राहक खरीदे गए माल की सही स्थिति का आकलन करने में असमर्थ हो जाता है। ऐसी स्थिति में उसके हितों की रक्षा वह रसीद करती है जो उसने उत्पादक/विक्रेता से प्राप्त कर रखी है। रेडियो, टेलीविजन तथा समाचार-पत्रों में भी हम यह सुनते, देखते और पढ़ते हैं कि किसी वस्तु के लिए जो कीमत आप चुकाएं उसकी रसीद जरूर लें। रसीद लेते समय आप यह जरूर देखें कि रसीद में खरीदी गई वस्तु का नाम, बैच नम्बर, निर्माण की तारीख आदि सही-सही लिखी गई है अथवा नहीं।

कपड़ों की दुकान में प्रायः ऐसी हेरा-फेरी की जाती है कि वे मांगने पर रसीद तो दे देते हैं किन्तु क्रीत वस्तु का पूरा विवरण नहीं लिखते। आमतौर से वे दी गई रसीद में केवल यह लिखते हैं:

पैन्ट पीस - 225 रु.
शर्ट पीस - 110 रु.
लंकलाट पीस - 50 रु.

जाहिर है कि उपर्युक्त वस्तुओं की निर्माता मिल का नाम, प्रति गज का भाव, खरीदे गए कपड़े का माप, दर आदि नहीं दी गई। यदि उक्त वस्तुओं में से पैंट या कमीज के कपड़े का रंग धूमिल हो जाता है या अपेक्षा से ज्यादा सिकुड़ जाता है, या उसकी मजबूती बहुत कम साबित होती है तो ऐसी स्थिति में ग्राहक यदि विक्रेता के पास या उपभोक्ता संरक्षण संगठन के पास शिकायत लेकर जाता है तो विक्रेता बड़ी आसानी से कह देगा कि साहब! यह माल तो मेरी दुकान से खरीदा ही नहीं गया, खरीदा गया माल दूसरा था। ध्यान रहे कि दुकानदार घटिया माल की प्रविष्टि अपने खातों में भी नहीं करते हैं वे भ्रष्टाचारी होने के कारण चौकन्ने रहते हैं कि कहीं उनकी पोलपट्टी, शिकायत करने पर खुल न जाए।

पिछले दिनों उपभोक्ता संरक्षण इकाई की ओर से एक ड्राइक्लीनर को उपभोक्ता को उसकी उस साड़ी की कीमत

चुकाने का आदेश दिया गया जिसका धुलाई के कारण न केवल रंग धीमा पड़ गया था वरन साधारण साबुन से धोने के कारण उसमें दाग हो गए थे और उसकी जरी की किनारी भी 2-4 जगह से उधड़ गई थी। उसको देखने से लगता था कि साड़ी की ड्राई-क्लीनिंग न करके उसे पटक-पटक कर या कूट-कूट कर धोया गया था तथा ड्राई-क्लीनिंग करने के दाम वसूले गए थे।

सब्जियों के बीजों के मामले में भी कभी-कभी काफी धांधली किसानों के साथ की जाती है। एक बार एक किसान ने माघी गोभी के बीज किसी ऐसे बीज विक्रेता से मंगाए थे जिसने गोभी के सफेद और काफी गठीले एवं बड़े होने का विज्ञापन दिया था। किसान ने खेत की पूरी तैयारी करके उसमें गोभी की पौध लगा कर उन्हें अपने खेतों में रोपा था, किन्तु दुर्भाग्य से कोई भी फूल ज्यादा बड़ा नहीं हुआ और उनका रंग भी सफेद नहीं था। किसान चतुर था। उसने खाद, सिंचाई तथा अपनी मेहनत का पूरा रिकार्ड रख लिया था। चुकाई गई कीमत की रसीद, वी.पी.पी. पैकेट सब उसके पास थे। जिला स्तर के उपभोक्ता संरक्षण एकक से की गई शिकायत के फलस्वरूप किए गए दावे की रकम का भुगतान बीज कम्पनी को करना पड़ा।

हमारे बहुत से लोग अपने अधिकार के प्रति सचेत नहीं होते। वे कहते हैं कि जाने दो, अब उसकी दुकान से कोई माल नहीं लेंगे। क्या करें समय नहीं है। कौन रिकार्ड ढूंढता फिरे, आदि-आदि। यह मानसिकता ही विक्रेताओं को मनमानी करने की छूट देती है। कविवर मैथिलीशरण गुप्त की एक कविता इस संदर्भ में काफी सटीक प्रतीत होती है, इसलिए उसे यहां उद्धृत किया जाता है:

निश्चेष्ट होकर बैठे रहना ही महा दुष्कर्म है,
न्यायार्थ अपने बंधु को भी दण्ड देना धर्म है।

आपको अधिकार है कि चुकाई गई कीमत का आप भरपूर लाभ प्राप्त करें। यदि कोई व्यक्ति आपको अपने इस सहज अधिकार से वंचित करता है तो आप अवश्य उसके खिलाफ कानूनी कार्रवाई करें और इस प्रकार वह सब प्राप्त करें जिसको पाने के आप हकदार हैं। उपभोक्ता संरक्षण अधिनियम, 1986, उपभोक्ता संरक्षण नियम, 1987 का निर्माण उपभोक्ताओं के हितों की रक्षा करने के लिए किया गया। इस कानून को बनाने का उद्देश्य रहा है:

''उपभोक्ताओं के हितों का संरक्षण करने तथा उपभोक्ताओं के विवादों तथा तत्संबंधी मामलों को निपटाने के लिए उपभोक्ता परिषदों की स्थापना करने की व्यवस्था करने हेतु उपभोक्ता संरक्षण अधिनियम बनाया जाता है।''

उक्त के साथ-साथ सन् 1986 में बनाए गए कानून का उद्देश्य उपभोक्ताओं के अधिकारों की रक्षा करना भी माना गया है। इसी प्रकार इस अधिनियम के उद्देश्य में शामिल है कि:

- उपभोक्ताओं को ऐसी चीजों से बचाना जो जीवन के लिए खतरनाक हो सकती हैं।
- जहां तक संभव हो सके उपभोक्ताओं को समान किस्म की वस्तुओं के प्रतिस्पर्धी मूल्यों से अवगत एवं सुनिश्चित कराना।
- उपभोक्ताओं के अधिकार की सुनवाई करने तथा उनके सुनिश्चय के लिए समुचित फोरम की स्थापना करना। व्यापार में अनैतिकता में सुधार करने तथा दुष्प्रवत्ति पूर्ण शोषण को रोकने के लिए आवश्यक कार्रवाई कराने हेतु उनके अधिकार को सुरक्षा देना।
- उपभोक्ता को उनके हकों के बारे में बताना।

जहां तक उपभोक्ता संरक्षण नियमों का संबंध है उन्हें सांविधिक स्वरूप देने के पीछे सरकार का उद्देश्य रहा है कि एक ऐसे राष्ट्रीय आयोग की स्थापना की जाए जो उपभोक्ता संरक्षण अधिनियम की कार्यविधि को ज्यादा कारगर बना सके।

उपभोक्ता संरक्षण अधिनियम, सन् 1991 के बन जाने पर उसमें जिला उपभोक्ता फोरम के अधिकारों का विस्तार किया गया है। कालान्तर में सन् 1993 में पुनः उपभोक्ता संरक्षण अधिनियम को संशोधित करने की आवश्यकता जान पड़ी और सन् 1993 में किए गए संशोधन का प्रमुख उद्देश्य यह रहा है कि झूठी शिकायत करने वाले उपभोक्ता को भी दंडित किया जाए तथा शिकायत एक वर्ष की अवधि के भीतर अवश्य दायर की जाए। उपभोक्ता संरक्षण कानून और उपभोक्ता संरक्षण नियम का निर्माण किया जाना ऐसे निरोधात्मक उपाय हैं जो एक ओर तो उपभोक्ताओं के हितों को सुरक्षा प्रदान करते हैं तथा दूसरी ओर वे व्यापारियों और दुकानदारों को भी सावधान करते हैं कि उन्होंने अपने व्यापार में यदि कदाचार तथा अधिक मुनाफाखोरी को प्रश्रय दिया तो उन्हें अपने दुराचरण का कड़वा फल चखना पड़ेगा।

उपभोक्ता संरक्षण कानून निश्चय ही उपभोक्ताओं को प्राप्त अमोघ अस्त्र है जिसके द्वारा वे अपने हितों की रक्षा कर सकते हैं। किन्तु इस कानून में भी वही खामियां पाई जाती हैं जो अन्य कानूनों में हैं कि पक्के सबूत होने के बाद ही दुकानदार को सजा दिलाने का इरादा पूरा हो पाता है। उपभोक्ता संरक्षण की जिला परिषद में मामलों को निपटाने में भी काफी समय लग जाता है। प्रत्येक बाजार में दुकानदारों की अपनी यूनियन होती है तथा किसी ग्राहक या उपभोक्ता द्वारा जब किसी दुकानदार से रसीद मांगी जाती है तो उसका उत्तर इतना कटु होता है कि बेचारा उपभोक्ता हतप्रभ हो जाता है। उत्तर देने की भाषा कितनी अपमानजनक होती है, इसका एक नमूना नीचे दिया जाता है–

''रख दे रख दे! बड़ा आया रसीद माँगने वाला, मुझे अमुक वस्तु नहीं बेचनी है, भाग यहाँ से।

ऐसी स्थिति में ग्राहक जिसे किसी वस्तु की जरूरत है, वह कहां से खरीदे। दुकानदारों की यूनियनें इस कानून के लक्ष्य को चरितार्थ नहीं होने देतीं।

गाँवों में अभी तक लोगों को उपभोक्ता संरक्षण अधिनियम का पता नहीं है। अतः वे व्यापारियों या दुकानदारों के कदाचारों से पीड़ित रहते हैं।

फिर भी इस कानून के बन जाने से उपभोक्ताओं में जागरूकता आनी शुरू हो गई है। कुछ दुकानदार भी बेईमानी करने से कतराने लगे हैं। फिर भी अधिक धन कमाने की लिप्सा उन्हें भ्रष्ट तरीके अपनाने की प्रेरणा अवश्य देती रहती

है। सरकार समय-समय पर उपभोक्ता को अपने अधिकारों के प्रति जागरूक बनाने के लिए प्रयास करती रहती है किन्तु कानून की जटिल प्रक्रिया को और आसान बनाने की आवश्यकता है।

उपभोक्ता संरक्षण कानून कितना अधिक उपभोक्ता के अधिकारों की रक्षा कर रहा है तथा और आगे कितना अधिक कर पाएगा–यह अभी तक अनुमान का ही विषय है।

भारत में सब्सिडी का औचित्य

सब्सिडी का सामान्य अर्थ कुछ विशेष वर्गों को सरकार द्वारा दी जाने वाली आर्थिक सहायता है। वस्तुतः 'सब्सिडी' किसी वस्तु या सेवा की लागत और उसके वसूले या बेचे जाने वाले मूल्य का अन्तर है। उदाहरणस्वरूप, यदि सरकार को एक क्विन्टल चावल की खरीद की लागत 1000 रुपये आती है तो आम उपभोक्ताओं को चावल 800 रुपए तथा गरीबों को 400 रुपए प्रति क्विन्टल पर बेचती है। इस प्रकार चावल पर दी जाने वाली सब्सिडी पहली स्थिति में 200 रुपए तथा दूसरी स्थिति में 600 रुपए प्रति क्विन्टल होगी। इस प्रकार की सब्सिडी 'प्रत्यक्ष सब्सिडी' कहलाती है। इसके अलावा एक और प्रकार की सब्सिडी होती हैं जिसे अप्रत्यक्ष सब्सिडी कहते हैं। अप्रत्यक्ष सब्सिडी सरकार द्वारा परोक्ष रूप से प्रदान की गई छूट या कटौती होती है। इसके चलते वास्तविक कर राजस्व सम्भावित राजस्व से कम हो जाता है। हमारे देश में बचतकर्ताओं, निवेशकों, निर्यातकों, निगमित क्षेत्रों को कर कानून के अनेक प्रावधानों से छूट दी जाती है, जो एक प्रकार से अप्रत्यक्ष सब्सिडी कही जा सकती है।

देश के स्वतंत्र होने के बाद से ही योजनाबद्ध विकास के लाभ गरीब तथा कमजोर वर्गों तक पहुँचाने के उद्देश्य को लेकर विभिन्न अधिसूचित वस्तुओं पर सब्सिडी दिए जाने का प्रावधान किया जाता रहा है। शुरू से ही सब्सिडी के मुख्य मद मिट्टी का तेल और डीजल, खाद्य तेल, खाद्यान्न, चीनी, रासायनिक उर्वरक, मिल निर्मित और हथकरघा कपड़ा, किसानों को ऋण-राहत आदि रहे हैं। इन मदों पर सब्सिडी की राशि में लगातार वृद्धि हो रही है। सन् 1950-51 में सब्सिडी के रूप में सरकार द्वारा मात्र 140 करोड़ रुपए का आवंटन किया गया था जो कालांतर में बढ़ते-बढ़ते इस दशक के अंत तक 29,801 करोड़ रुपए तक पहुँच गया। आर्थिक उदारीकरण की नीतियों को स्वीकार करने के बावजूद सरकार द्वारा सब्सिडी में कटौती कर पाना मुश्किल हो रहा था। अतः देश की अर्थव्यवस्था पर पड़ते प्रतिकूल प्रभाव को ध्यान में रखते हुए वर्तमान मनमोहन सिंह सरकार द्वारा कुछ कड़े फैसले लिए गए जिनमें धीरे-धीरे सब्सिडी में कटौती शामिल है। इसके परिणामस्वरूप ही रसोई गैस जैसी महत्वपूर्ण वस्तुओं की कीमतों में वृद्धि हो रही है। अब रसोई गैस का मूल्य तीन सौ रूपए से भी ज्यादा होने जा रहा है।

हमारे देश में सब्सिडी को जारी रखने और हटाए जाने को लेकर तरह-तरह के तर्क दिए जाते रहे हैं। बढ़ती हुई सब्सिडी हमारी अर्थव्यवस्था पर भारी बोझ बन गई है, परन्तु अभी भी देश में गरीबों की विशाल फौज़, भूमिहीन मज़दूर और सीमान्त किसानों के रूप में साधन विहीन लोगों की भारी संख्या को सामाजिक न्याय दिलाने के तर्क के आधार पर बिना इसकी जानकारी कराए कि इसका लाभ किस हद तक सम्बन्धित लोगों तक पहुँच रहा है, हमारी सरकार इसको बनाए रखने के पक्ष में है।

सब्सिडी की मात्रा और उपयोगिता के सम्बन्ध में पिछले कई वर्षों से विभिन्न राजनीतिक दलों, अर्थशास्त्रियों, समाजशास्त्रियों और नियोजकों द्वारा विभिन्न प्रकार के मत व्यक्त किए जाते रहे हैं और इसे बहस का मुद्दा बना दिया गया है। वर्ष 1997 में सब्सिडी के मुद्दे पर व्यापक चर्चा के उद्देश्य से केन्द्र सरकार द्वारा एक श्वेत-पत्र भी जारी किया गया था। इस श्वेत-पत्र का संक्षिप्त विवरण निम्नलिखित है-

(1) वर्ष 1994-1995 में केन्द्र एवं राज्य सरकारों द्वारा कुल मिलाकर 1,37,338 करोड़ रुपए की सब्सिडी दी गई जो सकल घरेलू उत्पाद की 14.4 प्रतिशत थी।

(2) खाद्यान्न सब्सिडी पर अधिक ध्यान केन्द्रित करते हुए इसके बढ़ते जाने का कारण उपभोक्ता न होकर खाद्यान्नों का रख-रखाव एवं भंडारण खर्च बताया गया जिसमें कमी लाना भी अपरिहार्य बताया गया।

(3) सब्सिडी का 90 प्रतिशत भाग गैर-जरूरी वस्तुओं पर दिया जाना बताया गया, अतः खाद्य, सिंचाई, जल, शिक्षा तथा विद्युत पर उपयोग शुल्क में वृद्धि करके इन क्षेत्रों के लिए सब्सिडी में कमी करने का सुझाव दिया गया।

(4) मैरिट गुड्स एवं सर्विसेज पर दी जाने वाली सब्सिडी अपेक्षाकृत कम अर्थात् सकल घरेलू उत्पाद का मात्र 1 प्रतिशत है, जबकि नॉन-मैरिट गुड्स एण्ड सर्विसेज का प्रतिशत 3.8 है, जबकि यह बिल्कुल विपरीत होना चाहिए। नॉन-मैरिट गुड्स पर दी जाने वाली सब्सिडी को तीन वर्षों में 90 प्रतिशत के वर्तमान स्तर से कम करके 50 प्रतिशत तक तथा उसके अगले दो वर्षों में 25 प्रतिशत और कम करने का लक्ष्य निर्धारित किया गया है।

(5) बजट में सब्सिडी के बहुत छोटे भाग का ही उल्लेख होता है, जबकि भारत सरकार के व्ययों में सब्सिडी का काफी बड़ा भाग समायोजित रहता है। सब्सिडी का लाभ उसके वास्तविक लोगों को नहीं मिल पाता, अतः समय-समय पर सब्सिडी की समीक्षा की जानी चाहिए और नई सब्सिडी प्रारम्भ करते समय उसके लिए अवधि निर्धारित कर देनी चाहिए।

(6) श्वेत-पत्र में सब्सिडी का वर्गीकरण तीन समूहों में किया गया है– पहला, पब्लिक गुड्स एण्ड सर्विसेज, दूसरा, कोटि गुड्स एण्ड सर्विसेज और तीसरा, नॉन-मैरिट गुड्स एण्ड सर्विसेज।

सब्सिडी के विषय में जन साधारण की धारणा है कि विभिन्न वर्षों में विभिन्न क्षेत्रों में दी गई सब्सिडी की मात्रा बढ़ते जाने से सरकारी व्यय में बढ़ोतरी होती रही है, लेकिन इसका लाभ सम्बन्धित लोगों को प्राप्त नहीं हो सका है। इसके लिए यों तो अनेक कारण उत्तरदायी हैं, लेकिन सबसे प्रमुख

कारण इसके आकार और प्रक्रिया में निहित भारी कमियों का होना है, जिससे सरकार द्वारा दी जाने वाली सब्सिडी पर किए जाने वाले व्यय का लाभ सम्पन्न और मध्यम वर्गीय लोग, फैक्ट्री मालिक, बिचौलिए एवं प्रभावशाली लोग उठा ले जाते हैं।

प्रश्न उठता है कि आखिर 61 वर्षों से जारी सब्सिडी का लाभ यदि उन लोगों को नहीं मिल पाता जो इसके सच्चे हकदार हैं तो सब्सिडी को जारी रखने का औचित्य क्या है? दरअसल वास्तविक लोगों को सब्सिडी का लाभ न मिल पाने के लिए दोष सब्सिडी का नहीं है, और न ही इससे 'सब्सिडी' की उपादेयता पर प्रश्नचिन्ह् लगता है। दोष है हमारी उस दूषित शासन व्यवस्था का, जिसके कारण जरूरतमन्दों को अपेक्षित मात्रा में इसका लाभ नहीं मिल सका। सब्सिडी का लाभ जरूरतमंद एवं सामाजिक और आर्थिक रूप से अभिशप्त लोगों को ही अपेक्षित मात्रा में प्राप्त हो, इसके लिए निम्नलिखित सुझाव उपयोगी बताए जा सकते हैं–

(1) सब्सिडी की विभिन्न मदों और उन पर दी जाने वाली सब्सिडी की प्रक्रिया में आमूल-चूल परिवर्तन किए जाने की जरूरत है। उदाहरण के लिए ईंधन, गैस, डीजल, यूरिया और बिजली जैसी मदों में दी जानेवाली सब्सिडी का लाभ गरीब, पिछड़ा और अभिशप्त वर्ग नहीं उठा पाता, जिसके लिए वह अधिक उपयुक्त पात्र होना चाहिए। सच्चाई यह है कि उसके पास इन वस्तुओं के उपयोग के लिए आवश्यक अवसंरचना अथवा संसाधन उपलब्ध ही नहीं हैं। न तो वह गैस का प्रयोग करने में आर्थिक रूप से सक्षम है, न डीजल और यूरिया के प्रयोग के लिए उसके पास डीजल पम्प या कृषि योग्य भूमि है, जहाँ कि उसका उपयोग कर सके। यही स्थिति बिजली तथा अन्य सेवाओं के सम्बन्ध में भी है। अतः सब्सिडी की वर्तमान प्रक्रिया में आमूल-चूल परिवर्तन कर यह सुनिश्चित किए जाने की जरूरत है कि सब्सिडी के लाभ अत्यधिक जरूरतमंद लोगों को पहले प्राप्त हो सकें।

(2) सरकार को सब्सिडी देने के लिए निर्धारित की गई अनेक मदों के स्थान पर कुछ विशेष मदों को ही चयनित किया जाना चाहिए। सम्प्रति सरकार द्वारा खाद्यान्न, बिजली, चीनी, मिट्टी का तेल, डीजल, रासायनिक उर्वरक, किसानों को ऋणराहत, ब्याज सम्बन्धी अनुदान के अतिरिक्त अन्य मदों पर प्रत्यक्ष एवं परोक्ष रूप से सब्सिडी दिए जाने का प्रावधान है। इतने ज्यादा मदों को सब्सिडी दिए जाने के लिए विभिन्न विभागों और संस्थाओं में अपेक्षित समन्वय और आवश्यक व्यवस्था करना मुश्किल हो जाता है और इसके लिए जरूरी प्रशासनिक व्यवस्था करने के लिए अत्यधिक व्यय भी करना पड़ता है। अतः समुचित मात्रा में तथा सम्बन्धित सभी जरूरतमंद लोगों को इससे लाभान्वित करने के लिए सब्सिडी के मदों की संख्या में कमी किया जाना बहुत आवश्यक है।

(3) केन्द्र सरकार और विभिन्न राज्य सरकारों द्वारा विभिन्न मदों में दी जाने वाली सब्सिडी की समय-समय पर विभिन्न स्तरों से समीक्षा की जानी चाहिए और इससे प्राप्त परिणामों के आधार पर अगले वर्ष या वर्षों के लिए प्रत्येक वर्ष और मद में सब्सिडी की मात्रा निर्धारित की जानी चाहिए।

(4) सब्सिडी पर किया जाने वाला व्यय सही व्यक्ति तक पहुँच पाता है अथवा नहीं, इस बात की समुचित और प्रामाणिक जानकारी के लिए एक व्यय आयोग भी गठित किया जाना चाहिए। इस आयोग में कुशल और सम्बन्धित क्षेत्र के विशेषज्ञ लोगों को शामिल किया जाना चाहिए।

(5) सब्सिडी के लिए किए जाने वाले रख-रखाव सम्बन्धी व्यय तथा प्रशासनिक व्यय में भारी कमी की जानी चाहिए। अभी तक खाद्यान्न सब्सिडी के रूप में जितनी बड़ी धनराशि व्यय की जाती है, उसका बहुत बड़ा हिस्सा खाद्यान्नों के रख-रखाव और भंडारण पर खर्च हो जाता है। इस कारण खाद्यान्न सब्सिडी के रूप में व्यय किए जा रहे धन का पूरा लाभ सम्बन्धित लोगों को नहीं मिल पाता है। अतः इस प्रकार के खर्चों में कमी लाने के लिए प्रयास किए जाने चाहिए।

(6) सब्सिडी को प्रभावशाली बनाने के लिए सब्सिडी पर होने वाले व्यय में कमी करने, सब्सिडी की प्रक्रिया को पारदर्शी बनाने तथा सब्सिडी का बेहतर इस्तेमाल करने जैसे बिन्दुओं पर ध्यान केन्द्रित किया जाना चाहिए। इसके लिए आवश्यक समितियों का गठन किया जाना चाहिए जो पूरी प्रक्रिया पर नजर रख सकें, तभी सब्सिडी का लाभ जरूरतमंद लोगों को मिल पाना सम्भव हो सकता है।

इस प्रकार हम देखते हैं कि वर्तमान परिस्थितियों में सब्सिडी को समाप्त कर दिया जाना न तो उचित है और न ही न्यायसंगत। आवश्यकता इसको उपयुक्त लोगों तक पहुँचाने की है। वर्तमान लेख में उल्लिखित सुझावों पर यदि अमल करने का प्रयास किया जाय तो निश्चित रूप से सब्सिडी का लाभ उपयुक्त लोगों तक पहुँच सकेगा।

काला धन—उसकी काली छाया

अनैतिक साधनों और चोरी से उपार्जित धन को काला धन कहते हैं। यह धन लोगों के पास गुप्त रूप से जमा रहता है। चूंकि यह भ्रष्ट तरीकों से कमाया जाता है और इस पर कर की अदायगी नहीं की जाती, अतः इसे छिपा कर रखना जरूरी होता है। आम भाषा में इसे नम्बर दो का धन भी कहते हैं। काले धन के प्रमुख स्त्रोत आय-कर, उत्पादन कर, सम्पत्ति कर, बिक्री कर और सीमा शुल्क (आयात कर) की चोरी है। तस्करी के माध्यम से कमाया गया धन भी काला धन होता है। काला-बाजारी करके कमाया गया धन भी इसी श्रेणी में आता है। घूस या रिश्वत में मिली रकम भी काली कमाई होती है।

ऊपर काले धन के स्त्रोत बताये गये हैं। इनके आधार पर आसानी से यह निष्कर्ष निकाला जा सकता है कि किन-किन लोगों के पास काला धन होने की सम्भावना हो सकती है।

इन लोगों की श्रेणी में मुख्यतः बड़े-बड़े उद्योगपति, कारखानों के मालिक, व्यापारी, दुकानदार (थोक-खुदरा दोनों), जमीनों और मकानों के मालिक, आयात-निर्यात का धन्धा करने वाले, राजनीतिज्ञ और बड़े-बड़े सरकारी पदाधिकारी आदि आते हैं। किन्तु यह सूची यहीं समाप्त नहीं होती, इसमें बहुत-से नाम जोड़े जा सकते हैं।

सुविज्ञ लोगों का मत है कि व्यापारी, धन्ना सेठ, राजनीतिज्ञ और नौकरशाह की सांठ-गांठ या षडयंत्र से काला धन कमाने का धन्धा होता है। इस धन्धे में ये सभी लाभान्वित होते हैं और एक-दूसरे को उपकृत करते हैं। छोटे-मोटे लाभ भले ही दूसरों को मिल जाएं, किन्तु मोटा लाभ इन्हीं लोगों की जेबों में जाता है।

हाल के वर्षों में काले धन के बारे में लोगों में काफी दिलचस्पी बढ़ी है। लोगों में इसके प्रति अनुराग भी बढ़ा है। अतः बहुत-से साधारण लोग भी इसके मोह-जाल में फंस गए हैं। तेजी से फैलने वाले इस प्रलोभनकारी छूत रोग की चपेट में बहुत-से त्रिपुंडधारी और सज्जनगण भी आ गए हैं।

आज काला धन जमा करने का धन्धा बड़ी तेजी से बढ़ और फल-फूल रहा है। नेशनल इन्स्टीच्यूट ऑफ पब्लिक फाइनेंस एण्ड पॉलिसी के मोटे अनुमानों के अनुसार, भारत में लगभग 37000 करोड़ रुपये का काला धन लोगों के पास जमा है। ध्यान रहे कि यह राशि अधिक भी हो सकती है क्योंकि यह अनुमान पर आधारित है क्योंकि जिन लोगों के पास काला धन है, वे इसका कोई हिसाब-किताब तो बताते नहीं। अन्तर्राष्ट्रीय मुद्रा कोष ने भी अनेक देशों में काले धन की मात्रा का अनुमान लगाया है। उसके अनुमान में कहा गया है कि भारत में काले धन की मात्रा उसके सम्पूर्ण राष्ट्रीय उत्पादन का लगभग 50 प्रतिशत है। अन्तरष्ट्रीय मुद्रा कोष के अनुमान के मुताबिक तो भारत में काले धन की मात्रा 80,000 से 90,000 करोड़ रुपये के बीच आती है।

लेकिन ध्यान रहे कि राजनीतिज्ञों और बड़े-बड़े उद्योगपतियों के पास जो काला धन इकट्ठा होता है, उसे वे किसी-न-किसी तिकड़म से उद्योग-व्यापार में लगा देते हैं और उसे सफेद बना लेते हैं। इसका कारण यह है कि धन को निष्क्रिय रखने से कोई लाभ नहीं होता। साथ ही सरकारी छापे का डर बना रहता है। उसे सफेद बनाकर उद्योग-व्यापार में लगाकर अच्छी कमाई हो सकती है। अतः एक ओर काला धन धीरे-धीरे सफेद बनकर राष्ट्रीय अर्थव्यवस्था का अंग बनता जा रहा है और दूसरी ओर नया काला धन आने वाले कल में सफेद बनने की तैयारी में है। अतः यह एक सतत प्रक्रिया है।

काले धन की इतनी विशाल मात्रा के कारण ही लोग इसे 'समानान्तर अर्थव्यवस्था' की संज्ञा देते हैं। इतनी बड़ी धनराशि यदि चोरी-छिपे राष्ट्रीय अर्थ व्यापार में दखल देगी, तो राष्ट्रीय अर्थनीति पंगु होकर रह जाएगी।

काले धन की समानान्तर अर्थव्यवस्था के संभाव्य दुष्परिणाम इस प्रकार हैं:

(1) इतनी विशाल धनराशि के बल पर इसके स्वामी किसी भी व्यक्ति को या यूं कहिए सबको खरीद सकते हैं और अपने स्वार्थ की सिद्धि कर सकते हैं।

(2) अपने निजी स्वार्थों की पूर्ति के लिए सरकारी योजनाओं को विफल कर सकते हैं। एक उदाहरण–सरकार प्रतिवर्ष अनाज अर्थात् गेहूं, चावल का न्यूनतम सरकारी खरीद मूल्य घोषित करती है और इसी नीति के अनुसरण में हर साल मंडियों से लाखों टन अनाज खरीद कर गोदामों में रखती है। इसी अनाज के बल पर देश भर में राशिनिंग व्यवस्था चलती है और यदि देश के किसी भाग में कोई प्राकृतिक विपदा आये, तो वहां के लोगों की सहायता के लिए भी इसी भंडार से अनाज भेजा जाता है। यदि काले धन के स्वामी सरकार की इस योजना को असफल कराने का संकल्प कर लें, तो वे सरकारी मूल्य से अधिक मूल्य देकर मंडियों से सारा अनाज खरीद कर जमा कर लें। इस प्रकार एक ओर सरकार की राशनिंग व्यवस्था विफल हो जाएगी और दूसरी ओर काले धन के स्वामी मंडियों से खरीदे गए इस अनाज को मनमानी कीमत पर बेच कर अनाप-शनाप फायदा कमा सकते हैं। ऐसे अनेक उदाहरण दिए जा सकते हैं।

(3) काले धन के स्वामी इस धन की शक्ति के जोर से सरकार को बाध्य कर सकते हैं कि वह ऐसी नीतियां अपनाए जिनसे उनको अन्धाधुन्ध लाभ हो।

(4) काले धन की बड़ी महिमा है। जो गलत काम किसी तरह नहीं हो पाते, उनके लिए अमोघ अस्त्र काला धन है।

(5) काले धन की इस समानान्तर अर्थव्यवस्था से महंगाई बढ़ती है और रुपये (मुद्रा) की कीमत घटती है।

(6) काले धन के संचय से देश और समाज में आय की विषमता और अमीरी-गरीबी के बीच खाई बढ़ती है।

(7) यदि उपरोक्त सभी या इनमें से कुछ दुष्परिणाम स्पष्ट दिखाई देने लगें, तो लोगों का सरकारी तन्त्र और सरकार पर से विश्वास हटने लगता है।

अर्थव्यवस्था की इस घातक विसंगति के बारे में सरकार को जानकारी है (इसलिए नहीं कि काले धन के स्वामी सरकार को अपने काले धन की जानकारी देते रहते हैं, बल्कि इसलिए कि इस सम्बन्ध में अर्थशास्त्रियों के लेख और अनुमान समाचार-पत्रों और पत्रिकाओं में छपते रहते हैं)। सरकार ने इस सम्बन्ध में कई बार चिन्ता भी व्यक्त की है। इस दिशा में सरकार ने बड़ी ईमानदारी से इसे समाप्त करने के प्रयत्न भी किए हैं। जिन कानूनों के कारण काले धन का निर्माण होता था, उनमें से बहुतों में संशोधन किए गए हैं, ताकि काला धन इकट्ठा न होने पाए। साथ ही काले धन के अपराध में कठोर दण्ड की व्यवस्था कर दी गई है। लेकिन ये सब नाकाफी रहे हैं। काला धन कानून-कायदों के माध्यम से नहीं बल्कि काले रास्तों से चलता है। इन काले रास्तों को रोकने का सरकार के पास कोई उपाय नहीं है।

सरकार ने काले धन को बाहर निकालने के लिए दो-तीन बार कुछ योजनाएं भी शुरू कीं, जैसे 'बेयरर बाण्ड स्कीम' और 'वॉलन्टरी डिस्क्लोजर स्कीम'। इन दोनों योजनाओं के पीछे सरकार की नीयत यही थी कि जिनके पास काला धन है, वे

बिना कोई नुकसान उठाए या थोड़ा नुकसान उठाकर अपने काले धन को 'सफेद धन' बना लें। किन्तु, दुख है कि काले धन वालों ने इन योजनाओं के प्रति उत्साहपूर्वक अनुकूल प्रतिक्रिया नहीं दिखाई। इसका कारण यही लगता है कि एक तो इन योजनाओं के चक्कर में उनका नाम प्रकट हो जाता और उनके काले धन के एक भाग के बारे में सरकार को जानकारी मिल जाती (दोनों बातें उनकी प्रतिष्ठा और उनके आर्थिक हित के प्रतिकूल थी) और दूसरे सम्भवतः सरकारी योजनाएं आर्थिक दृष्टि से उतनी लाभदायक नहीं थीं जितना लाभदायक काले धन से क्रिया जाने वाला काला धन्धा होता है। ऐसी योजनाओं के माध्यम से सरकार को जहां पर्याप्त धन नहीं मिला, वहीं उसकी प्रतिष्ठा को भी गहरा धक्का लगा। लोगों को लगा कि सरकार असहाय होकर काली कमाई करने वालों के सामने घुटने टेक रही है। विमुद्रीकरण (Demonetization) का सहारा लेना भी व्यावहारिक नहीं होगा। ऐसा करने से अर्थव्यवस्था में भारी गतिरोध और अशोध्य विकृतियां उत्पन्न होंगी। ऐसा करके सरकार को स्वयं पछताना पड़ेगा।

स्थिति यह है कि हमारे देश में बड़ी मात्रा में काला धन है। उसमें लगातार वृद्धि हो रही है। सरकार इसे बाहर लाने या समाप्त करने में असफल रही है। काले धन की समानान्तर अर्थव्यवस्था हमारे देश के अर्थ-तंत्र को पंगु बना रही है। सारा देश इस सम्बन्ध में चिन्तित किन्तु किंकर्तव्यविमूढ़ है।

हमारे देश में काले धन का धन्धा क्यों इतना फल-फूल रहा है? इस सम्बन्ध में कुछ मौलिक कारण निम्नलिखित हैं:

(1) धन लिप्सा
(2) घोर भौतिकवाद
(3) अक्षम कानून
(4) जटिल प्रक्रिया
(5) इस बात का बोध कि धन से सबको खरीदा जा सकता है और इसके बल पर हर आदमी से सही-गलत सारे काम कराये जा सकते हैं।
(6) सबसे आकर्षक बात यह है कि काले धन की शक्ति से किसी को खरीद कर गलत काम कराना और फिर उससे काली कमाई करना और उस काली कमाई से फिर किसी और को खरीदकर गलत काम कराना और उससे काली कमाई करना–यह एक दुष्चक्र है। एक बार इसमें घुसने वाला व्यक्ति इसे छोड़ना नहीं चाहता। इस दुष्चक्र को बाहर से तोड़ पाने में सफलता नहीं मिलती है।
(7) सबसे बड़ा और अन्तिम कारण--नैतिकता या नैतिक मूल्यों का ह्रास। नैतिक मूल्यों का इतना ह्रास हो गया है कि काला धन अर्जित करना, उसके बल पर दूसरों से अनैतिक कार्य करवाना, काले धन की कमाई पर भोंडा प्रदर्शन करना– इसमें किसी को तनिक भी हिचक नहीं होती।

सरकार ने काले धन की कमाई बन्द करने हेतु कानून बनाये हैं, किन्तु इन कानूनों में कुछ खामियां हैं, जिनका लाभ उठाकर लोग इस तरह की कमाई में लगे हुए हैं। आजकल तो कुछ ऐसी मनोवृत्ति पैदा हो गई है कि उधर कानून बना और इधर उससे बच निकलने के तिकड़म ढूंढ़ लिए गए। इसके अतिरिक्त काले धन की शक्ति अपरिमित है। जो काम किसी उपाय से न हो सकता हो, उसे भी काला धन करवा देता है। परिणाम यह हैं कि कानून इस बुराई को रोकने में नितान्त विफल रहे हैं।

सच तो यह है कि काले धन का जाल इतना मजबूत और सर्वव्यापी हो गया है और लोग धीरे-धीरे इसको बर्दाश्त करने में इतने अभ्यस्त हो गए हैं कि इसको समाप्त कर पाना एक असम्भव-सा काम दिखता है। इस पर सार्वजनिक मंचों पर बहस और विवाद भी एक शगल बन गया है। कई बार ऐसा आभास होता है कि जो लोग इस समस्या से देश व समाज को हो रही क्षति पर विलाप करते हैं, वे एक पाखण्ड मात्र कर रहे दीखते हैं। कुल मिलाकर, इस समस्या के प्रति सभी चिन्तित हैं, पर सभी असहाय और निष्क्रिय भी। यह कहना अत्युक्ति न होगी कि अब यह रोग असाध्य हो गया है। फिर भी काला धन रोकने के लिए कुछ सुझाव दिए जा सकते हैं:

(1) सरकार खर्च नियन्त्रित करे, खर्च पर नजर रखी जाये।
(2) भारी घाटे के बजट न बनाये जायें।
(3) सरकारी परियोजनाओं पर होने वाले खर्च पर कड़ी निगरानी रखी जाए।
(4) सरकारी प्रशासन में चाहे औद्योगिक लाइसेंस विभाग हो, आयकर विभाग हो या कम्पनी कानून विभाग हो, वरिष्ठ अधिकारियों के स्वविवेक अधिकार (discretionary element or power) समाप्त या न्यूनतम कर दिए जाएं। इन्हीं से पक्षपात, भ्रष्टाचार और काला धन पैदा होता है।
(5) कर व्यवस्था यथार्थवादी हो, करों की दरें भारी न हों, ऐसा होने पर लोग कर-अपवंचन नहीं करना चाहेंगे।
(6) कर इकट्ठा करने वाले विभाग कार्यकुशल हों।
(7) कर-अपवंचन के लिए सजा कठोर हो।
(8) विधानमंडलों, सरकारी विभागों, वित्तीय संस्थाओं, न्याय व्यवस्था जैसी सभी संस्थाओं में काम अच्छा हो, समय पर हो और प्रशासन तंत्र खुला हो (अर्थात् बेमतलब चीजों को गोपनीय न रखा/बनाया जाए)। ऐसा होने पर भ्रष्टाचार व पक्षपात की गुंजाइश कम हो जाएगी।

उपरोक्त उपायों से काला धन बनना कम अवश्य होगा, ऐसी आशा की जा सकती है।

डिजिटल इंडिया

डिजिटल इंडिया भारत सरकार की एक पहल है जिसके तहत सरकारी विभागों को देश की जनता से जोड़ना है। इसका उद्देश्य यह सुनिश्चित करना है कि बिना कागज के इस्तेमाल के सरकारी सेवाएं इलेक्ट्रॉनिक रूप से जनता तक पहुंच सकें। इस योजना का एक उद्देश्य ग्रामीण इलाकों को हाई स्पीड इंटरनेट के माध्यम से जोड़ना भी है। डिजिटल इंडिया के तीन कोर घटक हैं–

1. डिजिटल आधारभूत ढाँचे का निर्माण करना,
2. इलेक्ट्रॉनिक रूप से सेवाओं को जनता तक पहुंचाना,
3. डिजिटल साक्षरता।

भारत सरकार की संस्था 'भारत ब्रॉडबैंड नेटवर्क लिमिटेड' नेशनल ऑप्टिकल फाइबर नेटवर्क जैसी परियोजना को कार्यान्वित करेगी जो डिजिटल इंडिया कार्यक्रम की देखरेख करेगा। बीबीएनएल ने यूनाइटेड टेलीकॉम लिमिटेड को 250,000 गाँवों को एफटीटीएच ब्रॉडबैंड आधारित तथा जीपीओएन के द्वारा जोड़ने का आदेश दिया है। यह डिजिटल इंडिया परियोजना को सभी आधारभूत सुविधाएं मुहैया कराएगी।

2016 के केंद्रीय बजट में घोषित किया गया था कि 11 प्रौद्योगिकी पहल शुरू किये जायेंगे जिनमें शामिल होंगे डेटा अनैलिटिक्स के प्रयोग से कर की चोरी करने वाले व्यक्तियों को पकड़ना, डिजिटल साक्षरता तथा अन्य अनेक कार्यक्रम प्रस्तावित किये गये हैं।

योजना को 2019 तक कार्यान्वित करने का लक्ष्य है। एक टू-वे प्लेटफॉर्म का निर्माण किया जाएगा जहाँ दोनों (सेवा प्रदाता और उपभोक्ता) को लाभ होगा। यह एक अंतर-मंत्रालयी पहल होगी जहाँ सभी मंत्रलय तथा विभाग अपनी सेवाएं जनता तक पहुंचाएंगे जैसे कि स्वास्थ्य, शिक्षा और न्यायिक सेवा आदि। चयनित रूप से पब्लिक प्राइवेट पार्टनरशिप (पीपीपी) मॉडल को अपनाया जाएगा। इसके अतिरिक्त राष्ट्रीय सूचना केंद्र के पुनर्निर्माण की भी योजना है। यह योजना मोदी प्रशासन की टॉप प्राथमिकता वाली परियोजनाओं में से एक है। यह एक सराहनीय और सभी साझेदारों की पूर्ण समर्थन वाली परियोजना है। जबकि इसमें लीगल फ्रेमवर्क, गोपनीयता का अभाव, डाटा सुरक्षा नियमों की कमी, नागरिक स्वायत्तता हनन, तथा भारतीय ई-सर्विलांस के लिए संसदीय निगरानी की कमी तथा भारतीय साइबर असुरक्षा जैसी कई महत्वपूर्ण कमियाँ भी हैं। डिजिटल इंडिया को कार्यान्वयित करने से पहले इन सभी कमियों को दूर करना होगा।

जनता को सशक्त बनाने के लिए सूचना प्रौद्योगिकी को शुरू करने के उद्देश्य से अनेक पहल की गई हैं, जिनके परिणामस्वरूप स्वास्थ्य, शिक्षा, श्रम और रोजगार तथा वाणिज्य आदि से संबंधित क्षेत्रें में विभिन्न सेवाओं का विस्तार हुआ है। इसी क्रम को और प्रभावी बनाने के लिए प्रधानमंत्री नरेन्द्र मोदी ने 1 जुलाई, 2015 को डिजिटल इंडिया सप्ताह के साथ डिजिटल इंडिया कार्यक्रम की विधिवत् शुरुआत की।

प्रमुख विशेषताएं :

- भारत को डिजिटल रूप से सशक्त समाज और ज्ञानपूर्ण अर्थव्यवस्था में परिवर्तित करने के लिए एक महत्वाकांक्षी कार्यक्रम के रूप में डिजिटल इंडिया कार्यक्रम की परिकल्पना की गई है।
- ज्ञानपूर्ण अर्थव्यवस्था बनाने के लिए और समस्त सरकार की समकालिक और समन्वित भागीदारी द्वारा प्रत्येक नागरिक के लिए सुशासन लाने के उद्देश्य से इस कार्यक्रम के अधीन विभिन्न पहलों को शामिल किया गया है।
- यह कार्यक्रम इलेक्ट्रॉनिक एवं सूचना प्रौद्योगिकी विभाग द्वारा विभिन्न केन्द्रीय/विभागों और राज्य सरकारों के सहयोग से तैयार और समन्वित किया गया है।
- प्रधानमंत्री डिजिटल इंडिया की निगरानी समिति के अध्यक्ष हैं, इसलिए डिजिटल इंडिया के अधीन गतिविधियों पर सावधानीपूर्वक निगरानी की जा रही है।
- सभी वर्तमान और आगामी ई-शासन पहलों को डिजिटल इंडिया के सिद्धांतों के अनुसार संशोधित और पुनः तैयार किया गया है।

डिजिटल इंडिया विजन

डिजिटल इंडिया कार्यक्रम के विजन का उद्देश्य इलेक्ट्रॉनिक्स सेवाओं, उत्पादों, विनिर्माण और रोजगार के अवसरों आदि के क्षेत्रें का समग्र विकास करने का भी है। यह मुख्यतः तीन क्षेत्रें पर केन्द्रित है :

1. डिजिटल बुनियादी ढांचा प्रत्येक नागरिक की उपयोगिता के रूप में
2. मांग पर शासन एवं सेवाएं
3. नागरिकों का डिजिटल सशक्तिकरण

डिजिटल इंडिया के उद्देश्य

उपरोक्त विजन के साथ डिजिटल इंडिया कार्यक्रम का उद्देश्य ब्रॉडबैंड हाईवे, मोबाइल जुड़ाव के लिए वैश्विक पहुंच, सार्वजनिक इंटरनेट पहुंच कार्यक्रम, ई-शासन : प्रौद्योगिकी के माध्यम से सरकार में सुधार, ई-क्रांति सेवाओं की इलेक्ट्रॉनिक आपूर्ति की जानकारी, इलेक्ट्रॉनिक्स विनिर्माण : लक्ष्य शून्य आयात, रोजगार के लिए सूचना प्रौद्योगिकी कार्यक्रम उपलब्ध कराने का है। अनेक परियोजनाएं/उत्पाद या तो पहले ही लांच किए जा चुके हैं या लांच किए जाने के लिए तैयार है।

डिजिटल लॉकर प्रणाली का उद्देश्य दस्तावेजों के मूल रूप में उपयोग को न्यूनतम करना और विभिन्न एजेंसियों में ई-दस्तावेज की हिस्सेदारी को समर्थ बनाना है। ई-दस्तावेज की हिस्सेदारी पंजीकृत संग्राहकों के माध्यम से की जाएगी, जिससे ऑनलाइन दस्तावेजों की प्रमाणिकता सुनिश्चित होगी।

माईगोव डोट इन को 'डिस्कस' 'डू' और 'डिसिमिनेट' (3-डी) पहुंच के द्वारा शासन में लगे प्रत्येक नागरिक के लिए प्लेटफॉर्म के रूप में लागू किया गया है। माईगोव तक सरल पहुँच के लिए इसके मोबाइल ऐप द्वारा मोबाइल फोन पर प्रयोगकर्ताओं के लिए निम्नलिखित विशिष्टताएं उपलब्ध कराई जाएंगी :

- स्वच्छ भारत मिशन मोबाइल ऐप का उपयोग स्वच्छ भारत मिशन के उद्देश्यों का प्राप्त करने के लिए जनता और सरकारी संगठनों द्वारा कियां जा सकेगा।
- ई-हस्ताक्षर से लोग आधार प्रमाणिकता का उपयोग करते हुए ऑनलाइन दस्तावेजों पर डिजिटल रूप से हस्ताक्षर कर सकेंगे।
- ई-हॉस्पिटल एप्लीकेशन के अधीन ऑनलाइन रजिस्ट्रेशन सिस्टम शुरू किया गया है।

निरस्त्रीकरण

भारत में निरस्त्रीकरण की विचारधारा पर अनेक राजनीतिज्ञों ने अलग-अलग अपना दृष्टिकोण प्रकाशित किया है। कुछ लोग अपने उसी पुरातन आदर्श की रट लगाते हैं जिसमें कहा गया है कि 'वीर भोग्या वसुन्धरा' अर्थात् इस पृथ्वी के ऐश्वर्य का भोग वीर पुरुष ही करते हैं। जो निरस्त्र हैं (आज के संदर्भ में नवीनतम सैन्य सामग्री रहित) वे शत्रु का सामना कैसे कर सकते हैं! कहा जाता है कि "अहिंसा परमो धर्मः" अर्थात् किसी जीव को न सताना, उसे विनष्ट न करना ही परमधर्म है; किन्तु जो लोग गांधीजी के विचारों से परिचित हैं उन्हें ज्ञात होगा कि अहिंसा वीरों का भूषण है। कायर पुरुष तो उससे कोसों दूर भागते हैं। जिस व्यक्ति में शक्ति है, आत्मबल है, पौरुष है, वह व्यक्ति यदि किसी को नहीं सताता, दुःखी नहीं करता तभी उसकी सराहना होगी और तभी अहिंसक कहलाने का अधिकारी माना जाएगा। बेचारे 'सींकिया' क्या खाकर किसी को सताएंगे? कौन उन्हें अहिंसक मानेगा?

किसी राष्ट्र के संदर्भ में निरस्त्रीकरण का मतलब होता है, वह राष्ट्र जो न तो किसी अन्य देश पर आक्रमण करता है और न आक्रमणकारी का साथ देता है। वह "जियो और जीने दो" के सिद्धान्त पर दृढ़ रहकर, यदि कभी किसी दूसरे पक्ष की ओर से आक्रमण किया गया तो उसे छठी का दूध याद करा देता है। इसलिए निरस्त्रीकरण का मतलब सारे आधुनिकतम हथियारों को हिन्द महासागर में डूबोकर शान्ति से बैठना नहीं है; बल्कि इसका मतलब है—कोई देश किसी देश पर कभी हमलावर न हो। ऐसे घातक अस्त्र-शस्त्रों का निर्माण न करे जिससे किसी देश का अस्तित्व ही समाप्त हो जाए। मात्र कबूतर उड़ाकर निरस्त्रीकरण सिद्धान्त को अमल में नहीं लाया जा सकता। उसके लिए पूर्णरूप से सुसज्जित सेना की आवश्यकता पड़ती है। चीन और पाकिस्तान तथा बांग्लादेश की कहानी पुरानी नहीं है। चलो, बांग्लादेश छोड़ो, वह उसका घरेलू मामला था, भाई-भाई आपस में लड़े। किन्तु "हिन्दी-चीनी भाई-भाई" का नारा बुलन्द करने वालों को भी पता चल गया कि जिस निरस्त्रीकरण की बात वे सोचते थे, जिन बुद्ध भगवान के अनुयायी वे बनने की लालसा रखकर "अहिंसा परमो धर्मः' का राग अलापना चाहते थे, वह कितना भयावह और आत्मघाती था। विश्व में आज भी कई ऐसी दुर्दान्त शक्तियां हैं, जो न तो चैन से बैठती हैं और न किसी को बैठने देना चाहती हैं। यदि हमें अपना भारत 'सारे जहां से अच्छा' लगता है तो क्या तिब्बती अपने वतन से प्यार नहीं कर सकते! जो व्यक्ति उन्हें ऐसा करने से रोकता है निश्चय ही वह स्वार्थी तथा दूसरे के स्वाभिमान को ठेस पहुंचाने वाला है।

आज सभी जानते हैं कि विश्व में इस बात की होड़ लग गई है कि देखें कौन एटम बम और हाइड्रोजन बम बनाने में बाजी मारता है। जो छुटभैये विकासशील अथवा विकासोन्मुख देश हैं वे यदि अपने निर्माणकारी कार्यों के लिए भी कुछ करना चाहते हैं तो उन्हें 'वामन' हैं आकाश छुएंगे' कहकर उनका उपहास किया जाता है। अमेरिका का उदाहरण सामने है। आणविक बिजलीघर के लिए यूरेनियम देने में उसका अन्यायपूर्ण व्यवहार किसी से छुपा नहीं है। जो समृद्ध देश हैं, शक्ति-सम्पन्न हैं, उन्हें तो कोई कुछ नहीं कहता और न वे किसी की परवाह ही करते हैं। बेचारे भारत को, जिसके शत्रु निरन्तर उस पर अपनी आंख जमाए रहते हैं, निरस्त्रीकरण का उपदेश दिया जाता है। परमात्मा ने इन्हें वाणी दी है, विचार और कल्पनाशक्ति प्रदान की है। उन्हें कहना चाहिए कि पहले बड़े राष्ट्र अपनी शक्ति को सन्तुलित करें, एटम, हाइड्रोजन बम बनाना बन्द करें, तभी छोटे राष्ट्र उनका अनुगमन करेंगे। किन्तु नक्कारखाने में तूती की आवाज की तरह उनकी सुनता कौन है!

अमेरिका व रूस ने अपने परमाणु हथियार सीमित तो कर लिए हैं पर उनको पूर्णरूपेण समाप्त नहीं किया है। अतः निकट भविष्य में इन दोनों शक्तियों के द्वारा अपने परमाण्विक या अन्य अस्त्रों व उच्चकोटि की युद्ध सामग्री को सागरों में डुबोने की कोई संभावना नहीं है। ऐसा इसलिए है कि प्रत्येक देश अपनी सुरक्षा हेतु कुछ इन्तज़ाम कर के रखता है। इन दोनों की देखादेखी उत्तर कोरिया, भारत, पाकिस्तान, चीन व अन्य कई देशों ने भी विनाशकारी मिसाइल और हथियार संचित कर लिए हैं। रूस और अमेरिका की पनडुब्बियां भी परमाणु ईंधन से चलती हैं और उनमें महाशक्तिशाली हथियार लगाए गये हैं। पड़ोसी देशों में लगातार युद्ध होते रहते हैं (जैसे कि भारत-पाकिस्तान, उत्तर कोरिया-दक्षिण कोरिया, इज़रायल-फिलिस्तीन आदि)। अतः हथियारों के ज़खीरे खड़े करने के अलावा इन देशों के पास कोई चारा नहीं है।

हाल ही में अमेरिका द्वारा आतंकवाद के खिलाफ एक अन्तर्राष्ट्रीय मुहिम छेड़ी गई। अफगानिस्तान और इराक में युद्ध लड़े गए। इन युद्धों से मानवता को यह सबक मिला है कि निरस्त्रीकरण निकट भविष्य में तो नहीं हो पायेगा। इसका कारण यह है कि हारे हुए देश या आतंकवादी संगठन और अधिक हथियार प्राप्त करने हेतु भरसक प्रयास करेंगे। आज का युग गुरिल्ला युद्ध का है। सामरिक दृष्टि से यह युद्ध छोटे गुटों व देशों के लिए फायदेमन्द है। अतः छोटे हथियार, मोर्टार, मिसाइल व गोला-बारूद का अधिक कारोबार होगा। परमाणु हथियार इस्तेमाल में नहीं लाए जाएंगे। अमेरिका-इराक युद्ध भी पारम्परिक समर का ही एक उदाहरण है।

शस्त्रों के संसार में एक नया शक्तिशाली नाम उभरा है जनविनाशक हथियारों का। ये हथियार, जिनको अंग्रेजी भाषा में WMD कहा जाता है, अत्यन्त घातक रसायनों पर आधारित हैं। इनमें एन्थ्रैक्स, ब्यूटोलिम, नर्व गैस आदि मुख्य रसायन हैं। ये हथियार भारी संख्या में लोगों को हताहत कर सकते हैं। न्यूट्रॉन बम एक ऐसा घातक हथियार है जिसके द्वारा एक क्षेत्र के मानवों को कुछ ही मिनटों में समाप्त किया जा सकता है परन्तु उस क्षेत्र की इमारतें नष्ट नहीं होंगी। इराक में WMD नहीं मिले। परन्तु कई उग्रवादी संगठनों के पास या तो ये हथियार मौजूद हैं या वे संगठन इनको प्राप्त करने की जद्दोजहद कर रहे हैं। याद रहे, संयुक्त राष्ट्र संघ की शक्ति क्षीण होने के कारण अब शक्तिशाली देशों और आतंकवादी गुटों पर कोई भी अंकुश नहीं लग पाएगा। अतः पारम्परिक हथियारों

को बनाने या प्राप्त करने की प्रक्रिया तेज हो जाएगी। समूचे विश्व के लिए यह एक चिन्ता का विषय है।

निरस्त्रीकरण को लेकर पहला महत्त्वपूर्ण कदम यह होगा कि सभी देश की सीमाएं उनके पुराने अभिलेखों को तथा प्रमाणों को देखकर निर्धारित कर दी जाएं, ताकि भविष्य में सीमा विवाद की नौबत ही न आए। यदि ऐसा कोई विवाद उत्पन्न भी होता है तो उसके लिए आवश्यक होगा कि वह आपसी तरीके से सद्भावनापूर्ण हल कर लिया जाए। इससे धन-जन की तो बचत हो ही जाएगी, वातावरण भी सद्भावनापूर्ण तैयार होगा और तनाव स्वयं ही समाप्त हो जाएगा। तनाव समाप्त हो जाने से युद्ध की आशंकाएं निर्मूल होंगी और शक्ति संचय के लिए जो होड़ मची हुई है उसकी गति बहुत मंथर हो जाएगी।

निरस्त्रीकरण के लिए दूसरा कदम यह होगा कि जहां तक संभव हो सम्पन्न देश दूसरे देशों को घातक हथियारों की सप्लाई बन्द कर दें। इससे अकारण ही शत्रुता तथा तनाव बढ़ता है। इस संदर्भ में अमेरिका का नाम विशेष रूप से उल्लेखनीय है। उसने पाकिस्तान और हिन्दुस्तान के साथ जो नाटक किया था उससे दोनों के बीच सम्बन्ध बिगड़े ही हैं, कोई सुधार नहीं हुआ।

विश्व पुनः युद्ध के कगार पर खड़ा है। पता नहीं कब, कहां से चिंगारी निकले जो इस दुनिया को क्षणों में विनष्ट करके रख दे। विज्ञान के चरण बड़ी द्रुत गति से बढ़ते जा रहे हैं। ऐसी स्थिति में जितनी जल्दी संभव हो सारे विश्व को निरस्त्रीकरण के सिद्धान्त को अपना लेना चाहिए। यदि इस कार्य को वरीयता नहीं दी गई तो पता नहीं युद्ध होने पर मानवता शेष बचेगी अथवा वह भी अतीत की पहेली बनकर रह जाएगी।

बाल मजदूरी-एक अनसुलझी समस्या

बालश्रम की समस्या से आज न केवल तीसरी दुनिया के देश (पिछड़े देश) ग्रस्त हैं, बल्कि विकसित देश भी इस समस्या का सामना कर रहे हैं। अमेरिका, ब्रिटेन, जर्मनी आदि देशों में बालश्रम की घटनाएं निरन्तर तेजी से बढ़ रही हैं। दिखाने के लिए तो विकसित देश विकासशील देशों से होने वाले आयातों पर इस कारण प्रतिबन्ध लगाते हैं कि वे वस्तुएं बाल श्रमिकों द्वारा बनाई गई हैं, लेकिन अपने ही देश में वे युवा पीढ़ी को धन का लालच देकर बालश्रम पर मजबूर कर देते हैं।

आकड़ों के अनुसार वर्तमान में 6 से 14 वर्ष तक के कुल बच्चों की संख्या 22 करोड़ है, जो कुल आबादी की 22% है। भारत में 2 करोड़ 26 लाख बच्चे पूर्णकालिक श्रमिक के रूप में तथा 1 करोड़ 85 लाख बच्चे अंशकालिक श्रमिक के रूप में कार्यरत् हैं। इन सभी आँकड़ों से एक बात तो साफ हो जाती है कि बालश्रम की समस्या का संकेन्द्रण कुछ राज्यों और उद्योग विशेष तक सीमित है। यह एक चिन्ताजनक स्थिति है जिस पर समय रहते विचार करना है। देश में बाल श्रमिकों की बढ़ती हुई संख्या और उनके शोषण को रोकने के लिए सर्वोच्च न्यायालय ने निम्न उद्योगों को खतरनाक उद्योगों की श्रेणी में रखा है- • माचिस एवं पटाखा निर्माण उद्योग, शिवकाशी (तमिलनाडु); • डायमंड पॉलिशिंग उद्योग, सूरत (गुजरात); • काँच एवं चूड़ी उद्योग, फिरोजाबाद (उत्तर प्रदेश); पीतल के बर्तन एवं कलात्मक वस्तु विनिमाण उद्योग, मुरादाबाद (उ.प्र.); • हस्तनिर्मित कालीन उद्योग, मिर्ज़ापुर-भदोही (उ.प्र.); • ताला उद्योग एवं चाकू उद्योग, अलीगढ़ (उ.प्र.); • स्लैट उद्योग मंदसौर (मध्य प्रदेश)।

राष्ट्रीय मानवाधिकार की ही तर्ज पर देश में एक 'राष्ट्रीय बाल आयोग' गठित किया गया है, इसके अलावा बच्चों की सुरक्षा और देखभाल के लिए संसद ने 'बाल न्याय अधिनियम 2000' पारित किया जिसने किशोर न्यायिक अधिनियम 1986 का स्थान लिया। विपत्ति में फंसे बच्चों को राहत पहुँचाने के उद्देश्य से सरकार द्वारा निःशुल्क चाइल्ड लाइन फोन सेवा (1098) आरम्भ की गई है। इस नम्बर पर फोन करके बच्चे अपनी सहायता मांग सकते हैं।

बालश्रम सम्बन्धी समस्या से निजात पाने के लिए निम्न उपायों की आवश्यकता है- • सरकार द्वारा काम करने की स्थितियों में सुधार किया जाए; • न्यूनतम मज़दूरी, स्वास्थ्य और शिक्षा की व्यवस्था सरकार द्वारा की जाए; • विकास कार्यक्रम योजना का लाभ बाल श्रमिकों के परिवारों को निर्धारित हो; • असंगठित क्षेत्रों में बच्चों का संरक्षण किया जाए; • बच्चों को रोटी, कपड़ा और मकान की अनिवार्य आवश्यकता सरकार द्वारा पूरी की जाए; • बालश्रम कानून का उल्लंघन करने वालों को कठोर दण्ड दिया जाए; • बालश्रम के विरोध में जनजागरूकता फैलाई जानी चाहिए • बालश्रम से सम्बन्धित पाठ्यक्रम शिक्षा में शामिल किया जाए।

बालश्रम उन्मूलन के लिए 10वीं योजना में राष्ट्रीय बालश्रम परियोजना के अन्तर्गत कवर किए गए जिलों की संख्या 100 से बढ़कर 250 हो गई। दोपहर का भोजन कार्यक्रम (मिड-डे-मील) से मिलने वाली खाद्य सुरक्षा का बाल श्रमिकों की संख्या को कम करने पर सकारात्मक प्रभाव पड़ा है। सबको शिक्षा मुहैया कराने के उद्देश्य से शुरू किए गए सर्व शिक्षा अभियान से भी बच्चों के बीच साक्षरता बढ़ी है।

भारत सरकार और अमेरिका श्रम विभाग ने देश के 21 जिलों में बाल श्रमिकों के पुनर्वास के लिए इंडस (इंडा-यूएस) नाम की एक संयुक्त परियोजना आरम्भ की है। इसका लक्ष्य एक केन्द्रित और एकीकृत रूप से परियोजनागत क्षेत्र में जोखिमकारी उद्योगों में बालश्रम का पूरी तरह उन्मूलन करना है। इस योजना से 80,000 बच्चे लाभान्वित हो रहे हैं।

किए गए सरकारी प्रयास के आलोक में बालश्रम की समस्याओं से छुटकारा पाने के लिए यह अवश्यंभावी प्रतीत होता है कि सामाजिक भागीदारी भी बढ़-चढ़कर हो। सरकार द्वारा निर्मित नियम-कानून को ईमानदारी से क्रियान्वित किया जाए। महज एक कानूनी जामा पहनाने के बजाय समुचित प्रयास किए जाएं अन्यथा स्थिति यथावत् ही रहेगी।

पंचायती राज

ग्रामीण पंचायत प्रणाली चिरकाल से भारत के प्रशासन तंत्र का भाग रही है। एक ग्राम में एक पूर्ण इकाई होता है। इसमें किसानों और ग्रामीणों की बहुतायत होती है। सभी प्रकार के ग्रामीण इसमें शामिल होते हैं। इस समाज में शहरों की संस्कृति की छाप नहीं दिखाई देती। ग्रामीण लोग मेहनती, ईमानदार और एक-दूसरे पर विश्वास रखने वाले लोग होते हैं।

गांव के मुखिया को वैदिक काल में 'ग्रामणी' कहा जाता था। बाद के वैदिक साहित्य में राज्य की प्रशासन प्रणाली में इसी मुखिया को एक 'रत्न' के रूप में गिना जाने लगा। गांवों की दशकीय वर्गीकरण प्रणाली तो काफी मशहूर थी; इसके अन्तर्गत, गांवों को दस, बीस, तीस... सौ या हजार की इकाइयों में बांट दिया जाता था। गांवों के मुखिया अपनी अपनी सभाओं को सम्बोधित किया करते थे। नारद हरेक गांव में अधिकारियों की नियुक्ति करवाया करते थे। राज्य को ग्रामीण विकास, सड़कों के निर्माण, बाज़ारों के निर्माण आदि की ज़िम्मेदारी लेनी पड़ती थी। ग्रामों के बड़े-बूढ़े, जिनकों ''ग्राम वृद्ध'' भी कहा जाता था, गांव के प्रशासन से सम्बद्ध रहते थे।

गुप्तकाल के लेखों से यह पता चलता है कि उस काल में अधिकारिक व गैर-अधिकारिक तौर पर पाँच व्यक्तियों को पंचायत के लिये चुना जाता था। यह प्रक्रिया जिलों और संभागों में भी दोहराई जाती थी। ज़िला स्तर पर 'विषयपति' का चुनाव होता था। उसकी परिषद् में ''नगर श्रेष्ठिन'', ''सार्थवाह'', ''प्रथम कुलिक'' और ''प्रथम कायस्थ'' शामिल होते थे। इस परिषद् की राय ज़मीन को बांटने और सम्प्रदाय के साथ सम्बद्ध मामलों को निपटाने हेतु ली जाती थी। इसके अलावा, संभाग (विधि) और ग्रामीण स्तरों पर एक परिषद् बनाई जाती थी जिसमें अधिकारीगण शामिल नहीं होते थे। इस परिषद् में ''विधि महात्तर'' और ''कुटुम्बिनें'' शामिल होते थे। यह क्रमशः बड़े-बूढ़ों का और कृषकों का प्रतिनिधित्व करते थे। 'कुलिकायें' अनाधिकारिक तौर पर या विचार विमर्श हेतु इन परिषदों में शामिल होती थीं।

गांव के स्तर पर 'ग्रामिका' या गांव का मुखिया और उसकी परिषद् ज़मीन के झगड़े निपटाते थे; वे कानून की व्यवस्था भी बनाये रखते थे। ग्रामिका की सलाहकार समिति में 'महात्तर' होते थे। इन महात्तरों में गांव के बुजुर्ग और अष्टकुलाधिकर्णा शामिल रहते थे। इसके अलावा 8 परिवारों के मुखिया और अच्छे रुतबे या आदर प्राप्त करने वाले कुछ कुलीन पुरुष भी महात्तर का भाग हुआ करते थे। दक्षिण भारत के गांव के बुजुर्गों को 'महाजन' कहा जाता था। ये लोग गांव की आर्थिक और सामाजिक गतिविधियों को नियंत्रित करते थे। व प्रशासन की भी मदद किया करते थे।

शहरी इलाकों में भी पंचायत की प्रणाली प्रचलन में थी। स्थानीय निकाय को ''उत्तर सभा'', 'गोष्ठी', 'पंचकुल' आदि कहा जाता था। एक परिषद् (बोर्ड) भी होता था, जिसे 'सौण्यिका' कहा जाता था। पंचकुल में पांच व्यक्ति होते थे; इनका चुनाव क्षेत्रीय शासक करता था। ये लोग स्थानीय हॉल यानी 'मंडपिका' में बैठ कर विचार-विमर्श किया करते थे। राजराजा चोल के लेखों में पंचायतों के निर्माण हेतु चुनाव की प्रक्रिया का वर्णन भी किया गया है। दक्षिण में पंचायत को 'सभा' अथवा 'उर' कहा जाता था। यह गांव की सबसे विश्वसनीय संस्था मानी जाती थी। उसकी ज़िम्मेदारी पर गांव का सारा कार्यकलाप चलता था। यह गांव के मन्दिर, मस्जिद आदि का प्रबन्धन भी करती थी।

सन् 1815 में मुनरो (Munroe) ने कहा था कि पंचायतों को रोकने या उनके कार्यों को सीमित करने से इनका उपयोग नहीं रहेगा। यह बात काफी हद तक सच है। हमने भारत के इतिहास के झरोखे से पंचायत प्रणाली के आरम्भ का संक्षिप्त रूप से अवलोकन किया है। अब हम वर्तमान पंचायत राज व्यवस्था का संक्षिप्त रूप से अध्ययन करेंगे।

दिनांक 15 मई, 1989 को भारत के तत्कालीन प्रधानमंत्री श्री राजीव गांधी ने लोक सभा में संविधान संशोधन बिल पेश किया। इसे भारत में पंचायती राज को ग्रामीणों की प्रतिनिधि और प्रभावशाली संस्था के रूप में प्रस्तुत करने हेतु पेश किया गया था। इससे पूर्व, पिछले चार दशकों से पंचायत के चुनाव समय पर व लगातार नहीं करवाये जा रहे थे। परिणामस्वरूप ग्रामीण जनता के हितों की अनदेखी हो रही थी और वह अपने अधिकारों का प्रयोग नहीं कर पा रही थी। परन्तु यह बिल कानून नहीं बन पाया क्योंकि इसको राज्य सभा ने पास नहीं किया था। कांग्रेस ने बहुमत के बल पर इस बिल को बाद में पास करवा लिया। यह नरसिंह राव की सरकार के शासन काल के दौरान संभव हो पाया था। यह बिल 24 अप्रैल, 1993 को बहत्तरवां अमैन्डमैन्ट एक्ट (1992) के रूप में पास हुआ। इसमें पंचायतों के निर्माण के संदर्भ में विस्तृत जानकारी दी गई है। इसमें पंचायतों के अधिकारियों के चुनाव और उनकी शक्तियों का विवरण भी दिया गया है। इसके अन्तर्गत अनुसूचित जातियों, अनुसूचित जनजातियों और महिलाओं के लिये समानुपात में आरक्षण करने का भी प्रावधान है। यह एक्ट पंचायतों की आर्थिक शक्तियों और अधिकारों का विवरण भी देता है। इसके अलावा, यह इस बात का प्रावधान भी करता है कि उन पंचायतों के आर्थिक कार्यकलापों की समीक्षा करने हेतु एक वित्त आयोग का गठन किया जाये। अन्त में, यह राज्यों के चुनाव कमिश्नरों के कार्यकालों से सम्बद्ध नियमों और शक्तियों का भी विवरण देता है। इस संदर्भ में इस एक्ट के कुछ महत्त्वपूर्ण अवयव इस प्रकार हैं:

1. सभी राज्यों में ग्राम, माध्यमिक और ज़िला स्तरों पर पंचायतें कायम की जायेंगी। इनका गठन उन राज्यों में केवल माध्यमिक स्तरों पर किया जायेगा जहां पर आबादी 20 लाख से अधिक होगी।
2. पंचायत की सभी सीटें उन व्यक्तियों को मिलेंगी जो सीधे चुनाव के द्वारा अपने पंचायत क्षेत्र के इलाके से निर्वाचित होंगे। प्रत्येक चुनावी क्षेत्र (Constituency) की जनसंख्या और सीटों की संख्या का अनुपात समान रहेगा।
3. राज्य की विधान सभा कानूनी तौर पर पंचायतों के अध्यक्षों का विभिन्न स्तरों पर चुनाव कर सकती हैं। ये

स्तर हैं– जिला, माध्यमिक और ग्रामीण। ये अध्यक्ष (Chairpersons) चुनावी क्षेत्रों से सीधे तौर पर न भी चुने जायें तो सबको स्वीकार्य होंगे। उनको पंचायतों की बैठकों में मतदान करने का अधिकार प्राप्त होगा।

4. एक पंचायत क्षेत्र की जनसंख्या के अनुसार उस पंचायत में अनुसूचित जाति और अनुसूचित जनजाति के सदस्यों के लिये जनसंख्या में अनुपात के अनुसार आरक्षण होगा। सभी सीटों का एक-तिहाई भाग औरतों के लिये आरक्षित होगा। अध्यक्षों की सीटें भी इसी प्रकार इन तीन मुख्य श्रेणियों के लिये आरक्षित रहेंगी; इस संदर्भ में भी अनुपात से जनसंख्या के प्रतिनिधित्व (Proportionate Representation of Population) का फार्मूला अपनाया जायेगा।
5. प्रत्येक पंचायत का कार्यकाल 5 वर्ष होगा, बशर्ते यदि उसको समय से पूर्व भंग न किया जाये। यह नियम उन पंचायतों पर भी लागू होगा जो कि 73वें संशोधन एक्ट के पूर्व गठित की गई हैं।
6. राज्य सरकार कानूनी तौर पर पंचायतों को आर्थिक विकास करने हेतु शक्तियां प्रदान कर सकती हैं। वह उनको उचित करों, ड्यूटी, टॉल टैक्स और अन्य फीसों की वसूली करने के लिये अधिकार दे सकती है। वह उनको राज्य के कनसॉलिडेटिड फण्ड में से अनुदान (Grant-in-aid) का उपयोग करने हेतु भी अधिकार प्रदान कर सकती है।
7. राज्यों के राज्यपाल प्रत्येक पाँच वर्षों के पश्चात् एक वित्त कमीशन (राज्य) का गठन करेंगे। इस कमीशन का कार्य इन पंचायतों की आर्थिक स्थितियों का विश्लेषण करना होगा। वह करों के द्वारा प्राप्त धन के आबंटन के लिये सिद्धान्त भी तय करेंगे; और पंचायतें उन्हें अपनी आर्थिक स्थितियों में सुधार हेतु सुझाव पेश करेंगी।
8. राज्यपाल एक राज्य चुनाव कमिश्नर (State Election Commissioner) को भी नियुक्त करेंगे। इस कमिश्नर का कार्यकाल और कार्य करने की शर्तें राज्यपाल महोदय ही तय करेंगे। इस कमिश्नर को अपने ओहदे से तब तक हटाया नहीं जायेगा जब तक कि ऐसे हालात पैदा न हो जायें जो एक हाई कोर्ट के जज को हटाने के लिये पर्याप्त हों। राज्य चुनाव कमिश्नर वोटरों की लिस्टें बनायेगा और चुनाव सम्पन्न करवायेगा।
9. उपरोक्त सभी प्रावधान केन्द्र शासित प्रदेशों पर भी लागू होंगे। इन केन्द्र शासित प्रदेशों के मुख्य प्रशासकों को भी राज्यों के राज्यपालों की भांति ही अधिकार प्रदान किये जायेंगे। भारत के राष्ट्रपति को अधिकार है कि वह केन्द्र शासित प्रदेशों के मुख्य प्रशासकों के अधिकारों में फेर-बदल कर सकते हैं।
10. उपरोक्त कोई भी प्रावधान अनुसूचित और आदिवासी क्षेत्रों पर लागू नहीं होगा। इसके अलावा इनमें से कोई भी प्रावधान नगालैण्ड, मेघालय, मिज़ोरम, मणिपुर के पहाड़ी क्षेत्रों, दार्जीलिंग और दार्जीलिंग गोरखा हिल काउंसिल पर भी लागू नहीं होगा।
11. कानून के वे प्रावधान, जो इस एक्ट के प्रभावी होने से पूर्व, पंचायतों पर लागू थे, प्रभावी रहेंगे। ऐसा प्रभाव 5 वर्षों तक की उनकी समय सीमा तक लागू रहेगा या फिर, वह तब समाप्त होगा जब यह एक अधिकृत राज्य विधान सभा के द्वारा बदला या निरस्त किया जाये। जो भी पंचायतें पहले से ही कार्यरत हैं, उनको विधान सभा के प्रस्ताव के द्वारा भंग किया जा सकता है।
12. अन्त में, तिहत्तरवें संशोधन एक्ट के अनुसार ग्यारहवें शैड्यूल (अनुच्छेद 243 G) को समाहित करने का भी प्रावधान किया गया है। इसमें 29 क्षेत्र शामिल हैं; जैसे कि कृषि, जमीन का सुधार, निम्न स्तर की सिंचाई, पशुपालन, महिलायें व बच्चों का विकास इत्यादि।

मध्य प्रदेश भारत का प्रथम ऐसा राज्य था जिसने इस एक्ट का अक्षरशः पालन किया। पंचायती राज चुनाव करवाये गये। पंचायतों को अधिकार व धन मुहैया करवाये गये। मध्य प्रदेश के बाद अन्य प्रदेशों ने भी पंचायती राज का रास्ता पकड़ा। कुछेक राज्यों को छोड़कर बाकी सभी राज्यों ने पंचायती राज प्रणाली को सहर्ष अपना लिया है। पंचायती राज एक्ट (1996) के अन्तर्गत आन्ध्र प्रदेश, छत्तीसगढ़, गुजरात, हिमाचल प्रदेश, झारखंड, महाराष्ट्र, मध्य प्रदेश, उड़ीसा और राजस्थान में पंचायती राज के दायरे बढ़ाये गये। इन सभी राज्यों ने इस एक्ट को अपनी सहर्ष स्वीकृति दे दी। याद रहे, यह एक्ट 24 दिसम्बर, 1996 को प्रभावपूर्ण हो गया था। जुलाई, 2001 में नई दिल्ली में सभी राज्यों की पंचायतों के मंत्रियों की मंत्रणा हुई जिसमें पंचायतों को विभिन्न अधिकार दिये जाने के बावजूद भी इसकी धीमी प्रगति के संदर्भ में धीमे विकास पर चर्चा हुई। इसमें पंचायतों के समय पर चुनाव और उनको दिये गये अधिकारों के प्रति उनके कर्त्तव्यों की ओर ध्यान दिलाया गया और दिसम्बर, 2001 में ही डिस्ट्रिक्ट प्लानिंग कमेटी भी बनाई गई।

पंचायती राज प्रणाली मेघालय, नगालैण्ड, लक्षद्वीप और मिज़ोरम को छोड़कर सभी राज्यों में कार्यान्वित की गई है। यह त्रि-विभागीय प्रणाली आन्ध्र प्रदेश, बिहार, गुजरात, हिमाचल प्रदेश, मध्य प्रदेश, महाराष्ट्र, पंजाब, राजस्थान, उत्तर प्रदेश, बंगाल और चण्डीगढ़ में लागू है। कर्नाटक और तमिलनाडु में भी त्रि-विभागीय प्रणाली है लेकिन वहाँ जिला परिषद् के स्थान पर जिला विकास काउंसिलें कार्यरत हैं जो कि केवल सलाहकार समितियाँ हैं। कर्नाटक, असम (असोम), हरियाणा, मणिपुर और उड़ीसा में भी ज़िला परिषद् बनाने सम्बन्धी कानून बना लिये गये हैं। दिल्ली और पांडिचेरी (पुडुचेरी) में द्वि-विभागीय प्रणाली है जबकि अन्य राज्यों और केन्द्रशासित प्रदेशों में एक-विभागीय प्रणाली कार्यान्वित है।

सम्प्रति भारत में 2,20,000 ग्राम पंचायत, 5,500 पंचायत समिति और 375 जिला परिषद् हैं। कई राज्यों में इन विभागों को अपने लिए वित्त जुटाने के लिए कृषि योग्य भूमि और लगान वसूल करने का अधिकार भी दे दिया गया है।

पंचायती राज प्रणाली की अधिकार सीमा बढ़ाना वाकई प्रशंसनीय है लेकिन अभी भी शिक्षा और पूर्ण ज्ञान के अभाव

में निर्धारित सदस्यों को उनकी अधिकार सीमा से अवगत कराना आवश्यक है। अतः सरकार के द्वारा इस दिशा में उचित कदम उठाये जाने की जरूरत है ताकि पंचायत के निर्वाचित सदस्य अपनी अधिकार सीमाओं में रहते हुए अधिक-से-अधिक विकास कार्य कर सकें। भारत के प्रत्येक गांव को गणतान्त्रिक बनाने का गांधीजी का स्वप्न तभी पूरा हो सकेगा।

घरेलू हिंसा कानून : महिलाओं को मिली सुरक्षा

घरेलू हिंसा कानून-2005, 26 अक्टूबर-2006 से पूरे देश में लागू हो गया है। संप्रग सरकार ने महिलाओं और बच्चों पर घरों में होने वाले अत्याचार (हिंसा) को रोकने के लिए सितम्बर-2005 में ही घरेलू हिंसा अधिनियम-2005 बना दिया था, लेकिन नियम-कायदे न बन पाने की वजह से यह बिना धार के हथियार जैसा था। इस कानून का मुख्य उद्देश्य महिलाओं को पुरुषों की हर तरह की हिंसा से सुरक्षा देना है। अब किसी भी प्रकार के शारीरिक, मानसिक या यौन अत्याचार होने पर महिलाएं इस कानून के तहत पति या संबंधित किसी भी व्यक्ति को जेल भिजवा सकती हैं। इस कानून के तहत पुलिस को मामला दर्ज करने के लिए पीड़िता का बयान ही काफी है।

उल्लेखनीय है कि भारत में घरेलू हिंसा की रोकथाम के लिए किसी कानून की लम्बे समय से आवश्यकता महसूस की जा रही थी क्योंकि नेशनल क्राइम रिकॉर्ड ब्यूरो के अनुसार भारत में 40 प्रतिशत के करीब महिलाएं घरेलू हिंसा की शिकार हैं। वैसे तो आईपीसी की धारा 498-ए के तहत महिलाओं के लिए यह प्रावधान है कि वह पुलिस स्टेशन में पति के खिलाफ रिपोर्ट दर्ज करा सकती हैं, लेकिन इस नए कानून में मारपीट, दहेज हत्या के अलावा, हिंसा के अन्य प्रकारों को भी शामिल किया गया है। इस कानून के तहत बिना विवाह के साथ रहने वाली महिला, विधवा और बहनों को भी सुरक्षा मिलेगी। नियम-कायदों के उल्लंघन को संज्ञेय और गैर-जमानती अपराध माना जाएगा। दोषी पाए जाने पर एक साल की सजा या 20 हज़ार रुपए जुर्माना या फिर दोनों सजाएं मिल सकती हैं। कानून के मुताबिक महिला (पत्नी) के साथ शारीरिक संबंध बनाने, या उसे अश्लील चित्र देखने के लिए मजबूर करने, दबाव बनाने या फिर सेक्स जैसा कोई ऐसा कार्य जिससे उसे चोट पहुंचती हो घरेलू हिंसा के दायरे में आएगा। यही बातें बच्चों के मामले में भी लागू होंगी।

इतना ही नहीं लड़का न पैदा होने की स्थिति में महिला को ताने देने, दहेज न लाने के लिए प्रताड़ित करने, यहां तक कि उसे गलत नाम से बुलाने, उसके बच्चों को स्कूल, कॉलेज जाने से रोकने वाले पुरुषों के खिलाफ कानूनी कार्रवाई होगी। इसके साथ ही महिलाओं व बच्चों को पीटना, थप्पड़ या घूंसा मारना, धक्के देना और शारीरिक पीड़ा या चोट पहुंचाना व आत्महत्या की धमकी देना भी घरेलू हिंसा माना जाएगा। इसी तरह न चाहने वाले व्यक्ति से शादी के लिए मजबूर करना या फिर चाहने वाले से शादी करने से रोकना भी इसके दायरे में आएगा। इसके अलावा नौकरी करने से रोकना या उसे छोड़ने के लिए दबाव बनाना, महिला या बच्चों को घर में रहने से रोकना, महिला व बच्चों के किराए के मकान का भुगतान न करना, घरेलू सामानों व घर के किसी हिस्से के उपयोग से रोकना, महिला व बच्चों को उनके ही वेतन को खर्च न करने देना, नौकरी में बाधा पहुँचाना, पत्नी और बच्चों को जीवन निर्वाह के लिए धन न देना और रोटी, कपड़ा व दवाई का इंतजाम न करना भी घरेलू हिंसा माना जाएगा।

इस कानून का सबसे सकारात्मक पहलू यह है कि इसके दायरे में पति-पत्नी के साथ-साथ स्त्री-पुरुष के बीच के सारे संबंध आते हैं। यानी बेटी भी चाहे तो अपने माता-पिता के खिलाफ ज्यादती की शिकायत कर सकती है। इस कानून में पहली बार महिलाओं के वैवाहिक स्तर को महत्व दिया गया है, यानी अपने पति के खिलाफ शिकायत दर्ज कराने के बाद भी वह पूरे हक के साथ अपने घर में रह सकती है। उसे घर से कोई नहीं निकाल सकता, बल्कि अगर कोर्ट को लगता है तो वह पति को ही घर छोड़ने का आदेश दे सकती है। महिलाओं को चारदीवारी में रहने का अधिकार देना इस कानून का सबसे मज़बूत पक्ष है, क्योंकि अभी तक महिलाएं घर से निकाले जाने के डर से ही ज्यादतियों की शिकायत नहीं कर पाती थीं। इस नए कानून का एक और मज़बूत पक्ष है इसका सिविल लॉ होना। चूंकि 498(ए) क्रिमिनल लॉ है, इसलिए उसमें काउंसलिंग व बातचीत का प्रावधान नहीं है। दूसरी ओर, नया कानून सिविल लॉ है और इसमें काउंसलिंग के लिए पर्याप्त समय रखा गया है।

यंह कानून तो लागू हो गया है लेकिन प्रत्येक कानून की तरह इसके भी सकारात्मक और नकारात्मक दोनों पक्ष हैं। सकारात्मक तो यह है कि इस नए कानून ने महिलाओं को एक विशिष्ट स्तर प्रदान किया है। मार-पीट पर अब वह विरोध कर सकती हैं और इसके लिए उन्हें पहले की तरह पुलिस स्टेशनों के चक्कर नहीं काटने पड़ेंगे या पुलिस के आगे एफआईआर के लिए जलील नहीं होना पड़ेगा। वह सीधा जाकर अपनी शिकायत दर्ज करवा सकती है। इस कानून की खास बात यह है कि यह लिव-इन रिलेशंस को भी अपने दायरे में लेता है और लिव-इन पार्टनर को भी वह सारे अधिकार देता है, जो पत्नी के होते हैं। जहाँ इस कानून की इतनी खूबियाँ हैं वहीं कुछ कमियाँ भी हैं। इस कानून की सबसे बड़ी कमी यह है कि महिलाएं इसका गलत फायदा उठाने की कोशिश कर सकती हैं। वे सिर्फ ब्लैकमेल करने के लिए भी अपने पार्टनर पर कोई इल्जाम लगा सकती हैं। जानकारों के अनुसार इस कानून में एक बात और जुड़नी चाहिए थी और वह यह कि अगर कोर्ट में यह साबित हो जाए कि किसी महिला ने गलत केस दायर किया है, तो उसे सजा मिलनी चाहिए। तभी इसकी विश्वसनीयता बढ़ेगी। खैर, ये अटकलें तो लगाई जा ही रही हैं कि इस कानून का जमकर दुरुपयोग होगा। इसकी ड्राफ्टिंग में अभी कई कमजोरियाँ हैं, जिसका दुरुपयोग हो सकता है। जरूरी नहीं कि हर बार महिला सही ही हो, पर कानून में सज़ा पुरुष को ही मिलेगी। एक अहम सवाल यह

भी है कि इस तरह के कानून की सफलता की गारंटी क्या है? शादी जैसी संस्था में विश्वसनीयता को सर्वोपरि माना जाता है, तो क्या महिलाएं घर की दहलीज़ लांघकर पुलिस स्टेशन जा सकती हैं? वैसे, यह कानून कितना कारगर साबित होता है, यह तो आने वाला समय ही बताएगा लेकिन एक बात तो सत्य है कि इस कानून ने महिलाओं को सुरक्षा का अभेद्य हथियार प्रदान कर दिया है।

नक्सलवाद : आंतरिक सुरक्षा को गंभीर चुनौती

आज हमारे देश को आंतरिक एवं बाह्य दोनों तरफ से गंभीर समस्या का सामना करना पड़ रहा है। पाकिस्तान से जम्मू-कश्मीर में संचालित आतंकवाद जहाँ दशकों से देश की एकता और अखंडता के लिए गंभीर चुनौती बन गया है वहीं देश में बढ़ती हुई नक्सली हिंसा आंतरिक सुरक्षा के लिए गंभीर समस्या बन गई है। उल्लेखनीय है कि किसी भी राष्ट्र की सुरक्षा को खतरा बाह्य एवं आंतरिक दोनों से हो सकते हैं। लेकिन जब राष्ट्र की सुरक्षा को खतरा बाहर से होता है तो यह पूर्ण रूप से राष्ट्रीय रक्षा के क्षेत्र में आता है, जबकि आंतरिक खतरा राष्ट्रीय रक्षा एवं सुरक्षा दोनों क्षेत्रों से संबंधित होता है। भारतीय आंतरिक सुरक्षा में क्षेत्रीयता, जातिवाद, भाषावाद, जनजातीय विद्रोह, साम्प्रदायिकता, निर्धनता, नक्सलवाद आदि चीजें बाधक बनकर उभरती रही हैं, लेकिन वर्तमान समय में नक्सलवाद सबसे बड़ी समस्या बनकर उभरा है।

'नक्सल' शब्द वास्तव में उत्तरी-बंगाल के पहाड़ी क्षेत्र 'नक्सलबाड़ी' से लिया गया है, जहाँ सन् 1967 में जमींदार-विरोधी आंदोलन के दौरान किसानों ने जबरन भूमियों पर कब्जा कर लिया था। जल्द ही 'नक्सलवाद' शब्द को चारू मजूमदार के नेतृत्व में उग्र भारतीय कम्युनिस्टों के लिए प्रयोग करना आरंभ कर दिया गया, जिन्होंने किसानों से एक दीर्घकालीन संघर्ष का आह्वान किया। यह आंदोलन केरल में भी पांव पसारने लगा, जहाँ पुलिस स्टेशन पर हमले जैसी कुछ नक्सलवादी हिंसा की घटनाएं भी प्रकाश में आईं। यद्यपि केरल राज्य में विभिन्न सरकारों द्वारा अपनाए गए सामाजिक-आर्थिक उपायों के कारण इस आंदोलन ने जल्द ही दम तोड़ दिया। यह आंदोलन कुछ समय तक पश्चिम बंगाल में भी प्रसारित हुआ, किंतु जब आंध्र प्रदेश, उड़ीसा, बिहार और कुछ अन्य राज्यों में इसने पैर पसारे तो ही इसका विकराल रूप सामने आया। 1969 में नक्सलवादियों ने सी.पी.एम. और सी.पी.आई. से नाता तोड़ा और माकपा (मार्क्सवादी-लेनिनवादी) के नाम से नया संगठन बना लिया। 1975 में आपातकाल के दौरान इस संगठन पर प्रतिबंध लगा दिया गया। वर्तमान में नक्सलियों का आतंक देश के तेरह राज्यों और करीब एक सौ सत्तर जिलों में फैल चुका है जिनमें बिहार, छत्तीसगढ़, झारखंड, आंध्र प्रदेश, मध्य प्रदेश, महाराष्ट्र, उड़ीसा, पश्चिम बंगाल, उत्तर प्रदेश, उत्तराखंड, तमिलनाडु, केरल और कर्नाटक प्रमुख हैं। केन्द्रीय गृह मंत्रालय के अनुसार नक्सली हिंसा में वर्ष 2003 में देश में 410 नागरिक और 94 सुरक्षाकर्मी मारे गए। नवम्बर 2004 तक नक्सली वारदातों में 420 नागरिकों और 98 सुरक्षाकर्मियों की जानें गईं। वर्ष 2005 में जहाँ 184 नागरिक और 22 पुलिसकर्मी नक्सली हिंसा में मारे गए, वहीं पुलिस कार्यवाही में 160 नक्सली भी मारे गए। 28 फरवरी, 2006 में छत्तीसगढ़ के बस्तर इलाके में सलवा जुडूम से जुड़े आदिवासियों पर हमला किया गया जिनमें 26 लोगों की मौत हुई और 50 से अधिक घायल हुए। नक्सलियों की बढ़ती शक्ति का अंदाजा इसी बात से लगाया जा सकता है कि उन्होंने 13 मार्च, 2006 में झारखंड के लातेहार में पूरी ट्रेन को बंधक बना लिया।

नक्सल समस्या देश की आंतरिक सुरक्षा की सबसे गंभीर समस्या होती जा रही है। सामान्यतः यह समझा जाता है कि जम्मू-कश्मीर की समस्या सबसे बड़ी है परंतु यदि भौगोलिक विस्तार की दृष्टि से देखें या समस्या के कारणों पर जाएं तो नक्सल समस्या ज्यादा जटिल है, क्योंकि इसकी जड़ें देश की सामाजिक और आर्थिक नीतियों से जुड़ी हैं इसलिए यह समस्या और विषम हो जाती है।

कुछ समय पहले राष्ट्रीय सुरक्षा सलाहकार ने देश की सुरक्षा और अखंडता के लिए खतरा बन रही नक्सलवादियों की बढ़ती धमकियों के बारे में चेतावनी दी थी। अब चाहे पीपुल्स वार ग्रुप हों, माओवादी हों या फिर नक्सलवाद, इन संगठनों द्वारा छेड़ा गया गोरिल्ला युद्ध राष्ट्र के लिए एक गंभीर खतरा बन चुका है जब कभी भी प्रशासन थोड़ा-सा लापरवाह होता है, ये संगठन हमला कर देते हैं। चाहे सुरक्षा बल हों या आम नागरिक, जो कि जनजातीय क्षेत्रों में आत्मरक्षा समितियाँ बनाते हैं, सभी लोग इनके निशाने पर होते हैं। सन् 2005 में बिहार के जहानाबाद जिले में नक्सलियों ने जिला मुख्यालय पर हमला किया, छह लोगों की हत्या की और जहानाबाद जेल से अपने 250 साथियों को छुड़ाकर ले गए। 24 मार्च, 2006 को नक्सलियों ने उड़ीसा की उप-कारागार पर आक्रमण किया और अपने 40 साथियों को स्वतंत्र करा लिया। उन्होंने स्थानीय पुलिस स्टेशन पर भी हमला किया और एक पुलिस कैंप पर गोलियाँ चलाते हुए तीन पुलिसकर्मियों की हत्या कर दी तथा बहुत सारे हथियार लूट लिए।

उल्लेखनीय है कि नक्सलवादियों ने पहले शोषण और अन्याय के खिलाफ हथियार उठाए थे, तब वे दबे-कुचले लोगों को न्याय दिलाना अपना मकसद समझते थे। लेकिन आज सच्चाई यह है कि उनका मकसद बदल गया है। अब वे आतंक के बल पर अपनी मनमानी कर रहे हैं। यही कारण है कि कई राज्यों में निर्धन और शोषित वर्ग उनके खिलाफ हो गया है। हिंसा से त्रस्त आदिवासियों का छत्तीसगढ़ में सलवाजुडूम नामक आंदोलन नक्सलियों के खिलाफ उठ खड़ा हुआ है। आदिवासी नक्सली भगाओ-बस्तर बचाओ, नक्सली भगाओ देश बचाओ के नारे के साथ एकजुट हो रहे हैं। इस अभियान को छत्तीसगढ़ राज्य प्रशासन का पूरा समर्थन हासिल है। लेकिन नक्सलियों को यह रास नहीं आ रहा है और यह नक्सली संगठन अपराधियों के गिरोह के रूप में परिवर्तित हो गए हैं, क्योंकि हर हाल में वे अपना वर्चस्व बनाए रखने पर आमादा हैं। यही कारण है कि नक्सलवाद अब आतंकवाद के रूप में परिभाषित किया जाने लगा है।

विभिन्न राज्यों में नक्सली गतिविधियों के सफाए के लिए केन्द्र सरकार सुरक्षा बलों के आधुनिकीकरण की एक नई कार्य योजना पर अमल करने जा रही है। योजना पर आने वाला खर्च सुरक्षा संबद्ध खर्च (एसआरई) के तहत केंद्र द्वारा वहन किया जाएगा। नक्सली हिंसा से प्रभावित राज्यों के मुख्यमंत्रियों की अप्रैल, 2006 में नई दिल्ली में प्रधानमंत्री मनमोहन सिंह के साथ हुई बैठक में योजना के विभिन्न पहलुओं पर चर्चा कर उसे अंतिम रूप दे दिया गया। सरकार ने अप्रैल, 2006 में ही आठ राज्यों के लिए इंडिया रिजर्व बटालियन (आईआर) की नौ और बटालियनें गठित करने को मंजूरी दी। इन्हें नक्सलियों से मुकाबले के लिए खास तौर से कमांडो प्रशिक्षण दिया जाएगा। आईआर बटालियन की ये कंपनियाँ नक्सल प्रभावित राज्यों–झारखंड, उड़ीसा, छत्तीसगढ़, उत्तर प्रदेश, हरियाणा, उत्तराखंड, आंध्र प्रदेश तथा कर्नाटक में गठित की जाएंगी।

नक्सल समस्या को केवल कानून-व्यवस्था की समस्या के रूप में नहीं देखा जाना चाहिए। नक्सल प्रभावित राज्यों में व्याप्त उग्रवाद को एक व्यापक दृष्टिकोण से देखना चाहिए। समाजशास्त्रियों और अर्थशास्त्रियों की अध्यक्षता वाले गैर-सरकारी संगठनों द्वारा इस विषय पर एक व्यापक शोध किया जाना चाहिए कि भारत में कुछ निश्चित वर्ग-विशेषकर जनजातीय समूहों और अन्य निर्धन समूहों से जुड़े लोग क्यों समाज की मुख्यधारा से अलग रहना चाहते हैं और क्यों अपनी बात मनवाने के लिए हिंसक साधनों का प्रयोग करते हैं। आखिर कोई भी व्यक्ति बिना किसी बड़े कारण के हिंसा और मृत्यु के मार्ग का चयन नहीं करता है।

आज तेजी से फैल रहे और देश की आतंरिक सुरक्षा के लिए खतरा बन चुके नक्सलवादी आंदोलन से युद्धस्तर पर निपटने की आवश्यकता है। इसके लिए जहाँ सरकार को देश के सर्वाधिक पिछड़े क्षेत्रों के विकास के लिए महत्वपूर्ण योजनाएं बनानी चाहिए वहीं आतंकवाद फैला रहे लोगों के सिर को दृढ़ता से कुचल देना चाहिए। सरकार को दो-मार्गी उपाय व्यवहार में लाना चाहिए–हिंसा से निपटने के लिए पुलिस कार्रवाई और प्रभावित क्षेत्रों का आर्थिक विकास। यदि ऐसा हो सका तो निश्चित रूप से देश में कैंसर की तरह बढ़ रहे नक्सली आन्दोलन से मुक्ति मिल सकेगी।

प्रेस की स्वतंत्रता

प्रेस की स्थिति का इसी बात से अंदाजा लगाया जा सकता है कि उसे 'चतुर्थ रियासत' की संज्ञा दी गई है। सरकार की नीतियों को जन-मानस तक पहुँचाना और जनता की आकांक्षाओं को सरकार के समक्ष रखना, ऐसा महत्वपूर्ण कार्य है जो प्रेस द्वारा किया जाता है। यही नहीं, पुलिस और प्रशासन की स्वेच्छाचारिता पर नियंत्रण रखने का दायित्व भी प्रेस ने अपने ऊपर ले रखा है। इस प्रजातांत्रिक परिवेश में प्रेस की भूमिका और उत्तरदायित्व भी बढ़ गई है।

जनमत-निर्माण जैसा महत्वपूर्ण कार्य भी प्रेस कर रही है। इस हेतु सरकार की नीतियों और कार्यक्रमों पर टिप्पणी व आलोचना कर महत्वाकांक्षी योजनाओं की वास्तविकता को जनता के सामने रखती है। प्रेस महत्वपूर्ण नीतियों के गूढ़ अर्थ और उनके दीर्घकालीन परिणामों को सामान्य जनता के सामने स्पष्ट करती है। दूसरी ओर सरकार को भी प्रेस के माध्यम से जन-मानस की प्रतिक्रिया से अवगत होने का लाभ मिलता है। आलोचना और टिप्पणियों के द्वारा प्रेस सरकार को सजग रखती है और किसी गलत कार्य के परिणामों के प्रति आगाह करती है। विश्व में चल रही आर्थिक, राजनैतिक और सामाजिक गतिविधियों की जानकारी देने का महत्वपूर्ण कार्य भी प्रेस का ही है, वहीं देश के उत्पादन और विभिन्न क्षेत्रों में हो रही प्रगति की सूचना का वाहक भी प्रेस है। एक वाक्य में कहा जाय तो "प्रेस एक विश्व एक परिवार की धारणा को विकसित करने में सहायता करती है। यह लोगों की राष्ट्रीय सीमाओं को पार करने और विश्व के अन्य लोगों से मानसिक स्तर पर संपर्क साधने में सहायता पहुँचाती है।"

जीवन का कोई भी क्षेत्र चाहे वह आर्थिक हो या फिर राजनैतिक, खेल-कूद का क्षेत्र हो या फिर युद्ध भूमि, यहाँ तक कि आज की विकराल समस्या आतंकवाद और अलगाववाद से संबंधित गूढ़ जानकारी भी प्रेस के द्वारा मुहैया कराई जा रही है और प्रेस के मंच पर उठाए गए सवालों का बहुत हद तक निराकरण भी हो रहा है। भारतीय क्रिकेट के पूर्व कप्तान सौरव गांगुली और प्रशिक्षक ग्रेग चैपल का विवाद जब प्रेस तक पहुँचा, तो गांगुली को कप्तानी छोड़नी पड़ी। अमेरिका के ऊपर आतंकवादियों द्वारा किए गए हमले जब विश्व प्रचारित हुए तो सारा विश्व समुदाय आतंकवाद की भर्त्सना करने लगा। प्रतिक्रियास्वरूप अफगानिस्तान में नई सरकार बनी और ओसामा बिन लादेन को ढूंढने और उसके संगठन को तहस-नहस करने की अमेरिका ने पुरजोर कोशिश की। अमेरिका और उसके मित्र राष्ट्रों द्वारा किए गए इस कृत्य का अधिकांश लोगों ने समर्थन किया था क्योंकि प्रेस ने आतंकवादी हमले और उससे हुए जान-माल के नुकसान का वृत्तांत सारी दुनिया के सामने उजागर किया था।

इस तरह आज के सामाजिक जीवन में प्रेस इतनी महत्वपूर्ण भूमिका अदा कर रही है कि यह आवश्यक प्रतीत होता है कि इसे अपने कार्यों, उत्तरदायित्वों को निभाने के लिए आवश्यक स्वतंत्रता प्रदान की जाए, यदि सेंसरशिप लगाकर या सम्पादकों व समाचार-पत्र मालिकों को डरा धमका कर प्रेस की स्वतंत्रता प्रतिबंधित की जाती है, तो विचारों की स्वतंत्र अभिव्यक्ति तथा समाचार-पत्रों का स्वतंत्र प्रकाशन संभव नहीं हो पाएगा। मूलतः जब वाणी और अभिव्यक्ति की स्वतंत्रता प्रेस को मिलती है तो नए-नए तथ्य प्रकाश में आते हैं, सरकार और जनता के बीच संवादहीनता समाप्त होती है, प्रगति का मार्ग प्रशस्त होता है, देश में अमन-चैन स्थापित करने हेतु व्यवस्था स्थापित होती है तथा देश में विभिन्न विचार धाराओं का मंथन होता है और स्वस्थ परंपरा का निर्माण होता है। जबकि प्रेस स्वतंत्रता का हनन, तथ्यों को अपूर्ण रूप से अथवा तोड़-मरोड़ कर प्रस्तुत करने में सहायक होता है। इससे न केवल विकास की गति धीमी पड़ती है बल्कि पुलिस और प्रशासन

की स्वेच्छाचारिता को भी बढ़ावा मिलता है। जिसके फलस्वरुप तानाशाही का जन्म जनता को परेशान करती है।

अतः स्वतंत्रता के साथ-साथ उत्तरदायित्व का आभास होना भी जरूरी है। पूर्ण स्वतंत्रता वांछनीय नहीं है। क्योंकि कई ऐसे मामले हैं जो देश की सुरक्षा से जुड़े हैं, इनका सार्वजनिक रूप से प्रकाशन सही नहीं है। किसी को भी अत्यधिक शक्ति एवं स्वतंत्रता देना, स्वेच्छाचारिता को निमंत्रण देना है। ऐसी स्थिति में प्रेस जनता और सरकार से अपना स्वार्थ सिद्ध कर सकती है। अपने लाभ के लिए समाचारों का प्रकाशन तथा महत्वपूर्ण समाचारों की अनदेखी कर सकती है। इसलिए प्रेस को सीमित स्वतंत्रता–उत्तरदायित्व का बोध कराते हुए–देना, एक उपयोगी कदम हो सकता है। प्रेस को स्वानुशासन के अंदर कार्य करना चाहिए। जहां आवश्यक हो सत्य को प्रकाश में लाएं और अनावश्यक दोषारोपण से बचें।

मृत्युदंड : एक कभी न समाप्त होने वाली बहस

हमारे देश में जैसे ही किसी व्यक्ति को फांसी की सजा सुनाई जाती है, इस पर बहस शुरू हो जाती है। बुद्धिजीवियों का एक वर्ग फांसी की सजा के पक्ष में है तो दूसरा वर्ग फांसी की सजा को खत्म करने की मांग उठा रहा है। फांसी के पैरोकार इसे अपराध रोकने का एक सशक्त उपाय बता रहे हैं तो इसके खिलाफ खड़े लोग इसे अमानवीय एवं बर्बर कह रहे हैं। बलात्कार और हत्या निःसंदेह जघन्य अपराध हैं। इनकी सजा सख्त होनी ही चाहिए, लेकिन यह विचार करना अब ज्यादा प्रासंगिक हो गया है कि मृत्युदंड के कायम रहते क्या आतंकवादी कार्यवाहियाँ, जघन्य हत्या, बलात्कार और अन्य अक्षम्य अपराधों में कोई कमी भी आई है या नहीं?

इस दंड को समाप्त करने की मांग करने वालों ने मृत्युदंड के प्रावधान को पूरी तरह से समाप्त करने की मांग की है। संगठनों के अनुसार भारत एक लोक कल्याणकारी राज्य है। इस राज्य को अपने नागरिकों का जीवन लेने के बजाय उनके जीवन को बचाने और उसे बेहतर बनाने की कोशिश करनी चाहिए। इनका मानना है कि किसी भी मुकदमे में गिरफ्तार और आरोपसिद्ध व्यक्ति को मौत की सजा देने के बजाय, जेल में रखा जाए और वहाँ उसका जीवन सुधारने की कोशिश की जाए। किसी अपराधी को फांसी पर लटका देने से समाज में कोई बदलाव आ जाएगा या अपराधियों की मानसिकता दुरुस्त हो जाएगी, यह सोचना गलत होगा। आखिर दुनियाभर के सभ्य समाजों में सैकड़ों वर्षों से मौत की सजा का प्रावधान मौजूद है लेकिन उससे अपराध पर नियंत्रण में सफलता नहीं मिली है। दुनिया के जिन देशों ने मृत्युदंड खत्म कर दिया है और जिन देशों में यह अब भी जारी है वहाँ की अपराध दर में कोई फर्क नहीं है। मृत्युदंड की व्यवस्था को बनाए रखने से ज्यादा जरूरी है अपराध-न्याय प्रणाली में सुधार करना। इसलिए सरकारों को चाहिए कि वे अपराधियों को जेल में रखें और जेल की व्यवस्था सुधारें ताकि वहाँ उन्हें अच्छा माहौल मिल सके और वे अपने जीवन की धारा बदलने के बारे में सोच सकें।

मृत्युदंड को समाप्त करने वालों का तर्क है कि आंख के बदले आंख वाला न्याय अतीत की बात है। यह तब की बात है जब हम सभ्यता के विकास क्रम में अंधेरे युग में रहते थे। हमें आजाद हुए और लोकतंत्र को अपनाए हुए आधी सदी से ज्यादा समय गुजर गया है और हम सभ्यता के सबसे चमकदार दौर में रह रहे हैं इसलिए इस समय सामंती और मध्यकालीन न्यायप्रणाली को छोड़कर हमें आधुनिक जीवन मूल्यों को स्वीकार करना चाहिए। हमें राज्य की नई अवधारणा विकसित करनी चाहिए जिसमें नागरिकों को अच्छा बनने की प्रेरणा हो। किसी का जीवन लेकर उसके मन में अपने किए का अपराधबोध नहीं पैदा किया जा सकता।

दूसरी तरफ मृत्युदंड को जारी रखने के पक्ष वालों के तर्क अलग ही हैं। इनके अनुसार कुछ अपराध जघन्य होते हैं और उनके लिए कठोरतम दंड का प्रावधान जरूरी होता है। मृत्युदंड ऐसा ही एक प्रावधान है। साधारण अपराध के लिए फांसी की सजा नहीं होती है। कोई भी न्यायाधीश विशेष स्थितियों में ही मौत की सजा देता है। या तो अपराध मानवीयता की सारी सीमाएं पार कर जाए या इतने खौफनाक तरीके से अंजाम दिया गया हो कि व्यक्ति की आत्मा तक दहल जाए, तभी फांसी होती है। इसको जारी रखने वालों का दूसरा तर्क यह है कि फांसी की सजा देने का प्रावधान इतना लंबा है कि इसमें किसी किस्म की गुंजाइश या प्रोवेकेशन की बात नहीं उठती है। पहले निचली अदालत सजा सुनाती है उसके बाद उच्च न्यायालय और सर्वोच्च न्यायालय इस पर अपनी सहमति की मुहर लगाते हैं और उसके बाद राज्यपाल और राष्ट्रपति के पास दया की अपील की जाती है। ये सारे जब इस बात पर सहमत होते हैं कि अपराधी को फांसी की सजा होनी चाहिए तभी उसे यह सजा दी जाती है। जाहिर है कि इस नतीजे पर वे तभी पहुँचते हैं जब उन्हें लगता है कि अपराध को देखते हुए इससे कम सजा दी जाती है तो न्याय नहीं होगा। अगर यह सजा ही हटा दी जाएगी तो फिर जघन्य अपराध का न्याय कैसे हो पाएगा। इस सजा के समर्थकों का कहना है कि इस सजा का उद्देश्य यह है कि समाज में डर पैदा हो और कोई अपराधी अथवा व्यक्ति ऐसा जघन्य अपराध करने के बारे में सोच भी न सके। अर्थात् यह दंड जघन्य अपराधों को रोकने का काम करता है। इसके समर्थक तो ऐसा भी कहते हैं कि फांसी का टीवी पर सीधा प्रसारण होना चाहिए ताकि अपराधी इसे एक सबक की तरह ले और अपराध करते वक्त फांसी पर लटकाए जाने की बात भी उसके दिमाग में रहे। एक बात यह भी है कि फांसी का सवाल घटना के बहुत दिनों बाद उठता है और उस वक्त तक पीड़िता और उसके परिवार की पीड़ा नेपथ्य में चली जाती है, सामने अपराध की धुंधली तस्वीर के साथ वह अपराधी रहता है जिसका जीवन कुछ लोगों को एकाएक बहुमूल्य लगने लगता है। अगर त्वरित गति से न्याय की प्रक्रिया अपनाकर

उसे तत्काल सजा सुना दी जाए तो द्रवित समाज में शायद ही उसकी माफी की आवाज उठती सुनाई दे।

बहरहाल, मृत्युदंड जारी रहे या समाप्त कर दिया इस पर बहस जारी रहेगी, क्योंकि यह कभी न समाप्त होने वाली बहस है। आज आवश्यकता इस बात की है कि इस पर एक सार्थक बहस हो जिससे इस सजा के विषय में किसी सर्वसम्मत निष्कर्ष पर पहुँचा जा सके।

राजनीति और धर्म का दुरुपयोग

भारत में ही नहीं, पूरे विश्व में धर्म को राजनीति से जोड़ा जाता रहा है। किसी न किसी रूप में राजनीतिज्ञ धर्म की बैसाखियों का सहारा ले कर अपने वोट बैंकों को हरा-भरा रखना चाहते हैं। इन दोनों अलग-अलग धाराओं का मेल भारत की राजनीतिक व्यवस्था के लिए काफी घातक सिद्ध हुआ है।

धर्म के नाम पर कयावद सन् 1947 से ही आरम्भ हो गई थी। कश्मीर की समस्या धर्मान्धता का ही परिणाम है। आज तक कश्मीर की वादी में शान्ति स्थापित नहीं हो पाई है। बेकसूर कश्मीरी लोगों को न मालूम कब आतंकवाद से निज़ात मिलेगी, जिसको कश्मीरी मुक्ति संगठन जिहाद (पवित्र युद्ध) का नाम देते आए हैं।

भारतीय जनता पार्टी ने भी प्रत्यक्ष या परोक्ष रूप में राम जन्म भूमि मन्दिर का मुद्दा उठाया। जब यह मुद्दा 1992 में मस्जिद को ढहाने के बाद गरमा गया तो भाजपा राष्ट्रीय पार्टी के रूप में स्थापित हो गई। हिन्दुत्व के बैनर तले त्रिशूल की छाया में भा॰ज॰पा॰ कार्यकर्ताओं ने दिल्ली पर विजय प्राप्त करने की ठानी। उमा भारती, साध्वी ऋतम्भरा, लाल कृष्ण आडवाणी और अन्य कई भाजपा के सितारे विवादों में घिर गए। परन्तु बदनाम हुए तो क्या नाम न होगा? मस्जिद-मन्दिर प्रकरण ने भारतीय जनता पार्टी को भारत के हिन्दू समाज का प्रिय बना दिया। कांग्रेस देखती रह गई क्योंकि वह तो पूर्णतया धर्मनिरपेक्ष थी। अन्त में 1999 में श्री वाजपेयी ने 22 घटकों वाले एन॰डी॰ए॰ के द्वारा संचालित सरकार दिल्ली में बनाई। चूंकि एन॰डी॰ए॰ का मुख्य घटक भा॰ज॰पा॰ थी, अतः उसी का सरकार में वर्चस्व रहा।

प्रवीण तोगड़िया, दिवंगत नेता श्री रामचन्द्र परमहंस तथा श्री सिंघल (वी॰एच॰पी॰) के अभियान मुख्यतः धर्म पर ही आधारित रहे। वी॰एच॰पी॰ का मुख्य मकसद राम जन्मभूमि को खाली करवा कर वहां राम मन्दिर का निर्माण करना है, परन्तु इस अभियान को राजनीतिक रूप कब और कैसे दिया गया, यह आश्चर्य की बात है। इस अभियान को भुनाने के लिए कई पार्टियों ने प्रयास किए हैं। सुप्रीम कोर्ट का फैसला अभी तक नहीं आया है। काशी और मथुरा के मन्दिर-मस्जिद के मसले भी अधर में लटक रहे हैं। आचार्य जयेन्द्र सरस्वती (जो कांचीपुरम के सन्त थे) ने ऑल इण्डिया पर्सनल मुस्लिम लॉ बोर्ड को अयोध्या मुद्दे पर मनाने की कोशिश की थी। परन्तु उनकी यह कोशिश कारगर साबित नहीं हुई। 6 जुलाई, 2003 को उनके प्रस्तावों को इस बोर्ड ने निरस्त कर दिया था।

श्री जयेन्द्र सरस्वती एक सन्त हैं। अतः यह बात तो तय है कि वह दो समाजों का भला चाहते थे और उनका इस मसले को हल करने के संदर्भ में कोई राजनीतिक मकसद नहीं था। परन्तु हमारे पाठकगण यह तो समझ ही सकते हैं कि इस मुद्दे को उछाले जाने के पीछे कुछ पार्टियों का राजनीतिक हित छिपा है।

अयोध्या का मुद्दा जिंदा ही इसीलिए है क्योंकि इसके नाम पर जमकर राजनीति की जा रही है। कुछ दल इसका समर्थन कर हिन्दू वोट बैंक को मजबूत करना चाहते हैं तो कुछ इसका विरोध कर मुस्लिम वोट बैंक को। सच्चाई तो यह है कि इस मुद्दे की आड़ लेकर तथाकथित धर्म के ठेकेदार भी अपनी दुकानदारी चमकाते रहते हैं। वैसे तो राजनीति में धर्म के कुप्रयोग का चलन कई देशों में है लेकिन हमारे देश में कुछ ज्यादा ही है। इसका एक प्रमुख कारण यह है कि भारत एक बहुधर्मी देश है। यहाँ पर धार्मिक समुदायों को वोट बैंक की दृष्टि से देखा जाता है। 13 जुलाई, 2004 को आन्ध्र प्रदेश सरकार ने राज्य में सरकारी नौकरियों और शैक्षणिक संस्थाओं में प्रवेश के लिए मुसलमानों को पांच फीसदी आरक्षण देने संबंधी आदेश जारी कर दिया। इस आदेश के तहत मुसलमानों को पिछड़ा वर्ग में शामिल किया गया है। आंध्र प्रदेश हाई कोर्ट ने 22 जुलाई को मुस्लिमों को शैक्षिक संस्थानों और सरकारी नौकरियों में पांच फीसदी आरक्षण देने के राज्य सरकार के आदेश पर रोक लगा दी है। कोर्ट ने कहा है कि धर्म के आधार पर आरक्षण ठीक नहीं है। आन्ध्र प्रदेश सरकार का यह निर्णय निश्चित रूप से राजनीति से प्रेरित है, अन्यथा हाईकोर्ट राज्य सरकार के निर्णय पर ऐसी टिप्पणी नहीं करता।

हम इस तथ्य को स्वीकार करते हैं कि सामाजिक जीवन में धर्म, राजनीति और आर्थिक मुद्दों में सामंजस्य होना चाहिए। परन्तु हमारी राजनीतिक इकाइयों को धर्म का दुरुपयोग नहीं करना चाहिए। धर्म एक संवेदनशील मुद्दा है। उसको कम-से-कम राजनीति से जोड़ कर राजनीतिक लाभ (Political Mileage) लेना गलत होगा। सम्प्रति राजनीतिक दल चुनावों में (या उनके बाहर) धर्म से सम्बद्ध मुद्दों का सदुपयोग या दुरुपयोग करके सत्ता प्राप्त करते हैं। उनका सत्ता में पदार्पण उनकी कारगुज़ारियों (Performances) के आधार पर होना चाहिए, न कि धार्मिक मुद्दों में उनकी सफलता के आधार पर।

धर्म से सम्बन्धित मुद्दे कभी न कभी तो हल होंगे ही। उसके बाद उनके पास क्या मुद्दे रहेंगे? उसके बाद पार्टियां किन विषयों को अपने चुनाव-आधार (Poll Planks) बनाएंगी?

भारत एक धर्मनिरपेक्ष राष्ट्र है। हमें अपने देश को उन्नत देशों की कतार में खड़ा करना है। आर्थिक उन्नति और सामाजिक चेतना हमारे लिए ज़्यादा अहम् मुद्दे होने चाहिए। और गरीबी, बेरोज़गारी, पड़ोसी देशों के साथ सम्बन्ध, आतंकवाद के विरुद्ध हमारी लड़ाई इत्यादि तो मुख्य मुद्दे हैं ही। अतः हमारी पार्टियों को विकास और सामाजिक चेतना को अपने चुनावी मुद्दों के रूप में अपनाना चाहिये। धर्म को राजनीति से अलग करने में ही भारतवासियों की भलाई है।

सांस्कृतिक राष्ट्र बनाम राजनीतिक राष्ट्रराज्य

पिछले दिनों राष्ट्रीय समाचार-पत्र में 'देखो, वे खामोश हैं' शीर्षक से लिखी गयी सम्पादकीय टिप्पणी में मुंबई में चल रहे राज ठाकरे के तांडव पर एक अति महत्वपूर्ण इशारा यह है कि भारत की आर्थिक राजधानी में राज ठाकरे के समर्थक सरेआम लोगों को, जिन्हें वे उत्तर भारतीय कहते हैं, पीट रहे हैं। इस पिटाई की खबरें सारे देश में छपने वाले हर भाषा के अखबारों में छप रही है। पिटाई की तस्वीरें हर टीवी न्यूज चैनल पर प्रमुखता से दिखाई जा रही है, पर कांग्रेस और भाजपा दोनों ही इस पर अपनी कोई प्रतिक्रिया नहीं दे रहे हैं, वे खामोश हैं। और ये ही वे दो पार्टियां हैं जो देश की अकेली अखिल भारतीय पार्टियां हैं, देश की एकता और राष्ट्रवाद की बातें करने के लिए हाथों में माइक्रोफोन लेकर छत पर जाकर चिल्लाने का मौका वे कभी नहीं छोड़ती। पर वे खामोश हैं। क्यों?

इस सवाल के जवाब में हर कोई अपनी-अपनी कारणमीमांसा देने को स्वतंत्र है। चूंकि वह आजादी हमें भी हासिल है, इसलिए हमें जो नजर आ रहा है, उसे बताने में कोई हर्ज नहीं। भारत नामक महादेश, जिसे हमारे पुराने इतिहासग्रंथों में, पता नहीं क्यों, भारतवर्ष कहा गया है, हजारों सालों से एक राष्ट्र तो रहा है, पर उसे एक राज्य के रूप में बदलने का स्वभाव अभी कुछ सदियों से ही होना शुरू हुआ है। इस तरह के भारत नामक इस राष्ट्र में, या कुछ सदियों से क्रमशः विकसित हो रहे भारत नामक इस राष्ट्र-राज्य में अच्छाइयां हैं और बुराइयां भी हैं और दोनों ही काफी हैं। हम उन महाब्राह्मणों से कभी सहमत हो ही नहीं सकते जिन्हें इस देश में सिर्फ बुराइयां ही बुराइयां नजर आती हैं, और उन प्रज्ञाचक्षुओं से तो सहमत होने का सवाल ही नहीं उठता जिन्हें इस देश में अच्छाइयों और श्रेष्ठताओं के अलावा कुछ नजर ही नहीं आता। क्यों ये महाब्राह्मण और क्यों ये प्रज्ञाचक्षु हमें खास समझदार नजर नहीं आते और क्यों कांग्रेस और भाजपा जैसी राष्ट्रीय कही जाने वाली पार्टियों की देश के सामने आ पड़ने वाले ऐसे संगीन मौकों पर घिग्घी बंध जाती है, इसे समझना तो पड़ेगा ही।

आइए, इस देश पर जरा दृष्टि डाल ली जाये। आप राजस्थान की सीमा पार कर गुजरात पहुंच जाइये तो आप पाएंगे कि अचानक आप एक नए और अलग इलाके में आ गये हैं, मानों किसी अलग देश में ही आ गए हैं। गुजरात से महाराष्ट्र में जाते ही आपको फिर से वही अनुभूति होगी कि मानो आप फिर से एक नए देश में आ गए हैं, जहां खान-पान अलग है, पहनावा जुदा है, भाषा एकदम नयी है, मुहावरे बदल गये हैं, नमस्कार और आशीर्वाद के तरीके तक बदल गये हैं। आप राजनीतिक दृष्टि से थोड़ा अधिक सतर्क और संवेदनशील हैं तो आपको समझने में देर नहीं लगेगी कि क्यों नेहरू ने देश का भाषाई राज्यों के आधार पर पुनर्गठन करते वक्त गुजरात और महाराष्ट्र को एक ही बॉम्बे नामक बड़े प्रांत में एकसाथ रखकर देश से अपनी निपट अज्ञान का परिचय दिया था, क्यों दोनों राज्यों को एक-दूसरे से अलग पहचान देने के लिए बॉम्बे नामक प्रांत को उग्र और हिंसक आंदोलन का शिकार होना पड़ा और क्यों अन्ततः दो अलग इलाकों यानी गुजरात और महाराष्ट्र को अलग राज्यों की पहचान देने का सकारात्मक और निश्चयात्मक कदम उठाना ही पड़ा। बेशक कथित द्रविड़वाद का झूठ फैलाकर परियार और उनके चेले करूणानिधि सारे भारत को कभी बरगलाते रहे हों, पर अब देश को समझ आ गया है कि दक्षिण भारत में कर्नाटक, आंध्र, तेलंगाना, तमिलनाडु और केरल वैसी ही एक-दूसरे से अलग पृथक प्रादेशिक पहचाने हैं, जैसे पश्चिम उत्तर में महाराष्ट्र, गुजरात, सिंध, राजपुताना, पंजाब, कश्मीर और हरियाणा अलग प्रादेशिक पहचानें हैं और पूर्व में उड़ीसा, बंगाल, असम (असोम) वगैरह अलग प्रादेशिक पहचानें हैं।

ये पहचानें हैं। जब नगा नेता मुइबा अपनी किसी विलक्षण नगा संस्कृति की बात कर रहे होते हैं, तो अपनी पहचान का उनका यह आग्रह वैसा ही होता है जैसा अपनी अलग, विलक्षण पहचान का आग्रह कोई बुंदेलखंडी, कोई रूहेलखंडी, कोई झारखंडी या कोई उत्तराखंडी कर रहा है। भारतवर्ष नामक विराट भू-खण्ड की ये तमाम स्वाभाविक पहचाने हैं जिन्हें हमें आधुनिक राजनीतिक शब्दावली में चाहें तो उपराष्ट्रीयताएं भी कह सकते हैं। ये प्रादेशिक क्षेत्रीय पहचानें भारत नामक महादेश का अभिन्न हिस्सा हैं, भारत नामक शरीर के अंग-उपांग हैं, जैसा कि कभी स्वामी रामतीर्थ ने अपनी अद्भुत शब्दावली में बखान किया था। पर ये भारत नामक आत्मा के साथ एक शरीर का हिस्सा बनकर तभी रह पाती हैं, जब तक उन्हें इनकी अपनी पहचान का, अपने अस्तित्व का, अपने होने का सुख मिलता रहेगा। जहां यह सुख उनसे छिना, जहां उन्हें यह अनुभूति हुई कि वे भारत नामक महासमुद्र में विलीन होकर अपना नाम पता तक गंवा चुके हैं, फिर उनमें एक उल्टी धारा बहना शुरू होती है, समुद्र में जाकर उसे समृद्ध करने के बजाय, फिर ये नदियां समुद्र से बाहर वापस अपनी तटीय सीमाओं में बहने की अस्वाभाविक और अजीब सी आकांक्षाएं पालने लगती हैं।

राज ठाकरे के तांडव पर अगर कांग्रेस और भाजपा खामोश है तो उनके निहित राजनीतिक स्वार्थों का हरेक को पता है। पर इसके आगे जाकर जो बात है, वह यह है कि इन दोनों पार्टियों को पता ही नहीं चल रहा है कि इन्हें प्रतिक्रिया क्या देनी है, कैसी देनी है, किस भाषा में देनी है। उपराष्ट्रीयताओं से समृद्ध इस भारतवर्ष नामक महादेश को अगर हमारे पूर्वज एक विराट सांस्कृतिक राष्ट्र बना पाने में राजनीतिक एकता जैसी जरूरतें पूरा न हो सकने की स्थितियों के बावजूद, एक विराट सांस्कृतिक राष्ट्र बना पाने में सफल हो पाए, तो हम अपने-अपने दिलों में झांक कर देखें कि क्यों हम इस विराट महादेश को आज की जरूरतों के हिसाब से राजनीतिक राष्ट्रराज्य बना पाने में सफल नहीं हो पा रहे हैं? भारत की विदेशी चश्में से खोज करने वाले नेहरू के पास ऐसी कोई दृष्टि थी ही नहीं, इसका जीवन्त नमूना वह कश्मीर है जिसका समाधान करने का जिम्मा नेहरू ने लिया था, और हालात क्या है, हमारे सामने है।

महात्मा गांधी के पास भी यह राजनीतिक दृष्टि, यकीनन नहीं थी, क्योंकि अगर होती तो उन्हें इस बात का स्वतः अहसास हो जाता कि उनके द्वारा चलाया गया खिलाफत आंदोलन अंततः पाकिस्तान सरीखे अलगाववाद की शक्ल ही ले सकता है। नेहरू और गांधी की कांग्रेस, संघ और विहिप की भाजपा के पास भी वह दृष्टि नहीं है तो कोई हैरानी नहीं। इसलिए कि ये तमाम नेता, संगठन और पार्टियां अभी तक भी उपराष्ट्रीयताओं से समृद्ध इस सांस्कृतिक भारत राष्ट्र को राजनीतिक राष्ट्रराज्य बना देने के विचार से जुड़ सके, इसलिए भारत को वैसी शक्ल देने की इच्छा से ही वंचित हैं तो फिर वैसा बनाने की सोचें भी तो कैसे? अगर इन तमाम विसंगतियों के बावजूद और मजहबी अलगाववाद की वजह से तीन-तीन बार हुए विभाजनों के बावजूद भारत नामक बची-खुची राजनीतिक इकाई दुनिया के नक्शे पर मौजूद है तो कृप्या इसका श्रेय भारत को एक विराट सांस्कृतिक राष्ट्र बनाकर हमें विरासत में देने वाले उन पूर्वजों को ही दीजिए जिन्हें कोसने का कोई मौका हमारे देश के महाब्राह्मण छोड़ते ही नहीं। पर याद रहे, बिना सांस्कृतिक एकात्मकता के राजनीतिक इकाइयां बन या टिक नहीं पाती और सांस्कृतिक एकात्मकता बिना राजनीतिक दर्शन के स्थिर नहीं रह पाती।

ऊर्जा संकट : सौर ऊर्जा एक विकल्प

ऊर्जा का अंग्रेजी पर्याय एनर्जी (Energy) है। इसका अर्थ है 'काम करने की शक्ति'। अतः ऊर्जा कार्य करने की शक्ति या चालक शक्ति है। हम ऊर्जा के बल पर चलते हैं। मोटर, रेल, वायुयान सब ऊर्जा से संचालित होते हैं। बड़ी-बड़ी मशीनें भी ऊर्जा के बल से ही चलती हैं। एक समय था जब मनुष्य सब काम अपनी ऊर्जा अपनी शारीरिक शक्ति से करता था। धीरे-धीरे वह पशु ऊर्जा का प्रयोग करने लगा। उसके बाद प्रकृति के साधनों से ऊर्जा प्राप्त करके अपना काम चलाने लगा। आज का युग मशीनों, कल-कारखानों का है। इनके संचालन के लिए मनुष्य ने ऊर्जा प्राप्त करने की अनेक विधियां ढूंढ निकाली हैं। आज संसार के प्रत्येक क्षेत्र और कारोबार व क्रियाकलाप के हर क्षेत्र में अनेक ढंग से ऊर्जा का प्रयोग हो रहा है। संसार की सम्पूर्ण उन्नति और गतिशीलता का आधार ऊर्जा ही है। कृषि, उद्योग, यातायात और संचार सबका प्राण ऊर्जा है। ऊर्जा के अभाव में सब ठप्प हो जाएंगे। इसी कारण ऊर्जा को सभ्यता एवं उन्नति का निर्धारक मूल तत्व माना जाता है। आज जिस देश में ऊर्जा का जितना अधिक प्रयोग होता है, वह उतना ही अधिक समुन्नत व प्रगतिशील माना जाता है।

आधुनिक युग में ऊर्जा के अनेक ज्ञात स्रोत हैं और साथ ही नए-नए ऊर्जा स्रोतों की खोज के प्रयत्न हो रहे हैं। ऊर्जा के परम्परागत स्रोत लकड़ी, कोयला, तेल (पेट्रोल ओर पेट्रोलियम पदार्थ), गैस और जल हैं। इसके नये स्रोतों में परमाणु ऊर्जा की गणना की जाती है। ऊर्जा के नवीनतम और गैर-परम्परागत स्रोतों में सौर ऊर्जा, वायु ऊर्जा, जल ऊर्जा, ज्वार-भाटा ऊर्जा आदि के नाम गिनाए जा सकते हैं।

सभ्यता के विकास के साथ ऊर्जा की खपत भी बढ़ती जा रही है। एक मोटे अनुमान के आधार पर प्रायः कहा जाता है कि पिछली शताब्दी में सम्पूर्ण मानव जाति ने कुल जितनी ऊर्जा का इस्तेमाल किया है, उतनी ऊर्जा का इस्तेमाल मानव सभ्यता के आदिकाल से लेकर इस शताब्दी के आरम्भ तक की लम्बी अवधि में भी नहीं हो पाया था। इसका स्पष्ट अर्थ यह है कि इस शताब्दी में ऊर्जा का इस्तेमाल बहुत बढ़ गया है। आगे भी इसमें वृद्धि ही होगी। वैज्ञानिकों ने यह अनुमान लगाया है कि जिस तेजी के साथ ऊर्जा का इस्तेमाल बढ़ता जा रहा है, उसका परिणाम यह होगा कि जल्दी ही लगभग एक शताब्दी में ऊर्जा के सभी परम्परागत स्रोत समाप्त होने लगेंगे।

इस समय संसार में मुख्यतः लकड़ी, कोयला और तेल व गैस ऊर्जा के प्रमुख स्रोत हैं। नदियों के जल से भी ऊर्जा प्राप्त की जाती है। ध्यान रहे कि ऊर्जा के उपरोक्त सभी साधन प्रकृति की देन हैं किन्तु इनकी मात्र या इनका भंडार सीमित है। वनों, पृथ्वी के गर्भ में छिपे कोयले, तेल व गैस की मात्र सीमित है और इस शताब्दी में बड़े पैमाने पर इनका प्रयोग करके इनसे ऊर्जा प्राप्त की गई है। चूंकि इनकी मात्र सीमित है और हम पृथ्वी के गर्भ में इनकी मात्र बढ़ा नहीं सकते, अतः अन्धाधुन्ध प्रयोग के परिणामस्वरूप इनके भंडार शीघ्र ही या कुछ समय बाद समाप्त हो जाएंगे। अनेक देशों में कोयला, तेल व गैस के भंडार बिल्कुल नहीं हैं। वे काफी धन खर्च करके बाहर से इनका आयात करके अपनी ऊर्जा की आवश्यकता पूरी करते हैं।

इन स्रोतों के भंडार जब समाप्त हो जाएंगे, तब ऊर्जा कैसे प्राप्त की जाएगी? इनके समाप्त होते ही ऊर्जा का भयंकर संकट पैदा हो जाएगा। संसार में कितने काम और उद्योग-धन्धे इस संकट के कारण बन्द हो जाएंगे? इसी ऊर्जा संकट की कल्पना से आज संसार के लोग चिन्तित हैं। वे ऊर्जा के इन परम्परागत स्रोतों की मात्र (भंडार) में वृद्धि नहीं कर सकते। इनकी खपत में भी ज्यादा कटौती करने की गुंजाइश नहीं है। अतः संकट अपरिहार्य है। यह किसी एक देश या एक क्षेत्र अथवा महाद्वीप की नहीं बल्कि समूचे विश्व की समस्या है और इसीलिए संसार के सभी लोग इस बारे में चिन्ताग्रस्त हैं। 20वीं शताब्दी के सातवें दशक से उत्पन्न तेल (पेट्रोल) संकट ने संसार के सब देशों को इस बारे में सोचने के लिए बाध्य कर दिया है।

संसार की बढ़ती हुई जनसंख्या, आर्थिक और औद्योगिक विकास की तीव्र गति और परिवहन व संचार साधनों में वृद्धि की आवश्यकता को देखते हुए ऊर्जा संकट और भी जटिल तथा गहरा दिखाई दे रहा है।

ऊर्जा के विद्यमान परम्परागत व सीमित साधनों के सम्बन्ध में मनुष्य केवल इतना कर सकता है कि इनका इस्तेमाल किफायत से करे। इससे ये स्रोत कुछ अधिक समय तक चल जायेंगे किन्तु उसके बाद कैसे काम चलेगा? संयुक्त राष्ट्र संघ तक ने इस संकट को एक गम्भीर समस्या माना है और ऊर्जा के वैकल्पिक स्रोतों की खोज के लिए जोरदार प्रयत्न करने की आवश्यकता पर जोर दिया है।

इस संकट का सामना करने हेतु जो उपाय सुझाए गए हैं, उनके साथ अन्य कठिनाइयां हैं। उदाहरण के लिए तारकोल, कोयला और धरती के गर्भ से प्राप्त तलछट से तेल निकालने का सुझाव आया। यह साधन बहुत महंगा पड़ेगा और दूसरा, यह समस्या का अस्थायी समाधान होगा क्योंकि इन वस्तुओं की मात्र भी सीमित ही है। परमाणु ऊर्जा को विकल्प मानकर कुछ प्रगतिशील देशों ने इस दिशा में काम किया है और उन्हें सफलता भी मिली है। अमेरिका, रूस, ब्रिटेन जैसे देशों में उनके कुल ऊर्जा उत्पादन का लगभग 20% परमाणु ऊर्जा के रूप में प्राप्त होता है। इसे बढ़ाने की योजनायें भी हैं किन्तु शेष 80ः ऊर्जा के स्रोत तो परम्परागत ही हैं। परम्परागत स्रोतों का संकट कैसे दूर होगा? दूसरा, परमाणु ऊर्जा बनाने की टेक्नोलॉजी बहुत महंगी है। यह संसार के थोड़े से देशों को ही मालूम है और खतरों से भरी हुई है। परमाणु ऊर्जा कारखानों से विकिरण (रेडिएशन) का खतरा होता है और दूसरा, इसके अवशिष्ट को भी संभाल कर रखना अनिवार्य होता है, नहीं तो वे भी मनुष्य के लिए घातक सिद्ध हो सकते हैं। अतः परमाणु ऊर्जा का विकल्प इस संकट का सर्वसुलभ व सस्ता समाधान नहीं बन सकता।

ऐसी स्थिति में लोगों का ध्यान ऊर्जा के ऐसे वैकल्पिक साधनों की ओर जा रहा है, जो सस्ते, निरापद, सर्वसुलभ, बार-बार प्रयोग में लाये जा सकने वाले हों ओर जिनके भण्डार अक्षय हों (अर्थात् जिनके भण्डार समाप्त होने का कोई खतरा न हो) ऐसे साधनों में सौर ऊर्जा को सबसे अधिक महत्त्वपूर्ण विकल्प के रूप में माना गया है। सौर ऊर्जा के संबंध में सामान्यतया तीन लाभ बताये जाते हैं—1. भोजन पकाने, सड़कों पर प्रकाश, पानी गर्म करने, बिजली पैदा करने और अन्य अनेक जनोपयोगी कार्यों के लिए सौर ऊर्जा अपेक्षाकृत सस्ती पड़ती है, 2. सौर ऊर्जा का स्रोत सूर्य का प्रकाश है और सूर्य का प्रकाश एक अजस्र स्रोत है (इसकी सप्लाई समाप्त नहीं होगी), और 3. इस स्रोत से ऊर्जा प्राप्त करने में न प्रदूषण पैदा होगा और न पर्यावरण को क्षति पहुंचेगी। सौर ऊर्जा की सम्भावनाओं के संबंध में वैज्ञानिक बहुत आशा व्यक्त करते हैं। एक सर्वे से पता चला है कि धरती पर पड़ने वाले सूर्य के प्रकाश का विकिरण 170 करोड़ अरब किलोवाट ऊर्जा के बराबर है। इसका अर्थ यह है कि आठ दिन का सूर्य का प्रकाश सारे संसार में एक साल तक उपलब्ध ऊर्जा के सभी स्रोतों की क्षमता के बराबर है। सौर ऊर्जा के अनुसंधान मे रुचि रखने वाले वैज्ञानिकों का कहना है कि यदि सौर ऊर्जा का भली प्रकार विकास किया जाये तो आगामी 50 वर्षों में इस स्रोत से संसार की ऊर्जा की कुल आवश्यकता का लगभग 80% ऊर्जा का भाग पूरा हो सकता है। अमेरिका, ब्रिटेन, जापान और ऑस्ट्रेलिया में सौर ऊर्जा के अनुसंधान में तेजी से काम हो रहा है।

भारत में सौर ऊर्जा की अच्छी सम्भावनाएं हैं। सौर विकिरण की दृष्टि से भारत का स्थान संसार में दूसरे नम्बर पर है—पहले नम्बर पर सहारा रेगिस्तान है। भारत में एक किलोमीटर समतल भूमितल पर प्रतिदिन लगभग 5.6 किलोवाट सौर ऊर्जा पड़ती है। 1973 में विश्व में तेल संकट पैदा होने के बाद से भारत में सौर ऊर्जा सबसे उपयुक्त व सस्ता ऊर्जा साधन है। भारत में अनेक राज्यों में सौर ऊर्जा के कुछ प्रायोगिक संयंत्र लगाये गए हैं और इनसे एक-से-पांच कि॰मी॰ के क्षेत्र में घरेलू प्रयोग के लिए ऊर्जा दी जा रही है।

ऊर्जा के नए या पुराने स्रोतों को अपनाने के सम्बन्ध में एक अन्य पहलू भी है। किसी भी स्रोत से ऊर्जा प्राप्त करने की टेक्नोलॉजी और उसके लिए उपयुक्त संयंत्रों की आवश्यकता होती है। जब कोई देश एक स्रोत को आधार बनाकर संयन्त्रों को और उससे सम्बन्धित ढांचा (इन्फ्रास्ट्रक्चर) खड़ा करता है, तो उसमें भारी धन राशि खर्च होती है। उदाहरण के लिए भारत में बड़ी मात्र (करोड़ों रू.) में पूंजी लगाकर सुपर थर्मल पावर स्टेशन (जिसमें कोयले से बिजली बनती है) बनाये गये हैं। कोयले की मात्र समाप्त हो जाने पर या सौर ऊर्जा को अपना लेने के बाद करोड़ों रु॰ की लागत से बने ये कारखाने बेकार हो जायेंगे। अतः हर देश को चाहिए कि वह ऊर्जा के नए स्रोतों का वरण अपनी आवश्यकता, स्रोतों की उपलब्ध मात्रा, उस पर होने वाले खर्च, उसकी चिरकालिकता, प्रदूषण, मानव पर्यावरण आदि को ध्यान में रखकर करे ताकि एक लम्बी अवधि तक उनमें किसी परिवर्तन की जरूरत न पड़े। ऊर्जा का संकट संसार के सभी देशों के समक्ष है। किसी के समक्ष यह तात्कालिक है तो किसी के समक्ष अगले 25-50 वर्षों के बाद इस संकट के आने की आशंका है। अतः इसका समाधान सौर ऊर्जा के विकास पर बहुत कुछ निर्भर करता है।

जल संसाधन : बेहतर संरक्षण व प्रबन्धन की ज़रूरत

भारत में जितनी भी वर्षा प्रतिवर्ष होती है उसका एक बड़ा भाग व्यर्थ चला जाता है। ऐसा इसलिये है क्योंकि या तो वर्षा सभी स्थानों पर सामान्य रूप से (बराबर) नहीं होती या जल का दुरुपयोग करके उसको व्यर्थ में गंवा दिया जाता है। परिणामस्वरूप भारत में सदैव जल की समस्या रहती है। कृषि के क्षेत्र में जल की अधिक आवश्यकता रहती है। परन्तु कभी बाढ़ व कभी सूखा पड़ने से भारत के किसान अपनी कृषि को उन्नत नहीं कर पाते। प्रकृति की शक्ति पर मानव का कोई नियंत्रण नहीं है। परन्तु हम अपने जल संसाधनों का सदुपयोग कर के जल की कमी को काफी हद तक दूर कर सकते हैं। वर्तमान समय में भारत की नदियों को जोड़ने की बात कही जा रही है। यदि यह परियोजना क्रियान्वित हो जाती है तो कृषि के लिये जल सदैव उपलब्ध रहेगा और बाढ़ भी नहीं आयेगी। सूखे का भी मुकाबला किया जा सकेगा। पिछली संप्रग सरकार ने तेजी से इस योजना पर कार्य करना शुरू कर दिया था, वर्तमान राजग सरकार भी इस मामले में काफी सतर्क है।

अब हम मानवों द्वारा इस्तेमाल किये जाने वाले जल के बारे में चर्चा करेंगे। इस लेख में हमारा केन्द्र बिन्दु (Focus)

नगरों व उपनगरों में इस्तेमाल होने वाला जल है। भारत में 4 महानगर, 20 नगर व करीब 400 छोटे नगर तथा कस्बे हैं। विश्व में दूसरी सर्वाधिक आबादी वाले देश में जल की कितनी आवश्यकता होगी, इसका अनुमान लगाना सहज कार्य नहीं है। इसके अलावा, कारखानों, दफ्तरों व सार्वजनिक स्थानों पर भी जल उपलब्ध करवाना आवश्यक होता है। यदि कुछ उद्योगों को जल नहीं मिलेगा तो उनका उत्पादन पूर्णतया रुक जायेगा। पीने, नहाने, कपड़े धोने व अन्य कार्यों के लिये भी जल चाहिये। भारत में आबादी तेज़ी से बढ़ रही है। सम्प्रति हमारी कुल जनसंख्या 1.21 अरब है। जल्दी ही हम जनसंख्या के आधार पर चीन से आगे हो जायेंगे। ज़ाहिर है कि नगरों व उपनगरों में पानी की मांग (Demand of Water) बढ़ेगी। परन्तु इन क्षेत्रों का हाल तो अभी से ही खस्ता है। आगे चल कर क्या होगा, इसका अनुमान लगाना कोई मुश्किल कार्य नहीं है।

दिल्ली में जल स्तर (Water Table) 200 फ़ुट से नीचे जा चुका है। कुछ क्षेत्रों में जल स्तर 100 फुट तक है। परन्तु वहां पर भी जल को तेज़ी से निकाला जा रहा है। इसका कारण यह है कि सरकार (दिल्ली जल बोर्ड) के सभी घरों को पर्याप्त मात्रा में पानी की आपूर्ति नहीं की जा सकती। दिल्ली जल बोर्ड को भूमिगत जल व यमुना नदी के जल पर निर्भर करना पड़ता है। यदि जल की मांग बढ़ती रही तो यह संस्थान भी पानी में कटौती करने को मजबूर हो जायेगा क्योंकि उसे सभी उपभोक्ताओं तक थोड़ा-थोड़ा जल तो पहुंचाना ही है। अतः बढ़ती हुई आबादी के चलते उपभोक्ता प्रतिदिन थोड़े ही समय के लिये जल ले पायेंगे और उन्हें भूमिगत जल संसाधनों पर निर्भर करना होगा।

परन्तु हम पहले ही बता चुके हैं कि बड़े व छोटे नगरों में भूमिगत जल का स्तर (Water Table) काफी नीचे जा चुका है। अतः जैट व सबमर्सिबल पम्पों के लिए गड्ढे ज़्यादा गहराई तक खोदे जा रहे हैं। यह प्रवृति यदि जारी रही तो महानगरों, उनके उपनगरों और मध्यम वर्ग के नगरों में आने वाले दस वर्षों में भूमिगत जल नहीं बचेगा।

आम जल उपभोक्ता भी जल के कुप्रयोग के लिये ज़िम्मेदार हैं। घरों व दफ्तरों में जल व्यर्थ किया जाता है। जल को दूषित भी किया जाता है। हमारी नदियों में फैक्ट्रियों का प्रदूषित जल व अन्य पदार्थ मिला दिये जाते हैं। इसके कारण नदियों का जैव संतुलन (Biological Balance) बिगड़ गया है। यही जल कई स्थानों पर पीने के काम भी आता है। अतः इस दूषित जल को पीकर लोग बीमार पड़ जाते हैं। पानी में सीसा, पारा, आर्सेनिक, तांबा व विभिन्न प्रकार के तेज़ाब व रसायन कारखानों से आकर मिल जाते हैं। अतः पानी की मछलियां व अन्य जन्तु इसी कारणवश मर रहे हैं। जब मानव इस जल को ग्रहण करते हैं तो वे भी भयंकर रोगों से ग्रस्त हो जाते हैं। पारे व सीसे के मानव शरीर में पहुंचने से कैंसर जैसा भयानक रोग भी हो सकता है।

यह स्थिति देश के सभी बड़े व छोटे नगरों की है। अगली बारी हमारे गांवों की है। वहां पर भी जल के बंटवारे के लिये पानी के ऊंचाई वाले टैंक (Over head water tanks) बनाये जा रहे हैं। यद्यपि गांवों में जल की आवश्यकता (मानवों के लिये) कम है, तथापि बढ़ती हुई जनसंख्या के कारण वहां पर भी पानी की किल्लत हो सकती है।

हमारे घरों में जल नाहक बेकार चला जाता है। इस प्रवृत्ति को रोकने के लिये सरकार यह फैसला कर सकती है कि जल की कीमतें सभी महानगरों व अन्य नगरों में बढ़ा दी जायें। परन्तु ऐसा करने से जनता इस निर्णय का विरोध करेगी। जल एक बुनियादी आवश्यकता है और उसके दाम किसी हद तक ही बढ़ाये जा सकते हैं। दूसरा तरीका है लोगों को जल को बचाने के संदर्भ में शिक्षित करने का। यह तरीका सरकार ने अपनाया भी है। टी॰वी॰ और प्रिंट मीडिया के विज्ञापन चिल्ला-चिल्ला कर कह रहे हैं कि जल का संरक्षण किया जाना चाहिए। कुछ लोग इस तथ्य के बारे में जागरूक भी हुये हैं। परन्तु अधिकांश जनता पानी की समस्याओं के बारे में बेख़बर है। उसको तभी इस समस्या की अनुभूति होती है। जब दो-तीन दिन तक घर में पानी नहीं आता और जल के टैंकरों से बाल्टियों में पानी भरना पड़ता है। कई महानगरों व नगरों के समृद्ध इलाकों में पानी की भारी कमी है। अतः इन इलाकों में रहने वाले लोग पानी खरीद कर जैसे तैसे दिन काटते हैं। यह सब गतिविधियां आने वाली एक भीषण समस्या के लक्षण हैं।

भूमिगत जल संसाधनों का भी दुरूपयोग किया जाता है। जो लोग अमीर हैं वे पम्प चला कर भूल जाते हैं और जल व्यर्थ में बहता रहता है। उन लोगों को बिजली का अधिक बिल देने पर कोई एतराज़ नहीं है। परन्तु उन्हें यह समझना चाहिए कि भूमिगत जल संसाधन तो सभी के लिए सांझे हैं। यदि वे पानी को व्यर्थ नहीं गंवायेंगे तो वही (जलगत) पानी किसी अन्य उपभोक्ता के काम आ जायेगा।

दिल्ली जल बोर्ड घाटे में चल रहा है। भारत के बाकी जल प्राधिकरणों की हालत भी कोई खास अच्छी नहीं है। अतः हो सकता है कि सरकार जल की कीमतों की वृद्धि पर गंभीरता से विचार करे। यदि ऐसा हो जाता है तो गरीब उपभोक्ता को करारी चपत लगेगी। अमीर उपभोक्ता को तो कोई फर्क नहीं पड़ेगा। अतः उपभोक्ताओं को ही जल को प्रयोग करते समय संयम से काम लेना होगा। इसके लिए सरकार को चाहिए कि वह मीडिया के द्वारा प्रचार कर के जनसाधारण को जल के सदुपयोग के बारे में बताये।

इसी संदर्भ में कुछ सुझाव इस प्रकार हैं: (1) जल का उपयोग करते समय परिवार की जरूरतों का ध्यान रखें। जल के भंडारण हेतु छतों पर टैंक लगवायें। (2) भूमिगत जल का प्रयोग कम-से-कम करें। (3) जल में फैक्ट्री का कचरा व रसायन न मिलायें। ऐसे हानिकारक पदार्थों को अलग से रख कर उनको संवर्धित (Process) करें। जब से वे किसी प्रकार के उचित रसायनों में तब्दील हो जायें तो उनको सही जगहों पर डालें। परन्तु ऐसे पदार्थों को न तो पानी में डालें और न ही ज़मीन में दबाने का प्रयास करें। (4) पेयजल बनाने के लिए साधारण जल को स्वच्छ करना आवश्यक है। यदि पेयजल

बनाने के उपकरण उपलब्ध नहीं है तो रेत व कोयले का चूरा ले कर एक घरेलू फिल्टर बनाया जा सकता है। इसके अलावा एक्टीवेटिड कार्बन (activated carbon) भी बाज़ार में उपलब्ध है। पानी की मोटी अशुद्धियां उसको नितारने से दूर हो जाती हैं। उसकी सूक्ष्म अशुद्धियां (bacteria or viruses) उसको फिल्टर से गुज़ार कर या उबाल कर दूर की जा सकती हैं। (5) यह भी हो सकता है कि कुओं का पानी पीने के लायक न हो। उसमें पोटाशियम परमैन्गनेट ($KMnO_4$) डाल कर उसे शुद्ध करें। (6) गांवों में मवेशियों को ऐसे जल स्रोतों से दूर रखें जिनका इस्तेमाल मानवों के द्वारा किया जाता है। (7) नदियों के जल में कारखानों के रसायन न डालें। इस प्रकार के रसायनों को परिष्कृत करने हेतु उनमें अन्य रसायन मिला कर उनको निष्क्रिय बना दें। (8) घरों में पानी की टंकियां 1000 लीटर से अधिक क्षमता की नहीं होनी चाहिये। (9) जल पम्पों व सबमर्सिबल पम्पों को टंकियों में जल भर जाने पर तुरन्त बंद कर दें। आजकल बाज़ार में ऐसे इलेक्ट्रॉनिक उपकरण उपलब्ध हैं जिनके द्वारा पम्प जल भरते ही स्वतः बन्द हो जाते हैं।

भारत सरकार की 37 नदियों को जोड़ने की योजना है। इस महान परियोजना पर 5,60,000 करोड़ रुपये खर्च होने का अनुमान लगाया जा रहा है। यदि इस परियोजना का क्रियान्वयन किया जाता है तो भारत की जल से सम्बद्ध सभी समस्यायें दूर हो सकती हैं। इस परियोजना के अन्तर्गत 30 नहरों के द्वारा 7,107 मिलियन क्यूबिक मीटर जल देश के घरों व उद्योगों को वितरित किये जाने का भी प्रस्ताव है। अतः जल प्रबन्धन की दिशा में सरकार का यह अहम् कदम होगा।

परन्तु जब तक जल की समस्या हल नहीं होती, तब तक भारतीयों को जल का उचित भंडारण व खर्च करना होगा। सभी को जल चाहिए। किसी एक व्यक्ति के पास (धन के होने के कारण) अथाह जल है और किसी अन्य व्यक्ति के पास (धन के अभाव के कारण) एक बूंद भी नहीं है। ऐसा अन्तर मिटा दिया जाना चाहिए। जनता का सहयोग इस संदर्भ में अपेक्षित है। सरकार की संस्थाओं के साथ सहयोग करना प्रत्येक नागरिक का परम कर्त्तव्य है। जल बचाने से ही जल का आबंटन (मात्रा) बढ़ेगा। संक्षेप में, जल का उचित प्रकार से भंडारण, वितरण व परिष्कृतिकरण हमारे जनसाधारण के तीन मुख्य लक्ष्य होने चाहिए।

समान नागरिक संहिता

समान नागरिक संहिता का अर्थ है–भारत के सभी नागरिकों के अधिकार व कर्त्तव्य समान हैं। इस संदर्भ में भारत के संविधान में प्रावधान किये गये हैं। मुख्य प्रावधान इस प्रकार हैं:

(1) **नागरिकताः** भारत के संविधान में प्रत्येक नागरिक को एकल नागरिकता देने का प्रावधान है। राज्यों के द्वारा अलग से नागरिकता नहीं दी जा सकती। नागरिकता उन लोगों को दी जा सकती है जोः (क) पाकिस्तान से आये शरणार्थी हों; (ख) वे भारतीय हों जो अन्य देशों में रह रहे हों; (ग) भारत में रहते आ रहे हों। 1985 के नागरिकता अधिनियम के अन्तर्गत, नागरिकता की प्राप्ति और अंत के सम्बन्ध में निर्णय विस्तृत रूप से दिये गये हैं। भारत में रहने वाले व्यक्ति वे हैं जिनके माता-पिता का जन्म भारत में हुआ है तथा जो संविधान के लागू होने के पांच वर्ष पूर्व भारत में रह रहे हैं।

(2) **मौलिक अधिकारः** संविधान के भाग 3 में कुछ मौलिक अधिकारों का उल्लेख किया गया है। इन अधिकारों को व्यक्तित्व के विकास हेतु आवश्यक माना गया है। प्रारंभ में इन अधिकारों की संख्या 7 थी, परन्तु संविधान के चवालीसवें संशोधन के अनुसार, सम्पत्ति पर अधिकार कानूनी अधिकार ही रह गया है। अतः मौलिक अधिकारों की संख्या 6 है।

संविधान के भाग 3 में समाविष्ट मूल अधिकार, भाग 4 के निर्देशक तत्व तथा बाद में जोड़े गये भाग 4 (क) के मूल कर्त्तव्य एक ही सम्पूर्ण व्यवस्था के अंग हैं। इस स्त्रोत का मूल संविधान की उद्देशिका (Preamble) है। मौलिक अधिकारों में मुख्य अधिकार इस प्रकार हैं:

(क) समता का अधिकार (अनुच्छेद 14-18): अनुच्छेद 14 के अंतर्गत समानता एवं कानून के समान संरक्षण की व्यवस्था की गई है। इसका अपवाद राष्ट्रपति व राज्यपाल द्वारा अपने कार्यकाल के दौरान किये गये आपराधिक मामलों के संदर्भ में है। अनुच्छेद 15 में किसी भी प्रकार के भेदभाव का निषेध किया गया है। अनुच्छेद 16 लोगों को लोक नियोजन में अवसरों की समानता प्रदान करता है। अनुच्छेद 17 में अस्पृश्यता के अंत से सम्बन्धित प्रावधान है। अनुच्छेद 18 के अन्तर्गत शैक्षिक व सैन्य क्षेत्र के अतिरिक्त राज्य द्वारा दी जाने वाली अन्य किसी भी उपाधि का निर्णय किया गया है।

(ख) स्वतंत्रता का अधिकारः अनुच्छेद 19 व्यक्तियों के लिये 6 स्वतंत्रताएं सुनिश्चित करता है। इनमें भाषण एवं अभिव्यक्ति, समूह बनाने, शान्तिपूर्ण सम्मेलन करने, आने जाने तथा देश के किसी भाग में बसने या किसी भी व्यवसाय या व्यापार करने की स्वतंत्रता भी शामिल है। इन स्वतंत्रताओं पर प्रतिबन्ध भी लगाये जा सकते हैं।

अनुच्छेद 20 के अनुसार किसी व्यक्ति को तभी दंड दिया जा सकता है यदि वह उस विशेष समय में लागू नियम का उल्लंघन करे। अनुच्छेद 21 के अनुसार, विधि द्वारा स्थापित प्रक्रिया के अतिरिक्त किसी भी व्यक्ति के जीवन व दैहिक स्वतंत्रता का अतिक्रमण नहीं किया जायेगा। अनुच्छेद 22 के अनुसार, किसी भी व्यक्ति की गिरफ्तारी बिना उसे इसका कारण बताये नहीं की जायेगी। इसके अनुसार, किसी बंदी व्यक्ति को 24 घंटे के भीतर मैजिस्ट्रेट के सामने पेश किया जायेगा और उसे अपनी पसंद के वकील से सलाह लेने का अधिकार होगा।

(ग) शोषण के विरुद्ध अधिकार (अनुच्छेद 23-24): अनुच्छेद 23 के मुताबिक मनुष्यों का व्यापार, बेगार और अन्य प्रकार से कराया जाने वाला बलपूर्वक श्रम दंडनीय है। अनुच्छेद 24 के अनुसार, 14 वर्ष से कम आयु के बच्चों को कारखाने, खानों एवं अन्य जोखिम भरे कामों में लगाने की अनुमति नहीं है।

(घ) धार्मिक स्वतंत्रता का अधिकार (अनुच्छेद 25-28): अनुच्छेद 25 के अनुसार, सभी व्यक्तियों को अंतःकरण की स्वतंत्रता का अधिकार है। भारत के नागरिक धर्म प्रचार, धार्मिक कार्य करने व किसी भी धर्म में विश्वास रखने के अधिकारी हैं। अनुच्छेद 26 में धार्मिक मामलों का प्रबन्ध करने की स्वतंत्रता दी गई है। अनुच्छेद 27 के अनुसार, धार्मिक आधार पर किसी व्यक्ति को कर देने के लिये बाध्य नहीं किया जा सकता। अनुच्छेद 28 के अनुसार, सरकार द्वारा संचालित शिक्षण संस्थाओं में धार्मिक शिक्षा नहीं दी जायेगी।

(ङ) शैक्षिक एवं सांस्कृतिक अधिकार (अनुच्छेद 29-30): अनुच्छेद 29 के अनुसार, भारत के किसी भी भाग में रहने वाले नागरिकों के किसी भी वर्ग या समूह को, जिसकी अपनी भाषा, लिपि या संस्कृति हो, उसकी रक्षा करने का अधिकार है। किसी भी नागरिक को राज्य द्वारा या उसकी सहायता से चलने वाले शिक्षण संस्थान में जाति, धर्म, वंश या भाषा या इनमें से किसी आधार पर प्रवेश देने से इन्कार नहीं किया जा सकता। अनुच्छेद 30 के अनुसार, सभी अल्पसंख्यकों को अपनी इच्छानुसार शिक्षण संस्थाओं की स्थापना एवं उनका प्रबन्धन करने का अधिकार है तथा राज्य उन्हें सहायता देने में कोई भेदभाव नहीं करेगा।

(च) संवैधानिक उपचारों का अधिकार (अनुच्छेद 32): इस अनुच्छेद के अन्तर्गत, मौलिक अधिकारों के प्रवर्तन के लिये सर्वोच्च न्यायालय कुछ आदेशों को जारी कर सकता है। ये आदेश हैं–बन्दी प्रत्यक्षीकरण, परमादेश तथा उत्प्रेषण। इसी संदर्भ में कुछ संशोधन इस प्रकार हैः

(1) तिरानवेवां संशोधनः इस संशोधन के अनुसार 6 से 14 वर्ष की आयु के बच्चों को शिक्षा देने का अनिवार्य और मौलिक अधिकार बनाया गया है।

(2) बयानेवां संशोधनः अनुसूचित जाति व जनजाति के कर्मचारियों को पदोन्नति में आरक्षण से जुड़े बयानवें संशोधन विधेयक को लोक सभा ने 28 नवंबर, 2001 को सर्वसम्मति से पारित कर दिया था। इस विधेयक के तहत 92वें संशोधन विधेयक-2001 में अनुच्छेद 16(4-ए) का संशोधन किया गया है।

(3) राष्ट्रपति का कानून संशोधन अध्यादेश (2002): भारत के पूर्व राष्ट्रपति श्री ए॰पी॰जे॰ अब्दुल कलाम ने चुनाव सुधारों पर उच्चतम न्यायालय के निर्णय और निर्वाचन आयोग के दिशा निर्देशों को निष्प्रभावी बनाने हेतु जन प्रतिनिधित्व कानून में संशोधन करने संबंधी अध्यादेश को 25 अगस्त, 2002 को मंजूरी दे दी थी।

भारत के संविधान में समान नागरिक संहिता के लिये पूरे विवरण व कानून मौजूद हैं। भारत के नागरिकों को संविधान के द्वारा एक ही दृष्टि से देखा जाता है। यही भारत के संविधान का एक विशिष्ट आकर्षण है। परन्तु नागरिकों के समान अधिकार होने के बावजूद कई लोगों को न्याय पाने में कठिनाई पेश आती है। इसके लिये न्यायालय अपने विधिपूर्ण अधिकारों का उपयोग करके जनसाधारण के हितों की रक्षा करते हैं। ऐसा करने से वे कार्यकारिणी (Executive) के अधिकारों पर भी कई बार प्रतिबंध लगा देते हैं अथवा उसके निर्णयों को चुनौती देते हैं। जो कार्य न्यायपालिका द्वारा कार्यकारिणी के अधिकार क्षेत्र को सुधारने या उसे चुनौती देने के लिये किये जाते हैं, उन्हें अंग्रेज़ी भाषा में Judicial Activism कहा जाता है। याद रहे, यह कार्य न्यायपालिका इसलिये करती है क्योंकि वह समझती है कि आम नागरिक के मूल अधिकारों का हनन हो रहा है।

संक्षेप में, न्यायपालिका ही आम नागरिक के अधिकारों की रक्षा करती है ऐसा इसलिये है क्योंकि कार्यकारिणी (Executive) के अपने कार्यक्षेत्र हैं और वह सत्ता में बने रहने हेतु मूलभूत अधिकारों का हनन भी कर सकती है। समान नागरिक संहिता न्यायपालिका को न्याय देने की प्रक्रिया में मदद देती है। अन्त में, यदि भारत के नागरिक यह चाहते हैं कि उनको समान नागरिक संहिता के अनुसार न्याय मिले तो उन्हें अपने कर्त्तव्यों का पालन भी करना होगा।

कहां हैं संविधान के मूल्य

भारत को आजाद हुए और अपने को गणतंत्र घोषित किए छह दशक से ऊपर हो गये हैं। इस संदर्भ में यह देखना उचित होगा कि हम जिन लक्ष्यों को लेकर चले थे उन्हें प्राप्त करने में कहां तक सफल हुए हैं। भारतीय संविधान के प्रारंभ में 'प्रीएम्बुल' या उद्देशिका दी गयी है जिसमें स्पष्ट तौर पर लक्ष्यों का उल्लेख है। कहा गया है कि भारत को एक संपूर्ण प्रभुत्व संपन्न, समाजवादी, धर्मनिरपेक्ष, लोकतांत्रिक गणराज्य बनाया जायेगा। साथ ही सब नागरिकों को सामाजिक, आर्थिक और राजनीतिक न्याय, चिंतन, अभिव्यक्ति, विश्वास, आस्था और पूजा-अर्चना की आजादी, हैसियत और अवसर की समानता तथा व्यक्ति की प्रतिष्ठा और देश की एकता और अखंडता सुनिश्चित करने के लिए भाईचारे की गारंटी की जायेगी।

उद्देशिका के अनुरूप हमारे यहां एकल नागरिकता की व्यवस्था है यानी धर्म, लिंग, जाति, भाषा, रंग और निवास स्थान के आधार पर भेदभाव वर्जित है। वर्ष 1976 में बयालीसवें संशोधन के जरिए समाजवाद और धर्मनिरपेक्ष शब्दों को परस्पर जोड़ कर देश में समतामूलक समाज बनाने का लक्ष्य रखा गया, जिससे शोषण और उत्पीड़न समाप्त हो। लोगों को अपनी इच्छा के अनुसार धर्म मानने या न मानने और अपने धार्मिक विचारों के प्रचार की छूट दी गयी। यह स्पष्ट कर दिया गया कि राज्य का कोई धर्म नहीं होगा। राजकीय संस्थानों में किसी धर्म विशेष को न तरजीह दी जायेगी और न ही उसके परिसर में मंदिर, चर्च आदि का निर्माण होगा। राज्य द्वारा पूरी तरह या अंशतः वित्तपोषित शिक्षण संस्थानों में कोई धार्मिक शिक्षा नहीं दी जायेगी।

राज्य विरासत में मिली क्षेत्रीय विषमताओं को दूर करने का प्रयास करेगा जिससे देश की क्षेत्रीय अखंडता मजबूत बने और अलगाव की भावना न पनपे। साथ ही समाज में व्याप्त हर प्रकार की विषमता मिटाने के प्रयास होंगे। दलितों, जनजातियों, स्त्रियों आदि को सशक्त बनाने के लिए विशेष प्रावधान किये जायेंगे जिनमें छात्रवृत्तियां, नौकरियों में कोटा और लोकसभा और विधानसभाओं में आरक्षण शामिल होंगे।

अगर हम उपर्युक्त लक्ष्यों की प्राप्ति की दिशा में हुई प्रगति का जायजा लेने से पहले कुछ बातों की ओर ध्यान दें तो अच्छा रहेगा। आर्थिक विकास का मुख्य आधार आधुनिक विज्ञान और प्रौद्योगिकी है, हालांकि वह पर्याप्त नहीं है। उसके फलीभूत होने के लिए धर्मनिरपेक्षता, बुद्धिवाद और समाजवाद आवश्यक हैं। धर्मनिरपेक्षता का अर्थ है कि समाज अपना ध्यान परलोक और अलौकिक विषयों को छोड़ इहलोक पर केंद्रित करे। अतः राज्य और समाज के कार्य व्यापार में धर्म की कोई भूमिका न हो। धर्म व्यक्ति के निजी जीवन तक सीमित रहे। जहां कहीं भी आधुनिक आर्थिक विकास की प्रक्रिया आगे बढ़ी है वहां धर्म की सार्वजनिक जीवन में भूमिका कमजोर हुई है। अंधविश्वास घटा है और लोगों ने लौकिक परिघटनाओं को तर्क और बुद्धि के जरिए समझने की कोशिश की है।

तार्किकता के आधार पर ही उत्पादन के साधनों, प्रक्रियाओं और संगठन को यथासंभव कुशल बना कर वस्तुओं और सेवाओं का उत्पादन अधिकतम करने की कोशिश की जाती है। यूरोप में रेनेसां और रिफॉर्मेशन के जमाने से अंधविश्वास और जादू-टोने के खिलाफ संघर्ष छिड़ा। गैलीलियो, न्यूटन आदि वैज्ञानिकों और वाल्तेयर, रूसो, हॉब्स, लॉक आदि दार्शनिकों और आगे चल कर चार्ल्स डारविन ने बुद्धिवादी विचारों को काफी बढ़ावा दिया। इसके परिणामस्वरूप धर्म और चर्च का दबदबा घटा। लोगों में प्रकृति के रहस्यों और नियमों को जानने और समझने में दिलचस्पी पैदा हुई। पश्चिमी यूरोप में वैज्ञानिक ज्ञान और प्रौद्योगिकी के लिए इतनी भूख जागी कि उन्हें पाने के लिए राष्ट्रीय सीमाओं को लांघा गया।

हमारे यहां ऐसी प्रवृत्ति देखने में नहीं आई। हमारे पुरातनपंथी पश्चिमी यूरोप को बर्बरों का इलाका मानते रहे। समुद्र पार करना निषिद्ध कर दिया गया। राजा राममोहन राय जैसे चंद लोगों ने ही पोंगापंथ से परे जाकर आधुनिकीकरण की दिशा में कुछ करने की कोशिश की। वाल्तेयर ने अपनी पुस्तक 'लेटर्स ऑन इंग्लैंड' में अठारहवीं सदी के तीसरे दशक में इंग्लैंड में हो रहे परिवर्तनों का सजीव चित्रण किया है। वहां लोगों के जीवन मूल्यों और दृष्टिकोण में इतना भारी परिवर्तन हो गया था कि विज्ञान और प्रौद्योगिकी से जुड़े लोगों को राजनेताओं और शाही परिवार के व्यक्तियों से अधिक सम्मान दिया जाने लगा था।

आर्थिक विकास को बढ़ावा देने के लिए उसमें आम आदमी की दिलचस्पी आवश्यक है पर यह तभी होगा जब आर्थिक विकास के प्रतिफल का न्यायोचित वितरण हो। इस बात पर जोर दिया जाना चाहिए कि आदमी-आदमी में जन्मजात कोई असमानता नहीं होती। इसी समतावादी दृष्टिकोण को समाजवाद ने विकसित किया और वैज्ञानिक आधार प्रदान किया।

हम अपने संविधान की उद्देशिका को उपर्युक्त परिप्रेक्ष्य में आसानी से समझ सकते हैं। खेद की बात है कि पिछले लगभग छह दशकों के दौरान हम उससे भटकते गये हैं। उदाहरण के लिए, धर्मनिरपेक्षता को लें। सोलह अगस्त, 2003 को बीबीसी टेलीविजन पर एक कार्यक्रम प्रसारित हुआ जिसका शीर्षक था 'हिंदू नेशन'। इस कार्यक्रम में कुछ प्रमुख भारतीयों ने रेखांकित किया कि धर्मनिरपेक्षता भारत की आर्थिक प्रगति और राजनीति में कारगर भूमिका नहीं निभा रही, क्योंकि वह आम जन की भावनाओं के अनुरूप नहीं है। ऐसा मानने वालों में मध्य प्रदेश के पूर्व मुख्यमंत्री दिग्विजय सिंह और भाजपा नेता लालकृष्ण आडवाणी थे। दिग्विजय सिंह के अनुसार कांग्रेस धर्मनिरपेक्षता को अपना कर राष्ट्रीय स्वयंसेवक संघ से मुकाबला करने में असमर्थ है, क्योंकि वह आम लोगों की धार्मिक भावनाओं से कटी हुई है। आडवाणी के अनुसार धर्मनिरपेक्षता ने हिंदुओं को अपने धर्म पर गर्व करने से वंचित कर दिया है। ये दोनों नेता, जो परस्पर विरोधी दलों का प्रतिनिधित्व करते हैं, इस बात पर एकमत हैं कि धर्मनिरपेक्षता के आवरण में हिंदू धर्म को ही राज्य की नीति और नजरिए का आधार बनाया जाये।

अब समाजवाद को लें। पिछले लगभग दो दशक से न राजकीय नीतियों में और न ही कांग्रेस के प्रस्तावों और उसके नेताओं के भाषण में यह शब्द दिख रहा है। यह लगभग मान लिया गया है कि सोवियत संघ के विघटन के साथ ही समाजवाद की प्रासंगिकता समाप्त हो गयी है। आज कहीं, कोई बुद्धिजीवी द्वारा यह कहते नहीं सुना जाता कि समाजवाद की परिकल्पना सदियों पुरानी है। समता मूलक समाज की चाह हमारे भक्तिकाल के कवियों में दिखती है। वह तुलसीदास की रामराज्य की कल्पना में भी है।

अंधविश्वास और धर्मांधता पर भक्तिकाल में काफी प्रहार हुए। बौद्ध धर्म ने जाति व्यवस्था और कर्मकांड को ठुकरा दिया। सिख धर्म और आर्य समाज ने भी उन पर करारा हमला किया। इन सबके बावजूद अंधविश्वास और धर्मांधता में लगातार वृद्धि हो रही हैं एवं कर्मकांड को बढ़ावा दिया जा रहा है। भाजपाई राज्य सरकारों ने उन्हें प्रोत्साहित किया है। मुरली मनोहर जोशी ने मानव संसाधन विकास मंत्री की हैसियत से ज्योतिष और तंत्र विद्या को पाठ्यक्रमों में घुसाने की कोशिश की थी। राष्ट्रीय स्वयंसेवक संघ से जुड़ी संस्थाओं और उससे प्रभावित राज्य सरकारों ने अल्पसंख्यक धर्मावलंबियों के प्रति घृणा और भेदभाव फैलाया है। धर्मांतरण रोकने के नाम पर कानून बना कर उन पर तरह-तरह की पाबंदियां लगाने की कोशिशें जारी हैं। उधर भूमि सुधार को ठीक से लागू न करने, करारोपण संबंधी कानूनों को उच्च आय वर्गों और संपत्तिवान लोगों के पक्ष में मोड़ने और निम्न आय वर्गों को मिलने वाली सब्सिडी में लगातार कटौती और सार्वजनिक वितरण व्यवस्था को कमजोर बनाने से समाज में आर्थिक विषमताएं बढ़ी हैं।

न्यायपालिका की स्वाधीनता और उसका महत्व

आधुनिक लोकतान्त्रिक देशों में शासन का ढांचा संविधान पर निर्भर होता है। ऐसे देशों में शासन के तीनों अंगों—कार्यपालिका, विधान मण्डल और न्यायपालिका के गठन और उनके कार्यक्षेत्र का निर्धारण संविधान में होता है। प्रायः इस बात का पूर्ण प्रयास किया जाता है कि न्यायपालिका पूर्णतः स्वाधीन रहे ताकि वह निष्पक्ष न्याय कर सके। लोकतान्त्रिक शासन व्यवस्था में कार्यपालिका और विधान सभा के बीच गहरा और निकट

सम्बन्ध होता है और चूंकि विधान मण्डल में सत्तारूढ़ दल का बहुमत होता है, अतः इस बात की आशंका बनी रहती है कि सत्तारूढ़ दल अर्थात् कार्यपालिका और विधान मण्डल आपस में सांठ-गांठ करके अपने हितों की पूर्ति या स्वार्थों के लिए संविधान का उल्लंघन करने, तानाशाही अधिकार प्राप्त करने, नागरिकों के अधिकारों का हनन करने और निरंकुश बनने का प्रयास करें। यदि ऐसा हो, तो वह लोकतन्त्र के लिए खतरे की घण्टी के समान है।

उक्त सम्भावना को ध्यान में रखते हुए लोकतान्त्रिक संविधानों में न्यायपालिका की स्थिति, उसके अधिकारों व कर्त्तव्यों और कार्यपालिका व विधान मण्डल के सन्दर्भ में उसकी शक्तियों का स्पष्ट और विशद वर्णन किया जाता है। न्यायपालिका को सामान्यतया कार्यपालिका और विधान मण्डल के प्रभाव और दबाव की सम्भावना से मुक्त रखा जाता है। उसे सौंपे जाने वाले कर्त्तव्यों में से सर्वाधिक महत्वपूर्ण ये हैं– 1. संविधान की रक्षा करना, 2. संविधान की व्याख्या करना, 3. नागरिकों के मूल अधिकारों की रक्षा करना, 4. कार्यपालिका की निरंकुशता पर अंकुश लगाना और कार्यपालिका के आदर्शों व विधान मण्डल द्वारा पास किये गये विधानों की संवैधानिकता की परख करना, आदि, 5. संघीय संविधानों में न्यायपालिका के ऊपर एक बड़ा उत्तरदायित्व यह भी होता है कि संघीय सरकार और संघ के राज्यों के बीच अथवा परस्पर राज्यों के बीच पैदा होने वाले विवादों का फैसला संविधान के उपबन्धों के अनुरूप करे। स्पष्ट है कि लोकतान्त्रिक संघों में न्यायपालिका के ऊपर गुरुतर उत्तरदायित्व होता है और यदि वह स्वाधीन न रह पाये, तो इन उत्तरदायित्वों का पालन नहीं कर सकती।

न्यायपालिका को दबाव, भय अथवा पक्षपात से सुरक्षित रखने हेतु कुछ अन्य उपाय भी किये जाते हैं। न्यायाधीशों के लिए अच्छे वेतन की व्यवस्था की जाती है। उन्हें प्रतिष्ठा का स्थान दिया जाता है। ऐसा इसलिए किया जाता है कि उनके समक्ष आर्थिक संकट की समस्या न रहे–अन्यथा वे धन के लालच में पड़ कर भ्रष्ट हो जायेंगे। न्यायाधीशों को निर्भय बनाने के लिए उनके कार्यकाल की पूरी गारण्टी है। उन्हें पद से हटाने की व्यवस्था भी निर्धारित कर दी गई है, जो काफी जटिल है ताकि उन्हें आसानी से हटाया न जा सके। संविधान में उनके कार्यक्षेत्र का स्पष्ट उल्लेख होता है ताकि इस मामले में कोई भ्रान्ति न रहे और वे अपने कर्त्तव्यों का पालन कर सकें। न्यायाधीशों को कार्यपालिका के प्रभावों से मुक्त और भ्रष्टाचार से दूर रखने के लिए संविधान में यह भी व्यवस्था कर दी जाती है कि रिटायर अर्थात् सेवानिवृत होने के बाद वे न कोई राजनैतिक नियुक्ति स्वीकार कर सकेंगे और न किसी न्यायालय में वकालत का काम करने के अधिकारी होंगे। इन सबसे भी महत्वपूर्ण बात यह है कि न्यायपालिका के अधिकारों और उनकी शक्तियों को कम करने या समाप्त करने का एकमात्र उपाय संविधान में संशोधन करना है। इसके बिना न्यायपालिका की शक्तियों को कम नहीं किया जा सकता; और संविधान में संशोधन करने की प्रक्रिया भी कम जटिल नहीं है।

संविधान देश का मौलिक कानून और शासन के ढांचे के आधार होता है। इसमें संशोधन किया जा सकता है। इसमें संशोधन की विधि भी स्पष्टतः निर्धारित होती है। न्यायपालिका का कर्त्तव्य यह देखना है कि संविधान में किया गया हर संशोधन निश्चित विधि से किया जाये और कोई भी संशोधन शासन व्यवस्था के मूल आधार को अर्थात् संविधान की मूल विशिष्टताओं को नष्ट करने वाला न हो। न्यायपालिका विधान मण्डल द्वारा पास किये गये विधानों और कार्यपालिका द्वारा जारी किये गये आदेशों की जांच करती है और यह देखती है कि इन विधानों या आदेशों द्वारा संविधान की मूल विशिष्टताओं को नष्ट न होने दिया जाये। न्यायपालिका का यह अधिकार जिसे 'न्यायपालिका द्वारा समीक्षा' का अधिकार कहा जाता है, अत्यधिक महत्वपूर्ण है।

लोकतान्त्रिक शासन व्यवस्था सर्वोत्तम शासन व्यवस्था मानी जाती है। किन्तु इसमें कुछ खतरे भी होते हैं। जो दल सत्ता में आ जाता है, वह अपनी स्थिति सुदृढ़ बनाने के लिए जनता के अधिकारों को छीनने या विरोधी दलों को सताने या न्यायपालिका को डरा-धमका कर अपने अधीन करने या तानाशाही व्यवहार करने और इसी प्रकार के काम करने का प्रयास करता है। संविधान में जनता को व्यापक मूल अधिकार दिये गये हैं और कहा गया है कि इन मूल अधिकारों को सरकार कम नहीं करेगी। साथ ही यह भी कहा गया है कि यदि नागरिक महसूस करें कि उनको उनके मूल अधिकारों से वंचित किया गया है; तो वे न्यायालय के समक्ष जाकर न्याय की मांग कर सकते हैं और न्यायालय का कर्त्तव्य है कि वह नागरिकों के मूल अधिकारों की रक्षा करे। सत्तारूढ़ दल विपक्षी दलों की शक्ति क्षीण करने, उनके कार्यक्रमों में बाधा डालने और उनके नेताओं को अकारण बन्दी बनाने जैसे अनुचित कार्य करता है। न्यायपालिका का काम है कि वह सत्तारूढ़ सरकार के उन कार्यों पर रोक लगाये, जो भेदभावपूर्ण, द्वेषपूर्ण और संविधान की भावना के प्रतिकूल हों। सत्तारूढ़ दल किसी विषय पर न्यायपालिका के निर्णय से क्रुद्ध होकर उसे मजा चखाने का भी दुस्साहस कर सकता है। अपनी कुर्सी बचाने के लिए या अपने असंवैधानिक कार्यों की पुष्टि के लिए या अन्य प्रयोजनों से भी कार्यपालिका न्यायपालिका को डराने-धमकाने या उसको भ्रष्ट करने की कोशिश कर सकता है। ऐसी भी स्थिति पैदा हो सकती है कि किसी विषय पर न्यायपालिका और कार्यपालिका के बीच टकराव पैदा हो जाये और इन सभी परिस्थितियों में एक स्वाधीन, शक्तिशाली और निष्पक्ष न्यायपालिका ही जनता, विरोधी दलों, अपनी और सम्पूर्ण लोकतन्त्र की रक्षा कर सकती है।

उपरोक्त वर्णन से यह बात स्पष्ट हो जाती है कि लोकतन्त्र की रक्षा में न्यायपालिका की भूमिका अत्यन्त महत्वपूर्ण होती है।

हमारे देश का संविधान भारत की न्यायपालिका को पर्याप्त शक्ति एवं स्वाधीनता प्रदान करता है। हमारे देश की न्यायपालिका ने अपनी भूमिका यशस्वी ढंग से निभाई है। उसने स्वाधीन ढंग से और बिना किसी भेदभाव के अपना काम किया है।

नागरिकों के अधिकारों की रक्षा के मुद्दों पर, संविधान का विवेचन करते समय, किसी विधान की संवैधानिकता पर विचार करते समय अथवा संघ और राज्यों के बीच विवादों या राज्यों के बीच के पारस्परिक विवादों पर फैसला देते समय न्यायपालिका ने निष्पक्ष न्याय प्रदान किया है। भारत की न्यायपालिका पर कम-से-कम यह आरोप नहीं लगाया जा सकता कि उसने कार्यपालिका के सामने घुटने टेक दिये या उसे खुश करने की कोशिश की।

चुनाव सुधार

चुनाव लोकतांत्रिक शासन का आधार है। स्वतन्त्र और निष्पक्ष चुनाव व्यवस्था लोकतंत्र को स्थायित्व और परिपक्वता प्रदान करती है। काफी समय से देश में चुनाव सुधारों की मांग की जाती रही। चुनाव के दौरान अपनाए जाने वाले भ्रष्ट तरीकों को समाप्त करने का प्रश्न सरकार के समक्ष काफी समय से विचाराधीन रहा। पिछले वर्षों में हुए अनुभवों ने चुनाव सुधार की तात्कालिकता पर जोर दिया। चुनाव आयोग ने भी कुछ सुझाव सरकार के पास भेजे। राजनैतिक दलों के नेताओं तथा अन्य प्रबुद्ध नागरिकों ने भी अनेक सुधारों की ओर सरकार का ध्यान आकृष्ट किया। सुधारों की आवश्यकता और उनके स्वरूप के बारे में अनेक मंचों से समय-समय पर ठोस विचार सामने आते रहे। सरकार ने चुनाव सुधार के मुद्दों के बारे में राजनैतिक दलों के नेताओं के साथ विचार-विमर्श किया। इन सब बातों को ध्यान में रखकर सरकार ने दिसम्बर, 1988 में संसद के दो विधेयक पास कराए–एक संविधान संशोधन विधेयक और दूसरा जन प्रतिनिधि विधेयक।

उपरोक्त दोनों विधेयकों के द्वारा देश की चुनाव प्रणाली में महत्त्वपूर्ण और व्यापक सुधारों का प्रावधान किया गया है। नीचे हम कुछ महत्त्वपूर्ण सुधारों की चर्चा करेंगे। इन सुधारों को हम कई श्रेणियों में बांट सकते हैं, जैसे मतदाताओं सम्बन्धी, मतदान प्रणाली संबंधी, उम्मीदवारों सम्बन्धी, चुनाव के दौरान होने वाले भ्रष्टाचार संबंधी, चुनाव आयोग संबंधी, चुनाव खर्च संबंधी और राजनैतिक दलों संबंधी। इसी क्रम में हम इनकी चर्चा करेंगे।

(1) सबसे बड़ा और युगान्तकारी संशोधन मतदाताओं के सम्बन्ध में है। अभी तक मतदाता के लिए 21 वर्ष आयु निर्धारित थी। अब इसे कम करके 18 वर्ष कर दिया गया। ऐसा इसलिए किया गया कि देश के युवक शिक्षित और प्रबुद्ध हैं, और देश की राजनैतिक प्रक्रिया में उन्हें सहभागी बनाना श्रेयस्कर होगा। इस संशोधन के आधार पर अनुमानतः 5 करोड़ युवा (जिनकी आयु 18 वर्ष हो चुकी है) मतदाताओं ने 1989 के आम चुनावों में भाग लिया था। यह संख्या 2002 में बढ़कर काफी अधिक हो गई है। यह संशोधन एक साहसिक लोकतांत्रिक प्रयोग है।

(2) मतदाता प्रणाली के सम्बन्ध में संशोधन यह है कि मतदाता इलेक्ट्रॉनिक मशीनों के माध्यम से अपना वोट दर्ज करायेंगे। इस विधि का प्रयोग करने से समय की बचत होगी और वोट देते समय की जाने वाली गड़बड़ियों की संभावना कम हो जाएगी। यद्यपि इन मशीनों को प्राप्त करने पर लगभग 250 करोड़ रु. खर्च होंगे, किन्तु इनसे होने वाली सुविधा को देखते हुए यह खर्च सार्थक माना जा सकता है। 1999 के आम चुनाव में कुछ राज्यों में इलेक्ट्रॉनिक मशीनों का प्रयोग किया गया है।

(3) चुनाव में उम्मीदवारों के सम्बन्ध में अनेक महत्त्वपूर्ण सुधार किए गए हैं। चुनाव नियमावली में ऐसे अनेक नए अपराध सम्मिलित कर दिए गए हैं, जिनके अपराधी चुनावों में उम्मीदवार नहीं बन सकेंगे, जैसे पत्नी के साथ क्रूरता का व्यवहार करने वाले, सती प्रथा अपराध से जुड़े व्यक्ति, दहेज कानून का उल्लंघन करने वाले, साम्प्रदायिक झगड़े कराने वाले अपराधी, विदेशी मुद्रा कानून का उल्लंघन करने वाले, स्वापक औषधियों (नशीली दवाओं) और सीमा शुल्क सम्बन्धी कानूनों का उल्लंघन करने वाले, और धार्मिक स्थानों का दुरुपयोग करने पर दण्डित व्यक्ति। इन सब नियमों के पीछे उद्देश्य यह है कि सामाजिक एवं आर्थिक अपराधी चुनाव न लड़ने पायें। दूसरे शब्दों में, यह कहा जा सकता है कि अब अच्छी छवि वाले लोग ही जनता के प्रतिनिधि बन सकेंगे।

(4) उम्मीदवारों के ही सम्बन्ध में एक सुधार यह है कि राज्य सभा और राज्य विधानपरिषदों के सदस्यों के लिए चुनाव में उम्मीदवार बनने के लिए आवश्यक है कि कम-से-कम 10 निर्वाचक या 10 प्रतिशत निर्वाचक उनके नाम का प्रस्ताव करें। ऐसा इसलिए कहा गया है कि केवल वही लोग उम्मीदवार के रूप में आ सकें, जो गंभीरता से चुनाव लड़ने के इच्छुक हैं।

(5) चुनाव के दौरान होने वाली गड़बड़ियों और भ्रष्ट उपायों को रोकने के लिए कुछ संशोधन किए गए हैं। चुनाव मीटिंगों में गड़बड़ी पैदा करने वालों या चुनाव मीटिंगों को तोड़ने (भंग कराने) वालों को तीन महीने तक की सजा और 1000 रु. जुर्माना या दण्ड दिया जा सकता है। यह सुधार बढ़िया है और इससे अनुशासन बनाये रखने में सहायता मिलेगी। प्रायः मतदान केन्द्रों पर हमला करने या कब्जा करने की शिकायतें सुनने में आती रहीं हैं। अब कानून में स्पष्ट परिभाषा देकर व्यवस्था कर दी गई है कि जो लोग मतदान केन्द्रों पर हमला करने और उन पर कब्जा करने के दोषी पाये जायेंगे, उन्हें छः महीने से तीन साल तक की सजा दी जा सकेगी।

(6) अधिकारों के अभाव के कारण चुनाव आयोग को अपने कर्त्तव्यों के पालन में कठिनाइयों का सामना करना पड़ता था। अब इन कठिनाइयों को दूर करने के उद्देश्य से चुनाव आयोग के अधिकार बढ़ा दिए गए हैं और इस प्रकार चुनाव आयोग अपेक्षाकृत अधिक सक्षम हो गया है। एक सबसे महत्वपूर्ण सुधार यह है कि जो लोग चुनावों के समय चुनाव संबंधी ड्यूटी पर तैनात किए जायेंगे, वे चुनाव अवधि के दौरान और चुनाव संबंधी कार्य करते समय

चुनाव आयोग के अनुशासनाधीन रहेंगे। इस प्रकार चुनाव आयोग अपने कार्यो का निष्पादन अधिक कुशलता से कर सकेगा।

(7) राजनैतिक दलों के संबंध में नई व्यवस्था यह है कि उन्हें चुनाव आयोग के पास अपना रजिस्ट्रेशन कराना पड़ेगा। नए नियमों के अनुसार ऐसी व्यवस्था होगी कि जो राजनैतिक दल समाजवाद, लोकतंत्र और धर्म-निरपेक्षता में विश्वास नहीं करते, उन्हें चुनाव आयोग पंजीकृत नहीं करेगा। इसके साथ ही चुनाव आयोग के पास अपना रजिस्ट्रेशन कराने वाले प्रत्येक राजनैतिक दल को देश के संविधान में निष्ठा रखने का वचन देना होगा। इस प्रकार राजनैतिक दलों को कुछ राष्ट्रीय अपेक्षायें पूरी करनी होंगी।

ऊपर जिन सुधारों का जिक्र किया गया है, वे स्वागत योग्य हैं और उनसे सम्पूर्ण चुनाव प्रक्रिया अपेक्षाकृत अधिक सुदृढ़, स्वच्छ एवं अनुशासनबद्ध बनेगी।

ऊपर बताये गए चुनाव सुधारों के अलावा चुनावों के बारे में कुछ अन्य मुद्दे और सुझाव आए हैं। इन पर भी विचार करना आवश्यक है।

(1) प्रायः शिकायतें होती हैं और देखा भी गया है कि राज्य प्रशासन के लोग सत्तारूढ़ दल के उम्मीदवारों की सहायता करते हैं। सत्तारूढ़ दल के उम्मीदवार अपने चुनाव अभियान में राज्य सरकार की मशीनरी का प्रयोग अपने लाभ के लिए करते हैं। यह परम्परा अच्छी नहीं है। अतः इसे रोकने का भी प्रयास किया जाना चाहिए।

(2) निष्पक्ष चुनावों के संबंध में एक सुझाव यह भी आया है कि जिस दिन मतदान होता है, उसी दिन मतदान का समय समाप्त होने के तत्काल बाद ही मतदान केन्द्रों पर ही मतों की गणना का काम (उम्मीदवारों के प्रतिनिधियों की उपस्थिति में) सम्पन्न हो जाये। मतपेटियों को दूर-दूर तक लाने-ले-जाने और बाद में (दो-तीन दिन बाद) गणना करने में लोगों को गड़बड़ी की शंका रहती है।

(3) चुनावों के दौरान जाली वोट डालने के अनेक मामले प्रकाश में आते हैं। लेकिन लोगों का ख्याल है कि जितने मामले प्रकाश में आते हैं, उसके कई गुना मामले छिपे रह जाते हैं। मतदान संबंधी इस बुराई को समाप्त करने हेतु मतदाताओं को पहचान पत्र देने का सुझाव आया है।

(4) एक विचार यह भी आया है कि चुनाव से कुछ समय पहले (एक उचित अवधि निश्चित की जा सकती है) विद्यमान सरकार त्यागपत्र देकर हट जाये। जो सरकार चुनाव के समय सत्ता में होती है, उस दल के उम्मीदवार सरकारी प्रभाव का इस्तेमाल अपने लाभ में करते हैं। अन्य उम्मीदवारों को ऐसा लाभ नहीं मिलता।

(5) एक अन्य विचार भी जनमानस में तेजी से उभरा है कि यदि कोई उम्मीदवार चुनाव जीतने के बाद अपने मतदाताओं से किये गये वायदों को पूरा नहीं करता, या उनकी समस्याओं के समाधान में रुचि नहीं लेता, या भ्रष्ट तरीके से धन कमाने लगता है, या अनैतिक कार्यों में लिप्त हो जाता है, तो मतदाताओं का एक निश्चित प्रतिशत (प्रतिशत निश्चित किया जा सकता है) आवेदन पत्र देकर उस उम्मीदवार को वापस बुलाने की हकदार हो। इससे जन प्रतिनिधि अपना आचरण ठीक रखेंगे और अपने मतदाताओं की सेवा की ओर उन्मुख होंगे।

(6) एक सुझाव यह भी है कि चुनावों में उम्मीदवारों का चुनावी खर्च सरकार उठाये। सब उम्मीदवार समान मात्रा में धन खर्च नहीं कर पाते। जो उम्मीदवार चुनाव पर 8-10 लाख रुपये खर्च करता है, वह चुनाव जीतने के बाद दूनी कमाई भी करना चाहता है। यदि चुनावी खर्च सरकार उठायेगी, तो चुनाव में अधिक धन के बल पर फैसले नहीं हो पायेंगे। वैसे भी ऐसा होने पर लोकतंत्र शुद्ध होगा।

(7) चुनावों को धन और शराब के प्रभाव से मुक्त करने का भी सुझाव आया है। इस ओर ध्यान देना अति आवश्यक है।

(8) चुनाव के दौरान मतदान केन्द्र पर कब्जा करने के लिए या जबरन मतदान करवाने या रुकवाने में 'दादाओं' की भूमिका से भी लोग बहुत क्षुब्ध हैं। अतः इस दिशा में ठोस व कारगर उपाय की अपेक्षा है।

भारत के तत्कालीन कानून मंत्री दिनेश गोस्वामी ने घोषणा की थी कि चुनाव प्रणाली में सुधार के गंभीर मुद्दों की छानबीन करने हेतु सरकार जल्दी ही एक समिति बनाएगी। इस समिति की रिपोर्ट आने पर सरकार उस पर विचार करके सुधारों की प्रक्रिया आरंभ करेगी। इस समिति के समक्ष कुछ विचाराधीन विषय इस प्रकार होंगेः (1) मतदाताओं को परिचय पत्र जारी करना; (2) आरक्षित क्षेत्रों में फेरबदल; (3) लोकसभा के चुनाव क्षेत्रों पर पुनः सीमांकन; (4) निर्वाचन आयोग को अधिक समर्थ और सक्षम बनाना; (5) चुनाव याचिकाओं का जल्दी निबटारा; (6) फिजूल के उम्मीदवारों की तादात घटाने के उपाय; (7) चुनाव आचरण संहिता को कानूनी समर्थन; (8) उप-चुनावों के बारे में कानून; (9) दल-बदल कानून की समीक्षा; और (10) चुनाव खर्चे सरकार उठाए।

चुनाव सुधारों के संदर्भ में यह कहना था कि धन्ना सेठों, दादाओं और राजनीतिज्ञों की सांठ-गांठ तोड़ने के उपाय किए जाने चाहिए। आशा है कि उक्त समिति इस मुद्दे पर भी अवश्य विचार करेगी।

अन्त में, जो सुधार दिसम्बर, 1988 में किए गए थे वे वास्तव में पूर्व मुख्य चुनाव आयुक्त श्री टी॰ एन॰ शेषन के कार्यकाल में प्रभावी ढंग से लागू किए गए थे। किन्तु अन्य जिन सुधारों की ओर ध्यान दिलाया गया है, उनके बारे में भी विचार करके कानून बनाना आवश्यक है। इनके बिना लोकतंत्र दुर्बल और अर्थहीन रहेगा। चुनाव सुधारों के साथ देश की राजनैतिक प्रक्रिया में भी परिवर्तन लाने की आवश्यकता है। अन्यथा तो देश की करोड़ों जनता के लिए आजादी और लोकतंत्र 'राह में', 'कुछ लोगों की जेबों में, ही बने रहेंगे।

देश को खंडित करने का कुचक्र: अलगाववादी आन्दोलनों के षड्यंत्र

भारत एक अति प्राचीन देश है, जिसकी संस्कृति अविच्छिन्न रही है। इसने इतिहास के अनगिनत ऊंच-नीच और सांस्कृतिक आक्रमणों के झंझावातों के बीच भी अपना सिर ऊंचा रखा। सहस्रों वर्षों से भारत अपनी वरेण्य अखण्डता की रक्षा करता आया है। प्राचीन रोम, मिस्र, मेसोपोटामिया और यूनान को इतिहास के चरणों ने रौंद डाला; किन्तु भारत की जीवन्तता ने इतिहास के बढ़ते चरणों को थाम लिया। भारत अभी भी वैदिक संस्कृति का देश है इसकी सभ्यता, संस्कृति एवं जीवनशैली अधिकांशतः पूर्ण सुरक्षित है। इस शाश्वत संस्कृति पर रीझ कर ही शायद इकबाल ने लिखा था—

यूनान, मिस्र, रोमा सब मिट गए जहां से,
लेकिन अभी है बाँकी नामो-निशां हमारा।

आठवीं शताब्दी के बाद भारत के इतिहास में इतने मोड़ आये कि उनकी गिनती नहीं की जा सकती। पराधीनता की यातना में रहने पर भी इसके व्यक्तित्व में विकृति नहीं आई। राष्ट्रीय आन्दोलन की सार्वदेशिकता देश की मूलभूत एकात्मकता और अखण्डता का परिचायक रही। विदेशी शासकों की कुटिलता से 1947 में देश का विभाजन हो गया। यह केवल राजनैतिक अलगाव था; अन्यथा दोनों भागों में रहने वालों के बीच अभी भी एकता का भाव और भाईचारे की अनुभूति वैसी ही है जैसी विभाजन से पूर्व थी।

जहां विभाजन से आहत और दुःखी लोग एक बार पुनः दोनों भागों को मिलाने की पवित्र भावना से क्रियाशील हैं, वहीं कुछ विदेशी ताकतें देश को खंडित करने के कुचक्र में लगी हुई हैं। इस समय देश का वातावरण विक्षुब्ध है। अनेक भागों में अलगाववादी शक्तियां सिर उठा रही हैं। कश्मीर, पंजाब, असम (असोम), बिहार में इन शक्तियों ने शान्ति भंग कर दी है अपने ही देश के बाहर की शक्तियों के बहकावे में आकर लोग अनेक प्रकार के आन्दोलन खड़े कर रहे हैं। बाहर के धन और गोला-बारूद के बल पर आतंकवादी क्रियाएं चलाई जा रही हैं। इन आन्दोलनों द्वारा आतंकवादी व अलगाववादी गतिविधियों के संचालक संकुचित स्वार्थ से प्रेरित होकर देश व समाज का घोर अहित कर रहे हैं। उन्हें पता है कि उनको तभी तक बाहर से धन मिलेगा, जब तक उनका आन्दोलन गर्म रहेगा। अतः वे अपना आन्दोलन तेज ही रखना चाहते हैं।

इस समय कश्मीर और पूर्वोत्तर राज्यों में अलगाववादी और आतंकवादी शक्तियां बहुत सक्रिय हैं। असम (असोम), नगालैंड, मणिपुर, मिज़ोरम आदि पूर्वोत्तर राज्यों में आंए दिन हिंसक घटनाएं हो रही हैं इसमें सुरक्षा बलों के साथ-साथ निर्दोष नागरिकों को भी अपनी जान गंवानी पड़ रही है। बेरोजगारी या पिछड़ेपन की शिकायत के आधार पर या स्वायत्तता व अलग राज्य की मांग की आड़ में, नवयुवकों को गुमराह करके उनको सब्जबाग दिखाकर उनसे बर्बर हिंसात्मक और विनाशकारी कार्य करवाए जा रहे हैं। देश की सरकार इन गुमराह युवकों को समझा-बुझाकर सही रास्ते पर लाने की कोशिश लगातार कर रही है। वे नवयुवक इतना भी नहीं सोचते कि देश से अलग होने का अर्थ है और उसका परिणाम स्वयं उनके लिए कितना अनिष्टकारी होगा। इस समय तो उनके ऊपर विदेशी ताकतों का जबरदस्त जाल फैला हुआ है। वे अपने को इस जाल से मुक्त भी नहीं करा पा रहे हैं। सरकार इनसे बात करके इनकी जायज शिकायतें दूर करने, और यदि अन्याय हो तो उसे भी समाप्त करने को तैयार है। लेकिन चूंकि अलगाववादियों व आतंकवादियों की न अपनी कोई ठोस शिकायत है और न उनके साथ कोई अन्याय हुआ है, अतः वे बातचीत के लिए तैयार नहीं हो रहे हैं। सरकार धैर्य और संयम से काम ले रही है। वह व्यर्थ रक्तपात नहीं चाहती। वह शान्तिपूर्ण समाधान चाहती है क्योंकि समस्या देश के गुमराह नवयुवकों की है वे भले ही गुमराह हों, लेकिन हैं तो देश के ही नवयुवक।

अलगाववादी व आतंकवादी नवयुवकों को समझाने-बुझाने के साथ ही सरकार ने विदेशी ताकतों को भी आगाह कर दिया है कि उन्हें अपनी इन कुटिल नीतियों का खामियाजा भुगतना पड़ सकता है। कश्मीर के अलगाववादियों और आतंकवादियों के पीछे हमारे पड़ोसी देश पाकिस्तान का हाथ है। वह धन, प्रशिक्षण और गोला-बारूद देकर गुमराह नवयुवकों को उकसा रहा है। लेकिन जिस दिन भारत ने उसकी कमर तोड़ने का फैसला कर लिया, उस दिन वह भागता ही नजर आयेगा।

इसी प्रकार, पूर्वोत्तर राज्यों में भी कुछ छोटे-मोटे आन्दोलन चल रहे हैं, जो अलगाववादी हिंसात्मक उपाय अपना रहे हैं। असम में बोडो समस्या है। वे अलग बोडो राज्य चाहते हैं। इस आन्दोलन से भी शान्ति-व्यवस्था भंग हुई है। उल्फा असम का एक प्रमुख अलगाववादी संगठन बनकर उभरा है।

आवश्यकता इस बात की है कि सम्पूर्ण समस्या को मौलिक रूप में देखा जाये। ये सभी आन्दोलन मूलतः छोटी-छोटी बातों, जैसे शिक्षा-व्यवस्था में सुधार, रोजगार के अवसर, किसी समुदाय विशेष को प्रतिनिधित्व, विकास की योजनाओं, गरीबी आदि के आधार पर खड़े किए गए हैं और धीरे-धीरे बढ़ते-बढ़ते उग्र रूप में आ गए। इतने लम्बे-चौड़े विशाल देश में एक-साथ समान विकास हो पाना लगभग असम्भव है। इसी प्रकार सबके लिए रोजगार के अवसर सुलभ करा पाना भी अति दुष्कर है। समुदायों को विशेष प्रतिनिधित्व देने का प्रश्न बड़ा पेचीदा होता है और विशेष प्रतिनिधित्व की मांग लगातार बढ़ती ही जायेगी; तथा आगे चलकर इससे हानि होगी। गरीबी देश के सभी भागों में है। जिन भागों में गरीबी और बेरोजगारी के नाम पर आन्दोलन खड़े हुए हैं, उनसे भी अधिक गरीबी और बेरोजगारी वाले क्षेत्र देश में विद्यमान हैं। वे भी अपनी समस्याओं का समाधान चाहते हैं, किन्तु आन्दोलन करके या अलगाववादी रास्ता अपना कर नहीं। अतः ये सारी समस्यायें देशव्यापी हैं और इनका समाधान एक दिन में व एक साथ नहीं हो सकता।

चलिए थोड़ी देर के लिए यह भी मान लें कि सरकार इन क्षेत्रों की इन समस्याओं को हल करने की पूरी कोशिश नहीं कर रही है, ढील डाल रही है, भेदभाव कर रही है, पक्षपात कर रही है या नितान्त असफल रही है। पर, क्या आतंकवादी उपायों से किसी क्षेत्र की समस्यायें हल हो पाई है, हल हो

सकती है या हल हो जायेगी? उत्तर साफ है कि इनका हल आतंकवाद नहीं है। इसी तरह थोड़ी देर के लिए यदि हम यह भी मान लें कि इन गुमराह नवयुवकों को अलगाववादी आन्दोलनों में सफलता भी मिल जाती है तो क्या उनकी ये सब समस्यायें हल हो जायेंगी? क्या पंजाब, कश्मीर या बोड़ो राज्य बन जाने से, इनकी उक्त समस्यायें तत्काल समाप्त हो जायेंगी? क्या उनमें गरीबी और बेरोजगारी नहीं रहेगी? क्या वे आत्मनिर्भर होंगे? उत्तर साफ है कि इन राज्यों के बनने के बाद या इनके भारत से पृथक होने के बाद भी इनकी समस्यायें हल नहीं हो पायेंगी।

इसके विपरीत इनके पृथक होने पर इनकी दशा इतनी दयनीय हो जायेगी कि कोई सैनिक तानाशाह बन बैठेगा और सबको कुचल कर गुलामों की ही स्थिति में रखेगा या फिर कोई पड़ोसी बड़ी आसानी से बताशे की भांति उन्हें मुख में रख लेगा।

इस संदर्भ में कश्मीर का जिक्र और विश्लेषण करना थोड़ा जरूरी लगता है। थोड़ी देर के लिए यह मान लें कि कश्मीर भारत से पृथक हो जाता है। क्या उससे कश्मीर की आर्थिक स्थिति खराब नहीं होगी? क्या वहां की गरीबी व बेरोजगारी की समस्यायें हल हो जायेंगी? क्या कश्मीर के पास इतनी ताकत होगी कि वह पाकिस्तान के हमले या किसी अन्य बाहरी हमले का सामना कर सके? इन सब प्रश्नों का उत्तर अपने दिल में टटोलिए! आज जो लोग आजाद कश्मीर की मांग कर रहे हैं वे भी समझदार हैं और इन सब प्रश्नों के बारे में सोच सकते हैं और सोचते भी जरूर होंगे। लेकिन मुश्किल यह है कि उन्हें स्वविवेक से फैसला नहीं करने दिया जाता। उनको बहकाया जा रहा है, गुमराह किया जा रहा है, सब्जबाग दिखाए जा रहे हैं और उनके सामने आगे आने वाले दिनों में उनके शासक बनने की प्रलोभनकारी तस्वीर पेश की जा रही है। इसलिए वे सही परिप्रेक्ष्य में सब बातों पर गंभीरता से विचार करके फैसला नहीं कर पाते। इसे ही कहते हैं–दूसरे के इशारों पर नाचना या दूसरों की शह पर कूदना। हर्ष की बात है कि पंजाब में शान्ति की बहाली के पश्चात् वहां लोकप्रिय शासन स्थापित हो गया है तथा कश्मीर में भी भारतीय लोकतंत्र में आस्था व्यक्त करके वहां की जनता ने शान्ति में अपना विश्वास व्यक्त किया है। केवल चन्द आतंकवादी वातावरण को दूषित बनाए हुए हैं। आशा है पंजाब की तरह वहां भी सुराज की स्थापना शीघ्र हो जाएगी।

भारत सरकार ने सब बातों को समझकर बड़े धैर्य और संयम से कदम उठाया है। वह देश को टूटने नहीं देना चाहती और नवयुवकों को समझा-बुझाकर सही रास्ते पर लाना चाहती है। वह चाहती है कि वे नवयुवक बाहरी प्रभाव से मुक्त होकर स्वयं सम्पूर्ण स्थिति का मूल्यांकन करें और तत्पश्चात् फैसला करें। सरकार विदेशी ताकतों के षड्यंत्र और देश को खंडित करने के उनके कुचक्र को खूब समझती है और वह उनके षड्यंत्र को सफल नहीं होने देगी।

राजनैतिक एवं प्रशासनिक भ्रष्टाचार तथा न्यायपालिका की भूमिका

राजनीति का सीधा संबंध देशहित तथा जनसेवा से है जबकि प्रशासन से तात्पर्य उस व्यवस्था से है जिसमें लोग सुखी, निर्भय तथा आतंकरहित रहकर अपना जीवनयापन कर सके। शासन व्यवस्था के बदलते परिवेश की वजह से विश्व के अधिकांश देशों ने लोकतंत्र (Democracy) को शासन व्यवस्था का एक आदर्श स्वरूप मान कर अपनाया है। सन् 1947 में, भारत के स्वतंत्र होने के बाद यहां के नेताओं ने भी भारत में लोकतांत्रिक शासन व्यवस्था अपनाने के लिए संविधान की संरचना की थी। आरंभ के करीब 20 वर्षों तक भारत में लोकतांत्रिक शासन व्यवस्था का स्वरूप बहुत कुछ संतोषजनक ढंग से चलता रहा। अंग्रेजों के क्रूर शासन से हमें मुक्ति मिली थी इसलिए सबकुछ ठीक चलाने की धुन भी थी। कई अच्छे नेता जिनमें पं॰ नेहरू, सरदार पटेल, श्यामा प्रसाद मुखर्जी, राजकुमारी अमृतकौर, डॉ॰ अम्बेडकर, बाबू जगजीवन राम आदि प्रमुख थे – वे देश को एक नई दिशा की ओर ले जाना चाहते थे। किन्तु बूढ़ी तथा स्वतंत्रता संघर्ष से थकी पीढ़ी कब तक चलती। धीरे-धीरे स्वतंत्रता सेनानियों की पीढ़ी तिरोहित होती गई और नई पीढ़ी जिसमें शायद ही किसी ने स्वतंत्रता की लड़ाई लड़ी हो, चुनावों में विजय प्राप्त करके आगे आने लगी। सत्ता का सुख लेने के लिए होड़ लगी जो निरंतर बढ़ती जा रही है और आज देश को जात-पात, सम्प्रदायवाद, गुटबंदी तथा दिशाहीन नेतृत्व के मकड़जाल में फंसा दिया गया है। ऐसे लोग जिन्हें समाज विरोधी, देश विरोधी क्रिया-कलापों के लिए जेल में होना चाहिए था वे खुले-आम ठाट-बाट से घूमते हैं और सत्ता में आकर घृणित राजनीतिक हथकण्डों द्वारा जनता को गुमराह करते हैं।

राजनीति आज देश और समाज के हित को ध्यान में रख कर नहीं की जाती, वह तो एक हथकंडा बन गई है कि किस प्रकार जनता को बेवकूफ बनाकर उसका फायदा उठाया जाए। इसीलिए देश को बर्बाद और तबाह करने के बाद भी लोग अपना हित सोचते हैं तथा यह विचार नहीं करते कि इस देश में जन्म लेकर देश तथा समाज के प्रति उनकी अनेक जिम्मेदारियां हैं और उन जिम्मेदारियों को निभाना भी उनका कर्त्तव्य है।

हम अपने देश का ही उदाहरण लें। करीब-करीब आधी सदी तक यहां एक ही वंश का राज चलता रहा। दैवी प्रकोप, राजनीतिक उठापटक अथवा आपसी फूट या नेतृत्व परिवर्तन की ललक, कुछ भी कह लीजिए – इस देश में नेतृत्व का परिवर्तन हुआ। आशा की गई थी कि मध्यम वर्ग का प्रधानमंत्री शायद अच्छा साबित होगा और देश को नई गरिमा, नया आत्मबोध तथा नई दिशा प्रदान करने में सफल होगा। सिद्धान्तमूलक और सदाचार पूर्ण राजनीतिक परम्पराएं पुष्ट होंगी और देश नई करवट लेकर आगे बढ़ेगा। ये सारी आशाएं और देश की प्रगति के स्वप्न धराशायी हो गए।

नेताओं की बात छोड़कर अब प्रशासनिक भ्रष्टाचार की ओर यदि देखें तो पुलिस उनमें अग्रणी मानी जाती है। लेकिन

अभी जो नए तथ्य सामने आए हैं उनसे पता चलता है कि देश की सबसे बड़ी प्रशासनिक सेवा आई॰ ए॰ एस॰ के अधिकारी भी भ्रष्ट आचरण तथा घूसखोरी से अछूते नहीं रहे। बुराई तथा दुराचरण की आदतें ऊपर से आती हैं। 'यथा राजा तथा प्रजा' एक पुरानी कहावत है। जब नेता अनाचारी, दुरात्मा तथा घूसखोर होंगे तो अधीनस्थ कर्मचारियों से सदाचरण की उम्मीदें कैसे की जा सकती हैं? सेना की जरूरतों को पूरा करने के लिए जो खरीदारी की जाती है उसमें भी भ्रष्टाचार के मामले सामने आए हैं। बराक मिसाइल की खरीद में घोटाला इसका सबसे ताजा उदाहरण है। एक भ्रष्ट नेता दूसरे भ्रष्ट नेता से घबराता है कि यदि मैं अमुक पोल खोलूंगा तो दूसरे मेरी भी पोल खोल देंगे। इसलिए गुपचुप समझौता हो जाता है कि – 'तू न कह मेरी और मैं न कहूंगा तेरी'। एक बड़े नेता पर गोलमाल करने, सांसदों को खरीदने तथा विदेशी मुद्रा को डकारने के आरोप लगाए गए हैं। साधारण नागरिक होता तो उसे जेल में ढकेल कर जमानत भी न होने दी जाती लेकिन उनका कुछ भी नहीं हुआ और कहा तो यह जाता है कि उनका कुछ होगा भी नहीं। तुलसी बाबा पहले ही कह गए हैं –'समरथ को नहिं दोसु गोसाईं'।

कहीं हवाला काण्ड, कहीं चारा काण्ड, तो कहीं अपनों को चुन-चुन कर आर्थिक अनुदान देना और पुलिस बलों में केवल एक जाति के लोगों का भरा जाना भ्रष्टाचार के उदाहरण हैं। इस भारत देश को क्या हो गया है तथा इसका पतन अभी और किस सीमा तक होगा – अनुमान लगाना कठिन है।

ऐसी विषम परिस्थितियों में लोगों का, आम जनता का ध्यान केवल न्यायपालिका की ओर जाता है। हमारे देश की न्यायपालिका की भूमिका कुछ अपवादों को छोड़कर संदेहरहित रही है। यही कारण है कि घोर अपराधी प्रवृत्ति के राजनीतिज्ञ किसी से न घबरा कर केवल न्यायपालिका से घबराते हैं। ये लोग जन प्रतिनिधि होने का दंभ भरकर न केवल आम जनता को गुमराह करते हैं वरन् न्यायपालिका पर अंकुश लगाने के भी कुचक्र रचते हैं। अभी कुछ दिनों पहले की बात है उच्चतम न्यायालय तथा उच्च न्यायालय के न्यायाधीशों की नियुक्ति में प्रधानमंत्री के वरदहस्त को स्थापित करने की बात भारत के न्यायमंत्रीजी की ओर से उठाई जा रही है। कुछ विचारकों का मत है कि इस प्रकार के विचार यह ध्वनित करते हैं कि न्यायपालिका की स्वतंत्रता पर अप्रत्यक्ष रूप से अंकुश लगाया जा सके और वह गंभीर निर्णयों को लेते समय सत्ता पक्ष के महत्त्व को ध्यान में रखकर समुचित कार्रवाई करे।

विगत राजनीतिक भ्रष्टाचार के जो तथ्य सामने आते रहे हैं उनसे यह जगजाहिर होता जा रहा है कि आज हमारे देश का पतन किस सीमा तक हो चुका है। शीर्षस्थ नेताओं के पतन के कारण शायद अब वह दिन दूर नहीं जब देश विनाश के कगार पर पहुंच कर क्षत-विक्षत हो जाए। ऐसी विषम स्थिति में राजनीतिक कुचक्र से देश को उबारने में न्यायपालिका की भूमिका ही निर्णायक सिद्ध हो सकती है। इसलिए जनता को चाहिए कि वह अपने देश की न्यायपालिका को मुक्त तथा बिना किसी के दबाव एवं हस्तक्षेप के काम करने तथा अपना निर्णय देने में स्वतंत्र बनाए रखे तथा कभी भी ऐसी पार्टियों को सत्ता में न आने दे जो न्यायापालिका पर अंकुश लगाने और न्यायधीशों की नियुक्ति में कार्यपालिका के सर्वाधिकार को महत्त्व देने की पक्षधर रहीं हैं।

न्यायपालिका को हमारे देश में 'धर्मराज' की पदवी दी गई है। ऐसी परिकल्पना हमारे पुराणों में भी मिलती है कि यमराज ही धर्मराज है। 'यम' का अर्थ मृत्यु का देवता है वहीं यम का अर्थ मन एवं इंद्रियों आदि को वश में करना भी होता है। न्यायपालिका के जजों (न्यायाधीशों) के लिए भी यह आवश्यक है कि बड़े-से-बड़े आकर्षण भी उनके मन को अपनी ओर खींच पाने में असफल रहे। न्याय की तुला पर यदि कोई व्यक्ति चाहे वह कितना ही बड़ा और प्रभावशाली क्यों न हो, यदि खरा नहीं उतरता तो उसे सजा अवश्य दी जानी चाहिए। कविवर मैथिलीशरण गुप्त ने अपनी एक पुस्तक 'जयद्रथ वध' में लिखा है किः

निश्चेष्ट होकर बैठे रहना यह महादुष्कर्म है।
न्यायार्थ अपने बंधु को भी दण्ड देना धर्म है।।

न्याय के सामने सभी बराबर है, कानून की इस भावना का पूरी तरह पालन किया जाना चाहिए। भारत के हिन्दू काल में ऐसे कितने ही उदाहरण मिलते हैं जब राजा ने अपने सुपुत्र को भी दण्ड देने में संकोच नहीं किया। देश में व्याप्त राजनीतिक एवं प्रशासनिक भ्रष्टाचार को समाप्त करने में न्यायनिष्ठ न्यायपालिका ही ऐसी शक्ति है जो भ्रष्ट लोगों को ठिकाने लगाने और उन्हें उनके कुकर्मों तथा कुत्सित चालों के कड़वे फल चखाने में सक्षम है। न्यायपालिका पर देश का विश्वास अभी समाप्त नहीं हुआ। विगत दो-एक भ्रष्ट राजनीतिज्ञों को जो सजाएं दी गई हैं उन्होंने भी जेल जाते समय जो बयान दिए हैं उनसे साफ जाहिर होता है कि बाहरी मन से ही सही न्यायपालिका पर अपना विश्वास दृढ़ होने की बात कही है।

हमारे देश के राज्य उच्च न्यायालय तथा भारत का सर्वोच्च न्यायालय ऐसी संस्थाएं हैं जिनके द्वारा किए गए निर्णय एक उदाहरण अथवा नजीर (Precedent) बन जाते हैं तथा अन्य एवं उनसे निचले न्यायालय उन फैसलों के परिप्रेक्ष्य में अपने निर्णय देते हैं। इसलिए ऐसें बड़े न्यायालयों की भूमिका भी काफी महत्त्वपूर्ण एवं दायित्वपूर्ण होती है। यदि किसी कारण अथवा समुचित सबूत के अभाव में कोई अपराधी अपने किए गए अपराध के बदले सजा नहीं पाता अथवा बच जाता है या अपराधी को जितना दण्ड मिलना चाहिए उतना दण्ड नहीं मिलता तो यह स्थिति और भी दारुण बन जाती है क्योंकि इससे वास्तविक अपराधियों का मनोबल बढ़ जाता है। इसलिए हमारे न्यायालयों के लिए यह और भी जरूरी हो जाता है कि वे जो भी दण्ड दें वे इस प्रकार के हों जिनसे अपराध जगत में तहलका-सा मच जाए और कोई भी व्यक्ति भविष्य में अपराध करने की हिम्मत ही न जुटा सके।

निश्चय ही राजनीतिक प्रशासनिक भ्रष्टाचार को समाप्त करने में न्यायपालिका की भूमिका अत्यन्त महत्त्वपूर्ण है तथा न्यायपालिका की तत्परता से ही भ्रष्टाचारियों पर अंकुश लगाया जा सकता है।

भारत की विदेश नीति

भारत की स्वतंत्रता के पश्चात् ही यहां की विदेश नीति के विषय में अनेक प्रकार की अटकलें लगाई जाती रही हैं। कुछ राजनीति के मर्मज्ञों का विचार था कि विश्व में सन् 1947-50 तक की अवधि में विद्यमान दो सशक्त धड़ों–पूंजीवादी तथा जनवादी में से किसी एक में जिसका प्रतिनिधित्व क्रमशः यू॰एस॰एस॰आर॰ और यू॰एस॰ए॰ कर रहे थे, उनमें शामिल हो जाएगा। भारत के तत्कालीन प्रधानमंत्री पं॰ जवाहरलाल नेहरू जो उस समय विदेश मंत्रालय का कार्य भी देखते थे, उनके सामने जटिल परिस्थिति थी। एक तरफ जाने का मतलब दूसरे को अपना शुत्र बना लेना था और वह भी खास तौर से ऐसे समय में जब कश्मीर एक समस्या थी, जिसकी सीमाएं रूस, चीन तथा पाकिस्तान से मिली हुई थीं। पं॰ नेहरू ने समय की नाजुक स्थिति को पहचाना था और उन्होंने एक तीसरे मार्ग का निर्माण करके उसका वरण किया था। यह तीसरा मार्ग 'तटस्थ' मार्ग था जो दोनों गुटों के प्रति मैत्रीभाव रखता था तथा दोनों की ही सद्‌भावनाओं का आकांक्षी था। भारत की इस विचारधारा से रूस तो संतुष्ट हो गया तथा सबसे पहले उसके दो शीर्षस्थ नेताओं, बलानिन तथा ख्रुश्चेव ने भारत आकर कश्मीर को उसका अभिन्न अंग घोषित कर दिया। नतीजा यह निकला कि भारत भले ही तटस्थ रहा हो किन्तु रूस की मैत्री के कारण एवं अमेरिका (USA) के पाक समर्थक होने की वजह से उसका झुकाव रूस की ओर बढ़ने लगा और पाकिस्तान को अमेरिका की मदद मिलने लगी।

भारत तटस्थ रहकर भी कई देशों में अपनी विचारधारा फैलाने में सफल रहा तथा एक नई शक्ति के रूप में उभरने लगा। सन् 1961 में भारत ने तिब्बत पर चीन की प्रभुसत्ता स्वीकार करने की गलती की थी जिसका विरोध तत्कालीन राष्ट्रपति देशरत्न डॉ॰ राजेन्द्र प्रसाद ने भी किया था। परन्तु "अब पछताए होत क्या जब चिड़िया चुग गई खेत" चाउ-एन-लाइ की भारत यात्रा, हिन्दी-चीनी भाई-भाई का नारा – सब धरा का धरा रह गया तथा भारत को उसकी उदारता का फल 1962 के चीन के आक्रमण के रूप में चखना पड़ा। भारत की सैनिक तैयारी में कमी, श्रीकृष्ण मेनन का साम्यवाद समर्थक होना, पं॰ नेहरू की उदार, दब्बू तथा अदूरदर्शी नीति के कारण भारत को पराजय का मुंह देखना पड़ा और तबसे उसका मनोबल इतना गिर गया है कि वह चीन से किसी भी प्रकार के टकराव से बचना चाहता है।

इधर रूस की शक्ति का विघटन हो जाने के कारण विश्व की राजनीति पर अमेरिका का एकछत्र राज्य हो गया है। चीन की सैन्य शक्ति बढ़ती जा रही है और हम जातीय आरक्षण, सत्ता की होड़, एक-दूसरे को नीचा दिखाने में लग गए हैं। कबूतर की तरह से चतुर्दिक खतरे से आंखे मूंद कर बैठने से हमारा विस्तार कहां तक हो सकेगा, कहना मुश्किल है। भारत को न तो हजार साल की गुलामी से सीख मिली है और न चीन तथा पाकिस्तान की बढ़ती हुई सैन्य शक्ति से वह अपनी कुंभकर्णी नींद त्याग रहा है। देश में एकछत्र नेता का अभाव हो गया है। श्रीमती इन्दिरा गांधी के निधन के बाद भारत को प्रेमरोग लग गया है। यह प्रेमरोग और कुछ नहीं कुर्सी का प्रेमरोग है जो उसे अपने लक्ष्य, अपने गन्तव्य और अपने आचरण से भ्रष्ट कर रहा है।

पंडित नेहरू द्वारा अपनाई गई तटस्थ अथवा गुट-निरपेक्ष वैदेशिक नीति में कोई परिवर्तन नहीं हुआ है। रूस के विघटन के बाद उसकी शक्ति एवं क्षमता को अब जबरदस्त झटका लगा है। उसका बनाया चीन अब रूस से कहीं अधिक ताकतवर तथा साधन सम्पन्न है। बनना तो भारत को सशक्त था परन्तु बन गया है चीन, इतना सशक्त कि अमेरिका भी उससे टकराना उचित नहीं मानता। अमेरिका अन्तर्मन से भारत के प्रति उपेक्षा का भाव रखता है। इसके दो प्रमुख कारण हैं – एक तो वह चीन की तरह भारत को एशिया में दूसरा सशक्त देश नहीं बनने देना चाहता तथा दूसरे वह पाकिस्तान को ऐसा हौवा बनाना चाहता है जिससे भारत को खतरा बना रहे।

एशिया में भारत की आंतरिक स्थिति काफी विचित्र है। यहां अनेक जातियां, अनेक पंथ, विविध भाषाएं, अनेक प्रकार के लोग, नाना प्रकार के विश्वास तथा धर्म हैं। ऐसे देश में एकता स्थापित करने का प्रयास बालू की दीवार बनाने जैसा कठिन कार्य है। लोकमान्य तिलक, महात्मा गांधी तथा सुभाष जैसे देशभक्तों ने इसे एकसूत्र में बांधे रखने का काम किया था किन्तु अर्द्धशताब्दी भी नहीं बीती और भारत में अलगाव के स्वर गूंजने लगे हैं। कश्मीर की स्थिति अभी सामान्य नहीं हो सकी है। इसका असर हमारी विदेश नीति पर पड़ता है। शिथिल, भ्रष्ट एवं जातीय आरक्षणों के मोहजाल से ग्रसित देश की विदेश नीति की अब कोई ज्यादा परवाह नहीं करता। शुरू-शुरू में इस देश की आवाज ध्यान से सुनी गई थी। पं॰ नेहरू ने जब कैनेडी से मुलाकात की तो वह युवा अमेरिकी राष्ट्रपति बहुत प्रभावित हुए थे। डॉ॰ राधाकृष्णन जब रूस में भारत के राजदूत बनकर गए थे तो वहां तत्कालीन राष्ट्राध्यक्ष स्टैलिन ने उन्हें पूरा सम्मान दिया था।

हम तटस्थ विचारधारा वाले देश भले ही सौ से अधिक हों परन्तु हम सभी विकासशील अथवा अल्प विकसित देशों की श्रेणी में आते हैं। ऐसे देशों की संख्या काफी अधिक है जो छोटे आकार तथा कम जनसंख्या वाले कमजोर देश हैं। इनके हित कहीं न कहीं अमेरिका से जुड़े हुए हैं। फिर भला ये एक स्वर होकर अमेरिका का विरोध कैसे कर सकते हैं?

विदेश नीति का आशय यह होता है कि हम अपने पड़ोसी देशों तथा अन्यान्य दूरस्थ देशों के साथ पारस्परिक व्यवहार, व्यापार, आवागमन, विकास प्रौद्योगिकी के आदान-प्रदान तथा पारस्परिक सहायता आदि में अपनी स्वतंत्र नीति के अनुसार व्यवहार करें तथा हमें इस बात के लिए विवश न किया जाए कि हमें क्या करना होगा और क्या न करना होगा। पिछले दिनों हमने कुछ प्रक्षेपास्त्र बनाए थे। पड़ोसी पाकिस्तान चिल्लाया इससे हमारे देश की सुरक्षा को भीषण खतरा पैदा हो गया है। अमेरिका ने दबाव डाला कि भारत को अपना आणविक कार्यक्रम बन्द कर देना चाहिए तथा मारक अस्त्रों के निर्माण

से परमाणु शक्ति विरोधी वातावरण को ठेस पहुंचेगी। भारत में यद्यपि इस चेतावनी को गंभीरता से नहीं लिया, फिर भी वह यह तो सोच ही रहा है कि पाकिस्तान ने अपना परमाणु बम बनाने का काम नहीं रोका, अमेरिका स्वयं परमाणु शक्ति से लैस है, रूस का विघटन भले हुआ हो किन्तु सैन्य शक्ति में वह ज्यादा निर्बल नहीं हुआ। चीन प्रायः परमाणु परीक्षण करता रहता है, फिर भारत को इतना क्यों दबाया जाता है कि वह अपने बचाव के लिए आवश्यक उपाय न करे–

"हम आह भी भरते हैं तो हो जाते हैं बदनाम।
वे कत्ल भी करते हैं तो चर्चा नहीं होती।"

इसके उत्तर में हम यही कह सकते हैं कि निर्बल राष्ट्र की कोई आवाज नहीं होती। उसकी बात कोई सुनने को तैयार नहीं होता। हमारी वैदेशिक नीति का भी यही हाल हो गया है। हम भले तटस्थ राष्ट्र होने का राग अलापते रहें किन्तु हमारी सुनता कौन है। बांग्लादेश के आगे हम झुक जाते हैं। पाकिस्तान खुलेआम कश्मीरी उग्रवादियों को शह दे रहा है किन्तु हम अभी तक उसका कुछ नहीं बिगाड़ सके। कश्मीर में एक तिहाई भू-भाग पर उसका कब्जा है। कई हजार वर्ग किलोमीटर जमीन चीन ने दबा रखी है और हम मौन बैठे विरोध प्रकट करने से भी कतराते हैं।

तात्पर्य यह है कि आज देश में अभिनेता तो बढ़ गए हैं और राजनीति के क्षेत्र में भी अभिनेताओं का ही बोलबाला है किन्तु सही अर्थों में नेताओं का अभाव हो गया है। गांधी जैसे निर्विकार राष्ट्रपिता को गालियां दी जाती हैं तथा उनकी सात्विक राजनीति की धज्जियां कांग्रेसी ही अपने आचरण द्वारा उड़ा रहे हैं। भारत की सशक्त तटस्थ विदेश नीति के प्रणेता नेहरू जी थे। इन्दिरा जी भी एक सीमा तक अमेरिका के दबाव में नहीं आईं। अटल बिहारी वाजपेयी भी विदेश मंत्री के रूप में अपनी स्वतंत्र विचाराधारा तथा निर्धारित पूर्व नीति के अनुगामी के रूप में सफल माने गए हैं। किन्तु उसके बाद केन्द्र में राजनीतिक अस्थिरता का जो युग आना शुरु हुआ है उसकी वजह से हमारी विदेश नीति का ऐसा कोई अग्रदूत नहीं बन सका जो देश-विदेश में भारत के पक्ष को सही तरीके से प्रस्तुत कर सके। भारत की विदेश नीति की यह असफलता ही है कि कश्मीर जैसे भारत के अंग को अब विवादास्पद मानने वाले देशों की संख्या बढ़ने लगी है।

हम विदेशों से अपनी सेनाओं के लिए पर्याप्त मात्रा में सैन्य साधन भी खरीदने में असमर्थ हैं। सामरिक दृष्टि से हमारी स्थिति मजबूत होने के बजाय कमजोर हुई है। हमारे उत्पादनों की जितनी खपत विदेशों में होनी चाहिए वह नहीं हो पा रही है। देश में राजनैतिक अस्थिरता तथा आतंकवाद के प्रभाव के कारण विदेशी सैलानियों की संख्या में कमी आई है। हम भारत की अच्छी छवि विदेशों में नहीं बना सके। आतंक, भ्रष्टाचार में डूबे नेता इस लायक नहीं रहे हैं कि वे उज्जवल मुख लेकर भारत की भावी तस्वीर को सही ढंग से विदेशों में प्रचारित कर सकें।

इन विपरीत परिस्थितियों के बावजूद सिक्के का दूसरा पहलू यह है कि भारत अपनी छवि एक महत्वपूर्ण और सम्मानजनक राष्ट्र के रूप में स्थापित करने में सफल हुआ है। परमाणु परीक्षण करने पर अमेरिका द्वारा लगाया गया आर्थिक प्रतिबंध धीरे-धीरे स्वतः असरहीन साबित हुआ और अंत में अमेरिका ही नहीं पूरे विश्व को यह मान्यता देनी पड़ी कि भारत एक परमाणु संपन्न देश है। आज रक्षा के क्षेत्र में विश्व का सर्वशक्तिमान देश अमेरिका ने भारत के साथ कई समझौतों पर हस्ताक्षर किया है। साझा सैनिक अभ्यास के मामले में न सिर्फ अमेरिका बल्कि फ्रांस आदि देश भी पूर्ण रुचि ले रहे हैं। चीन के साथ अब व्यापारिक स्तर पर काफी प्रगति हो चुकी है। आज पूरे विश्व ने भारत को एक बड़ा बाजार माना है और अधिकांश देश यहां अपनी कम्पनियां खोलने के लिए आतुर हैं। यह सब हमारी विदेश नीति का ही परिणाम है जो हमें एक सकारात्मक दिशा की ओर अग्रसर कर रहा है। इस प्रकार आज हमारी विदेश नीति सर्वमान्य है।

युवा वर्ग और नशीले पदार्थ

आज का युवा वर्ग नशीले और मादक पदार्थों की ओर तेजी से आकर्षित हो रहा है। इन नशीले पदार्थों ने भारत और विदेशों के हज़ारों मासूम युवाओं की बलि ली है। मादक द्रव्यों के व्यापारी प्रत्येक देश, नगर और गाँव में छूत की बीमारी की तरह अपना प्रभाव फैला चुके हैं। अगर युवा लड़के और लड़कियाँ इसी प्रकार से नशों के अधीन रहे तो मानव की नस्ल पूर्णतया समाप्त हो जाएगी।

मादक पदार्थ अनेक प्रकार के होते हैं। इनमें ऐल्कोहल, सेडेटिव्स, स्टीमुलेन्टस, नारकोटिक्स, निकोटिन, ऐनलजैसिव, ट्रैंकुलाईज़र्स और हालुसिनोजन्स शामिल हैं। भारत में प्रायः ऐल्कोहल, सेडेटिव्स, निकोटीन व नारकोटिक्स ही युवाओं द्वारा लिया जाते हैं। नशीले पदार्थ पहली बार में ही मस्तिष्क की गहराइयों में प्रवेश कर जाते हैं और ये युवाओं की आवश्यकता और मानसिकता बन जाते हैं। उपभोक्ता द्वारा सेवन की गई एक खुराक उसे अगली खुराक और अधिक मात्रा की खुराकों को लेने के लिए प्रेरित करती है। यह आदत बनाने वाली प्रवृत्ति उसे अधिक नशीले पदार्थ लेने की ओर ले जाती है। शुरू में नशीले पदार्थों की कम मात्रा ही उपभोक्ता पर प्रभावी होती है और वह खुद को सांतवे आसमान पर महसूस करता है। लेकिन जैसे-जैसे नशीले पदार्थ का प्रभाव जाता रहता है, शारीरिक तंत्र और अधिक मांग करता है। नशीले पदार्थ मस्तिष्क और शरीर पर पूरी तरह नियन्त्रण कर लेते हैं। कुछ वर्षों के पश्चात् उपभोक्ता अधिक मात्रा में खुराक में आराम या सांतवे आसमान वाली बात महसूस नहीं करता है और इसलिए उपभोक्ता बड़ी खुराकों का सेवन करता है और फिर वह अपने शरीर और मस्तिष्क का नियन्त्रण खो बैठता है। उपभोक्ता नशीले पदार्थों का आदी हो जाता है और 10 से 18 वर्ष के सेवन से वह अपने प्राण खो बैठता है। नशीले पदार्थें के आदी व्यक्ति का अन्त बहुत ही दुःखदायी होता है। यू.एन.डी.पी. द्वारा प्रकाशित मानव विकास रिपोर्ट के अनुसार, पूरी दुनिया में मादक पदार्थों पर अब तक 400 बिलियन

अमेरिकी डॉलर खर्च किये जा चुके हैं। यह बात जानना बहुत आवश्यक है कि केवल 6 बिलियन अमेरिकी डॉलर (यू॰एन॰डी॰पी॰ की उसी रिपोर्ट के अनुसार) पूरी दुनिया के लोगों को शिक्षित करने के लिए पर्याप्त हैं और मात्र 13 बिलियन डॉलर ही मानव को अच्छा स्वास्थ्य और पौष्टिकता देने के लिए पर्याप्त हैं।

ऐल्कोहल भी मनुष्य को अपना आदी बनाती है लेकिन यह अधिक नुकसानदायक नहीं है यदि यह अधिक मात्रा में न ली जाए। लेकिन हमारे युवा लड़के और लड़कियाँ इसका अधिक सेवन करते हैं और इसलिए अनेक बीमारियों जैसे कि यकृत क्षरण, गुर्दे की समस्याएँ और रक्तचाप, के शिकार होते हैं। अनेक शोधकर्त्ता यह सिद्ध कर चुके हैं कि ऐल्कोहल का अधिक सेवन अनेक प्रकार के कैंसर का कारण है। ऐल्कोहल का सेवन भी सयंमित मात्रा में होना चाहिए।

तम्बाकू इस शताब्दी का सबसे बड़ा दुश्मन रहा है। यह 'निकोटीन' नाम की नशीले पदार्थों की श्रेणी में आता है। तम्बाकू उपभोक्ता प्रायः मुख के कैंसर, फेफड़ो के कैंसर, उच्च रक्तचाप और दिल के दौरों के शिकार होते हैं। लगभग बीस वर्ष के लगातार प्रयोग से मनुष्य का अन्त होता है। बहुत से युवा लोग कुछ वर्षों के सेवन के पश्चात् इसे छोड़ देते हैं। प्रायः ऐसा करना बहुत कठिन होता है। आजकल तो स्कूल और कॉलेज जाने वाले लड़के और लड़कियाँ भी सिगरेट आदि पीना फैशन समझने लगे हैं।

चाय और काफी साधारण नशीले पदार्थों की श्रेणी में आते हैं। इनका प्रभाव इनके सेवन के कुछ ही घण्टों पश्चात् समाप्त हो जाता है। लेकिन अधिक मात्रा में चाय या काफी का सेवन अल्सर, अम्लपित्त, यक्रत में खराबी, आमाशय में सूजन, पीलीया, बदहजमी आदि बीमारियों को आमंत्रित कर सकता है। यदि इन्हें सीमित मात्रा में लिया जाए तो ये नुकसानदायी नहीं हैं।

नशीले पदार्थों का सेवन समाज के लिए सबसे बड़ा अभिशाप है। नशीले पदार्थों के आदी अनेक प्रकार की बुराइयों जैसे नशीले पदार्थों का व्यापार, आपराधिक गतिविधियाँ, अवैध यौन सम्बन्ध और एड्स की पकड़ में आ जाते हैं। वे इस मकड़जाल से बाहर नहीं आ पाते। अगर वे इससे बाहर आना चाहे तो भी नहीं क्योंकि अपराध की दुनिया उन्हें इससे बाहर नहीं आने देती। नशीले पदार्थों का सेवन एक बुरी आदत है जो कि छात्रों को पैसा ख़र्च करने को मजबूर करती है और जब उन के पास पर्याप्त धन नहीं होता तो वे अपनी पुस्तकें, घड़ियाँ, महँगी वस्तुएँ और अपने परिवार की वस्तुओं को बेचना आरम्भ कर देते हैं। वे अपनी दुनिया में रहने के लिए किसी प्रकार की भी आपराधिक गतिविधि करने से नहीं चूकते। युवाओं को इस अभिशाप को पूर्णतया अस्वीकार करना होगा नहीं तो उनका भविष्य, स्वास्थ्य और परिवार पूरी तरह से खत्म हो जाएगा।

हाल ही में लिए गए आँकडों के अनुसार, नशीले पदार्थों के आदी अधिकतर शहरों में रहने वाले स्कूल, कॉलेज और विश्वविद्यालयों के छात्र हैं। ग्रामीण युवक ओपियम या अफ़ीम का उपभोग करते हैं जो कि आसानी से उपलब्ध हो जाती है। शहरों में रहने वाले युवक मैनड्रैक्स, आई॰एस॰डी॰, लुमिनोल, शेबैको, कोकीन, सिगरेट, हशीश, ब्राउन शुगर और मारीजुआना का उपभोग करते हैं। इन नशीले पदार्थों को पाने के स्थान कॉलेज परिसर, बीयर बार, रेस्टोरेन्ट और होटल होते हैं। मध्य पूर्वी देशों में नशीले पदार्थों का रखना और इनको लाने ले जाने की सजा मौत है। उन देशों का प्रशासन बहुत ही सख्त है और उन्होंने अनेक युवको को इस दोष के लिए फाँसी पर भी चढ़ाया है।

युवा वर्ग का यह कर्त्तव्य है कि वे नशीले पदार्थों से दूर रहें। वे देश के भावी निर्माता हैं। उन्हें नशीले पदार्थों का सेवन नहीं करना चाहिए। यदि उन्होंने गलती से इस का सेवन कर लिया है तो उन्हें इस के लिए उन्हें डॉक्टर या पास के किसी नशामुक्ति केन्द्र की मदद लेनी चाहिए। परिवार जनों का सहयोग, चिकित्सकों का उचित मार्गदर्शन इस दिशा में मददगार साबित हो सकता है। नशीले पदार्थों के सेवन के बगैर ही युवा वर्ग का भविष्य उज्जवल हो सकता है। नशीले पदार्थों से भरा जीवन मानवता को नष्ट करने के लिये पर्याप्त है।

फैशन : एक छलावा

फैशन एक ऐसा शब्द है जो युवाओं, वृद्धों, महिलाओं व बच्चों में समान रूप से लोकप्रिय है। कपड़ों, खाद्य पदार्थों, फास्ट फूड, नृत्य (पश्चिमी धुनों पर), विवाहों, समारोहों इत्यादि पर फैशन की अमिट छाप दिखाई पड़ती है। फैशन कभी स्थिर नहीं रहता। यह एक परिवर्तनवादी नशा है जो सिर पर चढ़ कर बोलता है। यदि किसी महिला ने पुराने स्टाइल या डिज़ाइन की साड़ी या लंहगा पहना हो तो संभव है कि उसे "आउट ऑफ फैशन" की संज्ञा दी जाए। यह भी संभव है कि अगली किटी पार्टी पर उसे आमंत्रित ही न किया जाए। आज के दौर में जो भी व्यक्ति "आउट ऑफ फैशन" हो जाता है, उसकी "मार्केट वैल्यू" गिर जाती है। अतः उसे स्वयं को भौतिकवाद की दौड़ में अपना स्थान सुनिश्चित करने हेतु कपड़ों, खानपान, घर, बच्चों, जीवनसाथी, दफ्तर, कारोबार इत्यादि के संदर्भ में नवीनतम फैशन की वस्तुओं, सुविधाओं और विचारों को अपनाना पड़ता है। फैशन एक भेड़चाल की तरह है। सृजनात्मक शक्तियों वाले कुछ लोग नये फैशन वाली वस्तुओं को निर्मित (डिज़ाइन) करने में निजी कम्पनियों की सहायता करते हैं। ये कम्पनियां प्रचार, प्रसार, व्यक्तिगत बिक्री दलों और प्रोपेगैण्डा के ज़रिए इन उत्पादों या सेवाओं को विश्व भर में प्रचारित कर देती हैं। लोगों को हर पल नये कपड़े, खाने की वस्तुएं, गहने, चमड़े का सामान, संगीत, घर, दफ्तर या भाषाएं चाहिए। यही लोग इन नई वस्तुओं और सेवाओं को खरीद कर स्वयं को धन्य मानते हैं। वे सोचते हैं कि वे स्वयं को नये फैशन के अनुरूप ढाल रहे हैं। कम्पनियां इन सारे तंत्रों में सबसे अधिक लाभ अर्जित करती हैं। फैशन डिज़ाइनरों की भी चांदी हो जाती है।

फैशनेबल होना बुरा नहीं है परन्तु दकियानूसी कपड़ों को फैशनेबल कहना या कम-से-कम वस्त्र पहनने का नाम भी तो

फैशन नहीं है। फैशन शो तो नंगेपन की पराकाष्ठा तक पहुंच जाते हैं। ऐसा लगता ही नहीं कि फैशन मॉडल किसी नये डिज़ाइन के कपड़ों का प्रदर्शन कर रही है। रैम्प पर चलती हुई सुन्दरियां व युवक अपने मांसल अंगों का प्रदर्शन करते नज़र आते हैं। दर्शक गण और टी॰वी॰ दर्शक उनके अंग प्रदर्शन से लुत्फ उठाते हैं। कपड़ों पर ध्यान तो शायद ही किसी दर्शक का हो।

आये दिन भारत में भी फैशन शो होने लगे हैं। विचित्र कपड़ों की एक नुमाइश नवम्बर, 2006 में मुम्बई के नेशनल सेन्टर फॉर परफार्मिंग आर्ट्स में की गई। उस शो में जे॰जे॰ बलाया, मनीष अरोड़ा, रोहित बल, रोहित गांधी, सीमा खान आदि के परिधानों को सुन्दर मॉडलों ने रैम्प पर पेश किया। दर्शकों में प्रेस के लोग अधिक थे और कपड़ों के खरीदार कम। इसके अलावा, महिला मॉडलों की संख्या पुरुष मॉडलों से कहीं अधिक थी, जो कि इस प्रकार के फैशन सप्ताहों में एक आम प्रवृत्ति है। इस फैशन सप्ताह के समाप्त होने तक कोई विशेष विक्रय नहीं हो पाया। इसका अर्थ यह है कि लोगों की विकृत फैशन में कोई रुचि नहीं है। उदाहरणतया, कोई भी परिधान ऐसा नहीं था जिसको धारण करके कोई युवती अपने कॉलेज, दफ्तर या बाज़ार की ओर उन्मुख हो सके। रंगों की इस भरमार में फैशन डिज़ाइनर यह भूल चुके हैं कि खरीदारों को उनके द्वारा निर्मित परिधान पहनने भी पड़ सकते हैं। सत्य और मिथ्या का यह एक अनोखा मेल था जो कम विक्रय के रूप में देखने को मिला।

भारत की डिज़ाइनर परिधान की टर्नओवर विश्व के डिज़ाइनर परिधान की टर्नओवर का केवल 0.1 प्रतिशत है। हमारे देश में फैशन शो तो बराबर आयोजित हो रहे हैं लेकिन इनसे आम जनता का लगाव नहीं हो पा रहा है। इस क्षेत्र में अभी भी बहुत कुछ करना बाकी है। यदि यही हाल रहा तो भारतीय (फैशन) परिधानों का विश्व के बाज़ार में प्रवेश कैसे हो पाएगा?

मीडिया ने एक अन्य मुद्दा भी प्रकाश में लाने की कोशिश की है। एक रैम्प मॉडल को एक शो के 25,000 रुपए मिलते हैं। एक एम्बाईडरी करने वाली महिला को अपना कठिन काम करने के लिए केवल दस रुपए प्रति घंटा मिलता है। कपड़े सीने वाले निर्धन ही रहते हैं जबकि कैमरों, प्रकाश और पांच-तारा होटलों की चकाचौंध में जीने वाले फैशन डिज़ाइनर लोगों की आंखों के तारे बन जाते है। यह प्रवृत्ति भी समाप्त की जानी चाहिए।

हम फैशन और उसके बदलते हुए चलन से कभी भी विमुख नहीं हुए। परन्तु हमारा यह मत है कि फैशन परिधान सुरुचिपूर्ण, सस्ते तथा सामाजिक दृष्टिकोण से स्वीकार्य होने चाहिये। इसी सिद्धान्त को हमें अन्य प्रकार की फैशन प्रवृत्तियों पर भी लागू करना होगा।

संक्षेप में, फैशन एक ऐसा छलावा है जिसने कुछेक को छोड़ कर अन्य किसी भी व्यक्ति या संस्था का उद्धार नहीं किया है। वैश्वीकरण के इस युग में फैशनेबल वस्तुओं और सेवाओं का स्वागत है। परन्तु ये सभी वस्तुएं सामाजिक और आर्थिक मानदण्डों पर खरी उतरनी चाहिये। आशा है कि फैशन डिज़ाइनर, वस्त्र निर्माण व अन्य क्षेत्रों में रत कम्पनियां और फैशन शो के आयोजक इस सरल परन्तु गम्भीर तथ्य को स्वीकार करेंगे।

नई पीढ़ी बनाम पुरानी पीढ़ी

वर्तमान युग का एक विशेष लक्षण नई पीढ़ी के बीच टकराव की स्थिति है। इस टकराव के फलस्वरूप संघर्ष और खुले विद्रोह की भी स्थिति आ सकती है। जिन कारणों से यह स्थिति पैदा हुई है, उनकी चर्चा नीचे की जाती है।

पुरानी पीढ़ी के लोग पुराने रीति-रिवाजों से बंधे हुए हैं। वे यथास्थिति में विश्वास करते हैं और क्रांतिकारी परिवर्तनों के पक्ष में नहीं हैं। सामाजिक रीति-रिवाजों, परम्पराओं और रूढ़ियों में आस्था रखने वाली पुरानी पीढ़ी को अपने संस्कारों से मोह है। इसके विपरीत नई पीढ़ी के लोग पुराने रीति-रिवाजों, परम्पराओं और रूढ़ियों को निस्सार मानते हैं और उनसे बंधने के लिए तैयार नहीं हैं। पुरानी पीढ़ी नैतिकता, स्वाधीनता और शिष्टाचार की जिन धारणाओं में पली और विकसित हुई, वे सब नई पीढ़ी में चिन्ता व हताशा है, वहां नई पीढ़ी में आक्रोश, निराशा और अशान्ति है। नई और पुरानी पीढ़ी के बीच टकराव इन्हीं विसंगतियों की उपज है।

नई पीढ़ी के लोगों की अपनी आकांक्षाएँ हैं। उनकी शिकायत है कि पुरानी पीढ़ी के लोग उनकी आकांक्षाओं को न समझते हैं और न ही महत्त्व देते हैं। उनको लगता है कि पुरानी पीढ़ी के अंकुश में रहकर उनकी आकांक्षाओं की पूर्ति असम्भव है। नई पीढ़ी के लोगों का कहना है कि आज जो समस्याएँ हैं, वे सब पुरानी पीढ़ी के लोगों की अक्षमता का परिणाम है। उन्हें समस्याओं के समाधान के लिए पर्याप्त समय मिला, किन्तु वे उनका निदान ढूंढ नहीं पाये। अब हमें अवसर मिलना चाहिए। हम अपने ढंग से समस्याओं को हल करने का प्रयत्न करेंगे। जो लोग इन समस्याओं को हल करने में असफल रहे हैं, उनको इस बात का कोई हक नहीं कि वे हमें अपना मार्ग-दर्शन मानने के लिए बाध्य करें। वे मौका चूक गए और अब हमें मौका मिलना चाहिए।

पुरानी पीढ़ी के लोग कहते हैं कि किसी जमाने में हम भी नवयुवक और किशोर थे। हम एक अनुशासन, आचार-विचार और शिष्टाचार के वातावरण में पले और हमें कभी किसी कठिनाई का सामना नहीं करना पड़ा। पुरानी पीढ़ी के लोगों को दुख है कि नई पीढ़ी के लोग वैसे नहीं हैं, जैसे अपने जमाने में वे स्वयं थे। लेकिन पुरानी पीढ़ी के लोग यह भूल जाते हैं कि समय बहुत बदल गया है, नई पीढ़ी के लोगों के सोचने का ढंग बदला हुआ है। पुरानी पीढ़ी के लोग नई पीढ़ी को अधकचरा, जल्दबाज और अविवेकी मानते हैं और अनेक बुराइयों के लिए जिम्मेदार ठहराते हैं उनका ख्याल है कि पुरानी लीक ही सही है। पर नई पीढ़ी पूछती है कि क्या "हमारे बारे में भी क्या सही है और क्या गलत है"; यह फैसला भी पुरानी पीढ़ी के लोग ही करेंगे? उनका कहना है कि जब पुरानी

पीढ़ी के लोग नई पीढ़ी के लोगों की आकांक्षाओं और इच्छाओं की कद्र नहीं करते तो उनके बारे में पुरानी पीढ़ी के फैसले सही कैसे हो सकते हैं? वस्तुतः पुरानी पीढ़ी का यह विचार सही नहीं है। क्या उसे अपने बारे में फैसला करने का अवसर नहीं मिला था? क्या उसने अपनी आकांक्षाओं की पूर्ति के लिए अपने ढंग से प्रयत्न नहीं किये थे? यदि ऐसा है, तो नई पीढ़ी के लोगों को अपने बारे में फैसला करने का अवसर क्यों न मिले? उन्हें अपने ढंग से अपनी आकांक्षाओं की पूर्ति करने का मौका क्यों न दिया जाये?

भविष्य का सामना तो नई पीढ़ी को करना है। भविष्य कैसा हो, इसका निर्णय पुरानी पीढ़ी के हाथों में कैसे सौंपा जा सकता है? पुरानी पीढ़ी अपने अधिकार छोड़ने को तैयार नहीं और नई पीढ़ी पुरानी पीढ़ी के इस तानाशाही रवैये से तंग आकर विद्रोह पर उतारू हो गई है।

इच्छाओं-आकांक्षाओं के अलावा पसन्द-नापसन्द के बीच बढ़ रही खाई और धारणाओं व मान्यताओं के सम्बन्ध में तेजी से बढ़ते हुए मतभेद के फलस्वरूप दोनों पीढ़ियों के बीच समन्वय की सम्भावना कम होती जा रही है। एक ओर जिद, बड़े होने का अहं और दूसरी ओर स्वाधीनता और शिष्टाचार की नई धारणाओं के बीच भोंड़ी विसंगति पैदा हो गई। कई बार इसकी अभिव्यक्ति तनाव, कुंठा, अनुशासनहीनता और क्रोध के रूप में होती है। इन्हीं कारणों से आज के समाज में अकर्मण्यता, हिंसा, निराशा, उद्दण्डता व्याप्त है और सामंजस्य का अभाव दिखाई पड़ता है। पारिवारिक समरसता भी इसी का शिकार है।

न्याय, समाज व्यवस्था और समानता के बारे में नई पीढ़ी की अपनी मान्यताएं हैं। नई पीढ़ी के लोग भावुक, आदर्शवादी, उतावले और महत्वाकांक्षी हैं। धर्म और नैतिकता के सम्बन्ध में भी उनका अपना पृथक् दृष्टिकोण है। उनके मन में एक ऐसे नये समाज की कल्पना है जो घिसे-पिटे रीति-रिवाजों से मुक्त हो। जाति, सम्प्रदाय और प्रान्तीयता जैसी संकीर्णता से उन्हें चिढ़ है। पर्दा प्रथा, दहेज प्रथा और बाल विवाह जैसी कुरीतियां उन्हें पसन्द नहीं। वे एक वर्गविहीन, जातिविहीन और समतावादी समाज का सपना देखते हैं। वे वर्तमान शिक्षा व्यवस्था से असन्तुष्ट हैं। भविष्य की सुरक्षा के बारे में उन्हें चिन्ता है। लोकतन्त्र भी उन्हें बेमानी लगता है। मोहभंग की इस स्थिति ने उन्हें एकाकी और स्वकेन्द्रित बना दिया है। असन्तोष, कुंठा और क्षोभ के कारण उनकी दशा उस व्यक्ति के समान है, जो किसी चौराहे पर खड़ा हो और अपना मार्ग निश्चित न कर पाये।

साथ ही नई पीढ़ी के लोगों में आत्मविश्वास, जुझारूपन और कल्पनाशीलता है। अविवेकी और अतार्किक रूढ़ियों से उन्हें तनिक भी लगाव नहीं। वे नई संभावनाओं के अनुरूप नए सृजन की इच्छा रखते हैं। उन्हें उपदेश की कम, प्रोत्साहन की अधिक आवश्यकता है।

नई पीढ़ी और पुरानी पीढ़ी के बीच वैचारिक संघर्ष की वर्तमान स्थिति में मूल प्रश्न यह है कि क्या नई पीढ़ी अपनी आकांक्षाओं को कुचल कर पुरानी पीढ़ी के मार्गदर्शन में निर्देशित जीवन शैली और चिन्तन धारा को अपना ले, या फिर पुरानी पीढ़ी के तथाकथित, पुराने घिसे-पिटे मानदण्डों और आदर्शों को कुचलते हुए आगे बढ़कर अपने आत्मविश्वास और कर्मठता के बल पर उस आदर्श समाज का निर्माण करे, जिसकी वह कल्पना करता है? टकराव, कुंठा, क्षोभ और असन्तोष की स्थिति अच्छी नहीं; इसका अंत होना ही श्रेयस्कर है। किन्तु सबसे बड़ी विडम्बना यह है कि नई पीढ़ी के लोग इस संक्रमण काल में कोई फैसला लेने में सफल नहीं हो पाये हैं। लगता है कि उनकी निर्णयक्षमता को लकवा मार गया है। अतः आज की क्रुद्ध और जल्दबाज नई पीढ़ी की हालत ''सांप-छछूंदर'' जैसी हो गई है।

विद्यार्थी और फैशन

देश-काल के अनुरूप प्रत्येक समाज की अपनी मान्यताएं होती हैं, जिसके पीछे सदियों के संस्कार और जीवन दर्शन का सार होता है। ये मान्यताएं न काल निरपेक्ष होती हैं और न ही नितान्त अपरिवर्तनशील। इनमें बदलाव की गति धीमी और अप्रकट होती है क्योंकि मानव स्वभाव परिवर्तन को तत्काल और निःसंकोच नहीं अपनाता। दूसरे शब्दों में, इसे यूं कहा जा सकता है कि परिवर्तन के सम्बन्ध में मनुष्य स्वभाव से अनुदार होता है।

भारत की प्राचीन संस्कृति में मनुष्य के जीवन के आरम्भ के चतुर्थांश को ब्रह्मचर्य काल माना जाता था। इस काल में बालक गुरु के पास रहकर ज्ञानार्जन एवं विद्या का अध्ययन करता था। ब्रह्मचर्य काल साधना और तपस्या का काल था, जिसमें विद्याभ्यास ही परम लक्ष्य होता था। किन्तु देश-काल में परिवर्तन आया; भारत में अंग्रेजों का शासन स्थापित होने के बाद नए ढंग के स्कूलों-कॉलेजों की स्थापना हुई। भारतीय समाज ने धीरे-धीरे इस परिवर्तन को स्वीकार कर लिया। इन स्कूलों के स्थापित होने के साथ-साथ शिक्षा प्रणाली, बाल मनोविज्ञान और शिक्षा मनोविज्ञान के सम्बन्ध में अनेक पाश्चात्य चिन्तन प्रणालियां भी भारत में आईं और कालान्तर में उन्हें आंशिक मान्यता भी मिली।

फैशन शब्द से आशय शिष्टाचार, रीति-रिवाज, वस्त्रों (उनके रंगों उनकी सिलावट और उनकी आकृति), केश सज्जा (उसके विविध रूप और प्रकार), रूप निखार और इसी प्रकार की अनेक बातों के सम्बन्ध में नित-नवीन उद्भावनाओं से है। यद्यपि सामाजिक आवश्यकताओं, साधनों, परिस्थितियों और युग-प्रभाव और युग-परिवर्तन होता रहता है किन्तु इस परिवर्तन और फैशन में अन्तर है। इस बात को थोड़ा स्पष्ट करना आवश्यक है यदि गुरु-आश्रमों की पुरातन कल्पना को छोड़ भी दें, तो आज से लगभग 75-100 साल पहले प्रायः सभी विद्यार्थी धोती, कुर्त्ता, कमीज और टोपी पहनते थे; किन्तु आज धोती, कुर्त्ता, पाजामा और टोपी नहीं पहनते बल्कि पैन्ट, शर्ट, कोट, टाई का प्रयोग करते हैं। यह सब समय काल का परिवर्तन है और धीरे-धीरे हुआ है और आज इसे रहन-सहन का मानक स्वीकार कर लिया गया है। इसके विपरीत फैशन उस वर्तमान

प्रवृत्ति का द्योतक है, जो सुबह-शाम आधुनिकता से आधुनिकतम और उसके भी आगे सरपट दौड़ने की अभ्यस्त है। यह प्रवृत्ति एक नशे के समान है, जो केवल वेश-भूषा और केश-सज्जा के नवीनतम अनुकरण से तुष्ट होती है। आज स्कूलों और कॉलेजों के छात्र और छात्रायें बाह्याडम्बर और सजावट के ऐसे परिवेश में दिखाई पड़ते हैं कि उनके सम्बन्ध में कोई टिप्पणी न करना ही श्रेयस्कर होगा। चार-चार, छः-छः महीने में और कभी-कभी तो केवल महीने भर में ही इस बाह्य सजाव-शृंगार में इतनी विविधता और इतना अजीबपन दिखाई पड़ता है कि बुद्धि चकरा जाती है।

फैशन युग की देन है। इसे हेय या घृणित समझ कर अग्राह्य बताना उचित नहीं। यह यदि सुरुचिपूर्ण, सौम्य, मर्यादित और सन्तुलित हो, तो अच्छी लगती है और इसमें व्यक्तित्व का निखार भी होता है। किन्तु यदि यह अश्लील, फूहड़, मर्यादा से बाहर और असन्तुलित हो तो भद्दी, हास्यापद, अटपटी, कार्टून जैसी और घिनौनी व विकर्षक भी लगती है। इसे अछूत मानकर इसे दूर रहने की नहीं बल्कि इसके सौम्य व मर्यादित रूप को अपनाने की आवश्यकता है।

फैशन का एक मनोवैज्ञानिक पक्ष भी है। मनोविज्ञान का सिद्धांत है कि जिन व्यक्तियों में हीनता की ग्रन्थियां होती हैं, या जिन व्यक्तियों का आन्तरिक पक्ष दुर्बल होता है, उनसें फैशन की अधिकाधिक प्रवृत्ति देखी जाती है। बाह्याडम्बर या फैशन हीनता को छिपाने का प्रयास है या आन्तरिक दुर्बल पक्ष की सम्पूर्ति का प्रयत्न है।

फैशन क्या और क्यों है, इस सम्बन्ध में आगे अधिक विस्तार में जाने की आवश्यकता नहीं। अब हम भारतीय समाज में विद्यार्थियों में व्याप्त फैशन की प्रवृत्ति और उसके औचित्य के सम्बन्ध में चर्चा करेंगे।

भारतीय समाज में विद्यार्थी वर्ग फैशन के प्रभाव से बुरी तरह ग्रस्त है। धनी परिवारों में तो इसके कारण विशेष दिक्कत नहीं होती, किन्तु मध्य वर्ग के परिवारों में (जो आर्थिक दृष्टि से कुछ दुर्बल एवं संस्कारों में अनुदार होते हैं) इसका कुप्रभाव अवश्य पड़ रहा है। ऐसे परिवारों (मध्य वर्ग) में फैशन में धन का अपव्यय होता है और एक अटपटी सभ्यता उभरती है। यह सभ्यता सीमित आर्थिक साधनों की अनदेखी करके और विद्यमान परम्पराओं व शिष्टाचारों की परिधि लांघकर फैशन परस्ती के राजमार्ग पर सरपट न सही दुलकी रफ्तार से दौड़ने की अमर्यादित ललक पैदा करके विद्यार्थियों को लक्ष्य से भटका देती है। ऐसे परिवारों में उस समय बहुत ही गम्भीर स्थिति पैदा हो जाती है जब फैशन के लिए मां-बाप से अनाप-शनाप धन न मिलने पर बच्चे में मां-बाप के प्रति आक्रोश और विद्रोह की भावना पनपने लगती है या फिर फैशन की ललक पूरी करने हेतु बच्चे सही-गलत सभी तरीकों से धन प्राप्त करने की चेष्टा में बुरी आदतों या गलत सोहबत के शिकार बन जाते हैं। हर मां-बाप (अपवादों को छोड़कर) अपने आर्थिक साधनों एवं अपनी सामाजिक परम्पराओं के अनुरूप अपने बच्चों को अच्छे से अच्छा भोजन, वस्त्र और पढ़ने की सुविधाएँ देने का प्रबन्ध करता है ताकि बच्चे सुयोग्य नागरिक और उत्तम व्यक्ति बने।

आज विद्यार्थी वर्ग में जिस प्रकार के फैशन का प्रभाव है, वह नितान्त निरापद नहीं है; वरन् वह कुप्रवृत्तियों को प्रेरित-पोषित करने वाला और बुरे-व्यसनों का जाल है। इस प्रकार की फैशन-परस्ती के रोग का मूल कारण सिनेमा और टेलीविजन हैं। टेलीविजन आजकल विज्ञापन का सबसे सशक्त साधन है; लगभग सभी विद्यार्थी (यहां तक कि गांवों और झुग्गी-झोंपड़ियों में रहने वाले भी) टेलीविजन के अत्यधिक शौकीन हैं। अतः टेलीविजन पर दिखाये जाने वाले विज्ञापनों, कार्यक्रमों और फिल्मों ने विद्यार्थियों का प्रभावित एवं गुमराह होना स्वभाविक है। विद्यार्थी टेलीविजन के पर्दे पर जिन नई-नई वस्तुओं, सज्जा विधियों, सौन्दर्य उत्पादनों और चेहरे को अनूठी दमक देने की विधाओं के विज्ञापन देखता और उनकी प्रभावोत्पादकता की बात सुनता है, उनसे अवश्य प्रभावित होता है और फलतः उसमें उन्हें प्राप्त करने या अपनाने की लालसा बलवती होती जाती है। फिल्मों के रोमांस के कथानक बालकों को ऐसी आधुनिक दुनिया में पहुँचा देते हैं, जो नितान्त स्वप्निल होती है; कच्ची आयु का बालक उस दुनिया के सपने देखने और उसमें जीने लगता है। फिल्मों के अभिनेता और अभिनेत्रियों के वस्त्र, जीवन-शैली, रूप-सज्जा और यहां तक कि शिष्टाचार व व्यसन आदि भी इन बालकों के मन पर प्रभाव डालते हैं और किशोर बालक उनकी नकल करने की कोशिश में लग जाते हैं। यह नकल ही फैशन की प्रेरणा है।

आशय उपदेश देना नहीं है किन्तु यह बताना है कि विद्यार्थी जीवन का उद्देश्य विद्या का अभ्यास व ज्ञान अर्जन है। विद्यार्थी को यदि कोई व्यसन होना चाहिए, तो विद्या का। यही विद्या उसके जीवन का आधार होती है। अतः उन्हें इस कार्य में पूरे मन से लगे रहना चाहिए। विद्यार्थी जीवन स्वर्णिम अवसर है, जो बार-बार नहीं मिलता। अतः हमें अध्ययन में ध्यान केन्द्रित करना चाहिए, न कि फैशन में धन, समय व शक्ति का अपव्यय करना चाहिए।

नशीली दवाओं की लत

आधुनिक सभ्यता का एक अति अनिष्टकारी लक्षण नशीली दवाओं का व्यापक उपयोग है। नशीली दवाओं का उपयोग पहले भी होता था, किन्तु बहुत थोड़े लोग ही इनके शिकार थे। प्रायः निर्धन किसान-मजदूर और अशिक्षित लोग ही इनका उपयोग करते थे। किन्तु आज के युग में इनका उपयोग पढ़े-लिखे शिक्षित समाज, उच्च वर्ग के लोगों और धनीमानी व्यक्तियों में होने लगा है। पहले इन नशीली दवाओं के उपयोग को हेय दृष्टि से देखा जाता था अर्थात् जो लोग इनका उपयोग करते थे, उन्हें समाज में अच्छा नहीं समझा जाता था। इसके विपरीत, आज इन दवाओं और इनका उपयोग करने वालों को समाज में कुछ प्रतिष्ठा-सी मिलने लगी है—कम से कम उन्हें पहले जैसा बुरा नहीं माना जाता। पहले इन दवाओं का व्यसन कुछ वृद्ध अथवा प्रौढ़ व्यक्तियों को होता था; प्रायः निम्न वर्गों

के अज्ञानी लोग इनके शिकार होते थे और वे सब चोरी छिपे उनका प्रयोग करते थे, किन्तु आज स्थिति यह है कि सभी आयु वर्ग के लोग, सभी जातियों के और सब धर्मों के मानने वाले खुल्लम-खुल्ला इन नशीली दवाओं का उपभोग करने लग गए हैं।

नशीली दवाओं के दुर्व्यसन का महारोग आज विश्वव्यापी बन गया है; आज संसार में जितने लोग इनका सेवन कर रहे हैं, उतने लोगों ने पहले कभी भी इनका सेवन नहीं किया। सबसे चिन्ता की बात यह है कि आज नवयुवकों, स्कूलों और कॉलेजों में पढ़ने वाले कच्ची आयु के बालकों में भी इस दुर्व्यसन ने अपने पैर जमा लिए हैं। पाश्चात्य देशों की ही भांति भारत में भी यह महारोग अभूतपूर्व गति से फैल रहा है और स्थिति दिन-ब-दिन बदतर होती जा रही है।

इन नशीली दवाओं को मोटे तौर से दो भागों में बांटा जा सकता है–1. मन पर प्रभाव डालने वाली दवायें, और 2. शरीर को प्रभावित करने वाली दवाएं। मन को प्रभावित करने वाली दवाओं के नाम हैं–एल॰एस॰डी॰, हशीश, गांजा और शरीर को प्रभावित करने वाली दवाओं के नाम हैं–अफीम, मारफीन, हेरोइन, पेथेड्रिन, एस्प्रिन, डिस्प्रिन, काम्पोज और इसी प्रकार की अनेक दवायें।

एल॰एस॰डी॰, हशीश और गांजा जैसी दवायें मन को कुव्यसनी बनाती हैं। वे मतिभ्रम पैदा करती हैं और मनुष्य को आदी बनाती हैं। जो व्यक्ति इन दवाओं के आदी बन जाते हैं, उन्हें यदि ये दवायें न मिलें तो वे इनके अभाव में अति व्याकुल होकर छटपटाने लगते हैं। ये दवायें मनुष्य के मन को दुर्बल बनाती हैं, उनमें असुरक्षा और भय-चिन्ता की कुंठायें उत्पन्न करती हैं। अफीम, मारफीन, हेरोइन आदि दवायें शरीर को इनका आदी बनाती है। जो व्यक्ति इनके व्यसन में फंस जाते हैं उन्हें यदि ये दवायें न मिलें, तो उन्हें असह्य पीड़ा, ऐंठन, मरोड़ और जकड़ की अनुभूति होती है। इन दवाओं के अभाव में ऐसे व्यक्तियों को दहाड़ मारकर रोते, बिलखते और छटपटाते देखा गया है। एस्प्रिन, डिस्प्रिन, ट्रिप्टेनोल और काम्पोज जैसी दवायें मन और शरीर दोनों को प्रभावित करती हैं। ये दवायें निद्रा लाती हैं और साथ ही दवायें खाने वालों की चित्तवृत्तियों को कुप्रभावित करती हैं। इन दवाओं का प्रयोग करने वाले एक विचित्र तरंग, मौज या सनक के शिकार हो जाते हैं। इन दवाओं के प्रयोग से मनुष्य अपने शरीर, मन और बुद्धि तीनों पर से नियंत्रण खो बैठता है।

ये सभी दवायें लत या व्यसन डालने वाली हैं। इनका सबसे घातक प्रभाव यह होता है कि यदि ये दवायें न मिलें, तो व्यक्ति एक दम बुझा-बुझा, मरा-सा और उद्विग्न हो जाता है; उसमें विभ्रम और विक्षिप्तता के लक्षण पैदा हो जाते हैं। इन दवाओं के बिना वह शारीरिक और मानसिक दोनों दृष्टियों से असामान्य बन जाता है। स्थिति ऐसी बन जाती है कि इन दवाओं के बिना न उसका शरीर काम करता है और न मन। ये दवाएँ मनुष्य की उत्प्रेरक शक्ति को नष्ट कर देती हैं।

इन नशीली दवाओं के बारे में अनेक गलत धारणाएँ प्रचलित हैं। कहा जाता है कि इनके सेवन से आलौकिक शान्ति, परम सुख और असीम आनन्द की प्राप्ति होती है। यह भी प्रचार किया जाता है कि इनका सेवन स्वास्थ्य के लिए हानिप्रद नहीं है। किन्तु ये सभी धारणायें मिथ्या हैं। इन दवाओं का सेवन करनेवालों पर किये गये प्रयोगों, उनके व्यवहार और अन्य परीक्षणों से सिद्ध हो चुका है कि इनके सेवन से आलौकिक सुख, आनन्द और शांति जैसी कोई अनुभूति नहीं होती; ये दवाएँ मस्तिष्क एवं शरीर दोनों के लिए अति हानिप्रद हैं।

वास्तविक बात यह है कि इन दवाओं की लत पड़ जाने के बाद मनुष्य इनके बिना मृतक जैसा हो जाता है। इनके सेवन से उसमें थोड़े समय के लिए स्फूर्ति, तेज और क्रियाशीलता का संचार हो जाता है। दवा का प्रभाव समाप्त होते ही वह पुनः शिथिल और जड़ हो जाता है। इनकी लत इतनी पक्की होती है कि सामान्यतया इन्हें छोड़ पाना यदि असंभव नहीं तो अत्यंत कठिन अवश्य होता है। जो इस लत के शिकार हो जाते हैं उनकी तर्कशक्ति का नाश हो जाता है और उनके मन व शरीर पर उनका अपना वश नहीं रह जाता।

नशीली दवाओं के शिकार वयस्क, प्रौढ़, वृद्ध, स्त्री-पुरुष सभी हो जाते हैं। लेकिन प्रायः देखा गया है कि नवयुवक लड़के-लड़कियां और विशेषतया स्कूलों व कॉलेजों के छात्र इस व्यसन में फंस जाते हैं इसका सबसे बड़ा कारण कुसंगति है। सीधे-सादे बच्चे कुसंगति में पड़कर इस व्यसन का शिकार हो जाते हैं। आज के व्यस्त, मशीनी और भाग-दौड़ वाले जीवन में मां-बाप बच्चों की ओर पूरा ध्यान नहीं दे पाते। प्रायः बच्चों की समस्याओं का समाधान नहीं हो पाता; इतना ही नहीं उन्हें अपने माता-पिता से सच्ची हमदर्दी भी नहीं मिल पाती। बेरोजगार, शिक्षित, संवेदनशील नवयुवक अपने को दुविधा और असमंजस की स्थिति में पाता है। ऐसे अवसरों पर कुसंगति के प्रभाव और नशीली दवाओं के उपयोग से प्राप्त होने वाले तथाकथित आनन्द सुख और शान्ति के झूठे लालच में फंसकर वह इस दुर्व्यसन का शिकार बन जाता है। वह अभागा नवयुवक यह नहीं जानता कि वह जिस मार्ग पर जा रहा है, उस पर उसे विनाश वह मार्ग विनाश की ओर जाता है और इससे उनका और जीवन नर्क बन जायेगा।

इस व्यसन से छुटकारा पाने का उपाय कठिन अवश्य है, पर दुस्साध्य नहीं। छुटकारे के प्रयत्न में स्वयं व्यसनी, उसके परिवार के लोगों, सम्बन्धियों और सारे समाज का सहयोग अपेक्षित होता है। सबसे पहले तो व्यसनी को दृढ़ संकल्प करना चाहिए कि वह भविष्य में कभी भी इसका सेवन नहीं करेगा। यह संकल्प ही आधी सफलता है। ऐसे कुव्यसनी को इन दवाओं और इनका प्रयोग करने वालों से दूर रखा जाना चाहिए। उसे लगातार इस प्रकार की सलाह दी जाती रहे कि ये दवायें जहर हैं; इनके प्रयोग से सर्वनाश हो जाता है। कुव्यसनी को किसी अन्य शौक या काम में इतना अधिक व्यस्त रखा जाना चाहिए कि उसे इन दवाओं की हुड़क भी न होने पाये। कुव्यसनी प्रायः अपने को अकेला पाकर पुनः उसमें प्रवृत्त हो सकता है अतः उसे अकेला न रहने दिया जाये। परिवार के लोगों, सम्बन्धियों और इष्ट-मित्रों का कर्त्तव्य है कि वे ऐसे व्यक्ति को गिरा हुआ न मानें, उसकी उपेक्षा न करें बल्कि

उसे अपनाने का पूरा प्रयत्न करें। इस संबंध में डॉक्टर की सलाह और कुछ समय के लिए व्यसनी को उपचार-गृह में भरती कराने से भी काफी सुधार की आशा की जा सकती है। यदि घर व समाज में उसे अच्छा व्यवहार और अपनापन न मिला, तो वह पुनः पुराने ढर्रे पर वापस जा सकता है। कई बार कुव्यसनी कहेगा कि उसे 'एक बार और' नशा कर लेने दो; यह 'अंतिम बार' है, आदि; ध्यान रहे कि उसकी दशा पर तरस खाकर यदि आपने उसे एक बार पुनः नशा करने का मौका दिया, तो वह पुनः व्यसनी बन जायेगा। अतः 'अंतिम बार' या 'एक बार और' की मांग करने वाले कुव्यसनी की प्रार्थना कतई न मानें।

नशीली दवाओं का सेवन करने वाले (व्यक्तियों) का दृष्टिकोण एक पक्षीय हो जाता है। वह केवल 'नशे की तरंग' को देखता है। नशा उतरने पर अपनी हालत के बारे में नहीं सोचता। जब उसे इस बात का एहसास करा दिया जायेगा कि 'नशे की तरंग' तो कुछ समय के लिए रहती है; उसके बाद दवा के असर से उसके मन और शरीर की कितनी बुरी हालत होती है, तब उसके उद्धार की संभावना बढ़ जायेगी।

यह विश्व व्यापी बुराई है और लगभग सभी देशों में ऐसी नशीली दवाओं के दुरुपयोग पर रोक है और कानून भी बने हुए हैं, जिनमें कठोर दण्ड का विधान है। कुछ देशों में तो इनके लिए मृत्युदण्ड तक का विधान हैं। पर मूल बात है कि यह सामाजिक बुराई है और किसी भी सामाजिक बुराई को केवल कानून व दण्ड के बल पर दूर नहीं किया जा सकता। चूंकि इन नशीली दवाओं के उपयोग पर कानूनी प्रतिबन्ध है, अतः इनकी तस्करी एक बड़ा लाभदायक धन्धा बन गई है। इनकी तस्करी को रोकने हेतु भी कानून हैं और कठोर दण्ड का प्रावधान है। लेकिन तस्करी को भी कानून और दण्ड के सहारे रोक पाने में सफलता नहीं मिल पाई है। जिन्दगी तबाह करने वाली इस सर्वनाशी बुराई को समूल नष्ट करने हेतु सामाजिक चेतना, जागृति और एक-जुट प्रयास की जरूरत है। यह बुराई तभी समाप्त होगी, जब सारा समाज इसकी कब्र खोदने के लिए कमर कस लेगा।

टेलीविजन और बच्चों पर उसका प्रभाव

टेलीविजन विज्ञान की एक शानदार सृजनात्मक उपलब्धि है। इसमें समाचारों, रेडियो और सिनेमा तीनों की उपयोगिताओं का समाहार है। आज के युग में टेलीविजन की उपयोगिता और उसकी प्रभावोत्पादकता सर्वविदित है। टेलीविजन मनोरंजन का उत्तम साधन है। ज्ञान-विज्ञान के प्रचार-प्रसार में इसकी भूमिका सराहनीय है। एक ओर इसके माध्यम से देश-विदेश के समाचार व समसामयिक क्रिया-कलापों पर परिचर्चा का लाभ मिलता है, तो दूसरी ओर इसकी सहायता से शिक्षण का महत्वपूर्ण कार्य सम्पन्न हो रहा है और अनेक शिल्पों और प्रोद्यौगिकीय विषयों के प्रशिक्षण में भी इसका योगदान कम नहीं है। इस प्रकार टेलीविजन दर्शकों के ज्ञान क्षितिज को व्यापक करके उन्हें अधिकाधिक प्रबुद्ध बनाने का सराहनीय कार्य कर रहा है। विज्ञान की यह अनूठी देन दूरस्थ, दुर्गम स्थानों के और समाज की मुख्य धारा से पृथक पड़े लोगों के प्रबोधन एवं उन्नयन का शक्तिशाली साधन है। टेलीविजन विज्ञापन का सबसे सशक्त साधन है। इसकी वाणिज्यिक एवं व्यावसायिक उपयोगिता सिद्ध हो चुकी है। टेलीविजन से प्रसारित आकर्षक एवं मनोरम विज्ञापन दर्शकों को बरबस अपनी ओर आकृष्ट करते हैं। विज्ञान के इस आविष्कार ने संसार को हमारे निकट ला दिया है। संसार के किसी भी कोने में घटित महत्वपूर्ण घटना में संसार के सभी प्रबुद्ध नागरिक अधिकाधिक रुचि लेने लगे हैं। इस प्रकार टेलीविजन ने संसार को एकता के सूत्र में बांधने का अभूतपूर्व कार्य किया है।

एक ओर जहां टेलीविजन की सर्वक्षेत्रीय उपयोगिता के बारे में दो राय नहीं हो सकती, वहीं दूसरी ओर हमारे बच्चों, किशोरों और नवयुवकों पर पड़ रहे इसके दुष्परिणामों के बारे में भी आम सहमति है। टेलीविजन ने हमारे घरों में प्रवेश करके नयी पीढ़ी को अपने मोह जाल में फंसा लिया है। नवयुवकों के मन पर इसकी पकड़ मजबूत होती जा रही है। इसके प्रभाव से बच्चों में एक नई संस्कृति विकसित हुई है और हो रही है, जो अनेक दृष्टियों से भारतीय परिवेश के साथ मेल नहीं खाती। नीचे हम इसके दुष्परिणामों-विशेषतया बच्चों पर पड़ने वाले दुष्प्रभावों की चर्चा करेंगे।

बच्चों में टेलीविजन चलाकर इसके सामने बैठे रहने की लत पैदा हो गई। 'लत' इसलिए कहना ठीक है कि टेलीविजन देखे बिना उसका मन अतृप्त रहता है और उनकी इन्द्रियाँ अवसादपूर्ण रहती हैं। जो व्यक्ति उन्हें टेलीविजन के सामने बैठने से रोकता है, वह उन्हें सबसे बड़ा शत्रु लगता है। 'लत' इसलिए भी है कि टेलीविजन के पर्दे से चिपके रहने पर उन्हें भूख-प्यास भी नहीं सताती। इससे उन्हें कोई मतलब नहीं कि पर्दे पर आ रहा कार्यक्रम उनकी समझ में आ रहा है या नहीं, उन्हें बस देखते रहने से मतलब है। किन्तु इसका अर्थ यह कदापि नहीं है कि इससे उनको कोई हानि नहीं होती, केवल उनका बहुमूल्य समय बरबाद होता है। बच्चे टेलीविजन के पर्दे पर जो कुछ भी देखते हैं, उसका प्रभाव, अच्छा या बुरा, पड़ता अवश्य है। बच्चों में इतना विवेक नहीं होता कि वे सद् और असद् में भेद कर सकें; उनमें इतना संयम भी नहीं होता कि वे मात्र सद् को अपनायें और असद् का त्याग कर दें। अतः टेलीविजन के पर्दे पर जो कुछ भी आता रहता है, वह सब बच्चों पर अपनी सकारात्मक और नकारात्मक छाप डालता रहता है। इस की बच्चों के चरित्र-निर्माण में बड़ी महत्वपूर्ण भूमिका होती है तथा इसका प्रभाव तात्कालिक ही नहीं, दूरगामी भी होता है। इसी प्रक्रिया से बच्चों में विविध संस्कार विकसित और दृढ़ होते हैं।

नवयुवक और स्कूली बच्चे टेलीविजन देखने में जितना समय लगाते हैं, यह बहुत अधिक है। अमेरिका में किये गये एक सर्वेक्षण की रिपोर्ट के अनुसार वहां बच्चे जितना समय स्कूल में पढ़ाई में लगाते हैं, लगभग उतना ही समय घर पर टेलीविजन देखने में लगाते हैं। सर्वेक्षण में बताया गया है कि यह समय बहुत ज्यादा है। भारत में अभी हालत इतनी खराब

नहीं है। भारत में किए गए एक सर्वे के मुताबिक यहां स्कूली बच्चे सप्ताह में औसतन 10-12 घंटे टेलीविजन देखते हैं। समृद्ध अमेरिका में तो घर पर हर बच्चे के कमरे में टेलीविजन लगे होते हैं, पर भारत में इतनी समृद्धि अभी नहीं है। कुछ प्रबुद्ध लोगों को आशंका है कि यदि भारत में स्कूली बच्चों के लिए घर में अलग-अलग कमरे हों, और उनमें उनके लिए अलग टेलीविजन की सुविधा हो, तो भारत के बच्चे अमेरिकी बच्चों से पीछे रहने वाले नहीं हैं।

एक विचित्र बात यह है कि टेलिविजन देखने के सम्बन्ध में बच्चों का रवैया कतई समझौता वाला नहीं है। खान-पान, वस्त्र, खेल-कूद आदि तमाम बातों के सम्बन्ध में वे समझौता कर लेते हैं, किन्तु टेलीविजन देखना इनका अपवाद है। टेलीविजन के पर्दे ने बच्चों पर न जाने कैसा जादू कर दिया है? यहां यह बताना अति प्रासंगिक होगा कि अनेक परिवारों में टेलीविजन देखने की इसी लत के कारण अनेक बच्चे अपने माता-पिता (जो टेलीविजन के साथ चिपके रहने की आदत के विरोधी हैं) को निहायत नापसन्दगी की नजर से देखते हैं। बच्चों और उनके मां-बाप के बीच ऐसा टकरावपूर्ण रवैया पारिवारिक सौहार्द के लिए अनिष्टकर है।

अनियन्त्रित ढंग से टेलीविजन देखते रहने से अनेक हानियों का पता लगा है। समाजशास्त्रियों द्वारा किये गये सर्वेक्षण और प्राप्त आंकड़ों के आधार पर किये गये अध्ययन से कुछ निष्कर्ष निकले हैं, जिनका संक्षिप्त वर्णन नीचे दिया जा रहा है–

- अधिक समय तक टेलीविजन देखने वाले बच्चों में घोर भौतिकवादी दृष्टिकोण पैदा हो जाता है। इससे बच्चों के चरित्र का एकांगी विकास होता है। अति भौतिकवादी दृष्टिकोण बच्चों के नैसर्गिक विकास में बाधक होता है।
- अधिक समय तक टेलीविजन से चिपके रहने के आदी बच्चे प्रायः दुराग्रही और जिद्दी बन जाते हैं। टेलीविजन पर प्रसारित विज्ञापनों के सम्बन्ध में उनका मताग्रह प्रायः सनक का रूप धारण कर लेता है।
- यह निष्कर्ष निकाला गया है कि जो बच्चे टेलीविजन के अधिक शौकीन हो जाते हैं, उनकी कल्पना शक्ति क्षीण होने लगती है।
- टेलीविजन व्यसनी बच्चों में पढ़ने का शौक मन्द या समाप्त होने लगता है।
- लगातार लम्बे समय तक टेलीविजन देखते रहने से बच्चों में बड़ी थकान आ जाती है। यह तथ्य प्रयोग सिद्ध है कि पढ़ाई और टेलीविजन देखना–इन दोनों में टेलीविजन देखना अधिक थकावट पैदा करता है। अतः अधिक टेलीविजन देखने वाले बच्चे प्रायः इसी काम में इतना थक जाते हैं कि उनकी पढ़ाई नहीं हो पाती।
- देर तक टेलीविजन देखने वाले बच्चों की एकाग्रताशक्ति (सब इन्द्रियों को केन्द्रित करके एक काम में लगाने की क्षमता) क्षीण हो जाती है। वे अधिक समय तक किसी विषय या समस्या पर अपना ध्यान केन्द्रित नहीं रख पाते।
- पाया गया है कि समान प्रतिभा वाले बच्चों में से उन बच्चों को परीक्षा में अपेक्षाकृत कम अंक प्राप्त होते हैं, जो टेलीविजन देखने में बहुत समय लगाते हैं।
- प्रायः देखा गया है कि जो बच्चे टेलीविजन देखने में अधिक रुचि रखते हैं, उनका खेल-कूद के प्रति अनुराग कम हो जाता है। ऐसे बच्चे खेल-कूद से अर्जित होने वाले कौशल और श्रेष्ठ नैतिक व चारित्रिक सद्‌गुणों से वंचित रह जाते हैं।
- जो बच्चे अधिक समय टेलीविजन देखने में व्यतीत करते हैं उनमें ख्याली पुलाव पकाने की प्रवृत्ति पैदा हो जाती है और वे प्रायः अन्तर्मुखी हो जाते हैं।

कहने का आशय यह नहीं है कि टेलीविजन बहुत बुरी चीज या बुरी बला है–बुरी तो इसके साथ चिपक कर बैठने की लत है। जैसा कि पहले बताया जा चुका है कि टेलीविजन विज्ञान की अनूठी देन है और इसके विवेकसम्मत प्रयोग से हानि की अपेक्षा लाभ अधिक हो सकते हैं।

अतः बच्चों को लम्बे समय तक टेलीविजन के सामने बैठने से रोका जाना चाहिए। निःसन्देह उन्हें ऐसे कार्यक्रम देखने के लिए प्रोत्साहित किया जाना चाहिए, जो प्रेरणादायक हों। बच्चों को नई खोजों, नए प्रयोगों और आधुनिकतम उपलब्धियों से सम्बन्धित कार्यक्रम अवश्य दिखाये जाने चाहिए। ऐसे कार्यक्रम बच्चों के लिए लाभदायक सिद्ध हो सकते हैं, जो उनमें कल्पना-शक्ति को जागृत करें। समाचार और घटनाचक्र सम्बन्धी कार्यक्रम विद्यार्थियों के लिए विशेष लाभदायक हैं। कुल मिलाकर सही सलाह दी जा सकती है कि बच्चों के लिए उपयोगी और सृजनात्मक क्रिया-कलापों से सम्बन्धित कार्यक्रम अवश्य दिखाए जाएं। शिक्षा सम्बन्धी प्रसारण द्वारा भी बच्चों का मार्गदर्शन करना उचित होगा तभी वे टेलीविजन के कुप्रभाव से बच सकते हैं।

5. पत्र लेखन

सामाजिक जीवन में पत्र लिखने की आवश्यकता प्रायः पड़ती रहती है। जीवन के खट्टे, मीठे तथा कड़वे घूंट पीना तथा अपनी स्थिति से अपने हितचिन्तकों एवं मित्रों को अवगत कराना एक अनवरत प्रक्रिया है। इस सामाजिक जीवन से सम्बन्धित पत्र व्यवहार को आमतौर से तीन भागों में विभाजित किया जाता है, यथा– (1) सामाजिक दायित्व सम्बन्धी पत्र अथवा सामाजिक बाध्यकारिता विषयक पत्र; (2) मैत्री विषयक पत्र; तथा (3) पारिवारिक पत्र।

(1) सामाजिक दायित्व सम्बन्धी पत्रः इन पत्रों का क्षेत्र काफी व्यापक होता है। आमन्त्रण अथवा निमन्त्रण पत्र, घोषणाएँ, पावतियाँ, स्वीकृति, धन्यवाद, शोक सूचनाओं से संबंधित पत्र सामाजिक दायित्वों की परिधि में आते हैं।

(2) मैत्री विषयक पत्रः ऐसे पत्र मनोरंजक, आनन्दप्रद तथा स्नेहसूचक होते हैं। मित्र पुरुष अथवा कोई नारी भी हो सकती है। इसमें प्रमुख बात यह होती है कि दोनों पक्ष पारस्परिक मैत्री भाव रखते हों तथा एक-दूसरे से अपने मन की बात निःसंकोच प्रकट करने का साहस जुटा सकते हों। दो मित्रों के बीच पत्र व्यवहार की नौबत प्रायः तब आती है जब वे दूर-दूर रहते हों और अपने मन की बात लिखकर प्रकट करना चाहते हों।

(3) पारिवारिक पत्रः ये पत्र प्रायः समस्या प्रधान होते हैं और परिवार के पहियों को समानान्तर तथा समतल रखने के लिए लिखे जाते हैं। ऐसे पत्र पत्नी, माता-पिता, पुत्र अथवा अन्य किसी सगे सम्बन्धियों से सम्बन्धित होते हैं। ऐसे पत्र दुकानदारों को किसी वस्तु की आपूर्ति करने एवं पुत्र के पाठशाला से अनुपस्थित रहने के लिए भी लिखे जाते हैं। पारिवारिक पत्र कभी-कभी पूरी तरह औपचारिक (formal) और कभी-कभी कुशल-क्षेम जानने के लिए लिखे जाते हैं। पत्र लिखने के लिए अच्छा कागज, अच्छी स्याही, अच्छी भाषा तथा अच्छे पेन का प्रयोग करना चाहिए। यदि आप टाइप करके पत्र भेजना चाहते हों तो टाइप करने से पूर्व रिबन की स्याही, टाइपराइटरों के अक्षरों की जाँच तथा उसकी रफ्तार आदि की जांच अच्छी तरह कर लेनी चाहिए। याद रखें ये सब स्टेशनरी सम्बन्धी वस्तुएँ आपके पत्र को आकर्षक बनाती हैं। टाइप करना अपने आप में एक कला है और इस कला के निष्णात टाइपिस्ट पत्र को मनोरम छवि प्रदान करते हैं।

सदस्यता प्रस्ताव विषयक पत्र

प्रिय सुन्दरम्,

मैं श्री लक्ष्मीनारायण को नागरिक क्लब की सदस्यता दिलाना चाहता हूँ। एतद्विषयक प्रस्ताव मैं दिनांक 11 जुलाई को हो रही बैठक में प्रस्तुत करूंगा। आशा है, आप भी मेरे प्रस्ताव का समर्थन करेंगे। मैं आपकी जानकारी के लिए लिख रहा हूँ कि श्री लक्ष्मीनारायण व्यवसाय से एक सफल वकील हैं। साथ ही ये कई शिक्षण संस्थान और समाज सेवा केन्द्रों से भी संबद्ध हैं। इनका व्यवसाय समाज सेवा में बाधक नहीं है। इनकी कम्पनी के कई वकील कार्य देखने के लिए हैं। ये महाशय तो महीने में 2-4 बार ही बड़े मामलों की सुनवाई में भाग लेते हैं।

आशा है, आप भी इनकी प्रतिभा से प्रभावित होंगे।

सप्रेम।

आपका

निमिशरण मित्तल

किसी सदस्य को आमंत्रित करना

प्रिय सियाशरण,

आपको जानकर हर्ष होगा कि लोक सेवा क्लब की आगामी बैठक बुधवार दिनांक 25 जनवरी, ... को कुतुबमीनार परिसर में आयोजित की जा रही है। पिछली बैठक में आप अनुपस्थित रहे हैं, इसलिए काफी पहले से आपको सूचित किया जाता है कि इस आगामी बैठक में आप अवश्य आएँ। भोजनादि का प्रबंध क्लब की ओर से ही किया गया है।

सप्रेम। आपका

जीवन प्रकाश

सचिव, लोक सेवा क्लब

आभार व्यक्त करना

1. आभार व्यक्त करना

प्रिय महोदय,

'शक्ति सेवा मण्डल' के लक्ष्यों और उद्देश्यों को पूरा करने हेतु मुझे निदेशक नामित करके आप लोगों ने जो गुरुतर दायित्व मुझे सौंपा है, उसके लिए मैं हृदय से आप लोगों के प्रति आभार व्यक्त करता हूँ। मैं सहज भाव से कृतज्ञता ज्ञापित करते हुए मण्डल के संचालकों को विश्वास दिलाना चाहता हूँ कि पूरी निष्ठा से मण्डल के कार्यों को करूँगा और इसके उद्देश्यों को पूरा करने में अपना भरपूर योगदान दूँगा साथ ही 'शक्ति सेवा मण्डल' की अपेक्षाओं के अनुकूल अपनी सेवाएं देता रहूँगा। एक बार पुनः मैं संचालकों को धन्यवाद देता हूँ।

सादर।

आपका

दीपक गुप्ता

श्री तरुण अग्रवाल

तथा अन्य संचालकगण

शक्ति सेवा मण्डल,

मिर्जापुर, उ॰प्र॰।

2.

प्रिय हरिहरन,

मुझे यह जानकर प्रसन्नता हुई कि सिविल एसोसिएशन के ट्रस्टियों ने मुझे ट्रस्ट का सदस्य मनोनीत करने की कृपा की है। मैं इस कृपापूर्वक दिए गए दायित्व को अवश्य शिरोधार्य कर लेता किन्तु मैं पहले से ही इस प्रकार की एक अन्य संस्था से भी सम्बद्ध हूँ। अतः एक ही साथ दो-दो जिम्मेदारियाँ निभाना मेरे लिए संभव नहीं है। ऐसी दशा में आपके प्रस्ताव को स्वीकार करने में मैं असमर्थता अनुभव कर रहा हूँ। कृपया इसे अन्यथा न लीजिएगा।

सादर।

श्री जी॰ हरिहरन्, आपका

सचिव परमात्मा शरण निगम

सिविल एसोसिऐशन ट्रस्ट

गुलज़ार बाग, पटना

त्याग पत्र

आदरणीय पाण्डेयजी,

खेद है कि मुझे परिस्थितिवश स्वाध्याय मण्डल की सदस्यता से त्याग पत्र देना पड़ रहा है। इन दिनों मैं मानव सेवा संघ से सम्बद्ध हो गया हूँ। इस संस्था की शाखाएँ भारत के प्रत्येक महानगर में हैं। मान्य अधिकारियों ने मुझे समन्वय अधिकारी का कार्य सौंपा है जो मेरी रुचि के अनुकूल भी है। इस वजह से मुझे पूरे भारत में घूमना पड़ेगा तथा स्वाध्याय मण्डल के कार्यों के प्रति मैं पूरा समय नहीं दे सकूँगा। आशा है, आप विवशता को समझते हुए मेरा त्याग पत्र अवश्य स्वीकार करेंगे।

सद्भावनाओं सहित।

आपका
गोविन्द शुक्ल

श्री आत्मा शंकर पाण्डेय,
सचिव, स्वाध्याय मण्डल,
पाण्डेय-सदन,
अलीगंज, लखनऊ

सराहना पत्र

प्रिय अरविन्द,

मुझे यह सूचित करते हुए हार्दिक प्रसन्नता हो रही है कि गत मास सम्पन्न हुए कवि सम्मेलन में आपने आमंत्रित कवियों तथा विशिष्ट अतिथियों के स्वागत-सम्मान तथा आवास आदि की व्यवस्था करने में अपना अत्यधिक सहयोग दिया था। नवजागरण कवि सम्मेलन के लिए गठित स्वागत समिति आपकी सेवाओं की भूरि-भूरि प्रशंसा करती है और आशा करती है कि भावी सभी सामाजिक एवं सांस्कृतिक कार्यों में आपका इसी प्रकार का सहयोग मिलता रहेगा।

सप्रेम।

श्री अरविन्द अवस्थी, आपका
अवस्थी निकेतन शील खण्डेलवाल
बेलवर गंज, पटना

समाचार-पत्रों के सम्पादक को पत्र

सेवा में,
सम्पादक,
नव प्रभात (दैनिक)
नव प्रभात मार्ग, लखनऊ

प्रिय महोदय,

गत सोमवार दिनांक 1 फरवरी, ... की रात जब मैं अपने स्कूटर से घर जा रहा था रास्ते में कुछ रुकावटों की वजह से मुझे अपना स्कूटर धीमा करना पड़ा। तभी कुछ गुण्डों ने आकर मुझे पकड़ लिया। ठीक उसी समय गश्त पर घूम रहे दो पुलिस कांस्टेबलों ने छीना-झपटी करते हुए कुछ लोगों को देखा। वे तत्काल मेरी मदद को आ गए और मुझे रात में गुण्डों के चंगुल से छुड़ाया। पुलिस की आलोचना करने वाले लोगों से मेरा निवेदन है कि वे यह समझें कि किसी विभाग के सभी लोग बुरे नहीं होते। पुलिस में भी कई लोग ईमानदार तथा सहृदय मिलते हैं। पुलिस की उक्त कर्त्तव्यनिष्ठा एक मिसाल है।

इसे कृपया 5 फरवरी के अंक में दें स्थान तो ज्यादा अच्छा रहेगा।

सादर।

आपका
मनमोहन सिंह
313, निराला नगर, लखनऊ

नगर निगम के मेयर को पत्र

सेवा में,
मेयर,
दिल्ली नगर निगम,
टाउन हाल, चाँदनी चौक, दिल्ली

विषय : रामलीला मैदान, अजमेरी गेट एवं तुर्कमान गेट के क्षेत्र में अनधिकृत कब्जे तथा गंदगी का साम्राज्य।

महोदय,

गत सप्ताह आपसे मिलने का मुझे अवसर मिला था, उपर्युक्त विषय में आपसे चर्चा भी हुई थी। आपने लिखित स्थिति सूचित करने को कहा था—तद्नुसार यह पत्र आपको भेज रहा हूँ। आपने स्वयं देखा होगा कि रामलीला मैदान के तीन ओर काफी घुसपैठ हो गई है। पश्चिम में मोटर साइकिल, कार स्टैंड, साइकिल रिक्शों का अड्डा है और उत्तर में भी यही हाल है। पूर्व की ओर भी इसका फैलाव कम किया गया है। परिणाम यह हुआ कि कूचा पातीराम, सीताराम बाजार, हिन्दी बाड़ा और तुर्कमान गेट के स्लमवासी जो अपने घर से निकलकर कभी-कभी रामलीला मैदान में आकर खुली हवा में सांस ले लिया करते थे वह भी स्थिति अब नहीं रही। मेरा सुझाव है कि रामलीला मैदान का स्वरूप पूर्ववत् कर दिया जाए। परिसर को हरा-भरा रखने के लिए चारों ओर अच्छे-अच्छे फूल-पौधे लगाए जाएं। एक ओर छोटा पार्क बच्चों के लिए आरक्षित हो। पार्क के रख-रखाव की समुचित व्यवस्था की जाए। यदि आप उक्त कार्रवाई कराने की कृपा करेंगे तो जनता चैन की सांस ले सकेगी तथा वातावरण और परिसर दोनों साफ-सुथरे और आकर्षक बन जाएंगे।

आशा है, आप उक्त सुझावों पर अवश्य कार्रवाई करने का निर्देश देंगे।

सादर।

भवदीय
दिनांक : 5-2-..... दीपक राही
समाज सेविका

उपडाकघर एवं बचत बैंक खोलने के लिए पत्र

सेवा में,
महा डाकपाल,
उत्तर प्रदेश परिमण्डल, लखनऊ

विषय : हिलौली, जिला उन्नाव में उपडाकघर खोलने की आवश्यकता।

महोदय,

निवेदन है कि हिलौली शाखा डाकघर करीब पिछले साठ वर्षों से चल रहा है किन्तु अभी तक इसे उपडाकघर के रूप में परिवर्तित नहीं किया गया है जबकि इसकी सीमा में आने वाला क्षेत्र काफी विस्तीर्ण है। आपकी सूचना के लिए निवेदन है कि इस गांव की जनसंख्या बढ़कर करीब 20 हजार से भी ऊपर हो गई है। यहाँ पर खण्ड विकास अधिकारी का कार्यालय, पंचायत घर, प्राथमिक चिकित्सा केंन्द्र, माता तथा शिशु की रक्षा का केन्द्र जैसी अनेक संस्थाएँ कार्य कर रही हैं। हाल ही में एक पशु चिकित्सालय भी खोला गया है तथा सफाई निरीक्षक का कार्यालय भी है। ऐसी दशा में ग्रामवासियों तथा सरकारी कर्मचारियों को अपनी बचत का एक भाग जमा कराने के लिए मौसवां जाना पड़ता है जो हिलौली से 7 किलोमीटर से भी अधिक की दूरी पर है। अस्तु, हम ग्रामवासियों की ओर से आपसे निवेदन है कि हिलौली ग्राम के शाखा डाकघर को वर्ष, ... से उप-डाकघर के रूप में चालू कर दिया जाए। इससे न केवल ग्रामवासियों को लाभ पहुँचेगा वरन् सरकारी राजस्व में भी वृद्धि होगी और लोग छोटी-छोटी बचत योजनाओं का लाभ भी ले सकेंगे। आशा है, आप इस प्रार्थना पत्र पर तत्काल कार्रवाई करेंगे।

सादर।

भवदीय
शिव प्रसाद पाण्डेय
भूमिधर,
ग्राम व पोस्ट हिलौली,
दिनांक : 2 जनवरी, ... जिला, उन्नाव (उत्तर प्रदेश)

पत्र संख्या-5/3/न डा/08 महा डाकपाल, उत्तर प्रदेश परिमंडल
लखनऊ
दिनांक : 10 जनवरी, ...

6. हिन्दी साहित्य

आदिकाल (वीरगाथा काल)

हिन्दी साहित्य का प्रथम काल जो वीरगाथा काल, आदिकाल, चारणकाल, संधिकाल आदि नामों से जाना जाता है, हिन्दी साहित्य का महत्त्वपूर्ण काल है। यह हिन्दी भाषा और हिन्दी काव्य का सूर्योदय काल है। इस काल की प्रमुख प्रवृत्तियाँ एवं विशेषताएँ निम्नलिखित हैं :–

आश्रयदाताओं की प्रशंसाः इस काल के कवियों ने अपने-अपने आश्रयदाताओं की बढ़-चढ़कर प्रशंसा की है। अपने आश्रयदाताओं को ऊँचा दिखाने के लिए इन्होंने अपनी पूरी ताकत खर्च कर दी है। स्वर्णमुद्रा के लोभ में इन कवियों ने राजाओं का झूठा यशोगान किया है। परिणामस्वरूप इस काल का साहित्य स्तुतिपरक होकर सिमट गया है।

ऐतिहासिकता का प्रभावः इन रचनाओं में इतिहास प्रसिद्ध चरित्र नायकों को लिया गया है किन्तु उनका वर्णन ऐतिहासिक नहीं है। इनके कार्यकलापों की तिथियाँ इतिहास से मेल नहीं खातीं। इनमें इतिहास की अपेक्षा कल्पना की प्रधानता है। इनमें कवियों ने कल्पना और अतिरंजना का समिश्रण किया है।

संदिग्ध रचनाएँ : इस काल की रचनाओं की प्रामाणिकता संदिग्ध है। भाषा शैली और विषय वस्तु की दृष्टि से कई रचनाओं में व्यापक परिवर्तन मिलता है। लगता है, इन पुस्तकों में शताब्दियों तक परिवर्तन होने के कारण इनका वर्तमान स्वरूप संदिग्ध हो गया है।

युद्धों का सजीव वर्णन : इन ग्रंथों का मुख्य विषय युद्धों का वर्णन है। ये युद्ध वर्णन अत्यन्त सजीव हैं क्योंकि ये कवि राजाओं के साथ युद्ध भूमि में एक सैनिक की तरह भाग लेने वाले होते थे।

संकुचित राष्ट्रीयता : इस काल की रचनाओं में राष्ट्रीयता का पूर्ण अभाव है। इस काल के कवियों के आश्रयदाता ही उनके लिए राष्ट्र थे। राजाओं ने भी अपने सौ-पचास गाँवों को राष्ट्र समझ रखा था। यह देश का दुर्भाग्य था। राजाओं का आपसी संघर्ष ही राष्ट्रीयता के अभाव का प्रतीक है।

वीर और शृंगार रस : इन वीर गाथाओं में वीर तथा शृंगार रस का अच्छा समन्वय दिखाई पड़ता है। उस समय बालक से वृद्ध तक में युद्ध का उत्साह था। उस समय प्रचलित था–

बारह बरस तक कुकुर जीये,
और तेरह तक जियै सियार।
बरस अठारह क्षत्रिय जीयै
आगे जीवन को धिक्कार।।

युद्धों का कारण प्रायः सुन्दरियां होती थीं। अतः उनका नख-शिख-वर्णन करके राजाओं के मन में प्रेम जगाया जाता था। इस समय का शृंगार वासना से ऊपर नहीं उठ पाया था।

जन-जीवन के चित्रण का अभाव : इस काल के कवियों ने अपने आश्रयदाताओं की झूठी प्रशंसा में जन-जीवन को भुला दिया है।

काव्य के दो रूप : इस काल में मुक्तक तथा प्रबन्ध दोनों प्रकार की रचनाएँ मिलती हैं। जैन-साहित्य में चरित्र साहित्य, पुराण साहित्य, रामकाव्य, कृष्ण काव्य, रोमांटिक काव्य अधिक मिलते हैं। लोक-साहित्य गीति शैली में लिखे गए हैं।

विविध छन्दों का प्रयोग : छन्दों की विशेषता के लिए यह काल सर्वोपरि है। दोहा, रोला, तोटक, तोमर, आर्या आदि इस काल के प्रसिद्ध छन्द हैं। ये छन्द प्रयोग चमत्कार प्रदर्शन से युक्त हैं।

भाषा : इस काल की मुख्य भाषा 'डिंगल' भाषा है। यह भाषा उस समय राजस्थान की साहित्यिक भाषा थी। कुछ लोग इस भाषा को अपभ्रंश भाषा कहते हैं। जैन साहित्य पश्चिमी अपभ्रंश और सिद्ध साहित्य पूर्वी अपभ्रंश में लिखा गया है। वीर काव्य डिंगल-पिंगल में लिखे गए हैं। लौकिक काव्य पिंगल और खड़ी बोली की ओर उन्मुख है।

अन्तर्विरोध : आदिकाल अन्तर्विरोध, मतभेद और विभिन्नताओं का काल है। इसमें पूर्व और पश्चिम का भी भेद है। पश्चिम का साहित्य रूढ़िगत है। इसमें राजाओं की झूठी प्रशंसा है, शृंगारिकता रचनाओं में घोली गई है और मिथ्या नैतिकता का प्रचार किया गया है। पूर्व का साहित्य इसके विपरीत है। इसमें रूढ़ियों का विरोध, ब्राह्मणवाद और जातिभेद पर प्रहार है। इस काल के कवि के एक काव्य में अन्तर्विरोध खोजा जा सकता है। विद्यापति इसी काल के कवि हैं जो शैव भी हैं और वैष्णव भी। वे भक्त भी हैं और शृंगारी भी।

रासक शैली की प्रधानता : आदिकाल में जितने भी काव्य मिलते हैं उनमें अधिकांश की शैली 'रासक' शैली है। रासक गेय रूपक को कहते हैं। इन्हें ताल और लय के अनुसार नाच-नाच कर गाया जाता है। इस काल के रचना ग्रंथों में 'रासो' शब्द जुड़ा हुआ मिलता है। चन्दवरदाई, दलपति विजय, नरपतिनाल्ह, जगनिक आदि इस काल के प्रमुख कवि हैं उनकी श्रेणी में विद्यापति सर्वश्रेष्ठ हैं।

भक्तिकाल

हिन्दी साहित्य के भक्तिकाल को कुछ लोग पूर्व मध्यकाल और कुछ लोग उत्तर मध्यकाल या धार्मिक काल कहते हैं। भक्ति काल में विभिन्न परिस्थितियों पर नजर डालने की आवश्यकता है–

राजनीतिक परिस्थिति : मुहम्मद गोरी के आक्रमण के बाद से ही उत्तरी भारत का शासन मुसलमानों के हाथ में जा चुका था। मुसलमान शासकों की शासन पद्धति इस्लाम के सिद्धान्त पर आधारित थी। उसका शासन सामन्ती था। हिन्दू शासक कमजोर हो गए थे। हिन्दू शासकों में मुसलमान शासकों के विरुद्ध सिर उठाने की शक्ति नहीं रह गई थी। हिन्दुओं की आँखों के समक्ष उनके मंदिर गिराए जा रहे थे। उनके धार्मिक ग्रंथों की होली जलाई जा रही थी। फलतः इस्लामी राजनीति से पीड़ित और लांक्षित हिन्दुत्व किसी अजेय शक्ति का आश्रय ढूँढ रहा था।

सामाजिक परिस्थितिः मुसलमानों के प्रवेश और उनके द्वारा राजसत्ता हस्तगत कर लेने के परिणामस्वरूप इस्लाम की पताका फहराने लगी। हिन्दू अपने ही घर में विदेशी बन बैठे और मुसलमान विदेशी होकर हिन्दुस्तानी का गौरव प्राप्त कर लिया। हिन्दू-समाज के रक्त से इनकी आमोद-प्रमोद और वैभव-विलास की वाटिका सिंचित की गई। इस्लाम ने अपना द्वार खोल दिया था। जातियों, उपजातियों एवं नाना प्रकार के वर्गों में विभाजित हिन्दू जाति अपने ही पैरों में कुल्हाड़ी मारकर अपना गला घोंट रही थी।

धार्मिक परिस्थितिः धर्म के क्षेत्र में उन लोगों का प्रभुत्व था जो इस देश के जन-जीवन को राहु बनकर ग्रास बना लेना चाहते थे। धर्म की वास्तविक आत्मा समाप्त हो गई थी। व्यभिचार, जादू टोना, मंत्र का जाल फैलाकर हिन्दू धर्म को पतन की कीचड़ में डाल दिया गया था। रूढ़िवादियों एवं परम्परा के अंधभक्तों ने समाज की धर्म रूपी नौका को मझधार में छोड़ दिया गया था। धर्म ने जिनके ऊपर अपनी रक्षा का भार छोड़ दिया था वे ही धर्म को भ्रष्ट करने लगे थे।

साहित्यिक परिस्थितियाँः जिन धार्मिक सम्प्रदायों ने संत काव्य की दार्शनिक पृष्ठभूमि तैयार की उन सम्प्रदायों की साहित्यिक प्रवृत्तियों का सन्त काव्य में स्वतः समावेश हो गया। भक्तिकाल की काव्यगत विशेषताओं को नीचे की सूची से समझा जा सकता है–

भक्ति काल की काव्यगत विशेषताएँ

काव्य-धारा	प्रमुख कवि	विशेषताएँ
ज्ञानाश्रयी या ज्ञानमार्गी शाखा (सन्त सम्प्रदाय)	कबीर	निर्गुण ब्रह्म की उपासना
	धर्मदास	ईश्वर-प्राप्ति हेतु सद्गुरु आवश्यक।
	रैदास	प्रायः कवि निम्न जाति के थे और जाति-पाँति का बन्धन नहीं मानते थे।
	गुरु नानक	रूढ़िवादिता, आडम्बर आदि का विरोध
	दादू दयाल	इस्लाम और वैदिक धर्म के समन्वय पर जोर
	सुन्दरदास	भक्ति और साधना की सफल अभिव्यक्ति परन्तु, काव्य शास्त्र के नियमों का निर्वाह नहीं।
	मलूक दास	वैयक्तिक साधनों पर जोर।
प्रेमाश्रयी या प्रेममार्गी शाखा (सूफी सम्प्रदाय)	जायसी	लौकिकता के माध्यम से अलौकिकता का वर्णन।
	कुतुबन	भौतिक प्रेम कथाओं द्वारा ईश्वरीय प्रेम का चित्रण

काव्य-धारा	प्रमुख कवि	विशेषताएँ
	मंझन	गुरु का सर्वाधिक महत्त्व, फारसी की मसनवी शैली का प्रयोग, सम्पूर्ण जगत् एक ही ब्रह्म की अभिव्यक्ति है, जीव पति है और परमात्मा पत्नी।
राम-भक्ति शाखा	तुलसी	लोकहित पर सर्वाधिक जोर
	नामदास	समन्वय की भावना, हिन्दू जाति को एक सूत्र में बाँधने का प्रयास, कल्याण की भावना, कला पक्ष और भावपक्ष का उत्कृष्ट रूप।
कृष्ण-भक्ति शाखा	सूरदास	ब्रज भाषा का उत्कृष्ट रूप, मधुरता, सरसता
	नन्ददास	एवं रसात्मकता की सफल व्यंजना, श्रृंगार और
	परमानन्द दास	वात्सल्य रस का वर्णन, कहीं-कहीं श्रृंगार का
	कृष्णदास	घोर वर्णन, राम-काव्य के समान यह हमारे सामने
	कुम्भनदास	उच्च आदर्श नहीं रखता, लोक और शास्त्र-मर्यादा का बन्धन अस्वीकार।

भक्तिकाल (हिन्दी साहित्य का स्वर्णयुग)

हिन्दी साहित्य के चार कालों में केवल भक्तिकाल को ही अपने सामाजिक, नैतिक, साहित्यिक मान्यताओं के कारण स्वर्णकाल कहा जा सकता है। आदिकाल में आश्रयदाताओं का प्रशस्ति गान हुआ है। युद्धों के भयानक नाद, तलवारों की झनझनाहट तथा तीरों की सनसनाहट के स्वर इस युग में तीव्र रहे हैं। इस युग का साहित्य केवल वीर तथा श्रृंगार रस तक सीमित है। हिन्दी का रीतिकाल वासना तथा विलासिता का कुंज है। आधुनिक काल साहित्यिक उपलब्धियों के होते हुए भी अपनी प्रवृत्तियों में नित्य परिवर्तनशील है। जबकि भक्तिकाल के साहित्य का उद्देश्य सर्व उत्थान है। तुलसी ने लिखा है–

"कीरति भनिति भूति भलि सोई,
सुरसरि सम सब कर हित होई।"

आचार्य द्विवेदी के शब्दों में समूचे भारतीय इतिहास में भक्ति काल का साहित्य अपने ढंग का अकेला साहित्य है। इसी का नाम भक्ति-साहित्य है। यहाँ जीवन के सभी विषाद, निराशाएँ तथा कुंठाएँ मिट जाती हैं। इसमें निमज्जन करने से भारतीय जनता को अलौकिक सुख और शांति मिलती है। यह सुख, शांति अन्य किसी काल में सम्भव नहीं।

भक्तिकाल की ईश्वरोपासना, सगुणात्मक तथा निर्गुणात्मक दोनों प्रकार की है। यह भिन्नता केवल साधन की दृष्टि से है। मध्यकालीन भक्ति धारा हठयोग के रूप में कबीर आदि सन्तों की वाणी में प्रकट हुई है। दूसरी धारा जयदेव तथा विद्यापति के माध्यम से मधुर पदों में व्यक्त हुई है। तीसरी धारा राम तथा श्रीकृष्ण की सगुण भक्ति के रूप में प्रकट हुई है। इसमें ज्ञान, कर्म और भक्ति की त्रिवेणी बहती है। भक्ति साहित्य में हृदय, मस्तिष्क भाव और विवेक का ऐसा मणिकांचन संयोग हुआ है कि पाठक को बार-बार कहना पड़ता है–'गिरा अनयन नयन बिनु वानी।'

इस समय के काव्य का सौंदर्य तथा धार्मिक भावुकता हृदय को आनंदित करते हैं। यह गौरव अन्य किसी काल को प्राप्त नहीं है। निर्विवाद है कि भक्ति काल का साहित्य जहाँ एक ओर उच्चतम धर्म की व्याख्या करता है वहीं उच्चतम काव्यों के भी दर्शन कराता है। इसमें आत्माभिव्यक्ति है, इस काव्य का जीवन स्रोत रसपूर्ण और कलेवर मानवीय है।

भक्तिकाल की महत्ता अन्य कालों में इसलिए भी बढ़ जाती है क्योंकि इसमें समन्वय की विराट् चेष्टा मिलती है। भाव, काव्य, सगुण-निर्गुण, काव्य रूप, भाषा रूप आदि सभी दृष्टियों से समन्वय की भावना दिखाई पड़ती है। भारतीय संस्कृति केवल भक्ति काल से ही सुरक्षित है। भारतीय संस्कृति की चर्चा करके इन कवियों ने लोक आदर्श का सुन्दर चित्र प्रस्तुत किया है।

इस प्रकार काव्य रूप, लोकप्रियता, संगीतात्मकता, रचना, शैली, आध्यात्मिकता आदि तत्त्वों के आधार पर हम इस निष्कर्ष पर पहुँचते हैं कि भक्ति काल ही हिन्दी साहित्य का स्वर्णकाल या स्वर्ण युग कहलाने का वास्तविक अधिकारी है।

'राम-काव्य' की विशेषताएँ

राम का स्वरूप : राम-भक्ति-काव्य-धारा के कवियों ने राम को विष्णु का अवतार और ब्रह्म का स्वरूप माना है। इनके राम, दशरथ के पुत्र और शक्ति-शील तथा सौंदर्य के पुंज हैं। मानव का रूप धारण कर उन्होंने धर्म एवं सन्तों की रक्षा की है तथा दुष्टों एवं राक्षसों का संहार किया है। वे राम को अवतारी पुरुष मानते हैं–

"विप्र, धेनु, सुर, सन्त हित लीन्ह मनुज अवतार।"

आदर्श चरित्र : राम-काव्य में राम मर्यादापुरुषोत्तम तथा आदर्श चरित्र हैं। भाई, पुत्र, पति आदि सभी रूपों में राम आदर्श चरित्र का प्रतिनिधित्व करते हैं। इस काव्य में राम के साथ-साथ अन्य पात्रों को भी आदर्श के रूप में चित्रित किया गया है। दशरथ आदर्श पिता, कौशल्या आदर्श माता, सीता आदर्श पत्नी, भरत आदर्श भाई तथा हनुमान आदर्श भक्त हैं।

भक्ति की प्रधानता : राम-भक्ति-काव्य-धारा में भक्ति की ही प्रधानता है। ये कवि ज्ञान और कर्म से भक्ति को श्रेष्ठ मानते हैं। भक्ति द्वारा जीव का लोक-परलोक दोनों सुधरता है। तुलसीदास तो यहाँ तक कह देते हैं–

"तुलसीदास सब भाँति सकल सुख, जो चाहसि मन मेरो।
तो भजु राम काम सब पूरन, करहिं कृपा निधि तेरो।।"

समन्वय की भावना : राम-काव्य-धारा में विविध प्रकार की समन्वयात्मक प्रवृत्ति दिखलाई पड़ती है। तुलसी का काव्य तो समन्वय की विराट् चेष्टा है। इनमें ज्ञान, भक्ति तथा कर्म के साथ-साथ विविध देवी-देवताओं की स्तुति में भी समन्वय की

चेष्टा की गई है। काव्य के कला पक्ष अर्थात् भाषा, छन्द में भी समन्वय देखा जा सकता है। उपासना में समन्वय दिखलाते हुए तुलसीदास लिखते हैं :–

"शिव द्रोही मम दास कहावा,
सो नर सपनेहुँ मोहि न भावा।"

उत्कृष्ट काव्य : विषय वस्तु ही नहीं रचना शैली की दृष्टि से भी राम भक्ति काव्य उच्चकोटि के हैं। भक्तिकाल में प्रबन्ध और मुक्तक दोनों प्रकार के काव्य लिखे गए हैं।

जन-जीवन के कवि : राम-काव्य की परम्परा के कवि सही अर्थ में जनकवि हैं। किसी राजा के आश्रय में रहकर उसकी खुशामद में ये काव्य नहीं लिखे गए हैं। यही कारण है कि इनके काव्य, जीवन का प्रतिनिधित्व करते हैं। ये सभी कवि विनीत और विनम्र हैं। इनकी रचना लोकहितार्थ हुई है।

काव्य-भाषा : राम काव्य-परम्परा की अधिकांश रचनाएँ अवधी भाषा में लिखी गई हैं। ब्रजभाषा में लिखी जाने वाली रचनाएँ कम संख्या में हैं।

निर्गुण तथा सगुण रूपों की स्वीकृति : इस धारा में कवियों ने अपने उपास्य राम के निर्गुण तथा सगुण दोनों रूपों को स्वीकार किया है। राम-काव्य-प्रणेताओं ने स्वीकार किया है–"सगुनहिं अगुनहिं नहिं कहु भेदा"।

सेवक-सेव्य भाव : इस शाखा के कवियों ने राम की भक्ति सेवक-सेव्य भाव से की है। इस भावना से वे मोक्ष में विश्वास करते हैं। तुलसीदास लिखते हैं–

"सेवक सेव्य भाव बिनु, भव न तरिय उरगारि।"

लौकिक पुरुष के वर्णन का अभाव : इन कवियों ने अपने काव्य में किसी लौकिक पुरुष, राजा-महाराजा आदि का वर्णन नहीं किया है। राम के अतिरिक्त किसी को काव्य में चित्रित करना ये काव्य और कवित्व का अपमान समझते थे।

छन्द : इन कवियों ने उस समय की प्रचलित सभी शैलियों–दोहा, सोरठा, चौपाई, छप्पय, कवित्त, सवैया, बरवै आदि को अपनाया है।

हिन्दी साहित्य में राम-भक्ति विषयक काव्य देने का सर्वाधिक गौरव तुलसीदास को प्राप्त है। ये ही राम भक्ति काव्य के सम्राट् हैं। तुलसीदास कवि के रूप में क्रान्तिदर्शी थे। धर्म और समाज के साथ इन्होंने राजनीति का मार्ग प्रशस्त किया। अपने समय की प्रचलित सभी काव्य शैलियों को इन्होंने स्वीकार किया।

कृष्ण-काव्य की विशेषताएँ

कृष्ण काव्य धारा के प्रमुख कवि सूरदास हैं। इस शाखा में पुष्टिमार्ग और अष्टछाप का विशेष योगदान रहा है। वल्लभाचार्य और उनके अनुयायियों ने कृष्ण की लीलाओं का कीर्तन-गान किया। इस शाखा के कवि कृष्ण के अनन्य उपासक हैं। सूरदास ने सखा के रूप में कृष्ण-चरित्र का वर्णन किया है। इस काव्य की विशेषताओं में निम्नलिखित प्रमुख हैं:–

कृष्ण की लीलाओं का वर्णन : इन कवियों का प्रमुख काव्य विषय कृष्ण की लीलाओं का गान है। वात्सल्य भाव के अन्तर्गत कृष्ण की बाल-लीलाओं, चेष्टाओं तथा माँ यशोदा के हृदय की झाँकी मिलती है। सख्य भाव के अन्तर्गत कृष्ण और ग्वालों के जीवन की मनोरंजक घटनाएँ मिलती हैं। माधुर्य भाव के अन्तर्गत गोपी लीला प्रमुख है।

विषय वस्तु की मौलिक उद्भावना : कृष्ण काव्य का आधार भागवत पुराण है किन्तु इन कवियों ने पर्याप्त मौलिक उद्भावनाओं से काम लिया है। इन कवियों ने जयदेव तथा विद्यापति का आधार लेते हुए भी यथेष्ट कल्पना शक्ति से काम लिया है। इन्होंने कृष्ण-चरित्र में नवीन रूप-रंग भरकर उसे उभारा तथा निखारा है।

भक्ति-भावना : कृष्ण-काव्य के सभी सम्प्रदायों ने कान्ता भाव को, भक्ति को अधिक महत्त्व दिया है।

रस-चित्रण : कृष्ण काव्य में एक ही रस है और वह रस है भक्ति रस। शास्त्रीय दृष्टि से वात्सल्य, शान्त एवं शृंगार रस कह सकते हैं। इस काव्य में रस का पूर्ण परिपाक हुआ है। रस की दृष्टि से यह साहित्य अत्यन्त भव्य बन पड़ा है। वात्सल्य एवं शृंगार चित्रण में कृष्ण काव्य के कवि अद्वितीय हैं। शृंगार के संयोग एवं वियोग दोनों पक्षों का वर्णन अत्यन्त मनोरम बन पड़ा है।

प्रकृति-चित्रण : प्रकृति-चित्रण भाव की पृष्ठभूमि में हुआ है। यह उद्दीपन भाव के लिए या अलंकारों के अप्रस्तुत विधान के रूप में हुआ है। प्रकृति का स्वतंत्र चित्रण नहीं के बराबर है।

पात्र एवं चरित्र-चित्रण : कृष्ण-काव्य पात्रों के चरित्र-चित्रण की एक विशेषता है– प्रतीकात्मकता।

राधा माधुर्य भाव की भक्ति की उच्चतम प्रतीक है। श्रीकृष्ण परमात्मा हैं और गोपियाँ जीवात्माएँ हैं।

सामाजिक पक्ष : कृष्ण-काव्य लीलावादी काव्य है। लीला, लीला के लिए होती है। उसका लोक मंगल भावना से विशेष सम्बन्ध नहीं होता है किन्तु इस काव्य में उस समय की सामाजिक, धार्मिक और सांस्कृतिक अवस्था का थोड़ा बहुत यथार्थ वर्णन मिल जाता है। सूर के पदों में परोक्ष रूप से समाज की झलक मिलती है।

काव्य-रूप : कृष्ण-काव्य मुख्य रूप से गेय मुक्तक रूप में लिखा गया है। इन कवियों ने कृष्ण के जीवन के जिस अंश को अपने काव्य के लिए चुना वह मुक्तक के लिए ठीक था। इसमें गीति-काव्य का सुन्दर विकास हुआ है।

शैली : इस काव्य में प्रमुख रूप से गीति शैली का व्यवहार किया गया है, जिसमें गीति शैली के तत्त्व–भावात्मकता, संगीतात्मकता, वैयक्तिकता, संक्षिप्तता, एवं भाषा की कोमलता विद्यमान है।

छन्द : इस साहित्य में अधिकतर गीति पदों का प्रयोग है। इसमें कवित्त, सवैया, छप्पय, कुण्डलियां, गीतिका एवं कुछ अन्य छन्दों का भी प्रयोग मिलता है।

भाषा : कृष्ण-काव्य में लोक-प्रचलित ब्रजभाषा का प्रयोग हुआ है।

रीतिकाल

रीतिकाल को शृंगार काल भी कहा जाता है। रीतिकाल का उदय उस समय हुआ जब महलों में तलवारों की झनझनाहट के स्थान पर चूड़ियों की खन-खनाहट सुनाई पड़ रही थी। समाज में सुरा, स्वर्ण और सुन्दरियों का आदर बढ़ता जा रहा था। इस काल के कवियों ने–'आगे के सुकवि रीझिहैं तो कविताई न तो राधा गोविन्द सुमिरन को बहानो है'–कहकर संतोष कर लिया था। इस काल के कवियों में स्वान्तः सुखाय और परहिताय का अभाव है। इस काल की प्रमुख साहित्यिक प्रवृत्तियों एवं विशेषताओं को निम्नलिखित बिन्दुओं द्वारा स्पष्ट किया जा सकता है:–

लौकिक शृंगारिकता : इस काल के कवियों ने नायिका भेद, नखशिख आदि का जो कुछ भी वर्णन किया है सर्वत्र शृंगार की ही प्रधानता है। डॉ. नगेन्द्र ने ठीक ही कहा है–"साँचा चाहे जैसा भी रहा हो इसमें ढीली शृंगारिकता ही है। इसकी अभिव्यक्ति में किसी प्रकार का संकोच नहीं किया गया है। इस काल की कविता से विवेकहीन एवं विलासमयी वासना की दृष्टि होने लगी। शृंगार रस के संयोग एवं वियोग दोनों पक्षों को अच्छी तरह सजाया गया।" इस काल के कवियों ने संयोग में स्पर्श सुख का भी खुलकर वर्णन किया है। देव की रचना का एक उदाहरण है–

'श्वेद बढ़्यो तन कम्प उरोजनि,
आँखिन आँसू कपोलन हाँसी।'

लक्षण ग्रंथों का निर्माण : इस काल में कवि और आचार्य दोनों का काम एक ही व्यक्ति को करना पड़ा है। दोनों में से किसी को भी इस काल के कवि भली-भाँति निभा नहीं सके। उनमें संतुलित विवेचन शक्ति का अभाव था। संस्कृत आचार्यों का अनुकरण वे ठीक तरह से नहीं कर सके। स्वतंत्र और मौलिक रूप से काव्य शास्त्र का विवेचन नहीं हो सका। इस युग में दो प्रकार के कवि हुए। प्रथम श्रेणी के कवियों ने लक्षण लिखकर स्वरचित उदाहरण प्रस्तुत किए। जैसे–भूषण, देव आदि। द्वितीय श्रेणी के कवियों ने केवल उदाहरण दिए। जैसे–बिहारी लाल।

अलंकारिता : इस काल के कवि अलंकार प्रिय थे। उन्हें अपनी कविता-कामिनी को भली-भाँति सजाकर आश्रयदाताओं के समक्ष प्रस्तुत करना पड़ता था। सरस और सीधी सादी कविता उत्तेजना रहित होने के कारण पसन्द नहीं की जाती थी। राज दरबार में सम्मान प्राप्त करने के लिए कवि को अलंकार शास्त्र का ज्ञान रखना अनिवार्य था।

ब्रजभाषा की प्रधानता : इस काल की प्रमुख साहित्यिक भाषा ब्रजभाषा थी। कोमलता और मधुरता की दृष्टि से भारतीय भाषाओं में इसका बहुत सम्मान है। अपने माधुर्य गुण के कारण यह अनेक मुसलमान कवियों द्वारा भी अपनाई गई।

मुक्तक काव्य शैली की प्रधानता : रीतिकाल प्रबन्ध रचना के लिए उपयुक्त नहीं था। उस समय कवियों में प्रतिक्षण बाजी जीतने की होड़ थी। वासना तृप्ति के लिए मुक्तक काव्य शैली ही उपयुक्त थी। कवि में प्रबन्ध काव्य लिखने के लिए धैर्य नहीं था। कवियों का मन कवित्त, सवैया और दोहा लिखने में विशेष रूप से रम गया।

भक्ति और नीति : रीतिकाल के कवियों का उद्देश्य अपने आश्रयद्राता को रिझाना था। भक्ति की ओट में उन्होंने यह काम किया।

प्रकृति का उद्यीपन रूप : इस काल के कवियों ने प्रकृति के उद्यीपन रूप का ही चित्रण किया है। उन्हें प्रकृति के उन्मुक्त प्रांगण में विचरने और उसके स्वतंत्र रूप से चित्रण का अवकाश कहाँ था? संयोग और वियोग के उदाहरणों के लिए प्रकृति को माध्यम बनाया गया। वियोगिनी नायिका चन्द्रमा को कोसती हुई कहती है–

ए रे मतिमन्द चन्द, आवत न तोहि लाज,
होके द्विजराज, काज करत कसाई के।

नारी-चित्रण : नारी सौंदर्य ही वह धुरी है जिसके चारों ओर रीतिकाल की कविता चक्कर लगाती रही। रीतिकाल की नारी अपने आँगन में लाल के द्वारा उड़ाए हुए पतंग की छाया को चूमती फिरती है। ऐसा लगता है जैसे वासना ही उसके जीवन का सब कुछ हो–

उड़ी गुड़ी लखि लाल की अंगना अँगना माह।
बौरी लै दौरी फिरै छुवत छबीली छाँह।।

यहाँ नारी कोई व्यक्ति या समाज के संगठन की इकाई नहीं बल्कि सब प्रकार की विशेषताओं से यथासम्भव मुक्त विलास का एक उपकरण मात्र है। देव ने कहा है–

कौन गने पुखन नगर कामिनी एकै रीति,
देखत हटे विवेक को, चित्त हटै करि प्रीति।

इस प्रकार हम कह सकते हैं कि रीतिकाल, काव्य-शास्त्र की दृष्टि से चाहे इतना महत्त्वपूर्ण न हो, कवित्त की दृष्टि से बड़ा मनोरम है और इसका साहित्यिक मूल्य अक्षुण्ण है।

छायावादी काव्य

- मुकुटधर पाण्डेय ने 1920 में 'श्रीशारदा' पत्रिका (जबलपुर) में 'हिन्दी में छायावाद' शीर्षक से चार निबंधों की एक लेखमाला छपवाई थी, जो छायावाद संबंधी सर्वप्रथम लेख है।
- 'सरस्वती' में छायावाद का सर्वप्रथम उल्लेख जून 1921 के अंक में मिलता है। इसमें किन्हीं सुशीलकुमार ने 'हिन्दी में छायावाद' शीर्षक संवादात्मक निबंध लिखा है।
- आचार्य महावीर प्रसाद द्विवेदी ने 1927 की 'सरस्वती' में 'सुकवि किंकर' छद्मनाम से 'आजकल के हिन्दी कवि और कविता' लिखा। इसमें उन्होंने लिखा था-
  ''छायावाद से लोगों का क्या मतलब है, कुछ समझ में नहीं आता। शायद उनका मतलब है कि किसी कविता के भावों की छाया यदि कहीं अन्यत्र जाकर पड़े, तो उसे छायावादी कविता कहना चाहिए।''
- सन् 1929 में आचार्य रामचन्द्र शुक्ल का 'काव्य में रहस्यवाद' निबंध पुस्तकाकार निकाला। इसमें उन्होने ईसाई 'फैंटसमाटा' तथा 'छायावाद' के बीच बंगला कड़ी की

कल्पना की। उनकी इस कल्पना को हजारी प्रसाद द्विवेदी ने बाद में निर्मूल सिद्ध किया।

- आचार्य शुक्ल छायावाद को केवल 'शैली' के रूप देखते थे। पंतजी ने 'पल्लव' की भूमिका में इसके लिए 'चित्रभाषा पद्धति' शब्द का प्रयोग किया था।
- नन्ददुलारे वाजपेयी ने 'हिन्दी साहित्य : बीसवीं शताब्दी' पुस्तक में इसे 'आध्यात्मिक छाया का भान' कहा। उनके अनुसार वह 'सांसारिक वस्तुओं में दिव्य सौन्दर्य का प्रत्यय है।' नगेन्द्र ने इसे 'स्थूल के प्रति सूक्ष्म का विद्रोह' कहा।

प्रमुख रचनाकार

1. **जयशंकर प्रसाद (1890-1937)**

   काव्यः चित्राधर (1918, ब्रजनाथ), यह प्रसाद का पहला काव्य संग्रह है। इसमें एक साथ 10 ग्रन्थ संकलित थे। कानन कुसुम, प्रेमपथिक, महाराणा का महत्व, करूणालय, सम्राट चंद्रगुप्त मौर्य, छाया, उर्वशी (चंपू), राज्यश्री, प्रायश्चित और कल्याणी परिणय। पहले चार इसमें से कविता संग्रह है। कानन कुसुम (1912, खड़ी बोली तथा ब्रजभाषा), प्रेमपथिक (1909 ब्रजभाषा, 1914 खडी बोली), करूणालय (1913), महाराणा का महत्व (1914), झरना (1918), आँसू (1925), लहर (1935), तथा कामायनी (1937, पांडुलिपि संस्करण 1971)।

   आँसू (1925): इसका दूसरा संस्करण कुछ परिवर्तन-परिवर्धन के साथ 1933 में निकला। आँसू को लोग खण्डकाव्य कहते हैं, परन्तु वास्तव में यह एक लम्बा प्रगीत है। यह मानवीय विरह का काव्य है। 'सखी' छंद का प्रयोग है।

   लहर (1933): यह श्रेष्ठ प्रगीतों का संकलन है।

   कामायनी (1937): यह आधुनिक युग का महाकाव्य है। इसे एकार्थ काव्यरूप कह सकते हैं। इसमें कुल पन्द्रह सर्ग हैं। कामायनी का छंद विधान इस प्रकार हैः

   आल्हा छंदः चिन्ता सर्ग (31 मात्रा), आशा सर्ग (30 मात्रा), स्वप्न सर्ग (30 मात्रा), निर्वेद सर्ग (30 मात्रा)

   लावनी छंदः रहस्य सर्ग (32 मात्रा), इडा, श्रद्धा, काम, लज्जा सर्ग (32 मात्रा)।

   रोला छंदः संघर्ष सर्ग ; सखी छंद : आनंद सर्ग, रूपमाला छंदः वासना सर्ग कामायनी में आदिपुरूष 'मनु' और 'श्रद्धा' के माध्यम से सभ्यता के निर्माण, विकास और भविष्य की कथा कही गयी है।

2. **सूर्यकान्त त्रिपाठी 'निराला' (1899-1961 ई०)**

   काव्यग्रन्थः अनामिका (1923, प्राचीन), परिमल (1929), गीतिका (1936), तुलसीदास (1938), अनामिका (1938, नवीन), कुकुरमुत्ता (1942), अणिमा (1943), बेला (1946), नये पत्ते (1946), अर्चना (1950), आराधना (1953), गीतकुंज (1954), सांध्यकाकली (1969)।

   अन्य जानकारियाँः निराला की अत्यधिक प्रसिद्ध कवितायें निम्नलिखित हैं– जूही की कली (परिमल, 1916, यह उनकी पहली रचना है।), रेखा, शेफालिका, जागो फिर एक बार, कवि, पंचवटी प्रसंग, जागरण, बादल राग, महाराज शिवाजी का पत्र (परिमल); वर दे वीणावादिनि वर दे (गीतिका), नव-बेला, सरोज-स्मृति, राम की शक्तिपूजा (अनामिका), सम्राट अष्टम एडवर्ड के प्रति, तोड़ती पत्थर (अनामिका), कुकुरमुत्ता (नये पत्ते) तथा तुलसीदास।

3. **सुमित्रानन्दन पन्त (1900-1977 ई०)**

   काव्य ग्रन्थः पहली कविता 'गिरजे का घण्टा' (1916), ग्रन्थि, पल्लव (1926), वीणा (1927), गुंजन (1932), युगांत (1936), युगवाणी (1939), ग्राम्या (1940), स्वर्णकिरण (1947), स्वर्णधूलि (1947), युगपथ (1949), उत्तरा (1949), अतिमा (1955), वाणी (1958), पतझर, कला और बूढ़ा चाँद (1959), लोकायतन (1964, महाकाव्य), सत्यकाम (1975)।

   काव्यनाटकः ज्योत्स्ना (1934), रजत शिखर (1952), शिल्पी (1952)।

   अन्य जानकारियाँः पन्त जी की अत्यधिक प्रसिद्ध कवितायें ये हैं– उच्छ्वास, आँसू की बालिका, पर्वत प्रदेश में पावस, बादल, छाया, परिवर्तन, एक तारा, नौकाविहार, मधुस्मिति, भावी पत्नी के प्रति, अनंग, चाँदनी, अप्सरा आदि।

4. **महादेवी वर्मा (1907-1987 ई०)**

   काव्य ग्रन्थः नीहार (1930), रश्मि (1932), नीरजा (1934), सांध्यगीत (1936), यामा (इसमें ऊपर की चारों काव्य रचनाओं को एक साथ संकलित कर दिया गया), दीपशिखा (1942)।

   रेखाचित्र संस्मरणः अतीत के चलचित्र (1941), स्मृति की रेखायें (1943), पथ के साथी (1956)।

   निबंधः शृंखला की कड़ियाँ (1942), क्षणदा (1956)।

   आलोचनाः साहित्यकार की आस्था तथा अन्य निबंध (1962, सम्पादक - गंगाप्रसाद पाण्डेय)।

प्रगतिवादी काव्य

सन् 1935 ई० में एम० फार्स्टर के सभापतित्व में पेरिस में 'प्रोग्रेसिव राइटर्स एसोसियेशन' नामक अन्तर्राष्ट्रीय संस्था का प्रथम अधिवेशन हुआ। सन् 1936 में सज्जद जहीर और डॉ० मुल्कराज आनन्द के प्रयत्नों से भारतवर्ष में भी इस 'प्रगतिशील लेखक संघ' का पहला अधिवेशन हुआ।

यद्यपि प्रगतिवादी काव्य रचना की शुरूआत निराला की अनेक परवर्ती कविताओं 'गर्म पकौड़ी', 'खजोहरा', 'नये पत्ते', 'कुकुरमुत्ता', 'मास्को डायलॉग्स' तथा 'तोड़ती पत्थर' आदि से ही हो जाती है, लेकिन व्यवस्थित रूप से प्रगतिवादी कवियों के अन्तर्गत नागार्जुन, केदारनाथ अग्रवाल, त्रिलोचन तथा शिवमंगल सिंह 'सुमन' आते हैं।

'प्रगतिशील लेखक संघ' के पहले सभापति प्रेमचन्द थे। बाद में रवीन्द्रनाथ टैगोर, जवाहर लाल नेहरू तथा श्रीपाद अमृत डाँगे जैसे लोग भी इसके सभापति बने। 1937 ई० के 'विशाल भारत' में शिवदान सिंह चौहान का एक लेख 'भारत में प्रगतिशील साहित्य की आवश्यकता' छपा।

नीचे हम प्रगतिवादी कवियों की रचनाओं का परिचय दे रहे हैं–

1. **नागार्जुन :** (वास्तविक नाम वैद्यनाथ मिश्र) इन्होंनें 'यात्री' नाम से मैथिली में भी कवितायें रची है। प्रमुख कविता-संग्रह हैं - सतरंगे पंखों वाली, प्यासी पथरायी आँखें, युगधारा, ऐसे भी हम क्या, ऐसे भी तुम क्या, आखिर ऐसा क्या कह दिया मैंने, पुरानी जूतियों का कोरस, रत्नगर्भ, तालाब की मछलियां, तुमने कहा था, खिचड़ी विप्लव देखा हमने, हजार-हजार बाँहों वाली, पका है यह कटहल, भूमिजा (खण्डकाव्य)। नागार्जुन की बहुत प्रसिद्ध कविताओं में से कुछ हैं–
   बादल को घिरते देखा है, पाषाणी, चन्दना, रवीन्द्र के प्रति, सिंदूर तिलकित भाल, तुम्हारी दंतुरित मुस्कान, ओ जन-मन के सजग चितेरे (यह केदारनाथ अग्रवाल पर लिखी गई है।), गुलाबी चूड़ियाँ, तन गयी रीढ़, यह तुम थी, जोत की फाँक, भादों की तलैया, प्रेत का बयान, मास्टर तथा अकाल।
2. **केदारनाथ अग्रवाल :** संग्रह है - युग की गंगा, फूल नहीं रंग बोलते हैं, पंख और पतवार, गुलमेंहदी, कहे केदार खरी-खरी, अपूर्वा, आत्मगंध, नीद के बादल, लोक तथा आलोक। केदार की प्रसिद्ध कवितायें हैं -
   बसंती हवा, चन्द्रगहना से लौटती बेर, आज नदी बिल्कुल उदास थी, केन किनारे पाल्थी मारे, केन हमारी तड़प रही है आदि।
3. **रांगेय राघव :** अजेय खंडहर, मेधावी, पांचाली (खंडकाव्य), पिघलते पत्थर, राह के दीपक (संकलन)।
4. **त्रिलोचन :** संग्रह है - धरती, मिट्टी की बारात, ताप के ताये हुए दिन, फूल नाम है एक, शब्द, उस जनपद का कवि हूँ, गुलाब और बुलबुल, दिगंत, अरघान, तुम्हें सौंपता हूँ, सबका अपना आकाश तथा अनकहनी भी कुछ कहनी है। त्रिलोचन का प्रिय छंद 'सॉनेट' है।
5. **'सुमन' :** संग्रह हैं - जीवन के गान, प्रलय-सृजन, हिल्लोल।
6. **रामविलास शर्मा :** ने भी कतिपय काव्य रचना की है, जो प्रगतिवादी काव्य के अंतर्गत ही आती है। इनके संग्रह का नाम है - 'रूपतरंग'।

प्रयोगवादी काव्य

प्रयोगवाद का आरम्भ अज्ञेय के संपादकत्व में प्रकाशित 'तार सप्तक' (1943) से माना जाता है। अज्ञेय ने सभी कवियों को (जो इसमें संकलित थे) 'राहों के अन्वेषी' कहा। तार सप्तक में संकलित कवि हैं–

अज्ञेय, मुक्तिबोध, रामविलास शर्मा, नेमिचन्द्र जैन, गिरिजाकुमार माथुर, भारतभूषण अग्रवाल तथा प्रभाकर माचवे।

तार सप्तक के पाँच कवि अपने को मार्क्सवादी घोषित करते हैं। उन्होंने अपने लिये 'प्रयोगशील' और 'प्रयोग' शब्दों का उल्लेख किया है, प्रयोगवाद का नहीं। 'प्रयोगवाद' शब्द का सर्वप्रथम प्रयोग आचार्य नन्ददुलारे वाजपेयी ने एक निबंध 'प्रयोगवादी रचनाओं में किया। अज्ञेय ने दूसरा सप्तक (1951) की भूमिका में इसका खंडन किया। 1952 ई॰ में पटना रेडियो से उन्होंने 'नयी कविता' नाम की घोषणा की। सन् 1954 में जगदीश गुप्त के सम्पादकत्व में 'नयी कविता' पत्रिका का प्रकाशन भी होने लगा।

'दूसरा सप्तक' (1951) में संकलित कवि हैं–

शमशेर बहादुर सिंह, भवानीप्रसाद मिश्र, शकुन्तला माथुर, हरिनारायण व्यास, नरेश मेहता, रघुवीर सहाय और धर्मवीर भारती।

सन् 1956 में नकेन के 'प्रपद्यवाद' का प्रकाशन हुआ। उन्होंनें (नरेश मेहता, केसरी कुमार, नलिन विलोचन शर्मा) कहा कि असली प्रयोगवादी 'नकेन' ही है। वस्तुतः वे रूपवादी थे।

'तीसरा सप्तक' (1959) की भूमिका में अज्ञेय ने नकेनवादियों को आड़े हाथों लिया। 'तीसरा सप्तक' के कवि हैं–

प्रयागनारायण त्रिपाठी, कीर्ति चौधरी, मदन वात्स्यायन, केदारनाथ सिंह, कुँवरनारायण, विजयदेवनारायण साही तथा सर्वेश्वर दयाल सक्सेना।

तीनों सप्तकों के संपादक 'अज्ञेय' ही हैं। सन् 1979 ई॰ में अज्ञेय ने चौथा सप्तक भी निकाला।

हम यहां प्रयोगवादी/नयी कविता के प्रधान कवियों का परिचय दे रहे हैं।

अज्ञेय (1911-1987 ई॰) : के कविता संग्रह हैं– भग्नदूत (1933), चिंता (1942), इत्यलम् (1946), हरी घास पर क्षण भर (1949), बावरा अहेरी (1954), इंद्रधनुष रौंदे हुए (1957), अरी ओ करुणा प्रभामय (1959), आँगन के पार द्वार (1961), कितनी नावों में कितनी बार (1967), क्योंकि मैं उसे जानता हूँ (1970), सागर मुद्रा (1970), पहले मैं सन्नाटा बुनता हूँ (1974), महावृक्ष के नीचे (1977), नदी की बाँक पर छाया (1981), प्रिजन डेज एण्ड अदर पोएम्स (अंग्रेजी, 1946)। चारों सप्तकों का संपादन।

अज्ञेय की अत्यधिक प्रसिद्ध कवितायें हैं– नदी के द्वीप (संग्रह- हरी घास पर क्षण भर), असाध्य वीणा (आँगन के पार द्वार : संग्रह)। यह दीप अकेला, पूर्वा, सुनहरे शैवाल आदि।

मुक्तिबोध (1917-1964): के दो काव्य संग्रह है– चाँद का मुँह टेढ़ा है (1964), भूरि-भूरि खाक धूल (1980)। अत्यधिक प्रसिद्ध कवितायें हैं– एक आत्मवक्तव्य, चाँद का मुँह टेढा है, चकमक की चिंगारियाँ, भूल-गलती, दिमागी गुहान्धकार, ब्रह्मराक्षस तथा अँधेरे में।

शमशेरबहादुर सिंह (1911-1993): के काव्यसंग्रह हैं– सुकून की तलाश में, कुछ कविताएं, कुछ और कविताएं, चुका भी हूँ नही मैं, इतने अपने पास, बात बोलेगी, काल तुझसे होड़ है मेरी, टूटी हुई बिखरी हुई, विविध-शमशेर, कहीं बहुत दूर से सुन रहा हूँ। शमशेर की कुछ अत्यधिक प्रसिद्ध कविताएं हैं–

'वाम, वाम, वाम दिशा', अमनराग, उदिता, चुका भी हूँ नहीं मैं, टूटी हुई बिखरी हुई, एक पीली शाम, सलोना जिस्म आओ न तथा 'अभिव्यक्ति का संघर्ष'।

भवानीप्रसाद मिश्र : कमल के फूल, वाणी की दीनता, टूटने का सुख, सतपुड़ा के जंगल, सन्नाटा, गीतफरोश, असाधारण, स्नेहशपथ, आदि कवितायें दूसरा सप्तक में संग्रहीत हैं। 'सतपुड़ा के जंगल' में प्रबंधत्व की विशेषता है।

काव्य संग्रह हैं– अनाम तुम आते हो, त्रिकाल संध्या, परिवर्तन जिए, मानसरोवर दिन, बुनी हुई रस्सी, खुशबू के शिलालेख। कालजयी (प्रबन्धकाव्य है)।

नरेश मेहता : के काव्य ग्रन्थ हैं– बनपाखी सुनो (1957), बोलने दो चीड़ को (1962), संशय की एक रात (1962), उत्सवा, मेरा समर्पित एकांत (1953), महाप्रस्थान (1975), शबरी (1977), प्रवाद पर्व (1977), 'समय देवता' इनकी एक प्रसिद्ध लंबी कविता है, जो 'मेरा समर्पित एकांत' में संकलित हैं।

संशय की एक रात, महा प्रस्थान, शबरी तथा प्रवाद पर्व इनकी महत्वपूर्ण काव्य रचनायें हैं। 'संशय की एक रात' एक पौराणिक काव्य रूपक (नाट्य शैली में रचित लम्बी कविता) है, जिसमें राम-रावण युद्ध से पूर्व राम के मन का संशय चित्रित हुआ है। 'महाप्रस्थान' भी पौराणिक काव्य-रूपक है जिसमें पांडवों के हिमालय में गलने की प्रसिद्ध कथा वर्णित है। 'प्रवाद-पर्व' सीता-बनवास के करूण प्रसंग पर आधारित खण्डकाव्य है। 'शबरी' प्रबंधकाव्य में शबरी (राम कथा से सम्बद्ध) की कथा है। 'चैत्या' हाल में किया गया संग्रह है।

धर्मवीर भारती : की रचनायें हैं– ठंडा लोहा (काव्य संग्रह, 1952), अंधा युग (1955, प्रतीकवादी काव्य नाटक है, जिसमें महाभारत के अंतिम दिन के युद्ध से लेकर कृष्ण के गोलोकवास तक की घटनाओं को समेटा गया है।), सात गीत वर्ष (1959, 'प्रथुम्य गाथा' इस संग्रह की प्रसिद्ध लम्बी कविता है।), कनुप्रिया (1959, युद्ध और इतिहास की व्यर्थता को संकेतित करता, राधाकृष्ण-प्रेम पर रचित काव्य ग्रन्थ), संकलन : मेरी वाणी गैरिक वासना।

नेमिचन्द जैन : का कविता संग्रह है 'एकांत', 'अचानक हम फिर'।

कुँवरनारायण : की रचनायें हैं– चक्रव्यूह (काव्यसंग्रह), परिवेशः हम तुम (काव्य संग्रह), आत्मजयी (कठोपनिषद के 'नचिकेता-प्रसंग' पर आधारित चिंतनपरक प्रबंधकाव्य है), अपने सामने (काव्य संग्रह), कोई दूसरा नहीं (काव्य संग्रह)।

सर्वेश्वरदयाल सक्सेना : के कविता संग्रह हैं– काठ की घंटियाँ, बाँस का पुल, एक सूनी नाव में, कुआनों नदी, जंगल का दर्द, खूँटियों पर टंगे लोग। बाद में 'कवितायें-1' तथा 'कवितायें-2' नाम से दो भागों में कुछ रचनायें प्रकाशित हुई हैं।

रघुवीर सहाय (1929-1990) ई० : के कविता-संग्रह हैं– सीढ़ियों पर धूप में (1960), आत्महत्या के विरुद्ध (1967), हँसो हँसो जल्दी हँसो (1975), लोग भूल गये हैं (1982), कुछ पते कुछ चिट्ठियाँ (1989)। रामदास की हत्या इनकी प्रमुख राजनीतिक कविता है।

केदारनाथ सिंह : के कविता संग्रह हैं– अभी बिल्कुल अभी (1960), जमीन पक रही है (1980), यहाँ से देखो, अकाल में सारस, उत्तर कबीर, 'बाघ' प्रसिद्ध लम्बी कविता है।

विजयदेवनारायण साही : कविता संग्रह हैं– 'मछलीघर', 'साखी', तथा 'छठवाँ दशक'। हाल में किया गया संग्रह है 'संवाद तुमसे'।

गिरिजाकुमार माथुर : के काव्य संग्रह हैं– मंजीर (1941), नाश और निर्माण (1946), धूप के धान (1955), शिलापंख चमकीले (1961), छाया मत छूना मन, भीतरी नदी की यात्रा, साक्षी रहे वर्तमान, कल्पांतर, अभी कुछ और, मै वक्त के हूँ सामने, 'पृथ्वीकल्प', मुझे और अभी कहना है।

भारतभूषण अग्रवाल : के काव्य संग्रह हैं– अनुपस्थित लोग, कागज के फूल, छवि के बन्धन, मुक्तिमार्ग, जागते रहो, ओ अप्रस्तुत मन, उतना वह सूरज है।

प्रबन्ध काव्य - 'अग्निलीक' (सीता की अग्निपरीक्षा पर रचित)।

प्रभाकर माचवे : के काव्य संग्रह हैं– स्वप्नभंग, मेपल, क्षणभंगुर।

देवराज : दो प्रबंधकाव्य रचे - 'आहत आत्माएं', 'इला और अमिताभ'। काव्य संग्रह हैं -धरती और स्वर्ग, उर्वशी ने कहा।

जगदीश गुप्त : काव्य-संग्रह हैं - 'नाव के पांव', 'हिमदंश' तथा 'आदिम एकान्त'। प्रबन्धकाव्य 'शंबूक'।

लक्ष्मीकान्त वर्मा : काव्य संग्रह है - अतुकांत, तीसरा पक्ष तथा 'आधुनिक कवि - 15'।

इनकी कुछ कवितायें हैं - अपना-अपना जूता, सिर पर जूता पैर में टोपी। चित्रकूट चरित (खंडकाव्य)।

1954 ई. में 'नयी कविता' और 'नए पत्ते' का प्रकाशन हुआ। इसके साथ ही नई प्रवृत्तिवाली कविताओं के लिए नई कविता शब्द प्रयुक्त होने लगा। 1960 ई. में प्रयोगवाद के स्थान पर नई कविता प्रतिष्ठित हो गई क्योंकि प्रयोगवाद का अन्त हो गया। इस प्रकार इस काव्यधारा के विकास की अवस्था प्रयोगवाद है जिसमें नए कवि नवीनता की गवेषणा में प्रवृत्त थे। 'अज्ञेय' ने प्रथम तार सप्तक का संकलन किया। प्रथम तार सप्तक के सात कवि थे–अज्ञेय (प्रवर्तक), भारतभूषण अग्रवाल, गजानन माधव मुक्तिबोध, प्रभाकर माचवे, गिरिजा कुमार माथुर, नेमिचंद जैन, रामविलास शर्मा। प्रयोगवाद की ही विकसित अवस्था को नई कविता कहा जाता है। प्रयोगवाद के उन्नायक ही नई कविता के कर्णधार थे। दोनों की काव्य-प्रवृत्तियाँ समान हैं।

प्रयोगवाद के मुख्य कवि के रूप में भारतभूषण अग्रवाल, गिरिजा कुमार माथुर, नेमिचंद जैन, रामविलास शर्मा, नरेश मेहता, रघुवीर सहाय, धर्मवीर भारती, सर्वेश्वर दयाल सक्सेना के नाम प्रसिद्ध हैं।

प्रयोगवादी आंदोलन कई वर्षों तक चलता रहा। 1951 ई. में 'दूसरा सप्तक' प्रकाशित हुआ और 1956 में 'तीसरा सप्तक।' 1967 ई. तक आठ सप्तक संकलित किए जा चुके थे।

पाश्चात्य साहित्य मनीषी, इलियट, पाउंड तथा महान मनोवैज्ञानिक फ्रायड का प्रयोगवादी कविता पर विशेष प्रभाव पड़ा। इलियट को अंग्रेजी साहित्य में प्रयोगवाद का जन्मदाता

कहा जाता है। प्रयोगवादी कवियों ने प्राचीनता के प्रति संघर्ष करते हुए नवीन मान्यताओं को अपनाया और साहित्य में निर्जीव तत्व के स्थान पर सजीव तत्व की स्थापना की। प्रयोगवादी कवि घोर अहंनिष्ठ और व्यक्तिवादी हैं।

प्रगतिवाद ने मुक्त यथार्थवाद को प्रोत्साहन देने के लिए अश्लीलता और नग्नता का चित्रण किया। भावात्मकता की अपेक्षा बौद्धिकता को अधिक महत्व दिया गया। प्रगतिवाद की एक विशेषता क्षणिकता की भावना है। कवि क्षण के आनंद की अनुभूति के लिए जीवन के सुख-साधनों को छोड़ देने के लिए तत्पर दिखाई देता है। उसमें नास्तिकता तथा धर्म के प्रति अनास्था की प्रवृत्ति दिखाई देती है।

यहाँ कुछ प्रयोगवादी कवियों का परिचय दिया जा रहा है।

सच्चिदानंद हीरानन्द वात्स्यायन 'अज्ञेय' प्रयोगवाद के प्रवर्तक कवि माने जाते हैं। कवि उपन्यासकार, कहानी लेखक तथा आलोचक के रूप में 'अज्ञेय' ने हिंदी कविता को नई चेतना प्रदान की। उनके काव्य में व्यक्तिवाद और बौद्धिकता का समावेश है। उन्होंने अपनी कविता में प्राचीनता का निर्वाह करते हुए नवीनता का विधान किया है।

'अज्ञेय' की काव्य रचनाएँः भग्नदूत, चिंता, हरी घास पर क्षण भर, बाबरा अहेरी, अरी ओ करुणा प्रभामय, इत्यलम्, आँगन के पार द्वार, इंद्रधनुष रौंदे हुए, सुनहले शैवाल आदि। 'कितनी नावों में कितनी बार' काव्य-रचना पर अज्ञेय को ज्ञानपीठ पुरस्कार प्राप्त हुआ।

उन्होंने मासिक पत्रिका 'विशाल भारत' (कलकत्ता) के संपादन विभाग में काम किया और 'प्रतीक' (मासिक) तथा 'दिनमान' (साप्ताहिक) एवं 'नवभारत टाइम्स' (दैनिक) का सम्पादन किया।

साँप, कलगी बाजरे की, हवाई यात्रा : ऊँची उड़ान, कतकी पूनो, यह दीप अकेला, बसन्त गीत उनकी कुछ प्रसिद्ध कविताएँ हैं।

नरेश मेहताः 'दूसरा सप्तक' के प्रमुख कवि नरेश मेहता की कविता में कल्पना की ऊँची उड़ान और भावों की उदात्तता का समावेश हुआ है। पुराणों की कथाओं को नरेश मेहता ने आज के संदर्भ में प्रस्तुत किया है। सामाजिकता, विचारशीलता और मानव-मूल्य बोध उनकी कविता की मुख्य विशेषताएँ हैं।

रचनाएँः बोलने दो चीड़ को, संशय की एक रात, मेरा समर्पित एकांत, वनवासी सुनो, उत्सव आदि।

पहले बताया जा चुका है कि डॉ. रामस्वरूप एवं लक्ष्मीकांत वर्मा द्वारा संपादित 1954 में नये पत्ते के प्रकाशन के साथ नई कविता का श्रीगणेश हुआ। नई कविता की मुख्य प्रवृत्तियाँ निम्न प्रकार हैं:

घोर अहंनिष्ठ व्यक्तिवादः नई कविता में वैयक्तिक भाव आत्मविज्ञापन के रूप में व्यक्त हुए हैं:

साधारण नगर के
एक साधारण घर में
मेरा जन्म हुआ
बचपन बीता, अति साधारण।

नग्न यथार्थताः जिस भाव को अन्य काव्यकार अरुचिकर, ग्राम्य और अश्लील मानकर अछूता छोड़ देते हैं नई कविता में उसका चित्रण यथार्थ के नाम पर किया जाता है। इसमें दमित वासनाओं एवं कुंठाओं का खुलकर चित्रण हुआ हैः

मेरे मन की अंधियारी कोठरी में
अतृप्त आकांक्षाओं की वेश्या बुरी तरह खाँस रही है।

घोर निराशावादः नई कविता में भूतकाल से प्रेरणा और उज्ज्वल भविष्य के लिए आकांक्षा के भाव विद्यमान नहीं। उसे काल पर विश्वास नहीं। वह अतीत को भुलाकर वर्तमान से जुड़ने की आकांक्षा करता हैः

आओ हम उस अतीत को भूलें,
और आज की अपनी रग-रग के अंतर को छू लें।
छू लें इसी क्षण,
क्योंकि कल वे नहीं रहे,
क्योंकि कल हम भी नहीं रहेंगे।''

अति बौद्धिकताः नई कविता में रागात्मकता का अभाव है। नया कवि खोज-खोजकर बौद्धिक पहेलियों के जाल में अपने पाठक को उलझाता है। उसका मत है कि आज के वैज्ञानिक युग में बौद्धिकता से ही जीवन के सत्य की अभिव्यक्ति की जा सकती है।

वैज्ञानिक युग बोध तथा नए मूल्यः नई कविता ने आधुनिक विज्ञान के निषेधात्मक मूल्यों को ग्रहण कर मनुष्य की आस्था, विश्वास, करुणा, प्रेम आदि उदात्त भावनाओं को नकार दिया है। उसमें त्रास, यातना, कुंठा, निराशा, घुटन आदि का निरूपण किया गया है। इस प्रकार वह आधुनिक विज्ञान के निषेधात्मक पक्ष की ओर उन्मुख है।

उपमानों की नवीनताः नई कविता में कवि नए उपनामों और रूपकों का विधान करता है। उदाहरण प्रस्तुत हैं:

मेरे सपने इस तरह टूट गए जैसे भुँजा हुआ पापड़।

* * *

पूर्व दिशि में हड्डी के रंग वाला बादल लेटा है।।

* * *

प्यार का बल्ब फ्यूज हो गया।

* * *

नई कविता का विषय आयाम विस्तृत है। छोटी-से-छोटी और बड़ी-से-बड़ी सभी वस्तुएँ उसके वर्ण्य क्षेत्र में समाहित हो जाती हैं। नए कवि के लिए कोई भी वस्तु उपेक्षा के योग्य नहीं।

छन्दः प्रयोगवादी कवि ने छंद आदि के बंधन को अनावश्यक मानकर उसे ठुकराकर मुक्तक परंपरा में विश्वास प्रकट किया है। कुछ प्रयोगवादी कविताएँ लय और तुक के अभाव में गद्य जैसी शुष्क और नीरस प्रतीत होती हैं।

प्रयोगवादी कवि ने वैचित्र्य प्रदर्शन और नवीनता के आग्रह में कविता को दुरूह बना दिया। इस कविता का अन्तर खोखला रह गया। कवि बाहरी चमक-दमक की धुन में कविता की आत्मा को भूल गया।

भाषाः कहीं-कहीं प्रयोगवादी कवि ने भाषा के सुंदर प्रयोग किए हैं परंतु कहीं-कहीं स्वच्छंदता की प्रवृत्ति के कारण व्याकरण

सम्मत रूप की अवहेलना स्पष्ट दीख पड़ती है। रघुवीर सहाय की कुछ पंक्तियाँ इसका उदाहरण हैं:

शक्ति दो बल दो हे पिता
जब दुःख के भार से मन थकने आय
पैरों में कुली की सी लपकती चाल छटपटाय।

इस प्रकार भाव, भाषा, शैली व छंद आदि क्षेत्र में नई कविता सुरुचि-सम्पन्नता से शून्य है।

आज नई कविता का 'बल्ब भी फ्यूज' हो गया। उसके ह्रास के कारणों में से निम्नलिखित को मुख्य माना जाता है:

अनास्था और अविश्वास का चित्रण:

वासना का नग्न-चित्रण

अतिशय बौद्धिकता

नास्तिकता तथा आध्यात्मिक दृष्टि का अभाव निराशा की भावना

उदात्तता और कलात्मकता का अभाव।

हिन्दी गद्य का विकास

हिन्दी का गद्य-साहित्य बहुत पुराना नहीं है। इसके विपरीत हिन्दी-कविता की जड़ें कम-से-कम एक हजार वर्ष पुरानी हैं। ठीक अर्थों में हिन्दी के वास्तविक गद्य का विकास ईसा की ग्यारहवीं सदी से ही हुआ। वैसे इसके पहले की भी कुछ रचनाएं उपलब्ध होती हैं, लेकिन उनकी भाषा क्षेत्रीय भाषा-मिश्रित खड़ी बोली थी। सन् 1530 में गंग कवि की लिखी 'चन्द्र बरनन की महिमा' और सन् 1624 में जटमल-रचित 'गोरा बादल की कथा' हिन्दी-गद्य की उल्लेखनीय कृतियाँ मानी जाती हैं। लेकिन इन दोनों पुस्तकों की भाषा में ब्रज बोली और खड़ी बोली का मिश्रण है। सन् 1732 के लगभग पं. रामप्रसाद निरंजनी ने संस्कृत के ग्रंथ 'योग वशिष्ठ' का हिन्दी गद्यानुवाद किया। इसकी भाषा अपेक्षाकृत अधिक परिष्कृत है। तब भी हिन्दी के गद्य का वास्तविक सूत्रपात 19वीं सदी के उत्तरार्ध में ही हुआ। इसे 'खड़ी बोली' कहा गया। यह नामकरण फोर्ट विलियम कॉलेज की स्थापना के बाद लल्लूलाल ने किया। उन्होंने अपने ग्रंथ 'प्रेम-सागर' में सबसे पहली बार 'खड़ी बोली' शब्द का प्रयोग भाषा-विशेष के लिए किया।

आधुनिक हिन्दी गद्य के उन्नायकों में मुंशी सदासुखलाल (रचनाकाल संवत् 1803-1821), मुंशी इंशाअल्ला खां (संवत् 1855-56), पं. लल्लूलाल (संवत् 1820-22) और सदल मिश्र (संवत् 1884-1905) को माना जाना चाहिए। इन चारों में मुंशी सदासुखलाल की भाषा में सबसे अधिक व्यावहारिक और निखरी हुई खड़ी बोली का रूप मिलता है। मुंशी इंशाअल्ला खां ने 'रानी केतकी की कहानी' में हिन्दी और उर्दू दोनों को देवनागरी लिपि के माध्यम से पास लाने का प्रयत्न किया। उन्होंने 'हिन्दी छुट किसी और का पुट नहीं' लिखकर अपना संकेत 'खड़ी' बोली के लिए ही किया था।

हिन्दी के उक्त चारों लेखकों का रचना-काल लगभग एक ही है। फिर भी इसमें से किसी की भी भाषा पूरी तरह साफ-सुथरी और चुस्त दुरुस्त नहीं है। किसी में अधिक पंडिताऊपन है, तो किसी में फारसीपन। इन लेखकों के बाद ईसाई मिशनरियों द्वारा हिन्दी गद्य का प्रचार हुआ। मिशनरियों ने अपने धर्म-प्रचार के लिए गद्य में छोटी-छोटी पुस्तकें प्रकाशित कीं। इसी समय सर चार्ल्स वुड ने शिक्षा के प्रचार के लिये गांवों और कस्बों में देशी-स्कूल खुलवाये। उसी समय यह प्रश्न उठा कि शिक्षा का माध्यम हिन्दी हो या उर्दू। काशी के राजा शिवप्रसाद ने, जिनकी शिक्षा-विभाग में इन्सपेक्टर के पद पर नियुक्ति हुई थी, हिन्दी का पक्ष ग्रहण किया। राजा शिवप्रसाद के प्रयत्नों से सरकारी स्कूलों में हिन्दी की शिक्षा को भी स्थान मिला। उन्होंने कतिपय लेखकों से हिन्दी में पाठ्य-पुस्तकें तैयार करवाईं तथा स्वयं भी लगभग 22 पुस्तकें लिखीं। राजा शिवप्रसाद का विरोध उर्दू भाषा से नहीं, बल्कि फारसी लिपि से था। वे चाहते थे कि स्कूलों में फारसी लिपि के साथ-साथ नागरी लिपि का भी व्यवहार हो। इसके अतिरिक्त आगरा के राजा लक्ष्मण सिंह ने भी हिन्दी का पक्ष ग्रहण किया। राजा लक्ष्मण सिंह ने राजा शिवप्रसाद की 'उर्दू परस्ती' के विरुद्ध आवाज उठाई। उन्होंने हिन्दी में फारसी-अरबी के प्रचलित शब्दों के प्रयोग तक को अनुचित ठहराया। फारसी के प्रभाव से हिन्दी को मुक्त करने के लिए उन्होंने सन् 1832 में 'प्रजा-हितैषी' नामक प्रत्रिका निकाली। 'अभिज्ञान शाकुन्तल', 'मेघदूत' तथा 'रघुवंश' के भी हिन्दी में अनुवाद किये। वैसे उनकी भाषा में भी यत्र-तत्र बेढंगे तथा पुराने प्रयोग मिलते हैं, फिर भी उन्होंने हिन्दी गद्य को प्रथम बार पुष्ट एवं व्यवस्थित साहित्यिक रूप दिया। आर्य समाज तथा उसकी स्थापना करने वाले स्वामी दयानन्द सरस्वती ने भी गद्य के विकास में हाथ बंटाया। स्वामी दयानन्द ने अपने मत के प्रचार के लिए एकमात्र पुस्तक 'सत्यार्थ प्रकाश' की रचना हिन्दी में की। वे अपने उपदेश भी खड़ी बोली गद्य में ही दिया करते थे। सन् 1816 में ब्रह्म समाज के संस्थापक राजा राममोहन राय ने वेदान्त-सूत्रों का स्वतन्त्र भाष्य हिन्दी में छपवाया।

सन् 1857 के राजद्रोह के बाद भारतेन्दु हरिश्चन्द्र का हिन्दी रंगमंच पर उदय हुआ। भारतेन्दु की भाषा-शैली का प्रभाव उनके समकालीन लेखकों पर भी पड़ा। उनकी भाषा-शैली में तत्सम् शब्दों का अभाव था। उन्होंने प्रतिदिन व्यवहार में आने वाले उर्दू शब्दों का भी प्रयोग किया। भारतेन्दु के समकालीन लेखकों में बालकृष्ण भट्ट, प्रतापनारायण मिश्र, बालमुकुन्द गुप्त, बदरी नारायण चौधरी 'प्रेमधन' आदि प्रमुख हैं। इन लेखकों ने हिन्दी में मौलिक नाटक, कविता, उपन्यास, निबन्ध, आलोचना आदि साहित्य के विविध रूपों को जन्म देकर हिन्दी के आरम्भिक विकास में सहायता दी।

भारतेन्दु हरिश्चन्द्र को हिन्दी-गद्य का प्रवर्तक मानना चाहिये। उन्होंने गद्य का रूप निर्धारित किया और उसे दो छोरों के झगड़ों से बचाया। एक छोर था राजा शिवप्रसाद सितारेहिंद का, जो उर्दू-प्रधान शैली के उन्नायक थे और दूसरे छोर थे राजा लक्ष्मण सिंह, जो संस्कृत की तत्सम प्रधान शैली का समर्थन कर रहे थे। इन दोनों राजाओं के हाथ से मोर्चे को छीनकर भारतेन्दुजी ने गद्य के विकास और प्रभाव के लिये कई रास्ते निकाले।

उन्होंने नाटक, उपन्यास, कहानी, निबन्ध, समालोचना, समाचार-पत्र आदि विविध विधाओं से गद्य को नवजीवन दिया। भारतेन्दु के ही प्रयत्नों से हिन्दी में पत्र-पत्रिकाओं का प्रकाशन आरम्भ हुआ और इससे ही हिन्दी गद्य के परिष्कार में वास्तविक सहायता मिली।

इन्हीं के बाद हुए महावीरप्रसाद द्विवेदी। भाषा को परिमार्जित और शुद्ध करने की ओर सबसे पहले द्विवेदीजी ने ही ध्यान दिया। उन्होंने 'सरस्वती' का सम्पादन किया और इस पत्रिका के माध्यम से उन्होंने अशुद्ध गद्य लिखने वालों की आलोचना की। स्वयं शुद्ध भाषा लिखकर उन्होंने सही खड़ी बोली का नमूना उपस्थित किया। उन्होंने अन्य लेखकों को शुद्ध हिन्दी लिखने की प्रेरणा दी। इस तरह समकालीन लेखकों पर द्विवेदीजी का काफी प्रभाव पड़ा। इन लेखकों में माधवप्रसाद मिश्र, चन्द्रधर शर्मा 'गुलेरी', गोपालराम गहमरी, श्यामसुन्दर दास, पूर्णसिंह, पद्मसिंह शर्मा, बदरीनाथ भट्ट आदि मुख्य थे। मिश्र बन्धुओं, आचार्य रामचन्द्र शुक्ल और श्यामसुन्दर दास ने भी उन्हीं के समय लिखना आरम्भ किया। आगे चलकर आचार्य रामचन्द्र शुक्ल ने समास-प्रधान शैली को जन्म देकर आधुनिक हिन्दी गद्य को नया रूप दिया। उन्होंने पहली बार हिन्दी साहित्य का प्रामाणिक इतिहास लिखा। इसी युग में कहानी और उपन्यास के क्षेत्र में प्रेमचन्द का आविर्भाव हुआ। नाटक के क्षेत्र में जयशंकर प्रसाद ने नवीन शैली को जन्म दिया और हिन्दी के नाटकों को एक सुव्यवस्थित रूपरेखा मिली। प्रसाद ने ऐतिहासिक और पौराणिक कथाओं के आधार पर कई नाटक लिखे; उनमें 'अजातशत्रु', 'स्कन्दगुप्त', 'चन्द्रगुप्त', 'जनमेजय का नागयज्ञ', 'ध्रुवस्वामिनी' जैसे साहित्यिक कोटि के नाटक आते हैं।

इस तरह आचार्य रामचन्द्र शुक्ल के बाद से ही हिन्दी का आधुनिक काल आरम्भ होता है। यही हिन्दी के गद्य-विकास का चरम सोपान है और वह नाटक, उपन्यास, कहानी आदि अनेक रूपों में निखर कर सामने आया है। हम इन विधाओं की चर्चा संक्षेप में यहाँ करेंगे।

नाटक

हिन्दी में लोक-रंगमंच और नाटकों का विकास 15वीं-16वीं सदी में हो गया था। परन्तु इन नाटकों में पद्य की प्रमुखता होती था। उस समय रामलीला, रासलीला, कीर्तन मंडलियाँ ही इस कार्य को किया करती थीं। हिन्दी गद्य नाटकों का वास्तविक परिवर्तन भारतेन्दु हरिश्चन्द्र ने किया। उनका प्रहसन 'वैदिकी हिंसा हिंसा न भवति' इस क्षेत्र में प्रथम मौलिक रचना है। भारतेन्दु को संस्कृत, अंग्रेजी और बांग्ला भाषाओं का ज्ञान था। वे रंगमंच की आवश्यकताओं का भी पूरा ध्यान रखते थे। उन्होंने राजनैतिक, सामाजिक, पौराणिक और प्रेम-प्रधान सभी तरह के नाटक लिखे। उनकी कला में प्राचीन के प्रति श्रद्धा की भावना थी, तो वर्तमान चेतना का भी सुन्दर समन्वय था।

भारतेन्दु ने स्वयं नाटक तो लिखे ही, अपने समकालीन लेखकों को भी नाटक लिखने के लिये प्रेरित किया। उस काल में लाला श्रीनिवासदास का स्थान महत्त्वपूर्ण है। उन्होंने नाट्यशास्त्र के नियमों के अनुसरण के साथ-साथ नवीनता को भी अपनाया। इसके बाद बदरीनारायण चौधरी 'प्रेमधन', राधाकृष्ण दास, किशोरीलाल गोस्वामी, देवकीनन्दन खत्री तथा प्रतापनारायण मिश्र के नाम आते हैं।

आधुनिक नाटकों के विकास का श्रेय जयशंकर प्रसाद को है। प्रसाद ने भारतीय नाट्य-शास्त्र के सिद्धान्तों का पाश्चात्य नाट्य-शास्त्र के सिद्धान्तों के साथ सफलतापूर्वक समन्वय किया। उन्होंने नाटकों में चरित्र-चित्रण की ओर विशेष ध्यान दिया। हिन्दी में ऐतिहासिक नाटक लिखकर प्रसाद ने हिन्दी-नाट्य-साहित्य को एक नई दिशा दी। उन्होंने तेरह नाटक लिखे। उनके नाटकों में प्राचीन भारत की संस्कृति का एक वृहद चित्र देखने को मिलता है।

प्रसाद के पश्चात् उनकी परम्परा का अनुसरण कर लिखने वाले अन्य नाटककार हैं—लक्ष्मीनारायण मिश्र, उदयशंकर भट्ट, हरिकृष्ण प्रेमी, सेठ गोविन्द दास, विष्णु प्रभाकर आदि। पूरे नाटकों के साथ-साथ एकांकी नाटकों का आविर्भाव भी भारतेन्दु के ही समय से हुआ था। परन्तु प्रसाद के बाद उनको विशेष गति मिली। डॉ. रामकुमार वर्मा, जगदीशचन्द्र माथुर और उपेन्द्रनाथ 'अश्क' ने कई एकांकी नाटक लिखे।

उपन्यास

देवकीनन्दन खत्री को हिन्दी के प्रारम्भिक मौलिक उपन्यासकारों में सबसे अधिक ख्याति मिली। उनका लिखा 'चन्द्रकान्ता संतति' रोचक वर्णन और तिलिस्म तथा जासूसी से भरी घटनाओं के कारण जनसाधारण में इतना लोकप्रिय हुआ कि उसको पढ़ने के लिए कई लोगों ने हिन्दी सीखी। किशोरीलाल गोस्वामी ने 60 से ऊपर उपन्यास लिखे। गोपालराम गहमरी के उपन्यास भी उस समय रुचि के साथ पढ़े जाते थे।

हिन्दी की कहानी के बारे में भी कहा जाता है कि किशोरीलाल गोस्वामी की 'इन्दुमती' ही पहली वास्तविक कहानी थी, लेकिन कहानी और उपन्यास इन दोनों विधाओं को गम्भीर रूप से यदि किसी ने प्रतिष्ठित किया, तो वह थे मुंशी प्रेमचंद। प्रेमचंद ने उपन्यास और कहानी दोनों ही के माध्यम से अपने युग की स्थितियों को समझा और उन्हें सही ढंग से चित्रित किया। भाषा से लेकर शैली और कथानक तक में प्रेमचन्द ने एकदम नये प्रयोग किए। उस समय के यथार्थ को आदर्श के धरातल पर प्रस्तुत कर उन्होंने साहित्य को जन सामान्य के बीच पहुँचाने का काम किया। प्रेमचंद का सबसे प्रसिद्ध उपन्यास है 'गोदान'। उनके अन्य प्रमुख उपन्यास हैं: रंगभूमि, प्रेमाश्रम, कर्मभूमि, गबन आदि।

प्रेमचंद के समय ही जयशंकर प्रसाद ने 'कंकाल' और 'तितली' दो उपन्यास लिखे। वृन्दावनलाल वर्मा ने ऐतिहासिक उपन्यासों की परम्परा को जन्म दिया। चतुरसेन शास्त्री, राहुल सांकृत्यायन और प्रतापनारायण श्रीवास्तव ने भी ऐतिहासिक उपन्यास लिखे।

असल में प्रेमचन्द के उदय के साथ ही हिन्दी में उपन्यास और कहानी साहित्य की प्रगति इस गति से हुई कि दोनों को

अलग-अलग करके देखा ही नहीं जा सकता। कौशिक से लेकर जैनेन्द्र, यशपाल, अज्ञेय, अश्क और भगवतीचरण वर्मा ने यदि कहानियाँ लिखीं, तो उपन्यास भी लिखे। अपने लेखन में इन सबने नये-नये प्रयोग किये। उन्होंने कहानी में सामान्य मानववादी परम्परा को ऊँचे धरातल तक उठा दिया।

यह समय राजनैतिक चेतना का था और विज्ञान की प्रगति काफी हो चुकी थी। संचार के साधनों के बढ़ते हुए आयामों से दुनिया की दूरी कम होती गयी, इसलिए हिन्दी का लेखन विदेशों की श्रेष्ठ रचनाओं से भी प्रभावित हुआ। वहाँ की श्रेष्ठ कृतियों के हिन्दी में अनुवाद हुए। उनसे हिन्दी-लेखकों को नयी प्रेरणायें मिलीं। इसलिए लेखन के कई स्तरों में बड़े-बड़े प्रयोग हुए।

सन् 1947 मे देश आजाद हुआ। आजाद होते ही हिन्दी-साहित्य ने मुक्त रूप से विकास पाया। आज की हिन्दी कहानी और उपन्यासों में इतने अधिक विस्तार हुए हैं कि उनका एक बंधा-बंधाया रूप-रंग ही नहीं रह गया। मुक्त प्रयोगों और नए विचार-दर्शन से कथा-साहित्य प्रभावित हुआ। देहातों को नयी संस्कृति का केन्द्र मानकर नये ढंग से लिखने की प्रेरणा मिली। इस दृष्टि से 'रेणु' कृत 'मैला आंचल' की काफी चर्चा हुई। आज हिन्दी उपन्यास और कहानी में कई ऐसे नाम हैं, जो एकदम सामने आये हैं। उनमें कुछ नाम ये हैंः धर्मवीर भारती, मोहन राकेश, फणीश्वर नाथ रेणु, कमलेश्वर, लक्ष्मीनारायण लाल, शैलेश मटियानी, भीष्म साहनी, राजेन्द्र यादव, निर्मल वर्मा आदि।

निबन्ध

निबन्ध का आविर्भाव और विकास साहित्य में अपेक्षाकृत विलम्ब से होता हैः अच्छे निबन्धों की रचना के लिए पहले अन्य साहित्य-विधाओं में श्रेष्ठ साहित्य के निर्माण की शर्त इसलिए होती है कि निबन्ध में प्राण-संचार करने के लिए परिष्कृत रुचि और बुद्धि के पाठक अन्य साहित्य-विधाओं से ही तैयार होते हैं। निबन्ध में केवल साहित्य-सृजन ही नहीं होता, वरन् साथ ही साथ जीवन तथा साहित्य की व्याख्या और आलोचना भी होती है। व्यक्तित्व की छाप साहित्य के अन्य रूपों की अपेक्षा निबन्ध में अधिक दिखाई पड़ती है। शैली के यथार्थ रूप का निखार गद्य में ही होता है। हिन्दी के निबन्ध का यथार्थ विकास भारतेन्दु बाबू से ही प्रारम्भ होता है। भारतेन्दु-युग भारत में राष्ट्रीय नवचेतना का युग था। मध्ययुगीन सामंतीय प्रथा का अन्त होकर समाज का निर्माण एक नये बौद्धिक आधार पर होना आरम्भ हो गया था। तत्कालीन साहित्य में हमें नवचेतना और नव-जागरण के दर्शन होते हैं।

भारतेन्दु-युग के निबन्धों और लेखों में इसी प्रकार हमें सजीवता का पूरा-पूरा आभास मिलता है। प्राचीन रूढ़ियों के प्रति उदासीनता के साथ नये आलोक की माँग उसमें है। उस युग के लेखकों की भाषा प्रवाहपूर्ण, मुहावरेदार, सजीव और चटपटी है। जीवन का ज्वलंत उल्लास और आमोद उसमें छलकता हुआ प्रतीत होता है। उस समय के निबन्ध-लेखक अपनी जिंदादिली का पूरा प्रमाण अपने लेखों और निबंधों में ही देते थे। वे जीवन के सभी क्षेत्रों से विषयों का चयन करते और बिना किसी अड़चन के उन पर स्वच्छंद रीति से प्रवाहमयी भाषा में सशक्त अभिव्यक्ति करते थे। यही कारण है कि भारतेन्दु-युग के निबन्ध-लेखकों की तुलना फ्रांसीसी लेखक मोंटेन और अंग्रेज लेखक बेकन से की जाती है। भारतेन्दु, प्रतापनारायण मिश्र, बालकृष्ण भट्ट और 'प्रेमधन', उस युग के प्रसिद्ध लेखक हैं। भारतेन्दु-युग के लेखकों ने जिस शैली से निबन्ध लिखना प्रारम्भ किया था, यदि वह परम्परा चलती रहती तो निस्संदेह आज हिन्दी निबन्ध अनेक दृष्टियों से बहुत आगे बढ़ गया होता। इस युग के निबन्ध-लेखक अपनी आभ्यन्तर प्रेरणा से ही लिखने में प्रवृत्त होते थे, उन्हें किसी बाह्य प्रेरणा की आवश्यकता नहीं थी। इसी कारण उनके निबंधों में वैयक्तिकता की मात्रा बहुत अधिक है।

भारतेन्दु-युग के बाद निबन्ध साहित्य का विकास बहुत संतोषजनक रूप में नहीं हुआ। द्विवेदी युग गद्य तथा पद्य की भाषा के परिष्कार का युग था। स्वयं द्विवेदीजी का ध्यान भाषा को व्याकरण-सम्मत बनाने तथा कविता के अनुरूप करने में रहा। फलतः मौलिक निबन्ध तथा लेख लिखने वालों को भाषा की अशुद्धियों का भय अधिक बना रहा और व्याकरण के कठोर शासन से त्रस्त होकर स्वच्छंद रूप में लिखने की प्रवृत्ति कम हो गयी। भारतेन्दु-युगीन लेखक बड़े निरंकुश भाव से लिखते थेः वैसी निरंकुशता द्विवेदी युग में नहीं रही। हिन्दी गद्य को व्यवस्थित बनाने के प्रयत्नों से मौलिक निबन्ध लेखकों का अभाव हुआ और जिंदादिली भी कम होती गई। द्विवेदी युग के केवल दो लेखक ही हमें ऐसे दृष्टिगत होते हैं, जो बड़ी स्वतंत्र शैली में लेख निबन्ध लिखने में लीन रहे। बाबू बालमुकुन्द गुप्त और सरदार पूर्णसिंह ने इस युग में जो निबन्ध लिखे, वे बहुत ही उत्तम कोटि के हैं और उनमें प्रवाह के साथ पूरी मौलिकता विद्यमान है। महावीर प्रसाद द्विवेदी के निबंधों में वैसी मौलिकता तथा वैयक्तिकता नहीं है जैसी इन दोनों लेखकों में पाई जाती है। 'बंगवासी' नामक पत्र में सम्पादक के रूप में गुप्तजी ने जो टिप्पणियाँ और लेख लिखे, वे बहुत मार्मिक और व्यंग्यपूर्ण हैं।

द्विवेदी युग के अन्तिम चरण में एक मौलिक एवं समर्थ निबन्ध-लेखक साहित्य क्षेत्र में अवतरित हुए, जिन्होंने अपने समीक्षात्मक तथा विचारात्मक निबन्धों द्वारा हिन्दी निबन्धों को परिपूर्ण बनाने में सबसे अधिक योग दिया; उनका नाम है आचार्य रामचन्द्र शुक्ल। शुक्लजी हिन्दी के सर्वश्रेष्ठ विवेचक निबन्धकार हैं। उनके निबन्धों का क्षेत्र भाव और मनोविकार के साथ काव्यालोचन था। पहले उन्होंने समीक्षात्मक निबन्ध लिखे, जो जायसी, तुलसी और सूर ग्रन्थावली में भूमिका रूप में प्रकाश में आये। ये निबन्ध विशाल होने के कारण प्रबन्ध कोटि के हैं। इसके बाद ही उन्होंने काव्यशास्त्र के समालोचना-पक्ष से सम्बद्ध विषयों पर फुटकर निबन्ध लिखे। भाव और मनोविकारों पर लिखे हुए उनके निबन्ध हिन्दी साहित्य की अमूल्य निधि हैं। 'चिन्तामणि' उनके निबन्धों का संग्रह है।

शुक्लजी के पथ-प्रदर्शन के कारण विचारात्मक तथा भावात्मक निबन्धों का ताँता लग गया। एक ओर आलोचना में स्पष्टता तथा स्वच्छन्दता का समावेश हुआ, तो दूसरी ओर निबन्ध की सीमा-मर्यादा में भी विस्तार हुआ।

आलोचना के शास्त्रीय तथा प्रयोग पक्ष पर निबन्ध लिखने वालों में आचार्य हजारी प्रसाद द्विवेदी, गुलाबराय, शान्तिप्रिय द्विवेदी, डॉ. नगेन्द्र, डॉ. विजयेन्द्र स्नातक, नन्ददुलारे वाजपेयी, नलिनविलोचन शर्मा, रामविलास शर्मा और डॉ. देवराज आदि प्रमुख हैं।

निबन्ध-साहित्य के अन्तर्गत समीक्षात्मक लेख, भावात्मक लेख, विचारात्मक लेख आदि सभी वर्गों के फुटकर गद्य-लेखों का भी समावेश होता है। निबन्ध से कुछ हटकर गद्य की अन्य विधाएँ भी हैं जिनका हिन्दी में पिछले कुछ वर्षों से पर्याप्त प्रचार हो रहा है। उनमें गद्य काव्य, संस्मरणात्मक लेख, रेखाचित्र, यात्रा, रिपोर्ताज आदि प्रमुख हैं।

इस तरह हम देखते हैं कि हिन्दी का गद्य-साहित्य कहाँ से शुरू हुआ था और आज कहाँ है! अब उसने इतनी प्रगति कर ली है कि वह विश्व साहित्य की कोटि में रखा जा सकता है। हिन्दी की नई पीढ़ी के अनेक लेखक अपने उत्तरदायित्व को निभा रहे हैं और तेजी के साथ आगे बढ़ रहे हैं।

कहानी

कविता, उपन्यास, निबन्ध और नाटक की भाँति कहानी भी साहित्य की एक विधा है। एक प्रकार से यह साहित्य का प्राचीनतम रूप है। कहानी और मानव का सम्बन्ध सृष्टि के आदिकाल से चला आ रहा है। बच्चा होश सम्भालने के बाद जब बोलने और समझने लगता है, तभी से कहानी के प्रति उसके मन में आकर्षण उत्पन्न होने लगता है। कभी वह अपनी माँ से, कभी दादी से और कभी नानी से कहानी सुनने की हठ करता है और जब वह स्वयं पढ़ना सीख जाता है, तो वह कहानी की पुस्तकों में ही रम जाता है।

विभिन्न विद्वानों ने भिन्न-भिन्न प्रकार से कहानी की परिभाषा की है। एडगर एलन पो के शब्दों में, "कहानी एक प्रकार का वर्णनात्मक गद्य है, जिसे पढ़ने में आधे घण्टे से लेकर एक घण्टे तक का समय लगता है।" एलन पो के अनुसार, कहानी का एक आवश्यक तत्व यह है कि वह पाठक पर प्रभाव डाल सके। हडसन नामक विद्वान का कहना है कि कहानी में चरित्र की अभिव्यक्ति होती है। एक अन्य अंग्रेज विद्वान के अनुसार, घटना और कौतूहल कहानी के आवश्यक तत्व हैं। बाबू गुलाबराय की दृष्टि में 'छोटी' कहानी एक स्वतःपूर्ण रचना है, जिसमें एक तथ्य या प्रभाव को अग्रसर करने वाली व्यक्ति-केन्द्रित घटना या घटनाओं के आवश्यक परन्तु कुछ-कुछ अप्रत्याशित ढंग से उत्थान-पतन और मोड़ के साथ पात्रों के चरित्र पर प्रकाश डालने वाला कौतूहलपूर्ण वर्णन होता है।' श्रीचन्द्रगुप्त विद्यालंकार का कहना है कि 'घटनात्मक इकहरे चित्रण का नाम कहानी है और साहित्य के सभी अंगों के समान रस उसका आवश्यक गुण है।' श्री जैनेन्द्र कुमार जैन के शब्दों में 'कहानी मनुष्य के चिरन्तर प्रश्नों, शंकाओं और चिन्ताओं के उचित समाधान की खोज है। कहानी एक भूख है जो निरन्तर समाधान पाने की कोशिश करती रहती है।' मुंशी प्रेमचन्द के अनुसार 'कहानी एक ऐसी रचना है, जिसमें जीवन के किसी एक अंग या किसी एक मनोभाव को प्रदर्शित करना ही लेखक का उद्देश्य रहता है।'

कहानी वास्तव में मानव जीवन की किसी एक घटना, अंग या मनोभाव का मनोरम चित्रण है, जिसमें कौतूहल और रस के साथ-साथ मानव की चिरन्तन शंकाओं का समाधान रहता है। उपन्यास में भी जीवन की काल्पनिक कथा होती है। अतः कुछ लोगों का विचार है कि कहानी उपन्यास का संक्षिप्त रूप है। परन्तु यह भ्रान्ति है। उपन्यास और कहानी में बहुत अन्तर है। दोंनों की रचना में मूलभूत अन्तर यह है कि कहानी का उद्देश्य जीवन के किसी एक अंग या मनोभाव के प्रदर्शन के द्वारा केवल एक ही प्रभाव उत्पन्न करना होता है, जबकि उपन्यास का लक्ष्य कोई एक निश्चित प्रभाव उत्पन्न करना नहीं होता। उपन्यास का क्षेत्र कहीं अधिक व्यापक होता है। उसमें अनेक प्रकार के चरित्रों और जीवन के विविध पक्षों का उद्घाटन होता है जबकि, कहानी में एक ही चरित्र के किसी विशेष पक्ष या जीवन के किसी एक ही अंग का प्रदर्शन किया जाता है।

अच्छी कहानी की विशेषतायें: किसी भी कहानी को कसौटी पर कसकर ही उसकी अच्छाई-बुराई का निर्णय किया जा सकता है। विद्वानों ने इसके लिए कुछ मानदण्ड तथा स्तर निर्धारित किये हैं। उन्हीं के आधार पर हम कहानी को परखते हैं। कुछ मानदण्ड निम्नलिखित हैं–

एक, अच्छी कहानी की पहली विशेषता मौलिकता है। कथानक, पात्र और संवाद चाहे नए हों या पुराने, लेकिन उनको ऐसी कुशलता से सँजोकर गुंफित किया जाना चाहिए कि वह मौलिक जान पड़ें। मौलिकता का एक उत्कृष्ट स्वरूप यह भी है कि साधारण-सी घटना, मनोभाव या किसी प्रसंग का वर्णन करते हुए जीवन के किसी सत्य या तथ्य की अभिव्यक्ति की जाये। प्रेमचंदजी की कुछ कहानियों में ऐसी ही मौलिकता के दर्शन होते हैं। यह लेखक की प्रतिभा पर निर्भर होता है।

दो, दूसरी विशेषता यह होनी चाहिये कि कहानी अतिमानव या अस्वाभाविक न लगे। उसकी घटनाओं पर स्वाभाविकता की स्पष्ट छाप होनी चाहिए। यदि कहानी में अलौकिकता या अविश्वसनीयता का आरोप किया गया, तो उसे हल्की या ढीली कहानी माना जायेगा और ऐसी कहानी अपने अभीष्ट की पूर्ति या वांछित प्रभावोत्पादकता में सफल नहीं होगी।

तीन, लेखक के व्यक्तित्व की छाप कहानी में परिलक्षित होना आवश्यक है। साधारण कथावस्तु या कथानक से सब लोग परिचित हो सकते हैं, लेकिन वह सबके लिए रोचक और मनोरंजक नहीं हो सकती। उसी सामान्य या साधारण कथावस्तु या कथानक में जब लेखक को अपने मनोभावों, आकांक्षाओं उद्गारों और अभीष्ट का परिपाक कर देता है, तो कहानी की रोचकता उत्कृष्टता और प्रभावोत्पादकता बढ़ने के साथ ही उसमें

लेखक का व्यक्तित्व भी मुखर हो उठता है। अतः कहानी में लेखक के व्यक्तित्व की स्पष्ट छाप दिखाई पड़नी चाहिये, अन्यथा उसे अच्छी कहानी नहीं माना जा सकता।

चार, कहानी का एक उद्देश्य लोक मानस का मनोरंजन करना भी है। अतः अच्छी कहानी सरस होनी चाहिये। सरस न होने पर कहानी लोकरंजन नहीं कर सकेगी। नीरसता कहानी की एक बहुत बड़ी कमी है। पाठक की वृत्तियों को लीन करने की क्षमता सरस कहानी में ही हो सकती है। अतः सरसता भी अच्छी कहानी की एक विशेषता है।

पांच, सत्यता व स्वाभाविकता भी अच्छी कहानी के आवश्यक लक्षण हैं। यद्यपि कथानक में कल्पना का पुट दिया जा सकता है, पर केवल उसी सीमा तक कि उसकी सत्यता और स्वाभाविकता पर आंच न आने पाए। किसी विद्वान लेखक ने ठीक ही कहा है कि कहानी में सत्य प्रधान तथा कल्पना गौण होती है। कहानी में अस्वाभाविकता का आभास होने पर उसकी संवेदनशीलता और प्रभावोत्पादकता नष्ट हो जाती है।

छः, कहानी का मुख्य अभीष्ट बुद्धि को नहीं, बल्कि हृदय को अपील करना है। केवल मस्तिष्क को अपील करने वाली कहानी हृदय की अनुभूति से लिखी गई कहानी नहीं हो सकती। हृदय की अनुभूति से लिखी गई कहानी ही पाठक के हृदय की सुकोमल भावनाओं का स्पर्श कर सकती है और जो कहानी जितनी गहराई तक पैठ कर पाठक की सुकुमार भावनाओं को स्पर्श करने में सफल होगी, वह उतनी ही अधिक प्रभावोत्पादक और मनोरंजक होगी। अतः पाठक के हृदय को स्पर्श करने की क्षमता अच्छी कहानी की एक अन्य विशेषता है। इसलिए कथानक का विषय अवांछनीय नहीं होना चाहिये। कथानक ऐसा होना चाहिए जो पाठक के हृदय में अनुराग पैदा करे, न कि विराग। अनुराग का भावात्मक प्रभाव अमिट तथा स्थायी होता है।

सात, संवाद या कथोपकथन कहानी का प्राण होता है। पात्रों का वार्तालाप ठोस जीवन के साथ सम्बन्धित होना आवश्यक है। कथानक परिस्थिति और पात्र के अनुकूल स्वाभाविक होना चाहिए, साथ ही उसका सरल, सुबोध, मनोरंजक और सटीक होना बड़ा श्रेयस्कर है। इससे एक तो पात्रों के चरित्र का विश्लेषण हो जाता है और दूसरे पाठक का कहानी के साथ तादात्म्य स्थापित हो जाता है।

आठ, शैली प्रतिभा तथा चातुर्य की सहचरी है। एडगर एलन पो नामक विद्वान का कहना है कि कहानी लेखक में प्रतिभा तथा चातुर्य दोनों का सम्मिश्रण होना बहुत आवश्यक है। भाषा, भाव और कल्पना कहानी को उतनी प्रभावोत्पादक नहीं बना सकते, जितनी शैली। शैली का माध्यम है, जिससे कहानी का स्वरूप अभिव्यक्ति पाता है।

नौ, कहानी के आरम्भ और अन्त का अपना विशिष्ट महत्व है। एक अंग्रेज लेखक के शब्दों में ''कहानी का प्रारम्भिक वाक्य-समूह पाठकों के लिये लेखक का परिचय होता है।'' आरम्भ को हम 'हांडी का एक चावल' या 'बानगी' कह सकते हैं। आरम्भ कौतूहलपूर्ण, मनोरंजक तथा जिज्ञासा उत्पन्न करने वाला होना चाहिए। इसी प्रकार अन्त विचारोत्तेजक होना चाहिए। इसका अभिप्राय यह नहीं कि बीच का भाग चाहे कैसा ही हो। वस्तुतः अच्छी कहानी के लिए जहां कहानी का सम्पूर्ण कलेवर गठा हुआ होना चाहिए, वहां आरम्भ और अन्त भी जिज्ञासा उत्पन्न करने वाला तथा विचारोत्तेजक होना चाहिए।

बहुवैकल्पिक प्रश्न

1. 'उत्तर अपभ्रंश' को सर्वप्रथम 'पुरानी हिन्दी' किसने कहा?
A. राहुल सांकृत्यायन
B. रामचन्द्र शुक्ल
C. चन्द्रधर शर्मा 'गुलेरी'
D. रामविलास शर्मा

2. किस सन् में नागरी प्रचारिणी पत्रिका में 'पुरानी हिन्दी' शीर्षक से गुलेरी जी ने एक लेखमाला की शुरुआत की?
A. 1991 B. 1921
C. 1923 D. 1920

3. अपभ्रंश के लिए 'प्राकृताभास हिन्दी' शब्द का प्रयोग किसने किया है?
A. राहुल सांकृत्यायन B. हजारी प्रसाद द्विवेदी
C. रामविलास शर्मा D. रामचन्द्र शुक्ल

4. पूरे अपभ्रंश साहित्य को 'पुरानी हिन्दी' मानने वाले आलोचक का नाम है–
A. राहुल सांकृत्यायन B. रामचन्द्र शुक्ल
C. गुलेरी D. रामविलास शर्मा

5. 'अपभ्रंश को अब कोई पुरानी हिन्दी नहीं कहता' किसका वाक्य है?
A. राहुल सांकृत्यायन B. रामचन्द्र शुक्ल
C. गुलेरी D. हजारी प्रसाद द्विवेदी

6. किस आलोचक ने आधुनिक आर्य भाषाओं को अपभ्रंश से उत्पन्न न मानते हुए संस्कृत से प्राकृत, प्राकृत से अपभ्रंश और अपभ्रंश से आधुनिक आर्यभाषाओं के सुपरिचित विकास-क्रम को 'सुगम नसेनी' कह कर इस अवधारणा का विरोध किया है?
A. रामचन्द्र शुक्ल B. हजारी प्रसाद द्विवेदी
C. रामविलास शर्मा D. नामवर सिंह

7. सिद्धों की रचनाओं को 'बौद्धगान ओ दोहा' नाम से किसने संकलित किया?
A. म.म. हरप्रसाद शास्त्री
B. राहुल सांकृत्यायन
C. गुलेरी
D. मुहम्मद शहीदुल्ला

8. सिद्धों के चर्यापदों और दोहों को राहुलजी ने किस शीर्षक में संकलित किया है?
A. हिन्दी काव्य धारा
B. दोहा कोश
C. बौद्ध गान ओ दोहा
D. ले शा मिस्तोक्स

9. 'दोहाकोश' में सिद्धों के दोहों को संकलित किया है–
A. राहुल सांकृत्यायन ने
B. म.म. हरप्रसाद शास्त्री ने
C. प्रबोधचन्द्र बागची ने
D. बेंडल ने

10. 'सिद्ध-साहित्य' के संपादन का कार्य सर्वप्रथम शुरू किया था–
A. बेंडल ने
B. राहुल सांकृत्यायन ने
C. म.म. हरप्रसाद शास्त्री ने
D. मुहम्मद शहीदुल्ला ने

11. 'महासुखवाद' का सम्बन्ध है–
A. सिद्धों से B. नाथपंथियों से
C. निर्गुनियाँ संतों से D. जैनियों से

12. राहुल सांकृत्यायन के अनुसार हिन्दी के पहले कवि हैं–
A. देवसेन B. शालिभद्र सूरि
C. सरहपा D. चन्द

13. निम्नलिखित में से किस पुस्तक में 'भारतेश्वर-बाहुबली रास' के रचयिता शालिभद्र सूरि को हिन्दी का पहला कवि बताया गया है?
A. हिन्दी साहित्य का इतिहास – 'आचार्य शुक्ल'
B. हिन्दी काव्य धारा – 'राहुल'
C. हिन्दी साहित्य का वैज्ञानिक इतिहास – 'गणपति चन्द्र गुप्त'
D. हिन्दी साहित्य का आलोचनात्मक इतिहास – 'राम कुमार वर्मा'

14. महापंडित राहुल सांकृत्यायन ने सरहपा का समय माना है–
A. 679 ई॰ B. 769 ई॰
C. 633 ई॰ D. 796 ई॰

15. आचार्य शुक्ल वीरगाथा काल का प्रारम्भ मानते हैं–
A. 973 ई॰ B. 1050 ई॰
C. 993 ई॰ D. 1018 ई॰

16. अब तक ज्ञात रचनाओं के आधार पर बताइये कि अपभ्रंश में 'दोहा काव्य' का आरम्भ किसने किया?
A. रामसिंह B. जोइन्दु कवि
C. धनपाल D. अद्दहमाण

17. कवि स्वयंभू किस भाषा के कवि हैं?
A. प्राकृत B. अपभ्रंश
C. हिन्दी D. पालि

18. निम्न में से कौन शैव थे जो बाद में जैन हो गये?
A. स्वयंभू B. धनपाल
C. पुष्पदंत्त D. रामसिंह

19. 'पाहुड़ दोहा' किसकी कृति है?
A. अब्दुल रहमान B. रामसिंह
C. जिनदत्त D. जोइन्दु कवि

20. 'उपदेश रसायनरास' है–
A. एक विरह कथा
B. धार्मिक उपदेशों का संकलन
C. एक रासलीला काव्य
D. एक औषधि विज्ञान सम्बन्धी कृति

21. 'भक्ति धर्म का रसात्मक रूप है।' यह बात किसने कही?
A. आचार्य रामचन्द्र शुक्ल
B. आचार्य हजारी प्रसाद द्विवेदी
C. डॉ॰ नगेन्द्र
D. नन्ददुलारे वाजपेयी

22. रामानुज के गुरु 'कांचीपूर्ण' किस वर्ण के थे?
A. ब्राह्मण B. क्षत्रिय
C. वैश्य D. शूद्र

23. 'देह जैसा तीर्थ न मैने सुना, न देखा'। किसका कथन है?
A. कबीर B. सरहपा
C. गोरखनाथ D. जायसी

24. सूफी संतों की 'अनलहक' की घोषणा किससे मिलती-जुलती है?
A. एकेश्वरवाद B. विशिष्टाद्वैतवाद
C. द्वैतवाद D. अद्वैतवाद

25. राबिया कौन थी?
A. आलवार संत B. सूफी संत
C. मराठी संत D. योगिनी

26. भक्तिकालीन हिन्दी काव्य की सर्वाधिक प्रमुख भाषा है–
A. पंजाबी B. अवधी
C. ब्रज D. राजस्थानी

27. बंगाल-असम में ब्रजभाषा प्रभावित बंगला-असमिया को कहा जाता है–
A. पंचमेल B. पुरबिया
C. ब्रजबुलि D. ब्रजभाषा

28. गेयपदों की परम्परा हिन्दी में किससे शुरू होती है?
A. हिन्दी के जैन कवियों से
B. अपभ्रंश कवियों से
C. नाथों से
D. सिद्धों से

29. कबीर की मृत्यु किस सन् में हुई?
A. 1575 ई. B. 1518 ई.
C. 1461 ई. D. 1503 ई.

30. कबीर को 'वाणी का डिक्टेटर' किसने कहा है?
A. आचार्य रामचन्द्र शुक्ल
B. आचार्य हजारी प्रसाद द्विवेदी
C. चन्द्रधर शर्मा गुलेरी
D. राहुल सांकृत्यायन

31. निम्नलिखित में से कौन-सी कबीर की उक्ति नहीं है?
A. हरि जननी मैं बालक तोरा
B. कहो भइया अंबर कासौ लागा
C. न जाने तेरा साहब कैसा है
D. अब तो अजपा जपु मन मेरे

32. निम्नलिखित में से कौन-सी उक्ति कबीर की नहीं है?
A. पाण्डे कौन कुमति तोहि लागी
B. झरि लागे महलिया गगन फहराय
C. जरा मुई न भय हुआ कुसल कहां ते होय
D. चलन-चलन सब लोग कहत हैं, न जाने बैकुंठ कहाँ हैं।

33. मीराबाई को किसकी शिष्या कहा जाता है?
A. धर्मदास B. तुलसीदास
C. रैदास D. कबीरदास

34. 'बीर कहा मई थहि खंड गावऊ। कथा काल कई लोग सुनावऊँ।' किस रचना की पंक्ति है?
A. चंदायन B. पद्‌मावत
C. हंसावली D. मृगावती

35. 'मानुस प्रेम भएउं बैकुंठी। किस रचना की पंक्ति है?
A. मधुमालती B. मृगावती
C. पद्‌मावत D. चंदायन

36. निम्नलिखित में से कौन-सी पंक्ति 'पद्‌मावत' की नहीं है?
A. हौं बिनु मंदिर को छावा
B. ओनई घटा परी जग छाहा
C. विरह रूप दरपन संसारा
D. उन बानन्ह उस के जा न मारा

37. निम्नलिखित में से कौन-सी पंक्ति पद्‌मावत की नहीं है?
A. छार उठाय लीन्ह एक मूठी
B. चंदन कि बन-बन उपजे, विरह कि तन-तन सोई
C. कीन्हेसी कोई भिखारी कोई धनी
D. पिऊ सो कहहु संदेसड़ा हे भौरां हे काग

38. निम्नलिखित में से किस सूफी-रचना में दोहे की जगह बरवै छन्द का प्रयोग है?
A. रसरतन B. ज्ञानदीप
C. अनुराग बांसुरी D. चित्रावली

39. 'संवत सोलह सौ इकतीसा। करउं कथा हरिपद धरि सीसा।' किस रचना की पंक्ति है?
A. रामचरितमानस B. विनयपत्रिका
C. कवितावली D. रामचंद्रिका

40. 'रामचरित मानस में तुलसीदास की करूणा समाजोन्मुख है, विनयपत्रिका में वह आत्मोन्मुख है।' यह कथन किसका है?
A. हजारी प्रसाद द्विवेदी
B. रामविलास शर्मा
C. प्रभुदयाल मीतल
D. रामचन्द्र शुक्ल

41. 'कबीर कानि राखी नहीं वर्णाश्रम षट्‌दरशनी।' किस रचना की पंक्ति है?
A. रज्जब बानी B. भक्तमाल
C. ज्ञानबोध D. धनी धरमदास की बानी

42. 'निरअंकुश अति निडर रसिक जस रसना गायो।' पंक्ति किसके बारे में है?
A. रसखान B. कबीर
C. नामदेव D. मीरा

43. 'मानौ भाई धन-धल अंतर दामिनि' किसकी पंक्ति है?
A. नन्ददास B. कृष्णदास
C. सूरदास D. स्वामी हरिदास

44. 'ताही छन उडुराज उदित रस-रास-सहायक।
कुंकुम-मंडित-बदल प्रिया जनु नागरि नायक।।' किसकी पंक्ति है?
A. सूरदास B. नन्द दास
C. कृष्णदास D. कुंभन दास

45. 'संतन को कहा सीकरी सो काम' किसकी पंक्ति है?
A. कृष्णदास B. कुंभन दास
C. सूरदास D. नन्द दास

46. 'भारत भूषण' के रचयिता कौन हैं?
A. भूषण B. केशवदास
C. जसवन्त सिंह D. भिखारी दास

47. 'योग वसिष्ठ' किनकी रचना है?
A. मुंशी सदा सुखलाल
B. सदल मिश्र
C. रामप्रसाद निरंजनी
D. लल्लूलाल

48. 'डेल सो बनाय आय मेलत सभा के बीच, लोगन कवित्त कीबो खेल करि जानो है।' किनकी रचना है?
A. घनानन्द B. देव
C. ठाकुर D. आलम

49. 'अभिधा उत्तम काव्य है, मध्य लक्षणा लीन', अधम व्यंजना रस-विरस उलटी कहत नवीन।' यह पंक्ति किसकी है?
A. चिन्तामणि B. देव
C. भारतेन्दु D. बालकृष्ण शर्मा 'नवीन'

50. 'अति सूधो सनेह को मारग है।' किसकी उक्ति है?
A. बनेधा B. ठाकुर
C. आलम D. घनानन्द

51. जहांगीरजस चंद्रिका' के रचनाकार कौन हैं?
A. देव B. मतिराम
C. केशव D. चिन्तामणि

52. 'हंसजवाहिर' नामक प्रेमाख्यान किसने लिखा?
A. शेख नबी B. नूर मुहम्मद
C. उसमान D. कासिमशाह

53. रसलीन की रचना है–
A. रसरंग B. रसमंजरी
C. रसराज D. रसप्रबोध

54. 'तुलसी गंग दुवौ भए सुकविन के सरदार' किसका कथन है?

A. रहीम B. सुन्दरदास
C. भिखारी दास D. देव

55. 'ज्ञानदीप' किसकी रचना है?
A. शेखनबी B. वृन्द
C. भूषण D. रहीम

56. किस भक्तिकालीन कवि ने नायिकाभेद की रचना की है?
A. तुलसीदास B. गंग
C. सूरदास D. मीरा

57. 'सांवरे रूप को रीति अनूप नयो-नयो लागत ज्यों-ज्यों निहारिये', यह पंक्ति किसकी है?
A. बोधा B. आलम
C. केशवदास D. घनानन्द

58. बादशाह जहांगीर की प्रशस्ति में काव्य लिखा था–
A. मतिराम B. केशवदास
C. रहीम D. द्विजदेव

59. किस कवि ने प्रकृति पर स्वतंत्र रूप से रचना की है?
A. मतिराम B. पद्माकर
C. देव D. सेनापति

60. 'जग की कविताई के धोखे रहे ह्यां प्रवीनन की मति जाति छकी।' यह पंक्ति किस रचनाकार के बारे में है?
A. केशवदास B. बिहारी
C. घनानन्द D. देव

61. किसने लक्षण ग्रन्थ की रचना नहीं की?
A. पद्माकर B. देव
C. भूषण D. बिहारी

62. 'अनुराग बांसुरी' के रचनाकार हैं–
A. अद्दहमाण
B. नूर मुहम्मद
C. जानकी वल्लभ शास्त्री
D. अमीर खुसरो

63. आचार्य रामचन्द्र शुक्ल ने 'साक्षात् रसमूर्ति' किस कवि को कहा है?
A. बिहारी B. मतिराम
C. देव D. घनानन्द

64. 'बरवै नायिका भेद' किसकी रचना है?
A. बिहारी B. रसलीन
C. सूरति मिश्र D. रहीम

65. शुक्ल जी ने किसकी कविता को 'मौन मधिपुकार' कहा है?
A. घनानन्द B. आलम
C. ठाकुर D. मतिराम

66. 'भाव विलास' किसकी रचना है?
A. घनानन्द B. बिहारी
C. देव D. पद्माकर

67. 'अजरनि बसी है हमारी अंखियानि देखौ' यह पंक्ति किसकी है?
A. मतिराम B. घनानन्द
C. केशवदास D. बिहारी

68. 'सुरतिय, नरतिय, नागतिय सब चाहति उस होय;– किसकी उक्ति हैं?
A. तुलसीदास B. रसखान
C. नरहरिदास D. रहीम

69. 'कविकुल कल्पतरू' किसकी रचना है?
A. चिन्तामणि B. देव
C. केशव D. मतिराम

70. 'सुजानविनोद' किसकी रचना है?
A. देव B. चिन्तामणि
C. घनानन्द D. पद्माकर

71. 'समालोचक' के सम्पादक कौन थे?
A. अम्बिका प्रसाद बाजपेयी
B. गुलेरी
C. राहुल सांकृत्यायन
D. बाल मुकुन्द गुप्त

72. 'कामायनी' में सर्गों की संख्या है–
A. 12 B. 8
C. 15 D. 10

73. 'विश्रामसागर' निम्नलिखित में से किसकी रचना है?
A. महाराज रघुराज सिंह
B. रघुनाथदास रामसनेही
C. ललित किशोरी
D. कन्हैयालाल पोद्धार

74. 'जरासन्ध वध' महाकाव्य किसकी रचना है?
A. गोपालचन्द्र गिरिधर दास
B. सेवक
C. सरदार
D. बैजनाथ द्विवेदी

75. 'वाग्विलास' किसकी रचना है?
A. ग्वाल B. सेवक
C. शंकर D. रामलाल

76. भारतेन्दु ने रीतिकालीन मुक्तकों का संकलन किस नाम से किया है?
A. भारती भूषण B. रस कुसुमाकर
C. सभा विलास D. सुन्दरी तिलक

77. कौन-सी रचना 'रत्नाकर' की नही है?
A. हिंडोला B. गंगावतरण
C. हरिश्चन्द्र D. भ्रमरदूत

78. किस रचना का अनुवाद सत्यनारायण कविरत्न ने ब्रजभाषा में नही किया?
A. उत्तररामचरित B. ऋतुसंहार
C. मालतीमाधव D. होरेशस

79. रत्नाकर ने पोप के 'एस्से ऑन क्रिटिसिज्म' का 'समालोचनादर्श' नाम से ब्रजभाषानुवाद किस छंद में किया है?
A. रोला B. हरिगीतिका
C. दोहा D. सवैया

80. 'दैत्यवंश' किसकी रचना है?
A. मोहनलाल महतो वियोगी
B. हरदयालु सिंह
C. द्वारिका प्रसाद मिश्र
D. 'नीरज'

81. 'कृष्णायन' किस भाषा में रचित महाकाव्य है?
A. ब्रज B. खड़ी बोली
C. अवधी D. भोजपुरी

82. हिन्दी का पहला पत्र कौन-सा है?
A. बंगदूत B. संवाद कौमुदी
C. समाचार दर्पण D. उदन्त मार्तण्ड

83. निम्नलिखित में से कौन-सा एक दैनिक पत्र था?
A. बंगदूत B. प्रजामित्र
C. समाचार सुधावर्षण D. लोकमित्र

84. 'ज्ञानप्रदायिनी पत्रिका' के सम्पादक थे–
A. केशवचन्द्र सेन B. श्यामसुन्दर सेन
C. नवीन चन्द्र D. तारामोहन मिश्र

85. 'सुधाकर' नामक पत्र कहाँ से निकलता था–
A. कलकत्ता B. बनारस
C. मालवा D. आगरा

86. कलकत्ता में 'लोकशिक्षा समिति' की स्थापना कब हुई–
A. 1823 B. 1835
C. 1857 D. 1815

87. 'तदीय समाज' की स्थापना किसने की थी–
A. राजा राममोहन राय
B. केशव चन्द्र सेन
C. महादेव गोविन्द रानाडे
D. भारतेन्दु

88. 'सत्यशोधक समाज' के संस्थापक कौन थे–
A. ज्योतिबा फुले B. बाबू तोताराम
C. नारायण गुरु D. तिलक

89. फोर्ट विलियम कॉलेज की स्थापना कब हुई थी–
A. 1800 ई. B. 1803 ई.
C. 1798 ई. D. 1801 ई.

90. निम्नलिखित में से कौन-सा एक व्यक्ति फोर्ट विलियम कॉलेज के कभी सम्बद्ध नही रहा–
A. लल्लूलाल B. मुंशी सदासुख लाल
C. सदल मिश्र D. गिलक्राइस्ट

91. निम्नलिखित को सुमेलित कीजिए :

(सूची-क) स्थायी भाव	(सूची-ख) रस
(*a*) रति	1. श्रृंगार
(*b*) उत्साह	2. रौद्र
(*c*) अमर्ष	3. हास्य
(*d*) हास	4. वीर

कूट :	(*a*)	(*b*)	(*c*)	(*d*)
A.	1	4	2	3
B.	2	3	4	1
C.	1	2	3	4
D.	3	2	4	1

92. निम्नलिखित को सुमेलित कीजिए–

(सूची-क) स्थायी भाव	(सूची-ख) रस
(*a*) अद्‌भुत	1. भय
(*b*) भयानक	2. विस्मय
(*c*) वीभत्स	3. शोक
(*d*) करूण	4. जुगुप्सा

कूट :	(*a*)	(*b*)	(*c*)	(*d*)
A.	3	4	2	1
B.	2	1	4	3
C.	1	2	3	4
D.	4	3	2	1

93. निम्नलिखित को सुमेलित कीजिए–

(सूची-क) स्थायी भाव	(सूची-ख) रस
(*a*) अनुमितिवाद	1. अभिनव गुप्त
(*b*) उत्पत्तिवाद	2. भट्टनायक
(*c*) अभिव्यक्तिवाद	3. शंकुक
(*d*) भुक्तिवाद	4. भट्टलोल्लट

कूट :	(*a*)	(*b*)	(*c*)	(*d*)
A.	3	4	1	2
B.	1	2	3	4
C.	4	3	2	1
D.	1	2	4	3

94. सुमेलित कीजिए–

(सूची-क) स्थायी भाव	(सूची-ख) रस
(*a*) भरत	1. काव्यालंकार
(*b*) भामह	2. लोचन
(*c*) आन्दवर्धक	3. नाट्यशास्त्र
(*d*) अभिनवगुप्त	4. ध्वन्यालोक

कूट :	(*a*)	(*b*)	(*c*)	(*d*)
A.	1	2	3	4
B.	4	3	2	1
C.	3	1	4	2
D.	1	4	3	2

95. निम्नलिखित को सुमेलित कीजिए–

(सूची-क) स्थायी भाव	(सूची-ख) रस
(*a*) काव्यादर्श	1. जयदेव
(*b*) काव्यप्रकाश	2. मम्मट
(*c*) काव्यालंकार सूत्रवृत्ति	3. वामन
(*d*) चन्द्रालोक	4. दण्डी

कूट :	(a)	(b)	(c)	(d)
A.	1	2	3	4
B.	4	3	1	2
C.	4	2	3	1
D.	2	1	4	3

96. निम्नलिखित को सुमेलित कीजिए–

(सूची-क) स्थायी भाव	(सूची-ख) रस
(a) धनंजय	1. दशरूपक
(b) क्षेमेन्द्र	2. वक्रोक्ति जीवितम्
(c) कुन्तक	3. काव्यालंकार सारसग्रंह
(d) उद्भट	4. औचित्य विचार चर्चा

कूट :	(a)	(b)	(c)	(d)
A.	4	3	2	1
B.	1	2	3	4
C.	2	3	4	1
D.	1	4	2	3

97. निम्नलिखित को सुमेलित कीजिए–

(सूची-क) रचनाकार	(सूची-ख) रचना
(a) भोजराज	1. शृंगार प्रकाश
(b) पतंजलि	2. सरस्वती कण्ठाभरण
(c) भानुमिश्र	3. रस तरंगिनी
(d) भोजराज	4. महाभाष्य

कूट :	(a)	(b)	(c)	(d)
A.	4	3	2	1
B.	1	4	3	2
C.	1	2	3	4
D.	4	1	2	3

98. निम्नलिखित को सुमेलित कीजिए–

(सूची-क) रचनाकार	(सूची-ख) रचना
(a) रूय्यक	1. उज्ज्वल नीलमणि
(b) रूपगोस्वामी	2. काव्यालंकार
(c) राजशेखर	3. अलंकार सर्वस्व
(d) रूद्रट	4. काव्यमीमांसा

कूट :	(a)	(b)	(c)	(d)
A.	4	3	2	1
B.	3	1	4	2
C.	1	2	3	4
D.	4	1	2	3

99. निम्नलिखित को सुमेलित कीजिए–

(सूची-क) रचनाकार	(सूची-ख) रचना
(a) पं. राज जगन्नाथ	1 दशकुमार चरित
(b) मम्मट	2. रसगंगाधर
(c) उद्भट	3. भामह विवरण
(d) विश्वनाथ	4. साहित्य दर्पण

कूट :	(a)	(b)	(c)	(d)
A.	2	1	3	4
B.	1	2	3	4
C.	4	3	2	1
D.	1	2	4	3

100. संगत बताइए–

(सूची-क) स्थायी भाव		(सूची-ख) रस
(a) रति	–	शृंगार
(b) हास	–	वीर
(c) शोक	–	करूण
(d) उत्साह	–	वीर

A. (a), (b), (c) C. (a), (d)
C. (b), (c), (d) D. (a), (c), (d)

101. 'महोत्सव' में कौन-सी संधि है?
A. गुण स्वर संधि B. व्यंजन संधि
C. विसर्ग संधि D. वृद्धि स्वर संधि

102. 'तपोवन' में कौन-सी संधि है?
A. गुण स्वर संधि B. व्यंजन संधि
C. विसर्ग संधि D. वृद्धि स्वर संधि

103. 'निष्फल' में कौन-सी संधि है?
A. विसर्ग संधि B. व्यंजन संधि
C. अयादि स्वर संधि D. वृद्धि स्वर संधि

104. 'नमस्ते' में कौन-सी संधि है?
A. व्यंजन संधि B. दीर्घ स्वर संधि
C. विसर्ग संधि D. वृद्धि स्वर संधि

105. उच्छवास का संधि-विग्रह है :
A. उच + श्वास B. उत् + श्वास
C. उद् + श्वास D. उछ् + श्वास

106. 'रामावतार' में कौन-सी संधि है?
A. दीर्घ स्वर संधि B. व्यंजन संधि
C. विसर्ग संधि D. गुण स्वर संधि

107. 'कपीश' का संधि-विग्रह है :
A. कप + ईश B. कपि + इश
C. कपि + ईश D. कपी + ईश
D. उपरोक्त में से कोई नहीं

108. 'दिगम्बर' में कौन-सी संधि है?
A. व्यंजन संधि B. विसर्ग संधि
C. ह्रस्व स्वर संधि D. यण् स्वर संधि

109. 'अन्वेषण' का संधि-विग्रह है:
A. अन् + वेषण B. अन्व + एषण
C. अनु + ऐषण D. अनु + एषण

110. संचय का संधि-विग्रह है:
A. सत् + चय B. सम् + चय
C. सं + चय D. सः + चय

111. महा + ईश की संधि से क्या बनेगा?
A. महीश B. महेश
C. महिष D. महाईश

112. प्रत्युत्तर का संधि-विग्रह है :
A. प्र + त्युत्तर B. प्रति + युत्तर
C. प्रति + उत्तर D. प्रत्यु + उत्तर

113. 'नीलाम्बर' में कौन-सी संधि है?
A. दीर्घ स्वर संधि B. व्यंजन संधि
C. विसर्ग संधि D. गुण स्वर संधि

114. अभीष्ट का संधि-विग्रह है :
A. अभी + ईष्ट B. अभी + इस्ट
C. अभि + ईस्ट D. अभि + इस्ट

115. अति + अंत की संधि से बनेगा :
A. अतीन्त B. अत्यन्त
C. अतिन्त D. अत्येन्त

116. मनः + हर की संधि से बनेगा :
A. मनहर B. मनोहर
C. मनःहर D. मन्हर

117. मतैक्य का संधि-विग्रह है :
A. मत + एक्य B. मत + ऐक्य
C. मतः + एक्य D. मत + इक्य

118. 'पुनर्जन्म' में कौन-सी संधि है?
A. ह्रस्व स्वर संधि B. व्यंजन संधि
C. विसर्ग संधि D. अयादि स्वर संधि

119. स्वागत का संधि-विग्रह है :
A. स्वा + गत B. स्व + आगत
C. स्वा + आगत D. सु + आगत

120. 'हिमालय' में कौन-सी संधि है?
A. दीर्घ स्वर संधि B. व्यंजन संधि
C. विसर्ग संधि D. गुण स्वर संधि

निर्देशः *निम्नांकित प्रत्येक प्रश्न में चार वाक्य दिए गए हैं। इनमें से तीन वाक्य त्रुटिपूर्ण हैं। त्रुटिरहित वाक्य छांटकर उसे चिह्नित करें।*

121. A. उन सज्जन व्यक्ति को यहां बुलाओ।
B. उस सज्जन को यहां बुलाओ।
C. सज्जन उस व्यक्ति को यहां बुलाओ।
D. उस सज्जन जन को यहां बुलाओ।

122. A. यह दही खट्टी है। B. ये दही खट्टी हैं।
C. ये दही खट्टा है। D. यह दही खट्टा है।

123. A. यज्ञ करने से वायुमंडल सुदृढ़ होता है।
B. यज्ञ करने से वायुमंडल हलका होता है।
C. यज्ञ करने से वायुमंडल पावन होता है।
D. यज्ञ करने से वायुमंडल डरावना होता है।

124. A. तूने कहा और सब लोग मान गया।
B. तूने कही और सब लोग मान गया।
C. तुम ने कहा और सब लोग मान गए।
D. तुम ने कहा और सभी लोग मान गया।

125. A. कुछ महिलाएँ धीरे-धीरे से चलती हैं।
B. कुछ महिला धीरे-धीरे चलती हैं।
C. कुछ महीलायें धीरे-धीरे से चलती हैं।
D. कुछ महिलाएँ धीरे-धीरे चलती हैं।

126. A. अहा! कितना सुहावना मौसम है।
B. अहा कितना! सुहावना मौसम है।
C. अहा कितना सुहावना! मौसम है।
D. अहा कितना सुहावना मौसम! है।

127. A. मैंने उसे पढ़ाया और नौकरी दिलाया।
B. मैंने उसे पढ़ाया और नौकरी दिलायी।
C. मैं ने उस को पढ़ाया और नौकरी दिलाया।
D. मैं उस को पढ़ाया और नौकरी दिलायी।

128. A. चारों पुत्रों का नाम बताओ।
B. चारों पुत्र के नाम बताओ।
C. चारों पुत्रों के नाम बताओ।
D. चार पुत्रों के नाम बताओ।

129. A. मैं ने अनेक पुस्तकें लिखी।
B. मैं अनेक पुस्तकें लिखीं।
C. मैंने अनेक पुस्तकें लिखीं।
D. मैं ने अनेक पुस्तकें लिखी।

130. A. यह पुस्तक मैं पढ़ा हूं।
B. यह पुस्तक मैं पढ़ी है।
C. यह पुस्तक मैंने पढ़ी है।
D. ये पुस्तकें मैं ने पढ़ी है।

131. A. उसकी माताजी दिल्ली में रहती हैं।
B. उसकी माताजी दिल्ली रहती हैं।
C. उसके माताजी दिल्ली में रहते हैं।
D. उसके माताजी दिल्ली रहते हैं।

132. A. वह धीमी स्वर में बोला।
B. वह धीमी स्वर में बोला।
C. वह धीमे स्वर में बोला।
D. वे धीमे स्वर में बोला।

133. A. मुझे बहुत आनन्द आती है।
B. मुझ बहुत आनन्द आता है।
C. मुझ को बहुत आनन्द आती है।
D. मुझे बहुत आनन्द आते हैं।

134. A. वेदों में छः अंग माने जाते हैं।
B. वेदों के छः अंग माने जाते हैं।
C. वेदों से छः अंग माने जाते हैं।
D. वेदों पर छः अंग माने जाते हैं।

135. A. तुम्हारी पुस्तक और पत्र मिला।
B. तुम्हारी पुस्तक और पत्र मिली।
C. तुम्हारी पुस्तक और पत्र मिले।
D. तुम्हारी पुस्तक तथा पत्र मिला।

136. A. मुझको अभी नहाना है।
B. मैं ने अभी नहाना है।
C. मुझ से अभी नहाना है।
D. मैं अभी नहाना है।

137. A. विद्वान की शोभा कीमती जेवरों से होती है।
B. विद्वान की शोभा शुद्ध भाषा के प्रयोग से होती है।
C. विद्वान की शोभा सुथरे कपड़ों से होती है।
D. विद्वान की शोभा सुगंधित इत्र लगाने से होती है।

138. A. गुरुजी ने मुझ से कुछ नहीं कहा था।
B. गुरुजी ने मुझ से कुछ नहीं कहे थे।
C. गुरुजी मुझ से कुछ नहीं कहे थे।
D. गुरु जी मुझे कुछ नहीं कहा था।

139. A. मोर पर सुन्दर पंख होते हैं।
B. मोर के सुन्दर पंख होते हैं।
C. मोर में सुन्दर पंख होते हैं।
D. मोर के पास सुन्दर पंख होते हैं।

140. A. नेहरु जी का वह भाषण संस्मरणीय था।
B. नेहरु जी का वह भाषण मरणीय था।
C. नेहरु जी का वह भाषण स्मरणीय था।
D. नेहरु जी का वह भाषण रमणीय था।

141. A. वह गद्धा है। B. वह गधा है।
C. वह गदहा है। D. वह गधदा है।

142. A. अध्यापक कक्षा में पढ़ाते हैं।
B. अध्यापक कक्षा के लिए पढ़ाते हैं।
C. अध्यापक कक्षा को पढ़ाते हैं।
D. अध्यापक कक्षा पर पढ़ाते हैं।

143. A. हाय, हाय, बनता क्यों है? मेरी पुस्तक दे।
B. हाय! हाय! बनता क्यों है? मेरी पुस्तक दे।
C. हाय-हाय! बनता काहे को है? मेरी पुस्तक दे।
D. हाय। हाय। बनता क्यों है? मेरी पुस्तक दे।

144. A. पेड़ों पर कोयल कूक रही है।
B. पेड़ पर कोयल कूक रही है।
C. पेड़ पर कोयल कूज रही है।
D. पेड़ों पर कोयलें कूज रही है।

145. A. प्रत्येक ने कमीजें पहन रखी हैं।
B. प्रत्येक ने कमीज़ पहन रखे हैं।
C. प्रत्येक ने कमीज़ पहन रखी है।
D. प्रत्येक ने कमीज़ पहन रखा है।

146. A. वह लोट आया। B. वह लौट आया।
C. वह लोट आए। D. वह लौट आए।

147. A. चार आदमी के लिए भोजन पका है।
B. चारों आदमी के लिए भोजन पका है।
C. चारों आदमियों के लिए भोजन पके हैं।
D. चार आदमियों के लिए भोजन पका है।

148. A. आप को मेरे प्रणाम पहुँचें।
B. आप के लिए मेरे प्रणाम पहुँचे।
C. आप को मेरा प्रणाम पहुँचे।
D. आप के लिए मेरी प्रणाम पहुँचे।

149. A. ऋषि मुनि इत्यादि का मत है।
B. ऋषि मुनियों इत्यादि का मत है।
C. ऋषियों मुनियों इत्यादि का मत है।
D. ऋषियों मुनियों इत्यादियों का मत है।

150. A. उस ने अनेक प्रकार की कला सीखी।
B. उसने अनेक प्रकार की कलाएँ सीखीं।
C. उस ने अनेक प्रकार की कलाएँ सीखी।
D. उस ने अनेकों प्रकार की कलाएँ सीखीं।

उत्तरमाला

1	2	3	4	5	6	7	8	9	10
C	B	D	A	D	C	A	A	C	A
11	**12**	**13**	**14**	**15**	**16**	**17**	**18**	**19**	**20**
A	C	C	B	C	B	B	C	B	C
21	**22**	**23**	**24**	**25**	**26**	**27**	**28**	**29**	**30**
A	D	B	D	B	C	C	D	B	B
31	**32**	**33**	**34**	**35**	**36**	**37**	**38**	**39**	**40**
D	B	C	A	C	C	B	C	A	B
41	**42**	**43**	**44**	**45**	**46**	**47**	**48**	**49**	**50**
B	D	C	B	B	C	C	C	B	D
51	**52**	**53**	**54**	**55**	**56**	**57**	**58**	**59**	**60**
C	D	D	C	A	C	B	B	D	C
61	**62**	**63**	**64**	**65**	**66**	**67**	**68**	**69**	**70**
D	B	D	D	A	C	B	A	A	A
71	**72**	**73**	**74**	**75**	**76**	**77**	**78**	**79**	**80**
B	C	B	A	B	D	D	B	A	B
81	**82**	**83**	**84**	**85**	**86**	**87**	**88**	**89**	**90**
C	D	C	C	B	A	D	A	A	B

91	92	93	94	95	96	97	98	99	100
B	B	A	C	C	D	B	B	A	D
101	102	103	104	105	106	107	108	109	110
A	C	A	C	B	A	C	A	D	B
111	112	113	114	115	116	117	118	119	120
B	C	A	D	B	B	B	C	D	A
121	122	123	124	125	126	127	128	129	130
B	D	C	C	D	A	B	C	C	C
131	132	133	134	135	136	137	138	139	140
A	C	B	B	A	A	B	A	B	D
141	142	143	144	145	146	147	148	149	150
B	A	B	B	C	B	D	C	A	B

SECTION b भाषा विकास का शिक्षाशास्त्र

भाषा चाहे कोई भी हो वह, भाव, विचार तथा अनुभवों को अभिव्यक्त करने का सर्वोत्तम साधन है। भावों का प्रकाशन व्यक्ति कई प्रकार से करता है, जैसे–अंग संचालन द्वारा, वस्तु अथवा चित्र दिखाकर, विभिन्न क्रियाकलापों के माध्यम से और भाषा व्यवहार द्वारा। परन्तु केवल अंग संचालन और विभिन्न क्रियाओं द्वारा भावों की अभिव्यक्ति में वैसी पूर्णता नहीं होती जैसी ध्वनि संकेतों द्वारा होती है।

व्यक्ति अपने भावों तथा विचारों की अभिव्यक्ति दो रूपों में करता है–बोलकर और लिखकर। मौखिक तथा लिखित रूप में विचारों को प्रकट करने के लिए भाषा का सहारा लिया जाता है। भाषा ध्वनि प्रतीकों से निर्मित होती है। अतः भाषा को सार्थक ध्वनि प्रतीकों की व्यवस्था कहा जाता है जिसके द्वारा किसी समाज के लोग आपस में अपने भावों तथा विचारों का आदान-प्रदान बोलकर या लिखकर करते हैं।

भाषा की निम्नलिखित विशेषताएँ होती हैं:

1. भाषा एक अर्जित सामाजिक निधि है, अर्थात् प्रत्येक व्यक्ति को इसे सीखना होता है और यह समाज में रहकर ही संभव होता है। कोई व्यक्ति इसे जन्म से ही प्राप्त नहीं कर लेता है। वह जिस समाज में रहता है, उस समाज की भाषा वह सीख लेता है। भाषा का यह अर्जन उसी प्रकार होता है जैसे बालक अन्य सामाजिक आचरण या क्रियाकलापों को सीखता है।
2. भाषा विविध रूपी होती है। जहाँ एक ओर भाषा के अनेक रूप उसके बोलने वाले समाज के वर्ग तथा स्तर-भेद के अनुसार होते हैं, वहीं, उस समाज के इतिहास और भूगोल (भौगोलिक वितरण) के अनुसार भी भाषा के अनेक रूप होते हैं। इस प्रकार सामाजिक वर्ग-भेद के अनुसार विभिन्न जातियों या सामाजिक वर्गों की विभिन्न बोलियाँ होती हैं और वर्ग में स्तर-भेद के अनुसार उच्च, मध्य और निम्न वर्ग की बोलियाँ होती हैं। इन सभी भौगोलिक, सामाजिक आदि बोलियों में मानक बोली भी एक होती है, जिसे उच्च स्तर पर शिक्षा, साहित्य, राजकाज, जनसंचार, पत्रकारिता आदि के क्षेत्र में प्रयुक्त किया जाता है।
3. भाषा संप्रेषण अर्थात् अभिव्यक्ति और बोधन का सर्वश्रेष्ठ साधन है, जो मूलतः सामाजिक और पारंपरिक होती है।

अधिगम एवं अधिगम के सिद्धान्त

हिलगार्ड के अनुसार ''सीखना (अधिगम) वह प्रक्रिया है जिससे कोई क्रिया आरम्भ होती है अथवा सामना की गयी परिस्थिति से प्रतिक्रिया के द्वारा परिवर्तित की जाती है। बशर्ते क्रिया के परिवर्तन के लक्षण स्वाभाविक प्रतिक्रिया की प्रवृत्तियाँ, परिपक्वता अथवा जीव को अस्थायी दशाओं के आधार पर न समझाई जा सकें।''

अधिगम (सीखने) के प्रमुख सिद्धान्त

सीखने की प्रक्रिया को और अधिक स्पष्ट करने के लिये विभिन्न मनोवैज्ञानिकों ने विभिन्न सिद्धान्त प्रस्तुत किये हैं, जिनमें प्रमुख हैं–

1. अन्तर्दृष्टि द्वारा अधिगम का सिद्धान्त अथवा पूर्णाकार सिद्धान्त।
2. संयोजनवाद या सम्बन्धवाद अथवा परीक्षण द्वारा भूल-सुधार सिद्धान्त।
3. स्किनर का क्रिया प्रकरण अनुकूलन का सिद्धान्त।
4. पावलोव का क्लासिकी सिद्धान्त।

अन्तर्दृष्टि द्वारा सीखने का सिद्धान्त

अन्तर्दृष्टि द्वारा सीखने के सिद्धान्त का प्रतिपादन जर्मनी के मनोवैज्ञानिक कोहलर ने किया। पहले इस सिद्धान्त के वैज्ञानिक पक्ष को समझाने के लिए पशुओं पर प्रयोग किये गये थे। बाद में इनका प्रयोग मनुष्यों को समझाने के लिये किया गया। कोहलर ने चिम्पैंजी (Chimpanzees) पर प्रयोग किये। उन्होंने इन चिम्पैंजियों को प्राकृतिक स्थिति में रखकर उनकी बुद्धि पर प्रयोग किये और यह निष्कर्ष निकाला कि पशु भी बुद्धि का प्रयोग करते हैं। ऐसी स्थिति में यदि मनुष्य को रख दिया जाए तो वह भी उस प्रकार के व्यवहार करेगा।

अन्तर्दृष्टि से तात्पर्य है समस्या के सभी पक्षों को गम्भीरता से देखना। अन्तर्दृष्टि से सीखने में इकाई (Whole Unit) का उसके अंगों की अपेक्षा उसके भागों का अधिक महत्व होता है। इस विधि में भूल और प्रयास विधि का प्रयोग भी होता है। इस विधि के आवश्यक तत्व हैं– सम्पूर्ण इकाई का ज्ञान या बोध, स्पष्ट उद्देश्य, सामान्यीकरण की शक्ति आकस्मिक समाधान की सूचना, वस्तुओं का नया रूप, सीखने का स्थानान्तरण तथा व्यवहार में परिवर्तन आदि।

अन्तर्दृष्टि का शैक्षिक महत्व

(i) **कठिन विषयों में उपयोगी :** कठिन से कठिन कार्यों को करने और सीखने के लिये सूझबूझ का सिद्धान्त अधिक लाभकारी रहता है। उदाहरणार्थ–विज्ञान व गणित विषय।

(ii) **अभिप्रेरणा का महत्व :** यदि सीखने से होने वाले लाभों का पहले से ज्ञान हो जाये तो बालक अपनी सूझबूझ और बुद्धि का भरपूर प्रयोग करेगा। अतएव अभिप्रेरणा का इस विधि में भी बहुत महत्व है। इससे बच्चों में कार्य सीखने की रुचि भी बनी रहेगी।

(iii) **बौद्धिक शक्तियों के विकास में सहायता :** बालकों के बौद्धिक विकास के लिए उनकी अन्तर्दृष्टि या सूझबूझ बहुत सहायक होती है। अतः इस विधि से अधिक से अधिक कार्यों को करने के लिये बालकों को प्रोत्साहित करना चाहिए।

(iv) **पाठ्यक्रम निर्माण में उपयोगिता :** पाठ्यक्रम के निर्माण में अन्तर्दृष्टि अथवा सूझ-बूझ प्रक्रिया को ध्यान में रखकर पाठ्यक्रम के विभिन्न अंगों को एकीकृत किया जाता है। दूसरे शब्दों में एकीकृत पाठ्यक्रम, इस सिद्धान्त के परिणामस्वरूप बनाया जाता है कि सारा विषय एक इकाई के समान हो।

(v) **वैज्ञानिक खोजों के लिए उपयोगी :** वैज्ञानिक खोजों के लिये अन्तर्दृष्टि का सिद्धान्त ही सहायता करता है। इसके बिना खोज कार्य नहीं हो सकते।

संयोजनवाद या सम्बन्धवाद

इस सिद्धान्त को उद्दीपन-अनुक्रिया एवं प्रसन्नता-दुख का सिद्धान्त भी कहा जाता है। इस सिद्धान्त का प्रतिपादन सन् 1968 में अमेरिका के मनोवैज्ञानिक **थार्नडाइक** (Thorndike) ने किया था। इस सिद्धान्त के अनुसार मनुष्य एवं पशु प्रयास एवं भूल के द्वारा बहुत कुछ सीखते रहते हैं। व्यक्ति प्रयास करता जाता है और परिणामस्वरूप धीरे-धीरे उसकी सीखने की प्रक्रिया होती रहती है। प्रयास एवं भूल द्वारा सीखने के लिये मनुष्य को प्रेरणा, बाधा, निरर्थक प्रतिक्रियायें, सफलता का आकस्मिक अवसर, उचित अनुक्रियाओं को स्थायी रखना तथा लक्ष्यों की प्राप्ति आदि तत्त्वों की आवश्यकता होती है तभी वह इस सिद्धान्त के अनुसार सीख सकेगा। इस सिद्धान्त के कुछ दोष भी हैं जैसे इस विधि द्वारा सीखने में बुद्धि का अधिक प्रयोग नहीं होता। सीखने में समय अधिक लगता है। सूझ-बूझ का प्रयोग भी कम होता है। यह विधि पिछड़े बच्चों के लिए ही उपयुक्त है, प्रतिभावान बालक इस विधि को अधिक पसन्द नहीं करते।

संयोजनवाद का शैक्षिक महत्व

(i) **अभ्यास द्वारा सीखना :** अभ्यास मनुष्य को परिपक्वता की ओर ले जाता है। अभ्यास प्रयास और भूल विधि की मुख्य विशेषता है।

(ii) **कौशल अर्जित करना :** छोटा बालक कई कौशल प्रयास और भूल विधि से ही सीख पाता है, जैसे–बैठना, खड़े होना, चलना, भागना। शिक्षण में भी बालक लेखन में गलतियाँ करके ही सुधार लाता है।

(iii) **प्रेरणा पर बल :** इस सिद्धान्त में प्रेरणा पर अधिक बल दिया जाता है। बालकों को सीखने से पहले अभिप्रेरित करना अति आवश्यक है।

(iv) **सूझबूझ द्वारा सीखना :** प्रयास और भूल विधि में सूझ का प्रयोग भी होता है। कई समस्याओं में इनका सम्मिश्रण करना पड़ता है।

(v) **दोहराना :** किसी कार्य को सीखने के लिये उसे दोहराना आवश्यक है। प्रयास और भूल विधि में कार्यों का दोहराव होता रहता है।

(vi) **सरल से कठिन की ओर :** इस सिद्धान्त द्वारा कार्य सरल पक्ष से प्रारम्भ किया जाता है और कठिनाई की ओर धीरे-धीरे बढ़ा जाता है। इससे कमजोर व पिछड़े बालकों को लाभ होता है।

सक्रिय अनुबन्धन का सिद्धान्त

पावलोव के अनुकूलित अनुक्रिया की तरह ही स्किनर (Skinner) ने सक्रिय अनुबन्धन के सिद्धान्त का प्रतिपादन किया। सक्रिय अनुबन्धन इस सिद्धान्त पर आधारित है कि व्यवहार के किसी एक पक्ष को पुरस्कृत किया जा सकता है।

सक्रिय अनुबन्धन का आधार पुनर्बलन है। पुनर्बलन का अर्थ निम्न प्रकार है–

सक्रिय अनुबन्धन का अर्थ है–जब किसी पुरस्कार से कोई अनुक्रिया हो तो उसी अनुक्रिया के दोहराये जाने की प्रवृत्ति रहती है।

"सक्रिय अनुबन्धन में किसी भी घटना का उद्दीपन जो किसी प्रकार की अनुक्रिया उत्पन्न करता है, पुनर्बलन कहलाता है।"

इस प्रकार बार-बार दिया जाने वाला पुनर्बलन भावी व्यवहार का निर्णायक हो जाता है।

उदाहरणार्थ, खाने की मेज पर यदि कोई भूखा व्यक्ति 'कृपया शब्द कहता है तो उसे खाना दे दिया जाता है। हर बार यह बात दोहराई जाती है और इस बात की सम्भावना बढ़ जाती है कि जब वह व्यक्ति भूख लगने पर 'कृपया' शब्द कहेगा तो उसे 'खाना' मिल जायेगा। इस प्रकार 'भोजन' उसके 'कृपया' अनुक्रिया के लिए सकारात्मक पुनर्बलक कहलायेगा।

अतः स्किनर ने यह अवधारणा विकसित की कि सक्रिय अनुबन्धन एक अधिगम प्रक्रिया है जिसमें जब अनुक्रिया संभावित होती है, उस समय सक्रियता की शक्ति बढ़ जाती है।

स्किनर के अनुसार समस्त व्यवहार सक्रिय पुनर्बलन के द्वारा होता है। जीवन के हर क्षेत्र में पुनर्बलन द्वारा ही परिवर्तन आते हैं। अतः जब भी किसी व्यवहार को पुनर्बलित किया जाता है तो उस व्यवहार की पुनरावृत्ति के अवसर अधिक होते हैं।

सक्रिय अनुबन्धन का शैक्षिक महत्व

स्किनर का मानना है कि सक्रिय-अनुबन्धन द्वारा शिक्षण-प्रक्रिया को प्रभावी बनाया जा सकता है। इसी सिद्धांत के अनुसार पशुओं को भी प्रशिक्षित किया जा सकता है। शिक्षा के क्षेत्र में सक्रिय अनुबन्धन का महत्व निम्नलिखित है–

(*i*) **व्यवहार को स्वरूप प्रदान करना :** सक्रिय-अनुबन्धन के सिद्धांत द्वारा शिक्षक विद्यार्थियों के व्यवहारों को वांछित स्वरूप एवं दिशा प्रदान कर सकता है। इस कार्य के लिये शिक्षक को उद्दीपन नियन्त्रित करना पड़ेगा।

(*ii*) **निदानात्मक शिक्षण :** स्किनर के अनुसार कई जटिल तथा मानसिक रोगियों को सक्रिय अनुबन्धन द्वारा प्रशिक्षित किया जा सकता है तथा उनका अधिगम प्रभावशाली बनाया जा सकता है।

(*iii*) **परिणाम की जानकारी :** यदि छात्रों को उनके प्रयासों के परिणाम का ज्ञान करा दिया जाए तो छात्र अपने कार्य में अधिक उन्नति कर सकते हैं। गृह कार्य की जाँच करके उसमें संशोधन करने से छात्र उन्नति कर सकता है।

(*iv*) **अधिक्रमित अधिगम :** स्किनर ने इस सिद्धान्त का प्रयोग अभिक्रमित अधिगम के लिए किया है। इसी सिद्धान्त द्वारा शब्द भण्डार में भी वृद्धि की जा सकती है।

(*v*) **पुनर्बलन का महत्व :** सक्रिय अनुबन्धन में पुनर्बलन का बहुत महत्व है। पुनर्बलन के विभिन्न रूप हो सकते हैं, जैसे– पुरस्कार, दण्ड, परिणाम का ज्ञान आदि।

अनुकूलित अनुक्रिया सिद्धान्त

इस सिद्धान्त द्वारा अनुबन्धन से सीखा जाता है। इस सिद्धान्त का प्रतिपादन **पावलोव** और **वाटसन** ने किया था। इस विधि के अनुसार सम्बद्ध स्थिति से भी अधिगम अधिक हो जाता है। दूसरे शब्दों में अनुकूलित या अनुबन्धित अनुक्रिया से तात्पर्य है–कृत्रिम उत्तेजना या उद्दीपन के प्रति स्वाभाविक क्रिया का पैदा होना। रूसी वैज्ञानिक वाटसन ने खरगोश पर प्रयोग करके और पावलोव ने कुत्ते पर प्रयोग करके यह सिद्ध कर दिया कि अनुकूलित या अनुबन्धित अनुक्रिया द्वारा पशु काफी कुछ सीखते हैं। यदि मानव को उन्हीं परिस्थितियों में रखा जाए तो वे भी पर्याप्त मात्रा में सीखते हैं। इस विधि में प्रमुख आवश्यक तत्व हैं: अनुक्रिया का प्रभुत्व, दो उद्दीपनों में समय का सम्बन्ध, उद्दीपनों की पुनरावृत्ति और उद्दीपनों की क्षमता आदि। इस सिद्धान्त के प्रमुख दोष हैं– यान्त्रिकता पर अधिक बल, अस्थायित्व तथा मनुष्य की अपेक्षा पशुओं पर किये गये अधिक प्रयोग।

अनुकूलित या अनुबन्धित अनुक्रिया पर अनेक कारक प्रभाव डालते हैं, उनमें प्रमुख हैं अभ्यास, प्रेरक, समय, बाहरी रुकावटें, बुद्धि, आयु व मानसिक स्वास्थ्य आदि। इन कारकों के प्रभाव से अनुकूलित अनुक्रिया की गति अधिक अथवा कम हो सकती है।

अनुकूलित अनुक्रिया सिद्धान्त का शैक्षिक महत्व

(*i*) **समायोजन में सहायक :** अनुबन्धन क्रिया छात्रों को नये-नये वातावरण में समायोजन में सहायक सिद्ध होती है।

(*ii*) **भ्रम दूर करना :** अनावश्यक भ्रमों और वहमों को दूर करने के लिये इस विधि का प्रयोग किया जाना आवश्यक है।

(*iii*) **भाषा के प्रशिक्षण में सहायक :** अनुकूलन या अनुबन्ध भाषा के प्रशिक्षण में बहुत उपयोगी होती है। उचित भाषा के प्रयोग से बालक उसके प्रयोग के लिए अनुकूलित हो जाता है।

(*iv*) **भय, प्रेम तथा घृणा को जागृत करना :** इस विधि के द्वारा छात्र तथा अध्यापक के मध्य भय, प्रेम तथा घृणा के भाव जागृत किए जाते हैं। एक अध्यापक यदि छात्र को मारता-पीटता है तो छात्र उसके नाम से ही घृणा अथवा भय के भाव प्रदर्शित करेगा, यह उसका अनुबन्धन होता है।

(*v*) **दंड पुरस्कार का सिद्धान्त :** दंड और पुरस्कार अनुकूल या अनुबन्ध पर बहुत निर्भर करता है। बुरे कार्यों के लिए दंड व अच्छे कार्यों के लिए पुरस्कार का मिलना बालक के अनुकूल या अनुबन्ध के लिये परम आवश्यक है। उचित समय पर दिया गया दंड या पुरस्कार बालक के व्यवहार को परिवर्तित करता है या उसमें संशोधन लाता है।

अधिगम को प्रभावित करने वाले कारक

अधिगम को प्रभावित करने में अनेक कारकों की अन्तक्रियाएँ होती हैं। कुछ कारक ऐसे होते हैं जिनसे सीखने की प्रक्रिया तीव्र होती है और कुछ कारक इस प्रक्रिया को मन्द कर देते हैं और कुछ इसमें बाधा उत्पन्न करते हैं। अतः उन्हीं कारकों को प्रोत्साहित करने की आवश्यकता होती है जिनसे सीखने की प्रक्रिया तीव्र होती है। अधिगम को प्रभावित करने वाले प्रमुख कारक निम्नलिखित हैं–

(1) **अभिप्रेरण :** बालक हर उस क्रिया को रुचि पूर्वक शीघ्रता में सीखता है, जिसके लिए उसे प्रेरित किया जाता है। प्रेरणा बालक को क्रियाशील बनाती है। प्रयास, रुचि, प्रतिक्रिया सब प्रेरणा के परिणाम हैं।

सीखने की प्रत्येक क्रिया में प्रेरकों और लक्ष्यों का घनिष्ठ सम्बन्ध होता है। प्रेरक किसी व्यक्ति की वे शारीरिक और मानसिक दशाएँ हैं जो उसे किसी कार्य को करने के लिए अग्रसरित करती है।

(2) **पुरस्कार एवं दण्ड :** पुरस्कार एवं दण्ड प्रेरणा के साधनों में से एक साधन है। पुरस्कार बालकों को अच्छे कार्य करने और सीखने की प्रेरणा देते हैं। इनके द्वारा बालकों की सीखने की गति को तीव्र किया जा सकता है। दण्ड अनुचित कार्यों को करने से रोकने के लिये तथा उनको वांछित व्यवहार करने के लिए दिया जाता है।

(3) **स्पर्धा और सम्मान :** स्पर्धा बालकों की सीखने के लिए एक अच्छी प्रेरक शक्ति है। प्रतियोगिताओं में भाग लेकर सम्मान प्राप्त करने की भावना बालकों को कुछ न कुछ नया करके दिखाने को सदा प्रेरित करती है। इस प्रकार वे कुछ न कुछ सीखते हैं और अपने व्यवहार में सुधार करते हैं।

(4) **उचित वातावरण :** वातावरण का सीखने की प्रक्रिया में महत्त्वपूर्ण योग होता है। वातावरण आन्तरिक भी होता है और बाह्य भी। आन्तरिक वातावरण का निर्माण विषय-कक्षों की स्थापना करके किया जा सकता है। विज्ञान प्रयोगशालाएँ इतिहास-कक्ष, भूगोल-कक्ष, भाषा-कक्ष आदि सभी में प्रकाश और वायु का उत्तम प्रबन्ध, बैठने और कार्य करने की सुविधाएँ प्रदान करके उचित वातावरण बनाया जा सकता है। इसी प्रकार बाह्य वातावरण शान्त और स्वच्छ होना चाहिए। विभिन्न प्रकार के मौसम भी सीखने की प्रक्रिया को प्रभावित करते हैं।

(5) **अध्यापक का व्यवहार :** अध्यापक का स्वयं का व्यवहार सीखने की प्रक्रिया को प्रभावशाली बनाता है। अध्यापक का सहानुभूति पूर्ण स्नेहपूर्ण और मित्रतापूर्ण व्यवहार छात्रों में आत्म-विश्वास की भावना उत्पन्न करता है और वे उत्साहपूर्वक सीखने में प्रदत्त होते हैं। इसके विपरीत अध्यापक का कठोर और पक्षपातपूर्ण व्यवहार छात्रों को सीखने में निरुत्साहित कर देता है। अध्यापक को व्यक्तिगत विभिन्नताओं को ध्यान में रखकर छात्रों को नए से नए ज्ञान देने का प्रयास करना चाहिए।

(6) **इच्छा शक्ति :** सीखने के लिए बालक में दृढ़ इच्छा-शक्ति का होना अनिवार्य है। इसी प्रकार अध्यापक में भी सिखाने की दृढ़ इच्छा शक्ति होनी आवश्यक है। यदि बालक सीखने के लिए तत्पर नहीं है तो उसे बलपूर्वक सिखाने का प्रयास नहीं करना चाहिए।

(7) **ध्यान और रुचि :** बालकों का ध्यान और रुचि सीखने की प्रक्रिया को प्रभावपूर्ण बनाने में सहायक होती है। ध्यान और रुचि का अभाव सीखने की प्रक्रिया को मन्द कर देता है।

भाषा अध्यापन के सिद्धान्त

शिक्षण एक जटिल सामाजिक प्रक्रिया है और शिक्षक इसमें महत्त्वपूर्ण भूमिका का निर्वहन करते हैं। शिक्षण कुछ सिद्धान्तों पर आधारित होता है–

1. विषय का प्रभावी प्रस्तुतीकरण। व्याख्या स्पष्ट होनी चाहिये। छात्रों में कौतुहल एवं जिज्ञासा जागृत करनी चाहिये ताकि वे विषय में रुचि लें।
2. छात्रों की समस्याओं का समाधान करना चाहिये और उन्होंने पाठ को ठीक से समझा है कि नहीं इसके लिये उपयुक्त प्रश्न पूछने चाहिए।
3. विषय वस्तु को तर्क संगत ढंग से Organise एवं Arrange करना चाहिये।
4. शिक्षण लोकतंत्र के सिद्धान्तों पर होना चाहिये अर्थात् इसमें शिक्षक एवं छात्रों के बीच close interaction होना चाहिये ताकि वे अपने संदेह, विचार एवं धारणा को व्यक्त कर सकें।
5. एक Resourceful शिक्षक जिसमें शिक्षण अभिरुचि एवं शिक्षण के प्रति विशुद्ध लगाव हो, अपने छात्रों के प्रति लाभदायक होता है।
6. शिक्षण छात्रों में रुचि एवं कौतुहल जगाने वाला होना चाहिये यह छात्रों को प्रेरित करने वाला होना चाहिये इसके लिये Innovative Teaching Methods एवं दूसरे तकनीकों को प्रयोग किया जा सकता है।
7. सीखने के लिये मनोवैज्ञानिक एवं भौतिक वातावरण होना चाहिये।
8. संप्रेषण क्षमताएं शिक्षण के लिये निर्णायक होती हैं। इसमें वाचन क्षमता के अतिरिक्त वाचिक मुद्रायें जैसे gesture, expression इत्यादि भी महत्त्वपूर्ण होते हैं।
9. छात्र एवं शिक्षक के बीच सम्बन्ध मधुर होने चाहिये एवं एक विश्वास होना चाहिये।
10. आधुनिक तकनीकों, तरीकों एवं उपकरणों का प्रयोग भी होना चाहिये क्योंकि ये छात्र में सीखने की उत्सुकता पैदा करते हैं।
11. कक्षा में सीखने योग्य वातावरण बनाने के लिए छात्रों की आवश्यकताओं को ध्यान में रखना आवश्यक है।
12. अच्छे व्यवहार एवं प्रदर्शन के लिये ईनाम देने चाहिये एवं दुर्व्यवहार के लिए दंड। सामान्यतः दण्ड देने से बचना चाहिये।

अध्यापन विधि

प्रस्तावना विधि

इस विधि को विन्यास-प्रेरणा विधि भी कहते हैं। इसका सम्बन्ध पाठ को शुरू करने से होता है। यदि पाठ का प्रारम्भ प्रभावशाली है तो पाठ की सफलता प्रायः निश्चित हो जाती है। पाठ की प्रस्तावना में शिक्षक की कल्पना, सृजनात्मक आदि शक्तियाँ अधिक सक्रिय रहती हैं।

पाठ-प्रस्तावना विधि के तत्व–इससे सम्बन्धित सूक्ष्म-पाठ (Micro-Lesson) तैयार करने के लिये निम्नलिखित तत्वों की ओर ध्यान देना अति आवश्यक है–

(1) **पूर्व-ज्ञान :** नयी विषय-वस्तु को पढ़ाने से पहले विद्यार्थियों के पूर्व ज्ञान को जान लेना अति आवश्यक होता है। पूर्व-ज्ञान में उसी उप-विषय (Topic) के बारे में जानना चाहिए जिस उप-विषय के लिये शिक्षण-कार्य शुरू किया जाना हो। इससे विद्यार्थी नयी विषय-वस्तु को पढ़ाने में रुचि लेंगे।

(2) **उचित शृंखला बद्धता :** पाठ को शुरू करते समय प्रयोग में लाये जाने वाले विचारों (Ideas), प्रश्नों (Questions) तथा कथनों (Statements) आदि में तारतम्यता (Coordination) का होना आवश्यक है।

(3) **विद्यार्थियों में रुचि एवं अभिप्रेरणा पैदा करने की क्षमता :** शिक्षक में इतनी क्षमता होनी चाहिए कि वह विद्यार्थियों में रुचि और अभिप्रेरणा जागृत कर सके।

(4) **कथनों का विषय-वस्तु और उद्देश्यों से सम्बन्ध :** पाठ को प्रारम्भ करते समय जिन-जिन कथनों का प्रयोग किया जाना चाहिए, उन कथनों का सम्बन्ध नई पढ़ाई जाने वाली विषय-वस्तु से अवश्य होना चाहिए तथा उस विषय-वस्तु का सम्बन्ध पूर्व-निर्धारित उद्देश्यों से होना चाहिए।

(5) **उद्देश्य और सहायक सामग्री :** पाठ के उद्देश्यों को ध्यान में रखकर ही विभिन्न प्रकार की सहायक सामग्री का प्रयोग किया जाता है। कक्षा में एक जैसे शिक्षण कार्य से विद्यार्थी ऊब (Bore) जाते हैं। दृश्य-श्रव्य सामग्री के उचित चयन और आकर्षक प्रयोग से विद्यार्थी की वह ऊबाऊ प्रवृत्ति काबू में की जा सकती है।

व्याख्यान विधि

कक्षा में शिक्षक अपने विचार तथा ज्ञान विद्यार्थियों तक पहुँचाने के लिये व्याख्यान विधि का प्रयोग करते हैं। कक्षा में अधिक समय तक शिक्षक व्याख्यान विधि का ही प्रयोग होता है। इस व्याख्यान विधि में अधिक दोष होने के बावजूद भी इसी का प्रयोग अधिक होता है। संक्षेप में अपने विचारों, प्रत्ययों और सिद्धान्तों को शाब्दिक रूप (Verbal Form) में पहुँचाना ही व्याख्यान कहलाता है।

व्याख्यान विधि के घटक

(1) व्याख्यान शुरू करने की योग्यता
(2) व्याख्यान में प्रयुक्त भाषा का सरल होना
(3) पाठ की गति
(4) दृश्य-श्रव्य सामग्री का प्रयोग
(5) शिक्षण-बिन्दुओं को दोहराना
(6) अन्तः क्रिया में परिवर्तन होना
(7) रुचिकर युक्तियों (Interesting Tactics) का प्रयोग
(8) आवाज का स्पष्ट होना
(9) कथनों का स्पष्ट एवं सम्बद्ध होना
(10) व्याख्यान समाप्त करने की योग्यता का होना

वाद-विवाद विधि

शिक्षण प्रक्रिया में कई बार विषय-वस्तु को स्पष्ट करने के लिये वाद-विवाद पद्धति की सहायता लेनी पड़ती है। शिक्षक किसी बिन्दु (Point) को विद्यार्थियों के सामने प्रस्तुत करके उनसे उनके विचार व्यक्त करने को कहता है। विद्यार्थी अनुक्रिया स्वरूप एक-एक करके अपने विचार प्रस्तुत करने लगते हैं। इस प्रकार कक्षा शिक्षण में वाद-विवाद का वातावरण उत्पन्न करना अध्यापक की योग्यता का एक हिस्सा है। वाद-विवाद कौशल में निपुण शिक्षक ही एक सफल तथा प्रभावशाली शिक्षक माना जाता है।

वाद-विवाद कौशल में अन्य कई कौशल भी सक्रिय होते हैं। जैसे–प्रश्न पूछने का कौशल, उद्दीपन परिवर्तन कौशल मौन एवं अशाब्दिक संकेत पुनर्बलन आदि। वाद-विवाद कौशल के अभ्यास से ही इन विभिन्न कौशलों का अभ्यास हो जाता है।

वाद-विवाद विधि के घटक

(1) उचित वातावरण का निर्माण
(2) प्रश्न पूछना
(3) उद्दीपन परिवर्तन
(4) विद्यार्थी संभागिता में वृद्धि
(5) मौन एवं अशाब्दिक संकेत
(6) अन्तः क्रिया शैली परिवर्तन
(7) आलोचनात्मक सजगता में वृद्धि
(8) व्याख्यान कौशल का विकास
(9) पुनर्बलन

प्रदर्शन विधि

शिक्षण की सम्पूर्ण प्रक्रिया केवल मौखिक रूप में ही नहीं चल सकती। विषय वस्तु स्पष्ट करने के लिये शिक्षक को कुछ न कुछ क्रिया कक्षा में करके दिखानी ही पड़ेगी। कई बार शिक्षक को प्रदर्शन विधि का सहारा लेना पड़ता है। विशेषकर विज्ञान के विषयों में तो प्रदर्शन (Demonstration) शिक्षण का आवश्यक अंग है। उदाहरणार्थ, यदि कक्षा में किसी गैस (Gas) को तैयार करने की विधि बतानी है तो शिक्षक गैस बनाने की विधि का प्रदर्शन कक्षा में करेगा, फिर दूसरे छात्रों को स्वयं करने के लिये कहेगा। यही प्रदर्शन (Demonstration) कहलाता है।

प्रदर्शन विधि के घटक–

(1) विषय वस्तु से सम्बद्धता
(2) छात्र संभागिता
(3) प्रयोग सम्बन्धी वस्तुओं और सामग्री का उपयोग
(4) प्रदर्शन की उपयुक्तता
(5) प्रदर्शन दृष्टिगोचरता
(6) कार्य-कारण सम्बन्ध स्थापित करना
(7) परिणाम निकालने की क्षमता

दृष्टांत विधि

कक्षा में जटिल प्रत्ययों (Complex Concepts), विचारों आदि को सुगम बनाकर विद्यार्थियों को समझाना पड़ता है। इस कार्य के लिये शिक्षक दृष्टांत कौशल का प्रयोग करता है। शिक्षक जब किसी विषय-वस्तु को सरल तथा स्पष्ट बनाने के लिये चित्रों, स्पष्टीकरणों, उदाहरणों आदि का सहारा लेता है तो इसे दृष्टांत कौशल या दृष्टांत व्याख्या कौशल कहते हैं।

दृष्टांत प्रयोग के उद्देश्य—

(1) पाठ को रुचिकर बनाना
(2) अज्ञात ज्ञान को ज्ञात के साथ सम्बद्ध करना
(3) जटिल तथा अपरिचित ज्ञान को सरल तथा परिचित बनाना
(4) विद्यार्थियों की कई इन्द्रियों का प्रयोग करना

दृष्टांत विधि के घटक

(1) सरल उदाहरणों का चयन
(2) उदाहरणों का रुचिकर होना
(3) उदाहरण आदि के लिये उपयुक्त माध्यम का चयन
(4) उदाहरण के लिये उपयुक्त विधियों का चयन
(5) दृष्टांतों की उपयुक्त संख्या
(6) उदाहरणों की संप्रत्ययों एवं विचारों से सम्बद्धता
(7) विद्यार्थियों द्वारा दृष्टांत या उदाहरण दिये गये
(8) विद्यार्थियों का संप्रत्यय बोध

व्याख्या विधि

कक्षा में सभी बालक एक जैसे नहीं हुआ करते। अर्थात् कुछ बालक बुद्धिमान होते हैं, कुछ सामान्य बुद्धि के, कुछ परिपक्व तथा कुछ अपरिपक्व होते हैं। सभी को ज्ञान प्रदान करना ही शिक्षक का कर्त्तव्य होता है। विषय-वस्तु को सरल बना कर विद्यार्थियों के समक्ष प्रस्तुत करना और उसे ग्रहण करने योग्य बनाने के कौशल को ही व्याख्या कौशल (Skill of Explanation) का नाम दिया गया है। इसका प्रयोग सभी विषयों में अनिवार्य माना गया है। इसके प्रयोग के बिना विषय-वस्तु का प्रस्तुतीकरण सम्भव नहीं होता। इसमें विषय-वस्तु से सम्बन्धित कथनों में इस तरह के शब्दों का प्रयोग किया जाता है जिनसे वे कथन अपना अर्थ स्पष्ट रूप से दर्शाने लगते हैं। कई बार एक कथन में से यदि एक भी शब्द हटा लिया जाये तो वह कथन अस्पष्ट रह जाता है।

व्याख्या विधि के घटक—

(1) **कथनों में तारतम्यता :** व्याख्या के दौरान प्रयोग हुए कथनों में आपसी तालमेल होना अति आवश्यक होता है, अन्यथा व्याख्या 'खिचड़ी' सी बन जायेगी।
(2) **असम्बद्ध कथनों का अभाव :** विषय-वस्तु के प्रस्तुतीकरण के दौरान विषय-वस्तु से सम्बन्धित कथनों का ही अधिकतर प्रयोग किया जाये।
(3) **भाषा में धारा-प्रवाह :** शिक्षक व्याख्या के लिये प्रवाहपूर्ण भाषा बोले तथा प्रवाह इतना होना चाहिये कि सभी विद्यार्थी सुगमता से उसके विचारों को सुन तथा समझ सकें।
(4) **परस्पर जोड़ने वाले शब्द :** विभिन्न विचारों या कथनों को परस्पर जोड़ने वाले शब्दों, मुहावरों या कड़ियों का समुचित प्रयोग करना अति आवश्यक है। जैसे 'इसलिये' परिणामस्वरूप आदि।
(5) **उपयुक्त शब्दों का प्रयोग :** व्याख्या में किसी वस्तु या घटना आदि के लिये शिक्षक उपयुक्त शब्द का प्रयोग करे अन्यथा असमंजस की स्थिति में पड़ सकता है।

श्रवण की भूमिका

बालक की अधिकांश भावी शिक्षा उसकी श्रवण शक्ति पर ही अवलम्बित होती है। जनधारणा तो यहाँ तक है कि वीर अभिमन्यु ने चक्रव्यूह भंग करने की शिक्षा अपनी माता के गर्भ में उस समय सीख ली थी ज़ब अर्जुन सुभद्रा को व्यूह-भंग करने की विधि सुना रहे थे।

वैदिककालीन और उत्तर वैदिककालीन जितना भी साहित्य था वह सुनकर ही याद किया जाता था। यही कारण है कि वेद को श्रुति भी कहा जाता है। ऋषि-मुनि विभिन्न वैदिक शाखाएँ अपने ज्ञान को वंश परम्परा में सुनकर ही स्मरण रखते थे। यही शाखाएँ तत्कालीन पुस्तकें और उन शाखाओं के बहुसंख्यक शिष्य ही उन पुस्तकों के बोलते पृष्ठ थे।

श्रेष्ठ श्रोता श्रेष्ठ बुद्धि वाला भी होता है। बालक में अच्छे श्रोता के लक्षणों का विकास प्रयत्न पूर्वक करके उसके ज्ञान में असाधारण वृद्धि की जा सकती है।

अच्छा वक्ता होने के लिए अच्छा श्रोता होना आवश्यक है। श्रवण चिंतन-मनन करने एवं अपना मंतव्य स्थिर करने का श्रेष्ठ साधन है। चिंतन-मनन से वाणी में प्रखरता आती है और अभिव्यक्ति में तीक्षणता।

श्रवण की शिक्षा के महत्त्व को देखते हुए प्राथमिक, माध्यमिक, उच्चतर-माध्यमिक तथा विश्वविद्यालय के स्तर पर भी इसकी परीक्षा का प्रावधान किया जाता है। प्राथमिक स्तर पर यह भाषाकला शिक्षण के रूप में, बड़ी कक्षाओं तथा विश्वविद्यालयों में इसे भाषणमाला (Speech Courses) के रूप में तथा उद्योग के क्षेत्र में इसे संपर्क और प्रबंध पाठ्यक्रम के रूप में स्थान दिया जाता है।

मौखिक अभिव्यक्ति (बोलने) की भूमिका

शिक्षा के क्षेत्र में बोलचाल की शिक्षा या मौखिक अभिव्यक्ति का ऐतिहासिक महत्त्व है। वैदिक युग का समग्र ज्ञान मौखिक रूप से ही गुरु-शिष्यों में चलता रहा।

बौद्ध तथा जैन काल में भी शिक्षा का मुख्य माध्यम बोलचाल ही रहा। मिस्र, यूनान तथा इंग्लैंड आदि के शिक्षा शास्त्र के इतिहास के अवलोकन से ज्ञात होता है कि इन देशों में भी मौखिक अभिव्यक्ति का शिक्षा में प्रमुख स्थान था।

ब्रिटिश शासन काल में शिक्षा के क्षेत्र में बोलचाल की शिक्षा का ह्रास हुआ क्योंकि उनको क्लर्कों की आवश्यकता थी, स्वतंत्र रूप से विचार अभिव्यक्त करने वालों की नहीं।

भारत के स्वतंत्र होने के बाद प्रजातांत्रिक प्रणाली में बोलचाल की शिक्षा के महत्त्व को पुनः स्थापित किया गया। कुशल वक्ताओं द्वारा ही प्रजा के हितों की रक्षा संभव है।

भाषा शिक्षण के प्रायः सभी स्तरों पर बोलचाल की शिक्षा का महत्त्व है। आरंभिक कक्षाओं में तो बोलचाल की शिक्षा की और भी अधिक आवश्यकता होती है। आरंभिक कक्षा में बालक सामाजिक, आर्थिक, धार्मिक तथा बौद्धिक दृष्टि से भिन्न-भिन्न परिवारों से आते हैं। वे भिन्न-भिन्न प्रकार की बोलियाँ बोलते हैं। पर उन्हें अध्ययन में एक मानक भाषा की आवश्यकता होती है। स्वभावतः पठन से पहले मौखिक अभिव्यक्ति पर बल देना आवश्यक है।

बोलचाल में पटुता, मधुरता एवं प्रभावोत्पादकता कई रोजगारों के लिए आवश्यक होती है। ऐसे क्षेत्र में उन्नति के लिए स्पष्टता एवं व्यावहारिकता आवश्यक होती है।

भाषा का कार्य एवं महत्त्व: बच्चों के लिए एक साधन के रूप में भाषा

भाषा व्यक्ति, समाज, राष्ट्र तथा अन्तर्राष्ट्रीय विकास के लिए संजीवनी है। इस प्रकाश-स्रोत के अभाव में सर्वत्र अज्ञान और अंधकार है। सद्-असद्, करणीय-अकरणीय, गमनीय-अगमनीय का बोध भाषा ही कराती है।

1. भाषा व्यक्ति और उसके व्यक्तित्व के विकास का महत्त्वपूर्ण आधार है। व्यक्ति अपने अन्तस् को भाषा के माध्यम से अभिव्यक्त करता है। इसी अभिव्यक्ति के साथ उसके अन्दर छिपी अनंत शक्ति अभिव्यक्त होती है। जिसकी अभिव्यक्ति जितनी स्पष्ट होगी उसके व्यक्तित्व का विकास भी उतने ही प्रभावशाली ढंग से होगा।

   भाषा के माध्यम से ही व्यक्ति बाह्य जगत का ज्ञान प्राप्त करता है। मूक और बधिर व्यक्ति के व्यक्तित्व का पूर्ण विकास इसलिए संभव नहीं हो पाता कि वह भाषा-सी अलौकिक देन से वंचित रह जाता है।
2. भाषा के माध्यम से समाज के दैनिक व्यापार सम्पन्न होते हैं, संस्कृति भी अनुजीवित रहती है। जीव-जगत, आत्मा-परमात्मा, लोक-परलोक, प्रकृति-पुरुष आदि के विषय में निर्धारित धारणाएँ आज भी भाषा के माध्यम से हमारे पास संचित हैं।

   विभिन्न जातियों, धर्मों, क्षेत्रों के लोगों के बीच में एकता का आधार भी भाषा ही है।
3. राष्ट्र के विस्तृत भू-भाग के शासन का संचालन भाषा के माध्यम से होता है। राष्ट्रों के बीच विचार-विनिमय, व्यापार, सांस्कृतिक आदान-प्रदान का साधन भी कोई न कोई भाषा ही होती है। यदि भाषाएँ न होतीं तो विभिन्न राष्ट्रों के महापुरुषों की विचारधारा राष्ट्र विशेष तक सीमित होकर रह जाती।
4. प्रत्येक भाषा में साहित्यिक और कलागत विविधताएँ होती हैं। गद्य तथा पद्य साहित्य के महत्त्वपूर्ण अंग हैं। इसी प्रकार कहानी, निबन्ध, जीवनी, आत्मकथा, संस्मरण, पत्र लेखन, नाटक, उपन्यास आदि साहित्य की कुछ महत्त्वपूर्ण विधाएँ हैं। भाषा शिक्षण के माध्यम से इन विधाओं का परिचय विद्यार्थियों को दिया जाता है। इसी प्रकार छन्द और अलंकार भाषा के कलापक्ष को निखारते हैं। ये भाषा में एक नए रक्त का संचार करते हैं। भाषा शिक्षण इन महत्त्वपूर्ण अवयवों की ओर विद्यार्थी का ध्यान आकर्षित करता है। सुनने और पढ़ने के विविध अवसरों से इस पक्ष की सराहना करने तथा बोलने और लिखने के माध्यम से इनका प्रयोग करने के अवसर मिलते हैं।
5. जीविका उपार्जन मानव की आधारभूत आवश्यकताओं में से है। साधारण श्रमिक से लेकर उच्च पदों तक की सफलता के लिए भाषा कौशल की आवश्यकता होती है। तकनीकी युग में साधारण श्रमिक को देश-विदेश के कितने शब्द दैनिक व्यवहार में लाने पड़ते हैं। भाषा की कुशलता उसे अपने व्यवसाय की आधारभूत शब्दावली को समझने में सहायक होती है। कार्यालयों में काम-काज करने वाले बाबुओं को टाइप, आशुलिपि, टिप्पण आदि में भाषा का कुशल प्रयोग ही सहायक होता है। अध्यापन व्यवसाय में भाषा की निपुणता ही विद्यार्थियों के व्यक्तित्व को प्रभावित करती है। जीवन का कोई भी ऐसा कार्यक्षेत्र नहीं जहाँ भाषा जीविका-उपार्जन में सहायक न होती हो।

विचारों के संप्रेषण के लिए भाषा के अध्ययन में व्याकरण की भूमिका

1. उच्चारण की शुद्धता के लिए व्याकरण का अध्ययन आवश्यक है। अतः अन्य शास्त्र न पढ़ने पर उतनी हानि नहीं होती जितनी व्याकरण न पढ़ने से। उच्चारण भेद के कारण अर्थ का अनर्थ हो जाता है।
2. व्याकरण से भाषा की रचना, शब्दों की व्युत्पत्ति, शब्दों का शुद्ध प्रयोग आदि के विषय में जानकारी प्राप्त होती है।
3. किसी भाषा के पूर्ण ज्ञान के लिए व्याकरण का ज्ञान होना परम आवश्यक है।
4. व्याकरण भाषा के नियमों का पता लगाकर इसके सिद्धांतों को स्थिर करता है।
5. तुलनात्मक विधि से अन्य भाषा सीखने में व्याकरण के अध्ययन से मदद मिलती है।

कक्षा में भाषा अध्यापन की चुनौतियाँ

विविधता वाले क्लास में शिक्षण की चुनौतियाँ

कक्षा में विभिन्न पृष्ठभूमि वाले छात्र होते हैं। इनकी मातृभाषा एवं ज्ञान का स्तर भिन्न-भिन्न होता है। इनके उच्चारण एवं बोलचाल में इनकी मातृभाषा का प्रभाव अधिक होता है। अध्यापन आरंभ करने से पहले अध्यापक को छात्रों के पूर्व ज्ञान का पता होना चाहिए। ऐसा न होने

पर छात्र एवं अध्यापक के बीच दूरी बनी रहती है। बच्चों के पूर्व ज्ञान का पता लगने पर पाठ का आरंभ उसी से संबंधित करके होना चाहिए। इससे बच्चों को यह अनुभूति होती है कि जो ज्ञान वे प्राप्त करेंगे उसका संबंध पिछले ज्ञान से है। जहाँ तक संभव हो अध्यापक को मानक भाषा का प्रयोग करना चाहिए।

बच्चों में वैयक्तिक भिन्नता प्रकृति प्रदत्त होती है। कोई बच्चा भावुक होता है तो कोई कम संवेदनशील। किसी का हृदय पक्ष प्रबल होता है तो किसी का बुद्धि पक्ष। ज्ञान की ग्रहणशील शक्ति भी सबमें समान नहीं होती। अध्यापक को सभी की प्रकृति को उदारता से स्वीकार करना चाहिए और सभी को सम्मान देना चाहिए।

क्लास में तीव्र बुद्धि छात्र अक्सर बाजी मार ले जाते हैं। वे शिक्षक का अधिकांश समय अपने लिए अर्जित कर लेते हैं। ऐसे में क्लास में उनका एकाधिकार स्थापित हो जाता है। शिक्षक को चाहिए कि वह क्लास में ऐसा माहौल बनाए जिसमें सभी छात्र निर्भीक होकर प्रश्न पूछ सकें एवं अपनी शंका का निवारण कर सकें।

ऐसे क्लास में अध्यापक को शिक्षण की विभिन्न युक्तियों का प्रयोग करना चाहिए। जैसे– स्लाइड, मानचित्र, ग्राफ, तस्वीर, वीडियो आदि। ये अलग-अलग पृष्ठभूमि के छात्रों को संतोषप्रद निदान प्रस्तुत करते हैं।

भाषागत कठिनाइयाँ एवं दोष

1. पंचम–अक्षर का प्रयोग

ङ, ञ, ण, न, म क्रमशः कवर्ग, चवर्ग, टवर्ग, तवर्ग तथा पवर्ग के पंचम अक्षर हैं। जिस समय ये व्यंजन स्वर विहीन होते हैं तो इनको विकल्प से अनुस्वार या वर्ण पर बिन्दी के रूप में लिखा जाता है। लेखन और प्रकाशन सुविधा के लिए विकल्प से अनुस्वार को प्रोत्साहन देना अच्छा है लेकिन भाषा के सीखने वाले को पंचम अक्षर नियम का ज्ञान अवश्य होना चाहिए।

नियम अनुसार प्रत्येक वर्ग के किसी वर्ण से पहले यदि स्वर विहीन पंचम वर्ण आए तो सवर्गी अर्थात् उसी वर्ग का पंचम वर्ण लगेगा अन्य का नहीं। नीचे इस बात को शुद्ध और अशुद्ध शब्दों के उदाहरण देकर स्पष्ट किया गया है–

	शुद्ध	अशुद्ध
अड्ग/	अङ्ग/अंग	अण्ग
शड्ख/	शङ्ख/शंख	शञ्ख
पञ्जा/	पंजा	पन्जा
पञ्छी/	पंछी	पन्छी
झण्डा/	झंडा	झन्डा
ठण्डा/	ठंडा	ठन्डा
आनन्द/	आनंद	आन्नद
कम्पन/	कंपन	कम्पन

2. इ की मात्रा का प्रयोग

अर्धव्यंजन के कुछ उदाहरण ऐसे हैं जिनके साथ ह्रस्व "इ" की मात्रा का योग विशेष प्रकार से होता है। "इ" की मात्रा एक नहीं बल्कि दो व्यंजन पीछे चली जाती है। जैसे–

1. पण्डित	4. चिट्ठियाँ
2. मस्जिद	5. पश्चिम
3. अग्नि	

3. संयुक्त वर्ण का लेखन

संयुक्त वर्ण देवनागरी लिपि की विशेषता है। इनकी आवश्यकता शुद्ध उच्चारण के लिए अनुभव की गई। नीचे संयुक्त वर्णों की एक सूची दी जा रही है–

क् + क = क्क – पक्का
क् + म = क्म – रुक्मणी
क् + र = क्र – क्रम
क् + ष = क्ष – क्षमा
क् + त = क्त – भक्त
क् + ल = क्ल – क्लेश
क् + श = क्श – नक्शा

4. र के योग संबंधी अशुद्धियाँ

ट ड न ह आदि ध्वनियों में र का योग वर्ण के नीचे होता है। जैसे–ट्रंक। ड्रामा। द्रष्टा। ह्रास आदि। क, ग, फ, स आदि वर्णों में इसका योग खड़ी पाई के साथ होता है। जैसे–

ग्राम	पात्र
क्रम	फ्राक

5. र और ऋ में भ्रम

ऋ की मात्रा प्रायः अक्षर के नीचे लगाई जाती है, जबकि र की मात्रा अक्षर से संयुक्त होती है।

- "ऋ" मात्रा वाले शब्द–
  गृह। पृथक। वृथा। शृंगार। सृष्टि। वृद्धि।
- "र्" युक्त शब्द–
  ह्रास। ग्रह। स्रष्टा। ब्रज।

6. रेफ (र्) का प्रयोग

'र्' से बनने वाले शब्दों के पठन और लेखन दोनों में भूल हो जाती है। र् जिस वर्ण के साथ जोड़ा जाता है उससे पहले बोला जाता है। जैसे–मर्मज्ञ। ऐसे कुछ शब्द नीचे दिए जा रहे हैं।

मूर्ख	मार्ग	दीर्घ
अर्जुन	निर्झर	कर्ण
दर्द	निर्धन	दर्पण, आदि।

यदि किसी शब्द में र् के बाद दो या दो से अधिक अर्ध वर्ण हों तो र् का योग पूर्ण वर्ण पर ही होता है, जैसे–वर्त्स्य। यहाँ र् त् से पूर्व उच्चरित होता है।

7. कहीं-कहीं अनुस्वार और अनुनासिक में भी भ्रम होता है। यथाः–

शुद्ध	अशुद्ध
चाँद	चांद
दाँत	दांत
हँसना	हंसना

8. वचन परिवर्तन

एकवचन को बहुवचन बनाते समय अंत की दीर्घ ई तथा ऊ ह्रस्व हो जाते हैं। यथा :–

एकवचन	बहुवचन
नदी	नदियाँ
बिन्दी	बिन्दियाँ
भालू	भालुओं
हिन्दू	हिन्दुओं

9. लिंग परिवर्तन सम्बन्धी

(क) लिंग परिवर्तन के समय "इन" प्रत्यय जुड़ने पर जो स्त्रीलिंग रूप बनाया जाता है उससे अंत की दीर्घ "ई" बहुधा ह्रस्व हो जाती है। जैसे–

धोबी धोबिन

स्वामी स्वामिन

(ख) हिन्दी में स्त्रीलिंग के रूप कुछ स्थितियों में स्वतंत्र होते हैं, "ई" प्रत्यय लगा कर नहीं। यथाः–

सम्राट साम्राज्ञी

कवि कवयित्री

10. संधि

दो शब्दों में संधि करते समय भी उनमें आने वाले परिवर्तन के प्रति सावधान रहने की आवश्यकता होती है। नीचे इसी प्रकार के कुछ उदाहरण दिए गए हैं :–

सत् + गति = सदगति

निर् + अपराध = निरपराध

जन्म + अष्टमी = जन्माष्टमी

महत् + त्व = महत्त्व

निः + रोग = नीरोग

निः + काम = निष्काम

11. समास

दो शब्दों का सामासिक रूप बनने पर उनमें परिवर्तन हो जाता है। प्रथम शब्द के अंत की दीर्घ "ई" ह्रस्व "इ" में परिवर्तन हो जाती है। यथा–

मंत्री + मंडल = मंत्रिमंडल

खेती + हर = खेतिहर

12. विभक्ति चिहन

हिंदी में विभक्ति चिहनों के प्रयोग में एकरूपता नहीं है। कभी ये शब्द के साथ लिखे जाते हैं तो कभी उससे अलग। हिंदी के विभक्ति-चिहन सभी प्रकार के संज्ञा शब्दों में प्रातिपदिक से पृथक् लिखने चाहिए, जैसे– राम ने, रावण को, सीता से आदि। सर्वनाम शब्दों में ये चिहन प्रातिपदिक के साथ मिलाकर लिखे जाने चाहिए, जैसे–मैंने, उसको, इसकी, उसपर।

सर्वनामों के साथ यदि दो विभक्ति चिहन हों तो उनमें से पहला सर्वनाम के साथ एवं दूसरा पृथक लिखा जाना चाहिए, जैसे–

उसके लिए

उसपर से

इसमें से

13. प्रत्यय प्रयोग

कुछ प्रत्ययों के योग से मूल शब्द में परिवर्तन आ जाता है। उदाहरण के लिए "इक" प्रत्यय के योग में पूर्व स्वर की वृद्धि होती है :–

मंगल	मांगलिक
समाज	सामाजिक
इतिहास	ऐतिहासिक
भूगोल	भौगोलिक
एक	ऐकिक
उद्योग	औद्योगिक

14. क्रियापद

संयुक्त क्रियाओं में सभी अंगभूत क्रियाएँ पृथक्-पृथक् लिखी जानी चाहिए, एक साथ नहीं, जैसे–

खाया करता है।

कर सकता है।

जा सकता है।

चलता रहेगा।

मिला करता था।

हंसा करता था।

बढ़ रहा होगा, आदि।

15. अव्यय

सम्मान सूचक अव्यय जी और श्री के प्रयोग में द्विरूपता मिलती है, कभी तो ये शब्द के साथ मिलाकर लिखे जाते हैं तो कभी शब्द से अलग, जैसे–

गांधीजी – गांधी जी

श्रीराम – श्री राम

ये शब्द अव्यय के साथ मिलाकर ही लिखे जाने चाहिए।

समस्त पदों में प्रति, मात्र, यथा आदि जैसे अव्यय शब्द के साथ ही लिखने चाहिए, जैसे–

प्रतिदिन

मानवमात्र

यथाशक्ति, आदि

न कि इस रूप में –

प्रति-दिन

मानव मात्र

यथा शक्ति।

16. श्रुति मूलक 'य' एवं 'व' का प्रयोग

हिंदी में स्वर ध्वनियों के विकल्प में श्रुति मूलक 'य' एवं 'व' का प्रयोग किया जाता है। ऐसे में स्वर ध्वनियों के प्रयोग को ही जारी रखना चाहिए। जैसे–

शुद्ध		**अशुद्ध**
गए	–	गये (य-श्रुति)
नई	–	नयी (य-श्रुति)
हुआ	–	हुवा (व-श्रुति)

पर जिन शब्दों के मूल में 'य' ध्वनि है, उसके स्थान पर स्वर का प्रयोग उचित नहीं है, जैसे–

शुद्ध	–	अशुद्ध
अव्ययी भाव	–	अव्यई भाव (स्वर)
दायित्व	–	दाइत्व (स्वर)

17. विदेशी ध्वनियाँ

अंग्रेजी एवं अरबी-फारसी के वे शब्द जो हिंदी के अंग बन चुके हैं और जिन विदेशी ध्वनियों का हिंदी ध्वनियों में रूपांतरण हो चुका है, वे हिंदी रूप में ही स्वीकार किए जा सकते हैं, जैसे–

हिंदी	अरबी-फारसी
कलम	क़लम
जिद	ज़िद
किला	क़िला

परंतु जहाँ उसका शुद्ध विदेशी रूप में प्रयोग अभीष्ट हो अथवा उच्चारणगत भेद बताना आवश्यक हो, वहां हिंदी में प्रयुक्त शब्द के नीचे नुक्ते लगाए जा सकते हैं। जैसे–

हिंदी	अरबी-फारसी
गजल	ग़ज़ल
फनकार	फ़नकार
जिस्म	ज़िस्म

शारीरिक-मानसिक विकार (Disorder)

विद्यालयों में ऐसे बच्चे भी प्रवेश पाते हैं जो शारीरिक एवं मानसिक रूप से बाधित होते हैं। शारीरिक रूप से बाधित बच्चों में प्रायः तीन प्रकार की असमर्थताएं पाई जाती हैं–दृष्टि संबंधी, श्रवण संबंधी एवं वाक् संबंधी। ऐसे बच्चों को सुनना, बोलना, पढ़ना तथा लिखना सीखने संबंधी विशेष आवश्यकताएँ होती हैं।

सामान्यतः मानसिक विकलांगता वो विकलांगता जो औसत से निम्न मानसिक कार्यक्षमता का उल्लेख करती है। इसका आरंभ बालक के विकास की अवधि में होता है और यह निम्न में से एक या अधिक से अनुकूल व्यवहार की कमी द्वारा संबंधित रहती है–

(*i*) परिपक्वता, (*ii*) अधिगम, (*iii*) सामाजिक समायोजन।

स्किनर ने मानसिक रूप से विकलांगों को अनेक नाम दिए हैं, यथा–अल्पबुद्धि (Mentally Deficient), विकल बुद्धि (Mentally Handicapped), धीमी गति से सीखने वाले (Slow Learners), पिछड़े हुए (Backward) और मूढ़ (Dull)।

दृष्टि बाधित

दृष्टि बाधित बालक सामान्य से कम, निम्न या शून्य दृष्टि वाले होते हैं। इन बालकों की समस्या यह होती है कि वे कक्षा में श्याम-पट्ट (Black Board) पर अंकित लेख या दृश्य सहायक सामग्री को तथा अपनी पुस्तक पठन में कठिनाई का अनुभव करते हैं।

दृष्टिहीन छात्र

वे बालक जिनकी दृष्टि एक्यूटी 20/200 होती है तो उन्हें शैक्षिक कार्य के लिए नेत्रहीन समझा जाता है। इससे कम होने पर अथवा इसी प्रकार की कोई अन्य अक्षमता होने पर बालक अंधे समझे जाते हैं। अंधे बालक को अपनी अन्य इन्द्रियों पर निर्भर रहना पड़ता है। जिन बालकों में बहुत कम दृष्टि होती है वे रंगों का भेद कर सकते हैं। एक बालक को तभी अंधा मानना चाहिए जबकि डाक्टर ने उसकी ऐसी स्थिति बतायी हो। डाक्टर द्वारा बताए गए चश्में को पहनने से इनकी दृष्टि में सुधार हो सकता है समय-समय पर आंखों की परीक्षा लेना भी जरूरी है। अध्यापक को देखना चाहिए कि बालक ने चश्मा पहना है अथवा नहीं, चश्मा ठीक दशा में है अथवा नहीं। चूंकि अंधा बालक हमेशा अपनी अन्य इंद्रियों पर निर्भर रहता है, उसकी अन्य इंद्रियों के स्वास्थ्य की परवाह करनी चाहिए।

अंधे बालकों की समस्या अधिक विकट होती है। वे सामान्य विद्यालय व सामान्य कक्षाओं में शिक्षित होने में अधिक असुविधा का सामना करते हैं। उन्हें विद्यालय में आने-जाने, लिखने-पढ़ने जैसी क्रियाओं में दूसरों की सहायता लेनी पड़ती है। वे दूसरे व्यक्तियों के उपहास के पात्र बनते हैं जिससे उनमें हीन भावना का उदय होता है।

बधिर

कानों के द्वारा सुनने में बाधा से उत्पन्न अयोग्यता व्यक्ति विशेष को श्रवण विकलांग बनाती है। यह विकलांगता ऐसे बालकों की श्रवण शक्ति दोषयुक्त होने से उन्हें शब्दिक या बोलकर अभिव्यक्त करने में असमर्थ बनाती है। यही कारण है कि बहरे लोग गूंगे (Deaf) भी होते हैं। अतः सामान्य स्कूलों में शैक्षिक शिक्षण की अपेक्षा श्रवण विकलांगों की शिक्षा हेतु पृथक गूंगे-बहरों के विशिष्ट विद्यालयों की व्यवस्था की जाती है। जहां प्रशिक्षित अध्यापक विशिष्ट उपकरणों की सहायता से उनका विशिष्ट शिक्षण करते हैं।

प्रकार– बहरेपन अथवा श्रवण बाधिता को प्रायः दो प्रकारों में बांटा जाता है–

(*i*) बधिर या बहरे (Deaf) (*ii*) ऊंचा सुनने वाले (Hard of Hearing)। इन दोनों प्रकारों में भाषा को सीखने की योग्यता भिन्न-भिन्न होती है। ऊंचा सुनने वालों को श्रवण सहायक यंत्रों (Hearing Aids) की सहायता से शिक्षित किया जा सकता है किन्तु बधिरों की जिन्होंने कभी वाणी या भाषा सुनी ही नहीं, शिक्षा व्यवस्था विशिष्ट प्रकार की होती है।

शारीरिक रूप से विकलांग

जब तक शरीर स्वस्थ्य नहीं होगा तब तक मनुष्य सामान्य रूप से कार्य नहीं कर सकता। शारीरिक स्वास्थ्य उसके कार्य व विकास को प्रभावित करता है। शारीरिक अक्षम अथवा अपंग बालक शारीरिक रूप से विकलांग कहलाते हैं। अपंग बालक चिरकालिक बीमार बालकों से संख्या में कहीं अधिक होते हैं। ऐसे बालक निरंतर असफल होते हैं और अंत में विद्यालय आना छोड़ देते हैं। अपंग और बीमार दोनों ही प्रकार के बालक विशिष्ट बालकों की श्रेणी में आते हैं। अतः वे विशेष शिक्षा के अधिकारी हैं।

विकलांगता के प्रकार

(i) मेरूदण्ड का वक्र
(ii) मेरूदण्डीय द्विशाखी
(iii) मांसपेशीय डायसट्रोफी
(iv) लूले-लंगड़े, हथकटे
(v) एक या इससे अधिक अंगों का लकवा।
(vi) पांवफिरा
(vii) प्रमस्तिष्कीय पक्षाघात
(viii) विकृत नितंब

अधिगम अयोग्य बालक

अधिगम अयोग्य बालक वे बालक होते हैं, जो शारीरिक और बौद्धिक रूप से दुर्बल ओर पिछड़े तो नहीं होते किंतु सुविधाओं के अभाव में वे अधिगम (Learning) नहीं कर पाते। उन्हें वह वातावरण नहीं प्राप्त होता जो एक सामान्य बालक को प्राप्त होती है। अतः वे पिछड़ जाते हैं एवं उनका अधिगम स्तर गिर जाता है। अधिगम न कर पाना अथवा कम कर पाना सुविधाओं के अभाव के कारण होता है।

भाषा कौशल

श्रवण (Listening)

भाषायी कौशलों में श्रवण एक महत्त्वपूर्ण कौशल है। शिशु के जन्म से ही इस कौशल के सीखने का क्रम आरंभ हो जाता है।

सुनना एक प्रकृति प्रदत्त शक्ति है। इसका लाभ वही उठा सकते हैं जिनकी श्रवणेन्द्रिय ठीक हो। इसमें विकार होने से श्रवण दोष उत्पन्न हो जाते हैं।

सामान्यतः श्रवण का अर्थ किसी ध्वनि, बातचीत, वाद्य-संगीत आदि के सुनने से लिया जाता है। किन्तु यह सुनने का बहुत सीमित अर्थ है। भाषा शिक्षण के संदर्भ में "श्रवण" का अर्थ सुनकर भाव-अधिगम या भावग्रहण करना है।

श्रवण में किसी कथन को ध्यानपूर्वक सुनने, सुनी हुई बात पर चिन्तन-मनन करने, अपना मंतव्य स्थिर करने और तदनुसार आचरण या व्यवहार करने जैसी जटिल प्रक्रियाएँ सम्मिलित हैं।

श्रवण कौशल के विकास के अवसर

विद्यार्थियों को मोटे तौर पर निम्नलिखित स्थितियों में सार्थक श्रवण के अवसर प्राप्त होते हैं:

(1) कक्षा शिक्षण के दौरान
(2) सहशैक्षिक क्रियाओं के दौरान
(3) कक्षेतर कार्यकलापों के दौरान

(1) कक्षा शिक्षण के दौरान

कक्षा शिक्षण के दौरान विद्यार्थियों को बालगीत, कविता, कहानी आदि के माध्यम से श्रवण कौशल के विकास के अवसर उपलब्ध कराए जाते हैं।

(2) सहशैक्षिक क्रियाओं के दौरान

सहशैक्षिक क्रियाओं द्वारा भी श्रवण शक्ति का विकास कराया जा सकता है। उदाहरण के लिए जिस एकांकी को विद्यार्थियों ने कक्षा में पढ़ा है उसका कक्षाभिनय कराया जा सकता है। इससे विद्यार्थियों को श्रवण लाभ होगा और साथ ही साथ मनोरंजन भी। ऐसे श्रवण बाधित विद्यार्थी जिन्हें कुछ कम या ऊँचा सुनता है, उन्हें इन कार्यक्रमों में विशेषरूप से सम्मिलित कर लाभान्वित किया जा सकता है।

सहशैक्षिक कार्यक्रमों के आयोजन से विद्यार्थी उत्तरोत्तर लाभान्वित हो सकते हैं:

1. समाचार वाचन
2. कविता वाचन प्रतियोगिता
3. कहानी प्रतियोगिता
4. वाद विवाद प्रतियोगिता
5. आशुभाषण प्रतियोगिता

(3) कक्षेतर कार्यकलापों के दौरान

कक्षेतर कार्यकलापों द्वारा भी श्रवण कौशल का विकास कराया जा सकता है, जैसे–

1. **आकाशवाणी कार्यक्रम द्वाराः** अनेक राज्यों में आकाशवाणी से विद्यार्थियों के लिए कार्यक्रमों का प्रसारण होता है। कक्षा के अनुसार इन कार्यक्रमों का लाभ विद्यार्थी उठा सकते हैं। शिक्षण अभ्यास के दौरान अध्यापन को आकाशवाणी के कार्यक्रम के अनुसार आयोजित किया जा सकता है।
2. **दूरदर्शन द्वाराः** दूरदर्शन के कुछ उपयोगी कार्यक्रमों को देखकर सुनने के लिए विद्यार्थियों को प्रोत्साहित किया जाना चाहिए।
3. **वृत्त चल-चित्रों द्वाराः** वृत्त चल-चित्रों को दिखाकर सुनने के अवसर देना भी विद्यार्थियों के लिए लाभदायक हो सकता है।
4. **टेप-रिकार्ड द्वाराः** उपयोगी कार्यक्रमों को टेप-रिकार्डर पर रिकार्ड करके विद्यार्थियों को सुनाना।
5. **साप्ताहिक छात्र सभाओं द्वाराः** विद्यार्थियों को इन सभाओं में सम्मिलित होने को प्रेरित करना चाहिए।

मौखिक अभिव्यक्ति (Speaking)

अपने भावों और विचारों को प्रभावी ढंग से सार्थक शब्दों में बोलकर व्यक्त करने को 'मौखिक अभिव्यक्ति' कहते हैं। इसमें वक्ता तथा श्रोता दोनों का होना आवश्यक होता है। प्राथमिक तथा उच्च प्राथमिक कक्षा में पहुँचते-पहुँचते बालकों में मौखिक अभिव्यक्ति संबंधी योग्यता का उचित विकास होने से उनके व्यवहार में कुछ परिवर्तन आ जाते हैं। मौखिक अभिव्यक्ति को प्रभावी बनाने के लिए निम्नांकित पक्षों पर ध्यान देना आवश्यक होता है–

1. शुद्ध उच्चारण 2. उचित गति, बलाघात तथा अनुतान 3. उचित हाव-भाव 4. निस्संकोच भावाभिव्यक्ति 5. विचारों में क्रमबद्धता।

1. शुद्ध उच्चारण : शुद्ध उच्चारण शिक्षित व्यक्ति का लक्षण है। वक्ता के शुद्ध उच्चारण का श्रोता पर गहरा

प्रभाव पड़ता है। श-स, न-ण, छ-क्ष, व-ब, त्र, द्य, प्र, आदि ऐसी ध्वनियाँ या व्यंजन गुच्छ हैं जिनका अशुद्ध उच्चारण उपहास का कारण बनता है। उच्चारण के समय एक-एक वर्ण या शब्द स्पष्ट रूप से व्यक्त होना चाहिए।

2. **उचित गति, बलाघात तथा अनुतान :** बोलने की गति तेज, मन्द या सामान्य होती है। यदि वक्ता तेज गति से भावाभिव्यक्ति करता है तो श्रोता को भाव ग्रहण करने में कठिनाई होती है। बहुत धीमे बोलने से भी विचारों का तारतम्य टूट जाता है। अतः भावाभिव्यक्ति की गति सामान्य होनी चाहिए।

   अपने किसी कथ्य को प्रमुखता देने के लिए वक्ता एक वाक्य में किसी अक्षर/शब्द पर बल देता है ताकि श्रोता को भाव विशेष की गंभीरता या विशेषता का पता लग जाए।

3. **उचित हाव-भाव :** श्रोता पर वक्ता के उचित हाव-भाव या अंग संचालन का भी प्रभाव पड़ता है। हाव-भाव या अंग संचालन से अभिप्राय है गर्दन घुमा कर दाएँ और बाएँ बैठे श्रोताओं को निहारना ताकि वे वक्ता से निकटता का संबंध अनुभव कर सकें, मुखाकृति पर भावानुकूल हर्ष, उत्साह, करुणा, क्रोध आदि भाव लाना, हाथ की मुद्राओं द्वारा अपनी बात को प्रभावोत्पादक बनाना। अंग संचालन के समय यह ध्यान रहे कि उसमें किसी प्रकार का बनावटीपन न आए। इसी प्रकार हाव-भाव उचित सीमा तक रहने चाहिए।

4. **निस्संकोच भावाभिव्यक्ति :** आरम्भ से ही बच्चों को बिना झिझके बोलने के लिए प्रोत्साहित करना चाहिए। यदि किसी कारणवश वे अपनी बात प्रकट करने में झिझकते हैं तो उस कारण का पता लगाकर उसे दूर करने का प्रयास करना चाहिए। कक्षा में विद्यार्थियों को समय-समय पर बोलने के लिए प्रेरित करते रहना चाहिए।

5. **विचारों में क्रमबद्धता :** शुद्ध उच्चारण के साथ अपने भावों व विचारों को सुव्यवस्थित तथा क्रमबद्ध रूप में प्रकट करना मौखिक अभिव्यक्ति को प्रभावी बनाता है।

मौखिक अभिव्यक्ति के रूप

मौखिक अभिव्यक्ति के मोटे-तौर पर दो रूप हैं–अनौपचारिक तथा औपचारिक। घर-परिवार, हाट-बाजार, यात्राकाल तथा खेल-कूद आदि स्थानों पर व्यक्तियों के बीच जो बातचीत होती है वह अनौपचारिक वार्ता कहलाती है। अनौपचारिक अभिव्यक्ति की शब्दावली, वाक्य विन्यास तथा विषय बहुत अधिक व्यवस्थित नहीं होते। औपचारिक अभिव्यक्ति का विषय सीमाबद्ध होता है। विचारों में शृंखलाबद्ध व्यवस्था होती है तथा शब्दावली और वाक्य विन्यास में शुद्धता पर ध्यान रखा जाता है।

औपचारिक मौखिक अभिव्यक्ति को दो उप भागों में बांटा जा सकता है–साहित्यिक तथा व्यावहारिक।

साहित्यिक मौखिक अभिव्यक्ति से अभिप्राय है–साहित्यिक विधाओं के रूप में अपने विचारों को श्रोताओं के सामने प्रस्तुत करना, जैसे–कहानी, नाटक, कविता-पाठ, भाषण, वाद-विवाद आदि।

हम समाज में अनेक व्यक्तियों से मिलते हैं, उनका स्वागत करते हैं, उनके प्रति धन्यवाद ज्ञापन करते हैं तथा परिचय अथवा विदाई के समय शिष्टाचार के कुछ शब्दों का प्रयोग करते हैं। यह औपचारिक मौखिक अभिव्यक्ति का व्यावहारिक पक्ष है।

मौखिक अभिव्यक्ति का विकास

अनौपचारिक रूप में बातचीत करने से भी बालक विचारों को प्रकट करना सीखता है। विभिन्न स्थितियों–खेलकूद के मैदान में, रेलवे स्टेशन पर, मेले में, प्रदर्शनी में वह बातचीत में भाग लेता है और अभिव्यक्ति की नई-नई शब्दावली सीखता है।

प्रौद्योगिकी के इस युग में मौखिक अभिव्यक्ति को विकसित करने के लिए ध्वनि यंत्रों की सहायता भी ली जाती है।

बाल सभा के समय माइक्रोफोन पर बुलवाने का अभ्यास करवाना चाहिए। आजकल कहानियों तथा कविताओं को कैसेट रूप में प्रस्तुत करने का प्रचलन हो गया है। सुनी हुई कहानी या कविता को टेपरिकार्डर पर टेप करवाया जा सकता है। विद्यार्थी आदर्श वाचन भी सुन सकते हैं और अपना वाचन भी। इस प्रकार अपने पठन का आदर्श वाचन से मिलान कर अपनी कमियों का पता लगा सकते हैं और अपने वाचन में स्वयं सुधार कर सकते हैं।

पठन (Reading)

पठन भाषा के चार कौशलों (सुनना, बोलना, पढ़ना, लिखना) में से एक कौशल है किन्तु पठन-योग्यता पर ही बहुत कुछ अन्य कौशलों (सुनकर समझना, बोलना, लिखना) का उत्तरोत्तर विकास संभव है। हम जितना ही अधिक पढ़ते हैं उतना ही अधिक समझने की शक्ति बढ़ती है। परिणामतः उतना ही अच्छा बोल और लिख सकते हैं।

पठन भाषा-ज्ञान का ही नहीं, अपितु समस्त विषयों के ज्ञानार्जन का मुख्य साधन है। इस कारण उसका अर्थ व्यापक हो गया है और वह शिक्षा का पर्याप्य बन गया है।

पठन के प्रकार

पठन के दो प्रकार हैं–सस्वर और मौन। सस्वर पठन में शब्दों का उच्चारण, वाक्यों का सार्थक शब्द समूहों में विभाजन, अनुतान, विराम चिह्न, प्रवाह आदि महत्त्वपूर्ण हैं क्योंकि वह मौखिक अभिव्यक्ति के बहुत निकट है। मौन पठन में स्वरहीनता, पठन गति, तथा अर्थग्रहण पर विशेष ध्यान दिया जाता है।

सस्वर

सस्वर पठन एक कौशल है। सस्वर पठन दूसरों के लिए किया जाता है, अतएव यह औपचारिक है। इसके अंतर्गत निम्न बातों पर ध्यान दिया जाता है–

- शब्दों का शुद्ध उच्चारण
- शुद्ध बलाघात
- अनुतान, वाक्यों का सार्थक पदबंधों में विभाजन
- विराम चिह्नों का प्रयोग
- सामग्री की प्रकृति के अनुकूल भावपूर्ण वाचन, आदि।

मौन पठन

मौन पठन में अर्थग्रहण पर बल होता है। इसीलिए यह ज्ञानार्जन का मुख्य आधार है।

मौन पठन विभिन्न संदर्भों में अपने लिए ही किया जाता है। अतएव यह अनौपचारिक है। इसके अन्तर्गत सभी प्रकार की शैक्षिक, कार्यालयी, व्यावसायिक, अनौपचारिक सामग्री का पठन सम्मिलित है। मौन पठन में पठन की गति तीव्र होती है।

लेखन (Writing)

लेखन एक कला है जो दो चरणों में विकसित होती है। पहला चरण भाषा की ध्वनियों को लिपिबद्ध करके उनको शुद्ध, सुपाठ्य एवं सुंदर रूप में प्रस्तुत करने की कुशलता से संबंधित है तो दूसरे चरण में लिपि-प्रतीकों के माध्यम से अपने भावों/विचारों की सुस्पष्ट, अर्थपूर्ण एवं प्रभावी अभिव्यक्ति की योग्यता सन्निहित है।

लेखन के प्रकार

सामान्यतया यह अभ्यास तीन प्रकार का होता है : सुलेख, अनुलेख और श्रुतलेख।

1. **सुलेख** : सुन्दर लेख को सुलेख कहते हैं। यह लेखन का प्रथम और आवश्यक गुण है। सुलेख लिखते समय वर्ण के विभिन्न अवयवों की बनावट, उनकी स्पष्टता तथा सुडौलता, वर्णों में स्वर-मात्राओं का उचित योग, वर्ण से वर्ण और शब्द से शब्द के बीच की उचित दूरी, सीधी शिरारेखा आदि बिन्दुओं पर भी विशेष ध्यान दिया जाता है।
2. **अनुलेख** : अनुलेख से अभिप्राय है पुस्तक की सामग्री को ज्यों का त्यों देखकर लेख लिखना। अनुलेख का मुख्य उद्देश्य है–शुद्ध वर्तनी सहित लेख का अभ्यास कराना।
3. **श्रुतलेख** : सुनकर लिखे गए लेख को श्रुतलेख कहते हैं। इसका उद्देश्य वक्ता द्वारा उच्चरित ध्वनियों को कान लगाकर सुनना तथा तदनुरूप उचित गति स्पष्टता एवं शुद्धता से लिखने का अभ्यास करना है। श्रुतलेख सूक्ष्म ध्वनि भेद वाले वर्णों तथा ड-ढ, ढ-ढ़, ड-ड़ आदि का लेखन अथवा ह्रस्व-दीर्घ मात्रा के श्रवण अभ्यास के लिए देना आधिक उपयुक्त रहता है।

भाषा बोध एवं प्रवीणता का मूल्यांकन

मूल्यांकन विद्यार्थी के ज्ञानात्मक, भावात्मक तथा मनोप्रेरित (साइकोजेनिक) क्षेत्र को परखने के लिए निरन्तर चलती रहने वाली वह प्रक्रिया है जिसमें मानक तथा अमानक परीक्षा-साधनों का प्रयोग करते हुए निदानात्मक तथा उपचारात्मक पद्धति अपनाकर विद्यार्थी के गुण-दोषों का वर्णन किया जाता है। इस पद्धति के अनुसार विद्यार्थी के भावी चलन के बारे में भविष्यवाणी की जा सकती है।

मूल्यांकन का क्षेत्र परीक्षा से विस्तृत है। परीक्षा या मापन केवल यह बता सकता है कि किसी विशेष समय में परीक्षार्थी की बौद्धिक क्षमता की स्थिति क्या है। मूल्यांकन में परीक्षार्थी की स्थिति विशेष के अतिरिक्त उस स्थिति का कारण और उसके सुधारने के उपायों पर भी विचार किया जाता है।

मूल्यांकन उद्देश्य आधारित होता है। मूल्यांकन के लिए ऐसी विधियों का प्रयोग किया जाता है जिसका हर बिन्दु किसी न किसी उद्देश्य की जाँच करता है। भाषा के मूल्यांकन के लिए भी इस प्रकार की विधियों का प्रयोग किया जा सकता है।

मूल्यांकन उद्देश्य प्रेरित होता है। भाषा के विभिन्न कौशलों–सुनना-बोलना, लिखना-पढ़ना–के मूल्यांकन के समय भी इन बातों का ध्यान रखना चाहिए।

मूल्यांकन के उद्देश्य

(*i*) शिक्षण विधियों की उपयुक्तता की जांच।
(*ii*) पाठ्यक्रम में उचित संशोधन करना।
(*iii*) छात्रों की दुर्बलताओं एवं योग्यताओं की जानकारी प्राप्त करना।
(*iv*) छात्रों का वर्गीकरण करना।
(*v*) छात्रों में अधिगम (Learning) की मात्रा ज्ञात करना।
(*vi*) शिक्षकों की कुशलता एवं सफलता का मापन।
(*vii*) इस बात की जानकारी प्रदान करना कि छात्रों की विभिन्न व्यक्तिगत एवं सामाजिक आवश्यकताओं की पूर्ति किस प्रकार की जा सकती है।
(*viii*) छात्रों को उचित शैक्षिक एवं व्यावसायिक मार्ग निर्देशन प्रदान करना।
(*ix*) छात्रों को अपनी समस्याएं समझने एवं उनकी प्रगति के संबंध में जानकारी प्रदान करना।
(*x*) अनुदेशन (Instruction) की प्रभावशीलता ज्ञात करना एवं उसके अनुरूप अपनी क्रियाओं (Activities) का नियोजन (Planning) करना।

शैक्षिक मूल्यांकन की आवश्यकता

(*i*) मूल्यांकन एक अनवरत प्रक्रिया है। एक आदर्श परिस्थिति में एक ओर शिक्षण अधिगम प्रक्रिया तथा दूसरी ओर मूल्यांकन प्रक्रिया साथ-साथ चलती है।
(*ii*) मूल्यांकन केवल विषयगत उपलब्धि से ही संबंधित नहीं है बल्कि इसके अंतर्गत बालक के विचारों, रुचियों, क्षमताओं, आवश्यकताओं, सोचने एवं तर्क-वितर्क करने के तरीकों, व्यक्तिगत एवं सामाजिक जागरूकता आदि को भी उचित महत्त्व प्रदान किया जाता है।
(*iii*) मूल्यांकन के अंतर्गत शिक्षण की अपेक्षा अधिगम पर अधिक बल दिया जाता है।

(iv) मूल्यांकन के अनुसार प्रक्रिया का केंद्र बिंदु बालक होना चाहिए न कि विषय-वस्तु।

(v) मूल्यांकन में हमेशा यह मानकर चला जाता है कि उद्देश्य पूर्व-निर्धारित एवं परिभाषित होते हैं।

(vi) यह मूल्यांकन बालक की मनोवैज्ञानिक आवश्यकताओं, रुचियों, सोचने के तरीकों, तर्क-वितर्क करने के तरीकों, व्यक्तिगत एवं सामाजिक दायित्वों के निर्वाह करने की क्षमताओं आदि के अनुरूप होता है।

(vii) मूल्यांकन एक प्रक्रिया है। छात्रों के आकस्मिक अनियंत्रित निरीक्षण की ओर कोई ध्यान नहीं दिया जाता।

(viii) मूल्यांकन शिक्षा की अपेक्षा अधिगम पर अधिक बल देता है।

सतत् आंतरिक मूल्यांकन

सन् 1948-49 में विश्वविद्यालय कमीशन ने सुझाव दिया कि विद्यार्थी के वर्ष भर सतत् आंतरिक मूल्यांकन को भी उसकी योग्यता के आकलन में महत्त्व दिया जाए। इसके लिए पाक्षिक, मासिक, त्रैमासिक छमाही, परीक्षाएं ली जाएं और उनके अंक वार्षिक परीक्षा में जोड़े जाएं।

सतत् मूल्यांकन की आवश्यकता के कारण

(i) शिक्षक को छात्रों के लिए निर्धारित उद्देश्यों– ज्ञान, अवबोध, कौशल आदि के समुचित विकास का ज्ञान होता है।

(ii) इससे शिक्षक को उसके विद्यार्थियों के अधिगम के निरंतर विकास का संचित ज्ञानार्जन का आभास होता है, जिसे वह एक समयावधि में उन्हें प्रदान करता रहा है।

(iii) निश्चित समयावधि के अंत में निर्दिष्ट व निर्धारित पाठ्यक्रम में छात्र अधिगम व निष्पत्ति का ज्ञान होता है।

सुनने की योग्यता का मूल्यांकन

सुनने की योग्यता के मूल्यांकन के लिए निम्नलिखित श्रुतसामग्री का प्रयोग किया जा सकता है:–

1. सस्वर वाचन
2. वार्तालाप
3. वाद-विवाद
4. कविता
5. कहानी
6. आकाशवाणी तथा दूरदर्शन से प्रसारित कार्यक्रम
7. टेप पर रिकार्ड की गई सामग्री

सुनने की योग्यता के मूल्यांकन के समय बालक में हुए निम्नलिखित परिवर्तनों की ओर ध्यान देना चाहिए:–

1. वह सुनने के शिष्टाचार का कितना पालन करता है?
2. वह कितनी तन्मयता से सुनता है?
3. वह कितने मनोयोगपूर्वक सुनता है?
4. क्या वह बलाघात व अनुतान के उतार-चढ़ाव के अनुसार अर्थ ग्रहण कर पाता है?
5. वह श्रुत सामग्री के विषय, महत्त्वपूर्ण विचारों, भावों तथा तथ्यों को कितना समझता है?
6. वह श्रुत सामग्री के केन्द्रीय भावों को कितना ग्रहण कर पाता है?
7. वह भाषा एवं शैली की दृष्टि से साहित्यिक अंशों की व्यापक तुलना कर पाता है या नहीं।
8. वह श्रुत सामग्री के सुन्दर स्थलों को पहचान कर पाता है या नहीं।

सुनकर अर्थ ग्रहण करने की योग्यता का मूल्यांकन हमारे विद्यालयों में नहीं के समान है। यही कारण है कि बालसभा, विद्यालय के उत्सव, पास-पड़ोस के उत्सव, राजनीतिक भाषणों आदि का श्रोताओं पर वांछित प्रभाव नहीं पड़ पा रहा है। विद्यालयों का दायित्व है कि वे भाषा के इन महत्त्वपूर्ण गुणों की ओर विद्यार्थियों का ध्यान आकृष्ट कराएँ।

मौखिक अभिव्यक्ति की योग्यता का मूल्यांकन

मौखिक अभिव्यक्ति का मूल्यांकन करते समय विद्यार्थी के निम्नलिखित गुणों का मूल्यांकन होना चाहिए:–

1. सुश्रव्य वाणी में बोलना।
2. शुद्ध उच्चारण, उचित बलाघात और अनुतान के उतार चढ़ाव के अनुसार बोलना।
3. उचित विराम या उचित प्रवाह के साथ बोलना।
4. व्याकरण सम्मत भाषा का प्रयोग करना।
5. क्रमबद्धता, सुसम्बद्धता बनाए रखना।
6. प्रसंगानुकूल उचित शब्दों, मुहावरों और सूक्तियों का प्रयोग करना।
7. भावानुकूलन ढंग से विचारों को प्रकट करना।
8. विचारों को अपनी भाषा में व्यक्त करना।
9. विषय की एकता बनाए रखना।
10. प्रसंगानुसार उचित गति के साथ बोलना।

मौखिक अभिव्यक्ति का मूल्यांकन प्राथमिक कक्षा से उच्च कक्षाओं तक निरन्तर चलता रहना चाहिए। इससे विद्यार्थियों को साक्षात्कार के समय सफलता प्राप्त करने में सहायता मिलेगी।

पढ़कर अर्थग्रहण करने की योग्यता का मूल्यांकन

आज विद्यालयों में पढ़कर अर्थ ग्रहण करने की शक्ति के मूल्यांकन पर ही अधिक बल दिया जाता है। हमारी परीक्षा प्रणाली इसके लिए अनेक अवसर प्रदान करती है। इस योग्यता के मूल्यांकन के लिए विद्यार्थी के निम्नलिखित पक्षों की ओर विशेष ध्यान रखना चाहिए:–

1. मनोयोगपूर्वक पढ़ पाने की क्षमता।
2. ग्रहणशीलता की स्थिति बनाए रखना।
3. भावानुरूप सस्वर वाचन करना।
4. शुद्ध उच्चारण, बलाघात व अनुतान के उतार-चढ़ाव।
5. शब्दों, मुहावरों तथा उक्तियों का प्रसंगानुकूल भाव ग्रहण।
6. छन्द, अलंकार, प्रस्तुत-अप्रस्तुत तथा मूर्त-अमूर्त विधानों को पहचान पाना।
7. भावपक्ष की दृष्टि से सुन्दर स्थलों की पहचान कर पाना।
8. महत्त्वपूर्ण विचारों, भावों, तथ्यों का चयन करना।

9. पठित सामग्री का सारांश तथा केन्द्रीय भाव ग्रहण कर पाने की क्षमता।
10. लेखक के मनोभावों को समझ पाना।

पठित सामग्री की अर्थग्रहण कुशलता के मूल्यांकन के लिए मौखिक तथा लिखित दोनों प्रकार की परीक्षाओं का प्रयोग किया जा सकता है।

लिखित अभिव्यक्ति की योग्यता का मूल्यांकन

लिखित अभिव्यक्ति का हमारी परीक्षा पद्धति में महत्त्वपूर्ण स्थान है। फिर भी अधिकांश विद्यार्थियों की लेखन अभिव्यक्ति संतोष जनक नहीं है। इस असंतोषजनक स्थिति का प्रमुख कारण यह है कि हमारे मूल्यांकन के मापदण्ड बहुधा दोषपूर्ण होते हैं। जिन पक्षों का मूल्यांकन होना चाहिए वे उपेक्षित रह जाते हैं। मूल्यांकनकर्ता लिखित अभिव्यक्ति के मुख्य उद्देश्यों को सम्मुख रख कर प्रश्न पत्र का निर्माण नहीं करते तथा परीक्षक भी इनके प्रति उदासीन भाव से कार्य लेते हैं।

विद्यार्थी की लिखित अभिव्यक्ति का मूल्यांकन करते समय निम्नलिखित उद्देश्यों को ध्यान में रखना चाहिए:–

1. शुद्ध वर्तनी का प्रयोग।
2. विराम चिह्नों का सही प्रयोग।
3. व्याकरण सम्मत भाषा का प्रयोग।
4. प्रसंगानुकूल उचित शब्दों, मुहावरों, लोकोक्तियों का प्रयोग।
5. विषय तथा अभिव्यक्ति के अनुकूल शैली का प्रयोग।
6. यथोचित अनुच्छेदों का निर्माण।
7. क्रमबद्धता बनाए रखना।
8. उचित गति से लिखने की क्षमता।
9. लेखन में मौलिक शैली का प्रयोग।

लिखित अभिव्यक्ति के मूल्यांकन के लिए अनुच्छेद लेखन, निबंध लेखन, कहानी लेखन, पत्र लेखन, सारांश लेखन आदि विधियाँ अपनाई जा सकती हैं।

शिक्षण-अधिगम सामग्री

शिक्षण प्रक्रिया को सुचारू रूप से संपन्न करने के लिए अनेक प्रकार की सामग्री की आवश्यकता होती है। मोटे तौर पर शिक्षण में प्रयुक्त सामग्री को दो वर्गों में रखा जा सकता है। पहले वर्ग में वह सामग्री आती है, जिसका शिक्षक तथा शिक्षार्थी दोनों ही नियमित रूप से प्रयोग करते हैं, जैसे–पाठ्यपुस्तक, पूरक पुस्तक तथा अभ्यास-पुस्तिका (विशेषतः प्राथमिक स्तर पर)। वस्तुतः इस प्रकार की सामग्री शिक्षण प्रक्रिया का अभिन्न अंग है, क्योंकि शिक्षक तथा शिक्षार्थी दोनों को ही इसके प्रयोग की आवश्यकता होती है।

दूसरे वर्ग में वह सामग्री आती है जो कक्षा में प्रस्तुत विषयवस्तु को विद्यार्थियों के लिए सुस्पष्ट, सुबोध, सुग्राह्य एवं सजीव बनाने में शिक्षक की सहायता करती है। इसके अंतर्गत श्यामपट्ट, चार्ट, चित्र, मॉडल जैसे–पारंपरिक उपकरण तथा स्लाइड, पारदर्शी चित्र, टेप (कैसेट) जैसे आधुनिक उपकरण और रेडियो, दूरदर्शन, चलचित्र जैसे जनसंचार माध्यम आते हैं।

पाठ्यपुस्तक

शिक्षण प्रक्रिया में पाठ्यपुस्तक का अपना एक विशिष्ट स्थान है। वास्तव में यह संपूर्ण शिक्षण प्रक्रिया की आधारशिला है। यह एक ओर अध्यापक का शिक्षण-विषय के पाठ्यक्रम की सीमा के संदर्भ में मार्गदर्शन करती है तो दूसरी ओर विद्यार्थी के सम्मुख लक्ष्य का स्वरूप स्पष्ट करती है।

जब हम मातृभाषा का अध्ययन करते हैं तो पाठ्यपुस्तक का महत्त्व और भी बढ़ जाता है, क्योंकि मातृभाषा का विषय क्षेत्र अत्यंत व्यापक और बहुमुखी होने के कारण उसकी पाठ्यपुस्तक की सामग्री व्यापक एवं विविधतापूर्ण होती है। इतना ही नहीं, मातृभाषा की पाठ्यपुस्तक में समाहित सामग्री में वैचारिक तथा भाषिक दोनों पक्षों का ध्यान भी रखना होता है और साथ में विविध साहित्यिक रूपों एवं विधाओं का समावेश भी करना होता है।

किसी भी पाठ्यपुस्तक के दो पक्ष होते हैं :

1. भाव पक्ष, तथा
2. कला पक्ष

1. भाव पक्ष : पाठ्यपुस्तक इस उद्देश्य से तैयार की जाती है कि उसके अध्ययन से विद्यार्थियों में अपेक्षित योग्यताओं का विकास हो सके। ये योग्यताएँ शिक्षण उद्देश्य कहलाती हैं। इन शिक्षण उद्देश्यों के अन्तर्गत विभिन्न प्रकार की विषयवस्तु का ज्ञान, भाषाई कौशल और सद्प्रवृत्तियाँ आती हैं। पाठ्य-सामग्री के भाव पक्ष के संदर्भ में उस विषय के शिक्षण उद्देश्यों का अत्यंत महत्त्व है। इस संबंध में निम्नलिखित तीन बातों को ध्यान में रखा जाता है :

(*i*) भावों का चयन।
(*ii*) भावों का क्रमिक स्तरीकरण।
(*iii*) भावों का प्रस्तुतीकरण।

2. कला पक्ष : पाठ्य-सामग्री के कला पक्ष के अंतर्गत उसके बाहरी और आंतरिक दोनों रूप आते हैं। बाहरी रूप के अंतर्गत पुस्तक का आकार तथा उसकी मोटाई ऐसी होनी चाहिए जिससे उस आयु वर्ग के बच्चों को उसे एक स्थान से दूसरे स्थान तक ले जाने में सुविधा हो और पुस्तक को हाथ में उठाकर पढ़ने में भी असुविधा न हो।

पुस्तक की छपाई, शुद्ध वर्तनी एवं चित्र रूप पक्ष के अंतर्गत ही आते हैं। छोटे बालकों के लिए टाइप का आकार बड़ा होना चाहिए। बढ़ती हुई कक्षाओं में यह आकार छोटा होता जाता है।

पुस्तक की वर्तनी के संबंध में सबसे प्रमुख बात यह है कि शब्दों की वर्तनी शुद्ध हो। दूसरी बात भिन्न रूपों वाले– अ, फ, क्ष, झ आदि जैसे अक्षरों का मानक रूप ही पूरी पुस्तक में प्रयुक्त हो। चाहिए, जाए, लाए जैसे शब्दों को पुस्तक में एक ही रूप में प्रस्तुत किया जाना चाहिए।

पाठ्य सामग्री में चित्र बहुत महत्त्वपूर्ण होते हैं। पाठ्य-सामग्री में केवल वे चित्र दिए जाने चाहिएँ जो उनका अंग बन सकें और उसके पूरक हों। इनमें से कुछ चित्र काल्पनिक होते हैं और कुछ तथ्यात्मक। छोटी कक्षाओं की शिक्षण सामग्री में फोटो तथा तस्वीर वाले चित्र अधिक उपयोगी होते हैं और बड़ी कक्षाओं की सामग्री में कार्टूनों तथा रेखा वाले और तथ्यात्मक फोटो आवश्यक और उपयोगी हैं। चित्रों का स्थान भी इसी आधार पर निर्धारित किया जाता है जिससे उनका लिखित सामग्री के साथ तादात्म्य स्थापित हो सके। यदि किसी चित्र को बार-बार देखने की आवश्यकता हो तो वह सामग्री के बीच में देना चाहिए। यदि कोई चित्र सामग्री की पृष्ठभूमि के रूप में कार्य करता हो तो उसे पूरे पृष्ठ पर फैलाना चाहिए। यदि लिखित सामग्री को पढ़ने की प्रेरणा देना चित्र का उद्देश्य हो तो वह सामग्री के प्रारंभ में दिया जा सकता है। चित्रों के रंग भी बहुत महत्त्वपूर्ण होते हैं।

बहुआयामी स्त्रोत

चित्र

भाषा के कठिन एवं गहन स्थलों को स्पष्ट करने में चित्रों तथा चित्र-शृंखलाओं की उपयोगिता सर्वमान्य है। चित्रों से अभिव्यक्ति में विस्तार एवं गहनता आती है। चित्र शब्दों और कहानियों का प्रतिनिधित्व करते हैं। क्रियाशील चित्र-शृंखला रचना और कहानी शिक्षण का श्रेष्ठ साधन है। शब्दों और चित्रों का समन्वय भाषा शिक्षण की प्रक्रिया को जीवंत बना देता है।

रेखाचित्र

इसके अंतर्गत चार्टों, पोस्टरों, कार्टूनों, हास्य-व्यंग्य चित्रों, मानचित्रों आदि का समावेश होता है। फ्लैनलग्राफ पर क्रमबद्ध रूप में व्याकरण के लिंग, वचन, कारक, क्रिया, विशेषण आदि के भेदों को चार्ट के रूप में प्रदर्शित किया जा सकता है। मानचित्रों के प्रयोग से प्रदेशों का भाषावार वर्गीकरण दिखाया जा सकता है। पोस्टर, कार्टून और हास्य-व्यंग्य चित्र किसी व्यक्ति, विचार एवं स्थिति के चित्र होते हैं जिनका जनसमूह पर गहरा प्रभाव पड़ता है। इनसे उपहासात्मक किंतु विचारपरक हास्य-व्यंग्य एवं अतिश्योक्तिपूर्ण स्थलों के गूढ़ भावों का स्पष्टीकरण होता है। ये विचारों को क्रमबद्ध तथा गतिमय रूप में प्रस्तुत करते हैं।

फ्लैश कार्ड

ये शिक्षण के प्रभावशाली दृश्य उपकरण हैं। ये चित्रात्मक और लिखित दोनों प्रकार के हो सकते हैं।

वर्णमाला-शिक्षण में फ्लैश कार्डों का विशेष महत्त्व है। एक वर्ण को सिखाने के लिए फ्लैश कार्ड पर अनेक शब्द दिए जाते हैं जो उस वर्ण से आरंभ होते हैं।

इनमें शब्दों के साथ उनके चित्र भी दिए जाते हैं। आरंभिक कक्षाओं में शब्दों और वाक्यों के चित्र सहित फ्लैश कार्ड अधिक उपयोगी सिद्ध होते हैं। इनसे किसी एक वस्तु, घटना या तथ्य की झलक एक दृष्टि में प्रस्तुत की जा सकती है।

मल्टीमीडिया सामग्री

ग्रामोफोन और लिंग्वाफोन

इनके रिकार्डों द्वारा उच्चारण के विभिन्न अभ्यासों के अंतर्गत बलाघात, सुर, विवृत्ति और अनुतान का सहज रूप में अभ्यास कराया जा सकता है। इनमें महापुरुषों के भाषणों, उत्कृष्ट कवियों की कविताओं और नाटकीय संवाद को सुना जा सकता है। उच्चारण, सस्वर पाठ और भाषण कला की प्रवीणता प्राप्त करने में इनका प्रयोग विशेष उपयोगी है।

टेप

उत्कृष्ट वक्ता के भाषणों, गीतों, नाटकीय कथनोपकथन, कविताओं और भाषा कौशलों विशेषतः उच्चारण और वाचन पाठों का अंकन करके "प्लेबैक उपकरण" (रिकार्ड प्लेयर) द्वारा जब चाहे, तब सुना और सुनाया जा सकता है।

रेडियो

शिक्षण का एक अत्यंत उपयोगी एवं सुलभ साधन है। समाचार, नाटक, भजन, गीत, संगीत, कहानियों, कविताओं, संवादों आदि की आकर्षक एवं प्रभावशाली प्रस्तुति से विद्यार्थी मनोरंजनात्मक ढंग से शुद्ध उच्चारण एवं आत्मप्रकाशन की क्षमता विकसित कर सकते हैं।

दूरदर्शन और चलचित्र

दूरदर्शन और चलचित्रों के कार्यक्रम देश-विदेश की घटनाओं, कार्यकलापों और दृश्यों को सजीव एवं यथार्थ रूप में प्रस्तुत करते हैं। दूरदर्शन आधुनिक युग की सबसे बड़ी देन है। इसके कार्यक्रम हमारी सामाजिक संस्कृति की झलक प्रदर्शित करते हैं। इनसे राष्ट्र के नागरिकों और विद्यार्थियों में एकता और सद्भावना उत्पन्न होती है और वे राष्ट्र की मुख्य धारा में समाहित होने की प्रेरणा ग्रहण करते हैं।

इनके माध्यम से जन शिक्षा का आसानी से प्रचार-प्रसार और विस्तार किया जा सकता है। ये जीवन के सभी पक्षों से संबंधित कार्यक्रमों का प्रसारण करते हैं। इनके द्वारा समाज की मान्यताओं, जीवन मूल्यों, सांस्कृतिक परंपराओं आदि की जानकारी विद्यार्थियों को प्राप्त होती है। इसके अतिरिक्त भाषाई पाठों का प्रसारण भी दूरदर्शन पर होता है जिससे विद्यार्थी सरल एवं रोचक वातावरण में पाठ की विषयवस्तु को अनायास ही सीख लेते हैं। इन कार्यक्रमों से शिक्षकों और छात्राध्यापकों को कक्षा शिक्षण में प्रयुक्त होने वाली विधियों, तकनीकों और उपागमों का भी व्यावहारिक ज्ञान प्राप्त होता है।

उपचारात्मक शिक्षण

विशेष आवश्यकता वाले बच्चों की कठिनाइयों की पहचान कर उन कठिनाइयों को दूर करते हुए शिक्षण कार्य करना उपचारात्मक शिक्षण कहलाता है। अध्यापक छात्रों के दोषों में यथासंभव सुधार लाने तथा उसकी भाषा संबंधी कठिनाइयों को दूर करने के लिए निम्नलिखित उपचारात्मक सहायता कर सकते हैं:

1. ऊँचा सुनने/कम सुनने तथा मानसिक रूप से बाधित बच्चों को कक्षा में अगली पंक्ति में बैठाने की व्यवस्था करनी चाहिए ताकि वे अध्यापक के चेहरे के हाव-भाव को ध्यान से देख सकें तथा उसके द्वारा कही गई बात को अच्छी तरह समझ सकें।
2. पढ़ाते समय शब्दों को ऊँची और स्पष्ट आवाज में तथा उचित गति से बोलना चाहिए।
3. श्रवण शक्ति तथा स्मरण शक्ति की कमी को पूरा करने के लिए अधिकाधिक दृश्य संकेतों तथा दृश्य सामग्री जैसे–चार्ट, चित्र, मॉडल आदि का प्रयोग करना उचित होता है। मनोरंजक कार्यकलापों का आयोजन करके ऐसे विद्यार्थियों को कक्षा में अतिरिक्त श्रवण के अवसर प्रदान किए जा सकते हैं। जैसे–चित्र कार्डों को दिखाकर छोटी-छोटी कहानियाँ तथा बालगीत अभिनयपूर्ण ढंग से सुनाना और घटनाओं का वर्णन करना आदि।
4. कठिन शब्दों या वाक्यांशों के अर्थ को स्पष्ट करने के लिए उसे बालक के अनुभव या ठोस वस्तु या परिस्थिति से जोड़कर।
5. श्रवण कौशल के विकास के लिए लघु प्रश्न पूछने की पद्धति अपनानी चाहिए।
6. संवेगात्मक तथा सूक्ष्म संकल्पनाओं को समझाने के लिए कक्षा में क्रियात्मक परिस्थितियाँ निर्मित करना, जैसे–प्रसन्नता, नाराजगी, घृणा, आशा, निराशा आदि भावों की अभिव्यक्ति को नाटकीय स्थिति में ढालकर व्यक्त करना।

मौखिक अभिव्यक्ति संबंधी दोषों तथा उनके कारणों का पता लगा लेने के पश्चात् अध्यापक उन्हें सुधारने के लिए निम्नलिखित उपचारात्मक उपाय कर सकते हैं :

1. तुतलाने वाले बच्चों को ध्वनियों का निरंतर उच्चारण अभ्यास कराना चाहिए।
2. हकलाने तथा मानसिक रूप से बाधित बच्चों को यथासंभव बोलने तथा सस्वर पठन का अतिरिक्त अवसर देना चाहिए। उनका मनोबल ऊँचा करने के लिए उन पर व्यक्तिगत रूप से ध्यान देना चाहिए। उनके साथ प्रेम एवं सहानुभूति का व्यवहार करना चाहिए।
3. अन्य बच्चों को उनके साथ घुलने-मिलने के लिए प्रोत्साहित करना चाहिए।
4. कक्षा में उनके प्रति उदारतापूर्ण दृष्टिकोण अपनाना चाहिए।
5. कठिन ध्वनियों का शुद्ध उच्चारण सिखाने के लिए टेप-रिकार्डर, ग्रामोफोन, रेडियो, टेलीविजन आदि दृश्य-श्रव्य साधनों का प्रयोग करना चाहिए।

पठन कौशल संबंधी दोषों को दूर करने के लिए निम्न प्रयास किए जाने चाहिए।

- इन बच्चों को अभ्यास और आवृत्ति की आवश्यकता सामान्य बच्चों से अधिक होती है। अतः इन्हें वर्णो एवं मात्रा चिह्नों का बार-बार अभ्यास कराना चाहिए।
- जिन वर्णों या शब्दों की पढ़ने की अशुद्धियाँ वे अक्सर करते हैं उनकी सूची बनाकर उन वर्णों की मूर्त या ठोस वस्तुओं के माध्यम से पढ़ना सिखाएँ, जैसे–वर्ण विशेष की आकृति, चित्र, फ्लैश कार्ड दिखाकर उसे पढ़ने का अभ्यास कराना।
- सही सस्वर वाचन करने पर इन बच्चों की तुरन्त प्रशंसा करें।

लेखन संबंधी दोष को दूर करने के लिए निम्न उपाय किए जाने चाहिए–

1. 5 वर्ष से अधिक आयु का बच्चा शारीरिक और मानसिक रूप से लिखना सीखने के योग्य हो जाता है। इस अवस्था से पूर्व लिखना सीखने का अभ्यास नहीं कराना चाहिए।

2. व्यक्तिगत स्तर पर अशुद्धि संशोधन के बिना लेखन दोषों का निराकरण कठिन होता है। प्राथमिक स्तर पर तो इस ओर विशेष ध्यान देने की आवश्यकता है।

3. विद्यार्थी जिन शब्दों को अशुद्ध लिखता है बहुत संभव है उसका कारण अशुद्ध उच्चारण हो। यथा–श-ष-स, प्र-पर, छ-क्ष, त्र-तर आदि का उच्चारण अशुद्ध होने से लेखन में भी दोष आ सकता है। अतः इन ध्वनियों से युक्त शब्दों के शुद्ध उच्चारण और लेखन का अभ्यास कराया जाना चाहिए।

4. शब्दों के शुद्ध उच्चारण को सुनने, उचित गति से लिखने तथा अशुद्धियों की जाँच के लिए श्रुतलेख श्रेष्ठ साधन है। इसका अभ्यास छात्रों को नियमित रूप से कराया जाना चाहिए।

5. हर बच्चे की अपनी शारीरिक और मानसिक सीमा होती है। प्रत्येक बालक के प्रति स्नेह और सम्मान का बर्ताव किया जाए और उसे उचित विधि से लेखन के प्रति प्रोत्साहित किया जाए। विशेष आवश्यकता वाले विद्यार्थियों को लेखन सिखाने के लिए और भी सावधानी बरतनी चाहिए।

बहुवैकल्पिक प्रश्न

1. निम्नलिखित में से रचनात्मक शिक्षण की विधि नहीं है–
   A. कक्षा नियम विधि   B. आदर्श अभिनय विधि
   C. व्याख्या विधि   D. भाषा संसर्ग विधि
2. निम्नलिखित में मातृभाषा शिक्षण का सिद्धान्त नहीं है–
   A. आवृत्ति का सिद्धान्त
   B. पुनर्बलन का सिद्धान्त
   C. चिन्तन मनन का सिद्धान्त
   D. नियोजन का सिद्धान्त
3. मातृभाषा हिन्दी शिक्षण में विस्तृत ज्ञान से अभिप्राय है–
   A. भाषा के तत्वों का ज्ञान
   B. हिन्दी साहित्य का ज्ञान
   C. विषय में रुचि एवं लगन
   D. ये सभी
4. निर्देशित स्वाध्याय प्रणाली का सोपान है–
   A. नियोजन   B. क्रियान्वयन
   C. मूल्यांकन   D. ये सभी
5. माध्यमिक स्तर पर कविता शिक्षण की प्रणाली है–
   A. अर्थ बोध   B. गीत
   C. व्याख्या   D. उद्दीपन
6. गद्य शिक्षण करते समय छात्रों के शब्द भण्डार में वृद्धि पाठ योजना के किस सोपान के अन्तर्गत की जाती है?
   A. उत्प्रेरणात्मक उपक्रम   B. आदर्श वाचन
   C. विचार-विश्लेषण   D. आत्मीकरण
7. किस विधि के द्वारा पढ़ाने पर पद्य के गुण-दोषों की आलोचना करनी पड़ती है?
   A. व्यास विधि   B. तुलना विधि
   C. खण्डान्वय विधि   D. समीक्षा विधि
8. निम्नलिखित में से किस विधि में व्याकरण का सैद्धान्तिक ज्ञान न देकर व्यावहारिक पक्ष पर अधिक बल दिया जाता है?
   A. आगमन विधि
   B. निगमन विधि
   C. आगमन-निगमन विधि
   D. भाषा-संसर्ग विधि
9. कोई छात्र स्वर संधि के बनाने में गलती करता है। आप इस दिशा में सुधार हेतु क्या उपाय करेंगे?
   A. निदानात्मक परीक्षण   B. उपचारात्मक शिक्षण
   C. सामान्य शिक्षण   D. अभिभावकों को शिकायत
10. विद्यार्थियों को गृह कार्य देने से विद्यार्थियों को लाभ है–
    A. घर पर नियमित रूप से स्वाध्याय करने का अभ्यास
    B. स्वयं चिन्तन-मनन की शक्ति का विकास
    C. अतिरिक्त समय का उपयोग एवं विद्यालय एवं घर के वातावरण का सान्निध्य
    D. उपर्युक्त सभी
11. 'गाल बजाना' मुहावरे का अर्थ है–
    A. हल्ला करना   B. थप्पड़ मारना
    C. डींग हांकना   D. बहाने बनाना
12. 'अमावस्या' का विपरीतार्थ शब्द है–
    A. प्रतिपदा   B. प्रदोष
    C. चतुर्दशी   D. पूर्णिमा
13. विद्यालयी पाठ्यक्रम में त्रिभाषा सूत्र का क्रियान्वयन इस प्रकार है–
    A. निम्न प्राथमिक स्तर
    B. उच्च प्राथमिक स्तर
    C. निम्न माध्यमिक स्तर
    D. ये सभी
14. 'दिग्गज' का सन्धि विच्छेद है–
    A. दिक् + गज   B. दिग् + गज
    C. दिग + गज   D. दिग्ग + ज
15. जिस विधि में पहले उदाहरण प्रस्तुत किए जाते हैं, उसे कहते हैं–
    A. आगमन विधि   B. निगमन विधि
    C. समवाय विधि   D. प्रश्नोत्तर विधि
16. कविता-शिक्षण के अन्त में सस्वर पाठ के सोपान का उद्देश्य है–
    A. काव्यमय वातावरण में पाठ का समापन
    B. काव्यपाठ का अभ्यास करवाना
    C. कविता के भावों से अवगत करवाना
    D. काव्य के प्रति रुचि उत्पन्न करना
17. शिक्षक पाठ्य-पुस्तकों का उपयोग करता है–
    A. अध्ययन में   B. पाठ-योजना में
    C. कक्षा अनुदेशन में   D. उपरोक्त सभी में
18. मूल्यांकन प्रक्रिया अपनायी जा सकने वाली विधियाँ (तकनीक) हैं–
    A. निरीक्षण व साक्षात्कार
    B. पड़ताल सूची व प्रश्नावली

C. संचित अभिलेख व सामयिक जांच
D. उपर्युक्त सभी

19. पद्यपाठ का सर्वाधिक महत्त्वपूर्ण सोपान है–
A. भाव विश्लेषण B. प्रस्तावना
C. आदर्श वाचन D. समभावी कविता

20. 'कमर कसना' मुहावरे का अर्थ है–
A. कमर बाँधना B. बीमार होना
C. हार मान लेना D. तैयार होना

21. मातृभाषा शिक्षण का सिद्धान्त निम्नलिखित में है–
A. अभिप्रेरणा का सिद्धान्त
B. रुचि का सिद्धान्त
C. क्रियाशीलता का सिद्धान्त
D. उपरोक्त सभी

22. सामान्यतः जिन विषयों का शिक्षण विद्यालय में होता है, वह कहलाता है–
A. शिक्षण B. पाठ्यक्रम
C. अधिगम D. समायोजन

23. उपचारात्मक शिक्षण का उद्देश्य है–
A. छात्रों की त्रुटि का पता लगाना
B. छात्रों का पिछड़ापन दूर करना
C. विषय के प्रति रुचि उत्पन्न करना
D. छात्रों की प्रगति का ज्ञान प्राप्त करना

24. उपचारात्मक शिक्षण की आवश्यकता होती है–
A. दृष्टि दोष वाले बालकों के लिए
B. कक्षा स्तर के अनुकूल प्रगति न करने वाले बालकों के लिए
C. आदिवासी बालकों के लिए
D. सृजनशील बालकों के लिए

25. भाषा शिक्षण में अधिगम-सामग्री का प्रमुख दायित्व है–
A. कम समय में अधिक ज्ञान दिया जाना
B. छात्रों का ध्यान पाठ में केन्द्रित होना
C. शिक्षकों द्वारा शिक्षण कार्य में कम मेहनत किया जाना
D. विषय-वस्तु के कठिन स्थलों का उचित स्पष्टीकरण करना

26. नैदानिक परख पत्र बनाने की आवश्यकता है–
A. प्रतिभाशाली बालकों की पहचान के लिए
B. छात्रों की कमजोरी पता लगाने के लिए
C. छात्रों का वर्गीकरण करने के लिए
D. छात्रों की प्रगति की जानकारी प्राप्त करने के लिए

27. राष्ट्र भाषा किसका प्रतीक है?
A. राष्ट्रीय एकता का B. बन्धुत्व का
C. प्रेम का D. वसुधैव कुटुम्बकम् का

28. हिन्दी में एक ध्वनि के लिए–
A. एक ही संकेत है B. दो संकेत हैं
C. तीन संकेत हैं D. उपर्युक्त कोई नहीं

29. हिन्दी भाषा के मौखिक व्यवहार में शब्दों के शुद्ध उच्चारण निर्भर करते हैं–
A. बोलने के बल पर
B. बोलने के सुर पर
C. बोलने के अनुतान पर
D. उपर्युक्त सभी पर

30. एक भाषा बोलने वाले लोगों में क्या भावना पाई जाती है?
A. द्वेष की भावना
B. विचार अभिव्यक्ति की भावना
C. सहानुभूति की भावना
D. राष्ट्रीयता की भावना

31. उच्च प्राथमिक स्तर पर पढ़ाई जाने वाली भाषा होगी–
A. मातृभाषा या क्षेत्रीय भाषा
B. संघीय या सह-संघीय भाषा
C. विदेशी भाषा
D. उपर्युक्त A तथा B

32. मानक भाषा के लिये अनिवार्य शर्त है–
A. व्याकरण सम्मत होना
B. वृहद समाज द्वारा प्रयोग करना
C. शिक्षित वर्ग की प्रिय भाषा होना
D. उपर्युक्त सभी

33. सामान्य बालक के उच्चारण पर सर्वाधिक प्रभाव पड़ता है–
A. समाज का B. परिवार का
C. मित्र मण्डली का D. वर्तनी का

34. एक शिक्षक कक्षा में कविता के वाचन पाठ का आयोजन कर रहा है। वह किस प्रकार के भाषायी कौशल के विकास का उपाय कर रहा है–
A. अभिव्यक्ति
B. अर्थग्रहण
C. अभिव्यक्ति एवं अर्थग्रहण
D. उपर्युक्त में से कोई नहीं

35. शिक्षक की क्रिया से सम्बन्धित है–
A. आदर्श वाचन B. अनुकरण वाचन
C. समवेत वाचन D. मौन वाचन

36. भाषा का गहन एवं व्यापक अध्ययन करने हेतु उपयोगी है–
A. गद्य B. पद्य
C. व्याकरण D. रचना

37. ध्वनियों के द्वारा व्यक्ति अभिव्यक्ति करता है–
A. निबन्ध लेखन B. कविता
C. संवेग D. उक्त सभी

38. सस्वर वाचन शिक्षण की विधि नहीं है–
A. साम्य विधि B. साहचर्य विधि
C. संशोधन विधि D. अनुकरण विधि

39. छात्रों को श्रुत-लेख देने का क्या लाभ है?
A. वर्तनी सम्बन्धी त्रुटियाँ न करना
B. गति के साथ सुन्दर लिखना

C. सुनकर अर्थ ग्रहण करना
D. उक्त सभी

40. काव्य में रुचि विकसित करने हेतु उत्तम है–
A. पुस्तकें खरीदना B. अन्त्याक्षरी प्रतियोगिताएँ
C. व्याकरण का ज्ञान D. उक्त सभी

41. व्याकरण शिक्षण की विधि नही है–
A. सूत्र विधि B. सहयोग विधि
C. कथन विधि D. भाषा संसर्ग विधि

42. वाचन सिखाने की सबसे प्राचीन पद्धति है–
A. वाक्य ज्ञान B. अक्षर ज्ञान
C. व्यंजन ज्ञान D. शब्द ज्ञान

43. अशुद्धोचारण का कारण हो सकता है–
A. क्रोध में बोलना
B. भयभीत होकर बोलना
C. शब्दों को चबा-चबाकर बोलना
D. उक्त सभी

44. सस्वर वाचन बड़ा लाभप्रद है क्योंकि इससे–
A. समय व्यतीत करने में सुविधा रहती है
B. उच्चारण में शुद्धता आती है
C. छात्र प्रतियोगिता करना सीखता है
D. उक्त सभी

45. कक्षा-6 के हिन्दी शिक्षण में प्रयुक्त किये जा सकने वाले सामुदायिक साधन हैं–
A. सामाजिक व राष्ट्रीय पर्व
B. मेले, तमाशे
C. सार्वजनिक स्थल
D. उक्त सभी

46. गद्य की रूढ़िगत पठन विधि का दोष है–
A. छात्र की वाचन सम्बन्धी अशुद्धियों को ठीक नहीं कराया जाता
B. छात्र गद्यांश का अर्थ नहीं समझ पाते
C. वाक्य प्रयोग, मुहावरे, पर्यायवाची शब्दों का अर्थ स्पष्ट नहीं कराया जाता
D. उपर्युक्त सभी

47. विद्यालय में मातृभाषा हिन्दी शिक्षक की प्रमुख भूमिका होनी चाहिए–
A. विद्यालय समुन्नयन योजना प्रभारी
B. गृह कार्य के जाँच प्रभारी
C. शैक्षिक एवं सह-शैक्षिक कार्यों के आयोजन प्रभारी
D. उपर्युक्त सभी

48. वार्तालाप संवाद में होना चाहिए–
A. स्पष्टता व शुद्धता B. प्रभावोत्पादकता
C. स्वाभाविकता D. उक्त सभी

49. उच्चारण दोष को दूर करने का उपाय है–
A. शारीरिक उपचार B. विश्लेषण
C. वाचन D. प्रयोगशाला

50. एक भाषा बोलने वाले लोगों में क्या भावना पाई जाती है?
A. द्वेष की भावना
B. विचार अभिव्यक्ति की भावना
C. सहानुभूति की भावना
D. राष्ट्रीयता की भावना

51. भाषा शिक्षण का सामान्य उद्देश्य है–
A. छात्रों में सृजनात्मक शक्ति का विकास करना
B. भावानुकूल भाषा प्रयोग, स्वर निर्माण, अंग संचालन का अभ्यास करना
C. छात्रों में शुद्ध, सरल, स्पष्ट ढंग से आत्मविश्वास की योग्यता उत्पन्न करना
D. उपर्युक्त सभी

52. हिन्दी भाषा के रूढ़िगत शिक्षण विधि में–
A. शिक्षक की भूमिका प्रमुख और छात्रों की भूमिका गौण बन जाती है।
B. छात्रों को विचाराभिव्यक्ति की स्वतन्त्रता नहीं मिल पाती।
C. छात्र, पाठ में संभागिता के अभाव के कारण निष्क्रिय अधिक हो जाते हैं।
D. उपर्युक्त सभी

53. खेल द्वारा शिक्षण विधि के अन्तर्गत उच्च कक्षाओं के लिए– किस विधि का उपयोग उत्तम है?
A. उच्चस्तरीय विभिन्न प्रतियोगिताओं के खेल
B. परिभाषाओं की होड़ का खेल
C. समस्या-पूर्ति का खेल
D. उपर्युक्त सभी

54. भाषा शिक्षण की प्रायः नवीन पद्धतियों द्वारा किन बातों पर विशेष बल दिया गया है–
A. बालक की स्वतन्त्रता
B. बालक की रुचि
C. क्रियाशीलता
D. इनमें से सभी

55. निम्नलिखित में से कौन-सा विशिष्ट गुण शिक्षक को प्रेरणा का स्रोत बनने में सहायक है?
A. व्यवहार कुशलता
B. उत्तम शिक्षण विधियों का ज्ञान
C. प्रभावशाली व्यक्तित्व
D. शैक्षिक/सह-शैक्षिक क्रियाओं में रुचि

56. कविता शिक्षण का मुख्य उद्देश्य है–
A. भावों का अनुभूति रहित होना
B. भावों की अनुभूति कराना
C. आनन्द का संचार करना
D. उपरोक्त से कोई नहीं

57. भाषा शिक्षण में किस विधि का प्रयोग अधिक लाभकर होता है–
A. प्रश्नोत्तर विधि B. खेल विधि
C. डाल्टन विधि D. इसमें से कोई नहीं

58. 'दयालु' का विपरीतार्थक है–
A. नीच B. क्रूर
C. निकृष्ट D. दुष्ट

59. निम्न में से किस विधि द्वारा भाषा शिक्षण के उद्देश्य, अर्थग्रहण, अभिव्यक्ति तथा सृजन शक्ति तीनों साथ-साथ पूरे होते हैं–
A. किंडरगार्टन पद्धति B. डॉल्टन पद्धति
C. प्रोजेक्ट पद्धति D. मॉण्टेसरी पद्धति

60. माध्यमिक स्तर पर भाषा शिक्षण का निम्न में से उद्देश्य है–
A. छात्रों को द्रुत गति से सस्वर तथा मौन पठन करने की प्रेरणा देना
B. उसमें अभिनय संवाद की योग्यता उत्पन्न करना
C. उन्हें व्याकरण का उच्च ज्ञान प्रदान करना
D. उपर्युक्त सभी

61. उद्देश्यनिष्ठ मूल्यांकन की विशेषताएँ हैं–
A. वस्तुनिष्ठता और विभेदकारी
B. व्यापकता और व्यवहारिकता
C. विश्वसनीयता और वैधता
D. उपरोक्त सभी

62. नाटक शिक्षण के सोपान हैं–
A. उद्देश्य-निर्धारण B. पूर्व ज्ञान
C. प्रस्तावना D. उपरोक्त सभी

63. शब्द व्याख्या की प्रमुख विधि है–
A. उद्बोधन विधि B. प्रवचन विधि
C. स्पष्टीकरण विधि D. उपर्युक्त सभी

64. निम्नलिखित में से कौन-सी विधि रचना शिक्षण की विधि नहीं है?
A. चित्र रचना विधि B. शब्द प्रधान विधि
C. सूत्र विधि D. खेल विधि

65. शब्द भण्डार में वृद्धि के लिए उत्तम है–
A. पद्य शिक्षण B. गद्य शिक्षण
C. नाटक शिक्षण D. उपन्यास शिक्षण

66. शैक्षिक भ्रमण का दूसरा नाम है–
A. शिक्षण-घूमना B. क्षेत्र-पर्यटन
C. शिक्षण भ्रमण D. शैक्षिक तकनीकी

67. व्याकरण शिक्षण पाठ के प्रकार होते हैं–
A. औपचारिक व्याकरण पाठ
B. व्यावहारिक व्याकरण पाठ
C. प्रासंगिक व्याकरण पाठ
D. उपरोक्त पाठ

68. निम्न में से निबन्ध शिक्षण की विधि है–
A. चित्र वर्णन विधि
B. रूपरेखा विधि
C. प्रवचन प्रश्नोत्तर विधि
D. उपर्युक्त सभी

69. जो दूसरों के अधीन है–
A. स्वाधीन B. पराधीन
C. परदेशी D. परामर्शदाता

70. लिखित अभिव्यक्ति की विधा है–
A. पत्र लेखन B. संस्मरण लेखन
C. कहानी D. उपर्युक्त सभी

71. निम्नलिखित में शिक्षण योजना बनाने का लाभ है–
A. शिक्षण योजना से अध्यापक का कार्य क्रमबद्ध हो जाता है।
B. अध्यापक पाठ के भिन्न-भिन्न अंगों में समायोजन कर सकता है।
C. इस विधि से छात्रों का मूल्यांकन भली-भांति किया जा सकता है।
D. उपर्युक्त सभी।

72. निम्नलिखित में दृश्य-श्रव्य उपकरण है–
A. रेडियो B. टेलीग्राफ
C. दूरदर्शन D. ग्रामोफोन

73. मूल्यांकन से अभिप्राय है–
A. निरन्तर/सतत् चलने वाली प्रक्रिया
B. वांछित व्यवहारगत परिवर्तन की जानकारी
C. उद्देश्यों की पूर्ति का सीमांकन
D. उपर्युक्त सभी

74. 'ध्वनि साम्य विधि' द्वारा–
A. उच्चारण व हाव-भाव सिखाया जाता है
B. ध्वनि में समानता रखने वाले शब्दों को एक साथ सिखाया जाता है
C. अनुकरण करना सिखाया जाता है
D. उपरोक्त में से कोई नहीं

75. निम्न में से कौन-सी शब्दार्थ विधि का विकसित रूप है?
A. तुलना विधि B. गीत विधि
C. व्याख्या विधि D. व्यास विधि

76. आदर्श हिन्दी शिक्षक के लिए आवश्यक है–
A. व्याकरण का ज्ञान होना
B. हिन्दी साहित्य का ज्ञान होना
C. शुद्ध उच्चारण करना
D. उपरोक्त सभी

77. 'कान में तेल डालना' का अर्थ है–
A. कान की बीमारी B. कुछ न सुनना
C. चुप बैठ जाना D. बहरा होना

78. प्रायोजना विधि का आधारभूत सिद्धान्त है–
A. रोचकता B. उद्देश्य
C. क्रियाशीलता D. ये सभी

79. सहायक पुस्तकों के उद्देश्य होते हैं–
A. भाषा का ज्ञान कराना
B. बौद्धिक क्षमताओं का विकास
C. साहित्यिक तथा स्वास्थ्य मनोरंजन का विकास
D. उक्त सभी

80. शिक्षण को सहायक सामग्री बनाती है–

A. रोचक B. प्रभावी
C. बोधगम्य D. उक्त सभी

81. अध्यापक को कक्षा में अपनी आवाज को रखना चाहिये–

A. पर्याप्त ऊंची B. धीमी
C. मध्यम D. कभी धीमी कभी तेज

82. यदि कुछ विद्यार्थी परीक्षा में फेल हो जाते हैं तो यह गलती है–

A. अध्यापकों की B. प्रधानाध्यापक की
C. स्वयं छात्रों की D. पाठ्यपुस्तकों की

83. वह अध्यापक जो अपने छात्रों का ध्यान आकर्षित करने में सफल न हो रहा हो तो उसे चाहिये कि–

A. वह अपनी शिक्षण विधि का मूल्यांकन करके उसमें सुधार लाये
B. वह अपने पद से त्यागपत्र दे दे
C. वह अपने शिष्यों में गलती ढूंढे
D. वह डिक्टेशन देना आरम्भ कर दे

84. यदि पीछे बैठने वाले सदैव बातचीत में ही व्यस्त हों तो अध्यापक को चाहिये कि वह–

A. उन्हें जो कुछ वे कर रहे हैं करने दे
B. उन्हें दण्ड दे
C. उन्हें आगे बिठाये और उन पर नजर रखे
D. उपरोक्त कोई नहीं

85. अध्यापक को

A. अध्यापन आरम्भ करने से पूर्व पाठ का परिचय कराना चाहिये
B. अपनी भाषा में दक्ष होना चाहिये
C. अपने विषय में निपुण होना चाहिये
D. उपरोक्त सभी

86. यदि अध्यापक छात्र के प्रश्न का उत्तर देने में असमर्थ हो तो उसे चाहिये कि वह

A. कहे कि वह जानकारी प्राप्त करने के बाद उत्तर देगा
B. शिष्यों को डांटे-फटकारे
C. कहे कि प्रश्न ही गलत है
D. उपरोक्त कोई नहीं

87. निम्न शिक्षण-प्रक्रियाओं को क्रम में लिखो :

(*i*) वर्तमान ज्ञान को पिछले ज्ञान से सम्बद्ध करना
(*ii*) मूल्यांकन
(*iii*) पुनर्शिक्षण
(*iv*) उद्देश्यों की संरचना
(*v*) सामग्री को प्रस्तुत करना

A. (*i*), (*ii*), (*iii*), (*iv*), (*v*)
B. (*ii*), (*i*), (*iii*), (*iv*), (*v*)
C. (*v*), (*iv*), (*iii*), (*i*), (*ii*)
D. (*iv*), (*i*), (*v*), (*ii*), (*iii*)

88. दूरदर्शन सामग्री का प्रयोग :

A. ध्यान केन्द्रण तथा ज्ञान को बढ़ाता है
B. अध्यापक के बोझ को कम करता है
C. स्मरणशक्ति में वृद्धि करता है
D. उपरोक्त सभी

89. यदि छात्र आपकी बात नहीं समझ पा रहे हैं तो

A. आपको उन्हें संकेत (prompt) देना चाहिये
B. सामग्री को सरल बनाना चाहिये
C. उदाहरण देकर समझाना चाहिये
D. उपरोक्त सभी

90. सूक्ष्म शिक्षण लाभदायक है :

A. प्राथमिक कक्षा के छात्रों के लिए
B. जूनियर कक्षा के छात्रों के लिए
C. 10 + 2 कक्षा के छात्रों के लिए
D. उच्च तथा प्राथमिक दोनों कक्षाओं के छात्रों के लिए

91. यदि छात्र आप पर फब्तियां कसते हैं तो आप

A. उन्हें दन्ड देंगे
B. उन्हें कॉलेज से निकाल देंगे
C. उनकी परीक्षा-पुस्तिकाओं का मूल्यांकन करते समय आप उनसे बदला लेंगे
D. उनकी परीक्षा-पुस्तिकाओं का मूल्यांकन के समय भी आप गैर-जिम्मेदार रहेंगे

92. शिक्षण में छात्रों की सर्वाधिक भागीदारी सम्भव है :

A. व्याख्यान विधि द्वारा
B. चर्चा विधि द्वारा
C. पुस्तक विधि द्वारा
D. ऑडियो-विजुअल एड द्वारा

93. नये आये अध्यापक की सफलता के लिए निम्न में से कौन-सा घटक सर्वाधिक महत्त्वपूर्ण है?

A. विद्वता
B. संप्रेषण योग्यता
C. अध्यापक का व्यक्तित्व तथा उसकी छात्रों तथा कक्षा से मेल खाने की अभिक्षमता
D. संगठनात्मक योग्यता

94. निम्न सभी एक प्रभावशाली शिक्षक की विशेषताएं हैं केवल एक को छोड़कर :

A. स्टैन्डर्ड को बनाये रखने पर जोर देना
B. लक्ष्यों के स्पष्टीकरण हेतु सामूहिक चर्चा पर बल देना
C. समस्या उत्पन्न करने वाली परिस्थितियों के तुरन्त नियन्त्रण पर जोर देना
D. कक्षा के छात्रों के साथ विभेदात्मक व्यवहार करना

95. एक प्रभावशाली शिक्षण का तात्पर्य नहीं है :

A. अध्यापक उत्साहपूर्वक पढ़ाता है
B. अध्यापक अपने छात्रों में गलती ढूंढता है
C. अध्यापक शिक्षण पर अधिक तथा कक्षा-नियन्त्रण पर कम जोर देता है

D. अध्यापक की रुचि विषय-सामग्री को छात्रों को समझाने में है न कि पाठ्यक्रम पूरा करने में

96. उच्च प्राथमिक कक्षाओं में कविता शिक्षण की किस विधि का प्रयोग किया जाता है?

A. तुलना विधि B. व्यास विधि
C. व्याख्या विधि D. प्रश्नोत्तर विधि

97. प्रजातान्त्रिक समाज वह है, जो

A. स्वतन्त्रता, समानता, बन्धुत्व तथा न्याय के सिद्धान्तों का पालन करता है
B. सूझ-बूझ रखने वाले व्यक्तियों का तिरस्कार नहीं करता है
C. समान शिक्षा के अवसर में विश्वास रखता है
D. उपरोक्त सभी

98. एक प्रभावशाली अध्यापक पालन करता है :

A. प्रजातान्त्रिक समाज के नियमों का
B. स्वतन्त्र समाज के नियमों का
C. तानाशाही समाज के नियमों का
D. परिस्थितियों के अनुसार सभी का

99. सहायक शिक्षण सामग्री के रूप में टी. वी., रेडियो से उत्तम है क्योंकि

A. यह मंहगा है
B. इसमें दो इन्द्रियां–सुनना तथा देखना दोनों साथ-साथ प्रयोग होती हैं। जिसके फलस्वरूप लड़कों को अधिक आसानी से समझ में आता है
C. यह छात्रों द्वारा आमतौर पर पसन्द किया जाता है
D. उपरोक्त सभी

100. सबसे बड़ा उत्तरदायित्व जो स्कूल में काम करने वालों पर आता है वह यह है कि

A. वे बच्चों तथा समाज दोनों की आवश्यकताओं में सामन्जस्य स्थापित करते हैं जिससे दोनों को लाभ होता है
B. वे बच्चों को नौकरी पाने के योग्य बनाते हैं
C. वे स्कूल के कार्यक्रमों को बच्चे की आवश्यकता तथा रुचि के अनुसार तैयार करते हैं
D. A तथा C दोनों

101. सबसे उत्तम शिक्षा कार्यक्रम वह है जो कि

A. बच्चों की आवश्यकतानुसार हो
B. बच्चों की योग्यतानुसार हो
C. बच्चों की रुचि के अनुसार हो
D. उपरोक्त सभी

102. लेक्चर देते समय यदि कक्षा में कुछ व्यवधान (शोर) हो रहा हो तो अध्यापक को चाहिये कि वह

A. थोड़ी देर चुप रहे फिर पढ़ाना आरम्भ करे
B. कक्षा में जो कुछ हो रहा है उसकी कोई चिन्ता न करे
C. शोर शराबा करने वाले लड़कों को दन्ड दे
D. उपरोक्त सभी

103. Learning (सीखना) का सबसे समुचित अर्थ है :

A. ज्ञान देना
B. व्यवहार में परिवर्तन
C. व्यक्तिगत रूप से माहौल में ढलना
D. हुनर की प्राप्ति

104. अन्तिम विश्लेषण में शिक्षण को विशेष रूप से समझना चाहिये :

A. प्रश्न पूछने तथा ज्ञान के मूल्यांकन की प्रक्रिया
B. विद्यार्थियों की गतिविधियों को निर्दिष्ट करना
C. विद्यार्थियों के वाचन का श्रवण
D. उपरोक्त सभी

105. अध्यापक के कार्य हैं :

A. बच्चे का मार्गदर्शन करना, प्रगति में उनकी सहायता करना तथा मूल्यांकन
B. घर का काम चेक करना, उनका मार्गदर्शन करना तथा आगे का काम देना
C. उपरोक्त दोनों
D. कोई नहीं

106. कक्षा में अध्यापक है :

A. समूह का अध्यक्ष
B. समूह का निर्देशक
C. समूह का नेता तथा मार्गदर्शक
D. उपरोक्त सभी

107. अध्यापक का प्राथमिक उत्तरदायित्व निहित है :

A. शैक्षिक अनुभवों को सुनियोजित करने में
B. नीतियों को लागू करने में
C. छात्रों का रिकार्ड रखने में
D. उपरोक्त सभी

108. अपने विद्यार्थियों से गहरा तालमेल बनाने के लिए आपको

A. उनका मार्गदर्शन करना चाहिये
B. उनके साथ खुलेपन का व्यवहार करना चाहिये
C. संप्रेषण में सक्षम होना चाहिये
D. उपरोक्त सभी

109. मौखिक मार्गदर्शन सबसे कम प्रभावशाली है :

A. अभिवृत्ति के शिक्षण में
B. अवधारणा तथा तथ्य के शिक्षण में
C. परस्पर सम्बन्ध के शिक्षण में
D. हुनर (skills) के शिक्षण में

110. अध्यापन आरम्भ करने से पूर्व शिक्षक को चाहिये कि

A. वह अपने विद्यार्थियों के वर्तमान तथा भूत के विषय में जाने
B. वह विद्यार्थियों के मस्तिष्क पर काम कर रहे वातावरण के विचलनों से भिज्ञ हो
C. वह अपने विद्यार्थियों की जिज्ञासा को उजागर करने में सक्षम हो
D. उपरोक्त सभी

111. किसी स्कूल/कॉलेज में शिक्षा की गुणवत्ता को मापा जा सकता है :

A. उपलब्ध बुनियादी सुविधाओं द्वारा

B. उपलब्ध जनशक्ति, अध्यापक तथा प्रधानाचार्य के माध्यम से

C. छात्रों की शैक्षिक प्रगति के माध्यम से

D. उपरोक्त सभी द्वारा

112. UNESCO प्रकाशन की व्याख्या के अनुसार अध्यापक के अन्दर कौन-सा व्यावसायिक गुण होना चाहिये?

A. अपने विषय में दक्षता तथा शिक्षण में निपुणता

B. शिक्षण-पद्धति में प्रतिक्षण नयापन

C. व्यवसाय के प्रति न्याय व ईमानदारी

D. उपरोक्त सभी

113. शिक्षण का पहला चरण है :

A. पहले से योजना बनाना

B. पाठ्यसामग्री को सुसंगठित करना

C. विद्यार्थियों की बैकग्राउन्ड को जानना

D. कोई नहीं

114. यदि कोई छात्र कक्षा में बेहोश हो जाता है तो आप सबसे पहले क्या करेंगे?

A. प्रधानाचार्य के कार्यालय की ओर दौड़ेंगे तथा सहायता के लिए कहेंगे

B. बच्चे के माता-पिता को टेलीफोन करेंगे तथा उनकी प्रतीक्षा करेंगे

C. उसे प्रथम सहायता चिकित्सा देंगे तथा किसी निकट के डॉक्टर से सम्पर्क करेंगे

D. उस लड़के को घर भेजने का प्रबन्ध करेंगे

115. यदि सामान्य लड़कों के साथ आपको किसी नेत्रहीन को पढ़ाने का अवसर मिले तो आपका व्यवहार कैसा होगा?

A. आप सहानुभूति से उसकी देख-रेख करेंगे

B. आप उस पर कोई अतिरिक्त ध्यान नहीं देंगे क्योंकि इससे शेष छात्रों की क्षति होगी

C. आप उसको आगे की सीट पर बिठायेंगे और अपने अध्यापन को उसकी क्षमतानुसार इस प्रकार सुनियोजित करेंगे कि उससे अन्य छात्रों को क्षति न हो

D. उपरोक्त कोई नहीं

116. एक नया अध्यापक, जिसके साथ कक्षा में कुछ बच्चे गलत ढंग से व्यवहार करते हैं, वह उनसे निपटेगा

A. दण्डात्मक तरीकों को अपना कर

B. अपने अन्दर सुधार लाकर और उसे छात्रों के सामने अच्छे अन्दाज से पेश करके

C. प्रधानाचार्य से सलाह के बाद अपनी कक्षा को बदल कर

D. उन्हें स्कूल से निकाल देने की धमकी देकर

117. यदि कोई लड़का पीछे बैठता है और श्यामपट को ठीक से नहीं देख पाता है, परिणामस्वरूप वह बार-बार खड़ा होकर देखता है और बैठ जाता है। इस केस के सम्बन्ध में आप क्या निष्कर्ष निकालेंगे?

A. अपने सहपाठियों की तुलना में वह छात्र नाटा है

B. श्यामपट पर रोशनी की चमक पड़ रही है

C. बच्चा दूरदृष्टि दोष रखता है

D. A और C दोनों

118. बच्चे की श्रवण-क्षमता में विकार हो सकता है यदि

A. वह असामान्य रूप से बहुत जोर से बोलता है

B. बातचीत के दौरान वह वक्ता के निकट आ जाता है

C. वह अध्यापक से आमतौर पर फिर से कहिये, फिर से कहिये, कहता रहता है

D. उपरोक्त सभी

119. यदि कोई छात्रा आपसे अपनी डाक आपके पते पर मंगाने के लिए कहती है तो

A. आप उसे इसकी अनुमति नहीं देंगे क्योंकि यह आपके सिद्धान्तों के विरुद्ध है

B. आप उसे अपना पता नहीं देंगे कि कहीं यह आप के विरुद्ध कोई चाल न हो

C. आप उसे इसकी अनुमति दे देंगे क्योंकि एक अध्यापक के नाते आपको ऐसा करना चाहिये

D. आप उसे व्यक्तिगत लगाव के कारण इसकी अनुमति दे देंगे

120. यदि कोई उच्च जाति का अध्यापक किसी नीची जाति के छात्र के साथ भेदभाव करता है तो उसका व्यवहार

A. उसके अपने धर्मानुसार सही है

B. राष्ट्रीय सोच तथा समय की जरूरत के विरुद्ध है

C. संवैधानिक प्रावधानों के विरुद्ध नहीं है

D. UNESCO के अध्यापकों के व्यवसायवाद के नियमों के विरुद्ध नहीं है

121. पद्य पाठ का सर्वाधिक महत्त्वपूर्ण सोपान है–

A. प्रस्तावना　　B. भाव विश्लेषण

C. समभावी कविता　　D. आदर्श प्रस्तावना

122. 'कलेजा मुंह को आना' मुहावरे का सही अर्थ है–

A. बहुत दुखी होना　　B. क्रोध करना

C. धोखा खाना　　D. मूर्ख बनना

123. आकाश का विलोम है–

A. धरती　　B. पाताल

C. गगन　　D. नभ

124. निम्न में से कौन एक भिन्न है?

A. अहं　　B. दर्प

C. अहंकार　　D. निराला

125. सहिष्णुता शब्द है–

A. विशेषण　　B. अव्यय

C. भाववाचक संज्ञा　　D. सर्वनाम

126. उल्लास का समानार्थक शब्द है–

A. उत्साह　　B. दुःख

C. प्रसन्नता　　D. ताजगी

127. सज्जन शब्द का संधि विच्छेद है–
A. सज् + जन B. सः + जन
C. सत् + जन D. सा + जन

128. पर्यावरण का शब्दार्थ है–
A. जलमंडल B. स्थलमंडल
C. वायुमंडल D. वातावरण

129. निम्नलिखित में से रचनात्मक शिक्षण की विधि नहीं है–
A. कक्षा नियम विधि B. आदर्श अभिनय विधि
C. व्याख्या विधि D. भाषा-संसर्ग विधि

130. समवाय विधि प्रयुक्त होती है–
A. निबंध शिक्षण में B. कहानी शिक्षण में
C. कविता शिक्षण में D. उपरोक्त सभी में

131. निम्न में कौन दृश्य-श्रव्य उपकरण है–
A. दूरदर्शन B. टेलीफोन
C. ग्रामोफोन D. रेडियो

132. बालकों के शब्दकोष होने चाहिए–
A. भाषात्मक B. काव्यात्मक
C. चित्रात्मक D. मनोविश्लेषणात्मक

133. सक्षम शब्द का समानार्थक है–
A. समर्थ B. शक्तिशाली
C. कायर D. निर्माता

134. विहंगम दृष्टि का अभिप्राय है–
A. एक झलक B. गहन दृष्टि
C. गहन चिंतन D. इनमें से कोई नहीं

135. विधाता की अनुपम रचना है–
A. मानव B. समुद्र
C. वन D. पृथ्वी

136. नीरस का संधि विच्छेद है–
A. नी + रस B. नि + रस
C. निः + रस D. नीः + रस

137. अक्षर बोध प्रणाली से छात्रों का
A. उच्चारण शुद्ध होता है
B. वाक्यों का क्रमबद्ध ज्ञान होता है
C. विवरण दोष नहीं आ पाता है
D. उपरोक्त सभी

138. नैदानिक परीक्षण का उद्देश्य है–
A. छात्र की कमजोरियों का पता लगाना
B. छात्र में सद्वृत्तियों का विकास करना
C. छात्र की अभिव्यक्ति में सुधार लाना
D. छात्र की भाषा संबंधी क्षमता का मूल्यांकन करना

139. निर्देशित स्वाध्याय प्रणाली का सोपान है–
A. नियोजन B. क्रियान्वयन
C. उपरोक्त दोनों D. कोई भी नहीं

140. पेडागॉजी कहलाता है–
A. शिक्षण विज्ञान
B. सीखने की कला
C. शिक्षण-अधिगम विज्ञान व कला दोनों
D. संप्रेषण विज्ञान

141. निम्नलिखित में से कौन सा वैकल्पिक पाठशाला का अर्थ नहीं है?
A. चरवाहा विद्यालय
B. विद्यालय से बाहर रहे बच्चों की शिक्षा
C. आसपास/पड़ोस के बच्चों की शिक्षा उनके पड़ोस में
D. निर्माण कार्य के पास बच्चों की शिक्षा

142. निम्नलिखित में से कौन सी बात कौशल सीखने की एक प्रावस्था नहीं हो सकती है?
A. संविधि B. भेद बोध
C. अभ्यास D. कल्पना

143. शिक्षण कार्य के लिए निम्नलिखित में से कौन सबसे अधिक निर्णायक है?
A. अधिगम को प्रभावी बनाना
B. ज्ञान देना
C. कक्षा का संप्रबंधन
D. छात्रों के साथ संप्रेषण

144. गरीबों की मदद करना एक कर्त्तव्य है, क्योंकि
A. हम गरीब हैं
B. हम अमीर हैं
C. हम उस समाज से संबंध रखते हैं
D. हम उनकी अच्छाई चाहते हैं

145. 'हमें दूसरे के ओहदों का हमेशा ध्यान रखना चाहिए।' यह एक है–
A. साधारण वाक्य B. जटिल वाक्य
C. मिश्रित वाक्य D. मुहावरा

146. वर्ण को कहते हैं–
A. मौलिक ध्वनि B. लघुत्तम अक्षर
C. मूल ध्वनियां D. वृहत्तम अक्षर

147. नीलकंठ शब्द किस वर्ग का है?
A. रूढ़ि B. योगरूढ़
C. यौगिक D. इनमें से कोई नहीं

148. बुढ़ापा क्या है–
A. भाववाचक संज्ञा B. व्यक्तिवाचक संज्ञा
C. क्रिया विशेषण D. जाति वाचक संज्ञा

149. प्रत्यय कहाँ जोड़े जाते हैं?
A. शब्द के आरंभ में
B. शब्द के अंत में
C. शब्द के बीच में
D. शब्द के उस भाग में जहां उपयुक्त लगे

150. नमस्ते में कौन सी संधि है?
A. व्यंजन संधि B. स्वर संधि
C. विसर्ग संधि D. इनमें से कोई नहीं

151. संचय का संधि विग्रह है–
A. सत् + चय B. सम् + चय
C. सं + चय D. सः + चय

152. जन्मांध में कौन सा समास है?
A. तत्पुरुष B. द्वन्द्व
C. बहुब्रीहि D. अव्ययीभाव

153. अकथ का विपरीतार्थक शब्द होगा–
A. कथनीय B. मान्य
C. कथ्य D. चिंतनीय

154. अक्ल का दुश्मन का क्या तात्पर्य है?
A. बेवकूफ B. महामूर्ख
C. पागल D. बुद्धिहीन

155. हमारी परीक्षा प्रणाली में सुधार का सर्वोत्तम तरीका होगा–
A. आंतरिक मूल्यांकन B. बाह्य मूल्यांकन
C. उपरोक्त दोनों D. इनमें से कोई भी नहीं

156. निम्नलिखित में से दृश्य-श्रव्य सामग्री है–
A. टेलीविजन B. ग्रामोफोन
C. रेडियो D. टेपरिकार्डर

157. भाषा शिक्षण की किस विधि का प्रयोग लाभकर होता है?
A. प्रश्नोतर विधि B. खेल विधि
C. डाल्टन विधि D. इनमें से कोई नहीं

158. कविता किसका विषय है?
A. अनुभूति का B. विधा का
C. रस का D. आनन्द का

159. सम्प्रेषण की कुशलता बढ़ती है–
A. अंतःक्रिया से B. अनुभव से
C. धन से D. प्रशिक्षण से

160. रूपरेखा शिक्षण विधि का संबंध है–
A. गद्य शिक्षण से B. कहानी शिक्षण से
C. व्याकरण शिक्षण से D. रचना शिक्षण से

161. जीवन में सफल होने के लिए छात्रों को क्या करने के लिए प्रोत्साहित करना चाहिए?
A. चयनित अध्ययन B. आकस्मिक अध्ययन
C. गहन अध्ययन D. कण्ठस्थीकरण करके सीखना

162. बुनियादी शिक्षा का विचार निम्न में से किसने दिया?
A. डॉ. जाकिर हुसैन B. डॉ. राजेन्द्र प्रसाद
C. महात्मा गांधी D. रवीन्द्रनाथ टैगोर

163. बालिकाओं की शिक्षा को प्राथमिकता देनी चाहिए, क्योंकि–
A. लड़कियाँ लड़कों की अपेक्षा अधिक होशियार होती हैं
B. लड़कियाँ संख्या में लड़कों से कम हैं
C. भूतकाल में लड़कों की तुलना में लड़कियों के साथ भेदभाव किया गया है
D. केवल लड़कियां ही सामाजिक परिवर्तन का नेतृत्व करने में सक्षम हैं

164. सम्मिलित (Inclusive) शिक्षा की सफलता निर्भर करती है–
A. समुदाय के सहारे पर
B. शिक्षण-अधिगम सामग्रियों की उच्च कोटि की गुणवत्ता पर
C. पाठ्य-पुस्तकों की उत्कृष्टता पर
D. अध्यापकों में अभिवृत्यात्मक परिवर्तन पर

165. पाठ्य-सहगामी क्रियाओं का आयोजन करना किसका दायित्व होना चाहिए?
A. प्रधानाध्यापक का
B. इस कार्य के लिए नियुक्त अध्यापक का
C. उन अध्यापकों का जो इसमें रुचि रखते हैं
D. सभी अध्यापकों का

166. छात्रों के अनुतीर्ण रहने पर समझना चाहिए कि
A. व्यवस्था ही असफल हो गई है
B. अध्यापक की असफलता है
C. पाठ्य-पुस्तकों की असफलता है
D. व्यक्तिगत छात्र की असफलता है

167. छात्रों का सामयिक परीक्षण होना चाहिए ताकि
A. छात्रों की प्रगति उनके अभिभावकों को सूचित की जा सके
B. नियमानुसार निर्धारित अभ्यास करवाया जा सके
C. छात्रों को अंतिम परीक्षाओं के लिए प्रशिक्षित किया जा सके
D. परिणामों से प्राप्त प्रतिपुष्टि के आधार पर सुधारात्मक उपाय अपनाए जा सकें

168. गृहकार्य जांचने का सबसे अच्छा उपाय है–
A. प्रबुद्ध छात्रों द्वारा इसे संपन्न करा देना
B. कक्षा में सामूहिक रूप से उत्तरों की जांच करा देना
C. नमूने के आधार पर इन्हें जांच डालना
D. नियमित रूप से स्वयं अध्यापक/अध्यापिका द्वारा उनकी जांच करना

169. कण्ठ का विशेषण है–
A. कण्ठी B. काठी
C. कण्ठक D. कण्ठ्य

170. निम्न में कौन सी वर्तनी शुद्ध है?
A. श्रीहरी B. पूजनीय
C. मनः कामना D. कवित्री

171. इनमें कौन सा वाक्य अशुद्ध है?
A. मैंने थोड़ी देर बाद जाना है
B. आप सपरिवार आमंत्रित हैं
C. कृपया हमारे घर आइए
D. आप जब भी आएं, मुझसे मिलें

172. अभिमुख होने के अर्थ में किस मुहावरे का प्रयोग है?
A. छत्तीस का आंकड़ा होना
B. एक और एक ग्यारह होना
C. निन्यानवे का चक्कर
D. तिरेसठ की तरह होना

173. 'बतरस लालच लाल की
मुरली धरी लुकाई
सौंह करैं, भौंहनि हंसे
देन कहैं नट जाँइ।'
यहां नट शब्द का क्या अर्थ है?

A. नाटक करना B. छिप जाना
C. मना करना D. झगड़ा करना

174. 'कमर टूट जाना' का अर्थ है–

A. कमर की हड्डी टूटना
B. घबरा जाना
C. असफल होना
D. शक्ति या साहस न रहना

175. हमारे जीवन का उद्देश्य है कि दूसरों की सहायता करें। यह किस प्रकार का वाक्य है?

A. संयुक्त B. सरल
C. साधारण D. मिश्र

176. 'लाली मेरे लाल की ....' यहां लाल से क्या अभिप्राय है?

A. बेटा B. कीमती पत्थर
C. ईश्वर D. मनुष्य

177. नीरव में कौन सी संधि है?

A. स्वर संधि B. व्यंजन संधि
C. विसर्ग संधि D. दीर्घ संधि

178. मधुकर का समानार्थक शब्द क्या है?

A. शहद B. भ्रमर
C. रीछ D. रोटी

179. हथेली पर सरसों जमाना का क्या अर्थ है?

A. जादू दिखाना B. काम झटपट कर लेना
C. अच्छी खेती करना D. असंभव कार्य कर लेना

180. विकलांग बच्चों के साथ किस प्रकार का व्यवहार किया जाना चाहिए?

A. उन्हें सामान्य विद्यालयों एवं सामान्य बच्चों से दूर रखा जाए
B. सामान्य बच्चों की तरह उन्हें भी अवसर दिए जाएं
C. उन्हें एक जिम्मेदारी समझ कर दया की भावना से उनकी सहायता की जाए
D. विशेष सुविधाएं प्रदान कर उन्हें सामान्य विद्यालयों में समाकलित की जाए

181. 'सीता हँसती है' वाक्य में कौन सी क्रिया है?

A. अकर्मक B. द्विकर्मक
C. विकर्मक D. सकर्मक

182. 'राम से बैठा नहीं गया' यहां कौन सा वाच्य है?

A. भाव वाच्य B. कर्मवाच्य
C. कर्तृवाच्य D. मिश्रवाच्य

183. तत्पुरुष समास में कौन-सा पद प्रधान होता है?

A. पूर्व पद B. अन्य पद
C. उभय पद D. उत्तर पद

184. ब्रजभाषा का विकास किस भाषा से हुआ?

A. अर्धमागधी B. शौरसेनी
C. पालि D. पैशाची

185. विकलांग बच्चों के संदर्भ में प्रारंभिक शिक्षा के सार्वभौमिकरण के लिए कौन सी अधिकतम आयु निर्धारित की गई है?

A. 11 वर्ष B. 14 वर्ष
C. 16 वर्ष D. 18 वर्ष

186. विकलांग बच्चों की समेकित शिक्षा का निहितार्थ है–

A. कुछ शिक्षा सामान्य विद्यालयों में हो और कुछ विशेष विद्यालयों में हो
B. ऐसे बच्चों को केवल विशेष अध्यापक ही पढ़ाएँ
C. सामान्य बच्चों के साथ ही उनकी पढ़ाई का प्रावधान हो
D. विकलांगता के अनुरूप विशेष विद्यालयों में दाखिला

187. देवनागरी लिपि किस भाषा की लिपि है?

A. तमिल B. पंजाबी
C. हिन्दी D. उर्दू

188. हिंदी का सबसे बड़ा गुण यह है कि–

A. इसमें वैज्ञानिक आविष्कारों को स्वीकार करने की क्षमता है
B. इसने अपने को दूसरी भाषाओं के संपर्क से अलग रखा है
C. इसने संस्कृत के साथ अन्य भाषाओं के शब्दों को भी अपनाया है
D. यह भारत की सबसे समृद्ध भाषा है

189. हिंदी राष्ट्रभाषा इसलिए रही क्योंकि–

A. गांधीजी इसके पक्षपाती थे
B. यह अंतरप्रांतीय भाषा थी
C. यह सार्वजनिक व्यापार की भाषा थी
D. यह देश में उत्तर से दक्षिण और पूरब से पश्चिम तक परस्पर बातचीत और विचार-विनिमय के लिए प्रयोग में लाई जाती थी

190. राष्ट्रभाषा में–

A. हिंदू संस्कृति के गुण होने चाहिए
B. राजभाषा के गुण होने चाहिए
C. सामासिक संस्कृति के गुण होने चाहिए
D. शुद्ध भाषा के गुण होने चाहिए

191. हिंदी के उदात्त साहित्य का मूल है–

A. रस B. कामुकता
C. कलुषित आक्रोश D. दुखान्त परिणति

192. प्रासंगिक शब्द का सही अर्थ चुनकर बताएं–

A. तराजू की डंडी से संबंधित
B. दरबान
C. मामले से जुड़ा हुआ
D. साथ निभाने वाला

193. उद्देश्यनिष्ठ मूल्यांकन की विशेषताएँ हैं–
A. वस्तुनिष्ठता और विभेदकारी
B. व्यापकता और व्यावहारिकता
C. विश्वसनीयता और वैधता
D. उपरोक्त सभी

194. देवनागरी लिपि अन्य लिपियों की तुलना में कहीं अधिक–
A. ध्वन्यात्मक है B. कलात्मक है
C. वैज्ञानिक है D. उपरोक्त सभी

195. वाद-विवाद प्रतियोगिता में आपको निर्णायक बनाए जाने पर आप–
A. साथी निर्णायक के निर्णय के अनुरूप निर्णय करेंगे
B. प्रभावी वक्ता को प्रमुखता देंगे
C. अपने विद्यालय के छात्र को प्रमुखता देंगे
D. छात्र नेता को प्रमुखता देंगे

196. आप कक्षा में धीरे-धीरे सीखने वाले छात्र के लिए क्या करेंगे?
A. अन्य छात्रों की अपेक्षा अधिक गृह कार्य देंगे
B. उसको पारितोषिक प्राप्त करने को प्रोत्साहित करेंगे
C. उसका व्यक्तित्व शिक्षण करेंगे
D. उसका कारण जानकर उपचारात्मक विधि अपनाएंगे

197. एक अच्छे अध्यापक के लिए संतोष की वस्तु है–
A. उच्च पद B. धन
C. आदर-सम्मान D. जन समर्थन

198. कक्षा में शिक्षक को अधिकाधिक प्रश्न पूछने चाहिए, क्योंकि इससे–
A. प्रधानाचार्य प्रसन्न होते हैं
B. कक्षा का अनुशासन बनता है
C. छात्रों को अभिव्यक्ति का अवसर मिलता है
D. शिक्षक को अभिव्यक्ति का अवसर मिलता है

199. अपेक्षा का विपरीत शब्द है–
A. अनादर B. आदर
C. सत्कार D. उपेक्षा

200. अंधाधुंध शब्द का अर्थ है–
A. तीव्र गति से B. धीमी गति से
C. विवेक रहित D. विवेक सहित

उत्तरमाला

1	2	3	4	5	6	7	8	9	10
D	C	D	D	C	D	D	D	B	D
11	**12**	**13**	**14**	**15**	**16**	**17**	**18**	**19**	**20**
C	D	D	A	A	C	D	D	A	D
21	**22**	**23**	**24**	**25**	**26**	**27**	**28**	**29**	**30**
D	B	B	B	D	B	A	A	D	C
31	**32**	**33**	**34**	**35**	**36**	**37**	**38**	**39**	**40**
D	D	B	A	A	A	D	C	D	B
41	**42**	**43**	**44**	**45**	**46**	**47**	**48**	**49**	**50**
C	B	D	B	D	D	C	D	D	A
51	**52**	**53**	**54**	**55**	**56**	**57**	**58**	**59**	**60**
D	D	D	D	C	B	B	B	A	D
61	**62**	**63**	**64**	**65**	**66**	**67**	**68**	**69**	**70**
D	D	D	C	B	B	D	D	B	D
71	**72**	**73**	**74**	**75**	**76**	**77**	**78**	**79**	**80**
D	C	D	B	C	D	B	D	C	D
81	**82**	**83**	**84**	**85**	**86**	**87**	**88**	**89**	**90**
A	C	A	C	D	A	D	A	C	D
91	**92**	**93**	**94**	**95**	**96**	**97**	**98**	**99**	**100**
D	B	C	C	B	C	D	A	B	D
101	**102**	**103**	**104**	**105**	**106**	**107**	**108**	**109**	**110**
D	A	B	B	A	C	A	D	D	D
111	**112**	**113**	**114**	**115**	**116**	**117**	**118**	**119**	**120**
D	D	A	C	C	B	D	D	A	B
121	**122**	**123**	**124**	**125**	**126**	**127**	**128**	**129**	**130**
B	A	B	D	C	A	C	D	D	A

131	132	133	134	135	136	137	138	139	140
A	C	A	A	A	C	A	A	C	C
141	**142**	**143**	**144**	**145**	**146**	**147**	**148**	**149**	**150**
A	A	A	C	A	C	B	A	B	C
151	**152**	**153**	**154**	**155**	**156**	**157**	**158**	**159**	**160**
B	A	A	D	C	A	B	A	D	D
161	**162**	**163**	**164**	**165**	**166**	**167**	**168**	**169**	**170**
C	C	C	A	D	A	D	D	D	B
171	**172**	**173**	**174**	**175**	**176**	**177**	**178**	**179**	**180**
A	D	C	D	A	A	C	B	D	B
181	**182**	**183**	**184**	**185**	**186**	**187**	**188**	**189**	**190**
A	C	D	B	D	D	C	C	D	C
191	**192**	**193**	**194**	**195**	**196**	**197**	**198**	**189**	**200**
A	C	D	D	B	D	C	C	D	C

YOUR SPACE

YOUR SPACE

हिन्दी

SECTION a भाषा बोध : गद्यांश

परिचय

भाषा बोध के द्वारा व्यक्ति की समग्र अवबोधन क्षमता का मूल्यांकन किया जाता है। इससे अभ्यर्थी की समझ क्षमता एवं दिए गए अवतरण में छुपे गूढ़ विचारों को ग्रहण करने की क्षमता आंकी जाती है। इसके द्वारा अभ्यर्थी के निर्णय लेने की क्षमता की भी जांच की जाती है। ऐसा दिए गए प्रतिपाद्य के हृदयंगम द्वारा ही संभव है। इस प्रकार भाषा बोध व्यक्तित्व के बहुआयामी पहलुओं के परीक्षण की पद्धति है। इसके द्वारा भाषा-ज्ञान, निहितार्थ की समझ एवं अवबोधन क्षमता, निर्णय क्षमता एवं सही निष्कर्ष तक पहुंचने की क्षमता की जांच एक साथ की जाती है। जाहिर है, इतने सारे परीक्षणों के द्वारा व्यक्तित्व का समग्र उभार एवं निखार प्रकट हो जाता है। ऐसे में भाषा बोध के प्रश्नों को हल करने में अतिरिक्त सावधानी एवं सचेतता आवश्यक है। इस प्रकार के प्रश्नों के सही उत्तर देने के लिए निरंतर अभ्यास की आवश्यकता होती है।

उद्धरण को पढ़कर उसके मूलभाव या निहितार्थ को समझने की कोशिश करनी चाहिए। एक बार पढ़कर मूलभाव को समझने में कठिनाई हो तो उसे एक से अधिक बार पढ़ें। जबतक निहितार्थ समझ में न आए उसे दुबारा एवं तिबारा पढ़ें। निहितार्थ समझ लेने पर प्रश्नों का उत्तर देना आसान हो जाता है।

उद्धरण को पढ़ते समय महत्वपूर्ण बिंदुओं को रेखांकित करते चलें। ऐसे में मूल बिंदुओं को शीघ्रता से दुहरा सकते हैं। हो सकता है समयाभाव के कारण मूल अवतरण को बार-बार पढ़ना संभव न हो।

प्रश्नों के उत्तर दिए गए अवतरण पर ही आधारित हों। अपनी पूर्व की जानकारी के आधार पर निष्कर्ष न निकालें। यह संभव है कि अवतरण में दी गई जानकारी आपकी पूर्व की जानकारी या राय से भिन्न हो। ऐसे में अपनी जानकारी को अवतरण में दी गई सूचना के साथ घालमेल न करें। ऐसा करना आत्मघाती कदम हो सकता है।

कभी-कभी अवतरण में किसी शब्द के समानार्थक या विपरीतार्थक शब्द पूछे जाते हैं। ऐसे प्रश्नों के उत्तर देने में जल्दबाजी न करें। जाहिर है किसी एक शब्द के कई समानार्थक एवं विपरीतार्थक शब्द हो सकते हैं। ऐसे में उपयुक्त शब्द का चुनाव आवश्यक है। इसके लिए लेखक के मूल कथ्य और विचार को समझना आवश्यक है।

दिए गए अवतरण के लिए उपयुक्त शीर्षक लिखना एक चुनौतीपूर्ण कार्य होता है। यह प्रश्न काफी आसान भी है और कठिन भी। आसान इसलिए कि इनका उत्तर दिए अवतरण के आधार पर ही देना होता है और कठिन इसलिए कि अवतरण के मूल भाव को समझे बिना विषयांतर हो जाने की संभावना अक्सर बनी रहती है।

और, सबसे जरूरी चीज़ है-अभ्यास! अभ्यास के बिना आसान प्रश्न भी कठिन लगने लगते हैं। भाषा-बोध के प्रश्नों को हल करने के लिए भाषा में अभिरुचि एवं समझ विकसित करनी चाहिए।

गद्यांश-1

समकालीन भारत की अर्थव्यवस्था एक बड़ा विरोधाभास है। वह उत्कृष्ट उपलब्धियों और गंभीर विफलताओं का विचित्र संयोग है। स्वतंत्रता के बाद से भारत ने अपने आर्थिक पिछड़ेपन से ऊपर उठने में उल्लेखनीय प्रगति की है। वह जो 1950 के दशक में एक अत्यंत निर्धन देश था और 1960 के दशक के मध्य में सहायतार्थी देश था, वही आज विश्व की चौथी सबसे बड़ी अर्थव्यवस्था (क्रय-शक्ति क्षमता के आधार पर) के रूप में उभरा है। हमारी अर्थव्यवस्था विश्व की सबसे तेजी से संवर्द्धित होने वाली अर्थव्यवस्थाओं में आ गई है। अब यह देश विश्व ज्ञान अर्थव्यवस्था में एक अग्रणी खिलाड़ी बन गया है, जिसके पास अपार बौद्धिक पूंजी और तेजी से बढ़ने वाली सॉफ्टवेयर और सूचना प्रौद्योगिकी सेवाएं हैं। यद्यपि हमारा देश

विश्व के पांच सबसे अधिक तेजी से संवर्धित होने वाली अर्थव्यवस्थाओं के समूह में शामिल हो गया है फिर भी हम मानव विकास सूचकांक (ह्युमन डेवलपमेंट इंडेक्स) की दृष्टि से सबसे निचले 20 देशों में हैं। यद्यपि देश अपनी संवृद्धि दर और प्रौद्योगिकीय करामातों का जश्न मना रहा है, फिर भी वह सामाजिक विरोधाभासों तथा विकास के विरोधाभास और विडंबनाओं से गुजर रहा है। इस प्रकार समकालीन भारत में 'दो भारत' हैं।

1. भारतीय अर्थव्यवस्था को 'एक बड़ा विरोधाभास' क्यों माना जाता है?

A. वह साक्षरता का निम्न स्तर होने के बावजूद सूचना प्रौद्योगिकी सेवाओं में एक अग्रणी खिलाड़ी है।

B. कृषि जन्य उत्पादन की विपुलता के बीच गरीबी है।

C. यह निम्न मानव विकास वाली एक सबसे बड़ी अर्थव्यवस्था है।

D. सामाजिक विरोधाभासों के साथ ही उसकी वैज्ञानिक उपलब्धियाँ हैं।

2. भारत को विश्व ज्ञान अर्थव्यवस्था में एक अग्रणी खिलाड़ी क्यों कहा जा रहा है?

A. विज्ञान और प्रौद्योगिकी में भारत के ज्ञान का आधार विश्व के सर्वोत्तम में से है।

B. भारत के पास मानव बौद्धिक पूंजियों और सूचना प्रौद्योगिकी सेवाओं के विशाल भंडार हैं।

C. भारत विश्व की पांच सबसे तेजी से संवर्द्धित होने वाली अर्थव्यवस्थाओं तथा प्रौद्योगिक भंडारों में से एक है।

D. भारत के पास मानव पूँजी और वैज्ञानिक ज्ञान निर्यात संभाव्यता का विशाल भंडार है।

3. लेखक का 'दो भारत' से क्या तात्पर्य है?

A. एक भारत है जिसके पास अपार बौद्धिक पूंजी है जबकि एक दूसरा है जो मुख्यतया निरक्षर है।

B. एक भारत है जहाँ संवृद्धि में उछाल है तो वहीं व्यापक अभाव और विपन्नता वाला भारत भी है।

C. एक प्रगतिशील मानसिकता वाला भारत है तो वहीं वह भारत भी है जो सामाजिक तौर पर दकियानूसी है।

D. एक ऐसा भारत है जिसमें विशिष्ट उपलब्धियों के साथ ही विशाल विफलताएं हैं।

गद्यांश-2

भारतीय गणतंत्र में कानून एवं व्यवस्था राज्यों का विषय है इसीलिए मुख्यमंत्रियों को केंद्रीय दृष्टिकोण से लैस करने के क्लास को जरूरी समझा जाता है। विकास की दिशा में असमानता को दूर करने की कोई कारगर योजना भले ही नहीं दिखती हो लेकिन नक्सलियों से निपटने के लिए विशेष पुलिस फोर्स का गठन जरूरी बताया गया है। अब तक नक्सल प्रभावित क्षेत्रों के बारे में सरकारी कार्रवाईयों का अनुभव भी यही रहा है कि यहां पुलिस एक्शन तो बड़े पैमाने पर शुरू हो जाते हैं लेकिन नक्सली गतिविधियों की जड़ों में जो आर्थिक, राजनैतिक, सामाजिक असमानता के कारण को सत्ता जिम्मेदार मानती है, उसे दूर नहीं कर पाती है। भारत में यह खास तौर से देखा जाना चाहिए कि नक्सलियों की गतिविधियां उन्हीं राज्यों में हैं जहां दूसरी हथियारबंद शक्तियां नहीं हैं और जहां क्षेत्र विशेष की चरित्र वाली संसदीय शक्तियां अपनी पहचान खो चुकी हैं। इस तरह देश में किसी न किसी रूप में हथियारबंद समूहों की मौजूदगी की स्थितियां लगातार न केवल बनी हुई हैं बल्कि अंग्रेजों के जाने के बाद से विकसित हुई हैं। इस समय आंतरिक सुरक्षा और आदिवासी को खासतौर से जोड़कर देखा जा रहा है।

1. भारत में नक्सलवाद

A. कानून एवं व्यवस्था की समस्या है।

B. राज्यों की समस्या है।

C. आर्थिक पिछड़ेपन एवं सामाजिक असमानता से उपजी समस्या है।

D. हथियारबंद समूहों की समस्या है।

2. उपर्युक्त उद्धरण के आधार पर सही कथन का चयन कीजिए।

A. नक्सलवाद से निपटने के लिए राज्य सरकारों के पास कोई स्वतंत्र कार्य योजना नहीं है।

B. आर्थिक विकास की तुलना में विशेष पुलिस फोर्स पर अधिक निर्भरता की सरकारी नीति।

C. नक्सलवाद की समस्या अंग्रेजों की फूट डालो और राज करो की नीति का ही परिणाम है।

D. A एवं B दोनों।

3. निम्न में से कौन नक्सलवाद के उदय का कारण है?

A. आर्थिक पिछड़ापन

B. सामाजिक असमानता

C. क्षेत्र विशेष की चरित्र वाली संसदीय शक्तियों का पहचान खोना

D. उपरोक्त सभी।

गद्यांश-3

भारत के पूर्वी एशिया से गहरे ऐतिहासिक और सांस्कृतिक संबंध रहे हैं। प्राचीन काल में कई भारतीय सम्राटों ने दक्षिण पूर्व एशियाई देशों में भारत की संस्कृति का प्रचार किया। बौद्ध धर्म भी सम्पर्क का एक माध्यम बना। ये संबंध अठारहवीं शताब्दी तक रहे, लेकिन ब्रिटेन के आधिपत्य में आने के बाद अंतर्राष्ट्रीय जगत् में भारत एक स्वतंत्र खिलाड़ी नहीं रहा।

आजादी के बाद भारत ने फिर से पूरब की ओर देखने का प्रयास किया और नई दिल्ली में अप्रैल 1947 में 'एशियाई

बंधुत्व' कायम करने की इन आरम्भिक कोशिशों की परिणति 'हिन्दी चीनी भाई-भाई' जैसे नारों और बांडुंग सम्मेलन व गुटनिरपेक्ष आंदोलन के रूप में सामने आई, लेकिन चीन के साथ 1962 के युद्ध और शीतयुद्ध कालीन घटनाओं ने भारत को एक बार फिर पूरब से दूर कर दिया। पिछली शताब्दी में कई भारतीय इतिहासकारों ने नये साक्ष्यों के आधार पर दक्षिण-पूर्वी एशियाई देशों को भारत के 'सांस्कृतिक उपनिवेश' के रूप में पेश करके उन देशों में गलत संदेश दिया, क्योंकि कुछ ही समय पहले औपनिवेशिक गुलामी से आजाद हुए इन देशों में राष्ट्रवादी भावनाएं उफान पर थीं। भारत की पूर्वोन्मुखी नीति का वर्तमान स्वरूप 1992 में सामने आया जब शीतयुद्ध की समाप्ति हो चुकी थी और भारत आर्थिक उदारीकरण का मार्ग अपना चुका था। इस बार व्यापार और वाणिज्य संबंध का मुख्य आधार बने।

1. प्राचीन काल में भारत के पूर्व एशियाई देशों के साथ संबंध का मुख्य आधार क्या था?

A. व्यापार
B. राजनीतिक संबंध
C. धर्म
D. A एवं C दोनों

2. उपरोक्त उद्धरण के आधार पर निम्न में से कौन-सा कथन सही है?

A. प्राचीन काल में भारत के पूर्वी एशियाई देशों के साथ घनिष्ठ व्यापारिक संबंध थे।
B. मुसलमानों के आगमन के बाद भारत अंतर्राष्ट्रीय जगत में अलग-थलग पड़ गया।
C. गुट निरपेक्ष आंदोलन द्वारा एशियाई बंधुत्व को बढ़ावा दिया गया।
D. भारत की पूर्वोन्मुखी नीति का वर्तमान स्वरूप 1980 के दशक में सामने आया।

3. सांस्कृतिक उपनिवेश से लेखक का क्या अभिप्राय है?

A. सांस्कृतिक तौर पर समान होना
B. दूसरे की संस्कृति से प्रभावित होना
C. सांस्कृतिक विसंक्रमण
D. सांस्कृतिक आच्छादन

4. एशियाई देशों के साथ भारत के संबंध में सबसे बड़ी बाधा रही है–

A. राजनीतिक प्रतिस्पर्धा
B. सीमित व्यापार
C. इतिहास की गलत व्याख्या
D. उपरोक्त सभी

गद्यांश-4

अंतर्राष्ट्रीय मुद्राकोष के एक अध्ययन के मुताबिक भारत में रेमिटेंस इसलिए बढ़ा है, क्योंकि भारत से ऑस्ट्रेलिया, कनाडा और अमेरिका जाने वाले भारतीय प्रवासियों की संख्या तेजी से बढ़ी है। इन प्रवासियों में कुशल पेशेवरों की संख्या काफी है, जिन्हें वहां ऊंचा वेतन हासिल होता है। इससे भारतीय प्रवासियों की औसत आय बढ़ी है, लिहाजा भारत में रेमिटेंस ज्यादा आने लगा है। इन दिनों दुनिया के विकसित देशों के आर्थिक विकास की जो रिपोर्टें प्रकाशित हो रही है, उनमें बताया जा रहा है कि प्रवासी भारतीय विकसित देशों के सबसे महत्त्वपूर्ण विकास सहभागी बन गये हैं। कारण यह है कि दुनिया के विकसित देश प्रवासी भारतीयों को अधिक सम्मान देते हुए उन्हें अपने देश में रोकने के लिए हरसंभव प्रयास कर रहे हैं। आर्थिक सहयोग और विकास संगठन (ओईसीडी) के द्वारा जारी की गयी प्रवासी रिपोर्ट में भारतीयों को दुनिया का सबसे योग्य प्रवासी बताया गया है। रिपोर्ट में कहा गया है कि विकसित देशों में जाने वाले विभिन्न देशों के प्रवासियों में सेवा भावना, परिश्रम और ईमानदारी के परिप्रेक्ष्य में सबसे ज्यादा योग्य समुदाय भारतीय समुदाय ही है। उच्च कौशल सम्पन्न लोगों में सबसे ज्यादा (40 प्रतिशत से भी ज्यादा) संख्या भारतीयों की है।

1. विकसित देशों में भारतीय प्रवासियों को सम्मान की दृष्टि से देखा जाता है, क्यों?

A. प्रवासी भारतीय इन देशों की विकास प्रक्रिया में सहभागी हैं।
B. प्रवासी भारतीय इन देशों में भारतीय संस्कृति एवं मूल्यों का प्रसार कर रहे हैं।
C. A एवं B दोनों
D. दोनों में से कोई भी नहीं।

2. उपरोक्त उद्धरण के आधार पर निम्न में से कौन-सा कथन सही है?

A. विकसित देश प्रवासी भारतीयों को अपने यहां रोकने का हर संभव प्रयास करते हैं।
B. अन्य देशों की तुलना में भारतीय प्रवासी उच्च कौशल से संपन्न हैं।
C. विदेशों में भारतीयों के साथ भेदभाव किया जाता है।
D. A एवं B सही हैं।

3. लेखक के अनुसार भारत में रेमिटेंस बढ़ने का मुख्य कारण है–

A. भारत में सेवा क्षेत्र का विकास
B. प्रवासी भारतीयों द्वारा देश में भेजा जाने वाला धन
C. भारत में विदेशी निवेश में वृद्धि
D. उपरोक्त सभी

4. भारतीयों को दुनिया का सबसे योग्य प्रवासी माना जाता है, क्यों?

A. ये उच्च कौशल संपन्न हैं।
B. ये परिश्रमी एवं ईमानदार हैं।
C. इनमें सेवा भावना अधिक दिखती है।
D. उपरोक्त सभी

गद्यांश-5

आतंकवाद और तोड़फोड़ की तमाम घटनाएं, जिन्हें देश की संप्रभुता और स्थायित्व के दुश्मनों द्वारा अंजाम दिया जाता है, आंतरिक सुरक्षा की समस्या पैदा करती हैं। व्यापक पैमाने पर

हिंसा, जैसे मजहबी या जातीय दंगे, लोक व्यवस्था की परिधि में एक व्यक्ति या व्यक्तियों के एक समूह द्वारा किये जा रहे अपराध आते हैं। इन दोनों वर्गों के अपराधों की जांच-पड़ताल अलग-अलग तरीके से की जाती है। सबसे पहले कानून एवं व्यवस्था के मुद्दे को लेते हैं। यह निराशाजनक है कि आपराधिक मामलों की संख्या और उनके घटित होने की आशंका बढ़ती जा रही है, लेकिन न तो जांच-पड़ताल और कानूनी कार्रवाई के तौर-तरीके में बदलाव आ पा रहा है और न ही पुलिस बल का आचार-व्यवहार बेहतर हुआ है।

देश में बहुत बड़ी संख्या में मामले दर्ज नहीं कराए जाते या फिर पुलिस दर्ज नहीं करती। भारत में हर मिनट भारतीय दंड संहिता से संबद्ध औसतन तीन अपराध और विशेष व स्थानीय कानूनों से संबंधित छह अपराध होते हैं। महिलाओं के साथ होने वाले अपराधों की स्थिति तो विचलित कर देने वाली है। हर 15 मिनट में एक महिला के साथ छेड़छाड़, हर 29 मिनट में एक दुष्कर्म की घटना और हर 77 मिनट में दहेज हत्या होती है। इनमें भी केवल 30 फीसदी दर्ज मामलों पर ही अदालती कार्रवाई होती है।

1. निम्न में से कौन-सी समस्या आंतरिक सुरक्षा के लिए खतरा है?

A. आतंकवादी घटनाएं B. मजहबी हिंसा

C. जातीय दंगे D. उपरोक्त सभी

2. उपरोक्त उद्धरण के आधार पर निम्न में से कौन-सा कथन सही नहीं है?

A. देश में आपराधिक मामलों की संख्या में वृद्धि हुई है।

B. पिछले कुछ वर्षों में कानूनी कार्रवाई के तौर तरीकों में बदलाव हुआ है।

C. पुलिस का नजरिया भी इन वर्षों में बदला है।

D. B एवं C दोनों

3. महिलाओं के साथ होने वाले अपराध मुख्य रूप से किस श्रेणी में आते हैं?

A. राजनीतिक अपराध B. कानूनी अपराध

C. सामाजिक अपराध D. B एवं C दोनों

4. देश में बढ़ते अपराध का मुख्य कारण है–

A. कानून एवं व्यवस्था की खामियां

B. अपराधियों का राजनीतिक संरक्षण

C. सामाजिक जागरूकता का अभाव

D. उपरोक्त सभी

गद्यांश-6

एडम स्मिथ को मुक्त बाजार की अवधारणा का प्रतिपादक माना जाता है। उनकी मान्यता थी कि यदि आर्थिक प्रक्रिया में राज्य कोई हस्तक्षेप न करे तो उत्पादन में विकास होता जायेगा और एक 'अदृश्य हाथ' उसके लाभों को निम्नतम स्तर तक पहुंचा देगा। आजकल जिस उदारीकरण की नीति का बोलबाला है, उसका अर्थशास्त्रीय तात्त्विक आधार एडम स्मिथ ने अपने प्रसिद्ध ग्रंथ 'वेल्थ ऑफ नेशंस' में 1776 में प्रस्तुत किया था। भूमंडलीकरण इस उदारीकरण का ही स्वाभाविक अनुज, बल्कि उदारीकरण का अंतर्राष्ट्रीय अवतार है। इसका सीधा तात्पर्य यह है कि आर्थिक प्रक्रिया एक स्वायत्त प्रक्रिया है और उसमें हस्तक्षेप विकास को बाधित करता है।

अर्थशास्त्रीय दृष्टि से भी मुक्त बाजार की प्रतिस्पर्धा कीमतों को कम रखने और आर्थिक सेवाओं को अधिक कुशल बनाने में सहायक होगी, जिसका स्वाभाविक परिणाम होगा उपभोक्ता अर्थात् समाज को कम कीमत में अधिक कुशल उत्पाद या सेवा मिलना। बाजार में प्रतिस्पर्धा की कमी एकाधिकारवादी आर्थिक प्रक्रिया का रास्ता सुगम करती है और इसके चलते वह उपभोक्ता के बजाय उत्पादक के लिए अधिक लाभकारी हो जाती है। आदर्श बाजार वह है जिसमें ग्राहक और उत्पादक दोनों पक्षों को मोलतोल करने की पूरी स्वतंत्रता और शक्ति हो और ऐसा केवल मुक्त बाजार की अर्थव्यवस्था में ही संभव है।

1. मुक्त बाजार की अवधारणा का क्या अभिप्राय है?

A. बाजार की गतिविधियों में सरकार का हस्तक्षेप न होना

B. बाजार की अंतःक्रिया में मांग एवं पूर्ति का हस्तक्षेप न होना

C. बाजार का बाह्य आर्थिक प्रभावों से मुक्त होना

D. A एवं C दोनों

2. उपरोक्त उद्धरण के आधार पर सही कथन का चयन कीजिए।

A. मुक्त बाजार की अवधारणा का प्रतिपादक एडम स्मिथ था।

B. वेल्थ ऑफ नेशंस का प्रकाशन 1876 में हुआ।

C. भूमंडलीकरण बाजार की गतिविधियों से स्वतंत्र आर्थिक क्रिया का समर्थक है।

D. A एवं C दोनों

3. आधुनिक आर्थिक तंत्र के बारे में निम्न में से कौन-सा कथन सही है?

A. बाजार प्रतिस्पर्धा के कारण कीमतों में कमी आती है।

B. भूमंडलीकरण के कारण बाजार की प्रतिस्पर्धा में कमी आई है, क्योंकि बड़ी कंपनियों ने बाजार पर अपना आधिपत्य कायम कर लिया है।

C. भूमंडलीकरण के कारण आर्थिक सेवाओं में अधिक कुशलता आई है।

D. A एवं C दोनों

4. एकाधिकारवादी आर्थिक क्रिया के लिए उत्तरदायी कारण है–

A. बाजार में प्रतिस्पर्धा की कमी

B. राज्य का आर्थिक क्रियाओं में हस्तक्षेप

C. बाह्य बाजार का हस्तक्षेप

D. A एवं C दोनों

गद्यांश-7

तिब्बत पर पूरी तरह शिकंजा कसने के लिए चीन सभी हथकंडे अपना चुका है। चीन ने बड़ी संख्या में हान वंशी चीनियों को तिब्बत में बसाया है। इससे वहां की जनांकिकी चीन के पक्ष में जाने का खतरा है। चीन जानबूझकर तिब्बत में हान वंशियों की वास्तविक संख्या नहीं बताता। यही सिलसिला चलता रहा तो वह दिन दूर नहीं जब तिब्बती बौद्ध अपने ही देश में अल्पसंख्यक बन कर रह जाएंगे। चीन ने 2006 में तिब्बत को चीन से जोड़ने वाले रेलमार्ग की शुरूआत की जिसका स्थानीय बौद्ध लोग काफी विरोध कर रहे हैं। उनका आरोप है कि नए रेलमार्ग से चीन को तिब्बत पर शिकंजा कसने में न केवल आसानी होगी, बल्कि तिब्बतवासी सांस्कृतिक और आर्थिक रूप से और अधिक हाशिये पर आ जाएंगे।

तिब्बतियों पर जिस तरह के कहर ढाये जा रहे हैं- उससे बहुत ज्यादा आश्चर्य नहीं करना चाहिए, क्योंकि साम्यवादी चीन को दमन के अलावा कोई दूसरा तरीका नहीं आता। चीन किसी भी लोकतांत्रिक आंदोलन को सख्ती से निपटाने में विश्वास करता है। दूसरी ओर भारत, बहुभाषी, बहुधर्मी और बहुसांस्कृतिक देश होने के कारण यह जानता है कि लोकतांत्रिक ढांचे के बिना स्थायी शांति संभव नहीं है। किसी आंदोलन को सैन्य शक्ति के सहारे दबाया तो जा सकता है, लेकिन उसे पूरी तरह खत्म नहीं किया जा सकता। चीन द्वारा तिब्बत पर अर्द्धशताब्दी से ज्यादा तक जबरन कब्जा करने के बावजूद तिब्बतियों के दिल में आजादी की ज्वाला अभी तक जल रही है और दलाई लामा के जीवित रहते हुए तो चीन अपनी साम्राज्यवादी मंशाओं को पूरा नहीं कर सकता।

1. तिब्बत पर अपना प्रभाव बढ़ाने के लिए चीन ने कौन-सा कदम उठाया है?
- A. तिब्बत में बड़ी संख्या में हानवंशी चीनियों को बसाया जा रहा है।
- B. तिब्बत के चीन में विलय का प्रस्ताव पारित कर दिया है।
- C. तिब्बत को चीन का स्वायत प्रदेश घोषित कर दिया है।
- D. उपरोक्त सभी

2. तिब्बत में चीन द्वारा निर्मित रेलमार्ग का विरोध किया जा रहा है, क्यों?
- A. इससे तिब्बत पर चीन के प्रभाव में वृद्धि होगी।
- B. तिब्बतवासी सांस्कृतिक एवं आर्थिक रूप से अधिक हाशिये पर चले जाएंगे।
- C. भारत के साथ तिब्बतियों का संबंध टूट जाएगा।
- D. A एवं B दोनों

3. तिब्बत में स्थायी शांति कैसे कायम हो सकती है?
- A. चीन के प्रभाव में कमी लाकर
- B. उसे चीनी प्रभाव से मुक्त स्वायत प्रदेश का दर्जा देकर
- C. लोकतांत्रिक ढांचे की स्थापना द्वारा
- D. B एवं C दोनों द्वारा

4. उपरोक्त उद्धरण के आधार पर सही कथन का चयन कीजिए।
- A. चीन तिब्बत में अपने सांस्कृतिक प्रभाव का विस्तार करना चाहता है।
- B. चीन ने तिब्बत में बड़ी संख्या में चीनियों को बसाना शुरू किया है।
- C. चीन अपने प्रभाव क्षेत्र में किसी भी प्रकार के लोकतांत्रिक आंदोलन का विरोधी है।
- D. उपरोक्त सभी

गद्यांश-8

आज की सियासत की सबसे बड़ी सच्चाई यह है कि हम गठबंधन यानी अलायंस के जमाने में चल रहे हैं। कोई नहीं जानता कि यह दौर कब खत्म होगा। ऐसे समय में गठबंधन धर्म को सबसे बड़े मंत्र की तरह दोहराया जाता है। गठबंधन बनाने और चलाने के चैलेंज का अहसास सबको है, लेकिन क्या वजह है कि इसके बावजूद हमारे देश में पॉलिटिकल अलायंस का कल्चर उस तरह से मजबूत नहीं हो पा रहा जैसा यूरोप के कई देशों में है। हमारे यहां अलायंस हमेशा कमजोर रहते हैं। उनका वजूद अक्सर खतरे में पड़ता दिखता है, जैसा हाल में दिखा। साझेदारी को लेकर तनाव पैदा होते रहते हैं और समर्थन के नाम पर सियासी ब्लैकमेलिंग का बोलबाला है। हमारे अलायंस रजामंदी का खेल नहीं मजबूरी का सौदा लगते हैं।

हमें यह नहीं भूलना चाहिए कि केंद्र में गठबंधन सरकारें कई कारकों का मिलाजुला नतीजा होती हैं। अगर कांग्रेस का कमजोर होना एक कारक है, तो बीजेपी को भी कुछ क्षेत्रों के अलावा पूरे देश में स्वीकार नहीं किया जाना गठबंधन सरकार को एक प्रभावी तंत्र के रूप में स्थापित करने वाला कारक है। इन दोनों विषयकों के अलावा अपने-अपने राज्यों में मजबूत जनाधार वाले क्षेत्रीय दलों का उभरना भी इन्हीं कारकों में शामिल है। यूपी में समाजवादी पार्टी, बहुजन समाज पार्टी, बिहार में जनता दल (एकीकृत), उड़ीसा में बीजू जनता दल, पंजाब में अकाली दल, आंध्र प्रदेश में तेलुगू देशम पार्टी, तमिलनाडु में एआईएडीएमके और डीएमके कुछ ऐसे क्षेत्रीय दलों के उदाहरण हैं जो क्षेत्रीय के साथ-साथ राष्ट्रीय राजनीति में भी अपनी महत्त्वपूर्ण भूमिका निभाते हैं। 2009 के लोकसभा चुनावों में क्षेत्रीय दलों का महत्व कुछ कम हुआ है और कांग्रेस पार्टी का विस्तार हुआ है। यह देश के लिए बहुत शुभ लक्षण है।

1. भारत में राजनीतिक गठबंधन की सबसे बड़ी कमी क्या है?
- A. इनमें बड़े और छोटे दल एक साथ शामिल होते हैं।
- B. हमारे यहाँ राजनीतिक गठबंधन वैचारिक समानता के आधार पर नहीं बनते बल्कि मजबूरी का सौदा होते हैं।

C. A एवं B दोनों।

D. दोनों में से कोई भी नहीं।

2. हाल ही में भारत में कई गठबंधन सरकारें बनी हैं। इसके लिए कौन-सा कारण उत्तरदायी है?

A. कांग्रेस का सिमटता जनाधार

B. कांग्रेस के प्रभावी विकल्प के रूप में किसी अन्य पार्टी का न उभर पाना

C. क्षेत्रीय पार्टियों का उभरना

D. उपरोक्त सभी

3. यूरोपीय देशों की तुलना में भारत में गठबंधन की संस्कृति कमजोर रही है, क्यों?

A. भारत में राजनीतिक दलों की बहुलता।

B. राजनीतिक दलों के बीच वैचारिक मतभेद।

C. संकीर्ण राजनीतिक हित एवं मानसिकता।

D. उपरोक्त सभी।

4. उपरोक्त उद्धरण के आधार पर सही कथन का चयन कीजिए।

A. 2009 के लोकसभा चुनाव में क्षेत्रीय दलों का महत्व कुछ कम हुआ है।

B. इस चुनाव में बिहार एवं बंगाल में कांग्रेस जनाधार का विस्तार हुआ है।

C. क्षेत्रीय पार्टियों को करारी हार का सामना करना पड़ा।

D. उपरोक्त सभी।

गद्यांश-9

कर्त्तव्य एक नैतिक बंधन है। यह एक तरह से ऋणी होने के समान है, जिस सामाजिक प्राणी के साथ हम रह रहे होते हैं। हमें अपने साथ रहने वालों के लिए इसकी अनुमति मिलनी चाहिए। हमारे जीवनवृत्ति का अधिकार संकेत देता है कि यह हमारा कर्त्तव्य है कि हम उन साथ रहने वाले प्राणियों को भी अपने समान ही जीवन की परिस्थितियां उपलब्ध कराएं। वास्तव में अधिकार और कर्त्तव्य परस्पर संबद्ध हैं। किसी एक के संबंध में अधिकार दूसरे का कर्त्तव्य हो सकता है। अधिकार और कर्त्तव्य एक सिक्के के दो पहलू हैं। हमें दूसरे के ओहदों का हमेशा ख्याल रखना चाहिए। नैतिक कर्त्तव्य, वैद्यानिक अधिकार की अपेक्षा ज्यादा प्रभावी होते हैं। नैतिक कर्त्तव्य वह कर्त्तव्य है जो लोगों को नैतिक स्तर पर बांध कर रखती है। यह हमारा नैतिक कर्त्तव्य है कि हम गरीबों की मदद करें क्योंकि वह एक प्राणी और समाज का अंग है।

हमें उन परिस्थितियों के निर्माण के लिए हमेशा प्रयास करना चाहिए जिनसे मानवता का कल्याण हो सके। यह हमारा अनुकरणीय कर्त्तव्य है कि हम अपने माता-पिता की आज्ञा मानें और उन्हें सम्मान दें। यह कर्त्तव्य जिम्मेवारी की चेतना से पैदा होता है जो कि प्रत्यक्षतः हमारे अंतःकरण से संबंधित है। इस प्रकार से यह एक नैतिक कर्त्तव्य है जिसमें कोई व्यक्ति बिना वैधानिक बंधन के ही ऋणी है।

कर्त्तव्य की चेतना, सही तरीके से सभ्यता के विकास की सर्वश्रेष्ठता है। पाखंड कर्त्तव्य की चेतना के एकदम विपरीत है। पाखंड में जहां दुरात्मा का समावेश है, वहीं कर्त्तव्य में यथार्थता और विश्वस्तता का समावेश है।

1. गद्यांश के अनुसार वैधानिक कर्त्तव्य है:

A. नैतिक कर्त्तव्य की अपेक्षा अधिक महत्त्वपूर्ण

B. नैतिक कर्त्तव्य की अपेक्षा कम महत्त्वपूर्ण

C. नैतिक कर्त्तव्य की अपेक्षा अधिक प्रभावी

D. नैतिक कर्त्तव्य की अपेक्षा कम प्रभावी

2. निम्न में से कौन-सा वाक्य गद्यांश के अनुसार सही नहीं है?

A. पाखंड में दुष्टता का समावेश

B. पाखंड का कर्त्तव्य के विपरीत होना

C. कर्त्तव्य में यथार्थता का समावेश

D. कर्त्तव्य की चेतना का सभ्यता के विकास के लिए महत्त्वपूर्ण न होना

3. निम्न में से किन नैतिक कर्त्तव्यों का उल्लेख गद्यांश में नहीं किया गया है?

A. नैतिक कर्त्तव्य हमारी मातृभूमि से बढ़कर है

B. नैतिक कर्त्तव्य हमारे माता-पिता से बढ़कर है

C. नैतिक कर्त्तव्य गरीब से बढ़कर है

D. नैतिक कर्त्तव्य मानव-कल्याण में योगदान है

4. निम्न में से कौन नैतिक कर्त्तव्य से संबंधित नहीं है?

A. जिम्मेवारी की चेतना

B. सद्‌विचार

C. पाखंड

D. यथार्थता

5. हमें माता-पिता के प्रति आज्ञाकारी और सम्मानपूर्ण होना चाहिए, क्योंकि:

A. यह जिम्मेवारी की चेतना है

B. यह वैधानिक बाध्यता है

C. यह सभ्यता है

D. यह पाखंड है

गद्यांश-10

ऐसे महान् चिन्तकों को जिनकी शिक्षाएँ वैश्विक हैं, अपने समय के संदर्भ से ही समझा जा सकता है। बुद्ध को व्यापक रुप में गलत समझा गया है। व्यवहारवादियों, अज्ञेयवादियों, निरीश्वरवादियों तथा नैतिक मानवतावादियों ने उन्हें अपने दर्शन का प्रचार करने वाला माना है। बुद्ध की शिक्षाओं को भारत की ईसा-पूर्व छठी शताब्दी को समझकर ही ठीक प्रकार से समझा जा सकता है क्योंकि उनका आविर्भाव उसी शताब्दी में हुआ था किन्तु ऐसा करना अपेक्षाकृत कठिन कार्य है।

ईसा-पूर्व छठी शताब्दी के भारत में बहुत प्रकार की विचारधाराएँ और सम्प्रदाय थे तथापि सभी सम्प्रदाय आत्मा के पुनर्जन्म, कर्म के दर्शन एवं मानव के चरम लक्ष्य निर्वाण के

विषय में सहमत थे। बुद्ध ने इन सिद्धान्तों को स्वीकार किया है, यद्यपि उन्होंने धार्मिक सिद्धान्तवाद को अस्वीकार किया है, किन्तु उनका योगदान नैतिकता तथा सदाचार की उत्कृष्टता को महत्वपूर्ण मानने में था। उन्होंने हृदय को शान्ति प्रदान करने की आवश्यकता तथा नैतिकता के नियमों के अनुसरण पर विशेष बल दिया। दुःखों का अन्त शरीर की भूख को शान्त करने तथा हमारे संवेगों पर दृढ़ता से नियंत्रण करने से हो सकता है।

बुद्ध की रुचि ईश्वर में नहीं थी बल्कि मनुष्य और मानव-प्रयासों में थी। अपनी साधना और अपने प्रयत्नों से मानव अपने आपको देवत्व की ऊँचाई तक उठा सकता है, यद्यपि भक्ति-सम्बन्धी तत्त्वों के बिना भी बुद्ध की शिक्षाएँ मुख्य रूप से धार्मिक हैं। बुद्ध के अन्दर आध्यात्मिक गहराई, नैतिक दृढ़ता तथा बौद्धिक स्पष्टता का भण्डार समाहित है। समय के व्यतीत होने के साथ-साथ उनके द्वारा की गई मानवता की सेवा का विश्वव्यापी समादर हो रहा है। उनका संदेश सभी काल के लिए सार्थक है।

1. बुद्ध ने अधिक महत्व प्रदान किया
A. ईश्वर को न कि मनुष्य को
B. मनुष्य तथा ईश्वर दोनों को
C. न ईश्वर को और न मनुष्य को
D. मनुष्य-मात्र को न कि ईश्वर को

2. महान विचारकों को ठीक से किसके द्वारा समझा जा सकता है?
A. ई॰ पू॰ छठी शताब्दी के भारत को समझने से
B. जिस काल में वे रहे हैं उस काल की सापेक्षता में उन्हें समझने से
C. बुद्ध की शिक्षाओं का ठीक-ठीक समादर करने से
D. उनके विचारों और दर्शन का अध्ययन करने तथा समझने से

3. बुद्ध ने किस पर जोर दिया?
A. ईश्वर की भक्ति पर
B. कर्मकाण्ड पर
C. प्रार्थना पर
D. आचारशास्त्र तथा नैतिक नियमों पर

4. परिच्छेद के अनुसार बुद्ध की शिक्षाएँ मुख्य रूप से धर्मसम्बन्धी हैं,
A. आध्यात्मिक गहराई के कारण
B. नैतिक दृढ़ता के कारण
C. क्योंकि विशुद्ध रूप से बौद्धिक नहीं हैं
D. उपर्युक्त सभी के कारण

गद्यांश-11

मनुष्य का सुखी जीवन संतुलित प्राकृतिक पर्यावरण पर निर्भर करता है। मानव की बढ़ती जनसंख्या और तज्जन्य आवश्यकताएँ प्रकृति के संतुलन को बिगाड़ रही हैं। पर्यावरण में दूषित तत्त्वों की मात्रा आवश्यकता से अधिक बढ़ जाती है तो पर्यावरण का यह असन्तुलन प्रदूषण का रूप ले लेता है। मानव की आवासीय, औद्योगिक नगरीकरण, कृषि उत्पादन में वृद्धि करने की समस्याओं ने प्रकृति के संतुलन को बिगाड़कर प्रदूषण को बढ़ाया है। यातायात-साधनों की वृद्धि, वृक्षों की अंधाधुंध कटाई से वातावरण में ऑक्सीजन की कमी और कार्बन डाइ-आक्साइड की वृद्धि हो गई है। पॉप संगीत और रॉक संगीत तथा हॉर्न बजाने से ध्वनि प्रदूषण बढ़ रहा है। वातावरण को प्रदूषित कर हम अपनी मृत्यु को स्वयं ही निमंत्रण दे रहे हैं। प्रदूषण की वृद्धि के लिए मानव ही उत्तरदायी है। अतः इसके निवारण के लिए सर्वप्रथम अपने मानसिक प्रदूषण को दूर करना होगा। वृक्षारोपण, पेयजल-शुद्धीकरण, रासायनिक विस्फोटों पर नियंत्रण, कर्णभेदी ध्वनि विस्तारक यंत्रों, वाहनों और संगीत को रोकने के उपायों से मानव जीवन को प्रदूषण मुक्त बनाना होगा, तभी मानव जीवन सुखमय हो सकता है।

1. 'अपनी मृत्यु को स्वयं निमंत्रण देने' का अभिप्राय क्या है?
A. आत्महत्या करना
B. जीने की इच्छा छोड़ देना
C. हताश हो जाना
D. वातावरण को प्रदूषित करना

2. मानव जीवन को सुखी कैसे बनाया जा सकता है?
A. औद्योगीकरण से
B. जनसंख्या नियंत्रण से
C. संतुलित पर्यावरण से
D. यातायात साधनों की वृद्धि से

3. कर्णभेदी संगीत से किस प्रकार का प्रदूषण होता है?
A. वायु प्रदूषण B. ध्वनि प्रदूषण
C. पर्यावरण प्रदूषण D. मानसिक प्रदूषण

4. 'वृक्षारोपण' से प्रमुख लाभ क्या है?
A. मृदा संरक्षण
B. जड़ी-बूटियों, औषधियों की पूर्ति
C. वातावरण में वायुशुद्धि
D. रेगिस्तान वृद्धि की रोकथाम

5. पर्यावरण असन्तुलन के लिए कौन उत्तरदायी है?
A. मानसिक प्रदूषण
B. ध्वनि प्रदूषण
C. वृक्षों की अंधाधुंध कटाई
D. प्राकृतिक प्रकोप

गद्यांश-12

विकसित देशों के लोगों की अपेक्षा अविकसित देशों के लोगों की सोच ग्राम्यता के उत्प्रेरकों के सम्बन्ध में एकदम भिन्न है। वहाँ यह एक प्रकार से मानव के जीवित रहने की क्रिया के लिए केवल भौतिक आवश्कता है। तीसरी दुनिया के देशों में, जो मुख्य रूप से ग्रामीण हैं, उनका एकमात्र आधार ग्रामीण

विकास ही है, जिसके द्वारा मानव जीवन को इसके वर्तमान अवमानव स्तर से ऊपर उठाया जा सकता है। उन देशों में शताब्दियों से ग्रामीण जीवन जहाँ का तहाँ खड़ा अवरोधित है। उस ग्रामीण जनसंख्या की दशाओं को सुधारने के लिए कुछ नहीं किया गया जो अन्य चार पैर वाले प्रतिरूपों की तुलना में मामूली ढंग से भिन्न है। अविकसित एवं अर्द्धविकसित देशों में अज्ञान, कुस्वास्थ्य तथा गरीबी ग्रामीण जीवन के पर्याय बन गये हैं। लेकिन सबसे दुःखद स्थिति यह है कि इस प्रकार की मानव जनसंख्या ने ऐसा स्वीकार कर लिया है कि यह दुरवस्था अपरिवर्तनीय है। यह एक ऐसी स्थिति है जिसकी कोई दवा नहीं है। उनके जीवन से आशा की सभी किरणें दूर हो गयी हैं। इस प्रकार के देशों में, ग्रामीण विकास किसी प्रकार की भौतिक अथवा अभौतिक विकास के लिए अपरिहार्य शर्त है। इसलिए इन सभी देशों का प्रबुद्ध वर्ग ग्रामीण विकास के प्रश्न पर निरन्तर बढ़-चढ़कर रुचि ले रहा है।

उनके स्वतंत्रता संघर्ष की विरासत का यह एक अंग भी था। भारत जैसे देश में, इस बात को सभी जानते हैं कि स्वतंत्रता आन्दोलन में ग्रामीण विकास की कोशिश एक अविभाज्य अंग था। गाँधीजी जैसे नेताओं को भली-भाँति यह एहसास था कि वास्तविक भारत अवरोधग्रस्त ग्रामों में निवास करता है। शहर जो ज्यादातर पश्चिमी उपनिवेशवाद की उपज हैं, केवल दिखावटी दर्शनीय वस्तुएँ हैं। तब भी दो प्रकार की दुनिया थी – वह जहाँ तड़क-भड़क के जीवन वाले जो शाही रुचियों के सुविधासम्पन्न कुछ गिने-चुने सम्भ्रान्त क्षेत्रवासी रहते थे। वे क्षेत्र छोटे-छोटे टापू जैसे थे जिनको धूल-मिट्टी और गंदगी के विशाल समुद्र ने घेर रखा है और बहुसंख्यक लोग उन स्थानों का प्रतिनिधित्व करते थे।

भारत नगरों से किसी भी तरह अपरिचित नहीं रहा। प्राचीन भारत में, नगर देश के अंगभूत भाग थे जो मूलरूप से शेष सारे देश और समग्र समाज से सम्बन्धित थे। वे संस्कृति के सुमन की भाँति तथा राष्ट्र की कलात्मक उत्कृष्टता के परिचायक थे। आधुनिक नगर केवल दूसरों के शिकार करने वाले परजीवीमात्र हैं जो देश को कमजोर बना रहे हैं।

इसीलिए गाँधीजी ने 'गाँवों की ओर लौट चलो' यह ग्राम आन्दोलन प्रारम्भ किया था। उनके मतानुसार यह आन्दोलन ही भारत को स्वतंत्रता दिलवा सकता था और स्वतंत्रता को सुरक्षित रख सकता था। राष्ट्र की स्वतंत्रता के लिए अपनायी गयी उनकी रणनीति में ग्रामीण विकास गर्व का स्थान रखता था। इस प्रकार ग्रामीण विकास का उद्‌गम स्वतंत्रता संग्राम के मूल में सन्निहित है।

1. इस परिच्छेद के सन्दर्भ में निम्नलिखित में से कौन-सा कथन सत्य नहीं है?

A. तीसरी दुनिया के देशों की ग्रामीण जनता की यह सोच है कि उनकी अवमानवीय स्थिति सुधर नहीं सकती।

B. तीसरी दुनिया के देशों के लोगों का जीवन-स्तर केवल ग्रामीण विकास द्वारा उठाया जा सकता है।

C. आधुनिक नगरों में रहने वाले अधिकांश धनाढ्‌य लोग वास्तव में ग्रामीण विकास के सम्बन्ध में चिन्तित हैं।

D. किसी भी प्रकार की अन्य उन्नति और विकास के लिए ग्रामीण विकास सर्वप्रथम आवश्यक है।

2. लोग ग्रामीण विकास में अत्यधिक रुचि ले रहे हैं क्योंकि–

A. उन्हें इसकी अपरिहार्यता का अनुभव हो चुका है

B. वे घोर स्वास्थ्य-समस्याओं से दुःखी हैं

C. निकट भविष्य में कुछ भी सार्थक करना सम्भव नहीं है

D. अब वे इसके सम्बन्ध में आशावादी हो गए हैं

3. ग्रामीण विकास को भारत के स्वातंत्र्य आन्दोलन का एक अंग समझा गया था, क्योंकि–

A. केवल ग्रामों में ही शाही रुचि निवास करती थी

B. देश मुख्य रूप से ग्रामों से बना था

C. गाँधीजी पश्चिमी उपनिवेशवाद के विरुद्ध थे

D. उस समय वास्तविक भारत ब्रिटिश हुकूमत के मातहत था

4. परिच्छेद के सन्दर्भ में निम्नलिखित में से कौन-सा कथन सत्य है?

A. तीसरी दुनिया के अधिकांश देशों का त्वरित गति से नगरीकरण हो रहा है।

B. भारत का स्वतंत्रता आन्दोलन ग्रामीण विकास का अंगभूत समझा जाता है।

C. ग्रामीण जनता अपनी दशा सुधारने के बारे में बहुत आशावादी है।

D. वर्तमान सन्दर्भ में अज्ञान, निर्धनता तथा रुग्ण-स्वास्थ्य ग्रामीण जीवन के अविभाज्य अंग हैं।

5. निम्नलिखित में कौन-सा कथन आधुनिक नगरों वाली दो विपरीत दुनिया का सबसे उपयुक्त वर्णन करता है?

A. कुछ धनी लोग और अधिक गरीब लोग

B. चमक-दमक का क्षेत्र और धनाढ्‌य लोग

C. वाणिज्यिक तथा औद्योगिक शोषण

D. पश्चिमी उत्पादों के संरक्षक तथा शाही रुचियों के पोषक

गद्यांश-13

शिष्टजनों द्वारा अनुष्ठित आवरण मात्र कल्पना-उद्‌भूत सामाजिक शिष्टाचार नहीं है अपितु गंभीर वैज्ञानिक रहस्यों से ओत-प्रोत ऐसा संस्कार है जो मानव जीवन में गुणाधान प्रक्रिया को प्रशस्त करता है। भारतीय संस्कृति में शिष्टाचार का श्रीगणेश सामाजिक व्यवहार के सिंहद्वार – अभिवादन से होता है। ईश्वराभिवादन, पूज्यजनों को प्रणाम, नमस्कार, प्राञ्जलि, अञ्जलिपुट, प्रणिपात, नामोच्चारणपूर्वक नमन, प्रदक्षिणापूर्वक सम्मान तथा साष्टांग प्रणाम पर्यायभेद से अभिवादन के ही विविध रूप हैं। प्रतिदिन

या विशिष्ट अवसरों पर कर्म में सफलता और दीर्घायुष्य-प्राप्ति हेतु माता-पिता तथा गुरुजनों को अभिवादन करना केवल भारतीय संस्कृति में ही विद्यमान है। अध्यात्म-विज्ञान की मान्यता है कि किसी वरेण्य व्यक्ति के आगमन पर प्राणस्पन्दन की गति ऊर्ध्वमुखी होकर ऊर्जस्वित हो जाती है। उनका आशीर्वाद प्राप्त कर प्राण ऊर्जावान् बन जाते हैं। आज अन्य क्षेत्रों की भाँति शिष्टाचार के विधि-विधान में प्रदूषण और अवमूल्यन निर्बाध गति से हो रहा है। 'हाय', 'ही', 'हेलो' करने वालों को भला हाथ जोड़कर मस्तक झुकाना कैसे रास आ सकता है? त्याग-वैराग्यसम्पन्न अल्पवयस्क या वयोवृद्धों को अभिवादन करना हमारी पुरातन आचार-पद्धति है।

1. शिष्टाचार का प्रथम सोपान क्या है?
A. कुशलक्षेम पूछना B. मुस्कराते हुए बात करना
C. अभिवादन करना D. भेंट देना

2. गुरुजनों को अभिवादन करने का कौनसा कृत्य विधिसम्मत नहीं है?
A. चरण स्पर्श करना
B. हाथ जोड़कर सिर झुकाना
C. साष्टांग प्रणाम करना
D. हाथ मिलाना

3. आशीर्वाद ग्रहण करने का वैज्ञानिक रहस्य क्या है?
A. मन प्रसन्न हो जाता है
B. प्राण ऊर्जस्वित हो जाते हैं
C. असम्भव कार्य सम्भव हो जाता है।
D. हमारा आत्मविश्वास बढ़ता है

4. सामाजिक कुशलता प्राप्त करने का सिंहद्वार क्या है?
A. श्रीगणेश का पूजन
B. सहभोज का आयोजन
C. प्रत्येक व्यक्ति को अपना गुरु मानना
D. विधिपूर्वक यथायोग्य अभिवादन

5. 'सबहिं मानप्रद आप अमानी' का अभिप्राय है–
A. स्वयं सम्मान की चाह न कर सबको सम्मान देना
B. सबके मान की परवाह करने से पहले अपनी चिन्ता करना
C. मान पाकर आपा न खोना
D. अपने सम्मान के समान दूसरों का भी सम्मान करना

गद्यांश-14

शैक्षिक योजना का उद्देश्य सभी उम्र के वर्ग समूहों की कुल जनसंख्या की शैक्षिक आवश्यकताओं की पूर्ति करना होना चाहिए। निस्संदेह प्राथमिक स्तर से विश्वविद्यालयी स्तर तक शिक्षा का तीन स्तरीय पदानुक्रम परम्परागत शिक्षा की संरचना का सार भाग है तथापित हमें परिधीय शिक्षा जो उतनी ही महत्त्वपूर्ण है, की अवहेलना नहीं करनी चाहिए। आधुनिक अवस्थाओं के अंतर्गत, कार्यकर्त्ताओं को अपने उत्साह को तरोताजा करने की आवश्यकता है अथवा उन्हें एक नई दिशा में बढ़ने या अपने कौशलों को विश्वविद्यालयी प्रोफेसर के स्तर तक बढ़ाने की आवश्यकता है। सेवानिवृत और वृद्धों की भी अपनी आवश्यकताएँ होती हैं। शैक्षिक योजना ऐसी होनी चाहिए जिसमें प्रत्येक की आवश्यकताओं को ध्यान में रखा जाए। शिक्षा की हमारी संरचना इस मान्यता पर आधारित है कि शिक्षा का एक सीमावर्ती बिन्दु होता है। आजकल यह मूलभूत त्रुटि और अधिक हानिकारक बन गई है। एडगर फौरे तथा अन्य सदस्यों द्वारा रचित युनेस्को का 'लर्निंग टू बी' नामक प्रतिवेदन, जो 1973 में प्रकाशित हुआ, यह दावा करता है कि बच्चों की शिक्षा द्वारा स्व-अधिगम के विभिन्न रूपों के लिए भावी प्रौढ़ तैयार होने चाहिएँ। एक व्यवहार्य भावी शिक्षा पद्धति में ऐसे मोड्यूल होने चाहिए जिसमें विभिन्न प्रकार के प्रकार्य सम्मिलित हों और वह विविध सामाजिक अवयवों के लिए उपयोगी हों। और प्रमाण-पत्रों का आधार अध्ययन अवधि न होकर निष्पादन होना चाहिए। इसकी इबारत पहले से ही दीवार पर लिखी हुई है।

इस बात या तथ्य को ध्यान में रखते हुए कि जीवन-पर्यन्त अधिगम या आजन्म शिक्षा के प्रति प्रतिबद्धता के महत्त्व को आजकल शैक्षिक रूप से विकसित देशों में भी विवेचित किया जा रहा है, परंतु इस बात की सम्भाव्यता कि यह विचार शैक्षिक चिंतन का अभिन्न अंग बन जाए बहुत दूर की बात है। क्योंकि इस दिशा में आगे बढ़ने का अर्थ है वर्तमान शैक्षिक संगठनों की पुनर्व्यवस्था से कुछ अधिक करना। कम-से-कम विभिन्न वर्गों के वयस्क अध्येताओं के लिए मुक्त विश्वविद्यालयी प्रोग्राम विकसित करके और परम्परागत महाविद्यालयों और विद्यालयों में प्रसार-सेवाएँ आरंभ करके इसका शुभारंभ किया जा सकता है। साथ ही इन संस्थाओं को चाहिए कि असंख्य सामुदायिक संगठनों, जैसे पुस्तकालय, संग्रहालय, म्युनिसिपल मनोरंजन कार्यक्रम, स्वास्थ्य सेवाएँ आदि, के साथ सहयोग करते रहें।

1. परिच्छेद के अनुसार, वर्तमान शैक्षिक संरचनाएँ निम्नलिखित में से किसको मान्यता देती हैं?
A. सभी व्यक्तियों को उनकी आवश्यकताओं के अनुसार शिक्षित किया जा सकता है
B. वर्तमान में शैक्षिक योजना बहुत अधिक व्यवहार्य है
C. शिक्षा एक निश्चित समय में पूर्ण होने वाली प्रक्रिया है
D. जीवन-पर्यन्त शिक्षा (अधिगम) पर चर्चाएँ चलती रहनी चाहिए

2. दिए गए परिच्छेद के संदर्भ में निम्नलिखित में से कौन-सा सही नहीं है?
A. जीवन-पर्यन्त शिक्षा एक आधुनिक अवधारणा है
B. कर्मियों का ज्ञान तथा उनके कौशलों का निरंतर रूप से अद्यतन होते रहना चाहिए
C. 'लर्निंग टू बी' नामक ग्रंथ इस बात का समर्थन करता है कि शिक्षा का एक सीमांत बिन्दु होता है
D. विद्यालयों तथा महाविद्यालयों में भी विस्तार सेवाएँ आरंभ की जानी चाहिए

3. जीवन-पर्यन्त शिक्षा को शैक्षिक संरचना के साथ समेकित करने का अभिप्रेत होगा–
   A. परम्परागत विद्यालयों और महाविद्यालयों को बंद कर देना
   B. सभी औपचारिक पाठ्यक्रमों के लिए अधिक समयावधि
   C. वर्तमान शैक्षिक संगठनों का सामान्य पुनर्व्यवस्थापन
   D. इनमें से कोई नहीं
4. लेखक का मुख्य बल किस बात पर है?
   A. परम्परागत पद्धतियों को सुदृढ़ किया जाना चाहिए।
   B. औपचारिक शिक्षा, गैर-औपचारिक शिक्षा से अधिक महत्त्वपूर्ण है
   C. व्यक्ति को सीखना कभी बंद नहीं करना चाहिए
   D. मुक्त शिक्षा प्रणाली का कोई विकल्प नहीं है
5. लेखक के अनुसार, 'जीवन-पर्यन्त शिक्षा' की अवधारणा है
   A. इतनी पुरानी जितनी परम्परागत शिक्षा होती है
   B. जो अभी भी निर्माण अवस्था में हो
   C. जो विकसित देशों में प्रचलित है
   D. जो व्यवहार्य अथवा वांछनीय न हो

गद्यांश-15

मानव-जीवन के सौ वर्षों को चार भागों में बाँटा गया है। वास्तव में सम्पूर्ण जीवन सतत प्रयत्न करते हुए व्यक्तित्व का विकास करने के लिए है। व्यक्तित्व के विकास की दिशा अवस्था के अनुसार बदलती है। विशेष प्रकार की योग्यताओं को विकसित करने के लिए अनुकूल वातावरण की आवश्यकता पड़ती है। आश्रम-व्यवस्था के अनुसार जीवन-भार श्रम करते हुए मानव अधिकाधिक सफलता प्राप्त कर सकता है। जीवन का प्रथम आश्रम ब्रह्मचर्य अधिक से अधिक ज्ञान करने के लिए था। ब्रह्मचर्याश्रम में जो ज्ञान प्राप्त किया जाता है उसी की मात्रा के अनुरूप जीवन की सफलता होती है। इसी के बल पर गृहस्थाश्रम में वह अधिक से अधिक धन कमा कर लोक-कल्याण कर सकता है। मनुष्य की आध्यात्मिक प्रवृत्तियाँ स्वान्तः सुखाय होती हैं। इनके द्वारा वह वानप्रस्थ और संन्यास में शान्ति प्राप्त करता है।

1. वास्तव में सम्पूर्ण जीवन किसलिए है?
   A. सतत प्रयत्न करते हुए व्यक्तित्व के विकास के लिए
   B. श्रम करते हुए सफलता प्राप्त करने के लिए
   C. अधिक से अधिक धन कमाने के लिए
   D. अधिक से अधिक ज्ञान प्राप्त करने के लिए
2. व्यक्तित्व के विकास की दिशा कैसे बदलती है?
   A. योग्यताओं के विकास के अनुसार
   B. अनुकूल वातावरण के अनुसार
   C. अवस्था के अनुसार
   D. सतत प्रयत्नों के अनुसार
3. प्राप्त ज्ञान की मात्रा के अनुरूप क्या होता है?
   A. जीवन की सफलता B. सुख की प्राप्ति
   C. धन की प्राप्ति D. शान्ति की प्राप्ति
4. लोक-कल्याण कब अधिक किया जा सकता है?
   A. ब्रह्मचर्याश्रम में B. वानप्रस्थ में
   C. गृहस्थाश्रम में D. संन्यास में
5. मनुष्य शान्ति किसके द्वारा प्राप्त करता है?
   A. ज्ञान के द्वारा
   B. धन के द्वारा
   C. लोक-कल्याण के द्वारा
   D. आध्यात्मिक प्रवृत्तियों के द्वारा

गद्यांश-16

इन्द्र यह सुनकर स्वयं महर्षि दधीचि के आश्रम में गए और उन्हें मजबूरी कह सुनायी। ऋषि जग-कल्याण के लिए सहर्ष अपना शरीर त्यागने के लिए तैयार हो गए। उनकी हड्डियों से त्वष्ठा ने वज्र बनाया। इस वज्र को हाथ में लेकर इन्द्र दुगुने उत्साह से वृत्रासुर के सम्मुख गए। उनके मेघरूपी रथ के गर्जन से एक बार वृत्रासुर का कलेजा काँप गया। उनके साथ चलते हुए मरुत जोर-जोर से उनकी जयजयकार कर रहे थे। इन्द्र ने सबसे पहले अपने वज्र से वृत्रासुर की माया को काट दिया। फिर भी वह दैत्य बड़ा शक्तिशाली था। अपनी माया से विछिन्न होकर भी वह बहुत देर तक इन्द्र से जूझता रहा। लेकिन अन्त में इन्द्र ने वज्र के प्रहार से वृत्रासुर का सिर काट दिया। वृत्रासुर के मरते ही रुका हुआ जल बह निकला, नदी-नाले फिर से भर उठे और देखते-ही-देखते खेत लहलहा उठे।

1. महर्षि दधीचि एक ऐसे ऋषि थे जिन्होंने :
   A. देवताओं की रक्षा के लिए अपने शरीर का त्याग किया था
   B. योग बल से अपने शरीर को त्याग कर वृत्रासुर के वध हेतु वज्र बनाने के लिए इन्द्र को अपनी अस्थियाँ सुलभ करा दी थीं
   C. वृत्रासुर के वध में इन्द्र की सहायता की थी
   D. वृत्रासुर का वध किया था
2. हमें इस अवतरण से यह प्रेरणा मिलती है कि परोपकार के लिए आवश्यकता पड़ने पर :
   A. अपने शरीर भी दे देना चाहिए
   B. अपना सर्वस्व दे देना चाहिए
   C. अपनी अस्थियाँ दे देनी चाहिए
   D. अपनी सम्पत्ति दे देनी चाहिए
3. इस गद्यांश का उपयुक्त शीर्षक हो सकता है :
   A. दधीचि का आत्मदान
   B. दधीचि का सर्वस्व दान
   C. वृत्रासुर वध
   D. इन्द्र का कोप
4. निम्नलिखित में से सही कथन पर निशान लगाइए :
   A. वृत्रासुर इन्द्र का प्रतिद्वन्द्वी था
   B. वृत्रासुर एक आततायी राक्षस था

C. वृत्रासुर एक महाप्रतापी राक्षस था, जिसने जलावरोध कर रखा था

D. वृत्रासुर उपर्युक्त में से कोई नहीं था

इस उद्धरण में प्रयुक्त निम्नलिखित शब्दों के सही अर्थों पर निशान लगाइए :

5. महर्षि

A. मुनि

B. ऋषि जो ब्राह्मण न हो

C. ऋषि जो ब्राह्मण हो

D. ऋषियों का एक पद विशेष

6. जगकल्याण :

A. संसार का हित

B. संसार की भलाई

C. संसार को सुख देना

D. संसार के लिए आनन्द की व्यवस्था करना

7. वज्र :

A. एक प्रकार का बाजा

B. एक प्रकार का शस्त्र

C. एक प्रकार का आघात

D. पत्थर गिरना या बिजली गिरना

गद्यांश-17

आचार्य शुक्ल जी के गंभीर निबंध 'चिंतामणि' में संग्रहीत हैं। उनमें दो प्रकार के निबंध हैं, एक तो भावों के विश्लेषण से सम्बन्ध रखने वाले निबंध जो भाव-विषयक होते हुए भी आवश्यक नहीं हैं वरन् उच्चकोटि के विचारात्मक हैं, दूसरे साहित्यिक जिनमें कुछ सैद्धांतिक आलोचना से संबंध रखते हैं, जैसे—'साधारणीकरण और व्यक्ति वैचित्र्यवाद' और कुछ व्यावहारिक आलोचनाओं के हैं, जैसे 'भारतेन्दु हरिश्चन्द्र'। आचार्य शुक्ल जी के मनोवैज्ञानिक निबंधों की भी अन्विति उनकी आलोचनाओं से की जा सकती है, वे भारतीय रस सिद्धान्त पर अवलम्बित हैं और उनका सम्बन्ध जीवन सागर के निजी अवगाहन से है। इन निबंधों के भावों का विश्लेषण पर्याप्त मात्रा में हुआ है किन्तु जीवन से चुने हुए उपयुक्त उदाहरणों के कारण यह विश्लेषण दुरूह नहीं होने पाया है। 'लज्जा और ग्लानि' का आधार भारत की आत्मग्लानि है, 'लोभ और प्रीति' का अन्तर समझ लेने पर जायसी के 'रत्नसेन' के प्रेम की आलोचना भली प्रकार समझी जा सकती है।

—काव्य के रूप, डॉ. गुलाब राय

1. उक्त गद्यांश का सम्यक् अनुशीलन करने से पता चलता है कि लेखक ने :

A. शुक्ल जी को समझने में काफी प्रयास किया था

B. शुक्ल जी के साहित्य का सम्यक् अध्ययन किया था

C. शुक्ल जी से दिशाबोध ग्रहण किया था

D. शुक्ल जी को समीप से देखा था

2. डॉ. गुलाब राय की शैली थी :

A. कथा शैली

B. भावना प्रवण शैली

C. विवेचना प्रधान शैली

D. विश्लेषणात्मक शैली

3. डॉ. गुलाब राय ने आचार्य शुक्ल की शैलियों का जो वर्गीकरण किया है वह :

A. अत्यन्त वैज्ञानिक है B. शोधपूर्ण है

C. सर्वांगीण है D. यथातथ्य है

4. उक्त गद्यांश के लिए उचित शीर्षक होगा :

A. आचार्य शुक्ल की निबंध-शैली

B. शुक्ल जी की निबंध-कला

C. निबंध कला और शुक्ल जी

D. हिन्दी के श्रेष्ठ निबंधकार शुक्ल जी

5. अन्विति का अर्थ है :

A. अनुरक्ति B. तालमेल

C. आलोचना D. अर्चना

गद्यांश-18

चीन में न तो वर्ण व्यवस्था थी न जाति-पाँति का भेदभाव। परम्परा के अनुसार सम्मान के मुख्य पात्र क्रमशः विद्वान्, राज्य पदाधिकारी, योद्धा और अध्यापक थे। साधारण लोगों में नौ श्रेणियाँ थीं। अन्न उत्पन्न करने वाले, माली, लकड़हारे, पशु-पक्षी पालने वाले, बुनकर, नौकर-चाकर, कारीगर, व्यापारी और फुटकर काम करने वाले। कुलीनों तथा साधारण लोगों में अथवा श्रेणियों और व्यवसायों में ऊँच-नीच का भेद कायम था। पर यह विभेद नगण्य-सा था। अपनी योग्यता के अनुसार मनुष्य का स्थान घटता-बढ़ता था। लोग आपस में विवाह आदि बिना किसी बाधा के करते थे। चीनियों में विद्वान् और सेनापति विशेष आदर के पात्र समझे जाते थे। हिजड़े, भाँड, गुलाम, हरकारे, वेश्याएँ नीचे के स्तर के लोग थे। चीन में गुलामों की दशा उतनी खराब नहीं थी जितनी रोम तथा यूरोप के देशों के मध्य युग में थी। गुलामों से घरेलू काम कराये जाते थे। उनकी विशेष जाति नहीं थी। उन्हें यद्यपि खरीदा-बेचा जा सकता था तथापि उनसे न तो नीच काम कराए जाते थे और न उन्हें सताया जाता था।

—विश्व इतिहास, डॉ. रामप्रसाद त्रिपाठी

1. उक्त उद्धरण के अध्ययन से पता चलता है कि मध्यकालीन चीन में :

A. जाति प्रथा प्रचलित थी

B. सामाजिक जीवन काफी समुन्नत था

C. सामाजिक जीवन वैभवपूर्ण था

D. वर्ण-व्यवस्था से रहित था

2. उक्त उद्धरण का उपयुक्त शीर्षक हो सकता है :

A. मध्यकालीन चीन का सामाजिक जीवन

B. मध्यकालीन चीन में सामाजिक व्यवस्था

C. चीनी समाज में विविधता

D. चीनी समाज में गिरावट

3. उक्त गद्य खण्ड का सारांश एक पंक्ति में इस प्रकार व्यक्त किया जा सकता है :

A. अन्य तत्कालीन समाजों की तुलना में मध्यकाल में चीन का सामाजिक जीवन समुन्नत था

B. चीन का मध्यकालीन समाज विकास के शिखर पर था
C. चीन मध्यकालीन राज्यों में अग्रणी था
D. मध्यकालीन चीन का सामाजिक जीवन विकासोन्मुख था

4. चीन के सामाजिक इतिहास का अनुशीलन करने से पता चलता है कि चीन में :
A. सामाजिक भेदभाव अवश्य था भले ही वहाँ वर्ण-व्यवस्था नहीं थी
B. समाज के सभी सदस्य एक-सा जीवन नहीं जीते थे
C. चीनी समाज गुलामों को उत्पीड़ित करता था
D. मध्यकालीन चीन में नागरिक सुविधाओं का अभाव था

5. चीन में विशेष आदर के पात्र समझे जाते थे :
A. हिजड़े और भाँड B. विद्वान् और वेश्याएँ
C. विद्वान् और सेनापति D. कारीगर और व्यापारी

गद्यांश-19

आज से सप्तदशक पूर्व सम्पादकाचार्य पराड़करजी ने कहा था—हम सब सम्पादक पत्रों की उन्नति चाहते हैं। पर हमें स्मरण रखना चाहिए कि इस उन्नति के साथ-साथ हमारी स्वातंत्र्य-हानि अवश्यम्भावी है। उन्नति व्यापारी ढंग से ही हो सकती है; इसके लिए पूँजीपति और संचालक व्यवसाय की आवश्यकता है। इनके कथनानुसार और भी पत्र का सम्पादन करना असम्भव हो जाता है। इंग्लैण्ड और अमेरिका के पत्रों में स्पष्ट देखा जाता है कि इनके समाचार स्तम्भ, मनोरंजन स्तम्भ जितने ही अच्छे हो रहे हैं, उनके सम्पादकीय स्तम्भ उतने ही निकम्मे बनते जा रहे हैं। लन्दन के 'टाइम्स' जैसे दो-तीन पत्र इसके अपवाद हैं। पर साधारण नियम वही है जो बताया जा चुका है। एडिटर की अपेक्षा मैनेजिंग एडिटर का प्रभाव और गौरव अधिक बढ़ गया है। भावी हिन्दी समाचार-पत्रों में ऐसा ही होगा। पत्र निकालकर सफलतापूर्वक चलाना बड़े-बड़े धनियों अथवा सुसंघटित कम्पनियों के लिए संभव होगा। पत्र सर्वांगसुन्दर होंगे। आकार बड़े होंगे, छपाई अच्छी होगी, मनोहर, मनोरंजक और ज्ञानवर्द्धक चित्रों से सुसज्जित होंगे, लेखों में विविधता होगी, कल्पकता होगी, गम्भीर गवेषणा की झलक होगी और मनोहारिणी शक्ति भी होगी, ग्राहकों की संख्या लाखों में गिनी जाएगी। यह सब कुछ होगा पर पत्र प्राणहीन होंगे। पत्रों की नीति देशभक्त, धर्मभक्त अथवा मानवता के उपासक महाप्राण सम्पादकों की नीति न होगी—इन गुणों से सम्पन्न लेखक विकृत मस्तिष्क समझे जाएँगे, सम्पादक की कुर्सी तक उनकी पहुँच भी न होगी। वेतनभोगी सम्पादक मालिक का काम करेंगे और बड़ी खूबी के साथ करेंगे। वे हम लोगों से अच्छे होंगे। पर आज भी हमें जो स्वतन्त्रता प्राप्त है वह उन्हें न होगी। वस्तुत: पत्रों के जीवन में यही समय बहुमूल्य है। इंग्लैण्ड और अमेरिका के पत्रों ने उन्हीं दिनों सच्चा काम किया था जब उनके आकार छोटे थे, समाचार कम होते थे, ग्राहक थोड़े होते थे पर सम्पादक की लेखनी में ओज था और प्राण था। उन देशों की इस उन्नति के बहुत कुछ कारण वे ही सम्पादक थे जिनसे धनी घृणा करते थे, शासक क्रुद्ध रहा करते थे और जो हमारे ही जैसे, एक पैर जेल में रखकर धर्मबुद्धि से पत्र सम्पादन किया करते थे। उनके परिश्रम से और कष्ट से पत्रों की उन्नति हुई पर उनके वंश का लोप हो गया। अब संचालक और व्यवस्थापक सर्वेसर्वा हैं, सम्पादक कुछ नहीं है।

(ध्रुवतारा, अप्रैल-जून, 1996 के सौजन्य से)

1. नीचे लिखे विकल्पों में से कौन-सा उपर्युक्त गद्यांश की विषयवस्तु का सही प्रतिपादन करता है?
A. समाचार-पत्र B. समाचार-पत्र के स्वामी
C. सम्पादक का महत्त्व D. लेखक

2. इंग्लैण्ड और अमेरिका के समाचार-पत्रों की क्या विशेषता है?
A. मनोरंजन स्तम्भ अच्छे हैं
B. सम्पादक स्तम्भ अच्छे हैं
C. रंग-बिरंगे हैं
D. सस्ते हैं

3. 'सर्वांगसुन्दर' का क्या तात्पर्य है?
A. सभी गुणों का होना
B. समाचार-पत्र हर प्रकार से अच्छा हो
C. सबसे श्रेष्ठ
D. सबको लुभाने वाला

4. समाचार-पत्रों की उन्नति कैसे हो सकती है?
A. अच्छी मशीन लगाने से
B. व्यापारी ढंग से
C. सम्पादक के कारण
D. पूँजी लगाने से

5. स्वातन्त्र्य-हानि का क्या अर्थ है?
A. स्वतन्त्रता का नाश
B. पराधीनता
C. मनमानी करने पर रोक
D. कृपा

गद्यांश-20

हम विज्ञान युग में जी रहे हैं। हमसे ये आशा नहीं की जाती कि हम अविश्वसनीय मंतों अथवा एकांतिक दैवी-संदेशों को सोचे-समझे बगैर आसानी से स्वीकार कर लेंगे। आज के युग में विज्ञान और प्रौद्योगिकी के नित-नूतन आविष्कार हो रहे हैं। प्रकृति के रहस्यों पर से आवरण क्रमश: हटता जा रहा है। यह युग मानववाद का भी है, जिसमें वे धर्म जो मानवीय बुराइयों तथा सामाजिक अपराधों के प्रति संवेदनशील नहीं हैं, आधुनिक व्यक्ति के गले नहीं उतरते। वे धर्म जो विभेद, वैमनस्य और अनैतिकता को बढ़ावा देते हैं तथा एकता, सद्भावना और सामंजस्य को प्रोत्साहित नहीं करते, वे मनुष्य को मनुष्य से लड़ाकर धर्मद्रोहियों के हाथ में अस्त्र बन जाते हैं। विज्ञान की प्रकृति कभी धर्म-विरोधी नहीं

रही है। धार्मिक मतों के पक्ष में मुख्य तर्क प्राय: ब्रह्मांड संबंधी वस्तुपरक विचारों पर आधारित होते हैं। प्राकृतिक धर्म कभी भी किन्हीं आप्त स्रोतों, इल्हामों या परंपराओं पर निर्भर नहीं करता, वह तो अनुभूत अनुभव सिद्ध प्रत्यक्ष तथ्यों के अध्ययन और व्यावहारिकता पर अवलंबित होता है। वैज्ञानिक विधि का अनुसरण करते हुए, प्राकृतिक तथ्यों का सर्वेक्षण करके, युक्तियुक्त तर्क देकर परमसत्ता-विषयक सिद्धान्त का प्रतिपादन किया जाता है। वैज्ञानिक धर्म में ब्रह्मांड को समझने की जिज्ञासा पर बल दिया जाता है। प्राकृतिक ऊर्जा व पदार्थों के जन्म तथा विनाश को समझ सकने की इच्छा होती है। विकास का क्रम ऊर्ध्वमुखी रहा है : यह अप्राण से सप्राण तक; सप्राण से संवेदनशील तक; संवेदनशील से सज्ञान जीवन तक विकसित होता है। सज्ञान प्राणी को आध्यात्मिक प्राणी के रूप में आत्मविकास करना पड़ता है। आध्यात्मिक प्राणी–विशुद्ध ज्ञानी या विचारवान् प्राणी से उतना ऊँचा होता है जितना ज्ञानवान प्राणी संवेदनशील प्राणी से उन्नत होता है। विज्ञान की चेतना में कहीं यह संकेत नहीं मिलता कि पदार्थ से ही सृष्टि का आरंभ हुआ था। परमाणु को विखंडित करने वाले मनुष्य का मन निश्चय ही परमाणु से कहीं अधिक श्रेष्ठ है। प्रकृत की व्यवस्था और प्रगति के अवलोकन से स्पष्ट हो जाता है कि अगणित क्रमबद्ध प्रणालियों का संचालन, किसी सर्वद्रष्टा परम-आत्मा द्वारा किया जा रहा है।

—(ध्रुवतारा—जनवरी, मार्च, 1996 के सौजन्य से)

1. वर्तमान युग का मनुष्य कैसे धर्म को सही समझ सकता है?
A. जो भय पैदा करे
B. वैज्ञानिक व सद्भावना पैदा करने वाला हो
C. जो वैमनस्य और अनैतिक को बढ़ावा दे
D. जो परंपरा पर आधारित हो

2. 'संवेदनशील' का सही अर्थ चुन कर बताएँ।
A. दूसरे को दु:ख देने वाला
B. दूसरे का कष्ट महसूस करने वाला
C. दूसरे का संदेश देने वाला
D. दूसरों की भलाई सोचने वाला

3. 'आशा', 'अविश्वसनीय', 'प्रोत्साहित' तथा 'यह' शब्दों को क्रिया, विशेषण, सर्वनाम तथा संज्ञा के क्रम में व्यवस्थित करिए।
A. आशा, अविश्वसनीय, प्रोत्साहित, यह
B. यह, आशा, अविश्वसनीय, प्रोत्साहित
C. अविश्वसनीय, प्रोत्साहित, यह, आशा
D. प्रोत्साहित, अविश्वसनीय, यह, आशा

4. 'सामंजस्य' शब्द का सही अर्थ चयन करें :
A. सामना करना
B. आलस्य दूर करना
C. भेद-भाव हटाकर एक करना
D. अपना पक्ष प्रबल करना

5. उपर्युक्त गद्यांश में से 'प्राचीन' शब्द का विलोम चुनिए।
A. आधुनिक B. नित-नूतन
C. पारंपरिक D. ऊर्ध्वमुखी

गद्यांश-21

शान्ति और विश्वकल्याण की इसी उदात भावना के कारण युगों-युगों से विश्व हमारी संस्कृति हमारे साहित्य और हमारे विश्वबंधुत्व की ओर आकर्षित रहा है। इसी से प्रेरित होकर लोग भारत से सम्पर्क बढ़ाने के लिए हमारी राष्ट्रभाषा को सीखते-पढ़ते रहे हैं। उसी का सुफल है कि सोवियत संघ से लेकर अमेरिका तक, दक्षिण अफ्रीका से लेकर एशिया तक, यूरोप से लेकर कनाडा तक लाखों-लाखों विदेशी भारत प्रेमी लोग आज हिन्दी पढ़-लिख रहे हैं। इसलिए नहीं कि हिन्दी विश्व की तीसरी सबसे बड़ी भाषा है, इसलिए भी नहीं कि भारत विश्व का सबसे बड़ा लोकतंत्रीय देश है, इसलिए भी अधिक नहीं वह निर्गुट राष्ट्रों का एक मुखिया देश है, बल्कि सबसे अधिक इसलिए कि भारत के प्रति समीपता से उन्हें आत्मिक शान्ति प्राप्त होती है। वे भौतिकता से आध्यात्मिकता की ओर उन्मुख होते हैं। वे मनोविकारों से ऊपर उठकर स्वस्थ चिंतन में प्रवृत्त होते हैं और सबसे अधिक इसलिए कि भौतिकवाद की जिस कुन्ठा ने उन्हें ग्रसित कर रखा है उससे त्राण पाने का मार्ग उन्हें भारतीय संस्कृति और भारत की वाणी से सहज में ही सुलभ हो जाता है। क्योंकि हिन्दी आक्रान्ताओं की नहीं, आक्रमणों से मुक्ति पाने का सन्देश है। वह विश्व के साम्राज्यवादियों की भाषा नहीं, उनके द्वारा शोषित, सताए, लूटे और दलित बनाए जाने वाले लोगों की आत्मा की अदमनीय अनुगूंज है। वह समता का सन्देश देती है। वह सहअस्तित्व का पाठ पढ़ाती है। विश्व को युद्धों की विभीषिका से बचाकर उन्हें शांति का कर्त्तव्य बोध कराती है।

विश्व के लोगों के लिए हिन्दी वह भाषा है जो उन्हें वही देती है जिसकी वे तलाश में हैं। इसीलिए हम हिन्दी को भाषा नहीं विचार कहते हैं, संस्कृति कहते हैं और हम उसे मानवता का शांतिपाठ मानते हैं क्योंकि हिन्दी तलवार के बल पर नहीं, संतों के वचनामृत से फैली है। उसने द्वेष और छल से राष्ट्रों और व्यक्तियों का शोषण नहीं किया है। उसके साहित्य की पंक्ति-पंक्ति में प्रेम का सन्देश बिखरा हुआ है। वह प्रेम जो मनुष्य को मनुष्य से जोड़ता है और आत्मा को परमात्मा से जोड़ता है। इसलिए हिन्दी को हम जोड़ने वाली कड़ी कहते हैं, तोड़ने वाली हथौड़ी या छैनी नहीं। पढ़िए सूर को, तुलसी को, गाइए मीरा को और गुनगुनाइए कबीरा को, सुनिए मैथिलीशरण गुप्त को, प्रसाद को, महादेवी या निराला को। इन सभी महात्मा कवियों में आपको मानवीय संवेदना और प्रेम का एक ऐसा मधुर संगीत सुनाई देगा जो आपकी आत्मा को रसविभोर कर देगा। हिन्दी के उदात्त साहित्य में रस है, कामुकता नहीं, बौद्धिकता है, परन्तु जड़ शुष्कता नहीं, आनन्द की अनुभूति है, विरह के आँसू हैं, लेकिन जीवन की दुखान्त परिणति और कलुषित आक्रोश नहीं।

हिन्दी अपने इन्हीं गुणों के कारण विश्वमंच पर आज आदर से प्रतिष्ठित है। स्वार्थ और स्वामित्व की कुटिल विश्वनीति कितनी ही उसके मार्ग में बाधाएं उपस्थित करे, उनका कुहासा हिन्दी के दिव्य प्रकाश को फैलने से नहीं रोक सकता। क्योंकि हिन्दी के पीछे अन्य साम्राज्यवादी भाषाओं की तरह परपीड़न और शोषण का इतिहास नहीं है। उसने उपनिवेशों का शोषण करके अपने देश

और अपनी भाषा को ज्ञान-विज्ञान के मारक अस्त्र प्रदान नहीं किए। साम्राज्यवादी भाषाओं ने औपनिवेशिक देशों को जनता को ही नहीं वहां की संस्कृति, कला और साहित्य को भी दबाया है तथा उनके उत्कर्ष और विकास की खिल्ली उड़ाई है। उनके बुद्धिजीवियों और रचनाधर्मियों को सदैव अपने से हीन समझा है। जहां-जहां ये साम्राज्यवादी गए वहां-वहां अपनी संस्कृति और भाषा को थोपते रहे। जब वहां से हटे तो ऐसा कुचक्र रच गए कि वहां के शासक, श्रीमंत और बुद्धिजीवी इस तरह मानसिक दासता के चक्र में फंस गए कि उन्हें अपनी भाषा, कला, साहित्य-संस्कृति सब दीन-हीन लगने लगे। लेकिन भारत और अन्य देशों के साम्राज्यशाही चुंगल से छूटने के बाद शनैः-शनैः यह व्यामोह छूटने लगा है। राष्ट्रों में स्वाभिमान और स्वावलम्बन की प्रवृत्तियां उभर रही हैं। यह प्रक्रिया भाषा के क्षेत्र में भी प्रारंभ हुई है। राष्ट्रों में अपनी-अपनी भाषाएं अपना स्थान बना रही हैं और सम्पर्क सूत्र के रूप में अब अंग्रेजी ही नहीं अनेक देशों में विशेषकर तीसरी दुनिया के देशों में हिन्दी की भी छवि निखर कर ऊपर आने लगी है।

1. विदेशी आज हिन्दी सीख-पढ़ रहे हैं, क्योंकि :

A. हिन्दी विश्व की तीसरी सबसे बड़ी भाषा है

B. विदेशी हमसे सम्पर्क बढ़ाना चाहते हैं

C. भारत विश्व का सबसे बड़ा लोकतंत्रीय देश है

D. भारत निर्गुट राष्ट्रों का एक मुखिया देश है

2. विश्व हमारी संस्कृति की ओर आकर्षित हुआ :

A. शान्ति और विश्वकल्याण की उदात्त भावना के कारण

B. हमारी परमाणु शक्ति के विकास के कारण

C. अन्तर्राष्ट्रीय व्यापार मेलों के आयोजन के कारण

D. अनेक धार्मिक स्थलों के संरक्षण के कारण

3. हिन्दी मनुष्य को वही देती है :

A. जिसे वह नहीं चाहता है

B. जिसकी उसे चाह नहीं है

C. जिसकी उसे तलाश है

D. जिसे वह चाहती है

4. हिन्दी भाषा नहीं विचार है क्योंकि :

A. वह विश्व को सह-अस्तित्व का पाठ पढ़ाती है

B. वह विश्व को संत बनने का उपदेश देती है

C. वह विश्व को असंत बनाती है

D. वह विश्व को शान्ति का कर्तव्य-बोध कराती है

5. हिन्दी का मुख्य सन्देश है :

A. आक्रान्ताओं से मुक्ति पाने का सन्देश

B. कुन्ठा से ग्रसित होने का सन्देश

C. आक्रमणों से मुक्ति पाने का सन्देश

D. अकर्मण्यता का सन्देश

गद्यांश-22

अभिप्रेरण की संकल्पना अत्यंत जटिल है। इसका संबंध अनेक अभिलाषाओं, इच्छाओं, आवश्यकताओं एवं अनुभूतियों से है। वस्तुतः अभिप्रेरण की पूरी संकल्पना इन्हीं बलों पर आधारित है। यदि अभिप्रेरणा के विविध पक्षों का गंभीर अध्ययन करें तो यह सहज ही स्पष्ट हो जाता है कि यह वस्तुतः एक प्रकार की वैयक्तिक एवं आंतरिक भावना है या व्यक्ति विशेष के अंतःकरण में उत्पन्न होने वाला एक तरह का मनोवैज्ञानिक क्रम है। यह एक व्यावहारिक संकल्पना है जिससे मनुष्य का व्यवहार किसी निश्चित लक्ष्य की ओर निर्देशित और अग्रसर होगा। यह एक निरंतर चलती रहने वाली प्रक्रिया है। पर यदि एक ओर यह सकारात्मक हो सकती है तो दूसरी ओर नकारात्मक भी हो सकती है। प्रेरणा से व्यक्ति का व्यवहार प्रभावित होता है। प्रेरणा अभिप्रेरण के मूल में है। दूसरे शब्दों में यह अभिप्रेरण का मूलतत्व है। प्रेरणा के कारण व्यक्ति को कार्य करने की दिशा मिलती है। अतः किसी लक्ष्य या पुरस्कार की प्राप्ति के लिए ऊर्जा बढ़ाने की चाहत ही अभिप्रेरण है। यह एक ऐसी शक्ति है जिससे सुप्त ऊर्जा सक्रिय हो जाती है और व्यक्ति कार्य के प्रति उत्साहित एवं उन्मुख हो उठता है। मस्तिष्क किस प्रकार कार्य करता है इसे पूरी तरह समझ पाना अब संभव नहीं हो पाया है।

किंतु यह अवश्य ही सत्य है कि किसी भी व्यवस्था/तंत्र में मानवीय अंतःक्रिया की गुणवत्ता से ही संतोषजनक परिणाम मिल पाना संभव होता है। यह किसी ऐसे प्रतिफल की मांग द्वारा निर्धारित नहीं होती जिसे समाज में अनिवार्यतः हमेशा महत्व दिया जाता है बल्कि इसके मूल में एक ऐसे प्रतिफल की मांग होती है जो किसी खास संदर्भ में आवश्यक होता है। अतः यह समझना अपरिहार्य है कि अभिप्रेरण की वास्तविक दिशा क्या है? इसके लिए विभिन्न प्रकार की पद्धतियां अपनाई जाती हैं जिन्हें सामूहिक रूप से अभिप्रेरण-निर्देश की संज्ञा दी जाती है। इनमें से सबसे महत्वपूर्ण निर्देश वह है जिसके द्वारा यह ज्ञात करने की चेष्टा की जाती है कि अभिप्रेरित व्यक्ति या व्यक्ति समूह दायित्व से दूर भाग रहा है अथवा दायित्व के प्रति अभिमुखन दर्शा रहा है।

इस प्रकार के निर्देशों की दूसरी कोटि वह है जिनके जरिए यह निर्धारित करने का प्रयास किया जाता है कि अभिप्रेरण का मूलभाव स्वःअंतर्मुखी है अथवा अन्य-बहिर्मुखी है। तात्पर्य यह है कि अभिप्रेरित व्यक्ति स्वकेन्द्रित, आत्मसंतुष्टि पर आधारित प्रयोजनों के लिए अभिप्रेरित होता है या दूसरे व्यक्ति अथवा व्यक्तियों के लिए अभिप्रेरित होता है। तीसरे अभिप्रेरण निर्देश का आधार समानता और अंतर तथा चौथे निर्देश का आधार समग्र विवरण है।

1. अभिप्रेरण एक व्यावहारिक संकल्पना है जिससे मनुष्य का व्यवहार किसी निश्चित लक्ष्य की ओर निर्देशित और :

A. आधारित होता है B. अग्रसर होता है

C. निर्धारित होता है D. रूपायित होता है

2. अभिप्रेरण का संबंध अनेक अभिलाषाओं, इच्छाओं, आवश्यकताओं एवं :

A. अनुभूतियों से है B. भावनाओं से है

C. प्रकृति से है D. उत्थान से है

3. प्रेरणा के कारण व्यक्ति को कार्य करने :

A. का आधार मिलता है B. की शक्ति मिलती है

C. की दिशा मिलती है D. की दृष्टि मिलती है

4. दूसरे अभिप्रेरण-निर्देश के मूल में है :
A. व्यक्ति का अभिमुखन
B. व्यक्ति का दृष्टिकोण
C. व्यक्ति का लक्ष्य
D. व्यक्ति की लक्ष्य चेतना

5. अभिप्रेरण निर्धारित होता है :
A. प्रतिकार की मांग से
B. प्रतिकृति की मांग से
C. आवश्यक प्रतिफल की मांग से
D. प्रतिवाद से

गद्यांश-23

शस्त्र की परंपरा आगे बढ़ती जाती है। मानव की मूल प्रकृति में असुरक्षा का भय समाया रहता है। इसी भय से शस्त्र और सेना का जन्म होता है। प्रत्येक मानव किसी देश का निवासी है। देश रक्षा उसका प्रमुख कर्त्तव्य है। वह जन-जीवन, आत्म सम्मान और अपने धर्म की रक्षा करना, सर्वोपरि मानता है। युद्ध एक आवेश और मजबूरी है। युद्ध दीर्घकालीन जीवन शैली नहीं होता। युद्ध द्वारा आवेश की उत्तेजना का विरेचन हो जाता है। युद्ध केवल राष्ट्र के लिए खतरे में ही प्रासंगिक होता है, युद्ध की हिंसा में विनाश है शांति की अहिंसा में ही विकास है। युद्ध के बिना सारे विश्व जीवन का कार्य संभव है पर शांति के बिना असंभव। जब तक शस्त्रों का अस्तित्व है तो उसकी परंपरा अनिवार्यत: बढ़ती जाएगी। पूर्व प्रस्तर एवं प्रस्तर युगों में पत्थर के चाकू, कुल्हाड़ी और गदा जैसे शस्त्र थे। कालांतर में तीरकमान, भाले, तलवार, बंदूक, तोप, बारूद व विस्फोटक बम एवं परमाणु बम की परंपरा चलती गई। सभी देश एक-दूसरे से भयभीत होकर, शस्त्र निर्माण पर, देश की संपत्ति लुटाते जा रहे हैं। हिंसा से भय और भय से हिंसा का अन्तहीन, गतिमान अधोगामी चक्र चलता रहता है। मौलिक शस्त्र तो हमारा मन है, जो वाणी और कर्म द्वारा शस्त्रों की परंपरा को चलाता है, क्रिया-प्रतिक्रिया की मानसिक चेतना ही शस्त्र और अशस्त्र होती है। डार्विन के विकासवाद की आधारशिला संघर्ष और आक्रामकता है। डार्विन 'अस्तित्व के लिए संघर्ष और श्रेष्ठ का कायम रहना' विकास की प्रक्रिया मानते हैं। इस विचारधारा को खंडित सत्य ही मानना होगा। संसार के अनेक धर्म, आत्मा, को जड़-द्रव्य की कारा से विमुक्ति के लिए, सतत संघर्षरत मानते हैं। जड़-द्रव्य के आवरणों का निरंतर विरल होते जाना ही चेतना का अंत: प्रकाशन है। यही मानव का सच्चा विकास है। सामाजिक चेतना की मूल प्रेरणा का स्रोत प्रेम और सहयोग में निहित है। शस्त्र द्वारा तो हम भयजनित तनावयुक्त संतुलन को अस्थायी आधार पर कायम रखने का प्रयास करते हैं। तनाव अपनी सीमा पार करके स्वयं अशांति व मरणेच्छा में बदल जाता है। यह मन का बांध टूटते ही विनाश जन्म ले लेता है। मन से भय भगाकर ही हम सचमुच नि:शस्त्र हो सकते हैं। मन के अभय होने पर सच्ची शांति प्राप्त होती है।

1. नीचे दिए विकल्पों में से कौन-सा उपयुक्त गद्यांश की विषय वस्तु का प्रतिपादन करता है?
A. शस्त्र परम्परा B. वास्तविक विकास
C. नि:शस्त्रीकरण D. शस्त्र और शांति

2. 'प्रासंगिक शब्द का सही अर्थ चुनकर बताएं।
A. तराजू की डंडी से संबंधित
B. दरबान
C. मामले से जुडा हुआ
D. साथ निभाने वाला

3. शस्त्र व सेना के जन्म का मूल कारण है :
A. असुरक्षा
B. शक्ति प्रदर्शन
C. वैभव एवं समपन्नता
D. साम्राज्यवादी महत्वाकांक्षाएं

4. शस्त्रों की परंपरा चलाने वाला वास्तविक शस्त्र क्या है?
A. ज्ञान B. बल
C. उत्साह D. मन

5. उपर्युक्त गद्यांश में से 'चेतन' का विलोम चुनिए।
A. विरेचन B. गतिमान
C. जड़ D. जन्म

गद्यांश-24

भारत की सांस्कृतिक शक्ति लोगों को आकर्षित करती है। सिकन्दर पूरब की ओर आया, तो उसने राज कायम कर लौटने का रास्ता पकड़ा। बाबर आया, तो वह भी लौटने की तैयारी में था। फिर भी उसे भारत ने आकर्षित किया। भारत में पश्चिम के लोग अपने लिए बेहद शांतिप्रिय बसेरा पाते हैं। निकोलोई-श्वेतास्लाव रोरिख, नारा रिचर्ड, एल्फ्रेड बुर्फल ऐसे अनेक नामी गिरामी लोगों ने, जो बीसवीं शताब्दी में ऊँचाइयों पर पहुँचे, बिना किसी संकोच के भारत को अपना घर बनाया। सरला बहन और मीरा बहन गांधी जी की दो शिष्याएं थीं। मीरा बहन ने पक्षी कुंज में अपना निवास बनाया था, जहां से वह हर समय हिमालय की बर्फ से लदी चोटियां देखती थी। मुंबई शहर को एक जर्मन विद्वान लाइफर ने आवास चुना।

भारतीय संस्कृति अपनी शक्ति उस वैविध्य से पाती है, जिसे मोटे तौर पर हम बहुलतावाद के रूप में देखते हैं। तथापि वैविध्य में गुणसूत्रों में जो लोकव्यापी होने का सामर्थ्य रहता है, वही तत्व संस्कृति का जीवनदायी तत्व निर्धारित हो जाता है। यानी भारतीय संस्कृति को सजीव और सक्रिय रखने की प्रक्रिया के भीतर गुणों को आत्मसात कर अपना बनाने की जो प्रवृत्ति है, यही वह मूल बिंदु है, जिसका बोध कर हम आसानी से कह सकते हैं कि भारतीय संस्कृति वैश्वीकरण, विश्व बाजार या नयी प्रौद्योगिकी से जन्मे कल-पुर्जों के अति उपयोगकर्ता सभ्यता के हमले भी झेल लेगी।

1. पश्चिमी दुनिया के लोगों के भारत की ओर आकर्षित होने का मुख्य कारण क्या है?
A. भारत की संपदा
B. भारत की आकर्षक जलवायु
C. भारत की बहुलतावादी संस्कृति
D. उपरोक्त सभी

2. निम्न में से किसने मुम्बई को अपना आवास स्थल बनाया?
A. लाइफर B. सरला बहन
C. एल्फ्रेड बुर्फल D. उपरोक्त सभी

3. भारतीय संस्कृति को जीवनदायी तत्त्व मिलते हैं–
A. लोक जीवन से
B. सांस्कृतिक आदान-प्रदान से
C. सांस्कृतिक विक्षेप से
D. B एवं C दोनों से

4. उपरोक्त उद्धरण के आधार पर निम्न में से कौन-सा कथन सही है?
A. भारत की संस्कृति ने सर्वदा ही विदेशियों को अपनी ओर आकर्षित किया है।
B. भारत की संस्कृति अन्य संस्कृतियों से श्रेष्ठ है।
C. भारत की संस्कृति एक बंद संस्कृति रही है।
D. A एवं B दोनों

गद्यांश-25

अफ्रीका में चीन के बढ़ते हुए प्रभाव से अमेरिका को एक और चिंता ने घेर लिया है। इराक, ईरान और उत्तरी कोरिया के बारे में तो अमेरिकी शासक खुलकर बात करते आये हैं, किंतु चीन से मुचैटा लेने के मामले में वे भारी सावधानी बरतते हैं। आखिर वे चीन के भारी कर्जदार तो हैं ही और शायद ये भुलाना भी आसान नहीं है कि किस प्रकार दशकों तक चीन से शत्रुता रखने के बाद उन्हें शीतयुद्ध जीतने के लिए पाकिस्तान की मध्यस्थता के माध्यम से, चीन की ओर मित्रता का हाथ बढ़ाना पड़ा था। चीन जैसी बड़ी ताकत से अपने रिश्तों में विश्व की सोल-सुपरपावर भी वो रुख नहीं अपना सकती, जो वह इराक जैसे बरसों से पिटे-पिटाए देश के साथ अपना सका था, यह बात समझना कठिन नहीं है।

लेकिन फिर भी अगर खतरा बढ़ने लगे, प्रतिस्पर्धा से कतराना संभव न रहे और वामपंथियों का दबाव बढ़ता चला जाये तो आखिर कब तक उनका राष्ट्रपति हाथों पर हाथ रखकर बैठा रह सकता है? इसीलिए तमाम उलझनों के बावजूद पूर्व राष्ट्रपति बुश को चीन की चुनौती की ओर ध्यान देने के लिए विवश होना पड़ा।

1. अमेरिका के लिए सबसे बड़ी चुनौती क्या है?
A. चीन का बढ़ता आर्थिक प्रभाव
B. शीत युद्ध के बाद सुपर पावर बने रहने की चिंता
C. दक्षिण पंथ का विस्तार
D. उपरोक्त सभी

2. चीन से मुचैटा लेने में अमेरिका अक्सर सावधानी बरतता है, क्यों?
A. चीन की बड़ी पूँजी अमेरिका के बाजार में लगी हुई है।
B. अमेरिका चीन के साथ बेहतर संबंध बनाना चाहता है।
C. चीन शीत युद्ध के दौरान तटस्थ रहा था।
D. A एवं C दोनों

3. निम्न में कौन-सा कथन सही है?
A. चीन एशिया एवं अफ्रीका में अपने प्रभाव क्षेत्र का विस्तार कर रहा है।
B. अमेरिका चीन के साथ संबंध खराब न हो जाए, इसलिए उत्तरी कोरिया के खिलाफ खुलकर कुछ नहीं कहता।
C. शीत युद्ध के दौरान अमेरिका ने चीन की ओर मित्रता का हाथ बढ़ाया था।
D. अमेरिका को वास्तविक खतरा विश्व आतंकवाद से है।

4. अमेरिकी राष्ट्रपति बुश को चीन की चुनौती की ओर क्यों ध्यान देना पड़ा?
A. चीन के बढ़ते आर्थिक प्रभाव के कारण
B. चीन द्वारा पाकिस्तान को मिलने वाले समर्थन के कारण
C. उत्तरी कोरिया का चीन द्वारा समर्थन के कारण
D. वामपंथ के बढ़ते दबाव के कारण

गद्यांश-26

समकालीन विश्व राजनीति में पश्चिम एशिया एक ऐसे क्षेत्र के तौर पर कुख्यात हो चुका है जहां केवल आतंक, अशांति और अराजकता का बोलबाला है। दूसरे विश्व युद्ध के बाद से ही मिडिल ईस्ट या पश्चिम एशिया कई छोटे-बड़े युद्ध और अनगिनत हिंसक झगड़े झेल चुका है। हाल ही में फतह और हमास द्वारा फिलिस्तीन के अलग-अलग इलाकों पर कब्जा करने के बाद तो पश्चिम एशिया का सामरिक वातावरण और उलझ गया है। अगर आतंक के खिलाफ विश्वव्यापी जंग की बात करें तो वर्तमान हालात यही इशारा कर रहे हैं कि अगर अमेरिका यह जंग हार नहीं रहा तो जीत भी उससे कोसों दूर है। पूरा पश्चिम एशिया समस्याग्रस्त है और अमेरिकी विदेश नीति के पास इन समस्याओं से जूझने के लिए कोई ठोस रणनीति नहीं है।

फिलहाल सबसे विकट समस्या इराक को लेकर है। इराक पर हुए अमेरिकी हमलों के कई साल गुजर चुके हैं। लेकिन वहाँ अभी तक शांति कायम नहीं की जा सकी है। रोजमर्रा के शिया-सुन्नी झगड़ों और अमेरिकी आधिपत्य के खिलाफ जिहादी हिंसा ने इराक को जर्जर बना दिया है। दोनों प्रमुख सम्प्रदायों को समान रूप से स्वीकार्य एक राजनीतिक व्यवस्था अभी नहीं पनप पाई है। दरअसल इराक को शिया, सुन्नी और कुर्द इलाकों में बाँटने की केवल औपचारिक घोषणा होना ही शेष है। अमेरिका के लिए गले की फांस बन चुका इराक दुनिया भर में जिहादियों के लिए प्रशिक्षण केंद्र में तब्दील हो चुका है। सितम्बर 2010 में अमेरिकी राष्ट्रपति बराक ओबामा ने ऑपरेशन 'इराकी फ्रीडम' खत्म होने की घोषणा की है। अब वहाँ स्थिति और बिगड़ सकती है। आत्मघाती हमलों में बेगुनाह

इराकियों का मरना जारी है। अलकायदा दिन-प्रतिदिन अपनी ताकत में इजाफा कर रहा है। कट्टरपंथियों की फौज खड़ी हो रही है।

1. इराक में अमेरिका के लिए सबसे बड़ी चुनौती क्या है?
A. इराक में एक प्रतिनिधि सरकार स्थापित करना
B. इराक में शांति कायम करना
C. इराक में गठबंधन सेना के बीच समन्वय स्थापित करना
D. उपरोक्त सभी

2. उपरोक्त उद्धरण के आधार पर सही कथन का चयन कीजिए।
A. फतह एवं हमास गुट की सक्रियता के कारण पश्चिम एशिया की समस्या और भी उलझ गई है।
B. इराक में अमेरिका विरोधी जिहादी गुट लगातार सक्रिय हैं।
C. इराक पर अमेरिकी हमले के बाद वैश्विक आतंकवाद में कमी आई है।
D. A एवं B दोनों

3. इराक में शांति स्थापना में सबसे बड़ी बाधा क्या है?
A. अल कायदा की इस क्षेत्र में बढ़ती गतिविधियाँ
B. शिया-सुन्नी झगड़े
C. जिहादी हिंसा
D. A एवं C दोनों

4. पश्चिमी एशिया की पहचान निम्न में से किसके कारण है?
A. अरब-इजराइल युद्ध के कारण
B. इराक युद्ध के कारण
C. सीरिया में होने वाली शांति प्रक्रिया के कारण
D. उपरोक्त सभी के कारण

गद्यांश-27

किसी भी लोकतांत्रिक समाज का भविष्य, उसकी प्रगतिशीलता, वैज्ञानिकता और संवेदनशीलता पर निर्भर करता है। लोकतंत्र में मताधिकार योग्य व्यक्ति के चयन की कारगर व्यवस्था नहीं है। मतदाता की बौद्धिकता, वैज्ञानिकता और संवेदनशीलता ही सही निर्णय लेने में सहायक हो सकती है वरना चुनाव में तमाम हत्यारे, अपराधी और गुंडे चुने जा सकते हैं। हमारे देश के ज्यादातर मतदाताओं में इन गुणों का अभाव है। वह मोबाइल युग में परम अवैज्ञानिक है। हम मतदाताओं की बौद्धिकता का अंदाज ऐसे लोगों को देखकर आसानी से लगा सकते हैं जो ओझा-तांत्रिक और नीम-हकीमों के चक्कर में फंसकर तिल-तिल मरने को मजबूर हैं। वह यह समझ पाने की स्थिति में नहीं है कि ओझा-तांत्रिक, नीम- हकीम वगैरह उनकी अज्ञानता का लाभ उठाकर, शोषण कर रहे हैं।

हम वर्तमान शिक्षा व्यवस्था में पनपे उस गरीब समाज को देखकर बौद्धिकता की असलियत जान सकते हैं, जो अपनी औलादों की बलि देकर कल्याण ढूंढता है। जो पढ़ने-पढ़ाने का हक मांगने के बजाय, उन्हें 'मिड-डे-मिल' खाना खिलाकर धन्य हो रहा है। बौद्धिकता की असलियत समाज के उन वयस्क मतदाताओं से जानी जा सकती है, जो असामाजिक तत्वों, अपराधियों के गले में माला डालकर उनकी जय-जयकार करते हैं। ये मतदाता वैज्ञानिकों या समाजशास्त्रियों को चुनने के बजाय फूलनदेवी, मलखान सिंह, मुख्तार अंसारी या शहाबुद्दीन जैसे लोगों को चुनते हैं।

1. उपरोक्त उद्धरण के आधार पर सही कथन का चयन कीजिए।
A. भारतीय मतदाता पिछड़ी सोच वाला और अवैज्ञानिक है।
B. भारतीय लोकतंत्र में मताधिकार, योग्य व्यक्ति के चयन की कारगर व्यवस्था नहीं है।
C. भारतीय मतदाता अशिक्षित है।
D. उपरोक्त सभी।

2. लोकतंत्र का भविष्य किस पर निर्भर करता है?
A. समाज की प्रगतिशीलता पर
B. सामाजिक संवेदनशीलता पर
C. A एवं B दोनों पर
D. सामाजिक सुव्यवस्था पर

3. भारतीय लोकतांत्रिक व्यवस्था का सबसे बड़ा अंतर्विरोध क्या है?
A. भारत में गरीबी एवं असमानता व्याप्त है।
B. समाज में भूखमरी एवं अज्ञानता है।
C. बौद्धिकता के युग में ज्यादातर मतदाता घोर अवैज्ञानिक हैं।
D. उपरोक्त सभी।

4. चुनाव में अपराधी किस्म के लोगों का चुना जाना किस बात का संकेत है?
A. जनता की तटस्थता का
B. जनता की अबौद्धिक निर्णय क्षमता का
C. जनता की सक्रिय भागीदारी का
D. प्रशासनिक विफलता का

गद्यांश-28

देह-प्रदर्शन स्वेच्छा से किया जाए या सामाजिक दबाव के कारण, लेकिन उसके दुष्प्रभावों को नजरअंदाज नहीं किया जा सकता है। नारियों से छेड़छाड़, अश्लील हरकतें, बलात्कार, यौन अपराध, देह व्यापार आदि बुराइयों की जड़ देह प्रदर्शन है। यदि पुरुषों से यह पूछा जाए कि क्या नारी के देह-प्रदर्शन से तुम को लज्जा महसूस नहीं होती है तो उनका तर्क होता है कि जब नारी को देह-प्रदर्शन करने में लज्जा नहीं आती है तो हमको देखने में लज्जा क्यों आएगी? देह-प्रदर्शन करने वाली नारी को समाज में हेय दृष्टि से देखा जाता है। ऐसी नारी को सिर्फ देह मानकर उसे इस्तेमाल किया जा रहा है।

आजकल माता-पिता के लिए लड़की की परवरिश करना चुनौतीपूर्ण होता जा रहा है क्योंकि यौन अपराधों की संख्या में वृद्धि होती जा रही है। माता-पिता सोचते हैं कि यदि हम

बेटी की इज्जत की रक्षा न कर पाए तो बेटी को जन्म देने का क्या फायदा होगा? माता-पिता की यह सोच कन्या भ्रूण-हत्या का महत्त्वपूर्ण कारण है। जो नारी आर्थिक लाभ के लिए अंग प्रदर्शन करती है उसका यौवन व आकर्षण समाप्त हो जाने पर वह कुंठित हो जाती है। विषादग्रस्त होकर वह आत्महत्या भी कर सकती है। नारी देह के प्रति पुरुषों का आकर्षण यौवनावस्था में होता है, इसमें स्थायित्व नहीं होता है। ऐसी नारियाँ आकर्षणहीन हो जाने पर स्वयं को एकाकी महसूस करती हैं तथा कई प्रकार के मानसिक रोगों से ग्रस्त हो जाती हैं।

1. नारी देह-प्रदर्शन का स्वाभाविक परिणाम है–
A. उनके साथ छेड़छाड़
B. अश्लील हरकतें
C. यौन अपराध
D. उपरोक्त सभी

2. नारी देह-प्रदर्शन की बढ़ती प्रवृत्ति का मुख्य कारण है–
A. नारी की स्व इच्छा
B. सामाजिक दबाव एवं लोलुपता
C. शिक्षा का माहौल
D. A एवं B दोनों

3. लेखक के अनुसार कन्या भ्रूण-हत्या का महत्वपूर्ण कारण क्या है?
A. महिलाओं के साथ होनेवाला यौन शोषण
B. बच्चियों का उचित परवरिश न हो पाना
C. सामाजिक असुरक्षा की भावना
D. उपरोक्त सभी

4. उपरोक्त उद्धरण के आधार पर सही कथन का चयन कीजिए।
A. आर्थिक लाभ के कारण नारी में शरीर-प्रदर्शन की प्रवृत्ति बढ़ती जा रही है।
B. नारी के देह-प्रदर्शन के पीछे सामाजिक दबाव एक मुख्य कारण है।
C. अंग-प्रदर्शन करनेवाली नारियों को यौवन का आकर्षण समाप्त हो जाने पर कुंठा का सामना करना पड़ता है।
D. उपरोक्त सभी।

गद्यांश-29

'वर्तमान इतिहास में दो प्रवृत्तियां दिखाई देती हैं। एक प्रवृत्ति की दिशा वर्चस्व (हेजीमनी) की ओर है जो मानव-अस्तित्व (सरवाइवल) के लिए खतरा बन कर पागलपन के सैद्धांतिक चौखटे में तर्कपूर्ण ढंग से काम कर रही है। दूसरी प्रवृत्ति इस विश्वास को समर्पित है कि 'एक नयी दुनिया संभव है', जिन शब्दों से विश्व सामाजिक मंच प्रेरित है, जो शासक विचारात्मक प्रणालियों को चुनौती दे रहा है और जो विचार, कर्म और संस्थाओं का नया सृजनात्मक विकल्प बनाना चाहता है। इनमें कौन-सी प्रवृत्ति जीतेगी, कोई इसकी भविष्यवाणी नहीं कर सकता है। यह प्रक्रिया समूचे इतिहास में दिखाई देती है।'

चोमस्की का कहना है कि अस्सी के दशक में मुख्यधारा के अमेरिका, खासकर मध्य अमेरिका से संबंधित जो मानव एकता आंदोलन चले उन्होंने साम्राज्यवाद के इतिहास में नयी जमीन जोड़ी। इससे पहले कभी भी शासक समाज के लोग बड़ी संख्या में दुष्टतापूर्ण हमले के शिकार लोगों के साथ रहने और उन्हें कुछ मात्रा में सुरक्षा प्रदान करने नहीं गये थे। वैसे आम जनता में मानव अधिकारों की यह जागरूकता 1960 के दशक में तेज हुई थी और कई क्षेत्रों में जन-सक्रियता ने अपना सभ्यताकारी प्रभाव डाला। इससे अल्पसंख्यक समूहों, स्त्रियों, भावी पीढ़ियों के अधिकारों के आंदोलन और फिर पर्यावरण सुरक्षा के आंदोलन विकसित हुए थे।

1. वर्तमान इतिहास की दो महत्वपूर्ण प्रवृत्तियाँ कौन-सी हैं?
A. आशा एवं निराशा की।
B. हिंसा एवं सभ्यता की।
C. विश्व वर्चस्व की एवं एक नई दुनिया बसाने की।
D. साम्राज्यवाद एवं उदारवाद की।

2. आज मानव अस्तित्व के लिए सबसे बड़ा खतरा क्या है?
A. वर्चस्व की प्रवृत्ति
B. हिंसा की प्रवृत्ति
C. अधीनस्थता की प्रवृत्ति
D. उपरोक्त सभी

3. मानव एकता आंदोलन ने किस रूप में सकारात्मक भूमिका निभाई?
A. इसने शासक वर्ग की मानसिकता में बदलाव लाया।
B. इसने साम्राज्यवाद के इतिहास में एक नई जमीन जोड़ी।
C. इसने मानव अधिकारों को और भी सशक्त बनाया।
D. उपरोक्त सभी।

4. उपरोक्त उद्धरण के आधार पर सही कथन का चयन कीजिए।
A. हेजीमनी मानव अस्तित्व को बनाए रखने में सहायक है।
B. 'एक नई दुनिया संभव है' का विचार शासक विचारात्मक प्रणाली के लिए खतरा है।
C. मानव एकता आंदोलन का आरंभ दक्षिण अमेरिका से हुआ।
D. उपरोक्त सभी।

गद्यांश-30

इंडिया के लिए कॉमनवेल्थ गेम्स की सफलता ने एक साथ कई काम किए हैं। गेम्स शुरू होने से पहले दुनिया भर में बनी देश की नेगेटिव छवि धुलकर पॉजिटिव हो गई। इंडिया में निवेश करने वाले इन्वेस्टर्स अब शायद बेधड़क यहां पैसा लगाएंगे। ऑस्ट्रेलियाई और अंग्रेज अब शायद एक हिंदुस्तानी को नीचे नजर से न देख पाएं। इस सफलता ने भविष्य में ओलंपिक गेम्स जैसे बड़े आयोजन को लेकर भारत की दावेदारी को भी पुख्ता किया है। भारतीय खिलाड़ियों ने 71 देशों में

दूसरा स्थान हासिल कर देश के युवाओं को दिखाया है कि कैसे खेल भी उसके लिए नाम और रुतबे का जरिया बन सकते हैं। खेलों के आयोजन में हजारों करोड़ रुपये खर्च जरूर हुए मगर इससे देश की दो पीढ़ियों के करोड़ों लोगों में खेलों के प्रति नया जज्बा भी पैदा हुआ है। इन खेलों ने हमारे कई खिलाड़ियों को गुमनामी से निकाल कर रोशनी के घेरे में खड़ा कर दिया। दीपिका कुमारी, कृष्णा पूनिया, सुरंजय, ओंकार सिंह, जिन्हें मुट्ठी भर लोग ही जानते थे, अब नेशनल हीरो बन गए हैं। इनमें कई खिलाड़ी ऐसे हैं जिन्होंने अपने माता-पिता की सुरक्षित और बेहतर करियर अपनाने की नसीहतों के खिलाफ जाकर खेलों को अपनाया। गेम्स ने देश को उनकी कामयाबी दिखाई, उन्हें अपने देशवासियों के सामने अपनी मेहनत और अपनी जिद का उत्सव मनाने का मौका दिया।

देश की गरीब जनता की जरूरतों को भुलाकर एक सर्कस शो पर करोड़ों रुपये फूंकने की दलील देने वाले गेम्स के आलोचक आगे की बजाय पीछे देखते हुए ऐसा कह रहे हैं। वे यह नहीं समझ रहे कि भारत का एक बड़ी ताकत बनने का दावा सिर्फ आंकड़ों में कैद नहीं रहना चाहिए, तमाम क्षेत्रों में दिखना चाहिए। गेम्स की कामयाबी ने यही किया है। उसने इंडिया के फ्यूचर की तस्वीर पेश की है—आत्मविश्वास से भरा, बुनियादी सुविधाओं से लैस, सफलता का जश्न मनाता हुआ इंडिया।

1. कॉमन वेल्थ गेम्स की सफलता का सबसे बड़ा लाभ क्या हुआ है?
   - A. भारतीय खिलाड़ियों ने अंतर्राष्ट्रीय स्तर की खेल प्रतिभा का प्रदर्शन किया।
   - B. खेल के आयोजन में करोड़ों रुपये का घोटाला हुआ।
   - C. गेम्स के दौरान खिलाड़ियों को स्तरहीन सुविधाएँ उपलब्ध कराई गईं।
   - D. भविष्य में ओलंपिक खेल जैसे बड़े आयोजन को लेकर भारत की दावेदारी पुख्ता हुई है।
2. आलोचकों की नजर में कॉमनवेल्थ गेम्स एक सर्कस शो क्यों था?
   - A. क्योंकि इसमें सर्कस की तरह तमाशे हुए।
   - B. आयोजन की तैयारी पूरी न हो पाने के कारण गेम्स एक तमाशा बनकर रह गया।
   - C. इसमें देश की गरीब जनता की जरूरतों को भुलाकर अनावश्यक खर्च किए गए।
   - D. उपरोक्त सभी
3. 'गुमनामी से निकालकर रोशनी के घेरे में खड़ा कर दिया' पदबंध का अर्थ बताइए–
   - A. अचानक प्रसिद्धि मिलना
   - B. अचानक बड़ी धनराशि मिलना
   - C. रोशनी से चकाचौंध होना
   - D. ऊँचा पद प्राप्त होना
4. उपरोक्त उद्धरण के आधार पर सही कथन का चयन कीजिए।
   - A. कॉमनवेल्थ गेम्स से दुनिया भर में देश की अच्छी छवि बनी है।
   - B. इससे दुनिया भर के निवेशक भारत में निवेश के लिए प्रोत्साहित होंगे।
   - C. इससे युवाओं में एक नई स्फूर्ति पैदा हुई है।
   - D. उपरोक्त सभी।

गद्यांश-31

देश में खाद्यान्न भंडारण की समस्या ने विकराल रूप धारण कर लिया है। इसकी भयावहता का अंदाजा इसी बात से लगाया जा सकता है कि एफसीआई के गोदामों में 67,542 टन अनाज नष्ट हो गया। इसकी कीमत 60 हजार करोड़ रुपए बताई गई है। सुप्रीम कोर्ट ने इसमें दखल देते हुए कहा है कि गोदामों में अनाज सड़ाने की जगह इसे गरीबों में बाँट देना चाहिए। सुप्रीम कोर्ट ने 12 अगस्त, 2010 को केन्द्र सरकार को आदेश देते हुए कहा कि वह फूड कॉरपोशन ऑफ इंडिया के गोदामों में अनाज सड़ाने की जगह गरीबों को मुफ्त बाँट दें।

जस्टिस दलवीर भंडारी और जस्टिस दीपक वर्मा की बेंच ने कहा कि और अनाज न सड़ने पाए, इसके लिए सरकार तुरंत कदम उठाए। वह उतने ही अनाज की खरीदारी करे, जितने को संभाल सकती है। साथ ही कोर्ट ने केन्द्र से प्रत्येक राज्य में एक बड़ा गोदाम और अलग-अलग जिलों व संभागों में विभिन्न गोदाम बनाने की व्यवस्था करने को कहा। इसके अलावा सरकार से यह सुनिश्चित करने को भी कहा कि उचित मूल्य की दुकानें पूरे महीने खुली रहें। कोर्ट ने सरकार को निर्देश दिया है कि वह 2010 के आंकड़ों के आधार पर बीपीएल (गरीबी रेखा से नीचे), एबीपीएल (गरीबी रेखा से ऊपर), एएवाई (अंत्योदय अन्न योजना) परिवारों का नए सिरे से सर्वे कराए। अधिकारी फायदे बांटने के लिए एक दशक पुराने आंकड़े पर भरोसा नहीं कर सकते।

बेंच ने अपना पहले का आदेश दोहराया कि एबीपीएल परिवार सब्सिडी वाला अनाज न हासिल करने पाएं। अगर सरकार उन्हें लाभ देना ही चाहती है तो उन परिवारों को दे, जिनकी सालाना आय 3 लाख रुपये से कम हो।

सुप्रसिद्ध अर्थशास्त्री डॉ. अमर्त्य सेन द्वारा 1981 में लिखी गई 'पावर्टी एंड फैमीन एंड एस्से ऑन इनटाइटिलमेंट एंड डिप्राइवेशन' (गरीबी और अकाल और पात्रता और वंचना पर निबंध) कृति में तर्क दिया गया कि अधिकांश मामलों में भूख और अकाल अनाज की उपलब्धता की कमी के कारण नहीं पड़ते, बल्कि उनका कारण असमानता और वितरण व्यवस्था की कमी होती है। उन्होंने जो बात 1981 में कही थी, संभवतः वह 2010 में भी सही है। हालांकि स्वतंत्रता प्राप्ति के बाद विगत तिरसठ वर्षों में भूख और वंचना से लड़ने के क्रम में हमने काफी अनुभव प्राप्त किया है।

1. अनाजों के भंडारण को लेकर सर्वोच्च न्यायालय ने कौन-से आदेश दिए हैं?
   - A. सरकार भंडारण के बराबर क्षमता के अनाज का ही क्रय करे।

B. सरकार अलग-अलग जिलों एवं संभागों में गोदाम बनाने की व्यवस्था करे।
C. उचित मूल्य की दुकानें महीने भर खुली रहें।
D. उपरोक्त सभी

2. देश में खाद्यान्न भंडारण की समस्या का मुख्य कारण क्या है?
A. खाद्यान्न भंडारण की सीमित क्षमता
B. अत्यधिक खाद्यान्नों की खरीद
C. समय पर खाद्यान्नों का वितरण न हो पाना
D. उपरोक्त सभी

3. प्रसिद्ध अर्थशास्त्री अमर्त्य सेन के अनुसार भूख एवं अकाल का कारण है–
A. राष्ट्रीय कृषि उपज में कमी
B. कृषि निर्यात की असमानता
C. अनाजों के उपयुक्त वितरण की समस्याएं
D. A एवं C

4. कोर्ट ने किस आधार पर बीपीएल, एबीपीएल एवं एएवाई परिवारों का सर्वे कराने को कहा है?
A. 2011 की जनगणना के आधार पर
B. 2005 के आंकड़ों के आधार पर
C. 2007 के योजना आयोग के आंकड़ों के आधार पर
D. 2010 के आंकड़ों के आधार पर

गद्यांश-32

वैश्वीकरण की दौड़ में क्षेत्रीय संगठनों का महत्व बढ़ा है। आज विश्व की स्थिति यह है कि राष्ट्र अपने आपसी मतभेदों को भुलाकर व्यापार एवं आर्थिक क्षेत्रों में एक-दूसरे को सहयोग कर रहे हैं। राष्ट्रों की पारस्परिक निर्भरता पहले की अपेक्षा काफी बढ़ी है। सार्क विश्व की 22 प्रतिशत आबादी को अपने दामन में रखने वाला विश्व का सबसे बड़ा क्षेत्रीय संगठन है। भारत विश्व की उभरती हुई आर्थिक शक्ति है। सार्क के सदस्य देश आपस में एक-दूसरे का आर्थिक सहयोग करें तो इस क्षेत्र से ग़रीबी, भुखमरी, अशिक्षा को सदा के लिए समाप्त किया जा सकता है। आज यूरोपियन संघ एवं आसियान जैसे क्षेत्रीय संगठनों ने जो आर्थिक सफलता पायी है। उससे सार्क के नेताओं को प्रेरणा लेनी चाहिए। इन क्षेत्रीय संगठनों ने आर्थिक एकजुटता के बल पर काफी उपलब्धियाँ हासिल की हैं। अब यह स्थिति स्पष्ट हो चुकी है कि आर्थिक विकास में क्षेत्रीय वैश्वीकरण की भूमिका अतिमहत्वपूर्ण है।

जनवरी 2009 में इस्लामाबाद में हुए सम्मेलन में इस तरह की स्पष्ट अभिव्यक्ति सामने आई। इस सम्मेलन में सार्क देशों ने 2012 तक दक्षिण एशियाई स्वतंत्र व्यापार क्षेत्र (साफ्टा) बनाने की इच्छा व्यक्त की है, लेकिन इस दिशा में अभी तक कोई ठोस कार्य नहीं हुआ है। साफ्टा के बारे में छोटे-छोटे देशों को यह भ्रम पैदा हो गया कि इससे भारत को ही अधिक लाभ होगा, जबकि सच्चाई यह नहीं है। उदाहरणस्वरूप अभी हम भारत, श्रीलंका के मुक्त व्यापार को देखें। दोनों देशों के बीच मुक्त व्यापार पिछले तीन वर्ष से चल रहा है। श्रीलंका का भारत को निर्यात 135 प्रतिशत सालाना की दर से बढ़ा है। इस तुलना में भारत का श्रीलंका को निर्यात 32 प्रतिशत की दर से बढ़ा है। अपितु मुक्त व्यापार के होने से श्रीलंका भारत की अपेक्षा अधिक लाभ की स्थिति में है। यही बात नेपाल एवं भूटान के साथ हैं। पाकिस्तान एवं बांग्लादेश के साथ भारत का व्यापार उतना नहीं बढ़ा है जितना बढ़ना चाहिए। इन देशों के असहयोग के कारण भी साफ्टा को लागू करने में कठिनाई है।

1. वैश्वीकरण के कारण क्षेत्रीय संगठनों का महत्व बढ़ा है–
A. क्योंकि वैश्वीकरण के दौरान विभिन्न देशों के बीच व्यापार बढ़ा है।
B. राष्ट्र अपने आपसी मतभेद को भूलाकर आर्थिक क्षेत्र में एक-दूसरे को सहयोग कर रहे हैं।
C. सभी राष्ट्रों ने व्यापार को सीमाकर मुक्त कर दिया है।
D. अंतर्राष्ट्रीय बाजार में डॉलर का मूल्य घटा है।

2. उपरोक्त उद्धरण के आधार पर सही कथन का चयन कीजिए।
A. हाल के वर्षों में राष्ट्रों के बीच पारस्परिक निर्भरता बढ़ी है।
B. सार्क दुनिया का सबसे बड़ा क्षेत्रीय संगठन है।
C. सार्क देशों में दुनिया की लगभग 1/4 आबादी रहती है।
D. उपरोक्त सभी।

3. सार्क देशों के बीच आपसी व्यापार में पर्याप्त वृद्धि नहीं हुई है, इसका क्या कारण है?
A. सार्क देशों के बीच व्यापार प्रतिबंध
B. आपसी सहयोग का अभाव
C. पश्चिमी देशों पर अत्यधिक निर्भरता
D. व्यापारिक निवेश का अभाव

4. साफ्टा को लेकर सार्क देशों में कौन-सा भ्रम फैला हुआ है?
A. इससे भारत को अधिक लाभ होगा।
B. भारत एक आर्थिक महाशक्ति बन जाएगा।
C. भारत का प्रभाव दुनिया के अन्य देशों में बढ़ जाएगा।
D. भारतीय रुपया और भी मजबूत होगा।

गद्यांश-33

महामशीन के महाप्रयोग का उद्देश्य परमाणु कणों की आपसी टक्कर को देखना है, जिनसे नए कण बन सकते हैं। उनका वेग और ऊर्जा मापकर मालूम हो सकता है कि आखिर शुरू में ब्रह्माण्ड कैसे बना और बाद में कैसे उसकी उत्पत्ति हुई। एलएचसी के इस प्रयोग में परमाणु कणों की बहुत अधिक वेग से अब तक की सबसे अधिक ऊर्जा से टक्कर हुई। आशा की जा रही है कि अब वैज्ञानिक भौतिकी की अनेक गुत्थियों को सुलझा लेंगे।

50,000 करोड़ रुपए की लागत से बना लार्ज हैड्रॉन कोलाइडर (LHC) 2008 में असफल हो गया था। उस समय इस सबसे बड़े एटम स्मैशर में दो शक्तिशाली चुम्बकों के बीच विद्युत कनेक्शन फ्यूज हो गया था। इन चुम्बक प्रोटॉनों को स्टीआर कहते हैं। इस खराबी से सुरंग में बड़े जोर का विस्फोट हुआ था, लेकिन इस बार का प्रयोग सफल रहा। एलएचसी प्रसिद्ध ईश्वरीय कण 'हिग्स बोसोन' के चिह्न की भी पहचान करेगा। बताया जाता है कि इसी कण के कारण ब्रह्माण्ड की सभी चीजों को पिण्ड भार मिलता है। इसके अलावा रहस्यमयी 'ब्लैक होल' की भी पहचान की जाएगी, जिससे काफी हद तक ब्रह्माण्ड बना है, लेकिन इसमें अंधेरा होने के कारण अब तक इसके दर्शन नहीं हुए हैं। वैज्ञानिकों का कहना है कि एलएचसी में जब कणों की टक्कर हुई, तब अनेक ऐसे मिनी बिग बैंग बने, जैसे आज से 13 अरब, 70 करोड़ वर्ष पहले बने थे।

इन असाधारण खोजों के अतिरिक्त मशीन बिग बैंग के पहले और बाद के कणों की नकल करेगी। गुरुत्वाकर्षण के रहस्य भी जानने के प्रयत्न किए जाएंगे। इस अनुसंधान में लगे वैज्ञानिकों का कहना है कि जब कणों की बीमों की टक्कर हुई तब सभी डिटेक्टरों ने अपने परमाणु कणों के बहुरंगी मार्गों की पहचान की। ये कण प्रत्येक दिशा में कार्यशील थे। भौतिकविद् का कहना है कि जब उप परमाणु कण बड़े वेग से आपस में टकराते हैं तो वे टूटकर नए तत्व बनाते हैं। आशा की जा रही है कि इसमें से एक तत्व हिग्स बोसोन होगा जिससे हमारे ब्रह्माण्ड बनने की गुत्थी सुलझेगी। वैज्ञानिकों का कहना है कि प्रयोग में उत्सर्जित ऊर्जा फील्ड को यदि ऊष्मा में बदल दिया जाए तो यह सूर्य की सतह से भी ज्यादा गर्म होगा।

1. महामशीन ब्रह्माण्ड की उत्पत्ति की जाँच किस आधार पर करेगा?
- A. परमाणु कणों की आपसी टक्कर से उत्पन्न वेग के आधार पर
- B. परमाणु कणों के बीच आपसी आकर्षण के आधार पर
- C. परमाणु कणों की आपसी टक्कर से उत्पन्न वेग एवं ऊर्जा के आधार पर
- D. परमाणु कणों के गुरुत्वाकर्षण के आधार पर

2. लार्ज हैड्रॉन कोलाइडर की पिछली असफलता का क्या कारण था?
- A. चुम्बकीय विद्युत कनेक्शन का फ्यूज होना
- B. हिग्स बोसोन कण का रिसाव
- C. परमाणु कणों के बीच तीव्र विकर्षण
- D. परमाणु कणों का विस्फोट

3. ब्रह्मांड के पिंडों का पिंड भार किस पर निर्भर करता है?
- A. पिंड के द्रव्यमान पर
- B. पिंड के घनत्व पर
- C. हिग्स बोसोन कण पर
- D. A एवं B दोनों पर

4. हिग्स बोसोन कण का निर्माण होता है–
- A. जब उप परमाणु कण तीव्र वेग से आपस में टकराते हैं।
- B. परमाणु कणों के बीच तीव्र आकर्षण बल के कारण।
- C. परमाणु कणों के बीमों के साथ टक्कर से।
- D. A एवं B दोनों

गद्यांश-34

विज्ञान शब्द की परिभाषा तथा इसके विस्तार, और प्रौद्योगिकी से इसके भेद को भी स्पष्ट रूप से समझ लेना जरूरी है। मानव जाति के भविष्य की कुंजी जिन कुछ शक्तिशाली ताकतों के हाथ में है, उनमें से विज्ञान संभवतः एकमात्र ऐसी ताकत है, जिसे एक अनूठा स्थान प्राप्त है क्योंकि वस्तुतः निरपवाद रूप से इसे सभी स्वीकार करते हैं। उन गिने-चुने व्यक्तियों के मामले में भी, जो विज्ञान के प्रति नफरत रखने वाले दिखाई देते हैं, उनके साथ भी एक बार बातचीत करने पर यह तथ्य उभरकर सामने आएगा कि वे वास्तव में विज्ञान के विरुद्ध नहीं हैं, बल्कि प्रौद्योगिकी के विरुद्ध हैं, जिसका सम्बन्ध मानव की विविध जरूरतों को पूरा करने के लिए विज्ञान के निष्कर्षों के अनुप्रयोगों से है।

वर्तमान समय में विज्ञान से हमारा अभिप्राय है हमारे विश्व तथा इसके परिवेश का मौलिक ज्ञान, उस ज्ञान का इसके सभी पहलुओं में, नियंत्रित तथा निरन्तर अनुसरण करना, इसके लिये जरूरी नहीं कि उसका प्रयोग सार्वजनिक प्रयोजनों के लिए किया जाए। प्रौद्योगिकी से हमारा आशय विज्ञान को मानव सेवा में लगाने के विभिन्न तरीकों से है, उन तरीकों का संकेन्द्रित अध्ययन जिनमें चीजों को मानव-प्रयोजन के लिए रचा या बदला जा सकता है। दोनों में स्पष्ट अन्तर करने के लिए इस समय आण्विक विज्ञान तथा टेक्नोलॉजी के सर्वाधिक लोकप्रिय क्षेत्रों से उदाहरण दिए जा सकते हैं। जब भारी धात्विक तत्व यूरेनियम के केन्द्रक का विखंडन या विस्फोटन होता है तब उससे निःसृत होने वाले कणों की संख्या तथा प्रकृति का मापन विज्ञान द्वारा ही किया जाता है। लेकिन, जब इस वैज्ञानिक ज्ञान का प्रयोग विद्युत उत्पादन के लिये परमाणु बिजली घर डिजाइन करने तथा बनाने अथवा एक परमाणु बम डिजाइन करने और बनाने के लिए किया जाता है तो यह प्रौद्योगिकी होती है। इस प्रकार, यह प्रौद्योगिकी ही होती है जो नैतिक रंग ले लेती है और इसे नैतिक या अनैतिक कहा जा सकता है। विज्ञान तटस्थ या नैतिकता से परे होता है और वह नैतिक-आचार या मानव कल्याण के विरुद्ध नहीं होता, हालांकि एक वैज्ञानिक एक मनुष्य तथा टेक्नोलाजिस्ट होने के नाते इसके विरुद्ध हो सकता है।

1. लेखक
- A. विज्ञान के प्रति बेहतर रवैया अपनाये जाने के लिए वकालत करने की कोशिश कर रहा है
- B. यह सुझाव देने की कोशिश कर रहा है कि हम विज्ञान का सार्वजनिक हित के लिए प्रयोग करें
- C. भौतिक विज्ञान के बजाय नैतिक विज्ञान का अध्ययन करने की कोशिश कर रहा है

D. विज्ञान तथा प्रौद्योगिकी (टेक्नोलाजी) के बीच भेद करने की कोशिश कर रहा है

2. लेखक के अनुसार, विज्ञान

A. एकमात्र ऐसी ताकत है, जो मानवजाति के भविष्य का निर्धारण करती है

B. मानव की नियति को निर्धारित करने वाली चन्द एक ताकतों में से एक है

C. भविष्य में मानवजाति की एकमात्र चिन्ता होगी

D. उन अनेक बाधाओं में से एक है जो मनुष्य की प्रगति में रुकावट डालती है

3. यह अवतरण

A. आलंकारिक है B. वर्णनात्मक है

C. वृत्तात्मक है D. व्याख्यात्मक है

4. यूरेनियम केन्द्रक के विस्फोट के अध्ययन को

A. आधुनिक प्रौद्योगिकी (टेक्नोलाजी) का एक उदाहरण कहा जा सकता है

B. विद्युत-सिद्धांतों का एक अनुप्रयोग कहा जा सकता है

C. ऐसा अध्ययन कहा जा सकता है जिसके कोई भौतिक निहितार्थ नहीं हैं

D. समूची मानवजाति के कल्याण के लिए महत्त्वपूर्ण कहा जा सकता है

गद्यांश-35

बच्चे किसी देश के सामाजिक तथा राजनीतिक दर्शन का अंग होते हैं। उनके प्रति जो रवैये अपनाये जाते हैं वे इस बात का निर्धारण करने में महत्त्वपूर्ण कारक होते हैं कि क्या उनकी जरूरतें पूरी होंगी तथा उनके अधिकार उन्हें मिलेंगे। भविष्योन्मुख कोई भी समाज इस बात का ध्यान रखेगा कि विपदा के समय बच्चों का ख्याल रखा जाये। इस समय विश्व के अनेक भागों में बच्चों को शांति तथा भाई-चारे की भावना के साथ पाले-पोसे जाने का कोई अवसर प्राप्त नहीं है। युद्ध तथा आतंकवाद के जो अत्यधिक भयावह रिकार्ड मिलते हैं वे हमेशा अपने घरों के खण्डहरों तथा अपने परिवारों के शवों के पास रोने के लिए बचे हुए शिशुओं या छोटे बच्चों की (या इतने सहमे हुए बच्चों की जो रो भी नहीं पाते) तस्वीरें होती हैं। ऐसे देशों में जहां लड़ाई-झगड़ा चल रहा हो या ऐसे समाजों में जहां ऐसी कार्यवाहियों को मनमोहक ढंग से पेश किया जाता हो, वहां बच्चों का निर्बाध रूप से खेलना जीवन की घटनाओं तथा/या ऐसी घटनाओं की सामाजिक स्वीकृति को परिलक्षित करेगा, जो हम सभी को यह सोचने पर मजबूर कर देगा कि क्या इस प्रकार के राष्ट्रीय दर्शनों से प्रभावित करोड़ों बच्चों को शांति की भावना के साथ बड़े होने के उनके अधिकार मिलने की कोई संभावना है। और निश्चय ही, ''जाति, रंग, लिंग, राष्ट्रीय या सामाजिक मूल के धर्म'' पर अकेले या कुछेक के मेल पर आधारित भेदभाव करोड़ों बच्चों को, जरूरतों की सार्वत्रिकता के बावजूद, जिन पर अधिकार आधारित होते हैं, इन अधिकारों से वंचित रखता है।

1. निम्नलिखित में से कौन-सा कथन बच्चों में शांति तथा भाई-चारे की भावना के विकास के लिए सहायक नहीं है?

A. जब वयोवृद्ध बच्चों को युद्ध के संत्रासों का अनुभव करने के लिए छोड़ देते हैं

B. जब प्रौढ़ लोग जातीय भेद-भाव का व्यवहार करते हैं

C. जब किसी देश का राजनीतिक दर्शन विश्वव्यापी भाई-चारे की वकालत करता है

D. जब समाज युद्ध के कार्यकलापों को मनमोहक ढंग से पेश करता है

2. प्रौढ़ों का बच्चों के प्रति एक कर्त्तव्य है। किसी समाज विशेष में बच्चों की देखभाल कितनी अच्छी तरह से होती है इसका पता इस बात से चल सकता है कि

A. विपदा के समय उनके लिए क्या किया जाता है

B. वे प्रौढ़ों का कितना ख्याल रखते हैं

C. प्रौढ़ उनके अधिकारों के प्रति कितने संवेदनशील हैं

D. समाज कितना समृद्ध है

3. लेखक की धारणा है कि

A. युद्धों के बावजूद बच्चे शान्तिपूर्वक रहने के अपने अधिकारों को प्राप्त कर लेते हैं

B. बच्चों के अधिकार सामाजिक दशाओं पर निर्भर होने चाहिए

C. बच्चों को शांति की भावना के साथ बड़ा होने का अधिकार है

D. राष्ट्रीय दर्शन बच्चों के अधिकारों का समर्थन करते हैं

4. युद्ध सम्बन्धी कार्यकलापों

A. का समाजों द्वारा परिहार किया जाता है

B. को समाजों द्वारा परिलक्षित किया जाता है

C. की समाजों द्वारा निन्दा की जाती है

D. को समाजों द्वारा स्वीकार किया जाता है

गद्यांश-36

हम सभी चिकित्सा विज्ञान के क्षेत्र में हुई कतिपय उल्लेखनीय खोजों से परिचित हैं। मिसाल के तौर पर, हम वेक्सीनों की खोज के बारे में जानते हैं। हम चेचक तथा पोलियो जैसे रोगों की रोकथाम को समझ सकते हैं। हम अनेक साधारण एंटीबायोटिक्स के बारे में भी जानते हैं। यह जानकारी कि हम उपदंश रोग पर पेनिसिलीन और तपेदिक पर आइसोनाइजिड से काबू पा सकते हैं, कुछ हद तक आश्वासनदायक है। हम इस विश्वास के आधार पर निश्चय ही अपने आपको झूठी तसल्ली दे सकते हैं कि संक्रामक रोग अब कोई खतरा नहीं रहे हैं। लेकिन यह सत्य नहीं है और समाचारों तथा मेडिकल जर्नलों में हाल में छपे समाचार हमें संक्रामक रोगों के विभिन्न तथा कभी-कभी 'नए' खतरों की याद दिलाते हैं।

ऐसे समाचारों में अपेक्षाकृत अधिक यथार्थवादी दृष्टिकोण को स्वीकार किया गया है। इस दृष्टिकोण का निहितार्थ यह

है कि संक्रामक रोग बने रहेंगे और यह कि उनके अन्दर कुछ ऐसी क्षमताएं हैं कि वे उन्हें खत्म कर देने की हमारी कोशिशों के खिलाफ लड़ सकते हैं। कतिपय मानव-व्याधियों, जैसे सुजाक रोग, तत्त्व-गुण (Strains) विकसित हो गए हैं जिन पर कतिपय एंटीबायोटिक्स का कोई असर नहीं होता।

1. चेचक तथा पोलियो जैसे रोगों की रोकथाम किसकी खोज के कारण संभव हो सकी है?

A. पेनिसिलीन B. आइसोनाइजिड
C. वेक्सीन D. एंटीबायोटिक्स

2. चिकित्सा विज्ञान के क्षेत्र में खोजों के द्वारा अब तक क्या संभव नहीं हो पाया है?

A. चेचक तथा पोलियो की रोकथाम
B. पेनिसिलीन की सहायता से उपदंश रोग के फैलाव पर नियंत्रण करने की संभावना
C. संक्रामक रोगों का उन्मूलन
D. आइसोनाइजिड की सहायता से तपेदिक के फैलाव पर नियंत्रण करने की संभावना

3. कुछ संक्रामक रोग उन्हें खत्म कर देने के हमारे प्रयासों के खिलाफ कैसे लड़ते हैं?

A. अन्य क्षेत्रों में अंतरित होकर
B. वेक्सीनों को प्रभावहीन बनाने की शक्ति विकसित करके
C. पहले की तरह भ्रांतिजनक बने रहकर
D. मानव-तंत्रिका में गहरे पैठ कर

4. यह अवतरण

A. सूचना देने वाला है B. वृत्तात्मक है
C. नाटकीय है D. प्रोत्साहक है

गद्यांश-37

प्रत्येक व्यवसाय अथवा व्यापार, कला और विज्ञान की अपनी तकनीकी शब्दावली होती है, जिसका कार्य अंशतः उन प्रक्रियाओं और वस्तुओं को दर्शाना होता है जिनके नाम सामान्य अंग्रेजी में नहीं मिलते और अंशतः पारिभाषिक शब्दावली में पूर्ण यथार्थता प्राप्त करना होता है। किसी भी प्रकार की तकनीकी बातचीत में ऐसी विशिष्ट भाषिका अथवा शब्दजाल की आवश्यकता होती है। विज्ञान अथवा कला विशेष के अध्येताओं के लिए सर्वविदित होने के साथ-साथ गणितीय सूत्र जैसी सूक्ष्मता रखते हैं। साथ ही, वे समय बचाते हैं, किसी प्रक्रिया का वर्णन करने की अपेक्षा उसका नाम लेना अधिक किफायती है। ऐसे हजारों पारिभाषिक शब्द बहुत अच्छी तरह इन शब्दकोशों में संकलित किए गए हैं, फिर भी, कुल मिलाकर, वे अंग्रेजी भाषा की मूल शब्दावली के बजाय उसके आस-पास ही ठहरते हैं। फिर भी विभिन्न व्यवसाय अपनी विशिष्ट शब्दावली की दृष्टि से पर्याप्त भिन्नता लिए हुए हैं। व्यापार, हस्तकला, कृषि और मछलीपालन जैसे अन्य व्यवसायों में जहाँ लम्बे समय से भारी संख्या में लोग लगे हैं, तकनीकी शब्दावली बहुत पुरानी है। इसमें अधिकतर स्थानीय शब्द मिलते हैं अथवा ऐसे आयातित शब्द हैं जो हमारी भाषा में घुल-मिल गए हैं। अतः अनेक रूपों में पूर्णतः तकनीकी होते हुए भी ये शब्दावलियां बोलने में अधिक परिचित-सी हैं और अन्य अधिकांश तकनीकीय तुलना में अधिक सहजता से समझी जाती हैं।

कानून, औषधि, धर्मविज्ञान और दर्शन की विशिष्ट भाषिका भी अपने प्राचीन रूप में परिष्कृत व्यक्तियों में पर्याप्त परिचित हो गई है, और प्रचलित शब्दावली में काफी योगदान कर चुकी है फिर भी प्रत्येक व्यवसाय आज भी ऐसी बहुत-सी तकनीकी शब्दावली लिए हुए है जो मूलतः विदेशी हैं। यह अनुपात पिछले पचास वर्षों में अधिक बढ़ा है विशेषतः यांत्रिक कलाओं, प्राकृतिक विज्ञान और राजनीति विज्ञान के विभिन्न क्षेत्रों में। यहाँ पूरी आजादी से नए शब्दों को शामिल कर लिया गया है और व्यर्थ हो जाने पर छोड़ दिया गया है। अधिकतर नए पद विशिष्ट बातचीत तक सीमित रहे हैं, कभी-कभी ही सामान्य बातचीत अथवा साहित्य जुड़ पाए हैं। पर आज कोई भी व्यवसाय, जैसा कि पहले सभी थे बंद निकाय नहीं हैं। वकील, चिकित्सक, वैज्ञानिक और पादरी अपने साथी सृजनकर्त्ताओं से जुड़ता है और ऐसा नहीं है कि मात्र व्यावसायिक रूप से ही मिलता है। बल्कि आज का प्रचलित विज्ञान प्रत्येक व्यक्ति को आधुनिक विचारों और खोजों से जोड़ता है। कोई भी महत्त्वपूर्ण प्रयोग चाहे वह दूर अथवा क्षेत्रीय प्रयोगशाला में किया गया हो, समाचार-पत्रों में तुरंत प्रकाशित हो जाता है और हर एक व्यक्ति उसके बारे में ऐसे ही बात करना शुरू कर देता है जैसे विकिरण किरणों और बेतारी तार-संचार के बारे में बात करता है। अतः हमारी सामान्य बोली सदैव नए तकनीकी शब्दों को अपना रही है और उन्हें प्रचलित कर रही है।

1. तकनीकी शब्दावली बढ़ाई जा सकती है :

A. नए शब्द बनाकर, विदेशी भाषाओं से शब्द ग्रहण करके और पुराने हुए शब्दों को निकालकर
B. नई अवधारणाओं के लिए नए शब्द गढ़कर
C. नए शब्द ढालकर और विदेशी भाषाओं से शब्द आयात करके
D. विदेशी शब्दों का अपनी भाषा में अनुवाद करके

2. प्रचलित विज्ञान, प्रत्येक व्यक्ति को परिचित कराता है

A. आधुनिक विचारों और नवीन खोजों से
B. नवीन खोजों और आविष्कारों से
C. आधुनिक विचारों, नवीन खोजों और तकनीक से
D. विज्ञान और तकनीक में नए विकास से

3. तकनीकी शब्दावली सभी की भाषा का अंग बन गई है :

A. व्यावसायिकों के प्रयासों द्वारा
B. विदेशी भाषा पढ़कर
C. प्रचलित वैज्ञानिक लेखों और समाचारपत्रों द्वारा
D. भाषा के परिवर्तनों द्वारा

4. तकनीकी शब्द हैं :

A. संक्षिप्त, किफायती और नामात्मक
B. नवीन, कठिन पर आवश्यक
C. भाषा की मूल शब्दावली से चुने हुए
D. सभी द्वारा सामान्य रूप से समझे जाने वाले

गद्यांश-38

मैं इस अंधविश्वास को जानता हूँ कि आत्म-ज्ञान जीवन की चौथी अवस्था में ही सम्भव है और वह है संन्यास। पर इस बात को सभी जानते हैं कि जो इस अमूल्य अनुभव को जीवन के अन्तिम क्षणों के लिए टालते हैं वे आत्म-ज्ञान प्राप्त नहीं करते बल्कि द्वितीय और दयनीय बचपन के समान बुढ़ापे को प्राप्त करते हैं और पृथ्वी पर एक भार की तरह जीते हैं। मुझे पूरी तरह याद है कि जब मैं 1911-12 में पढ़ाता था तब भी इसी विचार को मानता था भले ही इसी तरह की भाषा में उसे अभिव्यक्त न किया हो।

तब किस प्रकार यह आध्यात्मिक प्रशिक्षण दिया जाना था? मैंने बच्चों को भजन याद कराये और उनका अभ्यास कराया और उन्हें नैतिक शिक्षा की पुस्तकों से पढ़कर सुनाया। पर यह सब मेरे लिए संतोषजनक नहीं था। जब मैं उनके और अधिक निकट आया तो पाया कि अध्यात्म का प्रशिक्षण केवल पुस्तकों के माध्यम से नहीं कराया जा सकता। उसी प्रकार जैसे शारीरिक प्रशिक्षण व्यायाम के माध्यम से दिया जाता है और बौद्धिक अभ्यास के द्वारा, अतः अध्यात्म का प्रशिक्षण भी अध्यात्म के अभ्यास से संभव था। और अध्यात्म का प्रशिक्षण पूर्णतः अध्यापक के जीवन और चरित्र पर निर्भर करता है। अध्यापक चाहे विद्यार्थियों के बीच में है अथवा नहीं उसे सदैव अपने व्यवहार और चरित्र का ध्यान रखना है।

1. ऊपर उधृत पाठ सामग्री के लिए सर्वाधिक उपयुक्त शीर्षक है :

A. बौद्धिक अभ्यास B. अंधविश्वास

C. आध्यात्मिक विकास D. प्रशिक्षण

2. व्यापक स्तर पर आत्म-ज्ञान के बारे में लोगों के बीच अंधविश्वास है कि यह

A. अनवरत प्रक्रिया है

B. केवल संन्यास द्वारा संभव है

C. केवल आरम्भिक जीवन में संभव है

D. एक मिथक है

3. लेखक के अनुसार बच्चों का आध्यात्मिक प्रशिक्षण मुख्यतः किसके चरित्र पर निर्भर है?

A. अभिभावकों के B. अभिजात वर्ग के

C. सामाजिक नेताओं के D. अध्यापकों के

4. लेखक का बुढ़ापे के बारे में पहले विचार था कि यह

A. एक गुण है B. एक अभिशाप है

C. विचारों की स्मृति है D. संतोष है

गद्यांश-39

क्या विद्यार्थियों द्वारा प्राप्त किये गये परिणामों से अध्यापन-कार्य का मूल्यांकन किया जा सकता है? कुछ हद तक अध्यापकों को इसी प्रकार आँका जाता है, प्रायः सामूहिक रूप से, किसी संस्थान की ख्याति के रूप में। परन्तु इसमें कुछ कठिनाइयाँ हैं। विशेष रूप से उल्लेखनीय कठिनाई, जिसे स्क्राइवन (1988) ने 'हार्वर्ड फैलेसी (भ्रामकता)' के नाम से वर्णित किया है, इस प्रकार है :

...यह मान लेने की भ्रामकता कि हार्वर्ड में पढ़ाई अच्छी होती होगी क्योंकि यहां के स्नातक अपने बाद के जीवन में अच्छी तरक्की करते हैं ...इन आँकड़ों से यही परिणाम निकाला जा सकता है कि हार्वर्ड में मस्तिष्क को स्थायी हानि नहीं पहुँचाई जाती–सामान्यतया। बाकी की युक्ति केवल इतनी-सी है कि प्रतिभाशाली विद्यार्थियों का चयन कर कक्षाओं में भेजा जाए और उनके मार्ग में कोई रुकावट खड़ी न की जाए। उन्हें पुस्तकालय, प्रयोगशाला, पीयर ट्यूटरिंग और परिवार के प्रभाव या नाम के प्रति आदर का उपयोग करने दिया जाए। अध्यापकों का योगदान यदि कोई है तो वह अवशेष जो दूसरे कारणों से अलग करने के बाद बचता है जैसे कि ...'पुराने विद्यार्थियों के जाल' और नाम की मान्यता का नौकरी के लिए चयन और पदोन्नति पर प्रभाव। यद्यपि हार्वर्ड प्रमाण्यतः एक महान विश्वविद्यालय है तथापि निश्चित रूप से यह प्रमाण्यतः एक महान अध्यापन विश्वविद्यालय नहीं है बल्कि केवल एक भव्य रूप से सुसज्जित विश्वविद्यालय।

दूसरे देशों के विश्वविद्यालयों को स्पष्टतः हार्वर्ड के स्थान पर रखा जा सकता है। लेकिन फिर भी यदि एक जैसे संस्थानों के एक जैसे पाठ्यक्रमों के परिणामों की तुलना करना सम्भव हो तो भी सफलता का श्रेय दूसरे कारणों को देने की बजाय अध्यापन को देने के बारे में स्क्राइवन का तर्क विचारणीय रहेगा। किसी प्रकार के 'मूल्य-जुड़े' पैमाने से भी यह सम्भव नहीं होगा और ऐसे पैमाने या तो इतने अपक्व होंगे कि उनका कोई अर्थ ही नहीं होगा या फिर इतने जटिल होंगे कि जाँचने और आँकने के लिए पढ़ाने और सीखने की केन्द्रित गतिविधियों के मुकाबले में बहुत अधिक समय की आवश्यकता होगी। एक ही संस्थान में एक वर्ष के परिणामों की अगले वर्ष के परिणामों से तुलना करने में भी कठिनाइयाँ सामने आती हैं क्योंकि विभागों में और विद्यार्थियों में परिस्थितियाँ बदलती रहती हैं।

1. इस परिच्छेद का शीर्षक क्या हो सकता है?

A. हार्वर्ड विश्वविद्यालय में अध्यापन

B. विद्यार्थियों के परिणामों से अध्यापन-कार्य का मूल्यांकन

C. संस्थानों की प्रतिष्ठा

D. अध्यापकों के मूल्यांकन के लिए अवशिष्ट पद्धति

2. हार्वर्ड फैलेसी (भ्रामकता) का अर्थ है :

A. यह मान लेना कि प्रतिष्ठित संस्थानों में पढ़ाई अच्छी होती है

B. जो कुछ हार्वर्ड में भ्रामक रूप से किया जा रहा है

C. कि हार्वर्ड में प्रतिभाशाली विद्यार्थियों को दाखिला दिया जाता है और अच्छे परिणाम प्राप्त किये जाते हैं

D. कि हार्वर्ड में जो अध्यापन कार्य होता है उसमें बहुत-सी भ्रामकतायें हैं

3. विद्यार्थियों की उपलब्धियों में अध्यापकों के योगदान को स्क्राइवन के अनुसार किस बात से आँका जाना चाहिए?

A. स्नातकों द्वारा बाद के जीवन में अर्जित उपलब्धियों से

B. विद्यार्थियों के दाखिले के लिए संस्थानों द्वारा निर्धारित मानदण्डों से

C. बाकी सभी कारणों को निकालने के बाद बचे अवशिष्ट प्रभाव से
D. संस्थानों में उपलब्ध सुविधाओं से

4. स्क्राइवन के अनुसार हार्वर्ड की प्रतिष्ठा किस कारण से है?
A. इसका प्रचुर मात्रा में सुविधाओं से सम्पन्न होना
B. प्रतिभाशाली विद्यार्थियों को दाखिला और उनके मार्ग में रुकावट न डालना
C. इसका एक महान अध्यापन विश्वविद्यालय होना
D. इसके अपक्व और अर्थहीन तरीके जिनसे अध्यापन-कार्य की प्रभाविकता को माना जाता है

गद्यांश-40

संतान को बुढ़ापे की लाठी माना जाता है, परन्तु जब यह लाठी ही सहारा देने के बजाय मां-बाप को प्रताड़ना देने के लिए इस्तेमाल होने लगे तो संबंधों का क्या होगा? समाज और सरकार परम्पराओं को तोड़कर पैदा की जा रही विकृतियों की कब तक उपेक्षा कर सकते हैं? जाहिर है कि इन हालात में समाज व कानून के हस्तक्षेप की तैयारी पुख्ता हो जाती है। संसद द्वारा पारित द मेंटिनेन्स एंड् वेलफेयर ऑफ पेरेंट्स एंड सीनियर सिटीजन बिल, 2007 एक प्रकार से ऐसा ही एक हस्तक्षेप हैं। बस देखना यही होगा कि इस हस्तक्षेप के लिए निर्धारित प्रावधानों का किस हद तक व कितना प्रभावी तरीके से इस्तेमाल होता है।

कानून तो बन गया है परन्तु इस पर अमल की चुनौतियां कम नहीं होंगी। कितने प्रताड़ित अभिभावक कानून के इस संरक्षण के प्रति जागरूक बन सकेंगे और कितने इस कानून के प्रावधानों के इस्तेमाल का संकल्प कर सकेंगे, उनका सचमुच इस्तेमाल कर न्याय हासिल कर सकेंगे? यहां पर समाज व सामाजिक एवं स्वयंसेवी संगठनों की भूमिका महत्त्वपूर्ण हो जाती है। उन्हें न केवल जागृति उत्पन्न करनी होगी बल्कि कानून के सदुपयोग के लिए सक्रिय भूमिका का निर्वाह भी करना होगा। यदि एक दफा इस कानून के अच्छे नतीजे सामने आने लगे तो ये मां-बाप की उपेक्षा की राह पर चलने वाली संतानों के लिए निषेधात्मक उपाय के रूप में भी प्रतिष्ठित हो सकेंगे।

1. सरकार को नया बिल संसद में क्यों लाना पड़ा?
A. इसके लिए सरकार पर दबाव डाला जा रहा था।
B. संसदीय समिति ने इस बारे में सुझाव सरकार के सामने रखे थे।
C. संतान द्वारा माता-पिता की उपेक्षा एक आम प्रचलन बनता जा रहा था।
D. A एवं C दोनों

2. नए कानून पर अमल के लिए सरकार को क्या करनी चाहिए?
A. न्यायिक प्रक्रिया में सुधार लानी चाहिए।
B. पुलिस कार्रवाई में तेजी लानी चाहिए।
C. जन-जागृति पैदा करनी चाहिए।
D. उपरोक्त सभी।

3. इस कानून को लागू करने में कौन-सी चुनौतियाँ हैं?
A. अभिभावकों को कानून के प्रति जागरूक बनाना।
B. कानून का सदुपयोग सुनिश्चित करना।
C. इससे जुड़े अपराध को रोकना।
D. A एवं B दोनों।

4. उपरोक्त उद्धरण के आधार पर सही कथन का चयन कीजिए।
A. संसद द्वारा पेरेंट्स एंड सीनियर सिटीजन बिल, 2008 में पारित किया गया।
B. यह कानून 65 वर्ष से अधिक उम्र के माता-पिता पर लागू होता है।
C. माता एवं पिता में से कोई भी इस कानून के तहत् अपना हक मांग सकता है।
D. इस कानून को सफल बनाने में स्वयंसेवी संगठनों को सक्रिय भूमिका निभानी होगी।

गद्यांश-41

भारत में नारी की स्तुति प्राचीनकाल से की जाती रही है "यत्र नार्यस्तु पूज्यन्ते रमन्ते तत्र देवता," इत्यादि के रूप में। यहाँ तक कि असुरों पर विजय प्राप्त करने हेतु भी देवताओं को नारी की शरण में जाना पड़ा था और देवी दुर्गा ने ही असुरों का संहार किया था। विद्या की देवी महासरस्वती, धन की देवी महालक्ष्मी और दुष्टों का नाश करने वाली महाकाली की आराधना की जाती है।

आधुनिक काल में भारत की आंजादी की लड़ाई में महिलाओं ने पर्दा-प्रथा का त्याग कर देश को स्वतंत्रता दिलाने हेतु बढ़-चढ़कर हिस्सा लिया। आजाद भारत में महिलाओं को वोट देने का समान अधिकार दिया गया। हम सब जानते हैं कि आज की महिला जीवन के किसी भी क्षेत्र में पुरुषों से पीछे नहीं है। सर्वत्र अपनी विजय पताका फहरा रही है। माता-पिता ने भी समयानुसार आकाश छूने की आजादी दे दी है।

यह तो है महिला की तस्वीरों का एक पहलू। अब जरा दूसरे पहलू पर भी दृष्टि डालें। आज भी महिला शोषण का शिकार हो रही है। आश्चर्य की बात तो यह है कि यह शोषण अनपढ़, गाँव की महिलाओं के साथ ही नहीं, पढ़ी लिखी, ऊँचे पदों पर प्रतिष्ठित महिलाओं के साथ भी जारी है। फिर चाहे वह यौन शोषण हो, समाज द्वारा किया गया शोषण हो, अंधविश्वास के कारण हो या पुरुषों द्वारा अपना वर्चस्व बनाए रखत्ने के कारण हो, महिलाएँ इसे सहने को अभिशप्त हैं। वैज्ञानिक शोधों को नकारते हुए संतानहीनता का दोष उसे ही भोगना पड़ता है। विधवा नारी को दी जाने वाली प्रताड़ना भले ही पहले जैसी कठोर न हो, पर वह एक सामान्य नारी न रहकर अशुभ का सूचक बन जाती है, इसलिए शुभ कार्यों में उसकी उपस्थिति वर्जित है। हालाँकि अब इस सोच में परिवर्तन आने लगा है, पर यदि वह निःसंतान है, तो परिवार के कार्यों में हाथ बंटाने के सिवाय उसका महत्व नही आंका जाता।

1. आज समाज में किन महिलाओं को प्रताड़ना झेलनी पड़ती है?
A. विधवा
B. निःसंतान
C. अशिक्षित
D. A एवं B दोनों

2. निम्न में से कौन महिलाओं के शोषण का सर्वाधिक प्रमुख रूप है?
A. यौन शोषण
B. संपत्ति में हिस्सेदारी न मिलना
C. उन्हें घर के कामों तक ही सीमित रखना
D. A एवं C दोनों

3. आजादी के बाद महिलाओं की स्थिति में क्या बदलाव आया है?
A. महिलाओं को वोट का अधिकार मिला।
B. सती प्रथा का निषेध किया गया।
C. शिक्षा एवं जीवन के अन्य क्षेत्रों में भी उन्हें समानता मिली।
D. A एवं C दोनों

4. उपरोक्त उद्धरण के आधार पर सही कथन का चयन कीजिए।
A. प्राचीन काल में नारी को सम्मान की दृष्टि से देखा जाता था।
B. आजादी की लड़ाई में महिलाओं ने बढ़चढ़कर भाग लिया।
C. आज भी महिलाएँ यौन शोषण से सर्वाधिक पीड़ित हैं।
D. उपरोक्त सभी

गद्यांश-42

साठ के दशक में ही कनाडा के दार्शनिक मार्शल मक्लूहन ने कहा था कि संचार व्यवस्था में अभूतपूर्व प्रगति के कारण दुनिया एक 'वैश्विक गांव' में बदल जायेगी। वर्तमान भूमंडलीकरण मक्लूहन की इस भविष्यवाणी का कार्यान्वयन लगता है। उल्लेखनीय है कि भूमंडलीकरण का वर्तमान प्रयोग मूलरूप से इंटरनेट से प्रेरित है और यही इसे अतीत में भूमंडलीकरण की दिशा में किये गये अन्य प्रयोगों से भिन्न कर देता है। वर्तमान भूमंडलीकरण एक ऐसी घटना साबित हुई है, जिसे समझने के लिए दुनिया की विभिन्न भाषाओं में अब तक कुल सात हजार पुस्तकें प्रकाशित हो चुकी हैं। हालांकि अभी भी इस परिघटना के बारे में अंतिम रूप से कुछ कहना मुश्किल माना जाता है। केवल एक ही बात पर आम सहमति है कि यह एक पेचीदा और बहुआयामी विकास प्रक्रिया है।

अर्थशास्त्र के आधुनिक विद्यार्थी इसे आर्थिक संसाधनों का सबसे सुंदर और प्रभावी विनियोजन मानते हैं और दुनिया में संपन्नता की वर्तमान लहर के लिए भी जिम्मेदार मानते हैं। इतना ही नहीं, कुछ लोगों की राय में तो भूमंडलीकरण के कारण दुनिया से युद्ध के खतरे भी मिट जायेंगे, क्योंकि देशों के बीच पारस्परिक व्यापार की जड़ें गहरी होने से उनमें युद्ध के प्रति आकर्षण खत्म हो जायेगा। दुनिया में प्रतिष्ठा हासिल करने के प्रतिमान बदल रहे हैं और देशों की पहचान सैनिक उपलब्धियों के बजाए आर्थिक सफलताओं से होने लगी है। युद्ध का स्थान आर्थिक प्रतियोगिता ने ले लिया है।

लेकिन भूमंडलीकरण के विरोधी इसे यूरोपीय अमेरिकी विकास मॉडल का महज एक आरोपण मानते हैं। उनका मानना है कि भूमंडलीकरण दुनिया को पश्चिमी देशों के हितों के अनुरूप ढालने की कोशिश है। पश्चिमी देशों द्वारा प्रतिपादित यह एक नयी किस्म की बाजार विचारधारा है जो निष्ठुर, सर्वग्रासी और निरंकुश है और जिसकी इतिहास में कोई मिसाल नहीं है। यह यूरोप और अमेरिका के दुनिया के संसाधनों पर स्थायी नियंत्रण स्थापित करने की पहल है।

1. भूमंडलीकरण है–
A. एक पेचीदा और बहुआयामी विकास प्रक्रिया।
B. इंटरनेट आधारित व्यापार संजाल।
C. गरीब देशों के शोषण का एक नवीन आर्थिक तंत्र।
D. उपरोक्त में से कोई नहीं।

2. भूमंडलीकरण के कारण दुनिया में युद्ध का खतरा कम हुआ है, कैसे?
A. सभी देश आर्थिक उन्नति में लग गए हैं।
B. पारस्परिक व्यापार की जड़ें गहरी होने से उनमें युद्ध के प्रति आकर्षण कम हो रहा है।
C. युद्ध के खिलाफ अंतर्राष्ट्रीय जनमत गोलबंद हो रहा है।
D. उपरोक्त सभी

3. भूमंडलीकरण को निष्ठुर एवं सर्वग्राही व्यवस्था क्यों कहा जा रहा है?
A. इसके अंतर्गत दुनिया को पश्चिमी देशों के हितों के अंतर्गत ढालने की कोशिश की जा रही है।
B. इसका लाभ सिर्फ अमेरिका और पश्चिमी देशों को मिल रहा है।
C. भूमंडलीकरण के कारण अंतर्राष्ट्रीय वित्तीय संस्थाओं की भूमिका घटी है।
D. उपरोक्त सभी

4. निम्न में से कौन भूमंडलीकरण का प्रभाव नहीं है?
A. आर्थिक संसाधनों का बेहतर विनियोजन
B. आर्थिक समृद्धि
C. प्रतियोगी अर्थव्यवस्था
D. नियोजित अर्थव्यवस्था

गद्यांश-43

तकनीकी रूप से भारतीय करेंसी परिवर्तनीय नहीं है। वह रेवेन्यू में परिवर्तनीय है, कैपिटल में नहीं। अगर आप विदेशों में जाकर बैंकों से कहें कि आप के पास भारतीय करंसी है, उसके बदले आपको डॉलर चाहिए तो ऐसा नहीं होगा। आपको डॉलर खरीदना पड़ेगा। इसका मतलब यह हुआ कि पूंजी में भारतीय करेंसी परिवर्तनीय नहीं है। इसी तरह हमें विदेशों में बैंक खाता खोलने के लिए डॉलर या पाउंड की जरूरत होगी। हमें पहले

रुपये को डॉलर या पाउंड में उसे बदलना होगा, तब जाकर हम उसे जमा करा सकते हैं। इसी तरह से विदेशों में शॉपिंग से लेकर किसी वस्तु की खरीदारी, आप किसी भी देश में डॉलर या पाउंड में कर सकते हैं। लोग उसे स्वीकार कर लेंगे, मगर वे रुपये को स्वीकार नहीं करेंगे। मगर रुपए का सिंबल बनने के बाद रुपए की कैपिटल में पूर्ण परिवर्तनीयता जल्द हो जाएगी। जिस तरह से भारत में आज डॉलर को लेने में कोई परहेज नहीं करता, वैसे अमेरिका में रुपये को लेने में कोई परहेज नहीं करेगा।

सवाल यह उठता है कि आखिर इसकी जरूरत क्या है। एक समय ब्रिटेन का कारोबार विश्व में काफी फैला था। कारोबार ब्रिटिश मुद्रा में होता था। ब्रिटेन ने इस विशिष्टता को कायम करने के लिए उसका प्रतीक चिह्न बनाया। अमेरिका ने भी यही रणनीति अपनाई। अपनी मुद्रा डॉलर की पहचान और वर्चस्व अंतर्राष्ट्रीय बाजार में स्थापित करने के लिए उसने अपनी मुद्रा का प्रतीक चिह्न बनाया। कई अन्य देशों में डॉलर मुद्रा का प्रचलन है, जापान के बाद 1999 में यूरोपीय देशों ने अपनी नई मुद्रा यूरो का प्रचलन शुरू किया, अपने खास प्रतीक चिह्न के साथ।

यह कारोबार के वर्चस्व की लड़ाई है। जिन-जिन देशों की मुद्रा के प्रतीक चिह्न हैं, उनके साथ कारोबार की पहली शर्त यह है कि कारोबार उनकी मुद्रा में होगा। एक्सपोर्ट से लेकर इंपोर्ट सब कुछ उनकी मुद्रा में होगा। अमेरिकी डॉलर ने विदेशी मुद्रा विनिमय बाजार में अपनी धुरी इस कदर बना ली है कि अन्य देशों की मुद्राओं की कीमत डॉलर के मुकाबले ही तय होती है। हालांकि यूरोपीय देश यूरो के द्वारा इस मिथ को तोड़ने की कोशिश में हैं, मगर अन्य देशों के साथ अमेरिका का कारोबार यूरोपीय देशों की तुलना में इतना अधिक है कि डॉलर का वर्चस्व बना हुआ है।

1. भारतीय करेंसी परिवर्तनीय है–
   A. अमेरिकी डॉलर के साथ
   B. राजस्व खाते पर
   C. पूँजी खाते पर
   D. सभी पर

2. देश की अपनी करेंसी का क्या लाभ है?
   A. इससे देश का कारोबार देश की मुद्रा में ही होगा।
   B. इससे देश का निर्यात बढ़ेगा।
   C. इससे देश का आयात प्रतिस्थापित होगा।
   D. इससे राष्ट्रीय उत्पाद में वृद्धि होगी।

3. दुनिया में अमेरिकी डॉलर के वर्चस्व का क्या कारण है?
   A. अमेरिकी डॉलर अन्य देशों की मुद्रा की तुलना में अधिक महँगा है।
   B. अमेरिकी डॉलर अन्य देशों द्वारा स्वीकृत मुद्रा है।
   C. अन्य देशों के साथ अमेरिका का कारोबार अधिक है।
   D. विदेशी विनिमय बाजार में डॉलर का कोई प्रतिस्थापन नहीं है।

4. पूँजी खाते पर रुपये के परिवर्तनीय होने का क्या लाभ है?
   A. इससे भारतीय रुपये को डॉलर एवं अन्य विदेशी मुद्राओं में बदलना आसान हो जाएगा।
   B. इससे देश में निवेश को बढ़ावा मिलेगा।
   C. भारतीय निर्यात में वृद्धि से व्यापार संतुलन देश के पक्ष में होगा।
   D. उपरोक्त सभी

गद्यांश-44

'आधार' से जुड़े विचार नए नहीं हैं। अमेरिका में काफी समय पहले सामाजिक सुरक्षा कार्यक्रमों से संबंधित लोगों को 'सामाजिक सुरक्षा नंबर' देने की सोच ने आकार लिया था और वहां पचास वर्षों से भी अधिक समय से ऐसे पहचान पत्र का इस्तेमाल हो रहा है। हाल ही में वहां पर सीनेट के कुछ सदस्यों ने यह प्रस्ताव रखा कि देश में बायोमेट्रिक सामाजिक सुरक्षा कार्ड शुरू किया जाए। इस प्रस्ताव को अमेरिका के नागरिक समूहों एवं निजता संबंधी वकीलों के जबर्दस्त विरोध का सामना करना पड़ा। आज से कुछ समय पहले ब्रिटेन सरकार ने भी बायोमेट्रिक राष्ट्रीय पहचान योजना शुरू की थी, लेकिन ब्रिटेन की नई सरकार इस योजना को खत्म करने, बल्कि एकत्रित बायोमेट्रिक आंकड़ों को ध्वस्त करने की सोच रही है। वहां कहा जा रहा है कि यह पूरी कवायद निरर्थक, नौकरशाही संबंधी और निजता में हस्तक्षेप करने वाली थी।

भारत में 'आधार' को सरकारी सेवाओं के समस्त रोगों की रामबाण दवा के रूप में पेश किया जा रहा है। अपेक्षा की जा रही है कि यह पहचान पत्र शिक्षा के अधिकार के तहत दाखिले की निगरानी करेगा। यह सार्वजनिक वितरण प्रणाली की दरारों को बंद कर देगा और वित्तीय समायोजन, ग्रामीण रोजगार गारंटी योजना, प्रस्तावित खाद्य सुरक्षा कानून तथा गरीबी-उन्मूलन से जुड़ी अन्य योजनाओं को लागू कराने में भी अचूक साबित होगा। फर्जी लाभार्थियों को छांट सकने वाली अनूठी पहचान संख्या की अवधारणा यकीनन आकर्षक है, लेकिन चिंता की बात यह है कि यह नंबर गलत पहचान या योजनाओं के क्रियान्वयन के रिसाव की समस्या को हल करने में कितना कारगर होगा। एक ऐसी व्यवस्था, जिसमें सरकारी अनुदान संबंधी ज्यादातर लाभ परिवार केंद्रित हैं, बल्कि बड़ा परिवार एक नेमत-सा हो, उसमें निजी सूचनाओं पर आधारित 'आधार' कैसे लाभप्रद हो सकता है?

1. सामाजिक सुरक्षा से जुड़ी राष्ट्रीय पहचान योजना निम्न में से किस देश में लागू की जा चुकी है?
   A. भारत B. ब्रिटेन
   C. संयुक्त राज्य अमेरिका D. उपरोक्त सभी

2. अमेरिका में बायोमेट्रिक सामाजिक सुरक्षा कार्ड योजना का विरोध किया जा रहा है, क्यों?
   A. इससे अमेरिका की राष्ट्रीय सुरक्षा खतरे में पड़ सकती है।
   B. इंटरनेट आधारित योजनाओं में इसके दुरूपयोग की संभावना बढ़ सकती है।
   C. इससे व्यक्ति की निजता प्रभावित होगी।

D. इससे अमेरिका की गोपनीय खुफिया रिपोर्ट सार्वजनिक हो सकती है।

3. उपरोक्त उद्धरण के आधार पर सही कथन का चयन कीजिए?

A. अमेरिका के कुछ सीनेटरों ने देश में बायोमेट्रिक सामाजिक सुरक्षा कार्ड का विरोध किया है।

B. अमेरिका के नागरिक समूह सुरक्षा कार्ड योजना का समर्थन कर रहे हैं।

C. ब्रिटेन की नई सरकार कुछ समय पहले शुरू की गई बायोमेट्रिक राष्ट्रीय पहचान योजना खत्म करने पर विचार कर रही है।

D. भारत सरकार ने भी इस योजना के खतरे को देखते हुए इसे स्थगित करने का निर्णय हाल ही में लिया है।

4. भारत में शुरू की गई आधार योजना का मुख्य लाभ क्या है?

A. इससे सार्वजनिक वितरण प्रणाली की खामियों को दूर करने में मदद मिलेगी।

B. इससे सरकारी खर्च पर नियंत्रण रखा जा सकेगा।

C. इससे रोजगार गारंटी योजना के लाभार्थियों को उचित लाभ मिल सकेगा।

D. A एवं C

गद्यांश-45

3जी मोबाइल सेवा टेलीकॉम जगत में क्रान्ति लेकर आई है। यह सेवा इन्टरनेट टेलीविजन, वीडियो ऑन-डिमांड, आडियो-वीडियो फोन कॉल और क्रांफ्रेंसिंग के साथ ही तीव्र गति डाटा आदान-प्रदान जैसे तेज सम्पर्क और एप्लीकेशन की सुविधा प्रदान करेगी। वीडियो फोन कॉल में एक-दूसरे को देखते हुए बातचीत की जा सकती है। कम्पनियों की योजना के अनुसार, शुरुआत में वे 100 चैनलों का लाइव टीवी शुरू करेंगी, जिसमें बाद में 100 और चैनल जोड़ दिए जाएंगे। तेज गति की ऑनलाइन गेमिंग, पिक्चर इन पिक्चर और फोटो अपलोडिंग भी सम्भव हो जाएगी। मोबाइल पर ईमेल एकाउंट या किसी वेबसाइट खुलने में देरी तब बीते जमाने की बात हो जाएगी। 2जी सेवाओं में फिलहाल प्रयुक्त किए जा रहे फोन सेटों में ईमेल एकाउंट का खुलना ज्यादा आसान हो जाएगा। चूंकि 3जी युक्त मोबाइल सेटों में सेवा प्रदाता कम्पनी से प्राप्त संकेत अधिक शक्तिशाली होंगे इसलिये सभी तरह की सेवाओं की गति अधिक होगी। जबकि 2जी सेवाओं में आडियो कॉल्स के साथ एमपीथ्री, एफ़एम, रिंगटोन और औसत गति का जीपीआरएस और टेक्स्ट मैसेजिंग (एसएमएस) का लाभ ही मिलता था। दूरसंचार विभाग के अनुसार, फिलहाल मोबाइल सेवा में उच्च श्रेणी के ब्रॉडबैंड इंटरनेट की गति 256 केबीपीएस होती है जबकि 3जी पर ब्रॉडबैंड की शुरुआत ही होगी 384 केबीपीएस से जो वर्तमान उपलब्ध संरचना में 3.2 एमबीपीएस तक जा सकती हैं। भारत में फिलहाल व्यापक रूप से जिस 3जी मोबाइल प्रौद्योगिकी की प्रतीक्षा की जा रही है, वह तीसरी पीढ़ी की है। इस समय बीएसएनएल और एमटीएनएल को छोड़कर सभी निजी मोबाइल ऑपरेटर कम्पनियाँ दूसरी पीढ़ी (2जी) प्रौद्योगिकी की सेवाएं उपलब्ध करा रही हैं।

1. 3जी मोबाइल सेवा को टेलीकॉम जगत में एक क्रान्ति के रूप में क्यों देखा जा रहा है?

A. इससे तीव्र गति से डाटा का आदान-प्रदान संभव हो पाएगा।

B. इससे ऑन लाइन टिचिंग संभव हो पाएगा।

C. मानसून की सटीक भविष्यवाणी की जा सकेगी।

D. उपरोक्त सभी

2. 3जी सेवा का प्रमुख लाभ क्या है?

A. डाटा का शीघ्र आदान-प्रदान।

B. टी.वी. चैनल सेवाओं का विस्तार।

C. पिक्चर इन पिक्चर एवं फोटो अपलोडिंग।

D. उपरोक्त सभी।

3. निम्न में से कौन-सी सुविधा 2जी सेवाओं पर आधारित नहीं है?

A. टेक्स्ट मैसेजिंग B. जीपीआरएस

C. एमपी थ्री D. वीडियो ऑन डिमांड

गद्यांश-46

बीपीओ के क्षेत्र में भारत जैसे देश की सफलता ने विकसित देशों को चौंका दिया। अमेरिका के राष्ट्रपति चुनाव में आउटसोर्सिंग एक बड़ा मसला बना। भारत के ज्ञान के आगे अमेरिका जैसा सशक्त देश सहम गया। अमेरिकी राष्ट्रपति बराक ओबामा कई बार अपने भाषण में भारत और चीन जैसे देश की उच्च स्तरीय बौद्धिक संपदा से खौफ जता चुके हैं। बराक ओबामा ने तो अमेरिकी कंपनियों को सख्त आदेश दिए कि बाहर नौकरी देने वाली कंपनियों को किसी तरह की सरकारी रियायत नहीं दी जाएगी, लेकिन विकसित देशों का यह खौफ आउटसोर्सिंग को रोक नहीं पाया, हां इसके लिए चुनौतियां जरूर बढ़ गई हैं। खासकर वैश्विक आर्थिक मंदी के बाद भारत की ओर जा रही नौकरियों को लेकर पश्चिमी देश अपनी भौहें टेढ़ी करने लगे, लेकिन एक बार वैश्विक कारोबार में अपने पांव जमाने के बाद भारतीय श्रम शक्ति को नजरअंदाज करना आसान नहीं है। फिर भी यह सच है कि आज चुनौतियां ज्यादा बढ़ गई हैं। जरूरत है इन चुनौतियों का मुकाबला कर, वैश्विक कारोबार में अपने पांव जमाए रखने की। आज के भारतीय युवा को इस क्षेत्र से काफी उम्मीदें हैं। भारत केपीओ का भी अगुआ बन रहा है। कल के सॉफ्टवेयर कुली आज के परामर्शदाता हैं। विकसित दुनिया की एक बड़ी जरूरत बन गए हैं। इस कामयाबी को बरकरार रखने और बढ़ाने की जरूरत है। आशा की जानी चाहिए कि भारत आने वाले दिनों में दुनिया का सबसे बड़ा केपीओ बाजार बन जाएगा।

1. भारत की कौन-सी सफलता विकसित देशों को चौंकानेवाली है?

A. एशिया में एक महत्वपूर्ण आर्थिक शक्ति के रूप में भारत का उभरना।

B. भारत द्वारा रुपये के नए चिह्न को अपनाना।
C. भारत में बीपीओ क्षेत्र की सफलता।
D. भारत का बढ़ता विदेशी मुद्रा भंडार।

2. अमेरिकी सरकार ने आउटसोर्सिंग को रोकने के लिए कौन-से कदम उठाए हैं?
A. आउटसोर्सिंग करनेवाली कंपनियों पर अतिरिक्त टैक्स
B. आउटसोर्सिंग करनेवाली कंपनियों को मिलने वाली सरकारी रियायत में कटौती
C. आउटसोर्सिंग पर पूर्ण प्रतिबंध
D. आउटसोर्सिंग रोकने के लिए यूरोपीय संघ के साथ समझौता

3. आनेवाले दिनों में भारत को दुनिया का सबसे बड़ा केपीओ बाजार बन जाने की संभावना व्यक्त की जा रही है, क्यों?
A. भारत को बीपीओ क्षेत्र की सफलता का लाभ मिलेगा।
B. भारत के पास उन्नत कोटि का मानव संसाधन उपलब्ध है।
C. केपीओ बाजार में भारत का कोई प्रतिद्वन्द्वी नहीं है।
D. उपरोक्त सभी

4. अमेरिका के राष्ट्रपति चुनाव का मुख्य मुद्दा क्या था?
A. इराक में शांति स्थापना
B. संयुक्त राष्ट्रसंघ की सुरक्षा परिषद् में सुधार
C. आउटसोर्सिंग
D. अमेरिकी राष्ट्रीय सुरक्षा

गद्यांश-47

विकास की दौड़ में देश का भीतरी संतुलन भी बहुत ही महत्वपूर्ण है। आज भारत के सन्दर्भ में परोक्ष रूप से सवैधानिक व्यवस्था के सामने समय की चुनौती है, परीक्षा है प्रजातन्त्र और गणतन्त्र की दुहाई देने वाले राजनीतिक दलों की, उनके निर्वाचित सदस्यों की और व्यवस्था का संचालन करने वाली शासकीय नौकरशाही की वे अपने कर्तव्यबोध में कितनी कर्मठता, पारदर्शिता, ईमानदारी और राष्ट्रीय भावना को तरजीह देते हैं।

हम कभी कर्ज से मुक्त और सम्पदा से युक्त एक राष्ट्र थे, हम समूचे विश्व को एक नई राह दिखाने की क्षमता वाले सक्षम राष्ट्र थे, परन्तु जो हुआ है और आज जो हो रहा है वह देश के हित में कम नेताओं के और उनके वंशजों के व पूँजीपतियों के हित में अधिक हो रहा है। देश का, जो विकास होना था वो हुआ या नहीं, न तो किसी को इसका ठीक-ठाक पता है और न ही किसी को यह सब देखने में रुचि है इतना तो अवश्य है कि नेताओं की स्वहितकारी पंचवर्षीय योजनाएं अच्छी तरह से बनती चली गई हैं और उनका भारी विकास होता चला गया है। एक अनुमान के अनुसार हमारे देश के नेताओं का एक लाख करोड़ रुपए से अधिक काला धन स्विस बैंकों में और छद्म सम्पत्तियों में रखा और निवेशित किया गया है। इतने धन से भारत की तस्वीर बदली जा सकती है, कुछ हद तक गरीबी दूर की जा सकती है, परन्तु यह धन आम जनता की गरीबी दूर करने के लिए नहीं है, बल्कि यही धन आम जनता से छीनकर उन्हें गरीब किया गया है इस देश को कर्जदार बनाया गया है और भारी विषमता की इस खाई को रचा गया है।

1. लेखक ने आम जनता की गरीबी का कारण किसे बताया है?
A. संसाधनों का सही उपयोग न हो पाने को।
B. धन के दुरूपयोग को।
C. जनता के धन के विदेशों में पलायन को।
D. उपरोक्त सभी।

2. लेखक ऐसा क्यों मानता है कि आज जो विकास हो रहा है वह देश का कम, नेताओं का ज्यादा है?
A. विकास का लाभ आम जनता को नहीं नेताओं को मिला है।
B. नेताओं ने विकास की प्रक्रिया को अपनी ओर मोड़ लिया है।
C. नेता ही विकास के सबसे बड़े नियंता हैं।
D. नेता देश का विकास नहीं चाहते।

3. भारत में विकास की सबसे बड़ी विसंगति क्या है?
A. देश में प्रजातंत्र की जड़ लगातार कमजोर हुई है।
B. संपदा से युक्त राष्ट्र आज सबसे बड़ा कर्जदार बन गया है।
C. देश का धन बड़ी मात्रा में विदेशों में भेजा जा रहा है।
D. A एवं C दोनों।

4. सवैधानिक व्यवस्था के सामने सबसे बड़ी चुनौती क्या है?
A. शासन में कर्तव्य बोध एवं पारदर्शिता का अभाव।
B. राष्ट्रीय भावना का कमजोर पड़ना।
C. नागरिकों में कर्मठता का अभाव।
D. उपरोक्त सभी।

गद्यांश-48

एक आर्थिक विचार के रूप में ब्रिक की धारणा का प्रतिपादन वर्ष 2001 में अमेरिका की वित्तीय कम्पनी गोल्डमैन सैच (Goldman Sachs) के अर्थशास्त्री जिम ओ नील (Jim O' Niel) ने किया था। नील ने इन चार देशों की उभरती अर्थव्यवस्थाओं को आगे आने वाले भविष्य के लिए महत्त्वपूर्ण माना था। इस धारणा का विधिवत् प्रतिपादन उनके द्वारा 2003 में लिखित रिपोर्ट 'Dreaming with BRICS : The path to 2050' में यह माना गया था कि इन चार देशों ने वैश्विक पूँजीवाद के आलोक में अपनी राजनीतिक व आर्थिक व्यवस्थाओं में परिवर्तन कर लिया है। इस रिपोर्ट के अनुसार वर्ष 2050 तक भारत व चीन विश्व में निर्मित वस्तुओं व सेवाओं के अग्रिम आपूर्तिकर्ता देश होंगे। इसी प्रकार रूस तथा ब्राजील

2050 तक विश्व में कच्चे माल के अग्रिम आपूर्तिकर्ता देश होंगे। इस प्रकार इन देशों की अर्थव्यवस्थाएं एक-दूसरे की पूरक होंगी। इसी प्रकार वर्ष 2005 में प्रकाशित गोल्डमैन सैच की एक अन्य रिपोर्ट में यह भविष्यवाणी की गई थी कि इन चारों देशों की अर्थव्यवस्थाएं इतनी तेजी से विकसित हो रही हैं कि वर्ष 2050 तक ये चारों अर्थव्यवस्थाएं वर्तमान विश्व के धनी देशों की अर्थव्यवस्थाओं से आगे निकल जाएंगी। लेकिन इस रिपोर्ट का तर्क यह नहीं था कि ये चारों अर्थव्यवस्थाएं एक आर्थिक सहयोग संगठन का निर्माण करेंगी।

वर्तमान में इन चारों देशों में विश्व की 40 प्रतिशत जनसंख्या निवास करती है तथा इन चारों का क्षेत्रफल विश्व के भौगोलिक क्षेत्रफल का 25 प्रतिशत है। साथ ही इन चारों का सकल राष्ट्रीय उत्पाद (GDP) 15.43 ट्रिलियन डॉलर है। इन चारों देशों में आपसी सहयोग की सम्भावना इसलिए अधिक है कि जहाँ रूस में तेल व प्राकृतिक गैस व ब्राजील में खनिज पदार्थों विशेषकर लौह अयस्क की अच्छी मात्रा है, वहीं भारत व चीन तकनीकी व निर्माण के क्षेत्र में आगे हैं।

1. लेखक ने किन अर्थव्यवस्थाओं को भविष्य के लिए महत्त्वपूर्ण माना है?

A. ब्राजील, रूस भारत, चीन
B. चीन, भारत, द. अफ्रीका, रूस
C. ब्राजील, भारत, रूस, द. अफ्रीका
D. रूस, भारत, चीन, जापान

2. 2050 तक किन देशों के निर्मित वस्तुओं एवं सेवाओं के अग्रिम आपूर्तिकर्ता होने की संभावना व्यक्त की गई है?

A. भारत एवं ब्राजील B. भारत एवं चीन
C. ब्राजील एवं रूस D. चीन एवं ब्राजील

3. निम्न में से कौन-सा कथन सही है?

A. इस शताब्दी के अर्द्धांश तक ब्रिक राष्ट्रों की अर्थव्यवस्था विकसित देशों की अर्थव्यवस्था से आगे निकल जाएगी।
B. ब्रिक राष्ट्रों के बीच आपसी व्यापारिक प्रतिस्पर्धा बढ़ेगी।
C. ब्रिक राष्ट्र दुनिया के सर्वाधिक निर्यातक राष्ट्र के रूप में उभरेंगे।
D. A एवं C दोनों

4. ब्रिक राष्ट्रों के बीच सहयोग की अधिक संभावना किस कारण से है?

A. सभी राष्ट्र सहयोग के लिए प्रतिबद्ध हैं।
B. इनकी अर्थव्यवस्था एक-दूसरे की पूरक है।
C. इनकी अर्थव्यवस्था एक-दूसरे की प्रतिस्पर्धी है।
D. सभी ने सीमा शुल्क रहित व्यापार का समर्थन किया है।

गद्यांश-49

भारत की सामाजिक संस्थाओं में जाति प्रणाली के घृणितम स्वरूप के दंश समाज के एक वर्ग ने शताब्दियों तक झेले हैं। जाति व्यवस्था से ही समाज में ऊँच-नीच की भावना पैदा हुई है। कर्म के आधार पर विकसित हुई वर्णव्यवस्था में बौद्धिक दृष्टि से श्रेष्ठतर तथा शिक्षा-दीक्षा का कार्य करने वाले लोग ब्राह्मण, समुदाय (राज्य) की रक्षा करने वाले लोग क्षत्रिय, कारोबारी लोग वैश्य तथा उत्पादन करने वाले लोग शूद्र कहलाए। यह वर्गीकरण जन्मगत न होकर कर्मगत था। कालान्तर में समाज में कर्म के ही आधार पर जातियाँ और उप-जातियाँ बनीं। बुद्धिबल, बाहुबल तथा धनबल के आधार पर कतिपय जातियों ने स्वयं को श्रेष्ठतम (ऊँचा) तथा अन्यों को निम्नतम (नीचा) मान लिया। तथाकथित नीची जातियों पर तरह-तरह की निर्योग्यताएं थोपी गईं यथा नीची जातियों के लोगों पर जूते पहनने, पगड़ी बाँधने पर प्रतिबन्ध लगा दिया गया। वे तथाकथित ऊँची जातियों के कुओं से पानी नहीं ले सकते थे; मन्दिरों में प्रवेश नहीं कर सकते थे; तथाकथित नीची जाति की महिलाएँ कमीज (ब्लाउज) नहीं पहन सकती थीं उन्हें साड़ी लपेट कर ही अपना शरीर ढंकना पड़ता था। तथाकथित नीची जातियों के लोग बराबरी के साथ चारपाई पर नहीं बैठ सकते थे। उनकी छाया तक पड़ जाने पर ब्राह्मण स्वयं को अशुद्ध मानकर स्नान करते थे। महाराष्ट्र में दलितों को सार्वजनिक स्थान, सड़क आदि पर थूकने के भी अधिकार नहीं थे। प्रताड़ना के विकृततम रूप में दलितों को अपने गले में कटोरा बाँधकर चलना पड़ता था ताकि यदि वे थूकें तो उसी कटोरे में थूकें और अपनी बस्ती में जाकर कटोरा साफ करें। कतिपय नीची जातियों के लोगों को अपनी कमर से एक झाड़ू बाँधकर चलना पड़ता था ताकि जिस रास्ते से वे चलें वह स्वतः ही साफ होता रहे। इस प्रकार की अमानवीय कुप्रथाओं तथा दलितों के सामाजिक उत्पीड़न के विरुद्ध उन्नीसवीं और बीसवीं शताब्दी में अनेक समाज सुधार आन्दोलन चले। महात्मा गांधी के अछूतोद्धार आन्दोलन तथा डॉ. बी.आर. अम्बेडकर के प्रयासों से स्वाधीनता आन्दोलन के दौरान ही जाति व्यवस्था पर कड़े प्रहार किए गए। भारतीय राष्ट्रीय कांग्रेस तथा अन्य समाज सुधारकों के प्रयास से जनगणना में जाति का उल्लेख किया जाना बन्द कर दिया गया। भारतीय जाति व्यवस्था की कुरीतियों को दास प्रथा, रंगभेद, सती प्रथा, बालिका भ्रूण हत्या के समकक्ष ही अमानवीय करार दिया गया। इन समस्त प्रयासों के चलते ही संविधान के मौलिक अधिकारों में समानता के अधिकार के तहत जाति, धर्म, लिंग, भाषा अथवा क्षेत्र के आधार पर किसी भी व्यक्ति के प्रति भेदभाव किए जाने को निषेध कर दिया गया। अस्पृश्यता को मौलिक अधिकारों के हनन की संज्ञा देते हुए एवं असंवैधानिक मानते हुए एक संज्ञेय अपराध भी माना गया।

1. समाज में ऊँच-नीच की भावना का मुख्य आधार क्या है?

A. जाति व्यवस्था B. वर्ण व्यवस्था
C. सांप्रदायिक विभाजन D. उपरोक्त सभी

2. निम्न में से कौन सामाजिक श्रेष्ठता का आधार है?

A. बुद्धि B. बाहुबल
C. धन D. उपरोक्त सभी

3. भारतीय समाज में निचली जाति पर कौन-सी निर्योग्यता आरोपित नहीं की गई थी?
A. ऊँची जाति के कुओं से पानी न भरना
B. पगड़ी बाँधना
C. जूते पहनना
D. मंदिरों में प्रवेश

4. जाति-व्यवस्था को असंवैधानिक माना गया है–
A. संविधान की प्रस्तावना में।
B. मौलिक अधिकार खंड में।
C. राज्य के नीति निदेशक भाग में।
D. उपरोक्त सभी में।

गद्यांश-50

भारत में प्राचीन काल से ही उत्तम कोटि के सूती वस्त्रों का उत्पादन होता आया है। यहाँ का मलमल अपनी विशेषता के लिए विश्वविख्यात रहा है। 17वीं शताब्दी तक भारत में उत्तम कोटि के सूती वस्त्रों का बड़ें पैमाने पर उत्पादन होता था। अंग्रेजी साम्राज्य ने अपने देश के प्रभुत्व को स्थापित करने के उद्देश्य से ब्रिटेन में उत्पादित वस्त्र को भारतीय बाजार में उतार कर भारतीय वस्त्र उद्योग को नष्ट कर दिया था। इसके फलस्वरूप भारत यूरोपीय देशों के कच्चे माल की पूर्ति का केन्द्रमात्र बनकर रह गया। धीरे-धीरे भारतीय ग्रामों में फैला परम्परागत वस्त्र उद्योग नष्ट होने लगा।

राष्ट्रपिता महात्मा गांधी की दृष्टि लुप्तप्राय होते जा रहे ग्रामीण उद्योगों की ओर गई। उन्होंने स्वदेशी वस्त्र उत्पादन के कार्य को पुनर्जीवित करने के उद्देश्य को ध्यान में रखते हुए वर्ष 1925 में अखिल भारत चरखा संघ की स्थापना से खादी कार्य का सूत्रपात किया। गांधीजी का लक्ष्य खादी उद्योग के माध्यम से शोषण मुक्त समाज की रचना करना था। एक बार गांधीजी ने कहा भी था, ''यदि मुझे कोई हाथ-कताई से बेहतर सुविचारित व्यापक कार्यक्रम बतलाए तो मैं आज चरखा का त्याग कर दूँगा। परन्तु अभी तक न तो मैंने देखा है और न ही मुझे दिखाया गया है। यदि ऐसा कोई सुविचारित कार्यक्रम है, तो उसे जानने के लिए मैं उत्सुक हूँ।''

वर्ष 1947 तक यह उद्योग गांधीजी के मार्ग निर्देशन में रहा। स्वतंत्रता प्राप्त करने के पश्चात् सरकार ने इस उद्योग को आवश्यक संरक्षण प्रदान किया। खादी ग्रामोद्योग आयोग अधिनियम, 1946 द्वारा उद्योगों के विकास के लिए एक विशेष आयोग स्थापित किया गया। आयोग का काम खादी ग्रामोद्योग सम्बन्धी कार्यक्रमों की योजना बनाना तथा उनके कार्यान्वयन में सहायता देना है। खादी ग्रामोद्योग के क्षेत्र में काम करने वाले लोगों को प्रशिक्षण देने के अलावा आयोग ऐसी एजेंसियों के लिए वित्त की व्यवस्था करता है, जो इसकी पात्र होती हैं। उन्हें कच्चा माल जुटाता है तथा खादी ग्रामोद्योग के उत्पादों की बिक्री का प्रबन्ध करता है।

1. भारतीय वस्त्र उद्योग के नष्ट होने का मुख्य कारण क्या था?
A. भारतीय वस्त्र उद्योग की गुणवत्ता लगातार घटती जा रही थी।
B. भारतीय वस्त्रों की कीमत बाजार में लगातार बढ़ती जा रही थी।
C. भारतीय वस्त्र उद्योग को ब्रिटेन में उत्पादित सस्ते कपड़ों से मुकाबला करना पड़ रहा था।
D. B एवं C दोनों।

2. खादी उद्योग को बढ़ावा देने का गांधी का मुख्य उद्देश्य क्या था?
A. देशी उद्योग को बढ़ावा देना।
B. खादी को लोकप्रिय बनाना।
C. भारतीय उद्योग को आत्मनिर्भर बनाना।
D. शोषण मुक्त समाज की स्थापना करना।

3. 17वीं शताब्दी में भारत प्रसिद्ध था–
A. उन्नत कोटि के सूती वस्त्रों के लिए।
B. मलमल वस्त्र के लिए।
C. A एवं B दोनों के लिए।
D. रंगरेजी के लिए।

4. खादी ग्रामोद्योग आयोग का गठन किस उद्देश्य से किया गया?
A. खादी ग्रामोद्योग के विकास के लिए योजना बनाना।
B. इस उद्योग में काम करनेवाले लोगों को प्रशिक्षण देना।
C. इन उद्योगों में निर्मित वस्तुओं की विक्री के लिए।
D. उपरोक्त सभी।

उत्तरमाला

गद्यांश-1

1	2	3
D	B	A

गद्यांश-2

1	2	3
C	D	D

गद्यांश-3

1	2	3	4
C	C	D	D

गद्यांश-4

1	2	3	4
A	D	B	D

गद्यांश-5

1	2	3	4
D	D	B	A

गद्यांश-6

1	2	3	4
A	A	D	A

गद्यांश-7

1	2	3	4
A	D	D	D

गद्यांश-8

1	2	3	4
B	D	D	A

गद्यांश-9

1	2	3	4	5
D	D	A	C	A

गद्यांश-10

1	2	3	4
D	B	D	B

गद्यांश-11

1	2	3	4	5
D	C	B	C	A

गद्यांश-12

1	2	3	4	5
C	A	B	D	A

गद्यांश-13

1	2	3	4	5
C	D	B	D	A

गद्यांश-14

1	2	3	4	5
A	C	D	C	B

गद्यांश-15

1	2	3	4	5
A	C	A	C	D

गद्यांश-16

1	2	3	4	5
B	B	C	C	C
6	7			
A	B			

गद्यांश-17

1	2	3	4	5
B	C	D	A	B

गद्यांश-18

1	2	3	4	5
D	B	A	A	C

गद्यांश-19

1	2	3	4	5
C	A	B	B	A

गद्यांश-20

1	2	3	4	5
B	B	D	C	A

गद्यांश-21

1	2	3	4	5
B	A	C	D	C

गद्यांश-22

1	2	3	4	5
B	A	C	A	C

गद्यांश-23

1	2	3	4	5
D	C	A	D	C

गद्यांश-24

1	2	3	4
C	A	A	A

गद्यांश-25

1	2	3	4
A	D	C	D

गद्यांश-26

1	2	3	4
B	D	B	A

गद्यांश-27

1	2	3	4
D	C	C	B

गद्यांश-28

1	2	3	4
D	D	A	D

गद्यांश-29

1	2	3	4
C	A	D	B

गद्यांश-30

1	2	3	4
D	C	A	D

गद्यांश-31

1	2	3	4
D	A	C	D

गद्यांश-32

1	2	3	4
B	D	B	A

गद्यांश-33

1	2	3	4
C	A	C	A

गद्यांश-34

1	2	3	4
A	B	D	C

गद्यांश-35

1	2	3	4
B	C	C	B

गद्यांश-36

1	2	3	4
C	C	B	A

गद्यांश-37

1	2	3	4
C	A	C	A

गद्यांश-38

1	2	3	4
C	B	D	B

गद्यांश-39

1	2	3	4
B	A	C	B

गद्यांश-40

1	2	3	4
C	C	D	D

गद्यांश-41

1	2	3	4
D	D	D	D

गद्यांश-42

1	2	3	4
A	B	A	D

गद्यांश-43

1	2	3	4
B	A	C	A

गद्यांश-44

1	2	3	4
D	C	C	D

गद्यांश-45

1	2	3
A	D	D

गद्यांश-46

1	2	3	4
C	B	B	C

गद्यांश-47

1	2	3	4
C	A	B	D

गद्यांश-48

1	2	3	4
A	B	A	B

गद्यांश-49

1	2	3	4
A	D	A	B

गद्यांश-50

1	2	3	4
C	D	C	D

SECTION b | भाषा बोध : काव्यांश

काव्यांश-1

चौ.–एक पिता के बिपुल कुमारा।
होहिं पृथक गुन सील अचारा।।
कोउ पंडित कोउ तापस ग्याता।
कोउ धनवंत सूर कोउ दाता।।
कोउ सर्बग्य धर्मरत कोई
सब पर पितहि प्रीति सम होई।।
कोउ पितु भगत बचन मन कर्मा।
सपनेहुँ जान न दूसर धर्मा।।
सो सुत प्रिय प्रान समाना।
जद्यपि सो सब भाँति अयाना।।
एहि बिधि जीव चराचर जेते।
त्रिजग देव नर असुर समेते।।
अखिल बिस्व यह मोर उपाया।
सब पर मोहि बराबरि दाया।।
तिन्ह महँ जो परिहरि मद माया।
भजै मोहि मन बच अरु काया।।

दिए गए काव्यांश के आधार पर निम्नलिखित प्रश्नों के उत्तर दें।

1. दिए गए पद्यांश का शीर्षक हो सकता है–
   A. पितृ वत्सलता B. पुत्र के गुण
   C. पुत्र का धर्म D. इनमें से कोई नहीं
2. दिए गए पद्यांश के आधार पर पिता का प्यार–
   A. ज्ञानी पुत्र को प्राप्त होता है
   B. धनी पुत्र को प्राप्त होता है
   C. पराक्रमी पुत्र को प्राप्त होता है
   D. सभी को प्राप्त होता है चाहे वह मूर्ख, निर्बल या निर्धन हो
3. 'तापस' शब्द का अर्थ होगा–
   A. सूर्य की गर्मी B. तपस्वी
   C. बुखार से पीड़ित D. गर्मी का मौसम
4. 'चराचर' शब्द का संधि-विच्छेद होगा–
   A. चरा + चर B. चर + आचर
   C. चर + अचर D. इनमें से कोई नहीं
5. 'असुर' शब्द का पर्यायवाची शब्द होगा–
   A. निशाचर B. दैत्य
   C. दानव D. ये सभी

काव्यांश-2

तेरा जन एक आध है कोई।
काम-क्रोध अरु लोभ विसर्जित, ये सब तेरी माया।।
राजस-तामस-सातिग तीन्यू, ये सब तेरी माया।
चौथे पद कौं जे जन चीन्हैं, तिनहिं परम पद पाया।।
असतुति-निंदा-आसा छाड़ै, तजै मान अभिमाना।
लोहा-कंचन समिकरि च्यंतामणि हरिपद रमै उदासा।
त्रिसनां अरु-अभिमान रहित है कहै कबीर सो दासा।।

दिए गए काव्यांश के आधार पर निम्नलिखित प्रश्नों के उत्तर दें।

1. प्रस्तुत पद्यांश के आधार पर ईश्वर का सच्चा भक्त वह है जो–
   A. ईश्वर की रात-दिन भक्ति करता है।
   B. गरीबों की सेवा करता है।
   C. तृष्णा व अभिमान से रहित है।
   D. इनमें से कोई नहीं
2. पद्यांश के आधार पर तीन गुण हैं–
   A. सात्विक, राजसी व तामसी
   B. लोभ, मोह, अहंकार
   C. काम, क्रोध, लोभ
   D. इनमें से कोई नहीं
3. सच्चे भक्त संसार में–
   A. पर्याप्त हैं।
   B. जंगलों में मिलते हैं।
   C. विरले पाए जाते हैं।
   D. एक मात्र कबीर थे।

4. 'कंचन' शब्द का अर्थ होगा–

A. कोयला B. हीरा
C. सोना D. काला

5. 'अभिमान' शब्द का विपरीतार्थक शब्द होगा–

A. सम्मान B. घमंड
C. विनम्रता D. दयालुता

काव्यांश-3

भा भादों दूभर अति भारी।
कैसे भरौं रैनि अँधियारी।।
मँदिर सून पिउ अनतै बसा।
सेज नागिनी फिरि-फिरि डसा।।
रहौं अकेलि गहे एक पारी।
नैन पसारि मरौं हिय फारी।।
चमक बीजु, घन गरजि तरासा।
बिरह काल होइ जीउ गरासा।।
बरसै मघा झकोरी झकोरी।
मोर दुइ नैन चुवै जस ओरी।।
धनि सखैं भरे भादौं माहाँ।
अबहुँ न आएन्हि सी चेन्हि नाहाँ।।
पुरबा लाग भूमि जल पूरी।
आक जवास भई तस झूरी।।
थल जल भरे अपूर सब, धरती गगन मिलि एक।
जनि जोबन अवगाह महँ, दे बूड़त पिउ टेक।।

दिए गए काव्यांश के आधार पर निम्नलिखित प्रश्नों के उत्तर दें।

1. पद्यांश द्वारा वर्णन किया गया है–

A. वर्षा ऋतु का
B. भादव महीने का
C. प्रकृति का
D. वियोगिनी के विरह वेदना का

2. पद्यांश के अनुसार वियोगिनी को प्रियतम की अनुपस्थिति में सेज कैसा लगता है?

A. काँटे के समान B. फूलों के समान
C. नागिन के समान D. इनमें से कोई नहीं

3. नायिका के आँखों से बहते आँसू की उपमा किससे दी गई है?

A. नदियों की धारा से
B. वर्षा की बूँदों से
C. मघा नक्षत्र में होने वाली वर्षा से
D. इनमें से कोई नहीं

4. 'घन' शब्द का अर्थ होगा–

A. बादल B. पानी
C. लोहा D. पत्थर

5. 'धरती' शब्द के पर्यायवाची हैं–

(*i*) तरनी (*ii*) अवनि
(*iii*) वसुन्धरा (*iv*) मेदिनी

A. (*i*), (*ii*) एवं (*iii*)
B. (*ii*), (*iii*) एवं (*iv*)
C. (*i*), (*iii*) एवं (*v*)
D. उपर्युक्त सभी

काव्यांश-4

अँखिया हरि-दरसन की भूखी।
कैसे रहैं रूप रसराची ये बतियाँ सुनि रूखी।।
अवधि गनत इक टक मग जोवत तव एती नहिं झूखी।
अब इन जोग-संदेस ऊधो अति अकुलानी दूखी।।
वारक वह मुख फेरि दिखाओ दुहि पय पिवत पतूखी।
सूर सिकत हरि नाव चलायो ये सरिता हैं सूखी।।

दिए गए काव्यांश के आधार पर निम्नलिखित प्रश्नों के उत्तर दें।

1. प्रस्तुत पद्यांश के आधार पर इसके रचयिता हैं–

A. तुलसीदास B. केशवदास
C. रसखान D. सूरदास

2. पद्यांश के अनुसार गोपियों की आँखें किसकी भूखी हैं?

A. प्रकृति दर्शन की B. कृष्ण के दर्शन की
C. देवताओं के दर्शन की D. इनमें से कोई नहीं

3. गोपियों की बातचीत किसके साथ हो रही है?

A. देवदूत के साथ
B. कृष्ण के साथ
C. कृष्ण सखा उद्धव के साथ
D. सूरदास के साथ

4. 'अवधि' शब्द का अर्थ होगा–

A. एक भाषा का नाम B. एक स्थान का नाम
C. समयान्तराल D. इनमें से कोई नहीं

5. 'दरसन' शब्द है–

A. तद्भव B. तत्सम
C. देशज D. विदेशज

काव्यांश-5

तपस्वी ! क्यों इतने हो क्लांत? वेदना का यह कैसा वेग?
आह ! तुम कितने अधिक हताश, बताओ यह कैसा उद्वेग!
हृदय में क्या है नहीं अधीर, लालसा जीवन की निश्शेष !
कर रहा वंचित कहीं न त्याग तुम्हें, मन में धर सुंदर वेश?
दुःख के डर से तुम अज्ञात जटिलताओं का कर अनुमान;
काम से झिझक रहे हो आज, भविष्यत् से बनकर अनजान।
कर रही लीलायम आनंद, महाचिति सजग हुई सी व्यक्त;
विश्व का उन्मीलन अभिराम इसी में सब होते अनुरक्त !

दिए गए काव्यांश के आधार पर निम्नलिखित प्रश्नों के उत्तर दें।

1. पद्यांश में किस रस की अभिव्यक्ति है?

A. वीर रस B. शृंगार रस
C. करुण रस D. वीभत्स रस

2. काव्यांश के अनुसार कौन नायक को जीवन से विमुख कर रहा है?

A. हताशा B. वेदना
C. लालसा D. त्याग

3. नायक काम (जीवन) की उपेक्षा क्यों कर रहा है?

A. दुःख व जटिलताओं के भय से
B. पीड़ा व वेदना के भय से
C. निराशा और अधीरता के कारण
D. मौत के भय से

4. 'अभिरांम' शब्द का अर्थ होगा–

A. राम का छोटा भाई B. सुन्दर
C. अनन्त D. इनमें से कोई नहीं

5. 'निश्शेष' कौन-सी संधि होगी?

A. दीर्घ स्वर संधि B. गुण स्वर संधि
C. व्यंजन संधि D. विसर्ग संधि

काव्यांश-6

फिर मधुर दृष्टि से प्रिय कपि को खींचते हुये
बोले प्रियतर स्वर से अन्तर सींचते हुए–
"चाहिए हमें एक सौ आठ, कपि, इन्दीवर,
कम-से-कम, अधिक और हों, अधिक और सुंदर,
जाओ देवीदह, उषःकाल होते सत्वर,
तोड़ो, लाओं वे कमल, लौटकर लड़ो समर।"
अवगत हो जाम्बवान से पथ, दूरत्व, स्थान,
प्रभु - पद - रज सिर धर चले हर्ष भर हनुमान।
राघव ने विदा किया सबको जानकर समय,
सब चले सदय राम की सोचते हुए विजय !

दिए गए काव्यांश के आधार पर निम्नलिखित प्रश्नों के उत्तर दें।

1. काव्यांश में उल्लिखित पात्र हैं–

A. राम कथा के B. कामायनी के
C. महाभारत के D. इनमें से कोई नहीं

2. राम हनुमान को क्या लाने को कहते हैं?

A. एक सौ आठ कपि
B. एक सौ आठ नील कमल
C. एक सौ आठ अनुचर
D. इनमें से कोई नहीं

3. राम हनुमान को जाम्बवान से क्या जानने की आज्ञा देते हैं?

A. स्थान B. रास्ता
C. दूरी D. ये सभी

4. 'रज' शब्द का अर्थ है–

A. पानी B. धूल
C. गगन D. इनमें से कोई नहीं

5. 'राघव' शब्द के पर्यायवाची हैं–

(*i*) राम (*ii*) वासुदेव
(*iii*) मुरारी (*iv*) रघुनाथ

A. (*i*) एवं (*ii*) B. (*ii*) एवं (*iii*)
C. (*iii*) एवं (*iv*) D. (*i*) एवं (*iv*)

काव्यांश-7

चौ.–कहेउँ परम पुनीत इतिहासा।
सुनत श्रवन छूटहिं भव पासा।।
प्रनत कल्पतरु करुना पुंजा।
उपजई प्रीति राम पद कंजा।।
मन क्रम बचन जनित अघ जाई।
सुनहिं जे कथा श्रवन मन लाई।।
तीर्थाटन साधन समुदाई।
जोग बिराग ग्यान निपुनाई।।
कर्म धर्म द्विज गुर सेवकाई।
बिद्या बिनय बिबेक बड़ाई।।
जहँ लगि साधन बेद बखानी।
सब कर फल हरिभगति भवानी।।
सो रघुनाथ भगति श्रुति गाई।
राम कृपाँ काहूँ एक पाई।।
दो.–मुनि दुर्लभ हरि भगति नर पावहिं बिनहिं प्रयास।
जे यह कथा निरंतर सुनहिं मानि बिस्वास।।

दिए गए काव्यांश के आधार पर निम्नलिखित प्रश्नों के उत्तर दें।

1. काव्यांश के अनुसार व्यक्ति भव बंधन से कैसे मुक्त होता है?

A. पावन राम कथा सुनकर
B. योग, वैराग्य एवं ज्ञान द्वारा
C. दरिद्रनारायण की सेवा कर
D. इनमें से कोई नहीं

2. काव्यांश द्वारा बतायी गयी है–

A. शिव भक्ति की महिमा
B. योग वैराग्य आदि का महत्व
C. राम भक्ति की महिमा
D. उपरोक्त सभी

3. 'द्विज' शब्द में कौन-सा समास है?

A. तत्पुरुष B. कर्मधारय
C. अव्ययीभाव D. बहुब्रीही

4. 'पुनीत' शब्द का अर्थ होता है–

A. पुराना B. पहला
C. पवित्र D. इनमें से कोई नहीं

5. 'रघुनाथ' में शब्द भेद है–

A. रूढ़ि B. यौगिक
C. योगरूढ़ D. भाववाचक संज्ञा

काव्यांश-8

"मैया कबहि बढैगी चोटी।
किती बार मोहिं दूध पिवत भई, यह अजहूँ है छोटी।।
तू जो कहति बल की बैनी ज्यों, हवै हैं लांबी मोटी।
कांची दूध पिवावत पचि-पचि, देत न माखन रोटी।।"

दिए गए काव्यांश के आधार पर निम्नलिखित प्रश्नों के उत्तर दें।

1. बालक अपनी माँ से किसके बढ़ने के बारे में पूछ रहा है?
A. पहाड़ की चोटी B. कदम्ब के पेड़ की चोटी
C. अपने बालों की चोटी D. माँ के बालों की चोटी

2. बालक माँ से क्या पाने की इच्छा रखता है?
A. दूध-मिस्त्री B. माखन-रोटी
C. दुलार D. इनमें से कोई नहीं

3. 'पचि-पचि' शब्द का अर्थ होगा–
A. बार-बार B. पचा-पचा कर
C. पचने के बाद D. इनमें से कोई नहीं

4. 'दूध' शब्द का शब्द भेद है–
A. तत्सम B. तद्भव
C. देशज D. विदेशज

5. बनावट के आधार पर 'माखन' शब्द है–
A. रूढ़ि B. यौगिक
C. योगरूढ़ D. इनमें से कोई नहीं

काव्यांश-9

प्रकृति जोई जाके अंग परी।
स्वान-पूँछ कोटिक जा लागै सुधि न काहू करी।
जैसे काग मच्छ नहिं छांड़ै जनमत जोन धरी।
धोये रंग जात कहु कैसे ज्यों कारी कमरी?
ज्यों अहि उसत उदर नहिं पूरत ऐसी धरनी धरी।
सूर होउ सो होउ सोच नहिं तैसे है एउ री।।

दिए गए काव्यांश के आधार पर निम्नलिखित प्रश्नों के उत्तर दें।

1. काव्यांश के अनुसार व्यक्ति का स्वभाव–
A. बदला जा सकता है
B. अपरिवर्तनीय है
C. अन्य व्यक्ति से प्रभावित होता है
D. इनमें से कोई नहीं

2. कवि ने अपने कथन की पुष्टि के लिए कौन-कौन से उदाहरण दिए हैं?
(*i*) कुत्ता (*ii*) कौआ
(*iii*) बिल्ली (*iv*) साँप
(*v*) कम्बल
A. (*i*), (*ii*) एवं (*iii*) B. (*ii*), (*iii*) एवं (*iv*)
C. (*iii*), (*iv*) एवं (*v*) D. (*i*), (*ii*), (*iv*) एवं (*v*)

3. कम्बल का स्वभाव है कि–
A. वह काला होता है
B. वह गर्म होता है
C. उसका कालापन नहीं जाता
D. इनमें से कोई नहीं

4. 'स्वान' शब्द का अर्थ होता है–
A. मोर B. हंस
C. बगुला D. कुत्ता

5. 'अहि' शब्द का पर्यायवाची शब्द है–
(*i*) चक्षुश्रवा (*ii*) सर्प
(*iii*) भुजा (*iv*) विषधर
A. (*i*), (*ii*) एवं (*iv*) B. (*i*), (*ii*) एवं (*iii*)
C. (*i*), (*iii*) एवं (*v*) D. उपरोक्त सभी

काव्यांश-10

हिम गिरी के उत्तुंग शिखर पर,
बैठ शिला की शीतल छाँह।
एक पुरूष भीगे नयनों से
देख रहा था प्रलय प्रवाह।।

ऊपर जल था नीचे हिम था,
एक तरल था एक सघन।
एक तत्व की ही प्रधानता,
कहो उसे जड़ या चेतन।।

दिए गए काव्यांश के आधार पर निम्नलिखित प्रश्नों के उत्तर दें।

1. काव्यांश के अनुसार हिमगिरि के ऊँचे शिखर पर कौन बैठा था?
A. शीला नामक युवती B. एक पुरुष
C. एक देवदूत D. इनमें से कोई नहीं

2. 'तरल' शब्द का विपरीतार्थक शब्द होगा–
A. द्रव B. तैरता हुआ
C. सघन D. गर्म

3. व्यक्ति की आँखें थी–
A. भेंगी B. झुकी हुई
C. सुन्दर D. भींगी

4. 'हिमगिरि' के पर्यायवाची शब्द हैं–
(*i*) हिमालय (*ii*) हिमगह्वर
(*iii*) नगाधिराज (*iv*) हिमाद्रि
A. (*i*), (*ii*) एवं (*iii*) B. (*ii*), (*iii*) एवं (*iv*)
C. (*i*), (*iii*) एवं (*iv*) D. (*i*), (*ii*) एवं (*iv*)

5. 'चेतन' का विपरीतार्थक शब्द होगा–
A. जड़ B. तना
C. सचेत D. बेहोश

काव्यांश-11

"रूद्ध कोष है क्षुब्ध तोष,
अंगना-अंग से लिपटे भी
आतंक-अंक पर काँप रहे हैं
धनी वज्र-गर्जन से बादल!
त्रस्त नयन-मुख ढाँप रहे हैं।
जीर्ण बाहु, है शीर्ण शरीर
तुझे बुलाता कृषक अधीर,
ऐ विप्लव के वीर!
चूस लिया है उसका सार,
हाड़ मात्र ही हैं आधार,
ऐ जीवन के पारावार।"

दिए गए काव्यांश के आधार पर निम्नलिखित प्रश्नों के उत्तर दें।

1. काव्यांश के अनुसार अधीर कृषक किसे बुला रहा है?
A. वीर पुरुष को B. अपने बेटे को
C. बादल को D. इनमें से कोई नहीं

2. कृषक का क्या आधार मात्र बचा है?
A. केवल खेत B. केवल हड्डी
C. केवल घर D. केवल शरीर

3. शरीर शब्द का पर्यायवाची है–
A. देह B. गात
C. तन D. ये सभी

4. 'विप्लव' का अर्थ है–
A. महाविनाश B. परिवर्तन
C. सम्पन्नता D. इनमें से कोई नहीं

5. 'वीर' शब्द का विपरीतार्थक होगा–
A. कायर B. डरपोक
C. आलसी D. साहसी

काव्यांश-12

अति खल की संगति करने से,
जग में मान नहीं रहता है।
लोहे के संग में पड़ने से,
घन की मार अनल सहता है।।
सबसे नीतिशास्त्र कहता है,
दुष्ट-संग दुख का दाता है।
जिस पय में पानी रहता है,
वही खूब औंटा जाता है।।

दिए गए काव्यांश के आधार पर निम्नलिखित प्रश्नों के उत्तर दें।

1. 'पय' शब्द का अर्थ है–
A. पानी B. बर्तन
C. दूध D. इनमें से कोई नहीं

2. खल की संगति करने से–
A. मार सहना पड़ता है।
B. सम्मान नहीं मिलता।
C. प्रताड़ित किया जाता है।
D. खूब लाभ मिलता है।

3. उपरोक्त काव्यांश का केन्द्रीय भाव है–
A. अच्छी संगति के परिणाम
B. बुरी संगति के परिणाम
C. बुरी संगति से लाभ
D. इनमें से कोई नहीं

4. 'अनल' शब्द के पर्यायवाची हैं–
(*i*) पावक (*ii*) पय
(*iii*) अग्नि (*iv*) हुताशन
A. (*i*), (*ii*) एवं (*iii*) B. (*ii*), (*iii*) एवं (*iv*)
C. (*i*), (*iii*) एवं (*iv*) D. (*i*), (*ii*) एवं (*iv*)

5. किस दूध को खूब खौलाया जाता है?
A. जिसे पहले नहीं खौलाया गया हो
B. जिस दूध के फटने की आशंका हो
C. जिस दूध से दही बनाना हो
D. जिसमें पानी मिला हो

काव्यांश-13

गन्ध-विहिन फूल हैं जैसे चन्द्र चन्द्रिका-हीन।
यों ही फीका है मनुष्य का जीवन प्रेम-विहीन।।
प्रेम स्वर्ग है, स्वर्ग प्रेम है, प्रेम अशंक अशोक।
ईश्वर का प्रतिबिम्ब प्रेम है, प्रेम हृदय-आलोक।।

दिए गए काव्यांश के आधार पर निम्नलिखित प्रश्नों के उत्तर दें।

1. काव्यांश का केन्द्रीय भाव है?
A. मनुष्य का जीवन B. स्वर्ग में प्रेम
C. ईश्वर का प्रेम D. प्रेम का महत्त्व

2. प्रेम विहीन जीवन की उपमा किससे दी गई है?
(*i*) गंधहीन फूल से (*ii*) चाँदनी रहित चन्द्रमा से
(*iii*) मनुष्य के जीवन से
A. (*i*) एवं (*ii*) B. (*ii*) एवं (*iii*)
C. (*i*) एवं (*iii*) D. (*i*), (*ii*) एवं (*iii*)

3. 'स्वर्ग' का विपरीतार्थक शब्द होगा–
A. धरती B. पाताल
C. नरक D. आकाश

4. काव्यांश के अनुसार प्रेम है–
A. स्वर्ग B. ईश्वरीय प्रतिबिम्ब
C. हृदय की रोशनी D. ये सभी

5. 'प्रतिबिम्ब' शब्द में प्रयुक्त उपसर्ग है–
A. प्र B. बिम्ब
C. प्रति D. प्रतिबि

काव्यांश-14

भड़क भुला दो भूतकाल की,
सजिये वर्तमान के साज।
फैसन फेर इंडिया भर के,
गोरे गॉड बनो ब्रजराज।।
गौर वर्ण वृषभानुसुता का,
काले-काले तन पर तोप।
नाथ उतारो मोर मुकुट को,
सिर पै सजो साहिबी टोप।।
पौडर चंदन पोंछ लपेटो,
आनन की श्री ज्योति जगाय।
अंजन अंखियों में मत आंजो,
आला ऐनक लेहु लगाय।।
रवधर कानों में लटका लो,
कुंडल काढ़ मेकराफून।

तज पीताम्बर कम्बल काला,
डालो कोट और पतलून।।

दिए गए काव्यांश के आधार पर निम्नलिखित प्रश्नों के उत्तर दें।

1. दिया गया पद्यांश है–
A. रीति-कालीन काव्यांश B. छायावाद युगीन काव्यांश
C. हास्य-व्यंग्य रचना D. इनमें से कोई नहीं

2. पद्यांश में ब्रजराज को क्या बनने की सलाह दी गई है?
A. अभिनेता B. गोरा गॉड
C. अंग्रेजी वक्ता D. इनमें से कोई नहीं

3. कविता द्वारा मजाक उड़ाया गया है–
A. विदेशी संस्कृति का
B. अपनी संस्कृति
C. पुराने विचारों का
D. विदेशियों की नकल करने वालों का

4. 'वृषभानुसुता' में समास है–
A. कर्मधारय B. द्विगु
C. बहुब्रीहि D. अव्ययीभाव

5. 'पीताम्बर' का संधि-विच्छेद है।
A. पीत + अम्बर B. पीता + म्बर
C. पीला + अम्बर D. पी + ताम्बर

काव्यांश-15

सच्चा प्रेम वही है जिसकी,
तृप्ति आत्म-बलि पर हो निर्भर।
त्याग बिना निष्प्राण प्रेम है,
करो प्रेम पर प्राण निछावर।।
देश प्रेम वह पुण्य-क्षेत्र है,
अमल असीम त्याग से विलसित।
आत्मा के विकास से जिसमें,
मनुष्यता होती है विकसित।।

दिए गए काव्यांश के आधार पर निम्नलिखित प्रश्नों के उत्तर दें।

1. पद्यांश के अनुसार सच्चा प्रेम निर्भर है–
A. आत्मोत्सर्ग पर B. सच्चे प्रेमी-प्रेमिका पर
C. अच्छे पड़ोसियों पर D. विकसित समाज पर

2. त्याग के बिना प्रेम–
A. बेकार है B. प्राण-रहित है
C. मजाक है D. इनमें से कोई नहीं

3. मनुष्यता का विकास होता है–
A. प्रेम से B. शिक्षा से
C. आत्मा के विकास से D. शौर्य से

4. पद्यांश के अनुसार प्रेम का मूल तत्व है–
A. सच्चाई B. उपहार
C. आत्मा D. त्याग

5. 'निष्प्राण' में संधि भेद होगा–
A. व्यंजन संधि
B. स्वर संधि
C. स्वर एवं व्यंजन संधि दोनों
D. विसर्ग संधि

काव्यांश-16

क्या? देख न सकती जंजीरों का गहना?
हथकड़ियां क्यों? यह ब्रिटिश राज्य का गहना,
कोल्हू का चर्रक चूं? जीवन की तान,
गिट्टी पर लिक्खे अंगुलियों ने गान?
हूं मोट खींचता लगा पेट पर जूआ,
खाली करता हूं ब्रिटिश अकड़ का कूआं।

दिए गए काव्यांश के आधार पर निम्नलिखित प्रश्नों के उत्तर दें।

1. दिए गए काव्यांश में ब्रिटिश राज्य का गहना कहा गया है–
A. कोल्हू को B. मोट को
C. हथकड़ियों को D. इनमें से कोई नहीं

2. कोल्हू की आवाज को कहा गया है–
A. जीवन का सत्य B. जीवन की तान
C. चर्रक चूं D. इनमें से कोई नहीं

3. उपरोक्त काव्यांश को पढ़ने पर मानस पटल पर किसका चित्र उभरता है?
A. भिखारी का B. कैदी का
C. अंग्रजों का D. हथकड़ियों का

4. 'गहना' का पर्यायवाची शब्द है–
A. आभूषण B. ग्रहण
C. सघन D. चमकना

5. 'अकड़' शब्द का अर्थ होगा–
A. अहंकार B. अत्याचार
C. अंधविश्वास D. हठ

काव्यांश-17

एक बार बस और नाच तू श्यामा!
सामान सभी तैयार,
कितने ही असुर, चाहिए कितने तुझको हार?
कर मेखला मुंड-मालाओं से बन-बन अभिरामा–
एक बार बस और नाच तू श्यामा!
भैरवी मेरी तेरी झंझा
तभी बजेगी मृत्यु लड़ाएगी जब तुझसे पंजा;
लेगी खड्ग और तू खप्पर,
उसमें रुधिर भरूंगा माँ
मैं अपनी अंजलि भर-भर...

दिए गए काव्यांश के आधार पर निम्नलिखित प्रश्नों के उत्तर दें।

1. 'श्यामा' शब्द का अर्थ होगा–
A. मेघ B. काली
C. धरती D. इनमें से कोई नहीं

2. 'रुधिर' के पर्यायवाची शब्द हैं–

(*i*) दूध (*ii*) शोणित

(*iii*) रक्त (*iv*) अम्बुधि

A. (*ii*) एवं (*iii*) B. (*ii*) एवं (*iv*)

C. (*iii*) एवं (*iv*) D. (*i*) एवं (*iv*)

3. काव्यांश के आधार पर 'हार' शब्द का अर्थ होगा–

A. पराजय B. भय

C. माला D. इनमें से कोई नहीं

4. कवि ने किससे नाचने का आह्वान किया है?

A. नर्तकी से B. असुरों से

C. काली से D. मृत्यु से

5. कवि ने श्यामा को कैसे सुन्दर बनने को कहा है?

A. आभूषणों से B. अस्त्र-शस्त्रों से

C. पुष्पमाला से D. मुंडमाला से

काव्यांश-18

घुन खाये शहतीरों पर की बारहखड़ी विधाता बांचे,
फटी भीत है, छत चूती है, आले पर बिस्तुइया नाचे,
बरसा कर बेबस बच्चों पर मिनट-मिनट में पाँच तमाचे,
इसी तरह से दुखरन मास्टर गढ़ता है आदम के साँचे।

दिए गए काव्यांश के आधार पर निम्नलिखित प्रश्नों के उत्तर दें।

1. काव्यांश द्वारा किस व्यवस्था पर व्यंग्य किया गया है?

A. शिक्षा व्यवस्था पर B. शासन व्यवस्था पर

C. अर्थव्यवस्था पर D. इनमें से कोई नहीं

2. काव्यांश के अनुसार आदम को किस प्रकार ढाला जा रहा है?

A. अच्छी शिक्षा देकर B. दोषपूर्ण शिक्षा पद्धति द्वारा

C. उपदेश देकर D. इनमें से कोई नहीं

3. काव्यांश द्वारा विद्यालय की किस कमी को दिखाया गया है?

A. संसाधनों की कमी B. दोषपूर्ण पद्धति

C. अयोग्य शिक्षक D. उपरोक्त सभी

4. 'शहतीर' का अर्थ होता है?

A. लकड़ी का लम्बा लट्ठा जो नदी के किनारे पड़ा हो।

B. लकड़ी का लम्बा लट्ठा जो नदी में किनारे-किनारे बह रहा हो।

C. लकड़ी का लम्बा लट्ठा जिसका उपयोग गृह-निर्माण में किया जाता है।

D. इनमें से कोई नहीं

5. 'बिस्तुइया' का अर्थ होता है–

A. साँप B. छिपकली

C. मकड़ी D. चींटी

काव्यांश-19

चेहरे थे असंख्य
आँखें थीं
दर्द सभी में था
जीवन का दंश सभी ने जाना था
पर दो
केवल दो
मेरे मन में कौंध गयीं
मैं नहीं जानता किसी वे आँखें थीं
नहीं समझता फिर उनको देखूँगा
परिचय मन ही मन चाहा तो उद्यम कोई नहीं किया
किन्तु उसी को कौंध
मुझे फिर फिर दिखलाती है।
× × ×
वही परिचित दो आँखें ही
चिर माध्यम हैं
सब आँखों से सब दर्दों से
मेरे चिर परिचय का।

दिए गए काव्यांश के आधार पर निम्नलिखित प्रश्नों के उत्तर दें।

1. काव्यांश के अनुसार दर्द किसमें था?

(*i*) चेहरे में (*ii*) असंख्य आँखों में

(*iii*) मन में (*iv*) जीवन में

A. (*i*) एवं (*ii*) B. (*ii*) एवं (*iii*)

C. (*iii*) एवं (*iv*) D. (*ii*) एवं (*iv*)

2. 'आँख' का पर्यायवाची शब्द **नहीं** है–

A. चक्षु B. श्रवण

C. नयन D. लोचन

3. 'चिर' शब्द का अर्थ है–

A. कपड़ा B. चीरना

C. एक पेड़ D. पुराना

4. कवि के अनुसार दर्दों से परिचय का माध्यम है–

A. हृदय B. जीवन

C. आँखें D. ये सभी

5. काव्यांश में वर्णित वे आँखें किसकी थी?

A. कवि की

B. पाठक की

C. कवि नहीं जानता वह किसकी आँखे थी

D. इनमें से कोई नहीं

काव्यांश-20

मुझे भ्रम होता है कि प्रत्येक पत्थर में
चमकता हीरा है
हर एक छाती में आत्मा अधीरा है
प्रत्येक सुस्मित में विमल सदानीरा है
मुझे भ्रम होता है कि प्रत्येक वाणी में
महाकाव्य-पीड़ा है
पल भर में सबसे गुजरना चाहता हूँ
इस तरह खुद को दिये फिरता हूँ
अजीब है जिन्दगी :

दिए गए काव्यांश के आधार पर निम्नलिखित प्रश्नों के उत्तर दें।

1. कवि को क्या भ्रम होता है?
A. प्रत्येक पत्थर के हीरा होने का
B. प्रत्येक पत्थर में हीरा होने का
C. प्रत्येक हीरे में पत्थर होने का
D. इनमें से कोई नहीं

2. कवि के अनुसार प्रत्येक वाणी में–
A. महाकाव्य की शक्ति है
B. महाकाव्य की संभावना है
C. महाकाव्य की पीड़ा है
D. इनमें से कोई नहीं

3. कवि को हर छाती में–
A. रोग होने की आशंका है
B. अधीर आत्मा होने का भ्रम है
C. विद्रोह सुलगने का डर है
D. इनमें से कोई नहीं

4. 'पत्थर' का पर्यायवाची ***नहीं*** है–
A. पाषाण B. उपल
C. प्रस्तर D. इनमें से कोई नहीं

5. 'आत्मा' एक शब्द है–
A. स्त्रीलिंग B. पुल्लिंग
C. उभयलिंग D. नपुंसकलिंग

काव्यांश-21

***"अन्दर बाहर धींगामुश्ती। परमारथ में भारी सुस्ती।
स्वारथ में तो बेहद चुस्ती।
एक-दूसरे की जड़ काटें तकरीरों से अग-जग पाटें।
अँग्रेजी की धकापेल है।
हिन्दी-उर्दू खतम खेल है। नौजवान के लिए जेल है।
सेठों से ही दिली मेल है..."***

दिए गए काव्यांश के आधार पर निम्नलिखित प्रश्नों के उत्तर दें।

1. प्रस्तुत काव्यांश एक–
A. व्यंग्य रचना है B. यथार्थ रचना है
C. शोक गीत है D. इनमें से कोई नहीं

2. काव्यांश के अनुसार हिन्दी-उर्दू की क्या दशा है?
A. विकासशील B. पतनोन्मुख
C. स्थिर D. उन्नत

3. दी गई पंक्तियाँ आज के किस चीज का सटीक उल्लेख करती हैं?
A. राजनीति B. शिक्षा
C. धर्म D. समाज

4. 'तकरीर' शब्द का अर्थ है–
A. भाषण B. विवाद
C. लड़ाई D. इनमें से कोई नहीं

5. 'एक-दूसरे की जड़ काटना' मुहावरे का अर्थ है :
A. परस्पर निन्दा करना B. परस्पर नुकसान करना
C. परस्पर विचार करना D. इनमें से कोई नहीं

काव्यांश-22

***"मुझे कल्पवृक्ष नहीं चाहिए
नहीं चाहिए कामधेनु
इस पृथ्वी पर जिन्दा रहने के लिए
मुझे इतना ही अन्न चाहिए
जितना चींटी अपनी चोंच में ले कर चलती है
उतनी ही जमीन चाहिए कि पसर सके लौकी की लतर
और उतनी की कपास कि ढक जाये लाज।"***

दिए गए काव्यांश के आधार पर निम्नलिखित प्रश्नों के उत्तर दें।

1. काव्यांश के अनुसार कवि को क्या नहीं चाहिए?
A. कल्पवृक्ष B. अन्न
C. कपास D. जमीन

2. कवि को क्या-क्या चाहिए?
(*i*) कल्पवृक्ष (*ii*) जमीन
(*iii*) अन्न (*iv*) कपास
(*v*) कामधेनु
A. (*i*), (*ii*) एवं (*iii*) B. (*i*), (*ii*) एवं (*v*)
C. (*ii*), (*iii*) एवं (*iv*) D. (*iii*), (*iv*) एवं (*v*)

3. कवि को कपास की जरूरत है–
A. कपड़ा मिल के लिए B. लाज ढकने के लिए
C. चरखा चलाने के लिए D. इनमें से कोई नहीं

4. 'चीटीं' का पर्यायवाची शब्द है–
A. तंतुवाय B. बिस्तुइया
C. पिपीलिका D. इनमें से कोई नहीं

5. दिए गए काव्यांश का सबसे उपयुक्त शीर्षक हो सकता है–
A. अभिलाषा B. जरूरत
C. कटौती D. जीने का सामान

काव्यांश-23

***ओ भिखमंगे, अरे पराजित, ओ मजलूम, अरे चिरदोहित,
तू अखंड भंडार शक्ति का, जाग अरे निद्रा-सम्मोहित!
प्राणों को तड़पाने वाली हुंकारों से जल-थल भर दे,
अंगारों के अंबारों में अपना ज्वलित पलीता धर दे।***

दिए गए काव्यांश के आधार पर निम्नलिखित प्रश्नों के उत्तर दें।

1. दिए काव्यांश में किसको जगाने का प्रयास किया गया है?
A. भिखमंगों को B. मज़लूमों को
C. आम जनता को D. इनमें से कोई नहीं

2. अखंड शक्ति का भंडार किसके पास है?
A. नेताओं के B. अधिकारियों के
C. भिखमंगों के D. आम जनता के

3. कवि ने आम लोगों के लिए किन-किन शब्दों का प्रयोग किया है?

(i) पराजित (ii) अपमानित
(iii) मर्यादित (iv) भिखमंगे
(v) निद्रा-सम्मोहित

A. (i), (iv), (v) B. (ii), (iii), (v)
C. (iii), (iv) एवं (v) D. उपरोक्त सभी

4. 'मज़लूम' शब्द है–

A. तत्सम B. फारसी
C. अरबी D. तद्भव

5. 'जल' शब्द का पर्यायवाची है–

(i) नीड़ (ii) अम्बु
(iii) वारि (iv) सलिल

A. (i), (ii) एवं (iii) B. (ii), (iii) एवं (iv)
C. (i), (iii) एवं (iv) D. उपरोक्त सभी

काव्यांश-24

करेंगे क्या ले कर अपवर्ग,
हमारा भारत ही सुख-स्वर्ग।
नहीं है किसी लक्ष्य पर ध्यान,
चाहिए केवल स्वत्व समान।।
इसे तज कर क्या तरु निर्मूल,
करेंगे ले कर किंशुक फूल।
प्रकृत पुरुषों का जीवन-मूल,
चाहिए केवल घर का रूल।।

दिए गए काव्यांश के आधार पर निम्नलिखित प्रश्नों के उत्तर दें।

1. काव्यांश के आधार पर कवि को क्या चाहिए?

A. स्वर्ग-सुख B. किंशुकी फूल
C. स्वराज्य D. इनमें से कोई नहीं

2. काव्यांश का केन्द्रीय भाव है–

A. स्वहित B. देश प्रेम
C. सेवा D. इनमें से कोई नहीं

3. कवि के अनुसार प्रकृत पुरुषों का जीवन मूल क्या है?

A. स्वाभिमान B. उनका लक्ष्य
C. स्वर्ग-सुख की प्राप्ति D. स्वराज्य

4. ''अपवर्ग'' शब्द का अर्थ है–

A. मोक्ष B. परोपकार
C. देश प्रेम D. इनमें से कोई नहीं

5. 'निर्मूल' का संधि-विच्छेद होगा :

A. नीः + मूल B. निः + मुल
C. निः + मूल D. निर्मू + ल

काव्यांश-25

"मन करता है
मैं उस अगस्त्य सा पी डालू सारे समुद्र को अंजलि से
उस अतल वितल में तब मुझको
मुर्दा भगवान दिखाई दे
उस महामृतक को ले आऊँ फिर इस तट पर
अन्त्येष्टि करूँ, लकड़ी तो बेहद मंहगी है
इस बालू में दफना दूँ
नंगा करके"

दिए गए काव्यांश के आधार पर निम्नलिखित प्रश्नों के उत्तर दें।

1. पद्यांश के अनुसार कवि की इच्छा है कि–

A. वह समुद्र की पी जाय
B. भगवान का दर्शन करे
C. संसार में उथल-पुथल मचा दे
D. इनमें से कोई नहीं

2. कवि महामृतक को बालू में क्यों दफनाना चाहता है?

A. क्योंकि कवि मृतक से नाराज है
B. क्योंकि लकड़ी समुद्र के किनारे उपलब्ध नहीं है
C. क्योंकि लकड़ी महंगी है
D. इनमें से कोई नहीं

3. पद्यांश का मूलभाव किस पीड़ा की ओर इंगित करता है?

A. परतंत्रता B. सामाजिक विषमता
C. अभाव D. इनमें से कोई नहीं

4. इनमें से 'बालू' का पर्यायवाची शब्द है–

A. वीचि B. सिकता
C. कण D. इनमें से कोई नहीं

5. 'अन्त्येष्टि' का अर्थ है–

A. अंत्य परीक्षण B. अंतिम इच्छा
C. अंतिम संस्कार D. इनमें से कोई नहीं

काव्यांश-26

"अनोखी हवा हूँ बड़ी बावली हूँ
बड़ी मस्तमौला नहीं कुछ फिकर है
बड़ी ही निडर हूँ जिधर चाहती हूँ
उधर घूमती हूँ मुसाफिर अजब हूँ
न घर बार मेरा न उद्देश्य मेरा
न इच्छा किसी की न आशा किसी की
न प्रेमी न दुश्मन
जिधर चाहती हूँ उधर घूमती हूँ
हवा हूँ हवा मैं बसंती हवा हूँ"

दिए गए काव्यांश के आधार पर निम्नलिखित प्रश्नों के उत्तर दें।

1. पद्यांश के अनुसार बसंती हवा कहाँ घूमती है?

A. खेतों में B. बागों में
C. शहरों में D. जहां उसकी इच्छा हो

2. बसंती हवा की कौन-कौन सी विशेषताएँ हैं?

A. बावला B. मस्तमौला
C. निडर D. ये सभी

3. 'प्रेमी' शब्द का विपरीतार्थक शब्द होगा–

A. आशिक B. दोस्त
C. दुश्मन D. इनमें से कोई नहीं

4. 'आशा' शब्द का पर्यायवाची है?

A. इच्छा B. अभिलाषा

C. चाह D. उम्मीद

5. पद्यांश का केन्द्रीय भाव है?

A. मुक्ति की कामना B. चरित्र चित्रण

C. हास-परिहास D. इनमें से कोई नहीं

काव्यांश-27

"एक आदमी रोटी बेलता है
एक आदमी रोटी खाता है
एक तीसरा आदमी भी है
जो न रोटी बेलता है
न रोटी खाता है
वह सिर्फ रोटी से खेलता है
मैं पूछता हूँ यह तीसरा आदमी कौन है
मेरे देश की संसद मौन है।

दिए गए काव्यांश के आधार पर निम्नलिखित प्रश्नों के उत्तर दें।

1. पद्यांश के भावार्थ के अनुसार रोटी बेलने वाला कौन हो सकता है?

A. व्यवसायी B. रसोइया

C. मजूदर-किसान D. इन्में से कोई नहीं

2. पद्यांश के भावार्थ के अनुसार रोटी खाने वाला कौन है?

A. होटल का ग्राहक B. शोषक-वर्ग

C. आम आदमी D. इनमें से कोई नहीं

3. रोटी से खेलने वाला कौन हो सकता है?

A. शरारती बच्चे B. रसोइया

C. स्वार्थी नेता D. ये सभी

4. देश की संसद किस मुद्दे पर मौन है?

A. मजदूर-किसान के हितों को लेकर

B. शोषक वर्ग पर अंकुश लगाने को लेकर

C. रोटी से खेलने वालों को रोकने को लेकर

D. तीसरे आदमी के पहचान को लेकर

5. पद्यांश का केन्द्रीय भाव है–

A. सामाजिक कुव्यवस्था पर चोट

B. रोटी के महत्त्व पर प्रकाश

C. संसदीय व्यवस्था का वर्णन

D. इनमें से कोई नहीं

काव्यांश-28

चौ.–रहेउ एक दिन अवधि अधारा ।
समुझत मन दुख भयउ अपारा।।
कारन कवन नाथ नहिं आयउ ।
जानि कुटिल किधौं मोहि बिसरायउ।।
अहह धन्य लछिमन बड़भागी ।
राम पदारबिंदु अनुरागी।।
कपटी कुटिल मोहि प्रभु चीन्हा ।
ताते नाथ संग नहिं लीन्हा।।
जौं करनी समुझै प्रभु मोरी ।
नहिं निस्तार कलप सत कोरी।।
जन अवगुन प्रभु मान न काऊ ।
दीनबंधु अति मृदुल सुभाऊ।।
मोरे जियँ भरोस दृढ़ सोई ।
मिलिहहिं राम सगुन सुभ होई।।
बीतें अवधि रहहिं जौं प्राना ।
अधम कवन जग मोहि समाना।।

दिए गए काव्यांश के आधार पर निम्नलिखित प्रश्नों के उत्तर दें।

1. पद्यांश के भावार्थ के अनुसार इसका उपयुक्त शीर्षक होगा–

A. भरत का अनुताप B. राम वनगमन

C. लक्ष्मण का सौभाग्य D. इनमें से कोई नहीं

2. भरत ने लक्ष्मण को भाग्यवान क्यों माना है?

A. वन भ्रमण का अवसर मिलने के कारण

B. बड़े भाई राम की सेवा का अवसर पाने के कारण

C. लक्ष्मण की प्रशंसा करने के लिए

D. इनमें से कोई नहीं

3. भरत ने स्वयं को क्या-क्या कहा है?

(*i*) कपटी (*ii*) भाग्यवान

(*iii*) अपराधी (*iv*) कुटिल

A. (*i*) एवं (*ii*) B. (*ii*) एवं (*iii*)

C. (*iii*) एवं (*iv*) D. (*i*) एवं (*iv*)

4. भरत ने राम के क्या-क्या गुण बताये हैं?

(*i*) दीनबन्धु (*ii*) मृदुल स्वभाव वाला

(*iii*) अधम

A. (*i*) एवं (*ii*) B. (*ii*) एवं (*iii*)

C. (*i*) एवं (*iii*) D. ये सभी

5. 'दीनबन्धु' शब्द में कौन-सा समास है?

A. कर्मधारय B. अव्ययीभाव

C. तत्पुरूष D. द्विगु

काव्यांश-29

"भैया मोहि दाऊ बहुत खिझायौ।
मोसो कहत मोल को लीनो, तोहि जसुमति कब जायो"
कहा कहौ एहि रिस के मारे, खेलन हों नहिं जात।
पुनि-पुनि कहत कौन है माता, को है तुम्हरे तात।।
गोरे नंद जसोदा गोरी, तुम कत स्याम शरीर।
चुटकी दै दै हँसत ग्वाल सब, सिखै देत बलबीर।"

दिए गए काव्यांश के आधार पर निम्नलिखित प्रश्नों के उत्तर दें।

1. कृष्ण को कौन खिझाता है?

A. बड़े भैया B. गोपी

C. गोपियाँ D. यशोदा

2. बलराम कृष्ण को क्या कहकर खिझाता है?
   A. कि उन्हें मोल खरीदा गया है, यशोदा ने उसे कब जन्म दिया?
   B. कि उनका रंग सांवला है।
   C. कि वह माखन चोर है।
   D. कि उन्हें बाँसुरी बजाना नहीं आता।
3. ग्वालों को चुटकी दे-दे कर हँसने को कौन प्रेरित करता है?
   A. एक ग्वाला B. स्वयं कृष्ण
   C. बलराम D. यशोदा
4. 'रिस' शब्द का अर्थ होगा–
   A. रिसना B. क्रोध
   C. प्यार D. डर
5. कृष्ण क्यों खेलने नहीं जाते हैं?
   A. लज्जा से
   B. भय से
   C. क्रोध से
   D. क्योंकि खेलने का उनका मन नहीं है

काव्यांश-30

हरि बिनु कोऊ, काम न आयो।
यह माया झूठी प्रपंच लगि रतन सौ जनम गँवायो।
कंचन कलस विचित्र चित्रकारि रचि पचि भवन बनायो।
तेरे संग जरौगी यह कहि त्रिया पूत धनि खायो।
चलत रहे चित्त भोरि-भोरि मुख, एक न पग पहुँचायो।
बोलि-बोलि सुत स्वजन मित्र-जन, लीनों जी जेहि भायो।
परयो काज अब अंत की बिरियाँ, तिनही आनि बँधायो।

दिए गए काव्यांश के आधार पर निम्नलिखित प्रश्नों के उत्तर दें।

1. काव्यांश का स्थायी भाव है–
   A. विरक्ति B. प्रेम
   C. क्रोध D. शोक
2. काव्यांश के अनुसार अंत समय कौन काम आता है?
   A. पुत्र B. पत्नी
   C. ईश्वर D. इनमें से कोई नहीं
3. काव्यांश के अनुसार लोग कैसा घर बनाते हैं?
   A. बहुमंजिली
   B. सोने के कलश व चित्रकारी वाला
   C. वातानुकूलित
   D. इनमें से कोई नहीं
4. व्यक्ति किसके लिए अपना बहुमूल्य जीवन गवां देता है?
   A. सत्कर्म B. समाज सेवा
   C. माया और प्रपंच D. देश प्रेम
5. 'त्रिया' शब्द के पर्यायवाची है :–
   (*i*) स्त्री (*ii*) दुहिता
   (*iii*) कामिनी (*iv*) वनिता
   A. (*i*), (*ii*) एवं (*iii*) B. (*ii*), (*iii*) एवं (*iv*)
   C. (*i*), (*ii*) एवं (*iv*) D. (*i*), (*iii*) एवं (*iv*)

उत्तरमाला

काव्यांश-1

1	2	3	4	5
A	D	B	C	D

काव्यांश-2

1	2	3	4	5
C	A	C	C	C

काव्यांश-3

1	2	3	4	5
D	C	C	A	B

काव्यांश-4

1	2	3	4	5
D	B	C	C	A

काव्यांश-5

1	2	3	4	5
C	D	A	B	D

काव्यांश-6

1	2	3	4	5
A	B	D	B	D

काव्यांश-7

1	2	3	4	5
A	C	D	C	C

काव्यांश-8

1	2	3	4	5
C	B	A	B	A

काव्यांश-9

1	2	3	4	5
B	D	C	D	A

काव्यांश-10

1	2	3	4	5
B	C	D	C	A

काव्यांश-11

1	2	3	4	5
C	B	D	A	A

काव्यांश-12

1	2	3	4	5
C	B	B	C	D

काव्यांश-13

1	2	3	4	5
D	A	C	D	C

काव्यांश-14

1	2	3	4	5
C	B	D	C	A

काव्यांश-15

1	2	3	4	5
A	B	C	D	D

काव्यांश-16

1	2	3	4	5
C	B	B	A	D

काव्यांश-17

1	2	3	4	5
B	A	C	C	D

काव्यांश-18

1	2	3	4	5
A	B	D	C	B

काव्यांश-19

1	2	3	4	5
A	B	D	C	C

काव्यांश-20

1	2	3	4	5
B	C	B	D	A

काव्यांश-21

1	2	3	4	5
A	B	A	A	B

काव्यांश-22

1	2	3	4	5
A	C	B	C	C

काव्यांश-23

1	2	3	4	5
C	D	A	C	B

काव्यांश-24

1	2	3	4	5
C	B	D	A	C

काव्यांश-25

1	2	3	4	5
A	C	B	B	C

काव्यांश-26

1	2	3	4	5
D	D	C	D	A

काव्यांश-27

1	2	3	4	5
C	B	C	D	A

काव्यांश-28

1	2	3	4	5
A	B	D	A	C

काव्यांश-29

1	2	3	4	5
A	A	C	B	C

काव्यांश-30

1	2	3	4	5
A	C	B	C	C

English

SECTION a COMPREHENSION

INTRODUCTION

Comprehension determines the ability of an examinee to grapple with abstract thoughts hidden in the text. It also judges his ability to draw conclusions from the given set of information that is in the form of running text. This test can be solved by reading the given paragraph and answering the questions that are given below it. Answers may be given either by ticking the right choices in the question paper or filling the relevant boxes (showing options) in the answer sheet with pencil. The passage can vary in length; it could be as small as a paragraph of 50 words or, it could be a type of small essay of nearly 500 words, conveniently divided into some paragraphs. Single paragraphs are also given in many a test. The topic of the paragraph generally deals with abstract subjects whereas figures or tables are generally avoided.

While treating the test from an artistic viewpoint, readers will have to develop the sense of making logical conclusions. These conclusions must be based on the text given in the passage; they cannot imagine phenomenon, conclusions or facts. They have to limit their imagination and the power to comprehend the abstract points (the "fine things" stated in the topic) to the passage only.

In order to solve this test in a scientific manner, readers will have to proceed according to the following steps:

(1) Read the passage and try to grasp the main theme of the story.

(2) Underline the important points.

(3) Read those words carefully that are in bold face letters. Try to connect them to the lines in which, they have been carefully embedded.

(4) Read the questions given below the passage and tick the relevant option in the answer sheet.

(5) Many passages have tests of antonyms and synonyms appended in the end of their questions. Do not imagine the antonym or synonym of the given word or the bold-faced word of the passage. Instead, link that word to the line in which, it is embedded. Try to find out what the author is saying in that line. Now, answer the question (antonym or synonym) keeping in mind the "true spirit" of the word in its sentence.

(6) In many tests, you may be asked to give a suitable title to the passage. Scan through the passage quickly and read the underlined phrases carefully. Give such a title to the passage as would encompass all the vital points of the passage. Do not go beyond the "real essence" of the given passage. Do not use difficult words in the title decided by you.

As an artist, you have to comprehend the fine aspects of the text that you will read. As a logician, you will be required to deduct and conclude.

PASSAGE–1

The villager has customarily been very conservative in his attitude and approach. He is reluctant to change his traditional way of thinking and doing things. His attitude, in many respects, is: "home-made is best". For instance, most cattle-farmers in the villages, prefer to feed their cows and buffaloes with a home-mix comprising local oil-cakes like mustard or cottonseed, pulses, jaggery, salt, etc. It takes numerous visits, hard-convincing, daily trials and experiments to convince the rural cattle-farmer that compound feeds, scientifically formulated, improve the yields of milk, without any incremental costs.

The age-old values and attitudes towards caste, creed, women, time and money take time to change. The villager has traditionally been a believer in the philosophy of 'Karma or fate.. He has found it more convenient to blame his economic destitution, poor living conditions, and straitened social status on 'bhagya', 'Karma' or 'fate'. The security that the villagers find in the 'status quo', acts as a disincentive to change and experiment, in the short-run. Many of these antiquated attitudes, value-system and outlooks are changing, due to improved levels of awareness and education. However, the rate of change is sluggish. Attitudes that have fossilised over the centuries, do take time to change.

1. What does the phrase "home-made is best" imply?
(*a*) The best should not be discarded.
(*b*) Whatever is being practised is better than what is new.
(*c*) People should go in for the Swadeshi because it is home-made
(*d*) Change for the sake of change is no good.

2. Which one of the following is not the usual reason offered by an average Indian villager for his poverty?
(*a*) It is God's will
(*b*) It is a result of some of his bad deeds committed in this or the previous birth.
(*c*) It is because of his resistance to new ideas.
(*d*) It is his destiny

3. When will you call a person conservative in his attitude and approach?
(*a*) When he sticks to old ways of thinking and doing.
(*b*) When he would like to try out every new idea before accepting it.
(*c*) When he imputes motives to change agents.
(*d*) When he solves his problems through tried out methods.

4. Why does a villager feel secure in maintaining 'status quo'?
(*a*) Because whatever is known should be the best.
(*b*) Because change is seldom for the better.
(*c*) Because too many people go about advising him.
(*d*) Because of the imagined risk involved in trying a new approach.

5. What is the best method to convince the average Indian villager about the superiority of a new cattle-feed?
(*a*) Discussion
(*b*) Field demonstration
(*c*) Distribution of related literature.
(*d*) Home-visits.

PASSAGE–2

I do not suggest that the cultural side of education should be ignored. On the contrary, I think, it is essential to the production of the sort of adult who best fits the modern world. But I think that what is important in cultural education should be conveyed, at any rate in the early stages, by methods far more attrractive than those now usual. History and Geography should be taught at first by means of the cinema. When taught this way, they will give pleasure; attention will be spontaneous and therefore the impression will be less temporary. In spite of reforming movements, there is still among educators a feeling that what is enjoyed without effort cannot have much educational value. I would have children made aware of the manners and customs of tribes and nations utterly remote from their own. Education conducted on these lines would do more than many books to cure provincialism in space and time and to make children realise that actual human beings with actual feelings can be outwardly very different from the people among whom they live, but inwardly composed of the same human material. A Zulu would not appear strange, remote or savage but one like themselves.

1. The writer criticised traditional educators for not
(*a*) using cinema as a method of teaching.
(*b*) making learning an enjoyable activity.
(*c*) imparting information about remote tribes.
(*d*) imparting information about various cultures.

2. The writer thinks that the cultural side of education is needed to make man
(*a*) appreciate one's heritage.
(*b*) appreciate other civilisations.
(*c*) suitable for modern civilisation.
(*d*) admire his environment.

3. The expression "to cure provincialism in space and time" means to get rid of
(*a*) regional feelings (*b*) obscure ideas
(*c*) narrow views (*d*) selfish opinion

4. One of the goals of education should be to make children realise that
(*a*) human culture is diverse.
(*b*) regional cultures should not be ignored.
(*c*) They must respect values of alien culture.
(*d*) there is a unified system of human values underneath cultural diversity.

5. The response of the learners to teaching through cinema is
(*a*) absorbing. (*b*) long-lasting.
(*c*) enthusiastic. (*d*) superficial.

PASSAGE-3

In the technological systems of tomorrow — fast, fluid and self-regulating — machines will deal with the flow of physical materials; men with the flow of information and insight. Machines will increasingly perform tasks. Machines and men both, instead of being concentrated in gigantic factories and factory cities, will be scattered across the globe, linked together by amazingly sensitive, near-instantaneous communications. Human work will move out of the factory and mass office into the community and the home. Machines will be synchronised, as some already are, to the billionth of a second; men will be desynchronised. The factory whistle will vanish. Even the clock, "the key machine of the modern industrial age," as Lewis Mumford called it a generation ago, will lose some of its power over humans, as distinct from purely technological affairs. Simultaneously, the organisation needed to control technology will shift from bureaucracy to Ad-hocracy, from permanence to transience, and from a concern with the present to a focus on the future.

In such a world, the most valued attributes of the industrial age become handicaps. The technology of tomorrow requires not millions of lightly lettered men, ready to work in unison at endlessly repetitive jobs, it requires not men who take orders in unblinking fashion, aware that the price of bread is mechanical submission to authority, but men who can make critical judgments, who can weave their way through novel environment, who are quick to spot new relationships in the rapidly changing reality. It requires men who, in C.P. Snow's compelling terms, "have the future in their bones."

1. The type of society which the author has mentioned makes a plea for
- (*a*) a mind assimilative of modern scientific ideas
- (*b*) a critical mind having insight into future
- (*c*) a mind well-versed in cultural heritage
- (*d*) a mind with firm principles of life

2. The future man, according to this passage, must be
- (*a*) most adaptative and intelligent
- (*b*) most capable of dealing with the changing reality
- (*c*) more concerned with the present than the future
- (*d*) trained and obedient

3. Near-instantaneous communications' may be regarded as a symbol of
- (*a*) anachronisation
- (*b*) mischronisation
- (*c*) desynchronisation
- (*d*) synchronisation

4. If a person believes that 'the price of bread is mechanical submission to authority', he is
- (*a*) a believer in devotion to duty
- (*b*) a believer in taking things for granted
- (*c*) a believer in doing what he is told, right or wrong
- (*d*) a believer in the honesty of machines

5. The technological system of tomorrow will be marked by
- (*a*) dehumanisation
- (*b*) perfection
- (*c*) automation
- (*d*) unpredictability

PASSAGE-4

Education, particularly higher education is the obvious but crucially important instrument for nation building. As Confucious has said;

If you are thinking of one year, plant rice. If you are thinking of a decade, plant trees. If you are thinking of a century, educate the people.

When we set about the task of higher education, we should be absolutely clear in our perception of the goals of education in the specific context of our nation's development. No doubt, one of the important aims of education would be to create the required range and nature of trained manpower assessed to be needed by different sectors of national growth. The entire educational apparatus must be geared progressively to fulfill the requirements of different phases of our growth in every sector—primary, secondary and tertiary. The aim must be to ensure that our country does not experience either paucity, or a surfeit, of trained manpower in any specific segment of our economy. The requirements of our country, as a free, democratic, secular, socialist, nation, aspiring for rapid development, entail a specific recipe for our educational institutions. Today's educational institutions must therefore be developed accordingly and must regulate themselves to give the country the precise nature and quantum of trained manpower as projected by the requirements of our planned economy.

1. The author has quoted thoughts of Confucious to stress
- (*a*) importance of planting trees for human beings
- (*b*) the worthless efforts in planting rice
- (*c*) the benefits of investing in education
- (*d*) the need for assessing manpower requirement
- (*e*) None of these

2. Which statement cannot be made on the basis of the passage?
- (*a*) Higher education should keep in view the requirements of national economy
- (*b*) Higher education has not been employed for nation building

ENGLISH

(*c*) All levels of education have a role to play in nation's growth
(*d*) In our country we need to have a specially planned educational system
(*e*) The educational system should be modified to suit to our country's needs

3. The writer believes that
(*a*) there are no problems related to higher education
(*b*) investment in education is of long-range
(*c*) higher education should be used to assess manpower needs
(*d*) aims of higher education in India are absolutely clear
(*e*) None of these

4. The author's expectations from higher education are essentially
(*a*) unrealistic (*b*) confusing
(*c*) critical (*d*) vague
(*e*) reasonable

5. The writer indicates that
(*a*) higher education did not play any role in national growth
(*b*) primary education did not play any role in national growth
(*c*) our nation experiences paucity of trained manpower in many sectors
(*d*) today's higher education has no precise goals to achieve
(*e*) None-of these

PASSAGE–5

Using infant mortality as a key indicator of the status of children, we now begin to have the broad features of a hypothesis as to the causes of higher or lower mortality rates. One aspect is the **complex** of factors involving the **access** of mothers to trained personnel and other facilities for child delivery, the nutritional status of pregnant and nursing mothers and the quality of health-care and nourishment which babies receive. The other aspect, indicated by rural-urban differentials, is the possible importance of human settlement patterns in relation to the availability of health-care and related facilities such as potable water, excreta disposal systems, etc. Thus, in a special sense it is much cheaper to make health and other basic services available to a community when it is densely settled rather than widely dispersed.

It is possible to argue, however, that both these sets of factors are closely related to a third one, namely income levels. Poorer mothers and babies have less access to health-care facilities and nourishment than those who are better-off, urban communities are on an average much better-off than rural communities. That economic conditions play a crucial role in determining the status of both mother and child is beyond dispute. But the question really is whether this is the only decisive factor or whether factors such as the availability of medical facilities, health-care programmes and nutritional programmes have an independent role. If so, then the settlement patterns which affect service delivery to the mother and child target groups become a relevant consideration. These are clearly issues of some importance for policy and programme planning.

1. Which of the following can be inferred from the passage?
(*a*) Infant mortality rate is higher in rural areas as compared to that of urban areas
(*b*) Income level alone can predict the infant mortality rate
(*c*) There, now, is more population in urban areas as compared to rural areas
(*d*) Delivery of services to the mother and child does not depend on the settlement pattern
(*e*) The rural areas have now become densely-populated

2. Which of the following is the issue of importance for policy?
(*a*) Relationship of mortality and income levels
(*b*) Growing rural-urban differentials
(*c*) Infant-mortality rate and mortality rate inter-dependence
(*d*) Dependence of education level of the mother and infant mortality rate
(*e*) Independence of factors other than income on infant mortality

3. Which, according to the passage, is the other main indicator of the status of children, besides infant mortality?
(*a*) Educational level
(*b*) Nourishment level
(*c*) Weight at birth
(*d*) Not mentioned
(*e*) None of these

4. What is the advantage of providing services in the urban areas, as compared to that of rural areas?
(*a*) The services are cheaply available
(*b*) Per-capita expenditure for setting up services is much less
(*c*) There is more awareness about availability of services
(*d*) The investment can be received in short duration
(*e*) It is much easier to set up services

5. Which of the following is the **same** in meaning as the word "**access**" as used in the passage?
(*a*) Passage (*b*) Outburst
(*c*) Surplus (*d*) Demand
(*e*) Reach

PASSAGE-6

To open up a field of study, draw attention to its vital elements, the lecture is invaluable. To listen to a lecture can be thrilling experience from which the student may gain ideas obtainable in no other way. But possibly to a greater degree than other forms of instruction, lecturing presumes a high order of intellectual competence on the part of learners. The purposes of the lecture are to summarize, to clarify, to stimulate and to humanize the materials of the course. It should synthesize, evaluate, criticise and compare ideas and facts with which students have come in contact through out-of-class assignments.

The effectiveness of lectures could be enhanced by introducing the lecture with a brief review of the work preceding. It should also be indicated how the day's lecture fits into the course pattern. A lecture should seldom be presented in one unbroken discourse. Unless exceptionally interesting, a long lecture **strains** the capacity for concentrated listening, causing intermittent wandering of attention and loss of continuity in thought. The lecture should therefore be organized in a few block or units. As a rule, the exposition should be concluded before the end of the class period so as to allow some time for general discussion.

For students to obtain maximum benefit from a lecture, individual participation in study both precede and follow it. On their own initiative, most students would not engage in preparatory study, hence formal assignments may be necessary. The lecture should be concluded on the assumption that the assignment has been fulfilled. It pays to explore the aids available for teaching a course particularly through lectures, since verbal exposition alone, however **lucid**, has its shortcomings.

1. Which of the following is the best suited title for the passage?
(*a*) Methods of Teaching
(*b*) Effective Learning
(*c*) Contrast Programmes
(*d*) Lecture-Method
(*e*) Teaching Without Tears

2. Which of the following is the **same** in meaning as the word "**strains**" as used in the passage?
(*a*) Spoils
(*b*) Damages
(*c*) Drains energy from
(*d*) Requires greater effort
(*e*) Puts premium on

3. An uninterrupted discourse type method results into.........
(*a*) loss of attention
(*b*) a thrilling experience
(*c*) stimulation of interest
(*d*) humanising the course material
(*e*) None of these

4. Which of the following is **not true** in the context of the passage?
(*a*) Students on their own take up assignments
(*b*) Lecture method humanises the course content
(*c*) There are many methods of teaching
(*d*) Improvements can be made in the traditional lecture method of instruction
(*e*) Various aids can be used with lecture method

5. Compared to other methods, lecturing requires ....
(*a*) more competent trainer
(*b*) bigger number of students
(*c*) higher level of learner
(*d*) a new field of study
(*e*) better presentation of ideas

PASSAGE-7

Among the several citrus fruits, acid lime is one of the most, prolific yielder, and this crop can be profitably grown in the tropical plains and hill slopes with scant water resources. It comes up well in sandy loam rich in organic residues and endowed with adequate drainage. Good quality grafts are ideal for raising a healthy and productive lime garden. The grafts yield true-to-parent plants of high yielding potential, and are early bearers. They also bear big fruits all through the year.

However, the longevity of the grafts is less as compared with the trees developed from the seeds, according to experts. Seeds extracted from healthy fruits from proven mother plants will develop into robust plants with longer life. The main field should be thoroughly tilled, and ripe farm-yard manure should be incorporated well with the final ploughing and land levelling. Green manuring will also help in increasing the soil's organic matter content, and in improving the soil structure. A spacing of 6 m by 6 m is recommended for raising acid lime plantation. Pits of 90 cm by 90 cm are to be dug, and filled up with adequate quantities of vermin-compost, coir-pith compost and small amounts of powdered neem cake and bio-fertilizers. About 250 plants can be accommodated in a hectare.

Regular irrigation is essential in the early stages of crop establishment. Drip irrigation, pitcher irrigation and micro-sprinklers have been found to give good results, besides saving considerable quantities of water and energy. In the initial months after planting, sufficient shade should be provided to protect the tender seedlings and grafts from harsh sun. Planting Sesbania (agathi) around the young plants will be effective in ensuring the required shade, besides enriching the soil. Several annual crops such as pulses and vegetables, can be raised as intercrops in the initial years. The plants should be trained to grow vertically by discouraging the lateral shoots and other growths.

Regular pruning to get the desired dome-shape should be done when the plants are still young. The field should be kept free of weed and other unwanted vegetation. Regular manuring should be done twice annually. The nutrients, mostly organic in nature, should be incorporated at the base of the plants, and watered immediately. The plants particularly respond well to liberal application of organic amendments. The micro-nutrient deficiencies will not be noticed in acid lime plantations raised with rich organic nutrients. Plant protection is an important aspect in acid lime cultivation. The plants should be sprayed with cow's urine, vermin-wash and other botanical insecticides to ward off leaf-munching caterpillars and other sucking and chewing pests.

Need-based application after monitoring the field for pest incidence will be rewarding. Spraying should be taken up at an interval of ten days, and it will also improve the fruit setting and fruit development. The plants will establish well and start yielding from the second year of planting. Though the fruits can be had all round the year, some major flushes can be harvested in December-January and July-August seasons. A well nurtured grown-up tree can yield as high as 3000 fruits a year. The profit for the growers depends on the season and the prevailing market rate. With an average price of Rs. 0.35 a fruit, a farmer can realize about Rs. 2.5 lakhs from a hectare of a healthy and well-tended acid lime garden.

1. It can be inferred from the passage that
I. The quality and size of fruits depend upon the longevity of the plants.
II. The yield of grafts is less as compared to the trees developed from the seeds.
III. There is not much of a difference between grafts and the trees developed from the seeds, except in life.
Which of the above statements is/are true?
(*a*) Only III (*b*) Only II
(*c*) I and II (*d*) I, II and III

2. For a good growth of acid-lime crop, all of the following are essential *except,*
(*a*) water-logged tropical plains
(*b*) good irrigation with adequate drainage
(*c*) rich residues of orgainc nutrients
(*d*) hill slopes with poor water resources

3. The author of the passage could be
(*a*) an agricultural activist
(*b*) an agricultural expert
(*c*) a farmer
(*d*) an analyst

4. Which of the following is necessary for the nascent crop?
(*a*) Sufficient shade
(*b*) Regular inrrigation
(*c*) Regular manuring and application of organic nutrients
(*d*) Both (*a*) and (*b*)

5. The most appropriate insecticide for acid-lime crop is
(*a*) cow's urine
(*b*) powdered neem
(*c*) vermi-compost
(*d*) organic residue

PASSAGE–8

We should preserve Nature to preserve life and beauty. A beautiful landscape, full of green vegetation, will not just attract our attention but will fill us with infinite satisfaction. Unfortunately, because of modernization, much of nature is now yielding to towns, roads and industrial areas. In a few places some Natural reserves are now being carved out to avert the danger of destroying Nature completely. Man will perish without Nature, so modern man should continue this struggle to save plants, which give us oxygen, from extinction. Moreover, Nature is essential to man's health.

1. What does "Nature" in the passage mean?
(*a*) Countryside covered with plants and trees
(*b*) Physical power that created the world
(*c*) Inherent things that determine character
(*d*) Practical study of plants and animals

2. Which one of the following is the correct statement?
According to the passage
(*a*) Beauty is only skin-deep
(*b*) Everything is beautiful in its natural state
(*c*) There is beauty in Nature
(*d*) Nature is a moral teacher

3. What does the writer suggest?
(*a*) We should not modernize, so that Nature can be preserved
(*b*) While modernizing we should be careful not to destroy Nature completely
(*c*) All Nature has been destroyed by modern living
(*d*) Carving out Natural reserves will hamper the growth of industries

4. What does "Struggle" in the passage mean?
(*a*) Man's Struggle to exist in the world
(*b*) Man's Struggle to save Nature
(*c*) Man's Struggle to catch up with modern trends
(*d*) Man's Struggle to conserve oxygen

5. Why a beautiful landscape will fill us with infinite satisfaction'?
(a) We love beauty
(b) It is full of green vegetation
(c) It will ensure our future existence
(d) It will show our command over Nature

PASSAGE–9

Finally, there arises the question as to our leadership potential. Although the entire younger generation by the very definition is a potential storehouse of leadership, I feel that our universities provide the richest reservoir from which the future leaders of this country will be forthcoming. I have had occasion to travel fairly extensively and to visit a number of university centres in the country. It is deeply encouraging to see that despite the economic and other difficulties which these young men and women have to face they are full of energy and idealism. The real question is whether we have the ability and imagination to tap this reservoir, to fan the sparks of youthful idealism into bright flames that would illumine the future of India — the India of our dreams for the building of which countless generations have struggled and sacrifed; an India socially emancipated, economically prosperous, politically integrated, militarily strong and spiritually dynamic.

1. Which one of the following is correct?
The writer believes that India is
(a) socially emancipated
(b) economically prosperous
(c) spiritually dynamic
(d) None of the above

2. What is the author's tone in the passage?
(a) Optimistic (b) Autocratic
(c) Pessimistic (d) Partisan

3. Where will the future leaders of the country mainly come from?
(a) The families of present political leaders
(b) The community of social scientists
(c) The universities
(d) The entire younger generation

4. Which one of the following is correct?
For realizing the India of our dreams,
(a) we should have the imagination to exploit our budding leadership potential
(b) we should admire the sacrifices made by several generations
(c) we should bring about more technological advancements
(d) we should provide better facilities for sports

5. Which one of the following is correct?
What is deeply encouraging about educated young men and women of India is that
(a) they come from the richest reservoirs of potential leaders
(b) they are full of energy and idealism because of quality education
(c) they are full of youthful idealism and imagination
(d) they are full of energy and idealism in spite of economic and other difficulties they face as students

PASSAGE–10

My own recollection is that I had not had any high regard for my ability. I used to be astonished whenever I won prizes and scholarships. But, I very assiduously guarded my character. The least little blemish drew tears from my eyes. When I merited, or seemed to the teacher to merit, a rebuke, it was unbearable for me. I remember having once received corporal punishment. I did not so much mind the punishment, as the fact that it was considered my desert. I wept piteously. That was when I was in the first or second standard. There was another such incident during the time when I was in the seventh standard. Dorabji Edulji Gimi was the Headmaster then. He was popular among the boys, though he was a disciplinarian. He was a man of method and a good teacher. He had made gymnastics and cricket compulsory for the boys of the upper standards. I disliked both. I never took part in any exercise, cricket or football, before they were made com-pulsory. My shyness was one of the reasons for this aloofness, which I now see as wrong. I then had the false notion that gymnastics had nothing to do with education. Today I know that physical training should have as much place in the curriculum as mental training.

1. Why did the author say that he did ***not*** have any high regard for his ability?
(a) He was a dunce
(b) He always used to miss his classes
(c) He never did well in studies or sports
(d) He was full humility

2. The author's idea that character is a treasure is revealed in which of the statements?
(a) "I won prizes and scholarships"
(b) "When I merited, or seemed to the teacher to merit, a rebuke, it was unbearable for me"
(c) "I very assiduously guarded my character"
(d) "I wept piteously"

3. Why did the author weep piteously?
(a) He felt insulted
(b) Punishment was considered his due
(c) He felt the physical pain
(d) He took the punishment to heart

4. Why did the author dislike gymnastics and cricket?
   (*a*) They cut into his study time
   (*b*) He had to spend money in buying bats, etc.
   (*c*) He felt that physical education could cause injury
   (*d*) He was shy

PASSAGE–11

According to the research findings of a team of American scientists published recently, the sea waves contain as much energy as the world is consuming at present. Scientists have found that through the application of two major devices called land-based systems and offshore devices, this source of energy can provide huge amount of electricity without cooling towers and pollution.

Land-based systems include tapered channels and fixed oscillating water column (OWC) devices whereas offshore devices include floating OWC devices, buoys, etc. Through these devices the mechanical energy of ocean waves is absorbed and converted into electrical energy. The wave power potential depends on numerous factors such as the device's capability to harness long wavelengths, period of waves and depth of water where they arise.

Compared to conventional power stations which require greater space and are difficult to maintain in critical situations, wave power devices are highly modular, cost effective and easier to upgrade. As the recent findings suggest, sea wave energy has much greater potential to be used for electricity generation than the hitherto known sources of renewable energy. Moreover, most of the renewable energy systems require hundreds of square acres of useful land for their installation. But in case of wave energy devices, space crunch' can never be a serious problem.

1. Which one of the following statements is correct?
   Harnessing energy from sea waves
   (*a*) undermines ecological balance.
   (*b*) requires huge capital.
   (*c*) requires high technical expertise.
   (*d*) results in saving of useful land area.
2. Which one of the following statements is correct?
   Wave power devices
   (*a*) convert wind energy into mechanical power.
   (*b*) convert mechanical energy of ocean waves into electrical energy.
   (*c*) require costly transmission mechanism
   (*d*) entail risk to human life.
3. Which one of the following statements is correct?
   (*a*) Fixed as well as floating oscillating water column devices are required to harness ocean wave energy.
   (*b*) Fixed oscillating water column devices are required for off shore based system.
   (*c*) Floating oscillating water column devices are required for land-based system.
   (*d*) Electricity generated from oceans is independent of the depth of water where waves arise.
4. Which one of the following statements is correct?
   The capacity of system to generate electricity from ocean waves
   (*a*) can be increased only at exorbitant cost.
   (*b*) can be easily upgraded.
   (*c*) can be increased but it requires a great space.
   (*d*) is only a few megawatts.
5. Which one of the following statements is ***not*** correct?
   (*a*) Conventional power stations require cooling towers.
   (*b*) Power generation from ocean waves also adds to pollution like conventional power stations.
   (*c*) Ocean wave energy can meet all the present energy of the world.
   (*d*) Period of waves is one of the relevant factors in power generation from ocean waves.

PASSAGE–12

The most important fact, which a leader who wishes to motivate others should bear in mind, is that an individual has an incessant and gnawing craving for importance. There is no exception to this psychological need. Barring his biological needs, practically all his actions are directed at satisfying his continuing need to feel important. According to William James, the deepest principle in human nature is the craving to be appreciated. The individual who can honestly satisfy this burning hunger for importance on the part of his fellow human beings can literally rule the world. He can motivate and influence any person, big or small, high or low, educated or uneducated, rich or poor, man or woman, provided he is capable of making the other person feel truly important. By discovering the special and particular gifts of an individual, by giving due recognition and sincere appreciation to that singular gift or talent, you can win him or her over to your side easily.

You have to create an eager want on the part of the other individual if you wish to motivate him. In other words, you have to make the horse feel thirsty if your aim is to make it drink. Fortunately for you, there is an inborn, ever-present, gnawing hunger on the part of every human being to gain recognition and appreciation. This want is already there and you don't have to create it. All you have to do is to satisfy this hunger. If you objectively analyse your own motives and needs you will find that this need for recognition is the strong driving factor behind your aspiration to become a leader. It was this urge for importance which made Alexander and Great embark on a world conquest, and made many emperors wage innumerable battles and wars. This urge has driven artists, authors, scientists, inventors and others to attain great heights in their chosen fields and produce the best results.

1. Which one of the following statements is correct?
   (*a*) Many scientists and inventors have excelled because of the availability of research facilities.
   (*b*) Artists and authors have made contribution to society because of their innate genius.
   (*c*) Many athletes have won gold medals in the Olympics because of their coaches.
   (*d*) People in different areas have been successful because of the need of recognition.
2. Which one of the following statements is ***not*** correct?
   (*a*) Hunger for recognition has to be developed over the years in one's personality.
   (*b*) Need to gain recognition is an inborn trait.
   (*c*) Many wars have been waged to satisfy the need to get importance.
   (*d*) Craving for importance is a natural psychological need of every human being.
3. Which one of the following statements is correct?
   (*a*) A successful leader must be able to identify the need of importance of others.
   (*b*) Need for recognition is a trait only of high professionals.
   (*c*) To motivate a person, an increase of his salary is the best strategy.
   (*d*) Monetary success is the driving force for a leader.

PASSAGE-13

Because goldfish can be kept easily in small ponds and aquariums, they make good pets, but like many other pets, they must have proper care and the right kind of place to live.

A two-inch fish requires a minimum of two gallons of water containing sufficient oxygen to support life. Some oxygen will make its way into the water of an aquarium from the air that touches the surface. Plants in an aquarium also help to furnish oxygen. Snails help to keep an aquarium clean. Thus, with plenty of plants and snails the water is an aquarium does not have to be changed frequently. A large lake may prove to be a quite unsuitable abode for goldfish.

It is important that goldfish not be overfed. They can be fed such things as dried insects in addition to commercially-prepared goldfish food, but they should never be fed more than once a day. Even then, they should not be given more food than can be consumed in about five minutes. This ensures prolonged life.

1. Which one of the following statements is correct?
   (*a*) Snails eat up the goldfish in an aquarium
   (*b*) A large lake may not be a suitable place for goldfish
   (*c*) Plants provide food to the snails in an aquarium
   (*d*) Goldfish come above the surface of water to get oxygen from air
2. Which one of the following statements is *not* correct?
   (*a*) Goldfish can be made goods pets
   (*b*) Plants in an aquarium provide oxygen to goldfish
   (*c*) Goldfish must never be given too much food
   (*d*) Snails make the aquarium clean by eating up goldfish
3. Which of the following helps supply goldfish with oxygen?
   (*a*) Snails
   (*b*) Dried insects
   (*c*) Goldfish food
   (*d*) Plants
4. Which one of the following statement is *not* correct?
   (*a*) Water in an aquarium has to be changed frequently because of plants and snails
   (*b*) Commercially-prepared goldfish is available
   (*c*) The place for the goldfish should be selected with care
   (*d*) Dried insects make good feed for goldfish
5. What is important to remember when feeding goldfish?
   (*a*) Goldfish should be fed more than once a day at regular intervals
   (*b*) Goldfish should be fed with plants and snails
   (*c*) Goldfish should be fed only once a day
   (*d*) Goldfish should be fed only in the evenings

PASSAGE-14

Ah ! whatever could be said was said. All held him guilty. Even his own mother who claimed to understand him the best. All had betrayed him in his hour of need. Yet, there he was, still with a sparkling hope and knew that the truth must prevail. In the cold, dark and damp cell he never for a moment lost faith in God and goodness and was waiting anxiously for an angel to come, plead non guilty for him and free him of his miseries.

1. Three of the following statements indicate that he had a sparkling hope. Which statement does not?
   (*a*) He had never lost faith in God.
   (*b*) He was sure there was goodness.
   (*c*) He could have evidence in his favour.
   (*d*) He knew that the truth must prevail.
2. Whatever others said about him, he
   (*a*) betrayed no one.
   (*b*) thought over the problem.
   (*c*) never lost faith in goodness.
   (*d*) raised his voice against injustice.
3. In the dark dungeon he always waited for
   (*a*) his mother.
   (*b*) the jailer.
   (*c*) the verdict freeing him of his miseries.
   (*d*) the angel to come and plead for him.
4. The truth must prevail means
   (*a*) he was true.
   (*b*) angel will reveal truth.
   (*c*) truth always wins in the end.
   (*d*) we must plead for the truth.

PASSAGE–15

Once while travelling by the local bus, I got a seat beside a very strange man. He seemed interested in every passenger aboard. He would stare at a person, scribble some odd mathematical notations on his long notebook and then move on to the next. Being quite interested in what he was doing I asked him what all those notations meant and then came the startling reply. He saw a man's face not as a single unit but as thousands of squares put together. He was in fact a statistical expert and a budding artist learning the art of graphics.

1. The man was scribbling down
   (*a*) the figures of co-passengers.
   (*b*) the details of thousands of squares put together.
   (*c*) some mathematical formulae and calculations.
   (*d*) some mathematical signs.
2. The man caught author's attention because
   (*a*) he was sitting next to him.
   (*b*) he was staring at every person in the bus.
   (*c*) he would stare at every person and then scribble down some mathematical notation.
   (*d*) he was a budding artist learning the art of graphics.
3. The author found that man's reply quite startling because
   (*a*) a statistical expert cannot be a budding scientist.
   (*b*) a budding artist cannot be a statistical expert.
   (*c*) graphics is still a rare art form and he was learning it while travelling in a bus.
   (*d*) the fact that "a man's face can be analysed as thousands of squares" was a strange concept.
4. From the passage we gather that
   (*a*) the author is very inquisitive.
   (*b*) the author tries to poke his nose in other people's business.
   (*c*) the author is interested in mathematical notations.
   (*d*) the author wants to talk to fellow passengers in the bus.

PASSAGE–16

With the inevitable growth of specialisation I see the universities facing two great dangers. First, it is very easy to get so involved in the technical details of education that the object of education is lost. And secondly, in an effort to condition a university to the needs of its students and to the needs of the state it may lose its power to make or mould those students into responsible men, capable of thinking for themselves and capable of expressing the results of their thoughts to others.

1. The author calls growth of specialisation 'inevitable'. Which one of the following statements is likely to be the most correct reason for this inevitability?
   (*a*) Universities give grants only to do specialised work in different disciplines.
   (*b*) The professors and researchers in universities are competent only for specialised work.
   (*c*) Specialisation helps economic growth of the nation.
   (*d*) In an age of science and technology specialisation becomes necessary.
2. Which one of the following statements most correctly suggests the central theme of the passage?
   (*a*) The aim of education is specialisation.
   (*b*) The aim of education is to mould the youth to work for the state.
   (*c*) The aim of education is to make the youth capable of independent thought and expression.
   (*d*) The aim of education is to enable the youth to earn a comfortable living.
3. Which one of the following statements most correctly suggests the warning implied in the passage?

(*a*) University education should not be concerned with technical details.
(*b*) Universities should not subordinate themselves to the interests of tile state.
(*c*) Universities should be concerned only with the needs of students.
(*d*) Universities should not go in for any specialisation.

PASSAGE-17

We shall go on to the end; we shall fight in France, we shall fight on the seas and oceans, we shall fight with growing confidence and strength in the air, we shall defend our island whatever the cost may be, we shall fight on the beaches, we shall fight on the landing grounds, we shall fight in the fields and in the streets, we shall fight in the hills. We shall never surrender, and even if this island or a large part of it were subjugated and starving, then our empire beyond the seas would carry on the struggle, untill the New World steps forth to the rescue and the liberation of the Old.

1. On the basis of the passage which of the following statements may be said to be correct?
(*a*) The speaker is encouraging his men for the conquest of France
(*b*) The speaker is aggressive and maniacal war-monger
(*c*) The speaker is not satisfied with the conquest of the island
(*d*) The speaker is a patriot urging the defence of his motherland

2. The speaker in the passage wants to go on fighting because
(*a*) he is a raving lunatic
(*b*) he is in a state of utter despair
(*c*) he expects help from other quarters
(*d*) he is the leader of a suicide squad

3. Which of the following pairs of the phrases helps best to bring out the intention of the speaker?
(*a*) "Go on to the end"; "shall never surrender"
(*b*) "Growing confidence"; "subjugated and starving"
(*c*) "Subjugated and starving"; "fight on the landing ground"
(*d*) "Fight in the streets"; "subjugated and starving"

4. The passage consists of repetitive patterns in syntax and vocabulary. The effect of this style is that it
(*a*) reveals the speaker's defects in giving a speech
(*b*) produces the impression of bad poetry
(*c*) conveys the speaker's helpless situation
(*d*) reinforces the speaker's basic intention

PASSAGE-18

It is said that once three old men set out on a Journey together. One of them was bald, the second was a philosopher and the third was a barber. At nightfall they decided that each one of them should sit for watch *turn* by turn. The *barber* was to keep watch first of all, the *philosopher* after that and the *bald* man last of all. So, the philosopher and the blad man went to sleep and the barber was on watch. For some time he kept awake but in the end, he felt tired of it and he thought of some *diversion* as otherwise it was difficult for him to *pass* time. Then he took out the razor from his box and shaved the head of the philosopher. At the fixed time he woke up the philosopher and himself went to sleep. when the philosopher got up and felt his head all over, he was startled and said in surprise, "It was my trun but this *wretched* fellow has *awakened* bald man."

1. Why did the philosopher get up?
(*a*) He realised that his head was being shaved off
(*b*) It was his turn to keep watch
(*c*) He was awakened by the barber
(*d*) he had a bad dream

2. Who went to sleep first?
(*a*) The philosopher and the barber
(*b*) The barber and the bald man
(*c*) The bald man and the philosopher
(*d*) The barber

3. Why did the barber shave off the head of the philosopher?
(*a*) The barber was jealous of the philosopher
(*b*) The barber wanted to indulge in some fun
(*c*) The barber wanted the philosopher to keep watch
(*d*) The barber was feeling drowsy

4. Which one of the following is the correct sequence decided upon the three to keep watch turn by turn?
(*a*) Barber – bald man – philosopher
(*b*) Bald man – philosopher – barber
(*c*) Barber – philosopher – bald man
(*d*) Bald man – barber – philosopher

5. Which one of the following statements is ***not*** correct?
(*a*) All the three men decided to keep watch one by one
(*b*) The barber woke up the bald man
(*c*) The head of the philosopher was shaved off
(*d*) The philosopher was startled on feeling his head all over

PASSAGE-19

There can be only two explanations why countries like UK, US, Germany and Japan are willing to spend up to 5.5 million to make the Next Generation Linear Collider (NGLC) : Intellectual snobbery or complete indifference to the problems of the real world. To plan a 20-mile-long tunnel merely to go about smashing atoms, so as to recreate the Big Bang, is a frightful waste of public money. The project has no foreseeable practical application. Already, cyber-savvy cosmologists are engaged in simulating the Big Bang, or the beginning of the universe, in the virtual world, through number crunching and reverse engineering. Thye have successfully created a black hole on the desktop. So why go in for prohibitively expensive experimentation, when the virtual world is just a mouse-click away? Scientific ingenuity, remember, is not confined to reallife experiments; many of today's break-throughs have been inspired by research conductd almost entirely in cyberspace. Moreover, virtual research is 'clean'— without such fallouts as lab accidents and chemical leakages—and costs next to nothing.

1. Countries like UK, US, Germany and Japan wish to spend lot of money.
(*a*) to attend to the problems of humanity.
(*b*) to control AIDS.
(*c*) for defence research.
(*d*) to carry out atomic research.

2. Virtual research is carried out
(*a*) on computers.
(*b*) by experimentation in the field.
(*c*) by spending up billions of dollars.
(*d*) by experimentation in space.

3. Scientific research is not prohibitively costly when conducted
(*a*) by simulation in the virtual world.
(*b*) smashing atoms in a tunnel.
(*c*) making real-life models.
(*d*) using satellites.

4. Reverse engineering
(*a*) is commonly practised in research.
(*b*) is prohibitively expensive experimentation.
(*c*) is not used by cosmologists in the virtual world.
(*d*) is independent of analysis using computers.

PASSAGE-20

Failure and success are the ways of life. Constant efforts despite initial setbacks have brought us from the chrysalis of failures into the bright opportunity of triumphs. The conquest of Everest is a fitting example. Success eluded men for nearly twenty-five years. The leader of an unsuccessful expedition started, "Everest cannot add to its height, but spirit of man heightens even under repulse." Subsequent conquest of Everest has proved the truth of this. Indeed every newborn day is in itself an opportunity teeming with splendid chances for those who are alert, wide awake and aspiring.

1. According to the writer, the conquest of Everest proves that
(*a*) the spirit of man heightens under demanding circumstances.
(*b*) man cannot attain the unattainable.
(*c*) success is always elusive.
(*d*) the nature is most potent.

2. In this passage, "chrysalis of failure" means that
(*a*) failure involves a closed situation from which one cannot escape.
(*b*) failure can be compared to the pupa of the gold-coloured butterflies.
(*c*) failure is a transitional state.
(*d*) as an insect emerges in a different shape from chrysalis, so a human being changes after every failure.

3. The very style of the prose suggests that the writer intends the last sentence of the passage to be
(*a*) poetic
(*b*) inspiring
(*c*) vague
(*d*) contradictory to the first sentence of the passage.

4. The expression "teeming with" in the passage can be replaced by
(*a*) multiplying (*b*) abounding
(*c*) fruitful (*d*) promising

5. Every new day brings fresh challenges for a person
(*a*) who is young
(*b*) whose head is teeming with bright ideas
(*c*) who has come out of the chrysalis of failure
(*d*) who is watchful and daring.

ANSWERS

PASSAGE-1

1	2	3	4	5
(*b*)	(*b*)	(*a*)	(*a*)	(*b*)

PASSAGE-2

1	2	3	4	5
(*b*)	(*a*)	(*c*)	(*d*)	(*b*)

PASSAGE-3

1	2	3	4	5
(*b*)	(*b*)	(*d*)	(*c*)	(*c*)

PASSAGE-4

1	2	3	4	5
(*c*)	(*b*)	(*c*)	(*e*)	(*e*)

PASSAGE-5

1	2	3	4	5
(*a*)	(*b*)	(*b*)	(*b*)	(*e*)

PASSAGE-6

1	2	3	4	5
(*d*)	(*c*)	(*a*)	(*a*)	(*e*)

PASSAGE-7

1	2	3	4	5
(*a*)	(*a*)	(*d*)	(*a*)	(*a*)

PASSAGE-8

1	2	3	4	5
(*a*)	(*c*)	(*b*)	(*d*)	(*c*)

PASSAGE-9

1	2	3	4	5
(*d*)	(*a*)	(*c*)	(*a*)	(*d*)

PASSAGE-10

1	2	3	4
(*d*)	(*c*)	(*a*)	(*d*)

PASSAGE-11

1	2	3	4	5
(*d*)	(*b*)	(*a*)	(*b*)	(*b*)

PASSAGE-12

1	2	3
(*d*)	(*a*)	(*a*)

PASSAGE-13

1	2	3	4	5
(*b*)	(*d*)	(*d*)	(*a*)	(*c*)

PASSAGE-14

1	2	3	4
(*c*)	(*c*)	(*d*)	(*c*)

PASSAGE-15

1	2	3	4
(*a*)	(*c*)	(*d*)	(*a*)

PASSAGE-16

1	2	3
(*d*)	(*c*)	(*b*)

PASSAGE-17

1	2	3	4
(*d*)	(*c*)	(*a*)	(*d*)

PASSAGE-18

1	2	3	4	5
(*c*)	(*c*)	(*b*)	(*c*)	(*b*)

PASSAGE-19

1	2	3	4
(*d*)	(*a*)	(*a*)	(*a*)

PASSAGE-20

1	2	3	4	5
(*a*)	(*d*)	(*b*)	(*b*)	(*d*)

❑❑❑

SECTION b VOCABULARY

ONE WORD SUBSTITUTION

Ambiguous : (of a statement) having more than one meaning.

Ambidextrous : (of a person) who can write with both hands equally well.

Amphibian : an animal that can live both on earth and water.

Anaemia : deficiency of red blood cells or haemoglobin.

Andocracy : a social system dominated by men.

Anonymous : (of a person) of unknown name.

Anorexia : loss of appetite for food.

Anthology : a published collection of poems (from different poets).

Anthropophagy : the eating of human flesh by human beings.

Aquarium : a transparent bank of water in which the fish are kept.

Atheist : (of a person) who does not believe in the existence of God.

Archaeology : the study of science of historical relics or monuments.

Auditorium : a big hall, built for the gathering of people (audience).

Autograph : synatuses of an important person written as a memento for an admirer.

Bibliography : a list of books representing some scholarly work for reference.

Bibliomancy : the practice of foretelling the future with the help of the Bible.

Bibliomania : a great enthusiasm for collecting books.

Biblimetrics : a subject related to statistical analysis of books.

Bibliophile : a great lover of books.

Biography : life history of a person written by someone else.

Bioluminescence : the emission of light by an organism without producing heat.

Biology : the study of living organisms.

Botany : the science that deals with the study of plant life.

Bureaucracy : a government run by officials.

Cannibal : (a person) who eats human flesh.

Carnivorous : (of an animal) feeding on other animals.

Catalogue : a systematic complete list of items.

Catastrophe : an event that occurs suddenly causing a great damage or suffering.

Cavernows : cave-like shape or atmosphere.

Cholecystectomy : surgical removal of gall bladder.

Cholecystography : X-ray examination of the gall bladder.

Congenital : (of a physical abnormality) present from birth.

Contagious : (of a disease) spread from one person or organism to the other directly or in an indirect way.

Coprophagous : (of an organism) feeding on dung or faeces

Credulous : (of a person) easily ready to believe something.

Incredulous : (of a person) not ready to believe something or somebody.

Cruciform : having the shape of a cross.

Cryptology : art of writing and solving codes.

Cryptogram : a text written in codes.

Cacophony : a great discordant noise.

Cacography : bad handwriting.

Cosmology : the science of origin and development of universe.

Democracy : a government of people.
Dendrology : the scientific study of trees.
Deltiologist : a person having the hobby of collecting postcards.
Demonolatry : the worship of demons.
Diabolism : worship of the devil.
Ectomorph : a person with lean and delicate body.
Effulgent : shining brightly.
Egocentric : thinking only of oneself.
Endogamy : the practice or custom of marrying only within a local community.
Endomorph : a person with soft round body.
Epigraphy : the study and interpretation of ancient inscriptions.
Epilogue : a section or speech at the end of a book especially for giving the conclusion to what has been written.
Eponymous (of a person) giving his name to something.
Equinox : the time or date, when the day and night are of the same length.
Effervescent : giving off bubbles.
Fermentation : the chemical breakdown of a substance by yeasts or some bacteria, etc.
Fictitious : not real.
Folicide : the killing of one's son or daughter.
Floriferous : producing many flowers.
Fratricide : the killing of one's brother.
Fatal : a disease which ends in death.
Garrulous : excessively talkative.
Geophagy : the practice of eating earth.
Gigantic : of very big size.
Gluttonous : one who eats too much.
Gregarious : living in flocks or being fond of company.
Germicide : of something that kills germs.
Haemolysis : destruction of red blood cells.
Haemostasis : the stopping of flow of blood.
Hagiolatry : the worship of saints.
Homicide : the killing of human beings.
Horticulture : the art of garden cultivation.
Homogeneous : a combination of different elements.
Herbivorous : (of an animals) feeding on herbs.
Hypertension : pressure of blood more than normal.
Hypotension : pressure of blood less than normal.
Immiscible : (of a liquid) not forming a homogenous mixture with other liquids.
Immortal : never dying.
Impecunious : having little or no money.
Incorrigible : one which cannot be corrected.
Indolent : lazy; less active.
Kleptomania : a great desire of stealing things.
Loquacious : (a person) who talks excessively.
Lithography : the art of printing or drawing on stones.
Luxurious : extremely comfortable.
Matricide : killing of one's mother.
Misanthrope : a person who hates mankind.
Misogynist : a person who hates women.
Misogamist : a person who hates marriage.
Monogamy : the practice of marrying only one wife or husband.
Meticulous : a person who is very particular about every minute details.
Nepotism : the practice of providing opportunities to their friends or relatives by those who are in power.
Narcotic : a drug which is illegally sold and which causes addiction to the regular taker.
Nephrotoxic : destructive to the kidney.
Nascent : new and lacking in maturity.
Optimist : a person who looks at the bright side of things.
Omniscient : having unlimited knowledge.
Omnipotent : all powerful.
Omnipresent : present everywhere at the same time.
Opaque : a thing that cannot be seen through.
Polygamy : the practice of having more than one wife at the same time.
Pessimist : a person who always looks at the dark side of things.
Panacea : a remedy for all diseases.
Patricide : killing of one's father.
Regicide : killing of the king.
Remuneration : money paid for a work.
Simultaneous : an incident happening at the same time.
Scrupulous : (of a person or process) diligent and extremely attentive to details.
Sequacious : (of a person) lacking originality of thoughts.
Soliloqy : the act of speaking to oneself.
Teetotaller : a person who does not drink.
Theist : a person who believes in the existence of God.
Tenant : a person who stays in a house and pays rent for it.
Vociferous : (of a person) speaking loudly and vehemently.
Vivacious : (of a woman) attractive and sprightly.
Xenophobia : extreme fear from strangers.
Xylophagous (of an insect) : feeding on or boring into wood.

SYNONYMS & ANTONYMS

A. SYNONYMS

Ardent	eager, avid
Arduous	difficult, troublesome, tough
Aspire	hope, wish
Astonish	amaze, confound
Authentic	genuine, actual
Awesome	astonishing, amazing, awful, fearful
Ban	bar, debar
Bare	denuded exposed
Bear	carry, bring
Beautiful	attractive, charming
Becoming	attractive, graceful
Benchmark	model, example
Benevolent	bountiful, benign
Betwitch	attract, captivate
Boisterous	noisy, clamorous
Bonny	handsome, attractive, beautiful, healthy
Brave	bold, courageous
Break	crack, separate
Brief	laconic, curt
Bright	shining, flashing
Brisk	active, lively
Broad	generous, capacious
Build	assemble, construct
Busy	brisk, active
Cajole	Coax, dupe
Call	announce, shout
Calm	peaceful, mild
Candid	fair, frank
Capacious	spacious, roomy
Care	anxiety, concern
Catchy	attractive, captivating
Charming	attractive, appealing
Chief	main, key
Clean	pure, spotless
Clever	apt, intelligent
Clumsy	burgling, awkward
Colossal	giant, enormous
Compact	dense, condensed
Conspicuous	clear, apparent
Cordial	agreeable, cheerful
Credulous	trustful, unsuspicious
Cruel	atrocious, barbarous
Dangerous	alarming, hazardous
Dazzling	glorious, radiant
Deceive	cheat, betray
Deep	profound, bottomless
Delicate	fragile, weak, tender
Delight	ecstasy, happiness
Deny	disprove, rebuf
Eager	ardent, avid
Effective	active, capable
Elegant	beautiful, artistic
Emerge	arise, appear
Encouraging	cheerful, promising
Enormous	colossal, gigantic
Faded	dim, dull
Fair	clean, honest
Fascinating	attractive, bewitching
Foolish	imprudent, senseless
Frank	candid, ingenuous
Garrulous	chattering, gossiping
Generous	liberal, benevolent
Genuine	bonafide, authentic
Gloomy	dark, sad
Glorious	magnificent, excellent
Great	colossal, enormous
Haughty	assuming, arrogant
Hefty	big, robust
Humane	benign, gentle
Humble	modest, meek
Idle	lazy, inactive
Illogical	faulty, incorrect
Immense	enormous, colossal
Impudent	bold, brazen
Indolent	lazy, sluggish
Intelligent	clever, bright
Keen	ardent, arid
Kind	benevolent, benign
Laconic	brief, curt
Leading	dominating chief
Lively	agile, active
Lucid	evident, clear
Magnificent	excellent, glorious
Morose	gloomy, sad
Neglect	disdain, ignore
Obedient	submissive, amenable
Obscure	cloudy, vague
Obstinate	stubborn, firm
Opulent	lavish, affluent
Overnight	fault, mistake
Peaceful	harmonious, friendly
Polite	humble, civil
Prolific	teeming, bountiful
Radiant	bright, glorious
Rejoicing	delight, cheer
Sad	gloomy, depressed
Select	choose, opt
Silence	calm, peace

B. ANTONYMS

Abhor	Admire, love, adore
Adore	hate, abhor
Alert	listless, careless
Annex	remove, unfasten
Apex	bottom, nadir
Ban	allow, permit
Beautiful	awful, ugly
Benign	stern, harsh
Boisterous	quiet, peaceful
Brief	lengthy, extensive
Calm	stir, agitate
Careful	careless, unconcerned
Clear	cloudy, vague
Clever	clumsy, boring
Colossal	diminutive, small
Compatible	incompatible, inapt
Courageous	cowardly, timid
Damaging	useful, advantageous
Dangerous	safe, harmless
Deceit	honesty, candour
Delicate	harsh, indelicate
Deny	admit, accept
Dim	bright, clear
Eager	impassive, lazy
Efficient	inefficient, inept
Emerge	enter, fall
Encourage	deter, depress
Engaging	repulsive, unattractive
Fair	unfair, prejudiced
Fake	genuine, bonafide
Fascinating	unattractive, disgusting
Ferocious	mild, gentle
Gallant	cowardly, fearful
Gentle	aggressive, harsh
Gigantic	tiny, puny
Glorious	dull, dim
Handy	clumsy, inept
Happy	unhappy, gloomy
Hard	soft, flexible
Honset	dishonest, unfair
Huge	minute, puny
Idle	active, busy
Illogical	logical, coherent
Incorrect	correct, accurate
Indecent	decent, modest
Innocent	cunning, dishonest
Kind	unkind, cruel
Lazy	active, diligent
Like	unlike, diverse
Lovable	hateful, abhorrent
Major	minor, unimportant
Meek	arrogant, stubborn
Merry	sad, gloomy
Morose	happy, delightful
Nadir	bottom
Nonsense	sense, wisdom
Object	admire, accept
Obscure	clear, vivid
Overbearing	humble, modest
Peaceful	agitated, disturbed
Playful	gloomy, morose
Polite	impolite, ill-mannered
Proficient	incompetent, unskilled
Promising	unpromising, discouraging
Realistic	unrealistic, fanciful
Refined	unrefined, boorish
Reject	accept, select
Robust	feeble, frail
Secure	insecure, unsafe
Sensible	senseless, stupid
Sluggish	energetic, brisk
Tempting	untempting, unattractive
Tepid	zealous, eager
Timid	arrogant, bold
True	untrue, false
Ungainly	elegant, attractive
Unmannerly	mannerly, polite
Valid	invalid, illegal
Verbose	curt, brief
Violent	calm, quiet

IDIOMS AND PHRASES

1. **ABC** (basic principles) She does not know the ABC of photography.
2. **To cut a sorry figure** (present oneself in a bad way)
   She cut a sorry figure on the stage.
3. **Cut loose** (Keep away)
   India should cut loose from bad politics.
4. **To give a red carpet reception** (to give a warm welcome)
   The PM was given a red carpet reception in America.
5. **To dance one's tune** (to follow someone submissively)
   He always dances to his brother's tune.

6. **To turn a deaf ear to** (to disregard)
   She turned a deaf ear to her parents' advice.
7. **To call a spade a spade** (to speak the truth)
   Gandhiji always called a spade a spade.
8. **To bring to book** (to scold)
   The naughty boy was brought to book by the teacher.
9. **From hand to mouth** (without any saving)
   The poor factory worker is living from hand to mouth.
10. **Once in a blue moon** (seldom)
    She visits her brother once in a blue moon.
11. **To cut short** (to reduce)
    Smoking will cut short your life.
12. **By hook or by crook** (by any means fair or foul)
    He wants to get money by hook or by crook.
13. **In the good books of** (be good in one's mind)
    Jack is in the good books of his teachers.
14. **At sixes and sevens** (in disorder)
    The drawing room articles were lying at sixes and sevens on the floor.
15. **To grease the palm of** (to bribe)
    Rohit greased the palm of the clerk and got the file moved.
16. **Through thick and thin.** (under all circumstances)
    We'll stand by you through thick and thin.
17. **At one's beck and call** (ready to obey)
    He had a dozen men at his beck and call.
18. **To die by inches** (to die a painful death)
    The old man died by inches.
19. **To eat one's words** (to retract one's statement)
    You'll have to eat your words because you have spoken without thinking.
20. **To burn the midnight oil** (to work hard)
    You'll have to burn the midnight oil if you want to get good marks.
21. **Fair and square** (clean)
    One must be fair and square in one's dealing.
22. **To poke one's nose into** (to meddle with)
    It is bad to poke your nose into others' affair.
23. **To fall flat** (to have no effect)
    His father's advice fell flat on him.
24. **To make a clean breast of** (to confess)
    He made a clean breast of his involvement in the bomb blast.
25. **To get the better of** (overcome)
    Anger got the better of him.
26. **A wet blanket** (a discouraging person)
    Don't allow Rakesh to accompany you to the hunting trip because he is a wet blanket.
27. **A big gun** (an important person)
    Mr Smith is a big gun in our city.
28. **In black and white** (in written)
    Don't give him anything in black and white.
29. **Neck and neck** (even)
    There is a neck and neck fight between the two boxers.
30. **At a stone's throw** (at a short distance from)
    My school is at a stone's throw from my house.
31. **Cut-throat competition** (a stiff competition)
    There is a cut-throat competition among the publishers in the market.
32. **Black sheep** (a traitor)
    Later on Mr XYZ proved a black sheep.
33. **By dint of** (by means of)
    By dint of hard work, she earned a lot of money.
34. **A man of word** (a person who keeps his promise)
    Mr Sharma is a man of word.
35. **A man of a few words** (a remarkable person)
    Gandhiji was a man of a few words.
36. **In cold blood** (mercilessly)
    The old woman was murdered in cold blood.
37. **At arm's length** (to keep away)
    We should always keep bad boys at arm's length
38. **Keep the ball rolling** (to maintain the progress of some activity)
    After the death of his father he had to take the charge of his office to keep the ball rolling.
39. **A bolt from the blue** (a sudden and unexpected event)
    The news of my friend's death came to me like a bolt from the blue.
40. (i) **Break ones back** (to work hard to get something)
    He broke his back to earn his livelihood.
    (ii) **To break somebody's back** (to give too much work to him to do)
    She broke his back by giving him so much hard work to do.
41. **Break the back of** (accomplish the hardest part of a certain job)
    There is nothing to be worried about as we've already broken the back of the problem.
42. **Beat about the bush** (to go on talking on some worthless topic)
    Stop this beating about the bush, come to the main task.
43. **Throw cold water on** (to discourage)
    She tried to throw cold water on his plan but he was well-determined.
44. **Hard of hearing** (somewhat deaf)
    She is a bit hard of hearing.
45. **Come what may** (no matter what happens)
    I'll do it come what may.
46. **Beyond one's means** (beyond one's budget)
    He is living beyond his means, therefore, he is sure to get ruined.

47. **A man of letters** (a scholar)
Radha Krishnan was a man of letters.
48. **Chips of the same block** (having the same taste)
They are the chips of the same block.
49. **The long and short of** (in brief)
The long and short of his lecture is that we should live like brothers.
50. **In full swing** (in full force)
The studies of the students are going on in full swing.
51. **To burn one's fingers** (to get oneself in trouble)
You have burnt your fingers by speaking against him.
52. **A hard nut to crack.** (a puzzling problem)
To get a win over American basket ball team is a hard nut to crack for India.
53. **To turn over a new leaf** (to change the course of life)
He has turned over a new leaf in his life.
54. **A yeoman's service** (service which is beneficial to the human beings)
He did yeoman's service through his life.
55. **To have one's own axe to grind** (to have vested interest)
He has his own axe to grind in this matter.
56. **To take to one's heels** (to run away)
The thief took to his heels as soon as he saw the policeman.
57. **A snake in the grass** (a hidden foe)
Beware of him because he seems to be a snake in the grass.
58. **To move heaven and earth** (to make too much effort)
The young man moved heaven and earth to find a job.
59. **To be caught red handed** (to be caught at the time of committing a crime)
The clerk was caught red handed when he was accepting bribe from Mr ABC.
60. **To receive with open arms** (to give a warm welcome)
The new president of the club was received with open arms by the members.
61. **Acid test** (hard test)
The election will be an acid test for the ruling party.
62. **A wolf in sheep's clothing** (a hypocrite)
You should not keep company with him because he is a wolf in sheep's clothing.
63. **To be born with a silver spoon in one's mouth** (to be born in a rich family)
Mr. J. L. Nehru was born with a silver spoon in his mouth.
64. **At the eleventh hour** (at the last moment)
The war was about to start but fortunately at the eleventh hour a messenger came to the PM with a message of peace.
65. **Drop someone a line** (send a letter, etc.)
Please drop me a line of your well-being.
66. **Dull the edge of** (reduce the intensity of)
Take this pill and it will dull the edge of pain.
67. **A fool of the first water** (one completely foolish)
Being a fool of the first water he could not solve even the simplest sum.
68. **To come to light** (to be known)
A new disease has recently come to light.
69. **To be the apple of one's eye** (be very dear)
He is the apple of his parent's eye.
70. **A bone of contention** (to be the cause of quarrel)
Kashmir is the bone of contention between India and Pakistan.
71. **To make fun of** (laugh at)
The children made fun of the waiter in the hotel.
72. **To let the cat out of the bag** (to divulge secret)
It was Sohan who let the cat out of the bag by telling the real matter.
73. **A great card** (an important person)
Mr Sood is a great card in the ministry of finance.
74. **To open a new chapter** (to start some habit, etc.
By drinking, you've opened a new chapter in your life.
75. **Under a cloud** (be in trouble or in a state of disgrace or suspicion)
His company seemed to be under a cloud as it had no funds to pay the wages to the workers.
76. **In a crack** (all of a sudden or rapidly)
The thief left the place in a crack.
77. **A green hand** (not very much experienced)
We shall pay a little to a green hand.
78. **To make the flesh creep** (to terrify)
The story made my flesh creep.
79. **To lose ground** (to retreat)
After fighting for some time the Pakistani army began to lose ground.
80. **All in all** (completely)
Rajesh is all in all in this office.
81. **An apple of discord** (to be the cause of)
Kashmir is an apple of discord between India and Pakistan.
82. **To bring to book** (to punish)
The student was brought to book by the teacher.
83. **A bed of roses** (a comfort)
Life is not a bed of roses.
84. **To show a clean pair of heels** (to run away)
The thief showed a clean pair of heels as soon as he saw the policeman approaching.

85. **A white elephant** (of no use)
This sort of glib talker always proves a white elephant in the end.

86. **In the twinkling of an eye** (quickly)
The monkey ate up grams in the twinkling of an eye.

87. **To gain ground** (to be established)
He gained ground in India in a few years.

88. **Slow and steady** (slowly but continually)
Slow and steady wins the race.

89. **A red letter day** (An important day)
15th August is a red letter day for the Indians.

90. **To get wind of** (to get information)
I got wind of his secret plans.

MULTIPLE CHOICE QUESTIONS

Directions (Qs. 1 to 50): *In the following questions choose the word which best expresses the meaning of the given word.*

1. INDICT
A. Condemn B. Reprimand
C. Accuse D. Allege

2. SCINTILLATING
A. Smouldering B. Gilittering
C. Touching D. Warming

3. REFECTORY
A. Restaurant B. Parlour
C. Living Room D. Dining Room

4. DISTINCTION
A. Diffusion B. Disagreement
C. Different D. Degree

5. IMPROVEMENT
A. Advancement B. Betterment
C. Promotion D. Preference

6. ADVERSITY
A. Failure B. Helplessness
C. Misfortune D. Crisis

7. TURN UP
A. Land up B. Show up
C. Crop up D. Come up

8. DEIFY
A. Flatter B. Challenge
C. Worship D. Face

9. ERROR
A. Misadventure B. Misgiving
C. Ambiguity D. Blunder

10. SHALLOW
A. Artificial B. Superficial
C. Foolish D. Worthless

11. MASSACRE
A. Murder B. Stab
C. Assissinate D. Slaughter

12. COMBAT
A. Conflict B. Quarrel
C. Feud D. Fight

13. VORACIOUS
A. Wild B. Hungry
C. Angry D. Quick

14. IMPROMPTU
A. Offhand B. Unimportant
C. Unreal D. Effective

15. RABBLE
A. Mob B. Noise
C. Roar D. Rubbish

16. TEPID
A. Hot B. Warm
C. Cold D. Boiling

17. MAYHEM
A. Jubilation B. Havoc
C. Excitement D. Defeat

18. TIMID
A. Fast B. Slow
C. Medium D. Shy

19. CANTANKEROUS
A. Quarrelsome B. Rash
C. Disrepectful D. Noisy

20. PRECARIOUS
A. Cautious B. Critical
C. Perilous D. Brittle

21. TACITURNITY
A. Dumbness B. Changeableness
C. Hesitation D. Reserve

22. INEBRIATE
A. Dreamy B. Stupefied
C. Unsteady D. Drunken

23. HARBINGER
A. Massenger B. Steward
C. Forerunner D. Pilot

24. INTIMIDATE
A. To hint B. Frighten
C. Bluff D. Harass

25. IRONIC
A. Inflexible
B. Bitter
C. Good-natured
D. Disguisedly sarcastic

26. STRINGENT
A. Tense B. Stringy
C. Strict D. Causing to shrink

27. ECSTATIC
A. Animated B. Bewildered
C. Enraptured D. Illful

28. COMMENSURATE
A. Measurable B. Proportionate
C. Beginning D. Appropriate

29. DESTITUTION
A. Humility B. Moderation
C. Poverty D. Beggary

30. ASCEND
A. Leap B. Grow
C. Deviate D. Mount

31. UNCOUTH
A. Ungraceful B. Rough
C. Slovenly D. Dirty

32. LYNCH
A. Hang B. Madden
C. Killed D. Shoot

33. LAUD
A. Lord B. Eulogy
C. Praise D. Extolled

34. CORRESPONDENCE
A. Agreements B. Contracts
C. Documents D. Letters

35. VENUE
A. Place B. Agenda
C. Time D. Duration

36. STERILE
A. Barren B. Arid
C. Childless D. Dry

37. SYNOPSIS
A. Index B. Mixture
C. Summary D. Puzzle

38. GERMANE
A. Responsible B. Logical
C. Possible D. Relevant

39. PONDER
A. Think B. Evaluate
C. Anticipate D. Increase

40. CANNY
A. Obstinate B. Handsome
C. Clever D. Stout

41. ABUNDANT
A. Ripe B. Cheap
C. Plenty D. Absent

42. CONSEQUENCES
A. Results B. Conclusions
C. Difficulties D. Applications

43. SHIVER
A. Shake B. Rock
C. Tremble D. Move

44. DILIGENT
A. Progressive B. Brilliant
C. Inventive D. Hard-working

45. DISTANT
A. Far B. Removed
C. Reserved D. Separate

46. FORAY
A. Excursion B. Contest
C. Ranger D. Intuition

47. FRUGALITY
A. Foolishness B. Extremity
C. Enthusiasm D. Economy

48. GARNISH
A. Paint B. Garner
C. Adorn D. Abuse

49. VIGOUR
A. Strength B. Boldness
C. Warmth D. Enthusiasm

50. CANDID
A. Apparent B. Explicit
C. Frank D. Bright

Directions (Qs. 51 to 100): *In the following questions choose the word which is the exact OPPOSITE of the given words.*

51. EPILOGUE
A. Dialogue B. Prelude
C. Post script D. Epigram

52. FRAUDULENT
A. Candid B. Direct
C. Forthright D. Genuine

53. LOQUCIOUS
A. Reticent B. Talkative
C. Garrulous D. Verbose

54. NIGGARDLY
A. Frugal B. Thrifty
C. Stingy D. Generous

55. PERTINENT
A. Irrational B. Irregular
C. Insistent D. Irrelevant

56. FAINT-HEARTED
A. Warm-hearted B. Full-blooded
C. Hot-blooded D. Stout-hearted

57. VIOLENT
A. Humble B. Harmless
C. Gentle D. Tame

58. STATIONARY
A. Active B. Mobile
C. Rapid D. Busy

59. HONORARY
A. Dishonourable B. Reputed
C. Paid D. Official

60. COMMON
A. Rare B. Small
C. Petty D. Poor

61. FRUGAL
A. Copious B. Extravagant
C. Generous D. Ostentatious

62. MALICIOUS
A. Kind B. Boastful
C. Generous D. Indifferent

63. FAMILIAR
A. Unpleasant B. Dangerous
C. Friendly D. Strange

64. PRELIMINARY
A. Final B. First
C. Secondary D. Initial

65. DOUBTFUL
A. Famous B. Certain
C. Fixed D. Important

66. REMISS
A. Forgetful B. Watchful
C. Dutiful D. Harmful

67. INDISCREET
A. Reliable B. Honest
C. Prudent D. Stupid

68. FRESH
A. Faulty B. Sluggish
C. Disgraceful D. Stale

69. ANNOY
A. Praise B. Rejoice
C. Please D. Reward

70. TRANSPARENT
A. Semi-transparent B. Muddy
C. Opaque D. Dark

71. REVEALED
A. Denied B. Concealed
C. Ignored D. Overlooked

72. EXTRAVAGANCE
A. Luxury B. Poverty
C. Economy D. Cheapness

73. CROWDED
A. Busy B. Congested
C. Quiet D. Deserted

74. SHRINK
A. Contract B. Spoil
C. Expand D. Stretch

75. ENMITY
A. Important B. Unnecessary
C. Friendship D. Likeness

76. EXODUS
A. Influx B. Home-coming
C. Return D. Restoration

77. CULPABLE
A. Defendable B. Blameless
C. Careless D. Irresponsible

78. SUBSERVIENT
A. Aggressive B. Straightforward
C. Dignified D. Supercilious

79. AWARE
A. Uncertain B. Ignorant
C. Sure D. Doubtful

80. GRACEFUL
A. Rough B. Expert
C. Miserable D. Awkward

81. AUTONOMY
A. Slavery B. Subordination
C. Dependence D. Submissiveness

82. NADIR
A. Modernity B. Zenith
C. Liberty D. Progress

83. CONCEDE
A. Object B. Refuse
C. Grant D. Accede

84. SUPPRESS
A. Encourage B. Grow
C. Praise D. Permit

85. FAMOUS
A. Disgraced B. Notorious
C. Evil D. Popular

86. EXPAND
A. Contract B. Condense
C. Congest D. Conclude

87. ARROGANT
A. Polite B. Cowardly
C. Meek D. Gentlemanly

88. ENORMOUS
A. Soft B. Average
C. Tiny D. Weak

89. URBANE
A. Illiterate B. Backward
C. Discourteous D. Orthodox

90. HOSTILITY
A. Courtesy B. Hospitality
C. Relationship D. Friendliness

91. BELITTLE
A. Praise B. Flatter
C. Exaggerate D. Adore

92. HAPLESS
A. Cheerful B. Consistent
C. Fortunate D. Shapely

93. HAPHAZARD
A. Fortuitous B. Indifferent
C. Deliberate D. Accidental

94. GREGARIOUS
A. Antisocial B. Glorious
C. Horrendous D. Similar

95. VALUABLE
A. Invaluable B. Worthless
C. Inferior D. Lowly

96. ABSOLUTE
A. Deficient B. Faulty
C. Limited D. Scarce

97. CONFESS
A. Deny B. Refuse
C. Contest D. Contend

98. GULLIBLE
A. Incredulous B. Fickle
C. Easy D. Stylish

99. HIRSUTE
A. Scaly B. Bald
C. Erudite D. Quiet

100. HINDRANCE
A. Aid B. Persuasion
C. Cooperation D. Agreement

Directions (Qs. 101 to 150): *In questions given below out of the four alternatives choose the one which can be substituted for the given words/sentence.*

101. Something that relates to everyone in the world.
A. General B. Common
C. Usual D. Universal

102. An expression of mild disapproval.
A. Warning B. Denigration
C. Impertinence D. Reproof

103. One who is not easily pleased by anything.
A. Maiden B. Mediaeval
C. Precarious D. Fastidious

104. Murder of a king
A. Infanticide B. Matricide
C. Genocide D. Regicide

105. A remedy for all diseases.
A. Stoic B. Marvel
C. Panacea D. Recompense

106. A dramatic performance
A. Mask B. Mosque
C. Masque D. Mascot

107. Study of birds
A. Orology B. Optology
C. Ophthalmology D. Ornithology

108. Ready to believe
A. Credulous B. Credible
C. Creditable D. Incredible

109. Incapable of being seen through.
A. Ductile B. Opaque
C. Obsolete D. Potable

110. One who eats everything—
A. Omnivorous B. Omniscient
C. Irresistible D. Insolvent

111. A place where bees are kept is called
A. An apiary B. A mole
C. A hive D. A sanctuary

112. One who cannot be corrected.
A. Incurable B. Incorrigible
C. Hardened D. Invulnerable

113. One who is in charge of a museum.
A. Curator B. Supervisor
C. Caretaker D. Warden

114. Continuing fight between parties, families, clans, etc.
A. Enmity B. Feud
C. Quarrel D. Skirmish

115. A voice loud enough to be heard.
A. Audible B. Applaudable
C. Laudable D. Oral

116. A paper written by hand.
A. Handicraft B. Manuscript
C. Handiwork D. Thesis

117. Habitually silent or talking little.
A. Serville B. Unequivocal
C. Taciturn D. Synoptic

118. To slap with a flat object.
A. Chop B. Hew
C. Gnaw D. Swat

119. A person who speaks many languages.
A. Linguist B. Monolingual
C. Polyglot D. Bilingual

120. A light sailing-boat built specially for racing.
A. Canoe B. Yacht
C. Frigate D. Dinghy

121. A fixed orbit in space in relation to earth.
A. Geological B. Geo-synchronous
C. Geo-centric D. Geo-stationary

122. A style in which a writer makes a display of his knowledge.
A. Pedantic B. Verbose
C. Pompous D. Ornate

123. A religious discourse.
A. Preach B. Stanza
C. Sanctorum D. Sermon

124. A place that provides refuge.
A. Asylum B. Sanatorium
C. Shelter D. Orphanage

125. Detailed plan of a journey.
A. Travelogue B. Travelkit
C. Schedule D. Itinerary

126. A person who insists on something.
A. Disciplinarian B. Stickler
C. Instantaneous D. Boaster

127. A drawing on transparent paper
A. Red print B. Blue print
C. Negative D. Transparency

128. One who believes that all things and events in life are predetermined is a
A. Fatalist B. Puritan
C. Egoist D. Tyrant

129. A school boy who cuts classes frequently is a
A. Defeatist B. Sycophant
C. Truant D. Martinet

130. The act of violating the sanctity of the church is

ENGLISH

A. Blasphemy B. Heresy
C. Sacrilege D. Desecration

131. A place where monks live as a secluded community.
A. Cathedral B. Diocese
C. Convent D. Monastery

132. One who is fond of fighting
A. Bellicose B. Aggressive
C. Belligerent D. Militant

133. Tending to move away from the centre or axis.
A. Centrifugal B. Centripetal
C. Axiomatic D. Awry

134. Words inscribed on tomb.
A. Epitome B. Epistle
C. Epilogue D. Epitaph

135. Leave or remove from a place considered dangerous.
A. Evade B. Evacuate
C. Avoid D. Exterminate

136. Malafide case is one
A. which is undertaken in good faith
B. which is undertaken in bad faith
C. which is undertaken after a long delay
D. which is not undertaken at all

137. The *raison d'etre* of a controversy is
A. the enthusiasm with which it is kept alive
B. the finesse with which partici-pants handle it
C. the reason or justification of its existence
D. the unending hostility the parties concerned have towards each other

138. A prima facie case is such
A. as it seems at first sight
B. as it is made to seem at first sight
C. as it turns out to be at the end
D. as it seems to the court after a number of hearings

139. A person of good understanding, knowledge and reasoning power.
A. Expert B. Intellectual
C. Snob D. Literate

140. One absorbed in his own thoughts and feelings rather than in things outside.
A. Scholar B. Recluse
C. Introvert D. Intellectual

141. One who does not marry, especially as a religious obligation
A. Bachelor B. Celibate
C. Virgin D. Recluse

142. A person who tries to deceive people by claiming to be able to do wonderful things.
A. Trickster B. Impostor
C. Magician D. Mountebank

143. To take secretly in small quantities
A. Robbery B. Pilferage
C. Theft D. Defalcation

144. Policemen riding on motorcycles as guards to a VIP.
A. Outriders B. Servants
C. Commandos D. Attendants

145. The part of a government which is concerned with making of rules.
A. Court B. Tribunal
C. Bar D. Legislature

146. That which cannot be corrected-
A. Unintelligible B. Indelible
C. Illegible D. Incorrigible

147. A child born after the death of its fater-
A. Posthumous B. Orphan
C. Bastard D. Progenitor

148. Something that can be heard-
A. Auditory B. Audio-visual
C. Audible D. Audition

149. One who dabbles in fine arts for the love of it and not for monetary gains:
A. Connoisseur B. Amateur
C. Professional D. Dilettante

150. To accustom oneself to a foreign climate.
A. Adapt B. Adopt
C. Accustom D. Acclimatise

Directions (Qs. 151 to 170): *Some proverbs/idioms are given below together with their meanings. Choose the correct meaning of the proverb/idiom. If there is no correct meaning given, E i.e. 'None of these' will be the answer.*

151. To beg the question
A. To refer to
B. To take for granted
C. To raise objections
D. To be discussed
E. None of these

152. To drive home
A. To find one's roots
B. To return to place of rest
C. Back to original position
D. To emphasise
E. None of these

153. To hit the right nail on the head
A. To do the right thing
B. To destroy one's reputation
C. To announce one's fixed views
D. To teach someone a lesson
E. None of these

154. To pick holes
A. To find some reason to quarrel
B. To destory something

C. To criticise someone
D. To cut some part of an item
E. None of these

155. To smell a rat
A. To see signs of plague epidemic
B. To get bad smell of a dead rat
C. To suspect foul dealings
D. To be in a bad mood
E. None of these

156. A black sheep
A. An unlucky person
B. A negro
C. An ugly person
D. A partner who takes no share of the profits
E. None of these

157. To catch a tarter
A. To trap wanted criminal with great difficulty
B. To catch a dangerous person
C. To meet with disaster
D. To deal with a person who is more than one's watch
E. None of these

158. To be above board
A. To have a good height
B. To be honest in any business deal
C. To have no debts
D. To try to be beautiful
E. None of these

159. To keep one's temper
A. To become angry
B. To be in good mood
C. To preserve one's energy
D. To be aloof from
E. None of these

160. To have an axe to grind
A. A private end to serve
B. To fail to arouse interest
C. To have no result
D. To work for both sides
E. None of these

161. To cry wolf
A. to listen eagerly
B. to give false alarm
C. to turn pale
D. to keep off starvation
E. None of these

162. A man of straw
A. a man of no substance
B. a very active person
C. a worthy fellow
D. an unreasonable person
E. None of these

163. To make clean breast of
A. to gain prominence
B. to praise oneself
C. to confess without reserve
D. to destroy before it blooms
E. None of these

164. To end in smoke
A. to make completely understand
B. to ruin oneself
C. to excite great applause
D. to overcome someone
E. None of these

165. To leave someone in the lurch
A. to come to compromise with someone
B. constant source of annoyance to someone
C. to put someone at ease
D. to desert someone in his difficulties
E. None of these

166. To play second fiddle
A. To be happy, cheerful and healthy
B. To reduce importance of one's senior
C. To support the role and view of another person
D. To do back seat driving
E. None of these

167. To set one's face against
A. To oppose with determination
B. To judge by appearance
C. To get out of difficulty
D. To look at one steadily
E. None of these

168. To put one's hand to the plough
A. To take up agricultural farming
B. To take a difficult task
C. To get entangled into unnecessary things
D. Take interest in technical work
E. None of these

169. To join issue with
A. To cooperate with others for a cause
B. To join any voluntary organisation for good purpose
C. To resolve dispute and restore peace
D. To enter into argument over any issue
E. None of these

170. To do oneself justice
A. To dispense justice on our own
B. To treat others with due respect
C. To defend one's point of view
D. To follow the path of truth and justice
E. None of these

ANSWERS

1	2	3	4	5	6	7	8	9	10
C	B	D	C	B	C	B	C	D	B
11	12	13	14	15	16	17	18	19	20
D	D	B	A	A	B	B	D	A	B
21	22	23	24	25	26	27	28	29	30
D	D	C	B	D	C	C	B	C	D
31	32	33	34	35	36	37	38	39	40
A	C	C	D	A	A	C	D	A	C
41	42	43	44	45	46	47	48	49	50
C	A	C	D	A	A	D	C	A	C
51	52	53	54	55	56	57	58	59	60
B	D	B	D	D	D	C	B	C	A
61	62	63	64	65	66	67	68	69	70
B	C	D	A	B	C	C	D	C	C
71	72	73	74	75	76	77	78	79	80
B	C	D	D	C	A	A	C	B	A
81	82	83	84	85	86	87	88	89	90
C	B	B	B	B	B	A	C	C	D
91	92	93	94	95	96	97	98	99	100
C	C	C	A	B	C	A	A	B	A
101	102	103	104	105	106	107	108	109	110
D	D	D	D	C	C	D	A	B	A
111	112	113	114	115	116	117	118	119	120
A	B	A	B	A	B	C	D	A	B
121	122	123	124	125	126	127	128	129	130
D	A	D	A	D	B	D	A	C	C
131	132	133	134	135	136	137	138	139	140
D	A	A	D	B	B	C	A	B	C
141	142	143	144	145	146	147	148	149	150
B	A	B	A	D	D	A	C	B	D
151	152	153	154	155	156	157	158	159	160
B	D	A	C	C	E	B	B	B	A
161	162	163	164	165	166	167	168	169	170
B	A	C	E	D	C	A	B	B	E

□□□

ENGLISH

SECTION C

FUNCTIONAL GRAMMAR

ARTICLES

Articles are a kind of demonstrative Adjectives. Also being determiners, they precede nouns.

Kinds of Articles

There are two kinds of articles.

(a) Indefinite Articles
(b) Definite Article

(a) Indefinite Articles (a, an)

'A' and 'an' are called indefinite articles because they point out inanimate or animate objects in general. They do not particularize objects.

(i) A cat mews. (ii) An owl hoots.

(b) Definite Article (the)

'The' is called definite article because it points out (a) particular object/objects.

(i) A cat mews. **The cat** is black in colour.
(ii) Dogs are barking. **The dogs** are running after a beggar.

A and An Distinguished

(a) 'A' is used before a noun or adjective etc. which begins with a consonant sound, *e.g.,* a lion, a book, a table, a black cat, a brown bag, a university, a year, etc.
(b) 'An' is used before a noun or adjective etc which begins with a vowel sound, *e.g.,* an honest boy, an hour, an umbrella, an egg, an elephant, an MA, an MBBS, an FDR, etc.

Uses of Indefinite and Definite Articles

Definite and Indefinite articles are used,

1. Before a countable noun: **A cow** is grazing in the field. **A rhinoceros** can run as fast as man.
2. To convey the numerical value 'one'
   (i) Once there was a lion.
   (ii) She bought an umbrella.
3. To denote a whole class
   (i) A crow caws. (Every crow caws.)
   (ii) The camel is a beast of burden. (Every camel is a beast of burden.)
4. (i) He is a boy. (general use of an article)
   (ii) He is **the boy** who met us in the circus. (A particular boy)
   (iii) **The boys** who met us at the Paul Cafe were my classmates. (Particular boys)
5. A Proper name does not take an article.
   (i) His name is Jack. (ii) I am Girish.

   But when a proper noun is used as a common noun, it takes an article.

   (i) We need **a Kapil Dev** to win the match. (a player who can play well as Kapil Dev did.)
   (ii) Sohan is **the Kalidas** of our school. (He writes the plays well as Kalidas did.)
6. An abstract noun does not take an article
   (i) Give me more oil.
   (ii) Give me a litre oil.
   (iii) Milk is essential for health.
   (iv) She drank a little water.

   But 'the' is sometimes used with abstract nouns to give a particular sense.

   (i) **The Milk** of this cow is sweet.
   (ii) **The Water** in this jug seems to be contaminated.
7. To lay emphasis
   (i) Ashoka, **the Great** was kind and wise.
   (ii) Gandhi **the** peace lover, was the foremost freedom fighter.
8. An article is not used before the name of a disease, sport, subject, etc.

(i) Measles is not a fatal disease.

(ii) She died of cancer.

(iii) I like football. (sport)

(iv) He kicked the football. (an object to play)

(v) I have no taste for music/mathematics.

But sometimes an article is used before a disease to give a particular sense.

Corruption is **a** cancer in society

9. Definite Article is used before the superlatives:
   (i) He is **the** strongest boy in our class.
   (ii) Rohit is **the** tallest boy in our street.
10. The Germans usually speak in their mother tongue. (the people of Germany)
11. Sometimes an article is not used before a common noun when it is used in its widest sense.
    (i) Man is mortal.
    (ii) Woman is the creator of all mankind.

Definite Article is used in the followings manners:

1. Before the names of monuments
   (i) The Taj
   (ii) The Red Fort
2. Before the names of rivers, gulfs, mountain ranges, oceans, channels, etc.
   (i) The Himalayas (ii) The Alps
   (iii) The Ganga (iv) The Yamuna
   (v) The Bay of Bengal (vi) The Indian Ocean
   (vii) The Pacific Ocean
   (viii) The English Channel
3. Before the names of the newspapers, magazines & journals
   (i) The Hindu (ii) The Times of India
   (iii) The Sun (iv) The Sunday.
4. Before the names of the Holy Books
   (i) The Gita (ii) The Bible
   (iii) The Ramayana
5. Before the names of trains, ships, aeroplanes, missile etc.
   (i) The Rajdhani Express
   (ii) The Vikrant (iii) The MIG-22
   (iv) The Agni - II (v) The Prithvi
6. Before the names of musical instruments
   (i) The guitar (ii) The piano
   (iii) The violin (iv) The flute
7. Before the names of imaginary geographical lines and directions
   (i) The Longitude
   (ii) The Latitude
   (iii) The Tropic of Cancer
   (iv) The Tropic of Capricorn
   (v) The Equator
   (vi) The East
   (vii) The West
8. Before the names of races, political parties, movements, etc.
   (i) The Sikhs
   (ii) The Jews
   (iii) The BJP
   (iv) The Indian National Congress
   (v) The Quit India Movement
9. Before a comparative degree
   (i) The more you laugh, the more you look foolish.
   (ii) The more you work, the more you gain.

MODALS

A verb which is used to help the finite verb in a sentence is called an Auxiliary Verb.

You **should** help the poor.

In the aforesaid sentence 'help' is the finite verb whereas 'should' has been used as a helping verb so 'should' is an auxiliary.

The auxiliary verbs can be classified into two categories.

I Primary Auxiliaries

II Modal Auxiliaries

I. Primary Auxiliaries

The primary auxiliaries can be used either finite verbs or helping verbs. They are three in number.

Be = be, is, am, are, was, were, being, been

Do = do, does, did, done, doing

Have = have, has, had, having.

Be / Do / Have as helping verbs

(i) She is singing a song.

(ii) He does not know how to swim.

(iii) John has painted the pictures.

Be / Do / have as finite verbs

(i) She is an intelligent girl.

(ii) Anu will be doing her homework.

(iii) I have an exotic pen.

Modals Auxiliaries

The following are the commonly used modal auxiliaries:

Can, could, shall, should, will, would, may, might, must, mustn't, need, needn't, dare, daren't, ought to, used to, have to, had to.

Can

Can is used:

1. To express present ability
   (i) I can count upto 1000.
   (ii) I can speak French.
2. To make a request
   (i) Can I open the door?
   (ii) Can I switch on the light?
3. To give permission
   (i) You can go now.
   (ii) You can sit down now.
4. To express an impossibility
   (i) Who can defeat death?
   (ii) Who can reject God?

Could

Could is used:

1. As the past tense of 'can'.
   (i) She said that she could understand French.
   (ii) The boy said that he could solve all the sums.
2. To make polite requests
   (i) Could I use your bike?
   (ii) Could you help me?
3. To express past ability
   (i) Seema could work for ten hours a day at a stretch when she was young.
   (ii) He could read and write well when he was a student.

Shall

Shall is used:

1. To express a simple future tense with first person pronouns
   (i) I shall bring you something to eat.
   (ii) We shall buy a new house next year.
2. Used in questions indicating suggestions/offers
   (i) Shall I make you a cup of tea?
   (ii) Shall we play the piano in the evening?

Note: Shall is used with the second and third person as under:

(A) To express a strong assertion, determination, promise or intention
   (i) You shall have your will.
   (ii) He shall have his due.

(B) To express a threat
   (i) You shall be punished soon.
   (ii) He shall be taken to task by the officer.

(C) To express a legal obligation
   (i) All the candidates shall submit their resumes at time of interview.
   (ii) You shall return all your loans by the end of this year.

(D) To express a prohibition
   (i) You shall not stick bills on this wall.
   (ii) You shall not litter the room with the pieces of paper.

Should

Should is used:

1. As Past Tense of 'Shall'
   (i) She said she should not invest in that project.
   (ii) The old man said that he should try to bring round his son to his idea.
2. To express moral duty/obligation
   (i) We should love our countrymen.
   (ii) We should look after our elders.
3. To give a piece of advice or suggestion
   (i) Should you find something suspicious, phone me at once.
   (ii) Should you need something, call me without hesitation.
4. To express purpose with 'lest'
   (i) Walk fast lest you should miss the train.
   (ii) Work hard lest you should get poor marks.
5. To express assumption
   (i) It should be about I am.
   (ii) This book should be somewhere between a hundred and hundred fifty.

Will

Will is used:

1. To express plans for the future, when used with second and third persons
   (i) You will go to the station to receive the guests.
   (ii) They will join the army.
2. To express a request
   (i) Will you allow me to use your phone?
   (ii) Will you lend me some money?
3. To express determination
   (i) He will not open his mouth against you.
   (ii) She will do or die.
4. To express an invitation
   (i) Will you have some snacks?
   (ii) Will you dine at ours tonight?
5. To express a universal or habitual truth
   (i) The sun will set in the west.
   (ii) My brother will take a cup of tea after dinner.

Note: 'Will' is used with the First Person to express:

(A) A Promise

(i) I will suggest your name at today's meeting.

(ii) I will recommend your name to the manager.

(B) A threat

(i) I won't allow you to cross this road again.

(ii) I will pay you back in your own coin.

(C) A refusal

(i) I won't support you.

(ii) I won't lend you any money.

Would

Would is used:

1. as a Past Tense of 'will'

(i) She said that she would complete her post graduation.

(ii) He said that his uncle would start the sale and purchase of computers in America.

2. To express a wish

(i) Would that I were rich!

(ii) Would that I were the PM!

3. To make a polite offer

(i) Would you take a cup of tea?

(ii) Would you like to eat apples or oranges?

4. To express unreal condition in the past

(i) Had you run fast you would have won the match ?

(ii) Had she told us before, it would not have happened ?

5. To give advice

(i) I wouldn't bicker with you if I were you.

(ii) I wouldn't let him go if I were you.

6. To express consequence

(i) He would be dismissed if he was caught red handed.

(ii) He would be punished if the teacher saw him laugh.

7. To express willingness

(i) I would leave these premises if you wish so.

(ii) I would not come here again if you say so.

May

May is used:

1. To express wish/prayer

(i) May you live long!

(ii) May God help you!

2. To express possibility

(i) It may snow today.

(ii) It may rain today.

3. To seek permission

(i) May I come in, sir?

(ii) May I go now?

4. To give permission

(i) You may go in (come in).

(ii) You may go now.

Might

Might is used:

1. To express the past tense of 'may'

(i) He asked me if I might help him.

(ii) She asked him if she might lead him to the railway station.

2. To express remote possibility

(i) It might rain today.

(ii) It might snow tonight.

Note: Might expresses less possibility than 'may'.

3. To seek permission

(i) Might I come in, sir?

(ii) Might I go now?

4. To give permission

(i) You might come in.

(ii) You might go now.

Note: 'Might' is a softer word than 'may' but it is less frequently used than 'may'.

Must

Must is used:

1. To express compulsion

(i) You must learn this lesson.

(ii) You must work hard.

2. To express obligation

(i) You must speak the truth.

(ii) You must obey your teachers.

3. To express strong possibility

(i) It must rain today.

(ii) It must snow tonight.

4. To express determination

(i) I must win the match.

(ii) I must stand first in the class.

5. To give advice

(i) You must go to office in car.

(ii) You must take a bath daily.

Ought to

'Ought to' is used:

1. To express advice

(i) You ought to see a doctor.

(ii) You ought to reach the station in time.

2. To express moral obligation

(i) You ought to obey your teachers.

(ii) You ought to pay your taxes.

3. To express guess

(i) This food ought to be enough for three persons.

(ii) Four lakh ought to be money enough for buying a car.

Used to

'Used to' is used:

1. To depict existence of something in the past
   (i) There used to be a palace in this city.
   (ii) There used to be a zoo at that place.
2. To express some habit in the past
   (i) She used to eat some sugar after lunch.
   (ii) He used to smoke whenever he felt tense.

Note: 'used to' is always used in past tense. It does not have a present form.

Have to and Had to

'Have to' is used to express a compulsion in present time whereas 'had to' is used to express a compulsion in past time.

(i) She has to prepare a speech for the chair person.
(ii) You had to go to Shimla to meet the manager.
(iii) They have to sign the documents.
(iv) Deepak had to resign his job.

Note: A few modal auxiliaries like used to, had to, etc are always used in past tense but others may be used in present or past tense, *e.g.,*

(i) He can solve all the sums. (Present Tense)
He could solve all the sums. (Past tense)
(ii) She will sing a song. (Present Tense)
She would sing a song. (Past Tense).
(iii) I shall talk to you later on. (Future Tense)
I should talk to you later on. (Present or Past Tense).
(iv) You may go there. (Present tense)
(v) You might go there. (Present or past tense).

NOUN

A noun is the name of a person place or thing, *e.g.,*

(a) He is a boy. (Person)
(b) Let us go to the library. (Place)
(c) Where is my bag? (Thing)

All animals, insects and birds are also nouns.

Kinds of Noun

There are the following kinds of Noun:

1. Common Noun
2. Proper Noun
3. Collective Noun
4. Material Noun
5. Abstract Noun

1. Common Noun

A common noun begins with a small letter but if it is the sentence starting word then its first letter should be written capital. A common noun is the name of a person, place or thing, *e.g.,*

(i) A **crow** is black.
(ii) This **table** is expensive.

Some other common nouns:

(a) Persons: Man, woman, father, mother, cousin, postman, doctor, teacher, policeman
(b) Animals: Cow, sheep, elephant, tiger, lion, rabbit, etc.
(c) Birds: Peacock, sparrow, dove, pigeon, parrot, etc.
(d) Insects: Ant, mosquito, cockroach, wasp, etc.
(e) Sea Creatures: Dolphin, shark, starfish, octopus, snail, cod, etc.
(f) Places: School, hospital, office, bus stop, railway station, etc.

2. Proper Noun

A proper noun is the name of a particular person, place or thing. It always starts with a capital letters.

(a) **Mohit** is my classmate. (Person)
(b) **Delhi** is the capital of **India**. (Places)
(c) **Jacky**, my pet, seldom barks. (Animal)

When an article is used before a proper noun, it changes into a common noun, *e.g.*

(a) Rohit is **the Kalidas** of our class. (He writes plays as nicely as Kalidas wrote).
(b) We need a Gandhi to establish peace in the world. (A person who is as impressive as Gandhi was.)

3. A Collective Noun

A collective noun is the name of a group of persons, animals, birds, places or things taken together and regarded as one entity, *e.g.,*

(a) a bunch of grapes/keys
(b) a bouquet of flowers
(c) a fleet of ships/cars
(d) a galaxy of stars
(e) a class of students
(f) a block of birds/sheep
(g) a herd of cattle
(h) a swarm of bees/mosquitoes/flies
(i) an army of ants
(j) a band of musicians
(k) a gang of robbers
(l) a clutch of eggs
(m) a gaggle of geese
(n) an army of ants
(o) a troupe of dancers/actors/singers

4. Material Noun

The raw materials which are obtained from nature and the other things are made from them are known as material nouns, *e.g.,*

(a) **Cotton** is used to make cloth.
(b) **Honey** contains sugar and minerals.
(c) **Milk** is good for health.
(d) Woollen clothes are made of **wool**.
(e) **Wheat** is the staple food of the Punjabis.

We usually do not use an article with a material noun but when a material noun is used in a particular sense, the article 'the' is used e.g.,

(a) **Water** is essential for life.
The **water** of this well is sweet.
(b) **Milk** is a complete food.
The **milk** of this cow is full of fats.

5. An Abstract Noun

An abstract noun introduces us to some abstract idea, subject, action, state of being, etc. An abstract noun does not have a concrete shape.

(a) State of being: death, sleep, soundness, sickness, sadness, wilderness, calmness childhood, boyhood, etc.

(b) Quality: A person may either possess a good quality or, a bad one.

(i) Good qualities: bravery, gentleness, kindness, sincerity, faithfulness, etc.
(ii) Bad Qualities: laziness, cunningness, meanness,
(iii) Action: completion, objection, theft, recreation, meditation, etc.
(iv) Result of an action : excitement, punishment, etc.
(v) Ability: encourage, wisdom, intelligents, etc.
(vi) Names of various branches of science, arts, professions, etc: Physics, chemistry, zoology, botany, music, pharmacy, engineering, cooking, singing, dancing, yachting, etc

An abstract noun usually does not take an article, except sometimes when it is used before it to give a particular sense e.g.,

(a) **Love** begets love.
He is **the love** of her dreams. (A person whom she loves in the dreams.)
(b) **The love** of Laila for Majnu was immortal.
(c) She has a lack of **sensitivity**.
He has a **sensitivity** to citrus fruits.

Noun as a Subject

A noun can be used as a subject. A subject has a quality. It may be in a state of being; it may do some action or it may sometimes show an action taking place on it when the passive verb is used.

(i) Sumit plays the flute well. (Subject with an active verb.)
(ii) The boy was ill. (Subject in a state of being.)
(iii) The culprit was brought to book (Action taking place on the Subject.)

Noun as an Object of a Verb

A noun can be used as an object when the action of the subject passes over to it.

(i) He plucked flowers.
(ii) She sings a song.

Noun as an Indirect Subject (Dative Case)

Sometimes a noun is used as an Indirect Subject. Then it is said to be in the Dative Case.

(i) She gave John a purse.
(ii) She made Jack a cup of tea.
(iii) Mohit bought Ravi a bicycle.

Nouns in Apposition

When in order to explain a noun, another noun is used, the latter is said to be in apposition to the former:

(i) Mr Joshi, our neighbour, suffered a heart attack.
(ii) Sheila, my darling aunt, made me an Italian dish.

PRONOUN

The word which is used in place of a noun is known as a pronoun, *e.g.,*

(i) Rohit is my classmate. **He** is an intelligent boy.
(ii) Raveena is my neighbour. **She** sings well.

In sentence no. (i) 'He' is a pronoun because it stands for **Rohit** (a masculine noun).

In sentence no (ii) 'She' is a pronoun because it stands for **Raveena** (a feminine noun).

Kinds of Pronoun

There are following kinds of Pronoun :

I. Personal Pronouns
II. Reflexive Pronouns
III. Emphatic Pronouns
IV. Indefinite Pronouns
V. Demonstrative Pronouns
VI. Distributive Pronouns
VII. Reciprocal Pronouns
VIII. Interrogative Pronouns
IX. Relative Pronouns

I. Personal Pronouns

The personal pronouns stand for persons. Like nouns these pronouns also have their singular and plural forms and also have genders like nouns.

They can be read in the following ways:

Personal Pronoun: Subject of Sentences

The following pronouns can be used as subjects in sentences:

I, We, You, He, She, They.

Singular	Plural
(i) **I** am going to school.	(i) **We** are going to the market.
(ii) **He** is my best friend.	(ii) **You** are my best friend/friends.
(iii) (a) **He** knows how to swim.	(iii) (a) **They** know how to fly kites.
(b) **She** writes a letter.	(b) **They** sing songs.

Note: 'You' always takes a plural verb. It may stand for one person or more than one person.

I and we are known as the first person pronouns.

'I' is used by the speaker to describe himself.

'We' is used by more than one speaker to describe themselves.

'You' stands for one or more than one person close to the speaker.

'He' stands for a male singular noun usually not present at the place of speaking or who may be at a distance.

Note: 'You' is also used as object for one or more than one person close to the speaker.

Objective Case

Masculine	Feminine	Masculine	Feminine
me	me	us	us
you	you	him	her
them	them		

Personal Pronouns - Possessive Case

The following pronouns are used as possessive pronouns:

mine, ours, yours, his, hers, theirs

Singular	Plural
(i) This book is **mine**.	(i) Those shirts are **ours**.
(ii) It is **your** pen.	(ii) These pens are **yours**.
(iii) (a) The friend of **his** does not look active.	(iii) (a) Those pencils are **theirs**.
(b) This cat is **hers**.	(b) These dogs are **theirs**.

Note: 'Yours' is used to show the possession of one or more than one person.

'She' stands for a female singular noun usually not present at the place of speaking or who may be a distance.

Plural of 'He' and 'She' is 'They'.

For a small bird or animal 'It' word is used and the plural form of 'It' is 'They'.

Nominative Case

Masculine	Feminine	Masculine	Feminine
I	I	We	We
You	You	He	She
They	They		

Personal Pronouns:- Objects of Sentences

The following pronouns can be used as objects in sentences: **me, us, you, him, her, them**

Singular	Plural
(i) She is known to **me**.	(i) Don't try to cheat **us**.
(ii) I know **you**.	(ii) I know **your** parents.
(iii) (a) Somebody threw a stone at **him**.	(iii) (a) Nobody likes **them**.
(b) He promised **her** a grand birthday gift.	(b) Everybody loves **them**.

Possessive Case

Masculine	Feminine	Masculine	Feminine
mine	mine	ours	ours
yours	yours	his	hers
theirs	theirs		

II. Reflexive Pronouns

When the action of the subject reflects upon itself we have to use a reflexive pronoun, *e.g.,*

(i) I hurt myself.

(ii) She is sewing a dress for herself.

(iii) He baked a cake for himself.

(iv) They put by some money for themselves.

(v) We got a house built for ourselves.

Formation of Reflexive Pronouns

The suffix 'self' is added to some simple pronouns to make singular reflexive pronouns whereas the addition of 'selves' to some pronouns makes plural reflexive pronouns.

Reflexive Pronouns

Singular	Plural
my + self = myself	our + selves = ourselves
your + self = yourself	your + selves = yourselves
him + self = himself	them + selves = themselves
her + self = herself	them + selves = themselves

III. Emphatic Pronouns

When a reflexive pronoun is used to lay emphasis, it is known as an Emphatic Pronoun.

(i) I **myself** white washed the fence.

(ii) We **ourselves** repaired the bike.

(iii) You **yourself** wrote the poem. (one person)

(iv) You **yourselves** painted the doors of your house. (more than one person)

(v) She **herself** told the matter to her father.

Note: An Emphatic Pronoun cannot be used as the subject of a sentence.

(i) Myself oiled the old locks. (incorrect)
I myself oiled the old locks. (correct)

(ii) Himself prepared lunch. (incorrect)
He himself prepared lunch. (correct)

IV. Indefinite Pronouns

A pronoun which is not used for a particular person or thing but is instead used for a person or thing in a general way, it is called an Indefinite Pronoun, *e.g.,*

(i) **One** must obey one's parents.
(ii) **Nobody** is going to Switzerland this summer vacation.
(iii) **Somebody** told me about his bad health.
(iv) **All** are not kind to animals.
(v) **Few** know His way of working.
(vi) **Anyone** can solve this sum. It's so simple.
(vii) Look around for **anybody** who may help us.
(viii) **No one** has the right to stop him from going abroad.
(ix) **Something** is better than nothing.
(x) What do you want to eat? **Anything** will do.
(xi) **Some** have wisdom to live a good life.
(xii) **Everybody** advises him efforts.

Note: There are some indefinite pronouns which can be used as determiners when they are followed by nouns, *e.g.,*

(i) Some boys do not understand their teachers.
(ii) All people should work for mankind.

Most of the Indefinite Pronouns stand for persons. Only a few stand for things.

V. Demonstrative Pronouns

The pronouns which point out the objects are known as Demonstrative Pronouns:

This, That, These, Those.

(i) **This** is my purse.
(ii) **That** is your gun.
(iii) **These** are her shoes.
(iv) **Those** are his books.

The pronoun 'this' is used when an object close at hand is referred 'to' but for more than one object close at hand we should use 'these'.

The pronoun 'that' is used when an object at a distance is referred 'to' but for more than one object at a distance we should use 'those'.

VI. Distributive Pronouns

The following pronouns which are used to refer to persons or things are known as Distributive Pronouns:

either, neither, each, both, none, any

(i) **Either** of you can tell us a story.
(ii) **Neither** of you can be allowed to ramble over the fields.
(iii) **Each** of the girls was given a prize.
(iv) **Both** of you can come in.
(v) **None** of your schemes worked.
(vi) **Any** of you can recite this lesson.

Either and neither are used only when two persons have to be referred to. Neither is the opposite of either and is used to make a negative statement. To refer more than two persons none, or 'any' should be brought into use.

VII. Reciprocal Pronouns

These are :

each other, one another

'Each other' is used to refer to two persons/things.

'One another' is used to refer to more than two persons/things.

(i) Two boys are quarrelling with **each other**.
(ii) All the candidates began to fight with **one another**.

VIII. Interrogative Pronouns

The pronouns which are used to ask questions, are known as Interrogative Pronoun, *e.g.,* **who, whose, whom, which, what**.

Such pronouns are used to ask direct as well as indirect questions.

(i) **Who** broke the windowpane?
(ii) **Whose** is this watch?
(iii) **Whom** do you want to see?
(iv) **Which** is your dog?
(v) **What** are you looking for?

The Interrogative Pronouns can denote persons, birds, animals, and things.

Who, **whose**, and **whom** are most often used for persons.

(i) **Who** is there on the roof?
(ii) **Whose** is this bike?
(iii) **Whom** did you see walking across the road?

'What' is used for things.

(iv) **What** is behind the curtain?
(v) **What** is there over the fields?

'What' sometimes is used for birds, animals and for persons' prefession.

(i) **What** is your brother? 'He is a teacher.'
(ii) **What** is bigger than a sparrow?
(iii) **What** is stronger than an elephant?

'Which' is used for both persons and things.

(i) **Which** is your book?
(ii) **Which** of the boys broke the chair?
(iii) **Which** of the girls is going to join the club?

IX. Relative Pronouns

A pronoun which refers to a preceding noun is called a Relative Pronoun. It acts as both a pronoun and a conjunction which joins the two clauses.

Relative Pronoun introduces us with Relative Clauses. Important Relative Pronouns are:

Who, Whose, Whom, Which, That, What (such) as, (same) as

Relative Pronoun 'who' has three forms

Nominative case : Who

Genitive case : Whose

Accusative case : Whom

ADJECTIVES

An Adjective is a word which qualifies a noun or pronoun. It adds something to its meaning, *e.g.,*

(i) Jyoti is an **intelligent** girl.

(ii) Somesh has a **black** dog.

In sentence no. (i) the word 'intelligent' shows the quality of the girl. So, it is an adjective.

In sentence no (ii) 'black' is the quality of the dog (which is a noun). So, 'black' is an adjective.

Kinds of Adjectives

I Adjectives of Quality

II Adjectives of Quantity

III Adjectives of Number

IV Demonstrative Adjectives

V Distributive Adjectives

VI Possessive Adjectives

VII Interrogative Adjectives

VIII Exclamatory Adjectives

IX Emphatic Adjectives

I. Adjectives of Quality

The adjectives which add some qualities to nouns and pronouns are known as Adjectives of Quality. Such adjectives supply the answer to the question: of what kind?

Examples

(i) This box is **big**.

(ii) That basket is **small**.

(iii) Rakesh is a **clever** boy.

(iv) John is **tall**.

(v) Riya is **fat**.

(vi) Mohit is a **brilliant** boy.

Note: When a noun or pronoun has more than one quality of the same kind, usually the conjunction 'and' is used to join them. If these qualities are contrasting, then the conjunction 'but' is used.

(i) Rajesh is **tall** and **handsome**.

(ii) Aman is **fat** but **active**.

(iii) Renu is **rich** and **kind**.

(iv) Sohan is **intelligent** but **rude**.

II. Adjectives of Quantity

The adjectives which show the quantity of a noun are known as Adjectives of Quantity. Such adjectives answer the question: How much?

(i) There is **a little** water in the pot.

(ii) There is **much** sugar in the box.

(iii) We do not have **enough** money to buy a car.

(iv) The child drank **some** milk and walked out of the house to play.

(v) Is there **any** ink in the pot?

(vi) There isn't **any** water in the jug.

(vii) There is **little** juice in the jug.

(viii) **The little** coffee in the cup has been drunk by Seema.

(ix) **All** the boys were singing a song.

Note:

(a) 'Any' is used in interrogative sentences or negative sentences.

(b) 'Some' is used to express a positive sense.

(c) 'Little' means near about nil.

(d) 'A little' means small in quantity.

(e) 'The little' means the consumption of the whole quantity of some thing which was not much.

(f) 'Enough' refers to something in a quantity which meets the demand.

(g) 'Much' refers to something abundant or in good quantity which may be more than necessary to meet the immediate demand.

Note: Most of the Adjectives of Quantity are used as adverbs and pronouns. It is important for a student to know their uses as different parts of speech.

III. Adjectives of Number

The adjectives which show the number of persons, things etc, are known as Adjectives of number. They answer the question: How many?

(i) There are **many** cows in the field.

(ii) There were only **a few** students in the class.

(iii) **Few** persons work honestly.

(iv) **The few** eggs on the shelf have been eaten by Rohit.

(v) **Some** oranges were sour.

(vi) Are there **any** mangoes in the basket?

(vii) There are **no** birds in the nest.

Note: The adjectives which refer to the exact numbers are known as Cardinals, *e.g.*, one, two, three........

But: First, second, third ...... are known as Ordinals.

IV. Demonstrative Adjectives

The Adjectives which straight away point out the things are known as Demonstrative Adjectives, *e.g.*,

(i) **This** pen is yours.

(ii) **That** book is hers.

(iii) **These** shirts are mine.

(iv) **Those** shoes are his.

The Demonstrative Adjectives can also be used as Demonstrative Pronouns.

Demonstrative Adjectives	Demonstrative Pronouns
1. This pen is hers.	1. This is her pen.
2. That bike is mine.	2. That is my bike.
3. These socks are his.	3. These are his socks.
4. Those shoes are yours.	4. Those are your shoes.

Note: 1. 'This' is used to refer to one object close to the speaker and 'these' is the plural form of 'this'.

2. 'That' is used to refer to one object at a distance from the speaker and 'those' is the plural form of 'that'.

V. Distributive Adjectives

These adjectives refer to each one of a number.

(i) **Neither** boy is intelligent.

(ii) On **either** side of the road there is a bed of flowers.

(iii) **Each** boy will be given a prize.

(iv) **Every** line he quoted was incorrect.

VI. Possessive Adjectives

The Adjectives which are used to show possession are known as Possessive Adjectives.

(i) This is **my** jacket.

(ii) That is **our** house.

(iii) These are **your** shoes.

(iv) This is **her** purse.

(v) That is **his** watch.

(vi) These are **their** pants.

Note: Mine, ours, yours, his, hers, theirs are possessive pronouns. But 'his' can be used both as a Possessive Adjective and a Possessive Pronoun.

(i) This is **his** book. (Possessive Adjective).

(ii) This book is **his.** (Possessive Pronoun).

VII. Interrogative Adjectives

The Adjectives which are used to ask questions are known as Interrogative Adjectives.

(i) Which bike is yours?

(ii) What kind of machine is this ?

(iii) Whose name is Tony?

VIII. Exclamatory Adjectives

In the following sentences 'what' has been used as an exclamatory adjective.

(i) What a bird! (ii) What luck!

(iii) What folly!

IX. Emphatic Adjectives

The Adjectives which are used to lay emphasis are known as Emphatic Adjectives.

(i) This is the **very** watch. I was looking for.

(ii) I saw him with my **own** eyes.

(iii) You have **every** reason to dismiss him.

ADVERBS

An Adverb modifies the meaning of an Adjective, a Verb or some other Adverbs. e.g.

(i) She sang **sweetly**.

(ii) The horse ran **fast**.

(iii) It was **extremely** cold outside.

(iv) She lived in a **very** big house.

Kinds of Adverbs

The following are Adverbs:

I Adverbs of Time

II Adverbs of Manner

III Adverbs of Place

IV Adverbs of Frequency

V Adverbs of Degree, Extent or Quantity

VI Adverbs of Reason

VII Adverbs of Assertion

VIII Interrogative Adverbs

IX Relative Adverbs

I. Adverbs of Time

The Adverbs which answer the question 'when'.

(i) She gets up **early** in the morning.

(ii) You always come to school **late**.

(iii) I have **already** read this book.

(iv) Have you met him **before**?

(v) She was ten years old **then**.

II. Adverbs of Manner

The Adverbs which answer the question 'How?' are known as Adverbs of Manner.

(i) She speaks Hindi **fluently**.
(ii) The fire spread around **rapidly**.
(iii) He hit the child **violently**.
(iv) He works **diligently**.
(v) She knocked at/on the door **gently**.

III. Adverbs of Place

The Adverbs which answer the question 'where?' are known as Adverbs of Place.

(i) Come **here**, please.
(ii) Sit **there**.
(iii) **Everywhere** you will find these birds.
(iv) A violent mind never gets peace **anywhere**.
(v) He walked **forward**.

IV. Adverbs of Frequency

The Adverbs which answer the question 'How often?' are known as Adverbs of Manner.

(i) She **never** tells lies.
(ii) He **always** speaks the truth.
(iii) Jack **often** comes here to see his brother.
(iv) They **frequently** visit the Taj.
(v) I saw him **once**.

V. Adverbs of Degree, Extent or Quantity

The Adverbs which answer the questi-- 'What degree?' are known as the Adverbs of Degree, Extent or Quantity.

(i) He was **completely** convinced.
(ii) She is rich **enough** to buy a car.
(iii) The box was **too** heavy to carry.
(iv) It was **extremely** hot outside.
(v) Gama was a **very** strong wrestler.

VI. Adverbs of Reason

The Adverbs which show the reason are known as Adverbs of Reason.

(i) He fell down **therefore** unable to win the race.
(ii) She was hence not allowed to enter the hall.

VII. Adverbs of Assertion

(i) He was **certainly** not involved in the conspiracy.
(ii) John is **actually** looking for a big deal.
(iii) I do **not** have any idea of his wherabouts.

VIII. Interrogative Adverbs

The Adverbs which are used to ask questions are known as Interrogative Adverbs.

(i) **How** many students are there in your class? (Number)
(ii) **How** long was the snake? (Degree)
(iii) **How** did you manage to escape from that house?
(iv) **Why** are you late? (Time)
(v) **When** will you visit England? (Time)
(vi) **Where** did you find a 'cow'? (Place)

IX. Relative Adverbs

The Adverbs which modify some words and also refer back to the Antecedent are known as Relative Adverbs. The Relative Adverbs may refer to the place, time and cause.

Relative Adverbs referring to Place.

(i) I do not remember the place **where** we met last year.
(ii) You may go to the place **wherever** you like.

Relative Adverbs referring to Time.

I dont know the time when the earthquake struck the place.

Relative Adverb referring the Cause.

I do not know the reason **why** he hates you.

Placement of Adverbs

The placement of the Adverbs takes place as follows:

I. Adverbs of Manner

These Adverbs more often are preceded by verbs.

(i) She knocked on/at the door **softly**.
(ii) Hema laughed **heartily**.
(iii) John looked at her **contemptuously**.
(iv) She smiled **sweetly**.

Note 1: But most often they are followed by past participles.

(i) The doctor gave the patient a **sweetly** scented syrup.
(ii) I got a **badly** written letter.
(iii) The laboratory of our school is **fully** equipped.

Note 2: Sometimes Adverbs of Manner in phrases are put at the start of the sentences as to lay emphasis.

(i) **A sweetly** scented syrup is liked by the children.
(ii) **A badly** written letter, sometimes fails to convey the real message.
(iii) **A fully** equipped laboratory is the backbone of a school.

Note 3: Sometimes they are sandwiched between the helping verb and the finite verb.

(i) I shall **happily** carry this message. (It means: willingly)
(ii) We shall **merrily** play the pianos.

Note 4: Sometimes they are used before the finite verb.

(i) He **ceremoniously** folded his hands and greeted the guests.
(ii) The car **abruptly** turned away.

II. Adverbs of Time

Most of these adverbs follow the verbs.

(i) What do you say **now**?
(ii) Who opened the door **now**?

(iii) I'll inform you **then**.

(iv) He was strong **then**.

Note 1: Phrases containing adverbs of time sometimes are used to start sentences.

(i) **From now on** you won't sit in his company.

(ii) **Now then**, who wants to sit indoors?

(iii) **Just then**, a snake shot its head.

Note 2: Adverbs of time are sometimes used to start the sentence.

(i) **Now**, you should take some rest.

(ii) **Presently**, there was a knock on the door and he stood to open it. (**Presently** here shows that something happened after a short time.)

Note 3: Some phrases containing adverbs of time or those behaving as an adverb phrases follow the verbs.

(i) The firemen reached **late**. Everything was changed into ashes **by then**.

(ii) You want to see Mr Jack. He is in his dressing room. You may please stay in my room until then.

(iii) That's all **for now**.

(iv) She'll be in America **by now**.

(v) **At present** we should not tell the secret to anybody.

III. Adverbs of Place

Most often these adverbs follow the verbs.

(i) Please come **here**.

(ii) Don't go **there**.

(iii) Put this bag **here**.

Note 1: Sometimes these adverbs are used to start sentences:

(i) **Here** is the book you were looking for.

(ii) **There** lies the bag.

IV. Adverbs of Frequency

Most often these adverbs are used just after the subject when the sentence does not have any helping verb.

(i) He **always** speaks the truth.

(ii) She **sometimes** comes to see her ailing brother.

(iii) We **often** go to the municipal park in the evening.

Note 1: These adverbs are usually sandwiched between a helping verb and a finite verb.

(i) I've **always** wished you good luck.

(ii) We've **often** tried to bring him round to this view but in vain.

Note 2: End Position

(i) Try to solve puzzles more **often**.

(ii) She commits errors **sometimes**.

Note 3: Starting Position

(i) **Sometimes**, hunter misses his target.

(ii) **Rarely**, have you seen such a charming sight.

V. Adverbs of Degree or Extent

These adverbs are in fact used to lay emphasis..

Most of the adverbs of degree or extent precede an adjective.

(i) There was a **very** beautiful dress in the wardrobe.

(ii) The sum was **extremely** tough.

(iii) Their efforts are **highly** appreciable.

Note 1: Sometimes these adverbs take the end position.

The fire destroyed the crops **extensively**.

NARRATION

(Direct Speech and Indirect Speech)

The words spoken by the speaker are in Direct Speech.

The words spoken by somebody expressed by someone else with some modification are known as Indirect Speech.

(a) Rohit says to me, "You do not understand me."

(b) Rohit tells me that I do not understand him.

The sentence no. (a) shows the words spoken by Rohit. So, it is a sentence of direct speech.

The sentence no. (b) shows the words spoken by Rohit and they have been reported with certain modification. So, it is a sentence of Indirect Speech.

Important Rules Regarding the change of Direct Speech into Indirect Speech

(A) In the sentence of direct speech the verb outside the inverted commas is known as the Reporting Verb.

(B) The words inside the inverted commas are known as direct speech.

(C) When the sentence is indirect speech, it won't take a sign of exclamation or a sign of interrogation.

(D) The Reporting Verb can be given in Present, Past or Future Tense.

(E) When the Reporting Verb is in Present or Future Tense, there will be no change in the tense of direct speech while converting it into indirect speech.

(F) When the Reporting Verb is in Past Tense the tense of direct speech will be changed while converting it into Indirect Speech.

(G) The following adverbs and possessives should be changed as given:

(a) This into that

(b) These into those

(c) Here into there

(d) Now into then

(e) Today into that day

(f) Last night into the previous night

(g) Tomorrow into the next day

(h) The next day/week into the following day/week

(i) Hence into thence.

I. When the Reporting Verb is in Present or Future Tense

II. When the Reporting Verb is in Past Tense

I. When the Reporting Verb is in Present or Future Tense:

1. (a) Ajay says, "My brother lives in Australia."

(b) Ajay says that his brother lives in Australia.

2. (a) Vikas says to Amit, "We shall see a movie today."

(b) Vikas tells Amit that they shall see a movie today.

3. (a) Mohit will say, "My aunt died last night."

(b) Mohit will say that his aunt died last night.

4. (a) Sonu will say to Anu, "We have completed the first phase of the project."

(b) Sonu will tell Anu that they have completed the first phase of the project.

II. When the Reporting Verb is in Past Tense

Tensewise change. (Affirmative and Negative Sentences)

(A) When the Direct Speech is in Present Indefinite Tense it will change into Past Indefinite Tense.

1. (a) Rakesh said, "I write a letter to my friend."

(b) Rakesh said that he wrote a letter to his friend.

2. (a) Harish said to Mohan, "My brother does not take interest in studies."

(b) Harish told Mohan that his brother did not take interest in studies.

(B) When the Direct Speech is in Present Continuous Tense, it will change into Past Continuous Tense.

1. (a) Amar said to Sohan, "The dogs are barking at the stranger."

(b) Amar told Sohan that the dogs were barking at the stranger.

2. (a) Nina said to Pinki, "My father is not typing letters."

(b) Nina told Pinki that her father was not typing letters.

(C) When the Direct Speech is in Present Perfect Tense, it will change into Past Perfect Tense

1. (a) Mohit said to Krishan, "The workers have completed the construction work."

(b) Mohit told Krishan that the workers had completed the construction work.

2. (a) Gopal said, "I have not read this novel."

(b) Gopal said that he had not read that novel.

(D) When the direct speech is in Present Perfect Continuous, it will change to Past Perfect Continuous Tense.

1. (a) Meena said to Kuldeep, "It has been raining since morning."

(b) Meena told Kuldeep that it had been raining since morning.

2. (a) Hari said to Amarjeet, "The birds have not been chirping for three hours."

(b) Hari told Amarjeet that the birds had not been chirping for three hours.

(E) When the direct speech is in Past Indefinite Tense it will change into Past Perfect Tense.

1. (a) Vinod said to Deepak, "My cousin sold his old car yesterday".

(b) Vinod told Deepak that his cousin had sold his old car the previous day.

2. (a) Anil said, "I did not go to Mumbai to see my ailing aunt."

(b) Anil said that he had not gone to Mumbai to see his ailing aunt.

(F) When the direct speech is in Past Continuous Tense, it will change into Past Perfect Continuous Tense.

1. (a) Seema said to Tina, "Rita was rowing in the moonlight."

(b) Seema told Tina that Rita had been rowing in the moonlight.

2. (a) Ashok said, "My uncle was not telling a story to us."

(b) Ashok said that his uncle had not been telling a story to them.

(G) When the direct speech in Past Perfect Tense, there will be no change in its tense in Indirect Speech.

(H) When the direct speech is in Past Perfect Continuous Tense, there will be no change in its tense in Indirect Speech.

(I) When the direct speech is in, future tense, usually 'shall' and 'will' are changed into 'would'. (Sometimes 'shall' can be changed into should.)

1. (a) The officer said to Veena, "I shall grant you leave for three days."

(b) The officer told Veena that he would grant her leave for three days.

2. (a) Ali said, "My aunt will be sewing a table cloth."
   (b) Ali said that his aunt would be sewing a table cloth.
3. (a) Tina said, "The boys will have been flying kites for three hours."
   (b) Tina said that the boys would have been flying kites for three hours.

Interrogative Sentences

(A) Starting with Modals (Primary Auxiliary)

When the Interrogative Sentences start with modals, usually ask and 'if' are brought into with use in Indirect Speech. Can is changed into could, shall into should/would, and will into would, may into might.

1. (a) The army officer said to the soldier, "Can you climb up that wall?"
   (b) The army officer asked the soldier if he could climb up that wall.
2. (a) The head-clerk said to the officer, "Could I use your pen?"
   (b) The head-clerk asked the officer if he could use his pen. or him.
3. (a) The student said to the teacher "May I come in, sir?"
   (b) The student asked the teacher respectfully if he might go in.
4. (a) Tina said to Hema, "Does your brother have a close association with this political group?"
   (b) Tina asked Hema if her brother had a close association with that political group.
5. (a) Dinesh said to Kavita, "Are you joining the evening classes?"
   (b) Dinesh asked Kavita if she was joining the evening classes.
6. (a) Jaswinder said to Ravinder, "Have you applied for this vacancy?"
   (b) Jaswinder asked Ravinder if he had applied for that vacancy.
7. (a) Anju said, "Has the bee been humming around the flowers for three hours?"
   (b) Anju asked somebody if the bee had been humming around the flowers for three hours.
8. (a) The bank officer said to the customer, "Did you get the cash yesterday?"
   (b) The bank officer asked the customers if he had got the cash the previous day.
9. (a) Priya said to Preeti, "Was the cat prowling around the building?"
   (b) Priya asked Preeti if the cat had been prowling around the building.
10. (a) The shopkeeper asked the customer, "Had you purchased a mineral water bottle before going to Shimla?"
    (b) The shopkeeper said to the customer if he had purchased a mineral water bottle before going to Shimla.

(B) Interrogative Sentences starting with wh-words

When an interrogative sentence in Direct speech starts with any of the follwing words: What, Which, When, Why, Who, Whose, Whom, How in Indirect speech, we should not use if or whether clause with 'ask' e.g.

1. (a) Amit said to Sumit, "What do you like to drink?"
   (b) Amit asked Sumit what he liked to drink.
2. (a) Pradeep said to Surendra, "Whom are you waiting for?"
   (b) Pradeep asked Surendra whom he was waiting for.
3. (a) Anita said to Kavita, "Who has mistakenly left her purse in my room?"
   (b) Anita asked Kavita who had mistakenly left her purse in her room.
4. (a) Sangeeta said to Anita, "Why have you been so sad since morning?
   (b) Sangeeta asked Anita why she had been so sad since morning.
5. (a) Akash said to Veena, "Why didn't you dance at the party yesterday?"
   (b) Akash asked Veena why she did not dance at the party the previous day.

Imperative Sentences

(a) As we know, these sentences do not begin with any subject. The subject 'you' is understood, therefore, these sentences usually start with verbs in a Direct Speech.

These sentences most often denote request, advice, suggestion, order, command, instruction, permission, etc.

(b) In order to change these sentences into the Indirect Speeches the following words are needed to be introduced in place of "said":

Order	Request	Suggest	Beg
Prompt	Command	Warn	Forbid
Plead	Instruct	Inform	Propose
Threaten	Entreat	Pardon	Persuade

Some Examples

1. (a) The officer said to the clerk, "Read the file once again."
   (b) The officer ordered the clerk to read the file once again.
2. (a) The peon said to the Principal, "Please grant me leave for two days."
   (b) The peon requested the Principal to grant him leave for two days."

3. (a) The teacher said to the students, "Work hard."

(b) The teacher advised the students to work hard.

4. (a) The convict said to the judge, "Please take mercy on me."

(b) The convict begged the judge for mercy.

5. (a) The gardener said to the children, "Don't pluck flowers."

(b) The gardener forbade the children to pluck flowers.

Note: With 'forbid' the word 'not' should not be used because it itself conveys the negative sense.

6. (a) Hari said to his friend, "Let us take a cup of tea."

(b) Hari suggested that they should take a cup of tea.

or

Hari Proposed that his friend and he should have a cup of tea.

Exclamatory Sentences

(a) These sentences are used to express sudden emotions like joy, sorrow, contempt, regret, surprise, etc. These sentences take the mark of exclamation at the end.

(b) In order to convert these sentences into Indirect Speech the following expressions are most often introduced in place of said: exclaimed with, toy, exclaimed with surprise, exclaimed with contempt, exclaimed with sorrow.

The sign of exclamation is also replaced with the full stop.

Some examples

1. (a) The child said, "What a beautiful flower it is!"

(b) The girl exclaimed with joy that the flower was extremely beautiful.

2. (a) The girl said, "How wonderful these insects are!"

(b) The girl exclaimed with surprise that those insects were extremely wonderful.

3. (a) The coach said, "What a bad shot it is!"

(b) The coach exclaimed with disappointment that the shot was extremely bad.

4. (a) Hari said, "Hurrah! I have won the match!"

Hari exclaimed with joy that he had won the match.

Optative Sentences

(a) These sentences are used to express a wish, prayer, desire or a curse. These sentences take the sign of exclamation at the end.

(b) In order to convert them in Indirect Speech the following expressions are introduced in place of 'said': wished that, prayed that, cursed that, bade good night, etc.

Some examples

1. (a) The old woman said to me, "May God bless you!"

(b) The old woman wished/prayed that God might bless me.

2. (a) The old man said, "O for a glass of water!"

(b) The old man wished for a glass of water.

3. (a) I said to my mother, "Good morning, mom."

(b) I wished good morning to my mother.

Note: (a) With "good morning" and "good evening" use ..... wished good morning–evening to my mother/father, etc.

(b) With 'good night' and 'good bye' use ..... bade good night to my father/mother, etc.

(c) Some grammarians prefer to place the optative sentences in the category of exclamatory sentences.

Universal Truth, Habitual Truth, Historical Truth

In Sentences containing the idea of any universal truth, habitual truth or historical truth, the tense of the Indirect Speech remains the same as in Direct Speech.

1. (a) The teacher said to the students, "The sun rises in the east." (Universal truth).

(b) The teacher told the students that the sun rises in the east.

But when there is a general talk a change in the tense takes place in the Indirect Speech.

2. (a) Rohit said to Narender, "The sun will set soon."

(b) Rohit told Narender that the sun would set soon. (Don't use 'will)

3. (a) Sonu said to Amar, "My father daily walks five kilometres."

(b) Sonu told Amar that her father daily walks five kilometres.

(The sentence shows the daily routine of Sonu's father).

4. (a) The Principal said to the students, "India got its freedom in 1947." (Historical Truth)

(b) The Principal told the students that India got its freedom in 1947.

PREPOSITIONS

Read the following sentences:

(i) She is employed **in** a bank.

(ii) I daily get up **at** 6 o'clock.

In sentence no. (i) the word 'in' joins the noun phrase 'a bank' with the rest of the sentence.

In sentence no. (ii) the word 'at' joins '6 o'clock' with the rest of the sentence.

Both these words are prepositions.

A preposition is a word which joins a noun, a pronoun or their equivalents with the rest of the sentence.

Classification of Prepositions

The prepositions can be classified in the following ways.

I Prepositions pertaining to Place.
II Prepositions pertaining to Time.
III Prepositions expressing cause, reason, purpose, etc.
IV Prepositions expressing manner.
V Prepositions expressing method, intrumentality.
VI Prepositions expressing measure, quantity, rate.

I. *Prepositions Pertaining to Place*

The following are a few prepositions which pertain to place: In, at, on, behind, under, in front of, above, below, beneath, over, from Examples:

(i) He lives **in** Russia.
(ii) I live **at** Rampur.
(iii) There is an oak tree **in front** of my house.
(iv) The dog was lying **under** the table.
(v) She raised her hand **above** the head.
(vi) She was lying asleep **behind** a cart.
(vii) There was a red patch of mark **below** his left eye.
(viii) He hailed **from** Africa.
(ix) I saw a hawk flying **over** the hill.

Note: The preposition 'in' is used when somebody is living in a big city or a country, etc. But the preposition 'at' is used when somebody is living in a small town, village, etc.

II. *Preposition Pertaining to Time*

The following prepositions pertain to time:
at, on, in, from, by, after, before, within between. Examples

(i) She got up **at** 9 o'clock.
(ii) The train reached the station **on** time.
(iii) I reached the airport **before** time.
(iv) We'll go back home **after** the sun sets.
(v) You are **in** time.
(vi) I'll return **within** an hour.
(vii) He'll be here **by** the evening.
(viii) She lived in American **from** 1980 to 2000.
(ix) I went to England twice **between** 1980 to 1999.

Note: 'On time' means on the time which was scheduled. 'In time' means before the scheduled time. The Preposition 'from' in sentence no (viii) shows the continuity of an action whereas the preposition 'between' in sentence no (ix) shows that I visited England twice during the period given without specifying when either visit took place.

III. *Preposition Expressing Cause, Reason, Purpose, etc.:* to, with, of, from, for

(i) Drinking is injurious **to** health.
(ii) She died **of** cancer.
(iii) The boy was trembling **with** fear.
(iv) His uncle died **from** overwork.
(v) She is struggling **for** her livelihood.

IV. *Preposition Expressing Manner:* with, by

(i) The old woman was dying **by** inches.
(ii) The soldiers moved forward with great courage.

V. *Preposition Expressing Method, Instrumentality:* with, from, by, of

(i) She killed the snake **with** a rod.
(ii) I caught him **by** the collar.
(iii) I heard it **from** him.

VI. *Prepositions Expressing Measure, Rate, Quantity:* at, by

(i) This shirt is dirt cheap **at** fifty rupees.
(ii) The cloth is sold **by** metre.

TENSES

Tenses tell us the time of actions.

There are three kinds of Tenses.

I Present Tense II Past Tense
III Future Tense

I. Present Tense

The tense which shows action in the present time is known as the present tense. It is of the following kinds :

(A) Present Indefinite Tense or Simple Present Tense
(B) Present Continuous Tense
(C) Present Perfect Tense.
(D) Present Perfect Continuous Tense.

(A) *Present Indefinite Tense or Simple Present Tense*

This tense is used:

1. To show an action in the present time without referring to its finishing time
   (i) I write a letter to my friend.
   (ii) She helps the old man lift the bag.

Note: With I, we, you, they or Plural Noun the first form of the Verb is used. But with He, She, It, or Singular Noun, first form of the verb + s/es is used.

2. To show a habit or liking or disliking in the present time
   (i) She hates meat.
   (ii) We like singing and dancing.
   (iii) I daily go out for a walk.
   (iv) My uncle daily drinks a cup of tea after dinner.
3. To refer to a universal truth
   (i) The sun rises in the east.
   (ii) A bat flies better when it is dark around.
   (iii) The stars twinkle at night.

Negative and Interrogative Sentences

With I, we, you, they or Plural Nouns: do not + 1st form of the verb is used.

In case of interrogative sentences Do + subject + 1st form of the verb + object is used.

With He, She, It, or a Singular Noun does not + 1st form of the verb is used.

In case of interrogative sentences Does + Subject + 1st form of the verb + object is used.

(i) He does not borrow anything from anybody.
(ii) I do not advise you to do this job.
(iii) Do they know how to write business letters?
(iv) Does she understand French?

(B) *Present Continuous Tense*

It is used to show the continuity of an action in the present time.

Affirmative Sentences

(i) I am sending a telegram to Jack.
(ii) You are admiring my opponent.
(iii) She is speaking for the manager.

Note: When 'I' is the Subject of the sentence use an + present participle.

When 'we, you, they or a Plural Noun is the Subject of sentence 'are + present participle' is used. But if 'he, she, it or a Singular Noun' is the Subject of the sentence 'is + present participle' is used.

Negative and Interrogative Sentences

(i) I am not trying to find out errors in your essay.
(ii) Am I trying to find out errors in your essay?
(iii) He is not creating any problem to the children.
(iv) Is he creating any problem to the children?
(v) They are not decorating the room.
(vi) Are they decorating the room?

(C) *Present Perfect Tense*

The tense which shows the completion of an action in the present tense is known as the Present Perfect Tense.

Affirmative Sentence

(i) I have eaten/ taken breakfast.
(ii) She has mixed up the ingredients to bake a cake.

When the subject of the sentence is I, we, you, they or a plural noun use have + past participle.

When the subject of the sentence is 'he, she, it or a singular noun, use has + past participle.

Negative and Interrogative Sentences

(i) The officer has not granted leave to the clerk.
(ii) Has the officer granted leave to the clerk?
(iii) They have not shovelled snow on to the truck yet.
(iv) Have they shovelled snow on to the truck?

(D) *Present Perfect Continuous Tense*

The tense shows a part of an action having been completed and another part of it still being done in the Present Tense.

(i) He has been mending the shoes since morning.
(ii) We have been flying kites for three hours.

Note: Preposition 'since' is used when the point of time is given *i.e.* since 1965, since 5 o'clock, since morning, since evening etc.

Preposition 'for' is used when the period of time is given, e.g. for two weeks, for three days, for five years, etc.

Negative and Interrogative Sentences

(i) The peon has not been ringing the bell for two hours.
(ii) Have the firemen been trying to extinguish fire since morning?

II. Past Tense

The tense which shows action in the past time is known as Past Tense. It is of the following kinds.

(A) Past Indefinite Tense or Simple Past Tense
(B) Past Continuous Tense
(C) Past Perfect Tense
(D) Past Perfect Continuous Tense

(A) *Past Indefinite or Simple Past Tense*

It is used:

Affirmative Sentences

1. To show an action in the past time without referring to its finishing time
   (i) The scientist found the food contaminated with bacteria.
   (ii) The calves frisked in the courtyard.
   (iii) He typed three letters this morning.

Note: Subject + IInd form of verb + Object is used.

2. To show a habit in the past time
   (i) She used to go to temple daily.
   (ii) He daily prayed to God before going to office.
   (iii) They most often took a long walk in the morning.
3. To show historical truth
   (i) India got its freedom on 15 August, 1947.
   (ii) Mr. J.L. Nehru was elected the first Prime Minister of India.

Negative and Interrogative Sentences

(i) She did not attend the meeting.
(ii) We did not allow the children to play in the lawn.
(iii) Did he complain to the officer against you?

With 'did' first form of the verb is used.

With some Adverbs e.g. yesterday, ago, etc. Past Indefinite Tense is used.

(i) My father bought me a new bicycle five days ago.
(ii) A thief broke into my neighbour's last night.
(iii) We saw a movie yesterday.

(B) ***Past Continuous Tense***

This tense shows the continuity of an action in the past.

Affirmative Sentences

(i) He was driving a car.
(ii) I was memorizing the lesson.
(iii) The workers were building the flyover.

Subject + was/were + Present Participle + object (if any)

Negative and Interrogative Sentences

(i) They were not planning to go to Sweden in Summer.
(ii) Was he advising his friends to help the poor?
(iii) Were the mechanics repairing the machines?
(iv) She was not any taking any interest in houshold chores.

(C) ***Past Perfect Tense***

This tense shows the completion of an action in the past time.

Affirmative Sentences

(i) She had finished painting the pictures.
(ii) We had planted the saplings of mango plants.
(iii) The doctor had operated upon the patient.

Subject + had + Past Participle + Object.

Negative and Interrogative Sentences

(i) Had she applied for the past of a clerk?
(ii) He had not reserved a berth in the Rajdhani Express.

(D) ***Past Perfect Continuous Tense***

This tense shows the part completion of an action/work when the other part of the action/work is still continuing in the Past Tense.

Affirmative Sentences

(i) She had been working in that office for five years.
(ii) They had been living in that house since 1968.

Negative and Interrogative Sentences

(i) Had the gardener been watering the plants since morning?
(ii) The birds had not been chirping on the branches of the tree for three hours.

III. Future Tense

The tense which used to express the actions in future time is known as the future tense. It is of the following kinds:

(A) Future Indefinite Tense or Simple Future Tense
(B) Future Continuous Tense.
(C) Future Perfect Tense.
(D) Future Perfect Continuous Tense.

(A) ***Future Indefinite Tense***

It is used to indicate the actions planned for future.

Affirmative Sentences

(i) I shall write a letter to my mother.
(ii) The maid will wash the clothes after the sunrise.
(iii) They will varnish the chairs.

Subject + Will/Shall + 1st form of the verb + Object

Note: For the usage of 'shall and will' read the chapter "Modals."

Negative and Interrogative Sentences

(i) He will not associate with those boys.
(ii) We shall not walk over the slippery snowy path.

(B) ***Future Continuous Tense***

It is used to show a continuous action in the future time.

Affirmative Sentences

(i) She will be planning to meet the P.M.

The policeman will be standing on guard at the check post.

Negative and Interrogative Sentences

(i) They will not be carrying coal to the city from the mine.
(ii) Will you be singing on radio the next month?

(C) ***Future Perfect Tense***

It is used to show the completion of an action in the future.

Affirmative Sentences

(i) You will have got admission in the new school by then.

(ii) He will have joined the army by then.

Negative and Interrogative Sentences

(i) She will not have told you the story of a lion and a mouse.

(ii) Shall we have reserved two berths in the Janata Express by then?

(D) *Future Perfect Continuous Tense*

It is used to show the part completion of a work/action and the continuity of the other part in the Future Tense.

Affirmative Sentences

(i) He will have been working in the office for five years.

(ii) They will have been painting the pictures since morning.

Negative and Interrogative Sentences

(i) She will not have been discussing the matter with her friends for two hours.

(ii) Will they have been begging for food since morning ?

TRANSFORMATION OF SENTENCES

By 'Transformation' we usually means the following grammatical drills.

- Removal of "too".
- Insertion of "too".
- Change of Voice.
- Change of Narration.
- Change of Degrees of Comparison.
- Interchange of Kinds of Sentence.
- Interchange of Principal and Subordinate Clauses.
- Interchange of Different Parts of Speech in Sentences.
- Expression of Condition.
- Expression of Contrast or Conversion.
- Conversion of Simple, Compound and Complex Sentences from one to the other.
- Completion of Incomplete Sentences.
- Use of Modals, Conjunctions, Preposition, Articles etc. for specific purposes.

Explanation

1. Removal of 'too'

(i) He is too weak to walk.

He is so weak that he cannot walk.

(ii) She is too proud to listen to you.

She is so proud that she will not listen to you.

(iii) He was too poor to buy a house.

He was so poor that he could not buy a house.

(iv) It is too cold outside.

It is cold outside beyond the proper limit.

Or

It is extremely cold outside.

2. Insertion of "too".

(i) She is so lazy that she will not do any work.

She is too lazy to do any work.

(ii) He is so weak that he cannot lift this box.

He is too weak to lift this box.

(iii) He ran so slowly that he could not catch the train.

He ran too slowly to catch the train.

3. Interchange of Kinds of Sentence

(i) Change of Affirmative Sentences into Negative Sentences:

(a) He is a dull boy.

He is not an intelligent boy.

(b) He told the truth.

He did not tell a lie.

(c) He runs fast.

He does not run slowly.

(ii) Change of Negative Sentences into Affirmative Sentences:

(a) The earth is not flat.

The earth is round.

(b) No sooner did the train arrive then the passengers rushed towards it.

As soon as the train arrived, passengers rushed towards it.

This glass is so hot that I cannot touch it.

This glass is so hot for me to touch it.

(iii) Change of Assertive Sentences into Interrogative Sentences:

(a) He is not lazy.

Is he lazy?

(b) Everybody wants peace.

Doesn't everybody want peace? **Or** Who does not want peace?

(iv) Change of Interrogative Sentences into Assertive Sentences:

(a) Where can peace be found?

Peace can't be found anywhere.

Or Peace can be found nowhere.

(b) What if we lose the match? **Or** What does it matters if ......?

Or Does it matter if ....?

It does not matter if ....

(v) Change of Assertive Sentences into Imperative Sentences:

(a) You are advised to Work hard.

(b) You are requested to sit down.

Sit down, please.

4. Interchange of Principal and Subordinate Clauses:

(i) I like him because he is a good person.

He is a good person for which I like him.

(ii) The bus was moving fast such that I couldn't alight from it.

I couldn't alight from the bus as it was moving fast.

(iv) As I love my country, I'm ready to die for it.

I'm ready to die for my country because I love it.

(v) If you work hard, you'll pass.

Work hard lest you should fail.

5. Interchange of Different Parts of Speech

(i) He likes to see clouds. (verb)

He has a great liking for seeing clouds. (noun).

(ii) His face expresses that he is happy. (Adj.)

There is an expression of happiness on his face. (noun).

(iii) One who is cruel can be punished.

Cruelty can lead one to punishment.

6. Conversion of Simple, Compound and Complex Sentences from one to the other.

(i) (a) In spite of working hard, he failed. (Simple)

(b) He worked hard, still or but he failed. (Compound).

(ii) (a) Unless you work hard, you cannot pass. (Complex).

(b) You should work hard and then you will pass. (Compound).

(c) You cannot pass without working hard. (Simple)

7. Completion of Incomplete Sentences:

(i) (a) .... is a happy child.

He is a happy child.

(b) **He** helped ....

He helped **me**. (by supplying subject/ object).

(ii) The book ....

The book **lies on the table**. (by supplying Predicate).

(iii) She is ....

She is **happy**. (by supplying complement).

(iv) They are ....

They are **busy**. (by supplying a word).

(v) I love ....

I love **animals**. (by supplying a noun).

(vi) The stars are very ....

The stars are very **beautiful**. (by supplying an adjective).

(vii) She .... to God.

She **prays** to God. (by supplying a verb)

(viii) You .... I are friends.

You **and** I are friends. (by supplying a conjunction).

(ix) He runs ....

He runs **fast**. (by supplying adverb).

(x) He inserted .... going with me.

He inserted **on** going with me. (by supplying a preposition)

8. Interchange of non-finites in sentences:

(i) I love **writing** (books). (gerund).

(ii) The pen is to **write** with. (Infinitive).

(iii) The pen is **used** for writing purposes. (Participle).

VOICE

A sentence is said to be active when its subject does some action. e.g.

Ajay flies a kite.

The subject 'Ajay' is doing the action of flying a kite. So, it is a sentence in the active voice.

But if the subject is being acted upon then the sentence is said to be in the passive voice e.g.

A kite is flown by Ajay.

The subject 'A kite' is being acted upon by Ajay's act of flying it.

A. Tense wise (Active to Passive Voice)

I. Present Indefinite Tense

1. (a) Meena bakes a cake.

(b) A cake is baked by Meena.

2. (a) They do not invest money in business.

(b) Money is not invested in business by them.

3. (a) Does he scrape some carrots?

(b) Are carrots scraped by him?

II. Present Continuous Tense

1. (a) She is plucking vegetables.

(b) Vegetables are being plucked by her.

2. (a) They are not pricking holes in the paper.

(b) Holes in the paper are not being pricked by them.

3. (a) Is he whitewashing the fence?

(b) Is the fence being whitewashed by him?

III. Present Perfect Tense

1. (a) She has learnt her lesson.

(b) Her lesson has been learnt by her.

2. (a) The maid has not removed the dust from the sill.

(b) The dust from the sill has not been removed by the maid.

3. (a) Have you greased the bike?

(b) Has the bike been greased?

IV. Persent Perfect Continuous Tense

No Passive Voice

V. Past Indefinite Tense

1. (a) The carpenter shaved a plank.

(b) A plank was shaved by the carpenter.

2. (a) He did not read the new law book.

(b) The new law-book was not read by him.

3. (a) Did they prepare an Italian sauce?

(b) Was an Italian sauce prepared by them?

VI. Past Continuous Tense

1. (a) She was consulting a physician.

(b) A physician was being consulted by her.

2. (a) The workers were not building a tower.

(b) A tower was not being built by the workers.

3. (a) Were the farmers harvesting the crops?

(b) Were the crops being harvested by the farmers?

VII. Past Perfect Tense

1. (a) He had already taken the measurements of the room.

(b) The measurements of the room had already been taken by him.

2. (a) The workers had not shovelled snow.

(b) Snow had not been shovelled by the workers.

3. (a) Had Leena admitted her mistake?

(b) Had her mistake been admitted by Leena?

VIII. Past Perfect Continuous Tense

No Passive voice

IX. Future Indefinite Tense

1 (a) The teacher will draw circles and parallel lines on the blackboard.

(b) Circles and parallel lines will be drawn on the blackboard by the teacher.

2. (a) Seema will not compile a dictionary.

(b) A dictionary will not be compiled by Seema.

3. (a) Will the police conduct a raid on his premises?

(b) Will a raid be conducted by the police on his premises?

X. Future Continuous Tense

No Passive Voice

XI. Future Perfect Tense

1. (a) Rohit will have decorated the room.

(b) The room will have been decorated by Rohit.

2. (a) We shall not have boiled the potatoes.

(b) The potatoes will not have been boiled by us.

XI. Future Perfect Continuous Tense

No Passive Voice.

B. Double Object

The sentences which have two objects can be written in passive voice in the following two ways.

1. (a) She gave me a book.

(b) I was given a book by her.

(c) A book was given to me by her.

2 (a) He did not tell a story to us.

(b) We were not told a story by him.

(c) A story was not told to us by him.

C. Infinitives

1. (a) It is time to open the gate of the museum.

(b) It is time for gate of the museum to be opened.

2. (a) She is a girl to trust.

(b) She is a girl to be trusted.

D. Imperative Sentences

1. (a) Do it.

(b) Let it be done or It should be done.

2. (a) Don't pluck flowers.

(b) You are forbidden to pluck flowers.

Or

(c) You are advised not to pluck flowers.

3. (a) Post letter at once.

(b) You are ordered to post this letter at once.

4. (a) Kindly help me.

(b) You are requested to help me.

5. (a) Let us take some rest.

(b) It is proposed that we should take some rest.

6. (a) Let him come in.

(b) You are ordered to let him come in.

E. Quasi–Passive Verbs

Intransitive verbs usually cannot be converted into passive verbs but there are some sentences (as given below) that can be written in their passive forms.

1. (a) Quinine tastes bitter

(b) Quinine is bitter when tasted.

MULTIPLE CHOICE QUESTIONS

Directions (Qs. 1 to 50): *Read each sentence to find out whether there is any grammatical error in it. The error, if any, will be in one part of the sentence. The letter of that part is the answer. If there is no error, the answer is 'D'. (Ignore the errors of punctuation, if any).*

1. (A) The brakes and steering failed/(B) and the bus ran down the hill/(C) without anyone being able to control it./(D) No error.

2. (A) The polling was marred/(B) at many a place/(C) by attempts at rigging./(D) No error.

3. (A) He wanted to work all right/(B) but we saw that he was completely worn/(C) and so we persuaded him to stop./(D) No error.

4. (A) When a whale is washed ashore by the tide,/(B) the people flock together to see it./(C) wondering how so huge an animal can swim about in the water./(D) No error.

5. (A) Few scientists changed/(B) people's ideas as much as/(C) Darwin with his Theory of Evolution./(D) No error.

6. (A) Were he/(B) to see you,/(C) he would have been surprised./(D) No error.

7. (A) The number of marks carried by each question/(B) are indicated/(C) at the end of the question./(D) No error.

8. (A) An animal/(B) can be just as unhappy in a vast area/(C) or in a small one/(D) No error.

9. (A) It is time/(B) we did something/(C) to stop road accidents./(D) No error.

10. (A) A free press is not a privilege/(B) but the organic necessity/(C) in a free society./(D) No error.

11. (A) The Indian radio./(B) which was previously controlled by the British rulers./(C) is free now from the narrow vested interests./(D) No error.

12. (A) Because of the emergency help/(B) that the patient received./(C) he would have died/(D) No error.

13. (A) At present juncture,/(B) however, the supercomputer/(C) would be a costly toy./(D) No error.

14. (A) Students should not take part/(B) in party politics and political demonstrations/(C) as they interfere in serious study./(D) No error.

15. (A) Wherever they go/(B) Indians easily adapt to/(C) local circumstances./(D) No error.

16. (A) According to the Bible/(B) it is meek and humble/(C) who shall inherit the earth./(D) No error.

17. (A) I was there/(B) many a time/(C) in the past./(D) No error.

18. (A) As much as I admire him for his sterling qualities./(B) I cannot excuse him for/(C) being unfair to his friends./(D) No error.

19. (A) Were you/(B) given a choice/(C) or you had to do it?/(D) No error.

20. (A) When he was asked what is wrong with him,/(B) he said that he was not well,/(C) and asked for leave of absence for one day./(D) No error.

21. (A) At the end of the year/(B) every student who had done adequate work/(C) was automatically promoted./(D) No error.

22. (A) Many times the news has been published/(B) in the papers that the end of the world will be certain/(C) if a nuclear war breaks out./(D) No error.

23. (A) Happily, zoos were/(B) unwilling to cooperate/(C) in a scheme that was potentially harmful to animal welfare./(D) No error.

24. (A) We discussed about the problem so thoroughly/(B) on the eve of the examination/(C) that I found it very easy to work it out./(D) No error.

25. (A) She reluctantly said that/(B) if nobody else was doing it/(C) she will do it./(D) No error.

26. (A) He will end up his work/(B) in the city/(C) by the end of the year./(D) No error.

27. (A) Though child marriage/(B) has been banned,/(C) the custom still prevailed among some groups in India./(D) No error.

28. (A) Supposing if/(B) there is no bus,/(C) how will you get there?(D) No error.

29. (A) At the moment the house/(B) was burgled the family/(C) attended a night party in the neighbourhood./(D) No error.

30. (A) On a holiday/(B) Sudha prefers reading/(C) than going out visiting friends/(D) No error.

31. (A) Neither he/(B) nor his father is interested/(C) in joining the party./(D) No error.

32. (A) A group of friends/(B) want to visit/(C) the new plant as early as possible./(D) No error.

33. (A) May I/(B) know who you want/(C) to see please/(D) No error.

34. (A) Myself and Gopal/(B) will take care of/(C) the function on Sunday./(D) No error.

35. (A) I could not put up in a hotel/(B) because the boarding and lodging charges/(C) were exorbitant./(D) No error.

36. (A) He is not coming tomorrow/(B) as he is having a pain in the chest/(C) and has to see a doctor./(D) No error.

37. (A) They have been/(B) very close friends/(C) until they quarrelled./(D) No error.

38. (A) Since India has gained Independence/(B) 49 years ago,/(C) much progress has been made in almost every field./(D) No error.

39. (A) The party chief made it a point to state that/(B) the Prime Minister and the Union Home Minister should also come/(C) and they see what his party men had seen./(D) No error.

40. (A) Due to me being a newcomer/(B) I was unable to get a house/(C) suitable for my wife and me./(D) No error.

41. (A) The reason why/(B) he was rejected/(C) was because he was too young./(D) No error.

42. (A) The scientist must follow/(B) his hunches and his data/(C) wherever it may lead./(D) No error.

43. (A) Firstly you should/(B) think over the meaning of the words/(C) and then use them./(D) No error.

44. (A) Scarcely had/(B) I arrived than/(C) the train left./(D) No error.

45. (A) Unless you stop to make noise at once/(B) I will have no option but to/(C) bring the matter to the attention of the police./(D) No error.

46. (A) He couldn't but help/(B) shedding tears at the plight of the villagers/(C) rendered homeless by a devastating cyclone./(D) No error.

47. (A) Since it was his first election campaign, the candidate was confused;/(B) none could clearly understand/(C) either the principles he stood for or the benefits he promised./(D) No error.

48. (A) It is an established fact that the transcendental American poets and philosophers,/(B) who lived in the latter half of the nineteenth century,/(C) were more influenced by Indian philosophy, in particular by Upanishadic Philosophy./(D) No error.

49. (A) The crew were on board/(B) and they soon busied themselves/(C) in preparing to meet the storm./(D) No error.

50. (A) One of the members/(B) expressed doubt if/(C) the Minister was an athiest./(D) No error.

Directions (Qs. 51 to 70): *Pick out the most effective word(s) from the given words to fill in the blank to make the sentence meaningfully complete.*

51. A woman came in with a baby who, she said, ... a safety pin.
A. was just swallowing
B. swallowed
C. had just swallowed
D. just swallowed

52. The telephone ..... several times before I answered it.
A. was ringing B. has rung
C. had rung D. would ring

53. An employment advertisement should ..... the number of vacancies.
A. provide B. specify
C. contain D. declare

54. A crescendo of metallic thuds arose from the market, where the iron-smiths were ..... the pieces of metals.
A. flattening B. striking
C. hammering D. thrashing

55. Ambition is one of those ..... which are never satisfied.
A. ideas B. fancies
C. passions D. needs

56. The new education policy provides a useful ..... for the planners to remove illiteracy.
A. breakup B. breakthrough
C. breakaway D. break-in

57. The family gave father a gold watch on the ..... of his fiftieth birthday.
A. time B. event
C. occasion D. celebration

58. The passengers were afraid but the captain ..... them that there was no danger.
A. promised B. assured
C. advised D. counselled

59. It's very kind of you to ..... to speak at the meeting.
A. accept B. agree
C. comply D. concur

60. I haven't seen you ..... a week.
A. within B. since
C. for D. from

61. Besides other provisions, that shopkeeper deals ..... cosmetics too.
A. with B. in
C. at D. for

62. That rule is applicable ..... everyone.
A. to B. for
C. about D. with

63. I shall take revenge ..... you.
A. from B. with
C. on D. at

64. The ruling party will have to put its own house ..... order.
A. in B. on
C. to D. into

65. ..... all intents and purposes, the manager is the master of the firm.

A. in B. upon
C. with D. to

66. Like any other country India has its ..... share of superstitions.
A. proper B. abundant
C. fair D. peculiar

67. The miser gazed ..... at the pile of gold coins in front of him.
A. avidly B. admiringly
C. thoughtfully D. earnestly

68. The pilot had been warned about the storm before he .....
A. took away B. took up
C. took over D. took off

69. On account of the dearth of grass on the arid plains the cattle became .....
A. flippant B. jubilant
C. agitated D. emaciated

70. I saw a ..... of cows in the field.
A. group B. herd
C. swarm D. flock

Directions (Qs. 71 to 100): *Find the correctly spelt word.*

71. A. Survaillance B. Surveillance
C. Survellance D. Surveilance

72. A. Sepulchral B. Sepulchrle
C. Sepalchral D. Sepalchrle

73. A. Eflorescene B. Efllorescence
C. Efflorescence D. Efflorascence

74. A. Itinarery B. Itinerary
C. Itenerary D. Itinarary

75. A. Bouquete B. Bouquette
C. Bouquet D. Boquet

76. A. Renaisance B. Renaissance
C. Rennaissance D. Rennaisance

77. A. Lckadaisicle B. Lackdaisical
C. Lackadisical D. Lackadaisical

78. A. Entrepreneur B. Entrapreneur
C. Entrepraneur D. Entreprenuer

79. A. Vetarinary B. Veteninary
C. Vetniary D. Veterinary

80. A. Gaurantee B. Guarantee
C. Garuntee D. Guaruntee

81. A. Equanimity B. Equannimity
C. Equanimmity D. Equinimity

82. A. Parallelled B. Parralleled
C. Paralleled D. Paralelled

83. A. Puerrile B. Puerille
C. Purrile D. Puerile

84. A. Velnerable B. Vulnarable
C. Vulnerable D. Valnerable

85. A. Inoculation B. Innoculation
C. Inocculation D. Inocullation

86. A. Schedule B. Schedeule
C. Schdule D. Schedule

87. A. Treachrous B. Trecherous
C. Trechearous D. Treacherous

88. A. Acommodation B. Accomodation
C. Accommodation D. Acomodation

89. A. Satelite B. Sattelite
C. Satellite D. Sattellite

90. A. Excessive B. Exccessive
C. Exccessive D. Excesive

91. A. Dammage B. Damaige
C. Dammege D. Damage

92. A. Hindrance B. Hinderrance
C. Hindrence D. Hinderence

93. A. Klaptomania B. Kleptomonia
C. Kleptemonia D. Kleptomania

94. A. Exaggerate B. Exeggerate
C. Exagerate D. Exadgerate

95. A. Simpal B. Bannar
C. Pattren D. Modern

96. A. Chancelary B. Chancellary
C. Chancelery D. Chancellery

97. A. Palete B. Palet
C. Palate D. Pelate

98. A. Indipensable B. Indipenseble
C. Indispansible D. Indispensable

99. A. Rigerous B. Rigourous
C. Regerous D. Rigorous

100. A. Occured B. Occurad
C. Ocurred D. Occurred

Directions (Qs. 101 to 120): *In each question below a sentence is broken into five or six parts. Join these parts to make a meaningful sentence. The correct order of parts is the answer.*

101. a. do b. today
c. you d. must
e. it
A. cdaeb B. bedac
C. abedc D. eacbd
E. debac

102. a. I b. help
c. not d. you
e. did
A. bdcea B. aecbd
C. debca D. dcaeb
E. ebdca

103. a. tea b. have
c. that d. some
e. before
A. dcbea B. bdcae
C. bdaec D. ebdca
E. dacbe

104. a. seen b. going
c. you d. him
e. have
A. cebad B. ceadb
C. cbead D. ceabd
E. ecabd

105. a. of b. capable
c. he d. mean
e. anything f. is
A. edfcba B. cfdbae
B. cfebad C. cdfbae
E. cfbaed

106. a. make b. others
c. weak d. fun
e. of f. people
A. fadfcb B. cbadfe
C. fdebac D. cfadeb
E. cfadbe

107. a. killed b. a
c. Jaswant d. bear
e. wild
A. cabed B. ecabd
C. bcade D. dcabe
E. aebcd

108. a. medicine b. a
c. Neeta d. given
e. was
A. eadbc B. bedca
C. aedbc D. dbeca
E. cedba

109. a. him b. the
c. to d. charge
e. handover
A. dbeca B. eacdb
C. daceb D. debca
E. ebdca

110. a. at b. it
c. take d. once
e. away
A. bcead B. adceb
C. cbead D. ecbad
E. dbcae

111. a. you b. this
c. ready d. are
e. do f. to
A. dacfeb B. adcebf
C. dcafeb D. adbcfe
E. febadc

112. a. get b. meet
c. soon d. to
e. him f. we
A. eadbfc B. cfadbe
C. cfbdea D. adbcfe
E. dbecaf

113. a. bag b. you
c. seen d. have
e. my
A. eadcb B. dceab
C. dbcea D. dbaec
E. badce

114. a. of b. we
c. heard d. him
e. had
A. dbcea B. ebcda
C. becda D. bedca
E. becad

115. a. perfection b. the
c. take d. step
e. first f. to
A. bafced B. cbedfa
C. cabedf D. fedcba
E. cfbdea

116. a. left b. the
c. house d. he
e. suddenly
A. adbce B. baced
C. deabc D. ebcda
E. bdace

117. a. not b. Hari
c. away d. run
e. did
A. acedb B. cedab
C. ebdca D. beadc
E. bacde

118. a. I b. immediately
c. salary d. my
e. want
A. dcaeb B. aedcb
C. beadc D. dbcea
E. deacb

119. a. not b. hotel
c. comfortable d. was
e. the
A. cdeba B. ecdab
C. cdaeb D. daceb
E. ebdac

120. a. was b. and
c. Satish d. kind
e. loving
A. cadbe B. ebdac
C. cdbea D. aebdc
E. abcde

Directions (Qs. 121 to 140): *Which of the phrases given below each sentence should replace the phrase printed in* **bold** *type to make the sentence grammatically correct? If the sentence is correct as it is, mark 'E' as the answer.*

121. The research study is an eye-opener and **attempts to acquaint** us with the problems of the poor nations.
A. attempted to acquaint
B. attempts at acquainting

C. attempt to acquaint
D. attempting to acquaint
E. No correction required

122. The man who has committed such a serious crime must **get the mostly severe** punishment.
A. be getting the mostly severely
B. get the most severe
C. have got the most severely
D. have been getting the severemost
E. No correction required

123. Acquisition of certain specific skills **can be facilitated from** general awareness, education and exposure to novel situations.
A. can be facilitated by
B. may facilitate through
C. can be felicitated with
D. may be felicitated with
E. No correction required

124. He confidently asked the crowd if they thought he was right and the crowd shouted **that they did.**
A. that he did
B. that they had
C. that he is
D. that he didn't
E. No correction required

125. If he has to spend five hours in the queue, it **was really a wastage.**
A. is a really wastage
B. is real a wastage
C. has really a wastage
D. is really a wastage
E. No correction required

126. Why **did you not threw** the bag away?
A. did you not throw
B. had you not threw
C. did you not thrown
D. you did not thrown
E. No correction required

127. They **are not beware of** all the facts
A. are not aware for
B. are not aware of
C. are not to be aware
D. must not to be aware for
E. No correction required

128. If I would have realised the nature of the job earlier, I would not have accepted it.
A. If I have had
B. In case I would have
C. Had I been
D. Had I
E. No correction required

129. The moment they saw me, they **were delight**
A. had delighted
B. were delighted
C. are delighted
D. have been delighted
E. No correction required

130. The small child does whatever his father **was done.**
A. has done
B. did
C. does
D. had done
E. No correction required

131. It was unanimously resolved that the parties **should unitedly undertook** launching of popular programmes–
A. should be united undertook
B. should be unitedly undertaken
C. should be unitedly undertake
D. should unitedly undertake
E. No correction required

132. One of my drawbacks is that **I do not have to** tolerance of ambiguity.
A. do not have
B. cannot have to
C. am not
D. did not have to
E. No correction required

133. They **should have calmly thought of** the advantages that would accrue to them.
A. should have been calm in thinking about
B. should be calmly thought of
C. shall have to calmly thought of
D. should have calmly think of
E. No correction required

134. Their earnings are such that they find it difficult **to make both ends to meet**.
A. to making both ends meet
B. to make both ends for meeting
C. to make both ends meet
D. for making both ends to meet
E. No correction required

135. They **were all shocked at** his failure in the competition.
A. were shocked at all
B. had all shocked at
C. had all shocked by
D. had been all shocked on
E. No correction required

136. He is too impatient **for tolerating** any delay.
A. to tolerate
B. to tolerating
C. at tolerating
D. with tolerating
E. No correction required

137. Why **should the candidates be** afraid of English Language is not clear.
A. the candidates should be

B. do the candidates be
C. should be the candidates
D. are the candidates
E. No correction required

138. Ramesh is **as tall if not,** taller than Mahesh.
A. not as tall but
B. not so tall but as
C. as tall as, if not
D. as if not
E. No correction required

139. The easiest **of the thing to do** is to ask the address to the postman.
A. of the things to do
B. among the things did
C. of the thing to be done
D. of all the things done
E. No correction required

140. The player was asked **that why he had not** attended the prayer.
A. why had he not
B. that why had he not
C. why he was not
D. is hesitated to listen to
E. No correction required

ANSWERS

1	**2**	**3**	**4**	**5**	**6**	**7**	**8**	**9**	**10**
C	D	B	D	A	A	B	C	D	B
11	**12**	**13**	**14**	**15**	**16**	**17**	**18**	**19**	**20**
C	A	A	C	B	B	A	A	A	A
21	**22**	**23**	**24**	**25**	**26**	**27**	**28**	**29**	**30**
D	D	C	A	C	A	C	A	A	C
31	**32**	**33**	**34**	**35**	**36**	**37**	**38**	**39**	**40**
D	B	B	A	A	C	A	A	C	A
41	**42**	**43**	**44**	**45**	**46**	**47**	**48**	**49**	**50**
C	C	A	B	A	A	D	C	C	B
51	**52**	**53**	**54**	**55**	**56**	**57**	**58**	**59**	**60**
C	C	B	C	C	B	C	B	B	C
61	**62**	**63**	**64**	**65**	**66**	**67**	**68**	**69**	**70**
B	A	C	A	D	C	A	D	D	B
71	**72**	**73**	**74**	**75**	**76**	**77**	**78**	**79**	**80**
B	A	C	B	C	B	D	A	D	B
81	**82**	**83**	**84**	**85**	**86**	**87**	**88**	**89**	**90**
A	C	D	C	A	D	D	C	C	A
91	**92**	**93**	**94**	**95**	**96**	**97**	**98**	**99**	**100**
D	A	D	A	D	B	C	D	D	D
101	**102**	**103**	**104**	**105**	**106**	**107**	**108**	**109**	**110**
A	B	C	B	E	D	A	E	E	C
111	**112**	**113**	**114**	**115**	**116**	**117**	**118**	**119**	**120**
A	B	C	E	B	C	D	B	E	A
121	**122**	**123**	**124**	**125**	**126**	**127**	**128**	**129**	**130**
B	B	A	E	D	A	B	D	B	C
131	**132**	**133**	**134**	**135**	**136**	**137**	**138**	**139**	**140**
D	A	E	C	E	A	A	C	A	D

SECTION d WRITING ABILITY

FACTUAL DESCRIPTION

EXAMPLE-1

The two great epics of ancient India—The Ramayana and the Mahabharata—probably took shape in the course of several hundred years, and even subsequently additions were made to them. They deal with the early days of the Indo-Aryans, their conquests and civil wars, when they were expanding and consolidating themselves, but they were composed and compiled later. I do not know of any books anywhere which have exercised such a continuous and pervasive influence on the mass mind as these two Dating back to a remote antiquity, they are still a living force in the life of the Indian people, not in the original Sanskrit, except for a few intellectuals, but in translations and adaptations, and in those innumerable ways in which tradition and legend spread and become a part of the texture of a people's life. They represent the typical Indian method of catering all together for various degrees of cultural development, from the highest intellectual to the simple unread and untaught villager. They make us understand somewhat the secret of the old Indians in many ways and graded in castes, in harmonizing their discords, and giving them a common background of heroic tradition and ethical living. Deliberately they tried to build up a unity of outlook among the people which was to survive and overshadow all diversity

----- J.L. Nehru

Factual Description

The Ramayana and the Mahabharata

The two great epics of ancient India are the Ramayana and the Mahabharata. Their subject matter is the Indo-Aryan exploits for conquest, expansion and consolidation, though the books were compiled later. They are the unique books written in Sanskrit which has had such a forceful influence on the Indian mass mind since antiquity. They are available in several translations and adaptations. They express the unity in diversity of the Indian culture in all its graded forms.

EXAMPLE-2

Habits of idleness once firmly fixed cannot be suddenly thrown off. The man who has wasted precious hours of life's seed–time finds that he cannot reap a harvest in life's autumn. Lost wealth may be replaced by industry, lost knowledge by study, lost health by temperance or medicine, but lost time is gone for ever. In the long list of excuses for neglect of duty, there is none which drops oftener from men's lips, which is founded on more of self-delusion than the want of leisure. People are always cheating themselves with the idea that they would do this or that desirable thing 'if only they had time'. It is thus that the lazy and the selfish excuse themselves from a thousand things which conscience dictates to be done. Remember that the men who have done the most for their own and the general good are not the wealthy, leisurely people who have abundance of time to themselves and nothing to do. They are the men, who are in ceaseless activity from January to December – men, however, pressed with business, are always found capable of doing a little more. You may rely on them in their fullest seasons with ten times more assurance than on idle men.

Factual Description

Idleness is a Curse

Habits of idleness once formed cannot be easily got rid of. Lost wealth, knowledge and health can be retrieved but not the lost time. Many people make the excuse of want of leisure to neglect their duty. It is not the lazy rich who have done any good to society, but the busy, active ones. It is the men of the latter kind who are more reliable ones.

EXAMPLE-3

There is no doubt that pollution is playing havoc with environment. Almost always man himself is responsible for this criminal act. Tonnes of slag or waste generated when the iron scrap is melted in the foundries, is dumped at random on roadsides, open grounds and drains.

Even a monument of the stature of the Taj is not spared from being polluted. Those who visit the Taj tell a story of their own. If the multi–coloured plastic bags behind the eastern walls of the great mausoleum are an eyesore, the non–biodegradable slag is bound to contaminate the soil and the already highly–polluted water of the Yamuna. Like the ash from the thermal plants, the slag is everywhere.

The problem of flash ash is being tackled in certain states, no doubt. The brick kiln owners are being asked by the state governments to use it in the moulding of bricks, so that it does not choke the rivers, canals and other water channels. But the brick kiln owners too have a point. They say that the use of fly ash in brick making is very uneconomical. It pushes up the labour cost and hence of the prices of bricks, such that the consumers are the sufferers in the long run. The owners of factories might be asked to pay for this usage so that prices of bricks have not to be raised. But will the government do so? As the matter stands today, the consumers are destined to suffer.

Factual Description

Environmental Pollution

Environmental pollution is a big problem. Wastes from factories can be seen on roadsides, open grounds and drains. Plastic bags and slag can be seen everywhere even around the Taj. Thus, the Yamuna is also getting polluted.

Similarly, there is the problem of the disposal of fly ash released by factories. It chokes the water channels. The government have ordered that it should be used in brick making. But that increases costs and the consumers are the sufferers.

EXAMPLE-4

Forest fires should be taken up with all the seriousness they deserve. Particularly, in the forest tracts where pine trees have a growth, forest fires are frequent. It has been reported that just in one state, 4500 cases of forest fires were there in four years. It is mostly in the dry season of summer when these fires take place.

It is very important to take proper precautions to prevent these fires. Many of these fires take place because of human negligence. According to the Forest Department instructions, a fire near or in a forest should not be lighted, especially during summer. This fact should be brought to the notice of those who are ignorant of it. Whenever a fire in a forest is noticed, it should be beaten down at once. The brooms used for the purpose should be made of brushwood having green leaves.

It becomes the duty of all concerned to report the matter to the nearest officials of the department whenever a forest fire is noticed. All concerned should also consider it their sacred duty to cooperate with forest officials in preventing and extinguishing forest fires. It becomes the particuler duty of those who own a piece of land on the periphery of a forest to be extremely careful in the use of fire for the disposal of the waste material on their plot. It should be borne in mind that such an action of theirs can cause a major forest fires. Particularly, when a strong wind is blowing, the lighting of fire should be avoided.

Factual Description

Preventing Forest Fires

Forest fires are frequent, particularly in areas where there is dense growth of pine trees and that mostly during summer. To a great extent, these fires can be prevented by conscious efforts. The lighting of a fire in or near a forest, especially in summer should be avoided. If still a fire is noticed, it should be beaten down immediately. If need be, it should be reported to the nearest forest authorities. Those owning land near a forest should avoid lighting a fire there especially on a windy day.

EXAMPLE-5

According to a specialist in international affairs, both global terrorism and weapons of mass destruction pose a danger to humanity. At the same time, the use of force by a super power in the garb of fighting global war against terrorism without U.N. Security Council's express authorisation is of doubtful legality. It is hard to challenge this view.

According to the said specialist, war is also strategically counter–productive. There is no denying the fact that global terrorism poses a great danger to mankind. But it has to be fought somehow. The best way to fight global terrorism for all nations of the world is to unite under the hammer of U.N. Security Council. After all, global terrorism has been making more and more countries its targets in the recent past. This is what is now being witnessed in many parts of India, in Russia, West Asia, Saudi Arabia etc.

After 9/11, the world seemed to have waken up to reality. It appeared that the world might after all unite vigorously and whole-heartedly to fight with this dangerous menace. Then the world witnessed train bombing in Madrid and certain happenings in Chechneya, Indonesia, Saudi Arabia and Nepal and even Pakistan.

Neither Afghanistan nor Iraq has so for recovered from the after-effects of war. Nobody can even claim that these countries have been ridden of the menace of terrorism. It means there is something wrong in choosing war as a means for eradicating terrorism. Some other ways and means will have to be found out to get rid of this menace.

Factual Description

Fighting Global Terrorism

Global terrorism and weapons of mass destruction pose a great danger to mankind. But meeting the challenge of terrorism is not possible through war especially when it is not authorized by the U.N. security council.

After 9/11, the world seemed to have united for eradicating this menace. But the events in several countries have belied the hopes of the international community.

Even after Afghanistan and Iraq wars, there seems to be no improvement in the situation. So, war is not the solution to this problem.

EXAMPLE-6

If someone were inclined to know what the all-time favourite drink with most Indians is, of course, one would name tea. Tea is of several varieties. It is said that tea of all varieties is beneficial to human health if taken in moderation, but green tea is said to be the best for the heart.

India is one of the largest tea producers of the world and that is good for India as well as the whole world. In the matter of exporting tea, she has to compete with countries like Sri Lanka and China mainly. In India, the Assam hill region is the largest tea producing area. The Assam tea is said to be very pungent in taste.

As far as the point of flavour of tea is concerned, the Darjeeling tea is the most famous all over the world. Tea plantations are there in the Brahmputra valley, in Himachal Pradesh, in the southern parts of the Western Ghats and in some parts of South India.

Now, tea tasting is a skill for which there are specific institutions. Each tea company employs tea tasters to obtain high standards of their product. These tea tasters can tell the kind and quality of tea just by tasting. They can tell the region to which the tea they have tasted belongs. Tea tasters are not required to have high essential educational qualification, perhaps not higher than 10 + 2, but they must have the required aptitude and inclination to acquire the skill.

It is said that slower growth of tea plants improves tea flavour. Not only tea tasting but also tea growing as well as tea plucking is now considered an art which is beyond the approach of anybody and everybody.

Factual Description

Tea As a Drink

Tea is the favourite drink with most Indians. It is a health beverage. In India, tea is planted in several regions, but the Darjeeling tea is considered to be the best in flavour.

Tea tasting is now considered an important skill which is taught in several institutions. Tea tasters are employed by all the tea companies to maintain the quality of their products. Tea tasters don't have high educational qualifications but they can tell much about the kind, quality and region of the tasted tea. Like tea tasting, tea growing and plucking are also skilful arts.

EXAMPLE-7

A giant tsunami struck South Asia after a high intensity earthquake of 9 degree magnitude on Richter scale on 26th December, 2004. The tsunami struck several countries including Indonesia, India, Maldives, Mayanmar, Thailand, Malaysia, Sri Lanka etc. Some people were killed even in Bangladesh, Kenya, Tanzania and some other countries. A total number of about 1,60,000 were said to have died in the tsunami and thousands of people were reported missing.

The maximum number of casualities took place in Indonesia where about 1,10,000 people were said to have been killed as high sea waves struck the country at an incredibly high speed. Not to speak of human beings even tall concrete buildings which were both builders' and owners' pride fell like houses of cards.

The Indonesians called it "Mata'ie" which in Indonesian means "tears". It was the Aceh province in Indonesia which was the most affected area in the entire region. According to a report published in "The Independent", "When an earthquake and tidal waves destroyed vast swaths of the Indonesian province on Boxing Day, survivors from coastal areas near Banda Aceh, the capital, fled to higher ground and found themselves in Mata' ie, in the shadow of Aceh's hills."

"The Independent" further reported, "Now 3,000 homeless and destitute people are living in a crowded camp on the outskirts of the town, where they spend their days reliving the nightmare unleashed by the tsunami and searching fruitlessly for relatives and friends."

"The camp's front fence has become a wall of despair, where hundreds of messages scrawled on fragments of cardboard beg for information on missing people. Many of them are children, washed to oblivion by the giant walls of water that swept away their flimsy homes."

It was rightly described by many as the greatest human tragedy in history. Although massive aid from various sources arrived within a few days, the loss to human life and property could never be accurately measured, much less repaired.

Factual Description

Tsunami in South Asia

On December 26, 2004, a powerful tsunami struck several countries of South Asia after a massive earthquake in the Indian Ocean. About 1,60,000 were reported dead and thousands were missing.

Indonesia bore the brunt of tsunami with about 1,10,000 casualities. In Indonesia, the province of Aceh was the most seriously hit. The Indonesians called it "Matai' ie" which in Indonesian means "tears."

"The Independent" reported the condition of 3000 homeless people in Aceh who led a miserable life in a relief camp on the outskirts of the capital. They are searching fruitlessly for their lost friends and relatives. But the total loss to life and property will ever remain inestimable.

EXAMPLE-8

In the matter of eating habits, animals can be divided into two broad kinds. Animals who eat flesh are known as carnivores. Those who eat grass, leaves of plants, etc. are called herbivores.

Carnivores usually have long canine teeth. They use these teeth for catching and tearing up their prey. These animals belong to the category of hunters among the mammals.

Basically, lions, leopards and tigers belong to the same family as the domestic pussy cat. This may seem strange but it is true. In our daily life, we frequently come across cats. They are carnivores and belong to the category of hunters. They often run after their prey such as mice, sparrows, pigeons, etc. from dawn to dusk.

It is commonly believed that cats can see in darkness. This is only partly true. It is true that their eyes are especially designed by nature to enable them to see in darkness. But even cats may not see quite well in total darkness.

Cats have an excellent way of hunting. They indulge in this activity as if they were pursuing consciously and vigorously some art. They can be seen lazily sitting at a shady place under an undergrowth or near a terrace with their eyes half-closed. But this laziness is only on the surface. They may be inwardly as alert as ever. It is their way of allowing their prey to come and sit close to them without being alarmed. They make no noise even while walking. They go close to the prey, say a sparrow, creating the least stir or disturbance. As they reach within the pouncing distance, they pounce upon the prey in one swoop and capture the prey. Often their grip is so strong that the poor prey cannot escape it. The prey flutters and writhes in their mouth but within minutes the matter is over with it. Soon, what one can find at the place is a heap of feathers and claws.

Factual Description

Cats as Hunters

Cats are among the mammals. They belong to the category of hunters. They are relentless, but cleve hunters. They hunt their prey from morning to evening. They can see in darkness, though not quite well in total darkness.

They have the art of hunting their prey. Often they sit lazily at a vantage place. They give no clue of their presence to their prey. Their unsuspecting prey comes to a place close to where a cat is sitting.

As a cat walks towards the prey, it makes no noise or disturbance. Slowly it comes very close to the prey, and pounces upon it and captures it.

ESSAY WRITING

INTRODUCTION

The term 'essay', for examination purposes, can be applied to a composition in which the writer states his knowledge of, and gives his opinions about, a certain topic. An essay, in this sense, will contain narrative and descriptive elements as well as comments and criticism representing the writer's own point of view. Thus, an essay becomes a test, not only of knowledge, but of thought and imagination. It reflects the writer's personality as well as his or her ability to weave disintegrated bits of information into a thread of unity.

Essentials of a Good Essay

1. An essay must be a unity, developing one theme with a definite purpose.
2. The essay should follow a certain ordered line of thought and come to a definite conclusion. The matter— the ideas/facts,— should be arranged into an attractive design.

3. The presentation of the matter should be clear. Language and sentence construction should be simple and lucid.
4. An essay should reveal the personal feelings and opinions of the writer.

However, idiosyncrasies had better not be expressed. Nor should extreme or dangerous opinions be expressed.

TOURISM

Tourism is a growing industry in India. Hoteliering and tourism account for major foreign revenues of our nation. The declining value of the rupee and a good image of India as an exotic tourist destination have boosted the tourism and hotel industry in India during the last decade.

It is surprising to note that small nations like Thailand, Hongkong, Malaysia, Seyshells, Mauritius, and Indonesia have been able to do very well on the tourism front. India is the ancient cultural cradle of the world. It has fascinating tourist destinations like the Taj (Agra), Khajuraho Temples (Khajuraho), Marble mountains (Jabalpur), Gateway of India (Mumbai), Red Fort and Qutab Minar (New Delhi), Amar Vilas Palace (Jaipur), Bharatpur Bird Sanctuary (Bharatpur), the city of canals (Alleppey), and many attractive hill spots in the North. We Indians are also not aware of the beauty of our nation. Our ancient cities, lakes, mountains, palaces, temples, mosques, minarets and gardens are thrilling experiences for all the visitors. Almost every foreign tourist longs for a tryst with the beauty of India and loves to visit each and every corner of this vast nation.

Goa, Khajuraho, New Delhi, Mumbai, Kolkata, north-eastern states, and Pondicherry are the most popular tourist destinations. Rajasthan is a paradise for the foreingers and this state offers a wide range of cultural and ethnic diversities to the visitors.

Foreign tourists are appalled at the state of Indian roads, hotels, motels, guide services, catering services, transportation services and environment of the Indian subcontinent. We would have to provide four-star amenities to the tourists at the prices of three-star standards. If we do not follow this norm, we would lose tourists, who would move to the USA, Europe, Japan, Hongkong, Thailand, Singapore, Mauritius, and Seychells. These nations offer good quality rooms, food, liquor, entertainment, and transportation at the most competitive prices. They follow international tourism norms in terms of hygiene, hospitality and catering. We do not follow these norms and this leads to apathetic attitudes of tourists towards India.

It is fortunate to note that tourism and hotel management have become serious subjects and vocations. The government and private institutions have launched many courses in hotel management and tourism. Tourism professionals are required by tour operators and airlines. The airlines and sea cruisers also need hospitality staff. Finally, chefs are required around the world. Hotel professionals are also in great demand. This would boost the hotel industry and hence the economy.

The services of telecommunications, sea ferries sanitation, air travel, roads, catering and tourist guides would have to be operated on professional grounds. The international agency, the IATA, is doing well to promote and regulate air travel around the world. Government of India is also doing its best. Participation of the private firms has also increased. However, a lot needs to be done in this crucial area. We can earn the much coveted foreign exchange through tourism and hotel industries. Our outlook and approach would have to be made professional, if we want to achieve concrete results in this fastest growing industry.

UNEMPLOYMENT

Unemployment is actually a global problem but it is most serious in India. We have here in our country unemployment of various kinds and varying degrees. There is white-collar and blue-collar unemployment. Many highly educated degree holders in electronics, engineering, management and other disciplines are also unemployed or only semi-employed. Nearly 5 crore educated people of our country are fully unemployed; this number is growing at a fast pace.

There are both skilled and unskilled workers who are unemployed on a large scale. There are unemployed people both in rural and urban areas. There are both agricultural and industrial unemployed workers. The more serious thing is that the problem is being aggravated day by day.

On the surface of it there seem to be many jobs available through Business Process Outsourcing (BPO) and overseas, but that are available only to a handful of highly skilled personnel and a vast majority of people remains unemployed. Jobs available through BPO, though welcome, are mostly concerned with such disciplines as financing, accounting, designing, medical transcription etc. These are not so many in number, considering the vastness of our country and the mammoth population and gigantic problem of unemployment that we are facing. These jobs touch only the tip of our problem. Our government and private sectors must try to answer the problem adequately to check the growing number of tables, which is rising among all sections of society.

Unemployment is, no doubt, a serious problem all over the world. Says an analyst:

"The worst victims of the marketisation rush have been the lower strata of the population. Competition and efficiency, the two hallmarks of the neo-capitalism, essentially mean job cuts." Europe is reeling under the anachronism of more investment, more production and more loss of employment. Upgradation of the quality of labour has been an inseparable aspect of the efficient production line. So, less intelligent ones fall by the way side.

In India, globalisation and modernisation have taken their toll. Now, few jobs are there only for the highly skilled ones and they are given to those people who have some recommendation and, better still, if they can cough up a considerable amount as hush money. The VRS has further added to vows of some people. Many, particularly the illiterate, unskilled people take recourse to the weird route of crime and not only they themselves suffer but also cause suffering to many others.

The jobless are being offered various schemes to combat the menace. The JRY was in vogue recently. In rural areas, the new employment guarantee scheme is bring implemented (read about it in this volume). The private sector does not take unskilled poorly trained personnel. Hence, job reservation in the private sector is nothing but a Utopian dream. Even the government cannot force the private sector firms to accept poorly performing people in its fold. If that is done, the efficiency and profit–making prowess of the corporate sector firms would be reduced. That is what we do not want at any cost, for the private sector is the primary growth engine of our economy now-a-days.

The situation is even worse now when with the advent of multinational giants like LG, Samsung, etc. Several Indian companies including some quite prestigious ones as Voltas, Crompton Greaves, Glaxo Pharma etc. have virtually closed shop. Lakhs of workers have been thrown in the streets. As the President CITU pointed out:

"Post-liberalisation has seen workers lose jobs on a daily basis in the textiles, coal, manufacturing and steel industry. No safety nets have been put in place, and there is a sense of desperation and fear in the homes of all the workers we visit today. There are no regular salaried jobs available in these sectors anymore."

A very dismal position was depicted by the President of the federation of 750 Maharashtra based trade, transport and small scale industries associations:

"Land in and around Mumbai has become a prised commodity. Most of the industrialist groups have sold their units at whopping profits to land sharks. They pocket all that money without giving workers any compensation. They then borrow crores of rupees from institutional lending groups at concessional rates to set up alterative industries in places like Gujarat etc, where workers are being hired at Rs. 2,000 per month. They are akin to slaves toiling in sweetshops. The government has just turned a blind eye to all these goings on."

Surely, the situation is very explosive and if some concrete steps are not taken expeditiously, there can arise some serious socio-economic and political upheaval. No doubt there are some schemes like Nehru Rozgar Yojna and others on paper. But they are not enough and are not implemented sincerely.

Most state-controlled enterprises and corporation are being privatised now-a-days. So, the number of jobs is less in the government-run departments and companies. The youth are advised to be on their own and start small enterprises, they would certainly do well in their own firms. They will be the masters of their destiny. They will earn more that way. Moreover, self-employment would also help them realise their cherished dreams. They can also export their goods.

In sum, unemployment is a major challenge for our planners and the youth alike. We must meet this challenge with zest and determination if we want to become a high-performing economy of the new century.

HUMAN RIGHTS

The concept of Human Rights lays stress on respect for the human-beings, regardless of the considerations of colour, race, sex, religion, etc. These are fundamental rights to which, every man or women is entitled merely by virtue of having been born as a human being. The preamble to the Universal Declaration of Human Rights (1948) states, "recognition of the inherent dignity and of the equal and inalienable rights of all the members of the human family is the foundation of freedom, justice and peace in the world."

Human rights are categorized as civil, political, economic, social and cultural. Sometimes, their particular components are specified as the right to live, right to liberty and security of person and so on but all sets of rights, irrespective of categorization, constitute one indivisible whole. Denial of one specific right impinges upon the fulfilment of other rights.

Most of the violations of human rights take place in the management of law and order, either by police or by armed forces. So, the State may be held responsible for violation of human rights when the State, by its acts of omission and commission, allows human rights to be violated. There may also be situations in which, breach of human rights takes place for reasons that cannot be said to originate due to actions of the State.

The terrorist activities in various parts of the world, which take innocent lives, presecution of undertrial POWs (Prisoners of War), incarceration of national leaders fighting for Independence (for example, Nelson Mandela in South Africa and Aung San Suu Kyi in Burma), use of child labour at low wages, atrocities inflicted by the police on liberal authors like Taslima Nasreen in Bangladesh are some types of human rights violations.

India is the only Asian nation in which, the Parliament passed the Human Rights Act in 1993 which had only a few amendments since March 1, 1994. The National Human Rights Commission of India is headed by retired Chief Justice K.G. Balakrishnan. The head office of the Commission is in New Delhi. The other members of the Commission are the dignitaries who had held the positions of the Judges of High Courts and who are well versed with issues related to human rights.

Thus, it is not the executive of the country but the judiciary, which controls the Human Rights Commission. In addition to a National Commission, there is a provision in the Act for the Constitution of State Human Rights Commissions. These are headed by the Judges of State High Courts or the Supreme Court. Such a person has the status of the secretary of a state. Human rights violation cover, in general, acts of unprovoked violence against a person, persecution, molestation, public insult, etc. Although these seem to overlap the Fundamentals Rights granted under Article (21), yet the Human Rights Act is specific about those acts, which ultimately culminate in the violation of human rights. The Commission has powers to investigate those acts, which have been mentioned in the Indian Criminal Procedure Code. The Commission has become popular and a large number of cases is being brought to the human rights courts. These courts try cases of police atrocities and the maltreatment of undertrial prisoners. These courts, supported by the judicial system, have been asked to deliver justice in many a case.

On the global level, human rights violation pivots on the issue of atrocities committed by terrorists. Terrorism is now prominent in a number of countries including Britain, the USA, Canada, India, Spain, Sri Lanka and many developing nations. In India, terrorism with financial and material support from abroad, seeks to decimate her secular, democratic and pluralistic civil order.

At its meeting in Geneva in March 1994 the UN finally recognized that terrorism poses a major threat to human rights. The UN Human Rights Commission unequivocally described terrorism as a heinous activity, aimed at destroying human integriy. The historic resolution called upon all the States to take all necessary and effective measures to "prevent, combat and eliminate terrorism." However, it also stipulated a controversial clause, stating that measures taken against terrorists must conform to international standards of human rights. This is viewed by many experts as a weak clause; while the terrorist outfit employs all available means of warfare, the target State will have to abide by constitutional guarantees. Thus, the militant group will use the alibi human rights to promote her nafarious designs!

However, containing of terrorism by State-sponsored acts of official terrorism would only suppress the problem and may not solve it. Freedom is man's most prized possession. The Human Rights Declaration was drafted by the Nobel Prize Laureate Rene Cassin in 1968 and is the hallmark of the civilized society, which guarantees freedom from fear to everyone. Pragmatists find such an idealist interpretation slightly irrational and demand logical thinking and pragmatic steps in this regard. Terrorist states, aided by petro-Dollars and lucrative trafficking activities in narcotics, have resources at their disposal. Thus, they can easily harm the targeted State if it has to observe human rights standards. Further, every burst of fire has to be justified in a court of law. When an emergency occurs, fundamental rights of the common citizens are suspended. Why cannot it be done in the case of regions dominated by terrorists? All these questions make the UNHRC controversial and debatable.

While a democratic government system is vital for the protection of human rights, the fact remains that human rights are essentially the rights of the people, both as individuals and as groups. Hence, persistent vigilance of people themselves, to safeguard their right has to be developed as the guiding tenet. In this connection, the roles of media and free Press are also important.

Free market forces would lead to exploitation of poor masses. The role of the national and international human rights agencies would be to protect the interests of the common man. The tasks is Herculean, but the common man cannot be left at the mercy of those who are cruel, influential, and rich beyond imagination.

SPREADING TENTACLES OF TERRORISM

The new century has taken the legacy of terrorism from the previous one. In the new century, the forces of terrorism have taken all democratic forces for a ride. Sadly, there seems to be no solution in sight and the war against terrorism is likely to be bitter in the years to come. Let us take a look at the nefarious designs of the forces of terrorism that are a threat to the peoples of most nations, law-enforcing agencies and judicial systems alike.

Aum Shinrikyo was a cult set up in 1987 in Japan. It was started by Aum Asahara. It wanted to take over Japan and later, the entire world. On March 20, 1995, the members of this cult released a chemical nerve agent (called Sarin) in many suburban trains of Tokyo. Twelve people were killed in these trains and more than 6,000 people were injured. This cult mainly operates in Japan. The name of the LTTE is well-known. It was founded in 1976. It wants to set up a separate Eelam (State) within the boundary of Sri Lanka. The LTTE cadres are ruthless to the core. Their suicide bombers are called Black Tigers. The LTTE uses bombs and human bombs to kill and terrorise people, politicians and security forces. The Late Rajiv Gandhi was the victim of a human bomb. He was killed on May 21, 1991 by a human bomb when he was addressing an election rally in Sriperambadur (Tamil Nadu). The LTTE is also responsible for killing many political leaders and heads of previous governments of Sri Lanka. It has been alleged that it has been receiving the support from some politicians of Tamil Nadu.

Another organisation to be carefully monitored is the Basque Fatherland and Liberty. It was founded in 1959. Its objective is to establish an independent homeland for those people who nurture the Marxist ideology. It operates in northern Spain and south-western France. In one major incident, this organisation killed 38 people and injured several others. The Basques are a powerful entity in Spain. The Irish Republican Army (IRA) was created in 1998. Its aim is to remove the British from Ireland. It aims to unite Ireland. This group is famous for its car bomb attacks and building explosions. On August 15, 1998, it attacked through a car bomb in Omagh and killed 29 people, injuring 220 others. In 2000 and 2001, it resumed its spate of violence. The British government is trying to chalk out a peace plan in consultation with the IRA cadres. However, the situation is not fully under control. Bobby Sands, an IRA cadre, gave his life for the cause of free Ireland when he went on hunger strike. This organisation is active in Britain and Ireland.

The National Liberation Army of Colombia is a Marxist insurgent group. It was created in 1965. The chief supporters and promotors of this group were Fidel Castro (of Cuba) and Che Guevara. It kidnaps people for getting ransom. It often targets foreign employees of large corporations. It operates in Colombia. Another organisation, the National Liberation Army of Colombia, is also an active organisation of Colombia. In February, 2003, it was responsible for killing 30 persons through a car-bomb attack in Bogota.

Further, there are many other organisations operating in Europe and South America that attack people and security personnel off and on. We have mentioned the names and activities of only important organisations in this text.

The rebels of Chechnya are hell-bent upon making Chechnya a free State. They are Muslim guerillas and have give enough tantrums to the Russians. Recently, they took over a theatre in Moscow and held several hundred people as hostages. The Russian armed forces swiftly moved in and killed 41 of these insurgents. However, 128 hostages were also killed. The problem of Chechen rebels is proving to be a great headache for Mr. Putin and his colleagues. The Russian government has imprisoned many top-line leaders of this rebel group and a few of them have died in prison. However, the Chechens are not in a mood to shed their claim. The head of Chechen rebels is Mr Mousar Basayev.

Al-Qaeda is a baby of Osama-bin-Laden. His most trusted deputy is Aimaan-al-Zawahiri. Both of them are at large and could not be traced by the forces of the UK and USA operating in Afghanistan. Osama bin Laden was a stooge of the Americans during the time when Russia had occupied Afghanistan (during the eighties). He was trained by the Americans to put up fight against the Russian forces operating in Afghanistan. Ironically, the same Osama has become a headache for the Americans. He is always elusive, thanks to his well-created and finely maintained intelligence network. Osama was responsible for the 9/11 carnage that had shaken America and the world. A war against terrorists ensured in 2001. It was won by the US-led forces. The Taliban is another organisation that was working in collusion with Al-Qaeda. The Taliban was wiped out from Afghanistan. However, we have many reasons to believe that the Taliban is down but not out. That is why, Mr Hamid Karzai and his cohorts are being incessantly protected by the forces led by the Americans. Karzai has also won the first ever democratic election held in Afghanistan. Her population is based on several tribes that operate and kill to survive in the tough terrain of the wild cold mountaions. Although Afghanistan is trying to become fully democratic, Al-Qaeda and the Taliban can strike back at any point of time. In a video released by Al Jazeera TV, Mr Laden announced that he would repeat the incident of 9/11 time and again. He was seen in perfect health which means that he is fit enough to fight and lead his cadres against Uncle Sam. Mr Barak Obama would find it difficult to contain Al-Qaeda because the latter is not in a mood to compromise. If an incident like 9/11 is repeated, the USA may retaliate with an untold vigour against Al-Qaeda. This organisation operates in Afghanistan and Pakistan, although it has supporters and deadly links in many countries. Experts aver that Osama may be hiding in Kashmir or in a border district of Pakistan. The Pakistani government denies that it has links with this organisation. However, the world refuses to accept this logic. In the past, the Pakistani army was hands in glove with the Taliban and Al-Qaeda. It cannot shift its stand in a few years. The Pakistani army has launched many campaigns to capture Al-Qaeda cadres and also succeeded in some of its campaigns. However, there may be a covert understanding between the Pakistani army (and its generals) and the cadres of Al-Qaeda. Pakistan was directly responsible for supporting and protecting many terrorist groups. The Taliban is the brainchild of the Pakistani army. In fact, the Taliban was created because the Pakistani army could not overtly fight the forces of the West. Hence, it created a pawn to unleash a wave of terror on the Afghan people and security forces. The Taliban and Al-Qaeda consider India as their opponent. This fact has brought the USA and India closer than ever.

The Indonesian *Jehadi* group is a close associate of Al-Qaeda. In October, 2002, it attacked two night clubs in Bali, killing 200 people. Most of the victims were Australians. In August, 2003, it struck again. It attacked Hotel Jakarta Marriott in Jakarta.

Finally, the latest spate of violence was observed when Chechen rebels had attacked a school near the Russian border. Several children and their teachers were killed. This bloodbath stunned the world. The total toll of the dead was 338. The school was located in Beslan, near the border of Russia. The incident took place on September 1, 2004. On September 9, 2004, a car bomb exploded near the Australian embassy in Jakarta. Eleven persons were killed in this attack while 160 persons were wounded.

In Kashmir, several terrorist organisations are operating. The Hizbul Mujahiddeen (HM) was founded by Sayyed Salahuddin. He was released by the Indian government in exchange for the hostages taken by Kashmiri militants in 1999. They had hijacked an Air India aircraft and taken it to Kandahar. The then foreign minister of India had to intervene and personally visit Kandhar to ensure a smooth exchange of hostages with the terrorists released from Indian jails. The other militant organisations of Kashmir are Dukhtaran-e-Millet and Lashkar-e-Taiyyaba. Besides, many other Kashmiri militant organisations are also operating on a small scale. They are demanding the liberation of Kashmir. Most of Kashmiri militant groups are operating from Muzaffarabad, which is located in Pak-Occupied-Kashmir (POK). India has time and again told Pakistan to demolish terrorist training camps operating on her soil but to no avail. The Kashmir imbroglio could not be resolved because of this very reason. The Kashmiri terrorist cadres cross the border from some points in POK and attack civilians and military forces in the Indian part of Kashmir. Since the eighties, this spate of violence has continued.

The logical, justified demands of every terrorist organisation should be accepted and that organisation should be allowed to join the mainstream. However, the unjustified polarised demands of any organisation must be rubbished. The PLO was once a terrorist organisation but it is a peaceful group now. Its demands and suggestions are heard by the world community. The Israelis are leaving no stone unturned to decimate the Palestinian masses and rebels. The message is clear—killing innocent people cannot help any person or group achieve his or its goals, howsoever pious they may be. Solutions can be found through across-the-table negotiations, not through car bombs, attacks on civilians and guerilla wars.

EMPOWERMENT OF WOMEN

Women are the companion of man, gifted with equal mental capabilities. She has the right to participate in every minute detail of the activites of man and she has an equal right of freedom and liberty with him. She is entitled to a supreme place in her own sphere of activity as men is in his. The Constitution of India ensures a place of dignity and honour for all women.

The last five decades have witnessed some basic changes in the status and the role of women in our society. Today this processes has been further accelerated with some women becoming increasingly self-conscious of discrimination against them in several areas of family and public life. Unlike the pre-independence period, a girl is sent to school right from the nursery class. She even studies in a boarding school and thus stays away from her parents. Even after her education is complete, she does not stay back home but looks forward for a bright career. By doing so she even helps her parents financially. She walks shoulder to shoulder with her male counterpart. She is no more illiterate, backward, ignorant or suppressed in the urban areas. But still a large section are still not literate and the government is doing its best to educate and uplift them. Inspite of all these the mentality of the parent has changed. In most countries of the world, there are approximately 105 female births for every 100 males. But in India there are less than 93 women for every 100 men in the population. The accepted reason for such disparity is the practice of female infanticide in India.

According to UNICEF, the problem is getting worse as scientific methods of detecting the sex of a baby and of performing abortions are improving.

These methods are becoming increasingly available in rural areas of India, fuelling fears that the trend towards the abortion of female foetuses is on the rise. According to a report in Asian Age, there are atleast 70,000 women sex workers in Delhi, Chennai, Kolkata, Bangalore and Hyderabad. Majority of these women are from the weaker sections of the society.

Women have played a silent, self effacing role to sustain Indian civilization down the ages. But since independence her image has changed. All our political and social leaders have always insisted on education and equal rights for women. Because of their education and advancement, women today accompany the exploration team to Antartica. Kalpana Chawla proved that women were in no way inferior to men even in space shuttle area. Today women are competing with men in each and everysphere, be it politics, armed forces, police force, management, banking or the judicial sector. Our country has seen one of the most intelligent lady–Smt. Indira Gandhi during whose Prime Ministership the country flourished. The whole world became aware of Indra's capability. Women are also excelling in sports like P.T. Usha and in beauti contests like Sushmita Sen and Aishwarya Rai.

The Constitution has not only provided for equal rights and privileges for both men and women but has also made special provisions for women. Inspite of so many laws, the female still lives under great stress and strain under the male dominated society.

With the process of industrialisation, globalisation and modernisation showing its deep import on the human society all over the world, the role and responsibility of women has attained a new dimension. The educational and occupational patterns have also changed and widened with women entering the domains, which till decade back was considered to be dominated by men. Unless women throw off shackles which ignore their talent, their skill and their spirit, women cannot be empowered. And unless they are empowered to take a decisive part in the social political and economic life of the country, the very development of the country may be adversely affected.

SECULARISM

Before Independence, Nationalist leaders of India envisaged a nation which must be democratic, socialist, republic in which all sections of the society and people of all caste, creed and region should enjoy freedom, equality and justice and shall have the equal opportunity in government jobs and private enterprises. To turn this commitment that India should be secular state, the government established a legislation in the Parliament and added the word 'secular' in the constitution through 42nd Amendment act.

India as a nation shall have no religion, however, the Constitution confers religious freedom to all and shall have no religion be given priority over others vis-a-vis state promulgamations. In fact, India shall have no state religion which means no particular religion will be given preference. The framers of our Constitutions the intellectual elite and the political stalwarts keeping in mind the diversity of the country, proposed and created a nation which has no religion.

The state considers religion as individual's private belief and faith wherein the state shall have no objection in following propagating and organising religious assemblies. No individual shall be discriminated or favoured because of his or her religion and that an Indian identity will not be a religious identity. However Indian identity is the first and fore-most identity.

Secularism has always been a subject of debate among leaders, intellectuals and clerics. Fundamentalist group and narrow-minded demagogues vehemently oppose India being called a secular state. There has been hue and cry over this issue but as a concept of a healthy nation, securlism is widely accepted principle. And the people of this country, the masses and the youths inspect of their religious affiliations are all secular by nature.

Not only this bold and wise step of making India a secular state, the great Indian leaders have placed this country on a very higher and honourable position among the democratic states in the world. Such is the superiority of secularism that a demagogue like 'Jinnah', the chief architect of the division of this country, proposed Pakistan as a secular state, though the fundamentalist could not swallow this idea.

The constitution of India provided enough security and safety to the minorities of this country secularism is the best ideal to safeguard the interest of such communities.

This is an outstanding feature of India that a nation which has the most number of religious followers and the people most religious and pious that not a single country in the world has this honour. Even though the state is under the influence of no single religion.

Here Muslims enjoy full rights of the citizens as their Hindu brothers; a Buddhist, a Jain, a Christian or a Sikh a Marxist or Heathen—all enjoy the rights provided by the constitution.

In a world full of ideological strifes and conflicts, India stands tall as it honours all religious but favours none and to be a strong nation it is a wise move to have the state free from religious narrow-mindedness. And to be the most powerful nation, the people of this country must maintain this ideal which can hold the nation in one binding code emits many discodes.

ROLE OF MEDIA IN EDUCATION

The media scenario in India has undergone spectacular changes since independence. From the era of the ubiquitous bullock cart, we have travelled to the modern age of satellite technology, Internet and digital devices. Ever since the beginning of planned development in the country, the role of the media in the process of development has been recognized. The growth of media means the development of society as a whole and of all of its economic, social and political engines. It calls for the improvement in the standards of the poor masses through an equitable distribution of resources. Education is an important weapon in the hands of poor, which can be used for reaching new heights in life.

As per 2011 census, India had a literacy rate of only 74.04 per cent for the entire population. As compared to the situation at the time of Independence, India has made rapid progress in the field of education for her citizens. But increased population and a lack of the resources and voluntary organisations during the initial periods have been the major limitations. The major initiative to eradicate illiteracy began during the 1980s. The Human Resource Development ministry was constituted to harmonize all the inputs required for proper education of Indian masses. The national Adult Education Programme was launched by many voluntary agencies, educational institutions, local bodies and government departments for adult education. In 1988 the National Literacy Mission was constituted to tackle with the challenge of achieving complete literacy, *i.e.*, this mission launched the total literacy campaign. Indian Census (2011) has shown us good percentages of literacy. Now, the government plans to make the nation fully literate by the end of Eleventh Five year Plan.

The National Educational Policy (1986) reinforced the importance of media for perpetuating and supporting educational processes. The diffused, inflexible and hackneyed structures in villages provided immense communication barriers with the outside world. Realising the problem, SITE (Satellite Instructional Television Experiment) programme was launched during 1970s. It was the most advanced technological experiment ever conducted for such a large population which utilized community television sets for teaching modern methods of production, process of fertilization and technologies, soil and water conservation methods, crop patterns, seeds, dairy development and animal husbandry. The brain behind the experiment, Dr Vikram Sarabhai, commented, "Mass media is an indispensable condition for rural development in modern times. Through the process of communication, the new ideology of equality, human dignity, social justice, etc., had to be spread across." The BJP government launched schemes like Sankhya Vahani and TRYSEM. These essentially involved the use of modern training tools and computers.

The number of journals and newspapers has multiplied since the dawn of independence. Newspapers are being brought out in 96 languages and dialects. The combined circulation of the Press is several crore per day. An educated person can go through the newspaper and inform the illiterates. Since the message is in black and white, the communicator has the option of reading in detail. However, the newspapers and other print media have the limitation, which cannot communicated directly to the illiterate masses. Most of these papers are sold in large towns and cities. However, local and vernacular papers have a great utility in rural areas.

Radio is by far the most extensive network of communication for our people. Technically, the radio signals cover almost the whole country. According to an estimate, there are about 8 crore radio sets in the country. The message is conveyed directly and in a spoken language. Radio has been broadcasting educational programmes including news-bulletins, talks, panel discussions, quiz contests, commentaries, classroom lectures, discussions and face-to-face interviews with the audience. It is a participative medium and can be used for educating and developing the masses in general and for primary education. FM channel has revolutionized the entertainment scenario. In the four metropolises, one-way information exchanges regarding traffic, national news and leisure are effected through the radio.

The relevance of media in imparting education is quite obvious. However, proper choice of the medium, framing of strategy, designing of message and effective utilization of resources are vital for success. Huge sums of money are wasted because the beneficiaries were not aware of the literary campaigns. In the field of education, it is necessary to estimate their requirements, decide the media to convey the message and implement the media strategy. Finally, media can only prepare suitable conditions and inspire people but ground realities must meet the promises and projections otherwise the credibility of the media would go down. The media will have to play an important role for achieving the coveted target.

PANCHAYAT SYSTEM IN INDIA

The village Panchayat system has been an integral part of the Indian administration since times immemorial. A village is a self-contained social microcosm, a composite peasant society representing different communities and rural cultural hues. It does not have irritant elements but represents an integrated composite culture, free to a greater extent from the penetration of urban cultural patterns into village life.

The importance of village with its headman, called *Gramani*, can be traced to the Rig Vedic times; and this headman figures in later Vedic literature as one of the jewels of *Ratnas* of State administration. The decimal system of classification of villages into units of ten, twenty, hundred and thousand is well-known. According to Vinaya, the heads of villages (*Gramikas*) are stated to be meeting in an assembly of their own.

Narada supervised the appointment of five officials in each village. The State took full responsibility for rural development, particularly for constructing roads for traffic, setting up of markets, etc. References were also made village elders — *Gamma-vriddhas and Grama-mahattaras* — who were the prominent persons of a village and were associated with the village administration.

An account of the Panchayat system comparing five persons (official and non-official) in districts as well as in subdivisions is afforded by the inscriptions of the Gupta period. At the district level, the *Vishayapati* or its head had a non-official advisory council representing different interests in the locality. These included the *Nagara-sresthin*—the chief banker representing the commercial interests; the *Sarthavaha* or caravan—the chief of the leader of the trading community; the *Prathama Kulika* —the chief of the heads of the families or the community head; and the *Prathama Kayastha*— the chief scribe or the official administrator.

The assistance of the council was sought in matters of alienation of lands and other allied matters of community interest. At the subdivision (*Vithi*) and village level, there was a council of those persons who were not officials. Such a council comprised *Vithi-mahattaras* and *Kutumbins*, representing the elders and the agricultural households, respectively. The *Kulikas* represented the unofficial elements in advisory capacity.

At the village level, the *Gramika* or the headman and his council settled land disputes by fixing boundaries; they also maintained law and order. His advisory council comprised the *Mahattaras* — the village elders and the *Astha-kuladhikaranas* — the eight heads of the families and other leading men of good experience and high social status. The village elders in Southern India were known as the *Mahajanas.* They used to regulate the socio-economic activities in the village and assisted equally in administration. Their concurrence was necessary before the completion of the alienation procedure. There are evidences of reference to charters of rights and responsibilities of the *Mahajanas*.

The Panchayat system was prevalent in the urban context as well. The local body was called *Uttara-sabha, Goshthi*, *Panchakula* and a board of *Sauvayika*. The *Panchakula* signified a body of five persons who were appointed by the provincial head. They deliberated in the townhall, called *Mandapika*. The committee looked after proper realization of grants and rent from the endowed property. An inscription of the period from Gwalior mentions a *Sresthin* — the headman in the city with the caravan trader and other leading members of the board lof *Sauvayikas* administering the city. There are also evidences of references to the constitution of the *Sabhas* comprising both official and unofficial elements.

The election procedure of the Panchayats is recorded in the *Utaramalure* inscription of Rajaraja Chola of Tamil Nadu. In the South, the Panchayat body was known as *Sabha* or *Ur*. It functioned in the village as the most important elective body, entrusted with the task of administering the village at all the levels. The Panchayat also managed temples and other assets as well as their funds.

The local bodies constituting the Panchayats varied in nature and functions in Tamil Nadu and Karnataka. In Tamil Nadu, 20-30 members in the council were elected by people, unlike the whole of adult population in Karnataka or just a few in Maharashtra and Gujarat. There was a number of subcommittee in charge of different departments.

The popular element in the village councils was the uniform feature of all the village councils in the South. Property qualifications, academic acumen and experience were the prerequistes for membership of this body of councillors (*Variyam*) of the assembly. The election procedure, as described in the famous *Uttaramalure* inscription, is very interesting. A small boy picked up names from the basket and the election officer announced the result at the spot. The eligibility qualifications of membership further demanded that the person would have a break for a period of ten years before seeking re-election. He had to be of plus forty years of age, learned and impartial and none of his relatives was to be found guilty convicted of any crime, including robbery or involved in any case of bribery.

There are reference to 36 *Pariharas*, the types of levies which, these village bodies could impose. These included marriage tax as well. The duties and remunerations of members of the local bodies were fixed by the assembly itself, which worked in close harmony with the central administration.

The village panchayats have a long history. It was pointed out by Munro in 1815 that any attempt to restrain the Panchayat, by rules unknown to their ancient forms, would render them as redundant. Nothing can tend more strongly to raise men in their own estimation than to make them act according to it and no motives can be more poweful than the consciousness that they are not neglected by the administration and form a vital part of the same.

On May 15, 1989 the then Prime Minister Rajiv Gandhi introduced a Constitutional Amendment Bill in the Lok Sabha. This was introduced to make the Panchayati Raj in India a truly representative and effective system. For the last four decades, Panchayat elections were not being held regularly. Therefore, the neglected rural population was unable to exercise their rights. The Bill could not become a law as it was not passed by the Rajya Sabha. The Congress party had a majority in Lok Sabha and so, the Bill was cleared easily. In the Upper House, the opposition stalled the Bill. The Bill was again introduced in the new Parliament by the Narasimha Rao government.

This Bill, the Seventy-third Amendment Act, 1992 passed by Parliament, was made effective on April 24, 1993. It elaborates the Constitution of Panchayats. It also delineates the election procedure for Chairpersons of Panchayats and their powers. It stipulates proportionate reservation of seats for Scheduled Castes, Scheduled Tribes and women. The Act further outlines the financial powers, authorities of the panchayats, Constitution of Finance Commission to review and audit their financial position and terms and powers of State Election Commissioners.

Madhya Pradesh was the first state in the country to comply with the letter and spirit of the act. Elections were held to the Panchayati Raj bodies and powers and responsibilities were conferred upon them to undertake the economic and social upliftment of the area. Other state followed suit. With the exception of a couple of states, most of them constituted the laws governing the Panchayati Raj bodies. The central government used carrot and stick policy to make the state conform to the Seventy-third Amendment Act.

There are 2.20 lakh village Panchyats, 5,500 Panchayat Samitis and 375 Zila Parishads. These institutions have been granted statutory authority in many states for raising of finance through taxation, cess, land and fairs. The Ninth Five Year Plan has ambitious plans for Panchayati system reforms. These bodies would take into account local aspirations, resources and recommend programmes and methodologies to match them.

CONSUMERS' RIGHTS

It has been rightly said that today, we are living in a consumer age. Never before in man's social life, have supermarkets and business centres been so dominant with their consumer food items and durables. Some 'malls' or markets of Western countries have arrived in multi-storeyed buildings of our cities. You get everything from pins to paste, household appliances to machine parts under one roof. There could be a whole floor dedicated to different types of perfumes, books and music systems.

While the manufacturers cater to every palate and taste, the consumer finds himself inundated with so much products that his powers of discrimination are challenged. It is obvious that many manufacturers take consumers for a ride. By advertising aggressively through media such as TV, the manufacturers almost hypnotize consumers into buying their brands. The goods are presented in such an artistic style as to suggest everything a consumer wants to make his life worthwhile — economy, grace, elegance and luxury. Life seems to be miserable for a housewife unless she buys "ultra-whiteners" for her husband's clothes. For the working woman or man, fast food has arrived as a boon. "Two minute noodles" is a blessing when the mother is exhausted and all the children demand food! There lies the trap. The consumer does not take the trouble to ascertain various facts about the food he or she buys. A consumer has the following rights : *(a)* right to choose; *(b)* right to accept or reject the offer; *(c)* right to complain in an appropriate court of law for settlement of a dispute; *(d)* right to get information about the product / service; and *(e)* right to get good quality products.

Consumer awareness cells of the government have laid down guidelines to save the innocent and unwary consumer as follows:

(1) Always ask for a bill for goods, which you have bought. This should mention properly the date, the name of the product and the price paid. You can use this bill to report a case of food-poisoning or of overcharging which you could discover later.

(2) Look at the expiry date of a product marked on the tin or on the packet. Do not buy anything — drugs, foods, etc. — for which, the expiry date is almost near the date of your purchase.

(3) You must ask for the guarantee card for the consumer durables you buy. You can claim for damage or can ask for a replacement later if need be.

(4) Note the ingredients of a food item. Do they suit your health? In Western countries, it is mandatory to mention salt, sugar and fat contents on the label. Are the artificial colours used in the food item permitted? Quite often, artificial colours cause vomiting and stomach upsets. Certain types of ghee and some vegetable oils contain high contents of fats and salts which could harm heart patients.

Consumer courts all most active in the Indian subcontinent today, thanks to the efforts of the State and NGOs. Today, our consumers can go to a consumer court to seek compensation for financial losses incurred by them, if any particular product or service (purchased by them) ever led to such losses.

In the West, not only is there very strict quality check on manufactured items but, also the compensation for damage could be exorbitant. A mother of a child, who eats a chewing gum which chokes the child, can sue the gum manufacturing company and can claim heavy compensation. We are lenient in India about such incidents. If we discover a spurious item or a food that was stale, we consume it as we are short on time or we grumble a little and forget. This has encouraged unscrupulous manufacturers and sellers to work in collusion and dupe the buyers. Consumer Cells remind you to bring every such case to their notice. Even collective protests by housewives or consumers can prevent such types of crimes.

Consumer courts have been set up in almost all the towns to redress such grievances. Usually, they have senior or retired judges and listen to pros and cons of each case and penalize the guilty manufacturer. Cases at those courts are decided summarily within a one and two years. Constituted both at the state and district levels, these fora have statutory powers and legal status.

The agencies of the government like the Departments of Health, Food Agriculture, Social Welfare, etc., support consumers and protect their interests indirectly. These agencies have comparative rates of products advertized regularly in the newspapers. Consumers can read them, compare them and decide the product quality, price and the place of purchase. The print media include newspapers, magazines, handbills, pamphlets, etc., Radio and TV have a special roles to play in educating the illiterate masses. These awareness cells also build awareness about foods by pointing out age-old misconceptions about fast foods and dieting. Thus, costly foods are not necessarily the most nutritious ones. The humble sprouted gram and the soyabean are far more nutritious than costly almonds and fruits. Seasonal fruits, which are usually cheap, are the best to eat. Mother's milk is the best for the baby and it does not spoil mother's health but improves it if she suckles her baby quite often. Certain food items like betelnut and other mouth freshners are carcinogenic. Some soft drinks are habit-forming. All these facts help to make the consumer aware about the products that flood the markets and are advertized by multinationals and Indian corporate houses.

The Prevention of Food Adulteration Act (1954) makes the usage of harmful additives and preservatives a legal offence. Such additives cause chemical reactions in the foodstuffs. The cumulative effect of small doses of these additives may lead to serious debilitating diseases. There is no restriction on traditional preservatives like salt, sugar or spices but there is a restriction on the usage of sulphur dioxide which makes food toxic and may lead to vitamin deficiency. Sulphur dioxide is also the leading cause of rising number of cases of asthma. Too much of nitrites in food find their way into the bloodstream, which may prove to be fatal. Anti-oxidants like Butylated Hydroxy Toluene (BHT) in ghee and butter are banned in many countries as they lead to asthma or dermatitis. However, they are allowed in India. Such types of adulteration have serious implications for the masses on the health front. Artificial sweeteners like saccharine have lethal effects on the digestive system and cause several abnormalities. So, care has to be taken while buying processed foods. Consumer rights must be exercised in case of TVs, food items, clothes, toys, petroleum products and medicines as these products affect our lives everyday.

LETTER/APPLICATION

The following points should be borne in mind while writing a letter.

1. A letter should contain all the necessary parts which normally and formally it is required to contain.
2. It should follow the pattern according to the nature of the letter whether it is personal, impersonal, to the editor, to some official, customer, etc.
3. It should contain no irrelevant matter.
4. Normally it should indicate the date of writing.
5. In English most of the letters start in a direct way and there is not much scope for introductory words except in letters of particular nature.

Personal Letters

The following are commonly accepted parts of a personal letter:-

1. The Heading.
2. The Salutation.
3. The Body
4. The Subscription.
5. The Superscription.

Explanation

1. The Heading

It has two sub-parts.

(i) Address of the writer.

(ii) Date.

In traditional way of writing the Heading is written in the right hand top corner of the letter, but nowadays it is increasingly being written on the left hand top corner. In business and commercial letter-writing, this is generally the practice.

2. The Salutation

(i) It is written on the left hand starting from near the margin on a line or little below the Heading.

(ii) Generally, the salutation is written in the following way.....

(a) My dear Father/ Mother/Brother/Sister/ Uncle....(Relatives).

(b) My dear Umesh/Rani/Ali/Gopi, ...(Friends).

(c) Dear Sonu/Guleri/Mukherjee/Murthy ....(Acquaintances)

(d) Dear Sir/Madam,
(those not well-acquainted)
(Also to government and other officials)

(e) Sir/Madam (To Editor), Principal, Teachers, etc.)

(iii) In the traditional way of writing we put a comma after the salutation, but it is generally omitted in the modern style of letter-writing.

3. The Body

There are no hard and fast rules for the Body. Still, the following points should be borne in mind ----

(i) There should be a direct start and no beating about the bush.

(ii) The language used must be simple, interesting, idiomatic, clear and easily intelligible.

(iii) There may be one or more than one paragraph depending on the nature of message to be conveyed.

(iv) There should be no unnecessary details and digressions unless required by the nature of the letter.

(v) The language in the letter must be natural, spontaneous, sincere and logical.

(vi) Each paragraph must contain a substantial idea which leads spontaneously to the next.

4. The Subscription

In traditional letters it is written on the right hand side just below the body. However, in modern style of letter writing, it is being written increasingly on the left hand side.

In this connection, the following points should be borne in mind:

(i) Yours affectionately, (To relatives) or we may write..........
Your loving son/daughter/nephew/niece, etc.

(ii) Yours sincerely, (To friends) or we write........
Your friend, or Yours ever, etc.

(iii) Yours faithfully, (to officials or strangers)

(iv) Yours truly, or Yours faithfully, (To editors)

(v) Yours obediently, (or faithfully) (To Principal)

Note: Generally, after the subscription we write a comma, but it is being omitted increasingly in the modern style of letter writing.

5. The Superscription

It comprises the name and address of the addressee and is written on the envelope below the postage stamp.

Other Letters

Other kinds of letters are written in slightly modified form. Some other kinds of letters (including applications) are ------

1. Applications to the Principal.
2. Business Letters.
3. Letters to officials.
4. Letters to the Editor, etc.

1. Write a letter to your friend congratulating him on his grand success in the matriculation examination.

Examination Hall
x y z
6 April.....

My dear Rohit,

I have just received a letter from your father. He has written that you have got 90% marks in your matriculation examination. You stand first in your town. Please accept my heartiest congratulations.

No doubt, you have always been an intelligent student. Your father has written that this year you studied much harder than usual. It is a true saying that hard work is the key to success.

I request you to write to me at the earliest about your future plans.

Please convey my best wishes to respectable uncle and aunt.

Yours sincerely,

ABC.

2. Write a letter to your friend describing the value of sports.

Examination Hall,
PQR
14 December, ...

My dear Anurag,

It will make you happy to learn that I have just understood the real value of sports. Sports are not only for entertainment and improving health, but also for development of personality and infusing the spirit of cooperation. They teach us discipline and brotherhood. While playing a match no one is asked to tell his, caste or religion.

Playing one or the other sport regularly keeps us fit. It is a true saying that health is wealth. Only a healthy person enjoys himself in life. He can do more work than a weak person. Therefore, he can earn a lot.

What I am going to say–take it as a request or a piece of advice that you should also start to play one or the other sport.

Convey my compliments to your revered parents.

Yours sincerely,

STU.

3. Write a letter to your younger brother advising him to take part in games.

Examination Hall,
PQR City
15 October, ...

My dear Satnam,

Today I received your first House Examination Report from the Principal of your college. I am very glad to learn that you have stood first in the aggregate in your class.

One thing, however, has greatly pained me. It is that you do not take part in any game and have become very weak. It is clear from a remark given by the Principal in the "Remarks" column.

Dear Satnam, I am your elder brother. So, I can give you a piece of sound advice and I hope you will take it seriously. It is that studies are all right, but health is no less important. It is rightly said that a sound mind lives only in a sound body. If you are not physically strong, you will not be able to face the world as you grow up.

So, please start playing one or the other game right from today and write to me as you start it.

Love from father and mother.

Yours affectionately,
(Gurnam)

4. Write a letter to your uncle thanking him for the birthday gift.

Examination Hall,
TUV.
6 July, ...

My dear uncle,

I thank you very much for the watch that you have just sent as my birthday gift. It is really a beautiful watch. It keeps correct time. I will never be late for college now. My friends also like it very much.

I request you to attend my birthday party in person the next year. Don't forget to bring aunt and kids.

Your affectionate nephew

ABC.

5. Write a letter to your father requesting him to allow you to join a historical tour of your college.

Examination Hall,
ABC city
September 15, ...

My dear Father,

A historical tour of our college is going to visit historical places of north India during the first week of the next month. It is being led by our teacher of history, Mrs. Sujata Kulkarni, who is a great scholar. She will explain the real historical importance of every historical building.

The tour will go to Amritsar, Kurukshetra, Delhi, Mathura and Agra. It will include thirty students in all. One who wants to join it has to deposit Rs. 1000/- before 25th instant. This amount includes boarding, lodging and travelling expenses.

Dear father, it is a golden opportunity. So, please allow me to join this tour and send Rs. 1000/– as early as possible. Love to dear mother and naughty Kittu.

Yours affectionately,

(Sangeeta).

6. Write a letter to your younger brother advising him to give up bad company and take more interest in studies.

Examination Hall,
XYZ city
18 November, ...

My dear Deepak,

Yesterday, I received the report of your first house examination from the Principal of your college. I was shocked to read that you have failed in almost every subject.

Some of your friends have also told me that you take no interest in studies but keep moving in bad company. It is a pity to learn that you have started drinking, gambling and smoking. You frequently see movies and just loiter on roads with your friends.

Dear Deepak, if you waste your precious youth time in this manner, you will have to repent your whole life. I therefore, advise you to give up bad company right from today and start taking more interest in your studies. I wish to get a much letter report from your college Principal in future.

Love from papa and mamma.

Yours affectionately,
(Gurdip)

7. Write a letter to your mother describing the Annual Prize Distribution in your college.

Examination Hall,
XYZ city
12 February, ...

My dear Mother,

The Annual Prize Distribution function was celebrated in our college yesterday. Mrs. Triveni Goyal, the Deputy Commissiner, was the Chief Guest.

The function was held in the college hall. Preparation had started a few days earlier. The hall was well-decorated. The Chief Guest arrived at 10 am sharp. The function started soon thereafter.

At first, the President of the Managing Committee read out the welcome address. Then the cultural show started. It included songs, hymns, skits, jokes, bhangra, giddha and a fancy dress show.

Then the prizes were distributed by the Chief Guest. I got the first prize for standing first in English in the house test. The Principal read out the Annual Report. It highlighted the achievements of the college during the year. During his speech, the Chief Guest appreciated them. The President of the Students' Committee thanked the Chief Guest. Then the function was over at about 12 : 30 pm. Thereafter, the Chief Guest took tea with the members of the staff and the prize winners.

Regards to papa and love to little Dipu.

Your loving daughter,
(Simpy).

8. Write a letter to your uncle telling him what profession you want to choose after completing your studies.

Examination Hall,
XYZ
17 March, ...

My dear Uncle,

In your last letter, you asked me what I want to do after completing my studies. The completion of my studies will take a number of more years. It is because I want to do M.A. (English).

After completing my studies, I intend to become a college teacher. For this, I'll have to clear the UGC test NET. I hope I'll be able to do so. If for any reason I fail to become a college lecturer, then I shall like to become a school lecturer.

Teaching is a noble profession. Teachers are nation builders. Students are future leaders and the best service for anyone is to give proper guidance to students and that is what I want to do.

Convey my regards to dear aunt.

Your loving nephew,
(Kuldip)

9. Write a letter to your friend inviting him to the marriage of your sister.

Examination Hall,
XYZ
15 May, ...

My dear Pankaj

You will be glad to know that the marriage of my sister comes off on 5th June this year.

You are invited to attend the marriage of my sister. You should come at least a week earlier. It is because I have to seek your advice at every step.

Convey my regards to your parents.

Yours sincerely,
(Ravinder)

10. Place an order for books with a book-seller.

15, Boy's Hostel – II,
A.P. Convent School,
Mayur Vihar, Phase I, Delhi.
Date ....

To

ABC Booksellers,
44/E, Daryaganj,
New Delhi

Dear Sirs,

Please send us the following books one copy each via V.P.P. All the books must be in a good condition. Send us the books of the latest editions. We are your old customer. So, please offer us the maximum possible discount.

1. 'Treasure Island' by R.L. Stevenson.
2. 'Gulliver's Travels' by Jonathan Swift.
3. 'The Gitanjali' by R.N. Tagore
4. 'The Discovery of India' by J.L Nehru.

Thank you.

Yours faithfully
(Avinash Ghosh).

11. Write a letter to a book-seller informing him of the wrong supply of books and asking him to take back the books at his own cost and supply the correct ones.

15, Boy's Hostel II,
A. P. Convent School
Mayur Vihar Phase–I
Delhi
(Dt) ....

To

ABC Booksellers,
44/E Daryaganj,
New Delhi.

Sir,

Please refer to our order for books dated -------------------. I am sorry to bring to your kind notice that in your registered parcel dated ------------------ you have supplied wrong books.

It appears books ordered by some other customer have been wrongly despatched to me. You are requested to take back books at your own cost and supply to me the books ordered by me in my order mentioned above at an early date.

Yours faithfully,
(Avinash Ghosh).

12. Write an application for the position of manager in a hotel.

758, Gola Park,
Lawrence Road,
Amritsar
Date ....

To

The ITC Hotels
Malcha Marg
New Delhi.

Sir,

With reference to your advertisement in The Tribune of 30 January I wish to apply for the position of manager in your hotel. I did degree course in hotel management in 1980. I have been working in a reputed hotel as manager for a few years. I did my matric in 1955 with 95% marks. I am good at spoken and written English. Besides I can speak Hindi, Punjabi and French well. I have a pleasing personality and have the decision-making quality. My employers are happy with me.

If appointed, I promise to work sincerely. Wish you all the best.

Yours faithfully
(PP ARORA)
Contact Number
Phone No. 2456901
Mobile Phone : 98104/49797.

13. Write a letter to the Editor of a newspaper bringing to the notice of the public the hazards of rash driving.

To

The Editor
The Hindustan Times
Chandigarh

Sir,

I shall feel obliged if you publish the following lines in your newspaper for the benefit of the public.

Now-a-days so many road accidents are reported daily in newspapers. These accidents in many cases result in loss of precious human life.

Most of these accidents take place because of rash driving. In many cases, the drivers are dead drunk.

It is very important that the speed limit for driving on all important roads is fixed. Those who cross this limit should be heavily fined and even imprisoned.

Yours faithfully,
(xyz)

14. Write a letter to the editor of a newspaper expressing your views against the menace of dowry system.

To

The Editor
The Indian Express
Mumbai

Sir,

Kindly publish the following lines in your newspaper to make the people aware about the menace of dowry system.

Dowry system has created a big problem for the people these days. Particularly, the poor people are at a great disadvantage. In order to arrange the marriage of their daughters, many of them have to incur heavy debts.

Most of the boys and their parents are greedy. They want a rich dowry even when the girl is beautiful and is highly educated. Sometimes, the girls who fail to bring a rich dowry are tortured and even burnt alive.

Young boys and girls in all educational institutions should be taught to reject dowry. Mass media should start a compaign against this menace.

Yours truly,
(xyz)
Date ....

15. Write a letter to the SHO of your town complaining him about the theft of your motorbike.

Examination Hall
xyz ....
Date ....

To

The SHO
Sadar Police Station
xyz

Sir,

I wish to draw your attention towards the theft of my black motorbike bearing number plate 48E 4949. Yesterday I parked it outside the Plaza Shopping Complex. I locked it properly and went inside the Plaza to make some purchases. I spent not more than fifteen minutes there and as I went outside the Plaza I found my motorbike missing. I asked many persons around if they could tell me anything about its whereabouts. But none of them seemed to have any useful information about it.

I request you to look into the matter and solve my problem at your earliest.

Yours faithfully
(PK KAPOOR)

16. Write a letter to the Post Master complaining against the Post man.

18, Krishan Nagar,
Ludhiana
Date ....

To

The Post Master,
The Main Post Office,
Ludhiana

Dear Sir,

It is a matter of deep concern that the postman of our locality is not worthy of the job he has been appointed for. Either he is absent–minded or he enjoys harassing others. He most often delivers the dak on the wrong addresses. When he is requested to mend his way of working he talks rudely.

We shall be thankful to you if you appoint a responsible person in our locality in his place.

Yours faithfully,
Arun Sharma.

17. Write a letter to the Editor of a newspaper expressing your views on the harm being done by cell phones to students.

To

The Editor,
The Tribune,
Chandigarh

Sir,

Subject: Harm being done by cell phones to the students

Kindly allow me to a ventilate through your esteemed daily my views regarding the harm being done by the cell phones to the students.

There is no denying the fact that twenty first century is an age of information technology. India has not lagged behind to ride this wave. Though it is a boon for the society, certain aspects of it are decidely harmful. Take the case of cell phones. This revolution of telecommunications has made communication very easy, but it also has harmed our society. It has taken the students community in its grip. We can see students of all ages flaunting their cell phones at every pertext. This evil has even entered the class rooms. The students do not give attention to their lectures and are often found absorbed in their cell phone talks. Even while driving they are busy in their cell phone talks. So it invites many accidents.

Excessive use of cell phones is not good for students. The parents and teachers should take quick remedial steps before it is too late.

Yours faithfully,
XYZ
Date ....

18. Write a letter to an old customer of yours explaining to him the reason for delay in executing his order and asking for extension of period for the purpose.

Zobog Plastic Agency
15, Esplanade Road
Kolkata,
Date ....

To

M/S Lovely Toy House,
89, Mukherjee Mar,
Hawrah.

Dear Sirs,

Reg.: Extension of Delivery Period for goods.

Ref: Your order for supply of goods dated ......

Please refer to your order for supply of goods mentioned above.

We are grateful to you for the said order but at the same time we regret to point out that we are not in a position to meet the dead line set by you for the execution of the order. It is because the supply of raw material to us has been unduly delayed by the supplier.

Today we have received the raw material and we are going to start the manufacturing of goods ordered by you right from today.

We shall, therefore, be thankful if you extend the delivery period of goods by seven days and inform us telegraphically in this regard.

Thank you.

Yours faithfully,
(Baldev Raj)
Manager

19. Write a circular letter to your customers asking them to make bulk purchases of some goods as you are offering a grand clearance sale at a big discount for a specified period.

Soloman Textile Manufacturers
11, Industrial Estate
Panipat
Date ....

Circular Letter

To

M/S ....

....

Dear Sirs,

Reg.: Grand Clearance Sale of Cotton Goods.

You will be glad to know that we are offering a special discount of 20% besides the usual discount on all cotton goods till the end of the current month.

You are, therefore, advised to make a bulk purchase of all such goods as the prices of such goods may be greatly enhanced during the next month.

Thank you.

Yours faithfully,

Sales Manager.

20. Application for the position of English Teacher.

62, Trilok Nath Street
Jajpur Road
Bhavnagar
(Gujarat)
(Dt.)

To

The Director
Institute for Destitute Women
Lakhya Ram Trust,
Ahmedabad

Dear Madam

With reference to your advertisement in the Times of India of ...., I hereby apply for the post of an english teacher for middle classes.

As regards my academic and other qualification, I may mention that I'm a young, energetic B.A. B.Ed. of 23 years with an experience of about one year as an English teacher in a local primary school here.

My date of birth is 15 March 1982. I passed my Matriculation examination in the first division from the local Shiv Shakti High School in 1997. Then I shifted to the local D.A.V. School from where I passed the 10 + 2 examination with English as an elective subject in 1999.

I did B.A. from the Gujarat University in 2002. I had again English as an elective subject. Then I passed B.Ed. from Sewagram National College of Education, Surat in 2004 and soon got appointment as a primary teacher in the local Purshottam Das Primary School.

At present I am getting a salary of Rs. 4000/- per month. I expect an enhancement of the least 3000/- at your end.

If appointed, I would work most diligently. I'm sure of delivering the goods as a I find my students and their parents and school authorities here fully satisfied with my work.

I'm enclosing photostat copies of my testimonials.

Yours sincerely

(Kirti Bhardwaj)

21. Application for the position of Vice Principal.

24, Sir Chhotu Ram Street
Saraswati Mohalla
Johana
(Haryana)
(Dt.)

To

The Director
Holy Angels Playway School
Mehrauli
Delhi

Respected Madam

I am writing in response to your advertisement in the Patriot of .... for the position of Vice-Principal in your school.

I am a young, energetic trained postgraduate with a pleasing personality. I'm about 26 years, my date of birth being.......... .

I did my post-graduation in English in the second division in .... from Delhi University. Earlier I did graduation from the same university in first division in .... I did B.Ed. from Desh Bhagat Institute of Education, Ambala in ....

Besides B.Ed. I also did the Nursery Teacher's Training (NTT) Course from Guru Agarsen Nursery Training School, Karnal in ....

I've got about two year teaching experience as a teacher in a nursery school here. At present I'm getting a salary of Rs. 8000/- per month but expect an enhancement of an equal amount if I'm selected for the post at your end.

I'm enclosing copies of testimonials for persual.

Hoping early hearing from you.

Yours faithfully

(Rita Kulkarni)

22. Application for the position of a Company Legal Advisor.

27A, Megha Appartments
Near Darpan Photos
Hoshiarpur (Pb.)
(Dt.)

To

M/s Canda Cycle Parts Ltd.
G.T. Road, Shispur Chowk
Ludhiana (Pb.)

Dear Sirs

With reference to your advertisement in 'The Tribune' of 22nd May, I hereby apply for the post of a 'Company Legal Advisor'. Please find enclosed a copy of my CV.

I am currently employed in a small company. I've a rich experience in the field. My employers are all praise for me.

If appointed, I promise to work sincerely.

I look forward from a hearing from you.

Yours faithfully

Jagroop Arora.

23. Application for the position of School Cashier.

43, Sutlej Avenue
Peshawari Mohalla
Noor Mahal
(Dt.)

To

The Principal
Doaba Model School
Nakodar
Jalandhar

Dear Sir

With reference to your advertisement in Tribune of .... for the position of cashier, I hereby apply for the same.

I was born at Noot Mahal in .... After passing matric and 10 + 2 from PSEB in .... and .... respectively, I joined B.Com. classes at DAV College Jalandhar. I passed B.Com. from GNDU in ....

Thereafter, I joined the famous Punjab Accountancy & Finance Institute, Capurthala, run by Punjab Technical University. I completed the Accountance & Finance course last year and got the appointment of a cashier in a local bank here on purely temporary basis. The appointment was for on year only.

So, it ended on .... I was, however, called again by the bank for the same job at few days later. But since the appointment is only on adhoc basis, I want some job where I can find stability, continuity and confirmation after the due probationary period. Since your advertisement holds a promise in this regard, I'm applying for the same.

I'm adept in all accounts matters, especially cash and financial matters. I hope I'll prove an asset to your institution.

Please find enclosed photocopies of all the relevant testimonials. Hoping to get an early response.

Yours faithfully

(Samita Trikha)

24. Application for the position of Supervisor for old age home.

12, Santosh Nagar
Ganguli Marg
Jamshedpur
(Dt.)

To

The President
Dowell Old Age Home Society
53 Gurudev Colony
Bhagalpur

Dear Sir

With reference to your advertisement in the Horizon of .... for the position of supervisor for an old age home in Bhagalpur, I hereby apply for the same.

I was born on .... at Jamshedpur. It was here that I passed matric and 10 + 2 from WB School Education Board in .... and .... respectively.

Then I joined the army and served the country for many years. I retired from service last month. I've no liability, my children having well-settled. Thus, I can look after an old age home with a spirit of dedication and service.

I'll feel satisfied with a reasonable remuneration as I will also get pension from the government.

I hope I'll given an opportunity to serve the old people for whom I have great regard and affection. Moreover, I'd find my own self in them as I'm myself fast approaching the same silver state.

Please find enclosed photocopies of my matric, 10+2 and other relevant certificates for persual.

Yours faithfully

M.T. Chatterjee

❑❑❑

सामान्य ज्ञान, तार्किक योग्यता एवं आंकिक योग्यता

सामान्य ज्ञान

1. मोहनजोदड़ो और हड़प्पा के प्राचीन नगर अब कहाँ स्थित हैं?
A. भारत में B. पाकिस्तान में
C. बांग्लादेश में D. तिब्बत में

2. सिन्धु सभ्यता से प्राप्त मुहरें निम्नलिखित में से किससे बनी थीं?
A. लाजवर्द B. कांस्य
C. रजत D. स्टेटाइट

3. निम्नलिखित में से कौन-सा वेद गद्य एवं पद्य में रचित है?
A. ऋग्वेद B. यजुर्वेद
C. सामवेद D. अथर्ववेद

4. ऋग्वैदिककालीन आर्यों के युद्ध के देवता कौन थे?
A. मंगल B. इन्द्र
C. रुद्र D. शिव

5. महावीर स्वामी को किस स्थान पर ज्ञान प्राप्त हुआ?
A. ऋजुपालिका नदी के तट पर
B. पुनपुन नदी के तट पर
C. गंगा नदी के तट पर
D. कोसी नदी के तट पर

6. अशोक के अभिलेखों को पढ़ने का प्रथम श्रेय प्राप्त है–
A. विल्किन्स को B. विलियम जोन्स को
C. जेम्स विलियम को D. जेम्स प्रिंसेप को

7. किसने भारत में सर्वप्रथम स्वर्ण सिक्के को चलाया था?
A. कुषाण B. मौर्य
C. हिन्द यवन D. गुप्त

8. गुप्तकाल में प्रमुख गणितज्ञ एवं खगोलशास्त्री था–
A. वराहमिहिर B. आर्यभट्ट
C. रामानुजाचार्य D. उपर्युक्त सभी

9. निम्नलिखित का काल क्रम है–
1. हल्दीघाटी युद्ध 2. बैरम खाँ का पतन
3. असीरगढ़ की विजय 4. अबुल फजल की हत्या
A. 1, 2, 3, 4 B. 3, 2, 4, 1
C. 1, 4, 2, 3 D. 2, 4, 3, 1

10. विदेशी आक्रमणकारियों को ऐतिहासिक क्रम में लिखिए–
1. मुहम्मद-बिन-कासिम 2. मुहम्मद गोरी
3. महमूद गजनवी 4. चंगेज खाँ
A. 1, 3, 4, 2 B. 4, 3, 2, 1
C. 1, 3, 2, 4 D. 4, 2, 3, 1

11. किस शासक के दरबार में सर्वाधिक हिन्दू पदाधिकारी थे?
A. अकबर B. शाहजहाँ
C. जहाँगीर D. औरंगजेब

12. किस शासक ने सिंचाई कर लगाया था?
A. मुहम्मद तुगलक B. फिरोज तुगलक
C. अलाउद्दीन खिलजी D. सिकन्दर लोदी

13. कबीर की मृत्यु किस स्थान पर हुई?
A. प्रयाग B. काशी
C. मगहर D. मथुरा

14. अंग्रेजों ने सर्वप्रथम अपना व्यापारिक कारखाना लगाया था–
A. मुम्बई में B. हुगली में
C. सूरत में D. बंगलौर में

15. भारतीय राष्ट्रीय कांग्रेस के प्रथम मुस्लिम अध्यक्ष थे–
A. बदरुद्दीन तैयबजी B. मौलाना अबुल कलाम आजाद
C. सर सैयद अहमद खाँ D. मो. जिन्ना

16. ऑल इण्डिया ट्रेड यूनियन के प्रथम अध्यक्ष थे–
A. लाला लाजपत राय B. एम.एन. जोशी
C. स्वामी संदानन्द D. बाल गंगाधर तिलक

17. भारत में सर्वप्रथम टेलीग्राफ व्यवस्था प्रारम्भ हुई थी–
A. 1850 में B. 1853 में
C. 1854 में D. 1856 में

18. असहयोग आन्दोलन वापस ले लिया गया था–
A. रौलट एक्ट के बाद
B. प्रथम विश्व युद्ध के बाद
C. जलियाँवाला बाग हत्याकाण्ड के बाद
D. चौरी-चौरा घटना के बाद

19. क्रिप्स मिशन को किसने 'उत्तर तिथिय चैक' की संज्ञा दी?
A. महात्मा गांधी B. पं. जवाहर लाल नेहरू
C. राजेन्द्र प्रसाद D. मोतीलाल नेहरू

20. थियोसोफिकल सोसाइटी का अन्तर्राष्ट्रीय मुख्यालय है–
A. अड्यार B. सैनफ्रांसिस्को
C. न्यूयार्क D. जेनेवा

21. सत्यशोधक समाज की स्थापना किसने की थी?
A. गोपाल कृष्ण गोखले B. महादेव गोविन्द रानाडे
C. ज्योतिबा फूले D. गोपाल हरि देशमुख

22. तैमूर ने किसके शासनकाल में भारत पर आक्रमण किया था?
A. बलबन B. इल्तुतमिश
C. फिरोजशाह तुगलक D. नासिरुद्दीन महमूदशाह तुगलक

23. समुद्रगुप्त ने अपने दक्षिण अभियान में किस वेंगी शासक को हराया था?
A. नंदी वर्मन B. हस्ती वर्मन
C. देव वर्मन D. नीरू वर्मन

24. मुहम्मद-बिन-तुगलक द्वारा अपनाया गया सांकेतिक मुद्रा किस धातु का बना हुआ था?
A. कांसा B. पीतल और तांबा
C. चाँदी D. लोहा

25. अकबर के शासन काल में मुगल सेना का सेनापति कौन था?
A. राजा मान सिंह B. टोडरमल
C. भगवंत दास D. फकीर अजीउद्दीन

26. इनमें से दिल्ली के सिंहासन पर बैठने वाला पहला अफगान शासक कौन था?
A. सिकन्दर लोदी B. शेरशाह
C. बहलोल लोदी D. इनमें से कोई नहीं

27. महमूद गवाँ का सम्बन्ध निम्नलिखित में किस दक्षिण राज्य से था?
A. बीजापुर B. वारंगल
C. काकतीय D. बहमनी

28. राष्ट्रीय कांग्रेस ने किस वर्ष "पूर्ण स्वराज्य" का प्रस्ताव पारित किया?
A. 1929 में B. 1916 में
C. 1924 में D. 1930 में

29. कांग्रेस तथा मुस्लिम लीग के बीच लखनऊ समझौता कब हुआ था?
A. 1906 में B. 1916 में
C. 1924 में D. 1929 में

30. सुभाष चन्द्र बोस के राजनीतिक गुरु कौन थे?
A. चित्तरंजन दास B. अरविन्द घोष
C. महात्मा गांधी D. बाल गंगाधर तिलक

31. पाकिस्तान के प्रथम प्रधानमंत्री कौन थे?
A. मुहम्मद अली जिन्ना B. लियाकत अली खाँ
C. फीरोज खाँ नून D. मौलाना मुहम्मद अली

32. भारतीय स्वतंत्रता के समय ब्रिटेन का प्रधानमंत्री कौन था?
A. लॉर्ड एटली B. विंस्टन चर्चिल
C. रैम्से मैक्डोनाल्ड D. रॉबर्ट वॉलपोल

33. 15 अगस्त, 1947 से 26 जनवरी, 1950 तक भारत का राजनीतिक दर्जा क्या था?
A. ब्रिटिश उपनिवेश B. ब्रिटिश न्यास क्षेत्र
C. ब्रिटिश संरक्षण प्रदेश D. ब्रिटिश राष्ट्रमंडल का एक अधिराज्य

34. किस वायसराय ने 1878 में भारतीय भाषाओं के समाचार-पत्रों पर अंकुश लगाया था?
A. लॉर्ड रिपन B. लॉर्ड नार्थबुक
C. लॉर्ड लिटन D. लॉर्ड एलगिन

35. निम्नलिखित में से किस अधिवेशन में राष्ट्रीय कांग्रेस के नरम एवं गरम दलों का पुनः विलय हो गया?
A. लाहौर (1929) B. पुणे (1917)
C. लखनऊ (1916) D. मद्रास (1915)

36. मुस्लिम लीग द्वारा "प्रत्यक्ष कार्यवाही दिवस" कब मनाया गया था?
A. 24 मार्च, 1946 B. 30 मार्च, 1946
C. 17 जून, 1946 D. 16 अगस्त, 1946

37. सिन्धु घाटी सभ्यता के लोग किस धातु से परिचित नहीं थे?
A. लोहा B. चाँदी
C. ताँबा D. सोना

38. सिन्धु घाटी सभ्यता का वह नगर कौन-सा है जहाँ बृहत् स्नानागार (Great Bath) के अवशेष मिले हैं?
A. लोथल B. मोहनजोदड़ो
C. कालीबंगा D. हड़प्पा

39. विक्रम संवत् कब-से प्रारम्भ हुआ?
A. 38 ई.पू. B. 58 ई.पू.
C. 78 ई.पू. D. 87 ई.पू.

40. पंचमार्क सिक्के सर्वाधिक रूप से किस धातु के बने थे?
A. सोना B. चाँदी
C. ताँबा D. काँच

41. निम्नलिखित में से कौन-सा ग्रह सबसे कम समय में सूर्य का चक्कर लगाता है?
A. शुक्र B. बुध
C. पृथ्वी D. शनि

42. पृथ्वी के अलावा किस आकाशीय पिंड पर जीवन की सम्भावना है, क्योंकि वहाँ का पर्यावरण जीवन के लिए अनुकूल है–
A. बृहस्पति
B. मंगल
C. यूरोपा-बृहस्पति का चन्द्रमा
D. चन्द्रमा-पृथ्वी का चन्द्रमा

43. दो ग्रह जिनके उपग्रह नहीं हैं, वे हैं–
A. पृथ्वी एवं बृहस्पति B. बुध एवं शुक्र
C. बुध एवं शनि D. शुक्र एवं मंगल

44. मानक समय क्या होता है?
A. किसी देशान्तर का सूर्य के अनुसार समय
B. ग्रीनविच औसत का समय
C. देश के लगभग बीच से गुजरने वाले देशान्तर का स्थानीय समय
D. उपर्युक्त में से कोई नहीं

45. रात और दिन होने की प्रक्रिया में कौन-सा तथ्य सही है?
A. पृथ्वी का अक्ष का 66½° अंश का झुका होना
B. पृथ्वी का सूर्य के चारों ओर परिक्रमण
C. पृथ्वी का अपनी (अक्ष) धुरी पर घूमना
D. उपर्युक्त में से कोई नहीं

46. ओजोन परत अवस्थित है–
A. क्षोभमंडल में B. क्षोभसीमा में
C. समतापमंडल में D. प्रकाशमंडल में

47. विली-विली है–
A. एक प्रकार का वृक्ष जो शीतोष्ण कटिबंध में उगता है
B. एक प्रकार की हवा जो मरुस्थल में चलती है
C. उत्तर-पश्चिम आस्ट्रेलिया का उष्णकटिबंधीय चक्रवात
D. लक्षद्वीप समूह के निकट सामान्यतः पाई जाने वाली मछली का एक प्रकार

48. चावल की खेती के लिए आदर्श जलवायु परिस्थितियाँ हैं–
A. 100 सेमी. से ऊपर वर्षा और 25°C से ऊपर ताप
B. फसल की पूरी अवधि के लिए ठण्डी और नम जलवायु
C. 100 सेमी. से कम वर्षा व 25°C से कम ताप
D. पूरी फसल अवधि में कुछ गरम और शुष्क जलवायु

49. सदाबहार वर्षा वन पाए जाते हैं–
A. आस्ट्रेलिया में B. ब्राजील में
C. कनाडा में D. फ्रांस में

50. सूची-I तथा सूची-II को सुमेलित कीजिए तथा सूचियों के नीचे दिए गए कूट का प्रयोग कर सही उत्तर चुनिए–

सूची-I (अग्रणी उत्पादक देश)	सूची-II (पदार्थ)
(a) चीन	1. प्राकृतिक रबड़
(b) भारत	2. दूध
(c) सउदी अरब	3. लौह-अयस्क
(d) थाइलैण्ड	4. पेट्रोलियम

कूट :

	(a)	(b)	(c)	(d)
A.	1	2	3	4
B.	4	3	2	1
C.	3	2	4	1
D.	2	3	1	4

51. किस घास के मैदान में वृक्ष नहीं पाए जाते हैं?
A. लैनॉस B. पम्पास
C. सवाना D. स्टेपी

52. माओरी जनजाति का निवास स्थान है–
A. इंग्लैण्ड B. न्यूजीलैण्ड
C. ग्रीनलैण्ड D. आयरलैण्ड

53. क्षेत्रफल की दृष्टि से भारत का सबसे बड़ा राज्य है–
A. बिहार B. पंजाब
C. राजस्थान D. उत्तर प्रदेश

54. पश्चिमी घाटों के मालाबार तट पर स्थित माहे निम्नलिखित में से किसका भाग है?
A. केरल B. महाराष्ट्र
C. पुदुचेरी D. तमिलनाडु

55. निम्नलिखित में से कहाँ प्राचीन चट्टानें पाई जाती हैं?
A. अरावली B. हिमालय
C. शिवालिक D. उपर्युक्त सभी

56. भारत में 'मरुस्थल की राजधानी' किसे कहते हैं?
A. उदयपुर B. जैसलमेर
C. जयपुर D. पालामऊ

57. 'मानसून प्रस्फोट' से क्या तात्पर्य है?
A. वर्षा की कृत्रिम वैज्ञानिक प्रक्रिया
B. आकाश में बादलों का गलत सघन रूप में आच्छादित होना
C. मेघाच्छन्न मौसम, जिसमें एक लम्बे समय तक वर्षा होती रहे
D. मानसून के समय विद्युत चमकने, बादल गरजने के साथ तीव्र मूसलाधार वर्षा

58. भारत में उगाई जाने वाली अधिकतर कॉफी की किस्म है–
A. ओल्ड चिक्स B. कुर्गस
C. अरेबिका D. केन्ट्स

59. सूची-I को सूची-II से सुमेलित कीजिए तथा सूचियों के नीचे दिए गए कूट का प्रयोग कर सही उत्तर चुनिए–

सूची-I	सूची-II
(a) कोयम्बटूर	1. तेलशोधन
(b) राउरकेला	2. रेल डिब्बा
(c) कपूरथला	3. लौह-इस्पात
(d) बरौनी	4. सूती वस्त्र

कूट :

	(a)	(b)	(c)	(d)
A.	4	3	2	1
B.	1	2	3	4
C.	2	3	4	1
D.	4	2	3	1

60. 'दचिगाम अभयारण्य' निम्न में से कहाँ स्थित है?
A. जम्मू कश्मीर B. महाराष्ट्र
C. हिमाचल प्रदेश D. उत्तराखण्ड

61. भारत में राष्ट्रीय राजमार्गों का सबसे लम्बा तंत्र किस राज्य में है?
A. पंजाब B. महाराष्ट्र
C. उत्तर प्रदेश D. बिहार

62. भारत का सुदूर दक्षिण-बिन्दु कौन है?
A. कन्याकुमारी B. लक्षद्वीप
C. रामेश्वरम् D. ग्रेट निकोबार स्थित इंदिरा प्वाइंट

63. 'हजार झीलों की भूमि' किसे कहा जाता है?
A. स्वीडन B. फिनलैण्ड
C. डेनमार्क D. फ्रांस

64. नागार्जुन सागर बाँध किस नदी पर बनाया गया है?
A. कृष्णा (आन्ध्र प्रदेश) B. गोदावरी (महाराष्ट्र)
C. कृष्णा (कर्नाटक) D. गोदावरी (गुजरात)

65. निम्नलिखित में से किस प्रदेश में काली मिट्टी वाले क्षेत्र में सबसे अधिक खेती होती है?
A. बिहार B. उत्तर प्रदेश
C. महाराष्ट्र D. गुजरात

66. भू-वैज्ञानिकों की दृष्टि में भारत में सबसे पुरानी पर्वतमालाएँ कौन-सी हैं?
A. विन्ध्य B. सतपुड़ा
C. हिमालय D. अरावली

67. निम्नलिखित में से कौन-सी नदी समुद्र में नहीं मिलती है?
A. गंगा B. यमुना
C. नर्मदा D. गोदावरी

68. मानसून निवर्तन से अधिकतम वर्षा कहाँ पर होती है?
A. मुम्बई B. चेन्नई
C. दिल्ली D. कोलकाता

69. प्राचीन भारतीयों को वर्मा (म्यांमार) किस नाम से ज्ञात था?
A. सुवर्णभूमि B. सुवर्णद्वीप
C. यवद्वीप D. मलयमण्डलम्

70. विश्व का सबसे खारापन किस झील में है?
A. चाड झील (नाइजीरिया) B. बैकाल झील (रूस)
C. वॉन झील (टर्की) D. ग्रेट बियर झील (कनाडा)

71. चाय की खेती निम्नलिखित में से किसका उदाहरण है?
A. बृहत् कृषि B. सघन कृषि
C. जीविकोपार्जन कृषि D. रोपण कृषि

72. मानचित्र में समुद्र तल से समान ऊँचाई वाले स्थानों को दर्शाने वाली रेखाओं को कहते हैं–
A. आइसोनेफ B. कंटूर रेखा
C. आइसोबार D. आइसोहेल

73. ब्राजील स्थित अमेजन बेसिन के वन कहलाते हैं–
A. पम्पास B. सेल्वास
C. कैम्पोस D. लानोस

74. किस महासागर में द्वीपों की संख्या सर्वाधिक है?
A. प्रशान्त महासागर में
B. हिन्द महासागर में
C. उत्तरी अटलाण्टिक महासागर में
D. दक्षिण अटलाण्टिक महासागर में

75. लूनी नदी किस राज्य में प्रवाहित होती है?
A. महाराष्ट्र B. बिहार
C. पंजाब D. राजस्थान

76. सम दिवारात्रि (Equinox) कब होता है?
A. 21 जून B. 22 दिसम्बर
C. 21 मार्च एवं 22 सितम्बर D. 21 जून एवं 22 दिसम्बर

77. दक्षिणी अमरीका के वृक्ष रहित घास के मैदान को क्या कहते हैं
A. पम्पास B. डाउन्स
C. प्रेयरीज D. लानोस

78. मिट्टी का वैज्ञानिक एवं क्रमबद्ध अध्ययन कहलाता है–
A. विश्व रचना विज्ञान B. भौतिक भूगोल
C. मृत्तिका विज्ञान D. इनमें से कोई नहीं

79. गोबी रेगिस्तान कहाँ है?
A. पश्चिमी अफ्रीका में B. दक्षिणी अमरीका में
C. दक्षिणी आस्ट्रेलिया में D. मंगोलिया में

80. सौरमण्डल का सबसे बड़ा उपग्रह कौन-सा है?
A. टाइटन (बृहस्पति) B. गनिमेड (बृहस्पति)
C. मिरांडा (यूरेनस) D. ओबेरॉन (यूरेनस)

81. भारत की संविधान सभा का प्रथम अधिवेशन कब शुरू हुआ?
A. 10 जून, 1946 B. 9 दिसम्बर, 1946
C. 19 दिसम्बर, 1947 D. 30 जून, 1949

82. भारतीय संविधान सभा के किस अनुच्छेद में देवनागरी लिपि में हिन्दी को भारत की राजकीय भाषा के रूप में मान्यता दी गई है?
A. अनुच्छेद 343 B. अनुच्छेद 345
C. अनुच्छेद 348 D. अनुच्छेद 347

83. भारत के संविधान में अंतर्राष्ट्रीय शान्ति और सुरक्षा की अभिवृद्धि का उल्लेख है–
A. संविधान की उद्देशिका में
B. राज्य की नीति के निर्देशक तत्वों में
C. मूल कर्त्तव्यों में
D. नवीं अनुसूची में

84. सूची-I को सूची-II से सुमेलित कीजिए तथा सूचियों के नीचे दिए गए कूट का प्रयोग कर सही उत्तर चुनिए–

सूची-I	**सूची-II**
(*a*) अन्तर्राज्यीय परिषद्	1. अनुच्छेद 315
(*b*) वित्त आयोग	2. अनुच्छेद 280
(*c*) प्रशासनिक अधिकरण	3. अनुच्छेद 263
(*d*) संघ लोक सेवा आयोग	4. अनुच्छेद 323(ए)

कूट :

	(*a*)	(*b*)	(*c*)	(*d*)
A.	2	4	3	1
B.	3	2	1	4
C.	1	2	4	3
D.	3	2	4	1

85. राष्ट्रपति के उम्मीदवार के लिए क्या आवश्यक नहीं है?

A. आयु 35 वर्ष हो

B. पढ़ा-लिखा हो

C. सांसद चुने जाने की योग्यता रखता हो

D. देश का नागरिक हो

86. सर्वसम्मति से निर्वाचित भारत के राष्ट्रपति थे–

A. एस. राधाकृष्णन B. वी.वी. गिरि

C. एन. संजीवारेड्डी D. ज्ञानी जैल सिंह

87. संसद/विधान सभा के किसी सदस्य की सदस्यता तब समाप्त समझी जाती है, यदि वह बिना सदन को सूचित किए अनुपस्थित रहता है–

A. 60 दिन B. 90 दिन

C. 120 दिन D. 150 दिन

88. किस सभा का सभापति उसका सदस्य नहीं होता है?

A. राज्य सभा B. लोक सभा

C. विधान सभा D. विधान परिषद्

89. शिक्षा का विषय–

A. संघीय सूची में B. राज्य सूची में

C. समवर्ती सूची में है D. अवशिष्ट विषयों में है

90. सूची-I को सूची-II से सुमेलित कीजिए तथा सूचियों के नीचे दिए गए कूट का प्रयोग कर सही उत्तर चुनिए–

सूची-I (स्थापना वर्ष)	**सूची-II (राज्य)**
(*a*) 1960	1. सिक्किम
(*b*) 1962	2. गोवा
(*c*) 1975	3. महाराष्ट्र
(*d*) 1987	4. नगालैण्ड

कूट :

	(*a*)	(*b*)	(*c*)	(*d*)
A.	2	4	3	1
B.	3	4	1	2
C.	4	3	1	2
D.	3	4	2	1

91. प्रथम पंचायती राजव्यवस्था का उद्घाटन पं. जवाहर लाल नेहरू द्वारा 2 अक्टूबर, 1959 को किया गया था–

A. साबरमती में B. वर्धा में

C. नागौर में D. सीकर में

92. निम्नलिखित विधेयकों में से किसी एक का भारतीय संसद के दोनों सदनों द्वारा अलग-अलग विशेष बहुमत से पारित होना आवश्यक है?

A. साधारण विधेयक B. धन विधेयक

C. वित्त विधेयक D. संविधान संशोधन विधेयक

93. भाषा के आधार पर राज्यों के गठन हेतु राज्य पुनर्गठन आयोग की स्थापना कब की गई थी?

A. 1856 B. 1956

C. 1957 D. 1960

94. पंचायतों के निर्वाचन में चुनाव लड़ने के लिए उम्मीदवार की न्यूनतम आयु कितनी होनी चाहिए?

A. 21 वर्ष B. 18 वर्ष

C. 25 वर्ष D. 30 वर्ष

95. भारतीय संविधान के किस अनुच्छेद के तहत् जीवन रक्षा तथा व्यक्तिगत स्वतंत्रता का प्रावधान है?

A. अनुच्छेद 20 B. अनुच्छेद 21

C. अनुच्छेद 22 D. अनुच्छेद 23

96. संविधान निर्माण का कार्य पूरा करके संविधान सभा ने संविधान को कब स्वीकार किया?

A. 15 अगस्त, 1947 को B. 26 जनवरी, 1950 को

C. 26 नवम्बर, 1949 को D. 24 जनवरी, 1950 को

97. निम्नलिखित में से किस संविधान संशोधन के अनुसार राष्ट्रपति निर्वाचन के निर्वाचक मण्डल में पांडिचेरी तथा दिल्ली विधान सभा के निर्वाचित सदस्यों को भी रखा गया है?

A. 71वाँ B. 42वाँ

C. 73वाँ D. इनमें से कोई नहीं

98. भारतीय संविधान के किस भाग को उसकी 'आत्मा' की संज्ञा दी जाती है?

A. मौलिक अधिकारों को

B. राज्य के नीति-निर्देशक सिद्धान्तों को

C. संविधान की प्रस्तावना को

D. अनुसूचियों को

99. भारत की संचित निधि से धन का व्यय निम्नलिखित में से किस माध्यम से किया जा सकता है?

A. संसद की अनुमति से

B. नीति आयोग की अनुमति से

C. भारत के नियंत्रक एवं महालेखा परीक्षक की अनुमति से

D. राष्ट्रपति की अनुमति से

100. योजना आयोग की स्थापना हुई थी–

A. 26 नवम्बर, 1950 B. 15 जून, 1950

C. 15 मार्च, 1950 D. 15 जनवरी, 1950

101. भारत में संविधान के किस अनुच्छेद में अस्पृश्यता समाप्त की गई है?

A. अनुच्छेद 42 B. अनुच्छेद 15

C. अनुच्छेद 14 D. अनुच्छेद 17

102. वह रिट, जो भारत में उच्च न्यायालय अथवा सर्वोच्च न्यायालय द्वारा किसी व्यक्ति अथवा व्यक्ति समुदाय को आदेश देती है कि वह अपना कर्त्तव्य पालन करे, है–

A. बन्दी प्रत्यक्षीकरण रिट B. उत्प्रेक्षण रिट

C. परमादेश रिट D. इनमें से कोई नहीं

103. संविधान में जोड़ी गई दसवीं अनुसूची किससे सम्बन्धित है?

A. मिजोरम राज्य के लिए विशेष प्रावधानों से

B. दल-बदल के आधार पर अयोग्यता सम्बन्धी प्रावधानों से

C. सिक्किम के स्तर से सम्बन्धित शर्तों से

D. उपर्युक्त में से किसी से नहीं

104. राज्यसभा के सदस्यों की कुल संख्या .... हो सकती है।

A. 240 B. 260
C. 241 D. 250

105. सर्वोच्च न्यायालय के न्यायाधीशों की नियुक्ति के पूर्व मुख्य न्यायाधीश से विचार-विमर्श करना राष्ट्रपति के लिए–

A. बाध्यकारी है
B. बाध्यकारी नहीं है
C. विवेक का प्रश्न है
D. संविधान इस विषय पर मौन है

106. निम्नलिखित में से कौन-सा पदाधिकारी संसद के किसी भी सदन की कार्यवाही में भाग ले सकता है?

A. भारत का मुख्य न्यायाधीश
B. भारत का महान्यायवादी (एटॉर्नी जनरल)
C. भारत का रक्षा सचिव
D. भारत का गृह सचिव

107. 15वें वित्त आयोग के अध्यक्ष कौन थे?

A. वाई.वी. रेड्डी B. एन.के. सिंह
C. अरविन्द सुब्रमण्यन D. राजीव कुमार

108. भारतीय संविधान की कौन-सी विशेष व्यवस्था इंग्लैंड से ली गई है?

A. संसदीय प्रणाली B. संघीय प्रणाली
C. मूल अधिकार D. सर्वोच्च न्यायपालिका

109. संविधान के किस संशोधन द्वारा सम्पत्ति के अधिकार को मूल अधिकारों की श्रेणी से निकाल दिया गया है?

A. 42वें संशोधन B. 44वें संशोधन
C. 48वें संशोधन D. 24वें संशोधन

110. भारत के राष्ट्रपति की मर्जी तक निम्नलिखित में से कौन अपने पद पर रह सकता है?

A. सर्वोच्च न्यायालय के न्यायाधीश
B. चुनाव आयुक्त
C. राज्यपाल
D. लोकसभा अध्यक्ष

111. निम्न में से किसका उपयोग ऊँचाई नापने के लिए होता है?

A. बैरोमीटर B. प्लानोमीटर
C. अल्टीमीटर D. हाइड्रोमीटर

112. फ्लक्स घनता और चुम्बकीय क्षेत्र की क्षमता का अनुपात किसी माध्यम में होता है उसका–

A. चुम्बक की घनता B. ग्रहणशीलता
C. सम्बन्धित व्याकता D. पारगम्यता

113. ध्वनि तरंगें हैं–

A. अनुदैर्ध्य
B. अनुप्रस्थ
C. आंशिक लम्बवत्, आंशिक अनुदैर्ध्य
D. कभी-कभी अनुदैर्ध्य, कभी-कभी अनुप्रस्थ

114. कैमरे में किस प्रकार का लेन्स उपयोग में लाया जाता है?

A. उत्तल B. अवतल
C. वर्तुलाकार D. समान मोटाई का

115. एक स्वतंत्र रूप से लटका हुआ चुम्बक सदा ठहरता है (स्थिर हो है) वह दिशा है–

A. पूर्व-उत्तर B. उत्तर-पश्चिम
C. उत्तर-दक्षिण D. दक्षिण-पश्चिम

116. प्रकाश संश्लेषण में पौधे कौन-सी गैस का अवचूषण करते हैं?

A. CO_2 B. O_2
C. N_2 D. H_2

117. विद्युत मात्रा की इकाई है–

A. ऐम्पियर B. ओम
C. वोल्ट D. कूलॉम

118. 1 किग्रा. राशि का वजन है–

A. 1 न्यूटन B. 10 न्यूटन
C. 9.8 न्यूटन D. 9 न्यूटन

119. एक्स-रे के आविष्कारक थे–

A. आइन्स्टीन B. डब्ल्यू.एच. ब्रॅग
C. रॉन्जन D. हेनरी बेकरेल

120. नाड़ी गति द्वारा डॉक्टर ज्ञात करता है–

A. रक्तचाप B. साँस गति
C. हृदय की धड़कन D. उपर्युक्त में से कोई नहीं

121. निम्न में से कौन आवेश की इकाई नहीं है?

A. फैराडे B. फ्रैंकलीन
C. कुलम्ब D. एम्पीयर/सेकण्ड

122. मानव शरीर में क्रोमोसोम की संख्या होती है–

A. 46 B. 48
C. 49 D. 50

123. एक प्रकाशवर्ष इससे सर्वाधिक समीप है–

A. 10^8 मीटर B. 10^{12} मीटर
C. 10^{16} मीटर D. 10^{20} मीटर

124. हवाई जहाज के 'ब्लैक बॉक्स' का क्या रंग होता है?

A. काला B. लाल
C. बैंगनी D. नारंगी

125. निम्नांकित में से कौन एक कीट के शरीर से निकला स्राव है?

A. मोती B. मूँगा
C. लाख D. गोंद

126. निम्नांकित में से कौन-सी धातु किसी नगर की वायु को, जहाँ व अधिक संख्या में मोटर कारें आदि हों, प्रदूषित करती है?

A. कैडमियम B. क्रोमियम
C. सीसा D. ताँबा

127. परमाणु के नाभिक में होते हैं–

A. इलेक्ट्रॉन तथा न्यूट्रॉन B. इलेक्ट्रॉन तथा प्रोट्रॉन
C. प्रोट्रॉन तथा न्यूट्रॉन D. प्रोट्रॉन तथा रेडान

128. निम्नांकित में कौन कठोरतम है?

A. सोना B. हीरा
C. लोहा D. टंगस्टन

129. शरीर के किस भाग में पित्त का निर्माण होता है?
A. यकृत B. तिल्ली
C. पित्ताशय की थैली D. पैन्क्रियाज

130. एन्जाइम मूलतः क्या है?
A. वसा B. शर्करा
C. प्रोटीन D. विटामिन

131. मानव शरीर में सबसे छोटी ग्रन्थि कौन है?
A. एड्रीनल B. थाइरॉइड
C. पैन्क्रियाज D. पिट्यूटरी

132. रेफ्रीजिरेटर में थर्मोस्टेट का कार्य है–
A. तापमान को कम करना
B. हिमायन ताप को बढ़ाना
C. एक समान तापमान को बनाए रखना
D. गलनांक को घटाना

133. सूर्य की ऊर्जा उत्पन्न होती है–
A. आयनन द्वारा B. नाभिकीय संलयन द्वारा
C. नाभिकीय विखण्डन द्वारा D. ऑक्सीकरण द्वारा

134. द्रव क्रिस्टल प्रयुक्त होते हैं–
A. कलाई घड़ियों में B. प्रदर्शन युक्तियों में
C. पॉकेट कैलकुलेटरों में D. उपर्युक्त सभी में

135. निम्नांकित में से कौन-सा उर्वरक मृदा में सर्वाधिक अम्ल छोड़ता है?
A. यूरिया B. अमोनियम सल्फेट
C. अमोनियम नाइट्रेट D. कैल्सियम अमोनियम नाइट्रेट

136. खाद्य पदार्थों के संरक्षण हेतु निम्नांकित में से कौन-सा प्रयुक्त होता है?
A. सोडियम कार्बोनेट B. एसीटिलीन
C. बेंजोइक अम्ल D. सोडियम क्लोराइड

137. कृष्ण-छिद्र सिद्धान्त को प्रतिपादित किया था–
A. सी.वी. रमन ने B. एच.जे. भाभा ने
C. एस. चन्द्रशेखर ने D. हरगोविन्द खुराना ने

138. साइनोकोबालमिन है–
A. विटामिन सी B. विटामिन बी-2
C. विटामिन बी-6 D. विटामिन बी-12

139. निम्नांकित जोड़ों में किसका सुमेल है?
A. निमोनिया–फेफड़े B. मोतियाबिन्द–थायराइड ग्रन्थि
C. पीलिया–आँख D. मधुमेह–यकृत

140. दूध उदाहरण है–
A. एक शिलषि का B. एक पायस का
C. एक निलम्बन का D. एक फेन का

141. भारत के राष्ट्र ध्वज में केसरिया, सफेद और हरे रंग की तीन–
A. आड़ी पट्टियाँ हैं
B. खड़ी पट्टियाँ हैं
C. एक दूसरे को काटती हुई पट्टियाँ हैं
D. तिरछी पट्टियाँ हैं

142. हमारे राष्ट्र ध्वज की लम्बाई और चौड़ाई का अनुपात–
A. 2 : 3 है B. 3 : 4 है
C. 4 : 3 है D. 3 : 2 है

143. भारत के राष्ट्र ध्वज के बीच में एक गोल चक्र है; यह चक्र–
A. तीनों रंग की पट्टियों पर है
B. केसरिया रंग की पट्टी पर है
C. सफेद रंग की पट्टी पर है
D. हरे रंग की पट्टी पर है

144. किसी भाषा को किसी राज्य की राजभाषा के रूप में अंगीकार करने का अधिकार किसे है?
A. राष्ट्रपति B. संसद
C. राज्य विधान सभा D. राजभाषा आयोग

145. हमारे राष्ट्र ध्वज में तीन पट्टियाँ हैं; उनमें सबसे नीचे वाली पट्टी किस रंग की है?
A. केसरिया B. सफेद
C. हरे D. इनमें से कोई नहीं

146. हमारे राष्ट्रगान 'जन-गण-मन' में कुल कितने पद हैं?
A. तीन B. पाँच
C. चार D. दो

147. राष्ट्र गीत 'वन्देमातरम्', 'आनन्दमठ' नामक ग्रंथ से लिया गया है, जिसके लेखक हैं–
A. बंकिम चन्द्र चटर्जी B. रवीन्द्र नाथ टैगोर
C. व्योमेश चन्द्र बनर्जी D. सुरेन्द्रनाथ बनर्जी

148. हमारे राज चिह्न में ऊपर तीन सिंह बने हैं और उनके नीचे देवनागरी लिपि में 'सत्यमेव जयते' लिखा है। यह 'सत्यमेव जयते' कहाँ से उद्धृत किया गया है?
A. भगवद्गीता से B. मुण्डक उपनिषद से
C. ऋग्वेद से D. स्कन्द पुराण से

149. भारत का राष्ट्रीय पंचांग–
A. शक् संवत् पर आधारित है
B. हिजरी संवत् पर आधारित है
C. विक्रमी संवत् पर आधारित है
D. विक्रमांक-चालुक्य संवत् पर आधारित है

150. भारत का राष्ट्रीय पशु है–
A. गाय B. हाथी
C. अश्व D. बाघ

151. होमगार्ड का गठन कब हुआ था?
A. 1972 B. 1962
C. 1968 D. 1965

152. स्थल सेना के निम्नलिखित पदों में सबसे छोटा कौन-सा है?
A. लेफ्टीनेंट B. ब्रिगेडियर
C. कर्नल D. कैप्टन

153. प्रादेशिक सेना का गठन कब हुआ था?
A. 1949 B. 1957
C. 1962 D. 1972

154. प्रादेशिक सेना में भर्ती होने के लिए क्या आयु होनी चाहिए?
A. 21 से 30 वर्ष B. 21 से 35 वर्ष
C. 18 से 35 वर्ष D. 20 से 35 वर्ष

155. एन.सी.सी. में कितने डिवीजन हैं?
A. चार B. पांच
C. तीन D. दो

156. एयरफोर्स अकादमी कहां है?
A. बेलगाम B. कोयम्बटूर
C. हैदराबाद D. सिकन्दराबाद

157. असम राइफल्स का मुख्यालय कहाँ है?
A. इंफाल B. आइजोल
C. दिसपुर D. शिलांग

158. हर साल 7 दिसम्बर को भारत में मनाया जाता है–
A. वायु सेना दिवस B. झंडा दिवस
C. नौसेना दिवस D. कोस्ट गार्ड दिवस

159. भारत में नौसेना दिवस किस दिन मनाया जाता है?
A. 8 अक्टूबर B. 15 जनवरी
C. 21 दिसम्बर D. 7 दिसम्बर

160. भारत की सेना के प्रथम भारतीय सेनापति थे–
A. जनरल के.एम. करियप्पा
B. फील्ड मार्शल मानेकशा
C. जनरल राजेन्द्र सिंह
D. उपरोक्त में से कोई भी नहीं

161. वीटो का अधिकार–
A. संयुक्त राष्ट्र के सभी सदस्यों को प्राप्त है
B. सुरक्षा परिषद् के सभी सदस्यों को प्राप्त है
C. सुरक्षा परिषद् के सभी स्थायी सदस्यों को प्राप्त है
D. सुरक्षा परिषद् के सभी अस्थायी सदस्यों को प्राप्त है

162. संयुक्त राष्ट्र का मुख्यालय कहाँ है–
A. वाशिंगटन B. न्यूयार्क
C. बोस्टन D. शिकागो

163. संयुक्त राष्ट्र का ध्वज किस रंग का है?
A. हल्के नीले रंग का
B. हल्के गुलाबी रंग का
C. गहरे केसरिया रंग का
D. आधा हल्के रंग का और आधा केसरिया रंग का

164. संयुक्त राष्ट्र की बैठकों में आमतौर से काम-काज किस भाषा में होता है?
A. अंग्रेजी B. रूसी
C. फ्रेंच D. अंग्रेजी और फ्रेंच

165. अंतर्राष्ट्रीय न्यायालय का मुख्यालय कहाँ है?
A. हेग B. जेनेवा
C. रोम D. बर्न

166. राष्ट्रमंडल के सदस्य वे देश हैं, जो–
A. ब्रिटेन के अधीन हैं
B. ब्रिटेन से आर्थिक सहायता पाते हैं
C. पहले ब्रिटेन के अधीन थे किन्तु अब स्वाधीन हैं
D. ब्रिटेन से अस्त्र-शस्त्र प्राप्त करते हैं

167. सार्क (दक्षिण एशियाई सहयोग संगठन) में कितने देश सदस्य हैं?
A. पांच B. छः
C. आठ D. सात

168. निम्नलिखित देशों में से कौन-सा देश सार्क (SAARC) का सदस्य नहीं है?
A. भारत B. पाकिस्तान
C. बांग्लादेश D. म्यांमार

169. पहला गुट निरपेक्ष सम्मेलन कब शुरू हुआ था?
A. 1955 में B. 1961 में
C. 1983 में D. 1976 में

170. गुट निरपेक्ष आन्दोलन के सदस्य देश–
A. शक्तिशाली देशों के गुटों से दूर रहते हैं
B. परस्पर एक-दूसरे की रक्षा के लिए वचनबद्ध हैं
C. एक दूसरे को सैनिक सहायता देते हैं
D. एक सैनिक संधि के सदस्य हैं

171. जमनालाल बजाज पुरस्कार किस क्षेत्र में सराहनीय योगदान के लिए प्रदान किया जाता है?
A. शांति व निःशस्त्रीकरण B. कृषि
C. रचनात्मक कार्य D. साहित्य

172. भारत वर्ष में प्रथम रेमन मैग्सेसे पुरस्कार विजेता कौन था?
A. सी.डी. देशमुख B. जय प्रकाश नारायण
C. डॉ. वर्गीज कुरियन D. आचार्य विनोबा भावे

173. भारतीय ज्ञानपीठ पुरस्कार किसे प्रदान किया जाता है?
A. उत्कृष्ट हिन्दी कविता के लिए
B. भारतीय साहित्य में उत्कृष्ट योगदान के लिए
C. हिन्दी साहित्य में उत्कृष्ट योगदान के लिए
D. भारतीय दर्शन की उत्कृष्ट समीक्षा के लिए

174. अध्यापकों के लिए राष्ट्रीय पुरस्कारों की घोषणा कब की जाती है?
A. 14 नवम्बर B. 5 सितम्बर
C. 30 जनवरी D. 26 जनवरी

175. निम्नलिखित में से किस विषय पर नोबेल पुरस्कार नहीं दिया जाता है?
A. चिकित्सा B. गणित
C. अर्थशास्त्र D. रसायन शास्त्र

176. बुकर पुरस्कार किस क्षेत्र में प्रदान किया जाता है?
A. कल्पना साहित्य लेखन B. औषधि
C. साहस के कार्य D. विज्ञान

77. हर गोविन्द खुराना को नोबेल पुरस्कार किस क्षेत्र में योगदान के लिए मिला था?
A. चिकित्सा शास्त्र B. भौतिक शास्त्र
C. अर्थशास्त्र D. शांति

78. सर्वोच्च शौर्य पुरस्कार 'परमवीर चक्र' के प्रथम विजेता कौन थे?
A. मेजर ध्यान सिंह B. के. गुरुवचन सिंह
C. मेजर शैतान सिंह D. मेजर सोमनाथ शर्मा

79. धन्वन्तरि पुरस्कार किस क्षेत्र में विशिष्ट योगदान के लिए दिया जाता है?
A. संगीत B. नृत्य
C. दर्शन D. चिकित्सा

80. कलिंग पुरस्कार किस क्षेत्र में दिया जाता है?
A. साहित्य के क्षेत्र में
B. विज्ञान के क्षेत्र में
C. सामाजिक कल्याण के लिए किए गए कार्य के लिए
D. अन्तर्राष्ट्रीय शान्ति एवं सद्भावना के लिए

81. नोबेल पुरस्कार का आरम्भ कब से हुआ?
A. सन् 1901 से B. सन् 1905 से
C. सन् 1896 से D. सन् 1934 से

82. अर्थशास्त्र के लिए नोबेल पुरस्कार कब से आरम्भ हुआ?
A. सन् 1969 ई. से B. सन् 1939 ई. से
C. सन् 1901 ई. से D. सन् 1935 ई. से

83. निम्नलिखित किस अफ्रीकी नेता को भारत-रत्न से सम्मानित किया गया है?
A. होस्नी मुबारक B. जोमो केन्योटा
C. अनवर सादात D. नेल्सन मंडेला

84. विज्ञान को सर्वसुलभ व सर्वोपयोगी बनाने में सर्वाधिक योगदान देने वाले व्यक्ति को भारतीय नाम वाले किस अन्तर्राष्ट्रीय पुरस्कार से सम्मानित किया जाता है?
A. कालिंजर पुरस्कार
B. कलिंग पुरस्कार
C. मानवता पुरस्कार
D. ऐसा कोई पुरस्कार नहीं है

85. नेहरू पुरस्कार कौन-सी संस्था प्रदान करती है?
A. इंडियन कौंसिल ऑफ कल्चरल रिलेशन्स
B. इंडो-सोवियत कल्चरल सोसाइटी
C. भारतीय राष्ट्रीय कांग्रेस
D. भारतीय ज्ञानपीठ

86. वीरता का सर्वोच्च सम्मानसूचक पदक जो शत्रु के सामने असीम शौर्य और अदम्य साहस दिखाने या आत्म-बलिदान करने पर भेंट किया जाता है, उसका क्या नाम है?
A. चक्रव्यूह B. अशोक चक्र
C. महावीर चक्र D. परमवीर चक्र

187. प्रथम मरणोपरान्त 'भारत-रत्न' अलंकरण किसे प्रदान किया गया था?
A. के. कामराज नाडार B. आचार्य विनोबा भावे
C. लाल बहादुर शास्त्री D. एम.जी. रामचन्द्रन

188. निम्नलिखित में से कौन-सा पुरस्कार केवल एशियावासियों को दिया जाता है?
A. नेहरू सद्भावना पुरस्कार
B. पुलित्जर पुरस्कार
C. इन्दिरा गांधी शान्ति पुरस्कार
D. मैग्सेसे पुरस्कार

189. अर्जुन पुरस्कार कब से प्रारम्भ हुए?
A. 1961 ई. से B. 1962 ई. से
C. 1963 ई. से D. 1964 ई. से

190. ऑस्कर अवॉर्ड जीतने वाले पहले भारतीय थे–
A. नरगिस दत्त B. शशि कपूर
C. सत्यजीत रे D. भानु अथैया

191. 'अपर कट' शब्द किस खेल में प्रयोग किया जाता है?
A. टेनिस B. वॉलीबॉल
C. क्रिकेट D. बॉक्सिंग

192. निम्नलिखित में से कौन-सा कप/ट्रॉफी फुटबॉल से सम्बन्धित नहीं है?
A. मर्डेका कप B. डूरण्ड कप
C. सन्तोष ट्रॉफी D. दिलीप ट्रॉफी

193. 'फिनिस' शब्द का प्रयोग किस खेल में होता है?
A. शतरंज B. ब्रिज
C. बिलियर्ड्स D. रग्बी

194. एक दिवसीय क्रिकेट तथा टेस्ट मैंचों में सर्वाधिक रन बनाने का रिकॉर्ड किसके नाम है?
A. सौरभ गांगुली B. सचिन तेन्दुलकर
C. डॉन ब्रेडमैन D. ब्रायन लारा

195. निम्नलिखित में से कौन-सी अन्तर्राष्ट्रीय टेनिस खेल प्रतियोगिता घास के मैदान पर खेली जाती है?
A. यू.एस. ओपन B. फ्रेंच ओपन
C. विम्बलडन D. ऑस्ट्रेलियाई ओपन

196. 'विम्बलडन ट्रॉफी' का सम्बन्ध किस खेल से है?
A. पोलो (इंग्लैंड) से B. समुद्री दौड़ से
C. घुड़दौड़ से D. टेनिस से

197. निम्नलिखित में से किस पदक का सम्बन्ध हॉकी से नहीं है?
A. आगा खां कप B. वर्दवान ट्रॉफी
C. ध्यानचन्द ट्रॉफी D. बम्बई गोल्ड कप

198. 'रिवर्स स्विंग' एवं 'बीमर' नामक शब्दावलियां किस खेल से संबंधित हैं?
A. नौकायन B. क्रिकेट
C. फुटबॉल D. हॉकी

199. निम्नलिखित में से किस ट्रॉफी का सम्बन्ध हॉकी से है?
A. सिन्धिया गोल्ड कप B. संतोष ट्रॉफी
C. रोहिंगटन बेरिया ट्रॉफी D. सुब्रतो मुखर्जी ट्रॉफी

200. 'ज्यूल्स रिमेट ट्रॉफी का सम्बन्ध किस खेल से है?
A. फुटबॉल (विश्व) से B. गोल्फ से
C. हॉकी (भारत) से D. लॉन टेनिस (विश्व) से

201. 'मर्डेका' का सम्बन्ध किस खेल से है?
A. फुटबॉल (विश्व) से B. फुटबॉल (भारत) से
C. फुटबॉल (एशिया) से D. क्रिकेट (आस्ट्रेलिया-इंग्लैंड) से

202. प्रथम ओलम्पिक खेल ओलम्पिया (ग्रीस) में कब खेले गए थे?
A. 233 ई.पू. में B. 1500 ई.पू. में
C. 500 ई.पू. में D. 776 ई.पू. में

203. 394 ई. में रोम के बाद एक सम्राट ने ओलम्पिक खेलों को बंद कर दिया था। इसको पुनः किसने शुरू किया?
A. मि. स्पोर्ट्समैन ने B. बैरन पीयरे डी कोबर्टिन ने
C. जनरल फ्रेंको ने D. अब्राहम लिंकन ने

204. सर्वप्रथम आधुनिक ओलिम्पिक ध्वज कब फहराया गया?
A. 1896 में B. 1908 में
C. 1920 में D. 1924 में

205. 'ग्रैंड स्लेम' निम्नलिखित में से किस खेल से सम्बन्धित है?
A. फुटबॉल B. टेनिस
C. हॉकी D. पोलो

206. प्रथम आधुनिक ओलम्पिक खेल कब और कहां खेले गए?
A. रोम, 1894 ई. में B. मैड्रिड, 1840 ई. में
C. लिस्बन, 1800 ई. में D. एथेन्स, 1896 ई. में

207. आस्ट्रेलिया का राष्ट्रीय खेल क्या है?
A. हाराकीरी B. क्रिकेट
C. निप्पोन D. टोजो

208. भारत में खेल सम्बन्धी दो राष्ट्रीय इंस्टीट्यूट हैं। एक नेताजी सुभाष बोस के नाम से पटियाला में है, दूसरा किसके नाम से ग्वालियर में है?
A. राणा प्रताप B. पृथ्वीराज चौहान
C. शिवाजी D. रानी लक्ष्मीबाई

209. सबसे बड़े मैदान में खेला जाने वाला खेल कौन-सा है?
A. हॉकी B. क्रिकेट
C. पोलो D. कबड्डी

210. लॉन टेनिस जाल की ऊँचाई कितनी होती है?
A. 2 फुट 6 इंच B. 3 फुट 6 इंच
C. 4 फुट D. 2 फुट 2 इंच

211. 'ए सूटेबल ब्वाय' पुस्तक का लेखक कौन है?
A. खुशवंत सिंह B. अरुण शोरी
C. विक्रम सेठ D. उपरोक्त में से कोई नहीं

212. 'कैन्टरबरी टेल्स' पुस्तक का लेखक कौन है?
A. ज्योफरी चासर B. लियो टॉलस्टाय
C. गुन्नार मिर्डल D. विलियम शेक्सपियर

213. निम्नलिखित में से कौन-सी पुस्तक प्रेमचन्द द्वारा रचित नहीं है?
A. गोदान B. गबन
C. प्रेम पचीसी D. आनंदमठ

214. बांग्लादेश की लेखिका तस्लीमा नसरीन को किस पुस्तक से ख्याति मिली?
A. शर्म B. लज्जा
C. नारी स्वातंत्र्य D. अबला

215. 'पावर्टी एण्ड अन-ब्रिटिश रूल इन इण्डिया' का लेखक कौन है?
A. लाला लाजपत राय
B. लाला हरदयाल
C. विनायक दामोदर सावरकर
D. दादाभाई नौरोजी

216. 'मुद्राराक्षस' ग्रंथ का लेखक कौन है?
A. विशाखदत्त B. कालिदास
C. भारवि D. माघ

217. 'माई प्रेसिडेंशल ईयर्स' पुस्तक का लेखक कौन है?
A. ज्ञानी जैल सिंह B. वी.वी. गिरि
C. आर. बेंकटरमन D. डॉ. शंकर दयाल शर्मा

218. 'जय सोमनाथ' किसकी कृति है?
A. के.एम. मुंशी B. वृन्दावन लाल वर्मा
C. अमृत लाल नागर D. मदन मोहन मालवीय

219. वर्शिपिंग फाल्स गॉड्स पुस्तक के लेखक हैं–
A. विक्रम सेठ B. अरुण शौरी
C. सलमान रुश्दी D. खुशवन्त सिंह

220. निम्नलिखित पुस्तकों में से कौन-सी पुस्तक सलमान रुश्दी की
A. दि वर्ल्ड ऑफ फतवाज B. दि मूर्स लास्ट साई
C. दि अदर हॉफ D. फूल्स पैराडाइज

221. मार्ग्रेट थैचर द्वारा रचित पुस्तक है–
A. लांग वॉक टु फ्रीडम B. दि पाथ टु पावर
C. इमेज एंड इमेजिनेशन D. 10 डाउनिंग स्ट्रीट

222. 'फ्रीडम एट मिडनाइट' के लेखक कौन हैं?
A. जवाहरलाल नेहरू तथा डॉ. राजेन्द्र प्रसाद
B. एम.ओ. मथाई तथा फ्रैंक मोरेस
C. मैक्सिम गोर्की तथा दोस्तोवस्की
D. लैरी कॉलिन्स और डोमिनिक लापियर

223. 'अंकल टॉम्स केबिन' के लेखक का क्या नाम है?
A. एच.बी. स्टोव B. एडम स्मिथ
C. टॉल्स्टॉय D. थामस मूर

224. 'वार एण्ड पीस' और 'अन्ना कैरेनिना' दोनों एक ही अन्तर्राष्ट्रीय ख्याति प्राप्त लेखक की कृतियाँ हैं; उस लेखक का क्या नाम है?
A. ओलीवर गोल्डस्मिथ B. श्वेतलाना
C. लुई ब्रोमफील्ड D. लियो टाल्स्टॉय

225. बोरिस पास्तरनाक ने एक बहुत ही विवादास्पद पुस्तक लिखी थी। उस पुस्तक का क्या नाम है?
A. डॉन क्विक्जोट B. फॉस्ट
C. डॉक्टर्स डिलेमा D. डॉ. जिवागो

226. 'दास कैपिटल' के लेखक कौन हैं?
A. शेक्सपियर B. कौटिल्य
C. कर्नल जॉन हण्ट D. कार्ल मार्क्स

227. 'मदर' के लेखक का क्या नाम है?
A. मैक्सिम गोर्की B. पर्ल एस. बक
C. कैथराइन मेयो D. टी.एस. इलियट

228. 'कलम का सिपाही' में किसकी जीवनी प्रस्तुत की गई है?
A. शरतचन्द्र B. प्रेमचन्द
C. राहुल सांकृत्यायन D. जोश मलीहाबादी

229. 'झण्डा ऊँचा रहे हमारा' गीत किस कवि की रचना है?
A. श्यामलाल गुप्त 'पार्षद' B. मैथिलीशरण गुप्त
C. सोहनलाल द्विवेदी D. रामधारी सिंह 'दिनकर'

230. 'आइने अकबरी' का लेखक कौन था?
A. इब्न बतूता B. अकबर
C. अबुल फजल D. अकबर मुरादाबादी

231. कम्प्यूटर–
A. एक उपकरण है जो गणितीय और तार्किक संक्रियायें सम्पन्न करता है
B. एक उपकरण है, जो केवल गणितीय संक्रियायें सम्पन्न करता है
C. एक स्मृति उपकरण है
D. एक गणना उपकरण है

232. 'PC' का अर्थ है–
A. प्राइवेट कम्प्यूटर B. पर्सनल कल्कुलेटर
C. पर्सनल कम्प्यूटर D. प्रोफेसनल कम्प्यूटर

233. 'बाइनरी अंक प्रणाली' में अधिकतम अंक (digit) कितने होते हैं?
A. 1 B. 10
C. 2 D. 4

234. निम्नलिखित में से कौन-सा 'इनपुट' उपकरण है?
A. मॉनीटर B. प्रिंटर
C. प्लॉटर D. माउस

235. CPU का पूरा नाम है–
A. सेन्ट्रल प्रोग्रामिंग यूनिट
B. सेन्ट्रल प्रोसेसिंग यूनिट
C. सेन्ट्रल प्रोग्रामिंग अण्डरस्टैंडिंग
D. सेन्ट्रल प्रोसेसिंग अण्डरस्टैंडिंग

236. गणना हेतु प्रयोग में लाया गया पहला उपकरण था
A. ENIAC B. ABACUS
C. एनालिटिकल इंजन D. EDSAC

237. ABACUS का प्रयोग कब शुरू हुआ था?
A. 250 ई. B. 450 ई.पू.
C. 1200 ई.पू. D. 1200 ई.

238. किस अंग्रेज को 'कम्प्यूटर का जनक' कहा जाता है?
A. ब्लेज पास्कल B. लेबनित्ज
C. चार्ल्स बैबेज D. जे.पी. एकर्ट

239. निम्नलिखित में से कौन-सी कम्प्यूटर की सेकेण्डरी मेमोरी है?
A. RAM B. ROM
C. रजिस्टर्स D. फ्लॉपी

240. निम्नलिखित में से कौन पैकेज नहीं है?
A. BASIC B. dBASE
C. वर्ड परफेक्ट D. पेज मेकर

241. कौन-सा बेमेल है?
A. वर्ड स्टार B. वर्ड परफेक्ट
C. DOS Editor D. विण्डो

242. डाटा के समुच्चय (Set) को क्या कहते हैं?
A. फील्ड B. रेकार्ड
C. फाइल D. इनमें से कोई नहीं

243. Keyboard है?
A. इनपुट यूनिट है
B. आउटपुट यूनिट है
C. इनपुट यूनिट और आउटपुट यूनिट दोनों हैं
D. उपरोक्त में से कोई भी नहीं है

244. प्रिंटर–
A. आउटपुट यूनिट है B. इनपुट यूनिट है
C. उपरोक्त दोनों हैं D. उपरोक्त में से कोई भी नहीं है

245. फ्लॉपी–
A. इनपुट यूनिट है
B. आउटपुट यूनिट है
C. इनपुट यूनिट और आउटपुट यूनिट दोनों हैं
D. उपरोक्त में से कोई भी नहीं है

246. कम्प्यूटर की विशेषताएं हैं–
1. तेज रफ्तार 2. स्वचालन
3. कार्यशीलता 4. परिवर्तनशीलता
निम्नलिखित में से कौन-सी विशेषता सही है?
A. 1 और 2 सही हैं B. 1, 2 और 4 सही हैं
C. 1, 2 और 3 सही हैं D. उपरोक्त सभी सही हैं

247. 1 बाइट बराबर है–
A. 8 बिट B. 16 बिट
C. 36 बिट D. 64 बिट

248. असंसाधित तथ्य को क्या कहा जाता है?

A. डाटम B. डाटा

C. फाइल D. फील्ड

249. कम्प्यूटर–

A. सूचना ग्रहण करता है

B. सूचना को निर्दिष्ट प्रयोजन के लिए अनुकूल बनाता है

C. परिणाम प्रदर्शित करता है

D. उपरोक्त सभी बातें सही हैं

250. डाटा क्या है–

A. संसाधित तथ्य B. असंसाधित तथ्य

C. अंक और अक्षर D. उपरोक्त में से कोई भी नहीं

251. मध्य प्रदेश के भोपाल जिले के किस गांव को पूर्णत: सौर ऊर्जा पर आधारित बनाया गया है?

A. शाजपुर B. पिपरिया गांव

C. कस्तूरबा ग्राम D. पीथमपुर

252. निम्न में से कौन सी नदी पचमढ़ी के महादेव पर्वत से निकल कर नर्मदा नदी में मिलती है?

A. हसदो नदी B. बैनगंगा नदी

C. तवा नदी D. बनास नदी

253. बताइए निम्न में से कौन–सा युग्म असत्य है?

A. कृषि कॉम्पलैक्स – छिंदवाड़ा

B. हाई टेक कॉम्पलेक्स – ग्वालियर

C. चर्म कॉम्पलैक्स – देवास

D. इलेक्ट्रॉनिक्स कॉम्पलैक्स – इन्दौर

254. मध्य प्रदेश के किस विश्वविद्यालय का नाम बदल कर सुप्रसिद्ध क्रांतिकारी मौलाना बरकतुल्ला के नाम पर रखा गया है?

A. भोपाल विश्वविद्यालय

B. जीवाजी विश्वविद्यालय

C. देवी अहिल्या विश्वविद्यालय

D. विक्रम विश्वविद्यालय

255. निम्नलिखित में से किस क्षेत्र की खान से हीरा निकाला जाता है?

A. झिलमिली B. बिलोधी

C. मझगवाँ D. सिंगरौली

256. समारोह और उनके आयोजन स्थल का कौन–सा जोड़ा असत्य है?

A. ध्रुपद संगीत समारोह – भोपाल

B. अलाउद्दीन खां संगीत समारोह – देवास

C. कालिदास समारोह – उज्जैन

D. तानसेन समारोह – ग्वालियर

257. मध्य प्रदेश के सर्वाधिक क्षेत्र में कौन–सी मिट्टी पाई जाती है?

A. काली मिट्टी B. लाल–पीली मिट्टी

C. कछारी मिट्टी D. जलोढ़ मिट्टी

258. अमरकंटक को .... के नाम से भी जाना जाता है।

A. सतपुरा B. तीर्थराज

C. अवन्ती D. पुष्कर

259. फासिल राष्ट्रीय उद्यान मध्य प्रदेश के किस जिले में है?

A. मण्डला B. धार

C. सीधी D. सिवनी

260. 2011 की जनगणना के अनुसार मध्य प्रदेश में साक्षरता का प्रतिशत कितना है?

A. 75.32 B. 69.3

C. 78.24 D. 80.11

261. मध्य प्रदेश की उत्तरी सीमा चंबल नदी द्वारा बनती है। इस प्रदेश की दक्षिणी सीमा किस नदी से बनती है?

A. नर्मदा B. गोदावरी

C. ताप्ती D. महानदी

262. मध्य प्रदेश सरकार द्वारा राज्य के आदिवासी क्षेत्र में चलायी जा रही 'कल्पवृक्ष' नामक योजना का प्रमुख उद्देश्य क्या है?

A. अनुसूचित जाति के पुरुषों के लिए रोजगार योजना

B. अनुसूचित जाति की महिलाओं के लिए रोजगार योजना

C. अनुसूचित जनजाति के पुरुषों के लिए रोजगार योजना

D. अनुसूचित जनजाति की महिलाओं के लिए रोजगार योजना

263. मध्य प्रदेश की रेलवे लाइनें निम्न में से किसके अंतर्गत नहीं पड़ती हैं?

A. मध्य रेलवे B. पश्चिमी रेलवे

C. पूर्वी रेलवे D. दक्षिणी–पूर्वी रेलवे

264. कठोरता की दृष्टि से हीरे के बाद कोरण्डम का स्थान है। यह खनिज मध्य प्रदेश के किस जिले में सर्वाधिक मात्रा में पाया जाता है?

A. सीधी B. पन्ना

C. शहडोल D. दमोह

265. 'विन्ध्य का पठार' मध्य प्रदेश के किस प्राकृतिक प्रभाग को कहा जाता है?

A. बघेलखण्ड का पठार B. रीवा का पठार

C. बुन्देलखण्ड का पठार D. मध्य भारत का पठार

266. 'मध्य प्रदेश की जीवन–रेखा' नाम से निम्न में से कौन–सी नदी विख्यात है?

A. गोदावरी B. महानदी

C. ताप्ती D. नर्मदा

267. 'पुष्प की अभिलाषा' नामक रचना मध्य प्रदेश के किस प्रसिद्ध कवि की है?

A. गजानन माधव मुक्तिबोध

B. हरिशंकर परसाई

C. नाथूराम प्रेमी

D. माखन लाल चतुर्वेदी

268. मध्य प्रदेश द्वारा प्रदत्त कालिदास सम्मान निम्न में से किन क्षेत्रों में दिया जाता है?

(*a*) शास्त्रीय संगीत (*b*) शास्त्रीय नृत्य

(*c*) रंगकर्म (*d*) रूपंकर कला

A. (*a*) (*b*) (*c*) (*d*) B. (*b*) (*c*) (*d*)

C. (*a*) (*b*) (*c*) D. (*a*) (*b*)

269. भरोतिया और नाहर किस जनजाति की उपजातियाँ हैं?
A. बैगा B. कोरकू
C. भील D. गोंड

270. निम्न में से कौन-सा जोड़ा बेमेल है?
A. उदयगिरि की गुफाएं – विदिशा
B. जहाज महल – मांडव
C. भर्तृहरि की गुफाएं – उज्जैन
D. ज्योतिर्लिंग – अमरकंटक

271. मध्य प्रदेश उच्च न्यायालय जबलपुर में स्थित है। इसके दो खंडपीठ हैं। एक खंडपीठ इन्दौर में है, दूसरा कहां स्थित है?
A. जबलपुर B. भोपाल
C. सागर D. ग्वालियर

272. प्राकृतिक गैस पर आधारित देश का प्रथम उर्वरक संयंत्र मध्य प्रदेश के विजयपुर नामक स्थान में स्थित है। यह किस जिले में स्थित है?
A. गुना B. शाजापुर
C. राजगढ़ D. सीहोर

273. मध्य प्रदेश का राज्यवृक्ष 'बरगद' है और राज्य पक्षी 'दूधराज' है। प्रदेश का राज्य पशु कौन-सा है?
A. चीता B. बारहसिंगा
C. सांभर D. तेंदुआ

274. अमरकंटक की पहाड़ी से निम्न में से कौन-सी दो नदियां निकलती हैं?
(*a*) सोन (*b*) क्षिप्रा
(*c*) महानदी (*d*) नर्मदा
A. (*a*) (*b*) B. (*a*) (*d*)
C. (*c*) (*d*) D. (*b*) (*d*)

275. मध्य प्रदेश के किस दुर्ग (किले) को 'भारत का जिब्राल्टर' की संज्ञा प्रदान की गयी है?
A. ग्वालियर B. चन्देरी
C. मन्दसौर D. मांडू

276. 8 वीं से 12वीं शताब्दी के मध्य चंदेलों द्वारा खजुराहो में निर्मित 85 मन्दिरों में से अब कितने मन्दिर बचे हुए हैं?
A. 29 B. 13
C. 16 D. 22

277. मध्य प्रदेश में पंचायती राज व्यवस्था का कौन-सा ढांचा अपनाया गया है?
A. एक-स्तरीय B. दो-स्तरीय
C. तीन-स्तरीय D. चार-स्तरीय

278. देश में सफेद शेर मध्य प्रदेश के किस राष्ट्रीय उद्यान में पाए जाते हैं?
A. बांधवगढ़ राष्ट्रीय उद्यान B. कांकेर राष्ट्रीय उद्यान
C. माधव राष्ट्रीय उद्यान D. पेंच राष्ट्रीय उद्यान

79. निम्न में से कौन सा जोड़ा सुमेलित नहीं है?
A. उज्जैन - क्षिप्रा B. विदिशा - बेतवा
C. पंचमढ़ी - तवा D. देवास - इन्द्रावती

280. निम्न में से कौन बेमेल है?
A. बाण सागर बांध – सोन नदी
B. बारना बांध – नर्मदा नदी
C. गांधी सगार बांध – चम्बल नदी
D. राजघाट बांध – बेतवा नदी

281. मध्य प्रदेश में विश्वविख्यात चन्देरी की साड़ियां निम्नलिखित में से कहां बनाई जाती हैं?
A. जबलपुर B. शहडोल
C. टीकमगढ़ D. देवास

282. मध्य प्रदेश के किस नगर का प्राचीन नाम अवन्ति है?
A. इन्दौर B. उज्जैन
C. विदिशा D. दतिया

283. मध्य प्रदेश के प्रसिद्ध जलप्रपातों में निम्नलिखित में से कौन-सा नहीं है?
A. चंचाई B. धुंआधार
C. टौंस जलप्रपात D. बोग्रा

284. मध्य प्रदेश के जलप्रपात व उनसे सम्बन्धित नदियों के जोड़े नीचे दिए गए हैं। इनमें से गलत जोड़ा बताइए।
A. धुंआधार – नर्मदा नदी
B. चंचाई – बीहड़ नदी
C. भालकुण्ड – बेतवा नदी
D. कपिलधारा – ताप्ती नदी

285. मध्य प्रदेश में चांदनी तापीय विद्युत केन्द्र निम्नलिखित में से किस स्थान पर स्थापित हुआ है?
A. अमरकंटक B. भोपाल
C. नेपानगर D. सीधी

286. कान्हा टाइगर रिजर्व के आधिकारिक शुभंकर का क्या नाम है?
A. भूरसिंह B. शेर खान
C. बरसिंह D. बघीरा

287. नर्मदा नदी का उद्‌गम स्थल है?
A. अमरकंटक B. इन्दौर
C. जबलपुर D. भोपाल

288. मध्य प्रदेश में जनसंख्या की दृष्टि से सबसे बड़ा नगर निम्नलिखित में से कौन-सा है?
A. ग्वालियर B. भोपाल
C. इन्दौर D. उज्जैन

289. मध्य प्रदेश के किस प्रसिद्ध व्यक्तित्व को 'बुलेट' कहा जाता है?
A. विजयाराजे सिंधिया B. आचार्य केशवदास
C. अनिल काकोडकर D. शंकर लक्ष्मण

290. सिक्यूरिटी पेपर मिल कहां है?
A. देवास B. नेपानगर
C. होशंगाबाद D. अमलाई

291. राष्ट्रीय पत्रकारिता विश्वविद्यालय संस्थान, भोपाल की स्थापना कब की गई?

A. 16 जनवरी, 1991 को B. 16 जनवरी, 1990 को
C. 17 मार्च, 1991 को D. 17 मार्च, 1990 को

292. भागोरिया नृत्य किस जिले के आदिवासियों का है ?
A. झाबुआ B. खण्डवा
C. मण्डला D. बालाघाट

293. मध्य प्रदेश के किस पुलिस महाविद्यालय में अपराध अनुसंधान का प्रशिक्षण दिया जाता है ?
A. इन्दौर B. रीवा
C. जबलपुर D. सागर

294. मध्य प्रदेश के निम्नलिखित में से किस जिले में ब्रजभाषा नहीं बोली जाती है ?
A. मुरैना B. ग्वालियर
C. दतिया D. भिण्ड

295. मध्य प्रदेश के निम्नलिखित में से किस साहित्यकार को लोकसभा में सर्वाधिक समय का अवसर मिला था ?
A. द्वारिका प्रसाद मिश्र B. बाल कवि बैरागी
C. सेठ गोविन्ददास D. माखन लाल चतुर्वेदी

296. मध्य प्रदेश सरकार द्वारा दिए जाने वाले पुरस्कारों/सम्मानों में कौन-सा सम्मिलित नहीं किया जा सकता है ?
A. कालिदास सम्मान B. तानसेन सम्मान
C. आर्यभट्ट सम्मान D. तुलसी सम्मान

297. मध्य प्रदेश की बहुप्रतीक्षित 'नर्मदा सागर' परियोजना कब प्रारम्भ हुई ?
A. 18 नवम्बर, 1987 B. 19 नवम्बर, 1987
C. 17 नवम्बर, 1987 D. 20 नवम्बर, 1987

298. 'भोपाल ट्रेजेडी' नामक पुस्तक के रचयिता हैं :
A. डेविड वियर B. एम. अरुण सुब्रह्मण्यम
C. एन.के. चोपड़ा D. खुशवंत सिंह

299. 'करमा नृत्य' किस जाति से सम्बन्धित है ?
A. भील B. गोंड
C. मारिया D. कोल

300. निम्नलिखित में से मध्य प्रदेश के किस मुख्यमंत्री का कार्यकाल सबसे कम रहा है ?
A. पं. रविशंकर शुक्ल B. वीरेन्द कुमार सकलेचा
C. गोविन्द नारायण सिंह D. राजा नरेशचन्द्र

301. मध्य प्रदेश का 'राज्य वृक्ष' क्या है ?
A. बरगद B. पीपल
C. शीशम D. बबूल

302. मध्य प्रदेश का खेल-कूद साप्ताहिक समाचार पत्र 'खेल हलचल' कहां से प्रकाशित होता है ?
A. भोपाल B. ग्वालियर
C. इन्दौर D. जबलपुर

303. मध्य प्रदेश का 52वाँ जिला कौन है?
A. जबेरा B. निवाड़ी
C. पटेरा D. अमनगंज

304. 'राष्ट्रीय रामलीला मेला' मध्य प्रदेश के किस नगर में आयोजित किया जाता है ?
A. भोपाल B. बालाघाट
C. राजगढ़ D. शिवपुरी

305. नर्मदा घाटी विकास निगम किस वर्ष गठित किया गया ?
A. 1980 में B. 1981 में
C. 1982 में D. 1983 में

306. ग्वालियर स्थित एशिया के प्रथम शारीरिक प्रशिक्षण महाविद्यालय का क्या नाम है ?
A. सिन्धिया कॉलेज ऑफ फिजिकल एजूकेशन
B. लक्ष्मीबाई कॉलेज ऑफ फिजिकल एजूकेशन
C. जवाहरलाल नेहरू कॉलेज ऑफ फिजिकल एजूकेशन
D. महात्मा गांधी कॉलेज ऑफ फिजिकल एजूकेशन

307. मध्य प्रदेश का एकमात्र यूनानी चिकित्सा महाविद्यालय कहां स्थित है ?
A. ग्वालियर B. कांकेर
C. बुरहानपुर D. होशंगाबाद

308. कर्क रेखा मध्य प्रदेश के किस भाग से गुजरती है?
A. पूर्वी भाग B. पश्चिमी भाग
C. दक्षिणी भाग D. मध्य भाग

309. डॉ. हरि सिंह गौर राज्य पुरस्कार मध्य प्रदेश सरकार द्वारा किस क्षेत्र में दिया जाता है?
A. सामाजिक विज्ञान B. इन्जीनियरिंग विज्ञान
C. आधारभूत विज्ञान D. चिकित्सा विज्ञान

310. मध्य प्रदेश सरकार लोक कलाओं के लिए निम्नलिखित में से कौन-सी फैलोशिप प्रदान करती है ?
A. अमृता शेरगिल फैलोशिप
B. चक्रधर फैलोशिप
C. श्रीकांत वर्मा फैलोशिप
D. अलाउद्दीन खां फैलोशिप

311. मध्य प्रदेश में सबसे बड़ी अनुसूचित जनजाति कौन-सी है ?
A. भील B. गोंड
C. कोल D. सहरिया

312. मध्य प्रदेश में किस जिले की जनसंख्या में अनुसूचित जनजातियों का सर्वाधिक प्रतिशत है ?
A. छिंदवाड़ा B. मण्डला
C. अलीराजपुर D. भिण्ड

313. जय विलास महल कहाँ स्थित है?
A. भोपाल B. इन्दौर
C. जबलपुर D. ग्वालियर

314. वास्तुकला की प्रमुख पुस्तक 'समरांगण सूत्र' के लेखक कौन हैं?
A. श्री हर्ष B. हेमचन्द्र
C. क्षेमेन्द्र D. राजा भोज

15. मध्य प्रदेश के किस क्षेत्र का लोक नाट्य 'काठी' है?
A. बघेलखंड B. निमाड़
C. मालवा D. बुन्देलखंड

16. 'नौरता' मध्य प्रदेश के किस क्षेत्र में अविवाहित लड़कियों द्वारा किया जाने वाला नृत्य है?
A. बघेलखंड B. चित्रकूट
C. मालवा D. बुंदेलखंड

17. निम्न में से कौन मध्य प्रदेश का मुख्यमंत्री नहीं रहा है?
A. बाबूलाल गौर B. उमा भारती
C. कमलनाथ D. सुमित्रा महाजन

8. मध्य प्रदेश में भारत की जनसंख्या का कितने प्रतिशत निवास करते हैं?
A. 6.00 B. 6.88
C. 6.35 D. 4.82

9. मध्य प्रदेश में 2011 की जनगणना के अनुसार जनसंख्या घनत्व क्या है?
A. 100 B. 236
C. 149 D. 174

. 2011 की जनगणना के अनुसार मध्य प्रदेश का देश में जनसंख्या के दृष्टिकोण से कौन-सा स्थान है?
A. प्रथम B. द्वितीय
C. पांचवां D. आठवां

. सतपुड़ा राष्ट्रीय उद्यान किसलिए प्रसिद्ध है?
A. कृष्णमृगों हेतु B. पक्षियों हेतु
C. शेरों हेतु D. सांप व रेंगने वाले प्राणियों हेतु

. मकबूल फिदा हुसैन का संबंध निम्नलिखित में से किससे था?
A. संगीत B. रंगमंच
C. चित्रकला D. बाँसुरी वादन

भारत के प्रथम 'पर्यटन नगर' का निर्माण प्रदेश में कहां किया गया है?
A. भोपाल B. ग्वालियर
C. शिवपुरी D. खण्डवा

महात्मा गाँधी चित्रकूट ग्रामोदय विश्वविद्यालय किस वर्ष स्थापित किया गया?
A. 1985 B. 1991
C. 1983 D. 1989

इन्दौर में स्थापित किए गए भाभा परमाणु केन्द्र के प्रथम औद्योगिक केन्द्र का क्या नाम है?
A. टाइगर B. कैट
C. लाइफ D. प्रोग्रेस

रानी लक्ष्मीबाई की समाधि किस नगर में है?
A. ग्वालियर B. झांसी
C. इन्दौर D. शिवपुरी

327. मध्य प्रदेश के वनों में सबसे अधिक पेड़ किसके पाए जाते हैं?
A. सागौन B. शीशम
C. साल D. आम

328. कान्हा-किसली किस वर्ष राष्ट्रीय उद्यान बना था?
A. 1953 B. 1954
C. 1955 D. 1956

329. मध्य प्रदेश में सिंचाई का सबसे प्रमुख साधन क्या है?
A. नलकूप B. नहरें
C. रहट D. कुएं

330. मध्य प्रदेश में विधानसभा सीटों की कुल संख्या कितनी है?
A. 220 B. 400
C. 300 D. 230

331. मध्य प्रदेश में वह कौन सा स्थान है जहां जनश्रुतियों के अनुसार ब्रह्मा, विष्णु और महेश ने बाल अवतार लिया था?
A. अमरकंटक B. महेश्वर
C. चित्रकूट D. ओंकारेश्वर

332. मध्य प्रदेश में बाघ की गुफाएं किस स्थान के समीप हैं?
A. धार B. रायसेन
C. राजगढ़ D. विदिशा

333. मध्य प्रदेश में पर्यटकों का प्रमुख आकर्षण का केन्द्र खजुराहो के मन्दिर निम्नलिखित में से किस जिले में हैं?
A. विदिशा B. पन्ना
C. रीवा D. छतरपुर

334. मध्य प्रदेश में स्थित खजुराहो के मन्दिरों का निर्माण किस वंश के शासकों ने कराया था?
A. चोल B. पल्लव
C. चन्देल D. चालुक्य

335. निम्नलिखित का मेल कराएं :
(*a*) तानसेन का मकबरा 1. विदिशा
(*b*) सांची के स्तूप 2. ग्वालियर
(*c*) महाकालेश्वर 3. खण्डवा
(*d*) ओंकारेश्वर 4. उज्जैन

	(*a*)	(*b*)	(*c*)	(*d*)
A.	1	2	3	4
B.	4	3	2	1
C.	2	1	4	3
D.	1	4	2	3

336. निम्नलिखित में से कौन बेमेल है ?
A. अजयगढ़ B. गिन्नौरगढ़
C. बांधवगढ़ D. मुक्तागिरि

337. निम्नलिखित में से कौन-सा स्थान सम्राट अशोक से सम्बन्धित है?
A. भर्तृहरि गुफाएं B. सांची
C. मोतीमहल D. बावनगजा

338. मालवा का पठार मध्य प्रदेश के किस भाग में है?
A. दक्षिणी-पूर्वी भाग B. उत्तरी-पश्चिमी भाग
C. पूर्वी-उत्तरी भाग D. मध्य भाग

339. बघेलखंड क्षेत्र के बसदेवा निम्नलिखित में से कौन-से पौराणिक पात्र/देवता के बारे में गाते हैं?

A. श्रवण कुमार B. शिव
C. कृष्ण D. अर्जुन

340. मध्य प्रदेश में पत्रकारिता विश्वविद्यालय की कहां स्थापना की गई है?

A. इन्दौर B. उज्जैन
C. भोपाल D. जबलपुर

341. 'ऑल इंडिया टाइगर एस्टीमेशन 2018' के अनुसार भारत के किस राज्य को टाइगर राज्य के रूप में मान्यता प्राप्त हुई है?

A. उत्तर प्रदेश B. मध्य प्रदेश
C. असम D. राजस्थान

342. 2011 की जनगणना के अनुसार मध्य प्रदेश में पुरुष साक्षरता का प्रतिशत क्या है?

A. 68.11 B. 78.70
C. 75.12 D. 80.21

343. 2011 की जनगणना के अनुसार 2001 की तुलना में मध्य प्रदेश के जनसंख्या घनत्व में कितनी बढ़ोत्तरी हुई है?

A. 25 B. 40
C. 35 D. 28

344. निम्नलिखित में से किस स्थान के निकट (लगभग 2 किमी. दूर) दो प्रमुख नदियों का उद्गम है?

A. महू B. अमरकंटक
C. ग्वालियर D. छिंदवाड़ा

345. आदिम जनजाति कोरकू मध्य प्रदेश के किस भाग में मुख्यतः पाई जाती है?

A. दक्षिणी B. उत्तर-पश्चिमी
C. पूर्वी D. उत्तर-पूर्वी

346. 2011 की जनगणना के अनुसार मध्य प्रदेश में किस जिले का जनसंख्या घनत्व सर्वाधिक था?

A. इन्दौर B. भोपाल
C. जबलपुर D. भिण्ड

347. मध्य प्रदेश की जनसंख्या में 2001-2011 के दशक में कितने प्रतिशत की वृद्धि हुई है?

A. 23.50 B. 20.30
C. 27.52 D. 36.69

348. मध्य प्रदेश में ऐशबाग स्टेडियम कहाँ स्थित है?

A. इन्दौर B. सतना
C. जबलपुर D. भोपाल

349. मध्य प्रदेश के किस स्थान पर जोगेश्वरी देवी का मेला आयोजित होता है?

A. चन्देरी (गुना) B. घोघरा (सीधी)
C. पोरसा (मुरैना) D. माण्डेर (ग्वालियर)

350. प्रसिद्ध ध्रुपद गायक कुमार गन्धर्व किस स्थान से संबंधित थे

A. खण्डवा B. ग्वालियर
C. मैहर D. देवास

351. मध्य प्रदेश के निम्नलिखित जिलों में से किसमें बुन्देली भाषा प्र नहीं की जाती है?

A. रीवा B. गुना
C. दतिया D. शिवपुरी

352. मध्य प्रदेश में किस नदी पर बोधघाट जलविद्युत परियोजना है?

A. नर्मदा नदी B. महानदी
C. बेतवा नदी D. इन्द्रावती नदी

353. मध्य प्रदेश साहित्य परिषद् द्वारा अखिल भारतीय महाराज वी देव पुरस्कार किस विधा के लिए दिया जाता है?

A. कविता B. समाज विज्ञान
C. आलोचना D. उपन्यास

354. मध्य प्रदेश में ओरछा किस नदी के किनारे बसा हुआ है?

A. सोन B. बेतवा
C. तवा D. पार्वती

355. नर्मदा नदी के शुद्धिकरण के अंतर्गत निम्नलिखित में से कौ स्थान नहीं शामिल है?

A. अमरकंटक B. होशंगाबाद
C. ओंकारेश्वर D. महेश्वर

356. नर्मदा की 41 सहायक नदियां हैं। इन सभी नदियों का जल गिरता है?

A. बंगाल की खाड़ी B. खम्भात की खाड़ी
C. कच्छ की खाड़ी D. मन्तार की खाड़ी

357. मध्य प्रदेश फिल्म विकास निगम की स्थापना कब की गई थी

A. 1972 B. 1980
C. 1981 D. 1986

358. मध्य प्रदेश की प्रमुख अकादमियों व उनके स्थ के यु कौन-सा गलत है?

	अकादमी	*स्थापना*
A.	उर्दू अकादमी	1976
B.	कालिदास अकादमी	1974
C.	संगीत अकादमी	1978
D.	सिन्धी अकादमी	1983

359. मध्य प्रदेश में स्थित 'भारत भवन' किस से सम्बन्धित है?

A. ललित कला B. प्रदर्शनकारी कला
C. साहित्य D. उपर्युक्त सभी

360. मध्य प्रदेश के भोपाल नगर में स्थित रवीन्द्र भवन क्या है?

A. विशाल संग्रहालय
B. विशाल भवन
C. विशाल सभागृह
D. उपर्युक्त में से कुछ भी नहीं

उत्तरमाला

1	**2**	**3**	**4**	**5**	**6**	**7**	**8**	**9**	**10**
B	D	B	B	A	D	C	B	A	C
11	**12**	**13**	**14**	**15**	**16**	**17**	**18**	**19**	**20**
D	B	C	C	A	A	B	D	A	A
21	**22**	**23**	**24**	**25**	**26**	**27**	**28**	**29**	**30**
C	D	B	B	C	C	D	A	B	A
31	**32**	**33**	**34**	**35**	**36**	**37**	**38**	**39**	**40**
B	A	D	C	C	D	A	B	B	B
41	**42**	**43**	**44**	**45**	**46**	**47**	**48**	**49**	**50**
B	B	B	C	C	C	C	A	B	C
51	**52**	**53**	**54**	**55**	**56**	**57**	**58**	**59**	**60**
D	B	C	C	A	B	D	C	A	A
61	**62**	**63**	**64**	**65**	**66**	**67**	**68**	**69**	**70**
B	D	B	A	C	D	B	B	A	C
71	**72**	**73**	**74**	**75**	**76**	**77**	**78**	**79**	**80**
D	B	B	A	D	C	A	C	D	B
81	**82**	**83**	**84**	**85**	**86**	**87**	**88**	**89**	**90**
B	A	B	D	B	C	A	A	C	B
91	**92**	**93**	**94**	**95**	**96**	**97**	**98**	**99**	**100**
C	D	B	A	B	C	D	C	A	C
101	**102**	**103**	**104**	**105**	**106**	**107**	**108**	**109**	**110**
D	C	B	D	A	B	B	A	B	C
111	**112**	**113**	**114**	**115**	**116**	**117**	**118**	**119**	**120**
C	B	A	A	C	A	D	C	C	C
121	**122**	**123**	**124**	**125**	**126**	**127**	**128**	**129**	**130**
D	A	C	D	C	C	C	B	A	C
131	**132**	**133**	**134**	**135**	**136**	**137**	**138**	**139**	**140**
D	C	B	D	B	C	C	D	A	B
141	**142**	**143**	**144**	**145**	**146**	**147**	**148**	**149**	**150**
A	D	C	C	C	B	A	B	A	D
151	**152**	**153**	**154**	**155**	**156**	**157**	**158**	**159**	**160**
B	A	A	C	C	C	D	B	C	A
161	**162**	**163**	**164**	**165**	**166**	**167**	**168**	**169**	**170**
C	B	A	D	A	C	C	D	B	A
171	**172**	**173**	**174**	**175**	**176**	**177**	**178**	**179**	**180**
C	D	B	B	B	A	A	D	D	B
181	**182**	**183**	**184**	**185**	**186**	**187**	**188**	**189**	**190**
A	A	D	B	A	D	C	D	A	D
191	**192**	**193**	**194**	**195**	**196**	**197**	**198**	**199**	**200**
D	D	B	B	C	D	B	B	A	A
201	**202**	**203**	**204**	**205**	**206**	**207**	**208**	**209**	**210**
C	D	B	B	B	D	B	D	C	B

211	212	213	214	215	216	217	218	219	220
C	A	D	B	D	A	C	A	B	B
221	222	223	224	225	226	227	228	229	230
B	D	A	D	D	D	A	B	A	C
231	232	233	234	235	236	237	238	239	240
A	C	C	D	B	B	A	C	D	A
241	242	243	244	245	246	247	248	249	250
D	A	A	A	C	D	A	B	D	B
251	252	253	254	255	256	257	258	259	260
C	C	B	A	C	B	B	B	A	B
261	262	263	264	265	266	267	268	269	270
B	D	C	A	C	D	D	A	A	D
271	272	273	274	275	276	277	278	279	280
D	A	B	C	A	D	C	A	D	B
281	282	283	284	285	286	287	288	289	290
C	B	D	D	C	A	A	C	D	C
291	292	293	294	295	296	297	298	299	300
A	A	D	C	C	C	A	B	B	D
301	302	303	304	305	306	307	308	309	310
A	A	B	A	B	B	C	D	A	B
311	312	313	314	315	316	317	318	319	320
B	C	D	D	C	D	D	A	B	C
321	322	323	324	325	326	327	328	329	330
A	C	C	B	B	A	C	C	D	D
331	332	333	334	335	336	337	338	339	340
C	A	D	C	C	D	B	A	A	C
341	342	343	344	345	346	347	348	349	350
B	B	B	B	A	B	B	D	A	D
351	352	353	354	355	356	357	358	359	360
A	D	D	B	A	B	C	C	D	C

तार्किक योग्यता

निर्देश (प्र.सं. 1–5) : *नीचे दी गई प्रत्येक श्रृंखला में अक्षरों का क्रम निर्धारित करें। तत्पश्चात् दिए गए विकल्पों में से उस विकल्प का चयन करें जिससे दी गई श्रृंखला में प्रश्न चिह्न प्रतिस्थापित होता हो।*

1. B Y C X D W E ?
A. S B. T
C. U D. V

2. A D C G E ?
A. G B. J
C. I D. L

3. X O I F ?
A. D B. F
C. B D. E

4. Z A A Y B B X C ?
A. W B. C
C. V D. D

5. A Z Y B X W C V U D T S E ?
A. R S B. S T
C. R Q D. Q R

निर्देश (प्र.सं. 6–10) : *नीचे के प्रत्येक प्रश्न में दी गई अक्षर–श्रृंखला में कौन-सा अक्षर या अक्षर-समूह गलत या बेमेल है ?*

6. C H M S W B
A. C B. S
C. B D. W

7. Z A W B X C
A. D B. C
C. X D. W

8. D K R Y F L
A. L B. D
C. R D. Y

9. XW, DC, CB, NM, PQ
A. NM B. CB
C. PQ D. XW

10. Z T P K H F
A. Z B. P
C. T D. F

निर्देश (प्र.सं. 11–15) : *श्रृंखलाओं को पूरा करने के लिए दिए गए विकल्पों में से लुप्त पद/संख्या ज्ञात करें।*

11. 1, 6, 12, 19, 27, ?
A. 38 B. 35
C. 36 D. 54

12. 2, 3, 6, 18, 108, ?
A. 1944 B. 1658
C. 648 D. 1008

13. 3, 8, 13, 24, 41, ?
A. 65 B. 75
C. 70 D. 80

14. 0, 5, 22, 57, ?, 205
A. 198 B. 116
C. 172 D. 92

15. 1, 2, 5, 12, 27, 58, 121, ?
A. 246 B. 247
C. 248 D. 249

निर्देश (प्र.सं. 16–20) : *दी गई अक्षर–श्रृंखलाओं को पूरा करने के लिए दिए गए अक्षर–समूहों के विकल्पों में से सही विकल्प का चयन करें।*

16. ab---b-bbaa-
A. babba B. abaab
C. abbab D. baaab

17. aa-ab--aaa-a
A. baaa B. abab
C. aaab D. aabb

18. -baa-aab-a-a
A. baab B. abab
C. aaba D. aabb

19. -a cca-ccca-acccc-aaa
A. ccaa B. acca
C. caac D. caaa

20. c-bbb--abbbb-abbb-
A. abccb B. bacbb
C. aabcb D. abacb

निर्देश (प्र.सं. 21–25): *पूछे गए प्रत्येक प्रश्न में पहले दिए गए दो शब्दों के बीच संबंध स्थापित करें। तत्पश्चात् दिए गए विकल्पों में से उस विकल्प का चयन करें जिसके शब्द और प्रश्न में दिए गए तीसरे शब्द के बीच ठीक वैसा ही संबंध या सादृश्य हो जैसा कि पहले के दो शब्दों के बीच है।*

21. जो संबंध 'उन्माद' और 'सनक' में है वही संबंध 'भय' और निम्नलिखित में से किसमें है ?
A. इच्छा B. शौक
C. आवश्यकता D. डर

22. 'हकलाना' जिस प्रकार 'वाणी' से संबंधित है उसी प्रकार 'बहरापन' का संबंध निम्नलिखित में से किससे है ?

A. कान
B. सुनना
C. शोर
D. चुप्पी

23. जिस प्रकार 'नेता', 'अनुयायी' से संबंधित है, उसी प्रकार .... संबंधित है सिपाही से।

A. कैप्टन
B. यूनिट
C. सेना
D. बैरक

24. जिस प्रकार 'चिल्लाहट', 'फुसफुसाहट' से संबंधित है, उसी प्रकार 'मारना' निम्नलिखित में से किससे संबंधित है?

A. थप्पड़ मारने
B. छूना
C. क्रोध
D. शोरगुल

25. जिस प्रकार 'पंजा', 'बिल्ली' से संबंधित है उसी प्रकार 'खुर' निम्नलिखित में से किससे संबंधित है?

A. घोड़ा
B. मेमना
C. हाथी
D. शेर

निर्देश (प्र.सं. 26–30): *नीचे दिए गए प्रत्येक प्रश्न में :: चिह्न की बाईं ओर दो शब्द दिए गए हैं। इन दोनों शब्दों में कुछ संबंध है। वैसा ही संबंध :: चिह्न की दाईं ओर के दो शब्दों में है जिनमें से एक शब्द के स्थान पर प्रश्नवाचक चिह्न (?) है। प्रश्नवाचक चिह्न (?) के स्थान पर दिए गए विकल्पों में से एक उपयुक्त विकल्प का चयन करें।*

26. शिकारी : बंदूक :: लेखक : ?

A. पुस्तक
B. कलम
C. कविता
D. पृष्ठ

27. भोजन : आमाशय :: ईंधन : ?

A. इंजन
B. ऑटोमोबाइल
C. रेल
D. वायुयान

28. जल : रेत :: महासागर : ?

A. द्वीप
B. नदी
C. मरुभूमि
D. तरंगें

29. वयस्क : बच्चा :: फूल : ?

A. बीज
B. कली
C. फल
D. तितली

30. मोती : कंठहार :: फूल : ?

A. पौधा
B. बगीचा
C. पँखुड़ी
D. गुलदस्ता

निर्देश (प्र.सं. 31–35): *दिए गए विकल्पों में से उस शब्द-युग्म का चयन कीजिए जिसमें युग्म के शब्दों के बीच ठीक उसी प्रकार का संबंध हो जिस प्रकार का संबंध प्रश्न में दिए गए मूल शब्द-युग्म के बीच है।*

31. राज्य : निर्वासन

A. पुलिस : गिरफ्तार
B. न्यायाधीश : अभियुक्त
C. संविधान : संशोधन
D. चर्च : धर्म-बहिष्करण

32. चंचलता : विश्वसनीयता

A. तात्कालिक : भविष्य सूचक
B. अविश्वसनीय : अमानवीय
C. दृढ़निश्चयी : व्यवहार्यता
D. स्वेच्छाचारी : सनकी

33. अनिच्छुक : बल-प्रयोग

A. घृणित : दुलारा
B. चिढ़ना : प्यार करना
C. क्रुद्ध : प्रतिरोध
D. विमुख : मान-मनोव्वल

34. शल्क : मछली

A. महिला : ड्रेस
B. पेड़ : पत्तियां
C. पक्षी : पंख
D. त्वचा : मुनष्य

35. वृक्ष : बालवृक्ष

A. झोंपड़ी : महल
B. लंबा-तगड़ा : बौना
C. घोड़ा : बछेड़ा
D. चींटी : हाथी

निर्देश (प्र.सं. 36–40): *नीचे के प्रत्येक प्रश्न में एक लुप्त पद है। प्रश्न मे :: चिह्न की बायीं ओर के दो अक्षर-समूहों में जो समानता या सादृश्य है वैसी ही समानता या सादृश्य :: चिह्न की दायीं ओर के दो अक्षर समूहों में है जिनमे से एक अक्षर समूह के स्थान पर प्रश्नवाचक चिह्न (?) लगा है। प्रश्न-वाचक चिह्न (?) के स्थान पर लुप्त पद ज्ञात करें।*

36. BCF : DEG : : MNQ : ?

A. OPR
B. PQS
C. OPP
D. QRT

37. NATION : ANITNO : : HUNGRY : ?

A. HNUGRY
B. UNHGYR
C. YRNGUH
D. UHGNYR

38. ACE : FGH : : LNP : ?

A. QRS
B. PQR
C. QST
D. MOQ

39. BOQD : ERTG : : ANPC : ?

A. DQSF
B. FSHU
C. SHFU
D. DSQF

40. RUX : TRP : : BEH : ?

A. SQN
B. QON
C. QOM
D. QNL

निर्देश (प्र.सं. 41–45) : *नीचे के प्रत्येक प्रश्न में चिह्न ': :' के पहले दो संख्याएं दी गई हैं जिनमें आपस में एक संबंध है तथा ': :' चिह्न के बाद एक तीसरी संख्या दी गई है। दिए गए विकल्पों में से उस संख्या का चयन करें जिसका तीसरी संख्या के साथ वैसा ही संबंध हो जैसा संबंध संख्याओं के पहले जोड़े के बीच है।*

41. 14 : 20 : : 16 : ?

A. 23
B. 10
C. 48
D. 32

42. 0.16 : 0.0016 : : 1.02 : ?

A. 10.20
B. 0.102
C. 0.0102
D. 1.020

43. 5 : 24 : : 8 : ?
A. 65
B. 63
C. 62
D. 64

44. 65 : 30 : : 44 : ?
A. 79
B. 62
C. 28
D. 16

45. 30 : 42 : : 56 : ?
A. 92
B. 21
C. 38
D. 72

निर्देश (प्र.सं. 46–50) : यहां दिए गए प्रत्येक प्रश्न में तीन शब्द किसी न किसी प्रकार से समान हैं और इस कारण वे एक समूह बनाते हैं जबकि एक शब्द अन्य तीनों से भिन्न है। इस भिन्न या विजातीय शब्द को ज्ञात करें।

46. A. अस्तबल
B. बिल
C. डोंगी
D. सूअर-बाड़ा

47. A. खुश
B. उदास
C. प्रसन्नचित्त
D. प्रसन्न

48. A. सीसा
B. पारद
C. तांबा
D. लोहा

49. A. अतिवृष्टि
B. अनावृष्टि
C. भूस्खलन
D. युद्ध

50. A. सिंहशावक
B. चूजा
C. सूअर
D. पिल्ला

निर्देश (प्र.सं. 51–55) : नीचे के प्रत्येक प्रश्न में अक्षर समूहों के रूप में चार विकल्प दिए गए हैं जिनमें से तीन में किसी न किसी प्रकार की समानता और इस कारण वे एक समूह बनाते हैं। उस अक्षर समूह का चयन करें जो समूह से संबंधित नहीं है।

51. A. ACE
B. LOR
C. GIK
D. VXZ

52. A. EFLM
B. KJSR
C. XWHG
D. EDYX

53. A. JOPK
B. BOPC
C. QOPR
D. TOPS

54. A. BdfH
B. FHJL
C. RTvX
D. uVwX

55. A. MKGA
B. PNID
C. RPLF
D. VTPJ

निर्देश (प्र.सं. 56–60) : यहां प्रत्येक प्रश्न में चार विकल्प दिए गए हैं जिनमें से तीन किसी न किसी रूप में आपस में संबंधित होते हुए एक समूह बनाते हैं, जबकि शेष एक संख्या अन्य से भिन्न है। उस भिन्न संख्या का चयन करें जो समूह से संबंधित नहीं है।

56. A. 1948
B. 2401
C. 966
D. 1449

57. A. 182
B. 169
C. 130
D. 158

58. A. 3215
B. 9309
C. 4721
D. 2850

59. A. 1776
B. 2364
C. 1976
D. 3776

60. A. 7658
B. 1234
C. 9876
D. 6543

निर्देश (प्र.सं. 61–65) : नीचे के प्रत्येक प्रश्न में शब्दों के उस जोड़े का चयन करें जो शेष तीन जोड़ों से भिन्न हो।

61. A. कुर्सी-फर्नीचर
B. शर्ट-वस्त्र
C. कंठहार-आभूषण
D. बोगी-इंजन

62. A. चित्रांकनी-कागज
B. पेंसिल-लेड
C. कलम-स्याही
D. बुरुश-रंग

63. A. युद्ध-शांति
B. वास्तविक-सहज
C. अग्रगण्य-प्रथम
D. क्रोध-गुस्सा

64. A. दिन-रात
B. चालाक-मूर्ख
C. स्पष्ट-धुंधला
D. पहुंचना-आना

65. A. भतीजी-भतीजा
B. भाई-बहन
C. पति-पत्नी
D. पिता-माता

निर्देश (प्र.सं. 66–70) : निम्नलिखित प्रश्नों में दिए गए शब्दों या अक्षरों के लिए इंगित कूटभाषा के शब्द या अक्षर ज्ञात करें।

66. यदि किसी कूट भाषा में CHAIR को FKDLU के रूप में लिखा जाए तो उसी कूटभाषा में RAID शब्द को किस प्रकार लिखा जाएगा?
A. ULGD
B. ULKG
C. ULDG
D. UDLG

67. किसी कूटभाषा में COME को XLNV और ABLE को ZYOV लिखा जाता है। इसी कूटभाषा में MOLLY किस प्रकार लिखा जाएगा?
A. NLOBO
B. NLBOO
C. LNOOB
D. NLOOB

68. यदि किसी कूटभाषा में ACTION को ZXGRLM लिखा जाता हो तो उसी कूटभाषा में HEALTH को कैसे लिखा जाएगा?
A. SVZOGS
B. TVZOGT
C. RUZPGR
D. QVGOZQ

69. यदि PHILOSOPHY को HPLISOPOYH लिखा जाता हो तो ORNAMENTAL कैसे लिखा जाएगा?
A. ROANEMNTLA
B. ONRAMNEALT
C. ROANEMTNLA
D. ROANEMNATL

70. यदि किसी कूटभाषा में लिखे गए शब्द OPFGBCST का अर्थवाचन NEAR के रूप में किया जाता हो तो उसी कूटभाषा में कूटबद्ध IJVWHI का अर्थ निम्नलिखित में से क्या होगा?
A. HAG
B. HUG
C. HUT
D. KEG

निर्देश(प्र.सं. 71–75) *: प्रत्येक प्रश्न में दी गई कूटबद्ध सूचना को अच्छी तरह समझें और दिए गए विकल्पों में से सही उत्तर का चयन करें।*

71. यदि किसी कूटभाषा में 'पानी' को 'नीला', 'नीला' को 'लाल', 'लाल' को 'सफेद', 'सफेद' को 'आकाश', 'आकाश' को 'वर्षा', 'वर्षा' को 'हरा', 'हरा' को 'हवा' और 'हवा' को 'मेज' कहा जाए, तो इस कूटभाषा में दूध के रंग को क्या कहेंगे?

A. सफेद B. वर्षा
C. आकाश D. हरा

72. यदि किसी कूटभाषा में 'प्रकाश' को 'अंधकार', 'अंधकार' को 'हरा', 'हरा' को 'नीला', 'नीला' को 'लाल', 'लाल' को 'सफेद' और 'सफेद' को 'पीला' कहा जाता हो तो इस कूटभाषा में रक्त का रंग क्या कहलाएगा?

A. लाल B. अंधकार
C. सफेंद D. पीला

73. यदि किसी कूटभाषा में 'आकाश' को 'समुद्र', 'समुद्र' को 'पानी', 'पानी' को 'हवा', 'हवा' को 'बादल' और 'बादल' को 'नदी' कहा जाता हो तो प्यास लगने पर इस कूटभाषा में पीने के लिए किस चीज की मांग करेंगे?

A. आकाश B. हवा
C. पानी D. समुद्र

74. यदि किसी कूटभाषा में 'पीला' का अर्थ 'लाल', 'सफेद' का अर्थ 'हरा', 'लाल' का अर्थ 'नारंगी', 'नीला' का अर्थ 'सफेद' और 'हरा' का अर्थ 'नीला' हो तो उस कूटभाषा में आकाश का रंग क्या है?

A. सफेद B. हरा
C. नीला D. पीला

75. यदि किसी कूटभाषा में 'घर' को 'झोपड़ी', 'झोपड़ी' को 'नहर', 'नहर' को 'स्कूल', 'स्कूल' को 'मैदान', 'मैदान' को 'सुराही' और 'सुराही' को 'तार' कहा जाए तो इस कूटभाषा में छात्रों के पढ़ने की जगह को क्या कहेंगे?

A. मैदान B. सुराही
C. झोपड़ी D. स्कूल

निर्देश(प्र.सं. 76–80) *: प्रत्येक प्रश्न में दी गई सूचना को अच्छी तरह समझें और दिए गए विकल्पों में से सही उत्तर का चयन करें।*

76. A, B, C, D और E पांच मित्र हैं जिनमें से A का वजन B से अधिक है, C का वजन D से कम है, B का वजन D से कम है किंतु E से अधिक है। इनमें से किसका वजन सबसे अधिक है?

A. B B. C
C. A D. कहा नहीं जा सकता

77. विपुल, हंस से लंबा है। हंस, आनंद से लंबा है। आलोक, अशोक से लंबा है। अशोक, हंस से लंबा है। इन पांचों मित्रों से कौन सबसे अधिक लंबा है?

A. विपुल B. आलोक
C. अशोक D. कहा नहीं जा सकता

78. प्रमोद, गोपाल से लंबा है। गोपाल, मधु से कम लंबा है। यह जानने के लिए कि इनमें सबसे अधिक लंबा कौन है, निम्नलिखित में से कौन-सी अतिरिक्त जानकारी आवश्यक है?

A. मधु, गोपाल से लंबी है
B. मधु, प्रमोद के भाई से कम लंबी है
C. प्रमोद, मधु से लंबा है
D. प्रमोद, मधु के भाई से लंबा है

79. विक्रम की लंबाई राजन से अधिक किंतु ऐनी से कम है। जमाल, ऐनी से अधिक लंबा है। सीता, विक्रम से अधिक लंबी है। राजन, सीता से कम लंबा है। इस समूह में सबसे कम लंबाई किसकी है?

A. सीता B. राजन
C. विक्रम D. कहा नहीं जा सकता

80. प्रमोद आयु में जयेश और सुधीर से बड़ा है। विकास, अनिल से छोटा है। इनमें किसकी आयु सब से अधिक है, यह जानने के लिए निम्नलिखित में से कौन-सी अतिरिक्त जानकारी अपेक्षित है?

A. सुधीर, जयेश से बड़ा है
B. अनिल, जयेश से बड़ा है
C. विकास, प्रमोद से बड़ा है
D. विकास, प्रमोद से छोटा है

निर्देश (प्र.सं. 81 और 82): *(A) गोपाल की लंबाई अशोक से कम किंतु केशव से अधिक है; (B) नवीन की लंबाई केशव से कम है; (C) जयेश की लंबाई नवीन से अधिक है; (D) अशोक की लंबाई जयेश से अधिक है।*

81. इनमें सबसे अधिक लंबा कौन है?

A. गोपाल B. अशोक
C. जयेश D. नवीन

82. उपर्युक्त प्रश्न का उत्तर देने के लिए निम्नलिखित में से कौन-सी सूचना आवश्यक नहीं है?

A. A B. B
C. C D. D

निर्देश (प्र.सं. 83–85): *नीचे उल्लिखित कथन को ध्यानपूर्वक पढ़ें और पूछे गए प्रश्नों के उत्तर दें:*

एक समूह में A, B, C, D और E पांच व्यक्ति हैं। इनमें से दो पुरुष हैं। केवल तीन व्यक्ति तैरना जानते हैं जिनमें एक पुरुष है। इस समूह में एक विवाहित जोड़ा भी है जिसमें पति को तैरना आता है। A, D की छोटी बहन है और B, E का पति है। C तैराकी का चैम्पियन है।

83. समूह में अविवाहित पुरुष कौन है?

A. C B. B
C. A D. D

84. निम्नलिखित में से कौन-सी दो महिलाएं तैरना जानती हैं?

A. A और C B. C और D
C. D और E D. A और E

85. निम्नलिखित में से किन दो व्यक्तियों को तैरना नहीं आता?

A. B और D B. D और E
C. A और E D. A और D

निर्देश (प्र.सं. 86–88): *निम्नलिखित प्रश्नों में व्यवस्थीकरण के पैटर्न को समझें और तत्पश्चात् दिए गए विकल्पों में से सही उत्तर का चयन करें:*

86. मिनी, रजनी के दाएं और अनंता के बाएं बैठी है। सत्या, मिनी के दाएं बैठी है किंतु वह जया के बाएं है। यदि सभी लड़कियां उत्तर दिशा की ओर मुंह किए बैठी हों तो इनमें से सबसे बाएं छोर पर कौन बैठी है?

A. जया B. मिनी
C. रजनी D. सत्या

87. A, B, C, D और E एक दूसरे के पीछे दौड़ रहे हैं। C, E के निकट नहीं है और A, D के निकट नहीं है। B, A के पीछे है और E, D के निकट नहीं है। इनके बीच में कौन व्यक्ति है?

A. B B. E
C. A D. कहा नहीं जा सकता

88. O, P, Q, R, S और T एक बेंच पर अपनी लंबाई के घटते क्रम में खड़े हैं। P, O से अधिक लंबा है किंतु S से उसकी लंबाई कम है। केवल S ही T से अधिक लंबा है। R, P से कम लंबा है किंतु वह Q से अधिक लंबा है। इनमें किसकी लंबाई सबसे कम है?

A. O B. Q
C. P D. कहा नहीं जा सकता

निर्देश (प्र.सं. 89 और 90): *निम्नलिखित कथनों को सावधानी पूर्वक पढ़ें और पूछे गए प्रश्नों के उत्तर दें :*

एक शेल्फ में पांच कमीजें एक ढेर में एक के ऊपर एक रखी हुई हैं। इस ढेर में लाल कमीज नीली कमीज के ऊपर रखी गई है और हरे रंग की कमीज नारंगी रंग की कमीज के नीचे रखी गई है। नीली कमीज नारंगी रंग की कमीज के ऊपर तथा सफेद कमीज हरी कमीज के नीचे रखी गई है।

89. लाल और नारंगी रंग की कमीजों के बीच रखी कमीज किस रंग की है?

A. सफेद रंग की B. हरे रंग की
C. नीले रंग की D. आंकड़े अपर्याप्त हैं

90. सबसे नीचे किस रंग की कमीज है?

A. लाल B. सफेद
C. नारंगी D. कहा नहीं जा सकता

निर्देश (प्र.सं. 91–95) : *नीचे के प्रत्येक प्रश्न में सही दिशा/ दूरी दर्शाने के लिए दिए गए विकल्पों से सही उत्तर का चयन करें।*

91. एक व्यक्ति पश्चिम दिशा में अपनी गाड़ी चला रहा है। वह दक्षिण दिशा में चले इसके लिए उसे निम्नलिखित में से कौन से मोड़ मुड़ने चाहिए?

A. बायीं ओर, दायीं ओर, दायीं ओर
B. दायीं ओर, दायीं ओर, बायीं ओर
C. बायीं ओर, बायीं ओर, बायीं ओर
D. दायीं ओर, दायीं ओर, दायीं ओर

92. ऋचा अपनी गाड़ी से दक्षिण दिशा में 8 किमी आगे चलकर बायीं ओर मुड़ जाती है और 5 किमी. आगे चलती है। वहां वह एक बार फिर से बायीं ओर मुड़कर 8 किमी. आगे चलती है। अब वह अपने शुरू के स्थान से कितनी दूरी पर है?

A. 3 किमी. B. 5 किमी.
C. 8 किमी. D. 13 किमी.

93. देबू पहले पूर्व की ओर और तब उत्तर की ओर चलता है तथा वहां वह 45° दायें मुड़कर कुछ देर आगे चलता है और अंततः बायीं ओर मुड़ जाता है। अब वह किस दिशा में चल रहा है?

A. उत्तर B. पूर्व
C. दक्षिण-पूर्व D. उत्तर-पश्चिम

94. मैं अपने घर से उत्तर दिशा में चला और तब बायीं ओर मुड़ गया। अब कुछ देर तक आगे चलने के बाद मैं फिर से बायीं ओर मुड़ा और तब दायीं ओर मुड़ गया। बाद में आगे चलते हुए मैं बायीं ओर और एक बार फिर से बायीं ओर मुड़ा। बताइए कि अब मैं किस दिशा में चल रहा हूँ?

A. उत्तर B. दक्षिण
C. पूर्व D. पश्चिम

95. राज पश्चिम दिशा में चल रहा है। वह आगे चलते हुए अपने दाएं, फिर दाएं और तब बाएं, हर बार 45° के कोण पर मुड़ा। बताइए कि अब वह किस दिशा में चल रहा है?

A. उत्तर-पूर्व B. दक्षिण-पूर्व
C. पूर्व D. पश्चिम

निर्देश (प्र.सं. 96–100) : *नीचे के प्रत्येक प्रश्न में व्यक्तियों के बीच उल्लिखित संबंधों को सावधानीपूर्वक समझें और तब दिए गए विकल्पों में से सही उत्तर का चयन करें:*

96. A, B और C का पिता है। B, A का पुत्र है किंतु C, A का पुत्र नहीं है। C का A से क्या संबंध है?

A. पुत्री B. पुत्र
C. भतीजी D. भतीजा

97. एक महिला ने कहा, "वहां खड़ी लड़की मेरे दादा जी के एकमात्र पुत्र की पुत्री है"। उस महिला का उस लड़की से क्या संबंध है?

A. बहन B. मां
C. चाची D. भतीजा

98. अजय, विजय का भाई है। शुभा, अजय की बहन है। संजय, राहुल का भाई है और मेहुल विजय की पुत्री है। संजय का चाचा कौन है?

A. राहुल B. अजय
C. मेहुल D. दी गई सूचना अपर्याप्त है

99. आदित्य, रवि का भाई है। भरत, जयंत के पिता हैं। ईला, रवि की मां है। आदित्य और जयंत आपस में भाई हैं। ईला का भरत से क्या संबंध है?

A. बहन B. मां
C. पुत्री D. पत्नी

100. वरुण ने अरुण की ओर संकेत करते हुए कहा, "वह मेरी बहन के एकमात्र भाई का पुत्र है।" अरुण का वरूण से क्या संबंध है?

A. पुत्र B. भाई
C. भतीजा D. दी गई सूचना अपर्याप्त है

निर्देश (प्र.सं. 101–103): *निम्नलिखित सूचना को ध्यानपूर्वक पढ़ें और नीचे पूछे गए प्रश्नों के उत्तर दें :*

101. यदि परसों बृहस्पतिवार था तो रविवार कब होगा?

A. कल B. परसों
C. आज D. आज से दो दिन बाद

102. किसी कार्यालय में बीस व्यक्ति कार्य करते हैं। इनमें से पांच व्यक्तियों का पहला समूह प्रात: 8:00 बजे से दोपहर बाद 2:00 बजे तक काम करता है। दस व्यक्तियों का दूसरा समूह प्रात: 10:00 बजे से शाम 4:00 बजे तक काम करता है तथा पांच व्यक्तियों का तीसरा समूह दोपहर 12:00 बजे से संध्या 6:00 बजे तक काम करता है। इस कार्यालय में तीन कंप्यूटर हैं जिन्हें सभी कर्मचारी बार-बार प्रयोग में लाते हैं। बताइए कि निम्नलिखित में से किस समय के दौरान कंप्यूटर पर सर्वाधिक काम होगा?

A. दोपहर बाद 1:00 बजे से 3:00 बजे के बीच
B. दोपहर 12:00 बजे से दोपहर बाद 2:00 बजे के बीच
C. दोपहर बाद 2:00 बजे से शाम 4:00 बजे के बीच
D. प्रात: 10:00 बजे से दोपहर 12:00 बजे के बीच

103. यदि किसी माह का सातवां दिन शुक्रवार से तीन दिन पहले का दिन हो तो उस माह का उन्नीसवां दिन सप्ताह का कौन-सा दिन होगा?

A. रविवार B. सोमवार
C. बुधवार D. शुक्रवार

निर्देश (प्र.सं. 104 और 105): *निम्नलिखित सूचना को ध्यानपूर्वक पढ़ें और नीचे पूछे गए प्रश्नों के उत्तर दें :*

(i) एक सिटी बस कंपनी M, N, O, P, Q, R और S सात बसें चलाती है जिनमें से प्रत्येक बस शहर के दर्शनीय स्थलों के टूर पर प्रतिदिन एक बार 4 घंटे के लिए रवाना होती है।

(ii) सोमवार से शुक्रवार तक पहली बस ठीक आठ बजे रवाना होती है जिसके बाद की बसें बारी-बारी से 45 मिनट, जिसके बाद 30 मिनट और फिर 45 मिनट, जिसके बाद 35 मिनट और फिर 45 मिनट और उसके बाद 40 मिनट के अंतराल पर रवाना होती हैं।

(iii) शनिवार और रविवार को पहली बस प्रात: 7:30 बजे रवाना होती है और उसके बाद की बसें बारी-बारी से एक-एक घंटे के अंतर पर रवाना होती हैं।

(iv) बस 'Q' बस 'M' के ठीक बाद रवाना होती है जिसके ठीक बाद बस 'S' रवाना होती है।

(v) बस 'O' अंतिम बस है जिसके बाद और कोई बस नहीं जाती।

(vi) बस 'R' बस 'M' से ठीक पहले रवाना होती है किंतु यह बस 'P' के ठीक बाद नहीं जाती।

104. शनिवार को बस 'M' कितने बजे रवाना होती है?

A. प्रात: 10 बजे
B. प्रात: 9:45 बजे
C. प्रात: 10:30 बजे
D. सूचना अपर्याप्त है

105. रविवार को बस 'P' द्वारा अपना टूर पूरा कर लेने के बाद निम्नलिखित में से कौन-सी बस रवाना होती है?

A. Q B. S
C. O D. सूचना अपर्याप्त है

निर्देश (प्र.सं. 106–110): *निम्नलिखित सूचना को ध्यानपूर्वक पढ़ें और नीचे पूछे गए प्रश्नों के उत्तर दें :*

106. पेड़ों की एक पंक्ति में कोई एक पेड़ पंक्ति के दोनों छोरों से पांचवें स्थान पर है। इस पंक्ति में कुल कितने पेड़ हैं?

A. 11 B. 8
C. 10 D. 9

107. 53 छात्रों की एक कक्षा में जया का योग्यता-क्रम में 5 वां स्थान है। कक्षा में योग्यता-क्रम में नीचे से उसका क्रम-स्थान क्या है?

A. 49 वां B. 48 वां
C. 47 वां D. 50 वां

108. पैंसठ छात्रों की एक कक्षा में योग्यता-क्रम में मोहन का क्रम स्थान इक्कीसवां है। यदि योग्यता-क्रम में सबसे नीचे के छात्र का क्रम-स्थान 1 माना जाए तो योग्यता-क्रम में नीचे से मोहन का क्रम-स्थान क्या होगा?

A. 44 वां B. 45 वां
C. 46 वां D. दी गई सूचना अपर्याप्त है

109. लड़कों की एक पंक्ति में राहुल दाहिने से 12 वें स्थान पर और बाएं से चौथे स्थान पर खड़ा है। इस पंक्ति में और कितने लड़कों को शामिल करने पर पंक्ति में लड़कों की कुल संख्या 28 हो जाएगी?

A. 12 B. 14
C. 20 D. 13

110. लड़कों की एक पंक्ति में राजन दाहिने से दसवें स्थान पर है और सूरज बाएं से दसवें स्थान पर है। यदि राजन और सूरज आपस में अपना स्थान बदल लें तो सूरज बाएं से सताइसवें स्थान पर आ जाएगा। राजन अब पंक्ति में दाहिने से कितने स्थान पर खड़ा है?

A. दसवें B. छब्बीसवें
C. उन्तीसवें D. सताइसवें

निर्देश (प्र.सं. 111–115): *प्रत्येक दिए गए विकल्पों से उस एक शब्द का चयन करें जिसे प्रश्न में दिए गए शब्द के अक्षरों का प्रयोग करके लिखा नहीं जा सकता।*

111. ROTATION

A. TORN B. NOTE
C. TART D. RAIN

112. INSUFFICIENT

A. ENTICE B. SCENT
C. SUFFICE D. THENCE

113. CATASTROPHE

A. TASTE B. CHEAP
C. POUCH D. STARE

14. MASTERPIECE
A. MINCE B. TRAMP
C. PESTER D. SPRITE

15. PROGNOSTICATION
A. RONTGEN B. SPITOON
C. ROGATION D. START

र्देश (प्र.सं. 116–120): *यहाँ प्रत्येक प्रश्न में दिए गए विकल्पों से उस क शब्द का चयन करें जिसे प्रश्न के आरंभ में दिए गए शब्द के अक्षरों का योग करके लिखा जा सकता है।*

16. INVESTIGATE
A. INVERT B. GLIDE
C. STING D. ACTED

17. ADVENTURE
A. AWARE B. EVENT
C. TRUCE D. DRIED

18. THANKSGIVING
A. AVENGE B. HAUNTS
C. GRAINS D. SAVING

19. BLANDISHMENT
A. BOARD B. METAL
C. SHAPE D. CRASH

20. UNDISCHARGED
A. CHANGED B. DISARMED
C. GROUNDED D. SHARPEN

र्देश (प्र.सं. 121–125): *निम्नलिखित सूचना को ध्यानपूर्वक पढ़ें और वे पूछे गए प्रश्नों के उत्तर दें :*

1. यदि "+" का अर्थ "–" हो; "–" का अर्थ "×" हो; "×" का अर्थ "÷" हो और "÷" का अर्थ "+" हो, तो
$15 \times 5 \div 10 + 5 - 3 = ?$
A. 9.5 B. 0
C. – 2 D. 24

2. यदि "+" का अर्थ "–" हो; "–" का अर्थ "×" हो; "×" का अर्थ "÷" हो; और "÷" का अर्थ "+" हो, तो
$15 \times 3 \div 15 + 5 - 2 = ?$
A. 0 B. 10
C. 20 D. 6

3. यदि "+" का अर्थ "÷" हो; "×" का अर्थ "–" हो; "÷" का अर्थ "+" हो और "–" का अर्थ "×" हो, तो
$16 \div 8 \times 6 - 2 + 12 = ?$
A. 22 B. 24
C. 23 D. 20

. यदि "+" का अर्थ "×" हो; "–" का अर्थ "÷" हो; "×" का अर्थ "–" हो और "÷" का अर्थ "+" हो, तो
$5 + 8 - 4 \times 2 \div 9 = ?$
A. 15 B. 13
C. 17 D. 11

125. यदि × का आशय जोड़ की संक्रिया से हो, ÷ का आशय घटाव की संक्रिया से हो, + का आशय गुणा की संक्रिया से हो और – का आशय भाग की संक्रिया से हो तो $(20 \times 6 \div 6 \times 4)$ निम्नलिखित में से किसके बराबर है ?
A. 5 B. 24
C. 25 D. 80

निर्देश (प्र.सं. 126–130): *नीचे दिए गए प्रत्येक प्रश्न में बताएँ कि प्रश्न चिह्न (?) के स्थान पर कौन-सी संख्या रखी जा सकती है ?*

126. 

A. 693 B. 939
C. 981 D. 993

127. 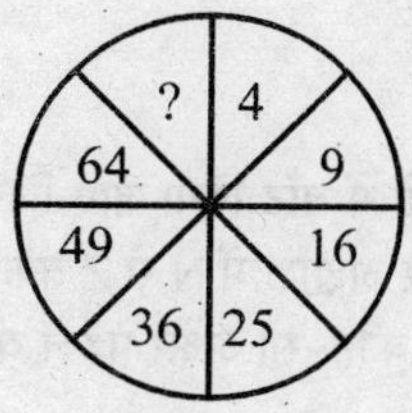

A. 68 B. 100
C. 72 D. 81

128. 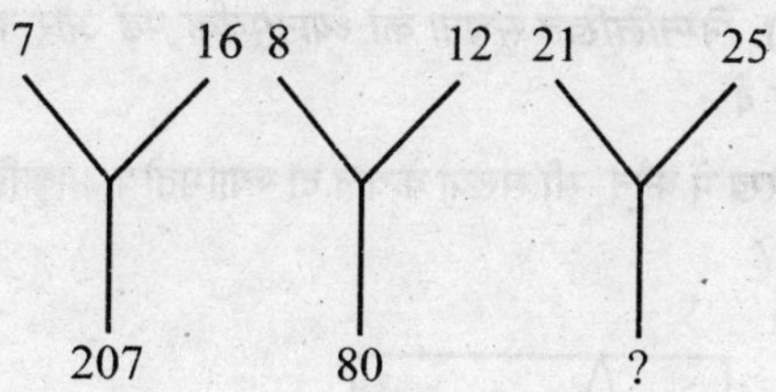

A. 425 B. 184
C. 241 D. 210

129. 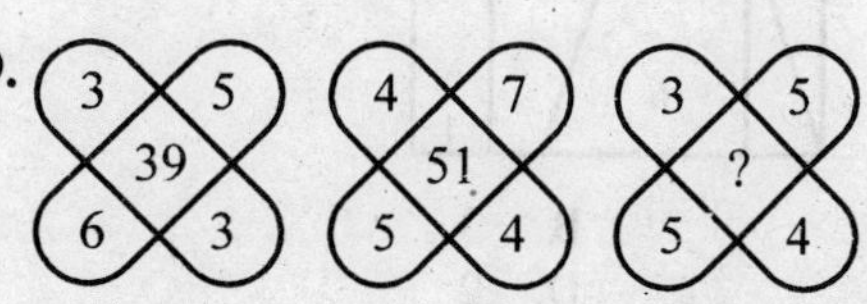

A. 35 B. 37
C. 45 D. 48

130. 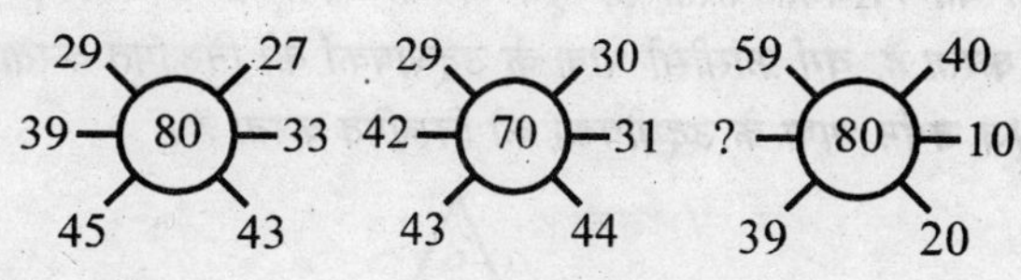

A. 69 B. 49
C. 50 D. 60

निर्देश (प्र.सं. 131–135): *निम्नलिखित प्रश्न वर्णमाला के सीधे या उलटे क्रम में लिखी गई शृंखला पर तथा दिए गए शब्द में अक्षरों के स्थान परिवर्तन पर आधारित हैं।*

131. वर्णमाला के सीधे क्रम में लिखी गई श्रृंखला में बाएँ छोर से छठे अक्षर के ठीक पहले कौन-सा अक्षर होता है?

A. U
B. E
C. F
D. V

132. यदि अंग्रेजी वर्णमाला में प्रथम अर्द्धांश के अक्षरों को उलटे क्रम में लिखा जाए तो दायीं ओर से नौवें अक्षर की बायीं ओर का नौवाँ अक्षर कौन-सा होगा?

A. I
B. D
C. F
D. E

133. यदि अंग्रेजी वर्णमाला को उलटे क्रम में लिखा जाए, तो दायीं और से सातवें अक्षर की बायीं ओर का आठवाँ अक्षर कौन-सा होगा?

A. O
B. P
C. N
D. Q

134. यदि अंग्रेजी वर्णमाला को उलटे क्रम में लिखा जाए तो P के दाएँ से छठा अक्षर कौन-सा होगा?

A. J
B. W
C. K
D. V

135. यदि अंग्रेजी वर्णमाला को दो बराबर हिस्सों में बाँट दिया जाए जिनमें पहले अर्द्धांश में A से M तक के और दूसरे अर्द्धांश में N से Z तक के अक्षर निहित हों, तो बाद वाले अर्द्धांश का कौन-सा अक्षर पहले वाले अर्द्धांश के J अक्षर के संगत होगा?

A. W
B. Q
C. V
D. R

निर्देश (प्र.सं. 136): *निम्नलिखित सूचना को ध्यानपूर्वक पढ़ें और नीचे पूछे गए प्रश्न का उत्तर दें :*

136. निम्नलिखित आरेख में कौन-सी संख्या केवल दो ज्यामितीय आकृतियों में उभयनिष्ठ है?

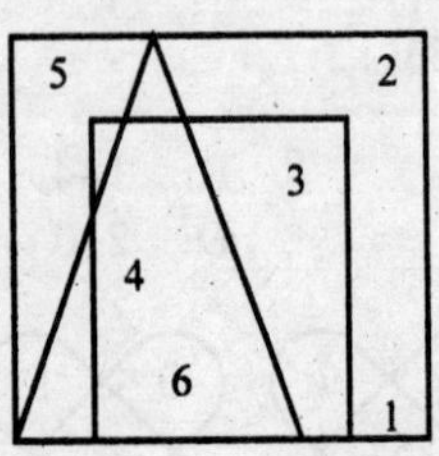

A. 4
B. 3
C. 5
D. 2

निर्देश (प्र.सं. 137 और 138) : *नीचे के आरेख में आयत हिंदी के उद्घोषकों को निरूपित करता है, वृत्त अंग्रेजी भाषा के उद्घोषकों को निरूपित करता है, वर्ग फ्रांसीसी भाषा के उद्घोषकों को निरूपित करता है और त्रिभुज जर्मन भाषा के उद्घोषकों को निरूपित करता है।*

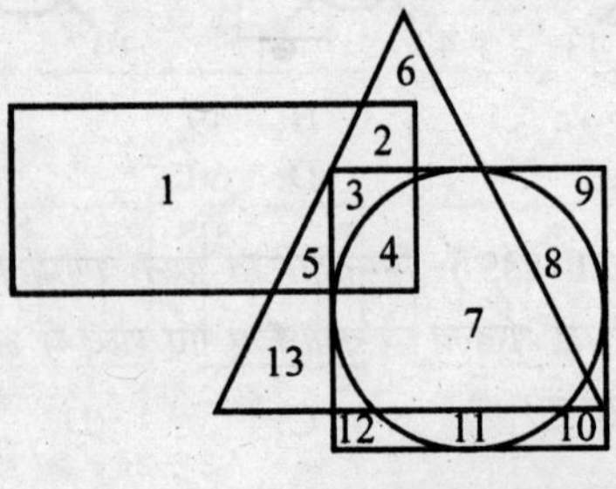

137. कौन-सा क्षेत्र उन उद्घोषकों को निरूपित करता है जो हिंदी, फ्रांसीसी और जर्मन भाषाओं में कार्यक्रम प्रस्तुत कर सकते हैं?

A. 1
B. 2
C. 3
D. 4

138. कौन-सा क्षेत्र उन उद्घोषकों को निरूपित करता है जो केवल फ्रांसीसी और अंग्रेजी भाषा में कार्यक्रम प्रस्तुत कर सकते हैं?

A. 7
B. 9
C. 11
D. 13

निर्देश (प्र.सं. 139 और 140) : *नीचे दिए गए आरेख के आधार पर प्रश्न संख्या 4 और 5 के उत्तर दें :*

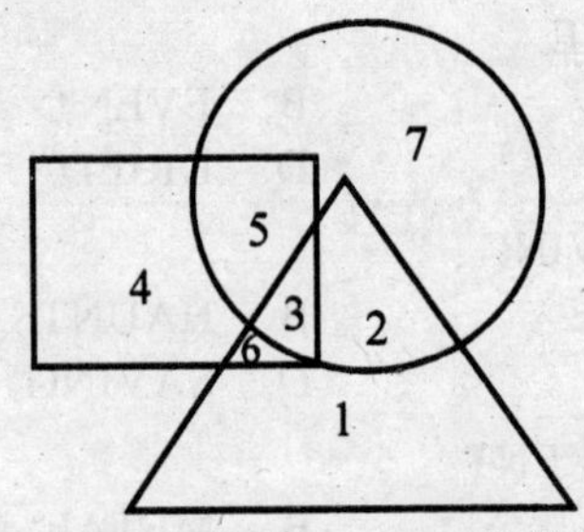

139. कौन-सी संख्या सभी ज्यामितीय आकृतियों में अंतर्निहित है?

A. 5
B. 6
C. 2
D. 3

140. संख्या 6 निम्नलिखित में से किसमें अंतर्निहित है?

A. आयत और त्रिभुज
B. वृत्त और त्रिभुज
C. आयत और वृत्त
D. केवल आयत

निर्देश (प्र.सं. 141-150) : *नीचे दिए गए पाँच तर्क आरेखों में से उस आरेख (आकृति) का चयन करें जो प्रश्न में दिए गए तीनों वर्गों के बीच संबंध को सर्वाधिक सुस्पष्ट रूप में प्रदर्शित करता है।*

A. 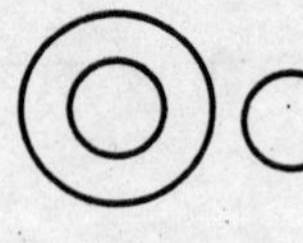

B. 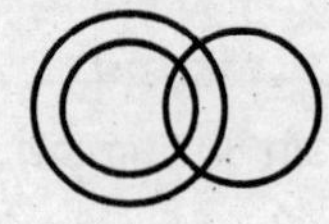

C. 

D. 

E. 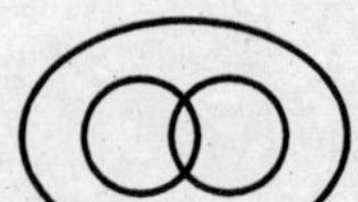

141. पक्षी, फल, आम

142. अपराधी, वकील, डकैत

143. तैराक, कुँआरा, पुरुष

144. स्मार्ट, इंजीनियर, महिला

145. सब्जियाँ, आलू, बैंगन

146. अंगूर, मीठा, फल

147. डॉक्टर, वास्तुकार, मनुष्य

148. विद्वान, व्यक्ति, भारतीय

149. बच्चे, शरारती, अध्ययनशील

150. कलम, पेंसिल, स्टेशनरी

निर्देश (प्र.सं. 151-155) : *नीचे के प्रत्येक प्रश्न में आकृतियों के दो समुच्चय दिए गए हैं जिनमें से एक समुच्चय को* ***प्रश्न आकृतियों*** *का समुच्चय और दूसरे समुच्चय को* ***उत्तर आकृतियों*** *का समुच्चय कहा गया है। प्रश्न आकृतियों के समुच्चय से किसी न किसी प्रकार से एक शृंखला बनती है। उत्तर आकृतियों के समुच्चय से उस एक आकृति का चयन करें जिससे प्रश्न आकृतियों के समुच्चय की शृंखला संतत हो जाए।*

151. प्रश्न आकृतियां

उत्तर आकृतियां

A. B. C. D.

152. प्रश्न आकृतियां

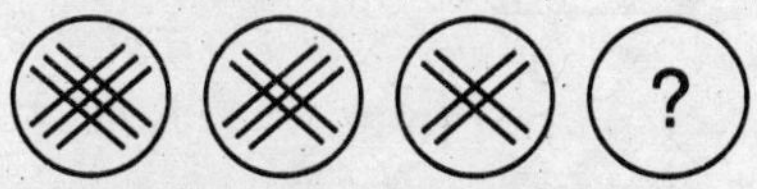

उत्तर आकृतियां

A. B. C. D.

153. प्रश्न आकृतियां

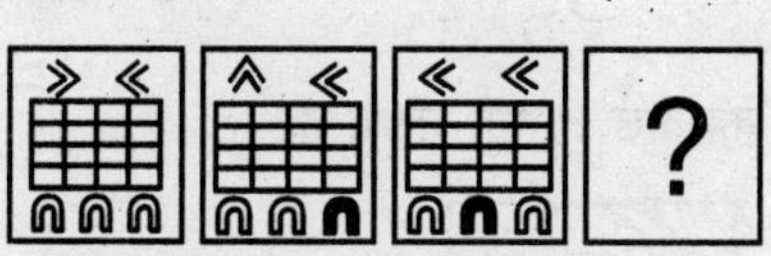

उत्तर आकृतियां

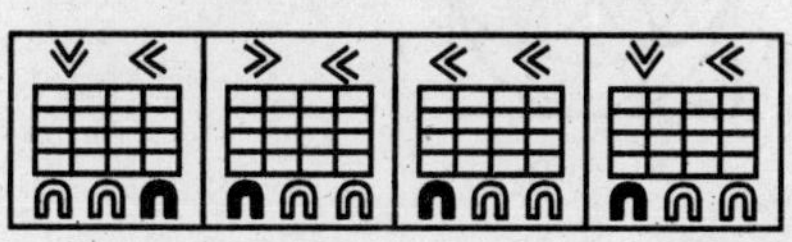

A. B. C. D.

154. प्रश्न आकृतियां

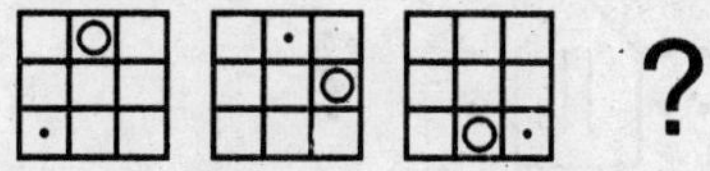

उत्तर आकृतियां

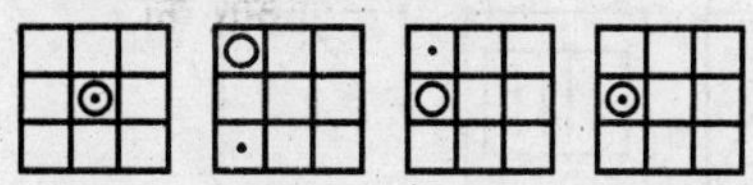

A. B. C. D.

155. प्रश्न आकृतियां

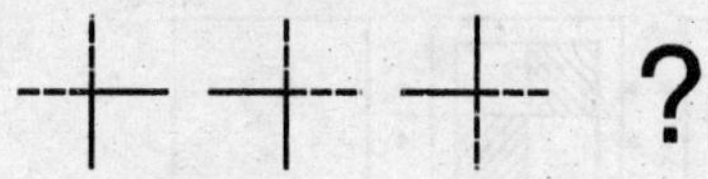

उत्तर आकृतियां

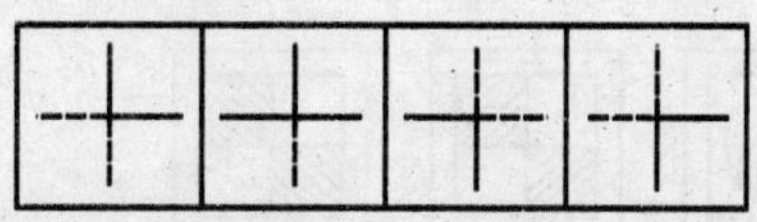

A. B. C. D.

निर्देश (प्र.सं. 156-160) : *प्रश्न आकृतियों में :: चिह्न के बाएं दी गई दो आकृतियों में से दूसरी आकृति का पहली आकृति के साथ एक विशेष संबंध है। :: चिह्न की दाईं ओर की दो आकृतियों के बीच भी ऐसा ही संबंध है। दिए गए विकल्पों से उस आकृति का चयन करें जिसे प्रश्न आकृतियों में प्रश्न चिह्न के स्थान पर रखा जा सकता है और जिसका :: चिह्न की दाईं ओर की पहली आकृति के साथ ठीक वैसा ही संबंध है जैसा कि :: चिह्न की बाईं ओर की दो आकृतियों के बीच है।*

156. प्रश्न आकृतियां

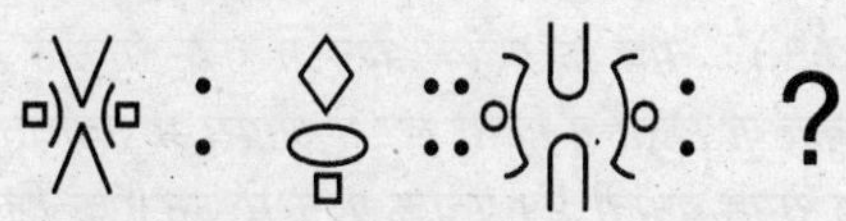

उत्तर आकृतियां

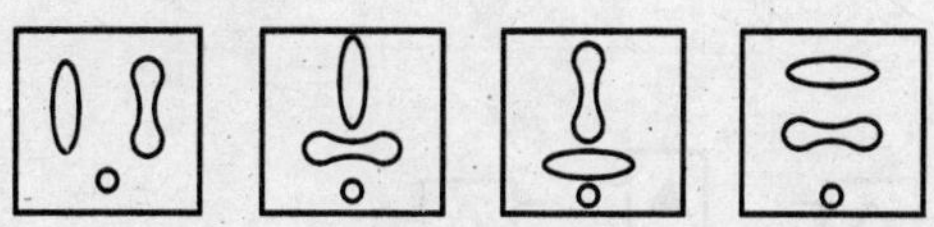

A. B. C. D.

157. प्रश्न आकृतियां

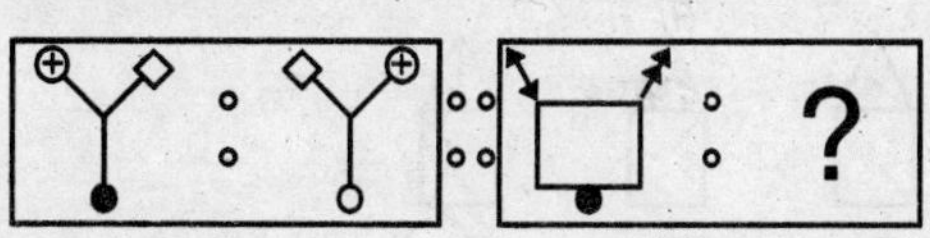

उत्तर आकृतियां

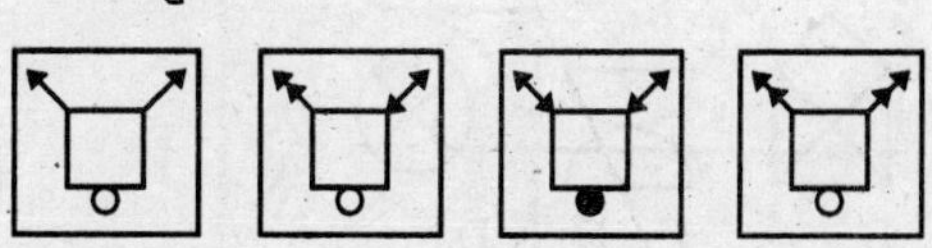

A. B. C. D.

158. प्रश्न आकृतियां

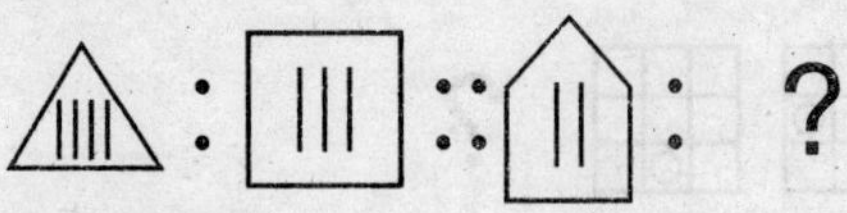

उत्तर आकृतियां

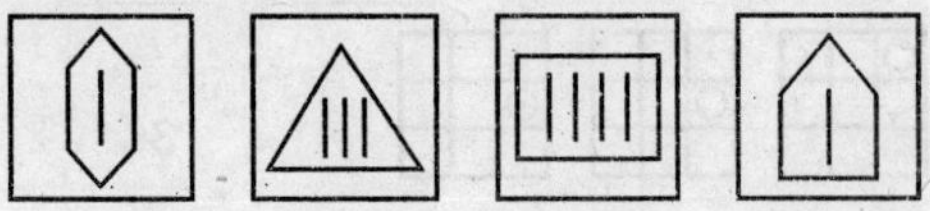

A. B. C. D.

159. प्रश्न आकृतियां

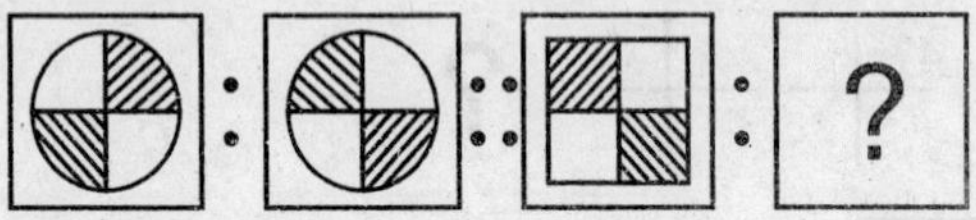

उत्तर आकृतियां

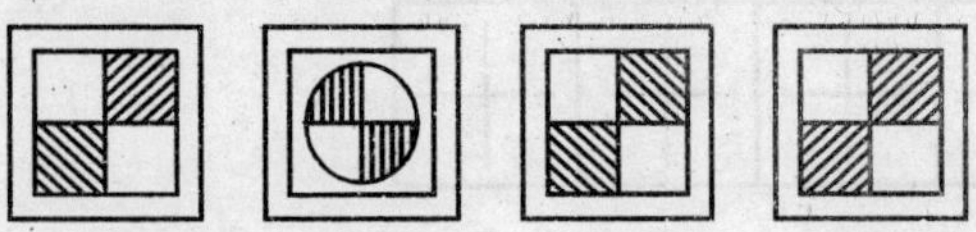

A. B. C. D.

160. प्रश्न आकृतियां

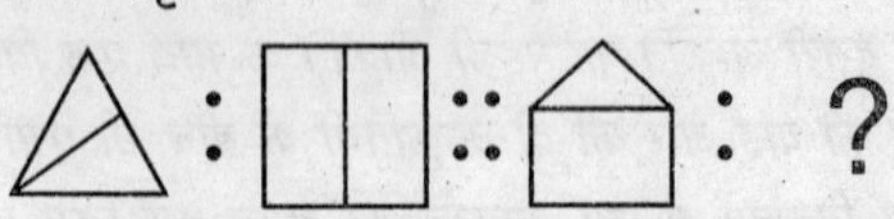

उत्तर आकृतियां

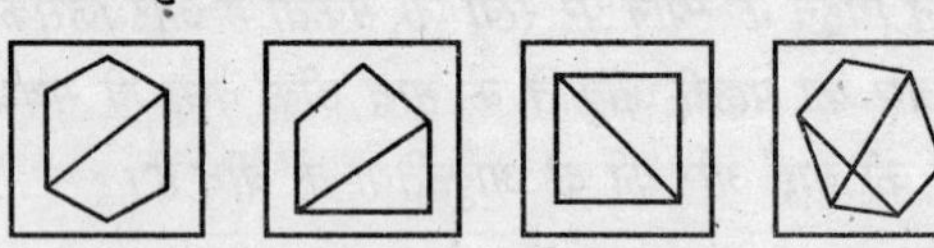

A. B. C. D.

निर्देश (प्र.सं. 161-165) : *नीचे के प्रत्येक प्रश्न में एक आकृति को छोड़कर अन्य सभी आकृतियाँ किसी-न-किसी रूप में आपस में संबंधित हैं और इस कारण वे एक समूह बनाती हैं। प्रत्येक प्रश्न में उस एक भिन्न आकृति का चयन करें जो अन्यों से संबंधित नहीं है अर्थात् जो भिन्न अथवा विजातीय है।*

161.

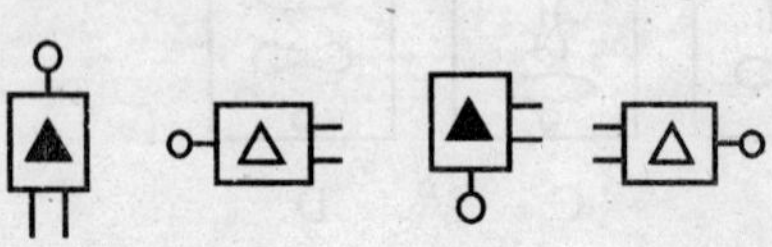

A. B. C. D.

162.

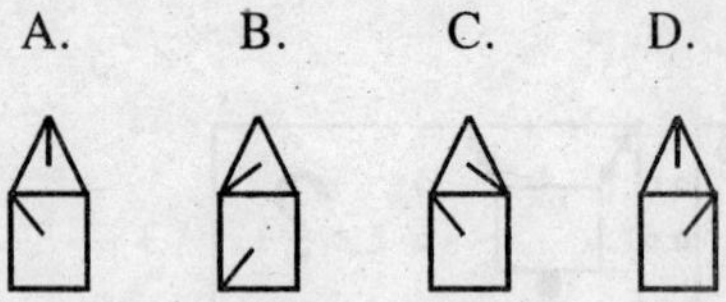

A. B. C. D.

163.

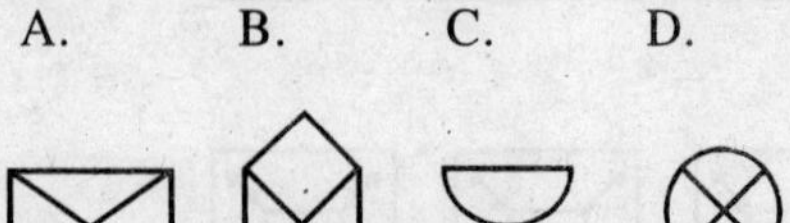

A. B. C. D.

164.

A. B. C. D.

165.

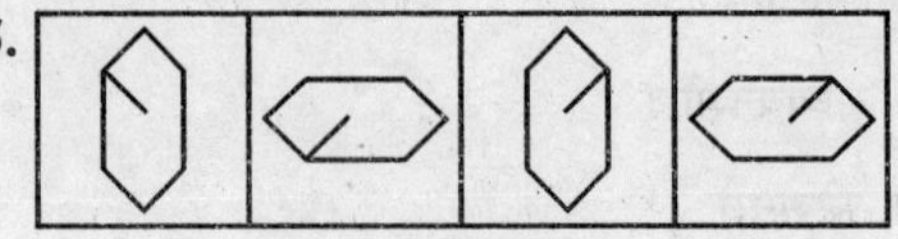

A. B. C. (*d*)

166. नीचे दी गई आकृति में कुल कितने त्रिभुज हैं?

A. 24 B. 27
C. 25 D. 26

167. इस आकृति में कुल कितने त्रिभुज हैं?

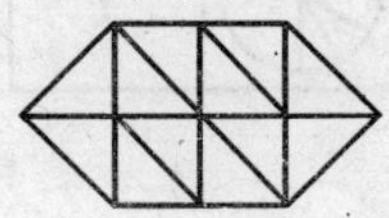

A. 16 B. 17
C. 18 D. 19

168. इस आकृति में कुल कितने वर्ग छिपे हैं?

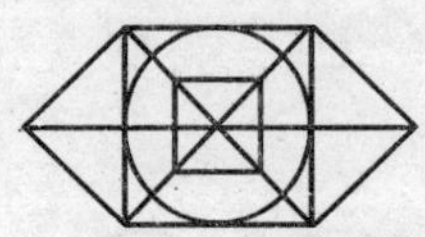

A. 7 B. 8
C. 9 D. 10

169. इस आकृति में निहित त्रिभुजों की संख्या कितनी है?

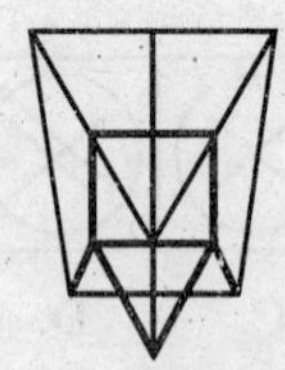

A. 19 B. 16
C. 21 D. 15

170. इस आकृति में वृत्तों की कुल कितनी संख्या है?

A. 6 B. 5
C. 2 D. 3

उत्तरमाला

1	2	3	4	5	6	7	8	9	10
D	B	B	B	C	B	D	A	C	B
11	**12**	**13**	**14**	**15**	**16**	**17**	**18**	**19**	**20**
C	A	C	B	C	D	C	B	D	A
21	**22**	**23**	**24**	**25**	**26**	**27**	**28**	**29**	**30**
D	B	A	B	A	B	A	C	B	D
31	**32**	**33**	**34**	**35**	**36**	**37**	**38**	**39**	**40**
D	D	D	D	C	A	D	A	A	C
41	**42**	**43**	**44**	**45**	**46**	**47**	**48**	**49**	**50**
A	C	B	D	D	C	B	B	D	C
51	**52**	**53**	**54**	**55**	**56**	**57**	**58**	**59**	**60**
B	A	D	D	B	A	D	B	B	A
61	**62**	**63**	**64**	**65**	**66**	**67**	**68**	**69**	**70**
D	A	A	D	A	D	D	A	C	B
71	**72**	**73**	**74**	**75**	**76**	**77**	**78**	**79**	**80**
C	C	B	A	A	D	D	C	B	C
81	**82**	**83**	**84**	**85**	**86**	**87**	**88**	**89**	**90**
B	C	D	A	B	C	A	D	C	B
91	**92**	**93**	**94**	**95**	**96**	**97**	**98**	**99**	**100**
D	B	D	C	A	A	A	D	D	A
101	**102**	**103**	**104**	**105**	**106**	**107**	**108**	**109**	**110**
A	B	A	C	A	D	A	B	D	D
111	**112**	**113**	**114**	**115**	**116**	**117**	**118**	**119**	**120**
B	D	C	A	A	C	B	D	B	A
121	**122**	**123**	**124**	**125**	**126**	**127**	**128**	**129**	**130**
C	B	C	C	B	C	D	B	B	A
131	**132**	**133**	**134**	**135**	**136**	**137**	**138**	**139**	**140**
B	D	A	A	A	B	C	C	D	A
141	**142**	**143**	**144**	**145**	**146**	**147**	**148**	**149**	**150**
A	A	B	C	D	B	D	E	C	D
151	**152**	**153**	**154**	**155**	**156**	**157**	**158**	**159**	**160**
C	D	D	D	A	B	B	A	A	A
161	**162**	**163**	**164**	**165**	**166**	**167**	**168**	**169**	**170**
C	C	C	D	C	B	A	D	B	A

आंकिक योग्यता

1. 1 से 100 के बीच अभाज्य संख्याएं होंगीः
A. 20 B. 30
C. 22 D. 25

2. ऐसी संख्या जो अभाज्य भी है और सम भीः
A. 1 B. 2
C. 98 D. 79

3. निम्न में से कौन-सी संख्या अभाज्य संख्या होगी?
A. 149 B. 159
C. 117 D. 147

4. चार अंकों की छोटी-से-छोटी संख्या होगी?
A. 1002 B. 1001
C. 9999 D. 1000

5. 43014 में 3 का स्थानीय मान क्या होगा?
A. 3 B. 3000
C. 300 D. 30

6. 81752 में 2 के स्थानीय मान और जातीय मान में अन्तर क्या होगा?
A. 2 B. 0
C. 1 D. 20

7. संख्या 3125 में से क्या घटाया जाए ताकि शेष संख्या 13 से पूर्णतः विभाजित हो सके?
A. 5 B. 8
C. 10 D. 12

8. निम्नलिखित में से कौन-सी संख्या 3 से पूर्णतः विभाजित होगी?
A. 491 B. 371
C. 591 D. 571

9. भाग के प्रश्न में भाजक 16, भागफल 9 तथा शेष 1 हो, तो भाज्य कितना होगा?
A. 145 B. 136
C. 144 D. 152

10. 1 से 50 तक पूर्णांकों का योग कितना होगा?
A. 1275 B. 1375
C. 1225 D. 1365

11. संख्या 30, 70, 584 में अंक 7 के स्थानीय मान लिखो।
A. 700 B. 7000
C. 70,000 D. 700,000

12. 3589 में क्या जोड़ें कि यह पांच अंकों की सबसे छोटी संख्या बन जाए?
A. 6413 B. 6412
C. 6411 D. 6311

13. 2756 और तीन अंकों की सबसे बड़ी संख्या का योगफल ज्ञात करो
A. 3655 B. 3755
C. 3756 D. 3656

14. पांच अंकों की सबसे बड़ी और छः अंकों की सबसे छोटी संख्याओं का अन्तर ज्ञात करो।
A. 1 B. 2
C. 3 D. 4

15. संख्या 36795 में अंक 6 के स्थान पर 9 तथा 9 के स्थान पर 6 बद देने से इन संख्याओं के मान में कितना अन्तर हो जाएगा।
A. 2970 B. 3071
C. 2971 D. 3017

16. चार अंकों की बड़ी-से-बड़ी व छोटी-से- छोटी संख्याओं का यो ज्ञात करो।
A. 10990 B. 11999
C. 10909 D. 10999

17. कौन-सी भिन्न $\frac{15}{25}$ के समान है?
A. $\frac{150}{25}$ B. $\frac{15}{250}$
C. $\frac{3}{5}$ D. $\frac{60}{75}$

18. कौन-सी भिन्न $\frac{13}{20}$ के समान नहीं है?
A. $\frac{26}{40}$ B. $\frac{130}{200}$
C. $\frac{39}{60}$ D. $\frac{52}{60}$

19. एक घंटे के $\frac{5}{6}$ भाग का मान हैः
A. आधा घण्टा B. 40 मिनट
C. 50 मिनट D. 55 मिनट

20. एक वायुयान 1250 कि.मी. यात्रा में 2/5 भाग ईंधन खपत क है। शेष ईंधन में यात्रा पूरी करेगाः
A. 1875 कि.मी. B. 2125 कि.मी.
C. 250 कि.मी. D. 475 कि.मी.

21. निम्नलिखित में से कौन-सी भिन्न सबसे बड़ी है?

A. $\frac{3}{15}$ B. $\frac{5}{20}$

C. $\frac{8}{64}$ D. $\frac{25}{1000}$

22. निम्नलिखित में से कौन-सी भिन्न सबसे छोटी है?

A. $\frac{1}{10}$ B. $\frac{1}{100}$

C. $\frac{9}{1000}$ D. $\frac{500}{10,000}$

23. $.001 \times 1000 = ?$

A. .1 B. 1

C. .01 D. 10

24. $1.01 \times .1 = ?$

A. 1.01 B. 10.1

C. .101 D. .0101

25. $\frac{20+8\times0.5}{20-?} = 12$

A. 12 B. 4

C. 18 D. 2

26. $.01 \times 100 \div 2.5 = ?$

A. 4 B. .4

C. .04 D. 5

27. दी हुई भिन्नों $\frac{5}{8}, \frac{21}{35}, \frac{9}{16}, \frac{6}{7}$ में सबसे बड़ी और सबसे छोटी भिन्न के बीच अन्तर है?

A. $\frac{33}{112}$ B. $\frac{112}{33}$

C. $\frac{32}{112}$ D. $\frac{112}{32}$

28. यदि किसी संख्या तथा उसके $\frac{1}{5}$ भाग में अन्तर 20 है, तो वह संख्या क्या है?

A. 23 B. 25

C. 24 D. 26

29. $\frac{7}{4} - \frac{4}{7} = \frac{5}{28} + ?$

A. 2 B. $\frac{1}{7}$

C. $\frac{2}{9}$ D. 1

30. $22 \times 5 = 22$ का ?%

A. 4500 B. 5000

C. 500 D. 750

31. 200 का $\frac{1}{25} \div 8 = ?$

A. 1 B. 3

C. 8 D. 5

32. $\frac{40\times0.4\times0.04}{4+4\div4} = ?$

A. .128 B. .148

C. .15 D. .248

33. $50 \div 5 \div 5 = ?$

A. 2 B. 10

C. 1/5 D. 4

34. $\frac{40\times15+25}{26+4\div4-2} = ?$

A. 25 B. 30

C. 31 D. 42

35. $\frac{1.4\times3.6-1.2}{0.4\times1.2} = ?$

A. 8 B. 2

C. 4 D. 3

36. $14\times3.2-2 \times 2.1+0.8 = ?$

A. 1.08 B. 2.18

C. 1.18 D. 2.08

37. $5 \div \frac{3}{4} + \frac{2}{3} \times \frac{3}{4} - \frac{2}{3}$ का $\frac{13}{7} = ?$

A. $4\frac{12}{11}$ B. $5\frac{13}{14}$

C. $5\frac{13}{17}$ D. $6\frac{13}{14}$

38. $(9+9+9) \div 9 \times 9 = ?$

A. 27 B. 24

C. 21 D. 32

39. $2-\left[3-\left\{6-\left(5-\overline{4-3}\right)\right\}\right]$ को सरल करो।

A. 1 B. 2

C. 3 D. इनमें से कोई नहीं

40. सरल करो—

$\frac{3}{11} + \frac{4}{3} \div \frac{10}{11} \times \frac{5}{11} - \frac{28}{33}$ का $1\frac{2}{7}$

A. $\frac{5}{13}$ B. $\frac{-5}{33}$

C. $\frac{5}{33}$ D. $\frac{-5}{13}$

41. $4.51 \times \frac{2}{5} + \frac{3}{5} \times 4.51 + 4.51$ को सरल करो।

A. 9.02 B. 90.2

C. 0.902 D. 902

42. $\frac{15.72\times15.72-5.72\times5.72}{15.72+5.72}$ को सरल करो।

A. 9 B. 10

C. 8 D. 11

43. 12, 24 व 36 का महत्तम समापवर्तक कितना होगा?

A. 16 B. 18

C. 12 D. 36

44. 70, 20 व 14 का लघुत्तम समापवर्त्य क्या है?

A. 120 B. 140

C. 280 D. 70

45. दो संख्याओं का अनुपात 11 : 15 है। यदि उनका म॰स॰ 13 हो, तो वे संख्याएं क्रमशः क्या होंगी?

A. 143 व 195 B. 195 व 143
C. 110 व 150 D. 121 व 165

46. वह छोटी-से-छोटी पूर्ण वर्ग संख्या क्या होगी जो 56, 21 तथा 36 से पूर्णतः विभाजित हो सके?

A. 7056 B. 8056
C. 7040 D. 8100

47. वह बड़ी-से-बड़ी संख्या क्या होगी, जिससे यदि 27, 33 तथा 39 को भाग दें तो क्रमशः 2, 3 तथा 4 शेष बचे?

A. 4 B. 5
C. 3 D. 7

48. 5 अंकों की वह छोटी-से-छोटी संख्या क्या होगी जो 12, 15 तथा 18 से पूर्णतः विभाजित हो?

A. 10080 B. 10800
C. 11820 D. 12080

49. दो संख्याओं का गुणनफल 27 है। उनका महत्तम समापवर्तक 3 है, तो उनका लघुत्तम समापवर्त्य क्या होगा?

A. 81 B. 54
C. 9 D. 6

50. चार अंकों की वह बड़ी-से-बड़ी संख्या क्या है जो 2, 3, 4, 5, 6 और 7 से पूरी-पूरी विभाजित हो जाती है?

A. 9729 B. 9760
C. 9579 D. 9660

51. दो संख्याओं का गुणनफल 54 है। उनका महत्तम समापवर्तक 3 है, तो उनका लघुत्तम समापवर्त्य क्या होगा?

A. 18 B. 21
C. 9 D. 24

52. $\frac{10}{21}, \frac{25}{27}$ और $\frac{35}{24}$ का महत्तम समापवर्तक क्या है?

A. $\frac{5}{216}$ B. $\frac{5}{1080}$
C. $\frac{5}{1512}$ D. $\frac{5}{638}$

53. 27, 15, 72 का लघुत्तम ज्ञात करो।

A. 1020 B. 1080
C. 1050 D. 1060

54. 77, 88, 132 का लघुत्तम ज्ञात करो।

A. 1860 B. 1858
C. 1850 D. 1848

55. 135, 120, 90 का लघुत्तम ज्ञात करो।

A. 1050 B. 1020
C. 1080 D. 1060

56. 4, 6, 9, 12 का लघुत्तम ज्ञात करो।

A. 36 B. 38
C. 34 D. 40

57. $a^5 \times a^7$ का मान कितना होगा?

A. a^{35} B. a^2
C. a^{12} D. $a^{5/7}$

58. $(x^{2/3})^{-3/4}$ का मान कितना होगा?

A. $\frac{1}{x}$ B. $\frac{1}{\sqrt{x}}$
C. $\frac{1}{x^2}$ D. $\frac{1}{x^{-2}}$

59. 4 की घात 3 निम्न में से किस संख्या के बराबर होगी?

A. 64 B. 81
C. 12 D. 49

60. 2 की घात 3 तथा 3 की घात 2 में कितना अन्तर होगा?

A. 2 B. 5
C. 3 D. 1

61. $\left(-\frac{1}{125}\right)^{-\frac{2}{3}}$ का मान कितना होगा?

A. $\frac{1}{25}$ B. 25
C. 5 D. $\frac{1}{5}$

62. $(8)^{-(2^{-2})}$ का मान कितना होगा?

A. $2^{-1/4}$ B. $2^{-3/4}$
C. $2^{3/4}$ D. $2^{-1/2}$

63. यदि $\sqrt{2^n} = 64$ है, तो n का मान क्या होगा?

A. 8 B. 4
C. 12 D. 16

64. $(100)^0$ का मान कितना होगा?

A. 0 B. 10
C. 1 D. 100

65. यदि $10^{2/5} \times 10^{8/5} = 10^n$ है, तो n का मान क्या होगा?

A. 2 B. 3
C. 6 D. 4

66. $27^3 \times 3^4 \div 3^{10}$ का मान कितना होगा?

A. 9 B. 27
C. 81 D. $\frac{1}{27}$

67. व्यंजक $\frac{(-1)^{132}}{5^{-1} + 3^{-1}}$ का मान कितना होगा?

A. $\frac{16}{9}$ B. $-\frac{15}{8}$
C. $\frac{15}{8}$ D. $\frac{17}{8}$

68. $6a^3b^3c^2 \div 2ab^2c$ का मान कितना होगा?

A. $3a^2bc$ B. $3ab^2c$
C. $3a^2b^2c^2$ D. $3a^3b^3c^3$

69. $\sqrt{\dfrac{1}{\left(\left(\dfrac{3}{4}\right)^{-2}\right)}} + \sqrt[3]{\dfrac{27}{64}}$ का मान क्या होगा?

A. $\dfrac{2}{3}$ B. $\dfrac{4}{5}$

C. $\dfrac{13}{12}$ D. $\dfrac{3}{2}$

70. $\dfrac{1}{\sqrt{3}}$ का मान दशमलव के तीन स्थानों तक होगा—

A. 0.577 B. 0.477

C. 0.673 D. 0.575

71. यदि $\sqrt{2} = 1.4142$ हो, तो $\dfrac{1}{2}\left(\dfrac{\sqrt{2}-1}{\sqrt{2}+1}\right)$ का मान कितना होगा?

A. .0768 B. .0658

C. .0858 D. .0458

72. यदि $\sqrt{1936} = 44$ हो, तो $\sqrt{19.36} + \sqrt{0.1936} + \sqrt{.001936}$ का मान दशमलव के तीन स्थानों तक होगा—

A. 5.679 B. 4.884

C. 9.884 D. 6.778

73. $\sqrt{\left(5 + \dfrac{4}{9}\right)}$ का मान होगा?

A. $3\dfrac{1}{3}$ B. $2\dfrac{1}{6}$

C. $4\dfrac{1}{3}$ D. $2\dfrac{1}{3}$

74. $\dfrac{\sqrt{2}-1}{\sqrt{2}+1}$ का मान दशमलव के तीन स्थानों तक होगा—

A. 0.172 B. 0.158

C. 0.176 D. 0.188

75. $\sqrt[3]{8^4}$ का मान कितना होगा?

A. 15 B. 9

C. 16 D. 25

76. यदि $\sqrt{6} = 2.45$, तो $\sqrt{\dfrac{2}{3}} + 3\sqrt{\dfrac{3}{2}}$ का मान किसके बराबर होगा?

A. 3.942 B. 4.492

C. 4.942 D. 9.345

77. $\sqrt{72}$ का मान किसके बराबर होगा?

A. $3\sqrt{5}$ B. $6\sqrt{2}$

C. $8\sqrt{2}$ D. $7\sqrt{3}$

78. हर के परिमेयीकरण के पश्चात व्यंजक $\dfrac{\sqrt{2}}{\sqrt{2}+\sqrt{3}-\sqrt{5}}$ का रूप होगा—

A. $\dfrac{3+\sqrt{6}+\sqrt{15}}{6}$ B. $\dfrac{3-\sqrt{6}-\sqrt{5}}{6}$

C. $\dfrac{3+\sqrt{6}+\sqrt{5}}{3}$ D. $\dfrac{2+\sqrt{6}-\sqrt{15}}{6}$

79. $\left(\sqrt{80} + 3 \times \sqrt{245} - \sqrt{125}\right)$ का मान कितना होगा?

A. $18\sqrt{5}$ B. $20\sqrt{5}$

C. $22\sqrt{5}$ D. $28\sqrt{2}$

80. $\left(\dfrac{\sqrt{5}+\sqrt{3}}{\sqrt{5}-\sqrt{3}}\right)$ का मान कितना होगा?

A. $4+\sqrt{15}$ B. $3-\sqrt{15}$

C. $2+\sqrt{15}$ D. $4-\sqrt{15}$

81. $3^{\frac{1}{5}}, 5^{\frac{3}{5}}, 7^{\frac{4}{5}}$ को आरोही क्रम में किस प्रकार से लिखा जा सकता है?

A. $5^{\frac{3}{5}} < 3^{\frac{1}{5}} < 7^{\frac{4}{5}}$ B. $3^{\frac{1}{5}} < 5^{\frac{3}{5}} < 7^{\frac{4}{5}}$

C. $7^{\frac{4}{5}} < 3^{\frac{1}{5}} < 5^{\frac{3}{5}}$ D. $3^{\frac{1}{5}} < 7^{\frac{4}{5}} < 5^{\frac{3}{5}}$

82. 5 विद्यार्थियों की ऊँचाइयां (सेंमी में) 140, 135, 142, 138 व 140 है। उनकी औसत ऊँचाई है:

A. 136 B. 138

C. 139 D. 140

83. 10 विद्यार्थियों द्वारा प्राप्तांक 22, 35, 37, 38, 29, 27, 34, 36, 28 और 34 हैं। उनके औसत अंक हैं:

A. 30 B. 31

C. 32 D. 34

84. एक लड़का जिसकी ऊँचाई 165 सेंमी है, के स्थान पर नया लड़का आ जाने से 34 लड़कों के एक समूह की औसत ऊँचाई 1 सेंमी कम हो जाती है। नये लड़के की ऊँचाई है:

A. 132 सेंमी B. 129 सेंमी

C. 130 सेंमी D. 131 सेंमी

85. 2 से प्रारम्भ करके पांच लगातार सम संख्याओं का औसत है:

A. 4 B. 6

C. 7 D. 5

86. 5 गेंदों का भार (ग्राम में) क्रमशः 50, 54, 53, 56 और 52 है। उनका औसत भार है:

A. 53 B. 54

C. 52 D. 51

87. एक रस्सी के 5 टुकड़ों की लम्बाइयां (सेंमी में) 5, 5.2, 6.3, 7.2 और 6.3 हैं। टुकड़े की औसत लम्बाई है:

A. 5.8 B. 6.0

C. 6.1 D. 6.2

88. 7 के प्रथम पांच गुणजों (Multiples) का औसत क्या होगा?

A. 21 B. 23

C. 24 D. 28

89. चार संख्याओं का औसत 18 है। यदि उनमें से पहली तीन संख्याएं क्रमशः 16, 22 व 28 हों, तो बताइये अन्तिम संख्या क्या होगी?

A. 5 B. 8
C. 6 D. 9

90. 12 संख्याओं का औसत मान 30 है। यदि प्रत्येक संख्या में 3 से गुणा कर दिया जाये, तो बताइये नई संख्याओं का औसत मान कितना होगा?

A. 70 B. 80
C. 90 D. 100

91. एक व्यक्ति ₹ 50 प्रति पुस्तक के हिसाब से 4 पुस्तकें, ₹ 60 प्रति पुस्तक के हिसाब से 5 पुस्तकें, तथा ₹ 70 प्रति पुस्तक के हिसाब से 6 पुस्तकें खरीदता है। बताइये पुस्तक का औसत मूल्य कितना होगा?

A. ₹ 62.33 B. ₹ 41.50
C. ₹ 61.33 D. ₹ 61.75

92. 25 राशियों का औसत 15 है, उनमें से 15 राशियों का औसत 17 है, तो शेष राशियों का औसत ज्ञात करो।

A. 10 B. 13
C. 11 D. 12

93. एक कक्षा में 23 छात्रों की औसत आयु 16 वर्ष है। यदि अध्यापक की आयु भी सम्मिलित कर ली जाए, तो औसत आयु एक वर्ष बढ़ जाती है। अध्यापक की आयु क्या है?

A. 35 वर्ष B. 40 वर्ष
C. 50 वर्ष D. 30 वर्ष

94. निम्नलिखित में से 20% का मान किसके बराबर होगा?

A. $\frac{1}{4}$ B. $\frac{1}{2}$
C. $\frac{1}{5}$ D. $\frac{1}{8}$

95. 36% का मान दशमलव भिन्न में होगा–

A. .36 B. .036
C. 3.6 D. .0036

96. $\frac{4}{5}$ को प्रतिशत भिन्न में बदलने पर मान होगा–

A. 80% B. 70%
C. 60% D. 40%

97. 36 का कितने %, 24 के बराबर होगा?

A. $16\frac{2}{3}\%$ B. $66\frac{2}{3}\%$
C. $11\frac{1}{9}\%$ D. $31\frac{1}{9}\%$

98. 3 मीटर का 15%, किसके बराबर होगा?

A. 44 सेंमी B. 45 सेंमी
C. 40 सेंमी D. 38 सेंमी

99. 26 का 18% = ?

A. 4.88 B. 4.65
C. 3.68 D. 4.68

100. 10% का 10% कितने % होगा?

A. 7 B. 6
C. 1 D. 5

101. किसी शहर की जनसंख्या 50,000 से बढ़कर 52,000 हो जाती हो, तो बताइये कितने प्रतिशत की वृद्धि होगी?

A. 3% B. 6%
C. 4% D. 5%

102. एक आदमी अपने वेतन का 75% खर्च करता है और ₹ 150 मासिक बचाता है तो उसका मासिक वेतन है:

A. ₹ 750 B. ₹ 600
C. ₹ 400 D. ₹ 300

103. किसी विद्यालय में 97% विद्यार्थी उपस्थित थे और 18 विद्यार्थी अनुपस्थित थे। विद्यालय में कुल विद्यार्थियों की संख्या है:

A. 400 B. 450
C. 500 D. 600

104. किसी राशि का 7%, ₹ 35 है तो वह राशि ज्ञात कीजिए।

A. ₹ 550 B. ₹ 700
C. ₹ 600 D. ₹ 500

105. 3 किग्रा. कितने किग्रा. का 5% है:

A. 60 किग्रा。 B. 50 किग्रा。
C. 65 किग्रा。 D. 70 किग्रा。

106. किसी राशि का 5%, ₹ 500 के 12% के बराबर है तो राशि ज्ञात कीजिए।

A. ₹ 1100 B. ₹ 1200
C. ₹ 1150 D. ₹ 1250

107. अनिल ने अपनी पूंजी का 65% मशीनरी में तथा 20% कच्चा माल खरीदने में खर्च कर दिया। यदि उसके पास अब ₹ 1305 बचे हों तो उसने कितना खर्च कर दिया?

A. ₹ 7395 B. ₹ 7350
C. ₹ 7390 D. ₹ 7380

108. किसी पुस्तकालय में 20% पुस्तकें अंग्रेजी भाषा में हैं तथा शेष का 50% पुस्तकें हिन्दी भाषा में हैं। यदि शेष 900 पुस्तकें अन्य क्षेत्रीय भाषा में हैं, तो पुस्तकालय में कुल कितनी पुस्तकें हैं?

A. 2300 B. 2250
C. 2290 D. 2280

109. किस धनराशि पर 4% वार्षिक ब्याज की दर से 5 वर्ष का साधारण ब्याज ₹ 64 होगा?

A. ₹ 220 B. ₹ 280
C. ₹ 320 D. ₹ 300

110. 450 रु॰ पर 6% वार्षिक ब्याज दर से 4 मास का ब्याज कितना होगा?

A. ₹ 9 B. ₹ 8
C. ₹ 6 D. ₹ 5

111. कितने समय में ₹ 3600 पर 6% वार्षिक दर से साधारण ब्याज ₹ 432 होगा?

A. 1 वर्ष B. 2 वर्ष

C. $1\frac{1}{2}$ वर्ष D. $2\frac{1}{4}$ वर्ष

112. किस राशि पर 3% वार्षिक ब्याज की दर से 2 वर्ष का ब्याज ₹ 36 होगा?

A. ₹ 500 B. ₹ 575

C. ₹ 590 D. ₹ 600

113. ब्याज की किस दर से कोई राशि 16 वर्षों में दोगुनी हो जाएगी?

A. $5\frac{1}{2}$% B. $6\frac{1}{4}$%

C. $4\frac{1}{3}$% D. $2\frac{1}{2}$%

114. ₹ 5000 की राशि पर 10% वार्षिक दर से 5 वर्ष का साधारण ब्याज कितना होगा?

A. ₹ 2200 B. ₹ 2500

C. ₹ 2300 D. ₹ 2600

115. किस राशि का 6% वार्षिक ब्याज दर से 10 वर्ष का साधारण ब्याज ₹ 3 होगा?

A. ₹ 4 B. ₹ 8

C. ₹ 5 D. ₹ 6

116. कितने वर्षों में कोई राशि 10% वार्षिक दर से अपने से दोगुनी हो जाएगी?

A. 10 वर्ष B. 8 वर्ष

C. 5 वर्ष D. 12 वर्ष

117. किस राशि का 5% दर से 5 वर्ष का साधारण ब्याज ₹ 80 होगा?

A. ₹ 330 B. ₹ 320

C. ₹ 340 D. ₹ 380

118. यदि ₹ 5000 पर 2 वर्ष का साधारण ब्याज ₹ 500 हो, तो समस्त धन अर्थात् मिश्रधन कितना होगा?

A. ₹ 5600 B. ₹ 5800

C. ₹ 5500 D. ₹ 6000

119. ₹ 2000 पर $6\frac{1}{2}$ प्रतिशत वार्षिक ब्याज की दर से 8 महीने का साधारण ब्याज ज्ञात कीजिए।

A. ₹ $86\frac{2}{3}$ B. ₹ $86\frac{3}{4}$

C. ₹ $86\frac{1}{3}$ D. ₹ $86\frac{1}{2}$

120. कितने समय में ₹ 450 का 8% वार्षिक ब्याज की दर से साधारण ब्याज ₹ 90 हो जाएगा?

A. 2 वर्ष B. $2\frac{3}{4}$ वर्ष

C. $2\frac{1}{2}$ वर्ष D. 3 वर्ष

121. घनश्याम ने ₹ 2000 अपने मित्र से 5% सालाना ब्याज पर लिए और उसने पूरा पैसा 8 माह बाद चुका दिया। बताइये उसने कुल कितना धन चुकाया?

A. ₹ 2060.66 B. ₹ 2066.66

C. ₹ 2066 D. ₹ 2060

122. एक आदमी ने ₹ 600, 6 प्रतिशत वार्षिक ब्याज पर उधार लिए। 5 वर्ष बाद उसने ₹ 300 कीमत की एक घड़ी व कुछ धन उसको लौटाया तो बताओ उसने कितना धन लौटाया।

A. ₹ 480 B. ₹ 485

C. ₹ 490 D. ₹ 500

123. ₹ 400 की राशि पर 5% प्रतिवर्ष की दर से 2 वर्ष का चक्रवृद्धि ब्याज कितना होगा?

A. ₹ 40 B. ₹ 41

C. ₹ 42 D. ₹ 43

124. किसी राशि पर 6% चक्रवृद्धि ब्याज की दर से पहले वर्ष का ब्याज ₹ 60 है, तो दूसरे वर्ष का ब्याज कितना होगा?

A. ₹ 120 B. ₹ 66.60

C. ₹ 63.60 D. ₹ 63

125. वह धनराशि ज्ञात करो, जिसका 5% ब्याज की दर से 2 वर्ष का चक्रवृद्धि ब्याज तथा साधारण ब्याज का अन्तर ₹ 3 हो?

A. ₹ 1400 B. ₹ 1500

C. ₹ 1350 D. ₹ 1200

126. किस धन का 10% प्रतिवर्ष चक्रवृद्धि ब्याज की दर से 3 वर्ष में मिश्रधन ₹ 1331 होगा?

A. ₹ 2000 B. ₹ 1500

C. ₹ 1000 D. ₹ 800

127. ₹ 2500 का 6% ब्याज की दर से 2 वर्ष का चक्रवृद्धि ब्याज कितना होगा?

A. ₹ 306 B. ₹ 150

C. ₹ 309 D. ₹ 300

128. कोई राशि चक्रवृद्धि ब्याज की दर से 2 वर्ष में चार गुनी हो जाती है, तो कितने वर्ष में वह राशि 8 गुनी हो जायेगी?

A. 4 वर्ष B. $2\frac{1}{2}$ वर्ष

C. 3 वर्ष D. $3\frac{1}{2}$ वर्ष

129. ₹ 2400 पर 5% प्रतिवर्ष ब्याज की दर से 2 वर्ष में साधारण ब्याज तथा चक्रवृद्धि ब्याज का अन्तर होगा?

A. ₹ 8 B. ₹ 10

C. ₹ 9 D. ₹ 6

130. ₹ 8000 की राशि पर 5% प्रतिवर्ष ब्याज की दर से 3 वर्ष का चक्रवृद्धि ब्याज कितना होगा?

A. ₹ 1361 B. ₹ 1261

C. ₹ 1141 D. ₹ 1241

131. ₹ 2000 का 2 वर्ष में किस चक्रवृद्धि ब्याज की दर से मिश्रधन ₹ 2205 हो जायेगा?

A. 3% B. 4%
C. 5% D. 6%

132. ₹ 3200 का 10% प्रतिवर्ष चक्रवृद्धि ब्याज की दर से कितने समय में चक्रवृद्धि ब्याज ₹ 672 हो जायेगा?

A. 2½वर्ष B. 1½वर्ष
C. 2 वर्ष D. 3½वर्ष

133. एक आदमी कोई वस्तु ₹ 25 में खरीदकर ₹ 30 में बेचता है। तो बताइये उसका लाभ क्या होगा?

A. ₹ 6 B. ₹ 7.50
C. ₹ 5 D. ₹ 8.10

134. यदि ₹ 15 वाली कोई वस्तु ₹ 12 में बेच दी जाए, तो कितने प्रतिशत हानि होगी?

A. 20% B. 16%
C. 22% D. 25%

135. यदि किसी वस्तु को ₹ 21 में बेचने पर 12% का लाभ होता हो, तो बताइये उस वस्तु का क्रय मूल्य कितना होगा?

A. ₹ 15.50 B. ₹ 20.15
C. ₹ 18.75 D. ₹ 17.50

136. यदि किसी वस्तु को ₹ 2040 में बेचने पर 15% की हानि होती हो, तो बताइये उस वस्तु का क्रय मूल्य कितना होगा?

A. ₹ 2300 B. ₹ 2400
C. ₹ 2475 D. ₹ 2800

137. एक वस्तु का क्रय मूल्य ₹ 150 है। यदि इसे 13% लाभ पर बेचा जाए, तो बताइये वस्तु का विक्रय मूल्य कितना होगा?

A. ₹ 170.75 B. ₹ 169.50
C. ₹ 160.50 D. ₹ 174.75

138. किसी वस्तु को ₹ 250 में खरीदकर ₹ 300 में बेच दिया गया। बताइये उस पर कितने प्रतिशत लाभ हुआ?

A. 16% B. 20%
C. 18% D. 17%

139. एक वस्तु को ₹ 38 में बेचने पर 5% हानि होती है। यदि इसे ₹ 42 में बेचा जाए, तो कितने प्रतिशत लाभ या हानि होगी?

A. 6% लाभ B. 5% लाभ
C. 8% हानि D. 4% हानि

140. यदि किसी वस्तु को 5% हानि पर बेचने पर ₹ 3990 मिले हों, तो उस वस्तु का क्रय मूल्य कितना होगा?

A. ₹ 4100 B. ₹ 4200
C. ₹ 3890 D. ₹ 4400

141. यदि 10 पेनों का क्रय मूल्य, 8 पेनों के विक्रय मूल्य के बराबर हो, तो प्रतिशत लाभ कितना होगा?

A. 20% B. 16%
C. 25% D. 30%

142. राम ने एक टी॰वी॰ ₹ 2475 में खरीदकर उसे ₹ 3090 में बेच दिया हो, तो उसे कितने प्रतिशत लाभ हुआ?

A. 23.8% B. 34.5%
C. 37.6% D. 24.8%

143. एक फल विक्रेता ने 20 दर्जन केले ₹ 100 में खरीदकर ₹ 6 प्रति दर्जन के भाव से बेच दिए। उसका लाभ अथवा हानि ज्ञात करो।

A. ₹ 20 B. ₹ 30
C. ₹ 25 D. ₹ 35

144. एक ठेकेदार ने ₹ 7500 में एक खाली जमीन खरीदी और उस पर ₹ 2,65,000 खर्च कर मकान तैयार किया। यदि अब उस मकान को ₹ 3,25,000 में बेच दिया, तो उसका लाभ अथवा हानि ज्ञात करो।

A. ₹ 15550 हानि B. ₹ 15550 लाभ
C. ₹ 15000 हानि D. ₹ 15000 लाभ

145. यदि $3 : 8 = 9 : x$, तो x का मान कितना होगा?

A. 20 B. 27
C. 24 D. 25

146. यदि A : B = 3 : 4 तथा B : C = 5 : 6, तो A : B : C में क्या अनुपात होगा?

A. 20 : 15 : 24 B. 15 : 20 : 24
C. 15 : 24 : 20 D. 20 : 24 : 15

147. यदि $18 : x = x : 8$ हो, तो x किसके बराबर होगा?

A. 11 B. 10
C. 16 D. 12

148. 8 : 12 : 10 : : ? है, तो प्रश्न चिन्ह् (?) के स्थान पर क्या मान होगा?

A. 14 B. 15
C. 16 D. 18

149. 5 और 125 का मध्य समानुपात कितना है?

A. 20 B. 25
C. 28 D. 27

150. 3, 4 और 15 का चौथा अनुपात होगा?

A. 16 B. 18
C. 20 D. 15

151. 12 और 30 का तृतीय समानुपात कितना होगा?

A. 75 B. 125
C. 60 D. 70

152. दो संख्याओं का अनुपात 3 : 4 है। यदि दोनों संख्याओं का योग 490 हो, तो वे संख्याएं क्रमशः क्या होंगी?

A. 220, 270 B. 210, 280
C. 120, 160 D. 180, 290

153. यदि एक त्रिभुज के कोणों में 1 : 2 : 3 का अनुपात हो, तो उस त्रिभुज के सबसे बड़े कोण का मान होगा।

A. 90° B. 70°
C. 105° D. 110°

154. यदि किसी अनुपात का दूसरा पद 15 तथा अनुपात का मान $\frac{3}{5}$ हो, तो उस अनुपात का पहला पद क्या होगा?

A. 8 B. 14
C. 9 D. 12

155. ₹ 1100 को सुधा, कमला और सलमा में इस प्रकार बांटो कि उनके धन में $\frac{1}{3}:\frac{2}{5}:\frac{1}{2}$ का अनुपात हो, तो सुधा को मिलने वाला धन क्या है?

A. ₹ 300 B. ₹ 350
C. ₹ 250 D. ₹ 200

156. एक मिश्रधातु में तांबा, जस्ता और लोहा 7 : 6 : 9 के अनुपात में हैं। यदि मिश्रण में तांबे की मात्रा 560 ग्राम हो, तो मिश्रधातु का कुल भार ज्ञात करो।

A. 1 किग्रा॰ 600 ग्रा॰ B. 2 किग्रा॰ 760 ग्रा॰
C. 1 किग्रा॰ 760 ग्रा॰ D. 1 किग्रा॰ 700 ग्रा॰

157. एक गतिमान कार की चाल 36 कि॰मी॰ प्रति घंटा है। इसकी चाल मी॰/से॰ में है:

A. 10 मी॰/से॰ B. 15 मी॰/से॰
C. 20 मी॰/से॰ D. 25 मी॰/से॰

58. दो रेलगाड़ियां एक ही समय दो स्टेशनों X तथा Y से, जिनके मध्य 900 कि॰मी॰ की दूरी है, एक-दूसरे की ओर चलना शुरू करती हैं। यदि उनकी औसत चाल क्रमशः 38 तथा 22 कि॰मी॰/घं॰ हो, तो वे एक-दूसरे को कितने समय बाद मिलेंगी?

A. 12 घण्टे B. 13 घण्टे
C. 14 घण्टे D. 15 घण्टे

59. 100 मी॰ लम्बी रेलगाड़ी 60 कि॰मी॰ प्रति घंटा की चाल से जा रही है। इसे एक तार चौकी को पार करने में समय लगेगा:

A. 4 सेकेण्ड B. 5 सेकेण्ड
C. 6 सेकेण्ड D. 8 सेकेण्ड

0. 150 मी॰ लम्बी एक रेलगाड़ी 90 कि॰मी॰ प्रति घंटा की चाल से जा रही है। इसे एक पेड़ को पार करने में समय लगेगा:

A. 3 सेकेण्ड B. 4 सेकेण्ड
C. 6 सेकेण्ड D. 8 सेकेण्ड

1. 100 मी॰ लम्बी एक रेलगाड़ी 65 कि॰मी॰ प्रति घंटा की चाल से जा रही है। यह एक व्यक्ति को जो 5 कि॰मी॰/घंटा की चाल से रेलगाड़ी की दिशा में जा रहा है, कितने समय में पार करेगी?

A. 8 सेकेण्ड B. 6 सेकेण्ड
C. 4 सेकेण्ड D. 2 सेकेण्ड

2. एक व्यक्ति नदी के बहाव की दिशा में 6 कि॰मी॰ प्रति/घं॰ तथा विपरीत दिशा में 3 कि॰मी॰ प्रति/घं॰ की चाल से नाव चलाता है। स्थिर पानी में नाव की चाल है:

A. 9 कि॰मी॰/घं॰ B. 4.5 कि॰मी॰/घं॰
C. 1.5 कि॰मी॰/घं॰ D. 1.0 कि॰मी॰/घं॰

163. प्रश्न 6 में नदी के बहाव की चाल है

A. 1.5 कि॰मी॰/घं॰ B. 2.5 कि॰मी॰/घं॰
C. 4.5 कि॰मी॰/घं॰ D. 18.0 कि॰मी॰/घं॰

164. एक साइकिल सवार 3 मिनट में 1.2 किलोमीटर दूरी तय करता है, तो उसकी गति प्रति घंटा क्या होगी?

A. 24 कि॰मी॰/घंटा B. 24 मी॰/घंटा
C. 24 मी॰/से॰ D. 24 कि॰मी॰/मिनट

165. एक 100 मीटर लम्बी गाड़ी 90 कि॰मी॰/घ॰ की चाल से चल रही है। गाड़ी को पेड़ को पार करने में कितना समय लगेगा?

A. 4 से॰ B. 8 से॰
C. 11 से॰ D. 12 से॰

166. एक रेलगाड़ी जो 90 कि॰मी॰/घं॰ की गति से चली जा रही है। एक खम्भे को पार करने में 10 सेकेण्ड का समय लेती है। बताइये उस रेलगाड़ी की लम्बाई (मीटर में) कितनी होगी?

A. 250 B. 240
C. 280 D. 270

167. 18 किमी प्रति घंटा की चाल को मीटर प्रति सेकेण्ड में बदलिए।

A. 7 मी॰/से॰ B. 4 मी॰/से॰
C. 6 मी॰/से॰ D. 5 मी॰/से॰

168. 3 मीटर प्रति सेकेण्ड की चाल को किमी प्रति घण्टा में बदलिए।

A. 10 किमी॰/घंटा B. 10.8 किमी॰/घंटा
C. 8 किमी॰/घंटा D. 8.10 किमी॰/घंटा

169. 500 मीटर लम्बी रेलगाड़ी 220 मीटर लम्बे प्लेटफार्म को 36 सेकेण्ड में पार कर लेती है, तो गाड़ी की चाल किमी प्रति घण्टा ज्ञात करो

A. 60 किमी॰/घंटा B. 65 किमी॰/घंटा
C. 72 किमी॰/घंटा D. 70 किमी॰/घंटा

170. एक आदमी 5 किमी प्रति घण्टा की चाल से P से Q स्थान तक जाता है और 3 किमी प्रति घण्टा की चाल से Q से P स्थान पर वापस आ जाता है। उसकी सारी यात्रा में औसत चाल क्या रही?

A. $4\frac{3}{4}$ किमी॰/घंटा B. $3\frac{3}{4}$ किमी॰/घंटा
C. 4 किमी॰/घंटा D. 3 किमी॰/घंटा

171. A एक काम को 6 दिन में तथा B उसे 10 दिन में कर सकता है। A तथा B मिलकर उसे पूरा करेंगे।

A. 10 दिन से कम तथा 6 दिन से अधिक दिनों में
B. 10 दिन से अधिक दिनों में
C. 6 दिन से कम दिनों में
D. 2 दिन में

172. A एक मेज को 3 दिन में तथा उसका मित्र उसे 6 दिन में बना सकता है। A और उसका मित्र मिलकर उसे पूरा बनाएंगे:

A. 3 दिन में B. 2 दिन में
C. 1 दिन में D. $\frac{1}{2}$ दिन में

173. X और Y मिलकर किसी कार्य को 10 दिन में कर सकते हैं। X अकेला उसे 15 दिन में कर सकता है, तो Y उसे कितने दिन में करेगा?

A. 15 दिन B. 20 दिन
C. 25 दिन D. 30 दिन

174. 24 आदमी एक मशीन को 12 दिन में तैयार करते हैं, तो 36 आदमी उसे कितने दिनों में तैयार करेंगे?

A. 8 दिन B. 12 दिन
C. 16 दिन D. 20 दिन

175. X, Y और Z किसी काम को क्रमशः 8, 10 और 8 दिन में कर सकते हैं। तीनों मिलकर उस कार्य को कितने दिनों में कर सकेंगे?

A. $2\frac{1}{7}$ दिन B. $2\frac{3}{7}$ दिन
C. $2\frac{5}{7}$ दिन D. $2\frac{6}{7}$ दिन

176. A एक काम को 5 दिन में तथा B उसी काम को 10 दिन में पूरा करता है, तो बताइये (A + B) उस काम को कितने दिनों में पूरा करेंगे?

A. $2\frac{3}{4}$ दिन B. $3\frac{3}{4}$ दिन
C. $3\frac{1}{3}$ दिन D. $2\frac{1}{4}$ दिन

177. 3 पेन और 5 पैन्सिलों का मूल्य ₹ 14 है। 12 पेन और 20 पेन्सिलों का क्या मूल्य होगा?

A. ₹ 42 B. ₹ 56
C. ₹ 20 D. ₹ 112

178. x, y और z मिलकर एक कार्य को 8 दिन में पूरा कर सकते हैं। यदि x और z मिलकर उस कार्य को 12 दिन में पूरा कर सकते हों, तो बताइये y अकेला उस कार्य को पूरा कितने दिन में करेगा?

A. 22 दिन B. 24 दिन
C. $17\frac{1}{4}$ दिन D. 23 दिन

179. यदि 75 संतरों की एक पेटी का मूल्य ₹ 60 है, तो 50 संतरों का मूल्य होगाः

A. ₹ 30 B. ₹ 40
C. ₹ 50 D. ₹ 60

180. एक नल एक हौज को 4 घण्टे में तथा दूसरा नल उस हौज को 5 घण्टे में भर सकता है। यदि दोनों नल एक साथ खोल दिए जाएं, तो हौज को भरने में कितने घण्टे लगेंगे?

A. $3\frac{2}{9}$ घण्टे B. $2\frac{2}{9}$ घण्टे
C. $2\frac{1}{9}$ घण्टे D. $3\frac{5}{9}$ घण्टे

181. यदि ₹ 210 में 6 बाल्टियां खरीदी जा सकती हैं, तो ₹ 140 में कितनी बाल्टियां खरीदी जा सकेंगी।

A. 4 B. 3
C. 5 D. 6

182. गणित की 14 पुस्तकों का मूल्य ₹ 105 है, तो बताइए ऐसी ही 24 पुस्तकों के लिए क्या मूल्य देना होगा?

A. ₹ 170 B. ₹ 175
C. ₹ 180 D. ₹ 185

183. वैशाली सुपर फास्ट गाड़ी दिल्ली से 19:45 बजे रवाना होती है और अगले दिन 15:20 बजे मुज़फ्फरपुर पहुंचती है। बताओ यह मुज़फ्फरपुर पहुंचने में कितना समय लेती है?

A. 19 घंटा 25 मिनट B. 18 घंटा 35 मिनट
C. 19 घंटा 35 मिनट D. 18 घंटा 20 मिनट

184. मनु किसी सोमवार को रात में 9:30 पर सोया और अगले दि 5:50 पर जागा। उसके सोने की अवधि कितनी थी?

A. 8 घंटे 20 मिनट B. 8 घंटे 10 मिनट
C. 7 घंटे 40 मिनट D. 7 घंटे 20 मिनट

185. इन्टरसिटी रेलगाड़ी रक्सौल से सुबह 9:15 पर चलती है तथा उ दिन 11 बजे पीपरा पहुंचती है। रेलगाड़ी द्वारा यात्रा में लिया ग कुल समय है?

A. 1 घंटा 15 मिनट B. 10 घंटे 45 मिनट
C. 1 घंटा 45 मिनट D. 10 घंटे 15 मिनट

186. यदि किसी दिन सूर्य 6:20 पूर्वाह्न पर उदय हो तथा 6: अपराह्न पर अस्त हो, तो उस दिन की लम्बाई होगी।

A. 12 घंटे 27 मिनट B. 12 घंटे 17 मिनट
C. 12 घंटे 37 मिनट D. 12 घंटे

187. 9 घंटे 30 मिनट बराबर है।

A. 0.90 बजे B. 9:30 पूर्व॰ के
C. 8 घंटे 90 मिनट के D. 9:30 अप॰ के

188. एक बस शिमला से दिल्ली के लिए 7:20 बजे प्रातः प्रस्थान क है और दिल्ली पहुंचने में 9 घंटे का समय लेती है। बस कितने दिल्ली पहुंचती है?

A. 4:20 बजे अप॰ B. 3:30 बजे अप॰
C. 6:30 बजे अप॰ D. 7:30 बजे अप॰

189. एक वायुयान मुम्बई से 7:50 बजे उड़ान भरता है। यह चे 10:30 बजे हवाई हड्डे पर उतरता है। यह चेन्नई पहुंच कितना समय लेता है।

A. 2 घंटे 30 मिनट B. 2 घंटे
C. 3 घंटे लगभग D. 2 घंटे 40 मिनट

190. एक लड़का रात्रि 8:30 बजे सोने के लिए गया तथा प्रातः 6:1 जागा। वह लड़का कितनी देर तक सोया?

A. 9 घंटे 45 मिनट B. 9 घंटे 15 मिनट
C. 2 घंटे 15 मिनट D. 4 घंटे 45 मिनट

191. एक छात्र अपने घर से विद्यालय के लिए प्रातः 8:30 बजे साइकिल से चला। वह विद्यालय से पढ़ाई करने के बाद सांय 4:50 बजे घर वापस आया। वह कितने समय तक घर से बाहर रहा।

A. 7 घंटे 20 मिनट B. 8 घंटे 20 मिनट
C. 9 घंटे 20 मिनट D. 7 घंटे 90 मिनट

192. एक स्कूल की वार्षिक परीक्षा 18 मार्च, 2002 को आरम्भ हुई और 23 मार्च, 2002 को समाप्त हुई। परीक्षा कितने दिन तक चली?

A. एक सप्ताह B. 8 दिन
C. 6 दिन D. 1 महीना

193. एक आयत की लम्बाई व चौड़ाई क्रमशः 50 सेंमी. व 25 सेंमी. है, तो उसका क्षेत्रफल कितना होगा?

A. 1150 वर्ग सेंमी. B. 1250 वर्ग सेंमी.
C. 1275 वर्ग सेंमी. D. 1280 वर्ग सेंमी.

194. एक वर्गाकार मैदान का परिमाप 580 मी. है, तो बताइये उस मैदान का क्षेत्रफल कितना होगा?

A. 21025 वर्ग मी. B. 20225 वर्ग मी.
C. 30025 वर्ग मी. D. 19975 वर्ग मी.

195. एक वर्ग की प्रत्येक भुजा 20 सेंमी. है, तो इसका क्षेत्रफल कितना होगा?

A. 300 वर्ग सेंमी. B. 380 वर्ग सेंमी.
C. 360 वर्ग सेंमी. D. 400 वर्ग सेंमी.

196. एक वृत्त का क्षेत्रफल 154 वर्ग सेंमी. है। वृत्त की परिधि कितनी होगी?

A. 44 सेंमी. B. 48 सेंमी.
C. 54 सेंमी. D. 68 सेंमी.

197. यदि किसी त्रिभुज का आधार 8 सेमी तथा ऊंचाई 10 सेंमी. हो, तो उस त्रिभुज का क्षेत्रफल कितना होगा?

A. 40 वर्ग सेंमी. B. 20 वर्ग सेंमी.
C. 49 वर्ग सेंमी. D. 64 वर्ग सेंमी.

198. एक समलम्ब चतुर्भज की समान्तर भुजाएं क्रमशः 15 मी. तथा 25 मी. हैं तथा उनके बीच की दूरी 10 मी. है, तो इसका क्षेत्रफल क्या होगा?

A. 150 वर्ग मी. B. 225 वर्ग मी.
C. 200 वर्ग मी. D. 270 वर्ग मी.

199. एक आयताकार खेत का परिमाप 760 मी. है तथा उसकी लम्बाई व चौड़ाई में 11 : 8 का अनुपात है। तो बताइये आयताकार खेत का क्षेत्रफल क्या होगा?

A. 35200 वर्ग मी. B. 34700 वर्ग मी.
C. 35600 वर्ग मी. D. 45200 वर्ग मी.

200. यदि किसी वर्ग की भुजा में 50% की कमी कर दी जाये, तो उसका क्षेत्रफल कितने प्रतिशत घट जायेगा?

A. 50% B. 75%
C. 80% D. 60%

201. उस वर्ग की एक भुजा की लम्बाई क्या होगी जिसका क्षेत्रफल क्रमशः 6.4 मी. लम्बे तथा 2.5 मी. चौड़े आयत के क्षेत्रफल के बराबर हो?

A. 8 मी. B. 5.4 मी.
C. 3.8 मी. D. 4 मी.

202. यदि एक समकोण त्रिभुज का परिमाप उसकी सबसे छोटी भुजा का छः गुना हो, तो उस त्रिभुज की तीनों भुजाओं के बीच क्या अनुपात होगा?

A. 13 : 5 : 12 B. 13 : 12 : 5
C. 12 : 5 : 13 D. 13 : 5 : 10

203. एक घनाभ की कोरें क्रमशः 4 सेंमी., 3 सेंमी. तथा 2 सेंमी. हैं, तो उस घनाभ का आयतन कितना होगा?

A. 20 घन सेंमी. B. 22 घन सेंमी.
C. 28 घन सेंमी. D. 24 घन सेंमी.

204. एक टंकी 3 मी. लम्बी, 2 मी. चौड़ी तथा 1 मी. गहरी है । उसकी क्षमता (ली. में) क्या होगी?

A. 8000 ली. B. 10000 ली.
C. 6500 ली. D. 6000 ली.

205. एक घन का पृष्ठ क्षेत्रफल 1014 वर्ग सेंमी. है। इसका आयतन कितना होगा?

A. 2197 घन सेंमी. B. 2297 घन सेंमी.
C. 2179 घन सेंमी. D. 2117 घन सेंमी.

206. यदि दो घनाकृतियों के आयतन में 8 : 1 का अनुपात हो, तो उनकी कोरों में क्या अनुपात होगा?

A. 1 : 2 B. 2 : 1
C. 4 : 1 D. 2 : 3

207. दो गोलों के पृष्ठ क्षेत्रफल में 9 : 16 का अनुपात है, तो बताइये उनके आयतनों में क्या अनुपात होगा?

A. 64 : 27 B. 27 : 64
C. 16 : 27 D. 11 : 27

208. एक कमरे की लं., चौ. व ऊँ. क्रमशः 12 मी., 9 मी. तथा 8 मी. है, तो बताइये उस छड़ की अधिक-से-अधिक लम्बाई क्या होगी जो कमरे में ठीक प्रकार रखी जा सके?

A. 17 मी. B. 18 मी.
C. 25 मी. D. 16 मी.

209. किसी लम्बवृत्तीय शंकु की त्रिज्या तथा ऊंचाई में 3 : 5 का अनुपात है। यदि शंकु का आयतन 120π घन मी. हो, तो उसकी तिरछी ऊँचाई कितनी होगी?

A. $3\sqrt{34}$ मी. B. $2\sqrt{28}$ मी.
C. $2\sqrt{44}$ मी. D. $2\sqrt{34}$ मी.

210. यदि किसी बेलन के आधार की परिधि 88 सेंमी. तथा ऊंचाई 42 सेंमी. हो, तो उस बेलन का आयतन कितना होगा?

A. 25872 घन सेंमी. B. 28572 घन सेंमी.
C. 25870 घन सेंमी. D. 22584 घन सेंमी.

उत्तरमाला

1	2	3	4	5	6	7	8	9	10
D	B	A	D	B	B	A	C	A	A
11	12	13	14	15	16	17	18	19	20
C	C	B	A	A	D	C	D	C	A
21	22	23	24	25	26	27	28	29	30
B	C	B	C	C	B	A	B	D	C
31	32	33	34	35	36	37	38	39	40
A	A	A	A	A	A	B	A	A	B
41	42	43	44	45	46	47	48	49	50
A	B	C	B	A	A	B	A	C	D
51	52	53	54	55	56	57	58	59	60
A	C	B	D	C	A	C	B	C	D
61	62	63	64	65	66	67	68	69	70
B	B	C	C	A	B	C	A	D	A
71	72	73	74	75	76	77	78	79	80
C	B	D	A	C	B	B	A	B	A
81	82	83	84	85	86	87	88	89	90
B	C	C	D	B	A	B	A	C	C
91	92	93	94	95	96	97	98	99	100
C	D	B	C	A	A	B	B	D	C
101	102	103	104	105	106	107	108	109	110
C	B	D	D	A	B	A	B	C	A
111	112	113	114	115	116	117	118	119	120
B	D	B	B	C	A	B	C	A	C
121	122	123	124	125	126	127	128	129	130
B	A	B	C	D	C	C	C	D	B
131	132	133	134	135	136	137	138	139	140
C	C	C	A	C	B	B	B	B	B
141	142	143	144	145	146	147	148	149	150
C	D	A	C	C	B	D	B	B	C
151	152	153	154	155	156	157	158	159	160
A	B	A	C	A	C	A	D	C	C
161	162	163	164	165	166	167	168	169	170
B	B	A	A	A	A	D	B	C	B
171	172	173	174	175	176	177	178	179	180
C	B	D	A	D	C	B	B	B	B
181	182	183	184	185	186	187	188	189	190
A	C	C	A	C	C	B	A	D	A
191	192	193	194	195	196	197	198	199	200
B	C	B	A	D	A	A	C	A	B
201	202	203	204	205	206	207	208	209	210
D	B	D	D	A	B	B	A	D	A